國家出版基金資助項目

『十四五』時期國家重點出版物出版專項規劃項目

2021—2035年國家古籍工作規劃重點出版項目

北京大學中國古文獻研究中心成果

總主編 —— 羅時進

明清才子傳箋證

清代詩文編（咸豐—宣統）（上）

主編
張劍　馬昕

第八卷

鳳凰出版社

圖書在版編目（CIP）數據

明清才子傳箋證. 第八卷, 清代詩文編. 咸豐—宣統 / 羅時進總主編；張劍, 馬昕主編. -- 南京：鳳凰出版社, 2025. 6. -- ISBN 978-7-5506-4134-1

Ⅰ. K825.6

中國國家版本館CIP數據核字第2024NU1211號

書　　　　名	明清才子傳箋證·第八卷·清代詩文編(咸豐—宣統)
總　主　編	羅時進
主　　　編	張　劍　馬　昕
責　任　編　輯	李相東
特　約　編　輯	王晨韻
裝　幀　設　計	姜　嵩
責　任　監　製	程明嬌
出　版　發　行	鳳凰出版社(原江蘇古籍出版社)
	發行部電話 025-83223462
出版社地址	江蘇省南京市中央路165號,郵編:210009
照　　　排	南京凱建文化發展有限公司
印　　　刷	徐州緒權印刷有限公司
	江蘇省徐州市高新技術產業開發區第三工業園經緯路16號
開　　　本	890毫米×1240毫米　1/32
印　　　張	44
字　　　數	1190千字
版　　　次	2025年6月第1版
印　　　次	2025年6月第1次印刷
標　準　書　號	ISBN 978-7-5506-4134-1
定　　　價	330.00圓(全二冊)

(本書凡印裝錯誤可向承印廠調換,電話:0516-83897699)

序

羅時進

　　明清兩代是中國文學發展史上的兩個重要階段，其作家衆多，創作繁富，特色鮮明，尤其"一代有一代之文學"的文體偏倚性狀況大幅降低，各體文學都得到發展，頗可媲美以往歷代。中國古代文學史從《詩經》産生時代至辛亥革命歷經了近三千年，明清兩代這五六百年可以説是一個全面成長期、發展期、總結期，理應引起充分的重視。但長期以來明清文學除一部分文體和作家外，總體上研究的深度與廣度都遜於前代。究其原因，在相當程度上與明清兩代文學文獻整理與研究不够有關，要真正推動明清文學研究，必須在基本文獻史料的整理上下極大的功夫，構建高水平的"明清文學史料學"，以夯實研究的根基。

　　作家生平行迹的資料發掘、考索，是文學文獻整理的最基礎性工作。在這方面唐代作家資料整理研究的成就最爲突出，代表性成果是傅璇琮先生主持編纂的《唐才子傳校箋》。這部著作對元人辛文房《唐才子傳》逐篇箋釋，爲唐代文學研究立下了堅實的柱礎，持續地推助唐代文學研究走向深入。在此基礎上傅璇琮先生又組織編纂了《宋才子傳箋證》，以新的"傳箋體"形式，爲宋代名家進行傳記撰寫和資料考證，不僅爲宋代文學家建立了一個翔實的譜系，也爲古籍整理，特別是古代作家生平史料的研究提供了一個新的成功範例。傅先生在 1986 年就曾提出過一個設想："可以組織一套中國古典作家傳記叢書，凡在中國文學史上有過貢獻，有其特色的作家，從屈原開始，到清末，分別寫出傳記。"這"將是一項中國文學史研究的基本工程，在世界上也會産生影響"（《關於唐代文學研究的一些想法》，《文史知識》1986 年第 12 期）。也許正是爲了完成這個宏觀的構想，在《宋才子傳箋證》出版不久，他便邀請另一位專家着手編纂《先唐才子傳箋證》，並來蘇州大學倡議編纂《明清才子傳箋證》。

本校由錢仲聯先生倡導明清詩文研究，有長期積累的學術基礎，但我個人這方面學養不足，很擔心難以完成這項繁重的、長綫的工作。傅先生倍加鼓勵，並提出具體的分卷方案，建議了分卷主編，對入選作家也明確了基本原則。於是，我承乏接受了任務，開始約請相關專家撰寫樣稿，送傅先生審閲，經他批點而定稿。接着，傅先生親自寫信給鳳凰出版社姜小青社長，商量出版事宜。姜社長和鳳凰出版社欣然同意，這對我們啓動編纂工作是一個巨大的推動。在此書出版之際，我們深切緬懷傅先生，他的提議、策劃和全局性的安排，一直是這一學術工程開展的動力。

明清兩代有作品存世的作家，其數之多，是以往任何一個朝代都遠遠不能相比的。根據李時人先生的統計，明代有詩文作品存世者至少有兩萬人（《中國文學家大辭典・明代卷前言》），而據我和相關學者研究，清代則又數倍於明代，幾達十萬人，那麼如何遴選作家？如何分卷？對此我們一方面參考《宋才子傳箋證》的經驗，一方面根據明清文學史的實際，在兼顧朝代、文體等方面相對平衡的前提下，以其在文學創作上具有代表性和才子特色爲主要入選標準。

何謂朝代相對平衡？以朝代來説，清代作家數量過於龐大，文獻存量也極爲可觀，如不嚴格揀擇，明代與清代卷册將明顯地前輕後重。如此雖不違文學史與文獻學之實際，但這項工作畢竟不是純粹構建文學史料庫，不應僅僅從數量上考慮，尤其不必形成明代與清代之間的明顯對照；再之，清代創作成果豐富的名家，選目易擬，但如果入選數量過多，工作量將極大地增加，使工程浩繁，實難以藏事，故適當壓縮清代作家入選數量，是必要的。

何謂文體相對平衡？《宋才子傳箋證》將詞人專門析出，形成專卷，明清兩代詩人、詞家的融通度較高，似可不必單獨立卷；而小說、戲曲作家雖然一般都有詩文創作，但如不立專卷，則難以反映明清兩代文學史發展的特點，也不符合學界的基本共識。故凡在小說、戲曲方面有所成就的作家，從詩文作家中析出，使小說、戲曲專卷各成家數，充分體現中國文學史最後兩朝特有的光彩。另外，小說家與戲曲家，入選數量也力求大致持平。

何謂具有代表性和才子特色？這是兩個問題，其中代表性或許不難理解。有科名者（或館閣文人）入選會較多，這是因爲科舉本身就是一種"代表性"文人的選拔制度，而一些雖然沒有科名而進入館閣者，也經過了一定的薦舉和特選過程，其基本要求仍然是"代表性"。他們也確實是在明清兩代文學生產中最具創作力和影響力的人物，尤其在詩文領域，即使明清戲曲、小說家，有科名者也不在少數。當然布衣文人明代如謝榛、徐霞客，清代如徐大椿、范當世等，也有其代表性和影響力，自當立傳。

若論才子特色，就比較複雜，見仁見智了。近四十年來，明清文學研究逐漸受到重視，研究面向和深度都顯示出全新氣度和格局，出現了諸多新的成果，這些無疑應該在本書中得到反映。故入傳選擇不應局限於在文學史上歷來占據主體位置的、取得共識的作家，也應注意新發現的具有才性和特點的文人。

舉例來説,嘉道時期一位幾乎被文學史家遺忘了的詩人唐金鑒(原名金釗),其"少讀書羅浮山寺,性耽山水,有烟霞泉石之癖。暇則縋幽鑿險,嘯傲其間,凡羅浮名勝皆有題咏。又芟荆斬棘,手辟羅漢洞,外列十景,自爲記序,並各紀以詩,一時名流和者甚衆"(何日愈《退庵詩話》卷三)。所謂"一時名流和者甚衆",在今存唐金鑒輯《羅漢洞唱和詩册》中有充分證明。該《詩册》在輯存本人羅漢洞詩之後"附列詞人姓氏",將唱和者一一俱録,有一百二十六家之多,《詩册》在録各家詩作前,列其籍貫、姓氏、字號,是極爲珍貴的清詩研究基礎史料。唐金鑒道光十三年(1833)登進士第後,在四川任知縣,又調管西藏察木多拉里糧臺糧務,道光二十一年(1841)在布達拉宫舉行十一世達賴喇嘛金瓶掣簽認定時,他曾作長篇歌行紀事,今猶傳世。對於這樣一位出色的山水詩人和在民族文化交流上有所貢獻的作家,不妨入選。其目的在於提示,明清文學史料是一個富礦,只要做"有心人",定能有新的發現,呈現新的問題。明代一些浙東文學集團中卓有建樹者,清代一批滿族詩人頗具影響者,都鮮見或未見於現有明清文學史;近些年明清地域、社團、家族文學是取得突破、獲得成果較多的領域,適當選入其中一些"才子"可使本書的立傳選目得到豐富,也能在一定程度上提高本書的學術質量。

根據上述基本原則,本書起自明洪武初,迄於清宣統末,共分十卷,其中詩文方面明代與清代各爲四卷。明代四卷大致是:洪武至永樂(含洪熙)卷,宣德至弘治卷,正德至隆慶卷,萬曆至崇禎卷。清代四卷大致是:順治至康熙前期卷,康熙後期至乾隆卷,嘉慶至道光卷,咸豐至宣統卷。明清小説一卷,明清戲曲一卷。以上各卷所立傳在七十家至一百二十家之間,總一千餘家。每篇傳箋文的字數,一般要求六千至一萬五千字,實際上大部分傳箋文篇幅都在八千字以上。如此，全書規模已屬可觀。

關於本書的起訖，理論上當然應起自洪武元年（1368），迄於宣統三年（1911）。這意味着入選作家應是在這五百四十多年間有文學活動或影響者，而按照體例（見後），1949 年以後在世且有社會活動或創作活動者不在入選之列。但本書十卷從生卒年來看，以楊維楨首起，而結於陳景韓，則須略作説明。楊維楨生於元成宗元貞二年（1296），卒於明洪武三年（1370），入明後三年即謝世。錢仲聯、傅璇琮先生編《中國文學大辭典》將其編入元代作家部分，但其與宋濂等有交遊，入明後朱元璋厚幣安車宣至，時有詩歌創作（《老客婦謠》），《明史·文苑傳》有其傳，錢基博著《明代文學》，作家首列即楊維楨，本書亦收入。陶安的情況也很特殊，生年晚於楊氏，卒於洪武初年（1368）。歷來研究明代者，一般將他視爲“元末明初”詩人，主要着眼於其在“元末明初”的實際影響（參左東嶺《朝代轉折之際文學思想研究的價值與意義》，見《明代文學思想研究》，商務印書館 2013 年版），本書尊重學界的這一觀點，爲之立傳。至於陳景韓，生於光緒四年（1878），儘管享壽八十八歲（一説八十七歲），於 1965 年謝世，但其具有影響的小説創作皆在晚清與民國時期，是近代小説史上的重要作家，《中國文學家大辭典·近代卷》亦收錄其人。爲了體現晚近小説史的完整性，我們也予以立傳。全書起訖作家選擇的一些特殊性，想必能夠得到理解。另外各卷承啓結轉之際的作家歸屬，或也不同程度地存在前交後錯的情況，這種交錯有一定的複雜性、特殊性，主要尊重各卷主編根據對文學發展的認識所作的選取、裁量，統稿時做了適當調整。

在體例上，《明清才子傳箋證》主要以《宋才子傳箋證》爲式，但也做了一些調整。如《宋才子傳箋證》篇後不錄“參考文獻”，我們與鳳凰出版社一起商量，決定每篇傳箋文後列出主要參考文獻五至十五種。這樣更符合現代學術規範,特別可以使近些年明清文學作家生平研究的一些重要成果得以呈現,便於學者進一步深入研究;同時,也使每篇傳箋文稍具文獻學文章的基本格式。

"傳文"與"箋證"合璧,是本書作爲文獻史料學著作的特色,但本書與《宋才子傳箋證》也有所不同。後者的傳文是"自我作古"形成的,而由於明清文獻遺存極爲豐富,遠超宋代,故絕大部分入選立傳的作家,或在史書中有傳,或有碑傳、墓表、行狀、譜文傳世,至少在地方志中可以找到相關人物叙錄,故從本質上來説,本書的傳文並非"自我作古",而是"自我述古"。問題是,明清人的記載有準確的,也有不準確的;有清晰的,也有模糊的;有一事可見多證的,也有僅存孤證的;有比照互證的,也有抵牾相歧的。這就需要通過箋證來覆考,以證實或辨僞,這項工作的難度是相當大的。

箋與證,原分屬於訓詁與考據兩個學術範疇,前者重訓釋,後者重究源。但"箋"之義後來逐漸從"箋注"走向與"箋證"的趨同。鄭玄《六藝論》:"注《詩》宗毛爲主,其義若隱略,則更表明;如有不同,即下己意,使可識別也。"這裏的"識別",即包含"證"之義了,孔穎達《毛詩正義》即言"記識其事,故特稱爲箋"。《明清才子傳箋證》之"箋證",即通過記識其事,以發覆考鏡,去僞存真,最大程度上還原本事。

傳主之生平,是由日常與事件構成的。這兩者有時很難區分,出生、死亡是人間之日常,但某些人物的生死之於文學史就是事件;寫作是文人之日常,但有些寫作的行爲與結果,都是文學史的事件。當然在現實生活和實際語境中,日常與事件還是相對可分,能够默認心裁的;而文人在日常生活中易顯才情,在特殊事件中最見人格。故箋證既注意表現日常,包括傳主的生卒時間都力求究底考實;同時注重發現和究明其生平中的個人事件和歷史事件。

撰寫中儘量博徵廣引，既有內證也有外證；同時代人之記載具有優
先地位，但也不忽視後人相關記載和研究的意義。

本書所引徵的文獻史料何止萬千，發覆需腹笥與精力，運用則
需學養與裁斷。衆所周知，記録唐宋文人事迹的史料相對較少，箋
證工作的難點是如何儘量發掘，增加佐證維度；而明清兩代涉及文
人的史料極爲豐富而龐雜，除正史、傳記和文集、文論這些基本文
獻外，尚有檔案、方志、碑傳、行狀、家集、社集、譜牒、學案、筆記、日
記，以及科舉文獻、宗教文獻、出土文獻、海外文獻，更有報刊信息、
野史小説等。有時某個作家的資料仍屬稀缺，有時某些作家資料
繁夥混雜，不能不剪裁、甄辨。爲提高全書質量，在保證傳文句句
有根的前提下，箋證務求實是：史料寧闕而毋濫，不獵奇而虛録；觀
點寧折衷而可靠，不趨新而自神；對可備一説的史料，則適當載録，
以便深入研究。

源遠流長的中國古代文學史發展到明清兩朝，已至"尾聲"。
但這個"尾聲"無法用人們對斷代文學史常用的一個"晚"字來概
括，在一定意義上，它是一個完整的文學史結構，自成起承轉合的
大系統，自備歷代文學史的幾乎所有要素，而且越到後期越顯示出
"承變共時"的特點。

這五六百年涵括了"元明之變""明清之變""清民之變"三次因
易代引起的文壇激蕩，每次激蕩都引發了文學家的反思，演化爲文
學史發展的動力。哪怕到晚清時代，古代文學史的全部演出即將
落幕，文人所產生的思考、文學所表現出來的氣象、文壇所顯示出
的願景，却是兩千多年所未有。衆多文人深思個人命運，悲慨亡國
絶祀，奇異地交織着痛苦與理想之光。這五六百年的文學史，總體
觀照都有某種復古回潮的趨勢，細部勘察則時見新變與展望的姿
態；若論文學觀念、創作方法的矛盾糾葛，似乎比歷代更多，但相反

相成、對跖融合往往是不期而至的結果。如何評價明清文人與文學，始終是個問題。明清小説、戲曲成就斐然，足稱文學藝術王國，這一點看法比較統一。那麼，文人投入心力最多的詩文呢？客觀來看，明清兩代能文者太多，他們的作品有比以往歷代文人之作更多存世的機會，平庸寫作也很容易被發現，這是不容否定的事實；然而另一個事實是，這兩代文人文化積累的深度和觀察世界的廣度是空前的，杰出或卓越作家的總量絕不會低於以往任何一個朝代，優秀詩文作品數量極爲可觀，同樣無愧爲輝煌的時代。

《明清才子傳箋證》編纂的目的正基於此：我們希望將重要而杰出的文人遴選出來，以之爲坐標，不是散點式的，而是脉絡性地勾勒出明清文學發展的狀態，顯現出明清各種文體創作出現的現象和達到的水平，揭示出明清文人在承變衝突中的突破，總結明清文學在中國古代文學史最後時期的成就。

從這個目的出發，本書力圖譜系式地反映明清文學發展的面貌。依照傳統譜牒學意義推之，家族譜、宗派譜、群體譜應分支分房或分派分門作全員性列叙，但"才子傳"的定位顯然不在於此，而在於立"主"。主與主之間可見輩分、位次；"主"有所承、所連、所傳，如此貫穿起來能够形成某種譜系作用。事實上，每篇傳箋文所涉人物少則十數人，多則數十人乃至更多。全書十卷，由上千名傳主所關聯的明清文人至少萬餘家，似可視作明清文壇主客圖或脉系譜。明清文學發展的特點是"人多勢衆"，要將十數萬人的小傳整理出來，尚有待時日，從"家數"入手，不失爲現階段可行的方法，對推進方興未艾的明清文學研究應能産生一定作用。

本書在策劃之初擬出了建議立傳名單、凡例和主要參考文獻，工作開展後則實行分卷主編負責制。主編們根據各階段實際情況對立傳者進行適當增删，並組織學術力量開展編寫工作，並負責審稿。最初邀約的各卷主持者爲（以下均以姓氏筆畫爲序）杜桂萍、陳書録、梅新林、張劍、蔣寅、羅時進、譚帆、饒龍隼等先生；後因開展工作需要又邀請了丁小明、司馬周、何詩海、馬昕、凌郁之、湯志波、魏洪洲等擔任主編；王志剛、孫啓華、黃建林、張立敏擔任副主編。各位主編在實際操作中從提高專業水平、推進編著進程出發，聘請了一些具有專門學養和造詣者作具體執行人。各卷主持者和協同主編工作者在本身學術工作極爲繁重的情況下，高度負責，做了大量的作者隊伍組織和對稿件的學術把關工作，爲保證本書質量耗費了極大精力，克服了許多困難。此書克成厥功，憑賴諸君之力。

各卷參加撰寫工作的學者，都是由主編們邀約的在明清文學方面有長期研究積累和影響，或在某些明清文人研究中有專攻和成果的學者，總數達二百人以上。可以説，近二十多年來有志於明清文學的中青年學者中有相當多人都參加了這項工作。主編們作爲導師，也指導合作研究博士後和許多碩、博士研究生進行傳箋文撰寫。這是國内近年來參與者衆多的一項大型明清文學文獻研究項目，能够有這麽多學者熱情投入其中，在三十年前是不可想象的，這本身已經體現出明清文學研究的歷史性進步。值得提及的是，許多年輕學者，樂於利用休暇和各種機會，到圖書館查檢文獻，獲取第一手史料，尤爲可嘉。他們所展示的，是明清文學未來發展的力量和希望。

當然，“傳箋體”本身具有創新性，且這一項目工作量很大，前後歷時八九年，完成清樣校改，已經進入第十個年頭了，主編們不同程度地感受到推進工作之不易。客觀來看，由於種種原因，各期之間或有不平衡現象；傳箋文出於衆手，各篇之間水平也難以一致。我本人以及所組織的團隊，利用時間力所能及地做了一些拾遺補缺工作，同時對前期各卷未完全溝通協調、重複寫作的稿件進行了適當的合併。2021年暑假期間,克服疫情造成的困難,團隊駐校集體統齊稿件,彌補欠缺,蘇州大學諸位老師和博士生都付出了極大辛勞。但由於本人水平有限,見識淺淺,無論是傳文的準確性、箋注的可靠度、文獻的發掘面、體例的統一化,都仍然會存在不少問題,希望得到學界同仁和廣大讀者的指教諟正。

本書編著期間,鳳凰出版社姜小青先生、倪培翔先生、吴葆勤先生,作爲前後社長始終高度關切,傾力支持,曾多次約我在南京和蘇州商量如何進行高水平編著,如何推進工作開展;總編輯林日波先生、編輯部主任李相東先生也一直給予關心支持、精心策劃;鳳凰出版社相關編輯以專業精神認真負責編審,在此深表感謝。

這裏要特别説明,項目開展期間,人事頗有變化。沈松勤教授參與了最初的策劃工作,楊旭輝教授在前期協理清代第三卷工作中發揮了積極作用,感謝他們的貢獻。劉勇剛教授曾協助主持明代第二卷的工作,不幸英年早逝,對他付出的心力,深懷謝忱。

本書相繼列入"十三五"國家重點圖書出版規劃、"十四五"國家重點圖書出版規劃、2011—2020年國家古籍整理出版規劃項目、2021—2035年國家古籍工作規劃重點出版項目,并獲得2023年度國家出版基金資助。這是對我們工作的肯定和激勵,對相關部門和評審專家給予該項目的重視,一并表達由衷的感謝。

凡　例

一、《明清才子傳箋證》用考證的方法對明清兩代重要文學家的生平史料進行整理和研究。在時限上，上起明洪武初，下訖清宣統朝。凡由元入明和由清入民的跨代文學家，按照學術界一般共識確定入選與否；明清之際的文學家的歸屬問題，亦同樣尊重學界普遍認知而定。原則上，1949 年以後在世且有社會活動和創作者不入選立傳。

二、《明清才子傳箋證》凡十卷，其中明代詩文作家四卷，清代詩文作家四卷，明清小說家一卷，明清戲曲家一卷。每卷收入文學家人數，七十家至一百二十家不等，清代中晚期稍寬。某文學家擅長多種文體，其身份之確定，以其代表性作品和在文學史上的地位、影響而論。詞家，不列專卷，歸入詩文家。

三、《明清才子傳箋證》收錄之人物，原則上人各一傳，單獨箋證；與傳主關係緊密者，爲作附傳。排列以時代先後爲序，其生年乃主要之依據，生年不詳者參照卒年，生卒年皆不詳者，參照科舉活動和交遊活動情況適當排序。

四、傳文內容主要包括傳主的姓名(字號)、籍貫(郡望)、出生世系、生平經歷、文學活動、卒年、子嗣、著述等，其中生平主要經歷(如科舉、仕宦、退隱)和重要文學活動爲箋證重點。若傳主在歷史文獻和文學文獻中有較完整、準確的傳文，以之爲基礎，取其主要内容表述;若無成文,則在搜集可靠文獻史料的前提下撰寫新的傳文。

五、傳文采用淺近的文言文,叙述力求簡明扼要,行文不分段。對傳主的著述成果和文學成就一般不作主觀評價,適當引用古人之經典評述。隨文箋證,傳箋相合,每篇大體在六千至一萬五千字之間。

六、箋證考證傳主事迹、充實文獻史料,是對傳文的實證和展開。凡箋證之内容,必依前人文獻史料,做到言必有據,事必可信。并在堅實的史實基礎上,作必要的考據按斷。對於史料不足證之問題,則寧闕疑而不臆測。

七、傳文或箋證所徵引文獻,皆隨文注明,明顯訛誤徑改。常見正史類文獻,今已出版者采用通行本,並標明卷次;其他文獻標明卷次(或册次,用"卷×"表示,如"卷九""卷十六",一般不用"第×卷"格式)等信息。

八、紀年一般采用年號紀年法。凡明代(1368—1644)用明帝年號紀年,清代(1644—1911)用清帝年號紀年,民國(1912—1949)用民國紀年。朝代交替之年和某些特殊年份(如"泰昌"等),隨機行文。年號紀年後括注公元年份。

九、史料徵録,力求詳簡得當。一事多證者,取其較早出現且重要的史料;人物生卒年和事件發生的時間記載應詳實。在箋證中相隨較近的紀年,前注後省,無俟複贅。

十、新發現的文獻史料,包括别集、碑誌、行狀、家譜以及重要的輯佚成果,在傳箋中儘量吸收,相關文獻著録尤當詳實。凡一書多名、一文多題者,用括注方式標明异名。

十一、箋證對具有重要參考價值的今人研究成果,尤其是他人研究之重要發現,均注意吸取,并標明作者、著作(論文)名、出版社

（學術刊物）、出版（刊載）時間等要素。一般性研究成果，則不徵引。

十二、對古籍之誤，於箋證中作必要的辨正；對學界之不同意見，酌情客觀表述。文字力求簡潔，不鋪衍縷述。

十三、凡徵引古代文獻，因避諱産生的改字、空格等，一般徑改或補足；誤字者，或徑改，或於誤字後用方括號標注正字。

十四、凡引用今人著述，對其作者，臨文不諱，只表姓名，一律不加"先生"、"女士"（女史）、"教授"之類稱呼。

十五、對以往未曾發現或學界較少注意而特色顯著的作家，儘可能詳加箋證。

十六、傳箋之後，列"參考文獻"。主要標列該傳主生平研究的主要文獻史料（即使常見書目，亦標出版本、出版時間）。所列入者，當是與傳主生平有直接關係或有重要參考價值的古代文獻，民國早期文獻適當選列，今人著述精選考證傳主生平系統且可靠者。

十七、每篇傳箋文均署作者的姓名，署於"參考文獻"之後。

目　録

顧翰傳

顧翰，字木天，號蒹塘，又號藺塘、簡塘，無錫人。顧宸六世孫，祖奎光，父敏恒。乾隆四十八年（1783）生。

裴大中等《（光緒）無錫金匱縣志》卷二十二《文苑》：“顧翰，字蒹塘。敏恒子。”徐世昌《晚晴簃詩匯》卷一百二十一：“顧翰，字木天，號蒹塘。無錫人。”胡培翬《涇縣龍神廟碑》（《研六室文鈔·補遺》）：“顧侯，無錫人，名翰，蒹塘其號。”按，“木天”有高大宏闊之意，與“翰”意近，當爲其字。蒹塘爲其號。《（光緒）無錫金匱縣志》以蒹塘爲字，有誤。

《（光緒）無錫金匱縣志》卷二十二《文苑》：“顧敏恒，字立方。奎光子。”“顧奎光，字星五，宸曾孫。”徐寶善《辟疆古園歌》小序（徐世昌《晚晴簃詩匯》卷一百二十八）：“辟疆園在梁溪之西關，爲顧修遠先生宸之別業。先生崇禎己卯孝廉，與同里唐采臣、錢湘靈諸先生結社，稱聽社十七子。喜藏書，富埒虞山錢氏絳雲樓。鼎革後不樂仕進。先生六世孫孝廉簡塘作《辟疆古園圖》。”

顧翰《拜石山房詩詞鈔》詩鈔卷二《篋中檢點少作，釐爲一卷，係之以詩》其二：“我父官廥文，廨屋頗閑雅。……我年纔九齡，得句已能寫。梅影上簾疏，詞意甚妍冶。春雨讀書堂，呼爲小吟社。”自注：“歲在辛亥，羽素女兄年十二，余九齡，始學爲詩，春雨堂在學舍西偏。”按，據此上推，顧翰生於乾隆四十八年。

少聰敏，兩歲識字，九歲能詩。父捐館，從楊芳燦游。

《篋中檢點少作，釐爲一卷，係之以詩》其一："自傳唐偉人，餘藝工詩歌。……憶我兩歲時，嬌不加禁呵。阿爺日抱持，花衫自婆娑。筆研任翻弄，抛擲如騰梭。……展開使我讀，二字認不訛。父顧矊顏笑，撫頂久摩挲。此子有夙慧，或者能吟哦。"自注："余家舊藏仇實甫所繪《李太白金蓮寶炬圖》卷，余周晬時即識金蓮二字，雖歷試不訛。"《篋中檢點少作，釐爲一卷，係之以詩》其二："我年纔九齡，得句已能寫。"

顧翰《拜石山房詩鈔》（上海圖書館藏清鈔本）卷十六《哭蓉裳表丈》："相依十五年，教養兼父師。凡召可游歷，公行我隨之。"

顧翰《船山詩草補遺序》："余未及冠，居里門爲博士弟子，與二三同志學爲詩歌。客有自京師來者，盛稱翰林檢討船山先生之詩，見示一二篇，余讀之，飄飄有仙氣，心竊愛慕之。又數年，有以先生《寶雞道中題壁》詩抄示者，余始駭然以驚。見其跋涉關河，崎嶇戎馬，欲歌欲泣，情見乎辭，以爲太白、少陵復出也。又數年而先生解組，僑寓吳門，余以南北奔馳，留京師者十年，恨未之見。及丁丑旋里，而先生歸道山矣。"

《篋中檢點少作，釐爲一卷，係之以詩》其四："十六誇跳脫，晴空落霜鶻。十七學閑麗，花風泛瑤瑟。十八事滑稽，變詭不可詰。十九轉木訥，書空徒咄咄。二十走燕趙，荆軻論劍術。"

嘉慶十一年（1806），赴津門召試。十四年，與阮元、顧宗泰、石韞玉、郭麐、何元錫、劉熙、趙魏在靈隱寺立書藏之議。十五年，舉於鄉。

《拜石山房詩詞鈔》詩鈔卷八《續感舊七言絕句》："燈火蓬窗共一編，歸裝不辦爲無田。侍郎老去尚書死，流落江淮四十年。"自

注："楊蕢山丈昔爲王蘭泉侍郎、畢弇山尚書推獎甚力。丙寅之秋同赴津門召試，君已垂垂老矣。"

阮元《揅經室集》三集卷二《杭州靈隱書藏記》："《周官》諸府掌官契以治藏，《史記》老子爲周守藏室之史，藏書曰'藏'古矣。古人韻緩，不煩改字，'收藏'之與'藏室'無二音也。……嘉慶十四年，杭州刻朱文正公、翁覃溪先生、法時帆先生諸集，將成，覃溪先生寓書於紫陽院長石琢堂狀元曰：'《復初齋集》刻成，爲我置一部於靈隱。'仲春十九日，元與顧星橋、陳桂堂兩院長，暨琢堂狀元，郭頻伽、何夢華上舍，劉春橋、顧簡塘、趙晉齋文學，同過靈隱食蔬笋。語及藏《復初齋集》事，諸君子復申其議曰：'史遷之書，藏之名山，副在京師。白少傅分藏其集於東林諸寺，孫洙得《古文苑》於佛龕，皆因寬閑遠僻之地可傳久也。今《復初齋》一集尚未成箱篋，蓋使凡願以其所著、所刊、所寫、所藏之書藏靈隱者，皆衷之，其爲藏也大矣。'元曰：'諾。'乃於大悲佛閣後造木櫥，以唐人'鷲嶺鬱岧嶤'詩字編爲號，選雲林寺玉峰、偶然二僧簿錄管鑰之，別訂條例，使可永守，復刻一銅章，遍印其書，而大書其閣扁曰'靈隱書藏'。蓋緣始於《復初》諸集，而成諸君子立藏之議也，遂記之。"按，《同岑五家詩鈔》之顧翰《拜石山房集》有《靈隱書藏歌爲阮雲臺中丞年丈賦》。

潘鎔《（嘉慶）蕭縣志·修輯姓氏》："同纂：寶山縣庚午科舉人沈學淵，嘉定縣庚午科舉人金鳳藻，無錫縣庚午科舉人顧翰。"

嘉慶十九年（1814）應潘鎔召，隨沈學淵、金鳳藻兩同年赴蕭縣，同修《蕭縣志》。旋入蜀，佐楊芳燦纂修《四川通志》。二十二年返里。後以教習官京師。

《（嘉慶）蕭縣志》沈學淵後序："我師朗齋先生出宰百里，濟美三岑。……學淵趨陪絳帳，獲附青雲。始偕同郡金芝生、顧藺塘兩同年各受指陳，分編體類。無何藺塘先爲西蜀之行，芝生旋返南轅之駕。"沈學淵《桂留山房詩集》卷五《哭芝生同年擬七歌體·彭城恨》小序:"甲戌出都,偕至蕭縣,任編輯邑志之事,君奔喪而歸,觸暑星馳,不及備輿馬,東門握别,相對泫然。"按,潘鎔,字朗齋,浙江安吉人,乾隆五十七年(1792)舉人。嘉慶十五年(1810)任江蘇鄉試同考官,取沈學淵、顧翰、金鳳藻等人。

《拜石山房詩詞鈔》詩鈔卷三《寄懷夢湘、蘭厓、竹畦諸弟》:"天涯萬里滯行裝,屈指團圝只幾霜。巴蜀雲深愁木客,長安日近羨山郎。茱萸令節增惆悵,蒲柳先秋各老蒼。尚喜未曾抛筆硯,夜窗分火注丹黄。"自注:"時佐楊蓉裳先生纂修蜀志,故云。"按,據《楊蓉裳先生年譜》"嘉慶十六年辛未五十九歲"條、"嘉慶二十年乙亥六十三歲"條,楊芳燦入蜀在嘉慶十六年十月,嘉慶二十年卒於安縣。此後顧翰回鄉,顧翰《船山詩草補遺序》:"及丁丑旋里,而先生歸道山矣。"

丁紹儀《聽秋聲館詞話》卷六:"嘉慶庚午,蒹塘丈舉於鄉,時甫冠。後以教習官京師,賣文自給。久之,出爲涇縣令。歸主東林講席,年七十矣。"《拜石山房詩詞鈔》詩鈔卷五《眷口北來,賃屋盆兒胡同,成五言五章,簡劉芙初編修、施研雲光禄、楊湘槎上舍、陳小石公子》:"長安不易居,一身常苦飢。如何八口來,使我隻手支。況我戀雞肋,頭銜本經師。即獲一囊粟,不供三日炊。"按,自稱經師,證其於京師以教職謀生。

道光十三年(1833)秋,出知安徽定遠,慕古循吏風,聽訟公正,減賦恤民。明年冬,知涇縣。

按,據吳坤修等《(光緒)重修安徽通志》卷一百三十三《職官表》載,顧翰於道光十四年官涇縣知縣。《拜石山房詩詞鈔》詩鈔卷八《將之官涇川,留别定邑士民並諸僚友》爲顧翰離别定遠、調任涇縣時答謝定遠縣人之留别組詩。詩中詳細記述定遠任職之事。詩云："去秋我初來，四郊乏雨澤。"可知顧翰於道光十三年秋知定遠。又云："束髮誦書史，志慕漢吏循。每於廣座上，侈口談經綸。謂攝尺寸柄，當使風俗淳。及今身作令，庶務躬歷親。一歲又三月，實惠當及民。"可知顧翰出任定遠知縣，爲首入仕途，且於一年又三月後調知涇縣。又云："束裝將首塗，天色喜乍晴。士民出郊送，泥滑難遠行。"可知臨行時定遠民吏士紳曾相送於郊外。《聽秋聲館詞話》卷六云："官定遠時，有持牛首控私宰者，丈曰：'牛非自死者目不閉，此非私宰，宜坐誣。'闔縣稱神。丈笑謂幕中人曰：'吾見書中前人有此事，試仿之，今乃知折獄名亦可以剿襲得也。'"

翰於涇縣，清獄訟，絕苞苴，重懲奸民矯詐之風，遇牙角細故則立剖之，訟日以希。重縣學，廣文教，修繕龍神廟、大安寺，爲民祈澤。

《涇縣龍神廟碑》："昔韓昌黎撰《南海神廟碑》……蒹塘顧侯宰涇之明年乙未夏旱，禱於神盡禮，朝三夕一，兼旬不懈，神降之澤，歲以有收。先是，涇未立龍神廟，刺史陳君晴嵐攝邑篆，始於大安寺之禪室，貌神像祀焉。侯則以爲規模之未備也，楹宇之未崇也，庭唐之未深也，乃擴而大之；更於其前建廟三間，中奉神像而風、雲、雷、電之神以次並列；又建享堂三間，爲牲酒豆籩陳設之所。修其庭除，高其門廡，規制大備。明年澎雨應時，歲以大熟。廟在大安寺之東。其寺尚有隙地數十弓，前臨學池，侯曰：'茲地在學東南，形家所謂巽方也，當整齊高聳以翼文運。'乃出俸錢，命工伐山木，架閣其上，顏曰'龍光'，以與池中洗心亭對。又於隙地之南得舊碑，知爲明邑令劉公名世生祠遺址，遂建屋三間，供劉公栗主於中，顏曰'棠陰精舍'。旁以待齋宿，顏曰'聽雨山房'。又修葺僧寮三間，顏曰'雨花堂'。蓋終始不忘爲民祈澤之意。又其寺久未修，上雨旁風所在皆有，侯亦重葺之，盡易其腐瓦圮桷，加以黝堊，煥然一新。是役也，經始於道光乙未四月，落成於丙申七月，共用錢二千五百緡，出民力者十之六，出俸錢者十之四,與孔公之百用具修將毋同。始,侯至涇,清獄訟,絶苞苴,重懲奸民矯詐之風,遇牙角細故則立剖之,訟日以希。每歲增助書院膏火四十名,以廣文教。奉檄修郡城,捐廉倡率,輸金於郡,以濟鉅工。亦既政清事理矣,獨以農田雨澤關係民命,而惓惓於兹廟之興。"

道光二十一年(1841),知太和縣。二十三年,以涇縣任上虧累被劾,鮑繫皖城。二十六年遣戍。

陸以湉《冷廬雜識》"顧蒹塘詩"條:"無錫顧蒹塘明府翰,宰涇縣有恩,廉潔自矢。後虧帑項被劾。邑民醵錢代償,力拒之,曰:'吾寧獲譴,不忍累吾民也。'既遣戍,怡然就道。"

《國朝詞綜續編》卷八"顧翰"條:"蒹塘以縣令分發安徽,輕財好交游,卒以官逋罣誤。"

《船山詩草補遺序》:"余以虧累被劾,鮑繫皖城,賴筆墨消遣。"

《道光朝上諭檔》:"道光二十二年十二月二十四日奉旨:這所參虧短倉庫錢糧之安徽太和縣知縣顧翰,着即革職拿問,交程楙采提同丁胥人等,確切訊明究追,所有該革員寓所資財及原籍家產一並查封備抵。欽此。"

臺灣"中央研究院"歷史語言研究所《內閣大庫檔案》:"道光二十三年一月二十四日移會稽察房:吏部爲知照事,考功司案呈道光二十二年十二月二十五日內閣抄出:本月二十四日奉旨這所參虧短倉庫錢糧之安徽太和縣知縣顧翰,着即革職拿問,交程楙采提同丁胥人,確切查明究追,所有該革員寓所資財及原籍家產一並查封備抵。欽此。除行文完結外,相應知照可也,須至咨會者。"

按,《(光緒)重修安徽通志》卷一百三十三《職官表》載,顧翰曾任太和知縣,杜鳳梧於道光二十一年知涇縣。是以顧翰於是年調任太和知縣。《清代宮中檔奏摺及軍機處檔件》收錄道光二十六年四月十二日安徽巡撫王植"奏爲遵旨審明前任涇縣知縣虧短倉庫銀米穀石案定擬具奏"之摺，硃批爲"刑部議奏"。因此，顧翰在太和縣任上因知涇縣時倉庫錢糧虧空而遭彈劾，確屬無疑。

咸豐二年(1852)歸無錫，主講東林書院。十年四月，太平軍攻陷無錫，受傷而歿。光緒三年(1877)奉旨入祠崇祀。

《聽秋聲館詞話》卷六："久之，出爲涇縣令。歸主東林講席，年七十矣。……咸豐十年，丈寄余書，言於元旦易五品服，戲引東坡簪彩勝爲比。詎是年四月邑城陷，竟以被傷殞?"按顧翰生於乾隆四十八年，咸豐二年整七十歲。

朱壽朋《光緒朝東華續錄》光緒十八："沈葆楨奏：'據無錫、金匱二縣紳士奏，鳳翔等聯名呈稱，咸豐十年四月間粵逆竄陷縣城，城鄉紳民婦女皆深明大義，抗節捐軀計有數萬人，更有服官外省殉節者，亦指不勝屈。克復後，歷次采訪呈報，前安徽涇縣知縣顧翰等凡八十案，均蒙彙案具奏，奉旨旌恤，入祠崇祀。'"

顧翰少承家學，早飲香名。詩才清絶，無撏撦餖飣之習，剛柔相濟，深美閎約，能邃於經。五言善者，妙絶時人，雖登選樓，亦無愧色。刻意填詞，謹守白石、玉田軌範，思旨高迥。聲哀厲而彌長，又未嘗不折衷柔厚，使人識安雅之君子。

《(光緒)無錫金匱縣志》卷二十二《文苑》："少承家學，詩才清絶，人品狷潔如其詩。"按，梁溪顧氏乃累世望族，家學深厚。暨陽謝陵孝丹氏《其行公傳贊》云："梁溪望族，群推顧氏，自希馮公爲陳黃門侍郎，以博學碩行名重儒林，越十三傳爲錫番公，以後不墜家聲者，大推其行公。"顧氏宗族以顧野王爲始祖，累世簪纓，著述風雅，在無錫傳承不歇。顧翰屬顧宸一族。七代祖顧嘉舜，天啓元年(1621)副貢生，有《尚書日箋》《表異錄》。六代祖顧宸，明崇禎十二年(1639)舉人，聽社十七子之一，工詩文、好藏書，著有《杜詩注》《宋文選》《騷語》《莊注《韓注》《元文選》《三朝列傳》《辟疆園文集》等。五代祖顧珍,有《粵游草》《石香詞》。五代伯祖顧彩官內閣中書,有《鶴邊詞》《南桃花扇》《後琵琶行》傳奇,輯有《草堂嗣響》。五代叔祖顧彬,有《笑拈集詩文》《齊人記》傳奇。曾祖顧郢早歲工舉業。曾伯祖顧忠著有《往深齋附稿》《秋圃詩鈔》《朱櫚香手錄》。祖父顧奎光,乾隆十年(1745)進士,詩古文有名於時,著有《雙溪詞》。叔祖顧斗光,詩與兄齊名,困於場屋,有《翠苕軒詞鈔》《列女樂府》。父顧敏恒,叔顧敦愉、顧敬恂、顧敦憲,弟嶸、筠、蕙生,從弟栩皆有才名。《聽秋聲館詞話》卷六:"公(奎光)之子四,長笠舫敏恒,乾隆丁未捷南宮,自陳不習吏事,由令改教授,年四十五卒於蘇州府學,有《笠舫詩稿》。次學和敦愉,太學生,有《靄雲詩草》。次斐瞻敬恂,拔貢生,有《筠溪詩草》。次傅爰敦憲,邑諸生,有《幽蘭草》。咸未三十而夭。楊荔裳方伯彙刊爲《辟疆園遺集》。"秦祖永《桐陰論畫三編》卷下"顧蕙生能品"條,注曰:"竹畦,無錫人,太學生,蒹塘先生弟。工詩善畫,所藏西廬、麓臺各家畫幅,暇輒臨摹,故晚年自成一格。"《晚晴簃詩匯》卷一百四十一:"顧嶸,初名翱,字蓮坡,無錫人,諸生。殉難。有《竹素園詩鈔》。詩話:蓮坡爲簡塘季弟,詩才清拔,翛然塵壒之外。洪北江謂其夙慧不凡、深情工愁,未嘗致力於詩而出言無不愜意。袁子才亦云:'讀《竹素園詩》,香滿齒頰。'"《(光緒)無錫金匱縣志》卷二十二《文苑》:"弟筠、蕙生並有才。蕙生又善畫。從弟翃,字南厓,官昭文訓導,詩學玉溪生。顧氏自奎光後,子孫昆弟能詩者數世,風流文采爲時所稱。"可謂確論。

譚獻《重刻拜石山房詞叙》:"先生蚤飲香名,詩篇深美而閎約,五言善者,妙絕時人。雖登選樓,亦無愧色。刻意填詞,思旨高迥。聲哀厲而彌長,又未嘗不折衷柔厚,使人識安雅之君子。"

楊鍾羲《雪橋詩話三集》卷十:"徐廉峰嘗語顧蒹塘,詩必剛柔相濟。"

葉爲珪《五經詩草序》:"余所知海内能詩之士殆百餘人,其邃於經者,江右則有吳子顧、郭羽可;江左則有趙蓉舫、顧簡塘;閩中則有張亨甫;余鄉則有譚君力臣、王君冬壽、魏君默深。"(《(同治)安仁縣志》卷十四引)

《聽秋聲館詞話》卷十九:"顧丈兼塘嘗言蘇、辛二家詞,如天仙化人,不可仿佛,最不易學,亦不宜學,非若姜、史諸家,各有軌轍可循。"

《晚晴簃詩匯》卷一百二十一:"兼塘與從弟蘭厓翃並有才名,詩瀏漓渾脱,一氣盤旋,無摀撦餖飣之習,尤工倚聲,謹守白石、玉田軌範。"按,徐世昌"謹守白石、玉田軌範"之説與時人王藴章相悖。王藴章《然脂餘韻》卷六:"近余輯録邑人詞爲《梁溪詞徵》三十卷。宋元間作者絶少,明亦無多,至清初顧梁汾貞觀出,而此道大章。《彈指》一編,調高響逸,況夔笙以清剛二字評之,可爲確論。嗣後至顧簡塘翰,而《彈指》宗風因以不墜。簡塘詞清新俊逸,杭州許邁孫嘗執禮爲詞弟子。當浙派風靡一時之際,而自具蘭芳竟體之概。雖於律稍疏,要自餐冰嚼雪人語。自簡塘殁,而吾邑作者少矣。有清一代詞,若以此二顧先生爲起訖,亦可異也。"

早歲有《緑秋草堂詞》,汪世泰輯入《七家詞》;又有《拜石山房集》,與楊夒生、徐寶善、趙函、顧翃詩集合爲《同岑五家詩鈔》。又著《拜石山房詩鈔》《拜石山房詞鈔》,輯《涇川詩鈔》。

顧翰《拜石山房詞鈔》蔡宗茂序:"辛巳歲,汪丈白也見示《七家詞選》,獲讀兼塘先生所爲《緑秋草堂詞》,穆羽均調,奇弄迸發,深幸竹垞、迦陵而後克有嗣音。"《聽秋聲館詞話》卷十二:"太守(汪世泰)曾集袁蘭村、劉芙初、汪鄴樓、汪小竹、楊伯夒、顧兼塘詞,並己作爲七家,刊附隨園各種後。"按,汪世泰輯《七家詞選》,嘉慶二十四年夏鎸刻,彭兆蓀、楊文蓀作序。

湯鵬《海秋詩集》卷十二《贈徐廉峰編修》:"同岑詩卷浩盈捧,

四杰恢恢子更勇。"自注:"廉峰携兼塘、趙艮甫、楊伯夔、顧南厓刻《同岑詩鈔》。"按,"南厓"即蘭厓顧翃。《(光緒)無錫金匱縣志》卷二十九:"趙函,字艮甫,吳江人。……函少工吟咏,從楊芳燦游,與芳燦子夔生及徐寶善、顧翰、顧翃相倡和,有《同岑五子詩》。"

《聽秋聲館詞話》卷六:"笠舫公長子兼塘丈翰,有《拜石山房詩詞》。"

《江蘇刻書·清代家刻》:"《涇川詩鈔》,二十卷,清無錫顧翰輯,清道光十九年無錫顧翰刊本。"

參考文獻:

1. 顧翰《拜石山房詩詞鈔》,嘉慶間原刻本。

2. 顧翰《拜石山房詩鈔》,上海圖書館藏清鈔本。

3. 顧翰《拜石山房詞鈔》,光緒十五年榆園刻本。

4. 阮元著、鄧經元點校《揅經室集》,中華書局1993年版。

5. 胡培翬《研六室文鈔》,《清代詩文集彙編》,上海古籍出版社2010年版。

(孔哲)

周之琦傳

周之琦,字稚圭,號耕樵,又號退庵,河南祥符(今開封市)人。乾隆四十七年(1782)生。祖父輩皆有官職。

周汝筠、周汝策《稚圭府君年譜》乾隆四十七年一歲:"是年七月初七日寅時,府君生。"

《稚圭府君年譜》譜前:"府君姓周氏,諱之琦,字稚圭,河南祥符縣人。《家譜》:始祖公紹公諱晋卿,仕宋,初以明經行修爲廬陵訓導,扈駕南遷,改紹興訓導,秩滿,遂居紹興府學前東仰坊。八傳至明會稽庠生武功公諱駿,是爲府君高祖。配沈太君、章太君,生羽皇公諱士鳳,是爲府君曾祖。配邱夫人,生候補通判燦如公諱文涣,自會稽遷居祥符,是爲府君大父。配倪夫人、邵夫人,生伯元公諱世績,乾隆乙酉科解元,辛丑科進士,任福建崇安縣知縣,是爲府君父。配邵夫人、陳太夫人。自羽皇公、燦如公二代,先以府君仲父仲啓公諱世紹陝西興安府知府,贈朝議大夫,配皆贈恭人;嗣以府君任江西巡撫兼提督,恭逢孝慈睿皇后六旬萬壽覃恩,贈振威將軍,配皆贈一品夫人。伯元公誥贈振威將軍,配邵夫人誥贈一品夫人、陳太夫人誥封一品太夫人。伯元公生子二女一,伯父廣東即用知縣,以府君江西巡撫本銜貤贈資政大夫。次珩公諱之瑀,乾隆甲午生,居長,府君居次,姑母乾隆丁酉生。"

劉錦藻《清續文獻通考》卷二百八十一:"之琦,字稚圭,河南祥符人,嘉慶戊辰進士,官至國子監司業。"

黃燮清《國朝詞綜續編》卷六:"周之琦,字稺圭,祥符人。嘉慶十三年進士,官廣西巡撫,有《金梁夢月詞》。"

按,周之琦共五子:長子汝筠,有軍功,《東華續録》《清史稿》《曾文正公奏稿》皆有記載;次子汝箴;三子汝策,續室張氏生;子阿芸未期而殤;妹子子義,過嗣而來。

幼聰穎,爲祖父周文焕所鍾愛。有孝心,恐擾祖父眠,自縛雙脚。五歲從祖父受書,祖父隨時口授古詩,輒成誦不忘。年稍長,學習刻苦。祖父卒,周之琦愈勤勉。

《稺圭府君年譜》乾隆五十年四歲:"是年夏,夜臥轉側,偶以足拂大父膝上,次早始知,府君恐復睡熟誤觸,夜臥,潛以衣帶自縛雙足,大父晨起見之,大爲憐感,鍾愛益加。"

按,據《稺圭府君年譜》乾隆五十八年十二歲,祖父周文焕選授福建崇安縣知縣,周之琦每日功課雖日計不無作輟,而月計輒有加增。次年,祖父赴任,蒞任月餘,奉檄襄事秋闈,以不習水土途中得疾,旋卒。周之琦遂奮自勉勵以期顯揚。從兄之瑀請業,每日研誦,自旦至於夜分,無間寒暑。

嘉慶元年(1796)冬,補開封府學庠生。三年科試,詩古文皆第一,補廩膳生。四年,隨兄附通許某明府館。兄豪於文,周之琦兼擅詞翰,時稱開封二周。六年試拔貢,因末場遲到,不竟場而罷。

《稺圭府君年譜》嘉慶四年十八歲:"從伯父附通許某明府館。"嘉慶五年十九歲:"仍從伯父附館。"嘉慶六年二十歲:"考試拔貢,前場皆取第一,以每場早詣試院,俱遲久而後啓門。伯父聞同試人某言,末場更遲,屆期前來約會。伯父遂熟睡倦起,府君起候逾時,大母訝其過遲,催促始起,而盥洗飲食又越數刻,始雁行出門。中途聞學使點名畢,未見二周,遲候刻許不到,已扃門矣,遂不獲竟場。"

嘉慶八年(1803),迎娶常熟沈廷瑛次女爲妻。次年,長子汝筠生,爲聘母舅沈峻崧基女。是年,與河南鄉試,鮑桂星爲河南正考官,中第五十六名,兄中第二名。

周之琦《鴻雪詞》卷下有《阮郎歸·余以嘉慶癸亥就婚於長沙郡署,閱今三十九年,舊游重歷,距先室之歿一星終矣》。

《稚圭府君年譜》嘉慶八年二十二歲:"是年二月,親迎吾母沈夫人於外王父常熟沈筠堂公諱廷瑛湖南長沙府任所。吾母爲外王父次女,長府君一年,生於七月初九日丑時。"嘉慶九年二十三歲:"二月,不孝汝筠生,爲聘外王父孫女,母舅峻甫公名崧基女。是科河南鄉試,伯父中第二名,府君中五十六名。"

十年(1805),初館馮大令家,課其子,後辭去。次年,次男汝箴生,就通許書院教職。十二年,赴洛陽吳大令課。冬,自洛陽歸。

《稚圭府君年譜》嘉慶十年二十四歲:"二月偕伯父會試,同罷歸,馮大令延府君課子。東家情誼厚,而子則稱病常不就塾,未容過責,乃以他故辭去。"嘉慶十一年二十五歲:"是年就通許書院。正月次男汝箴生,二月伯母邵夫人卒。"嘉慶十二年二十六歲:"是年就洛陽吳大令課授館。"

按,周之琦《鴻雪詞》卷下有《南鄉子·吳子晉乞題〈蘆雁圖〉,即送襄陽之游。余以嘉慶乙丑館於洛陽縣署,子晉、季文兄弟皆從余學,今季文下世,圖爲憶弟而作》。

十三年(1808),中進士,欽點翰林院庶吉士。是年,長女生。次年,散館一等,授職編修兼撰文,充起居注協修、文穎館總纂。

《稚圭府君年譜》嘉慶十三年二十七歲："二月偕伯父公車北上，寓開封會館。府君中二百四十二名……覆試一等，殿試二甲第四名，朝考入選，欽點翰林院庶吉士。府君以從兄受業十年，顧先兄犟，懷念先澤，時深警惕。五月，長女生。十二月，伯父繼娶陳夫人，候選通判商邱諱栻公女。"

徐世昌《晚晴簃詩匯》卷一百二十："（周之琦）字稚圭，祥符人。嘉慶戊辰進士，改庶吉士，授編修。"

嘉慶十五年（1810）居賈家胡同。與劉嗣綰、董國華、屠倬、賀長齡等衆友舉行銷寒詩會。十六年，大考翰詹，列二等第二名，賜緞匹。十七年，居潘家河沿。《金梁夢月詞》所收詞作起於是年。

見《稚圭府君年譜》。

李慈銘《越縵堂詩話》卷上："《金梁夢月詞》自題自嘉慶壬申至道光辛巳十年中所作，皆其官京師時與屠琴隖倬、錢衎石儀吉、劉芙初嗣綰及吾鄉布衣陳小雲致瑛等相唱和，共百五十四首。"

蘇源生《書先師錢星湖先生事》："先生慎交游，里居與嘉定陳蓮夫講學相善也。庚午歲，與同年劉芙初、董琴涵、朱勛楣、屠琴隖、謝向亭、賀藕耕、周稚圭諸先生爲消寒詩會。"按，劉嗣綰，字簡之，又字芙初，號醇甫，江蘇陽湖（今常州市）人。嘉慶十三年（1808）進士，廷試改翰林院庶吉士，散館授編修。著有《尚絅堂文集》《尚絅堂詩集》《筝船詞》。董國華，字榮若，號琴南（一作琴涵），江蘇吳縣（今蘇州市）人。受業於錢大昕門下，嘉慶十三年進士，道光間官至廣東雷瓊道。致仕歸，歷主雲間書院、紫陽書院講席，工詩文，詞尤婉約。有《雲壽堂文集》《詩集》《詞鈔》《綠溪筆談》《海南筆記》《香影庵詞》等。屠倬，字孟昭，號琴隖，又號潛園、耶溪漁隱，浙江錢塘（今杭州市）人。嘉慶十三年進士，改庶吉士，授儀徵知縣。擅書畫篆刻，畫工山水，見重於時。賀長齡，字藕耕，一作耦耕,號西涯,晚號耐庵,湖南善化(今長沙市)人,原籍浙江會稽。嘉慶十三年進士,選庶吉士,授編修,遷贊善。爲官四十年,勤於職守,有惠政。主修《遵義府志》,著有《耐庵詩文集》等。

嘉慶十八年(1813)秋,爲山西副考官,得士五十八人。沿途作《解連環》一闋。二十年,補授國子監司業。

周之琦《金梁夢月詞》卷上有《解連環·癸酉秋,奉使并門,行次恒山驛,晋豫分道處也。太行山翠,紛來邀客,隔河南望,鄉思黯然,賦寄伯兄次珩》。

《稚圭府君年譜》嘉慶十八年三十二歲:"四月,母舅峻甫公赴試北闈來寓。六月,阿芸殤。七月,蒙恩簡放山西副考官,得譚昌言等五十八人。"嘉慶二十年三十四歲:"十月,補授國子監司業,母舅峻甫公遵例報捐鹽場大使,分發浙江。"

二十一年(1816),與劉嗣綰、錢儀吉、董國華、陶梁等往來。次年冬,移居粉坊琉璃街。後兩年,仍居京中,作詞數首。

《稚圭府君年譜》嘉慶二十一年三十五歲:"是年,謝公向亭、賀公藕耕俱簡放學政。都中知交常往來者爲劉公芙初名嗣綰、錢公心壺名儀吉、董公琴南名國華、潘公吾亭名恭常、陶公鳧薌名梁,戚屬則章公薌國名保濂。是冬,李公賓石捐館舍,府君悼惜之至。"嘉慶二十三年三十七歲:"大考翰詹,府君以司成京堂例不與試,仍與諸同年會課。伯父選授遂平縣教諭。"

按,錢儀吉,初名逵吉,字藹人,號衎石,又號新梧(一作心壺)、星湖。浙江嘉興人。嘉慶十三年進士,選庶吉士,改戶部主事,累遷至工科給事中。罷官後主講大梁書院。工詩文,輯《碑傳集》,著有《衎石齋紀事稿》《閩游集》《定廬集》《刻楮集》《旅逸小稿》等。陶梁,字寧求,號鳧薌(一作鳧香),江蘇長洲(今蘇州市)人。嘉慶十三年進士，改庶吉士，授編修，官至禮部侍郎。著有《紅豆樹館詩稿》。

嘉慶二十五年（1820）移居珠巢街，充會試同考官。六月，補授右春坊右中允。七月，嘉慶帝薨，隨班哭臨。十月，補翰林侍講，充實録館纂修。

張之洞《（光緒）順天府志》卷十四"珠巢街"條："周稚圭同年，白粉坊琉璃街移寓珠巢街，步行特訪。《餐亭集和陶移居詩》自注：'嘉慶庚辰，移居珠巢街。'"

《稚圭府君年譜》嘉慶二十五年三十九歲："充會試同考官，得羅宜誥等十三人。伯父循例回避。六月，補授右春坊右中允。七月，睿廟升遐，府君以渥承知遇，並屢蒙召對温諭，驚聞遺詔，哀感號呼，隨班哭臨。十月，補授翰林院侍講，充實録館纂修。府君以伯父七上公車，復遇回避，極爲抑鬱，而思念大母彌切，移居珠巢街，爲屋二十餘楹，尚爲寬爽，以待迎養。伯父亦擬次年不與計偕，俟春夏間侍奉大母入都。適道光初元特有監司之命。"

道光元年（1821）三月，授四川監茶道。作《摸魚兒》等數闋，《金梁夢月詞》所收作品止於是年。三年，兼署四川成綿道。四年，兼署四川按察使。

《金梁夢月詞》卷下有《摸魚兒·辛巳人日，齋宿翰苑，燭花燦然，爲拈此解》。《鴻雪詞》卷上有《祝英臺近·浣花祠以陸放翁配食少陵。往歲，程春海侍講持衡游此，謂當以韋端己易放翁，因陸非流寓，而韋以"浣花"名集也。乙酉初春，偕吴梅梁學使、尹竹農、桂燕山兩觀察問梅草堂，偶憶春海語，率成此解》。

六年（1826）三月，補授浙江按察使。六月至京，作《還京樂》一闋。八月十一日，於浙江接印任事。七年九月，署浙江布政使。九年正月，兼署浙江鹽運使；五月二十一日，妻沈氏病故，作《懷夢詞》

一卷以悼亡,李慈銘以爲堪比納蘭之《飲水集》;七月,補授廣西布
政使,十二月初八接印任事。

見《稚圭府君年譜》。

《鴻雪詞》卷上有《還京樂·丙戌小住都門,匆匆脂轄,悵然有
作》《聲聲慢·己丑重過吳門藹人墓,已宿草,撫今感昔,且傷新橋
之逝,舟夜漫譜此曲,倘付雙鬟,按拍必當泪落連珠也》。

周之琦《懷夢詞》有《青衫濕遍·道光己丑夏五,余有騎省之
戚,偶效納蘭容若詞爲此,雖非宋賢遺譜,音節有可述者》。

李慈銘《越縵堂詩話》卷上:"閱祥符周稚圭中丞之琦《金梁夢月
詞》兩卷,又《懷夢詞》一卷,纏綿諧婉,深入南宋大家之室。……
《懷夢詞》皆其爲浙臬時悼亡之作,共四十五首,時爲道光己丑,其
詞凄麗妍約,情不自勝,令人誦之回腸結氣,幾欲掩過納蘭容若。
昔人謂《飲水詞》過於哀抑,決其不壽,若中丞者,富貴壽考,又將何
說耶?"

謝章鋌《賭棋山莊詞話》卷二:"稚圭婦沈氏卒後,稚圭悼之甚,
有《懷夢詞》一卷,皆悲香哀粉之作也。"

道光十年(1830)十一月,調任廣東巡撫,十二月到任。十二年
二月十八日,補授江西巡撫,四月到任。辦理平糶,監鄉試文闈、武
闈。次年,代學使,並整頓軍務,添備火器、抬炮等。十月,赴京入
覲。十四年(1834),奏請朝廷賑江西水灾,監臨文、武闈;作《踏莎
行》一闋。次年七月,續娶張氏;作《浣溪紗》一闋。

《稚圭府君年譜》道光十二年五十一歲:"道光十二年二月十八
日奉上諭:'本日降旨,將吳邦慶補授河東河道總督,周之琦補授江
西巡撫。周之琦接奉諭旨,著即前赴江西新任,將此諭令知之。
欽此。'"

道光十三年五十二歲："正月，江西鄭學使被劾卸事，由巡撫暫行代辦新添營操速戰陣及捐製抬炮等項。"

道光十六年（1836）二月，補授湖北巡撫，賦詩三首紀事。四月就任。十七年二月，兼攝湖廣總督；三月，林則徐總督兩湖。十八年四月母卒，丁憂。十九年，移居新置河道街屋。二十年七月，服除，八月補授太僕寺卿，十一月補授刑部右侍郎。

見《稚圭府君年譜》。

二十一年（1841）閏三月，補授廣西巡撫，五月到任，并兼節制通省兵馬銜。二十二年，經長沙，作《阮郎歸》一闋。廣西任上，多治匪人。次年，輯《心日齋十六家詞錄》。二十六年以腿疾奏請開缺，十一月自桂林啓程回籍。經洞庭湖、岳州、漢口，作詞紀之。次年二月，抵家，輯《鴻雪詞》。

見《稚圭府君年譜》。

《清史稿》卷十九《宣宗本紀三》："（道光二十一年閏三月）以周之琦爲廣西巡撫。"

《鴻雪詞》卷下有《探春慢・辛丑都門、元夕二首》《阮郎歸・余以嘉慶癸亥就婚於長沙郡署，閱今三十九年，舊游重歷，距先室之歿一星終矣》《漁家傲・末疾艱於步履，疏請開缺，交篆後書寄汝筠，時在丙午七月》《望湘人・丙午除夕泊舟洞庭湖鹿角書所見》《玲瓏四犯・載雪開行，餘寒殊勁，呵凍作此。途中聞賀蔗農侍御於數日前病歿，此吾三十年素心友也，雪阻不及一面，並以志恨》。

陳匪石《聲執》："《心日齋十六家詞錄》，周之琦所選，時在道光二十三年。"

周之琦《退庵詞》有《子夜歌・自辛巳至丁未舟車南北，時有紀程之作，公牘餘閑間亦弄筆，積久漸多。家居輯而存之，命曰〈鴻雪詞〉，廿七年宦迹，聊資尋夢云》。

道光三十年（1850），道光帝駕崩，周之琦帶病進京叩謁梓宮。在京與婿俞光會小聚。

《鴻雪詞》卷下有《錦堂春慢·庚戌春仲，小住都門。適俞婿香屏在京候禮部試，三年之別，相見甚慰。惜余遄歸在即，不及留待榜發，因填此解》。按，俞婿即次女夫俞光會，《稚圭府君年譜》道光二十三年六十二歲："四月，次女歸道光己亥科鄉魁歸安俞香屏，名光會。"

咸豐七年（1857），俞光會赴浙，周之琦作詩遣懷。十一年，移居西域巷新寓。間有詞作，頗以爲樂。爲人達觀，齒落，作詩以自嘲。

《退庵詞》卷下有《水龍吟·丁巳冬仲，俞婿自南康返浙，道出汴城，信宿別去。悒怏累日，賦此以遣悶懷》。

《稚圭府君年譜》咸豐十一年八十歲："三月二十七日移居西域巷新寓，府君《新居閑筆》云：'庚子山所謂蝸角蚊睫又足相容者也。回憶舊屋，從前頗費經營，茲因捐助軍資賤價售去，勉效綿薄，輒成長句爲別。'""五月初八日《新居閑筆》記：'近年只餘一齒，邇來欲墮不墮，幾廢飲啖，前日居然脫去，輒賦小詩自嘲。'"

《退庵詞·水調歌頭》小序："辛酉三月廿七日移居文殊寺巷。所謂蝸角蚊睫又足相容者也。"自注："巷以文殊名，然止有清真寺，並無文殊寺。"

《晚晴簃詩匯》卷一百二十："咸豐庚申以捐助京餉，賣開封舊宅，移居文殊寺巷，年已八十。作數絶句，從《退菴詞》附注輯録，自謂'蝸角蚊睫又足相容'，可以覘清節矣。"

按，家譜所記與詞作所記有出入，當爲同地異名，或因文殊巷僅有清真寺，故又名西域巷。

同治元年（1862）六月病卒，年八十一。

《稚圭府君年譜》同治元年八十一歲：“驚悉府君已於六月二十二日未時棄養。”

周之琦爲官勤於政事。道光間疏言築堤防、賑灾等事，又有禁毒、剿匪等政績。

《稚圭府君年譜》道光五年四十四歲：“兼署四川按察使。有某生員以較息壞當商門面，邑令詳請斥革，府君不允。邑令晉省面陳當商貧窘及某生員凶暴各情形，府君以較息細故，門面亦值無幾，何遽爲當商革一生員？令稱當商門面值五百金，府君詰以五百金置門面，何謂貧窘？卒不允。”

《稚圭府君年譜》道光九年四十八歲：“某素鄙劣，並慣於把持媒蘗，極爲僚屬所憚，府君到粵，某語人曰：‘吾數十年老吏，閱人極多，今每見新方伯必汗流浹背。’廉訪佟公鏡塘言：‘有庸劣不職之員宜加甄汰。’府君謂：‘豺狼當道，安問狐狸？’會某以激事被辱，遂勒令告病。闔省稱快。”

《稚圭府君年譜》道光十三年五十二歲：“正月，江西鄭學使被劾卸事，由巡撫暫行代辦新添營操速戰陣及捐製抬炮等項。……硃批：‘務要實力訓練，不可日久生懈。欽此。’”

《稚圭府君年譜》道光十四年五十三歲：“五月二十二日病痊接印。時值水灾，奏請賑濟南昌、新建、豐城、進賢、清江、峽江、廬陵、萬安、吉水、建昌、德化、德安、上猶等縣被灾貧民銀共四萬四千八百兩，俱蒙俞允。”

《稚圭府君年譜》道光二十三年六十二歲：“閏七月，彙奏續獲舊案劫搶結拜逸犯十四名。八月，奏請將外匪加等定擬，其略曰：‘粵西地處邊陲，民猺錯雜，陸路遼闊，河道綿長。而梧州、平樂、潯州、南寧、鬱林等州府屬，均與粵東緊連，匪徒時時出没。查粵西民風素稱安分，近來搶劫訛詐結拜之案層見叠出。……若不從重懲治，不足以除奸宄而靖地方。'"

著《珠巢存課》二卷，皆館試詩賦。

《晚晴簃詩匯》卷一百二十："（周之琦）詩無傳本。《珠巢存課》一册，皆館試詩賦。"

輯《心日齋十六家詞録》十六卷，録十六家詞，人各一卷，末置論詞絶句，頗中肯。推崇李煜詞，言宋詞閑雅有餘，跌宕不足，長調有清新綿邈之音，小令少抑揚抗墜之致。論詞時有創見。

周之琦《心日齋十六家詞録》自序："詞之有令，唐五代尚矣，宋惟晏叔原最擅勝場，賀方回差堪接武，其餘間有一二名作流傳，然皆專門之學。自兹以降，專工慢詞，不復措意令曲，其作令曲，仍與慢詞聲響無異。大抵宋詞閑雅有餘，跌宕不足，長調則有清新綿邈之音，小令則少抑揚抗墜之致。蓋時代升降使然，雖片玉、石帚不能自開生面，况其下者乎？"

陳匪石《聲執》："《心日齋十六家詞録》，周之琦所選，時在道光二十三年，所録爲温庭筠、李煜、韋莊、李珣、孫光憲、晏幾道、秦觀、賀鑄、周邦彦、姜夔、史達祖、吳文英、王沂孫、蔣捷、張炎、張翥十六家，自言爲平生得力所自，故輯而録之。末各綴一絶句，皆能得其真詮。……對於夢窗，特加論斷，雖不能如周、戈之深粹，而所言頗中肯綮。且與戈氏不謀而合者，則取史、吳兩家也。"

譚獻《復堂詞話》."稚圭中丞撰《心日齋十六家詞選》，截斷衆流，金針度與。雖未及皋文、保緒之陳義甚高，要亦倚聲家疏鑿手也。""周稚圭有言：'成容若、歐、晏之流，未足以當李重光。'然則重光後身，惟卧子足以當之。"

《心日齋十六家詞録》卷三《鶯啼序·咏荷和韻》附識語：“夢窗詞自張叔夏‘不成片段’之論出，耳食者群然和之。余謂夢窗格律之細，方駕清真；意境之超，希踪石帚，斷非叔夏所能跂及。《唐多令》一闋，乃夢窗率筆，叔夏以其類己而稱之，非知夢窗者也。”

《心日齋十六家詞録》評李煜：“玉樓瑶殿枉回頭，天上人間恨未休。不用流珠詢舊譜，一江春水足千秋。”評張炎：“但説清空恐未堪，靈機畢竟雅音涵。故家人物滄桑録，老泪禁他鄭所南。”評姜夔：“洞天山水寫清音，千古詞壇合鑄金。怪底纖兒誚生硬，野雲無迹本難尋。”評王沂孫：“碧山才調劇翩翩，風格鄱陽好並肩。姜史姜張饒品目，人間别有藐姑仙。”評蔣捷：“陽羡鵝籠涕泪多，清辭一卷黍離歌。紅牙彩扇開元句，故國凄凉唤奈何。”評張翥：“誰把傳燈接宋賢，長街掉臂故超然。雨淋一鶴冲霄去，寂寞騷辭五百年。”評周邦彦：“宮調精研字字珠，開山妙手詎容誣。後生學語矜南渡，牙慧能知協律無？”評吴文英：“月斧吴剛最上層，天機獨繭自纏冰。世人耳食張春水，七寶樓臺見未曾？”評賀鑄：“雕瓊鏤玉出新裁，屈宋嬌施衆妙該。他日四明工琢句，瓣香應自慶湖來。”評史達祖：“長安索米漫欷歔，秘省申呈不負渠。泉底纖綃塵去眼，當時侍從較何如。”

輯有《晚香室詞録》八卷，以比興寄托、諧音協律爲選詞標準。

按，《晚香室詞録》共八卷，録唐、宋、金、元詞人一百二十三家，詞六百五十首，其中唐五代二十四人，兩宋八十人，金元十九人。各卷依詞人時代先後相叙，繫以小傳及本事詞話。選旨重比興寄托。考辨詞律，以萬樹《詞律》校律之正誤。

工詞，詞作渾融深厚，瓣香北宋，大抵以周邦彦、姜夔爲依歸。其短調學温、李，長調學姜、史。有意内言外之旨，諧音協律，力追

雅始。撰有《金梁夢月詞》《懷夢詞》《鴻雪詞》各二卷,《退庵詞》一卷,合稱《心日齋詞集》。

《稚圭府君年譜》譜前:"府君詩古時藝,靡不純粹以精,然以此特試藝,不甚重之。……惟於製詞最爲專精,自得萬陽羨《詞律》,愈益精進,久之復別有神悟。程公春海謂府君詞聲律精嚴,爲詞家第一;又謂府君詞純是起承轉合,竟可作詞中八股,府君極以爲知言。"

謝章鋌《賭棋山莊詞話》卷二:"祥符周稚圭之琦著《金梁夢月詞》,短調學溫、李,長調學姜、史。……稚圭婦沈氏卒後,稚圭悼之甚,有《懷夢詞》一卷,皆悲香哀粉之作也。……傷心苦語,真不數潘安仁、元微之也。調乃納蘭容若所譜者。"

錢林《玉山草堂續集》卷四《歲暮偶爲絕句貽諸游好》自注:"周同年之琦觀察蜀中,所作小詞甚工。"

黃燮清《國朝詞綜續編》卷六:"《夢月詞》渾融深厚,語語藏鋒,北宋瓣香,於斯未墜。"

蔣敦復《芬陀利室詞話》卷一:"詞之合於意内言外,與鄙人有厚入無間之旨相符者,近來諸名家指不多屈。周保緒先生外,有周稚圭者,名之琦,祥符人,官通顯,顧其詞蕉萃婉篤,恤乎若有隱憂。""'爐香冷了金猊,鏡臺携,不信生來長見翠眉低。''姮娥依舊弄清輝,我自不曾真見月圓時。'皆《金梁夢月詞》中句也。一見一不見,俱極有見地,讀之令人銷魂。"

孫麟趾《絕妙近詞·凡例》:"乾隆年間,屬樊榭徵君審律精嚴,用意深妙,幾並南宋。及周中丞《金梁夢月詞》出,較南宋有過之而無不及矣。"

杜文瀾《憩園詞話》卷二:"國朝詞人最工律法者,群推納蘭容若、顧梁汾、周稚圭三家。……所選《心日齋十六家詞》,專取唐、宋,而以元之張蛻巖殿焉。……其論如此,取徑可知。余求其詞集不可得,今從各友抄存者摘録十二闋,渾融深厚,洵爲盛世元音,足資後學津梁,壇坫弁冕也。……以上十二詞皆諧音協律,真意獨存,耐人尋味。"

丁紹儀《聽秋聲館詞話》卷十五:"綺麗縝密,直逼草窗。紙鳶一詞,寄興尤婉。"

顧憲融《填詞百法》卷下:"周稚圭名之琦,祥符人,著有《金梁夢月詞》二卷,《懷夢詞》一卷。層臺高步,竟體芳蘭,其《陌上花》詞題稱與南唐李重光同以七夕生,故其樂府小令嘗瓣香李氏。雖天籟、人工未能並駕,要於珠玉、六一之後,善自得師。"

朱庸齋《分春館詞話》卷三:"乾嘉年間,浙西派與常州派迭興,角持一代詞壇,獨周之琦一人,能截斷衆流,巍然自立,斯亦難能可貴矣。……《心日齋詞》短調學北宋,長調則近張翥,用筆翻騰變化,不必如常州諸子高陳其義,而情韻自足動人。尤得南宋名家勾勒之法,由淺入深,於平順中見險峭,表現獨特之意境。"

參考文獻:

1. 周之琦《心日齋詞集》,清道光間刻本。

2. 周之琦《晚香室詞録》,清鈔本。

3. 周之琦《心日齋十六家詞録》,清鈔本。

4. 周汝筠、周汝策編《稚圭府君年譜》,清同治間刻本。

5. 徐世昌編、聞石點校《晚晴簃詩匯》,中華書局 1990年版。

(滕小艷)

錢儀吉傳

錢儀吉,初名達吉,字定廬,號衍石,又字藹人,號星湖、心壺、新梧,浙江嘉興人。乾隆四十八年(1783)生。

錢儀吉《碑傳集》卷首下《作者紀略》載:"錢儀吉,字定廬,號衍石。"

蘇源生《書先師錢星湖先生事》:"先生名儀吉,字藹人,號星湖,浙江嘉興人。""先生之生,有五色文禽見於室,故初名達吉,後改今名。""道光三十年四月初七日卒,年六十八。"按,知儀吉生於乾隆四十八年。

潘衍桐《兩浙輶軒續錄》卷二十五《錢儀吉傳》:"錢儀吉,字藹人,號新梧,又號衍石,福胙子,嘉興人。"

《清史稿》卷四百八十六《錢儀吉傳》:"錢儀吉,字衍石,嘉興人,尚書陳群曾孫。父福胙,侍讀學士。儀吉生有五色文禽翔其室,故初名達吉,後易焉。"

支偉成《清代樸學大師列傳》卷十四《錢儀吉傳》:"錢儀吉,字衍石,號心壺,又號新梧,浙江嘉興人。"

按,《碑傳集》乃儀吉所編,所言可信。《清史稿》《清代樸學大師列傳》以"衍石"爲儀吉字,不確。錢儀吉《衍石齋記事稿》卷五《跋訓弟遺言》:"從兄學源爲世父大興府君長子,乾隆六十年從學來京師,居世父户部府君所。自辛亥歲儀吉見兄郡城,至是更相見也。兄愛儀吉甚，相過或通書無虛日。嘉慶二年，歸省大興府君於吳橋縣廨，感喉疾，誤服地黃卒，年甫十九。……'逵吉'予舊名，兄没後二年，避從叔名，易以'儀'也。"知其於嘉慶四年（1799）改名。

嘉興錢氏爲江南望族，儀吉曾祖陳群字主敬，號香樹，官至刑部侍郎，致仕後賜刑部尚書銜，有《香樹齋詩文集》。祖汝恭，官至安慶同知，有《秋涇集》。父福胙，字爾受，號雲岩，官至福建學政，有《延澤堂詩文集》。

《書先師錢星湖先生事》："太傅文端公諱陳群之曾孫，安慶同知諱汝恭之孫，侍讀學士諱福胙之子也。"

錢泰吉《甘泉鄉人稿》卷十八《先考蓉裳府君行述》："先世本海鹽何姓，明初貴四公戍黔，以次子裕寄育於同里錢富一翁，遂易錢姓。四傳至海石公，諱薇，是爲府君七世祖。嘉靖壬辰進士，官禮科給事中，以論宮寮削職。隆慶初，贈太常卿。事具《明史》列傳。六世祖魯南公，諱與映，嘉靖甲子順天舉人。五世祖紫芝公，諱升，萬曆戊午舉人。高祖鶴庵公，諱瑞徵，康熙癸卯舉人，西安縣學教諭。曾祖廉江公，諱綸光，太學生。自紫芝公以下，皆以文端公貴，誥贈光禄大夫。六世祖妣鄭、吳，高祖妣曹，曾祖妣蔡、陳，皆誥贈一品夫人。祖文端公，諱陳群，康熙辛丑進士，以刑部侍郎予告歸，誥授光禄大夫，特加太子太傅、刑部尚書，晉贈太傅，入祀賢良祠。祖妣俞，誥贈一品夫人。繼祖妣俞，誥贈一品夫人。生祖母沈，誥贈恭人。考安叔公，諱汝慤，爲文端公第三子，少穎悟，十三歲工擘窠書，十八歲即世以府君恭遇覃恩，誥贈奉政大夫，順天大興縣知縣，加二級。妣貞孝馮太宜人，於乾隆三十八年題旌誥贈宜人。本生考蔗齋公，諱汝恭，乾隆丁卯舉人，歷官河南新鄉縣知縣，江南丹徒、沭陽等縣知縣，安徽安慶府同知，爲文端公仲子。"

《（光緒）嘉興縣志》卷二十二《列傳二》："錢汝恭，字雨時，汝誠弟。乾隆十二年舉人，挑發江南，補沭陽令。沭有六塘河，每暴漲，城西門當其衝，屢圮。汝恭審地勢，開支河以殺其流，又闢柴米河以通舟楫。縣東南窪下，土田不治，民多逋賦，具牒極言其累，得減額。又縣民輸漕無水路，艱於運，請改民折官辦，沭人便之。既去，入名宦祠。調興化，清積案百餘。縣多盜，爲嚴立賞罰，使互相訐發，得免罪，未幾擒其魁，餘黨悉散。尋調丹徒，以艱歸。補新鄉，縣邑瀕河，自康熙間河決，有壓廢田三百餘頃，責虛糧於富戶，爲民病者六十餘年。汝恭勘得實，力請上官，奏豁之，民立祠縣之趙村以祀。擢安慶同知，以父喪哀毀致疾，卒。”“錢福胙，字雲岩，開仕弟，乾隆五十五年進士，由編修官至侍讀學士，充同考官二，主試二，督學一。持躬嚴毅，多所成就。”

儀吉少讀書海寧園花鎮外祖家，九歲侍母入都，時父福胙任侍讀學士。十二歲遍讀十三經，熟精《文選》。曾擬作《山賦》，數千言立就，張問陶擊節稱賞，手畫桐一梅一以贈。

《書先師錢星湖先生事》：“少讀書海寧園花鎮外祖家，九歲侍母戚太恭人入都，十二歲遍讀十三經，熟精《文選》，背誦不遺一字。初讀賦，即擬作《山賦》，數千言立就，張船山先生嘆賞不置。一日，手畫桐一梅一以贈，題句曰：‘錢郎十二已英妙，能讀盧仝《月蝕詩》。比似《卷阿》桐一樹，露華新長鳳皇枝。’先生小字桐，故云。又曰：‘尚書家世多才子，十葉金貂萬首詩。我欲拈毫畫梅里，爲君點染向南枝。’”

張問陶《船山詩草》卷十一《畫扇贈錢雲岩（福胙）編修令子新梧（桐）題雨絕句》：“錢郎十二已英妙，能誦盧仝《月蝕詩》。却似《卷阿》桐一樹，露華新長鳳凰枝。”

嘉慶四年(1799)，福胙授福建學政，儀吉隨父入閩。六年舉鄉試。明年，陳爾士來歸。福胙病卒，儀吉居家守制，沉潛經史，著述極富。從弟泰吉號警石，亦好學，"錢氏二石"由是有聲於時。

《書先師錢星湖先生事》："十七歲侍父學士公入閩學署。十九歲領鄉薦，因學士乞歸後小病，遂不赴公車。壬戌三月丁外艱，自是至己巳，奉母里居之日，多沉潛經史，纂述極富。"

錢儀吉《衎石齋記事續稿》卷八《妻陳恭人述略》："恭人餘杭陳氏，考諱紹翔，字鳳翬，官刑部直隸司員外郎。早年告歸，居黃回山中，善行稱於其鄉。妣德清蔡氏。恭人幼端重，刑部公奇愛之，名之曰爾士。乾隆五十二年，儀吉從外大父戚公居袁花鎮，刑部公來謁戚公，見予，以爲好，遂以字予。手書恭人'生乙巳三月二十七日戌時'小紅箋上，先妣藏之久，今猶存。……恭人來歸數月，先考卒，執喪盡哀。……道光元年五月廿七日感時疫，六月二日時加申卒，年三十有七。"

錢應溥《警石府君年譜》嘉慶十一年十六歲："四月，侍沈太恭人扶大興公喪歸。江湖險阻，屢瀕於危。七月，抵里。時伯祖戶部公方家居，傷吾祖父行之先後零落而亟望後起也。見府君，泣下曰：'爾父歿後，爾寄我書能達意，爾自作耶？'府君對曰：'然。'曰：'適欲答某人札，我意云何，爲我繕稿。'又曰：'聞爾能作五言排律，信然耶？'即命一題。既呈稿，伯祖乃大喜，語從父衎石先生曰：'汝善啓誘若弟，俾有成，以慰我先人。'府君聞戶部言，日就衎石先生論詩古文詞，服膺弗失，由是文譽日起，郡人交稱曰'錢氏二石'云。"

十三年(1808)成進士，選翰林院庶吉士，散館授戶部主事。歷官雲南山東司主事、貴州司員外郎、雲南司郎中、總辦八旗現審處會典館總纂，並提調升河南道御史，掌貴州道御史、刑科給事中、工科掌印給事中,稽察内倉豐益倉户部銀庫,巡視中城,誥授中憲大夫。道光十年(1830),以失察户部假照案降一級調用,旋罷官。

《書先師錢星湖先生事》:"戊辰進士,選庶吉士,散館,授户部主事。歷官雲南山東司主事、貴州司員外郎、雲南司郎中、總辦八旗現審處會典館總纂並提調,升河南道御史,掌貴州道御史、刑科給事中、工科掌印給事中,稽察内倉豐益倉户部銀庫,巡視中城,誥授中憲大夫。庚寅因公累罷官。"又云:"庚寅,因户部失察假照案,鐫一級。初,先生直捐納房僅數月,以剔弊爲己任。一日黎明赴公所,見一人持文逡巡門外,遽取視,則直督催補監照事,且云上年咨部未復也。稽檔册,無上年文。閱監簿,又無李珀等三人名,遂代長官草奏,以吏郭坦送刑部治。請托百至,戚太恭人戒門者毋通刺。有饋小罍,云南來蔬果也,呵之去,持益力,自後半年餘,部案久不結,會以憂去,事遂解。及再至京師,同人偶及之,曰奏當吏自承誤以監生名填貢生簿耳。杖郭坦、準、珀等三人,給照,先生一笑罷。至是蔡某事覺,親友知先生前事者,力勸自陳,先生笑曰:'同罪數十人,獨曉曉何爲?且吾實疏縱,閱監簿,遺貢簿,使得巧脱焉,咎奚辭?升沉有數,吾思之熟矣。'源生聞其事,於所親嘗論先生當日若不以憂去,讞獄者或有所忌,不諱飾。涓涓既塞,何至流爲江河?而先生泊然,終不自言也。董琴涵觀察前作《五君咏》,有先生。是年,復作《後五君咏》,其五云:'給諫志通濟,侃侃古遺直。胸中萬卷書,論事有特識。側聞驄馬威,清風動京國。吏議來無端,翛然六月息。'周稚圭中丞湘南道中亦有《五君咏》,其四云:'待軒吾畏友,學粹行誼敦。淵淵丁頃陂,誰能測其源。白雲在天際,玄鶴相與騫。超詣謝塵滓,知希安足論。'源生謂此二詩能道先生高致云。"

《清史列傳》卷七十三《錢儀吉傳》:"嘉慶十三年成進士,改翰林院庶吉士,散館授户部主事。"

官户部時,值現審處,剖決如流。及改御史,吏皆拊掌相告曰:"錢公去此,吾屬無患矣。"巡城視事,隨到隨決,無稽留旬日者。嘗曰:"小民細故,導之使速已,縱不免小有不平,猶愈於久繫株累耳。至有事關倫紀,不可以窮治。既較決,猶矜慎以思,且筆録以訪於人。"

《書先師錢星湖先生事》:"庚辰,先生補官,英相國倚重,遇事直陳,多所匡補,會察辦豁免議蠲賦之法,使實惠及民,不果行。同官或因公事齮齕之,堂見日,長官既譴先生言,盡取寮屬所上書付先生。某君書在焉,及同歸司署,行且讀,某惶恐無措,則慰之曰:'公事正當各抒所見,惟詆諆已甚者,施之君子,固相忘於無事,不然危矣。'某愧謝。值現審處,剖決如流,與魏春松侍御論事契合,手摘成案若干册,吏不容奸,畏忌甚。及先生改御史,同官朱修撰昌頤聞科吏聚語,皆拊掌曰:'錢公去此,吾屬無患矣。'先生入臺後,章數十上,皆焚其草,源生所知者,如陳京師流民不應押送回籍,劾浙撫諱飾糧艘事,劾江南吏治,劾浙江學政,又陳河漕、鹽政、南路屯田各事宜。巡城,每四五日一視事,隨到隨決,無稽留旬日者。嘗曰:'小民細故,導之使速已,縱不免小有不平,猶愈於久繫株累耳。事關倫紀,不可以窮治,既輕決,猶矜慎以思,且筆録以訪於人。'讀《記事稿》《書某氏婦》文及《廣州附記祁中丞語》,亦足見先生之存心已。在中城,嘗以獲盜保坊官,李德林爲令後,遂以爲例。西城設廣仁所,推廣栖流所之意,歲集貲以養羸老。又奏請廣義冢地。滿事日,嘗從容問屬官許君惇書曰:'吾治事有失乎?'許肅然對曰:'貧民爲小貿易者感公德尤深。'蓋無賴子多挾私誣控,先生燭其奸,遇事懲創,不妄傳訊一人,吏無可緣爲利。久之,亦无妄控者矣。"

道光十三年(1833)，應兩廣總督盧坤之聘，至廣東主學海堂講席。居粵三年，門無雜賓，惟以課士爲念。

《書先師錢星湖先生事》："先生罷官後，留京三年，以廣督盧敏肅公聘，爲嶺外游，主學海堂。堂在粵秀山中，與諸友商略經史，顧而樂之。嘗器儀墨農克中有用世才，曾勉士釗有經術氣，又稱林伯桐孝友，吳岳理學，侯康、侯度、陳澧等博覽，居溥、茹葵、潘繼李等詞章，時時誘進之不倦。時有人窺先生與大府厚，冀有請，而未敢發。先生覺之，遂與盧公約曰：'吾在此，凡涉官場升轉及洋鹽二事，當緘口不道一字。所不能忘情者，其寒士謀館穀乎？'盧公笑曰：'諾。'先生出告諸生，使揚言於外。故居粵三年，門無雜賓，惟有關利弊之大者，聞見所及，不引嫌緘默。如剿辦夷船，招徠呂宋米，開小金河，當事皆就商焉。課諸生爲專經之業，定季課章程，頒日程，分句讀、評校、著述、鈔錄四式，每課數十鉅冊，一一丹黃評騭，粵人之學益彬彬矣。觀《羊城錄》別冊，依依愛慕，情見乎詞，非教澤淪浹士心而能致是乎？時朱蘭坡侍講之子鼎元在粵，呈詩曰：'左宦憂時切，南游講學殷。'且述之侍講亦以詩寄懷，云：'首數韓門羅籍湜，胸懷杜廈庇單寒。'注云：'兒子書來，言先生具有廣廈萬間氣象。'"

十六年(1836)春，應河南巡撫桂良之聘，移至河南開封，主大梁書院。道光三十年四月初七日卒，年六十八。

《書先師錢星湖先生事》："先生在粵，時朝廷方罷停升之令，中朝重臣素重先生名，屢書招之，且屬宮保盧公勸駕。笑謝云：'江湖浩蕩，樂於當官，吾甘以藎鹽送老，不復作春明夢矣。'然體素羸，瘴鄉多疾，遂於丙申春應河南巡撫桂公聘，來主大梁講院。先生教士，各就所志而導之，或問性理，或談詩文，因材教督，不拘一格。

頒日程，課讀經及語録文字，旬日考定甲乙，隨課升降。又屬河道
張公捐置經史諸籍，勵諸生學輯賦選評注，刊劉念臺人譜。又屬方
伯張公刊《近思録集注》，頒發書院。諸生游其門者，如固始蔣湘
南、商丘陳凝遠、密縣翟允之、洛陽曹蕭孫、祥符徐籛齡，皆彬彬有
以自見。與中丞牛公交善，不干涉公事，惟民情欲達，必以告。道
光辛丑，黃河決，水圍梁園，紳士皆恃先生以無恐。又如新鄉，復古
廓書院。中丞舉諸郡士民卓行，皆力贊成之。先生祖安慶公乾隆
朝宰新鄉，有生祠於趙村。父學士公兄弟使車經過，輒展謁，先生
近念祖澤，捐田奉祀，曰：'吾祖愛民力甚，數十年享祀，重煩父老，
非公心也。'新人感先生意，復祠安慶公於書院，亦欲以慰先生孺
慕云。"

**子四人，長寶惠，道光十七年（1837）丁酉科副榜，二十年庚子
科舉人，著《説文義緯》，未成而卒。次尊煌，候選刑部司獄。次鬯
醇，道光庚子舉人。次彝甫，生員。**

《書先師錢星湖先生事》："先生子四人，長寶惠，道光丁酉副
榜，庚子舉人，著《説文義緯》，未成而卒。次尊煌，候選刑部司獄。
次鬯醇，道光庚子舉人。次彝甫，生員。女三人。孫男三人，長柟，
道光甲辰舉人，庚戌進士。次元絳，生員。次杞。曾孫炳文。"

**儀吉於學無所不通，其治經先求故訓，博考衆説，而折衷本文
大義，著《經典證文》《説文雅厭》。深史學，嘗撰《三國會要》，博采
見聞，旁羅散失，期拾遺於正史，不限斷本書帝系輿地，或爲之圖，
或爲之表，條係字綴，鉅細畢賅。**

《書先師錢星湖先生事》："先生於學無不通，其治經先求故訓，
博考衆説，而折衷以本文大義。少日有六言詩曰：'六經自有神解，
不在詁字釋文。一笑魯魚帝虎，何殊陳蟻雷蚊。'閒舉示子寶惠曰：

'若曹誦此，得毋以乃翁薄考據而不爲乎？亦聽之而已。'詩意蓋謂欲得經解，必通訓詁，而泛濫訓詁，未必遽獲神解耳。著《經典證文》《説文雅厭》。《雅厭》者，以十九篇之次寫九百四部之文，而以經籍傳注推廣之。仿西山法作《洪範衍義》，仿《國語》作《歷代史語》，又作《穀梁測義選讀》，俱草創未就，而先生卒矣。先生言學，服膺朱子。在粵時以粵人留心詞章者，多特令讀《朱子大全集》以培其本。來汴後，亦屢爲諸生言之。嘗自誦其先世之言曰：'讀程朱書，謹身寡過，幸矣。其他立説之高妙者，不可自爲，亦不可以立教也。'然見子弟口説異同，則又訶止之，恐其務辨争而不從事於實行。近讀《易》，悟乾元用事，即一以貫之，又於損益得養生法，皆見道語。先生喜讀史，尤熟於《漢》《三國》《晋書》，補《晋》兵志、朔閏諸表，輯《十八家逸史》，撰《三國會要》《南北朝會要》，本史外博采群書，得《渾天象説》《三字石經》《魏吴都城金塘城圖》之類數十百篇，悉爲甄録。尤詳於地理，旁行斜上，易稿數四，推步術算，直取李四香、朱筠麓注，謂專門名家不可攘美，視徐仲祥、王齊物精審十倍之矣。先生爲會典館總纂，專辦天文、輿地諸圖象，同館程春廬、朱筠麓諸先生有所著，皆就商榷。國朝禮樂制度、六部條例因是益習，復手撰《皇輿圖説》四十卷，又嘗總纂户部則例，重輯臺規，手定條例，具有卓識。"

《警石府君年譜》道光十三年四十三歲："府君謂教子弟讀經書，一字不可苟，而尤須馴習幼儀，推而廣之，方能事事有把握。嘗稱述衍石先生之言曰：'窮經以小學爲本。漢人之小學，文字故訓也。宋人之小學，灑掃應對進退也。二者正宜兼習，不可偏廢，此即君子尊德性、道問學之大端。欲尊德性，則容貌詞氣必宜慎之又慎。觀曾子'所貴乎道者三'一節可見。若欲致力於問學，則必先熟《爾雅》，而他經之詁訓悉參其異同，佐以《説文》《廣韻》，則文字訓詁可以粗了。至治經，看一家之書，且守一家之説，不可自己有意見。今人善讀書者少，由於有意見。故虛字爲讀書一字訣。虛，非謙之謂也。古人謂讀《易》者如無《書》，讀《書》者如無《詩》，乃虛字訣。夫以聖賢相承之故籍，數千年聚訟不決之疑，乃欲以一己之心思才力，一目讀下，便見黑白，安有是理？是以寧墨守無輸攻，久之有得。或竟可一言決千古，始非倖獲也。讀史以制度典章爲重。史家本有二派，治亂興衰一也，制度典章一也。顧興亡之迹，其理即具於經，考史以證經耳。至一朝因革損益利弊之由，非講求有素，則徒善不足以爲政。他日臨事施措失宜，而民受其病矣。'"

又熟於本朝掌故，嘗充會典館總纂，爲《皇輿圖説》四十卷。仿焦竑《獻徵録》爲《國朝徵獻集》，仿杜大珪《名臣碑傳琬琰集》輯國朝先正碑版狀記爲《碑傳集》一百二十卷，得將相、大臣、循良、忠節、儒林、文苑等凡八百餘人。

《書先師錢星湖先生事》："先生仿明焦弱侯《獻徵録》爲《國朝徵獻集》，閲文集千餘家，益以直省志乘，得將相大臣、循良忠節、儒林文苑、孝友貞烈累千百人，積二三百卷，薈粹淵藪，史裁通識，一代文獻備於是編。嘗言之同鄉朱侍郎方增、陸方伯言，朱作《從政觀法録》，陸撰《政學録》，皆先生啓之。又自節録名臣事狀爲《先正事略》，尤珍秘焉。"

蕭穆《敬孚類稿》卷五《國朝碑傳集馮氏鈔本跋》："此嘉興錢衍石給諫儀吉所輯國朝名公碑版狀記之文，旁及他志別傳，上自宰輔，下及山林隱逸並列女言行事迹，分類選録，所謂可以考德行，可以習掌故。要其大體，主乎樂道人善，以爲賢士大夫畜德之助者也。給諫殁後，幾經轉徙，今爲其從子子密京卿所藏。光緒元、二年間，南海馮公竹儒觀察自上海假其原書，倩鈔胥在敬業書院録成副本，凡七十餘册。丁丑春，觀察請假往伊犁，覓其太翁子佩先生遺骸。戊寅春回滬，未幾即病没，此書鈔成後未曾細校，又當時第八、第九康熙朝宰相及部院大臣兩册，子密一時失檢，未及寄録，遂爲未完之書。辛巳之春，余乃向馮公三弟吉雲觀察假閱一過，欲以餘功取案頭所有名公之集爲之細勘，忽忽未暇。旋聞遵義唐鄂生觀察欲得此書刊於蜀中。是年秋，唐公由京師引見回蜀，過滬，余因得晤諸路室。詢之，果於子密所假其原書以來，將携蜀中，屬給諫之第三子徐山校刊。余欲假其八、九兩册，記其目録，爲馮氏補鈔。而唐公艱於發笥，且以返蜀鈔寄爲辭。壬午夏，唐公升授雲南布政使，余先期寄書速之，唐公復書以'將在付梓，他日可獲全書'云云。至癸未夏，唐公升授雲南巡撫，又兼理邊疆軍務，音問久疏，遂莫由探問蜀中之書已刊與否。今案此編所録，自國初以迄乾嘉間人物，不過十之二三，實爲錢氏未成之書。蓋給諫主講大梁時，不過據其所見録之，或其時尚未行世，或其書未及寓目，尚多有之。然每集所采一兩篇及數十篇不等，計撰人名氏凡六七百家，而各省地志尚不下數十餘種，今所見原書不過十之五六。又有其人本無專集行世，所采一兩篇，尚多不知其所由來者。又有其人負盛名而文多繁冗無法，如杭編修世駿輩，時有删節，以歸雅馴，亦頗具特識。穆行年三十以來，始有志於當代文獻，惜生也晚，不獲見如給諫諸公，親加指授。今幸獲此，欲恢宏之。自國初以來，凡其人有事迹可傳，爲此編所未載，隨時照例采録，今亦得數百人，計閱數十寒暑，必有三五倍於此。獨念馮公生平極留心朝章國故，凡欽定諸書及名人著述，無不隨時蒐采，分類排纂，冀他日成一巨編，以備經丗實用。其鈔錢氏此書，用意亦復深遠，而朝廷亦知公才可大用，是以於戊寅春公未回滬之時，即有旨召見，將以備封疆出使之選，不料遠志未申，修文遽召，生平所蘊百不及一，摩挲遺帙，不勝人琴之感焉。"

自撰文集有《衍石齋紀事稿》《續稿》，詩集有《敝帚集》《閩游集》《北郭集》《澄觀集》《定廬集》《刻楮集》《旅逸小稿》《旅逸續稿》《颸山樓初集》等。

《書先師錢星湖先生事》："先生十五歲以前作詩曰《敝帚集》，朱梓廬先生評曰：'當古者入學之年，已似此斐然成章，豈非天才？'侍閩二年，有《閩游集》，删存一卷，自言少年侍下可樂之境僅此，不忍棄也。己巳以前里居詩存四卷，曰《北郭集》。安慶公故居北郭秋涇橋，有書室，曰靜讀齋，時從梓廬及舅氏餘齋兩先生講詩法，益精進。吳蘭雪舍人題《北郭集》曰：'讀書能養氣，醞釀出清詩。諫果多回味，寒花少媚姿。'又曰：'改官仍淡泊，訂史更精研。同社漸余長，名山讓汝專。'其推重至矣。己巳，借居繆十二員外澄觀廊，用陸士衡連珠句也。先生愛之，嘗曰：'叔度澄之不清，撓之不濁，誠使撓之不濁，雖澄之何加於清？'是以居京師從仕宦尤不可不澄觀，乃自題己巳至丁丑詩曰《澄觀集》，八卷。己卯服闋後至己丑詩曰《定廬集》，八卷。自序曰：'人生得喪憂樂日接於吾前，定何能也？抑聞之彦和論文"心定而後結音"，予偶涉翰墨，未嘗齪齪於心而强出之，則以之目予詩其可。'罷官京居三年詩曰《刻楮集》，四卷。癸巳出都後詩曰《旅逸小稿》，用謝靈運'東方就旅逸'、皇甫冉'無機成旅逸'意也。此二種先刊行，先生屢戒作詩，然所存已二千篇。來汴後曰《旅逸續稿》，別有詞集若干卷。……甲戌寫成《颸山樓初集》十六卷，癸巳在粵，專取記事之文，刻之曰《衍石齋記事稿》，十卷，賦、頌、論、議、駢儷之文悉刊落，寶惠私錄成帙六十卷。來汴後所作益多，其卷帙與《記事稿》相等。"

平步青《霞外攟屑》卷六《錢新梧》："錢新梧給諫儀吉著有《三國志證聞》三卷、《季漢書會要》、《晋會要》、《三國會要》、《皇輿圖說》、《廣東鹽法志》、《廬江錢氏年譜》六卷、《廬江錢氏續譜》二卷、《續良史述》、《姓氏通略》、《藝文通略》、《金石楮》未成、《畫書》、《衍石齋紀事稿》十卷、《衍石齋紀事續稿》十卷甲寅蔣宗昉元焴刻、《衍石齋詩稿》、《刻楮集》四卷、《旅游小草》二卷、《冰炙集》、《閩游集》一卷、《北郭集》、《澄觀集》、《定廬集》、《韞玩集》、《敝帚集》佚、《國朝碑傳集》一百二十卷蘇州局刻、《中州詩集》、《廬江錢氏文匯》四十九卷、《廬江錢氏詩匯》、《重輯錢氏疏草》、《廬江錢氏清風集》十二卷、《學海堂》二集。"

參考文獻:

1. 錢儀吉《碑傳集》,中華書局 1993 年版。

2. 錢儀吉《衍石齋記事稿》《衍石齋記事續稿》,《續修四庫全書》,上海古籍出版社 2002 年版。

3. 錢儀吉修、錢駿祥續修《廬江錢氏年譜續編》,民國七年排印本。

4. 王蘧常《嘉興錢衍石先生年譜初稿》,上海圖書館藏鈔本。

5. 趙爾巽等《清史稿》,中華書局 1977 年版。

6. 閔爾昌編《碑傳集補》卷十《書先師錢星湖先生事》,周駿富輯《清代傳記叢刊》,臺灣明文書局 1985 年版。

7. 蔡冠洛《清七百名人傳》,周駿富輯《清代傳記叢刊》,臺灣明文書局 1985 年版。

8. 諸可寶《疇人傳》,周駿富輯《清代傳記叢刊》,臺灣明文書局 1985 年版。

9. 支偉成《清代樸學大師列傳》卷十四《錢儀吉傳》,周駿富輯《清代傳記叢刊》,臺灣明文書局 1985 年版。

10. 王鍾翰點校《清史列傳》卷七十三《錢儀吉傳》,中華書局1987年版。

11. 劉聲木《桐城文學淵源撰述考》,黃山書社1989年版。

12. 潘衍桐《兩浙輶軒續録》,《續修四庫全書》,上海古籍出版社2002年版。

13. 徐世昌等《清儒學案》卷一百四十《嘉興二錢學案》,中華書局2008年版。

14. 錢應溥《警石府君年譜》,錢泰吉《甘泉鄉人稿》,《清代詩文集彙編》,上海古籍出版社2010年版。

（王宏林）

陳沆傳

陳沆，原名學濂，字太初，號秋舫，湖北蘄水人。乾隆五十年
(1785)生。

周錫恩《陳修撰沆傳》:"陳沆，原名學濂，字太初，秋舫其
號也。"

丁宿章《湖北詩徵傳略》卷十八:"陳沆，字秋舫，一字太初，嘉
慶進士，官修撰，有《簡學齋詩賦全集》。"

劉錦藻《清朝續文獻通考》卷二百八十:"《簡學齋詩存》四卷、
《詩刪》四卷，陳沆撰。沆字太初，號秋舫，湖北蘄水人。嘉慶己卯
狀元，官至四川道監察御史。"

《清史列傳》卷七十三《陳沆傳》:"陳沆，字太初，湖北蘄水人。
嘉慶二十四年一甲一名進士，授翰林院修撰。"

按，諸家所載，"秋舫"或爲字，或爲號，按陳沆平輩友人多以
"秋舫"稱之，且沆子廷經號"小舫"，故"秋舫"似爲陳沆之號。陳沆
《簡學齋詩存》卷二《三十生日都門自述》五首其一:"上帝蟣虱臣，
降生人間世。流光不知省，一瞬三十歲。夢月是何祥？母夫人夢月
入懷而生沆。前生了不記。入塾才五齡，聰明過群季。讀書通七觀，
受詩解六義。同學二三子，驚我頭角異。衣食銷壯心，磋跎失幼
慧。墮落文字中，常懼天所棄。"此詩繫於甲戌(1814)，時年三十，
可知沆生於乾隆五十年。

祖士珂，乾隆四十二年（1777）舉人，著《孔子家語疏證》。父光詔，乾隆四十四年舉人，由大挑分發湖南，歷任長沙、湘陰、永定、平江、辰州等縣，官至武岡州知州。

多祺纂輯《（光緒）蘄水縣志》卷十二《篤行》：“陳士珂，性端重，不苟言笑，動靜悉遵禮法。登賢書後益刻意授徒，慨然以引掖後進爲己任。與同年子徐家鷺相友善，鄉里有‘陳徐二君子’之目。後嗣科甲聯緜，均爲顯宦，人以爲盛德所致云。”

高舉等修，徐養忠纂《（乾隆）蘄水縣志》卷十五《列女》：“馮氏，儒童陳嘉霖妻。……遺孤士珂、士典。……士珂，乾隆丁酉舉人。”

《簡學齋詩存》卷二《三十生日都門自述》五首其二：“矜矜我先祖，岳岳人中師。恭承節母意，思以善自貽。孝友風薄俗，文章發天機。八孫同受書，愛我如有私。日受灌漑德，長成木不知。自從太丘亡，常恐先澤衰。忽忽又十載，悠悠竟如斯。”

《（光緒）蘄水縣志》卷十《宦迹》：“陳光詔，字金門，乾隆己亥舉人，由大挑分發湖南，歷任長沙、湘陰、永定、平江、辰州等縣，官至武岡州知州。清慎勤明，所至多惠政。任平江時，適有教匪滋事，詔擒獲渠魁數人，大寮欲悉後患，諭呈逆名册，即爲保舉知府。詔不忍殘數百人之命以博身榮，遂焚册，力辭保舉，餘黨卒爲良民。他如倡建書院、均平賦稅諸政，楚南人至今言之如前日事。年七十致仕，八十卒於家。”

《簡學齋詩存》卷二《三十生日都門自述》五首其三：“乙卯我十齡，夫子方筮仕。隨宦到湘南，浩游從此始。袖拂衡岳煙，心傾洞庭水。再拜屈子祠，三過鄩侯里。結交七澤中，紉佩蘭與芷。意氣托杯酒，文章洗雕綺。愧彼湖湘人，嘖嘖相嘆美。僉曰賢父母，乃生好兒子。”

沆天才亮拔，負夙慧。嘉慶十八年（1813）中舉，二十四年狀元及第，授翰林院修撰。

《陳修撰沆傳》："母某氏夢月入懷而生沆，年十二應童子試，鮑學使桂星才氣雄驚，陵轢一世，得沆卷，驚嘆曰天才也，首拔之。由優貢中癸酉鄉試。"按，孫靜《陳沆曾受鮑桂星賞識嗎？》（《文學遺產》1984 年第 1 期）指出鮑桂星與沆無交往之迹，所謂賞識之事尤屬可疑。

《湖北詩徵傳略》卷十八："沆初名學濂，母夢月入懷而生，負夙慧，書目過成誦，爲文灑灑千言立就。通籍後，肆力二程之學，實事求是，欿然不以自足，主敬窮理，體用純備。世以詩文名天下，而詞人重之，是猶蠡測之見也，惜年僅四十遽卒。"

道光元年（1821）充廣東鄉試正考官，三年充會試同考官，轉四川道監察御史。六年卒，年四十二。

《陳修撰沆傳》："壬午典試粵東，癸未充會試同考官，號爲得士。卒年四十一。"

《清史列傳》卷七十三《陳沆傳》："道光元年充廣東鄉試正考官。……六年，卒。"

按，《簡學齋詩存》卷四所收《闈中作》《由廣州至南雄舟行雜詩》係於道光元年。龔自珍《龔自珍全集》第九輯《二哀詩序》："爲謝學士階樹、陳修撰沆作也。兩君皆以魁科不自賢，謂高官上第外，有各家師友文字，皆樂相親近，而許貢其言說。辛巳冬迄癸未夏，數數枉存余，求師友，有造述，皆示余。……而忽然以同逝，命也。作《二哀詩》，時丙戌夏。"知周錫恩《陳修撰沆傳》所載有誤。

子二：長廷經，字執甫，號小舫，道光二十四年（1844）進士，由翰林院編修補授山東道御史，官至内閣侍讀學士，著《夢迦葉山房詩賦》。次廷柱，字敬甫，廩生，年二十二卒。

蘇樹藩《國朝御史題名》咸豐十一年："陳廷經，字執夫，號小舫，湖北蘄水縣人。甲辰科進士，由翰林院編修補授山東道御史，官至內閣侍讀學士。"

《（光緒）蘄水縣志》卷十《宦迹》："陳廷經，字筱舫，性剛正，不事家人生產。爲諸生便以天下爲任，後由詞垣入諫院，巡視中、南、北三城城內，有'鐵面陳御史'之稱。旋辦理團防，擢給事中。生平經濟大略形諸奏牘，嫉惡鋤奸，雖權貴不避。陝撫、楚撫皆以經奏，先後避位去。江南克復，條陳善後事宜，一變通疆域，使呼應較靈；一安置勇丁，使控馭得法。而"簡用武將"一條內，其略云：誠念軍營出身，不通文理，而胥役操大吏之權。或偏用武員，而綠營干地方之事，以治賊之法治民。將來積怨閭閻，或竟別生事故。執法以繩，不得不重治以罪，在該員不能保全勛業，盡棄前功，已爲可惜。而民間受禍，呼吁無門，焦頭爛額之民又罹荼毒，不尤可憫乎？至稱大學士倭仁不宜委以夷務，直督李鴻章可爲北門鎖鑰，陝督左宗棠可爲西路干城，江南督曾國藩雖精力就衰，而威望素著，可以保障東南，皆言之鑿鑿。他如整頓團防、變通營制，因亢旱而進直言，衞畿輔而擇宿將，皆爲朝廷所嘉納。官至內閣侍讀學士，年七十四致仕。前一日猶條陳海防要務，數月後，卒於京師。弟廷柱，優廩生，性聰穎，彬彬有儒行，群推偉器，惜年二十二而卒。"

沆詩文卓然爲一代大宗，姚學塽稱其"冲淡者其神，真樸者其質。詩品在蘇州、道州之間，不可以尋常畦徑求之"。其五古、五律、試帖，尤爲時人所重。

《陳修撰沆傳》："其學淵博，握要經史，旁徵流略，多所窺覽。其詩文以獨到爲宗，雖天姿俊拔，而思力刻憗，至數易其稿，故所作高奇華妙，卓然爲一代大宗。"

《簡學齋詩存》姚學塽跋："冲淡者其神，真樸者其質。詩品在蘇州、道州之間，不可以尋常畦徑求之。諸體俱佳，五古尤勝，必傳無疑。癸未中春敬堂姚學塽謹跋。"

林昌彝《衣讔山房詩集》卷七《論詩一百又五首》："生來明月是前身，詩思梅花不染塵。妙趣停琴應不鼓，蕭蕭萬籟古無人。蘄水陳秋舫沆。秋舫《簡學齋集》五古、五律，泓崢蕭瑟，爲五字勝境。"

吳仰賢《小匏庵詩話》卷七："幼時讀蘄水陳秋舫殿撰沆律賦，嘆其精當，試帖亦與吳穀人抗行，蓋殿撰天才駿亮，筆墨不凡，非時賢輩所能望其項領也。古體詩如《靈泉寺》云：'萬樹結一綠，蒼然成此山。行入山際寺，樹外疑無天。我心忽蕩漾，照見三靈泉。泉性定且清，物形視所遷。流行與坎止，外內符自然。一杯且消渴，吾意不在禪。'近體如《送徐南墅歸蘄水》云：'白石忽秋色，燕山黃葉飛。不堪爲客日，獨此送君歸。短榻留殘夢，車聲動夕暉。長途寒未已，珍重檢征衣。'《岳陽樓》云：'第一樓頭小洞庭，水光雲影晝冥冥。幾人憂樂關天下，終古東南坼地形。積霧遠沉三戶白，驚波高浴九疑青。呼童且買君山酒，醉臥闌干一客星。'數詩皆獨往獨來，精悍無匹，欲窺全豹，當求《簡學齋詩存》讀之。"

《湖北詩徵傳略》卷十八："秋舫長於五古，余愛其《過采石磯吊太白》五言絕句云：'公竟不我待，大江吾獨東。却看山月色，相送水聲中。'《寒溪寺》云：'靈泉秋在朝，寒溪秋在莫。寺門開夕陽，落葉閉斜路。却聽流水聲，寒色上衣屨。霸圖歇千載，亭館化丘墓。獨憐僧與佛，終日坐深樹。空山一鐘響，曳杖吾亦去。'《登舟》云：'揮手謝送者，浩游從此始。北風生莫寒，落日大紅紫。岳色西南高，蒼翠半在水。回望長沙城，門巷深綠裏。白云何處飛，親舍違尺咫。'"

　　沆既以詩文雄海内,承塵接顔走其門者日衆,沆獨慎所與友。時魏源居京師,沆傾身與交。人謂沆且貴,胡折節乃爾?沆不聽,交源益篤。餘如董桂敷、姚學塽、賀長齡、陶澍、龔自珍等,均與之契。

　　《陳修撰沆傳》:"時邵陽魏中書源居京師,沆傾身與之友,人謂沆且貴,胡折節乃爾?矧源鱗甲難近。沆不聽,交源益篤。源亦篤好沆爲人,蓋金石如也。沆既以詩文雄海内,承塵接顔走其門者日衆,沆獨慎所與友,理學之友則董太史桂敷、姚比部學塽其人也。經濟之友則賀制軍長齡、陶文毅澍、龔禮部自珍其人也。"

　　《清史列傳》卷七十三《陳沆傳》:"嘗從婺源董桂敷、歸安姚學塽講學,與邵陽魏源友善,病中自省,恒書以相質。其言有曰:'近自患病以來,閉門謝客,日坐斗室中,初猶浮雜,漸覺凝定,性靈自炯,諸妄徐呈,於此之時,以之檢察病根,則毫髮畢見,以之涵咏義理,則意味彌長。足見爲學之道靜虛爲本,深密爲要。'又曰:'仲尼之門,五尺童子羞稱五伯,童子未必盡知學問,只是心胸見識已自不凡,生成鳳翔千仞氣象,我輩終身沉溺詞章,豈不愧死。'工詩,汪正鋆稱其懷抱深遠,立心忠厚,讀之令人孝弟之心油然以生。"

　　沆著有《簡學齋集》十二卷,内有《簡學齋詩存》四卷、《詩删》四卷、《館課試律存》一卷、《試律續鈔》一卷、《館課賦存》一卷、《賦續鈔》一卷。另有《詩比興箋》四卷,《近思錄補注》十四卷。《詩比興箋》以箋古詩三百篇之法箋漢、魏、六朝、三唐之詩,盛稱於後世。

　　《簡學齋詩存》葉名澧序:"外舅陳先生既殁,越二十餘年,其子小舫檢篋中所藏遺詩編次,友朋選定者曰《詩存》,其餘若干首爲《詩删》,以授梓人。……抑聞先生著述有《近思錄補注》十四卷,尤爲平生所得力。"

魏源《古微堂集》外集卷三《詩比興箋序》："《詩比興箋》何爲而作也？蘄水陳太初修撰以箋古詩三百篇之法箋漢魏之詩，使讀者知比興之所起即知志之所之也。昔夫子去魯，回望龜山，有'斧柯奈何'之歌，又有'違山十里，蟋蟀在耳'之歌，又作《猗蘭》之操。甚至聞孺子滄浪濯纓起興，與賜、商言詩，切磋繪事，告往知來，皆見許可，是則魚躍鳶飛，天地間形形色色，莫非詩也。由漢以降，變爲五言，《古詩十九章》多枚叔之詞，《樂府鼓吹曲》十餘章皆《騷》《雅》之旨，張衡《四愁》、陳思《七哀》，曹公蒼莽，對酒當歌，有風雲之氣。嗣後阮籍、傅弈、陶淵明、鮑明遠、江文通、陳子昂、李太白、韓昌黎，皆以比興爲樂府琴操，上規正始，視中唐以下純乎賦體者，固古今升降之殊哉！自《昭明文選》專取藻翰，李善《選注》專詁名象，不問詩人所言何志，而詩教一敝；自鍾嶸、司空圖、嚴滄浪有《詩品》《詩話》之學，專揣於音節風調，不問詩人所言何志，而詩教再敝。而欲其興會蕭瑟嵯峨，有古詩之意，其可得哉！詞不可以徑也，則有曲而達焉；情不可以激也，則有譬而喻焉。《離騷》之文，依詩取興，善鳥香草以配忠貞，惡禽臭物以比讒佞，靈修美人以媲君王，宓妃佚女以譬賢臣，虬龍鸞鳳以托君子，飄風雷電以爲小人，以珍寶爲仁義，以水深雪雰爲讒構。荀卿賦蠶非賦蠶也，賦雲非賦雲也。誦詩論世，知人闡幽，以意逆志，始知三百篇皆仁聖賢人發憤之所作焉，豈第藻繪虛車已哉！蘄水太初修撰，蘭蕙其心，泉月其性，即其比興一端，能使漢魏六朝初唐騷人墨客，勃鬱幽芬於情文繚繞之間，古今詩境之奧阼，固有深微於可解不可解者乎！至於因比興而論世知人，如古詩九首爲枚乘諷吳，漢樂府皆漢初朝政所係，以及阮公、陶令、郭景純、傅修奕、鮑明遠、庾子山、江文通及杜、韓之憂世，而陳伯玉、李太白、儲光羲之大節被誣，此箋皆表章出之，如浴日星出滄海而懸之中天之際。時予所治《詩古微》方成，於齊、魯、韓之比興，旁推曲暢，復從君長子小舫太史獲讀此箋，以漢、魏、六朝、三唐之比興補余所未及，蓋不期而相會焉。我思古人，實獲我心，質之小舫，以爲何如也？咸豐四年，邵陽魏源書於吳門舟中。"

《清史列傳》卷七十三《陳沆傳》："嘗著《詩比興箋》，以箋古詩三百篇之法箋漢、魏、六朝、三唐之詩，使讀者知比興之所起，即知志之所之。"

陳衍《石遺室詩話》卷三："王逸之注《楚辭》，施宿之注蘇，任淵之注黃、陳，稍資論世。錢牧齋之箋杜，雖訾之者謂非君子之言，然已十得七八，何可厚非？……蘄水陳太初先生沆之《詩比興箋》，真能撥雲霧而睹青天，縋幽沉而出井底。由先生既深於詩功，核於史事，而胸次雅亮，文筆高潔，又足以發明之。學詩者不可不肄業及之也。""前清詩學，道光以來一大關捩。略別兩派：一派爲清蒼幽峭，自《古詩十九首》、蘇、李、陶、謝、王、孟、韋、柳以下，逮賈島、姚合，宋之陳師道、陳與義、陳傅良、趙師秀、徐照、徐璣、翁卷、嚴羽，元之范梈、揭傒斯，明之鍾惺、譚元春之倫，洗煉而熔鑄之，體會淵微，出以精思健筆。蘄水陳太初《簡學齋詩存》四卷、《白石山館手稿》一卷，字皆人人能識之字，句皆人人能造之句；乃積字成句，積句成韻，積韻成章，遂無前人已言之意、已寫之景；又皆後人欲言之意、欲寫之景。當時嗣響，頗乏其人。"

參考文獻：

1. 陳沆《詩比興箋》，上海古籍出版社 1981 年版。

2. 陳沆著，宋耐苦、何國民編校《陳沆集》，湖北教育出版社 2002 年版。

3. 高舉等修，徐養忠纂《（乾隆）蘄水縣志》卷十五《馮氏傳》，乾隆五十九年刻本。

4. 多祺纂修《（光緒）蘄水縣志》卷十二《陳士珂傳》，光緒六年刻本。

5. 劉錦藻《清朝續文獻通考》，商務印書館 1936 年版。

6. 蘇樹藩《清朝御史題名録》，《近代中國史料叢刊》第 14 輯，臺灣文海出版社 1967 年版。

7. 閔爾昌編《碑傳集補》卷八《陳修撰沆傳》，周駿富輯《清代傳記叢刊》，臺灣明文書局 1985 年版。

8. 王鍾翰點校《清史列傳》卷七十三《陳沆傳》，中華書局 1987 年版。

（王宏林）

程恩澤傳

程恩澤,字雲芬,號春海,安徽歙縣人。乾隆五十年(1785)生。

阮元《誥授榮禄大夫户部右侍郎兼管錢法堂事務春海程公墓誌銘》(程恩澤《程侍郎遺集》卷首):"公諱恩澤,字雲芬,號春海。程氏東晋時有爲新安太守者,居篁墩,又遷歙南,代有隱德。"

《清史稿》卷三百七十六《程恩澤傳》:"程恩澤,字春海,安徽歙縣人。"

按,阮元乃程氏舊交,所言可信,"春海"應爲程恩澤號,《清史稿》所記不確。

又按,恩澤生年,據《誥授榮禄大夫户部右侍郎兼管錢法堂事務春海程公墓誌銘》所云"乾隆六十年,學士卒於山東學政任,公甫十一歲",可知恩澤應生於乾隆五十年。

祖步矩,字易園,諸生。父昌期,字階平,號蘭翹,乾隆四十五年(1780)進士第三人及第,官至侍講學士,六十年任山東學政,卒於任,有《安玩堂集》三十卷。

《誥授榮禄大夫户部右侍郎兼管錢法堂事務春海程公墓誌銘》:"曾祖筠。祖步矩,郡生員。父昌期,乾隆庚子進士第三人及第,上書房行走,翰林院侍講學士。"

許承堯《(民國)歙縣志》卷八《程步矩傳》:"程步矩,字易園,紹濂人,浙庠生。生有至性,父筠客歿,步矩未冠,哀毀骨立。事母先意承志。以事赴吳門,聞母病急返,躬侍湯藥,默念前人有以刲股愈親者,剔臂和藥以進,疾旋愈。友愛同堂,篤念縈切。早歲崇奉朱子,研經味道,期於實踐。教授生徒,口講指畫,至夜分不倦。以子昌期封通奉大夫。”

曹文埴《石鼓硯齋文鈔》卷十九《翰林院侍講學士提督山東學政蘭翹程君傳》:“君程姓,諱昌期,字階平,蘭翹其號也。歙之紹濂人。生有夙慧,易園先生以宿學授教里中。……明年己亥中京兆榜第二。撤棘後,海內之士奉其文爲圭臬。又明年庚子成進士,以殿試第三人入翰林。……累遷至侍講學士。……今秋九月奉命督學山左。莅任五日,汗忽涔涔下,甫覓醫而目已瞑,年四十三。……君所著有《安玩堂集》三十卷。子一,曰恩澤,年尚幼。”

《程侍郎遺集》卷七《安玩堂藏稿後跋》:“右《安玩堂藏稿》文五十九首,賦十三首,詩二百四十首,先大夫榮禄公所著也。恩澤生十一歲而孤,記就塾時,先大父手時藝授恩澤且誨曰:‘爾父少讀書一再過即成誦不忘,爲文析理,用法至深邃,通鄭學,於《詩》《三禮》尤精核,爾未知其涯也。’”

按,曹文埴言,程昌期《安玩堂集》三十卷,據《清人詩文集總目提要》,今存《蘆艇詩存》一卷、《安玩堂賦稿》一卷。

恩澤幼穎異,經傳皆成誦。十一歲,父卒,哀毀力學。及長,補學生員,益博綜經史。受經於江都凌廷堪,及其閫奧,廷堪勖之曰:“學必天人並至,博而能精,所成乃大。”其治學重訓詁而兼采義理,無漢宋門户之弊。

《誥授榮禄大夫户部右侍郎兼管錢法堂事務春海程公墓誌銘》:“公幼穎異,毀齒,經傳皆成誦,尤好讀古書,遇疑意,必考問釋然而後快。鄉先達曹文敏公、金輔之先生,皆語學士曰:‘此子逾冠,所學不可量矣.'乾隆六十年,學士卒於山東學政任,公甫十一歲,哀毀力學.及長,補學生員,益博綜經史.從外祖學騎射,能挽强弓.最後乃從凌仲子先生游,及其閫奧.先生曰:'天人並至,博而能精,將來所成者大也.'"

《清史稿》本傳:"恩澤勤學嗜奇,受經於江都凌廷堪,廷堪勗之曰:'學必天人並至,博而能精,所成乃大.'"

《程侍郎遺集》卷四《感舊三首・凌仲子先生廷堪》:"論史滔滔傾俗耳,窮經娓娓動天心.禮經難讀偏能讀,古樂誰尋塊獨尋.黌悅六朝花十色,秕糠兩宋帛千金.一瓢許酌滄江水,記得山堂語夜深."

《程侍郎遺集》卷七《金石題咏彙編序》:"宋人棄訓詁談義理,自謂得古人心,不知義理自訓詁出,訓詁舛則義理亦舛."

嘉慶九年（1804）,恩澤鄉試中式,居京師,益勤於學,天算、地志、六書、訓詁、金石,皆精究之.十六年會試中式,殿試二甲.改翰林院庶吉士,散館授編修.

《誥授榮禄大夫戸部右侍郎兼管錢法堂事務春海程公墓誌銘》:"嘉慶甲子鄉試中式舉人,居京師,益勤於學.天算、地志、六書、訓詁、金石,皆精究之.辛未會試中式,殿試二甲,改翰林院庶吉士,散館授編修."

傅昶《程侍郎傳》(蕭琯、鄔漢勛纂《(道光)貴陽府志》卷六十八《總部政績録》附録):"嘉慶九年,以貢偕計吏入京師,居八年,學益大進,天算、地志、六書、訓詁、金石,皆精究之.中式辛未會試,殿試以二甲改翰林院庶吉士,散館授編修."

道光元年（1821）,命在南書房行走,道光帝曰:"汝父蘭翹先生品學,朕昔年最敬;汝之聲名,朕亦皆知,宜更守素行."同朝皆榮

之。是年，充四川正主考。二年，補春坊中允。

《誥授榮禄大夫户部右侍郎兼管錢法堂事務春海程公墓誌銘》："道光元年，命在南書房行走，召諭曰：'汝父蘭翹先生品學，朕昔年最敬；汝之聲名，朕亦皆知，宜更守素行。'今户部侍郎祁公寯藻同召見，親聆聖訓，出語同朝，皆榮之。旋奉敕校刻《養正書屋集》。是年，充四川正主考。二年，補春坊中允，校刻《御製詩文初集》。"

《程侍郎傳》："今上紀元，命在南書房行走，旋奉敕校刻《養正書屋集》。是年，充四川正考官。二年補春坊中允，校刻《御製詩文初集》。……公在内廷久，上與惠親王論公爲人，有'和而不同'之目。又嘗於召見諭曰：'汝父蘭翹先生品學，朕昔年最敬；汝之聲名，朕亦皆知，宜守素行。'户部尚書壽陽祁公寯藻同召見，親聆聖訓，出語同朝，榮之，知上之倚重未艾也。"

道光三年（1823），任貴州學政。重刻岳珂《五經》，貯版貴山書院，黔地士子自此知《五經》真本。又多拔通經能文之士，黔學之興，恩澤居功甚偉。又與布政使吳榮光勸民育栗蠶，其利大行於民。

《誥授榮禄大夫户部右侍郎兼管錢法堂事務春海程公墓誌銘》："三年，放貴州學政，補翰林院侍講，轉侍讀。五年，補春坊右庶子。冬，補侍講學士。……官貴州學政時，與布政司吳榮光，勸士民育栗蠶，其利大行於民。又重刻岳珂《五經》以訓士。"

《（道光）貴陽府志》卷六十八《總部政績録》："道光三年，提督貴州學政。遷侍講，轉侍讀。貴州設鄉闈已三百餘年，又以道遠，會試中式易於他省，歲有預館選者，以故科甲之盛，不減於内地。士子進取心鋭，除講義程文帖括外，雖有經史，教者多不以之教，學者以爲妨進取，亦不讀。書肆所鬻《五經》，率皆删節無全本。至於古注疏則全無，士流有不知經史名目者。恩澤至，力救其弊。宋岳珂所校《五經》，極爲精備，内府有其書而未完，純皇帝購求得之，特置五經萃室以貯焉，命儒臣重加勘校，而以御製《五經萃室》詩冠之。其本絶善，恩澤得其刊本，重刻於貴州，貯板於貴山書院，使士子知《五經》真本。又多拔取通經能文之士，皆貫通經史，善作詩文，卒爲知名士。”

《程侍郎傳》：“公於先大夫爲同歲生，三年冬，奉命視學吾鄉。時先大夫知滿城縣事，公經其地，見昶伯兄學，促歸應乙酉拔萃科，先大夫辭以義。亦見公爲人通於理道，非僅修經生業。至，即刻岳珂《五經》訓士，猶學臣職也。乃更與布政使吳榮光勸民育栗蠶，並爲序曰：‘黔郡州十三，富郡二，曰黎平，曰遵義。黎平以木，遵義以繭。繭不以桑，以橡，然非創於遵義人也，乾隆間，守陳君實教之，於繭利凡數十年。春秋繭成，歌舞祠陳先生。道光三年冬，澤試遵義，旋過橡林間，風籟籟然，葉鱗鱗然。記所歷郡皆有橡，不以繭。今過平越、都匀，土益沃宜橡，因嘆曰：‘處處有橡，處處可繭也，富獨遵義乎？’黔土瘠，黔民勞無所獲，遂頽靡不自振。曉之曰：‘利在某，不信，視某地。’民遽然顧。墙角畦有美蔭，皆金錢。其黠者慮利與害俱，且榷之。曉之曰：‘有百世利，無一日税也。’則又慮購繭織具紛然，資未入，先貸。曉之曰：‘如購種，法皆官爲。夫民，驕子弟也；官，慈父母也。驕乃惰，慈乃周。以周起惰，乃勉，皆可學而能也。數歲，利必數遵義，富甲西南北矣。’更爲《十咏絶繭事》：一曰種樹，二曰窖繭，三曰春放蠶，四曰秋放蠶，五曰驅蠱，六曰移枝，七曰煮繭，八曰上機，九曰利無算，十曰永不税。其利皆大行於民。”

黎庶昌《揀發江蘇知縣鄭子尹先生行狀》（鄭珍《巢經巢詩集》附録）：“道光乙酉選拔貢生，受知於歙縣程侍郎恩澤，侍郎詔之曰：‘爲學不先識字，何以讀三代秦漢之書？’於是先生大感服，益進求諸聲音文字之原與古宫室冠服之制。方是時，海内之士崇尚考據，名曰漢學，從者風靡。先生師承其説，實事求是，不立異，不苟同，即已洞知諸儒者之得失。逾二年，復從侍郎於湖南。"

道光六年(1826)，調湖南學政。任滿回京，充《春秋左傳》纂修官，補國子監祭酒。與祁寯藻共議，推本賈逵、服虔，不專守杜預一家之學。九年，母卒，丁憂。次年，主講鍾山書院。十一年，起服入京，仍在南書房行走。

《誥授榮禄大夫户部右侍郎兼管錢法堂事務春海程公墓誌銘》："次年，調湖南學政。回京，詔充《春秋左傳》纂修官，補國子監祭酒。九年，項太夫人卒，丁憂歸歙。十一年，起服入京，仍在南書房行走。十二年，以候補祭酒，未與考差。特放廣東正主考。十二月，命在上書房行走，課惠親王學。王敬禮師傅，出於至誠，講學爲詩古文書法，皆日有進，甚相益。上與王論公爲人，有'和而不同'之目。……及奉詔刻《春秋左氏傳》，與祁公共議，推本賈、服，不專守杜氏一家之學。"

程恩澤《國策地名考》自序："道光庚寅，余主講鍾山。或以溧陽狄惺垣先生所刻《孔孟編年》見示，審閲再四，精確有剪裁，嘆其必傳無疑，亟請相見。……時先生館於金陵某氏，不得意，辭去。余亟延之，命子德威執經門下，昕夕過從，相得甚歡。"

十二年(1832)，特放廣東正主考。期取實學之士，知曾釗之名，必欲得之。釗久丁憂，公不知也，書榜大失望，然所得佳士亦甚多。

《誥授榮禄大夫户部右侍郎兼管錢法堂事務春海程公墓誌銘》："公學識超於時俗，六藝九流，皆好學深思，心知其意。本工篆法，益熟精漢許氏文字之學。……平日好士，説士技若己有。典試廣東，期取實學之士，知曾釗之名，必欲得之。釗久丁憂，公不知也,書榜大失望,然所得佳士亦甚多。出闈後,與學海堂學長吳蘭修等游白雲山,名士會者數十人,有蒲澗賞秋之圖。"

道光十三年(1833),擢內閣學士兼禮部侍郎。十四年,授工部右侍郎兼管錢法堂。十五年,調户部右侍郎管錢法堂。十七年卒,年五十三。子德威,賞舉人,入南韶連道劉晸昌幕,早卒。

《誥授榮禄大夫户部右侍郎兼管錢法堂事務春海程公墓誌銘》:"(道光)十三年,超擢內閣學士兼禮部侍郎。冬,充文淵閣直閣事。十四年,授工部右侍郎兼管錢法堂。十五年,會試知貢舉,調户部右侍郎管錢法堂,充殿試讀卷官。閏六月,諭程恩澤部務較繁,著無庸在上書房行走。十六年,復充殿試讀卷官。十七年,充經筵講官。夏受暑,醫逾月,病愈深,遽以七月二十九日卒。……公之殁也,年僅五十有三,朝野皆悼惜之。"

張穆《程侍郎遺集初編序》(《程侍郎遺集》附):"而德威又以措交庫款赴粤東,卒於劉仲寅觀察署中。觀察名晸昌,公視學貴州所拔貢生。公殁後,所以調恤其家者有加。德威卒,命其弟送柩返歙,買山營壙,並葬公及金夫人兩世三棺。其孤孫嫠婦之寄寓京師者,則祁尚書爲經營擁樹之。觀察又議以幼女妻德威之子,而娶其女爲己子婦,迎公全家入黔,相依以久。"

黄叔璥《國朝御史題名》道光十八年:"劉晸昌,字蓉初,號仲寅,貴州畢節縣人。道光辛卯科舉人,由兵部員外郎考選江南道御史,升南韶連道。"

有清一代,詩宗杜、韓者,嘉、道以前,首推錢載。嘉、道以後,則程氏與祁寯藻。恩澤論詩,重學問而不廢性情,所謂"學問深而性情方雅"。何紹基、鄭珍繼之,道、咸詩風,爲之一變。

《程侍郎遺集》卷七《金石題咏彙編序》:"或曰詩以道性情,至咏物則性情絀，咏物至金石則性情尤絀。雖不作可也。解之曰：《詩》《騷》之原，首性情，次學問。《詩》無學問則《雅》《頌》缺，《騷》無學問則《大招》廢。世有俊才灑灑，傾倒一時，一遇鴻章鉅製，則懵然無所措，無它，學問淺也。學問淺則性情焉得厚？……況訓詁通轉，幽奧詰屈，融會之者，恍神游於皇古之世，親見其禮樂制度，則性情自莊雅。貞淫正變，或出於史臣曲筆，賴石之單文隻詞，證據確然，而人與事之真偽判，則性情自激昂。是性情又自學問中出也。"

《程侍郎遺集》卷五《徐廉峰仁弟詩律精密才筆華整得唐賢三昧頃以問詩圖相屬因取問唐賢意仿遺山絕句奉答略舉數端罣漏正不少也》："少陵無體不雄奇，韓子精神托古詩。爲問《南山》緣底作，可能無愧《北征》辭。"

何紹基《龍圖寺檢書圖記》（《程侍郎遺集》附錄）："基久處京師，所及交若劉丈申甫、潘丈少白、陳丈碩士、陳秋舫、龔璱人、魏默深、陳碩甫、江鐵君、徐廉峰、管異之、陳東之、徐君青、鄭浣香、俞理初、羅茗香、汪孟慈、陳頌南、張彥惟、許印林、張石州、沈子敦、黃蓉石諸君，大抵皆兩公所識習而矜賞者也。基自爲弟子員，出司農之門。及成進士，改庶常，儀徵公實爲館師。兩公居相鄰，其與璱人、孟慈、頌南諸君過從游侍，踪迹輒相屬。今司農已矣，儀徵既告歸邗上，文選一樓，如靈光魯殿。"

陳衍《近代詩鈔·祁寯藻》："有清一代，詩宗杜、韓者，嘉、道以前，推一錢擇石侍郎。嘉、道以來，則程春海侍郎、祁春圃相國。而何了貞編修、鄭子尹大令皆出程侍郎之門，益以莫子偲太令、曾滌生相國諸公，率以開元、天寶、元和、元祐諸大家爲職志，不規規於王文簡之標舉神韻、沈文慤之主持溫柔敦厚，蓋合學人、詩人之詩二而一之也。"

《近代詩鈔·何紹基》："湖外詩，墨守《騷》《選》、盛唐，勿過雷池一步。猨叟及程春海侍郎之門，出入蘇、黃，才思皆有餘。"

《近代詩鈔·鄭珍》："子尹先生以道光乙酉選拔貢及程春海侍郎之門，侍郎詔之曰：'爲學不先識字，何以讀三代秦漢之書？'乃致力於許、鄭二家之學，已而從侍郎於湖南，故其爲詩濡染於侍郎者甚深。侍郎詩私淑昌黎、雙井，在有清詩人幾欲方駕撢石齋，天不假年；而子尹與道州從而光大之，壽陽、湘鄉又相先後其間，爲道、咸以來詩家一變局。"

恩澤遽然辭世，《國策地名考》外，著述多未成稿。門人何紹基、張穆輯其詩文雜述爲《程侍郎遺集》十卷、《附錄》一卷。

《誥授榮祿大夫户部右侍郎兼管錢法堂事務春海程公墓誌銘》："所著述惟《國策地名考》二十卷已寫定本，其餘多未成書，實不自料其遽折。詩文雄深博雅，稿亦盈篋。其孤方治喪，待録成卷帙，就有學者擇之，當成佳集。"

《程侍郎遺集初編序》："次年，穆將南游，迂道入京師哭公。公子德威以遺稿相授，塗乙潦草，首尾多不完。或篇題殘挩。乙酉以前之作，竟無一字存。疑公尚有清本，藏之別笥，德威未檢獲也。……今年春，尚書謀刻其遺集，曰：'以此爲初編，續有裒録，補梓易耳。'穆既恐殘斷之稿並歸零落，又懲夫嫁名僞撰者之厚誣公也，乃偕公門人何編修紹基排比爲賦一卷、詩四卷，又凡稿草之失題者及詩餘試帖共爲一卷，碑志、哀誄、駢儷、雜著之文五卷，總題曰《程侍郎遺集》，而叙其緣起如此，以酬公知，兼志余痛云。道光二十有五年端蒙大荒落三月既望，平定張穆序。"

《龍圖寺檢書圖記》："歙縣少司農師程公既卒之明月，儀徵相國師阮公約同人集龍泉寺檢其遺書。先一日，基以告於公之孤德威。德威泣而言曰：'先公於辨論經史、六書古義及天文、地志札記最夥，詩古文詞亦爲之甚勤，顧不自存。省其僅未散失者，雜置書簏中，往往無首尾題識，它日從容整理，稍就次弟，當乞阮公鑑定，今苦塊迫促未遑也。顧辱公及諸君子存錄之，盛心不可以負。'有《戰國策地名考》二十卷，逐寫粗畢矣。"

《國策地名考》體例完密，義據賅洽，洵爲乾嘉考據之名作，亦爲讀《國策》者不可少之書。

《國策地名考》阮元序："《國策地名考》者，程春海少農暨其友狄惺垣孝廉所作也。少農幼穎異，經傳皆成誦。後與凌仲子先生游，及其閫奧。天文、算法、六書、訓詁、金石皆精究之。家多藏書，宋元以來子史雜錄博覽強記，尤喜爲地理之學。庚寅、辛卯間，主講鍾山，得孝廉所刻《孔孟編年》，甚賞之，因與訂交，共成是書。少農爲其綱，孝廉爲其目，其說以夾行書之。如謂'孟津在河北，非今孟津縣，亦非古河陽縣''蒲反非舜都，乃衛蒲邑，以嘗入秦後仍歸衛，故謂之蒲反'諸條，皆確不可易。"

《國策地名考·凡例》："《國策》之書，縱橫謬戾，不可究詰，然於當時形勢瞭如指掌，足爲考古之助，故是書專主地理。凡見於《策》文者，無論大都小邑以及山林川澤之屬，皆在所錄。即本文遺逸而他書引之者，亦附錄焉。○是書專以《國策》爲據，凡戰國地名有與他書互見者，皆從本書。即有他書是而本書非者，亦以本書標題而詳其說於下。○周及七國、宋、衛、中山俱依原第編次，內有疆界不明難定其爲某國者，別爲一卷附於其後。至鄒、魯之屬則以小國統之，義渠、匈奴之屬則以夷國統之，補遂、涿鹿之屬則以古國、古邑統之。不見《策》文者不錄。○是書於各國地名皆先列都城，次及山川、關隘，次及大都，次及小邑，次及宮觀臺樹。以地之方位爲叙，不以文之章句爲次。○是書於標題下先列原文，次列原注，次加案語，次詳衆説，次列今名，皆以我朝現定府廳州縣爲斷，務取核實，不尚假借。○戰國輿地有名同而實異者，如南陽有三、新城有四之類；有名異而實同者，如陰即陶、邢即懷之類，茲皆分注於各國之下。其本係一地而數國共者，如巴蜀分屬秦楚、上黨分屬三晉之類，則第詳注於前而於後曰見某國。○戰國地名有本屬此國而《策》或見於他國者，如鞏本周地而見於韓，高唐本齊地而見於趙之類，茲皆繫之本國。有兩國互見者，則分屬之。○兩漢《地理志》《郡國志》爲地志權輿，自應詳載以志原始。但二書大致略同，茲於其同者以‘漢志’二字括之，其不同者則兩引焉。至《三國志》以下諸史地志，陳陳相因，無庸備載，惟有資考訂者則必及之。○采用亡書，例應注明原引書名以示徵信，但引土地名者率本《水經注》、引括地志者率本《史記正義》，此類若一概觀縷，轉嫌繁冗，茲皆節省，閱者諒之。○是書於前人緒論有專書者皆稱書名，無專書而有成説見他書者則稱人名。至本朝書籍，惟欽定諸書稱書名，餘皆稱人名，以存體制。○是書於春秋以前事實有與戰國相涉者，間或援引，以備參考，秦漢以後概不登載。○地理之學，方位里數衆説不同。有可以正其訛者，亦有難得其實者，茲用雙行分注，詳載各家之説，以俟參校。間有上下文義不相聯屬者，則空一格以隔之。○《國策》向無善本，亥豕魯魚，層見側出。茲於各家校本擇善而從，而詳注其異同於標題之下。○《國策》與《左傳》不同，《左傳》列在學官，經前人論説至詳且盡。《國策》惟高、鮑、姚、吳四家，陋略殊甚，取資較難。故是書出於草創，挂漏良多，所望博雅君子，摘其紕繆，匡所未逮。”

參考文獻：

1. 程恩澤《程侍郎遺集》，《續修四庫全書》，上海古籍出版社 2002 年版。

2. 程恩澤纂，狄子奇箋《國策地名考》，中華書局 1991 年版。

3. 蕭琯、鄒漢勛纂《（道光）貴陽府志》卷六十八《總部政績録》，咸豐間刻本。

4. 石國柱等修，許承堯纂《（民國）歙縣志》卷八《程步矩傳》，《中國方志叢書》，臺灣成文出版社 1975 年版。

5. 趙爾巽等《清史稿》卷三百七十六《程恩澤傳》，中華書局 1977 年版。

6. 徐世昌等《清儒學案》卷一百四十六《春海學案》，中華書局 2008 年版。

7. 曹文埴《石鼓硯齋文鈔》卷十九《翰林院侍講學士提督山東學政蘭翹程君傳》，《清代詩文集彙編》，上海古籍出版社 2012 年版。

（王宏林）

吴蘭修傳

吴蘭修,原名詩捷,字石華,號古輪,廣東嘉應人。約生於乾隆五十四年(1789),嘉慶十三年(1808)舉人。家貧力學,其書室守經堂藏書極富,曰數萬卷,自矜爲經學博士。

温恭修、吴蘭修纂《(道光)封川縣志序》:"前任信宜縣訓導吴蘭修,嘉應州人,舉人。"

吴宗焯修、温仲和纂《(光緒)嘉應州志》卷二十:"吴蘭修,原名詩捷,信宜訓導,有傳。阮《通志》云題名册載是年。萬壽特恩開科。"

陳璞《尺岡草堂遺文》卷四:"吴蘭修,字石華,嘉應州人,嘉慶戊辰舉人,官信宜訓導。"

阮元《疇人傳》卷五十一:"吴蘭修,字石華,嘉慶舉人,官信宜訓導。工詩文,尤精考據,兼擅算數之學。"

梁鼎芬修、丁仁長纂《(宣統)番禺縣續志》卷十四:"吴蘭修,字石華,嘉應州人,嘉慶十三年舉人。嘗客大同,有《風雪入關圖》,題咏皆一時名流。"

劉錦藻《清朝續文獻通考》卷二百六十四:"蘭修字石華,廣東嘉應人。嘉慶戊辰進士,信宜縣訓導。"按,嘉慶十三年進士,誤,當作舉人。

龔方緯《清民兩代金石書畫史》卷二:"吴蘭修,字石華。廣東嘉應州嘉慶十四年舉人，官信宜訓導。"按，嘉慶十四年舉人，誤，當作嘉慶十三年。

徐世昌《晚晴簃詩匯》卷一百二十："吳蘭修，字石華，嘉應人，嘉慶戊辰舉人，官信宜訓導。有《荔村吟草》。詩話：石華詩清新俊逸，尤長倚聲，有《桐華閣詞》，宗白石、玉田，婉約輕靈，天然雅韻。通算術，著《方程考》。阮文達續補《疇人傳》及焉。"

道光元年（1821），任番禺縣學訓導。爲人敬服，與林伯桐、張維屏、黃子高等，建希古堂文社，專治古文，爲時人所稱道。二年八月，任信宜訓導。

《（宣統）番禺縣續志》卷十四："（吳蘭修）道光元年，署番禺縣學訓導，士林悅服，與林伯桐、張維屏、黃子高、張杓、曾釗、黃培芳、熊景星、徐榮吳、應逵、溫訓、謝念功、胡調德、馬福安、鄧純，結希古堂文社，課治古文。"

敖式櫨修、梁安甸纂《（光緒）信宜縣志》卷五："吳蘭修，嘉應州人，舉人，二年八月任（訓導）。"

《（光緒）嘉應州志》卷二十三："吳蘭修，字石華，嘉慶戊辰舉人，爲信宜訓導，監課粵秀書院。"

戴肇辰修、史澄纂《（光緒）廣州府志》卷一百六十二："吾粵自曲江後多工吟咏，而古文則鮮作家。嘉應吳石華學博蘭修常結希古堂，課以古文相砥礪，與斯會者，南海曾釗勉士、番禺林伯桐月亭、鶴山吳應逵雁山、番禺張維屏南山、香山黃培芳香石。"

葉衍蘭、葉恭綽編《清代學者象傳》："（吳蘭修）少時受知於學使翁文端公，家貧力學，與曾勉士、張南山、黃香石諸人結希古堂，課治古文辭。"

蘭修嘆物力維艱，深憂國事。鴉片耗食國人，蘭修遂於《彌害文 · 小注》力數夷人劣迹，以警時人。

田明曜修、陳澧纂《（光緒）香山縣志》卷二十二《紀事》："初，澳門葉恒樹專屯鴉片。道光元年，總督阮元按治之，乃不歸。屯戶自販於零丁洋。其地近蛟門，水路四通。大舶六七隻，終歲停泊，謂之躉船。凡洋船載鴉片者，皆貯艙面。一入萬山，以三板駁赴躉船，然後入口。吳蘭修《彌害文 · 小注》。按，躉船始泊零丁洋，每年四五月間入泊急水門。至八九月間，仍回零丁洋。該夷探知金星門洋面較穩，始由急水門改泊金星門。"

道光四年（1824），學海堂改建竣，阮元賞石華之才，命爲學長。同趙均、林伯桐、曾釗、徐榮等人課士於此。

《疇人傳》卷五十一："石華爲廣東知名士，阮相國總制兩廣時，於廣州城北粵秀山越王臺故址建立學海堂以課士，首選石華爲學長，其品學已可概見。"

《（宣統）番禺縣續志》卷十四："（道光）四年，總督阮文達公元建學海堂，與順德趙均董其役，堂成，舉爲學長，兼粵秀書院監院。"

《（宣統）番禺縣續志》卷三十八："道光四年八月，學海堂弟子鶴山吳應逵，番禺林伯桐、張杓，嘉應吳蘭修，漢軍徐榮，南海熊景星、曾釗，順德馬福安，橅刻阮夫子象立於堂中，志師承也，蘭修篆額並記。"

蘭修深知士子之苦，於紳商捐建貢院之事頗爲用心。道光元年（1821），阮元因貢院號舍狹窄，烈日凍雨，士子實難耐之，而召紳商捐建貢院。時蘭修與在籍翰林編修劉彬華、庶常謝蘭生等人盛贊此舉爲廣東士子之幸。

阮元修、陳昌齊纂《（道光）廣東通志》卷一百二十九："（嘉慶）

二十一年，布政使趙慎畛重修貢院。道光元年，總督阮元以貢院號舍湫隘，捐俸率官紳士商同捐修，將舊號舍拆去，重行擴建。增高拓深，且加寬焉，其巷道一並展闊，計南北共展地段一十二丈有奇，東西共展地段一丈八尺，凡號舍內悉甃墁磚，巷道、甬道、大門外悉鋪石塊。又重建龍門外東西官廳、巡綽兵房，修葺謄錄所，另建對讀所，而以舊對讀所並爲謄錄所。自元年十二月興工，二年六月告竣。阮元撰《碑記》曰：各行省鄉試號舍，初創即定其尺寸，縱有所修，無能改作。士子雖受促，無如何。予爲士，坐江南、順天號舍，皆寬舒。撫浙及江右，見其舍皆湫隘，曾改造寬大之。道光元年，予兼辦廣東巡撫監臨事，見號舍更湫隘。蓋因粵東試闈本在粵秀山應元宮前。國初用闈地封藩。至康熙甲子，乃改闈於老城東南隅。地本不寬，經營者度非文人，不知士子苦，以至舍宇太小，烈日凍雨，殊難耐之。予步周舍前後，命匠人持尺通量。若北段拆去巡屋，尚有二丈七尺地；南段使官廳遷於南，可展出九丈三尺地。甬道東西，使東舍展向西，西舍展向東，可各得一丈八尺地。撤闈後，問之在籍翰林編修劉公彬華、庶常謝蘭生、書院監院吳蘭修、李清華等，僉謂士子苦此久矣。”

　　道光五年（1825），編校《學海堂集》。六年，翁方綱任廣東學政，得《仙掌石米黼詩刻》，蘭修與之游，曾與此事。十二年，程恩澤主廣東鄉試，闈後與粵東名士數十人同游白雲山，蘭修作《蒲澗賞秋圖》以記之。蘭修關心民瘼，留心世務，十四年，同陳鴻墀、梁廷枏、曾釗、林伯桐等編纂《廣東海防匯覽》。同年，與兩廣總督盧坤之商定學海堂課業章程，肄業制度始得以立。

　　《清代學者象傳》第一集《吳蘭修》：“（吳蘭修）居鄉時，閉戶著書，不丁外事。惟於民間利病，無不力言其要於地方官。道光壬辰春夏間，米價驟貴，長樂奢戶請禁米出境，縣令從之。先生亟以書抵縣，謂遏糴必至召亂，剴切指陳。民果藉端發難，令悟，乃馳禁，於是米船通行，市賈日減，道路帖然。”

《（宣統）番禺縣續志》卷十四："（道光）五年，阮文達刊《學海堂集》，命之編校、監刻。六年，督學翁文端公心存浚治藥洲，得《仙掌石米黻詩刻》，蘭修與其事。十二年，鄉試正考官程恩澤闈後與蘭修等游白雲山，名士會者數十人，繪《蒲澗賞秋圖》。尋補信宜縣學教諭，留省辦理惠濟義倉事宜，總督盧敏肅公坤增設學海堂專課生，屬嘉興錢儀吉與蘭修及曾釗等商訂課業章程。"

梁廷枏《藝文彙編・廣東海防彙覽後序》："星次甲午，以嘉善陳範川舍人鴻墀統提全局，簡舉分修。旋以采擷尚疏，逡巡遂輟。乙未七月，廷枏甫從簪筆，而公適報騎箕。今制府江寧鄧公，節鉞來臨，規模不啓。驟聞斯舉，樂觀厥成，手檢叢殘，躬爲提命。逮明年四月，粗成卷第，遂付胥鈔。……請招學博嘉應吳石華蘭修、南海曾勉士釗、番禺林月亭伯桐、孝廉儀墨農克中，迭襄校勘，匯訂歧紛。會吳、儀所事弗終，同時溘逝，僅與林、曾兩學博攤茲成帙，哀厥支辭。……先是，書成於道光丙申，多至百卷。"

蘭修一生枕經作史，尤彰於史學方志，耗十年心力成《南漢紀》。是書仿前、後《漢紀》之例，博綜群書，考證辨誤，追其源流，詳而有法。其嚴謹治史之態度爲方家所樂道。另有《南漢地理志》《南漢金石志》《涇川金石記》《端溪硯史》等，皆精。兼擅算數之學，著有《方程考》等。

《（宣統）番禺縣續志》卷十四："蘭修生平枕籍經史，工詩文。其文學六朝者得其韻，學八家者得其法，集中論事之作通達治體，切中事情。治史精於考核，所爲《南漢紀》博綜群書，詳而有法，武進李兆洛稱爲荀、袁兩《漢》之儔。兼精算術，嘗序李侍郎潢《輯古算經考注》，立言無多，要能直揭王氏之精旨，非深於古法者不能道。又撰有《方程論》，皆有功於數學。尤善倚聲，嶺外之白石翁、玉田生也。所著《南漢紀》《南漢地理志》《南漢金石志》《端溪硯史》《荔村吟草》《桐華閣詞》多已刊行。"

吳蘭修《南漢紀》伍崇曜跋:"右《南漢紀》五卷,國朝嘉應吳蘭修石華撰。按亡友吳君石華,嘉慶戊辰舉人,官信宜訓導,工倚聲,著有《荔村吟草》《桐華閣詞》。構書巢於粵秀講院,藏書數萬卷,枕經葄史,自云喚作詞人,死不瞑目。竭十年精力,以成是書。考南漢紀事之書,惟胡賓王《劉氏興亡錄》最古。賓王,曲江人,《二十七松堂集》所稱關係國家治亂興亡制作諸大典。故今不傳,豈不尤為可惜者也。《廣州人物傳》稱諸僭國皆有纂錄,獨嶺南缺焉,惟胡賓王、胡元興二家纂錄,皆不詳。周克明,南海人,訪耆舊,采碑志,孜孜著撰,裁成十數卷。書未成而卒。胡元興,不知何許人。克明書本未成,其不傳宜矣。至如近人劉應麟《南漢春秋》十三卷,阮《通志》已著錄。而義例未諳,等之自鄶無譏可耳。是書掇拾獨富,考核尤精。每條必注出典,以矯吳志伊《十國春秋》之失,為附錄考異於各條之下,見搜羅之已遍,決擇之特嚴。正史紀傳或遜其詳明簡當,而奚論於霸史也。李申耆序稱,唐之末造,亂賊竊擅,莫正於北漢,莫強於南唐,莫狡於吳越,而莫穢於南漢。竊謂是書實為十國紀事之書之冠,僭劉何幸得此於廣文哉。道光庚戌中伏後南海伍崇曜謹跋。"

《南漢紀》李兆洛序:"唐之末造,亂賊竊擅,隨地蜂涌。大抵莫正於北漢,莫強於南唐,莫狡於吳越,餘皆瑣細不足數而莫穢於南漢。劉氏建國,非有恩德要結斯民也,非有奇功偉略震動一時也。其臣盡庸駑。雖文學士避地廣南者多有,徒文詞相矜為夸美而已。龑、鋹繼迹,奢僭逾滋,淫刑無藝,奄人之禍,亘古所無。救此一方,宋祖以之興嘆;牲牢視民,歐陽所為深尤也。地僻朝陋,私史闕如。宋人紀載,則有新舊《五代史》、《九國志》、《隆平集》、《東都事略》,皆隨所聞見,不能賅備,彼此乖午,靡所折衷。國朝吳志伊《十國春

秋》則又徒爲稗販，都無別擇。治絲而棼，抑又甚焉。吾友石華博
士，自以桑梓之邦，數典宜核，乃博綜諸家，尋其條貫，鎔裁就理，識
鑑居宗，義必深嚴，事求翔實，勒成五卷。體雖約少，亦荀、袁兩
《漢》之儔矣。爲附錄、考異注其下，以期囊括無遺，庶當不
漏。……夫珍裘以集腋而成，大廈以群才合構。雖財用資於都料，
而良苦辨於國能。徒以博聚爲工，孟浪剿說，虛張卷軸，罔別乖濫，
則亦何關典則，奚取重儓？至乃因文成格，無所抒其跌宕之辭；述
事省煩，不足見其恢奇之美。是則劉子玄所云：言媸者，史亦拙；事
美者，書亦工。時無奇卓，人乏英雄，區區碌碌，抑惟恒理者也。其
爲之也，十年乃成。其成之也，諸家可廢。於心彌苦，於義抑甘。
兆洛曩在番禺，與聞商榷。今睹殺青，曠若發矇矣。道光十五年十
一月，武進李兆洛序。"

吳蘭修《涇川金石記》："縣金石本寥寥，而金較之石尤爲難得。
然著錄家僅收趙吳興所書《蘇公政績記》，不知吾涇自漢唐迄於宋
元金石之存者尚數十種也。今分存、佚、未見爲三項，彙而輯之。
於金僅得三種；石則自南唐以上，並詳其存佚，記其梗概，宋元惟記
其見存者，明則並其存者略焉。"

《清代學者象傳》第一集《吳蘭修》："（吳蘭修）兼善算學，曾序
李侍郎潢《輯古算經考注》，立言無多，要能直揭王氏之言，非深究
古法者不能道。又撰有《方程考》，末載通御、附辨二門。如《算法
統宗》有孤鵬不知數一條，用頭尾相減爲共數，固誤。梅文穆公《赤
水遺則》改定爲兩尾相減餘爲法，亦非通法。因悟得用方程法御
之，始無質礙。其他不勝枚舉，要皆有功於九數者也。"

《疇人傳》卷五十一："曾序李雲門侍郎《輯古算經考注》，其略
云：'凡高臺、羨道、築堤、穿河等二十術，皆以從立方開之。西法詳
句股開方而無帶從，《同文算指》有帶從、平方而無立方。梅定九補

帶從立方三術，稱爲至密，實未見此書也。且梅氏所舉皆正體立方，猶易布算。此則斜衺廣狹割截附帶，以法御之，無不曲中，可謂思極豪芒，妙入無間者矣。今以其術考之，立法要在求小數，以各差加小數而得大數。蓋以各差減大數，則乘除加減，正負交變，以小數與各差相加，與他數相乘，用加而不用減，法尤簡易也。'立言無多，要能直揭王氏之旨，非深於古法者不能道。"

蘭修工詩擅詞，有《荔村吟草》《桐華閣詞》。其詩清新俊逸，其詞學南唐、南宋，得白石、玉田之妙，於嶺南爲一大家，跌宕而不失婉約，綺麗而不繁縟，神韻似秦少游而不乏史達祖、蔣捷之清真。後人多冠以"詞人之詞""真詞人"之名。

《（宣統）番禺縣續志》卷十四："尤善倚聲，嶺外之白石翁、玉田生也。"

《桐華閣詞》陳良玉序："粵稱詩國，惟詞寥寥。嘉應吳石華學博史學擅長之外，獨工倚聲。"

《桐華閣詞》吳嵩梁序："嶺南故多詩人而少詞人，然石華孝廉則今之玉田生也。……石華以所著《桐花閣詞》見示，讀至終卷，無一字一句不合乎古人之度，而婉約清空，纏綿深至，往復不窮。"

《桐華閣詞》郭麐序："《桐花閣詞》……跌蕩而婉，綺麗而不縟，有少游之神韻，而運以梅溪、竹山之清真。"

吳蘭修《荔村吟草》張維屏跋："張南山《聽松廬詩話》曰：石華專工填詞，吾粵詞家，屈翁山多蘇辛格調，石華則南唐、南宋，出以天然，詞筆天生，一時無兩。"

丁紹儀《國朝詞綜補》卷二十五．"吳蘭修，字石華，嘉應人。嘉慶十三年舉人，官教諭，有《桐花閣詞》。"

丁紹儀《聽秋聲館詞話》卷十八："粵東詞家甚少，近日嘉應吳石華，番禺儀墨農始以詞名。"卷二十："余所見粵詞，近推吳石華、儀墨農爲最。"

《尺岡草堂遺文》卷四《擬廣東文苑傳》："吳蘭修字石華，嘉應州人，嘉慶戊辰舉人。……工倚聲，直接北宋人之脈，南渡後諸子當與雁行，其嶺外之白石翁、玉田生乎？"

李佳《左庵詞話》："新著《桐華閣稿》，多清新可愛。爲梁子春題春堂藏書圖《乳燕飛》，尤情韻綿緲，真摯足以感人。詞云：'一夕酸心話。問平生、説猶未忍，那堪圖畫。阿母昔兼師與父，儲取縹緗滿架。將舊日、釵鈿都舍。一盞寒燈親口授。有繅車、伴盡啼烏夜。衣絮冷，寺鐘打。　　而今白首悲親舍。笑哭秋風，樹根讀竟，泪涔涔下。剩有緇帷常入夢，猶侍殘機未罷。算此種、深恩難寫。任説馬周當富貴，痛泉臺、何處頻封鮓。我亦是，傷心者。'"

"王漁洋詞有云：'郎似桐花，妾似桐花鳳。'人因呼之爲王桐花。吳石華云：'瘦盡桐花，苦憶桐花鳳。'不讓漁洋山人專美於前也。"

謝章鋌《賭棋山莊詞話》卷二："石華短調絕佳，梁應來紹壬曾采《黄金縷》《減字木蘭花》等闋，入《兩般秋雨盦隨筆》。更有《臨江仙》……《菩薩蠻》……《黄金縷·春夜聽儀墨農瑣語》……一杯在手，孤燈相對，循環雒誦，誠不知作幾許銷魂。"

陳廷焯《詞則》卷六："石華詞氣格不高，措語却凄警。……語極鬆秀。嶺南絶少詞家，如石華者，即杰出也。"

張德瀛《詞徵》卷六："吳石華蘭修詞，如靈和新柳，三眠三起。"

《桐華閣詞》汪兆鏞序："粤中詞家，桐花閣最著。陳朗山先生曾刊其詞入《學海堂叢刻》中。"

冒廣生《小三吾亭詞話》卷二："粤中詞人，三家之先，推嘉應吳石華學博蘭修、番禺陳蘭甫京卿澧。學博之詞，詞人之詞；京卿之詞，則學人之詞也。"

《續修四庫全書總目提要（稿本）·集部詞曲類·桐華閣詞一

卷》：“寄内數篇，情致悱惻，不必以字句論工拙也。《減字木蘭花·
過秦淮作》……頗瀟灑有風致。其《大江東去·渡江至京口》一闋
亦激壯可喜。蘭修詞不宗一家，故未能純净，然在經生詞中，自可
備數矣。”

徐世昌《晚晴簃詩匯》卷一百二十：“石華詩清新俊逸，尤長倚
聲，有《桐華閣詞》，宗白石、玉田，婉約輕靈，天然雅韻。通算術，著
《方程考》，阮文達續補《疇人傳》及焉。”

**蘭修於修志頗有建樹。道光十五年（1835），蘭修奉封川知縣
温恭之命修《封川縣志》，翌年完稿，文字簡練，史事具加詳載。又
訂《嘉應州志》修志款約，然未及編竟乃卒。有一女。**

《（道光）封川縣志》盧坤序：“古者圖經之法甚簡而嚴，疆域之
廣狹，山川之厄塞，户口之多寡，風俗之厚薄，田賦之贏縮，政事之
鉅□，一展卷而瞭然。致治之道於是乎真降。及後世，鋪張藻繢，
文勝其質，寖以濫矣。封川温令延吳君石華撰《封川縣志》，其例
嚴，其事具，其文約，其取義也大，其持論也平。方之古人，當無愧
色。吾願官斯土者取是書而瀏覽之，以得其輕重緩急之故，盡其懷
保之心，行其補救之術。安見積弊之不可除而古風之不可復哉！
昔朱子守南康，下車之曰‘即取郡志’，有撫民之責者，其亦加之意
夫。督粤使者涿州盧坤序。”

謝堃《春草堂詩話》卷五：“吳蘭修女，文苑載有蘭友小傳，並云
詞似宋媛易安居士之亞也。”

按，吳蘭修之生卒年，諸種文獻多未記載，今綜合各種説法，暫
定爲1789—1839。

參考文獻：

1. 吳蘭修《端溪硯史》,道光十三年刻本。

2. 吳蘭修《桐華閣詞》,光緒二十六年刻本。

3. 吳蘭修《涇川金石紀》,商務印書館 1985 年版。

4. 吳蘭修《南漢金石志》,商務印書館 1985 年版。

5. 吳蘭修《南漢紀》,商務印書館 1985 年版。

6. 吳蘭修《荔村吟草》,香港文藝出版社 2013 年版。

7.《清史列傳》卷七十二《吳蘭修傳》,中華書局 1987 年版。

8. 阮元《疇人傳合編校注》,中華書局 1991 年版。

9. 葉衍蘭、葉恭綽編《清代學者象傳》,上海書店出版社 2001 年版。

10. 陳璞《尺岡草堂遺文》,《清代詩文集彙編》,上海古籍出版社 2010 年版。

(沙先一)

潘德輿傳

潘德輿,字彥輔,號四農,淮安山陽人。乾隆五十年(1785)生。

魯一同《通甫類稿續編》卷下《安徽候補知縣鄉賢潘先生行狀》:"先生諱德輿,字彥輔,一字四農,姓潘氏。""先生生於乾隆五十年六月二十八日,卒於道光十九年七月二十七日。"

丁晏《頤志齋文鈔·潘君傳》:"潘君德輿,字彥輔,號四農,淮安山陽人。""生於乾隆乙巳年六月初六日,卒於道光己亥年七月二十七日,年五十有五。"

《皇清例授文林郎大挑分發安徽知縣潘公崇祀鄉賢錄》:"故舉人姓潘氏,名德輿,字彥甫,號四農,江蘇山陽縣人。"

《清史列傳》卷七十三《潘德輿傳》:"潘德輿,字四農,江蘇山陽人。"

按,德輿字號諸家記載不一,古人取字宜與名相關,"輔"與"輿"合,"四農"應爲號。

祖兆黌,字軔初,號雲階,庠生,著《周易經傳分解》。父宗睿,字聖思,號抑隅,貢生,候選訓導,著《笥蕭詩文集》。

《安徽候補知縣鄉賢潘先生行狀》:"明右副都御史、河南巡撫塤之後。高祖常度,隱居易代之際。曾祖建武,祖兆黌,皆邑諸生。考宗睿,歲貢生,候選訓導,以品望爲一邑宗師。娶於盧,蓋晚而生先生。"

《頤志齋文鈔・潘君傳》："遠祖思誠，元淮安醫學教授，世稱古逸先生。十一世祖亨，景泰丙子舉人，湖廣武昌府同知，有仕績，能詩，著《冰壑老人集》，朱檢討《明詩綜》稱之。九世祖塤，正德戊辰進士，仕至河南巡撫，《明史》有傳，著《淮郡文獻志》《楮記室熙臺奏疏》《熙臺詩文集》。自古逸以下三君，皆祀鄉賢。曾祖建武，庠生，封徵仕郎。祖兆鼇，庠生，著《周易經傳分解》。父宗睿，歲貢生，候選訓導，篤於內行，著《笪簫詩文集》。"

德輿五六歲，以孝而著稱於鄉里。九歲能詩。十六歲，學使錢樾取秀才第一。後屢躓科場，先後與省試十三次，道光八年（1828）終獲江南解元。後經六次會試，均落第。十五年大挑知縣，分發安徽，四載未得實授。十九年卒，年五十五。

《安徽候補知縣鄉賢潘先生行狀》："盧孺人雅善病，先生五六歲時，行坐視孺人而哭之，母食乃食，既卒，哭不絕聲。訓導君患咯血疾，每進藥，必跪床下，既而割臂肉以進。訓導君察其色動，泣曰：'固知兒有是也。'既洊臻大故，而王母金猶在堂，色養彌至。及以嫡孫承重，自小斂以至反哭，事求合於先王之禮，而準度時制，柴瘠傶然，殆不勝喪。潘氏之族有僑居盧州及陳留者，於其歸也，收恤之恩遠過所望，其所飲食教誨於族戚之孤貧無虛日，而己恒蔬布不屬。其篤厚殆不可學，抑性使然也。""配史孺人，事先生有禮，先生歿後，教子收族，一遵先生之戒，後二十年卒。子三人，亮弼，郡庠生，後先生十七年卒；亮彝，邑廩生；亮熙，郡廩生。女三，適鮑掄秀、郭斗、鮑掄弼。孫六人：蘭寫，亮弼出；蘭實、蘭同，亮彝出；蘭璘、蘭華、蘭章，亮熙出。先生始以歿之年十一月，葬郡城東南潘岡上。咸豐八年九月，遷葬於車橋陳家河北岸，史孺人合葬焉。"

《頤志齋文鈔・潘君傳》："君幼而聰慧，年九歲即能詩。髫齡應童子試，太守官公懋弼愛其才，面試鉢池山詩，君有句云：'我來

秋色老,人去暮山青。'太守嘆曰:'潘君海內奇才,可惜晚達耳。'年
十六,學使者錢公樾取古學第一,入山陽學。是歲應庚申鄉闈,房
薦不售。嘉慶丙寅,莫學使晉歲科試皆第一,食米廩。自後屢躓鄉
闈。道光戊子科,鍾公昌、黃公爵滋主江南試,君始發解第一。三
場十四藝皆進御覽,房考爲熊公傳栗,揭榜,士論翕然謂得一知名
士,而君年已四十有四矣。"

《清史列傳》本傳:"德輿年五六歲時,母病,行坐視母而哭,母
食乃食。父患咯血疾,每進藥,必跪床下,既而割臂肉以進,父察其
色動,泣曰:'固知兒有是也。'既洊臻大故,祖母猶在堂,色養彌
至。及以嫡孫承重,自小斂至反哭,事求合禮而準度時制,柴瘠儽然,殆
不勝衣。著《喪禮正俗文祭儀》,爲家法。有寡妹無子,德輿撫其猶
子嗣之,教養盡二十年。從弟族子多賴德輿成立。"

子三人:亮弼、亮彝、亮熙,皆爲諸生。

《頤志齋文鈔·潘君傳》:"道光己亥年七月二十七日卒,年五
十五。葬城南潘岡。子三人:亮弼、亮彝、亮熙,皆庠生。"

**著有《養一齋詩文集》《養一齋札記》《養一齋詞》《養一齋
詩話》。**

《安徽候補知縣鄉賢潘先生行狀》:"所著《養一齋詩文集》二十
四卷,《外集》未刊者十四卷,《詩餘》三卷,《詩話》十三卷,《念石子》
一卷,《春秋綱領》一卷,《喪禮正俗》一卷,《黜邪家誡》一卷,《傳恭
堂祭儀》二卷,《示兒長語》一卷,《養一齋札記》九卷,《四書義試帖》
共五卷。《九經人表》一卷,《論語權疑》三卷,二書皆未成,蓋絕
筆也。"

《頤志齋文鈔·潘君傳》:"君詩才天授,下筆成章,茹古涵今,
千彙萬狀。五言蒼深沉鬱,直逼少陵,而不襲其貌。歌行豪宕,律

句遒亮，與遺山、道園抗行，李、何諸子不及也。論詩推原風雅，痛斥門戶聲氣之習，著《養一齋詩話》，歙縣徐編修寶善梓以傳世。爲古文，旨醇體潔，力追南豐。及門孔刑部繼鑅、吳孝廉大田復校刻《四書文論》者，謂時文皆僞體，惟君之言一本於誠，其言有物，震川、百川以後，一人而已。著《養一齋集》十八卷，《念石子》一卷。生平最嫉佛老，惡其害道，著《黜邪家誡》數千言，臨終戒子不得延僧道。」

《清史列傳》本傳：「所著有《養一齋詩文集》二十四卷，《札記》九卷，《詩餘》三卷，《詩話》十三卷。」

初，阮元爲漕運總督，招之，力辭不往。其後朱桂楨、周天爵皆願納交。天爵至，欲微服郊外相訪，德輿以爲義無所居，徒駭流俗，天爵喟然有望塵之嘆。居京後，所與往來，若郭儀霄、張際亮、張履、湯鵬、徐寶善，皆一代名士。座師鍾昌館德輿於家，嘆曰：「四農乃吾師也。」

《安徽候補知縣鄉賢潘先生行狀》：「先生學以克己爲要，以有恥爲歸，進退取與，細大一節。初，儀徵阮相國爲漕運總督，招先生，力辭不往。後朱公桂楨、周公天爵以清剛大節爲世名臣，於先生皆願納交。周公至，欲微服郊外相訪，先生以爲義無所居，徒駭流俗，公以是喟然有望塵之嘆。少時與同邑邱君廣業、黃君以炳相命以懲忿窒欲之學。所居故柴氏宅，柴素無賴，毒其家人以嫁禍先生，還其宅，斂其屍，終不與較，時年未冠也。中年所養益純，和順之氣布於四體，而臨義勃然，尤善剸斷大事。嘉慶末，郡人以白役妻裴烈婦當入祠與不當入祠，分左右祖，傾城以爭，爭久不決。先生爲書數百言，開解衆會，平其牙角，聞者帖服。道光中，浚城東澗河上下游，居民萬家用異議相牴，亦得先生言乃定。蓋其平日公誠之心感孚於人人，而言中理會，又足以解膠結而定危疑。一旦立乎廟堂之上，與天子、宰相相可否，遇非常之原、一國之大是非，必能從容言笑以靖中外之人心，可以俟諸百世而不惑也。惜其無所設施，而空言之垂於世，祇於如是而遂已焉。然得先生之書，尊而信之，以視夫玄虛穿鑿，靡心力於無用，以取世資者，其關於人心世道何如也。”“其爲文章，入幽出顯，沉痛吐露。蓋先生應鄉舉者十有二，而後領一解以貢於京師，至則與四方之士議論追逐，以求文章之真，亦陰以覘氣運之贏縮衰長，而庶幾波流之一返也。是時，先生座主長白鍾侍郎館先生於家，謂人曰：‘四農乃吾師事也。’宜黃黃司寇亦云‘然’。然先生與禮部試者六矣，卒默默無所遇，主文枋者至以不得先生相詬病，而一時新進少年翰林文學之臣，往往竊觀先生之文，諷頌暗記，以期倖一識之也。先生笑曰：‘吾豈若是難知耶？’先生居京久，所與往來若永豐郭儀霄、建寧張際亮、震澤張履、益陽湯鵬、歙徐寶善，窮精畢力，研悅劇切，盡當時之選矣，要皆用文辭詩歌相推厭。至於先生深心大用，尚有知之不盡者，而豈所望於流俗之士也！”

《清史列傳》本傳：“少時與邑人邱廣業、黃以炳相屬，以懲忿窒欲之學。中年所養益純，善剸斷大事，鄉人有事多取正焉。居京後，所與往來若永豐郭儀霄、建寧張際亮、震澤張履、益陽湯鵬、歙徐寶善窮精畢力，研悅劇切，盡一時之選。座師侍郎鍾昌館德輿於家，謂人曰：‘四農乃吾師也。’爲文章入幽出顯，沉痛吐露，詩精深奧突，一語之造，有耐人十日思者。”

德輿爲學，力求古人微言大義，以爲挽回世運莫切於文章，文章之根本在忠孝，源在經術，其用在有剛直之氣，以起人心之痼疾，而振作一時之頑懦鄙薄，以復於古。其說經，不袒漢宋，而以近儒之破碎穿鑿爲漢儒之糟粕，語錄之空虛玄渺爲宋儒之筌蹄。

《安徽候補知縣鄉賢潘先生行狀》：“淮郡自邱氏、張氏、阮氏諸

達尊相繼殂謝,後起則汪文端公、李尚書用大科致通顯,文端尤以
詁經、博物負海内重望,致位宰相,顧於著述,謙讓未遑也。先生孤
童晚出,一露鋒銳,盡掩前人,每提學使者行部至,皆拱手讚嘆。既
而屢困州舉,年二十六乃盡棄科舉進士之業,力求古人微言大義。
其宗旨以爲挽回世運莫切於文章,文章之根,本在忠孝,源在經術,
其用在有剛直之氣,以起人心之痼疾,而振作一時之頑懦鄙薄,以
復於古。其説經不祖漢、宋,而以近儒之破碎穿鑿爲漢學之糟粕,
語録之空虛、玄渺爲宋儒之筌蹄。"

《頤志齋文鈔・潘君傳》:"君困躓不遇時,然愛才若渴,晚進後
生,每有寸長,津津樂道,視世之蔽美嫉妒者何如也。晏年十許時,
即爲君所知,贈長歌以相勖屬,愛之如骨肉。不才如晏,君猶好之,
況才之倍蓰於晏者乎?君自言一無所能,然古之大臣不過曰無他
技,好彥聖焉耳,豈屑屑以能名哉?君以縣尹不得一試,然君非百
里才也。令其柄用於時,推賢薦士,其好善曷有已耶?君留心當世
之務,感時撫事,一寄之於詩,悱惻纏綿,出風入雅,藹然忠孝人也。
君之所以爲詩,即君之所以自見也。悲夫斯人也,乃以詩見也
歟哉!"

**其論治術,以爲天下大病不外一"吏"字,尤不外一"例"字,而
實不外一"利"字。近世一二魁儒,負匡濟大略,非雜縱橫,即陷功
利,未有能破"例"字、"利"字之局而成百年休養之治者也。**

《安徽候補知縣鄉賢潘先生行狀》:"其論治術,以爲天下大病
不外一'吏'字,尤不外一'例'字,而實不外一'利'字。近世一二魁
儒負匡濟大略,非雜縱橫即陷刃[功](按,原作刃,今據文義改)利,
未有能破'例'字、'利'字之局而成百年休養之治者也。"

《頤志齋文鈔・潘君傳》:"君邃於學,工詩古文詞,雅懷高蹈,
不屑治生。居郡東車橋鎮,讀書授徒,足不入城市。植品甚峻,耻

爲唯阿。道光四年，洪湖堰盱堤決，次年湖涸。當事借黃濟運，河身淺阻，其後黃高於淮，不得已倒塘灌放，君怵然憂之，因爲截運之說，其略曰：'今之淮必不能高於黃，特以濟運之故，欲使黃得入淮，以通運道，此倒塘灌放，一時權宜之策耳。爲今之計，莫如使黃淮相絕，黃自北注，淮自南注，禦黃壩直，可永閉運道，別籌水患永息，此數百年之利也。古人治漕本有轉運之法，今參用其意，省歸一處，統計運艘九千餘，南北各分一半，以淮郡爲遞輸之所。北船抵通，南船抵淮。省近北者屬北船，省近南者屬南船。直隸、山東、江蘇、安徽屬於北，浙江、江西、湖北、湖南屬於南。南船卸於淮郡，漕督稽之。北船卸於通州，倉場稽之。旋至旋卸，旋卸旋行。由壩南以至壩北，不過一里之近，盤剝之費亦易籌也。且黃淮既絕，黃不入淮，則淮無病，黃不入運，則運無病。治河之費日省，何惜此盤剝之貲哉！若夫倒塘灌放之策，陡啓兩壩，則盛漲之決可虞；萃處一塘，則鬱攸之災可畏。此又不待智者而知之矣。'"

德輿以詩著稱，論詩必求合於溫柔敦厚之旨，戒浮靡淫邪之語。嘗批點《唐賢三昧集》《古詩源》《王摩詰詩》，頗得詩家三昧。所著《養一齋詩話》以風雅爲旨歸，揚扢列代，盛稱於時。

《養一齋集》卷首《自評》："詩宜痛刪改，必浮靡之音去而真愨之氣來，語語有用，方謂之言立。○先刪詩，次刪句，次改句。真處萬不可不留，率處萬不可不去。真率之間不容髮，殊不易辨也。然直則厚，率則不厚，亦不難辨耳。○詩只一字訣，曰'厚'。厚必由於性情，然師法不高，烏得厚也？清贍方可學詩，遒煉方可作詩，超雅方爲名家，渾化方爲大家。試自考來。○余幼奉庭訓，讀漢、魏、李、杜詩最洽熟，杜詩尤多。未冠，先子見背，操筆學詩苦無指授，漫然棄幼所讀者。案頭有一部《精華錄》，亦知其非絕境，然薰染數月，遂專趨中晚唐人，蓋劉賓客、張司業、李昌谷、溫飛卿、杜司勳、許丁卯，皆其所涉歷者。已乃謂韓、蘇爲鉅觀，年少氣盛，愛爲盡言，殊自豪也。至二十六七歲，乃知以陶公爲法，於詩漸辨好醜。近四十歲稍就確實，以杜爲宗，而精力不專，學問不廣，子美之門牆至今不能入，況堂室乎哉！使從一二十歲時，常取趨庭時所讀者朝夕研習，何至費如許轉折而不得達也？悲痛悔恨莫甚於此。○余詩逃不得一‘雜’字，蓋命意甚妄，欲作無不有之大家，而今則併名家而不能也。此又可恨之一端也。道光九年己丑五月四農書於養一齋。○作詩三十餘年，仍有淺薄之病，專求渾、求實，方有長進處。乙未六月，四農再書。○詩必淡雅渾大，乃可以示天下。己亥四月，四農三書。”

潘德輿《養一齋詩話》徐寶善序：“詩教古矣，詩話盛於後世，大率騁其私見，不推原古昔聖賢立教之本義。其最下者，乃敢用私意以阿其平昔繫援徵逐之徒，而詩益不可問。今潘子之書以《三百篇》爲根本，以孔門之言詩爲準則，揚扢列代，至勝國而止，近世門戶聲氣之習鉏而去之，可謂公矣。抑吾更有感焉：凡詩之作，由人心生也。是故人心正而詩教昌，詩教昌而世運泰；浮囂、怪僻、纖淫之詩作，而人心世運且受其敝。今潘子之書，必求合於溫柔敦厚、興觀群怨之旨，是古今運會之所係，人人之心所迫欲言者，特假潘子之手以書之云爾。”

參考文獻：

1. 潘德輿著，朱德慈輯校《潘德輿全集》，人民文學出版社2016年版。

2. 潘德輿著，朱德慈輯校《養一齋詩話》，中華書局2010年版。

3. 王鍾翰點校《清史列傳》卷七十三《潘德輿傳》，中華書局1987年版。

4. 丁晏《頤志齋文鈔》，《續修四庫全書》，上海古籍出版社2002年版。

5. 徐世昌等《清儒學案》卷十五《四農學案》，中華書局2008年版。

6. 朱德慈《潘德輿年譜考略》，中國社會科學出版社2009年版。

7. 魯一同《通甫類稿續編》卷下《安徽候補知縣鄉賢潘先生行狀》，郝潤華輯校《魯通甫集》，三秦出版社2011年版。

（王宏林）

林則徐傳

林則徐,字元撫,又字少穆,福建侯官(今福州市)人。乾隆五十年(1785)生。

施鴻保《閩雜記》卷四《林文忠公取名》:"林文忠公則徐,字少穆。人皆謂取陳時徐陵字孝穆義也。或言:文忠將生,其封翁方於門外燃香燭,焚紙錢,閩俗謂之接生,祈易產也。適總督徐嗣曾轎過,轎夫暫住,易左右肩。徐見而怪之,方呼問時,則家人出報生子矣。徐曰:'此子將來名位當在吾上,吾適來候其生也。'故名則徐,謂嗣曾也。字則取孝穆義耳。按,公初字元撫,後始改少穆,正合取名之義。"

郭柏蒼《竹間十日話》卷六:"侯官林文忠公生於乾隆乙巳七月二十六日。"

少而沉敏慤謹,七歲屬文。嘉慶三年(1798)中秀才,九年中舉人。入福建巡撫張師誠幕府,相從四五年,盡識先朝掌故及兵刑諸大政。十六年中進士,選庶吉士,散館授編修。

林則徐《林則徐全集·記傳·先考行狀》:"七歲教之屬文。或疑太早,府君曰:'非欲速也,此兒性靈,時有發現處,不引之則其機反窒,此教術之因材而施者耳。"《林則徐全集·記傳·先妣事略》:"嘉慶二年,家君貢成均。次年不孝入學。"

金安清《林文忠公傳》："公少而沈敏愨謹，事親至孝。爲帖括之學，實事求是，不涉時趨。以嘉慶甲子領鄉薦。百文敏由楚督左遷汀漳龍道，一見目爲大器，廣爲延譽。張蘭渚中丞撫閩，招入幕府。張爲乾隆樞直舊臣，精吏治，公相從四五年，盡識先朝掌故及兵刑諸大政，益以經世自勵。辛未成進士，甲戌，留館以編修用。"李元度《林文忠公別傳》："閩撫張公師誠見所削牘，奇之，延入幕。"

按，《雲左山房文鈔》卷三《張蘭渚中丞六十壽序》云"下車伊始，側席爲招"，而張師誠任福建巡撫，於嘉慶十一年十二月抵閩，"下車伊始"約在十一年底、十二年初。

嘉慶二十一年（1816），充江西鄉試副考官。二十四年三月，充會試同考官；閏四月，充雲南鄉試正考官。

《清史列傳》本傳："二十一年，充江西鄉試副考官。二十四年三月，充會試同考官。閏四月，充雲南鄉試正考官。"

林則徐《林則徐全集·奏稿·請定鄉試校閱章程摺》："臣前任京職，曾充鄉試考官二次、會試同考官一次……歷在闈中，刊刻批語板片，刷成批紙，分別首藝、次藝、三藝及詩。凡頭場四篇，逐篇皆有批語，被黜之卷，必將如何疵纇之處分篇批出，自録底本，不使有一篇批語相同者。"《林則徐全集·日記》嘉慶二十一年九月九日："訪詢輿論，均謂此次所録，清貧績學者甚多，謂之'清榜'。"按，以上所記爲充江西鄉試副考官時事。

嘉慶二十五年（1820），授浙江杭嘉湖道，釐革夙弊，制定鹽法。道光三年（1823），擢江蘇按察使，搏擊豪强，治水救荒。十年，授湖北布政使，調河南，又調江寧，周歷三省，整頓吏風。十一年，特授河東河道總督，清理河務，詳查虛實。

《清史列傳》本傳："（二十五年）四月，京察一等，復帶領引見，記名以道府用，尋授浙江杭嘉湖道。"

　　金安清《林文忠公傳》："下車後，於所屬海塘水利悉心求之，一攝運司，從帥仙舟中丞釐革夙弊，浙鹽至今守其法。以疾引退。道光初元起病，宣宗夙知其賢，奏對大稱旨，授南河淮揚道。未三月，擢江蘇按察使，申理淹滯，搏擊豪强，風采卓著。癸巳大水，松江民有聚衆告灾，洶洶將變，巡撫已調兵，公力陳不可，扁舟往解散，民皆悦服。是年，通省灾振事一以委公，綜理精密，活老弱無算，而帑不稍糜。且爲當牛之政，冬質春贖，各截牛角單原主爲驗。次年春耕無一蹲斃者，民頌大起。江浙兩撫議修七府水利，以繼夏原吉之績，奏公總其成，硃批'即朕特派，非伊而誰'，其承異眷也如此。……庚寅起復，授湖北布政使，調河南，又調江寧。一歲之中，周歷三省，所至貪墨吏望風解綬，疆臣重其才，皆折節傾心下之。多所興革，凡民生疾苦、吏事廢墜、人才賢否，無纖悉不知，知無不行，上亦眷倚特甚。一時賢名滿天下，至兒童走卒婦人女子皆以公所蒞爲榮，輒曰：'林公來，我生矣。'至以公所行政播諸歌謠，荒村野市傳之以爲樂。本朝自陳恪勤、陳文恭後，長吏聲譽之盛，無與公並者。辛卯秋，特授河東河道總督，公以不諳河務辭，其疏云：'臣自問不敢欺，而不能不受人欺，則與自欺奚别？'言極懇至，上温詔答之，勉赴任。河東承前人奢靡之後，聞公至，皆悚勵，懼旦夕嚴劾。公獨先以誠信許其滌舊染，勉自新。老成之士，朝夕咨訪。豫東黃河多至十數廳，所儲歲料數千垛，皆徒步抽驗其虛實，繪全河形勢於壁，孰夷孰險一覽而得。群吏公牘不能以虛詞進，風氣爲之一變。"

　　《清史列傳》本傳："（道光十一年）十月，擢河東河道總督。十二年正月，疏言運河挑工已完六分，惟沿堤出土之路因泥漿抛撒，逐條凍積，名曰泥龍，尚未除净，日積日多，挑運更爲費事，一經春雨,更恐衝入河心,見飭工員挑完一段,即起淨一段泥龍,其已挑未淨之處,官差夫頭,量予懲責。上是之。……三月,奏言:'秸料爲河工第一弊端,其門垛、灘垛、底廠及並垛、戴帽各名目,非抽拔拆視,難知底裏,見將南北十五廳各垛查明,抚敝者察治,並請裁山東泉河通判。'得旨:'向來河臣查驗料垛,從未有如此認真者。'"

按,金安清云"一歲之中,周歷三省",調任江寧似亦在道光十年,趙爾巽等《清史稿》本傳從之。然《清史列傳》本傳載:"十一年七月,調江寧布政使。"

道光十二年(1832),任江蘇巡撫,前後撫吳者五年。時吳中洊饑,奏免逋賦,爲民請命,以緩徵漕糧,使吳民得以喘息休養。又疏浚劉河、白茆二水及附近諸河,爲吳中數十年之利。

《林文忠公傳》:"是冬,奉江蘇巡撫之命,自此撫吳者五年。吳人夙感公惠,聞公再來,益大厥施,出境謳迎者數萬人。時辛卯再大水,壬辰、癸巳相繼患潦,河事孔棘。沿河閘壩及通倉交兌費益重,旗丁倍其數取之州縣,州縣倍其數徵之小民,一軍船津貼多至千金,蘇漕一百六十萬石分載數百艘,徵米之外,費多至數百萬,惟閭閻是求。民既困灾,又困於浮勒,有棄田以逃者,漕務大壞。十三年秋杪,陰雨不止,稻已刈復敗。例定秋灾不出九月,公方擬以續被灾荒例請緩,而嚴旨詰責。陶文毅方督兩江,亦躊躇未敢決。公乃單銜密疏,瀝陳江蘇連年錢漕之累、小民之苦,反覆數千言,堅請緩徵。上鑑其誠,特允所請。是年,江蘇微公言,官民全局幾殆。……疏稿爭相傳鈔,遠邇爲之紙貴。小民聞之,皆嗟嘆聚泣,慶更生。"按,其奏疏參見林則徐《林文忠公政書・江蘇奏稿》卷二《江蘇陰雨連綿田稻歉收情形片》。

《林文忠公傳》:"公念漕政爲倉督、漕督所主,運道則轄之兩河臣。東南有漕者六省,督撫預其事,非蘇撫一人能抗。而吳民旦夕就斃，終夜輾轉不能已，乃仿周文襄酌劑公私田加耗減耗之法，凡百畝中有二三十畝近乎沮洳者，皆爲之請緩，推之千畝萬畝皆然。統核其田畝之數，約七八成，餘則報歉，米數則就其上則者計之，俗名曰‘暗減’。賦且緩徵，例於次年帶收，惟遞緩則已。民間得此惠，喘息爲之稍蘇。”按，林則徐致書陶澍，解釋其緩徵之法，具見《雲左山房文鈔》卷四《答陶雲汀宮保書》及《再答陶宮保書》。

《清史稿》本傳：“先是總督陶澍奏浚三江，則徐方爲臬司，綜理其事，旋以憂去。至是黃浦、吳淞工已竣，則徐力任未竟者，劉河工最要，撥帑十六萬五千有奇，白茆次要，官紳集捐十一萬兩，同時開浚，以工代賑。兩河舊皆通海，易淤，且鑿河工巨，改爲清水長河，與黃浦、吳淞交匯通流。各於近海修閘建壩，潮汐泥沙不能壅入，內河漲，則由壩泄出歸海。復就原河逢灣取直，節省工費三萬餘兩，用浚附近劉河之七浦河，及附近白茆之徐六涇、東西護塘諸河。又浚丹徒、丹陽運河，寶帶橋泖淀諸工，以次興舉，爲吳中數十年之利。”

道光十七年（1837），擢湖廣總督。配合兩江總督陶澍整頓鹽務，嚴禁私鹽。

《清史列傳》本傳：“十七年正月，擢湖廣總督。……疏陳整頓鹽務，略言貧民挑運售私，其近川、近粵、近潞之處與兩淮場竈皆遠，而鄰鹽一蹴即至，成本既輕，售價自賤。且鄰省鹽課皆輕，淮綱獨重，即彼此同一官鹽，亦必彼盈此縮。況以無課之私販，紛紛侵灌，其勢更不能相敵。現在剴諭紳民，日用飲食，何在不可節省？獨於食鹽計較貴賤。犯法食私，紳衿革功名，平民受滿杖。明利害者當不至如是之愚。且湖廣錢漕最輕，若鹽課復背官食私，天良何在？嗣後責成紳衿大戶及鄉團牌保，互禁食私，犯者公同送究，其挑賣之窮民，許改充肩販，由官鹽店給票，赴鄉賣完繳價。再從前襄陽、宜昌、衡州三處奏明，官運商鹽，減價售賣，以敵鄰私，歷辦並無成效。且一種奸販轉賣減價之賤鹽，以灌旺銷之引地，藉寇資盜，無異剜肉補瘡。應將此三處不令減價以杜流弊。"按，相關奏疏參見《林則徐全集·奏摺·設法疏銷淮引片》《銅船夾帶私鹽越卡摺》《緝獲私鹽變價按引提課片》《襄陽一帶緝私事宜摺》等。

道光十八年(1838)，鴻臚寺卿黃爵滋奏請嚴禁鴉片，則徐亦上《籌議嚴禁鴉片章程摺》，力陳鴉片之害及禁煙章程六條；又上《錢票無甚關礙宜重禁吃煙以杜弊源片》，指出鴉片輸入於社會經濟之害，促使道光帝堅決禁煙。同時於兩湖收繳鴉片，拿獲煙販，得上嘉許。

《林文忠公傳》："雅片煙者，産自南印度，爲英人屬埠。乾隆時，始入中國。嘉慶稍盛，有嚴禁。迨至道光，而吸食遍各省，出洋銀以數千萬。銀價一兩，易錢二緡。軍國度支，莫不交病。鴻臚寺卿黃爵滋奏請以嚴行禁約，定限一年六閱月，過此則置大辟。宣宗惡之深，飭疆吏月具煙犯摺，以期新法必行。方條議時，公力陳其害，愜上意，有'此禍不除，數十年後無可用之兵，無可籌之餉'語。"按，黃爵滋奏疏參見《黃爵滋奏疏許乃濟奏議合刊》(齊思和整理，中華書局 1959 年版)卷八。

林則徐《林文忠公政書·湖廣奏稿》卷四《籌議嚴禁鴉片章程摺》："今鴉片之貽害於内地，如病人經絡之間久爲外邪纏擾，常藥既不足以勝病，則攻破之峻劑亦有時不能不用也。夫鴉片非難於革癮，而難於革心，欲革玩法之心，安得不立怵心之法。……兹謹就臣管見所及，擬具章程六條，爲我皇上敬陳之：、煙具先宜收繳净盡，以絶饞根也。……一、此議定後，各省應即出示，勸令自新，仍將一年之期，劃分四限，遞加罪名，以免因循觀望也。……一、開館興販以及製造煙具各罪名，均應一體加重，並分別勒限繳具自首，以截其流也。……一、失察處分，宜先嚴於所近也。……一、地保牌頭甲長，本有稽查奸宄之責，凡有煙土、煙膏、煙具，均應著令查起也。……一、審斷之法，宜預講也。”

《林文忠公政書・湖廣奏稿》卷五《錢票無甚關礙宜重禁吃煙以杜弊源片》：“臣歷任所經，如蘇州之南濠、湖北之漢口，皆闤闠聚集之地。疊向行商鋪户暗訪密查，僉謂近來各種貨物銷路皆疲，凡二三十年以前某貨約有萬金交易者，今祇剩得半之數。問其一半售於何貨？則一言以蔽之，曰鴉片煙而已矣。……吸鴉片者，每日除衣食外，至少亦須另費銀一錢，是每人每年即另費銀三十六兩。以户部歷年所奏，各直省民數計之，總不止於四萬萬人，若一百分之中僅有一分之人吸食鴉片，則一年之漏卮即不止於萬萬兩，此可核數而見者。……若猶泄泄視之，是使數十年後，中原幾無可以禦敵之兵，且無可以充餉之銀。……夫財者，億兆養命之原，自當爲億兆惜之。果皆散在内地，何妨損上益下，藏富於民。無如漏向外洋，豈宜藉寇資盗，不亟爲計？”

《清史列傳》本傳：“尋奏湖南、湖北拿獲煙販，並收繳煙土、煙膏、煙具情形，上甚嘉之。”

同年，奉上諭入都計事，受命以欽差大臣身份赴粤主持禁煙。入粤後，即會同鄧廷楨，嚴劾縱庇煙販之官員，秘密逮捕漢奸，發布告示曉諭粤省百姓速戒鴉片。

《林則徐全集・日記》道光十八年十一月十五日：“旋奉諭旨：‘頒給欽差大臣關防，馳驛前往廣東查辦海口事件，該省水師兼歸節制。欽此。’”

林則徐《林則徐全集・信札・致葉申薌》：“侍戊冬在京被命，原知此役乃蹈湯火，而固辭不獲，只得貿然而來，早已置禍福榮辱於度外。維時聖意亟除鴆毒，務令力杜來源。所謂來源者，固莫甚於嘆咭唎也。侍恐一經措手，而議者即以'邊釁'阻之，嘗將此情重疊面陳，奉諭斷不遙制。"

《林文忠公傳》："蓋西洋互市，惟廣東一口爲雅片煙所從來，專責公以清其源也。公夙以天下事爲己任，感上殊遇，毅然成行。而中外柄臣有忌沮之者，京朝官故人子弟亦以邊釁爲公慮。公謁座師沈鼎甫侍郎曰：'死生，命也。成敗，天也。苟利社稷，不敢不竭股肱，以爲門墻辱。'相顧涕下，遂出都。道經燕、趙、楚、越，官紳來謁者，苟有一得，皆咨詢而籍之。入粵，即會同廣督鄧廷楨，嚴劾歷年庇私之督標副將韓某以徇。前督李鴻賓設巡船專查煙土，委任韓弁，乃得重賄，縱庇之。洋煙之橫，實出此。公特首糾之，籍其家，累巨萬，官民大服。啓粵秀書院觀風，以禁煙試時務策，粵人皆交口宜禁。"

林則徐《林則徐集·公牘·密拿漢奸札稿》："外夷鴉片之得以私售，皆由內地奸民多方勾串，以致蔓延日廣，流毒日深。現在新令極嚴，查拿不容不力。所有包買之窰口，說好之孖氈，與興販各路之奸商，護送快艇之頭目，有經京堂、科道指名陳奏奉旨將原摺發交本部堂查辦者，有經密查暗訪得其踪迹者，現俱開出姓名，間有訪知住址，合急黏單密札飭拿。"

《林則徐集·公牘·曉諭粵省士商軍民人等速戒鴉片告示稿》："本大臣與督部堂、撫部院懍遵嚴旨，惟有指天誓日，極力驅除。凡攘外靖內之方，皆已密運深籌，萬無中止之勢。……省城限以二月起至三月底止，各府州縣以奉文之日起，勒限兩月，務將家有煙槍、煙斗幾副，雜件煙具若干，餘煙若干，一並檢齊，赴所在有司呈繳。"

諭告外國煙販繳交煙土，共收繳煙土約兩萬箱，以海口挖池浸化之法就地銷燬，史稱"虎門銷煙"。嗣後，制定外商販煙治罪條

例,有仍偷販鴉片者,則以死刑懲處。並照會英國女王,表達清廷禁煙意志。

《林則徐集・公牘・諭各國商人呈繳煙土稿》:"由洋商查明何人名下繳出若干箱,統共若干斤兩,造具清册,呈官點驗,收明燬化,以絶其害,不得絲毫藏匿。一面出具夷字漢字合同甘結,聲明'嗣後來船永不敢夾帶鴉片,如有帶來,一經查出,貨盡没官,人即正法,情甘服罪'字樣。……此後照常貿易,既不失爲良夷,且正經買賣盡可獲利致富,豈不體面?……若鴉片一日未絶,本大臣一日不回,誓與此事相始終,斷無中止之理。"

《林文忠公政書・使粤奏稿》卷三《會奏銷化煙土一律完竣摺》:"奏爲虎門銷化煙土,公同核實稽查,現已一律完竣,恭摺奏祈聖鑑事:竊臣等欽遵諭旨,將夷船繳到煙土二萬餘箱在粤銷燬。……嗣是仍照前法,劈箱過秤,將煙土切碎拋入石池,泡以鹽滷,爛以石灰,統俟戳化成渣,於退潮時送出大海。……共有一萬九千一百七十九箱,二千一百一十九袋,其斤兩除去箱袋,實共二百三十七萬六千二百五十四斤,截至五月十五日業已銷化全完。"按,《清史稿》本傳載"呈出煙土二萬餘箱,親蒞虎門驗收,焚於海濱,四十餘日始盡",皆誤。實則,數量未達兩萬箱,銷毀方法並非焚燒,自四月二十二日至五月十五日,亦僅二十餘日。

齊思和《籌辦夷務始末》卷七《穆彰阿等奏洋人攜帶鴉片入口治罪專條摺》:"此後夷人如帶有鴉片煙入口圖賣者,即照開設窑口例,擬斬立決。爲從同謀者,從嚴擬絞立決,由該督撫審明確係帶賣鴉片煙首從正犯,並無替冒情弊,即交該地方官督同該夷人頭目,將各犯分別正法。起獲煙土,全行銷燬。其同船之衆,是否均係知情,亦由該督撫分別酌量懲治。所帶貨物,概行入官。"

《林文忠公政書・使粤奏稿》卷四《擬諭嘆咭唎國王檄》:"(中

英)通商已久,衆夷良莠不齊,遂有夾帶鴉片誘惑華民,以致毒流各省者。似此但知利己,不顧害人,乃天理所不容,人情所共憤。……聞該國禁食鴉片甚嚴,是固明知鴉片之爲害也。既不使爲害於該國,則他國尚不可移害,況中國乎?……弼教明刑,古今通義,譬如別國人到嘆國貿易,尚須遵嘆國法度,況天朝乎!今定華民之例,賣鴉片者死,食者亦死。試思夷人若無鴉片帶來,則華民何由轉賣?何由吸食?是奸夷實陷華民於死,豈能獨予以生?彼害人一命者尚須以命抵之,況鴉片之害人豈止一命已乎?故新例於帶鴉片來內地之夷人,定以斬絞之罪,所謂爲天下去害者此也。……該國夷商欲圖長久貿易,必當懍遵憲典,將鴉片永斷來源,切勿以身試法。"按,此檄文未及遞交英國女王,而戰事已開。

道光十九年(1839),英領事義律以武力啓釁,林則徐、關天培等率軍抵抗,先勝於九龍尖沙嘴,再勝於潭仔,又勝於穿鼻,六次退敵於官涌。次年,英國海軍大舉侵入廣東海面,林則徐嚴密備防,使敵無隙可乘,又屢以火攻破敵。

《清史列傳》本傳:"(道光十九年)七月,英領事義律率船五隻,以索食爲名犯尖沙嘴,則徐檄參將賴恩爵禦之九龍山,碎其雙桅大船。英船紛集,炮彈如雨,我軍以網紗障船,就旁施炮,斃敵多名,接仗踰五時,英人死傷益衆,逡巡遁。八月,復檄守備黃琮等偵英船於潭仔洋面,乘英人方開炮,亟擲火斗、火罐,焚其船,敗走之。義律因潛赴澳門,倩他國人遞説帖,求轉圜。則徐以其言未可信,奏請相機剿撫。諭曰:'既有此番舉動,若再示以柔弱,則大不可。朕不慮卿等孟浪,但誠卿等良惹。先威後德,控制之良法也。'……尋義律經則徐檄諭,雖自稱悔罪,稟請逐船搜查,勒限驅回空薑,仍觀望,圖免具結。九月,復乘間糾兵船滋擾,水師提督關天培敗之穿鼻洋,遂竄泊尖沙嘴。則徐以其北有山梁曰官涌,可以俯而攻也,令深溝固壘以待之。英人果六犯官涌,皆受懲創,然猶逗遛外洋。……時英人被逐,寄椗外洋,勾引漁船蜑戶,誘以重利,希圖接濟銷售。二十年正月,則徐定計,以毒攻毒,令關天培密裝炮船,雇漁蜑各戶,教以出洋埋伏。候夜深順風,揚火焚艦附英舟匪船二十三隻,延燒英舟及海灘蓬寮。自是,漢奸膽懾,英船接濟幾斷。……五月,再焚英船於磨刀外洋,延燒匪艇十一隻、蓬寮九座。"

按,以上數次戰役之詳情,參見林則徐奏疏,如《林文忠公政書・使粵奏稿》卷五《會奏九龍洋面轟擊夷船情形摺》、卷六《會奏諭辦噗夷情形摺》、卷七《會奏穿鼻尖沙嘴疊次轟擊夷船情形摺》,《兩廣奏稿》卷一《燒燬匪船以斷接濟摺》、卷二《尖沙嘴官涌添建炮臺摺》等。

英軍北上浙江,陷寧波、定海,又遽赴天津大沽口。直隸總督琦善密陳撫議,劾林則徐肇啓邊釁。林則徐革職,琦善代之,盡廢粵省武備,與英人和議,割地賠款,喪權辱國。

《清史稿》本傳:"(道光二十年)六月,英船至廈門,爲閩浙總督鄧廷楨所拒。其犯浙者陷定海,掠寧波。則徐上疏自請治罪,密陳兵事不可中止,略曰:'英夷所憾在粵而滋擾於浙,雖變動出於意外,其窮蹙實在意中。惟其虛憍性成,愈窮蹙時,愈欲顯其桀驁,試其恫喝,甚且別生秘計,冀售其奸;一切不得行,仍必帖耳俯伏。第恐議者以爲內地船炮非外夷之敵,與其曠日持久,不如設法羈縻。抑知夷情無厭,得步進步,威不能克,患無已時。他國紛紛傚尤,不可不慮。'因請戴罪赴浙,隨營自效。七月,義律至天津,投書總督琦善,言廣東燒煙之釁,起自則徐及鄧廷楨二人,索價不與,又遭詬逐,故越境呈訴。琦善據以上聞,上意始動。時英船在粵窺伺,復連敗之蓮花峰下及龍穴洲。捷書未上,九月,詔曰:'鴉片流毒內地,特遣林則徐會同鄧廷楨查辦,原期肅清內地,斷絕來源,隨地隨時,妥爲辦理。乃自查辦以來,內而奸民犯法不能净盡,外而興販來源並未斷絕,沿海各省紛紛徵調,糜餉勞師,皆林則徐等辦理不善之所致。'下則徐等嚴議,飭即來京,以琦善代之。尋議革職,命仍回廣東備查問差委。琦善至,義律要求賠償煙價,廈門、福州開埠通商。上怒,復命備戰。二十一年春,予則徐四品卿銜,赴浙江鎮海協防。時琦善雖以擅與香港逮治,和戰仍無定局。五月,詔斥則徐在粵不能德威並用,褫卿銜,遣戍伊犁。會河決開封,中途奉命襄辦塞決。二十二年,工竣,仍赴戍,而浙江、江南師屢敗。是年秋,和議遂成。"

按,關於琦善彈劾林則徐之緣由,或謂二人本已有隙,如《林文忠公傳》云:"抑琦前督兩江時,公爲之屬,後時望出其上,深嘿之。遇公保定,議時事不合。論直隸屯田水利,又憾公越俎。至是得間,遂密陳撫議,意在擠公所爲。"或謂琦善圖謀自保,如曾寅光《林文忠公逸事》云:"次輔時任直督,所轄距公遠,初與公無與也。自粵督鄧公廷楨移督閩,而閩疆亦固若粵。迄浙事亟,撫軍烏爾恭額昧於防禦,倉卒張皇,獲重譴,直督惴惴焉。慮英犯天津,輪船不瞬息而至,將爲浙撫續。……英人詣天津,卑詞訴,屈求互市,而不以兵戎,實出其望外。知煙未易禁,使非禁絕,已爲重臣無可逃免也。計不若痛劾公,可取悅英,而速行成。冀卸責,又幸爲見好地,驛然以激變爲公罪,與首輔比而甚公。"

則徐奉旨戍伊犁,路遇河潰,大學士王鼎奏請則徐赴工效力。事成後,仍戍伊犁。在新疆佐將軍布彥泰大興屯田,使大漠廣野悉成沃衍,民生大裕。

《林文忠公傳》:"七月,復奉旨與鄧督同戍伊犁,行抵清江浦,河南祥符河潰,大學士王文恪出司塞決,奏請公赴工效力,乃改河道。至汴梁，先後六閱月，風雪中日夜坐與士卒同畚鍤。正月，蕆事，奉命仍往伊犂。公乃寄孥關中，携二子出塞，凡三年。將軍布彦泰深敬公，以新疆方興屯田，無可屬，計無逾公者，特疏請公總其事。周歷天山南北二萬里、東西十八城，浚水源，闢溝渠，教民耕作，定約束數十事，計闢各路屯田三萬七千餘頃。大漠廣野，悉成沃衍，煙戶相望，耕作皆滿。合兵農而一之，歲省國家轉輸無算，而回民生計亦大裕，爲百餘年入版圖未有之盛。"

道光二十七年（1847），擢雲貴總督，平回漢互鬥糾紛。

《清史列傳》本傳："二十七年，升雲貴總督，時雲南漢回互鬥垂十數年，焚殺幾無虛日。則徐抵雲南，適回民丁燦廷赴京疊控保山縣漢民沈振達串謀誣害劫殺無辜，經地方官提犯鞫訊，漢民遂糾衆奪犯，毀官署，劫獄囚，搜殺回戶，拆瀾滄江橋，道路以梗。永昌鎮道帶兵往擒漢民，遂拒捕。二十八年，則徐督兵赴剿，途次聞趙州之彌渡有客回勾結土匪滋事，遂就近移兵剿之，破其柵，殲匪數百，並撫恤受害良民。趙州底定，保山民聞風懾服，縛犯迎師，則徐按其罪重者百數十人立誅以徇，復乘勢搜捕永昌、順寧、雲川、姚州歷年拒捕戕官諸匪千餘名，置諸法。奏入，旨加太子太保銜，並賞戴花翎。"按，相關奏疏參見《林文忠公政書・雲貴奏稿》卷一《覆奏漢回情形片》《審辦雲州等處漢回各匪摺》《審辦回民丁燦庭京控案片》、卷二《審擬湯丹廠漢回互鬥各犯摺》《姚州白井漢回互鬥大概情形摺》、卷三《生擒彌渡匪犯審辦摺》《續獲彌渡匪犯審辦摺》、卷四《覆奏永昌漢回情形片》等。

《林文忠公傳》："己酉夏，受代啓行，滇民焚香載酒，遠邇不期而集至數萬，婦孺奔走號泣，擁公馬，幾不能前。士紳銘公德政，自迤西至黔界，大書深刻，岩壁殆遍。省城書院生徒繪《截鐙圖》，以紀其事。公瀕歧，與寮屬論回事，曰：'馭邊者，公、勤、仁、明、威，少一不可。守令能公、勤,則小蠹可弭;大吏能仁、明、威,則衆心自服。經此次創艾,區區之力不過維持十年,過此非所知矣。'迨咸豐七、八年,滇患復熾,悉如公料。"

道光三十年(1850),廣西天地會匪患甚熾,則徐起爲欽差大臣,赴桂剿匪,未竟而卒。

《林文忠公傳》:"會廣西賊起,上即家起公爲欽差大臣,赴桂林辦賊。公聞命一日即行,前事遂寢,而閩督亦被臺諫蒙劾褫職矣。公力疾督師,年已六十六,自許可償馬革之志。桂林土賊大小十數股,聞公將至,輒相約棄戈投誠,願自解散。粵東壯士舊隸公部者,爭請自效。廣督徐爲公年家子,募驍健五千人爲一隊,先期致書於公。公中途方爲之申約束,定規制,而疾大作。抵潮州,憊不能興,日夜苦滯,下數十次。……公忠誠篤棐,蹇蹇匪躬,至臨危,猶憂在天下。不二日,公遽薨。易簀時,以指向天,呼'星斗南'三字,無一語及私。連日大風霾,日色昏翳,海潮夜嘯,慘冽哀鳴,異於平日。遺疏上聞,天子震悼,贈公太子太傅,特謚文忠,自乾隆初傅相國後,百年無此典矣。天鑑優崇,蓋異數也。"

《林文忠公逸事》:"易簀時,呼'星斗南'者三,或問余此何謂,余曰:泰西稱地球五大洲,以吾華爲亞細亞洲。佛經稱四大部洲,以吾華爲南贍部洲。吾華居星斗之南,故北辰常在北。海疆事起,後進咸就公請方略,公曰:'英易與耳,終爲中國患者,其鄂羅斯乎?'時鄂人不交中國越數十年,聞者惑焉。公蓋以髮逆患在一時,洋防患在後世。西洋國衆而聯涣靡常,北洋地大而在在毗連吾邊裔,舉吾華數萬里百十年事,蓋無日不往來於胸中。故公之存若没,實關治亂安危之數。"按,此説涉及俄羅斯事,未免穿鑿;然其以星象解"星斗南"之意,實爲得之。蓋星斗墜於南,乃天之異象,喻示國運連蹇,無有寧日。林則徐目見此象,心憂社稷,懷恨而逝。

以此解之，庶幾近矣。

林則徐一生功業多在政務，然亦能詩詞，善書法。

陳衍《雲左山房詩鈔解題》："公勛業彪炳，而古今體穩愜流美，幾欲媲美安陽、石湖矣。奉使滇中，過山厲水刻處，寫景如畫。"陳衍《石遺室詩話》卷二十二："《雲左山房詩鈔》，使事穩切，對仗工整。"莫友棠《屏麓草堂詩話》卷二："尚書侯官林少穆先生，有手抄《拜石山房詩草》一卷。……既以精理爲文，亦復秀氣成采，是必有其識學筆力，乃能斟酌裁補合度如律。其各首縱橫開合，宛是奏議。蓋以詩當紀傳時事，非復尋常登涉游覽之作。"

謝章鋌《賭棋山莊詞話續編》卷二："侯官林文忠公，勛業文章，彪炳海內。……公則詞附於詩存之後。公固不必以詞見，而其詞則與嘉道間諸大老可以並駕齊驅。"

《林文忠公別傳》："公在塞外……稍暇則以筆墨自娛。公書具體歐陽，詩宗白傅。……伊犁爲塞外大都會，不數日，縑楮一空，公手迹遍冰天雪海中矣。"梁章鉅《楹聯叢話》卷十二："少穆最工作小楷。"按，林則徐於歷代名家書法多有的評，於書法技法亦有妙論，參見《雲左山房文鈔》卷四《跋沈毅齋墨迹》《跋東坡書，歸去來辭，前後〈赤壁賦〉小楷石刻後》《跋鮮于太常草書長卷》《跋趙文敏十札真迹》《跋成親王畫册》《跋沈石田山水卷》《跋岳忠武王墨迹》等。

又購諸國新聞紙並其紀載，譯爲《四洲志》，使國人獲知當時各國之民俗國情，增進中西交流。

《林文忠公傳》："西洋聲教素不通中國，其貿易主於洋行，至其國之道里風土、兵民習尚、虛實強弱，人無知之者，公獨設間得其新聞紙及外洋紀載，通以重譯，能中其竅要，而洋人旦夕所爲，纖悉必獲。"

姚永樸《舊聞隨筆》卷二:"自明以來,泰西人入吾國,或談其疆域風俗。乾隆雖著録《四庫》,然不過視若鄒衍之談海外而已。及公在粤,乃購諸國新聞紙,並其紀載,譯爲《四洲志》。其後,《海國圖志》《寰瀛志略》等書繼出。迄於今,諸使臣及游學所記益翔實矣,而啓之者,公也。"

參考文獻:

1. 林則徐著,中山大學歷史系中國近代現代史教研組、中山大學歷史系中國近代現代史研究室編《林則徐集·日記》,中華書局 1962 年版。

2. 林則徐著,中山大學歷史系中國近代現代史教研組、中山大學歷史系中國近代現代史研究室編《林則徐集·公牘》,中華書局 1963 年版。

3. 中山大學歷史系中國近代現代史教研組、研究室編《林則徐集·奏稿》,中華書局 1965 年版。

4. 林則徐《林文忠公政書》,中國書店 1991 年版。

5. 林則徐全集編輯委員會編《林則徐全集》,海峽文藝出版社 2002 年版。

6. 林則徐《雲左山房詩鈔》,《清代詩文集彙編》,上海古籍出版社 2010 年版。

7. 魏應麒《林文忠公年譜》,商務印書館 1935 年版。

8. 趙爾巽等《清史稿》卷三百六十九《林則徐傳》,中華書局 1977 年版。

9. 王鍾翰點校《清史列傳》卷三十八《林則徐傳》,中華書局 1987 年版。

10. 繆荃孫輯《續碑傳集》卷二十四《林文忠公傳》,《清代傳記叢刊》,臺灣明文書局 1985 年。

11. 繆荃孫輯《續碑傳集》卷二十四《林文忠公別傳》,《清代傳記叢刊》,臺灣明文書局 1985 年版。

12. 繆荃孫輯《續碑傳集》卷二十四《林文忠公逸事》,《清代傳記叢刊》,臺灣明文書局 1985 年版。

(馬昕)

姚瑩傳

姚瑩,字石甫,號明叔,晚號展和,自號幸翁,安徽桐城人。乾隆五十年(1785)生。

姚濬昌《姚石甫先生年譜》:"乾隆五十年乙巳十月七日時加丑府君生。府君諱瑩,字石甫,號明叔,晚號展和。又以十幸名齋,自號幸翁。"

徐子苓《誥授通議大夫廣西按察使司按察使姚公墓誌銘》:"桐城姚先生諱瑩,字石甫,一字明叔,天下知先生者咸曰石甫先生云。……先生生於乾隆乙巳十月,卒於咸豐壬子十二月十六日,年六十有八。"

劉聲木《桐城文學淵源撰述考》卷四:"姚瑩,字石甫,一字明叔,號展如,桐城人。"

曾祖姚範,官翰林院編修。祖斟元,諸生。父驥,妣張,雲南尋甸州吏目諱曾轍公女。

《姚石甫先生年譜》:"世爲桐城麻溪姚氏,自前明景泰中先雲南布政使參政諱旭以循吏顯,先福建汀州府知府加按察副使銜諱之蘭,先兵部職方司主事前蘭溪縣知縣諱孫棐,皆爲循吏,卒祀名宦及鄉賢祠。至國朝,先刑部尚書諡端恪諱文然,事聖祖仁皇帝爲名臣,世宗憲皇帝特敕祀賢良祠。端恪公季子諱世基,爲湖廣羅田縣知縣,惠政愛民,卒祀名宦祠。羅田公次子贈朝議大夫,增生,諱孔鍈,是爲府君高祖,妣任,誥封恭人。欽旌節孝翰林院編修諱範爲府君之曾祖,以詩古文經學著,入祀鄉賢,附傳國史,學者稱薑塢先生,妣張。邑增生,諱斟元,爲府君之祖,妣張,繼妣徐。先大父諱騄,妣張,雲南尋甸州吏目諱曾轍公女。三代皆贈通奉大夫,妣皆贈夫人。府君兄弟四人,先伯父損軒府君諱朔,貤封江蘇高郵州知州,仲父諱鑾,季父諱四和,早卒。"

《誥授通議大夫廣西按察使司按察使姚公墓誌銘》:"曾祖範,翰林院編修,妣張。祖斟元,縣增生,妣張,繼徐。父騄,妣張。三代皆以先生贈通奉大夫,妣夫人。"

瑩於嘉慶十二年(1807)鄉試中第,次年成進士。十四年入兩廣總督百齡幕,時海寇方擾,百齡日事招討,瑩因得悉知海上事。百齡離職後,瑩入廣東學政程國仁幕。

《姚石甫先生年譜》嘉慶十二年二十三歲:"七月赴試金陵,館鍾山書院。一夕,同舍人見府君臥處火光照耀,一室驚起,則光從帳中出。府君寢方酣,久而漸隱。揭曉,中式第十八名。座主爲萍鄉劉公鳳誥、武陵趙公慎畛,房師聊城梁公本恭。"

《姚石甫先生年譜》嘉慶十三年二十四歲:"春,入都試禮部,中式第三十二名。殿試三甲,歸班銓選。初至都,惜抱先生門人陳公用光方爲編修,時舉子以得見先達貴人爲幸,有勸往者,府君辭之曰:'試期且近,陳設爲房官而某幸中,則嫌疑不可白矣。'秋假歸,以選期甚遠也。"

《姚石甫先生年譜》嘉慶十四年二十五歲:"二月,往游浙,謁座主劉侍郎時督浙學。百文敏百齡督粵,過桐,邀入幕府。府君以醒庵公在粵,乃應其聘。五月,由家徑江西,度大庾嶺。七月,抵粵。海寇方擾,文敏日事招討,因得悉知海上事。"

《姚石甫先生年譜》嘉慶十六年二十七歲:"授經程鶴樵學使署中。"

《姚石甫先生年譜》嘉慶十七年二十八歲:"春,程學使任滿去,有《述遇詩》。旋授經從化令王蓬壺署中。"

嘉慶二十一年(1816)春,謁選得福建平和知縣。二十三年,任龍溪知縣。二十四年,調臺灣縣,旋兼理海防同知。

《姚石甫先生年譜》嘉慶二十一年三十二歲:"春,謁選得福建平和縣知縣,赴官,過錢塘,謁督學汪文端廷珍。先是,文端嘗聞府君名,未見,語劉金門侍郎曰:吾督學安徽,佳士無所遺,而不能得姚某,君乃暗中得之,何快也。及督浙學,數寓書所知,問府君。至是謁見,縱談三日,索觀詩文,嘆曰:國士也,慎自愛。題辭卷首,有曰'衆鳥啁啾中,獨見孤鳳皇'。府君重編文集時載之,以識知音最先。夏,抵閩。閏六月,莅任。平和俗好鬥健訟,府君受事後,嚴捕,鋤強暴,聽斷勸諭,悉以至誠。每親臨四鄉,皆自出費用。即有圍捕,亦以身先,未嘗輕假營伍。所至雞犬不驚,民無擾攘,風俗一變。總督汪公志伊、巡撫王公皆異之。是歲迎醒庵府君暨張太夫人就養。"

《姚石甫先生年譜》嘉慶二十二年三十三歲:"在平和任。春,興九和書院,出養廉倡率。有勸修書院告示,諭各姓家長捐簿題引,與吳孝廉光國書。冬,調龍溪知縣。龍溪悍風尤甚,械鬥讎殺無虛日,盜賊因之四出,官兵無如何。府君至,曰:'此亂民也,非繩以重典不可。然讎怨各有所由,比年民皆不見官,無以自達,官但據告詞捕犯,十九富人,而當捕者反不在告中,何以服民?'乃請於道府及總兵官,舊案告犯悉停拘捕,召徠鄉民入城,使自陳,日爲平斷曲直,更選民年二十以上四十以下壯勇者養之,擊捕盜賊,手擒巨惡數人,訊實罪狀,臚榜郭門,使萬人環觀而斃之,遠近股栗。於是循行田野，親至各社，曉以大義，經其疆理，字其幼孤，暇則課農勸學，一時棄刀修和者七百餘社，漳人大悦。時閩督爲董文恪公教增，深器府君，嘗稱爲閩吏第一，屢見訪以大政。每守令至漳，必語曰：‘治法可問姚令。’而忌者自是起矣。”

《姚石甫先生年譜》嘉慶二十三年三十四歲：“在龍溪任。漳守方穎齋傳穟訪求治法，府君爲陳其要，太守韙之，由是相得。是歲，調臺灣知縣，漳人上書乞留者日千百數，鎮、道亦爲言，制府許之，更留逾歲。”

《姚石甫先生年譜》嘉慶二十四年三十五歲：“春，調臺灣。臺灣孤懸海外，叛亂不常。府君不務苛細，惟一以恩威信撫之，深得士民心，旋兼理海防同知。”

《姚石甫先生年譜》嘉慶二十五年三十六歲：“在臺灣任。正月，郡兵群博於市，府君肩輿過，弗避，呵之，皆走。一兵誣縣役掠錢，相爭。府君命之跪而問之，衆散兵疑將責此兵，群呼持械出者數十人，欲奪之去。府君乃下輿，手以鐵索縶此兵，往迎之曰：‘汝敢抗拒，皆死矣。’衆愕然，不敢犯。乃手牽之，步至總兵官署。衆大懼，求免，不許，卒責黜十數人，而禁其博。自是所過，兵皆畏避。九月，興化、雲霄二營兵鬥，復謀夜摧殺。諸將倉卒戒嚴，府君亦夜出周視，衆兵見府君過，皆跪。好諭之曰：‘吾知鬥非汝意，特恐爲人所劫，故自防耳。毋釋仗，毋妄出。出則不直在汝，彼乘虛入矣。’衆兵大喜曰：‘縣主愛我。’竟夜寂然，天明罷散。總兵貫數人耳以殉，諸軍蕭然。臺灣俗信鬼，舊有五妖神祟人。民許某爲妖祟，將死，其兄盛禮迎祀。府君聞之，乃作判，舁其像至，笞而毀之，妖遂絕。”

道光元年（1821），署噶瑪蘭通判，旋坐事落職。六年，部議以獲盜功改爲降二級調用。丁母憂，入汀漳龍道方傳穟觀察幕。

《姚石甫先生年譜》道光元年三十七歲:"春,攝噶瑪蘭通判事。六月癸未,大風甚雨,伐木壞屋,禾大傷,繼以疫。府君以事在郡,聞之,急馳回,周巡原野,撫恤災傷,爲請緩徵,並製藥療其病,民大悅。淡水男子朱蔚自稱明後,妄造妖言,入噶瑪蘭,煽惑愚民,圖爲亂。府君訪獲之。或忌其事,倡言於郡曰:'小民顛疾耳,時方太平,焉有此事?'府君以黨證明確,妖書木印悖詩皆具,臺灣人情浮動,當以朱一貴、林爽文爲戒,將力爭之。大父醒庵公曰:'無事也。事關釀亂,有司之責,幸未起,獲其首逆,誅否聽於上官,且吾不願汝以多殺爲能也。'命出所獲物,盡獻而焚之。蔚至郡,屢訊,皆實,卒以狂疾抵罪。府君之任臺灣縣也,臺灣戍兵皆自内地更調,數驕橫不法。臺道葉公世倬欲改募臺人,府君曰:'如此,是無臺灣也。曩爲臺人反側,故戍以内兵,一百四十餘年矣,一旦改用臺人,誰與鎮守乎?'又以民船代運官穀爲商病,議罷之,改爲官運。府君曰:'曩以福漳泉三郡產穀少,兵食不足,而臺地乏銀多穀,故以有易無。臺運穀而司運餉,改之是兩乏也。且臺穀歲運十餘萬石,民船配載,每舟百三十石,多者百八十石耳。其自載貨皆三四千石,官給水腳即有不敷,口員亦有所費,然尚不致於困。若罷爲官運穀,十萬石,舟以二千爲率,法當用五十艘,艘工料以五千爲率,當費金二十五萬,合弁兵舵工水手,每舟不下數十人,歲費金又數萬。海舟駕駛,三年當一修,費又數萬,重洋風濤不測,一有沉失,舟穀兩亡,是漕艘之外又增國家一病也。'葉以爲梗議,噶瑪蘭之調,實難府君也。及抵任,乃獲著名海盜林牛等十餘人。先是,有詔提督羅公斯舉渡臺擒捕,至,則府君已計誘獲之。羅公大喜,飛章以聞。道、府欲沮之,臺鎮音登額公不可,乃奏,而府君已以龍溪別案去職矣。先是,在龍溪時,總督董公有公事下道、府、州、縣議,府君狀上,董公大悅,遽止道、府勿再議。上官益忌之。縣民鄭源者,與族人有隙，率親衆斃之，掠其財物，府君獲源，服罪既報，未及解省，去。逾二年，新漳守至，忌者毀之，乃反鄭源獄，以爲盜，劾府君勘報未會營，時臺道葉公、汀漳龍道孫公已相繼爲藩、撫矣。奏上，部胥索銀三千兩，府君不與，遂議革職，以獲盜事，特旨送部引見。"

《姚石甫先生年譜》道光六年四十二歲："正月至京，引見，奉旨，以獲盜功改爲降二級調用。遵例捐復原官，歸部銓選，戶部執閩中鹽課事，往返詰問。既白，九月，吏部始注册。張太夫人命告近省，府君請於部，次年三月當選。十二月二十六日，張太夫人卒於福州。"

道光十一年（1831），爲兩江總督陶澍所薦，揀發江蘇，先後任武進、金壇、元和知縣。十四年，升高郵州知州，未赴任，調署淮南監掣同知。

《姚石甫先生年譜》道光十一年四十七歲："二月二十四日自里中北上，三月至京。七月，江南水災，總督陶公澍、巡撫程公祖洛奏請揀發知縣六人，初十日引見，奉旨發往江蘇。八月朔出京，二十八日至江寧。九月，方伯林公則徐邀入幕，襄理公事，辭之。初五日，制軍委隨往清江浦。十九日至禦黃壩督河會委會同廳營籌備糧船回空開壩倒塘事宜。十一月，糧艘全數渡黃。初四日，回省，行至揚州。十一日，方伯趙公盛橄委隨行查賑，辭之。武進訟棍莊午可數致大獄，歷年拒捕，不能獲。程撫軍諭府君往密查。府君以莊午可姻族皆衣冠士類，聲氣廣遠，治之必遭非謗，請免給文札，蓋欲以計擒之也。及自蘇回常，而營縣已先二日以八百人輕進債事，臬司額騰伊公委隨營詢商事宜，辭不獲已，適中丞有密諭，乃回蘇。"

《姚石甫先生年譜》道光十二年四十八歲："權武進知縣事。二月蒞任。""是歲題補金壇縣知縣。"

《姚石甫先生年譜》道光十三年四十九歲:"冬,調署元和知縣。"

《姚石甫先生年譜》道光十四年五十歲:"在元和任。是年有詔中外大臣明保人才,江督陶公、蘇撫林公以府君名上,未引見,旋題升高郵州知州。未赴任,調署淮南監掣同知。"

《清史列傳》卷七十三《姚瑩傳》:"嘉慶十三年進士,選福建平和縣知縣,以才著,調臺灣縣,署噶瑪蘭通判,坐事落職。旋以獲盜有功,復官,揀發江蘇。爲兩江總督陶澍所薦,擢淮南監掣同知,權運使事。"

道光十八年(1838),爲臺灣道。時海疆不靖,瑩親赴各處,相度形勢,添設炮臺,雇募鄉勇,臺地大定。二十年,鴉片戰事起,英人數犯臺,瑩與臺灣鎮達洪阿屢敗之,毀其船,獲其人,臺地賴以保全。

《姚石甫先生年譜》道光十七年五十三歲:"九月,奉上諭,鍾祥等奏臺灣道缺需員請旨揀放一摺。臺灣爲海外要區,非熟習情形、才守兼優之員不足以資表率,因思淮南監掣同知姚瑩,前經陶澍等保舉,朕於召見時察其才具明白諳練,曾任臺灣縣知縣、噶瑪蘭通判,於該處情形較爲熟習,所有福建臺灣道員缺,即著以姚瑩升署,仍俟期滿,再請實授,並著照例賞加按察使銜。欽此。"

《姚石甫先生年譜》道光十八年五十四歲:"閏四月十六日蒞臺灣道任。臺灣民情浮動,外阻大海,内逼悍番,游民錯處,奸宄時作,自十二年張丙亂後,賊黨萬餘人散在民間,時思嘯聚。是年春夏間,嘉、彰一帶,樹生形如刀劍,濁水忽清七日,民間以爲亂兆,謠言四起,人情洶洶。府君下車,首嚴捕盜之令,捕斬九十餘人,閭閻稍安。然匪徒甚衆,策其反謀未已。乃請於督撫,行聯莊收養游民之法。使嘉、彰二邑各莊頭人查其本莊少壯無業而惰游者,除嘗爲亂首或大盜、殺人正凶三者不赦外,餘皆免究。籍其姓名年貌,以爲莊丁，各由本莊釀錢養之。使巡守田園，逐捕盜賊，頒示委員，周歷諸莊。自七月至於九月，所收游民八千有奇。次年，乃至四萬，略以兵法部署之。由是賊黨皆爲義勇，其勢乃衰。及九月，聞北路賊將起，親至嘉、彰一路，督飭縣營捕斬二百餘人。南路賊起，亦馳橄臺、鳳二縣，會營捕獲百餘人。兩路皆平。府君以彰化最遠，親駐，久之，無敢動者。至十一月，中路臺、嘉之間賊起，所召各路匪民已先爲莊人收養，無應賊者。乃約內山賊出攻店仔口汛，總兵達洪阿公親統大軍出剿，賊奔潰。府君亦自彰化馳至軍中，督營縣，先後獲賊首胡布等十二人，斬以徇，各路亦報獲匪百餘人，遂於十二月五日回郡，鎮軍復入內山搜剿餘匪。次年正月回郡，全臺大定。"

《姚石甫先生年譜》道光二十年五十六歲："在臺灣道任。時英夷方擾，粵浙海疆告警，府君於八月初六日赴北路各海口，相度形勢，添設炮墩巡船，雇募鄉勇水勇，沿途傳見紳耆等，諭令各莊團練壯勇，蓋以臺地人心浮動，游民最多，攘外必先靖內，多雇鄉勇，既得防夷之用，亦可收養游手，消其不靖之心也。夷犯各省，皆以漢奸內應僨事，獨臺民無爲之用者，故數有功。"

《姚石甫先生年譜》道光二十一年五十七歲："在臺灣道任。是時夷務和議反復，府君與梅伯言郎中曾亮書有曰：'夷人大局，一誤再誤，人所共知，某則以爲畏葸者固非，而輕敵者亦未爲是。忠於謀國者，總當無立功好名之心，審量事勢機宜，善權終始，豈一言所能概耶？某職在守土，惟知守土而已，不敢他及也。'七月十日，廈門失守，臺灣震動。八月十六日，有夷舟駛進鷄籠海口，副將邱鎮功手發大炮，擊折其桅，船毀於礁，官兵乘機亟進，獲黑夷百餘名，並夷炮十門、夷圖、夷書等件奏聞。奏特賜花翎，交部優叙。九月十三日，夷人復犯鷄籠，毀我兵房炮臺，伏兵發炮，擊斃登岸之夷

匪,添調兵勇守護,夷始退。是時嘉義匪徒江見等乘機作亂,南路
鳳山匪徒聞風響應,府君會同達洪阿公督飭文武兵勇剿辦,各莊亦
實力協拏,匝月之間,首從就擒,地方安謐。奏上,詔予雲騎尉世
職。制府屬泉州守致書,令解所獲夷囚至內地,欲以易廈門。府君
以夷船遍布海中,解不能到,徒爲所奪,覆之。制府謂鎮、道欲專其
功,不悅。奏請飭下臺灣鎮、道將夷囚解省。府君奉廷寄後,具疏
言不能解內之故,得旨允行。制軍乃大恚曰:'臺道竟力可回
天乎?'"

《姚石甫先生年譜》道光二十二年五十八歲:"在臺灣道任。正
月二十四日,有三桅夷船三在五汊港外洋,向北駛去。府君密諭在
事文武不可與海上爭鋒,必須以計誘擒。三十日,有三桅夷船及舢
版船在大安港外洋,見兵勇衆多,乃向北駛。經文武所募之漁船,
粤人周梓與夷船上漢奸作土音,招呼誘從土地公港進口,擱於暗
礁,伏兵齊起,乘之夷船,遂破。夷落水死者甚衆,殺斃數十人,生
擒白夷十八人、紅夷一人、黑夷三十人、廣東漢奸五名,獲夷炮十
門。又獲鐵炮、鳥槍、腰刀、文書等,皆鎮海寧波營中之物。奏上,
詔賜二品冠服,仍交部優叙。尋奉廷寄,以廣帥奏言夷在粤揚言將
以大幫來臺滋擾,諭詢兵勇是否足資抵禦,如何決策定議可操必勝
之權。府君乃與鎮軍籌計五事以聞。又以夷囚在郡監者一百六十
八人,解省既有不可,久禁亦非善策。甫經奏請訓示,設未奉到硃
批,而大幫猝至,惟有先行正法以除內患。疏入,得旨允行。大安
所獲夷囚顛林者,爲夷官呷嘩丹,頗識海國情形,能繪圖。大安擒
夷奏入,上命詢其國情形。府君乃詳取供辭並作圖說入告。五月,
定擬夷犯顛林等九人及漢奸黄舟、鄭阿二遵旨禁錮,其餘悉在臺正
法。而各口文武禀報,復有夷船一二隻至九十隻不等,各在外洋游
奕,潛結草烏匪船,乘機向導。府君益激勵文武隨宜堵剿,擊沉匪

船多隻,擒獲百餘名。夷船乃悉遁去。又有彰化匪徒陳勇、黃馬等聚眾謀反。府君會商鎮軍,選調兵勇,攻破賊巢,生擒首從,訊明後即分別凌遲斬決。傳首所在地方梟示,全臺遂靖。七月,夷船由鎮江至江寧,官兵失利。朝議罷兵,與夷和,而夷人會議條款將臺灣所獲夷犯及漢奸一體懇恩釋放,上亦厭兵,允其請。十月,夷人遣其屬至臺,持總督給其統領印文,求入城投遞。府君督府廳縣及三營游擊於城外傳見,夷官六人皆行免冠禮,求給領兩次所獲夷人,而執督文爲據,府君諭以大皇帝以德柔遠之意,夷喜形於色。先是,九月有夷船一在滬尾港遭風,經地方官救獲二十五人解郡,至是夷官懇請給與領回,且求一登其舟。府君以其恭順,且已就撫也,許之。時泉、厦之間或謂臺灣擒斬夷眾,夷必報復,至是人情洶懼,僉謂登舟禍不測。府君曰:'如此愈不可不許之,以定人心也。且自古馭夷不外恩、威、信。臺灣兩次擒斬夷囚,已足示威。生釋夷俘,已足示恩。今若不許所請,彼將謂我恇怯,且不足以示信也。'遂同熊太守一本、全司馬卜年及營員數人往登舟。夷官五人長衣率兵持械鵠立,鳴九炮,懸彩旗百面以迎,云爲彼國時最尊貴者之禮。將歸,夷官持酒一甌,言此天下太平酒,感天朝恩,自此不敢有異志。府君歸而浮言息。"

道光二十三年(1843),和議成,英人訴臺灣所獲船皆遭風觸礁,文武冒功欺罔,逮問下刑部獄,旋出之,以同知知州發四川用。兩使赴乍雅案,補蓬州。二十八年,引疾歸。

《姚石甫先生年譜》道光二十三年五十九歲:"在臺灣道任。顛林等既釋還,廈門夷酋忽生異議,謂臺灣兩次夷俘皆係遭風,鎮、道冒功飾奏。大帥不察,彈章相繼。上乃命總督怡良渡海查辦。正月二十六日,制軍至臺,即傳旨革職拏問,以所聞於夷人者令鎮、道具對。府君乃謂達洪阿公曰:'夷人強梁反覆,今一切乞權宜區處,膚受之辭，非口舌所能折辯。鎮、道不去，夷或別有要求，又煩聖慮，大局不可不顧也。且訴出夷人，若以爲誣，夷必不服，鎮、道天朝大臣，不能與夷對質辱國，諸文武即不以爲功，豈可更使獲咎，失忠義心，惟有鎮、道引咎而已。'遂具辭請罪。時郡兵不服，勢洶洶，鎮軍親自撫循，乃散。翌日，衆兵猶人持一香赴制府行署泣訴，而全臺士民，遠近奔赴，具狀爲府君及鎮軍申理，不下數千人。制軍懼犯衆怒，陽許入奏，竟匿之。供張未具，不戒而去，覆奏上。上命逮至京。三月，內渡。五月，自福州就逮北上。七月，過蘇州。伯父損軒府君先至，俟月餘，買舟送至清江而別。建寧張亨甫孝廉際亮、同里張竹虛文學紹偕行。亨甫謂事若不測，將鳴臺諫，求昭雪。竹虛偕入獄護持之。八月十三日入刑部獄，時臺諫交章論救，而粵督耆英致書京師要人，謂不殺臺灣鎮、道，我輩無立足之地。幸天子仁聖，深鑑枉曲。既入獄，命大學士查取親供。府君依實叙辭，末云：'臣未能逆料夷人有就撫之事，以致思慮疏忽，誠未能防患於未然。臣實有應得之咎。惟有請皇上從嚴治罪。'宰臣以爲詞意未洽，宜權辭以對，府君乃更易案情字句，而前語不易。供上，上曰：'臺灣事，朕已知之，毋庸閱也。'二十五日奉旨出獄。十月奉旨，以同知知州發四川用。府君請假回籍省墓，十一月抵里。"

《姚石甫先生年譜》道光二十四年六十歲："三月十五日，自里赴蜀。六月，至成都。初，乍雅蕃僧第五輩呼圖克圖死，其下輩圖布丹濟克美曲濟嘉木參幼，駐藏大臣奏請以敕印交副呼圖克圖羅布藏丹臻江錯護理，及曲濟嘉木參長，已交還敕印矣。而頭人達未唅使攻殺丹臻江錯，不勝，轉喪其地，構兵數年不解。川藏大臣數委員查辦，不能蕆事，及府君至，大吏委理其事。十月一日，發成都，時正呼圖克圖在裏塘。十一月十三日，府君至，檄令赴乍雅候訊，不肯行，但稟求革逐副呼圖克圖，重治屬蕃諸人罪，意頗要挾。

府君以正呼圖克圖不至乍雅，已無憑質訊，復堅執一面之辭，徒往不能結案，無益也，乃諭之曰：'即日回省，爲若請之，異日大皇帝別有他旨，無悔也。'乃大懼，乞駐防文武轉求發還原稟，不許。上書於川督，曰：'此案曲在正呼圖克圖久矣，夷情狡詐，今委員回省，彼必深懼，若發兵數百進駐裏塘，聲言剿辦，又給唐古忒印札，飭其有呼圖克圖民人入境即行拏送，則事濟矣。'十二月二十二日，至成都，復面陳之，不許。且以爲未奉札飭，不應中途折回，奏請摘去頂戴，更委宣太守瑛、丁別駕淦往察木多訊辦，仍令府君同往。府君之初至川也，大府言奉上命以直隸知州用。既而有所索，府君峻辭拒之。大怒，故有乍雅之行。是年，補順慶府屬之蓬州。"

《姚石甫先生年譜》道光二十五年六十一歲："二月二十五日，偕丁別駕發成都。六月三日，至察木多。其地去成都三千六百餘里。十二月二十八日，東還。宣太守以兩呼圖克圖不遵判斷，稟奉大府，諭令東還也。"

《姚石甫先生年譜》道光二十六年六十二歲："三月二十六日至成都。制府奏以夷情桀驁，非口舌所能折服，已令委員回省，惟姚某前於具稟後不待回報即自轉回，究屬非是，請旨開復頂戴，仍交部議處。府君兩次奉使，往返萬里冰山雪窖中，崎嶇備至，處之恬如，途中誦讀吟咏不輟，所至於地方道里遠近、山川風俗詳考博證，而於西洋各國情事及諸教源流，尤深致意焉。成書十五卷，名曰《康輶紀行》，附《中外四海地形圖說》一卷。五月，蒞蓬州任。"

《姚石甫先生年譜》道光二十七年六十三歲："在蓬州任。二月，始建玉環書院於州城北。七月，建龍神祠於城東北隅玉環山麓。蓬州地僻事簡，府君公餘多暇，讀書有得，輒筆錄之，成《寸陰叢錄》四卷。"

《姚石甫先生年譜》道光二十八年六十四歲："二月，赴成都。

先是,英夷求西藏通市,大臣許之。駐藏大臣斌良公密奏,薦府君爲前藏糧臺。府君以素爲夷所忌,若預和市,夷必藉口啓釁,於邊事無益而有損,非忠於謀國之誼。會斌良公以憂憤卒,川督琦善亦不欲府君往,乃引疾乞歸。"

《清史列傳》本傳:"時英人來犯,瑩與臺灣鎮達洪阿擊敗之,毀其船,獲其人。有詔嘉獎,予雲騎尉世職,進階二品。和議成,英人訴臺灣所獲船,皆遭風觸礁,文武冒功欺罔,逮問下刑部獄,旋出之,發往四川,以同知、知州用。兩使西藏,訊乍雅案,補蓬州。二年引疾歸。"

咸豐登極,瑩以潘世恩、魏元烺薦,授湖北鹽法道。

《姚石甫先生年譜》道光三十年六十六歲:"在金陵,文宗顯皇帝登極,有詔中外大臣各舉所知。大學士潘公世恩、尚書魏公元烺先後奏薦,會陸制軍先奏爲九江鹽卡委員。奉旨俟鹽務辦有起色,送部引見。八月至九江。九月,大學士穆彰阿、耆英以罪免,硃諭中有云如達洪阿、姚瑩前在臺灣盡忠盡力,必欲陷之,天下益知臺灣之事由於大臣,非先帝意矣。十月,制軍以南鹽辦有成效,欲爲府君請復道職。府君上書力辭乃止。十二月,奉旨授湖北鹽法道。"

咸豐元年(1851),授廣西按察使,參大學士賽尚阿軍事。時洪秀全所領太平軍踞紫荆山,瑩上八面環攻之法,未行。後太平軍據永安,瑩又爲書,請明法飭將,并力合剿,戒前失,又不用。俄而太平軍連陷湖南州縣,遂圍長沙。賽尚阿逮問,瑩辭營務,湖南巡撫張亮基奏署湖南按察使。

《姚石甫先生年譜》咸豐元年六十七歲:"正月,奉旨馳驛前往廣西贊理軍務。……五月,抵桂林。尋奉旨授廣西按察使。六月,大學士賽尚阿公以欽差大臣至軍，時逆首洪秀全踞紫荊山，府君上議八面環攻之，未行。閏八月，賊潰圍出，陷永安州。府君方在署，聞報，夤夜告大帥，請往督進攻。帥及同官皆止之，不聽，馳往永安，擇北路要隘新墟地方駐之。撫軍鄒公鳴鶴以勇三百爲之護，凡監督攻剿探報軍情，及支發糧餉犒賞器械往來籌商，常一日數發書，心無停思，手無停筆，營於畦壠間六閱月。有勸借居民房者，弗納也。賊之在永安也，精銳皆在水竇、莫家村二處，府君議進剿必先拔城外兩壘，拔水竇必一由黃村入，一由佛子村出，不惟破水竇，並可免其南竄，此上策也。不則一由仙回嶺攻莫村，一攻水竇，此中策也。時都統烏蘭泰公亦持此論，先據佛子村，欲向提軍榮由黃村進兵夾攻。向不從，由龍寮嶺進，敗回，遂欲放開水竇一路，縱賊使逃，然後追擊之。府君復上書大帥，力辯其不可。又與向書曰：‘自古兩賢不可相扼，賢臣名將無不和衷協力，共成大功，未有各自一見而能成功者。賊之輜重盡在水竇，聞其備兵於外以爲竄逸之計，故須閣下一軍守黃村山門隘，由外攻入，烏兵由內攻出，此上策也。閣下進兵既不能迅速，復於大計依違其間，可乎？’卒不聽。大帥惑向言，亦主其議，反謂都統言不實，府君申辯不聽，請斬債事將官以激將士，復不聽。”

咸豐二年（1852）卒於官，年六十八歲。

《姚石甫先生年譜》咸豐二年六十八歲：“二月十六日夜，賊自永安東竄，向提軍督軍從後追擊，遇伏，大敗，亡四總兵，烏蘭泰公連戰皆捷，追至桂林南境將軍廟，中炮，傷殁。府君隨大帥駐陽朔。二十九日，賊撲廣西省城，向提軍先一日至，守禦，得無恙，賊遂陷興安、全州。府君赴興、全安撫，道州、江華相繼失守。府君卸翼長事，辦理糧臺，上議請速進兵，大帥不能用。俄而賊連陷湖南州縣，遂圍長沙。時賽尚阿公逮入都，詔以廣督徐公廣縉代之。賊圍長沙數月，以西北無備，遂竄益陽，轉陷岳州。府君辭糧臺，欲回粵西本任，湖南撫軍張公亮基奏留權湖南按察使。方府君在新墟，日坐臥畦壟間，暑寒風雨，濕氣浸淫，焦勞憂鬱，迨至永州，遂患痹痿，旋經醫藥，亦已可步武矣，猶冀湖南臬署藉資調理，仰望蒼穹，其猶假餘年也。豈知旬日之間，舊疾復作，竟以十二月十六日棄不孝而長逝耶。"

《清史列傳》本傳："文宗登極，以大臣薦，有湖北鹽法道之命。升廣西按察使，參大學士賽尚阿軍事。粵逆漸熾，大帥懦不能兵，都統烏蘭泰、提督向榮皆驍將，不相能，紫荊山之圍，賊就擒矣，瑩以爲流賊如水，宜環攻以斷其逸，因條舉利害，累百餘言，不用。比竄永安，則又爲書白幕府，請明法飭將，并力合剿，戒前失，又不用。而軍興以來，將囂士玩，賊善間，屢持金錢與我軍購。永安城小而卑，方是時，烏蘭泰軍西南，向榮軍東北，合滇、黔、楚、蜀之軍，總四萬餘人，賊數千，壁險死鬥，永安東北有隘，名水竇，徑阻薈緣之可以達桂林。瑩與烏蘭泰皆主擊水竇，絕賊外援。向榮主開水竇，使逸而尾追。瑩力辯其失，又力疾馳叩軍門，數譬解之，皆不果用。瑩在軍中，與烏蘭泰書曰：'某就木之年，無以報國。惟念主憂臣辱之義，蔬食惡處，與士卒共苦辛數十年，貧賤憂患，本無定居，今日一如我素。夫功敗於垂成，病加於小愈，前者武宣之事，賊已將就擒，徒以狃於大捷之後，計慮稍疏，遂使脫網。今我師愈久愈疲，賊又日懷奔逸，萬一復蹈前轍，不但無以對君父，天下後世，其謂之何？'未幾，賊果突圍犯桂林，勢益熾，遂不可制。賽尚阿逮問，瑩辭營務，籌餉，湖南巡撫張亮基奏署湖南按察使，積勞，卒於官，年六十八。"

子二：長殤；次濬昌，以軍功補江西安福縣知縣，加同知銜。

《姚石甫先生年譜》："府君子女三人，長姊適福建按察司經歷張匯，姊方淑人出也。又撫族叔獻之女爲女，適吳祝康。生母蕭宜人生兄孝及不孝濬昌。兄孝殤，濬昌以軍功補江西安福縣知縣，加同知銜。孫三，長永檢，次永樸，次永樞，女孫二。"

瑩之學，源於從祖鼐，於書無所不窺，顧不好經生章句，平居慕賈誼、王守仁之爲人，爲學體用兼備，不爲空談，文章善持論，指陳時事利病，慷慨深切。詩自明七子入，而以盛唐爲宗。大抵於古人善處，別有會心，不肯貌襲，往往自成一家言。

《姚石甫先生年譜》："府君於書無所不窺，顧不好經生章句，平居慕賈誼、王文成之爲人。爲學體用兼備，不爲空談，文章善持論，指陳時事利病，慷慨深切。詩自明七子入，而以盛唐爲宗。大抵於古人善處，別有會心，不肯貌襲，往往自成一家言。或以與先儒稍異疑之，府君笑而不答。"

《清史列傳》本傳："瑩之學源於從祖鼐，於書無所不窺，顧不好經生章句，而慕賈誼、王守仁之爲人。文章善持論，指陳時事利害，慷慨深切，異乎世以苶弱枯澀爲學桐城者。"

瑩詩文皆自訂，凡《東溟文集》六卷，《東溟外集》四卷，《東溟文後集》十四卷，《文外集》二卷，《後湘詩集》九卷，《二集》五卷，《續集》七卷，《東溟奏稿》四卷，《東槎紀略》五卷，《康輶紀行》十六卷，《寸陰叢録》四卷，《識小録》八卷，《姚氏先德傳》六卷，俱刊行，版毀於兵。同治六年（1867），子濬昌重刻於安福，總九十八卷，名曰《中復堂全集》。

《姚石甫先生年譜》："府君詩文皆自訂，凡《東溟文集》六卷，《東溟外集》四卷，《東溟文後集》十四卷，《文外集》二卷，《後湘詩集》九卷，《二集》五卷，《續集》七卷，《東溟奏稿》四卷，《東槎紀略》五卷，《康輶紀行》十六卷，《寸陰叢録》四卷，《識小録》八卷，《姚氏先德傳》六卷，俱刊行，版毀於兵。同治六年不孝濬昌重刻於安福。晚年文七首及粵西軍中狀牘，濬昌謹編次爲《中復堂遺稿》五卷、《遺稿續編》三卷,總九十八卷,名曰《中復堂全集》。"

徐世昌等《清儒學案》卷八十八《惜抱學案上》:"先生慷慨好義,志在經世,初官令牧,治效炳著,在臺灣禦夷,名滿天下。其學體用兼備,不爲空談。爲文自抒所得,不苟求形貌之似。所著《東溟文集》二十六卷、《奏稿》四卷、《後湘詩集》二十一卷、《東槎紀略》五卷、《康輶紀行》十六卷,合《寸陰叢録》《識小録》《姚氏先德傳》及《遺稿》《遺稿續編》,都九十八卷,爲《中復堂全集》。"

參考文獻:

1. 嚴雲綏、施立業、江小角主編《桐城派名家文集》卷六《姚瑩集》,《國家清史編纂委員會文獻叢刊》,安徽教育出版社 2014 年版。

2. 趙爾巽等《清史稿》卷三百八十四《姚瑩傳》,中華書局 1977 年版。

3. 陳繼聰《忠義紀聞録》卷二《姚廉訪瑩》,《清代傳記叢刊》,臺灣明文書局 1985 年版。

4. 王鍾翰點校《清史列傳》卷七十三《姚瑩傳》,中華書局 1987 年版。

5. 姚濬昌《姚石甫先生年譜》,《北京圖書館藏珍本年譜叢刊》,北京圖書館出版社 1999 年版。

6. 徐世昌等《清儒學案》卷八十八《惜抱學案上》,中華書局 2008 年版。

7. 劉聲木《桐城文學淵源撰述考》,黃山書社 1989 年版。

（王宏林）

張祥河傳

張祥河,字符卿,號詩龕,江蘇婁縣人。乾隆五十年(1785)生。

震鈞《國朝書人輯略》卷九《張祥河》:"張祥河,字元卿,號詩龕,江蘇華亭人。嘉慶庚辰進士,官刑部尚書,謚温和。"

蔣寶齡、蔣茞生《墨林今話》卷十六《張祥河》:"張祥河,字詩龕,又字符卿,工詩詞,著有《小重山房集》。"

成瓘《(道光)濟南府志》卷二十九《秩官七》:"張祥河,字詩龕,江蘇婁縣人,進士。"

《清史稿》卷四百二十一《張祥河傳》:"張祥河,字詩龕,江蘇婁縣人。"

徐世昌《晚晴簃詩匯》卷一百二十八:"張祥河,字詩龕,江蘇華亭人。"

張茂辰等《先温和公年譜》:"乾隆五十年乙巳正月十四日酉時,先君生於松江東門外壽星橋王氏宅,時先祖遠春公爲王氏贅婿,與先祖母王太夫人俱年二十四歲。"

按,諸家於祥河字號、籍貫記載不一,按古人取字宜與名相關之例,"祥"與"符"相關,"符卿"應爲祥河字,"詩龕"爲號。

又按,祥河籍貫,各家所載有華亭、婁縣之別,據張茂辰等《先温和公年譜》所載:"張氏世居上海浦東,明嘉靖間避倭警,由濱海徙居三林塘。高祖珠岩公康熙壬午舉人,始遷居郡城西門外塔射園,遂入婁籍。"知張氏世居上海浦東(即華亭),後入婁縣籍。

祖夢喈,字鳳于,號玉壘,又號遜亭,貢生,有《塔射園詩鈔》。父興鏞,字遠春,嘉慶六年(1801)舉人,官太倉州學正,有《紅椒山館詩鈔》。

《先溫和公年譜》:"曾祖遜亭公,附貢生,候選布政司理問。祖遠春公,嘉慶辛酉舉人,太倉州學正,調任無爲州學正,皆以覃恩誥贈光禄大夫、工部尚書。"

王昶《湖海詩傳》卷三十:"張夢喈,字鳳于,號玉壘,江南華亭人。貢生。有《塔射園詩鈔》。《蒲褐山房詩話》:玉壘爲文敏公從弟,家門鼎盛,絶無進取之志,所居塔射園,係許梟使纘曾舊墅,因近西林寺浮圖,故名。岩石參差,池水環其下,有晚榮、柿葉山房諸勝。玉壘掩關高枕,種竹澆花,讀書樂道之餘,工於篆法。爾來《易》道荒蕪,吳中士大夫無通於大衍者,今喆嗣晦堂傳之,亦好古者所當問業也。"

王昶《國朝詞綜》卷三十七:"張夢喈,號遜亭,江南華亭人,貢生。"

博潤等《(光緒)松江府續志》卷二十四《古今人傳》:"張興鏞,字遠春,華亭人。嘉慶六年舉人。少游青浦王昶門,昶嘗謂其詩近六朝王謝諸家,又言興鏞風神散朗,謝幼輿、許元度弗啻也。乾隆五十五年,高宗東巡,獻賦,賜緞匹。官太倉州學正,調無爲州,保升知縣,旋引疾歸。"

王昶《湖海詩傳》卷四十二:"張興鏞,字金冶,華亭人。嘉慶六年舉人,夢喈子,有《紅椒山館詩》。"

祥河少時曾師從王昶、吳錫麒、姚鼐等乾嘉名家,文名早著。嘉慶十二年(1807)鄉試中第,十九年入董誥幕,嘗代製應制詩文及進呈奏議,名振京師。

《先溫和公年譜》嘉慶四年十五歲："同郡侍郎王述庵先生昶爲先祖受業師。先君持文字往謁，侍郎深器之，謂將來必有名於世。及壯，侍郎嘗與論詩學焉。"

《先溫和公年譜》嘉慶十年二十一歲："集同郡王澹淵丈慶麟、黄硯北丈仁、顧荃士姑丈夔舉文會，時祭酒錢塘吳穀人先生錫麒主講雲間書院，先君試輒第一。祭酒稱先君詩賦能師唐人，極爲激賞，先君遂受業焉。"

《先溫和公年譜》嘉慶十八年二十九歲："赴金陵謁桐城姚姬傳先生鼐於鍾山書院，出詩詞稿請正。先生擊節嘆賞，尤稱先君詞得姜、張餘韻。"

《先溫和公年譜》嘉慶十二年二十三歲："秋應鄉試，受知於侍郎萍鄉劉金門先生鳳誥，官至吏部侍郎、給事中武陵趙篴樓先生慎畛，官至雲貴總督，謚文恪，房師含山縣知縣高安吳芝圃先生居闕，癸丑進士。中式第五十名。"

《先溫和公年譜》嘉慶十九年三十歲："正月，侍先祖赴會試，報罷。先祖即南旋，先君爲富陽相國董文恭公延至邸第，專事翰墨，嘗代製應制詩文及進呈奏議。相國於召對時，仁宗詢及幕賓，相國以實對，於是名振京師。館邸四載，相國以先文敏詩册真迹及宋坑鵝池硯爲贈，曰：'詩册歸君家舊物，此硯隨余樞直四十年矣，今以贈君，預爲發兆。'先君賦詩感謝。"

張祥河《詩龕詩録》卷二《讀惜抱軒文追挽姬傳先生》："明代震川今望溪，先生之文欲與齊。百家騰躍各户牖，不如簡潔歸天倪。鍾山開堂歲講授，諸生牽羊祝老壽。壽則考終文不朽，文能壽世天所富。家除遺書四壁空，傳家百計宜清風。侯芭負土幾高誼，桐城宰樹何葱葱。先生含笑出耆社，後誰相知定文者。側聞衣鉢有替人，我昔空慚拜床下。"

嘉慶二十五年（1820）進士中第，授內閣中書，充會典館校對官。

《先溫和公年譜》嘉慶二十五年三十六歲："正月，大庾相國戴公均元延至淀園直廬，同客者常熟翁邃庵先生心存也。會試榜發，受知於尚書德州盧公蔭溥，官至大學士，諡文肅、尚書當涂黃公鉞，官至戶部尚書，諡勤敏、侍郎涇縣吳公芳培，官至兵部左侍郎、侍郎長白善公慶，官至工部右侍郎，房師檢討長沙李雙圃先生象鵾，辛未進士，官至貴州布政使，中式第一百三十三名。……殿試二甲，授內閣中書，充會典館校對官。"

道光四年（1824）任軍機章京，七年升戶部主事，後擢戶部員外郎、戶部郎中。十一年授山東督糧道。十七年授河南按察使，二十一年授河南布政使，二十四年轉廣西布政使，二十八年轉甘肅布政，旋擢陝西巡撫，政有清績。

《清史列傳》卷四十六《張祥河傳》："嘉慶二十五年進士，以內閣中書用。道光四年，補官，充軍機章京。七年，升戶部主事。八年，充福建鄉試副考官。十年七月，《平定回疆方略》書成，祥河以纂修官，得旨，以員外郎遇缺奏補。八月，補員外郎。十月，升郎中。十一年，京察一等，記名以道府用。八月，充順天鄉試同考官。十二月，授山東督糧道。十七年，擢河南按察使。旋丁父憂。二十年，服闋，授河南按察使。二十一年，署布政使。二十二年，祥符大工合龍，祥河以總理錢糧，又率屬捐貲，下部優敘，並賞戴花翎。二十二年，捐助南河工需銀五千兩，復以河南省自二十一年被水，始終其事，先後下部優敘。二十四年，升廣西布政使。二十五年，丁母憂，二十八年，服闋，二月，授甘肅布政使。十二月，擢陝西巡撫。"

咸豐四年（**1854**）三月，授內閣學士兼禮部侍郎並署吏部右侍郎。五年，提督順天學政。六年，署刑部右侍郎兼管順天府府尹事務。八年，授都察院左都御史。九年，升工部尚書。

《清史列傳》本傳："三年，召來京。四年三月，授內閣學士，兼禮部侍郎銜，署吏部右侍郎。四月，實授。十月，賜紫禁城騎馬。十一月，轉左侍郎。五年，提督順天學政。六年正月，因病開缺回京。三月，署刑部左侍郎。四月，充朝考閱卷大臣。八月，署刑部右侍郎，兼管順天府府尹事務。十月，復補吏部左侍郎。七年，奏於本籍捐置義田千畝，以贍宗族。諭曰：'張祥河捐置義田，養贍宗族，所捐田畝，著江蘇巡撫飭令該地方官立冊存案，載入志書，不得私自賣買。該侍郎敦本厚族，古誼可風，應得旌獎，該部酌議具奏。'尋賞御書'誼篤宗支'扁額。八年十月，兼署順天府尹。十一月，擢都察院左都御史，充順天鄉試覆試閱卷大臣。九年四月，充考試試差並孝廉方正閱卷大臣。五月，授工部尚書。十月，充順天武鄉試監臨。十年，賞加太子太保銜。十一年十一月，因病奏請開缺，得旨賞假一月。十二月，續請開缺，允之。"

同治元年（**1862**）卒，年七十八歲，諡溫和。子六人：茂新、茂貴、茂辰、茂時、茂長、茂熙。茂時任戶部候補主事，茂貴議敘主事，福建漳平縣知縣，茂長議敘主事。

《清史列傳》本傳："同治元年，卒。諭曰：'前任工部尚書張祥河學粹品端，老成持重。由進士歷官京秩，簡放外任，擢授封疆。蒙皇考文宗顯皇帝特召來京，洊升工部尚書兼管順天府府尹事務。服官中外，疊掌文衡，均能勤慎宣勞，克盡厥職。上年十月以來，因猝中風寒，疊次賞假調理，迄未就痊，准其開缺，俾得安心調理，茲聞溘逝，悼惜殊深！張祥河著照尚書例賜恤，任內一切處分，悉予開復。應得恤典,該衙門察例具奏.'尋賜祭葬,予謚溫和。子茂時,戶部候補主事;茂貴,議叙主事,福建漳平縣知縣;茂長,議叙主事。孫聯恩,一品蔭生,工部郎中。"

祥河工書善畫,詩多懷古紀游之作,一官一集,時比之陸放翁。道光二十七年(1847)之前所著合輯爲《小重山房初稿》,計《篋餘集》《桂勝詩集》;之後所著合輯爲《小重山房詩續錄》,計《白舫集》《紀程詩》《鶴在集》《來京集》《畿輔輶軒集》《怡園集》《福禄鴛鴦集》。

《先溫和公年譜》道光三年三十九歲:"先君省直之暇,日事鉛槧,先後留京幾二十年,索米之况都資硯潤,所屬文稿積至盈篋,後經執友删定付梓,名曰《篋餘集》。"

《先溫和公年譜》道光二十五年六十一歲:"桂林二十四岩洞,距省城數里,爲象郡名勝。先君於退直餘暇,竹輿間出,遍訪古迹,倩同邑顏君郎如炳、嘉定陸君素庵因儀繪圖紀勝,著《桂勝詩集》。"

《先溫和公年譜》道光二十七年六十三歲:"丙午著詩名《白舫集》。"

《先溫和公年譜》道光三十年六十六歲:"自丁未至庚戌所著詩詞名《朝天集》《關中集》。"

《先溫和公年譜》咸豐三年六十九歲:"自辛亥至癸丑著《紀程詩》四卷,《鶴在集》一卷。"

《先溫和公年譜》咸豐十一年七十七歲:"自甲寅至辛酉著詩四卷:《來京集》《畿輔輶軒集》《怡園集》《福禄鴛鴦集》。"

參考文獻:

1. 張祥河《小重山房詩詞全集》,《清代詩文集彙編》,上海古籍出版社 2010 年版。

　　2. 趙爾巽等《清史稿》卷四百二十一《張祥河傳》，中華書局 1977 年版。

　　3. 震鈞《國朝書人輯略》卷九《張祥河》，周駿富輯《清代傳記叢刊》，臺灣明文書局 1985 年版。

　　4. 蔣寶齡、蔣茝生《墨林今話》卷十六《張祥河》，周駿富輯《清代傳記叢刊》，臺灣明文書局 1985 年版。

　　5. 王鍾翰點校《清史列傳》卷四十六《張祥河傳》，中華書局 1987 年版。

　　6. 張茂辰等《先溫和公年譜》，《北京圖書館藏珍本年譜叢刊》，北京圖書館出版社 1999 年版。

（王宏林）

黎恂傳

黎恂，字雪樓，晚號拙叟，貴州遵義人。乾隆五十年（1785）生。

鄭珍《巢經巢文集》卷六《誥授奉政大夫雲南東川府巧家廳同知舅氏雪樓黎先生行狀》："先生諱恂，字雪樓，晚號拙叟，姓黎氏。本貫貴州遵義府遵義縣樂安里人，年七十有九。""以同治二年八月二十九日病終，距生於乾隆五十年三月二十一日，享年七十九歲。"

黎庶昌《拙尊園叢稿》卷四《誥授奉政大夫黎府君墓表》："府君諱恂，字雪樓，晚號拙叟，遵義黎氏。"

徐世昌《晚晴簃詩匯》卷一百二十六："黎恂，字迪九，號雪樓，又號拙叟，遵義人。嘉慶甲戌進士，由知縣歷官雲南巧家廳同知。有《蛉石齋詩集》。"按，所載字"迪九"不見於黎恂其他傳記資料，姑存疑。

祖正訓，廩貢生。父安理，字靜圃，晚自號非非子，乾隆四十四年（1779）舉人，官山東長山縣知縣。

《誥授奉政大夫雲南東川府巧家廳同知舅氏雪樓黎先生行狀》："曾祖考國柄，妣趙氏。祖考正訓，縣廩貢生，皇貤贈奉直大夫；妣鄒氏，皇貤贈宜人。考安理，乾隆己亥舉人，山東長山縣知縣，皇封奉直大夫；妣楊氏，皇封宜人。"

《誥授奉政大夫黎府君墓表》："黎之先出自唐京兆尹幹，幹孫植，仕爲散騎常侍。自河南徙居江西新喻蒙山，於是爲新喻之黎。

宋初有得叙者官蜀昌州刺史，後家廣安軍之渠江，於是爲廣安之黎。傳若干世，至朝邦。明萬曆中始遷貴州龍里，繼遷遵義沙灘，又爲遵義之黎。朝邦四子：長曰懷仁，懷仁生民忻。民忻從梁山來知德高弟胡生游，傳瞿塘《易》學，於府君爲六世祖。再傳生高祖諱天明，天明生曾祖諱國柄，國柄生祖諱正訓，廩貢生，正訓生考諱安理，乾隆己亥舉人，山東長山縣知縣，國史采列《孝友傳》者也。以府君貴，兩代贈奉政大夫。祖妣氏鄒，妣氏楊，皆宜人。"

《巢經巢文集》卷四《外祖靜圃黎府君家傳》："公姓黎氏，諱安理，字靜圃，晚自號非非子。貴州遵義縣人。乾隆己亥舉於鄉，嘉慶戊辰大挑二等，訓導永從。癸酉選授山東長山令。丙子告歸，己卯卒，年六十九歲。"

恂十六歲補縣學弟子員，嘉慶十五年（1810）中舉，十九年成進士，授浙江桐鄉縣知縣。任職五年，政有清績。調知歸安縣，未行，丁父憂，明年復丁母憂。念兩親俱逝，無與爲榮，遂引疾家居。

《誥授奉政大夫雲南東川府巧家廳同知舅氏雪樓黎先生行狀》："十六歲補縣學弟子員，逾年食廩餼，每試必冠其列。中嘉慶庚午科舉人。甲戌，成進士。引見以知縣用，簽發浙江，授桐鄉縣知縣。海內方承平，東南日益富庶，先生以不擾治之，正獄訟，弭盜賊，寬賦役，釐漕務，潔躬率下，期事有益於民。張考夫先生墓近郭，浸蕪圮，先生爲修其塋，畫兆域，理祀田，舉楊園《願學》《備忘》諸篇謂邑士：'士學程朱，必似此真體實踐，始免金溪、姚江高明之弊。'時復與講論古今詩文辭，賢聲著近遠。""任桐鄉五年，充丙子、戊寅、己卯同考官，所得士如李侍郎品芳、余侍郎焜、朱郡守恭壽諸人，後皆著名績。某撫軍過郡境，陰廉屬吏，適拾無名帖，具諸劣狀，獨言桐令賢。旋調知歸安縣，未行，丁長山府君憂。道光辛巳回籍，明年復丁楊太君憂。及釋服，先生年甫強仕，念兩親俱逝，無與爲榮,淡然有守墓終焉之志,遂引疾家居。"

《誥授奉政大夫黎府君墓表》:"中嘉慶庚午鄉試舉人,甲戌進士。改知縣,簽發浙江,累充丙子、戊寅、己卯鄉試同考官,補桐鄉縣知縣。在官五年,考長山公自山東解組來觀政,調歸安,未行,丁父憂歸,家居十四年。""其在桐鄉也,一以不擾爲治,正獄訟,弭盜賊,寬賦役,釐漕務。舉邑先儒張考夫《願學》《備忘録》以詔學子,暇則修其墓。遇吏民如兒奴,稱譽翔洽。"

恂自浙返,多蓄典籍,建鋤經堂,以授子弟。鄭珍、黎庶昌皆受業於門下,黔學之興,當自恂始。

楊鍾羲《雪橋詩話》卷十二:"黎雪樓歸自桐鄉,多蓄典籍,鄭子尹以甥行學於舅家。嘉慶己卯,自天旺依外祖静弼公斤竹溪上,讀書恒達旦夕,肘不離案,衣不解帶。甕安趙禹門孝廉本敖贈句云:'人因好讀老,家爲買書貧。'"

楊鍾羲《雪橋詩話餘集》卷六:"黎恂雪樓宰桐鄉,修張考夫墓,舉楊園《願學》《備忘》諸篇,謂邑士:'士學程朱,必似此真體實踐,始免金溪、姚江高明之弊再出。'……自少至老,好學不倦。鄭子尹少從受業,講詩法,次子尹韻云:'閱世始知貧可賀,承家未信老而傳。'與弟愷友愛,撫教遺孤同己子,庶昌最有名。"

《誥授奉政大夫雲南東川府巧家廳同知舅氏雪樓黎先生行狀》:"盡發所藏書數十篋,環列僅通人,口吟手披,朱墨並下。經則以宋五子爲準,參以漢魏諸儒;史則一折衷於《綱目》;論詩宗少陵、眉山,而至屈、宋,至朱、王,無不含咀也。於文尚韓、歐陽,而自莊、苟至方、姚,無不度權也。如是者十餘年,先生之學乃始浩汗乎莫睹其涯涘矣。""先生惟一弟,曰開州訓導愷,最友愛。中壽卒官所,遺諸孤,撫教同己子。庶燾、庶蕃皆舉於鄉,庶昌以廩貢生應詔上書,陳時政稱旨,優予知縣。""先生天賦既優,而自少至老好學不倦。即寫付子孫讀本，積之當盈數尺。晚年學養尤邃。年幾八十，耳目神明不衰，朝至暮無閑時。望其色，聽其言，觀其行動，粹然君子儒也。”

道光十五年（1835），起病赴部選，揀發雲南，知平夷縣。十七年調權新平縣。明年權沅江州，旋補授大姚，蒞任四月，調權雲州。嘗領運京銅。故事，運員竊官銅，多或至報沉失二三萬斤，部費、私囊皆出此。恂曰：“欺君事我不爲也。”及到部，果以費不足故困之。其廉隅可見。

《誥授奉政大夫雲南東川府巧家廳同知舅氏雪樓黎先生行狀》：“久之，顧食指日增，家嗇，時不給，曰：‘遠志其不免小草乎？’因起病赴部選，揀發雲南。甫至，即充乙未科同考官，旋權知平夷縣。縣入滇首驛，缺瘠民獷，命盜案時發。任歲餘，送迎勘訊，賠貸不貲。丁酉，調權新平縣。未至，充本科同考官。及出闈，縣夷蔡刁氏煽邪教謀不軌事作，大吏促之往。先生三晝夜馳至，已二更，即會新習營弁兵，兼調土練，黎明鼓行逼夷寨，多方剿捕，獲蔡母子三及僞置總督以下四十餘人，檻解赴省，請於顏撫軍伯燾曰：‘此案實緣夷苦漢奸，圖復仇，非叛也。某若以多殺希大功，不僅緝此，即此亦宜輕論。’顏公然之。自蔡以外皆免死。明年，權沅江州，旋補授大姚。蒞任四月。明年，調權雲州。時緬寧回匪與湖廣客民械鬥，回多死，志必報。復約州回亦殺所在湖民。先生至，諭服之，旋以細故期鬥日，又諭之，事寢矣。而鎮、道以安撫至，回以買羊漢人起釁，擁衆千餘，脅鎮、道就理。鎮、道懼不出，勢將變。先生坐堂皇，呼其酋至，叱曰：‘汝曹欲反耶！’僉曰：‘不敢。’曰：‘既不敢，爲一羊故，孰曲直，當訴我，且一二人辨矣，此紛紛者奚爲？’揮衆退，立與訊訣，咸帖然。乃大吏不以先生爲能弭亂於俄頃，而反患之，旋撤任。明年，領運一起京銅。故事，運員竊官銅，多或至報沉失二三萬斤，部費私囊皆出此。先生曰：‘欺君事，我不爲也！’及到部，果以費不足故困之。貸益始竣事。壬寅，還大姚，先生知天下之亂將作也，雲南之回禍無已時也。至即繕城隍，庀團練，嚴保甲，製戎兵，務爲常變足恃。以縣故無志，屬邑人劉編修榮黼緝稿，手爲點定，於山川防隘尤詳密，稱善本焉。暇則課邑士文業，親評改，無倦容。甲辰，川匪王某結衆燒梅市堡，渡金沙，入縣境，據仁和街。先生督團攻之，斬首四百餘級，擒二百餘人，賊以潰。姚州回日益肆惡，丁未夏，兼知姚州，花衣村回已期七月十三起事矣，聞官至，謬請入其寨。先生坦然往，諭以利害，皆曰‘唯’。私相謂：‘官膽略過人且未刻，吾黨勿妄動。’逾月，新任甫視事，回即燒諸村，圍白鹽井，氛逼大姚。先生督鄉城防守，誓衆以與城存亡。越兩月，賊解。林文忠公時督滇，素知大姚團練整善，皆先生數年一手之力。至是始卓異入奏，並取其規條令下縣仿行之。戊申三月，永昌回變，文忠往剿，計沾益州待安輯，即委權州事。先生赴沾益，途經姚州，回以爲他官也，捶其覓館奴。及知，遽迎入寨，訴曰：‘所犯已至此，官非公不能容。’涕而送之。過省，見程撫軍矞采，陳辦姚回事宜數十條。程公由八百里遞文忠，文忠後如所策，獲其酋二百餘名，姚回以平。己酉，仍田大姚。庚戌，題升東川府巧家廳同知，奉旨俞允。先生嘆曰：‘吾本爲貧仕以賠累，牽率到今，忽忽十六年，可休矣。’明年，咸豐改元，稱病歸。”

道光三十年（1850），升東川府巧家廳同知。恂在滇日，凡三弭回變，頗爲林則徐所稱。咸豐元年（1851），稱病歸。

《誥授奉政大夫黎府君墓表》：“道光癸巳再起，復揀發雲南，充乙未、丁酉鄉試同考官，达署平彝、新平知縣，補大姚縣知縣，署雲州、沅江、姚州、沾益等州知州，題升東川府巧家廳同知，咸豐元年致仕歸里。”“在雲南，凡三弭回變。新平彝婦蔡刁氏謀反事覺，府君自省馳三晝夜，勒兵捕剿，廣設方略，擒蔡母子及僞署總督以下四十餘人,斬蔡,釋其餘,遂解散。緬寧回與兩湖客民械鬥,屢期復仇。鎮、道至姚州諭撫,回故以市羊漢人構釁,擁衆千餘,脅就理,鎮、道不敢出。府君坐堂皇,叱其酋曰:'汝曹欲反邪?'皆伏曰:'不敢。'曰:'既不敢,爲一羊,孰曲直,當訴我,此攘攘何爲?'與亭決,立麾衆退。大吏不以府君爲能,竟撤任。明年使領運一起京銅,重困之。甲辰川匪王某作亂,渡金沙江入大姚,據仁和街,府君督團練拒守,擒斬六百餘人,賊潰。逾月,姚州花衣村回復圍白鹽井,逼縣境,再率團練創走之。總督林文忠公則徐大善其法,下他州縣仿行。以卓異薦,浸欲齎用,而府君即引疾去矣。"

同治二年(1863)卒,年七十九。子五:兆勛、兆熙、兆祺、兆銓、兆普。

《誥授奉政大夫雲南東川府巧家廳同知舅氏雪樓黎先生行狀》:"先生每聞時政,輒愀然終日,而同時親友舊交又死亡略盡,非復浙歸時林下之味矣。居三年,避桐梓賊亂,寓石阡,還。越四年,湄潭、甕安賊歲犯境,則避之板橋、桃溪源及城中。所到掃地焚香,翛然對卷,諸孫環誦於側,其屋廬圖籍雖盡毀,若忘也。去秋,里人結寨於禹門寺,因卜玉皇殿之右垣外居焉。匝一歲,以同治二年八月二十九日病終,距生於乾隆五十年三月二十一日,享年七十九歲。配周宜人,仁勤淑慎,偕臻耄耋。鄉黨以爲難。子男五:兆勛,黎平府學訓導,升湖北鶴峰州州判;兆熙,太學生,早死;兆祺,府學附生;兆銓、兆普。女子子三:長即珍室;次適舉人楊華本,安化縣學訓導;次適太學生朱正儒,早死。"

《誥授奉政大夫黎府君墓表》:"府君歸休四年,遵義亦亂,比連歲不定,舉家避之板橋、桃溪源、桐梓、石阡,所至焚香展卷,翛然而已。同治元年,里人結寨於禹門寺,因就居焉。明年癸亥八月二十九日卒,春秋七十有九。配周宜人,仁勤淑慎,偕臻耄耋,年八十三卒,合葬車田芝山。子男五:兆勛,湖北隨州州判;兆熙,國子監生;兆祺,軍功保舉知州,賞戴花翎;兆銓,雲南姚州知州;兆普。女三:長適鄭珍,次適楊華本,次適朱正儒。"

恂爲古今文,冲和典正,氣息在廬陵、震川之間。於古今詩尤所長,早年落筆千言,縱橫自恣,後出入唐宋,不主一家,以前貴州詩人未有或之先者。著有《蛉石軒詩文集》《四書纂義》《讀史紀要》《千家詩注》《北上紀程》《運銅紀程》諸稿。

《誥授奉政大夫雲南東川府巧家廳同知舅氏雪樓黎先生行狀》:"爲古今文冲夷典雅,常若有餘。氣息在廬陵、震川之間。於古今詩尤所長,早年落筆千言,縱橫自恣,後出入唐宋,不主一家。以前貴州詩人,未能或之先也。著有《蛉石軒詩文集》《四書纂義》《讀史紀要》《千家詩注》《北上紀程》《運銅紀程》諸稿,並藏於家。"

《巢經巢文集》卷四《〈千家詩注〉序》:"宋劉後村《千家詩選》,世弄家聞尚有其書,顧未之見也。俗間行者爲詩僅百二十五首,作者僅八十人,而亦稱《千家詩》,不知鈔自何時何人,其所録率律絶明易,無艱棘之作,以故城郭村僻,書兒自誦'四子'以上,鮮不讀者,即婦人女子亦往往都能傳記。詩選之在南中,蓋未有膾炙如此本者也。然其於唐宋名大家載不及小半,當讀之詩更不及百分之一,斯已若鄧林一枝、丹穴片羽也已。而猶然徒口讀之,曾不識一古人、曉一古事、知一托興攄懷之所在,雖成誦如流水何益?舅氏黎雪樓先生之言詩,神明於古人,南中未有或之先者。前三十年既以詩法授珍輩內外兄弟,而二三幼者,課暇輒拈此令誦之,隨即校之、注之,細書四旁以與講説。珍亦時耳於側,故得聞所以校注之意甚詳。先生謂一代名碩,多不過數十人,其道德文章師百世者,固宜俎豆奉之,即但論文章爲世不廢,亦後人師也,而舉不識其爵里、字謚,甚至一啓口輒呼其名。後來學問不尚淵源,未必非輕蔑前輩之故，得盡罪子弟乎？夫有所受之也。至子弟所讀，先入爲主，不正俗本之誤，後將轉以正本爲非。若各大家詩，無一字無來歷，字句苟一説即了，必繁曲引證，反膠泥其聰明。至本事本旨，不稱載前説，又無以引其靈悟而鼓舞其幼志，使知世間書之當讀者多。此其爲童子計，思即是粗選，誘之入於高明宏達之途者，用意最爲切至。珍欲持公之初學久矣。去年先生以貳守歸里，方手抄是册授諸孫。乃請於先生曰：‘古人致仕老鄉里，大夫名父師，士名少師，而教學焉。今先生於鄉，父師也。論教子弟作詩，此注何足盡？然譬之欲令泛海，當由門前之溪始。且天下事即衆趨者而順導之，則易爲功也。是注也既善，且稿定，盍即以教鄉子弟？’先生不我拒也，爰與諸内弟勘而刻之，而書先生所以校注此選之意，及珍欲公之初學之私如此云。”

參考文獻：

1. 黎恂《蛉石齋詩鈔》，《清代詩文集彙編》，上海古籍出版社 2010 年版。

2. 徐世昌編、聞石點校《晚晴簃詩匯》，中華書局 1990 年版。

3. 楊鍾羲著，雷恩海、姜朝暉校點《雪橋詩話全編》，人民文學出版社 2011 年版。

4. 鄭珍《巢經巢文集》卷六《誥授奉政大夫雲南東川府巧家廳同知舅氏雪樓黎先生行狀》，《鄭珍全集》，上海古籍出版社 2012 年版。

5. 黎庶昌《拙尊園叢稿》卷四《誥授奉政大夫黎府君墓表》，《黎庶昌全集》，上海古籍出版社 2015 年版。

（王宏林）

曹楙堅傳

曹楙堅，初字曇雲，改字樹蕃，號艮甫，江蘇吳縣（今江蘇蘇州）人。乾隆五十一年（1786）生。

黃叔璥《國朝御史題名》：“曹楙堅，字樹蕃，號艮甫。江蘇吳縣人。”黃燮清《國朝詞綜續編》、徐世昌《晚晴簃詩匯》等同，而王家相《清秘述聞續》卷十五云：“曹楙堅，字艮甫，江蘇吳縣人。”以艮甫爲字，誤。其初字曇雲，見曹楙堅《曇雲閣詩集》卷二《醉司命辭在常熟瞿三夢香家作》：“乃有姑蘇秀才，曇雲其字，楙堅其名。”

當時尚有趙函，字艮甫，與曹楙堅有交往，方音相近，人別之爲平艮仄艮。《曇雲閣詩集》卷四《冬夜懷人詩二十首有序》其五爲懷趙函作，自注：“戊寅秋同賦《秦淮紀事詩》，予與君同號，人多稱兩艮云。”亦知艮甫乃其號。而卷四《七月十三日自丹陽偕趙艮甫蔣淡懷赴試金陵途中有作三首》其二自注：“艮甫贈菊泉詩有‘韓翃世有兩’之句，以與予同字故。”謂二人字、號相同。《國朝詞綜續編》卷二十：“趙函，字艮甫，震澤人，有《飛鴻閣琴意》二卷。黃韻甫曰：艮甫與曹艮甫同以詞鳴，江南一時有平艮、仄艮之稱。”謝堃《春草堂詩話》卷三：“無錫趙艮甫名函，吳縣曹艮甫名楙堅，皆以詩名，人多以平艮仄艮呼之。蓋號既同而姓又易混，吳音也。”

《曇雲閣詩集》卷二《長至夕祀先人並設祭亡婦殯宮》詩云：“十三哀無母，廿一辭且蘭。”知其二十一歲離開滇中。卷一《滇中懷古》其一云："六詔版圖歸驃信，三方兵家阻頭蘭。博南自有行人到，劍外休歌蜀道難。"自注："頭蘭，即且蘭。三方，見《漢書・西南夷傳》贊。"此詩下一首即《丙寅六月十九日出滇省作》，丙寅即嘉慶十一年（1806），前推二十一年，則知曹楙堅生於乾隆五十一年。卷四《乙酉二月四日自泰州奉父攜家歸里得詩三首》其三："我今已四十，逡巡感流光。"乙酉即道光五年（1825），前推四十年，亦爲乾隆五十一年。卷五《乙未仲夏北上錄別二首》其一："五十爲京宦，全家去故鄉。"乙未即道光十五年，前推五十年爲乾隆五十一年。卷六《余年六十諸公以東坡生日召吟咏我先有詩即次原韻》作於道光二十五年，前推六十年，亦爲乾隆五十一年。卷二《醉司命辭在常熟瞿三夢香家作》稱："歲惟戊辰月嘉平……生年即逢張角星。"張角星，本謂漢末張角黃巾起義之事，詩中借指類似性質的民間起事。據《清史稿・高宗本紀六》："（乾隆五十一年）十二月辛丑，福建南靖縣匪徒陳薦等作亂，捕治之。……丙寅，福建彰化縣賊匪林爽文作亂，陷縣城，知縣俞峻死之。命常青、徐嗣曾等剿辦。"林爽文事件影響尤巨。可見，曹楙堅剛出生，確即遭遇"張角星"，亦從側面證明其生於乾隆五十一年。

曹楙堅無兄弟行，姊一，妹二。《曇雲閣詩集》卷二《送大姊南歸》："我生鮮弟昆，堂前有女兄。"

有子四人。《曇雲閣詩集》卷四《病中感懷十一首》其八："大兒漸長成，家貧宜出贅。……次兒甫上學，童心頑未退。阿同與阿福，僅只四三歲。"

兩歲隨父宦於雲南，十三歲母喪，二十一歲歸里，時爲嘉慶十一年（1806）。旅食南北，皆無所遇。嘉慶二十年，入金陵柯幕。

馮桂芬《（同治）蘇州府志》卷八十四："曹楙堅，字樹蕃。隨父任雲南。"

《曇雲閣詩集》卷六《題雲帆工部隴樹瞻思圖》題注："思親作也。"詩云："我昔襁褓中，從宦且蘭城。十三痛無母，弱息嗟零丁。"卷二《長至夕祀先人並設祭亡婦殯宮》："十三哀無母，廿一辭且蘭。"卷六《題雲帆工部陆山載筆圖》："我居滇中十九年。"知其二歲赴滇，二十一歲始歸。

曹氏一門，曹楙堅與姊在滇，二妹在吳縣。《曇雲閣詩集》卷一《寄兩妹南中》："自小哀無母。"知兩妹出生後並未隨母在滇，而是被送回吳縣。又云："今俱及嫁年。兩棺萬里外，一慟瘴雲邊。"自注："先曾祖妣、先妣旅櫬在滇。"知其母隨父在滇，並卒於滇，兩妹則被送回吳中。卷二《雜詩》其二："家中兩弱妹，相將及嫁時。"其姊嫁於陸慶陔，嘉慶六年離滇，曹楙堅《送大姊南歸》："辛酉夏與姊別滇中。"《雜詩》又云："有姊適京師，遠在天一涯。經年書不到，聞有寧馨兒。"是年曹楙堅十六歲。卷二《送大姊南歸》自注："庚午夏，偕姊婿陸慶陔北上。"知其姊夫名陸慶陔。嘉慶十一年五月，曹楙堅至蒙自省父，六月離滇。《曇雲閣詩集》卷一《丙寅六月十九日出滇省作》自注："五月中，省家大人於蒙自。"知其五月省父，亦與父辭別，六月離滇。卷七《題潘星齋編修飛雲攬勝圖》"四十載如昨，荒荒羅洞春"句自注："予自丙寅自黔歸里。"其父則於嘉慶二十三年九月離滇歸內地。卷三《己卯春家大人歸自滇中有寓齋述懷寄示里門戚友之作恭和原韻》自注："去年九月，大人自滇啟行，今年正月抵京口。楙堅自泰州聞信往迎。"後其父卒於道光九年（1829）。卷五《麥舟圖詩呈梁方伯有序》小序："道光己丑夏，自河南奉先君子喪歸里。……以庚寅正月舉窆窆。"

《曇雲閣詩集》卷一首列滇中之作。計有《滇池》《擬孟東野》《度玉笋山望撫仙湖》《潮音洞》《題畫》《清華洞詩》《天生橋》《霽虹橋》《水雲庵小憩》《村行》《題錢叔美紀游畫册》《馬龍道中》《星回節》《滇中懷古》等數十首。《丙寅六月十九日出滇省作》以下，皆離滇赴内途中紀實之作，有《板橋驛口號》《廿一日宿馬龍爲雨所阻……》《老鷹崖歌》《黔山雜咏十首》《黔南道中書所見》《拉那坡》等。由滇入黔，經廣西、湖南、廣東、福建、江西，至浙江，於臘月十六抵達杭州，賦《臘月十六日到錢塘聞張補裳刺史已於十月歸里訪而適值喜贈》《西湖雜咏》等詩。次年夏歸里，有《丁卯夏自錢塘歸里述懷》詩。

歸里後，衣食無着，初依諸叔，後外出謀生，復遭妻喪之痛。卷二《雜詩》其一："我無數畝田，出錢以糴穀。又無數椽廬，出錢以賃屋。……破釜生游鱗，缺鐺然枯竹。詰照視床頭，瓶空無遺粟。……晨昏阻萬里，奔走勞諸叔。……輪轉摧九曲，咄哉饑欲死。"其三："今年生嬌兒，骨相頗秀出。頭玉自礦礦，雙瞳如點漆。殷勤外祖母，珍愛不離膝。彌月返姑蘇，轉眼過百日。漸能識啼笑，未解弄梨栗。""家貧事出門，此計吾已必。客館總凄涼，寒燈最蕭瑟。"自注："時擬北上。"又稱新生兒外祖母家姑蘇，知其妻乃蘇州人。《報罷》同卷自注："婦病日劇。"另有《兒莫啼》《哀兒行》《朝持酒》《長至夕祀先人並設祭亡婦殯宮》《代薤露行》等詩記婦喪。而《雨中游西湖即事放歌》結句云："手招蓉嬛歸來乎。"蓉嬛，自注稱是"婦字"，知其妻名蓉嬛。沈善寶《名媛詩話》卷六："余近讀曹艮甫侍御楙堅《曇雲閣集》，内載前室吾鄉蔡蓉嬛寶珠稍通文翰，早歿，曾吟'畫簾芳草色'五字。"知曹楙堅妻姓蔡，名蓉嬛，字寶珠，且粗通文翰，能詩，有"畫簾芳草色"一句傳世。此後，漫游京畿。北方干人無果後，返回南方，有《無錫舟夜》《毗陵舟次》《安園作》等詩。其中，與工部主事方元鵾多次唱和。方元鵾，字震旸，號海槎，一號鐵船，浙江金華人，嘉慶六年進士，授工部虞衡司主事，兼順天鄉試同考官，著有《鐵船詩鈔》《涼柵夜話》《舊雨新談》等書。

嘉慶二十年、二十一年入金陵柯幕。卷四《病中感懷十一首》
其十："歸作幕府客，石笋喜飽看。"自注："居瞻園兩載。"《曇雲閣詩
集》卷五《丁酉仲夏殳積堂經歷慶源自沂州至都喜贈此篇即題其詩
集後》"江湖在地雲在天，美人音塵二十年"句自注："丙子冬，與君
同在雲柯中丞幕中，君旋以疾歸里。戊寅正月，同人爲西泠之游，
復得相見，迄今廿載矣。"知嘉慶二十一年在柯幕。卷三《瞻園夜
坐》《懊惱曲》《漫占》《別離曲》等詩，表達幕府不得志之意，下即《丙
子十一月二十八日移居城中西支家巷作》，知兩年指嘉慶二十年、
二十一年。

游宦不遇，便頻繁移家。《曇雲閣詩集》卷三有《丙子十一月二
十八日移居城中西支家巷作》《柬蔣大志凝時僦居元和道院》《戊寅
四月十八日自吳門携家至江浦用工部彭衙行原韻贈王四明府覩》
《九月自江浦移家至泰州途中作》。《蔣大志凝自錢塘來出陳五桐
生感懷詩見示却寄》自注云："四月中移家江浦，旋之泰州。"道光五
年，復自泰州旋里，卷四有《乙酉二月四日自泰州奉父携家歸里得
詩三首》。

**南歸吳門後補諸生。嘉慶十三年（1808）九月，鄉試報罷。此
後九試皆不中。嘉慶二十三年移家泰州，至道光四年（1824），執教
泰州書院七年，與纂輯《泰州志》。**

《（同治）蘇州府志》卷八十四："曹楙堅，字樹蕃。隨父任雲南，
歸，補諸生。"《曇雲閣詩集》卷二《報罷》題注："戊辰九月。"卷三有
嘉慶二十四年所作《報罷口占柬諸子》，同卷《寄別蔣淡懷志凝》自
注："丙子秋賦，同住秦淮。"詩云："五月之下旬，其歲在戊寅。同爲
過江士，同作下第人。"卷四有《將應省試由京口之丹陽》，省試即鄉
試，知赴金陵應江南鄉試。卷六《乙巳新正試筆十首》其二"十擲居
然得一盧"句自注："余自戊辰至戊子鄉薦，凡十應試，故云。"其間

三應京兆試,皆報罷。《曇雲閣詩集》卷五《通籍述懷》"搖鞭試問長安道,茸帽涼衫却幾回"句自注:"庚午、癸酉、辛巳三應京兆試,今秋將乞假出都。"卷三《維揚舟次別王四明府覛五首》其四自注:"君勸余赴京兆試,將以五月北上。"知是王覛勸告其赴京兆試。同卷《淮安舟夜》自注:"菊泉助行資,促予北上。"知王覛不但勸勉,且資助其北上參加京兆試,以求一第,然亦三試未第。

曹楘堅執教泰州書院事,見卷三《和蔣大志凝長歌述懷原韻即寄》:"泰墩東望海氣蕭,屹立祠宇韜幽森。……我來依栖作山長,但有魯酒容自斟。"自注:"書院在泰墩南。"同卷《寄別蔣淡懷志凝》:"其歲在戊寅。……是冬買扁舟,訪我於吳陵。……吳陵三載住,游覽多嘉辰。"《五月十日自泰州北上錄別三首》其一:"三載留吳陵,鬱鬱本非計。慷慨故人情謂菊泉明府,遲回游子意。"知在泰州三年,乃應友人雅意。其二:"弦詩譜南陔,菽水艱一飽。"謂執教清苦,難以糊口。《寄江浦王四明府覛》其二"藕花廬在香無主"自注:"君權泰州時,即藕花洲舊址築廬,今已蕪廢不治。"知曹楘堅執教泰州書院,乃權泰州令王覛邀請。卷四《甲申十月將自泰州歸里錄別八首》其二自注:"戊寅秋來泰,寓鐘樓。辛巳,州人重修書院,予以壬午夏移居。"曹楘堅於執教泰州書院時赴京兆試,落選後仍居泰州。卷三《哭俞三廣文國鑑五首》其二:"僑居及五載,塵容息奔馳。與君稱莫逆,風義兼友師。"知僑居泰州五載。《歲暮書懷柬諸同人四首》其二自注:"菊泉明府本有移家江浦之約,以海陵諸君相留不果。"其三"翻爲諸君添激感,分明全局是彈棋"自注:"謂公留來歲講席事。"卷四《病中感懷十一首》其七自注:"去歲十一月,韓中丞更薦山長,海陵諸君具公牘相留。""將以今冬歸里。"《甲申十月將自泰州歸里錄別八首》其一:"琴書跌宕無三徑,淮海飄零已七年。"可知其執教泰州書院時間,自嘉慶二十三年至道光四年,長達七年。其四：“難得酈元注經手，一書編定莫蹉跎。”自注：“《泰州志》自東臺分縣後，未經釐訂，州人仲雲浦、宮彤九諸君聘予同綏齋纂輯。綏齋專精水利，著有《南汝光水利志》。”

梁章鉅《楹聯續話》卷二：“謝默卿曰：清節堂始於吳下，由紳士捐建，以居嫠婦之貧苦無依者。經費漸充，規制盡善，各府州皆仿而行之。誠善舉也。曹艮甫比部楙堅主講泰州時，撰堂聯云：‘任恤重周官，集一方秉穗餘資，門題行義；姘嶸同夏屋，完幾輩冰霜苦節，臺築懷清。’”謝堃《春草堂集》卷四《贈曹艮甫山長楙堅》：“絕代文章馬遷史，半生經濟杜陵才。”前句自注：“時君修《泰州志》。”並見在泰州事。

道光五年（1825），入王覿丹陽幕十日，仍返泰州修志。此後，因父游河南，赴南陽等地；扶父柩歸。

《曇雲閣詩集》卷四《甲申十月將自泰州歸里録別八首》其七“故土飢寒只恐離”自注：“歸里後，將赴菊泉明府之招。”知道光四年末，王覿已邀其至丹陽。同卷《乙酉二月四日自泰州奉父携家歸里得詩三首》其二：“誰知到家日，即已無米薪。涉江喜風利，官廨逢故人。揮金仰高誼，窮薄能相親。”自注：“七日渡江，八日至丹陽，晤菊泉大令。”知道光五年二月四日離泰州，八日至丹陽，即得到縣令王覿慷慨資助，賴以度日。然旋即重返泰州。卷四《到家十五日重赴泰州舟中雜遣》其四自注：“予至泰州纂志，仍居講舍。”自泰州至丹陽投靠王覿，但十日即返泰州，纂輯《泰州志》顯然只是一個借口，曹楙堅對真實原因諱莫如深，但此後又有《將應省試由京口之丹陽口占示王四明府覿蔣大志凝》，似與王覿並無芥蒂，不知究爲何因。此後又住泰州三年，前後共十年。卷五《賃居北柳巷作》“十年去鄉里”句注：“僑居泰州十載。”

《曇雲閣詩集》卷五有《虎邱古鼎詩奉梁方伯章鉅》《題汪主簿治

安河陽灌園圖》《河陽咏古詩十首》等詩。

道光八年（1828）爲舉人。十二年，中進士第，改庶吉士。二十一年，授刑部主事，補授福建道御史。

《曇雲閣詩集》杜文瀾跋：“廉訪爲道光戊子舉人，壬辰進士。”卷五有道光十二年所作《通籍述懷》，其四云：“苦吟那有筆如神，漫比司空第四人。”自注：“春榜名列第四。”卷七《題錢同年步文破車圖》“記得春明遲我到，羸騾不駕駕羸牛”自注：“癸巳，散館北上，一騾甚憊，途中屢易以牛。”《清史稿》卷四百九十《曹楙堅傳》：“道光十二年進士，改庶吉士，散館，授主事。”《（同治）蘇州府志》卷八十四：“道光壬辰進士。選庶吉士，改主事。”劉錦藻《清朝續文獻通考》卷二百八十：“道光壬辰進士。”《晚晴簃詩匯》卷一百三十六：“道光壬辰進士，改庶吉士，授刑部主事。”《國朝詞綜續編》《清秘述聞續》等同。

道光十二年底，乞假歸里。《曇雲閣詩集》卷五《八月三日送仰山師赴科布多辦事大臣之任》其二自注：“時將乞假歸里。”

道光十三年至海州，《曇雲閣詩集》卷五有《癸巳十月至海州之板浦訪謝大令元淮於青口》詩。道光十四年入京，《曇雲閣詩集》卷五有《乙未仲夏北上錄別二首》《閏六月望日至都作示馬三同年吳二表弟》等詩。在京多唱酬應和之作，《曇雲閣詩集》卷五有《乙未長至日同年馬比部學易舉消寒第一集賦得長句二首即示同年嚴編修良訓工部彭蘊章胡希周陶惟謨》《丙申正月二十四日消寒第九集詩以代柬即示一山前輩晴舫迪甫吉人三同年實甫咏莪芝堂三工部》，卷七有《閏五月五日劉侍御位壇韓農部泰華招集城南龍樹寺同坐陳給諫慶庸梅郎中曾亮……》等詩。

謝元淮《養默山房詩稿》卷二十八有《同曹艮甫比部汪慕伊孝廉於洛虎圈觀虎》《曹艮甫比部顧杏樓郎中元愷馬吉人秋曹學易……》，

知道光二十年曹楙堅已任職刑部,然長期不調,沉滯郎署。《曇雲閣詩集》卷五《題姚湘波同年居廬讀禮圖》其二:"十載猶郎署,相逢話故山。"《審明已革未入流挾嫌誣控上司各款疏》(道光二十一年十二月十七日):"道光二十一年十一月十一日奉旨:'着派柏葰、黄爵滋馳驛前往陝西查辦事件,所有隨帶司員,着一並馳驛。欽此。'臣等山西事竣,率同隨帶司員刑部員外郎覺羅色克通阿、主事曹楙堅、周揆源,於十二月十八日由省啓程,三十日馳抵陝西省城。"知曹楙堅道光二十一年已任刑部主事,二十七年仍在任。

直至道光二十七年,任刑部御史,屢上封事。《國朝御史題名》:"曹楙堅,字樹蕃,號艮甫。江蘇吳縣人。壬辰科進士。由刑部郎中補授福建道御史,官至湖北按察使。"御史任上,不主濫刑,作《閔刑詩示同司諸君》。卷七《上封事作》:"十年裹印滯郎官。"

道光二十四年(1844)、三十年兩校春闈。咸豐元年(1851),秋闈監試內簾。

《曇雲閣詩集》卷八《庚戌春闈分校得二絶句》"五年前賦海棠詩"自注:"甲辰考差試帖詩爲人傳誦,故乙巳有三月六日病中咏西院海棠之作。"同卷另有《闈中題潘星齋學士曾瑩衡山畫境圖》詩。卷八有《克華廷侍讀出黄恕陔太史門下太史爲汪嘯盦給諫典試湖南所取士辛亥同校秋闈余監試內簾作詩以紀即書華廷扇頭》《秋闈監試少農翁述盦前輩以詩見贈即次原韻三首》等詩,翁述盦即翁心存。

咸豐初,任工科給事中。

《曇雲閣詩集》卷八有《辛亥仲春九日直宿吏垣……》詩。王先謙《東華續錄(咸豐朝)》咸豐三年(1853):"(六月)乙丑,諭內閣巡視中城給事中德奎、曹楙堅,奏訪獲編造妖言之醫生薛執中,又名薛精一及薛李氏，均着交刑部嚴行審訊。”“壬午，諭內閣薛執中編造妖言一案，着派軍機大臣會同宗人府、刑部嚴行審訊，並着原奏此案之給事中德奎、曹楙堅一並會審辦理。”“（九月辛亥）諭陸建瀛奏覆南漕改折會議需時，請仍照舊章辦理一摺。又，另片奏改折窒礙情形，請免再議等語。前因傅繩勳陳請蘇松太倉三屬改折漕糧。給事中曹楙堅極言其難行。”“（十一月乙丑）據給事中曹楙堅奏，漢陽同知張曜孫素得民心，請督令辦理團練堵剿，朕思岳州失守，並非賊匪攻陷，實由地方官棄城而逃，深可寒心。”

《曇雲閣詩集》杜文瀾跋：“由御史轉給事中。咸豐初，劾術士薛執中，爲世所稱。”

咸豐四年（1854），由湖北鹽法道升湖北按察使。五年，太平軍攻陷武昌城，遇難。

王先謙《東華續錄（咸豐朝）》咸豐四年：“（二月辛巳）以臺涌爲湖廣總督，由荆州將軍遷；曹楙堅爲湖北按察使，由湖南鹽法道遷。”謝山居士《粵氛紀事》卷七：“湖北鹽法道曹楙堅，蘇州人，壬辰進士，升授按察使。”

曹楙堅卒年有二説。一説咸豐五年不知所終，一説卒於咸豐五年。前者見《（同治）蘇州府志》卷八十四：“出爲湖北鹽法道。時武昌兵燹之後，城垣殘破，有商人饋銀七千兩，楙堅即捐修武昌城。擢臬司。咸豐五年四月，粵賊復大股竄楚，藩司鄂興阿病篤，楙堅兼權藩篆，守御事悉歸之，五月杪，城垂破矣，楙堅竭力堵禦，晝夜在城，夜即露宿城上，不復歸署。六月二日，城陷，楙堅不知所終。”《晚晴簃詩匯》卷一百三十六：“出爲湖北鹽法道。未幾，擢臬使。值軍事方棘，佐守危城。武昌再陷，不知所終，二子並殉，世以哀之。”皆言不知所終。後者見《清史稿》本傳：“同與此難者，湖北按察使曹楙堅，江蘇吳縣人。”杜文瀾《平定粵匪紀略》卷三：“六月，武昌城陷，布政使岳興阿、按察使曹楙堅、糧道李卿穀死之。"王定安《湘軍記》卷三："六月己巳，奸細竊發，省城陷，布政使岳興阿、按察使曹楙堅、糧道李卿穀等死之。"謝蘭生《軍興本末紀略》卷一："六月初二日，武昌省城陷，藩司岳興阿、臬司曹楙堅、糧道李卿穀殉難。"蕭盛遠《粵匪紀略》："藩司岳興阿、臬司曹楙堅，及在城文武竭力禦賊，均以力盡捐軀。"佚名《湖南褒忠錄初稿·寇事述一》："初十日，漢黃賊陷武昌，巡撫青麐走長沙，布政使岳興阿、按察使曹楙堅、督糧道李卿穀，原任鹽法道劉若珪等死之。"

關心民生疾苦。曾上疏議南漕改折不便，事寢。

《曇雲閣詩集》卷四《愍災詩六首有序》小序："道光甲申冬，高堰十三堡決，後以次繕完，禦黃壩堵閉兩年，漕艘改爲般運。丙戌夏六月，洪澤湖長，當事懼堤工不保，遂啓放五壩過水，而揚郡七州縣當下游者不數日間田廬盡沒，雞犬無孑遺，校嘉慶丙寅決荷花塘時爲害尤劇。予客海陵，距北門里許，人煙蕭寥，萬室波蕩。加之盲風怪雨發作無節，觸凄慘之懷，寫流離之狀，因事命歌，代口述而已。"

《清史稿》本傳："江蘇巡撫創議南漕改折，上疏，力言其不便，事遂寢。"

少負才氣，豪於詩，歌行詩有李賀之風，七律得李商隱神味。與戈載、蔣志寧、褚逢春等爲"後吳中七子"，又入"吳門十子"之列。有《曇雲閣詩集》。

《晚晴簃詩匯》卷一百三十六："（曹楙堅）少負才氣，《滇黔紀游》多精警之作。集中諸體藻韻並饒，自是作手。"《（同治）蘇州府志》卷八十四："（曹楙堅）豪於詩。"

《曇雲閣詩集》卷六《贈魏默深刺史源》自注："君極稱予七言律

詩，謂得玉溪生神味也。"

《春草堂詩話》卷三："無錫趙艮甫名函，吳縣曹艮甫名楙堅，皆以詩鳴，人多以平艮、仄艮呼之。蓋號既同，而姓又易混，吳音也。"

曹楙堅詩預於七子之目。陳文述《頤道堂詩選》卷二十二《留別吳門》"七子騷壇我所思"句自注："兒子裴之，先與王井叔、朱酉生、沈閏生、潘功甫、彭咏莪、吳清如、韋君綉結社賦詩，余定爲吳中七子。又以孫子和、蔣淡懷、曹艮甫、陸東蘿、曹稼山、戈順卿、褚仙根爲後七子；王二波、葉苕生、沈式如、沈蘭如、陳小松、喬鷺洲、劉小春爲續七子；畢子筠、顧春洲、顧子雨、程蘅鄉、畢石卿、黃友蓮、蕭晉卿爲廣七子；伸子湘、石鶴笙、黃飲漁、潘覺夫、保生星、齋絞庭爲新七子。"陳文述《頤道堂文鈔》卷十三《裴之事略》："裴之與吳門七子朱酉生、王井叔、潘功甫、沈閏生、吳清如、彭永莪、韋君綉訂交，余謬以馬齒爲後進見推，復有後七子、廣七子、續七子之目。後七子者，孫子和、蔣淡懷、曹艮甫、陸東蘿、曹稼山、戈順卿、褚仙根也。續七子者，王二波、葉苕生、沈式如、沈蘭如、陳小松、徐玉臺、劉小春也。廣七子者，喬鷺洲、顧春洲、顧子雨、程蘅鄉、畢石卿、黃友蓮、蕭晉卿也。裴之皆與通縞紵之好。斐之名不在七子中，與毛申甫畢子筠爲三君。"

鄒弢《三借廬贅譚》卷二誤將曹楙堅入吳中七子："長洲沈閏生孝廉傳桂，又號伽叔，工詩古文詞，著有《東雲草堂古文集》《匏葉爲詩稿》，俱未刊，僅刊《清夢盦二白詞》四卷，穎怨苕哀，幽情孤艷，直駕南宋諸家而上之矣。先生與曹艮甫、朱酉生、彭咏莪、潘功甫、韋君綉、吳清如、頤道先生爲吳中七子。"一說曹楙堅不入後七子之目。沈濤《匏廬詩話》卷上："吳門壇坫之地，東莊北郭，著美當時。乾隆間，習庵、竹嶼諸公復有七子之目。近時，朱酉生綬、沈閏生傳桂、王井叔嘉祿、潘功甫曾沂、彭咏莪蘊章、吳清如嘉洤、韋君綉光瓛,稱吳門後七子。又加曹艮甫楙堅、蔣淡懷志凝、褚仙根逢椿,爲十子。"此説似亦誤以吳門七子爲後七子。

《(同治)蘇州府志》卷一百三十六:"曹楙堅《音匏隨筆》一卷,《曇雲閣詩集》六卷,《附録》二卷,《外集》一卷,《詞鈔》一卷。"《清朝續文獻通考》卷二百八十:"《曇雲閣詩集》八卷,《附録》一卷,《外集》一卷,《詞鈔》一卷。"

詞學南宋,尤近張炎,所作文生於情,字句穩愜。有《曇雲閣詞鈔》。

《國朝詞綜續編》卷十二:"曹楙堅,字樹蕃,號艮甫。吳縣人。道光十二年進士。官湖北按察使。有《曇雲閣詞鈔》。陶鳬香云:'艮甫詞在草窗、竹屋之間,至清虚超雋處,尤與玉田爲近。'黄韻甫曰:'《曇雲閣詞》蒼艶處,雅近白石集中諸調;《琵琶仙》尤擅勝場,當以曹琵琶呼之。'"

杜文瀾《憩園詞話》卷三:"曹艮甫廉訪楙堅,江蘇吳縣人,道光戊子舉人,壬辰進士,選庶常,改刑部主政,保送御史,轉給事中。疏糾術士薛執中邪慝,聲望大著,外擢至湖北按察使。所著《曇雲閣詩》五卷、《詞》一卷,皆手自定稿,刊版無存。光緒元年,恩竹樵方伯以曾與同官秋曹相唱和,取其集重刻之,屬余任校訂,得窺其全。中有《風懷》二百韻、《閑情》三十律,風流藴藉,可爲曝書亭替人。其詞悉宗南宋諸人,於玉田尤肖,字字穩愜,文生於情。""集詞調名作詩詞,難於融洽貫串,拙刻中亦有之。今見艮甫廉訪所作小令二闋,甚工穩。"卷六:"《鶯啼序》爲詞中第一長調,惟吳夢窗有三闋,趙文一闋。後《詞林萬選》收黄在軒一闋,句法已有參差。迨楊升庵所作,則字數更有多寡,人遂效之。凡倚聲稍多,必作《鶯啼序》以光全集,舛誤更不可究極。曹艮甫廉訪有此作,細爲衡比,與夢窗作無一不合,亟録之,以爲譜長調之範。"

參考文獻:

1. 曹梣堅《曇雲閣集》,光緒三年曼陀羅館刻本。

2. 趙爾巽等《清史稿》,中華書局 1977 年版。

3. 馮桂芬《(同治)蘇州府志》,光緒九年刻本。

4. 黃燮清《國朝詞綜續編》,同治十二年刻本。

5. 陳文述《頤道堂集》,嘉慶間刻道光增修本。

6. 杜文瀾《憩園詩話》,福建師範大學圖書館藏清鈔本。

7. 王先謙《東華續錄》,光緒二十四年刻本。

(彭國忠)

梅曾亮傳

　　梅曾亮,字伯言,又字葛君,譜名曾蔭,晚號相月齋居士。世居宣城柏梘山,自乾隆時其曾祖文穆公始移家江寧,遂爲上元(今江蘇南京)人。

　　梅曾亮《柏梘山房文集》卷十《游瓜步山記》:"同游者,商城熊闓夫方烜,興化束補卿鑾,上元温翰初肇江、朱竹香啓善、梅伯言曾亮。主人者,瓜步司直隸陳守齋寶善也。同游者皆有詩,而屬曾亮爲之記。"卷十二《男八十墓偈》:"男八十又名焕枝,梅曾亮伯言第三殤子也。"《清史稿》卷四百八十六《梅曾亮傳》:"梅曾亮,字伯言。"按,《柏梘山房文集》楊紹和跋稱"先君子校刊伯言先生文集",《柏梘山房文集》朱琦跋稱"右伯言先生文集若干卷"。

　　梅氏自稱及他稱皆曰上元,《清史稿》本傳同。然其先實爲宣城人。《柏梘山房文集》卷三《吕母姚太恭人八十壽序》:"亮家故宣城。"卷十《謁墓記》記道光三年(1823)回宣城謁墓事。梅曾亮《柏梘山房詩集》卷四有《回宣城謁墓夜泊江寧鎮作》,卷八《憶宣城故居》云:"柏梘山前坐吉村,故園何日不心存。山中流水時過院,村外平田半繞門。歲歲收茶忙婦女,家家種竹長兒孫。鄉居風物多真意,惜少淵明與細論。"似少時即在宣城度過。

　　姚鼐《惜抱軒尺牘》卷二《與吴山尊》:"鍾山書院諸生作時文,差可觀者,固尚有人。若作詩,則梅總憲一曾孫名曾蔭者爲佳。作古文，則有管同者爲佳。此二人年僅二十許，若年進學登，爲後來之雋矣。"可見梅氏曾蔭之名至其讀書時仍在使用。根據古人冠名稱字常情推測，曾蔭之名用至其弱冠時，後改名曾亮。

梅氏號相月齋居士，見《柏梘山房詩集》卷十《守歲燭》《爲蔡友石先生題董羽六龍圖》等二十一首後跋："以上雜體二十一首，在都中消寒詩。……乙卯春上元日，錄於清宴園之寓齋，相月齋居士記。"乙卯爲咸豐五年（1855），梅氏七十歲。清宴園在清江浦，爲其同年友楊以增所居，楊氏爲梅刊刻文集，梅氏寓居於此。《柏梘山房詩集》卷六道光十八年（1838）五十三歲時所作《戲書》詩云："未可稱居士，頹然已放翁。"故知相月齋居士爲晚年自號。

據《柏梘山房文集》卷四《家譜約書》，梅曾亮先世自太七公始遷宣城柏梘山，自其曾祖文穆公康熙時始奉旨自宣城移籍江寧，"文穆公居江寧，顏所居曰寄圃，志僑居也，今六十餘年，僑者土著，竊恐後世之忘所自也"。

梅曾亮《柏梘山房全集》朱慶元跋："柏梘者，宣城山名，蓋先生祖居，意不忘其先，故以名集。"

乾隆五十一年（1786），生於安徽宣城。

《清史稿》卷四百八十六《梅曾亮傳》："未幾，曾亮依河督楊以增。卒，年七十一。以增爲刊其詩文，曰《柏梘山房集》。"《柏梘山房文續集・兵部侍郎江南河道總督楊公家傳》附楊紹穀、楊紹和識語："先君子校刊伯言先生文集，既成，續校詩集、駢體文，刊未及半而先君子薨。穀等泣請先生爲傳志之文。時先生患鼻衄，旋淮安寓舍，逾旬，撰家傳寄示。不數日，先生亦卒。是爲咸豐六年正月十二日，距先君子薨僅二十四日。"按，由咸豐六年前推七十一年，知梅曾亮生於乾隆五十一年。

按，馮志沂《微尚齋詩集》卷一有《乙巳三月二十五日伯言先生六十生辰同人觴集龍樹寺次邵位西舍人韻》詩，知梅曾亮生於三月二十五日。

嘉慶二年(1797)，從舅氏侯子有學，知蘇軾禁體詩。

《柏梘山房文集》卷五《曇花居士存稿序》："曾亮幼時受業於先生，見手一小書不置，竊取視，磊磊若石子着口中，不可讀，則《山谷集》也。冬夜，課咏雪，輒剌取《雪賦》語，排比綴之。先生笑曰：'去汝"圭璧""縞素"等字，成一詩得否？'乃講示東坡禁體二詩，時於聚星堂作不深解，至'青山有似少年子，一夕變盡滄浪髭'，則大以爲仙人語也。後應童子試，不暇爲，獨見先生吟哦深思不少輟。""憶曾亮受書時年十二三，先生顧不以常童畜我，今所編者，即爲童子時所親見其吟哦深思者也，能無痛乎！"

三年(1798)、四年，父試北闈，乃從侯先生學，晚間則母夫人教之。

《柏梘山房文集》卷十《周石生授經圖記》："曾亮年十三四，家大人方試禮部，留京師，每從塾歸，則吾母課誦，必問所習者，師講解否？能記憶否？背師作游弄否？自塾歸適他所否？"

六年(1801)、七年，肄業尊經書院。同學者汪鄴樓、陸香筠、阮小咸等數人。每夜歸，市户皆静閉，三四人者履聲滿街。

《柏梘山房文集》卷八《阮小咸詩集序》："昔與君及鄴樓、香筠，同肄業於尊經書院，夜歸，市户皆静閉，獨吾三四人履聲滿街。"

八年(1803)，拜謁姚鼐，得聞古文緒餘，姚鼐遣其見管同，肄業鍾山書院。

《柏梘山房詩集》卷八《答邵位西讀惜抱軒集見贈》："記年十八謁翁時，迢遞桐鄉感墓碑。"知十八歲拜謁姚鼐。《柏梘山房文集》

卷五癸巳年（1833）所作《馬韋伯駢體文叙》："韋伯與余交三十年矣。余少好爲詩及駢體文，君皆好之。余苦故實遺忘，棄駢體不作，君獨勇爲之。故吾兩人詩異趣；文則君壯浪雅健，余不及也。昔會課鍾山書院中，每論文，訟議紛然，忘所事事。異之色獨莊，盛言古文。"

《柏梘山房詩集》卷二《呈管異之》："我生一十猶却掃，嘗信文章有交道。吳門王渭雅所親，得一已盡天下寶。姚公遣我造君室，愧爲邑子知不早。文章絶脈獲秦餘，典型灑耳聽周考。"

嘉慶九年（1804），父館江西巡撫署，隨父受學。

《柏梘山房文集》卷五《湯子變試帖詩稿書後》："嘉慶之九年，先君館江西巡撫署，課秦遠亭公子。同受書者，湯君子變、帥君子文及曾亮，凡四人。乙丑春，先君試禮部。"

《梅郎中年譜》嘉慶十年："乙丑二十歲先生父試禮部至京。先生等四人，乃以詩牌爲戲。自是益習爲詩。嘗故作奇語。湯子變有'衰柳撫青直到天'之句。"

十五年（1810），姚鼐八十壽辰，撰序以祝。交方東樹，與之時依姚鼐講論道藝。

梅曾亮《柏梘山房駢體文》卷上《姚姬傳先生八十壽序》："南極懸光之秋，日舒化國；東坡攬揆之度，臘曰嘉平。惟賀世之哲人，錫康寧於好德。五更三老，斯實邦家之光；校德論功，尤屬弟子之事。恭惟桐城姚惜抱先生，文章千古，可謂在兹。《洪範》五福，蓋將咸備。"

吳常燾《梅郎中年譜》嘉慶十五年二十五歲："交方植之東樹。時惠川、異之皆在金陵，與先生及植之時依惜抱講論道藝，而學益淳厚，文愈高古。其得義法，以此時爲最。"

《柏梘山房詩集》卷三《和方植之來詩感念姬傳先生歿已逾年》:"疇昔周旋日,吾師設教辰。鷄鳴開舊館,鹿洞接芳塵。"

嘉慶十九年(1814),入揚州唐文館預校唐文。時有輕薄少年非議此舉者,賦詩諷刺之。與秦恩復、顧廣圻等考證文字、吟咏唱和。

《柏梘山房駢體文》卷上《題陳小松綠楊城郭是揚州圖》:"甲戌之秋,小松與曾亮同客揚州。"《柏梘山房詩集》卷二《揚州唐文館即事二首》(作於嘉慶十九年)其一:"東郭先生不自量,漫夸鼓瑟中宮商。木天縹緲多仙子,金地莊嚴在上方。博士有時呼狗曲,將軍無處覓熊光。寄言年少休輕薄,東壁會留翰墨香。"

《柏梘山房文集》卷二《復陳伯游書》:"前歲客揚州,爲人校唐文,皆非某所好者,然無如何。"卷四《費昆來西園感舊圖叙書後》:"右顧君千里之序此圖,於吳山尊士之文雅聲譽,及昆來與學士游處之歡、古道之篤,可以敦薄夫而厲俗者。既詳言之,余可無贅,而獨憶余之交昆來也。紫西園,始余館學士之西園也。自校《全唐文》始,其時名公卿而倦游者,多雄長其事,分曹立偶,馳騖往來,冠蓋車馬之盛,萃於西園者,管弦鏗鏘,連日夜不絕。"卷七《享帚集序》:"嘉慶中,與元和顧君千里同客揚州,秦敦夫先生招飲,與顧君言書籍目録之學,竟飲不倦。於是得盡聞所不聞。"《柏梘山房詩集》卷九《題王夢蘭校書圖》:"唐文開館昔揚州,簪筆西園憶舊游。幾輩名公天禄閣,良宵高會月燈球。"俱見當時館中詩酒唱和盛況。

道光元年(1821),中順天鄉試,座主爲戴均元。二年,進士及第。以知縣注廣西,不赴。三年,告病繳照,回宣城謁祖墓,主講文峰家塾。

《柏梘山房文集》卷十三《原任予告大學士戴公墓碑》:"公諱均元,字可亭。……視學順天,主辛巳順天鄉試。""曾亮,故公辛巳科門下士也。道光二年正月,嘗召至第曰:'吾定拜疏乞休,試草其文。'時遠巡辭謝。後語座主顧侍郎曰:'梅生得縣令無奈何,且無令遽出京也。'"《梅郎中年譜》繫中第於道光元年,《清史列傳》言道光三年進士,皆失考。

《柏梘山房詩集》卷四有《文峰家塾留別族中諸子》《村中晚眺》《過魯王廟》諸詩,作於道光四年。按,文峰家塾,係明代梅氏家族所設家塾,教授族中子弟。《柏梘山房文集》卷四《梅氏宗譜書後》云:"歷千餘年不絕不續,以迄於今,而時亦發見文采以警動後裔,蓋一盛於宋之聖俞公父子,再盛於明世:宛溪公兄弟五人,同時舉甲科,爲方伯廉使,而梅氏子弟至專設書院於文峰;又再盛於定九公,祖孫以布衣召,受聖祖仁皇知,雖不得與夫世禄之選,然未至於一蹶不再興,其效見於前世而可冀幸於將來者,梅氏或庶幾焉。"

《柏梘山房文集》卷四《和禱冰詞樂府書後》:"侍郎陶公嘗以給事中視江南漕事,禱冰於高郵之露筋祠,歸舟遄通。其明年,漕運倍速。公請錫神號,得旨俞允,乃作歌詩以侈神惠,名公卿皆屬而和之。及巡撫安徽,又遍示屬吏之工詩者。而尚齋朱君適令宣城,既承命進和,兼退示曾亮,因讀而言於衆曰⋯⋯"此文作於道光四年,知是年仍在宣城。

道光六年(1826),入安慶鄧廷楨幕。七年,客熊民懷六合官署。

《柏梘山房文集》卷十四《陝西巡撫鄧公墓誌銘》:"(道光)六年,遂授安徽巡撫。自嘉慶時,安徽多大獄,信臣覆案,官吏多得罪,而獄歷久愈疑。⋯⋯在安徽十年,俗以大安,所舉任後多至大吏。"卷八《書鄧中丞決獄事》:"道光元年,曾亮在京師,聞人言鄧公守西安時決獄事,未得悉。及公巡撫安徽,曾亮在署,從容問昔時事,公抑抑不自言。"卷七《青嶁堂詩集序》:"先君子同年友,以文字知曾亮者三人:安化陶文毅公、新城石士侍郎陳公,其一則嶁筠尚書鄧公也。文毅之《撫吳草》，侍郎《太乙舟集》，既皆讀而序之，至公之詩，則巡撫安徽時，曾亮在署中嘗親見其屬筆。""時管異之、馬湘帆、汪平甫俱在坐，方植之亦時來和章孫句，諔調間作。午過入齊閣，治文書，日晡後會食，漏一下，各散去，日以爲常。"可見鄧幕時交游及唱酬之盛。

《柏梘山房文集》卷十《游瓜步山記》："道光七年二月十六日，客同年熊民懷六合官署，與同人游瓜步山。"

道光九年（1829），受陶澍推薦，主如皋講席。十年，主翠螺書院。

《柏梘山房駢體文》卷下《謝陶雲汀中丞啓》："三月某日，元和縣官封寄到如皋關聘一件，拜領之下，感愧靡既。伏念某藏豹未深，雕龍虛飾。渾脫未傳於弟子，皋比敢望於人師？乃蒙年丈大人特賜劉書，藉談戴席，紓前勞於負米，徵後效於傳薪。"知如皋關聘，即如皋教席之聘書；而其主如皋，乃陶澍所薦。

同卷《寄陳遠雯太守書》："去歲，嶰筠中丞以曾亮薦主翠螺講席，即蒙惠允，遠賚聘件，祇領之下，以感以愧。"知鄧廷楨薦其主翠螺書院。

十一年（1831），陶澍就升兩江總督，往依其幕，而葆益舟、任階平、王竹嶼、汪筠之、程春海等皆在。

《柏梘山房詩集》卷五有道光十一年所作《和陶雲汀尚書登雲臺山作》："觀軍臨海俯崔嵬，如此登臨信壯哉。萬馬雲間宣令罷，六鰲水立助詩來。眼中了了神山日，腳底騰騰下界雷。更有鄒枚同攬勝，江天不數妙高臺。"鄒、枚同在，見一時文會之盛。

《柏梘山房文集》卷七《程春海先生集序》："及道光十一年，先生來主講鍾山書院，相見益親。夜過其邢氏寓園，月出園中，竹石如沐，池光蕩人面，坐水檻，盡讀其所作於別後者，而少時得名以

《黃蝶》詩，及前見者，俱不復存矣。是時，總督陶文毅公政寬簡，民吏樂逸，多興復湖山寺觀。而葆益舟觀察尤好爲主人，泛酒船至燕子磯，飲絕壁下；還過嘉善石壁，訪梅花水、夾蘿峰；飯半山亭，聽銅溝水聲；循定林寺古道歸，以爲常。先生及曾亮數人，皆其座上客也。""自先生去，江寧同游者任階平、王竹嶼、汪均之，皆先後死，觀察亦歸殯京師鞏駙馬之墓側。"

道光十二年（1832），入京。十三年，納貲，官戶部郎中。三十年，辭官歸。其間與張淵甫、范今甫、王慈雨、楊至堂、朱小坡、孫秋士交，討論文字；與朱蘭坡（琦）、陶篘泉、賀耦庚、鄒松友等，談詩及文；道光十六年，鄧嶰筠入觀，與之夜論聲韻之學，因記其《宣南夜話圖》；十七年，與王叔原、程春海、林則徐等，相過從酬唱；十八年，效北宋司馬光等，與同年爲真率會。

《柏梘山房文集》卷十六《祭陳石士先生文》："再見京師，壬辰之冬。"《清史稿》本傳："道光二年進士，用知縣，援例改戶部郎中。"《清史列傳》卷七十三《梅曾亮傳》："用知縣，援例改戶部郎中。"

《柏梘山房文集》朱琦跋："先生道光壬午進士，不樂外吏，以貲入爲戶部郎。"

《柏梘山房詩集》卷五有道光十三年所作《題張淵甫圖》《贈故高邑令范今雨》《王慈雨蘭亭橫卷》《題葉潤臣風雨懷人圖》《贈楊至堂》《朱小坡松雲采芝圖》《題孫秋士小照》《孫秋士寒窗燈影圖》等詩。卷六有道光十六年所作《朱蘭坡先生以家瞿山翁畫松壽施愚山圖屬詩記之》《贈陶篘泉》《贈賀耦庚先生》《贈鄒松友》等詩。

《柏梘山房詩集》卷六有道光十七年所作《徐廉峰家製蘿蔔鮓作詩乞之》《程春海侍郎人日雪後招飲龍樹寺中》《送王叔原守瓊州》《林公少穆以欽差大臣使廣東作此呈送時兩廣總督爲鄧公嶰筠》等詩，見是年交游唱和一斑。

《柏梘山房詩集》卷六有道光十八年所作《同年爲真率會酒二壺菜五簋恐有以豐腆敗約者詩以志之》。

《柏梘山房文集》卷十一《宣南夜話圖記》："道光十五年冬，江寧鄧公始受新命，總制兩廣，自安徽入覲於朝。時鄉之官京師者，公子子久編修外，幾二十人。公未明入覲，出答賓客之造請。及暮，歸宣武門南寓館，與鄉人述故老逸事，商論文史，辨訓詁、音聲，於三百五篇詩，刺取聲韻雙叠者，左右逢獲，如取物筐篋中。人皆神開意新，日聞所不聞。庭無倦僮，座無諛賓，盤無晞肴，酒無盈卮。雲凝風休，惟談是資。座移星稀，充然忘疲。於是楊君綉庭圖紀其事，京兆尹蔡公首倡以詩，在席咸和。"

有宮監請謁，笑曰："吾豈學康對山哉？"教後進，惟"擇交游，端言行，勤讀書"三言。

《清史列傳》本傳："既以文名輦轂，有宮監謬聯文雅士，傾動朝列，慕曾亮名，就門請謁。曾亮笑曰：'吾豈學康對山哉？'卒謝之。有後進來謁，曾亮誡以'長安居大不易'，惟'擇交游，端言行，勤讀書'三言而已。其人本誠篤，用是益兢兢，無纖芥過，回里尤尋味其言不置云。"

蔣啓勛、趙佑宸修，汪士鐸等纂《（同治）續纂江寧府志》卷十四《梅曾亮傳》："有後進謁於京邸者，戒以'長安居大不易'，惟'擇交游，端言行，勤讀書'三言而已。其人本誠篤，用是益兢兢，無纖芥過，回里尤尋味其言不置云。江寧老宿能以德望服人，而人服之無退詞者，惟一聞管同與曾亮。既以文名輦轂，邑人許宗衡謁之，與論文至千百言，其他靜默而已。"

在京師前後近二十年，與朱琦、許宗衡、鄒鳴鶴、馮志沂、邵懿辰、吳嘉賓、陳學受、曾國藩、孫鼎臣、劉傳瑩、王錫振、龍啓瑞等，文

酒吟咏,反復討論古文義法,名聲益大,海內言文章者爭歸之,開掖講說,彌勤以勵,而桐城文風復大盛於世。論者或比肩於方、姚。

《清史稿》本傳:"居京師二十餘年,與宗稷辰、朱琦、龍啓瑞、王拯、邵懿辰輩游處,曾國藩亦起而應之。京師治古文者,皆從梅氏問法。當是時,管同已前逝,曾亮最爲大師;而國藩又從唐鑑、倭仁、吳廷棟講身心克治之學,其於文推挹姚氏尤至。於是士大夫多喜言文術政治,乾嘉考據之風稍稍衰矣。"

《柏梘山房全集》朱慶元跋:"即以文論,生桐城方、姚代起之會,盡得其義與法,更進震川,而與歐、曾比烈者幾人?先生故姚桐城高第弟子,姚既卒,世之鴻儒碩彥爭請業焉。吾蘇則同邑許氏宗衡、山陽魯氏一同、無錫鄒壯節鳴鶴,山西則代州馮氏志沂,浙江則仁和邵氏懿辰、江西則南豐吳氏嘉賓、新城陳氏學受,湖南北則湘鄉曾文正國藩、善化孫氏鼎臣、漢陽劉氏傳瑩,廣西則馬平王氏錫振、臨桂龍氏啓瑞、朱氏琦,一以先生爲歸,俟其可否爲重輕。大抵講明者不逾几席,而應求輒迄於宇內。承其澤而斯文不墜,又將百年。而爲國家肩翊風化氣運之人,胥出其際。則雖謂我朝之文,得方而正,得姚而精,得先生而大,其可也。"

《柏梘山房全集》蔣國榜跋:"吾邑言古文者,首推梅、管,世所謂'桐城派'者,又以兩先生爲大宗。伯言先生以進士官戶部,留京師廿餘年,朝野歸之。自曾湘鄉、邵位西、龍翰臣、朱伯韓諸彥,咸以所業爲質。曾氏文以昌大,相與馳驟聲光,乃逾煥發,可謂偉矣。"

馮志沂《微尚齋詩集》卷一《伯言先生決意南歸有感賦呈》:"昔歲辛丑時初秋,朱君介我從翁游。餘二三子亦同志,微言奧義窮探搜。五年頗極文字樂,志欲據此輕王侯。"

吳敏樹《柈湖文集》卷十二《梅伯言先生誄詞》:"余曩在京師,

見時學治古文者,必趨梅先生以求歸、方之所傳。"

《柏梘山房文集》卷七《張端甫文稿序》:"張生岳駿,字端甫,無錫人,客京師,從余游者十年,於義山、山谷詩,歸熙甫文,偶學輒似。余小坡、陳藝叔論詩文獨嚴,見生作,乃奇嘆之。及所與游朱伯韓、吳子叙、馮魯川,年或長或相若,皆先達矣,生處之無傲容,亦無不自得之色。"

《柏梘山房文續集·舒伯魯集序》:"伯魯始以年家子見余於京師,呈詩文爲贄。"

《柏梘山房詩集》卷八有道光二十六年(1846)所作《六月十二山谷生日邵蕙西舍人招吳子叙編修張石舟大令朱伯韓侍御趙伯厚贊善曾滌生學士馮魯川主政龍翰臣修撰劉蕉雲學正及曾亮凡十人集於寓齋舍人有詩屬和》《六月二十一日歐公生日集邵位西寓齋朱伯韓曾滌生周岷帆龍翰臣劉蕉雲孫芝房與曾亮凡八人以天下文章莫大乎是分韻得乎字芝房編修是日撫琴》等詩,見其與諸人交往及意氣趨尚。

《梅郎中年譜》道光二十七年:"與邵位西多倡和之作。位西於時方用功於惜抱集,先生相與講論尤勤。滌生既聞方植之所言,而得惜抱尺牘,乃一意用力古文。而先生稱述師說,發明馬、班、韓、歐文章義法。滌生乃得益進而窺見美富、芝房、蕉雲,篤志宋學,而先生爲發義理、考據、詞章不可偏廢之意。朱丹木相見。別去,移書請益。先生曰:'文章之事,莫大因時。立言必吾言在此,雖細物微事,而一時朝野風氣好尚,可於吾言得之。'"

道光二十九年(1849)八月,以弟疾辭官去京。三十年,主講梅花書院,與諸生相得。咸豐元年(1851)歸里。

馮志沂《微尚齋詩集》卷一《伯言先生決意南歸有感賦呈》:"先生曹署甚清暇,乃亦不樂思歸休。……敬亭山水自可念,胡不暫爲學子留？翁言我往計已決，子方少壯宜遠謀。"按，此詩爲道光二十九年所作。

《清史列傳》本傳："官戶部二十餘年，冲淡自得，以資久將遷，聞弟病，遽乞歸。主講揚州書院。"《柏梘山房文集》卷七《耻躬堂文集序》："咸豐元年，曾亮主講梅花書院。"《柏梘山房文續集・舒伯魯集序》："後余主講梅花書院，復來揚州，録續所爲詩文以去。未幾，以部郎供職京師。"

《柏梘山房詩集》卷八《己酉八月出都邵位西員外孔绣山舍人曾滌生侍郎邊袖石編修秦淡如明經馮魯川何願船兩主政黄子壽庶常餞於龍樹寺因留贈》："樗散京華二十年，英流相接喜珠聯。"下並有《出都偶成》《出都過漫河》《姚石甫客江寧至家喜晤》等詩。卷九《館梅花書院和吳笏庵》："京華曾擬廣陵游，一笑相逢兩白頭。九陌黄塵如夢寐，二分明月且句留。"此詩作於道光三十年。

《柏梘山房詩集》卷九《歸里感作》："歲暮歸來百慮清，漫將伏臘費經營。"自注："仲卿弟卒於五月四日。"

《梅郎中年譜》咸豐元年六十六歲："先生去揚州且二十年，至是重來，盡訪舊游。而昔之人無復存者，凄然感舊，托之吟咏而已。孫芝房寄衣服，且問古文法。先生答之曰：'夫古文與他體異者，以首尾不可斷，有二首尾，則斷矣。'又曰：'成章者，一氣者也。又曰：觀書用目一官而已，必出於口，成於聲，暢於氣。氣者吾身之至精者也。以吾身至精，御古人至精，故渾合無間。然文之弊，又在空疏寡情，實非博學心知其意不能也。'二年壬子，六十七歲。在揚州梅花書院。吳子序來訪。書院諸生視先生甚親，多約游山水，有贈花草者。"

咸豐三年(1853)，太平軍攻陷金陵，不得出，爲服役。四年，潛出城，移家王墅、興化、淮安。五年，至清江浦，往依河督楊以增。

六年正月卒,享年七十一歲。

《清史稿》本傳:"未幾,曾亮依河督楊以增。卒,年七十一。"《清史列傳》本傳:"金陵亂後,依河道總督楊以增。"《(同治)續纂江寧府志》卷十四《梅曾亮傳》:"晚歲罷官,洊經粵逆之亂,浮沉江湖間。其同年生楊以增,總督南河,招之。"

《柏梘山房文續集·兵部侍郎江南河道總督楊公家傳》附楊紹和、楊紹穀識語:"不數日,先生亦卒。是爲咸豐六年正月二十日。"

《柏梘山房文集》朱琦跋:"歸逾年,直咸豐二年寇亂,而江南陷,先生間關憔悴,挈家辟淮上。時粵亂粗定,久不得先生耗。"

《梅郎中年譜》咸豐三年六十八歲:"在上元。粵匪陷城。先生處城中,不得出,爲賊所得,役以擔水。先生勉任之,而相以詩。賊奇焉,問之,知爲貧老讀書之士,乃釋之去。先生潛走,出城,居城北。凡三月,又遷家至王墅。"咸豐四年六十九歲:"居王墅。又移興化。又移淮安。乃得至清江浦,依南河總督楊至堂以增。"咸豐五年七十歲:"居清江浦宴園。"

《柏梘山房文集》稿本高鈞儒跋:"歲癸丑,粵匪南擾,未得戶部音耗,侍郎念之輒欲歔歟。冬,均儒旋里。明年八月,聞戶部再徙淮郡,侍郎館之於清宴園。"董文煥跋:"咸豐甲寅歲,粵匪南擾,先生避地淮郡,時公楊以增任河帥,館先生於署之清宴園。"

《柏梘山房詩續集》卷一《癸丑春避地居王墅村彭雲墀都轉許詢臣中丞何亦民方伯王容甫大令同年張子畏太守助房價薪米衣物之費感嘆有作》其一:"垂暮那知遇百憂,縱橫豺虎困詩囚。身從間道栖同谷,天許全家出汴州。"其二:"金陵一旦萬家空,流落江村此秃翁。"同卷《村居無書無墨無筆無硯無紙無衣作六無嘆》詩,記一時窮困情狀。《柏梘山房詩續集》卷二有《閏七月十日王墅有警携家將赴鹽城》《未至鹽城至興化止寓》《赴清江泊露筋祠》《至清江楊至堂留寓節署》《清晏園西窗》諸詩,可見其逃亡路綫及行踪。《柏梘山房文集》朱琦跋:"直咸豐二年寇亂,而江南陷,先生間關憔悴,挈家辟淮上。時粵亂粗定,久不得先生耗,恐文字散逸,乃與翰臣謀鋟先生文,藏之唐氏涵通樓。是時,先生亦自王墅徙居淮上,而館於河督楊公至堂。至堂,先生同年友也。楊與梅曾亮同年,館之於署之清宴園,朝夕相與論藝。蓋顛沛流離中,至是始定。方先生之在王墅、興化、淮安也,日猶手一卷,吟哦不已。盗賊烽火之中,自若也。"

關心時事,於地方動蕩、民情輿論、人材任用、鴉片戰事多有反映。

姚瑩《東溟文後集》卷八《再與梅伯言書》:"閣下早歲志在有爲。"

《梅郎中年譜》嘉慶十八年二十八歲:"天理教匪林清犯宮。智勇親王既放銃却之,然猶盤踞曹州、長垣諸地,屠殺守宰,抗拒大兵。朝命方尚書往剿。先生上方尚書書謂:賊之所以敢動者,以平時官吏不任勞怨,袖手委重律令,故豪杰束手無奇,奸人樂窺無憚,以致於亂。而欲尚書破崖岸,用望外賞罰,一切以盡人材爲先,鼓衆心爲本。書上,尚書嘉納之。先生既上方尚書,又著《士説》,痛言是時用人者之用商賈負販與士無異。復著《民論》,言天下有亂民,有奸民,毒官吏,迫飢寒,挺刃卒起,索黨自救,此亂民常態。若夫無所激發而猖狂悖之説,招誘愚瞽,名之曰'教',是謂奸民。又推論奸民固無聲名文物之樂,視聽采色之娛,而東漢之後,飲射儺臘之禮又廢,民所樂趨,不爲利導,遂有因民之欲竊吾意以售其奸。始特立名字,斂財帛,賽會徵逐。然其終知意不出於上,乃有與上相持之心,遂聚不可散,以爲有國之憂,而意在欲復儺臘鄉飲之舉。蓋先生睹教匪之亂,推其遠近諸因而爲之,其周備如此。後來朱伯韓琦載《民論》入文集後序。"

《柏梘山房文集》卷三《送韓珠船序》論英夷"耆利昧生死,越國萬里,踔一船,環叩海疆,作言求市,驚恐民吏"之事;《徐柳臣五十壽序言》,詳記徐柳臣"以兵剿夷,不若以民剿夷,請奏行班賞格於天下"之言,而感嘆:"今君所言,其言足以呼百川、走才鯨,使將吏咸若,此事立辦矣!"卷九《王剛節公家傳》記王錫鵬抵抗英夷擾海疆而戰死事;卷十一《正氣閣記》載葛雲飛死於定海之戰事,歌頌正氣;卷十四《陝西巡撫鄧公墓誌銘》於鄧廷楨、林則徐抗夷事;卷四《西招圖略書後》關注西藏問題,等等。

陳作霖《可園詩話》(轉引自錢仲聯《清詩紀事》,江蘇古籍出版社 1989 年版):"道光辛卯以來,江南常患水灾。洪流泛濫,圩岸崩摧。登城以望,天與水合,茫無津涯。梅伯言郎中曾亮詩云:'野老無船踏破扉,一篙欹側傍墻隈。石頭城上人如海,炫服新妝看水來。'士女嬉游,與杭州觀潮同,則真全無心肝矣。至戊申、己酉間,灌入衢市,全城皆在水中。高者冒屋頂,淺者猶及半扉。清凉、冶山一帶結廬難容。凌伯炎大令煜有《水退》:'凉風起岩扉,秋潮勢殺人。譬如盛怒人,積久乃暫懈。我家上水遲,水去翻甚快。門前漾餘波,不復作澎湃。敝廬亦可歸,胡爲守湫隘。永愁泥淖深,兼慮墙壁壞。呼童濕屋茅,姑就斜陽曬。'痛定思痛,數百年未有之奇變也。"

詩學得於家傳,祖、父、外祖、母、從舅皆爲其師。

梅曾亮出自宣城梅氏,宣城梅氏自宋梅堯臣始,即以詩名,且兼通算數等學。梅曾亮祖名鏐,字繼美,一字(一言號)石居,上元縣學生。陳作霖《金陵通傳》卷三十一:"當兄鈁病革,禱神乞代。既不起,鏐痛之甚。遂不應科舉以養親。……又通小學,工八分書,著有《石居文集》。"梅曾亮之學,實自其祖教之。《柏梘山房詩集》卷九《書示張生端甫》:"我年未及十,我祖授書時。襟裾戒牛馬，解授城南詩。覆醯悲子路，讀記淚緜縣。謂我有文性，祖亦爲噓唏。先子留上都，我母課中閨。文選苦難字，背誦行遲遲。”

其父名冲，字衷淵，號抱蓀，嘉慶五年（1800）舉人。《金陵通傳》卷三十一：“博雅淹通，著有《然後知齋經義答問》《莊子本義》《離騷經解》《陰符經解》《勾股淺述》《增訂事類賦》，並詩文集。”

外祖父侯學詩，字起叔，江寧人。《柏梘山房文集》卷八《侯起叔先生家傳》：“幼孤貧，力學，尤邃於詩，以進士官廣東三水縣，仕至江西撫州府知府。”“其所爲詩，味幽而氣疏，情暢而義肅，大較似陳無己，而貌加豐焉。世之人不知好也。即先生亦未嘗輕以詩許人。”“病歸後無事，獨時見其自改詩。年十五六時，閱其詩無所省。又十餘年，覺有異焉，亦未能知其佳也，今則真知之耳。”

母侯芝，字香葉，擅彈詞，嘗手訂《再生緣》《玉釧緣》《金閨杰》《再造天》《錦上花》等傳奇，亦善詩，時以爲女宗。法式善《梧門詩話》卷十六：“近日江寧侯香葉，淹貫經籍，學守程朱，所謂理而不腐，樸而不陋，誦其韻語，足敦風教，宜王碧雲《名媛詩話》以女宗推之。”

舅氏侯雲錦。《柏梘山房文集》卷十二《侯子有先生墓誌銘》：“字子有，亦字抑庵，江寧人。父學誼，母顧氏。試中嘉慶三年舉人。再娶羊氏、陳氏，皆無子。”“少以文名於時。”“晚乃頹墜委靡，務爲無譽省狀以自適，然終不能自勝。”“將死，自書其行曰：少治章句，乃爲禄利。晚逃佛老，未捐貧忮。詩今之奴，字古之隸。嗚呼哀哉，名與生敝。”此舅氏乃其從舅，外祖之弟學誼子。其教梅曾亮，乃爲梅家所延。《柏梘山房文集》卷六《李蘊山時義序》：“抑庵舅氏館吾家時，曾亮童子也。”“舅氏爲文澄渺思慮，善課虛。”又善詩。《柏梘山房詩集》卷三《歲暮感舊用東坡聚星堂雪韻》小序：“舅氏侯抑庵先生好詩，冬雪後，紅日射窗紙，輒呵筆不自休。尤好東坡《聚星堂雪》詩，每和必屬曾亮。”《柏梘山房文集》卷五《曇花居士存稿序》："曾亮幼時受業於先生，見手一小書不置，竊取視，磊磊若石子着口中，不可讀，則《山谷集》也。冬夜，課咏雪，輒刺取《雪賦》語，排比綴之。先生笑曰：'去汝"圭璧""縞素"等字，成一詩得否？'乃講示東坡禁體二詩，時於聚星堂作。不深解。至'青山有似少年子，一夕變盡滄浪髭'，則大以爲仙人語也。後應童子試，不暇爲，獨見先生吟哦深思不少輟。其主講濠梁，與壽州蕭亦喬談藝甚歡。亦喬好言唐音，先生雖取所長，而能以句律運其天趣，無門户見也。"

梅曾亮以古文見稱於世，然詩歌亦足以名家。徐世昌《晚晴簃詩匯》卷一百三十："詩不逮其文，然質直渾樸，得詩教敦厚之指。此境亦未易幾也。"陳詩《皖雅初集》卷十九《尊瓠室詩話》："（梅曾亮）詩筆俊拔，似謝玄暉。"

喜好駢體文，一生創作不斷。

梅曾亮少工駢文，好友管同等箴規之。《柏梘山房文集》卷五《管異之文集書後》："曾亮少好爲駢體文，異之曰：人有哀樂者，面也。今以玉冠之，雖美，失其面矣。此駢體之失也。余曰：'誠有是，然《哀江南賦》《報楊遵彦書》，其意固不快耶？而賤之也？'異之曰：'彼其意固有限。使有孟、荀、莊周、司馬遷之意，來如雲興，聚如車屯，則雖百徐、庾之詞，不足以盡其一意。'余遂稍學爲古文詞。異之不盡謂善也，曰：'子之文病雜，一篇之中數體忽見，武其冠，儒其衣，非全人也。'余自信不如信異之深，得一言爲數日憂喜。嗚乎！今異之亡矣，吾得失不自知；人知之不能爲吾言之。異之亡，余雖於學日從事焉，茫乎不自知其可憂而可喜也，故益念異之不能忘也。"同卷《馬韋伯駢體文叙》："余少好爲詩及駢體文，君皆好之。余苦故實遺忘，棄駢體不作，君獨勇爲之。故吾兩人詩異趨，文則君壯浪雅健，余不及也。昔會課鍾山書院中，每論文，訟議紛然，忘所事事。異之色獨莊，盛言古文。余曰：'文貴者辭達耳，苟叙事明,述意暢,則單行與排偶一也。'異之不復難,曰:'君行自悟之。'時韋伯在坐,亦右余言。今去此言時且二十年,異之卒又逾年矣,所謂'行自悟之'者,未敢信其必能,而駢體文遂不復有所成就。"但實際上,梅氏一生駢體文創作不斷,直至去世前一年仍在寫,甚至其師姚鼐八十壽辰,他所作祝壽文亦爲駢體。

古文則得於師姚鼐、友管同等人爲多,爲"姚門四杰"之一。

"姚門四杰"有兩種說法。一是以管同、梅曾亮、方東樹、劉開爲四杰,見《東溟文後集》卷十《惜抱先生與管異之書跋》:"當時異之與梅伯言、方植之、劉孟涂稱姚門四杰。"《姚氏先德傳》卷四《文藝傳・惜抱公》又云:"公主講數十年,所從受學門弟子知名甚衆,其尤著者,上元管同、宣城梅曾亮、同邑方東樹、劉開。"一以管同、梅曾亮、方東樹、姚瑩爲四杰,見曾國藩《曾文正公詩文集》文集卷一《歐陽生文集序》:"姚先生晚而主鍾山書院講席,門下著籍者,上元有管同異之、梅曾亮伯言,桐城有方東樹植之、姚瑩石甫,四人者稱爲高第弟子,各以所得,傳授徒友,往往不絕。"然梅曾亮爲姚鼐高弟,要無異議。

《清史稿》本傳:"姚鼐主講鍾山書院,曾亮與邑人管同俱出其門,兩人交最篤,同肆力古文,鼐稱之不容口,名大起。間以規曾亮,曾亮自喜,不爲動也。久之,讀周、秦、《太史公書》,乃頗瘳,一變舊習。義法本桐城,稍參以異己者之長,選聲練色,務窮極筆勢。"《清史列傳》本傳:"少時,文喜駢儷,既游姚鼐門,與管同友善。同輒規之,始頗持所業相抗。已乃一變爲古文辭,義法一本桐城,稍參以歸震川。"

論文重視"真",強調"因時",推崇歸有光。

《柏梘山房文集》卷四《朱尚齋詩集叙》:"吾之性情合乎唐賢之

格調,而於世之標領新異、矜尚奇博者夷然不屑。曰:吾所得之古者,不在是則莫吾易也。夫詩亦何必不奇、不博、不新、不異者,而必貴夫古人何也?曰:吾非貴古也,貴古之能得其真。今責丹青者曰:吾欲使山淵易其狀,草木變其質,蟲魚鳥獸恢其形。夫人而能之也。第曰山如履其石,水如臨其流,蟲魚鳥獸草木如模其鱗甲羽毛柯葉,則非國能者將縮手而不進。夫人人能之者,不可爲難能;而難能者,必屬於一人所獨能者矣。然而山淵易其狀,草木變其質,蟲魚鳥獸模其形,不可以爲不奇、不博、不新、不異也,而卒不爲能者之所難,與求之者之所貴。至於詩,則反賤其難而貴其易?曰:古人無異乎人者,此古人之所以可及歟?今先生之詩,其登臨游宦之所得,風俗利病之所經,觸於情、感於物者,人人之所同也,而獨以其不爲奇博新異者,適肖其情與物之真,而若忽然而得之。夫忽然而得之者,其詞常爲千百思之所不能易。此非求之古人中不可得也,故曰真也。”

《柏梘山房文集》卷二《答朱丹木書》:“竊以爲文章之事,莫大乎因時。立吾言於此,雖其事之微,物之甚小,而一時朝野之風俗好尚,皆可因吾言而見之。使爲文於唐貞元、元和時,讀者不知爲貞元、元和人,不可也;爲文於宋嘉祐、元祐時,讀者不知爲嘉祐、元祐人,不可也。韓子曰‘惟陳言只務去’,豈獨其詞之不可襲哉!……夫古今之理勢固有大同者矣,其爲運會所移、人事所推,演而變異日新者不可窮極也。執古今之同而概其異,雖於詞無所假者,其言亦已陳矣。”同卷《復上汪尚書書》:“通時合變,不隨俗爲陳言者是已。”

梅曾亮推崇歸有光。《柏梘山房文集》卷三《贈汪寫園序》:“夫古之爲文詞者,未有不言事功者也,至熙甫,而人始以文人歸之。觀其論倭患、水利書,亦非無意於世者,卒舍彼就此,何哉?蓋高世奇偉之士，莫不欲有所自見於世，其所欲見自見者，雖不必有非常之功，必求異乎衆人之所爲以爲快。夫求異乎衆人之所爲，則非有非常之遇與破格之權，不足以行其意。……文章復古道爲事，豈用心固與人殊哉？是乃熙甫所以爲熙甫也。”卷八《艾方來家傳》：“歸熙甫撰《先妣事略》，皆瑣屑無驚人事，失母者讀之，痛不可止。夸者飾浮語過，情人人同，安知爲誰氏子乎？至堂述共親甚似熙甫，親爲不死矣。”《柏梘山房文續集·陳淮生時義序》：“歸震川於文學孝友亟稱吳純甫，其學徒經指授者多取巍科登高爵，而身終於一第。”

咸豐四年（1854），朱琦、龍啓瑞爲編刻《柏梘山房文鈔》，由臨桂唐氏涵通樓刊刻。五年，自定《柏梘山房詩文集》三十三卷，其中《文集》十八卷，《文續集》一卷，《駢體文》二卷，《詩集》十卷，《詩續集》二卷，由同年楊以增及其二子刊刻。

《柏梘山房文續集·兵部侍郎江南河道總督楊公家傳》附楊紹和、楊紹穀識語：“先君子校刊伯言先生文集，既成，續校詩集、駢體文，刊未及半，而先君子薨。穀等泣請先生爲傳志之文，時先生患鼻衄，旋淮安寓舍，逾旬，撰家傳寄示。不數日，先生亦卒。是爲咸豐六年正月二十日，距先君子薨僅二十四日。嗚呼！迨穀等促工刊藏詩及駢體十五卷，都文集爲三十一卷，先生已不及見矣。此傳編列文續集之末，目仍分年，而爲丙辰特著一篇。愴誦攀號，追慕岡極。”

《柏梘山房文集》朱琦跋：“時粵亂粗定，久不得先生耗，恐文字散逸，乃與翰臣謀鋟先生文，藏之唐氏涵通樓。是時，先生亦自王墅徙居淮上，而館於河督楊公至堂。至堂，先生同年友也，盡衰先生所爲文，分體之中仍以年次，復以編年，無分體者，總其目於前刊。既成，先生及見之。未幾，楊公卒，先生驚悼，亦卒，年七十一，是爲咸豐六年正月。琦按，是集卷首有楊公序，刻於五年七月，在先生未没前，疑其自定，間增損舊稿，視涵通樓刊本小異，而多近數年作,其中碑志記序之類,益峻以潔。"

《梅郎中年譜》咸豐五年七十歲:"楊至堂以先生七十,乃開雕先生集。先生在亂離奔中,獨携其稿自隨,故皆全。即至清江浦,無事,頗自删益。而楊校刻之。冬,楊至堂卒。"咸豐六年七十一歲:"居清江浦。自楊至堂卒,先生益若無所歸。然楊之二子,視先生禮甚至。先生既成楊家傳,始自慨年衰力竭,恐將死矣。二月,先生卒。三月,集刊成。"

《柏梘山房詩續集》卷二《至堂爲刊文集成續刊詩集駢體志感》:"不計人非笑,君深我自知。爲刊三篋稿,多愧百朋儀。後息終誰勝,吾生固有涯。却憐文已倦,只欲細論詩。"

參考文獻:

1. 梅曾亮《柏梘山房文集》《柏梘山房詩集》,咸豐六年楊以增父子刻本。

2. 梅曾亮著,彭國忠、胡曉明校點《柏梘山房詩文集(增補本)》,上海古籍出版社 2020 年版。

3. 馮志沂《微尚齋詩集初編》,同治三年廬州郡齋刻本。

4. 姚瑩《中復堂全集》,同治六年姚濬昌安福縣署刻本。

5. 馮志沂《微尚齋續集二卷 適適齋文集二卷》,同治九年董文涣刻本。

6. 蔣啓勛、趙佑宸修,汪士鐸等纂《(同治)續纂江寧府志》,光緒七年刻本。

7. 吳敏樹《柈湖文集》,光緒十九年思賢講舍刻本。

8. 陳作霖《金陵通傳》,光緒三十三年瑞華館刻本。

(彭國忠)

戈載傳

戈載，字寶士，一字孟博，另字順卿，號弢翁。江蘇吳縣（今江蘇省蘇州市）人。清乾隆五十一年（1786）生。

李銘皖修、馮桂芬纂《（同治）蘇州府志》卷八十四："戈載，字孟博。父宙襄，丁母憂以毀卒，欽旌孝子。工詩古文，有《半樹齋集》行世。載能世其家學，以填詞著名。著《詞林正韻》，填詞家宗之。"

父宙襄，字小蓮，喜讀書，有異才，凡經史、諸子、歷代大家之文，浸浸於胸中。而優游不仕，居蘇州之楓橋，家有園亭之勝，常邀吳下文士雅結社集。丁母憂，以毀卒，人稱"戈孝子"。有《半樹齋文集》，又有《韻表互考》《韻類表》《字母彙考》《字母會韻紀要》諸書。

戈宙襄《半樹齋文》卷十一《廣居記》："余居楓江寒山寺之東門外，水環之。入門折而西，余書屋三椽在焉。……茅屋紙窗，僅蔽風雨。""余於左置長几，積書其上。下一小榻，倦即卧中。容方几短椅，供三四人坐。……客來小飲。恒肩摩而趾錯然。""蓋廣居者，本在内而不在外也。故雖環堵之室，尋丈之間，而天下之廣，若皆瞭然於心目而無所遁藏焉。"按，戈小蓮"廣居"成爲蘇州名宅，收録於《吳縣志·第宅園林》。

袁枚《小倉山房文集》卷三十五《答戈小蓮書》："（戈宙襄）古文在詩之上，能從《莊》《列》《韓非》《國策》諸家蘊釀而出，筆力又足以濟之，再假以數年，如悍將開邊，不知到何境界。"

董國華《戈孝子傳》(戈宙襄《半樹齋文集》卷首)："孝子博聞多識，撰述宏富。古文久刊行世，詩則自編四十卷附詞二卷。又有《方輿志略》《十六國地理考》《五代地理考》《十國地理考》，精研十載，凡三易稿，手鈔成帙。晚年力探聖賢之學，著《大儒傳道録》《名儒傳經録》《小人儒録》，尤有益於世道人心。其餘經學、字學、韻學、算學，各有成書，俱藏於家。"

顧廣圻《思適齋集》卷十八《清故孝子戈君之銘》。

順卿幼承庭訓，少能詞，從錢大昕、顧廣圻等唱酬，多得獎掖。嘉慶十二年(1807)補縣學生，復以貢生入太學，署典簿銜，實未出仕。

戈載《詞林正韻·發凡》："惟自揣音韻之學，幼承庭訓，嘗見家君與錢竹汀先生講論，娓娓不倦。予於末座，時竊緒餘。家君著有《韻表互考》《並韻表》《韻類表》《字母彙考》《字母會韻紀要》諸書，予皆謹謹校録，故於韻學之源流、升降、異同、得失，頗窺門徑。近又承顧丈澗蘋談宴之餘，指示不逮，更稍稍能領其大略焉。"

戈載《翠薇花館詞》卷一《一枝春》小序："小園芍藥一畦，皆廣陵名種，是十年前袁丈綏階携贈。辛酉春杪，綏階丈又將之揚州，園中將離正繁。家君設尊餞之，並邀諸同人宴賞。酒酣，瞿丈木夫爲花寫照，尖紅醉露，軟緑翦雲。予點粉補白萼一枝於側。錢竹汀先生隸其首曰：'翻階離思。'座客皆有題咏。"

嘉慶二十一年(1816)，與吳門詞人同和"四春詞"。四春者，《疏影·春影》《國香·春香》《聲聲慢·春聲》《意難忘·春意》也。

戈載《四春詞》跋："右《四春詞》一卷，倡自予，和者七人。刊將成，而伊人見之，亦賦四闋，故清如序中未之及焉。七人董最先，陳最後，叙齒也；吳居陳之下，續出也；末及予，分賓主也。予近喜填詞，與諸子唱酬之作頗多，而惟此四題，繼聲者最盛，故先刊之。吁！人生知己之樂，不可多得。此數子者，皆吾鄉名下士，且皆與予爲莫逆交。今予得以投磚倚玉，幸附驥尾，是非獨寓賦物之閑情也。即於是見同心之契，長毋相忘云爾。丙子醉司命日，雙紅詞客戈載識。”

蔣敦復《芬陀利室詞話》卷二：“順翁少年以四春詞得名……此皆鈎魂攝魄咏物上乘。”

嘉慶二十四年（1819）始編纂《詞林正韻》，至道光元年（1821）定稿，妻金婉爲手錄之。婉字玉卿，亦能詩，有《宜春舫詩鈔》。

況周頤《蕙風詞話》卷一：“吳縣戈順卿載《翠薇花館詞》，裒然巨帙，以備調守律爲主旨，似乎工拙所弗計也。惟所輯《詞林正韻》則最爲善本，曩王氏四印齋依戈氏自刻本刻附所刻詞後，倚聲家圭臬奉之。順卿夫人金婉，字玉卿，有《宜春舫詩詞》，爲外錄《詞林正韻》畢，書後云：‘羅襦甲帳愧非仙，寫韻何妨手一編。從此詞林增善本，四聲堪證宋名賢。’”

王蘊章《然脂餘韻》卷六：“戈順卿載，填詞專主音律，爲詞學工臣，所著《詞林正韻》，倚聲家奉爲圭臬。夫人金婉，字玉卿，著有《宜春舫詩鈔》。嘗爲順卿手錄《詞林正韻》，以詩紀之云：‘羅襦甲帳愧非仙，寫韻何妨手一編。從此詞林增善本，四聲堪證宋名賢。’亦詞林一掌故也。女馥華，名如芬，九歲《咏鳳仙花》云：‘鳳在丹山穴，仙尋碧海家。如何謫塵世，偏作女兒花。’著有《課鸚短句》。”

《（同治）蘇州府志》卷一百三十九：“金婉《宜春舫詩鈔》。戈載室。”

道光元年（1821）冬，與宋翔鳳、董國琛、曹楙堅、吳嘉淦諸人集朱綬簡簃軒，舉消寒之會。自是年起，始選《宋七家詞選》，道光十七年刊行，王敬之爲撰序。

朱綬《知止堂文集》卷五《簡籧消寒集記》："道光元年辛巳……郡中諸文士會食於朱綬所居之簡籧,是爲消寒第四集。"按,《簡籧消寒集記》以年齒爲序,詳叙參與者的情況:"宋翔鳳,字虞廷,舉人,泰州學正。年四十八歲,精究小學,旁涉藝文,以憂去官。陸損之,名煒,以字行,諸生,年四十六歲,獨工徐、庾之文,約潔有體。董國琛,字子珍,舉人,年四十五歲,爲涉獵之學,博交賢豪。沈廷炤,字鏡卿,諸生,年四十四歲,能爲奩艷之辭。褚逢春,字錫庚,諸生,年三十五歲,風骨俊爽,不言而人意自遠。戈載,字寶士,諸生,年三十六歲,并力爲宋人樂府詞,聲律音韻,能於毫髮辨同異。曹楙堅,字樹藩,諸生,年三十六歲,縱酒歌吟,時露胸臆,寓家江北三載矣。時方斥京兆試,來吳主余家一旬。陳彬華,原名兆元,字元之,諸生,年三十二歲,意氣灑落,下筆復滔滔不窮。吳嘉洤,字澂之,諸生,年三十二歲,宗尚歐陽之文,動中繩削。王嘉禄,字綬之,諸生,年二十五歲,短小精悍,勇於著作。朱綬,字仲環,諸生,年三十三歲,是爲簡籧主人,作斯記者。"

戈載《宋七家詞選》王敬之序:"今世詞家無不思以前人雅音爲法,而考究其何以符乎雅音,往往略舉而不能詳,是故其填詞也或止琢句,按諸四聲而調不諧,或徒求合律,誦至終篇而義未瑩。蓋填詞不失之放,則失之拘,比比然也。然而填詞之不工,由於讀詞之無法,而讀詞之無法,由於選詞之未精。朱氏《詞綜》意取美備,不暇考聲韻之參差,萬氏《詞律》意取謹嚴,不能擇辭旨之工緻。學者或取前人之誤筆以自文,或仿前人之凡語以自安,以此希望雅音,豈可得哉?戈子順卿以詞學揭倡江左者三十年矣,其爲詞也,調歸宮譜,字嚴起煞,講明切究,遥繼紫霞、玉田,而匯諸家之能事;暢南宋之宗風,則又結響清超,舒情綿渺,非淺學所可望見。能爲雅音者,庶幾其知雅音。今所選七家詞,蓋雅音之極則也,律不乖迕，韻不龐雜，句擇精工，篇取完善，學者由此而求之漸至神明乎。規矩或可免於放與拘之失，而亦不至引誤筆以自文，效凡語以自安乎。敬初學倚聲，獲叨教益，因讀是編，遂泚筆而爲之序。時在道光十有六年仲冬。"

道光二年（1822），合刻《吳中七家詞》。四年，爲秦恩復《詞學叢書》，校正玉田《詞源》。六年，效陳其年繪《戈順卿填詞圖》，吳中詞友廣爲題詞，顧千里撰序。

顧廣圻《思適齋集》卷十三《吳中七家詞序》："詞始於唐，盛於五代宋元，衰於明。蓋明人於此，大抵不過强作解事。而二百餘年，幾失其傳。逮我朝乃有起而振之者。前若浙西，後則琴話，卓犖諸君，駸駸乎步武玉田、草窗之後，以繼其薪火。而近日吾吳七家，亦其選也。七家者，爲戈子順卿、沈子蘭如、朱子酉生、陳子小松、吳子清如、沈子閏生、王子井叔。英年隨肩，妙才把臂。生同里閈，長共筆硯。凡於詩古文詞罔不互相切劘，必詣最勝。其論詞之指，則首嚴於律，次辨於韻。然後選字煉句，遣意命言從之。聞諸子嘗盡取凡有詞以來專集若干，類選若干，旁及乎散見小說筆記者又若干，博考精究，以求夫律之出入，韻之分合，以暨其字、其句、其意、其言，如是者得之，如是者失之。權衡矩矱，於斯大備；輕重方圓，未之或差。是故諸子之詞，平奇濃淡，各擅所長，而無一字無來歷，則七家未有不同也。"

戈載《翠薇雅詞》自序："重加訂正，又細考四聲，必求合乎古人，且必求合乎古人之名作以爲法。"

顧廣圻《思適齋集》卷十三《戈順卿填詞圖序》："昔陳其年爲填詞圖，今戈子順卿亦爲填詞圖。將毋同乎？曰'否'。其年之詞貌爲蘇辛，逞其才氣，奔放不拘，足以驚凡目而不足以饜知音。順卿之詞於兩宋諸家皆有得力，而斂才就法，選韻最嚴，審調最確。乍觀如平易,三復之,精密逾見。詞既不同,圖自因之而異矣。殆古人所言同而異之謂歟。唯是其年朋游,一時名士咸爲之題,具見各集。順卿亦將遍索宇內操翰家,雖題不限詞,而仍以詞爲主。此一事則從同同焉耳。以僕忝世交之素,首先下問。僕久廢倚聲,心源若塞。十日而不成章,又迫有渡江之役,乃走筆直書而爲此序。且欲與題者約,必無犯前此題其年圖一意一語,乃始可云題順卿填詞圖,乃始可與題其年圖,若金風亭長者,異曲而同工。計凡深於兹道定當能然,則將來論先後填詞圖者,又有此一事,可謂之異而同也已。”

中歲家境日貧,道光十四年(1834)出爲汗漫游,依人幕下,往來於淮揚、吳門之間。與王敬之多有唱和。十六年,與敬之合撰《詞律補》《詞律訂》,敬之亦以其《三十六湖漁唱》囑題。十七年,爲麟見亭《鴻雪因緣圖》題詞百餘闋,頗受後人訾議。十八年,敬之貽其新刻《秦少游集》。二十一年,王敬之、周雨窗、夏瘦生刻《同岑唱和集》,載爲之填《徵招》一闋,見其交誼之篤厚。晚歲歸里,以詞學講論終老。咸豐七年卒。

王敬之《三十六湖漁唱·霜葉飛》:“順卿精解宮調,四聲謹嚴,將有《詞律訂》《詞律補》之刻,掃除雲霧,久遠津梁,非好爲紅友作諍友也。《翠薇花館雅詞》,亦自加訂正之卷。”按,後有王氏跋語,作於道光十七年。則兩人合訂《詞律補》《詞律訂》當於道光十七年前,故附於此。

謝章鋌《賭棋山莊詞話續編》卷五:“然平庸少味,閱至十篇,便令人昏昏欲睡。因其室有餘資,喜結納,才名易起。謂之好事則可,謂之名家則不能也。而其所自負者,以爲吾詞能辨四聲,能分宮調。然而張玉田有言:‘音律固當參究,詞章先宜精思。’詞源誠以聲音麗於虛,文字徵於實。實者既難愜心,虛者何由動聽?且吾亦未見其詞之出,果能使四方傳唱也,則律之叶否,終不可知。而人轉因其守律之嚴,反恕其臨文之劣,則律者真藏拙分謗之具也。近日浙派盛行,立説莫不如此,蓋不獨寶士然也。而寶士之可議者,尚不止是。卷首序與題詞數十篇,借光之多,已屬可笑。開卷即有《龍涎香》《白蓮》《蕈》《蟬》等題,此近來學南宋者幾成例作,習氣愈覺可厭。且寶士一貢生耳,而自十三卷以後,交游漸廣,攀援漸高,中丞、方伯、觀察、太守、司馬、明府,歷碌滿紙,所作無非應酬。虛聲愈大,心靈愈短,豈芝麓之於迦陵乎,豈愚山之於河右乎,抑何其不憚煩也。至爲麟見亭河帥題《鴻雪因緣圖》,前後合一百六十闋,多至四卷。觀其自述,知配合雕鏤,費盡苦心。然以《花間》《蘭畹》之手筆,加以引商刻羽之工夫,乃爲巨公譜榮華之録,摹德政之碑也。言之不足,又長言之,若以爲有厚幸焉,此真極詞場之變態矣。第未知周美成、姜白石見之,以爲何如也。寶士詞亦未必風行,於世原無庸論。余所以覼縷者,庶幾學詞之人,知所自省,不至蕪蔓若此。夫人文合一,詞雖小道,亦當知績學敦品耳。”

　　按,對《鴻雪因緣圖題圖詞》也有持不同看法者,徐珂《清稗類鈔選・文學類》“詞家創格”條云:“麟見亭河帥曾以游歷分繪爲圖,名曰《鴻雪因緣》,自爲之記,並囑吳門戈寶士明經,各附一詞於後。”朱綬評戈載《鴻雪因緣圖題圖詞》云:“題圖之作,易涉浮泛。此八十篇,語語典雅,字字穩愜,前後無復出處,斯爲工矣。每寄一調,必與題目關合,尤非率爾。蘭亭之《越溪春》,海舶之《定風波》,仙蝶之《太常引》,真是天造地設,此類不可枚舉。歙嶺之《四犯令》,少林之《菩薩蠻》,則如匡鼎説詩,令人頤解也。才大心細,故非時士所能幾及。”(《翠薇花館詞》卷二十二)

　　吳嘉泠《儀宋堂文二集》卷九《國子監典簿銜戈君墓表》:“予嘗慕元時顧阿瑛之爲人,家資巨萬,有園林之勝,招延四方知名士,飲燕其中,以爲世有其人,吾當如楊鐵崖輩,晨夕唱和爲樂。予友戈君典簿,雖不能擅玉山草堂之壯觀,而其意量有相似者。此傷逝之賦所爲作也。君諱載,姓戈氏,字孟博,別字順卿,吳縣諸生。家世饒裕,至君時稍衰,猶能於楓江精舍中時時招致賓客,蓋近數十年以來不多見也。中歲後,境日貧乏,始出爲汗漫游,依人幕下,佐會計事。晚乃歸里,築避債臺於城西,以娛衰老。然猶時集故人會飲,其豪興蓋不減昔年云。嗟乎!以君之意氣,使之得志於功名,以遂其所欲爲,何遽不若古人。而乃屢試不售,賷恨没世,可悲也已。今世士大夫掇科第,膺禄位,輒詡詡自矜;退居田里,復與賈人子逐錐刀之利,視君所爲,其度量相越豈不遠哉。君生平雅好填詞,刻《翠薇花館詞》至六十餘卷,海内奉爲圭臬,如宋之柳耆卿云。予於丙寅偕君游庠,同時鼓篋者六十餘人,獨君與予善,所謂合志同方之士也。"

潘遵璈《香隱庵詞》戈載跋:"大著運意空靈,出筆秀逸。清氣往來,而無質實之病;深情綿渺,而無冶靡之風。此樂府之正聲,真能得弇陽老人之心法者。且精於律,嚴於韻,四聲悉諧,毫髮無憾。乾隆以降,作者如林,然謹守矩矱,不失銖黍者,實所罕見。盥誦數周,不勝悦服之至。咸豐乙卯初春,戈載順卿校讀於山塘賃屬。時年七十。"

《香隱庵詞》吳嘉洤序:"予少時與順卿、酉生、閏生、井叔、功甫諸子游。……年來諸子先後徂謝,獨順卿存,顧又病廢不出。……咸豐六年歲次丙辰春正月,吳縣吳嘉洤撰。"(《香隱庵詞》卷首)

吳嘉洤《儀宋堂文二集》卷七《亡友七人傳·戈載》:"戈載,字孟博,號順卿,吳縣人。父宙襄,隱居不仕,丁母憂以毁卒,人稱孝子,工詩古文,有《半樹齋集》行世。君能世其家學,以填詞著名海内。喜讀書,不善治生,家遂中落。而性好客,終身不衰。方其盛時,屨恒滿户。外居楓江,有圖書花石之勝。春秋佳日,輒招四方名士飲燕其中。尤豪於酒,引滿數斗不醉。雖晚境貧薄,興不衰也。後乃就館袁浦,依親戚爲治生計。而詞益繁富,嘗刻《翠薇花館詞》六十餘卷。吳中樂部甲天下,君於諸伶之有名者無弗習也。晚年在外遇素識,猶相與話舊如平生歡。嘗改誦白傅詩曰:'同是天涯淪落人,相逢況又曾相識。'聞者莫不哀其志。君與予同入邑庠,故相習久。後予自京師歸,見君老矣,猶時時道盛年事,唏噓不置云。卒年七十有一,一子繼君而亡,孫亦夭,竟無後。"

按,吳氏文中所記疑有誤,戈載卒年應爲七十有二。潘遵璈《解連環》序云:"戈順卿丈於四月朔作古,江韻樓先以是調哭之,因次其韻。"(《香隱庵詞》)劉觀藻《解連環》序云:"吳中詞學,首推戈丈順卿,惜未一面。去歲四月,丈作古,韻樓、子綉均以此調哭之,因次其韻以追悼焉。"查《香隱庵詞》《紫藤花館詩餘》,遵璈詞作於咸豐七年(1857),觀藻詞作於咸豐八年。

戈載以詞學提倡江南、江北者三十餘年,爲吳中詞學之指南。與朱綬、沈傳桂、吳嘉洤、王嘉祿、陳彬華、沈彥曾等交游唱和,有"吳門七子"之稱。其治詞世其家學,尤嚴於律韻。時孫麟趾論詞與載多齟齬,吳中後學嘗謂,守順卿之界可以峻詞體,游月坡之宇可以暢詞趣。其自作亦持律甚嚴,自序云:"惟是律求七始,頗具苦心;韻究四聲,間有新得;薪至古人,趣歸大雅。"平生所作詞編爲詞集《翠薇花館詞》,多至三十九卷。《詞林正韻》三卷,後爲王鵬運刻入《四印齋所刻詞》,稱"戈氏書最晚出,亦最精核,可謂前無古人矣",列爲詞家必備之書。《宋七家詞選》七卷亦爲杜文瀾刻入《曼陀羅華閣叢書》,爲成肇麐刻入《蒙香室叢書》。另有《樂府正聲》《續絕妙好詞》《詞律訂》《詞律補》若干種不傳。

吳梅《詞學通論》:"清代詞集之富,莫如迦陵。順卿《翠薇詞》,乃更過之,而泥沙不除,亦與迦陵相等。"

《賭棋山莊詞話續編》卷五:"戈寶士《翠薇花館詞》最多,余所得者二十七卷,《詞綜續編》(即黃燮清《國朝詞綜續編》)以爲三十九卷,《萬竹樓詞》注以爲三十卷,《聽秋聲館詞話》以爲十卷。殆其詞隨作隨刻,故積久愈多耳。"

按,關於戈載《翠薇花館詞》版本卷帙,除謝氏所述卷數版本外,尚有《翠薇花館詞》八卷(《清史稿·藝文志補編》);《翠薇花館詞》十卷,清嘉慶二十三年(1818)刊本(《販書偶記》卷二十);《翠薇花館詞》十九卷,清嘉慶間刻本(南京圖書館藏);《翠薇花館詞》二十二卷,清嘉慶間刻本(浙江圖書館藏);《翠薇花館詞》二十九卷,清嘉慶間刻本(上海圖書館藏);《翠薇花館詞》三十卷,清道光十三年(1833)刊本(《販書偶記》,又朱和羲《萬竹樓詞》卷一有《湘月·題戈丈順卿翠薇花館詞三十卷即用集中題七家詞選韻》);《翠薇花館詞》三十四卷(天津社會科學院圖書館藏);《翠薇雅詞》一卷,清道光三年刻本(南京圖書館藏),等等。

又按,吳嘉淦《儀宋堂文二集》卷七《亡友七人傳》稱《翠薇花館詞》凡六十卷,黃燮清《國朝詞綜續編》記載的三十九卷可能是已刊行的卷數:"《翠薇詞》音韻格律,毫忽必謹,能發明紅友之所不逮。予與順卿初未識面,而筆札往來,考論詞學,皆極諄詳懇摯,性真之契,因不在形迹。"黃與戈載有交誼,又黃氏評朱綬詞云:"酉生與予初未識面,癸巳秋,由沈蘭如處寄詩三首。……予性疏懶,未之作復。今酉生已作古人,影契神交,亦成千古,選録遺詞,悵悒不置。"可以推知黃選戈氏詞時,戈載尚在世,因此,也可説明《翠薇花館詞》三十九卷本戈載在世時已刊行。而六十卷大概是在三十九卷基礎上加上已編輯完備尚未刊刻的詞稿數量。吳嘉詮爲戈載的好友,且垂世最晚,對戈載的創作情況亦最爲瞭解,其説定有所據。再者,道光十三年,戈載已刊詞作三十卷,距咸豐七年(1857)去世,尚有二十多年，對有着極大創作熱情並以詞學講論終老的戈載來説，再寫出三十卷也不是没有可能。

譚獻《篋中詞》卷三：“順卿謹於持律，剖及豪芒。道光間吳越詞人從其説者或不免晦澀窳離，情文不副。然實爲聲律諍臣，不可就便安而僭越也。”

《（同治）蘇州府志》卷一百三十六：“戈載《翠薇花館詩集》二十卷，《詞集》三十九卷，《詞材正韻》二卷，《詞律訂》，《詞律補》，《樂府正聲》自唐五代以迄元明諸家詞，又有《六十名家詞選》，未知即此書否。《續絶妙好詞》國朝人作，《七家詞選》七卷。”

載亦工隸書，寫意花卉，設色冶逸可喜。尤善寫梅，疏枝繁蕊，得王冕法。與姚燮亦有往還，燮繪《雪香校書倚梅圖》囑題，載賦《浣溪沙》二首。

彭蘊燦《歷代畫史彙傳》卷二十二引彭蘊燦《硯硯田齋筆記》：“戈載，字潤卿，吳諸生，寫意花卉，筆致閑逸。”

震鈞《國朝書人輯略》卷九引蔣寶齡《墨林今話》：“戈載，字順卿，江蘇吳縣人，工作隸書。”

參考文獻：

1. 戈宙襄《半樹齋文集》，嘉慶間刻本。

2. 戈載《翠薇花館詞》，道光至咸豐間刻本。

3. 戈載《宋七家詞選》，道光十七年翠薇花館刻本。

4. 戈載《詞林正韻》，上海古籍出版社 1981 年版。

5. 吳嘉洤《儀宋堂文集》，道光刻本。

（沙先一）

清瑞傳

清瑞,字霽山,原姓瓮鄂爾圖特氏,漢姓艾。蒙古正白旗人,京口駐防。乾隆五十三年(1788)生於京口。

清瑞生平最早見於其孫雲書爲《江上草堂詩集》所作序言:"先祖榮禄公生於江南之京口。"

春元《京口八旗志》:"清瑞,字霽山,正白旗人……漢姓艾。"《八旗藝文編目》:"《江上草堂詩集》二卷,蒙古清瑞著。清瑞字霽山,氏翁鄂爾圖特,隸正白旗。諸生。孫翰林雲書。京口駐防。"

清瑞祖父珠爾杭阿,父豐升。乾隆二十八年(1763)先世奉命移駐京口,兵燹後譜牒散佚,曾祖以上名諱失考。

據《清代硃卷集成》第 198 册,清瑞字霽山,歲貢生,誥封中憲大夫,晋封中議大夫。祖父珠爾杭阿,父豐升。乾隆二十八年奉命移駐京口,兵燹後,譜牒散佚,曾祖以上名諱失考。

京口旗營文化氛圍濃厚,清瑞自幼習染。嘉慶九年(1804),十六歲補府學生員。逾二十即棄舉子業,賦閑在家,專習古文詞,尤肆力於詩。

雲書《先祖榮禄公事略》:"(清瑞)年十六補府學生員,旋食廩餼,逾二十即棄舉子業,專習古文詞,尤肆力於詩。京口故名鎮,面山背江,有城瓮然。城南有名勝十數處,均唐宋以來靈迹,著於時。

· 175 ·

城之北則金焦北固三山對峙，其山川磅礴之氣，恒足以爲文人吐嚙用。"

清瑞師從蔣廣文、汪孟慈。作詩有感而發，不喜多錄，著有《江上草堂詩集》二卷，另有《客邸雜詩》一卷未刊行。存詩僅十之四五，乃其女碧梧仙手錄，碧梧仙年二十即逝，有詩一卷未刊行。

清瑞《送蔣塵緣廣文歸里即用留別韻》一詩寫道："三載師恩應下泪，魚書江上有潮通。"可知，清瑞從師蔣廣文三年。蔣廣文，名字不詳，僅知其與朱彝尊交好，朱彝尊有詩《蔣廣文留飲縉雲學舍爲談仙都之勝》一首。

清瑞《題汪孟謙詩後》一詩寫道："不見汪孟慈，談經罔所師。孟謙欣得見，一見托深知。"並自注："曾受教於令族兄孟慈夫子"，可知清瑞師從汪孟慈。汪孟慈，名喜孫，一名喜荀，字孟慈。嘉慶舉人，由員外郎出爲懷慶知府，有惠政。博覽群籍，於文字聲音訓詁尤所究心，有《且住庵詩文稿》。

雲書《先祖榮禄公事略》："榮禄公每爲詩不欲多存，其存者恒令愛女碧梧仙館手錄，碧梧仙年二十即逝，有詩一卷尚未刊行。"

清瑞廣結京口漢族文人，尤與"京江七子詩社"往來頻繁，唱和之作甚多。

雲書《先祖榮禄公事略》："大酋莅鎮，下令訪知名士，衆首以榮禄公對，隨以禮延榮禄公至兵艦。"

錢仲聯《中國文學大辭典》"京江七子詩社"條："清嘉慶年間吳樸（樸莊）、應讓（地山）、鮑文逵（野雲）、張學仁（寄槎）、顧鶴慶（弢庵）、錢之鼎（鶴山）、王豫（柳村）等七詩人創立於江蘇丹徒。社集之作，編爲《京江七子詩集》付梓。"

張學仁《京江七子詩鈔序》："甲寅春，樸莊招地山館其家，柳村復常來論詩，遂邀野雲、弢庵、鶴山暨予結課賦詩，七子之名自茲始。吳門石遠梅來訂交，請序於王西莊光禄爲梓，京江七子詩名益著。……嘗憶花月之交，樸莊携酒於黃鶴招隱山中，分題角勝，達旦不倦。每一篇出，諸子輒互攻其短，不作一標榜語，立身行己之大，尤正色立爭，不肯依違其間。樸莊卒，觴咏如故，蓋其時同游者若馮右宜、李東嚴、戴廉石、姚静山、楊時庵輩未嘗不相與往來，而有約必集，有集必作詩，惟七子爲最密。念少年時豪談縱飲，山水友朋之樂無時不縈夢寐，而踪迹睽隔，山川阻深，欲求如昔時一日之聚，邈不可得，暇輒呼朋置酒，如少年結課賦詩時，每届歲暮，諸子皆歸里。每日命一題，然鬚苦吟，至除夕夜方散。故集中會課詩，癸酉、甲戌間爲最盛。”

清瑞與文人間常有雅集題畫活動。如清瑞《題阮梅叔珠湖漁隱圖》：“凉風瑟瑟吹菰蒲，淮東一片皆明湖。三十六陂漲煙雨，其中聞有光明珠。蚌胎夜半吐光焰，一時甲勝淮東隅。時有漁人住其側，釣竿直拂紅珊瑚……”七子皆作該題，鮑文逵《野雲詩鈔》中《題梅叔珠湖漁隱圖》詩云：“文游臺畔夕陽多，甓社湖邊晚放歌。怪底明珠不歸海，也因閑處少風波。山抹微雲絕妙詞，寒鴉流水影參差。老漁不識新蓑笠，錯認秦郎唱柳枝。”清瑞曾爲鮑文逵作題畫詩《題鮑野雲明府藏春一角圖》：“宦海歸來畫掩關，琴樽想見在官閑。數椽老屋依寒圃，一角春城露遠山。酒壓新醅招我醉，詩譽舊稿就君删。寫圖況有龍眠筆，風景依稀北宋間。”顧鶴慶《弢庵詩集·題鮑野雲藏春一角圖》：“春風吹到城東門，花陰隱隱如山村。先生杖履宴游處，雪上杏然鴻爪痕。七百餘年春草綠，散作千家種花竹。鮑當正構清風圖，一角春山貯深屋。年年春去復春來，有情曠世空徘徊。眼中吾子今歸隱，酌我春風酒一杯。”清瑞有詩《題凌煙閣功臣像》：“君不見麒麟閣聳青天高，漢家宣帝酬勛勞。又不見四七之際火爲主,雲臺將相圖光武。古來獎善記功勳,素練輕縑傳阿睹。緬昔貞觀十七年,詔仿舊典開凌煙……"鮑文逵亦有詩《凌煙閣功臣畫像歌》:"凌煙閣高雲不流,明星煌煌居上頭。丹青下筆亦矜貴,一時將相皆公侯……"

清瑞與七子中的鮑文逵、顧鶴慶、應地山交往更密。鮑文逵《野雲詩鈔》中《尋芙蓉樓故址》一詩寫道:"王郎送客處,風景殊窈窕。江練抱城回,群峰變昏曉……"清瑞和詩《尋芙蓉樓故址同鮑野雲作》:"飛樓縹緲已無踪,極目高城鎖亂峰。落日平原秋牧馬,連江寒雨夜聞鐘。櫓聲欸乃從邊過,客路蒼茫畫裏逢。幾度欲將遺址覓,不知何處采芙蓉。"《(光緒)丹徒縣志》卷三十三《文苑》:"鮑文逵,字鴻起,號野雲……嘉慶辛酉拔貢,取武英殿校錄官,甲子魁京兆榜……選授山東海陽知縣……著有《野雲詩鈔》。""詩出入唐宋,不名一家。"

清瑞有《雪中顧芟庵招同集鶴雛丈宅小飲》《中秋前一夜惜顧芟庵過訪不值》《題焦山借庵長老退居圖次芟庵韻》等詩表現與顧鶴慶的情誼。按,顧鶴慶,字子餘,號芟庵,江蘇丹徒人。年十七時補弟子員,聞名鄉里。詩以風格明快、氣勢豪邁著稱。有《芟庵集》十四卷,《天台游記》二卷。

應地山《淡雅山堂詩鈔》有詩《清生霽山以詩見懷依韻答之兼柬石客山》還贈清瑞。詩云:"下帷曾學董江都,涼夜松窗月影孤。問訊曼卿知健在,何時寄我故山圖。"張學仁《淡雅山堂詩鈔序》:"應讓原名謙,字地山,號退庵。府學生,尊甫恒圃先生與梁文定公,爲一人交地山,少讀書文定宅,所接皆當代名公卿,慨然抱經世志,以范文正先憂後樂自況。"

其他同清瑞交好的京口名士,如孫蘭居、盧春航、施雲樵、戴雪農、畢蕋庵等,他們與"京江七子"亦相識,形成了較大的京口文人交游圈。清瑞有《春日招索思安李半塘施雲樵集臨江閣兼訪孫蘭居》《寄懷盧春航》《春柳次施雲樵韻》《題畢菰庵江閣懷人圖》《焦山送畢菰庵之廣陵次留別韻》等交游詩。

清瑞所居之地在城西南隅，宅內種有葵花，故稱"種葵吟館"。名士常雅集於此，唱和賦詩，聲名愈盛。

雲書《先祖榮禄公事略》："榮禄公所居屋在城西南隅一室。"清瑞《初春招同野雲寄查庡庵暨應地山夫子集種葵吟館分賦》一詩描繪了"種葵吟館"文人雅集的盛況："深巷從無車馬喧，雨餘草色綠侵門。爭傳良會人三絕，剩有屠蘇酒一樽。透壁吟聲驚鶴夢，當窗月色寫梅痕。秋來更定烹葵約，預種秋花護短軒。"

鮑文逵《野雲詩鈔》中《同人集艾霽山種葵吟館》一詩描寫清瑞"種葵吟館"的景色，勾勒了鮑野雲同清瑞學種蒔的畫面，並贊揚了清瑞的名士氣節："草木本有心，欣欣皆嚮日。葵衷獨懇摯，未共蓬蒿沼。君占宅一畝，揩讓地數笏。不樹艷春姿，但種傾陽質。編籬衛其足，汲井烹其實。時招藜藿徒，揮麈就虛室。看劍星滿地，論文月移瑟。居然開小圃，清蔭堪容膝。君家柏山豪，際會從旄鉞。功成食租稅，奕世踐華秩。君尤富文雅，綺歲耽著述。新詩如彈丸，脫手風雨疾。詔下舉秀才，早見脫穎出。行看對承明，報國有風骨。緊餘倦塵鞅，息影舊林樾。無田已賦歸，有酒且作達。從君學種蒔，使我得生活。君倘作公卿，此葵應可拔。"

鮑文逵另有《迎春日集艾霽山秀才種葵吟館》一詩，表現出清瑞與友人的深厚情誼，並贊揚了清瑞的詩才志向。詩云："愛君論詩律尤細，刁斗夜擊千軍屯。"

清瑞與文人間的雅集擇重大節日、時令，或集於居所，或結伴游覽古寺名山，以酬唱吟詠爲樂。

據《江上草堂詩集》和《京江七子詩鈔》等詩集可知，清瑞與京口文人間的雅集，時間多爲重大的節日或時令。春季有"立春、初春、春日"。清瑞《立春前二日同人集焦山詩徵閣看早梅》一詩交代了"立春日"衆人集於"詩徵閣"看梅花的場景。詩云："流雲吐月下層臺，正好山中放早梅。此夕雙峰憐影瘦，先春二日訪花來。陽回地脈聞香勛，時有家風擊鉢催。少長偕游頻問訊，何嫌屐齒破蒼苔。"顧鶴慶《偉雲堂詩鈔》中有詩《焦山看梅》正是此時所作。另有《春日登西津江樓訪山陰陳月岩作》《春日姚静山招集清寧道院》《立春夜坐清妙亭示客》《初春盧春航約雨中泛湖見沿堤柳色》《初春過寶蓮庵懷鮑雅堂先生》《立春日同人登北城樓望晴雪》《迎春日集艾霽山秀才種葵吟館》等詩以證。

夏季有"立夏、夏日、初夏、夏雨、七夕"。清瑞《同人集洪山寺納凉用湯孔伯夏日咏懷韻》："入夏苦炎蒸，振衣登佛閣。閣上來清風，吹我輕羅薄。雲氣生空山，溪聲喧衆壑。殊令坐對間，樽榼相交錯……"描繪了炎炎夏日衆人於溪水邊飲酒賦詩的場景。

秋季有"立秋、秋日、初秋、中秋、重陽"。《中秋前一夜惜顧弢庵過訪不值》："我正尋君去，君來我出門。十分將滿月，兩地苦吟魂。作客經年感，聞歌竟夜喧。銜杯空對影，知己幾人存。"詩中流露出清瑞對顧鶴慶的深厚情誼。

冬季有"立冬、冬日、初冬、冬雪、上元日、除夕"。清瑞《登城望積雪》："雪壓孤城撲面寒，數峰留待夕陽看。玉京樓閣當窗列，粉本江由下筆難。放眼方知疆域大，驚心忽覺鬢毛斑。六花預報來年瑞，正好傾樽酒興酣。"鮑文逵有詩《同人登定波樓望南山積雪》即描繪了"定波樓"的雪景。

雅集地點或在文人居所。清瑞的"種葵吟館"、吳樸的"青苔館"、王豫的"鍾竹軒"等都是雅集所在地。如鮑文逵《迎春日集艾霽山種葵吟館》、顧鶴慶《應地山招同人集淡雅山莊即席贈寄槎時余亦將有吳越之行》、應地山《青苔館納涼》等。或文人結伴游覽京口名勝,八公洞、鶴林寺、招隱寺、竹林寺、獅子窟等都在清瑞和"七子"的詩中有所描繪。如清瑞《八公洞》:"爲訪八公游,幽栖迹尚留。流泉俱繞戶,密樹半藏樓。野鶴經秋健,林鴉向晚投。行吟須問訊,僧立斷橋頭。"《招隱寺》:"細雨歇林杪,空山霽色開。野雲濕古樹,落日冷書臺。病衲無人問,疏鐘何處來。戴公今已邈,柑酒獨徘徊。"鮑文逵《八公洞》:"仄徑沿回溪,秋深無一花。鳥語下潭煙,緬想八公賢。僧房逐雲散,入林香不斷。蟲吟出天半,飄然軼霄漢。"張學仁《招隱寺》:"六代衣冠杳,疏林剩暮鴉。煙花藏古寺,雲樹入山家。石鷲尋流水,鐘聲落野花。書臺人寂寞,吟望夕陽斜。"趙雲浦《招隱寺》:"六朝煙鎖選樓空,樓隱高踪訪戴公。石案尚留斜月照,書臺只剩晚來風。四圍松色侵樵路,五夜經聲起梵宮。習静僧寮舒遠眺,青山依舊大江東。"

清瑞結交京口任職的官吏,尤與趙雲浦、姚瑩、陶澍、周子京等人關係甚密。

《江蘇藝文志・鎮江卷》:"趙佩湘(1760—1816),字蘭餜,號芸浦。清丹徒人。乾隆五十八年(1793)進士。嘉慶二年(1797)派充玉牒館謄録官。"此期趙芸浦任職京口,與清瑞相識。趙芸浦有詩《謁工部祠》:"蒼松翠竹拂吟筒,乘興來游勝境中。一帶花谿尋上下,幾間茅屋認西東。行高足爲千秋重,詩妙能開百代風。蜀相祠堂流水近,森森勁節許相同。"清瑞和詩一首《和趙芸浦給諫草堂祠謁杜工部像韻》:"乾坤到處寄詩筒,坐擁成都感慨中。一字不忘唐社稷,半生空走瀼西東。手扶大雅超先輩,力掃浮華是國風。憶自耒陽歸葬後,草堂零落吊孤忠。"

清瑞頌贊姚瑩的愛國品質。雲峰《蒙漢文學關係史》寫道:

《寄懷姚石甫》《寄懷姚石甫夫子》等詩,不但歌頌了坐鎮閩海運籌帷幄、籌防夷務的姚石甫,而且指斥清廷爲了迎合侵略者,將其撤職'毀我長城'的行徑。"如《寄懷姚石甫》其一:"憶自真州謁馬融,曾叨絳帳領春風。能關國計方勝任,有益民生便是功。宋璟齊名殊不愧,桓寬苴政許誰同。可堪三十年來事,竟在邯鄲一夢中。"其二:"真成儒將古來難,不愧軍中有一韓。南國士民心尚戀,東溟賊子膽猶寒。更誰閩海殲夷虜,壞我長城惱上官。若使屛藩終不撤,他年誓必斬樓蘭。"詩作歌頌了姚瑩的衛國功績,表達了自己對民生疾苦的關注。清瑞另有《喜聞石甫夫子調赴兩淮幫辦鹽務作此寄賀》一詩贈予姚瑩,詩云:"歸田久已厭風塵,丹詔飛來命老臣。淮海全憑新計畫,聖恩猶念舊經綸。東南望重籌財賦,朝野人俱頌智仁。頭白門生重晉謁,枯楊可許盼回春。"吳永章《中國南方民族史志要籍題解》:"(姚瑩)道光十九年(1839),悉心抵禦英軍入侵,因遭誣陷而褫職。旋起用,分發四川,調兩淮,整飭鹽務。"推知該詩寫於道光十九年姚瑩赴任兩淮鹽務之時。

清瑞《新秋同周子京住焦山海西庵喜晤卍香長老時卍香又將歸越矣即以志別》記述了與周子京同游時的圖景。《和陶雲汀中丞京口開河觀放水作原韻》贊揚陶澍治水之功,通過"讀公大作頌公政,勳業直可超漢唐。我公經濟有奇術,治河不異治海塘"等詩句表達了敬意。

道光二十二年(1842),英軍犯鎮江,聞清瑞名,以禮請至兵艦,清瑞意弗動,絕食二日,乘機欲赴水求死。敵知其不屈,以肩輿送回。

雲書《先祖榮祿公事略》:"道光二十二年,英國人率兵犯鎮江時,有大酋苴鎮,下令訪知名士,衆首以榮祿公對,隨以禮延榮祿公至兵艦。榮祿公意弗動,不食二日,乘間思赴水,爲守衙偵覺,報大酉,知不能屈,以肩輿送回城中,時和議成,城內故無恙。"

道光二十三年(1843),清瑞返城後,以風節自勵,居常閉戶,不與世俗相往還。結交僧侶、道士,常夜宿於寺廟或道院。

雲書《先祖榮祿公事略》:"榮祿公返里後,益以風節自勵,居常閉戶,不與世俗相往還,有時詣僧寮或道院游,每至信宿,不遽歸。"《江蘇藝文志·鎮江卷》:"自此益以風節自勵。嘗閉戶嘯歌,窹言一室;或詣僧寮道院,信宿不返。"

清瑞《贈徐浣梧鍊師》《答借庵長老寄懷原韻》《題焦山借庵長老退居圖次弢庵韻》《雨後同月帆上人登法界樓懷借庵長老時借庵之揚州》《和徐偉人揚州泛湖聽雨田上人彈琴原韻》《秋晚宿玉山寺空江上人以詩索和爰走筆賦此》等詩皆是與僧侶、道士間的往來之作。

道光二十八年(1848),江南水災,清瑞作《水灾行》以記史實。後詩作多心繫民生疾苦,感時記事,尤見沉鬱。

王叔磐、孫玉溱《古代蒙古族漢文詩選》注:"這首七言長歌行寫江南水災,對灾民寄予深切的同情。道光戊申(1848)及己酉(1849)兩年,江南大水,作者所寫即這次大水灾。"

《(同治)上江兩縣志》卷二十六:"道光戊申大水,金鰲家桐樹灣扉不没者只三板,人無過問者。"陳作霖《炳燭里談》卷中云:"道光己酉,金陵水灾爲數百年所未有,通城行船。東花園、王府園等處,水逾屋脊者數尺。船行其間,爲水中樹枝所挂,輒至覆溺。"姚瑩《東溟文後集》卷九《江寧府城水灾記》,"道光二十八年七月霖雨,湖南北、江西、安徽、江蘇、浙江濱江海諸郡縣患水……而江寧被水尤甚。明年四月,瑩至江寧,見城中門扉水迹三四尺不等,咸相告曰:某某市中以船行也。未幾,閏四月,久雨不已,五月,復大水，闐闐深六七尺。城內自山阜外，鮮不乘船者。官署民舍胥在水中，舟行刺篙於人屋脊，野外田廬更不可問矣……本朝康熙二年壬寅六月大水，船行市上……及今又一百七十六年。"清瑞《水災行》："江頭六月風怒號，海門吹起無邊濤。天吳震怒馮夷舞，奇災天降民安逃。幾日膏腴成澤國，潮來忽變江天色。初如萬弩突發不可測，又如萬里奔騰不可勒。江南水自江北來，維揚五壩驚齊開。水與民命爭一瞬，山崩地圻如奔雷。十丈潮頭作人立，淮陰不見韓侯臺。流離目睹無棲止，呼號聲比徵鴻哀……"按，此詩所寫即道光二十八年江南水災。

咸豐八年（1858），卒於丹徒。此年洪秀全據金陵，以大兵壓鎮江城，城不保。清瑞不忍去，因憂傷過甚，以疾終。

雲書《先祖榮祿公事略》："咸豐八年，粵人洪秀全踞金陵，以大兵壓鎮城，城不保，榮祿公不忍去，因事急出城東門二十里，未及兼旬，因憂傷過甚，以疾終。"

清瑞一生氣節高雅，好古能詩，優游山水間，歌咏家鄉風物，情韻特佳。

清瑞有大量歌頌京口山水風物的詩作，《晚晴簃詩匯》選《天下第一江山歌》。雲峰《蒙漢文學關係史》："清瑞是一個寫景高手。他的《天下第一江山歌》描寫長江下游一帶的壯麗景色，大筆勾勒……充滿豪放、壯闊、浪漫的特色。而《採蓮曲》、《京口竹枝詞》組詩、《秋海棠》等詩，又構圖美麗，畫面生動，富有江南水鄉特色。"

顧鶴慶《江上草堂詩集題詩》："乾坤清氣得來難，秋月春花取次看。今自沉吟爲君故，南陵水面楚雲端。月華山下多吟集，綠水橋邊每共游。一卷新詩視同好，草蟲吟徹暮天秋。"

錢之鼎《江上草堂詩集題詩》稱贊其詩情意真摯："梅香動綠

樽,纖月隱簾痕。展卷再三讀,春風滿座溫。歌吟悲伏處,契闊念相存。幾日揚州路,燈光照上元。"

方朔《江上草堂詩集題詩》贊其詩氣勢壯闊:"山川奇絕數金焦,釀出詩人氣總超。五字蒼茫七字壯,汹汹如涌海門潮。名士過江三百秋,風雲意態變林丘。子堅聞早脩文去,誰與論詩多景樓。"

陳鳳章《江上草堂詩集題詩》評其古體詩似蘇軾,近體詩似陸游:"樹幟騷壇一代雄,內徙豪杰實江東。古詩排傲蘇玉局,近體輕圓陸放翁。早擅才名爲士冠,晚更劫火嘆途窮。文孫太史傳家學,祖德清芬集印工。"

清瑞家風雅正,崇文尚學,子孫頗受其影響,皆能詩,善書畫。子文興,潑墨作古梅花,縱橫跌宕,書法亦清超拔俗。

鮑文逵《野雲詩鈔》中:"君抱清才出將門,愷愷雅度如春溫……朝廷儲才邁前古,要令幹濟兼文武。秀才已舉南徐州,高第行登東壁府。舉觴酬君君莫辭,男兒富貴寧無時。許身勵志一朝負,讀書十載將奚爲。"表明清瑞出身將門,富有詩才,且有大志,這都對後世子孫產生影響。

春元《京口八旗志》:"清瑞,子文興,需次通判。"《重修京口八旗志》卷四:"文興,字筱山,艾露山子……善書畫,潑墨作古梅花,縱橫疏宕,神韻似金冬心,題字亦清超拔俗。""著《寒香閣詩鈔》四卷、《寒香閣書畫品錄》八卷。"

雲書《先祖榮祿公事略》:"先君官江蘇直隸州知州,工詩善畫,喜畫梅,著有《寒香閣詩鈔》四卷、《寒香閣書畫品錄》八卷,均未刊行。"

《清代硃卷集成》第198冊"文興"條:"咸豐間,調赴江蘇撫署,專譯清文事件。同治元年……分發江蘇補用。十年江寧藩憲梅委署瓜洲巡政廳。十三年,遵例捐升通判,仍留江蘇,補用嗣因河運、海運出力歷保四品銜,補缺後,以知州用。"

清瑞孫雲書,光緒三十年(1904)甲辰恩科進士。喜吟詩,參與組織"夢溪吟社"。著有《潘水清音集》,《關外雜詩》,《漢隱庵詩草》,編纂《夢溪吟社》一、二、三集。

雲書爲祖父清瑞作《先祖榮祿公事略》,交代了清瑞一生的主要事迹,並於《江上草堂詩集》最後説明詩集收集整理的過程:"先祖《江上草堂詩集》共計二卷,刻於道光年間,中經兵燹,原版散失。嗣後家中所藏僅爲抄本,頻年典守,弗敢遺墜。辛亥事起,群凶肆虐,先祖遺迹遂以淪亡。時先兄方在蘇垣,聞信驚極,星夜遄返,到處搜羅,乃於故肆獲睹先物,急以厚價鄭重贖回。"

《鎮江文史資料》第25輯中《鎮江最後的進士》一文載雲書《自述》,該文寫於1947年,雲書時年七十有五:"予以行無可述,恐後人制行述,轉不如予自述較得真相焉。予以古人氏與姓分,予原籍蒙古瓮鄂爾圖特氏,祖清瑞公,廩貢生;父文興公,江蘇補用直隸州知州。予入鎮江府學,丁酉科舉人,甲辰科進士,旋改翰林院庶吉士,薦升侍講。時太后臨朝,親貴用事,國家凌亂,以致於亡。民國肇興,補肅政使;裁缺後,補正白旗蒙古副都統。未幾辭職,遄返鎮江。綜計一生,無補於清室,無補於民國,並無補於鄉邦。清風明月,了此一生。敢布區區,以告當世。予有子三:長鑑,媳陸氏韻秋;次鉞,媳徐氏黛茜;三鐸,媳康氏有彧;女孫一,乃慶;孫一,乃彰。予原名書,歸里後,以字行。老來學佛,以自全焉。此述。"

《潤州文史資料》第2輯記載雲書深受祖父清瑞影響,善作詩,亦是"夢溪吟社"的創始者:"雲書好作詩,與楊幫彦等組織'夢溪吟社',和本地騷人墨客唐子均、鮑敦典、馬貢芳、馬芹甫等吟咏唱和,尤與趙醉侯交往甚密。雲書著有《潘水清音集》《關外雜詩》《漢隱庵詩草》《夢溪吟社》。1948年5月,雲書時年七十有六,作《再賦七律二章》,詩前小序云:予於去閏,草遺囑、自述、遇事須知以及訃底碑字,尚未交出。聞後人私議,仍欲鋪張,殊屬非是,特先將自述刊出,再賦七律二章,曲明己志,詞旨不文,尚祈郢政。"

《鎮江文史資料》第 25 輯記述了"夢溪吟社"的由來:"鎮江耆宿楊振聲、雲企韓二先生、馬貢芳先生、馬芹甫先生、姚勁秋先生等時相過從,作詩唱和。因同好的詩人愈來愈多,就訂好月課,輪流約於家。又提議定名稱、定地址,常期雅集,適應方便。如楊振老、唐子均、鮑敦典、閔可仁、閔金禾父子,各位都依家夢溪河邊,尤其楊振老宅後即是夢溪河,又以古刹興善庵隔河相對,似可定名'夢溪吟社'。興善庵在東南門之間,半城半廓,交通方便,遠近咸宜,亦宜詩人雅叙幽情,發爲詩歌之所。即由楊、雲二老馳往興善庵接談,承庵中當家許可借用客廳。這是夢溪吟社的緣起,時爲1933 年。"

清瑞的愛國氣節深深影響了雲書,據《鎮江文史資料》第 25 輯記載:抗日戰爭爆發,鎮江淪陷後,雲老經常處於憂國的痛苦之中。有一次,他與趙醉侯先生讀到杜甫《春望》時,不由得泪眼相對,趙高唱陸游句"離騷未盡靈均恨,志士千秋泪滿裳",雲書接着咏了"遺民泪盡胡塵裏,南望王師又一年"。兩人竟大哭一場,以宣泄心中的亡國之痛和報國無門之恨。同時兩人都不許後輩出任僞職,而爲邑人所敬仰。另據《沈陽皇寺三百年》記:"張作霖向日本出派喇嘛觀光團以示好,具有諷刺意義的是,幾乎就在皇寺部分喇嘛東渡日本'開拓眼界'的同時,一位署名雲企韓的文士來到皇寺,並題詩一首,曰:'步出西門外,欣逢舊寺存。僧容孤衲冷,佛影一燈昏。白鳥歸經閣,青苔上殿門。傳聞弓劍在,猶自憶軒轅。'詩人筆端的皇寺面貌與時政形勢形成了鮮明的對照。"

參考文獻:

1. 清瑞《江上草堂詩集》,民國六年鉛印本。

2. 張學仁輯《京江七子詩鈔》,道光九年刻本。

3. 李恩綬《丹徒縣志撫餘》,民國七年刻本。

4. 顧廷龍《清代硃卷集成》,臺灣成文出版社 1992 年版。

5. 中國人民政治協商會議鎮江市委員會文史資料委員會編《鎮江文史資料》第 25 輯,1993 年版。

6. 南京師範大學研究所編著《江蘇藝文志・鎮江卷》,江蘇人民出版 1994 年版。

7. 錢仲聯主編《中國文學大辭典》,上海辭書出版社 1997 年版。

8. 中國人民政治協商會議鎮江市潤州區委員會文史資料委員會編《潤州文史資料》第 2 輯,2000 年版。

(馮海霞)

朱綬傳

　　朱綬，初字環之，改字仲環、酉生，晚號仲潔、潔翁，江蘇元和
(今蘇州市)人。先世自崑山遷元和，曾祖元凱、祖光斗，皆縣學歲
貢生。父鑑，習名法家，歷佐大府幕，世稱阿顛先生。乾隆五十四
年(1789)十二月初三生。

　　董國華《(朱綬)墓誌銘》："按狀君姓朱氏，名綬，字仲環，又字
酉生，晚以所得更號仲潔。元和縣人。先世自崑山遷郡城，曾祖元
凱，祖光斗，皆縣學歲貢生。父鑑，習名法家，歷佐大府幕。工於
詩，著有《一卷石山房集》。當世所稱阿顛先生者。大司寇韓公對
志其墓。君兄弟二人，長緝，郡庠生，君其次也。"

　　李銘皖修、馬桂芬纂《(同治)蘇州府志》卷九十《人物》："朱綬，
字仲環。先世自崑山遷郡城，父鑑，習名法家言，工於詩，世所稱阿
顛先生者也。"

　　姚燮《復莊駢儷文榷》卷八《朱仲潔孝廉誄》："君名綬，字仲環，
一字酉生，仲潔其晚號也。"

　　潘曾沂《綈錦詞序》："歲癸酉八月，偶止攝山德雲庵。幽寂寡侶，
四更呼月下獨游，覓樵徑人導行，造般若臺。一客草冠藤鞋，立篁筱
中，神況飄逸，清虛自如，明日復遇之於山步犖确間，始道姓名，曰元
和朱環之。"按，潘、朱二人訂交於嘉慶十八年(1813)，朱綬自稱"朱環
之"。嘉慶二十四年五月他在自序《綈錦詞》時亦自稱"朱綬環之"。

後世有以"環之"稱之者,如李佳《左庵詞話》卷上"朱綬詞"條:"朱環之綬,工詞,刻有《知止堂詞》三卷。"郭麐《靈芬館詩話·續詩話》卷三:"《遺研樓小集》,元和朱綬環之所作,亦芷橋詩友也。"

道光元年(1821)改字仲環。道光元年冬,朱綬與陸烜、戈載、董國琛、曹楙堅、陳彬華、吳嘉洤、王嘉禄於自家組織消寒雅集,作《簡籨消寒集記》(朱綬《知止堂文集》卷五),自稱:"朱綬,字仲環,諸生。年三十三歲,是爲簡籨主人,作斯記者。"朱綬《湘弦別譜》自序:"壬午春日,戈君順卿、王君井叔議刻《吳中六家詞》而徵余所作,余詞不足與諸君競美也。顧念致力於此者既久,不忍聽神智之自腐,録十之二三爲一卷。"落款爲"元和朱綬仲環自序"。

道光十八年(1838)更字潔翁。朱綬《知止堂詩録》潘曾沂序:"明年戊戌,君五十歲,自號潔翁,余因作《潔翁詩》,有云:'除却自心無可潔,樂夫天命已成翁。'"葉廷琯《蛻翁所見詩録》:"本字仲環,晚年有得,易字仲潔,可以知君立身梗概,即可得其詩所用力矣。"

董國華《(朱綬)墓誌銘》:"庚子春病喉痹,謝計吏。二月二十三日卒於家,年五十有二。"按,庚子年即道光二十年,上推五十二年,知其生於乾隆五十四年。舒位《瓶水齋詩集》卷十六《蘇州兩秀才行贈朱酉生、沈閏生》云:"六門三關往復回,蘇州乃有兩秀才。盛名之下實難副,酉生閏生其選哉。酉生生於酉,乞漿未必能得酒。閏生生逢閏,青桐不敵黃楊寸。"詩中酉生、閏生分別指朱綬、沈傳桂。《知止堂詩録》潘曾沂序:"丁酉臘月,酉生過蘿蔓峰舍,余方以井瓶供梅花,集中因有'寒瓶出深井,注水插梅枝'之句。記余八九歲時,梅花無臘後開者,獨今歲冬至前已半放,遂和一絶句,云:'往日巡簷問此梅,幾時重見臘前開。乾嘉草木如今老,和氣當春復古來。'君見詩甚喜,蓋是日正逢其生朝也。"生朝即生日,可知朱緌生於臘月。道光八年，朱緌作《十二月初三日作》："四十今朝是，無聞後可知。冰霜期漸迫，門户事難支。炳燭光終細，移山力早衰。上堂家慶拜，痛憶奉親時。"知其生日爲十二月初三日。

按，後人記載朱緌，時有字仲潔、號酉生之誤。如《（光緒）蘇州府志》卷九十《人物》："（朱緌）詩大不及士銓，超不及景仁，自謂得力於潔，故晚年更字仲潔。古文亦以潔爲體，初多峭邃之作，後乃從容大適。"孫雄《道咸同光四朝詩史》："朱緌，字仲潔，江蘇元和人，舉人。有《知止堂詩録》十二卷。"丁紹儀《國朝詞綜補》卷三十八："朱緌，字環之，號酉生，元和人。道光十一年舉人。有《知止堂詞》。"黄燮清《國朝詞綜續編》卷十二："朱緌，字仲環，號酉生，元和人。道光十一年舉人。有《知止堂詞録》三卷。"

嘉慶十二年（1807）娶高箐。次年補博士弟子員，試則高等。久困鄉闈，屢得倖失。初不以爲喜愠，而詩名籍甚。林則徐、梁章鉅嘗延之幕，尤爲心契，梁奏多出其手。

《知止堂文集》卷八《誥贈中憲大夫例晉通議大夫外舅高府君暨配王太淑人述略》："外舅高贈公以嘉慶元年丙辰十一月十八日卒於家，春秋三十有六。後十一年丁卯，緌婿於高。"沈善寶《名媛詩話》卷五："元和高湘筠箐，舉人朱酉生緌室。有《綉篋詩詞》小集，古詩甚有魄力。"

董國華《（朱緌）墓誌銘》："弱冠補博士弟子員，試則高等。久困鄉闈。屢得倖失，初不以爲喜愠，而詩名籍甚。時吳中節使先後多巨公，無不傾心引重，侯官林制府、長樂梁中丞嘗延之幕，尤爲心契。"按，據《清史列傳》卷三十八《人臣傳續編·林則徐》，道光三年（1823）林則徐任江蘇按察使，四年正月署江蘇布政使，衙門駐蘇州。朱緌於道光三年作《憫荒一首呈林廉訪則徐》（《知止堂詩録》卷三）。

《知止堂詩録》梁章鉅序:"余之知酉生也亦以詩。昔藩三吴,邀以佐筆墨,晨夕相見,且得盡觀其所爲詩,而徵經論史之餘,作爲散體諸文,亦時得詩人之趣。壬辰余引疾去,君以詩餞。"按,據《清史列傳》卷三十八《大臣傳續編・梁章鉅》,梁章鉅於道光六年(1826)十二月遷江蘇布政使,道光十二年六月因病陳請開缺。在此期間,朱綬入幕,於道光七年九月作《重修滄浪亭詩奉梁方伯章鉅》(《知止堂詩録》卷五),道光八年作《梁高士建祠詩奉梁方伯》(《知止堂詩録》卷六),道光九年梁章鉅囑朱綬作《竟陵鍾氏畫册》(《知止堂詩録》卷六)。

吴嘉淦《亡友朱君仲潔墓表》:"少以才名遨游公卿間,争相延致。"《清史列傳》卷七十三《朱綬傳》:"綬嘗佐梁章鉅幕,章奏多出其手,而廉静簡默,衆皆重之。"

道光十一年(1831)舉於鄉。五試春官不第,閉門著書,詩與古文名益大。十二年至京師,與張際亮交往唱和。十三年在吴中,張際亮來,相與聯句。二十年春病喉痺,二月二十三日卒於家,年五十二。是年,葬於堯峰山五都九圖草字圩。

董國華《(朱綬)墓誌銘》:"道光辛卯始舉於鄉,五試春官不第,而詩與古文名益大。庚子春病喉痺,謝計吏。二月二十三日卒於家,年五十有二。……卜吉於十月二十四日葬君於吴縣堯峰山之五都九圖草字圩。"

《復莊駢儷文榷》卷八《朱仲潔孝廉誄》:"朱君仲潔以道光二十年庚子二月二十三日卒於家。"

陸嵩《意苕山館詩稿》卷三《酬朱仲環綬》:"何期四十始舉鄉,五上春官仍不第。歸來閉門自著書,目擊時艱嘆誰濟。"

張際亮《思伯子堂詩集》卷十七有詩《吴門朱酉生綬孝廉余耳其名久矣。今年來都下,一日過余蓮花寺,出〈黛湖漁隱圖〉,屬題。

因書以歸之》,作於道光十二年。按,蓮花寺爲張際亮京城寓所。據《黛湖漁隱圖》,可見朱綬歸隱之志。

《(光緒)蘇州府志》卷四十九《冢墓》:"舉人朱綬墓。"注:"在堯峰西麓五都九圖草字圩。董國華志,吳嘉洤表。"張壬士《木瀆小志》卷五《冢墓》:"舉人朱綬,墓在堯峰西麓草字圩。"

性至孝,侍父母疾,先後兩割股臂肉,和藥以進。事兄極友愛,讓産撫孤,没存無間。

董國華《(朱綬)墓誌銘》:"性至孝,侍父母疾,先後兩割股臂肉,和藥以進。事兄極友愛,讓産撫孤,没存無間。"《亡友朱君仲潔墓表》:"君生有至性,先後刲臂肉,療父母疾。兄没,撫其孤於家。"按,朱綬詩文雖未提及割肉奉親之事,但多次以孤苦之身懷念父母,董、吳二人"割肉奉親"至孝之説應無誤。另據朱綬道光元年(1821)四月所作《别故居作二首》《移居圖記》,六月所作《國子監生申君厝志》,除夕所作《除夜》《展祭先人感而有作》等詩,父母過世後,朱綬與兄長朱緡並非兄友弟恭,而是頗有嫌隙,乃至被讒言困擾,從老宅搬至幽蘭巷之東。他多次寫到自己與兄長骨肉情寡,《别故居作》其一:"人生重根本,名在當奈何。同居而異心,邈焉若山河。嗟予性柔闇,一動成百訛。"其二:"骨肉本同氣,猜嫌起讒口。我躬實凉薄,知退庶无咎。切切感門祚,依依念父母。清夜省我愆,此心誓可剖。"(《知止堂詩録》卷三)道光元年五月朱緡過世後,他擔起兩户生計,《展祭先人感而有作》曰:"爆竹聲喧只獨悲,眼枯腸斷見無期。瓢蓬骨肉歸泉早,逝水年華覺夢遲。健婦盤飱猶自薦,孤兒門户大難支。不堪飲泪逢今夕,憶着分錢壓歲時。"(《知止堂詩録》卷三)

天秉英敏，總角能辨四聲。稍長即嗜爲詩，繼而爲詞。不屑意舉子業。

董國華《（朱綬）墓誌銘》："家世績學至□而天秉英敏，總角能辨四聲。稍長即嗜爲詩，不屑意舉子業。"

《知止堂詞録》自序："綬填詞之學於今十年，不欲多存者，慮蕭艾盈目，徒敗人意也。"按，此序作於嘉慶二十四年，朱綬三十一歲，故其填詞始於二十二歲。

《知止堂文集》卷四《移居圖記》："方吾年少氣鋭，謂科名可庋，契致少抒吾胸中所欲爲者，退耕於隴畝之内，既連試有司不得志，則又思山巔水涯結數椽屋。"

與沈傳桂、王嘉禄、吳嘉洤、韋光黻、彭蘊章、潘曾沂結社賦詩，并稱"吳中七子"；又與王嘉禄並稱"朱王"。

吳嘉洤《儀宋堂文集》卷一《吳中七子記》："予弱冠時獲交錢塘陳小雲茂才，因得見其尊甫雲伯先生。先生以詩名吳下，喜擇後進之能文者以禮接之，勖以精進，於是有'吳中七子'之目。蓋彭咏莪、朱西生、沈闓生、潘功甫、王井叔、韋君綉及予也。"按，陳雲伯即陳文述，陳小雲即文述之子裴之。

陳文述《頤道堂文鈔》卷八《王井叔傳》："吳下多才俊之士，徐氏鷗隱園在城西隅，中有廣榭曰'清華池館'，饒水花林木之勝，君與朱西生、沈闓生、潘功甫、吳清如、彭咏莪、韋君綉諸人結社賦詩，余目之曰'吳門七子'。""同人論君與西生二人詩曰：'昔趙秋谷評竹垞、漁洋，曰"朱貪多，王愛好"。今當云"朱愛好，王貪多"矣。'聞者以爲知言。蓋西生詩筆簡要，與君各擅勝場也。"卷三《印譜記》："曰'七子詩壇'，吳門作，七子謂朱綬、沈傳桂、王嘉禄、吳嘉洤、韋君綉、潘曾沂、彭蘊章也。"

　　陳文述《頤道堂詩選》卷十三《吳門朱綬、沈傳桂、王嘉禄、吳嘉
洤、韋光黻、彭蘊章、潘曾沂諸君，年未及三十，而詩文皆卓然可傳，
是可喜也，作七子詩》："歸愚老去宗風墜，又見吳中七子才。伯仲
之間見何李，文章餘事亦鄒枚。大名各爲千秋計，生面誰將一代
開。領袖從來賴英絶，剪燈吟罷重徘徊。"

　　按，陳凱鈴《清代吳中"七子詩壇"考論》(《蘇州大學學報》2013
年第 6 期)考證："'七子詩'該題的寫作時間約在嘉慶二十一年丙
子年(1816)歲初，這與上面推測的'吳中七子'成立時間，正相吻
合。"後來"七子詩壇"範圍擴大，陳文述又提出了後七子、續七子、
廣七子、新七子。《頤道堂詩選》卷二十二《留別吳門》："諸公文宴
勞相憶，七子騷壇我所思。"自注："兒子裴之先與王井叔、朱酉生、
沈閏生、潘功甫、彭咏荄、吳清如、韋君綉結社賦詩，余定爲吳中七
子；又以孫子和、蔣澹懷、曹艮甫、陸東蘿、曹稼山、戈順卿、褚仙根
爲後七子；王二波、葉茗生、沈式如、沈蘭如、陳小松、喬鷺洲、劉小
春爲續七子；畢子筠、顧春洲、顧子兩、程薌鄉、畢石卿、黃友蓮、蕭
晉卿爲廣七子；伸子湘、石鶴笙、黃飲漁、潘覺夫、保生、星齋、綏庭
爲新七子，伊墨卿題余楹榜曰'七子詩壇'。"吳門多名士，乾隆時期
沈德潛稱王鳴盛、王昶、錢大昕、趙文哲、吳泰來、黃文蓮、曹仁虎爲
"吳中七子"，並編有《吳中七子詩》，故後世又稱朱綬七人"吳門後
七子"或"吳中後七子"。沈濤《匏廬詩話》卷上曰："吳門壇坫之地，
東莊北郭，著美當時。乾隆間習庵、竹嶼諸公復有七子之目，近時
朱酉生綬、沈閏生傳桂、王井叔嘉禄、潘功甫曾沂、彭咏荄蘊章、吳清如
嘉洤、韋君綉光黻稱吳門後七子。"《清史列傳》本傳："工詩古文辭，
與顧蒓輩稱'吳中後七子'。"傳中"吳中後七子"指陳文述所獎掖的
朱綬七人，把顧蒓歸入，實是大謬。顧蒓，字希翰，一字吳羹，號南
雅，晚號息廬，長洲人。嘉慶七年(1802)進士，歷任翰林侍讀、雲南

學政、侍講學士、通政司副使,與陶澍、卓秉恬、朱士彥、梁章鉅、吳廷琛、朱琦並稱"吳中七友"。顧蒓是朱綬等人長輩,且嘉慶、道光年間一直在京師爲官,與"吳中七子"之潘曾沂交往頗多,與朱綬和其他人並無深交。也許《清史列傳》將"吳中七友"與"吳中七子"混淆,才將顧蒓與朱綬歸爲"吳中七子"。

平生好爲詩,不名一體,表彰忠孝,感論人事,直抒懷抱,醞釀遥深。爲文亦好表揚古烈,言近旨遠,深得風人之旨。

《知止堂詩録》顧承序:"吳中詩派,自沈宗伯而後,猶有正始之風。嗣後學者惑於時趨,競以尖新姚蕩爲尚,淫哇並作,風雅道衰,有志者欲振起之而力有未逮。朱子仲潔矞躬劬學,敦勵内行,自爲諸生時已有盛名。年四十始舉於鄉,屢上春官未第。平生好爲詩,三十年來,吳中言詩者必推朱子。其爲詩也不名一體,直抒懷抱,醞釀遥深,讀之藹然而可悦也,凄然而可感也,當□□揚幽隱,表章忠孝,感論人事,慷慨激烈,震動心目,其性情氣□之盛,昭然可見。此其所以爲朱子之詩,而非求工於字句之間者所可同日語也。"

郭麐《靈芬館詩話・續詩話》卷三:"《遺研樓小集》,元和朱綬環之所作,亦芷橋詩友也。好爲古樂府,古今體亦皆規模高格,不作佻輕淺易之語。"

陳壽熊《静遠堂集》卷一《嶺海紀游集序》:"往者郡中朱仲潔孝廉作詩有法度,尤善紀實事,表風節,灑灑千百言不懈。"

《清史列傳》本傳:"爲文好表揚古烈,感論人事,言近旨遠,深得風人之旨。嘗作《吳中風俗利病説》,謂:'吳俗之大害,在游民多,必導之以儉德,使之治生,使之務本,然後廉耻生而俗害去,而治之者必自士始。'時以爲篤論。"

孫雄《道咸同光四朝詩史》乙集卷二:"(朱綬)與曹楙堅、蔣志凝、沈傳桂、董國華最契合,時相唱和。道光庚子仲春易簀,前一日，以詩付國華，乞爲付刊。"

素工詞，私淑夢窗、草窗。意蓄語中，韻溢弦外。猗靡之餘，別有懷抱。縝密綿麗，自有清靈之氣行於其間。

《知止堂詞録》自序："綬填詞之學於今十年，不欲多存者，慮蕭艾盈目，徒敗人意也。清真、白石、梅溪、碧山皆所篤嗜，而私淑之願尤在夢窗、草窗。蔣君澹懷曾言'殫精竭慮爲舉世不好之物，嘆息而已'。先後交曹君艮甫、沈君閏生，互有所益，而審定聲律，則戈君順卿之力居多。綬自維年過三十，幽憂憔悴，而美人香草，自言所言，有韻之文詞尤善感，篝燈自誦。唏乎悲矣。閏人序之，謂'思沉志鬱，不樂恒耳'。宜以綈錦重襲，遂以名篇。"

《知止堂詞録》高篙序："意蓄語中，韻溢弦外，酉生之詞也。盛年不聊，慘惻善感，泪花湼紅，愁草瘵碧，樂府變曲，離騷外篇，體制非一，此爲工已。至若呼船水涯，擔檻岩際，燕鶯放嬌，鷗鷺狎伴，衆悦咸備，乃復悵惜，惘惘乎秋士之多悲也。原其宗旨取裁二窗，猗靡之餘，別有懷抱。"戈載《知止堂詞録序》："酉生詞不多作，愜意之篇，靡不録稿見示。今所存三卷，乃其手自編定。去秋曾囑予爲序，言猶在耳，遺墨塵封，解帙重吟，涕洟交集，真有不堪卒業者。雖然，予又何忍不讀酉生之詞哉？酉生騷資雅骨，弄拍攄情，其意繚曲，其味雋永，以縝密爲尚，以綿麗爲宗，要自有清靈之氣行乎其間，故組織而無襞績之痕，醖釀而無滯滯之病，夢窗以後一人而已。"

黃燮清《國朝詞綜續編》卷十二："酉生詞有白石之蒼，夢窗之麗，氣格清渾，不事字句雕飾，當於全體中求之也。大江南北洵推作手。詩亦古艷深厚，卓然名家。"

長於慢調，格律精嚴，其《湘弦別譜》與戈載《翠薇雅詞》、沈傳桂《二白詞》、王嘉祿《桐月修簫譜》、陳彬華《瑤碧詞》、沈彥曾《蘭素詞》、吳嘉洤《秋綠詞》合爲《吳中七家詞》。

杜文瀾《憩園詞話》卷五“朱酉生孝廉詞”條：“曩在吳門，與顧子山觀察談藝，常稱同里朱酉生孝廉詞。後校刊曹艮甫廉訪詞集，多與唱酬之作，意甚傾倒，余心慕之。今始得見《知止堂詞錄》殘本，知酉生名綏，一字仲環，元和人。道光乙未舉人。素工詞，根底深厚，小令少而慢調多。蓋北宋爲小令，重含蓄，繼唐詩之後；南宋爲慢詞，工抒寫，開元曲之先。凡專力於南宋人詞，每於小令不甚經意。詞中聲律之細，固不待言。如《法曲獻仙音》調首句第二字、次句第四字、四句第二字均用入聲，尤爲講律之入微者。今錄長調十闋，尚不免有遺珠之憾。”

戈載、王嘉祿編《吳中七家詞》顧廣圻序：“詞始於唐，盛於五代宋元，衰於明，蓋明人於此大抵不過强作解事，而二百餘年幾失其傳。逮我朝乃有起而振之者。前若浙西，後則琴話、卓犖諸君，駸駸乎步武玉田、草窗之後，以繼其薪火。而近日吾吳七家亦其選也。七家者爲戈子順卿、沈子蘭如、朱子酉生、陳子小松、吳子清如、沈子閏生、王子井叔，英年隨肩，妙才把臂，生同里閈，長共筆硯，凡於詩古文詞，罔不互相切劘，必詣最勝。其論詞之指，則首嚴於律，次辨於韻，然後選字練句，遣意命言從之。聞諸子嘗盡取凡有詞以來專集若干類，選若干，旁及乎散見小説筆記者又若干，博考精究，以求夫律之出入、韻之分合，以暨其字、其句、其意、其言，如是者得之，如是者失之，權衡矩矱，於斯大備，輕重方圓未之或差。”

《湘弦別譜》自序：“壬午春日，戈君順卿、王君井叔議刻吳中六家詞而徵余所作，余詞不足與諸君競美也。顧念致力於此者既久，不忍聽神智之自腐，録十之二三爲一卷。昔唐李文山自序其詩，謂居住沅湘，宗師屈宋。平生服習，首在斯言。刿憔悴幽憂，俛寄所托，美人香草，尋緒無端，有韻之文詞尤善感，準諸六義，亦比興之遺也。此則獨成爲余之詞，而諸君之所許者否邪？兩宋去今遠，宮調失傳，凡士夫所作，類不能被樂府，而起調畢曲，間有旁譜可證。意欲與古人求其合其理，在芒忽之際，世固有知音者乎？文字之外，或當有以相賞也。"

按，《吳中七家詞》包括戈載《翠薇雅詞》、沈彦曾《蘭素詞》、朱綬《湘弦別譜》、陳彬華《瑶碧詞》、吳嘉淦《秋緑詞》、沈傳桂《二白詞》、王嘉禄《桐月修簫譜》。其中《二白詞》因故未刻，有目而無書，故朱綬在自序中説衆人議刻六家詞。

有《知止堂詩録》《知止堂詞録》《知止堂文集》刊刻行世。另有《遺硯樓小集》《印軒吟稿》。與戈載選校黃承勛《眠鷗集遺詞》。

《知止堂詩録》董國華題識："右《知止堂詩》十二卷，亡友元和朱君綬撰。君存目，手自録訂，而囑同里蔣君志凝及國華所商定也。道光庚子仲春君抱疾，易簀前一日，囑其婦兄高君翔麟持授國華，公商付刊。於是君友桐鄉沈君炳垣、連平練君延璜、吳縣潘君曾沂分助剞劂之役。工竣，老友顧君承爲之序，言稱君詩醖釀遥深、津梁後學，爲世教之一助。其論甚韙。國華以應其孤祖命請爲之志墓，故不復贅論，而以顧君序冠其端，並記刊校緣起於此。"

《知止堂文集》董國華題識："亡友朱君綬所著詩詞，予既爲編校刊行。其孤祖命復以君自定文集見示。時長樂梁中丞章鉅撫吳，與君素交，分俸囑刊。予乃與楊君文蓀、韓君崇、蔣君志凝、劉君汝瀛、計君光炘詳加校訂，得文八卷，補遺一卷。於是君之著作無散佚之憾矣。文曰'集'，詩詞曰'録'，仍君自定名也。"

按，《遺硯樓小集》一卷，嘉慶二十二年（1817）刻本，附其妻高簡《綉籢小集》一卷，上海圖書館藏。陳裴之有《題朱酉生綬〈遺硯樓詩集〉》（《晚晴簃詩匯》卷一百三十四）：“林烏悽咽草蟲酸，彈鋏侯門賤李端。七子聲名重麟角，五湖煙水夢漁竿。蓼莪朝隕門生涕，蘿竹秋禁侍婢寒。我比聽歌桓子野，茶煙濁淚幾回看。”《印軒吟稿》一卷，鈔本，北京圖書館藏。《知止堂詩錄》一卷，收入葉廷管輯《劫餘所見詩錄》稿本，蘇州市圖書館藏。《香爐峰紀游》與《攝山紀游》分別收於《小方壺齋輿地叢抄》第四帙第二冊、第八冊。另據《晚晴簃詩匯》卷一百三十五：“朱綬，字仲環，元和人。道光辛卯舉人。有《環筠吟館詩集》。”高簡，字湘筠，元和人，朱綬之妻，有《綉籢詩詞小集》，故《晚晴簃詞匯》所言《環筠吟館詩集》應爲《遺硯樓小集》。

高簡《綉籢詞》朱綬題識：“婦之來歸，已嫺吟事。耳濡目染，遂習爲詞。曩曾序所作：‘意蓄語中，韻溢弦外。猗靡之餘別有懷抱。’則其自爲之詞，所趨向者可知矣。米鹽凌雜，不能多作。長夏園居，整理舊籢，爲擇其首尾完善者二十餘篇，附諸《湘弦譜》後，並題《法曲獻仙音》一闋於上。”按，《綉籢詞》手稿現藏上海市圖書館。

黃承勛《眠鷗集遺詞》朱綬題識：“此黃君樸存所著詞稿，於乙未二月郵托選校，並囑改定。因爲酌存五十六首，實則可删者尚有數首。今樸存已作古人，此稿期在可傳，自當求其盡善，不在多也。道光丁酉五月朱綬手識。”戈載題識：“丁酉夏六月歸自高沙，酉生仁兄以此册委校，並囑改好。因就其誤處、不妥處，妄擬竄易去取，較西翁稍嚴。因西翁曾云：‘當求盡善，不在多也。’以此付刊似無遺憾矣。時在九月中旬，又將赴楚州迫事，少間殊愧草草。”

子祖命，兄緒出，過繼爲君嗣。孫二：以愷、以慄。

《墓誌銘》：“子祖命，兄緒出，少奉祖命爲君嗣。孫二：以愷、以慄。”按，亦見《亡友朱君仲潔墓表》。

參考文獻：

1. 朱綬《知止堂詩録》,《清代詩文集彙編》,上海古籍出版社 2010 年版。

2. 朱綬《知止堂詞録》,《清代詩文集彙編》,上海古籍出版社 2010 年版。

3. 朱綬《知止堂文集》,《清代詩文集彙編》,上海古籍出版社 2010 年版。

4.《清史列傳》卷七十三《朱綬傳》,中華書局 1987 年版。

5. 姚燮《復莊駢儷文榷》卷八《朱仲潔孝廉誄》,《續修四庫全書》,上海古籍出版社 2002 年版。

（孔哲）

方履籛傳

　　方履籛，字彥聞，一字術民，江蘇陽湖（今常州市）人。乾隆五十五年（1790）生。先世爲湖州德清人，徙居順天。高祖方辰在康熙時官翰林院檢討，遷居常州，遂爲常州人，而著籍大興。

　　梅曾亮《方彥聞墓表》：“彥聞方君，諱履籛……其先世自德清徙居順天。高祖辰，康熙時官檢討，遷居常州而著籍大興。”

　　陶梁《國朝畿輔詩傳》卷五十八：“履籛字彥聞，一字術民，大興人。嘉慶二十三年舉人，官福建閩縣知縣，有《萬善花室詩集》四卷。”

　　按，方履籛妻馮氏、呂氏，育三子。《方彥聞墓表》云：“妻馮孺人，繼娶呂孺人。子駿謨、駿諶、駿諡，諶爲履筠後。以道光十三年月日葬於縣之某鄉某原。侯官陳編修壽祺既志其墓矣，駿謨來鄉試京師，乃請曾亮爲之表。”長子駿謨，字符徵，一字耐餘，諸生，精地理繪圖之學，繪《長江全圖》，並爲圖説，纂《徐州府志》《宿遷縣志》《徐州輿地考》等。孫楷，一名愷，字子可，幼承父祖方志之學，尤善繪地圖，繪有《寧紹台三府圖》《光緒粵海圖》《長江圖稿》《大地全球圖稿》《西漢百三郡國圖》《水經注圖》等。

　　幼聰穎，隨父官甘肅。時楊芳燦、胡紀謨亦官甘肅，對方履籛贊賞有加。

方駿謨《先府君行述》:"府君七齡即穎異,讀書每百行,一二過輒成誦。"

方履籛《萬善花室文稿》卷三《誥授朝議大夫甘肅鞏昌府知府護理鞏秦階道胡息齋先生別傳》:"履籛幼年侍嚴親官於甘肅,先生與家大人交相友善,見履籛而愛之。選詞爲騈,走箋命和。揄揚不絕於口,保抱不離於懷。十紀之童,携之而並列耆宿;一韻之美,咏之而遍駭公卿。"

按,方履籛父聯聚,官永康知州。張之洞《(光緒)順天府志》卷一百零二云:"方聯聚,字樹星,大興人。乾隆五十一年舉人,六十年大挑一等,試用甘肅知縣。涼州有疑獄,五年不決。聯聚至,一鞫而服。……(嘉慶)二十一年補永康。……(嘉慶二十五年)八月己丑卒於永康舍。子履籛、履筠。"方聯聚初在甘肅爲官,方履籛亦隨之居甘肅。

喜交游,好鑽研經史。嘉慶十二年(1807),入京赴試,結識張成孫、李兆洛。

《先府君行述》:"府君至性過人,喜交游,以友朋爲性命。尤服膺張皋文惠言、李申耆兆洛兩太史。於學無不究,購書萬卷,皆手自丹黃。經史有異同,必集諸書反復互證求是乃已。"

李兆洛《養一齋集》卷十四《方履籛傳》:"已乎!彦聞而竟止於斯。今去君之卒已五年矣,乃握管而爲君傳,以志予與君始末踪迹,尚不能已於悲也。予年三十九始識君於京師,君年十八九矣。從尊甫友樨先生官於甘肅,來赴京兆試。甘肅至京五千餘里,聞其在車中常把卷吟誦,聳然異之。比相見,魁質而毅姿,樸章而和琊,知其非恒人。"

張成孫《端虛勉一居文集》卷二《方彦聞傳》:"彦聞有至性,以氣節自邁,以文學自期,以古人之行自勉,而平坦篤實,詣力絕人,故爲世重也。喜宴會，善飮啖，每當賓朋聚集，耳熱酒酣，俯仰古今，睥睨一世，高歌狂嘯，慷慨激昂，若不知人間有異己者。非有憤激之意，非有嫉俗之心，蓋其性然也。"

嘉慶十七年（1812）八至十月間，與張成孫書信往來密切，討論"理""禮"。

張成孫《端虛勉一居文集》卷一録《答方彥聞書》《再答方彥聞書》《與方彥聞書》，討論"理""禮"。此三信被楊以增録出，並與凌廷堪《復禮》三篇匯輯爲《禮理篇》一書，刊行於世。《禮理篇》今不存。高均儒《續東軒遺集・禮理篇跋》云："至堂先生……以近儒凌君次仲廷堪《復禮》三篇，張君彥惟成孫與方彥聞書三篇合刊，而書其後，先徵'理'字之見諸經者，以孔子讀《慶民》之詩爲折衷，末附陳侍郎序、姚郎中經説之語。"

十八年（1813）三月，與吳江吳育，武進李慶來，陽湖周儀暐、周儀萬、周儀顥三兄弟及管通群同游明唐順之讀書處。

《萬善花室文稿》卷三《春暮游陶園序》："晋陵多陂池竹木之勝，而西南之濱尤饒逸致。碧流三尺，紅芷百尋。……是曰陶園蓋唐先生荆川讀書之館也。後歸陶氏，遂以陶名。……時則嘉慶十八年癸酉之三月也，同游者爲吳江吳育，武進李慶來，陽湖周儀暐、儀萬、儀顥、管通群，大興方履籛，凡七人，詩若干首。"

二十一年（1816）十月，與劉嗣綰、汪正鋆、汪正榮、陳用光、董國華等舉行銷寒會。十一月，陳沆、劉嗣綰、魏源等人聚集於方氏齋中，觀賞"空谷流泉琴"。

劉嗣綰《尚絅堂詩集》卷四十九有《汪均之贈余山水橫幅，余即名之曰〈此中有我圖〉》。十月九日銷寒第一集，即偕均之、奐之及石士前輩、琴南、竹友、簡塘、彥聞在小玲瓏館賦此》。

陳沆《簡學齋詩存》卷三《楊忠愍琴》自注:"背有'空谷流泉'四字,十一月十七日,與同人觀於方彥聞齋中。"《尚絅堂詩集》卷四十九有《方彥聞寓齋銷寒第五會椒山先生"空谷流泉"琴》,顧翰《拜石山房詩鈔》卷五有《觀方彥聞所藏楊椒山先生"空谷流泉"琴》。魏源《清夜齋詩稿·椒山琴和陳太初作》自注:"琴爲方彥聞藏,背鑴'空谷流泉'四字。"其詩云:"哲人既往我安宗,誰知以耳以神通。俄頃四座悄無容,惟餘兩人一枯桐。"

嘉慶二十三年(1818)與董佑誠同時中舉,大挑一等,分發福建以知縣用。

《先府君行述》:"府君七齡即穎異,讀書每百行,一二過輒成誦。戊寅恩科鄉試中式,座主俱深器府君,謂學術自兩漢出,非尋常經生家言。"

道光二年(1822)正月,與李兆洛、張成孫、周濟等十四人,集於常州東坡舊館,後集於揚州靜修儉養軒。

李兆洛《養一齋集》卷十《同車圖記》:"露車一轅,中馬左驂驢,跨驢而從者三,車之中白鬚中坐者子常,仰而與語者卿珊,青兜蔽耳側坐露半面者宛鄰。若士對之舉手若相語,若士之後,左山子、右彥聞,紹聞背宛鄰坐,捻鬚若有思,善之坐右轅,回首與伯恬語,孝逸曳一足坐左轅,若與驢背人相盼也。驢傍車而稍後,前爲彥惟,後則贊卿、竹吾並而語,竹吾拄鞭若聽者。馭夫結束,傍右轅而趨,揚鞭而顧,若指示車中人者爲保緒。先是張君懷白爲諸人各寫照,欲匯爲一圖,又欲俟宛鄰之歸併圖之,會宛鄰自京師徑赴山左不復歸,懷白不識宛鄰,故爲側寫,不能求似也。餘人則栩栩如對面矣。他日相思,但一展視,亦可以稍釋寤寐矣。夫子常祝大名百十,宛鄰張二名琦,若士丁四名履恒,紹聞陸九名耀通,卿珊莊四名綏甲,伯恬周大名儀畔,贊卿魏大名襄,山子吳五名育,保緒周二名濟,孝逸管大名繩萊,彥惟張大名成孫,彥聞方大名履籛,竹吾康大名兆奎,善之鮑六名繼培,此其齒序也。竹吾山西興縣人,善之安徽歙縣人,山子吳江人,子常江陰人,保緒宜興人,餘皆武進人,道光二年正月集於常州之東坡舊館,再集於揚州之靜修儉養軒,三年三月屬懷白畫此在吾家枕芸書屋,其年十月裝於江陰暨陽書院,乃記之。時孝逸、竹吾、善之在京師,贊卿在雲南,宛鄰在山東,山子、彥聞在河南,紹聞在浙江,卿珊在安徽,保緒、彥惟在揚州,若士、伯恬家居不常見,見予記此者子常也。"

道光三年(1823)課康紹鏞府,與劉大觀往來頻繁。

《先府君行述》:"癸未游中州,康蘭皋中丞紹鏞僑居河內之清化鎮,延府君課其子侄。而劉松嵐觀察大觀同客其地,往來尤數。"

四年(1824),時袁枚之子袁通爲河內縣令,復請方履籛與吳育修縣志。二人熟悉金石,遂在縣志中增加舊志所無之《金石志》一門。

《先府君行述》:"時河內袁蘭村明府通聘修《縣志》,明府爲簡齋太史子,文望軼時流,與府君交莫逆。《河內志》舊無'金石'一門,府君偕吳山子先生育補之。"

《萬善花室文稿》卷六《河內縣志叙傳》:"道光之三年,其夏四月,知縣袁通始自汝陽遷劇河內。明年正月志事始舉,匝歲而畢。即捐廉俸,付之梓人。至五年三月,其工亦竣。"

五年(1825)主武陟。是年與王榮升修纂《武陟縣志》。

《先府君行述》:"乙酉主武陟,王明府榮升署修《武陟縣志》。"

道光六年(1826)大挑一等。

《先府君行述》:"丙戌大挑一等,分發福建,以知縣用。"

八年(1828)赴閩時,劉大觀作詩贈行。在閩擬定修訂通志之章程及體例,署永定縣,善治,以儒道感化鄉民。

《先府君行述》:"戊子赴閩,時福建議修《通志》,大府知府君熟於其學,命擬定設局章程及采訪體例,府君條上章程八,體例三十有六,大府善之。署永定縣知縣,邑有胡鳳兆者,豪於鄉,與族人某不相能,殺其子,劫其父棺,棄深山中。積數年,官弗能捕。府君爲書論之,反復數百言,遣胥徒一人持往。鳳兆見所諭書,泣且詫,知罪不可逃,願歸死,遂論如法。南鄉民許開玉殺族侄振昌,逃不獲。府君怒既而禱於神,開玉芒芒然歸徑入城。至縣署,躑躅,門吏有識者執之,一訊而服。"

《方彥聞傳》:"自恃精氣壯盛,致志一往,銳而且果,往往不量其力,於處事亦然。……君伉爽自喜,以爲天下患無任事之人,事無不可爲者。"

十年(1830)先官永定,修《永定縣志》。後調閩縣,善治,有政績,教化民風,整頓陋習,判決積案,疏通河渠等。十月奉檄兼監通志局。

《先府君行述》:"庚寅修邑志,時通志已開局,檄郡縣采訪諸事實所頒條例,即府君手定本也。府君謂《永定志》久弗修,宜重輯,乃延邑人商榷,而手自屬稿。《志》成,人服其精核。調署閩縣,閩縣爲會城,首劇最號難治。尚幹、扈嶼、宏嶼諸鄉,俗獷悍,小有眤眦,即持械五鬩。府君集鄉老族正諸人,戒諭之,剖析利害,甚懇,至鄉民咸頷首敬聽有泣者。閩俗婦欲殉夫死者,戚鄰率糾錢爲臺於四達之衢,婦盛賑祭夫,辭別其尊嫜,乃登臺自縊,戚鄰持香送之,觀者如堵。時南臺有某氏婦將築臺縊,府君偵知之,即呼其舅姑父兄來諭之,曰:'烈婦殉夫,乃至情至性,不容自遏,聖人猶以爲過中。今築臺而要之,是驅之死也,不悛者坐以法。'婦感泣,再拜去。越一日,乘人不及備,卒縊於房。論者謂此婦均死,然死得其正,非府君之克敦,風教不及此,自後亦無敢築臺觀縊者。十月奉檄兼監通志局,與纂修諸君斟酌盡善。城內外河渠久淤,請於大府分投開浚,日往監勘,勾稽土方,不辭勞勛。自抵閩,清釐積案凡五百有奇。"

陳壽祺《清敕授文林郎署福建閩縣知縣方君墓誌銘》:"上官有所咨,必盡言無隱。與同寮言,必誠,論事必侃侃無支飾。鄉人士過從,必詢訪利弊所由。"

《方彥聞墓表》:"徙閩縣,決滯獄五百事。……與人交謹重有終始,居官勤民,能耐雜,不以文雅薄吏事、望空自高,可謂文行君子矣。"

陳用光《太乙舟文集》卷六《方彥聞驪體序》:"今閩中無亂民,而其俗之凋弊甚矣,舞文抵法者接踵而興。閩縣爲赤緊,而其俗之弊自若也。上官咸知彥聞之才,故自永定調取以治首邑。彥聞發揮儒術,當必有異乎俗吏之所爲者。"

道光十一年(1831)夏,閩縣久旱不雨,方履籛祈雨於烈日中,中暑而卒,年僅四十二。黃宅中將其靈柩運回常州安葬,陸我嵩作《丹旐歸吳圖》,張成孫、李兆洛爲之作傳,陳壽祺爲作墓誌銘。

《先府君行述》:"會久不雨,米價騰踊,府君心憂之,隨大府禱於于山,凡數日,得疾卒,年四十有二。"

《方彥聞墓表》:"六月久不雨,步禱於山中,暍病五日。問天雨者再,遂卒,時道光十一年六月十八日,年四十二。"

陸繼輅《崇百藥齋三集》卷八《寒江孤艇,風阻歸程,感舊懷人離聲間作》："剛見鴻毛遇順風，浮生似此太匆匆。問天何苦生璃樹，正欲淩雲着土中。"

博識多聞，駢體尤工。著有《萬善花室文集》六卷、《續集》一卷，全爲辭賦、駢文。其文兼具兩漢之淵雅渾厚、六朝之綺麗清新及初唐之博麗雄肆。

《先府君行述》："所著有《萬善花室駢體文集》六卷，《續集》一卷。……陸我嵩序：'君學本六經，沿洄於先秦兩漢，扶樹風骨，含咀英華，發而爲詩，磅礴在中，鬱紆在外，皆忠愛悱惻之所流露。信乎！如萬斛泉觸地而出，隨其形之大小，聲之疾徐，靡不中節。'《紅豆樹館詩話》：'術民世爲順天人，僑居常州。人多推其駢體文，然嘗與吳山子育搜羅金石，與張宛鄰琦討論詞學，與劉燕庭喜海考核泉幣，其他天文地理、氏族源流、六書九章之法、耆闍梵筴之書皆旁通博涉，則君於學固無所不窺也。詩淵源兩漢，纂組六朝，爲其結體極高，故古色斑斕，迥殊凡響。''"工駢體文，論者謂匯漢魏以降諸作者之精神，而陽開陰闔，不名一家。詩古體，宗六朝；近體則出入於大曆十子。與陸祁生明府繼輅相切劘，詩益進，尤喜爲長短句。"

《(光緒)順天府志》卷一百零二："自嘉道以來，以駢文鳴者，枎華館外鮮能抗手。"

譚獻《復堂日記》卷七："方文密栗勝董蘭石，而駢宕不逮，綺藻麗密而未盡簡質清剛者。"

《方彥聞墓表》："君性豪邁，博學能文章，病爲駢體者氣弱不能持論，故其文獨震蕩飄忽，氣逸不可止，不復以駢體自囿。……著詩、文、詞集十三卷，《伊闕石刻》《錄碑目》《希姓錄》《泉譜》共十四卷。"

李慈銘《越縵堂日記》同治十二年正月二十五日："其文博麗清

縟，深於徐、庾、王、楊家法，不及董方立之警練，而格韻超秀則過之也。”“大興方彦聞大令履籛《萬善花室駢體文》三册。予向見常熟《重刊法苑珠林序》，末題‘萬善花室女弟子吕琴姜撰’，其文高麓博奥，逼真初唐，知必名手代撰，而求之近代裔家文集，俱未得之，今印在此集中，乃其代婦所作也。彦聞與董方立交最摯，方立有《方彦聞〈鶴夢歸來圖〉序》，言圖爲方彦聞悼亡而作。昨定子言，悼亡者乃其原配陸孺人。庭芷之曾祖桐城君，奇愛季女，必欲擇名士相攸，因以歸方君爲繼室。方君嘉慶戊寅科舉人，官福建閩縣知縣，所至喜拓碑，聚古錢甚夥，善八分書，年五十三，卒於官。”按，此處方履籛卒年有誤。

《萬善花室文稿》卷五《答吴巢松督學少司成書》：“嘗偏嗜篆刻，愛好纂組，夸心麈於建安之初，斷目於仁壽之後。……名不可以外干，業不可以内廢。道以文昭，文以辭萃。斯爲不朽之盛事，緯世之顯謨。而儕俗之倫，略之已甚。中智畢力，但營帖括之功；高材涉觀，並棄制科之學。”

《養一齋集》文集卷七《跋方彦聞隸書》：“彦聞之爲學善變。其爲駢體也，初愛北江洪先生，效齊梁之體，綺雋相逮矣。已而曰‘此不足以盡筆勢’，則改爲初唐人規格，雄肆亦復逮之，自以爲未成也。”

作詩風格遒上，取法六朝，著有《萬善花室詩集》五卷。

金武祥《粟香隨筆》二筆卷五：“《萬善花室詩》風格遒上。《湘江道中》二首云：‘萬古難消意，人生別恨多。請看湘水上，帝女怨如何。竹響瑶琴夢，山空寶瑟歌。積愁本無限，此地易滂沱。’‘況有文章客，爭雄天地都。寫騷開奥宅，埋骨峙澄湖。七澤吟何咽，三湘勢易孤。我來無可達，猶見舊虀蕪。’”

林昌彝《射鷹樓詩話》卷二十一：“大興方彦聞大令履籛著有

《萬善花室詩稿》及《萬善花室駢體文》。大令駢體文騷心選理，具體徐庾。詩亦取法六朝，風骨少減。余嘗喜其《屈大夫祠》七言律，語頗悲壯，酷似陳元孝。詩云：'湘天生別誤騷人，天問何如問水濱。七國論才須帝楚，三閭積怨竟亡秦。薜蘿山鬼依名士，杜若雲旗享逐臣。來謁清祠逢競渡，野風吹散一江蘋。'"

作文則倡文道合一。

《萬善花室文稿》卷三《書劉芙初編修駢體文集序》："夫文以道勝，言以氣雄，子建所謂儼乎若泰山，勃乎若浮雲，乃君子之作也。……不錯於雕鏤之工，不逾於性情之外，泃操縵之津途，爲學林之衣鉢矣。"

《萬善花室文稿》卷三《周伯恬詩集序》："以吞吐河漢之豪，摧折回飆之勢，掎摭賈董之行，詆訶曹劉之作。蹴九華而西傾，抗八極而東覆。搖筆而熊羆晝呼，發聲而蛟黿夜走。乃志士之盛概，文人之逸情。然能退藏於密，處盈於虛，引和宮商，酬應韶濩。情之所極，則言無不周；意之所通，則韻無不茂。"

《萬善花室文稿》卷四《答陳伯游書》："道以文昭，文以辭萃。……夫意以文宣，文以氣植。精彩焕越，非危赢之是求；神思淵通，豈枯槁之能化？運藏舟於大力，百儷何傷；滯棘軸於方穿，單辭爲梗。是知濡毫雖眾，如草靡秋；染翰長存，披沙見寶。然則任詩沈筆，豈皆玉山之頹；北庚南徐，孰非金鼓之振？退之之作，誠可起衰；隋紀以前，猶當其盛。"

《清敕授文林郎署福建閩縣知縣方君墓誌銘》："彙漢魏晉宋作者之風骨，神韻纚纚焉。御風而行，而陽開陰闔，雲譎波詭，神明矩矱，動與古會。"

《復堂日記》卷三："綿麗曲暢，足與開、天名手接武文壇。於仁壽以前略近孝穆，蓋洪北江、孫伯淵可抗顏行也。"

《方彦聞傳》:"渾厚淵雅,希踪於范蔚宗。"

《(光緒)順天府志》卷一百零二:"雄深渾厚,典麗磅礴,高者淵源兩漢"。

好金石。所行處,凡遇殘趺斷碣隱隱有字,必手自捫拓以歸,如獲拱璧。足所未到,必屬所知代訪,所積幾萬種,多王昶《金石萃編》、孫星衍《寰宇訪碑録》所未載。

《先府君行狀》:"酷嗜金石文字,見有摹拓善本,必重直購之,先後所積幾及萬種,多王氏《金石萃編》、孫氏《寰宇訪碑録》所未載者。游伊闕,時居山中匝月,遍搜石刻,得唐以前造像題名多至八百餘種。或謂府君:'造像題名大抵鄉曲愚夫婦所爲,無關學問,君得毋嗜痂?'府君曰:'六朝民罹鋒鏑苦,惑釋氏説,思種福田以求生全,其情可憫,觀之可以識世變。且題名中有名人游歷所至者,考其年月可以證史傳異同,豈無關學問乎?'"

《清敕授文林郎署福建閩縣知縣方君墓誌銘》:"博學於文,自天文、地理、氏族、金石、錢幣及六書九章之法、梵夾之典,靡不綜貫。尤酷嗜金石文字,少壯行萬里,所至深山古刹,必携氈椎與俱。遇殘趺斷碣隱隱有字,必手自捫拓以歸,如獲拱璧。足所未到,必屬所知代訪,所積幾萬種,多王氏《金石萃編》、孫氏《訪碑録》所未載。游伊闕,居山中彌月,遍搜石刻。得唐以前造像題名八百餘種。"

《方彦聞墓表》:"富聚金石,語曾亮曰:'吾於古今著録家缺二碑而已。'時獨游深山古澗中,撫訪碑碣。"

擅長編纂方志,著有《河内縣志》三十卷、《武陟縣志》三十卷、《永定縣志》二十卷。

《先府君行述》:"所著有《萬善花室駢體文集》六卷、《續集》一卷、《詩集》五卷、《詞集》二卷、《河內縣志》三十卷、《武陟縣志》三十卷、《永定縣志》二十卷,皆已刊。"

《先府君行述》:"《河內志》舊無'金石'一門,府君偕吳山子先生育補之。……府君謂《永定志》久弗修,宜重輯,乃延邑人商榷,而手自屬稿。"

喜鑽研錢幣。

《萬善花室文稿》卷二《與方立論古泉書》:"方立足下來書云:長安市中古錢銅質爛惡,率多贗物,恐足下於此尚未及深究也。請陳其略……偶徵異品,必事考詢。則譖竊之稱,庶不淆於正統;絕域之號,可無登於中原。辨名既正,讀史所資。"方履籛爲董佑誠論收藏古錢之四益五失,細述古錢之學。

擅長隸書,書法慕鄧石如。李兆洛言其書法"體勢逼肖,而古俊之氣流溢毫端",李慈銘評曰"逼真初唐"。

《先府君行述》:"善隸書,於近時獨推服鄧皖白石如。"按,《萬善花室文稿》"皖"作"完"。

《萬善花室文稿》卷五《鄧完白先生墓表》:"先生字石如,號完白,安徽懷寧人也。初名某,後避仁宗皇帝御名,故遂以字行。……竊考先生之書,實始於篆,由篆出隸,由隸出真,由真出行。故其意則同條共貫,其美則自葉流根。情質宣融,修短起伏,力不外傅,險必內含……先生卒於嘉慶十年,年六十有七。有子曰尚璽,能世其學。余與先生,雖年世相接,而齒晚道遐,未嘗奉光塵,侍屏席。竊有服膺之志,私艾之誠。削板則往紀難追,觀碑則十旬空返。乃與四方同志,綴述絕藝,昭表至行,列之阡右,以闡光烈。"同卷另有《鄧氏隸書贊》。

《養一齋集》文集卷七《跋方彥聞隸書》:"其爲隸書慕完白鄧先

生,爲之傳贊。精心仿之,既又以不能出完白上,思別出一奇,變爲古瘦亦未成也,此其學完白時所爲,體勢逼肖,而古俊之氣流溢毫端,要能自成其家。君樂爲人書,有請輒與,而家所留遺則甚尠。令子元貞裝此藏之,以爲世守豈可少哉。觀其書,神光湛湛,欲奪人睛,具此魄力而不得長命。吁,可詫也!未見其止尼山,所以三嘆於子淵也。"

參考文獻:

1. 方履籛《萬善花室文稿》,光緒七年王氏刻《畿輔叢書》本。

2. 陶梁《國朝畿輔詩傳》卷五十八《先府君行述》,道光十九年紅豆樹館刻本。

3. 李兆洛《養一齋集》,《四部備要》,中華書局 1955 年版。

4. 張成孫《端虛勉一居文集》,《叢書集成續編》,上海書店出版社 1994 年版。

5. 梅曾亮著,彭國忠、胡曉明校點《方彥聞墓表(癸卯)》,《柏梘山房全集》卷十三,上海古籍出版社 2005 年版。

6. 陳壽祺《左海文集》,《清代詩文集彙編》,上海古籍出版社 2010 年版。

(滕小艷)

劉寶楠傳

　　劉寶楠,字楚楨,小字寶十,號念樓,江蘇揚州人。乾隆五十六年(1791)生。早慧,七月能言,三歲誦詩。五歲,父履恂卒於京師。母喬氏勤加教導,五歲授詩,七歲授禮。十二歲,叔父台拱命其入家塾肄業。傳注皆自句讀,務求解而後已。

　　劉恭冕《清故敕授文林郎三河縣知縣先考劉府君行狀》:"(府君)七月能言,三歲解吟詩。"劉寶楠《念樓集》卷八《皇朝登仕郎國子監典簿顯考劉府君行狀》:"府君諱履恂,字迪九,一字子芟……先世蘇州人,明初遷寶應。……乾隆五十一年,府君四十有九矣,故太傅大興朱文正公、編修大庾戴公心亨爲江南主考官……中式多知名之士,劉氏三人,府君其一也。……六十年,復赴禮部試,卒不第,大挑二等,即用儒學教諭,改國子監典簿,旋以疾卒於京邸。"劉寶楠編《清芬集》自注(轉引自劉文興《清劉楚楨先生寶楠年譜》乾隆五十八年):"予年三歲,先君客京邸,嘗示以詩云:'家書每到強加餐,伯仲之言子細看。聞汝吟詩多識字,三年應解憶長安。子甫三齡我白頭,關河千里思悠悠。方來幸待成名日,莫肖衰翁好遠游。'"

　　劉文淇《青溪舊屋文集》卷九《劉迪九先生墓表》:"(喬氏)幼涉書史,略通文藝,年十九來歸,前孺人所生子女皆幼,孺人曰:'欲兒輩學閔子騫,我先勿爲閔子騫之母。'慈愛終其身。……教子束脩外,不名一錢,自立身行己,至一話一言,朝夕檢誨,反復不倦。"劉寶樹《娛景堂集》卷中《先姒喬太孺人行述》:"太孺人少禀家學,閱書史能解大義,處事接物多與之合。宗族子侄及異姓侄輩,每見必訓以讀書守身,有過則反復勸戒,致有感激泣下者。""乙卯,府君殁京邸……時不孝寶楠才五歲,太孺人授讀如前。少長就傅,督晚課,膏油不繼,惟竈上置一燈,命讀書數十過,迨釜鬵而油已竭矣。嘗語不孝等曰:吾日旰不得食,不以爲飢,歲暮不得衣,不以爲寒,汝曹勤讀書,我雖苦不怨。"劉寶楠《念樓集》卷一《紀哀》:"五歲授兒詩,七歲授兒禮。杖兒痛母心,暗室常揮涕。"

《清故敕授文林郎三河縣知縣先考劉府君行狀》:"有志於學,傳注皆自句讀。時從從叔端臨先生授學,辨別古今音韻。"《念樓集》卷六《書先姒喬太孺人軼事》:"嘉慶七年,寶楠年十二,從父丹徒君命入家塾肄業。暑月出所藏卷軸,竟日而舒卷之。"按,當時台拱家塾所請塾師爲喬德謙,係寶楠叔外祖父之子。《念樓集》卷八《清故修職佐郎候選儒學訓導喬先生墓表》云:"先生諱德謙,字循吉,寶應人。……寶楠從父丹徒君以憂歸,延先生爲塾師,自是邑中人士多出其門。"

嘉慶十年(1805),應府試。次年應院試,入縣學。揚州知府伊秉綬到任,聞其名,召置門下,延請高郵宋茂初爲其子師,寶楠亦同受業。十二年,伊秉綬以憂歸,寶楠亦歸里,隨後至揚州安定書院肄業。十五年,補廩膳生。

《念樓集》卷六《暫園吟序》:"嘉慶乙丑,予年十五,應郡試。"《念樓集》卷一《紀遇詩爲故守伊墨卿師秉綬作》:"故守舊爲郎,聞望傾畿甸。一麾守揚州,百里馳郵傳。曰余聞劉生,召置門下便。……顧乃齒頑愚,禮遇過群彦。由是孺子名,稍稍供譚宴。"《念樓集》卷七《碧虛齋吟草書後》:"寶楠於嘉慶丙寅受知故守伊墨卿師，召置門下。延師（按，指宋茂初）課其子，今遂安知縣念曾，寶楠從受業。明年秋，墨卿師以憂歸，師亦歸高郵。"李周南《洗桐軒文集》卷八《劉母喬太孺人行狀書後》："（劉履恂）乙卯卒京邸，越十二年丁卯，周南與哲嗣幼度（劉寶樹）為同歲生，其季楚楨方共肄業安定書院。"《念樓集》卷八《皇朝修職郎寶應縣儒學訓導加三級張趙亭先生行狀》："嘉慶十五年……寶楠始補廩膳生。"

嘉慶十八年（1813），授徒鄉里。二十三年，携家徙居揚州城，與儀徵劉文淇交，時有"揚州二劉"之譽。二十四年，中式江蘇優貢。道光二年（1822），赴京師，館於汪喜孫家。八年、十一年，兩度鄉試不第。十五年，鄉試中式。次年，會試落第。二十餘年間，迫於生計，於寶應、揚州、儀徵等地輾轉徙家，以就館為生。曾先後就幕於安徽學政鄂木順額、保定知府阮常生，揚州知府李璋煜亦發榜文招其與文淇入幕。

《念樓集》卷六《暫園吟序》："（嘉慶）戊寅，予徙郡城，與劉孟瞻明經（劉文淇）交，時同訪包慎伯（包世臣）大令於小倦游閣，西御（王僧保）及其弟（王翼鳳）皆座上客，自是交日密。"

《青溪舊屋文集》卷四《劉楚楨江淮泛宅圖序》："吾友寶應劉君楚楨就館郡城，於嘉慶戊寅携家來揚。道光壬午，還寶應。癸未，遷儀徵。丙戌，又由儀徵遷揚。九年之間，凡四遷。此《江淮泛宅圖》所為作也。圖成即屬余序，余諾之而未果作。壬辰冬，楚楨復携家歸寶應，而獨來郡城，舍館他氏。……余弱冠後，與里中薛子韻、涇縣包季懷、包孟開、旌德姚仲虞、丹徒柳賓叔泛覽經史，楚楨因余得與諸君交，相與切磋，為友朋之極樂。未幾而季懷、子韻先後奄没，仲虞、孟開、賓叔又各反里門，惟楚楨客郡城中，間移家與余鄰者且七年，朝夕相見，兩人相資益者實多。"

《清故敕授文林郎三河縣知縣先考劉府君行狀》："嘗應安徽學

使鄂木順額公聘,閱卷精審,不敢涉一毫粗怠,尤留意經古實學。鄂公虛心聽納,所取多知名士。"

按,劉寶楠曾協助校訂薛傳均《文選古字通疏證》、劉文淇《左傳舊疏考證》、汪喜孫《國語正訛》等。劉毓崧《通義堂集》卷十三《文選古字通疏證序》云:"己丑秋,按臨汀州,子韻(薛傳均)猝得疾,卒於官舍。……某時官江西,寄金至揚州,屬友人寶應劉君楚楨、甘泉楊君季子、儀徵劉君孟瞻詳加審定,重梓行之,而諸君已先期約同人醵金另爲刊板。"《青溪舊屋文集》卷三《與劉楚楨書》:"前以拙著《左傳舊疏考證》奉質,承荷校勘,謹嚴精確,獲益良多。……拙著首卷兄粘簽處,慎翁贊嘆,謂'語語允當,可稱良友'。直諒之義,吾輩共勉爲之。"汪喜孫曾請寶楠審正《問禮堂書目》《知新記》《舊學蓄疑》《國語正訛》等書,參見楊晉龍編《汪喜孫著作集・與劉寶楠書一》。

又按,寶楠鄉試落第見於文集者二,而實際有五次之多。劉文淇亦於鄉試失利十餘次,遂與寶楠相約閉户著書,不再應舉。《青溪舊屋文集》卷十一《別號舍並序》:"辛卯秋賦,與楚楨同寓金陵,計前後省試已十一次,與楚楨同寓亦五次矣,相約此後閉户著書,不復應舉。因仿陳亦韓先生作《號舍詩》,索楚楨同作,以堅其約。"其中有句云:"壯歲齊名説二劉,白門同載幾經秋。知君亦自甘檽散,好向江湖覓釣舟。"

道光二十年(1840),登進士第,授直隸文安縣知縣。在任期間修河堤,督民役,聽訟嚴明,士民感戴。因懲辦屯旗怠工,反遭誣告,被參卸任,後得平反。自撰《文安堤工錄》,紀錄修堤之事。

戴望《故三河縣知縣劉君事狀》:"文安地故窪下,堤堰久不修,遇伏、秋水旁溢,爲居民害,君視履堤防,詢知疾苦。令甲凡堤工旗丁及民均資修理,君如令施行,而旗丁怙勢不出伙助,相爲觀望。

君執法不阿,工賴以濟。在縣三歲,無水災。……勤於聽訟,官文安日,審結積案千四百餘事,每鷄初鳴,燭入,嗽食少許,興坐堂皇,兩造既備,當時研鞫,事無巨細,均令具結,口授結狀,或予紙筆,當堂收結,毋許吏胥攙言。凡涉親故族屬訟者,諭以睦鄰,概令解釋。訟獄既簡,吏多去籍歸耕,曹舍晝閉,或賃與人爲書畫肆。於是遠近歙然,著循良稱。"

《清故敕授文林郎三河縣知縣先考劉府君行狀》:"舊例,凡遇堤工,皆旗三民七,公捐(俸)修理,屯旗怙勢不出伙助,相爲觀望,遂致潰決。府君依例舉辦,不少假借。屯目杜棠等遂掇拾差徭各事,赴都越控,被參卸任。邑民數千人將聯名呈訴,且乞留,府君固止之。"

按,寶楠留心水利多年,用力頗深。道光三年(1823),撰成《寶應圖經》六卷,考證河渠水利,由漢及明,辨誤存真,摘疑存信,自陳不敢爲鑿孔面壁之談。劉文淇即因其書叙述邗溝變遷至爲詳晰,遂師其意,先爲《運河考》,後成《揚州水道記》,並多次援引《寶應圖經》。參見劉寶楠《寶應圖經》、劉文淇《揚州水道記後序》。十一年,高郵黃河決堤,災害嚴重,工部尚書朱士彥主持救災,寶楠歷陳利害,建言獻策,參見《念樓集》卷六《上朱大司空書》。十二年,户部侍郎敬徵奉命勘整運河,以河事詢於汪喜孫,喜孫詢於寶楠,汪氏《淮揚運河議》謂:"迄今思之,楚楨真深知水利者。"參見汪喜孫《從政錄》。劉寶楠關注水利,亦受本地先賢影響。劉文淇《青溪舊屋文集》卷十一《送楚楨游保定並序》:"康熙、乾隆間,揚郡先達如喬石林侍讀、孫邃人刑部,皆以争河事與當道忤,直聲振天下。近今河事亞於往時,楚楨每言及輒慨憤不已。"喬石林即喬萊,康熙朝舉博學宏詞科,翰林院侍讀,嘗因與靳輔争論治河事而奪官。其子喬崇修(即寶楠外高祖父)作文記之,寶楠更作詳考,旁徵博引,據實指出靳輔治河之失，參見《念樓集》卷七《喬徵君下河事宜紀事考》。

道光二十五年（1845），署直隸寶坻縣、固安縣知縣。二十六年，授直隸元氏縣知縣，在任治蝗有功。

《故三河縣知縣劉君事狀》："會歲旱，縣西北境蝗，袤延二十餘里。君禱東郊蜡祠，令村保設廠購捕，蝗爭投坑井，或抱禾死，歲則大熟。"

《清故敕授文林郎三河縣知縣先考劉府君行狀》："二十八年，境内蝗蝻大作，延袤二十餘里，府君於吳城西城角兩村設廠收捕，凡費千餘金，歲以成熟。"

咸豐二年（1852），調署直隸三河縣知縣。雇車應差，使兵車過境不擾民。五年，得足疾，卒於任。鄉人私謚曰孝獻先生，入祀先正祠。

《故三河縣知縣劉君事狀》："值東省兵過境，故事，兵車皆出里下，君謂兵多差重，非民所堪，遣往通州雇車應差，給以民價，空車減半，民得不擾。……君在官十六年，衣冠樸素如諸生時。……鄉人私謚曰孝獻先生，入祀先正祠。"

《清劉楚楨先生寶楠年譜》咸豐二年："《行狀》載先生署三河在元年，而《畿輔通志·職官表》載在二年正月。考先生自撰《元氏文廟碑》'咸豐元年四月興工，二年七月工竣，時某已量移三河'語，是元年四月尚居元氏。又先生自撰《三河縣文廟碑》有'咸豐元年，知縣李朝儀等醵集義錢，以是年十月興工'等語，是元年十月之先，三河知縣乃李朝儀。蓋先生元年奉調，次年正月乃到三河任。《行狀》以奉調言之，《通志》以到任言之，兹依《志》編列。"兹從《畿輔通志》，列爲咸豐二年事。

寶楠於訓詁、注疏之學用力精勤，雖顛沛之中而筆耕不輟。其治學實事求是，無門户之見。於毛氏《詩》、鄭氏《禮》注皆思有所述録，輯有《毛詩注疏長編》《禮記注疏長編》等稿本，初撰《毛詩詳注》《鄭氏釋經例》，惜未卒業。又著有《論孟集注》《論語正義》《經義旁通》《愈愚録》《釋穀》等。《釋穀》詳稽博引，精審可比程瑤田《九穀考》。《論語正義》體例謹嚴，徵引宏富，於名物、典章、史事考證精細，大有功於經義，爲清人十三經注疏之代表作。

劉寶楠《論語正義》劉恭冕後序：“先君子少受學於從叔端臨公，研精群籍，繼而授館郡城，多識方聞綴學之士，時於毛氏《詩》、鄭氏《禮》注皆思有所述録。初著《毛詩詳注》《鄭氏釋經例》，後皆輟業。及道光戊子，先君子應省試，與儀徵劉先生文淇、江都梅先生植之、涇縣包先生慎言、丹徒柳先生興恩、句容陳丈立始約各治一經，加以疏證，先君子發策得《論語》。自是屏棄他務，專精致思，依孟氏《正義》之法，先爲長編，得數十巨册，次乃薈萃而折之。不爲專己之學，亦不欲分漢宋門户之見，凡以發揮聖道，證明典禮，期於實事求是而已。繼而作宰畿輔，簿書繁瑣，精力亦稍就衰，後所闕卷，舉畀恭冕，使續成之。”

《青溪舊屋文集》卷四《劉楚楨江淮泛宅圖序》：“楚楨嘗與余約各治一經，楚楨占《論語》，余占《左傳》。以《論語》皇疏多涉清玄，邢疏更鄙陋無足觀，而何氏《集解》亦采擇未備。……蓋爲是約十餘年而未有成書，過從時嘗以是爲歉。顧楚楨奔走長途，浮家南北，又身羸多疾，其作輟也有故。余自嘉慶庚辰一游京師即杜門不出，無僕僕道途之勞，身又强健，而亦無所成就。且楚楨編輯《論語》之餘，已成《寶應圖經》《漢石例》各若干卷，博而有要，好古者已傳鈔其書。余則《左傳》之外別無事事，猶時作時輟。”

《論語正義》陳立序：“其最有功經訓者，如謂‘有子言禮之用’

章是發明《中庸》之説；夫子五十知天命，是知‘天生德於予’之義；告子游、子夏問孝，是言士之孝；‘乘桴浮海’‘居九夷’，是指今高麗地；‘興於詩，立於禮，成於樂’‘民可使由，不可使知’，是夫子教門弟子之法；‘文王既没，文不在兹乎’，是指所得之簡策言；樊遲從游於舞雩之下，問崇德、修慝、辨惑，是魯行雩祭、樊遲舉雩禱之辭以問；朋友切切偲偲、兄弟怡怡，是言朋友責善、兄弟不可責善；謂伯魚爲《周南》《召南》，是謂伯魚受室後示以閨門之戒；‘四海困窮’是指洪水之災，堯舉舜敷治之。凡此皆先聖賢之旨，沉霾二千餘載，一旦始發其藴。至《八佾》《鄉黨》二篇，所説禮制皆至詳確。以視江、孫、邵、郝、焦氏諸疏義，蓋有過之無不及已。”

史學方面，撰有《漢石例》《寶應圖經》《文安堤工録》《勝朝殉揚録》《蕭氏旌孝録》。

劉寶楠《勝朝殉揚録》自序：“道光十八年夏，太守諸城李公主持風化，百廢俱舉，屬寶楠考核史公（史可法）祠之從祀者、忠義節孝祠之應補祀者。會予病目，不能覽記，次子恭冕從學郡館，爰命檢録史志，參以別集，凡殉義官弁及鄉官士民婦女共若干人，分爲三卷。寶楠復加考訂，以上之太守。”

文學方面，纂輯寶應劉氏詩文爲《清芬集》，纂寶應縣詩文爲《象求集》。

《清芬集》劉贊勛序：“嘉慶癸酉、甲戌間，家楚楨孝廉授徒里中，校録先世遺文。”

《念樓集》卷十《象求集序》：“於是網羅舊聞，收葺殘帙，凡以上選本（按，指鄧漢儀《詩觀》、朱彝尊《明詩綜》、劉中柱《寶應詩選》、卓爾堪《本事詩》《遺民集》、倪匡世《詩最》、孫鋐《詩選》、席居中《詩存》、陶瓄《詩的》、王士禛《感舊集》、沈德潛《清詩別裁集》、王昶《湖海詩傳》、阮元《淮海英靈集》）未載者，或一二首，或數十首，彙爲斯集。竊自附象罔求遺之意，名曰‘象求’。”“此書成後改爲《寶應文徵》，凡有專集選存數卷及一二卷，共得六十家。其零篇不能成卷，選存於後。惟卷帙繁重，未能付刻，玆用惘然。”

参考文獻：

1. 劉台拱等著，張連生、秦躍宇點校《寶應劉氏集》，廣陵書社 2006 年版。

2. 劉寶楠《毛詩注疏長編》，《上海圖書館未刊古籍稿本》，復旦大學出版社 2008 年版。

3. 劉文興《清劉楚楨先生寶楠年譜》，王雲五主編《新編中國名人年譜集成》第 19 輯，臺灣商務印書館 1986 年版。

4. 劉恭冕《廣經室文鈔未刻手稿·清故敕授文林郎三河縣知縣先考劉府君行狀》，《北京師範大學圖書館藏稀見清人別集叢刊》，廣西師範大學出版社 2007 年版。

5. 繆荃孫編《續碑傳集》卷五《故三河縣知縣劉君事狀》，《清代傳記叢刊》，臺灣明文書局 1985 年版。

6. 劉文淇《青溪舊屋文集》卷九《劉迪九先生墓表》，《續修四庫全書》，上海古籍出版社 2002 年版。

（黃政）

翁心存傳

翁心存，字二銘，號遂庵。乾隆五十六年（1791）五月十四日未時生於常熟南門內九萬圩舊宅。父咸封，海州學正，祀海州名宦祠。

《翁心存道光二年會試硃卷履歷》（以下簡稱《硃卷》）：“翁心存，字二銘，號遂庵，行二，乾隆辛亥年五月十四日吉時生，江蘇蘇州府常熟縣學廩膳生，嘉慶丙子科本省舉人，民籍。”“父咸封。乾隆癸卯科舉人，江蘇海州學正加一級，敕授修職郎、候選知縣。”

翁同書等《先文端公年譜》（以下簡稱《年譜》）：“乾隆五十六年辛亥五月十四日未時，先君生於常熟南門內九萬圩舊宅。”

翁同書等《先文端公行述》（以下簡稱《行述》）：“府君姓翁氏，諱心存，字二銘，自號遂庵，先世自明永樂中由長洲相城里遷常熟，遂爲常熟人。五世祖玉於公諱長庸，順治丁亥進士，河南布政司參政，分守河南道。四世祖林一公諱大中，康熙丁丑進士，福建上杭縣知縣，皆以廉惠爲士民所頌。高祖天申公諱俸，暨配錢孺人，先後卒，繼聘王孺人，未婚守節，立兄子文安公爲後。文安公諱汝明，是爲府君曾祖，早卒未娶，復以兄子贅庵公爲後。贅庵公諱謙，府君祖也，性純孝，隱居不仕。考潛虛公諱咸封，乾隆癸卯舉人，海州學正，祀海州名宦。自文安公而下三世皆贈光祿大夫，體仁閣大學士，祖母王、前母氏許皆贈一品夫人，母氏張封太淑人，累贈一品夫人。本生曾祖鄰哉公諱汝弼，貤贈光禄大夫，配節母錢氏，貤贈一品夫人。"

翁心存幼奇慧，七歲能屬文，九歲解《尚書》，十歲，父授以制藝之學。

據《年譜》："（翁心存）四歲，能讀漢魏詩。……五歲，解屬對。……七歲能屬文。"

《翁心存詩文集》文集卷三十四《先兄太學君行實》："予年九歲時，嘗從先生受《尚書》，先生悉心指授，予終身嚴憚之。"按，"先兄"指翁人鏡，字朗若，一字兆蓉，常熟人，翁心存異母兄。

國家圖書館藏翁心存《知止齋遺集》中藏有其早年制藝文，如某年七月十三日所作《湯武論》、七月二十二日所作《漢高帝項羽論》、八月十五日所作《夷齊論》、九月五日所作《晏嬰子西論》、十月二十日所作《陸績懷橘論》、冬至日所作《佛氏輪回辨》等。並有眉批和尾評，如周補堂尾評《陸績懷橘論》曰："理足則氣昌詞達，故紙堆中忽得此新警之論，政非翻案可比，童年具此，寧可限量。"戴某尾評《漢高帝項羽論》曰："熟讀史書，信乎拈來如自己出，髫年得此，定非池中之物。"尾評《夷齊論》曰："縱筆所之，絕無凝滯，望而知為偉器。"知翁心存早慧能文之説不虚。周補堂名袞，徽州人，乾隆五十九年任海州訓導，與翁咸封甚相得，嘉慶十年冬卒。戴某，不詳，待考。

按，《年譜》云翁心存十三歲時"始學為制義，下筆千餘言"，此説不確。國家圖書館藏翁心存鈔本《潛虚制義鈔》中存《齊必變食》（甲子）一篇，後有翁心存道光八年（1828）跋："此先君了課兒草也。心存幼時，隨侍朐陽學舍，解握管作文，先君子即自課之，未嘗從他師游。"翁氏並未明言何年始學制藝，故據其早年制藝時間定為十歲學制藝。

得海州知州唐仲冕賞識,遂從之問學,淹貫經史百家。

《年譜》:"八歲。隨先祖赴海州學正任。……十二歲,海州牧唐公仲冕見先君所作論曰:'是童子當有名於世。'遂受業焉。"

《清史稿》卷三百八十五《翁心存傳》:"父咸封,官海州學正。知州唐仲冕見心存有異才,奇之,授之學。"

楊彝珍《體仁閣大學士翁文端公神道碑銘》(《翁心存詩文集》附錄):"隨侍海州,唐陶山州牧見而奇之,使從受學,淹貫經史百家言。"

按,翁心存八歲時當嘉慶三年(1798),十二歲時當嘉慶七年。唐仲冕,字雲枳,號陶山居士,世稱唐陶山。原籍善化,後客居肥城。乾隆五十八年(1793)進士,嘉慶七年升任海州知州。道光元年(1821)升至陝西布政使,代理巡撫。有《岱覽》《陶山集》等。

年十六,舉秀才,譽藉甚,試輒高等。

《年譜》嘉慶十一年:"三月旋里,應童子試。……八月,學使通政莫寶齋先生晋科考,取入常熟縣學第二名。"嘉慶十四年:"(九月)學使侍郎玉研農先生麟科試,一等第三名。"嘉慶十八年:"秋赴金陵試,學使工部侍郎新城陳公希曾蒞任觀風,取列一等第一名。"

按,國家圖書館藏翁心存手稿《知止齋遺集・陔華小題文存》及《知止齋遺集・陔華館制藝存》中,存有其制藝詩文多篇。其中亦有爲秀才時所作之文得時譽者:嘉慶十三年所作《力不能勝一匹雛》被江蘇學政萬承風錄遺常熟縣學第三名;《康誥曰如保赤子心誠求之》題下注"游文書院李邑侯會課,超等第一名";嘉慶十六年六月三日游文書院會課《子曰知者樂水仁者樂山知者動仁者静知者樂仁者壽己巳》,被昭文縣令朱樹基定爲超等二名;七月初二日游文書院會課《子華使於齊冉子爲其母請粟……》,被李道憲定爲超等三名;該年所作《三子者出》,被列爲琴川書院一等二名。嘉慶十七年所作《帝典曰》，被昭文令朱樹基定爲游文書院會課超等第五名；《人一能之已百之人十能之已千之》，被朱樹基定爲游文書院會課超等第一名；《楚書曰楚國無以爲寶惟善以爲寶舅犯曰亡人無以爲寶仁親以爲寶》，被常熟令劉圭定爲游文書院會課超等第一名。

嘉慶十九年（1814），江蘇學政陳希曾歲試，取翁心存爲蘇太兩地第一名，有國士之目。

《年譜》嘉慶十九年："二月，學使陳公歲試古學，試《玉皇香案吏賦》，取列蘇太兩屬第一，試作傳誦大江南北，正場取列一等第二名，遂食餼。"

《行述》："新城陳侍郎希曾督學江蘇，試《玉皇香案吏賦》第一，有國士之目。"

按，《玉皇香案吏賦》似佚，《翁心存詩文集》之《北麓集》和《蘭言集》載有本年情事，其中《二月望後一日大雪學使陳公希曾集試者五十六人命賦勵志酬知詩四章以舉實爲秋爲韻》，又有《新樂府四章》下注"學使陳公試士作，甲戌"，略及當年歲試情形。

次年科試，復取一等頭名。嘉慶二十一年（1816），江南鄉舉中式。

《年譜》嘉慶二十年："秋應科試，學使工部侍郎王勿庵先生以銜取列一等第一名。"嘉慶二十一年："往金陵鄉試，嘗夢前身爲僧，號了觀，作《碧玉篇》紀其事。九月榜發，中式。"

道光二年（1822）登進士第，改翰林院庶吉士，散館授編修。

《年譜》道光二年："入都會試，舍於史問山先生老墻根寓齋，榜發，中式第二十一名。……覆試一等，殿試二甲第三名，朝考入選第四名，改庶吉士，冬，充武英殿協修。"道光三年："散館試'任官惟賢才賦'，'小闌花韻午晴初詩，得蘭字'，列一等第一名，授翰林院編修。"

按，翁心存中舉後歷嘉慶二十二年（1817）、嘉慶二十四年、嘉慶二十五年三次會試不第後，始於道光二年考中進士。

道光四年（1824），充武英殿總纂，補右春坊右中允，充文淵閣校理。

《年譜》道光四年："充武英殿總纂，八月，大考翰詹，試'八月其獲賦'，'昨夜庭前葉有聲，得心字'七言排律詩，列二等第二名。奉旨遇缺提奏。九月補右春坊右中允。十二月，充文淵閣校理。"

按，《知止齋遺集・先文端公詩賦稿》中載有翰詹大課之詩賦。另《翁心存詩文集》之《木天集》載有本年情事。

道光五年（1825），典福建鄉試，督廣東學政。

《年譜》道光五年："五月充福建鄉試正考官，副之者編修陳辛伯先生兆熊也己卯進士，崇明人，得士林君楊祖等八十七人，副榜十七人，闈中奉督學廣東之命。十月抵廣州。"

按，《翁心存日記》（以下簡稱《日記》）詳載赴閩粤行程，五月十六日奉命，因雨遲至五月二十九日啓行，八月朔抵福州，八月六日入貢院。闈中有廣東學政之命，出闈後遂於九月二十四日啓程赴粤，十月二十八日至廣州，十一月朔接學政印視事。

次年轉補左中允，按試廣東各地。

《年譜》道光六年："轉補左中允，按試肇、羅、南、韶、連，還試廣州，復出按惠、潮、嘉。回省度歲。"

按，《翁心存詩文集・嶺嶠集》載有本年情事。國家圖書館藏翁心存手稿《粤東校士録》，載録其歲試、科試廣東各地生員姓名及資料，足見其恪盡職守，任廣東學政期間，其詩作較少，亦見其公務之繁忙。

任滿返京。道光九年（1829）入直上書房，授讀惠親王綿愉。

《年譜》道光八年：“任滿時，從游諸子餞於白雲山，爲圖賦詩以贈行，代者徐辛庵先生士芬也。十一月，度嶺，除夕泊舟滕王閣下。”

翁心存《知止齋詩集》卷九下注：“戊子秋，學政任滿，由廣東還京。”

《年譜》道光九年：“六月，奉旨入直上書房，授惠邸讀，同直者仁和龔季思先生守正也，居澄懷園之樂泉西舫。”

道光十年（1830）充日講起居注官，尋遷翰林院侍講。

《年譜》道光十年：“三月，扈蹕南苑，數拜麏鹿黃羊之賜，並賜《御製巡幸盛京詩》及《御製詩初集》。四月，不孝同穌生。八月，充日講起居注官。長孫曾文生。九月，遷翰林院侍講。”

《翁心存詩文集》詩集卷九有《舊衙門雨中從獵（庚寅三月八日）》《庚寅八月二日蒙恩充補日講起居注官大阿哥賜詩獎勖謹依元韻奉》《庚寅九月二十四日蒙恩升授翰林院侍講大阿哥寵以詩章謹依韻仰答》詩。

道光十一年（1831），充順天鄉試同考官。

《年譜》道光十一年：“秋，充順天鄉試同考官。”

《翁心存詩文集》詩集卷十五《詩龕少宰視學順天用陶凫薌前輩梁韻奉賀》自注：“道光辛卯，偕君分校京兆鄉闈。”

道光十二年（1832），典四川鄉試，督江西學政。

《年譜》道光十二年：“五月，典試四川，李滋園年丈蒚爲副。……十月，回京。十一月，簡任江西學政。十二月，單車就道。”

《日記》道光十二年載:十月十二日旋京復命,十一月十七日簡放江西學政,十二月十三日啓行。

道光十三年(1833)按試江西,擢右春坊右庶子,轉左庶子,升國子監祭酒。

《年譜》道光十三年:"正月,抵南昌,擢右春坊右庶子。二月按南康,渡鄱陽湖,風作,舟幾覆,禱於神,得濟,游白鹿洞。三月,轉左庶子。四月,擢國子監祭酒,試九江、廣信、饒州畢,回省。秋,按南安、贛州,皆歲科並試。冬,試建昌、撫州,至廣信度歲。"

按,《翁心存詩文集・西江集》載有本年情事。國家圖書館藏翁心存手稿《江西校士錄》,載有其歲試、科試江西各地生員姓名及資料。

道光十五年(1835),仍值上書房,任國子監祭酒。又典浙江鄉試,復授奉天府丞兼學政。

《年譜》道光十五年:"六月,典試浙江,副之者張桐厢先生琴,雲南人,癸未翰林,時官御史。……還過吳門,便道省親,適聞命授奉天府丞兼學政。先君欲疏請解職侍養張太夫人,不許。十一月,覆命。十二月,出關。"

按,《日記》載本年事甚悉。

道光十六年(1836)補大理寺少卿,召還。

《年譜》道光十六年:"正月蒞任,試錦州、奉天,並考試拔貢。秋,恭晾列祖聖容,曝文溯閣書,與薩湘林侍郎迎阿倡酬甚樂。十月,補大理寺少卿,召還。"

《翁心存詩文集》文集卷三十四《皇清誥封太淑人顯妣張太淑人行述》:"丙申冬,心存入佐廷尉,復直上書房。"

道光十七年（1837）直上書房，教授六阿哥奕訢，仍職大理寺少卿。

《年譜》道光十七年："正月抵都，直上書房，奉旨授六阿哥讀。"

按，《日記》本年載：正月六日至京。正月初九日內閣奉上諭："六阿哥於二月十七日入學讀書，翁心存著在上書房行走，授六阿哥讀，欽此。""（正月十三日）進大理寺衙門到任。""（二月十七日）六阿哥入學讀書，余始入直侍讀。"

道光十八年（1838）奏言母老，乞歸養，許之。

《年譜》道光十八年："閏四月，以張太夫人年八十，具疏乞終養。先是，自浙還，即陳母病願歸養，上不許。曰：'俟汝母年八十再請。'自瀋陽還，復面陳之。上曰：'得人甚難，汝其少留。'至是以疏詞懇惻，特旨俞允，陛辭日慰問再三。"

按，《翁心存詩文集》本年有《閏四月十一日以母老陳情拜疏乞養荷蒙恩允感極涕零恭紀》詩。

及是奉母家居，朝夕侍側者八年，怡顏養志，若將終身。

《年譜》道光十九年："奉母家居，杜門不與外事。闢一室曰'知止齋'，著書自娛。"道光二十年："吾邑大水，先君倡捐千金，勻資振饑，率紳士誓於神，人莫敢欺。……九月，賃屋郡城吉慶術，奉張太夫人居焉。"道光二十一年："在郡之日爲多，間一回家。十二月，張太夫人病愈還里。"道光二十二年："先君奉張太夫人避地南鄉釣渚渡。……九月，海警息，還家。"道光二十三年："稍聚書籍，校讀無虛日。修《族譜》，手裝先世手澤。"道光二十四年："主講游文書院。"道光二十五年："六月，張太夫人棄養。"

按，《年譜》道光二十三年言翁心存修《族譜》事不確。《翁心存詩文集》之《書族譜後》作於咸豐十年，係爲翁穎封所撰《族譜》之跋，中云："道光十八年戊戌，心存乞養歸田，有志續成之。而小隱公後一支子姓最繁衍，皆居鄉務農，目不識字，問其祖父之名，且不知其世系，更無從沿溯，遂中輟。而博采藝文，成《家錄》六册，藏諸行笈，頃刻不離。"可見翁心存並未修《族譜》，《年譜》中所謂本年"修《族譜》"，大約是指本年撰成《家錄》。《海虞翁氏族譜》後有翁同龢跋，謂同治十三年，"龢與仲兄乃克展先公手定之編，補輯完備"，當指翁心存在翁穎封（耕梅）所撰《族譜》上的修訂而言。

道光二十五年（1845），丁張太夫人憂，居喪盡哀，嘗主講游文書院、紫陽書院。服除，得吉壤葬母，始有出山意。

《年譜》道光二十五年："六月，張太夫人棄養，居喪一用古禮。"道光二十七年："校刊先祖潛虛公《文鈔》四卷，《詩鈔》三卷，《制義》一卷。九月服除，主講郡城紫陽書院。是冬，得吉壤於西山白鴿峰下。"道光二十八年："每月至郡，與諸生講習，暇則出游支硎、天平諸山，徜徉山水間，有終焉之志。七月，不孝同書簡放貴州學政，召見，詢先君家居狀，命同書傳旨，趣令來京。十月，葬張太夫人於白鴿峰新阡，始倜裝爲出山計。"

按，翁心存主講游文書院時間，《年譜》僅載道光二十四年，然據《日記》，知道光二十五年、二十六年、二十八年仍主講游文書院，道光二十七年《日記》今佚，然由道光二十六年與道光二十八年事，可推知是年主講游文書院。道光二十七、二十八兩年又兼蘇州紫陽書院，《年譜》於此有所失載。

又按，《年譜》謂翁心存出山系道光帝"命同書傳旨趣令來京"，然《日記》道光二十八年八月十七日僅載："午初得三兒七月二十四日書，備述二十二日謝恩召見，荷蒙訓諭周詳，垂問微臣無微不至，敢不勉思陳力，稍伸報效之忱乎。"似未記趣令之語，疑有所美飾。出山雖有報效盡忠之意，然恐亦有爲貧出仕之故。

道光二十九年（1849）入京，直上書房，補國子監祭酒，擢內閣學士兼禮部侍郎銜，旋升工部左侍郎兼署錢法堂事務，尋命授八阿哥奕詝讀。

《年譜》道光二十九年："三月，先君偕吾母挈次女及不孝同龢抵京寓兵馬司中街，詣宮門遞摺召見。上曰：'時日甚速，汝歸十年矣。'四月，次女適歸安錢編修振倫。是月，不孝同龢娶婦湯氏。七月，入直上書房，補國子監祭酒，秩從四品。而先君以大理寺少卿服闋候補秩正四品，例不得通補。上意亟欲擢用，故有是命。先君於是兩爲祭酒矣。與同官勝公保奏葺南學。十二月，擢內閣學士兼禮部侍郎銜，旋升工部左侍郎兼署錢法堂事務，尋命授八阿哥讀，直廬在澄懷園南垞。"

按，《日記》載本年事甚悉。知二月五日啓程。三月二十六日"辰正抵兵馬司中街寓邸"。七月四日"未正奉到入直上書房之命"。七月五日"定居池南舊廬，即予丁酉春所居者"。七月六日"補授國子監祭酒"。十二月四日"辰初得擢授閣學之命"。十二月十二日"辰刻驚聞昨日申刻皇太后慈馭上升"。十二月二十二日"辰正奉到上諭：翁心存補授工部左侍郎，兼署錢法堂事務"。十二月二十四日"未初始奉上諭：翁心存著授八阿哥讀"。

道光三十年（1850），充實録館副總裁，調户部右侍郎兼管錢法堂事務。

《年譜》："正月，宣宗成皇帝升遐，文宗顯皇帝嗣位。命偕諸王大臣恭理喪儀，百日釋縞素，直書房如故。二月，充實録館副總裁，賜成廟遺念衣物。六月，調户部右侍郎兼管錢法堂事務。……時議蘇松漕糧改徵折色，先君持不可，事得寢。十二月，賜《宣宗御製詩文餘集》。"

按,《日記》載本年事甚悉。知正月十五日奉諭恭理喪儀。二月二十日奉諭充實錄館副總裁。六月四日"調補户部右侍郎兼管錢法堂事務"。十二月十日"頒賞宣宗成皇帝御製詩文餘集二函"。

又按,本年無詩。《知止齋詩集》卷十四下注:"恭值國恤,無詩。"

咸豐元年(1851)充順天鄉試副考官,尋兼署吏部右侍郎,歲末授工部尚書,充經筵講官。

《年譜》咸豐元年:"正月扈蹕,恭詣西陵,五月賜《御門聽政詩石刻》,不孝同爵考試蔭生,以主事用,籤分兵部。七月,上出内府所藏右軍《快雪時晴帖墨迹》,與内直諸臣同被命分體賦詩。八月,閱考試御史卷,偕協揆杜公受田、冢宰柏公葰、少司農舒公興阿典順天鄉試,得宗室瑞君聯等五人,王君題雁等三百六人,副榜四十三人。閏八月,兼署吏部右侍郎。十月,恭詣東陵驗收工程。十二月,遷工部尚書,署經筵講官。是年侄孫曾禧、孫曾純同補諸生。"

《翁心存詩文集》中有多封奏摺,其中咸豐元年閏八月十一日奏摺云:"八月二十七日内閣奉上諭:翁心存著仍在上書房行走。"閏八月十四日奏摺云:"署吏部右侍郎、户部右侍郎臣翁心存跪奏爲恭謝天恩事。閏八月十三日内閣奉上諭:吏部右侍郎著翁心存兼署。"十二月十五日奏摺云:"新授工部尚書臣翁心存跪奏爲恭謝天恩事。咸豐元年十二月十四日内閣奉上諭:工部尚書著翁心存補授。"十二月二十七日奏摺云:"署經筵講官臣翁心存跪奏爲恭謝天恩事。本月二十六日翰林院奏派經筵講官,奉硃筆圈出翁心存。"

咸豐二年(1852)七月,充實錄館總裁,專司恭纂《道光皇帝實錄稿本》。八月,兼署左都御史。九月,充武會試正考官、武殿試讀卷官。

《年譜》咸豐二年:"二月,山陵禮成,以恪勤將事,特旨加四級。

三月，閱覆試宗室貢士卷，奉敕題內厩馬《闞虎騮圖》詩。四月，扈蹕恭詣慕陵還，閱覆試貢士卷，充殿試讀卷官，是月相國杜公往南河振饑，命接辦《實錄》稿本。五月，閱大考翰詹卷，考試蔭生卷。六月，與萬壽節筵宴。七月，充實錄館總裁，專司恭纂《稿本》。八月，充經筵講官，上臨御經筵，命直講，是月兼署左都御史，疏請嚴緝海淀老虎洞盜案。九月，充武會試正考官。十月，充武殿試讀卷官。十二月，進乾清宮，賞福字，自後歲以爲常。"

按，《日記》載本年事甚悉，知九月十三日"兵部以武會試正副考官請命，以心存爲正考官，龍元僖副之"。九月三十日充武殿試讀卷官。《年譜》謂"十月，充武殿試讀卷官"，小誤。

咸豐三年（1853）五月，調刑部尚書，旋仍調工部尚書，命兼管順天府尹事務，十二月以順天府屬員失察盜案牽連絓吏，議落職。

《日記》本年存正月一日至九月四日，知五月十七日調刑部尚書，五月十九日仍調工部尚書兼管順天府尹事務。

《年譜》咸豐三年："十二月，部議以銀票鈔票給軍食，先君以事屬試行，疏言其不便，有旨切責。無何通州有捕役搶劫之案，先君已嚴飭緝捕矣，侍郎文瑞劾奏兼尹等徇庇屬員，下部嚴議，遂與府尹宗公元醇俱落職。"

此雖言落職緣由，然未言落職具體日期。國家圖書館藏手稿《知止齋遺集·京兆退思錄》中錄有咸豐三年十二月二十六日上諭："兼管順天府府尹、工部尚書翁心存、府尹宗元醇於該道兩次具稟並不詳細察核，僅據初稟含混入奏，又未奏及同知吳承祖同審此案，顯係徇庇屬員，預爲開脱，且不候結案，先期辯白，希圖卸責，更屬有心取巧，翁心存、宗元醇均着照部議革職。"

按，《翁心存詩文集》中存有多封奏摺，以本年最夥，足見政務繁劇。

咸豐四年(1854)二月,起爲吏部左侍郎。三月,調户部右侍郎兼管錢法堂事務。五月,充武英殿總裁。九月,遷兵部尚書。十一月,調吏部尚書,教習庶吉士。十二月,復充經筵講官。

《年譜》咸豐四年:"二月,特旨起用爲吏部左侍郎。三月,調户部右侍郎兼管錢法堂事務。五月,充武英殿總裁。六月,疏請停鑄當千、當五百大錢。九月,遷兵部尚書。十月,復賜紫禁城騎馬。十一月,調吏部尚書,教習庶吉士。十二月,復充經筵講官。"

按,《年譜》未言具體日期。本年日記無存,然據國家圖書館藏《知止齋遺集・知止齋摺稿偶存》,知二月十日"内閣奉上諭:吏部左侍郎著翁心存補授";三月十二日"内閣奉上諭:翁心存著調補户部右侍郎,兼管錢法堂事務";五月三日"内閣奉上諭:翁心存著充武英殿總裁";九月二十九日"内閣奉上諭:兵部尚書著翁心存補授";十一月二十五日"内閣奉上諭:翁心存著調補吏部尚書","同日奉上諭:著翁心存教習庶吉士";十二月二十四日"翰林院奏請派充經筵講官,奉硃筆圈出翁心存"。

咸豐五年(1855)五月,管理户部三庫事務。八月,署翰林院掌院學士。

《年譜》咸豐五年:"三月,上謁西陵,偕諸王大臣留京辦事。四月,閲考試試差卷,盤查三庫。五月,命管理户部三庫事務。六月,患鼻衄甚劇。七月,命偕王大臣恭理孝静成皇后喪儀,寓海淀集賢院。八月,署翰林院掌院學士。"

按,《日記》載本年事甚悉。知五月十四日"三庫衙門奏派更換管庫之大臣,奉硃筆圈出翁心存"。七月九日"巳時大行康慈皇太后賓天,命恭親王奕訢、怡親王載垣、大學士裕誠、尚書麟魁、全慶恭理喪儀"(康慈皇太后爲咸豐所尊,即道光之静成皇后)。八月七日上諭"翰林院掌院學士著翁心存署理"。

咸豐六年（1856）正月，充國史館正總裁。十月充翰林院掌院學士。十一月，以吏部尚書協辦大學士，調補戶部尚書。

《年譜》咸豐六年："正月，充國史館正總裁，與廷臣宴，賜御製詩。二月，赴慕東陵督工。三月，閱覆試宗室貢士卷。四月，復赴慕東陵工次。不孝同龢成進士，廷試第一，授翰林院修撰。六月，江南官軍失利，退至丹陽，先君疏陳吳中形勢，請駐軍東壩，收集長蕩、隔湖、東西汧民船，毋爲賊有。別練太湖水師，以保蘇常兩郡。又請罷蘇常畝捐。是月復署翰林院掌院學士。七月，閱考試教習卷。不孝同書擢詹事。十月，充掌院學士。十一月，《宣宗成皇帝實錄》告成，以悉心纂輯，賞次孫曾源舉人。恭和御製禮成恭紀詩，賜禮部筵宴。命以吏部尚書協辦大學士旋調戶部尚書。"

按，《年譜》未言具體日期。據本年《日記》及《知止齋遺集·知止齋摺稿偶存》，正月六日內閣奉上諭："翁心存著充國史館正總裁。"六月三十日內閣奉上諭："翰林院掌院學士著翁心存署理。"十月十八日內閣奉上諭："翁心存著充翰林院掌院學士。"十一月初一日內閣奉上諭："翁心存著以吏部尚書協辦大學士。"十一月十九日內閣奉上諭："翁心存著以協辦大學士調補戶部尚書。"

咸豐七年（1857）二月，充經筵直講、考試御史閱卷大臣。八月，充考試謄錄閱卷大臣。

《年譜》咸豐七年："正月，與廷臣宴。二月，經筵直講，閱考試御史卷。四月，詣慕東陵恭眠掃青及奉安禮成，賞加三級。六月，萬壽節與宴。八月，閱考試謄錄卷。是月覆核朝審，有竊錢票七百串者，刑部依贓逾五百兩律定擬。先君駁議改緩，下部議行。十月，命覆鞫刑部案犯。"

按，《年譜》未言具體日期。據本年《日記》，二月八日，"翰林院奏派經筵直講，硃筆圈出柏葰、翁心存、全慶、杜翰"；二月十日，"蒙派與彭蘊章、柏葰、景廉閱考御史卷"；八月二十一日"吏部奏考漢謄錄，下圍聽宣。……辰正蒙派偕全小汀大司馬爲閱卷官，在軍機處領欽命題"。

咸豐八年（1858）五月，充上書房總師傅。九月，補授大學士，管理戶部事務，旋授體仁閣大學士。

《年譜》咸豐八年："四月，海舶逼天津，疏請聖駕還宮。五月，疏請速定進剿之策，復偕尚書周公祖培等連名疏論兵事。是月充上書房總師傅。六月，萬壽節賜筵宴。不孝同書授安徽巡撫。不孝同龢典試陝西，旋授陝甘學政。八月，覆核朝審。九月，孫曾翰中式順天舉人。是月奉旨授大學士，管理戶部事務，尋奉硃筆授爲體仁閣大學士。"

按，《年譜》未言具體日期。據本年《日記》及《知止齋遺集・知止齋摺稿偶存》，五月十六日內閣奉上諭："翁心存著充上書房總師傅。"九月十日內閣奉上諭："翁心存著補授大學士，管理戶部事務。"九月二十一日奉硃筆："翁心存著爲體仁閣大學士。"

咸豐九年（1859）四月，因病陳請開缺，溫旨慰留。五月，奉命教習庶吉士，再請解職，得允。

《年譜》咸豐九年："初，廷臣中有言弛鴉片煙禁者，先君數於上前爭之。至是，戶部尚書肅公順議請收洋藥稅，先君毅然不可。曰：'若然，何以見先皇帝於地下。'其它事近掊克者皆力阻也，由是有隙。正月，與廷臣宴。二月，閱覆試舉人卷。三月，閱覆試宗室貢士卷，命偕王大臣挑選侍衛，尋以眩暈足弱，請假二十日，旋請開缺，硃批：'卿總理事務，深資倚任，著賞假一個月，安心調攝，不必開缺,欽此。'五月,命教習庶吉士,假滿未痊,再請開缺,始得俞旨,陳明在京調理。"

按,《年譜》未言具體日期。據本年《日記》及《知止齋遺集‧知止齋摺稿偶存》,四月二十二日具摺陳請開缺,當日即奉硃批:"卿總理部務,深資倚任,著賞假一個月安心靜攝,不必開缺,欽此。"五月一日內閣奉硃筆:"著翁心存教習庶吉士。"五月二十二日,再上摺陳請開缺,得旨准奏。

咸豐十年(1860)三月,怡親王治五宇獄,欲坐以贓,而窮治無所得。上知公清正,釋不問。惟交部議處,補官日革職留任。

《年譜》咸豐十年:"三月,怡親王治五宇獄,羅織多人,欲因以傾先君,衆皆為先君危之,先君讀書自若。讞上,上知先君無它,釋不問,僅下部議處,補官日革職留任。"

《清史稿》本傳:"(咸豐)十年,戶部迭興大獄,肅順主之,多所羅織。怡親王載垣等會鞫,謂司員忠麟、王熙震以短號鈔兌換長號,曾面啓心存,心存回奏部院事非一二人所能專政,斷無立談數語改舊章之理。載垣等遂請褫頂帶歸案訊質,文宗鑑其誣,僅以失察議處,免傳訊,議降五級,改俟補官,革職留任。復以五宇商號添支經費,心存駁令議減,未陳奏,司員即列入奏銷,下嚴議,革職留任。"

按,《日記》載本年事甚悉。本年翁心存的生活和心情,非如《年譜》所云"衆皆為先君危之,先君讀書自若",而是危若累卵、如履薄冰。

咸豐十一年(1861)十月,同治帝嗣位,諭旨翁心存"守正不阿,學問淹博",令"銷假候簡用"。十一月開復革職留任處分,以大學士銜管理工部事務。

《年譜》咸豐十一年:"七月,文宗顯皇帝晏駕於熱河行宮,先君赴内閣哭臨，具摺慰聖哀。十月，梓宮還京，偕在京諸臣迎謁於清河。今上御極，諭曰：'予告大學士翁心存守正不阿，學問淹博，前任太常寺少卿李棠階學養深邃，方正老成。朕御極之初，亟應延訪耆儒，以資輔翼。翁心存尚未出京，著即銷假候簡用。李棠階現在河南辦理團練，亦着即來京候旨，以副朕側席興賢、人惟求舊之至意。欽此。'是月，蒙賜文宗遺念冠服。十一月，詣宮門謝恩，自陳衰老不堪任使，因上封事。兩宮皇太后召見於養心殿，命開復革職留任處分，以大學士銜管理工部事務，先君具疏力辭，優詔不許，特予免派一切差使，以示體恤，尋有旨褒獎先君臚舉人材不失以人事君之義。十二月，疏請力保通泰，規復蘇常。"

按，《年譜》未言具體日期。據本年《日記》及《知止齋遺集・知止齋文剩稿》，十月二十一日內閣奉上諭："予告大學士翁心存守正不阿，學問淹博。……著即銷假聽候簡用。"十一月十一日內閣奉上諭："前任大學士翁心存著開復革職留任處分，以大學士銜管理工部事務。"

同治元年（1862）二月，入直弘德殿，教授穆宗。六月，充拔貢朝考覆試閱卷大臣。七月，充實錄館監修總裁。十一月七日去世。諡"文端"。

《年譜》同治元年："正月，不孝同書回京。越三日以壽州事被劾褫職逮繫。二月，奉慈安皇太后、慈禧皇太后懿旨：……特簡禮部尚書、前任大學士祁寯藻，管理工部事務；前任大學士翁心存、工部尚書倭仁，均屬端謹，學問優長，堪膺師傅之任。祁寯藻、翁心存、倭仁、李鴻藻均著在弘德殿授皇帝讀。該大學士、尚書等各以耆碩重望，爲時所推，歷受累朝知遇之隆，至優極渥。……六月，閱拔貢朝考覆試卷。七月，充實錄館監修總裁。八月，以星變言事。閏八月，移居經板庫。曾孫熙孫生。九月，梓宮奉移禮成，賞加二級。

十月，賜宣宗成皇帝《聖訓》。自皇上入學後，先君偕同直諸公寅入申出，日以爲常，進講《帝鑑圖說》，上每動容稱善。十一月朔，冲寒入直，夜分疾作。……初七日寅時遂棄養。……內閣請謚，賜謚曰‘文端’。”

按，據本年《日記》，二月二日，“薄暮奉到兩宮皇太后懿旨一道，命在弘德殿授讀”；六月二十三日，“拔貢覆試試卷著派弘德殿行走之祁寯藻、翁心存、倭仁、李鴻藻將原卷詳細覆看”；七月十六日，“蒙派實錄館監修總裁”。

又按，《年譜》中謂“十月，賜宣宗成皇帝《聖訓》”，不見於《日記》，故未列入傳中。

翁心存早年即有神童之譽，爲生員、舉人時，才名愈振。舉進士，入詞館，才名藉甚，然於詞賦，非所深好，獨好經史實學、儒先說理之書及古名臣論奏，故得屢直上書房。晚爲帝師，日引經陳大義，古今治亂成敗之由，欲以成就聖德。

陳澧《體仁閣大學士贈太保翁文端公神道碑銘》(《翁心存詩文集》附錄)：“公七歲能屬文，人稱神童，稍長，爲生員、舉人，才名大震，體貌魁碩，見者知爲偉人。”

《行述》：“初入詞館，才名藉甚公卿間，然於詞賦，實非所深好，獨好經史實學、儒先說理之書及古名臣論奏。座師湯文端公深器之。自盛京還，再直上書房時，宣宗成皇帝以皇子初入學，重師傅之選，賜裘賜饌，恩遇優異。每蒙召對，必温諭移時乃罷。及家居再出後，入直如故。”

孫衣言《體仁閣大學士贈太保文端翁公墓誌銘》(《翁心存詩文集》附錄)：“新天子年甫七齡就學，而公與壽陽祁公皆以大學士再起入直弘德殿，當是時，朝廷方用古誼尊禮師傅，而二公皆惇誨故老，日引經陳大義，欲以成就聖德，爲國家無疆之麻。”

《體仁閣大學士翁文端公神道碑銘》："在弘德殿授讀，日侍經帷，授經之餘，嘗舉古今治亂成敗爲上晰陳之，上每動容稱善。"

《常昭合志稿》卷二十《人物志・翁心存傳》："直上書房三十年，論教諸王，必以禮法。嘗侍文宗讀《唐書》。及德宗世，因論陸贄、盧杞賢奸，反覆講晰。翌日，因以宣公奏議進，及在弘德殿授讀，尤以啓沃君心爲己責。"

有知人鑑，前後所取士，以學術、政事、文章、氣節著者凡數十人。立朝務持大體，常爲國計慮深遠。指陳朝野利病，軍事得失，侃侃諤諤，必殫忠竭誠而後已。故有"品學純粹，守正不阿"之譽。

《行述》："愛誘掖後進，有知人鑑，前後所取士，以學術、政事、文章、氣節著者凡數十人。……在朝之日，指陳朝野利病，軍事得失，侃侃諤諤，必殫忠竭誠而後已。"

《體仁閣大學士贈太保文端翁公墓誌銘》："其立朝務持大體，常爲國計慮深遠，於是東南用兵，海上數有警，縣官經費益不支，大臣謀爲一切苟且，公輒持不從，或抗疏諫止，而尤以引拔人材爲急，顧未嘗自以爲名。故公所薦，自前安徽巡撫江忠烈公，侍郎王公茂蔭三四人外，人亦莫得而紀也。及今上改元，詔中外舉遺逸，獨稱公有以人事君之義，人以爲公蓋薦士尤多云。"

《年譜》同治元年："次日遺疏上。諭曰：'大學士銜管理工部事務翁心存品學純粹，守正不阿……'"

平生雖不以詞賦爲念，然屢掌文柄，精熟文理，所爲詩文，屢得傳誦。錢仲聯謂其詩"結道光前宗唐之局"，與阮元、祁寯藻、曾國藩、張之洞"皆宰相而無慚爲專家詩人，並足以領袖風雅"。

詩文屢得傳誦事，參見嘉慶、道光間所作箋證。

錢仲聯《翁同龢詩詞集序》："阮元雄視嘉、道時期，祁寯藻導晚清宋詩派之先河，二銘詩結道光前宗唐之局，曾國藩爲山谷詩之首倡者，張之洞號稱以宋意入唐格，巍然巨子，是皆宰相而無慚爲專家詩人，並足以領袖風雅。"

翁心存存世著述，原僅由翁同龢整理出《知止齋詩集》十六卷，於光緒年間刊印；而二十七册手稿日記及一百一十册《知止齋遺集》，原藏於家，後由翁氏後人捐入國家圖書館。2011 年，《翁心存日記》整理本由中華書局出版；2013 年，《翁心存詩文集》整理本由鳳凰出版社出版，但《知止齋遺集》中仍有不少制藝文與試帖詩未予整理。

參考文獻：

1. 翁心存《知止齋遺集》，國家圖書館藏稿本。

2. 翁心存《知止齋詩集》，光緒間刻本。

3. 翁心存著，張劍整理《翁心存日記》，中華書局 2011 年版。

4. 翁心存著，張劍輯校《翁心存詩文集》，鳳凰出版社 2013 年版。

5. 翁同書等《先文端公年譜》，同治間刻本。

6. 翁同書等《先文端公行述》，同治間刻本。

7. 翁同龢等修訂《海虞翁氏族譜》，同治十三年刻本。

（張劍）

錢泰吉傳

錢泰吉，字輔宜，號警石，又號深廬，浙江嘉興人。乾隆五十六年（1791）生。

錢應溥《警石府君年譜》（錢泰吉《甘泉鄉人稿》附錄）：“府君姓錢氏，諱泰吉，字輔宜，自號警石，又號深廬。”“乾隆五十六年辛亥十月初六日子時府君生。是時，大興公自福建偕沈太恭人歸里，府君生於嘉興府城南門內蓮花橋文端公舊第西偏之頤和室。”

曾祖陳群，康熙六十年（1721）進士，官至刑部侍郎，歸里後加刑部尚書銜。祖汝慤，早卒。生祖汝恭，乾隆十二年（1747）舉人，官安徽安慶府同知。父復，官順天大興縣知縣。

《甘泉鄉人稿》卷十八《先考蓉裳府君行述》：“府君姓錢氏，諱復，字景顏，一字象緣，又自號蓉裳，浙江嘉興縣人。先世本海鹽何姓，明初貴四公成黔，以次子裕寄育於同里錢富一翁，遂易錢姓。四傳至海石公諱薇，是爲府君七世祖。嘉靖壬辰進士，官禮科給事中，以論宮寮削職。隆慶初，贈太常卿，事具《明史》列傳。六世祖魯南公，諱與映，嘉靖甲子順天舉人。五世祖紫芝公，諱升，萬曆戊午舉人。高祖鶴庵公，諱瑞徵，康熙癸卯舉人，西安縣學教諭。曾祖廉江公，諱綸光，太學生。自紫芝公以下皆以文端公貴，誥贈光祿大夫。六世祖妣鄭、吳，高祖妣曹，曾祖妣蔡、陳，皆誥贈一品夫人。祖文端公諱陳群,康熙辛丑進士,以刑部侍郎予告歸,誥授光祿大夫,特加太子太傅、刑部尚書,晋贈太傅,入祀賢良祠。祖妣俞,誥贈一品夫人。繼祖妣俞,誥贈一品夫人。生祖母沈,誥贈恭人。考安叔公,諱汝愨,爲文端公第三子,少穎悟,十三歲工擘窠書,十八歲即世以府君恭遇覃恩,誥贈奉政大夫,順天大興縣知縣,加二級。妣貞孝馮太宜人,於乾隆三十八年題旌誥贈宜人。本生考葀齋公,諱汝恭,乾隆丁卯舉人,歷官河南新鄉縣知縣,江南丹徒、沭陽等縣知縣,安徽安慶府同知,爲文端公仲子。""府君生於乾隆十九年三月二十四日辰時,卒於嘉慶十年十二月初三日寅時,享年五十有二。誥授奉政大夫,順天府大興縣知縣,加二級。前直隸吳橋縣知縣、雄縣縣丞,分發福建候補府經歷,借補侯官縣大湖丞,歷署建安、羅源、閩清、甌寧等縣知縣。"

泰吉五歲入塾,七歲讀杜詩,十五歲遭父喪,家居,日就從兄儀吉論詩古文詞,服膺弗失,由是文譽日起。儀吉號衍石,郡人咸稱"錢氏二石"。

《警石府君年譜》乾隆六十年五歲:"侍大興公、沈太恭人於保定府寓。是年,世父學源先生就學京師,府君始入塾,從海鹽何先生讀。"嘉慶二年七歲:"大興公勤於當官,尟問家事。府君出塾,沈太恭人督宵課嚴甚。太恭人熟於杜詩,授府君讀,必解析題義,謂題義不明,則詩義因以不明。府君詩集中有《憶吳橋舊事四首》,第一律首句云'一卷少陵詩,長吟母是師',紀當時實事也。"嘉慶十年十五歲:"冬,十二月,遭大興公喪。"嘉慶十一年十六歲:"四月,侍沈太恭人扶大興公喪歸。江湖險阻,屢瀕於危。七月,抵里。時伯祖戶部公方家居,傷吾祖父行之先後零落,而亟望後起也。見府君泣下曰:'爾父歿後,爾寄我書能達意,爾自作耶?'府君對曰:'然。'曰:'適欲答某人札,我意云何? 爲我繕稿。'又曰:'聞爾能作五言排律，信然耶？'即命一題。既呈稿，伯祖乃大喜，語從父衎石先生曰：'汝善啓誘若弟，俾有成，以慰我先人。'府君聞户部言，日就衎石先生論詩古文詞，服膺弗失，由是文譽日起，郡人交稱曰'錢氏二石'云。"

十八歲，補嘉興縣學生。嘉慶十九年（1814），汪廷珍任浙江學政，得泰吉文，詫爲逼近眉山，拔冠曹偶。後屢困場屋，道光元年（1821）援例以訓導候選。五年，鄉試落第，自是不復應舉，時年三十五。

《警石府君年譜》嘉慶十三年十八歲："是年，大興公服除，初應試，受知於萍鄉劉金門先生，以經義古學置第一，入縣庠。"嘉慶十九年二十四歲："山陽汪文端公按試吾郡，得府君卷，詫爲文筆逼近眉山，拔冠曹偶。蓋府君以古文爲時文，迥異流俗，故屢見稱於宗匠云。"道光元年三十一歲："府君屢困場屋，至是秋試又報罷，乃援例以訓導候選。"道光五年三十五歲："府君少時爲文奇崛，屢躓省闈，乃力求平易。是年尤用力於舉子業，秋試仍得而俋失，後遂不再應試矣。"

七年（1827），選授杭州府海寧州學訓導，携所藏書十餘櫝之任。偶檢仇遠《金淵集》，有"官冷身閑可讀書"之句，曰："先得我心矣！"乃名學廨之室曰"可讀書齋"。官海寧訓導近三十年，謹身教，整士習，於民生利病講求深至，甚爲海人敬愛。

《警石府君年譜》道光七年三十七歲："是歲選授杭州府海寧州學訓導。五月之官，携所藏書數十匱，大半皆寓目涉筆者，偶讀仇山村《金淵集》，有'官冷身閑可讀書'之句，曰：'先得我心矣！'乃名學廨之室曰'可讀書齋'。"道光十六年四十六歲："府君官海昌數年，遇計典，大府將以府君名上，府君力辭之。每諭不孝等曰：'我祖、父俱久任知縣，實政在民，我固深知縣令之難為也。'顧大府廉知先生能，遇地方事有關民生利弊者，必屬州刺史與府君商榷。是年，將開濬備塘河，杭嘉湖道金文波先生泳首以相屬。府君勤恤民隱，采訪輿論。維時刺史李曉村先生甫下車，府君以民所不便者痛切言之。刺史意未合，府君持論，斷斷不稍撓，乃作書詳析論辯，而辭開河事，不預聞。既而刺史旋熟思府君言，重索前書觀之，乃大嘆服，遂與府君聯文字交。"

咸豐三年（1853），具文引退，旋主講安瀾書院。十年，太平軍連陷蘇、杭，東南震動，泰吉避兵匿迹深鄉，備嘗動亂流離之苦。

《警石府君年譜》咸豐三年六十三歲："三月，具文引退，移居城東張氏。主人為花田茂才鶴瑞，制行誠篤，府君深器之。旋擬歸里，州人士爭攀留，乃延訂府君主講安瀾書院。……府君為海昌校官，暨掌教安瀾前後三十四年，士之言動不以禮者必嚴絕之，或疑豐裁過峻，而士大夫之賢者未嘗不樂府君之和易近人也。"咸豐十年七十歲："二月，杭城初次被陷，盜踪將及海昌。府君於倉卒中棄置一切，獨奉先世筆墨數篋避居城東之長浜張氏，事稍定，乃携家具遷居海鹽北鄉大興公墓廬之旁舍。四月，賊陷常州、蘇州，遂及嘉興，府君匿迹深鄉。宗族親戚咸來會集，雖烽煙逼近，而府君讀先世遺書無虛日。鄉人咸念先德，且服府君之誠信，時以蔬果相遺。自四月至十二月，賊踪近在數十里內，而海鹽北鄉獨能安堵。嘗考元季寇亂相仍，海鹽罷兵燹，遠近高人多辟地焉。桐廬姚氏桐壽有樂郊私語之輯，異世一轍，庶幾似之。府君每曰：'此天也，非人之所能為也。'"咸豐十一年七十　歲："自上午四月後，南北音書隔絕，不孝供職樞垣，倉皇無措。至十月乞歸侍養，道途多阻，繞道至江右，安置妻孥於外家程氏，隻身馳歸。十二月至廣信府，又為賊阻。是年正月始達鄉居，謁見府君，悲喜交集。維時寇警日逼，旋於二月陷海鹽。……府君痛哭告墓而行。四月至澉浦，登海舶達餘姚，族侄曉延孝廉與朱久香閣學有連先於上年寄居朱氏，府君與久香先生爲道義交，至是相見甚歡。五月，約九老會於朱氏。……六月，又以餘姚土匪蠭起，再遷慈溪。時宰是邑者爲栖霞牟册如大令溫興。重府君品學，商之邑人，借寓校士館中，旁舍祀黄文潔東發先生。府君生平喜讀《黄氏日鈔》，得瞻遺像，深以爲幸。自六月至八月，與邑人馮薇史茂才惟恕論文最諮。九月，賊圍杭州，破紹興，將及慈溪，火光徹夜。倉卒登海舶，由寧波達上海，再乘輪舟至九江，易小艇，越鄱陽湖，而西至大塘程氏卸裝，時已十二月矣。此三月中，險阻艱難，備嘗辛苦，雖骨肉幸獲團聚，而府君精力自此衰矣。”

同治元年（1862），子應溥入曾國藩幕，迎養於安慶。一時名賢輻輳，自曾公以下，多時相過從。二年病卒，年七十三。子二：長炳森，道光二十四年（1844）舉人，考景山官學教習。次應溥，道光二十九年拔貢，官吏部文選司主事。

《警石府君年譜》同治元年七十二歲：“春，大病，幾殆，至夏始愈。秋，不孝奉湘鄉相國師之命，襄理戎幕。九月，至安慶。十一月，迎養府君，賃居城西。此地冠蓋所萃，談藝多賢。府君顧而樂之，惟病後足力未健，扶杖而行纔可數十步。”同治二年七十三歲：“春，府君步履漸佳。客來，談文娓娓不倦。獨山莫子偲孝廉友芝、新寧鄧伯昭孝廉瑤、南匯張嘯山茂才文虎、瑞安孫琴西觀察衣言、烏程周縵雲侍御學濬、桐城方存之茂才宗誠、陽湖方元徵貳尹駿謨、海昌李壬叔茂才善蘭，皆博學多聞，過從尤密。府君嘗謂故鄉無此樂也。手校三史，惟范書未得殿本對校，乃從李眉生太守鴻裔假所藏本，日校數葉，夏日盛暑不輟。……十一月初十日後，日形委頓，叠進參苓，迄無功效，時時念及親戚族黨之被難者，累欷不怡。……二十日爲曾祖妣馮太恭人忌日，猶問：‘祭品已齊備否？孫輩行禮整齊否？'時加申，覺痰聲微涌，不孝倉皇失措，府君命扶掖起坐，進陳皮湯飲少許，顧不孝曰：'吾胸中毫無事。'言未已而閉目端逝。"

王拯《嘉興錢先生家傳》(《甘泉鄉人稿》附錄)："癸亥十一月，官軍復蘇州，語應溥曰：'我其可歸守先隴乎？'時已病甚。逾月乃卒，年七十三。子二：長炳森，道光甲辰舉人，爲先生兄友泗後，先卒；次即應溥，以己酉選貢，朝考用吏部小京官，升主事，軍機處行走。"

泰吉好聚書，自先世遺書外，遇善本異籍，非力所必不能得者，悉購藏，或假錄焉。公務之外，校讎經籍，日有定程。假人善本及先輩評點之册，寫而注之眉端，如《史記》《漢書》《後漢書》《晉書》《集韻》《元文類》《禮記集說》等編，皆勘校數周。一字之舛，旁求衆證。

《警石府君年譜》嘉慶十二年十七歲："府君十三四歲，六經始畢，即好聚書，簽排甲乙。大興公顧而喜曰：'我有書數千卷，置之吳橋王氏，當取以畀爾矣。'迨大興公喪還，王氏以書來歸，遂携以南，日恣瀏覽。是年，戶部公得語溪吳氏黃葉村莊藏書數百卷，府君尋玩不忍釋，戶部公盡舉以賜。由是藏弆漸廣。自不孝有知以來，每見府君遇善本書，非力所不能得，必購藏焉。"

《甘泉鄉人稿》卷十七《藏書述》："余年十三四時，從先大夫於大興官舍，六經粗畢，始知好書。先大夫曰：'我有書數千卷，在吳橋縣，自爾兄歿，不忍視，緘篋置之王氏，當取以畀爾矣。'迨先大夫喪歸，過吳橋縣之連兒窩，王氏以書來歸，遂携以南，簽排甲乙。先宜人顧而喜曰：'兒好書，可以畢父兄之志矣。惜吾家耆萃堂數萬卷書屬他姓，否則恣所瀏覽也。'已而得外曾王父所刊《讀書敏求記》，始知四部之大略。於是益有意於聚書。歲丁卯，世父得語溪吳氏黃葉村莊藏書數百卷，余尋玩竟日，不忍釋。世父盡舉以賜。

從兄衎石以有用之學相勖,賜以《通典》《通考》。戊寅,兄自江右携南昌學新刻《十三經注疏》以贈,從父中丞公又賜以胡氏所刊《通鑑》《文選》,戚友知所好,亦有以書爲贈遺者。三十年來,遇善本非力所不能得,必購藏焉。今雖不及儲藏家十分之一,而學舍中一堂二内所以充棟者,皆書也。嗚呼!聚吾書而鬻諸市,不足充數年之糧。從容玩味,厭飫其大義,則道德之腴可以飽數世。獨恨三十七歲以前役科舉業,不能專一藝,自來海昌,以病廢,絕干進於有司,乃稍稍誦讀。然昕夕所丹黃點勘,以散壹鬱之疾,而爲藥石之助者,班、范之史,杜、韓、蘇之詩爾。《六經》《語》《孟》則於小兒曹朗誦時,閉目靜聽,領其旨趣而已。少嘗有志於鄭、孔之學,欲辨析名物,自附於通人,今亦已矣。有病其空疏者,笑謝不敏。然則父兄所留貽、友朋所投贈、三十年所尺寸而積之者,譬諸庖人山珍海錯、五鼎之烹、三牲魚菽之味、百和之醬,備取悅不知何人之口,而佐饔之勞嘗一臠焉。此則余所以廢書而長嘆也。"

曾國藩《海寧州訓導錢君墓表》(《甘泉鄉人稿》附錄):"君自中年即好校古書,假人善本及先輩評點之册,寫而注之眉端,如《史記》、前後《漢書》、《晋書》、《集韻》、《元文類》、《禮記集説》等編,皆勘校數周,一字之舛,旁求衆證,嘗著《曝書雜記》,以發其凡。"

嘗著《曝書雜記》二卷,自道所得,成一家言,海内學者及藏書家争購傳之。

吳慶坻《蕉廊脞録》卷八:"讀錢警石先生《曝書雜記》,學識精博,直接乾嘉老輩之緒,其開示後學、垂訓子孫,尤多見道之言,節録數則如左:'湯文正公家書云:"家下書籍用心收著,一本不可遺失。有人借,當定限取來。書册愈舊者愈當珍之,不可忽也。我回家賴此延年,此要務也。"文正以書籍爲延年,真萬金良藥。余初至海昌,意有所語,輒覺心悸。蓋家居時父兄朋友相與無猜,乃竹垞翁《曹文學墓誌》所謂田居"往還者寥寥數子,相見肝膽畢露,妄謂天下無不可交之人,無不可言之言"也。及病甚,始自悔,因讀《近思錄》於存養克己諸條,再三涵泳,宿疾頓瘳。文端公每教人讀《小學》《近思錄》,悔不早讀是書,以變化氣質也。孫徵君《孝友堂家訓》語永興侄孫曰:"吾家沐陽公以廉吏起家,爾祖能繩其武,我輩俱為清白吏子孫,較以金帛田宅遺後人者榮多矣。爾祖常語余曰:"沐陽公一任止受新生公宴綢一匹,弟今日仍覺於先德有愧也。"惟自覺有愧,始無愧耳。留餘忌盡,天之道也。常處其不足,以為可增可加之地,若增無可增,加無可加,立刻索然矣。"謹按,氐先世夔州公亦以廉吏起家,今綿延已七世矣。敬念舊德,昕夕皇悚。錢文端《行廨札記》中一條云:'大凡人家興旺,每一二世必衰,從此後,或遲一二世又興者亦有之,總未有赫奕不衰者。譬諸花木果實,連年燦爛稠繁,間一二年必稀,俗名歇枝,蓋亦盛衰循環之道。《易·繫辭》曰:"剝,窮上反下。"又《易》"窮則變,變則通",陰陽消長,理所必然。孟子曰:"君子之澤,五世而斬。"人家子弟常須自思身當斬澤之時,何可無培養之功,如臨深淵,如履薄冰,念念積累,事事積累,一世培養,世世培養,自然連綿不斷續,箕裘而振家聲,亦所謂君子存之者也。'"

嘉慶中,海内猶尚考據之説,尊漢而黜宋,先博覽而後躬行,獨桐城姚鼐恪守程朱,孤行不惑,宗主義理,不薄考據,而儀吉、泰吉風指乃與姚氏相近。儀吉久處京師,其後客游廣東、汴梁,泰吉為海寧州訓導者近三十年。二石離多合少,而書問叢沓,咨詢學術,動逾數千言。自周秦諸子、馬班群史、許鄭詁訓、杜馬典章、洛閩之淵源、唐宋名賢之詩古文辭,以及目錄、校讎、金石、書畫、方志、雜説,一孔半枝,無所不詢,蓋亦無所不辨。或獻一疑而詰難十返,或尚諭前哲,評騭時流,雜以嘲詼鄙諺,窮極理趣,故二石家書,蔚然天下之至文也。

《海寧州訓導錢君墓表》："君少而苦學，潛心孤往，從兄曰儀吉者，字衎石，博通群籍，早有高名，君事之師友之間。兄弟常以純儒相勉，蓋自弱冠後，遠近已盛稱嘉興'錢氏二石'云。衎石以翰林改官户部，擢御史給事中，久處京師，其後客游廣東、汴梁，君則以廩貢爲海寧州訓導者近三十年。與給諫君離多合少，而書問叢沓，咨詢學術，動逾數千言。自周秦諸子、馬班群史、許鄭詁訓、杜馬典章、洛閩之淵源、唐宋名賢之詩古文辭，以及目録、校讎、金石、書畫、方志、雜説，一孔半枝，無所不詢，蓋亦無所不辨。或獻一疑而詰難十返，或尚論前哲，評騭時流，雜以嘲詼鄙諺，窮極理趣，故二石家書，蔚然天下之至文也。……嘉慶中，海内猶尚考據之説，尊漢而黜宋，先博覽而後躬行，獨桐城姚氏鼐恪守程朱，孤行不惑，宗主義理，不薄考據，而二石風指乃與姚氏相近。其論文亦頗法姚氏，嘗稱以爲字體故訓者，漢儒之小學也；《曲禮》《少儀》者，宋儒之小學也。二者皆扶植基本，而宋重明倫，於道爲尤尊。"

《警石府君年譜》道光十三年四十三歲："春，從父衎石先生自京師歸里，將往粵東主講席，暫留樂壽堂户部公舊居月餘。府君歸家相聚，縱論今古，歡甚。蓋自庚辰歲與衎石先生別於京師，越十三年矣。時不孝隨侍，甫十齡，未能仰窺緒論，但憶居小樓上，府君與衎石先生時執一編，共一几讀，讀少間，述先世遺聞軼事，以相詰誠，時或參以諧語，相爲娛樂。兄弟友愛之情，至今猶敬慕不忘也。"

另著《海昌學職禾人考》《海昌備志（附録）》《清芬世守録》，其集曰《甘泉鄉人詩文稿》。

《警石府君年譜》道光十四年四十四歲："是年，博考明以來禾郡人官海昌學博者遺事遺文爲《海昌學職禾人考》，以示景仰先哲之意。"道光二十七年五十七歲："六月，刻《海昌備志》五十二卷、《附錄》二卷成。州舊有志，府君創意續輯，以修學宮餘資爲經費，不賦士民，不告上官，事必核實，語必詳盡，不欲附於官書，故不曰續曰補，而曰備志也。"咸豐四年六十四歲："十年來，同人屢勸府君以詩文壽世，府君時以衍石先生詩文未全刻爲憾，每曰：'給諫之文，天下之文也。予之文，譬之於人，勉爲一鄉之善士云爾，未可問世也。'是年，蔣君光焴刻衍石先生《記事續稿》成，府君欣然色喜，乃節修脯所入，刊《甘泉鄉人詩文稿》二十四卷。甘泉鄉在海鹽十四都，明初始祖居焉，至永樂中始遷秦溪，故府君自號甘泉鄉人云。"

《海寧州訓導錢君墓表》："兄弟相與修飭人紀，誦述先德，給諫輯《廬江錢氏藝文略》，君則纂《清芬世守錄》，皆表一門之懿行，以播芳馨而詒典則。先是，文端公嘗進呈其母畫冊，高宗賜題十詩發還，原冊並書'清芬世守'四字。逮文端公致仕還鄉，高宗寄賜冊卷詩篇累數千首，君纂輯此錄具載，君臣賡和，曠古無倫。又紀錢氏十餘世翰墨及名公鉅儒題咏，上以著祖宗文獻之盛，下以勖後人孝友於弗替，其叙軼事、述彝訓，懇懇乎懼來葉之遺墮。有味哉，其言之也。……君所著又有《學職禾人考》《海昌備志》《甘泉鄉人稿》，亂後板毀，僅有存者。"

蕭穆《敬孚類稿》卷十二《錢警石先生傳》："所著有《甘泉鄉人詩文稿》二十四卷，《清芬世守錄》二十六卷，《曝書雜記》二卷，《海昌修志采訪日記》四卷，《海昌備志》五十二卷、《附錄》二卷。"

參考文獻：

1. 錢泰吉《甘泉鄉人稿》，《清代詩文集彙編》，上海古籍出版社 2010 年版。

2. 趙爾巽等《清史稿》卷四百八十六《錢儀吉傳》，中華書局 1977 年版。

3. 支偉成《清代樸學大師列傳》卷七十三《錢泰吉傳》，周駿富輯《清代傳記叢刊》，臺灣明文書局 1985 年版。

4. 劉聲木《桐城文學淵源撰述考》，黃山書社 1989 年版。

5. 吳慶坻《蕉廊脞錄》，中華書局 1990 年版。

6. 蕭穆《敬孚類稿》卷十二《錢警石先生傳》，《續修四庫全書》，上海古籍出版社 2002 年版。

7. 徐世昌等《清儒學案》卷一百四十三《嘉興二錢學案》，中華書局 2008 年版。

（王宏林）

龔自珍傳

龔自珍，初名自暹，又名易簡、鞏祚，字愛吾，又字璱人、伯定，號定盦，又號羽琌山民，浙江仁和人。乾隆五十七年（1792）生。

段玉裁《經韻樓集》卷九《外孫龔自珍字説》："龔婿之子，小字阿珍，嘉慶庚午，其父名以自珍，以副車貢於順天。其父書來，請字於余。余曰：字以表德，古名與字必相應。名曰自珍，則字曰愛吾宜矣。夫珍之訓藏也，藏之未有不愛之者也。愛之義大矣哉！愛親、愛君、愛民、愛物，皆吾事也。未有不愛君、親、民、物，而可謂自愛者；未有不自愛而能愛親、愛君、愛民、愛物。充乎其量，曲當乎其宜，無慚古賢聖者，故必自愛而後能愛人。今之自愛者，多涂矣。以飽暖竟吾，是鳥獸吾也；以美官榮吾，是傀儡吾也；以貨利贍吾，是商儈吾也；以辭章剿説夸吾，是幣帨吾也；以和光同塵，似忠信似廉潔偷吾，是則莠紫吾也。吾之不爲幣帨，不爲莠紫者，天下鮮矣。然則孰是其能愛吾也哉？然則何以愛吾者，其必在五者之外哉？陶元亮曰：'衆鳥欣有托，吾亦愛吾廬。'夫惟元亮乃有元亮之廬，不知吾愛而惟廬之愛，雖安，吾何在也！書以答吾婿，固吾婿命名之意也大！嘉慶辛未元旦書於七葉衍祥堂，年七十有七。"

吳昌綬《定盦先生年譜》（龔自珍著，王佩諍校《龔自珍全集》附録）："先生名自珍，字璱人，號定盦，一名易簡，字伯定，更名鞏祚。姓龔氏。先世隨宋南渡，遷餘姚，後遷杭州，著籍仁和。"按，内閣漢票簽中書舍人題名，龔鞏祚榜名自珍，又名易簡。《破戒草》有《投牒更名易簡》詩，在道光七年四月，而其年十月自書《破戒草》後則稱龔自珍，一名易簡，似擬改未果也。道光十六年五月《送廣西巡撫梁公序》，十八年正月《上堂上官言禮曹事書》，署名並稱鞏祚，其時確已改定。然十六年後文字，亦有仍題自珍者。今據自訂文集重刊，不得不概從原名，附著義例於此。先生初名自暹，又字愛吾。說見後。瑟人亦作率人。見鈕非石詩。

黄守恒《定庵年譜稿本》："君姓龔氏，名自珍，字爾玉，又字瑟人，更名易簡，字伯定，又更名鞏祚，號定盦，又號羽琌山民，浙江仁和人。"

《定盦先生年譜》乾隆五十七年一歲："七月初五日壬寅，先生生於杭州東城馬坡巷。宅爲匏伯先生戊申歲歸田所置，後歸他氏。"

按，龔自珍曾三次改名，據紀昀《紀文達公遺集》卷十六《雲南迤南兵備道匏伯龔公墓誌銘》："子一，麗正。……孫一，自暹。"知自珍早年名"自暹"。據段玉裁《外孫龔自珍字說》"嘉慶庚午，其父名以自珍"，知嘉慶十五年（1810）第一次改名"自珍"。據自珍《破戒草之餘・四月一日投牒更名易簡》，知道光七年（1827）第二次改名"易簡"。據張祖廉《定盦先生年譜外紀》（《龔自珍全集》附錄）"道光壬辰，讀爰書有名龔自某者，惡之，乃更名爲鞏祚，尋復名自珍"，則第三次改名爲"鞏祚"。

祖敬身，字屺懷，號匏伯，乾隆三十四年（1769）進士，官至雲南迤南兵備道，有《桂隱山房遺稿》。本生祖禔身，字深甫，號吟矓，乾隆二十七年舉人，與兄敬身同榜進士，官至内閣中書、軍機處行走，有《吟矓山房詩》。父麗正，字賜泉，嘉慶元年（1796）進士，官至江南蘇松太兵備道。麗正爲段玉裁婿，從段氏受小學訓故，以經學課子弟，自珍之學有自來矣。

《定盦先生年譜》：“六世祖煜，原名國昌，字旦公。高祖茂城，字汝璞，太學生，累贈朝議大夫，以孝友忠厚重於鄉黨。曾祖斌，初名鎮，字典瑞，號硯北，晚號半翁，邑增生，累封朝議大夫，著有《有不能草》。曾祖母薛恭人。祖敬身，字岉懷，號鮑伯，乾隆己卯舉人，己丑進士，由內閣中書轉宗人府主事，遷吏部稽勛司員外郎，兼考功司事，充己亥順天鄉試同考官，遷禮部精膳司郎中，兼祠祭司事，記名御史，出知雲南楚雄府，卓異，擢迤南兵備道，著有《桂隱山房遺稿》。祖母陳恭人。本生祖禔身，字深甫，號吟矑，乾隆壬午舉人，己丑會試中正榜，官至內閣中書軍機處行走，有《吟矑山房詩》。本生祖母潘恭人。考麗正，吟矑公次子，嗣爲鮑伯公後，字暘谷，又字賜泉，號闇齋，乾隆乙卯舉人，嘉慶丙辰進士，官至江南蘇松太兵備道，署江蘇按察使，著有《國語注補》《三禮圖考》《兩漢書質疑》《楚詞名物考》諸書。母段恭人，諱馴，字淑齋，貴州玉屏知縣茂堂先生玉裁女，著有《綠華吟榭詩草》。龔氏世有隱德，鮑伯先生以科目起家，簪纓文史，稱浙右族；及闇齋先生爲段氏婿，從茂堂先生受小學訓故，以經學課子弟，先生之學有自來矣。”

紀昀《紀文達公遺集》文集卷十六《雲南迤南兵備道鮑伯龔公墓誌銘》：“公諱敬身，字岉懷，鮑伯其自號也。世居浙江仁和。……乾隆己卯舉於鄉，己丑成進士，由中書舍人遷宗人府主事、吏部稽勛司員外郎、禮部精膳司郎中。……久乃循資外轉，得雲南楚雄府知府。……薦擢迤南兵備道，未及上而丁憂歸，遂不再出。……公生於雍正乙卯七月初二日，卒於嘉慶庚申九月初一日，年六十有六。”

余集《秋室學古錄》卷四《龔吟矑傳》：“君諱禔身，字深甫，號吟矑。……乾隆壬午舉孝廉，己丑取中正榜，授內閣中書。旋入樞廷，行走惟謹。……丙申隨輦熱河，癱發金臟，巫歸京，逾月而卒。……春秋三十有七。"

龔嘉俊修，李格纂《（民國）杭州府志》卷一百三十七《仕績六・龔敬身傳》："子麗正，字闇齋，嘉慶元年進士，禮部主事，充軍機章京。典廣西鄉試，於落卷中得汪能肅領解，知名士也。出知徽州府，調安慶。……總督保舉章將上，列麗正名第一。麗正謁總督，辭保辭官，總督諾之，尋密疏薦，遂擢蘇松太道。所入羨餘，悉舉畀親族。去官歸，主紫陽書院。敬身（按，應爲"麗正"）爲金壇段玉裁女夫，得漢學之傳，嘗校刊《段注說文解字》《經韻樓集》《戴東原集》、胡刻宋本《資治通鑑》。卒年七十五。"

自珍八歲，得舊《登科錄》讀之，即有志爲科名掌故之學。十二歲，段玉裁授以《許氏說文部目》，即有志以經說字、以字說經之學。十四歲考古今官制，即有志官制損益之學。十六歲讀《四庫提要》，即有志爲目錄之學。十七歲見石鼓，即有志爲金石之學。

《定盦先生年譜》嘉慶四年八歲："得舊《登科錄》讀之，是搜輯二百年科名掌故之始。"嘉慶八年十二歲："外王父段先生授以《許氏說文部目》，是爲以經說字、以字說經之始。"嘉慶十年十四歲："始考古今官制，後成《漢官損益》上下篇、《百王易從論》一篇，以竟髫年之志。"嘉慶十二年十六歲："始讀《四庫全書提要》，爲目錄之學。自是蓄書頗富，多七閣未收之本。時先生侍親居京師法源寺南，嘗逃塾就寺門讀書。金壇段叟清標尋聲尾之，寺僧戲謂一猿一鶴也。段叟名玉立，一字鶴臺，段恭人之叔父。"嘉慶十三年十七歲："是歲睿廟五旬萬壽恩科鄉試。闇齋先生簡放廣西正考官，時官禮部郎中。先生從父文恭公守正，亦以編修典試湖北，兄弟同持使節，時稱盛事。游太學，見石鼓文，大好之，由是始爲金石之學。"

嘉慶十五年（1810），應順天鄉試，由監生中式副榜。十七年，考充武英殿校録，始爲校讎之學。父麗正由禮部郎中簡放安徽徽州知府，後任安慶知府、江蘇蘇松太兵備道，自珍往來於京師、皖、浙之間，遍交東南名士。

《定盦先生年譜》嘉慶十五年十九歲："秋，應順天鄉試，由監生中式副榜第二十八名。座主長沙劉文恪公權之、新城陳鍾溪少司寇希曾、涇縣朱静齋中丞理、房考覺羅文莊公寶興。"

龔自珍《龔自珍全集》第十輯《己亥雜詩》第四十七首自注："嘉慶壬申歲，校書武英殿，是平生爲校讎之學之始。"

《龔自珍全集》第九輯《乞糴保陽三》："默默何所捫？憶丙子丁丑。家公領江海，四坐盡賓友。東南騷雅士，十或來八九。家公遍觴之，館亦翹材有。"

二十三年（1818），浙江鄉試中式。二十五年，任内閣中書。道光三年（1823），母卒，返鄉守制。六年入京會試，同考官劉逢禄力薦自珍、魏源，然二人仍落第，逢禄傷之，作《題浙江、湖南遺卷》。龔魏齊名，肇始於此。

《定盦先生年譜》嘉慶二十三年二十七歲："是歲睿廟六旬萬壽恩科。先生應浙江鄉試，中式第四名舉人。座主高郵王文簡公引之，長安李惇甫太史裕堂，房考富陽知縣向名侠。"嘉慶二十五年二十九歲："會試仍下第，筮仕得内閣中書。先生官中書先後十餘年，於内閣故事最洽熟，識故和碩禮親王昭槤，多習當代典制。"按，内閣漢票簽中書舍人題名六·道光元年到閣。此據先生自撰《張青雕文集序》，當得其實。

《龔自珍全集》第九輯癸未詩末自記："自癸未七月至乙酉十月，以居憂無詩。"

劉逢禄《劉禮部集》卷十一《題浙江湖南遺卷》："之江人文甲天下，如山明媚兼嶙峋。盎盎春溪比西子，浣花濯錦裁銀雲。神禹開山鑄九鼎，罔兩俯伏歸洪鈞。鋒車昔走十一郡，奇祥異瑞羅繽紛。茲登新堂六十俊浙卷七百，餘獨分得六十卷，就中五丁神力尤輪囷。紅霞噴薄作星火，元氣翁鬱煇朝暾。骨驚心折且揮淚，練時良吉齊肅陳。經旬不寐探消息，那知鍛翮投邊塵。文字遼海沙蟲耳，司中司命何歡嗔？更有無雙國士長沙子，孕育漢魏真經神。尤精選理躒鮑謝，暗中劍氣騰龍鱗。侍御披沙豁雙眼，手持示我咨嗟頻。湖南玖肆，五策冠場，文更高妙。予決其為魏君源。翮然雙鳳冥空碧，會見應運翔丹宸。萍踪絮影亦偶爾，且看明日走馬填城闉。"

九年（1829），會試中第，然殿試以楷法不及格，命以知縣用，呈請仍回內閣中書任。有《上大學士書》，倡言變舊法、舉賢材、汰冗濫、移風氣。十二年夏，大旱，詔求直言，時大學士富俊五度來訪，乃手陳《當世急務八條》，事不行。

《定盦先生年譜》道光九年三十八歲："會試中式第九十五名。座主歙縣曹文正公振鏞、滿洲文恭公玉麟、寶應朱文定公士彥、山陽李芝齡大宗伯宗昉、歙縣吳退旃大司農椿，房考清苑王曉舲中丞植。……殿試三甲第十九名，賜同進士出身。四月二十八日朝考，奉旨以知縣用，呈請仍歸中書原班。"

《龔自珍全集》第三輯《干祿新書自叙》："凡貢士中禮部試，乃殿試。殿試，皇帝親策之。……遴其頌揚平仄如試，楷法尤光致者十卷，呈皇帝覽。……自珍中禮部試，殿上三試，三不及格，不入翰林。"

《龔自珍全集》第五輯《上大學士書》："中書龔自珍言：自珍少讀歷代史書及國朝掌故，自古及今，法無不改，勢無不積，事例無不變遷，風氣無不移易，所恃者，人材必不絕於世而已。夫有人必有胸肝,有胸肝則必有耳目,有耳目則必有上下百年之見聞,有見聞則必有考訂同異之事,有考訂同異之事,則或胸以爲是,胸以爲非,有是非,則必有感慨激奮,感慨激奮而居上位,有其力,則所是者依,所非者去。感慨激奮而居下位,無其力,則探吾之是非,而昌昌大言之。如此,法改胡所弊?勢積胡所重?風氣移易胡所懲?事例變遷胡所懼?中書仕内閣,糜七品之俸,於今五年,所見所聞,胸弗謂是;同列八九十輩安之,而中書一人,胸弗謂是。大廷廣衆,苟且安之,夢覺獨居胸弗謂是。入東華門坐直房,昏然安之;步出東華門,神明湛然,胸弗謂是;同列八九十輩,疑中書有痼疾,弗辨也,然胸弗謂是。如銜魚乙以爲茹,如借猬栗以爲坐,細者五十餘條,大者六事,兹條上六事,願中堂焠屬聰明,焕發神采,賜畢觀覽。一、中堂宜到閣看本也。……一、軍機處爲内閣之分支,内閣非軍機處之附庸也。……一、侍讀之權不宜太重也。……一、漢侍讀宜增設一員,使在典籍廳掌印也。……一、館差宜復舊也。……一、體制宜畫一也。”

《定盦先生年譜》道光十二年四十一歲:“夏,大旱,詔求直言,大學士蒙古文誠公富俊五度就訪,先生手陳當世急務八條,文誠讀至‘汰冗濫’一條,動色以爲難行,余頗欣賞。文不存集中。”

十五年(1835),擢宗人府主事。十七年,改禮部主事,後選湖北同知,辭不就。次年,叔父守正署禮部尚書,例應回避。兼京師生活困窘,自珍遂有回鄉養親之意。十九年四月,離京南下,時禮部主事湯鵬贈楹帖云:“海内文章伯,周南太史公。”自珍出都雇兩車,一車自載,一車載文集百卷,傲然不以貧自餒也。後携眷屬居崑山羽琌山館,遂不復出。

《定盦先生年譜》道光十五年四十四歲:“擢宗人府主事。”按,遷官事,詩文無徵,甲午序《干禄新書》時,尚官中書,而主事結銜,始見於丙申五月《送梁公序》，似當在甲乙之間，係此俟考。

道光十七年四十六歲："三月，改禮部主事祠祭司行走，四月，補主客司主事，仍兼祠祭司。選湖北同知，不就，還原官。"道光十九年四十八歲："先生官京師，冷署閑曹，俸入本薄，性既豪邁，嗜奇好客，境遂大困，又才高動觸時忌，至是以闇齋先生年逾七旬，從父文恭公適任禮部堂上官，例當引避，乃乞養歸。四月二十三日出都，不携眷屬僮從，以一車自載，一車載文集百卷以行，夷然傲然，不以貧自餒也。"

魏季子《羽琌山民逸事》："山民之南歸也，湯海秋侍御書楹帖贈之云：'海內文章伯，周南太史公。'跋云：'定盦將之江南，書十大字以壯其行。'山民過常州，舟覆，楹帖遂失。"

二十一年（1841）正月，就丹陽雲陽書院講席。八月，以疾暴卒於丹陽縣縣署，年五十。子二：長子橙，字孝拱，後名公襄，監生；次子陶，字念匏，後名寶琦，廩貢，任江蘇金山知縣。

《龔自珍全集》第五輯《與吳虹生書（十一）》："已就丹陽一小小講席，歲修不及三百金。……青燈顧影，悴可知己。新正三日，即出門。"

《定盦先生年譜》道光二十一年五十歲："春，就丹陽雲陽書院講席，新正三日，即由杭州出行，三月初五日，闇齋先生卒，壽七十有五。闇齋先生主紫陽講席有年，至是以先生嗣主其事，仍兼丹陽講席。七月，至丹陽，館於縣署。八月十二日，暴疾捐館。""先生二子曰橙，曰陶。橙字昌匏，更名公襄，字孝拱。陶後更名寶琦，字念匏，官江蘇金山知縣。"

《（民國）杭州府志》卷一百三十八《儒林・龔自珍傳》："子公襄，原名橙，字孝拱，監生。龔氏之學既世，時海內經生講東漢許鄭學者日敝，公襄乃求微言於晚周西漢，摧陷群儒，聞者震駭。《尚書二十八篇》分別伏孔讀定之理，《三家遺説》廣以《史記》《漢書》，諟正《毛詩叙》義爲《詩大誼》。又撰《形篇》《名篇》，推究許書皆持之有故。嘗告同縣譚獻，謂《周頌》有韻，古失其讀，淵淵誦之。"

自珍從劉逢禄受《公羊春秋》，尤好經世之學。官中書時，上書大學士，條陳內閣積弊六條。官宗人府，則爲之草創章程。官禮部時，上書論四司政體宜沿革者三千言。

《龔自珍全集》第九輯《己卯·雜詩，己卯自春徂夏，在京師作，得十有四首》其六："昨日相逢劉禮部，高言大語快無加。從君燒盡蟲魚學，甘作東京賣餅家就劉申受問《公羊》家言。"

《定盦先生年譜》嘉慶二十四年二十八歲："春應恩科會試，不售，留京師，始從武進劉申受禮部逢禄受《公羊春秋》，遂大明西京微言人義之學。自匏伯先生官京師，至先生三世百年。先生少日所交多老蒼，於乾隆庚戌榜過從最親厚，次則嘉慶己未，多談藝之士，洎乎壯歲，所接海內通人勝士，尤不勝數。其爲學靡書不覽，喜與人辯駁，雖小屈，必旁徵博引以伸己説。既治西京之學，文章亦淵懿樸茂，雅近匡、劉，推究治學本原，深明周以前家法，其所造述，則益深窈簡核，但舉大誼，不爲厄詞矣。"道光九年三十八歲："十二月，上大學士書，言內閣故事當循者有六事，寢不行。"道光十七年四十六歲："正月，宗人府京察一等引見，奉旨記名，充玉牒館纂修官，草創章程，未竟其事。"道光十八年四十七歲："正月，上禮部堂上官書，論四司政體宜沿宜革者三千言。"

當時以奇才名天下者，一爲魏源，一爲自珍。嘗著《西域置行省議》《東南罷番舶議》，時韙其言。程同文修會典，以理藩院一門及青海、西藏各圖屬爲校理，自珍於西北兩塞外部落、世系、風俗、山川形勢、原流合分，尤役心力，洞明邊事，雅稱絶詣。

《定盦先生年譜》道光六年三十五歲："會試不第。是科劉申受禮部與分校，鄰房有浙江、湖南二卷，經策奧博，曰：'此必仁和龔君自珍、邵陽魏君源也。'亟勸力薦，不售，於是有傷浙江、湖南二遺卷之詩。"

陳康祺《郎潛紀聞二筆》卷四："道光朝，內閣中書舍人多異材俊彥。龔自珍定盦以才，魏源默深以學，宗稷辰越嶇以文，吳嵩梁蘭雪以詩，端木國瑚鶴田以經術，時號薇垣五名士。考中書省地望清要，唐、宋以後，與翰林並稱華選，本朝名臣名儒，亦多奮迹其中。自捐例推廣，五貢及捐納舉人均可報捐，於是絲綸清切之地，竽濫滋多，文章無色矣。"

《定盦先生年譜》道光十九年四十八歲："過鎮江，至江陰見李申耆先生兆洛，及其門人蔣丹稜茂才彤，先生賦《常州高才篇》，恨未識李先生，至是始獲奉襟。《養一齋集・與鄧守之書》：默深初夏見過，得暢談，又得讀定盦文集，兩君皆絕世奇才，求之於古亦不易得，恨不能相朝夕也。"道光元年三十歲："在內閣充國史館校對官。時館中方重修《一統志》，先生上書總裁，論西北塞外諸部落沿革，訂舊志之疏漏，凡一十八條。先是桐鄉程春廬大理同文修《會典》，其理藩院一門，及青海、西藏各圖，皆開斜方而得之，屬先生校理，是爲天地東西南北之學之始，而於西北兩塞外部落、世系、風俗、山川形勢、原流合分，尤役心力，洞明邊事，雅稱絕詣。自撰《蒙古圖志》，訂定義例，爲圖二十有八，爲表十有八，爲志十有二，凡三十篇。大興徐星伯舍人松，精於西北地理，先成哈薩克、布魯特二表，先生嘆爲當代奇作，遂沿用之。惜程大理歿，孤學無助，志竟不成，集中惟存諸序，亦足見其精博矣。房師覺羅文莊公寶興任吐魯番領隊大臣，先生上書，備論天山南路事宜，及撫馭回民之策，並錄《西域置行省議》獻之，蓋議遷議設，撤屯編戶，盡地力以劑中國之民，實經畫邊陲至計。"

所爲文，獨造深峻。論者謂桐城之文如泰山主峰，不可褻視；自珍文如徂徠新甫，相與揖讓俯仰於百里之間，不自屈抑，蓋一代文字之雄云。

蔡冠洛《清代七百名人傳》第五編《龔自珍傳》："所爲文，獨造深峻。論者謂桐城之文如泰山主峰不可褻視，自珍文如徂徠新甫，相與揖讓俯仰於百里之間，不自屈抑，蓋一代文字之雄云。"

自珍著作出入於九經七緯、諸子百家，自成一家言。自著詩文集有《定盦全集》二十卷。另撰《尚書序大義》《泰誓答問》《尚書馬氏家法》《左氏春秋服杜補義》《左氏決疣》《春秋決事比》《西漢君臣稱春秋之義》《典客道古錄》《奉常道古錄》《羽琌山金石墨本記》《羽琌山典寶記》《鏡苑》《瓦韻》《漢官拾遺》《泉文記》《布衣傳》等。

《清代七百名人傳》第五編《龔自珍傳》："著有《尚書序大義》一卷，《泰誓答問》一卷，《尚書馬氏家法》一卷，《左氏春秋服杜補義》一卷，《左氏決疣》一卷，《春秋決事比》一卷，《西漢君臣偁春秋之義》一卷，《典客道古錄》一卷，《奉常道古錄》一卷，《羽琌山金石墨本記》五卷，《羽琌山典寶記》二卷，《鏡苑》一卷，《瓦韻》一卷，《漢官拾遺》一卷，《泉文記》一卷，《布衣傳》一卷，《文集》三卷，《續集》四卷，《文集補》二卷，《補編》四卷。"

《定庵年譜稿本》道光元年三十歲："春，選錄《懷人館詞》三十二首、《影事詞》六首、《破戒草》。"道光三年三十二歲："五月，自編次甲戌以還文爲《文集》三卷、《餘集》三卷、少作一卷。六月付刊。"道光七年三十六歲："錄辛巳夏至丁亥十月詩百二十八篇爲《破戒草》一卷，又《存餘集》五十七篇亦一卷。錄詩以掃徹公塔詩，終成《羽琌山館金石墨本記》五卷。"道光八年三十七歲："成《尚書序大義》一卷，《泰誓答問》一卷，《尚書馬氏家法》一卷。定李白真詩百二十二篇，有《最録李白集》等篇。"道光十三年四十二歲："成《左氏春秋服注補義》一卷，其劉歆竄益顯然有迹者爲《左氏決疣》一卷。又成《西漢君臣稱春秋之義者》一卷，《六經正名論》成，《古史鈎沉論》又成。"道光十四年四十三歲："成《干禄新書》。"道光十七年四十六歲："以佛書入震旦後校讎者希，乃爲《龍藏考證》七卷。"道光十八年四十七歲："嘗恨許叔重見古文少據商周彝器秘文，説其形義，補《説文》一百四十七字。四月，書成。詩編年終於是歲，勒成二十七卷。"

《定庵年譜稿本》："按君所爲著述，年月未詳者甚夥，存目於下待考信而補苴之。《蒙古圖志》（未成）、《春秋決事比》六卷、《孤虛表》一卷、《古今用兵孤虛圖説》一卷、《詩非序非毛非鄭》各一卷、《典客道古録》一卷、《春常道古録》一卷、《紀游》一卷、《漢書補注》（未成）、《讀漢書隨筆》四百事、《金石通考》五十四卷（未成）、《羽琌之山典寶記》二卷、《鏡苑》一卷、《瓦韻》一卷、《漢官拾遺》一卷、《泉文記》一卷、《布衣傳》一卷、《吉金款識》十二卷、《升平分類讀史雅詩》一卷、《漢器文録》、《今方言》。"

參考文獻：

1. 龔自珍著，王佩諍校《龔自珍全集》，上海古籍出版社1999年版。

2. 樊克政《龔自珍年譜考略》，商務印書館2004年版。

3. 黄守恒《定盦年譜稿本》，《北京圖書館藏珍本年譜叢刊》，北京圖書館出版社1999年版。

4. 支偉成《清代樸學大師列傳》卷十四《龔自珍傳》，《清代傳記叢刊》，臺灣明文書局1985年版。

5. 蔡冠洛《清代七百名人傳》第五編《龔自珍傳》,《清代傳記叢刊》,臺灣明文書局 1985 年版。

6. 王鍾翰點校《清史列傳》卷七十三《龔自珍傳》,中華書局 1987 年版。

7. 徐世昌等《清儒學案》卷一百五十八《定盦學案》,中華書局 2008 年版。

8. 劉聲木《桐城文學淵源撰述考》卷四《龔自珍傳》,黄山書社 1989 年版。

9. 陳康祺《郎潛紀聞二筆》,中華書局 1984 年版。

10. 龔嘉俊修,李格纂《(民國)杭州府志》,《中國地方志叢書》華中地方第 199 號,臺灣成文出版社 1975 年版。

（王宏林）

梁紹壬傳

梁紹壬，字應來，號晉竹，浙江錢塘人。乾隆五十七年（1792）生，道光元年（1821）中舉。與趙慶熺、程少山友善。受業於何星橋。

劉錦藻《清朝續文獻通考》卷二百七十四："紹壬，字應來，號晉竹，浙江錢塘人。道光辛巳舉人。"

潘衍桐《兩浙輶軒續録》卷三十："梁紹壬，字應來，號晉竹。祖恩子，錢塘人。道光辛巳舉人。著《兩般秋雨盦詩》。"

黃燮清《國朝詞綜續編》卷九："梁紹壬，字應來，號晉竹。錢唐人。道光元年舉人，有《兩般秋雨盦集》。"

鄒弢《三借廬贅譚》卷二："《琵琶遺韻》琵琶行一首。風流韻事，千古艷稱，嘗見錢塘梁晉竹孝廉一絶。"

梁紹壬《兩般秋雨盦隨筆》卷二："仁和趙秋舲慶熺，鐵岩大空殿最來孫也，性倜儻，工詩詞。家貧讀書，傲骨風棱，逸情雲上。道光辛巳舉於鄉，壬午連捷南宮引。"

梁紹壬《致趙秋舲書附來書》（《兩般秋雨盦隨筆》卷三附）："余戊子春至粵，是歲冬，忽患咯血症，幸而無恙。……而吾兩人者，昔爲蠻拒之依，今作燕勞之避。……'忽憶歲辛巳，與君得同舶。爆竹滿揚州，三更轟飲劇。記否雪泥中，有此鴻爪迹。'其六"

《兩般秋雨盦隨筆》卷八："程少山晋，杭之名諸生也。連試秋闈不售，遂囊筆遨游，始而江西，繼而廣東，名公巨卿，爭相倒屣。余在家初未識面，至粵中始得訂交，深相結契。"

《兩般秋雨盦詩選·苔岑集序》："余年二十，始出與都人士交。姚古芬伊憲、葛秋生慶曾、胡問樣理坦、趙秋舲慶熺諸君子，昕夕過從，極文酒之樂，因結社於孤山之別墅。四時佳日，醉舞狂歌；一字吟成，彼此互質。請爲嚆矢，間亦有希元抗白之詞；甘事執鞭，敢與爭王後盧前之目。積久成帙，萃爲斯編。"

按，《兩般秋雨盦詩選》有《紹壬受業於何星橋夫子十年，今將言別，感舊書懷，敬呈二首》詩。

晋竹才思瑰麗，能傳祖宗法鉢。梁氏一族，不志富貴，高門清蔭，詩禮傳家。高祖梁詩正官東閣大學士，曾祖梁敦書爲兵部右侍郎。祖父梁履繩與伯祖梁玉繩皆潛心史學，考索群籍，著述甚多。父梁祖恩亦爲官。

盧文弨《抱經堂文集》卷三十《梁孝廉處素小傳》："梁君處素，名履繩，余益友也。善讀書，既擷其精，並正其誤。與其兄曜北相齮錯，一時有元方、季方之目。余老而衰，漫思考訂群書，有所遺忘及錯誤，處素率爲余審定之。兩君皆厚余，其氣象則曜北侃侃然，處素誾誾然，和易近人，人尤樂親之。曜北既棄舉子業，專精《史記》學。處素以乾隆戊申科舉浙江鄉試，人咸意其發名成業之未有涯也。乃再試南宫，不遇。歸途風日燥烈，塵埃漲天，熱氣中人毒甚，然抵家尚無恙也。會葬其先考侍郎公在山閱月餘，親程畚杵之勞維謹，堊面富春江。時當秋末，江風射人作寒，君自以尚强壯不爲意，然而君之受病深矣。兩害俱發，臥床未幾即失音，越日而目已瞑矣。余聞而驚訝，往覘之信，爲之失聲長慟。悲夫！廣我見聞者之少此一益友也。嗚呼！君生宦家，家門鼎盛，祖則文莊公，父則侍郎公，伯祖太史蕘林公，伯父侍講山舟公，設以常人處此，不爲群屐風流，則爲裘馬清狂，日以酒食游戲相徵逐爲事，不復知有文字之樂者,比比然矣。君獨蕭然若寒士,衣不求新,出則徒步,不以所能病人,不以所不知愧人。博學而能屢守之,以故不涉於愛憎之口。自其曾大夫谿父先生以來,學問文章照曜海內,代精八法,得其片楮,珍同拱璧。君克自奮屬,繼承家學,其於衆經中尤精左氏《傳》。蓋其舅氏元和陳君名樹華,著有《春秋內外傳考證》。君復輯諸家之說而折其衷,疏爲三編。先以其成者示余,余讀而善之,其續纂者尚未竟也。遺草具在檢拾而加以整比焉,此則曜北之責已。君詩清新越俗,向與其兄及所親合刻有《梅竹聯吟集》,可見其崖略。書法雖不名家,然端謹不苟,如其爲人。且通《說文》,故下筆鮮俗字。使老其材,其成就烏能測其所至?乃年僅四十有六而竟夭死,乃乾隆之五十八年十一月三日也。在梁氏失一佳子弟,在宇內少一讀書人,豈不哀哉!君娶於曲阜孔氏,孔氏多學人,余友孔君名繼汾者,君之外舅也。以君處族黨間,可以無愧色矣。一子曰常,孫曰壬。在長逝者固可無憾,而未死者烏能免於憾也?余頹唐之筆不足以爲君重,但爲之志其略,亦聊以抒余之哀而已。”

袁枚《隨園詩話》卷九:“梁文莊公之兄啓心,字守存,入翰林後,即乞歸養。其子山舟侍講,亦早乞病,使其弟敦書仕於朝。一門家風如此。”

妻黃氏,名巽,字順之,蕭山訓導黃鐵年之女,文僖相國七世孫女也。有才名,歸後二十三年逝。晋竹不欲再娶,僅於粵中置順德張姓妾室。

《兩般秋雨盦隨筆》卷四:“亡室黃孺人,名巽,字順之,號焦卿。蕭山訓導黃公超女,文僖相國七世孫女也。年十九,來歸於余,醇謹恭儉,族戚無閑言。丁亥之冬,余侍家大人入粵,孺人以母病不能從。次年冬,余忽患咯血症,孺人聞而心驚。間關度嶺,乃未及半年,猝得風疾,沉綿床笫,一載有餘,竟爾不起。余作挽聯云:‘四千里累爾遠來，父在家，母在殯，翁姑在堂，屬纊定知難瞑目。廿三年棄余永訣，拜無兒，哭無女，繼承無侄，蓋棺未免太傷心。'……《丙寅除夕》云：'百年已過六千日，一飲真須三百杯。'"

沈善寶《名媛詩話》卷六："吾鄉多閨秀，往者指不勝屈。……黃蕉卿，號順之，梁晉竹孝廉紹壬室，有《聽月樓詩稿》。《偶成》云：'滑筍春蔥臨晉帖，玲瓏小几供唐花。寄穎卿妹云家遠，愁看花姊妹病多。'《難配藥君臣不寐》云：'蠻語鬧於牛馬鬥，雞聲難似鳳鸞鳴。'《病中偶成》云：'竹徑亂敲風似剪，蕉窗不住雨如麻。'頗得元人風致。"

王蘊章《然脂餘韻》卷二："年十九，歸晉竹。後晉竹侍父入粵，蕉卿以母病不能從。未幾，晉竹患咯血症，蕉卿聞而心驚，間關度嶺以往，未及半年，猝得風疾，竟沉綿以死。"

《兩般秋雨盦隨筆》卷七："余中年喪偶，不欲再娶。因於粵中置一妾，張姓，順德人。貌端雅，性亦柔順。以故三載以來，上下帷闥俱無閑言。先君棄世，余以官事留逗穗城，眷屬先歸。因命其侍太夫人先行，亦唯唯無異詞。會當改歲，乞賦歸寧，余以新年而兼將遠離，勉從所請，孰意杯酒之間，密謀起矣。太夫人定於上元次日起身，屆期僕婢在舟，行李在道，車馬在門，母來送行，堅辭不去，再三喻之，遂剪髮自誓。余不得已，遣之。"

《兩般秋雨盦詩選·甥館集序》："外舅鐵年黃丈既移居於郭北，復秉鐸於浙東。僕以器雜家居時，寄丈人峰下，一年之內，強半追陪，文酒宴游，殆無虛日。"

晉竹性嗜酒，謂平生三嘗好酒。嘉慶十八年（1813），游雲林寺，品得老僧取山泉所釀五年陳，口齒留香，九日不絕，名之殘光酒；道光四年（1824）歸自京師，與汪小米聚，取其叔眷西先生家藏二十年之庚申酒，酒香透腦，味則淡雅；又某年於曾姓鄉紳處小酌，酒色淺綠，飲之清鮮，問之乃六年冬酒。自謂逢酒流涎，浸淫酒中三十年，傷及臟腑。

《兩般秋雨盦隨筆》卷二："嘉慶癸酉，余偶憩雲林寺。次日獨游戣光，遇一老僧名致虛。……一杯入口，甘芳浚冽，凡酒之病無不蠲，而酒之美無弗備。詢之曰：'此本山泉所釀也，陳五年矣。老僧蓋少知釀法，而又喜談米汁禪，此蓋自奉之外，藏以待客者。'……此生平所嘗第一次好酒也。……道光甲申余歸自京師，汪小米表弟拉飲庚申酒。……以故二十年來丸泥如故，眷西歸始發之。所存止及壇之半。正簡齋先生所謂'壇高三尺，酒一尺，去盡酒魂存酒魄'是也。色香俱美，味則淡如。……其濃厚有過於戣光酒，而微苦不冽。自其小病，此生平所嘗第二次好酒也。僕逢曲流涎，到處不肯輕過。……一日有曾姓鄉紳，邀余山中小酌，舉杯相勸。余視之淺綠色，飲之清而極鮮，淡而彌旨，香味之妙，其來皆有遠致。詫以爲得未曾有，急詢何酒，曰冬酒也。問那得如許佳，曰陳六年矣。……此酒始釀，須墨江某山前一里內之水，不可雜以他流，再選名曲佳蘗合而成之。……余生平所嘗第三次好酒也。余三十年來沉湎於酒，臟腑之地，受病已深。近日損之又損，以至於無。而結習所存，不能忘也。……可見酒乃人生之至險也，可不戒哉！"

紹壬性貫靈犀，博涉經典，胸襟懷抱，別有所出，見聞廣博，工詩善文。著《兩般秋雨盦詩》十六卷，《兩般秋雨盦隨筆》八卷，二者以《兩般秋雨盦隨筆》爲勝。綜觀全書，發爲四端，一曰稽古，二曰述今，三曰選勝，四曰微辭。凡經典釋文、詩文評述、論學考證、朝野掌故、小說戲曲、瑣事俚語、山水佳勝、時文新政，皆囊括於內。徵奇考異，不一而足，可謂大觀。

潘衍桐《兩浙輶軒續錄》卷三十："梁紹壬，字應來，號晉竹，祖恩子，錢塘人，道光辛巳舉人。著《兩般秋雨盦詩》。都崿序略：'梁君晉竹，崔盧門第，終賈英年。以散珠橫錦之才，寫鳳泊鸞飄之怨。'鍾駿聲曰：'晉竹《兩般秋雨盦隨筆》，膾炙人口，詩稿甚富，汪小米中翰爲選其尤者刊之。'"

《兩般秋雨盦隨筆》汪適孫序："子中表兄晉竹梁君，以宰相之華冑，應孝廉之巍科，等身讀書，僂指數典。……凡夫《北夢瑣言》《西京雜記》《詩人玉屑》《藝苑金針》，以及《七籤》《真誥》之編，《五燈》《珠林》之冊，靡不參同結契，考異名郵。陋小說於黃車，約絛鈔於青簡。入張公之室，記事拈珠；登康生之堂，劇談著錄，成《秋雨庵隨筆》若干卷。予受而讀之，軋軋乎錦綫之抽機，磊磊乎星徽之溢目已。綜其全旨，約有四端：一曰稽古，則《經典釋文》之遺也；一曰述今，則《朝野僉載》之體也；一曰選勝，則模山範水，臥游之圖也；一曰微辭，則砭愚訂頑，循路之鐸也。……道光十七年，太歲在丁酉，夏五月朔，表弟汪適孫拜序。"

自言三次滯京，兩入嶺海。其行迹可考者，嘉慶二十一年（1816）秋闈以病未赴。二十二年出京。二十三年秋闈又病未赴。道光二年（1822）初曾至京。五年病重幾不治。六年會試，北行入京，遇奇景，作《渡湖》《渡江》兩詩，然下第，因歸家。七年之冬，父官始興縣，隨侍入粵。八年春，至粵，後至惠州。十三年歸自粵。再進京會試，後父卒於任上，在京下第，倉促趕至。曾官廣東鹽大使，官至內閣中書。客死粵東，卒年不詳。

《兩般秋雨盦隨筆》卷二"下第制義"條："舉子下第，情狀可憐。……憶丙戌下第，寓全浙會館，葉嵋生明經來爲余述之。""沈去矜卷子"條："丙戌至京，寓土地廟下斜街全浙會館。"

《兩般秋雨盦詩選·枚發集序》："乙酉仲夏，瘧鬼憑陵，床第昏迷，疾幾於殆。"

《兩般秋雨盦隨筆》卷二"雪月渡江湖"條:"大月渡太湖,大雪渡揚子江,此非常奇景也。余於丙戌北行,旬日間兩遇之。因各紀以詩,《渡湖》云……《渡江》云……病中追憶舊游,不覺神往,因紀之。"

《兩般秋雨盦隨筆》卷三"京師梨園"條:"余壬午年初至京……丙戌入都。""顧受笙"條:"若我顧受笙表兄均,亦復九度秋闈。道光辛卯八月十五夜,以疾卒於號舍。……没後二年,余歸自粵。"

梁紹壬《致趙秋舲書附來書》其二十(《兩般秋雨盦隨筆》卷三附):"行役復行役,行踪本無據。甫從廣州來,又向潮州去。時奉嚴命至潮潮陽王大令,哲嗣我姑婿。"其二十四:"昔我出京時,進士選丁丑。"

《兩般秋雨盦隨筆》卷五"志哀"條:"先君疾終開平官舍時,不孝甫會試下第。旋里,驚聞凶耗,匍匐南來,含殮未親,罪難擢髮。鴛湖陸琴臺先生咸高,時在幕中掌書記,賦《臺城路》挽詞二闋云:'春殘忽爾維摩擾,林禽正呼歸去。君時有歸田之意,緣迍累未果,至暮春疾作,鄉心更切。迍重千鈞,載無片石,相對只增愁緒。刀圭何補。恨秦緩來遲,玉樓先赴。省醫至,已不及矣。化鶴飛鳧,送君魂返古杭渡。 甘棠歌遍嶺嶠,看碑題墮淚,奚減羊祜。甲第箕裘,宰官衣鉢,況有傳經小杜。謂嗣君晋竹孝廉。真無憾處。儘撒手紅塵,游神紫府。滿目悲凉,彌留無半語。君臨終與家人無一訣別之詞。''知君一去無依戀,凄凉殯宮誰奉。下第劉蕡,思親仲子,可有夜來凶夢。晋竹時赴試未回。關山阻壅。只寡鵠孤鸞,據床啼涌。更是傷心,左家嬌女雪衣送。 萍踪飄散太促,想芙蓉幕卷,情緒千種。寄白堂閑,蒼城署廳之額曰寄白堂。拈紅會散,六十二旬歡縱。余尤誼重。感伯也當年,榜花曾共。太翁夬庵先生與先胞伯戊申同榜。兩世科名,君又與星槎家兄同年。撫棺增一慟。'情真意摯,令人哀感,謹泣而志之。"

《兩般秋雨盦隨筆》卷七"檳榔"條:"余三滯京師,兩游嶺海。"

潘衍桐《兩浙輶軒續録》卷十九："梁祖恩，原名常，字眉子，號久竹，錢塘人，嘉慶戊午舉人，官廣東始興知縣。《東軒吟社同人小傳》：'大令初宰江蘇宜興，以不屑抗塵奔走，遂棄官歸，喜游山，頗擅濟勝之具，飢寒風雪，皆所不顧，文宴流連，有終焉之志。家人固強之出。復官始興，旋遘疾，卒於官。'"

《兩般秋雨盦隨筆》卷五"桂花新"條："余久羈嶺表，夢繞家山，一再誦之，悠然神往矣。"

丁紹儀《國朝詞綜補》卷三十三："梁紹壬，字晋竹，仁和人。道光元年舉人。官廣東鹽大使。"

《兩浙輶軒續録》卷三十："汪適孫曰：'晋竹工填詞，客死粤東。自編定詩十六卷，餘稿爲居停主人所留，無副本。'"

《兩般秋雨盦詩選·刻楮集序》："丙子、戊寅兩度秋闈，以病不赴，己卯被放，同人勸理舊業，因結小課以相切磋，里之醜人傚顰而忘其陋，角藝之下，從事壺觴，結習未忘，狂吟閑作。"

參考文獻：

1. 梁紹壬《兩般秋雨盦隨筆》，《續修四庫全書》，上海古籍出版社 2002 年版。

2. 梁紹壬《兩般秋雨盦詩選》，《清代詩文集彙編》，上海古籍出版社 2010 年版。

3. 潘衍桐《兩浙輶軒續録》，清光緒十七年刻本。

4. 劉錦藻《清朝續文獻通考》，商務印書館 1936 年版。

5. 盧文弨《抱經堂文集》，中華書局 1990 年版。

（沙先一）

黄爵滋傳

黄爵滋，字德成，號樹齋，江西宜黄人。

孫衣言《光禄大夫前刑部左侍郎黄公行狀》、耿日椿《黄樹齋先生傳》云爵滋"號樹齋"。

《光禄大夫前刑部左侍郎黄公行狀》："其先自閩徙江西，今爲江西宜黄人。"

祖捷岡，父錫祐。

按，爵滋曾祖國偲，妣紀氏；祖太學生捷岡，妣潘氏（《光禄大夫前刑部左侍郎黄公行狀》）。捷岡，號玉亭，黄爵滋《皇清誥贈中議大夫例晋贈光禄大夫刑部左侍郎加二級先祖玉亭府君墓表》及《辛卯歲除家大人六十生日敬述示兒子模林槩》（《仙屏書屋初集·詩録》卷七）有述。

爵滋父錫祐，縣學生；妣周氏，早卒。《皇清誥封中議大夫例晋贈光禄大夫刑部左侍郎加二級先考守垣府君墓表》《辛卯歲除家大人六十生日敬述示兒子模林槩》有述。

乾隆五十八年（1793）生。

按，乾隆五十八年二月初八，生於宜黄縣鳳岡鎮。

嘉慶十八年(1813)拔貢。十九年入京朝考,試列二等,即用儒學教諭。二十年,補瀘溪縣(今江西省資溪縣)訓導。二十四年中舉。

《光禄大夫前刑部左侍郎黃公行狀》:"二十二以拔貢朝考一等爲瀘溪儒學訓導。"

《(同治)宜黃縣志》卷二十七《選舉·拔貢》:"黃爵滋,嘉慶癸酉拔貢,甲戌朝考二等,即用教諭,補瀘溪縣訓導。"

中舉事參見許應鑅、朱澄瀾修,謝煌等纂《(光緒)撫州府志》卷四十四。

道光三年(1823)中進士,改翰林院庶吉士,散館授編修。十二年,奉命充會試同考官。同年,補福建道御史。

按,中進士事參見《(光緒)撫州府志》卷四十二。散館授編修事,參見黃爵滋《仙屏書屋初集年記》卷十一。充會試同考官之事,參見《仙屏書屋初集年記》卷十七。

又按,黃爵滋於道光十二年閏九月一日至十三年七月二十二日任福建道監察御史,歷時十月餘。其間,上《江西毗連閩廣盜匪繁多請嚴切查辦疏》(道光十二年閏九月二十四日)、《察核衰庸疏》(道光十二年十月十七日)、《嚴究阻搶疏》(道光十三年六月)、《紋銀洋銀應並禁出洋疏》(道光十三年七月二十一日)、《請飭查銀庫事宜疏》(道光十二年十一月六日)、《請飭議銀庫事宜疏》(道光十三年二月二十五日)等奏疏。齊思和整理《黃爵滋奏疏許乃濟奏議合刊》以《嚴究阻搶疏》《紋銀洋銀應並禁出洋疏》爲給事中任內疏,誤。

十三年(1833)七月,轉陝西道御史。

按,見《仙屏書屋初集年記》卷十八。

九月十三日，奉旨同蘇芳阿充武會試內簾監試官；二十日，以科場罣誤降一級留任，任兵科給事中。

《清實錄・宣宗實錄》卷二百四十四："（道光十三年十月）己未諭內閣：'……至內簾監試御史蘇芳阿、給事中黃爵滋，試卷原不寓目，亦不應干預考官取中之事。第現有雙好字號，考官取中單好，出闈後即應據實劾參，何竟緘默不言，亦安用此監試爲耶？……'（辛酉）諭內閣：'本科武會試正副考官白鎔、胡達源，取中武舉有置雙好而中單好者，監試御史蘇芳阿、給事中黃爵滋出闈後並未據實參劾。……至蘇芳阿、黃爵滋均稱未能查明參奏，實屬不合，俱着交部議處。'……乙丑諭：'……御史蘇芳阿、給事中黃爵滋，部議降二級留任之處，均着加恩改爲降一級留任，不准抵銷。'"

按，道光十三年九月二十日至十四年四月底，任兵科給事中，歷時七月餘。其間，上《銀庫收捐疏》（道光十三年十一月六日）、《江漢修防事宜疏》（道光十三年十一月二十八日）、《州縣倉儲有名無實疏》（道光十四年三月一日）、《綜核名實疏》（道光十四年四月一日）等奏疏。

道光十四年（1834），任工科掌印給事中。

按，道光十四年五月一日至十五年八月二日，任工科掌印給事中，歷時一年又五月。其間，上《事關邊防情多蒙蔽請嚴飭督臣力矯前弊疏》（道光十四年十月十三日）、《訪獲合伙迭竊賊犯請交部審訊疏》（道光十四年十一月十日）、《請留伊薩克在京俟明春再酌遣行疏》（道光十四年十二月二十日）等奏疏。

十五年（1835），任鴻臚寺卿。

按，道光十五年八月三日至十九年二月八日，任鴻臚寺卿，歷時三年半。參見《仙屏書屋初集年記》卷二十。

道光十七年（1837）七月，奉命充山東正考官。十月，奉旨稽察右翼宗學。

按，是年穀雨前一日，招晏秋水、符雪樵、洪子齡等即席賦詩。冬至日，招集葉筠潭、史梅叔、溫伊初等於寓齋大集賦詩。參見《仙屏書屋初集年記》卷二十二。

十九年（1839），歷任大理寺少卿、通政使司通政使、禮部右侍郎、刑部右侍郎等職。

按，道光十九年二月九日至五月十四日，任大理寺少卿，歷時三月餘，參見《仙屏書屋初集年記》卷二十四。二月十日進《大理寺少卿謝恩疏》，四月上《查驗續增官剝船事竣疏》。道光十九年五月十五日奉旨授通政使司通政使，五月十六日進《通政司謝恩疏》，六月二十二日奉旨充江南正考官，參見《仙屏書屋初集年記》卷二十四。道光十九年九月十六日至十二月十二日，任禮部右侍郎，歷時近三月。九月二十八日進《禮部右侍郎謝恩疏》，十一月六日奉命赴山海關查辦事件，十二月二日上《查訓知縣被參濫刑勒派各款疏》。道光十九年十二月十三日至二十年十二月六日，任刑部右侍郎，歷時一年，參見《仙屏書屋初集年記》卷二十四。十九年十二月二十一日，進《刑部右侍郎謝恩疏》。

二十年（1840）二月奉旨赴浙江查辦案件。

按，七月十二日由閩起行，八月三日行抵浙省。使浙任內，上《委員訪查罌粟疏》（道光二十年五月十三日）、《查明台溫栽種罌粟情形疏》（道光二十年八月十八日）、《查明鄧承恩等並無盤踞招搖疏》（道光二十年八月十八日）、《審明劉煜復控案》（道光二十年八月二十六日）、《聞見定海情形疏》（道光二十年十一月十八日）等奏疏。十二月復就山海關查辦事件。

同年,轉左侍郎。

按,道光二十年十二月七日至二十三年三月,任刑部左侍郎,歷時兩年又三月。其間,上《募兵節餉疏》(道光二十一年正月八日)、《恭進海防圖表疏》(道光二十一年六月二十七日)等奏疏。奉命使陝、晉查辦事件,上《審明已革未入流挾嫌誣控上司各款疏》(道光二十一年十二月十七日)、《審明游幕民人挾忿刁控並牽涉介休縣民婦呈控詐贓各情疏》(道光二十二年正月九日)、《密查配軍確實情節疏》(道光二十二年)等奏疏。

主戊子科(1828)、己亥科(1839)江南鄉試,丁酉科(1837)山東鄉試,充壬辰科(1832)、乙未科(1835)會試同考官,所得多知名士。

《黃樹齋先生傳》:"三主鄉試,兩校禮闈,所得多知名士。其最顯者如彭相國蘊章、宋侍郎晉、李制軍星沅,而李修撰振鈞、李修撰乘霖尤以聯掇魏科,傳爲盛事。"

按,道光八年(1828)六月二十五日以編修充江南鄉試副考官,參見《仙屏書屋初集年記》卷十二。解元爲山陽潘德輿,參見王家相《清秘述聞續》卷三。道光十二年以編修奉命充會試同考官,參見《仙屏書屋初集年記》卷十七、《清秘述聞續》卷十四。十五年,奉命充會試同考官,時任工科掌印給事中,參見《仙屏書屋初集年記》卷二十。十七年七月八日,奉命充山東正考官,時任鴻臚寺卿;七月九日上《山東正考官謝恩疏》。十九年六月二十二日,奉旨充江南正考官,時任通政使司通政使,尋遷禮部右侍郎。

以直諫孚時望,遇事鋒發,無所回避,進言屢被采納。

《光祿大夫前刑部左侍郎黃公行狀》:"公之爲御史,遇事精銳鋒發,無所回避。宣宗成皇帝屢用其言,不四年擢至四品卿,爲之通諭御史臺,以公爲敢言。當是時,英吉利夷橫海上,夷船屢至閩、浙、江南、山東諸洋面刺朝事,摹寫山川地圖,疆吏不敢問。公言夷人不可以恩拊而海邊無備可危。成皇帝用其言。"

《黄樹齋先生傳》:"居官二十餘年,正色立朝,謨猷入告,巍然有古大臣風。雖至窮鄉僻壤、荒徼蠻夷,無不知其忠直。"

《(光緒)撫州府志》卷五十四《人物志·宦業》:"其遷通政使也,上召見勤政殿,諭曰:'考差臣以直爲忠,題汝詩是大臣口氣,是大臣心事,是仰不愧、俯不怍道理。'"

《清實録·宣宗實録》卷三百二十二:"(道光十九年五月)得旨:'上年黄爵滋條奏鴉片積弊,請旨設法嚴禁。……特降諭旨,交大學士軍機大臣會同各該衙門議奏。兹據詳議章程會同奏入。朕詳加披閲,尚屬周妥,俱着照所議辦理,並着纂入則例,永遠遵行。'"

《清實録·宣宗實録》卷二百七十:"(道光十五年八月)諭:'……近來科道中馮贊勛、金應麟、黄爵滋、曾望顔等,平日遇事均屬敢言,間有指陳,亦皆明白曉事。其有關係國是、切中時宜者,無不量加采納,立見施行。是以將該員等擢任京卿,所以風勵言官,即是廣開忠諫之路。'"

創議嚴禁鴉片煙,劾許乃濟馳禁之論,始終主戰。

金安清《水窗春囈》卷下:"禁煙之疏,實子序、牧庵、龍門三人夜談剪燭無意及之,遂成一稿,而黄樹齋亟上之。"林則徐《雲左山房詩鈔》卷六《哭張亨甫》:"修文定寫生平志,猶訴蒼蒼塞漏卮。"

道光十六年(1836)四月二十七日,許乃濟上《鴉片煙例禁愈嚴流弊愈大應亟請變通辦理摺》(齊思和《黄爵滋奏疏許乃濟奏議合刊》,中華書局1959年版):"或欲絶夷人之互市,爲拔本塞源之説。在天朝原不惜損此百餘萬兩之税餉。然西洋諸國通市船者千有餘年,販鴉片者,止英吉利耳,不能因絶英吉利,並諸國而概絶之。……或謂有司官查禁不力,致令鴉片來者日多。然法令者胥役棍徒之所藉以爲利,法愈峻則胥役之賄賂愈豐,棍徒之計謀愈巧。……臣前在廣東署臬司任內,報案紛紛,至栽贓訛詐之案尤所在多有,良民受累者不可勝計。此等流弊,皆起自嚴禁以後。……今閉關不可,徒法不行,計惟仍用舊例,准令夷商將鴉片照藥材納稅,入關交行後,只准以貨易貨,不得用銀購買。……且弛禁僅屬愚賤無職事之流,若官員、士子、兵丁仍不在此數,似無傷於政體;而以貨易貨,每年可省中原千餘萬金之偷漏,孰得孰失,其事了然。"

道光十八年閏四月十日,《仙屏書屋初集年記》卷二十三《嚴塞漏巵以培國本疏》:"或又曰:開種罌粟之禁,聽內地熬煙,庶可抵當外夷所入,積之漸久,不致紋銀出洋。殊不知內地所熬之煙,食之不能過癮,不過興販之人用以摻和洋煙,希圖重利。……惟聖明乾剛獨斷,不必衆言皆合。誠恐畏事之人,未肯爲國任怨,明知非嚴刑不治,托言吸食人多,治之過驟,則有決裂之患。"

《清實錄・宣宗實錄》卷三百一十四:"(道光十八年九月己酉)諭內閣:'鴉片煙流毒內地,官民煽惑,傳染日深。前年太常寺少卿許乃濟奏請弛禁,朕即以爲不得政體。本年鴻臚寺卿黃爵滋奏請嚴禁,當降旨飭令直省將軍督撫各議章程。昨復令大學士等會議。朕於此事深加痛恨,必欲净絕根株,毋貽遠患。並於召見內外臣工時詳加察訪,從無一人議及弛禁者。許乃濟冒昧瀆陳,殊屬紕謬,著降爲六品頂帶,即行休致,以示懲儆。'"

按,黃爵滋禁煙、主戰之態度亦見於詩,如《將至廣州有作,先寄徐仲升前輩制軍,暨葉昆臣中丞李方赤方伯四首》(《戊申粵游草》)、《聞粵東夷務綏靖恭紀有作,即寄徐仲升制軍前輩并門人葉昆臣中丞》(《己酉北行草》)等。

道光十九年（1839）十二月，偕左都御史祁寯藻赴福建禁煙，與閩浙總督鄧廷楨籌備海防。

道光二十年三月一日，黃爵滋《黃少司寇奏疏》卷十二《查辦閩省事件大概情形疏》："道光十九年十二月二十二日奉旨：'著派祁寯藻、黃爵滋馳驛前往福建，會同閩浙總督鄧廷楨查辦事件……'"按，道光十九年十二月二十八日由京起程，次年二月十八日馳抵福建省城，參見《仙屏書屋初集年記》卷二十五。

《清史稿》卷三百七十八《黃爵滋傳》："洎英兵來犯，廷楨屢挫敵於廈門，上疑之。爵滋與寯藻方至浙江按事，復命赴福建察奏。疏陳廷楨所奏不誣，定海不可不速復。……請飭伊里布不可偏聽琦善，信敵必退。及回京……以《海防圖》進。既而琦善在粤，議撫不得要領，連歲命將出師，廣東、浙江皆不利。二十二年，英兵由海入江，乃定和議於江寧，煙禁自此弛矣。"

按，使閩任內奏疏，有道光二十年三月一日《查辦閩省事件大概情形疏》《議令總督每歲暫駐泉州疏》、三月二十七日《查驗戰船草率籌議趕緊修造疏》《確查海口煙販情形疏》《片奏查辦漢奸章程》《片奏添建炮墩》《查明漳泉行使夷錢收繳查禁疏》、四月六日《審明員弁吸食鴉片分別定擬疏》、四月二十一日《查明原奏閩省夷船折內各款疏》、六月二十七日《籌議海防造船鑄炮疏》等。此間，作《福州水部門外觀造炮歌》《海防篇贈臧牧庵從軍一百韻》等詩。

與林則徐等共爲禁煙名臣。

《黃樹齋先生傳》："一時名望相埒者，福建林文忠公則徐，天下稱爲'林黃'。"

《光祿大夫前刑部左侍郎黃公行狀》："公言曰：'……欲斷夷煙，必先禁吸食以杜興販，宜爲屬禁，期以一年，之外殺無赦。'成皇帝以爲然，下中外大臣議，多以爲宜禁，而湖廣總督林公則徐主公議尤力。”

《清實錄・宣宗實錄》卷三百一十八：“（道光十九年正月甲子）兩廣總督鄧廷楨等奏，遵旨力除鴉片，共矢血誠，俾祛大患。得旨：‘卿等同欽差大臣林則徐若能合力同心，除中國大患之源，不但卿等能膺懋賞，即垂諸史册，朕之光輝豈淺鮮哉！’”

按，林則徐上《籌議嚴禁鴉片章程摺戒煙方附》《重禁吸煙以杜弊源片》聲援黃爵滋禁煙。

道光二十二年（1842），丁外艱歸。

按，道光二十二年五月九日，聞其父訃告，參見《仙屏書屋初集年記》卷二十七。二十三年三月九日，扶亡父柩權厝北郊，參見《仙屏書屋初集年記》卷二十八。

又按，《黃樹齋先生傳》：“庚子二月復命，五月丁父憂回籍。”此説誤。

主講豫章書院。

《黃樹齋先生傳》：“里居主豫章書院。時經訓書院久廢，先生倡議重修，當事者即延先生兼主其席。講學課藝而外，令諸生於經史中擇可法可戒者録爲二編，其綱曰治身、曰從政，其條目凡三十有六。”

《（光緒）撫州府志》卷五十四《人物志・宦業》：“臬司劉公、温公相繼創經訓書院，力請拓其基而築之。成，遂兼主經訓講席，仿胡安定教諸生讀書治事。式令集古今仕學善敗爲法戒，録課以經解詩賦雜藝，造就者多致通顯，士今祀之弗替。他如設武陽義渡，修縣城，修學宮，其利於民者甚溥。”

按，早在道光十四年四月初一日爵滋即上《綜核名實疏》力倡書院教育。《清實録‧宣宗實録》卷二百五十一："（道光十四年四月丁酉）又諭：'給事中黄爵滋奏《綜核名實》一摺。……著通諭各直省督撫，嚴飭地方官興復書院，選擇山長。……斷不准以奉行虚文了事，務期吏治民風蒸蒸日上，無負朕諄切誥誡之至意。'"

先是，以户部銀庫虧絀事覺，坐失察落職。

按，道光二十三年（1843）三月，緣庫案事被旨奪職，參見《仙屏書屋初集年記》卷二十八。而銀庫虧絀一事，黄爵滋實早已察覺，道光十二年十一月六日進《請飭查銀庫事宜疏》，十三年二月二十五日進《請飭議銀庫事宜疏》，十一月六日進《銀庫收捐疏》，然積重難返，非一人之力可挽。

服闕賠繳，得旨候補六部員外郎。

《清史稿》卷十九《宣宗本紀三》："（二十四年）十一月乙丑……前刑部侍郎黄爵滋以員外郎等官用。"

《清實録‧宣宗實録》卷四百十一："（道光二十四年十一月）已卯諭内閣：'前因查庫御史銀庫司員罰賠庫項，於限内及展限後陸續全完，降旨交軍機處存記。……已革刑部侍郎黄爵滋着以員外郎用……'"

入京三年遂卒，年六十一，歸葬宜黄崇賢鄉石鞏寺側。

按，咸豐三年（1853）四月二十三日，黄爵滋在京去世，由子秩模、秩林、秩榘、秩柄、秩桓扶柩歸里，崇祀鄉賢祠；不久，葬崇賢鄉二都村牛欄坑象形山。石鞏寺，正名石碧寺，禪宗道場。

工詩，無體不備，氣韻高雅，有輔翼詩教之功。

《黄樹齋先生傳》："先生生平精力所專注尤在古今體詩。弱冠游廬山，登絶頂五老峰頭，其後乘傳四出，於陝登華，於豫登嵩，於楚登衡，於魯登岱，浮鷺島、江淮、河汾、渤海之間，足迹經數萬里以拓其胸而養其氣，故其爲詩無體不工。”

黃爵滋《仙屏書屋初集・詩録》洪齡孫跋：“國朝提唱宗風莫盛於王文簡、沈文慤，然一主神韻，一主格律，各有所偏，不足饜學者之心。至乾隆間作者最盛，而僞體亦興，不無破壞法律而猖狂自恣者。吾師起而振之，挾海涵地負之才，具博大精純之詣，幾於無美不備，無體不工，而要其歸必力掃榛蕪之習而一衷於正。故其體尊，其力厚，其骨堅，其氣裕，恢恢乎廓清摧陷，在斯道中以起衰自任，而生平之事功學業悉於是而寓焉。”

黃秩林《燕門百菊咏》王鴻序：“竊嘗謂樹齋先生之詩不矜才識，而天下魁偉絶特之士争奇蓄秀，極其才識，皆在囊括中。讀其詩，渾涵汪洋，不可測識，使人自廢。”

徐世昌《晚晴簃詩匯》卷一百三十一：“（爵滋）詩循杜、韓正軌，縱横跌宕，才氣足以發其所學。”

按，爵滋早年服膺神韻説，漸而骨韻深厚，有大儒情懷。其《仙屏吟榭詩課草》自序云：“文未嘗無神韻也，而制勝者必以理。詩未嘗無理也，而制勝者必以神韻。……理可以解解，神韻以不解解。……試律固以雕刻藻繪爲事者也，及其至也，神而明之之道寓焉。唐人惟得味外味，故其傳至今不廢。”《仙屏書屋初集・詩録》卷三《歲暮雜感六首》其五云：“大儒立天地，發言流心聲。理夷出極險，語鑿涵至精。千古昌黎伯，日月懸光晶。奈何侈貌襲，謂可參飛騰。愧非雲與龍，焉能隨降升。我自立我法，好古師其誠。”

指陳詩壇弊病，多有剴切之語。

《仙屏書屋初集・詩録》道光二十六年（1846）自序：“嘗觀儕俗之作有數非焉：或聲調便利，靡而不振，或意旨塞澀，枯而不澤，若是者非體；或馳騁揮霍，剽而不留，或堆垛襞積，滯而鮮通，若是者非氣；或貌似神離，虛而不實，或以文飾俗，雜而不清，若是者非理；或苦心束縛，自謂親切，或任情泛濫，自謂周至，若是者非法。去茲數非，求其一是，然後可以語山水之助，發智仁之妙也。而其道之靡窮，業之不倦，則又貴有畢生之閱歷、同志之觀摩焉。……顧念生平，所學自漢魏六朝以迄唐宋元明諸大家，靡不略涉藩奧，雖未嘗有所專長而去其非以求其是，要亦不乖於體，不亂於氣，不悖於理，不詭於法。"

《仙屏書屋初集·詩錄》卷八《有酒八首》其三："泥古肖其貌，未必恬我神。氣盛水浮物，時哉風感人。萬類動則變，茲理古所聞。"其四："雅鄭聖所辨，詩體近益淆。陳隋滌濫音，效者何咬咬。宋詩似語錄，猶被作者嘲。言文豈不貴，言巧亦已佻。是謂攻異端，害若洪流驕。"

按，爵滋論詩文，主修辭立誠，隨時通變。《仙屏書屋初集·文錄》自序云："物窮則變，變則通，通則久。文亦物也。……文之爲物，在唐宋而變益通，泊元明而變亦窮。雖然，變窮於文，不窮於道。以言乎文，則自皇古以歷三代，其變已甚。以言乎道，則自秦漢以迄於今，其不變尤是。故曰修辭立其誠，不誠無物。爾曹但无妄作，可也。"

與徐寶善以詩提唱後進，而與張際亮、潘德輿論詩尤相得。

《有酒八首》小序："徐廉峰前輩屬山陰勞君作《四子論詩圖》，潘四農記之，予方爲《有酒八章》，因錄之以質知言者。"

《仙屏書屋初集·詩錄》卷六《與潘四農論詩偶述八首》其一："名都白馬耀人寰，陶杜丁秋鼎足間。我欲瓣香添一座，香爐峰下白香山。"其二："瓠史千年休挂壁，石經三部要摹碑。百家衣體聊游戲，下筆原宗杜拾遺。"其三："宗工一代首漁洋，佳句名流迭表章。若使篇篇追漢魏，應難收入小縢囊。"其四："列國風謠貢不聞，采詩官廢選詩紛。有誰焠厲龍泉劍，碧海青天洗毒氛。"其五："嚴武幾難容杜甫，溫公未敢薦髯蘇。感恩知己分明在，悔煞才人體段粗。"其六："空同大復苦相訾，逸氣雄才各不虧。誰爲故人釋圖圖，當年跅弛失良規。"其七："誰將文字覷天巧，韓筆真堪配杜詩。怪道青田夸二鬼，元和雙鳥已支離。"其八："學士詩成每自夸，道園著作定篇家。後來只解新詞句，春雨江南唱杏花。"

《仙屏書屋初集・詩錄》自序："亨甫嘗論予《鄴下懷古》作曰：'不作激昂慷慨、諷刺刻深之語，倍覺讀之感人。此在書家爲中鋒，在詩家爲正聲。集中如此等作甚夥。'論《東河道中望魚山》作曰：'煉氣歸神，骨韻高絕。此種詩真今之廣陵散也！'……羽可嘗論予《歲暮雜感》作曰：'高古深重，所感者大如此，乃不敢以詩爲小道。'論《送湯茗孫中翰歸臨川》作曰：'中正無邪之旨，足以維持詩教者，此類是也。'"

按，黃爵滋作《五悼詩五首》（《仙屏書屋初集・詩錄》卷十六），其中《徐廉峰前董寶善》《潘四農大令德輿》《張亨甫孝廉際亮》即哀此三子之逝。

一時言詩者争輳。

《黃樹齋先生傳》："而朝鮮使臣如趙君斗淳、朴君綺壽、權君大肯、徐君念淳輩，皆以得一晤面爲幸，各出詩文相質，兢兢焉懼不得當先生意也。所選《國朝名家古今體詩》分爲甲、乙、丙、丁、戊、己、庚、辛、壬、癸十集，搜羅最富，別擇尤精，未竟其業，時論惜之。"

《光祿大夫前刑部左侍郎黃公行狀》："公每夜間閉閣草奏，平明騎從出，遍視諸故人名士，飲酒賦咏，意氣豪甚。四方士以詩謁公，公必爲置酒，召客出其詩遍視，坐上人數日姓名傳都下。"

著述豐厚。

《(同治)宜黃縣志》卷四十一《藝文志·史部》:"《奏議》三十卷、《海防圖》二卷、《表》一卷,並刑部侍郎黃爵滋著。"卷四十三《藝文志·集部》:"《仙屏書屋文録》二十六卷、《詩録》三十四卷、《燕門百菊咏》一卷、《仙屏書屋時文》四卷,並侍郎黃爵滋著。"卷四十四《藝文志·別部》:"《仙屏書屋年記》三十八卷、《雜録》一卷、《試律探源》四卷、《國朝試賦匯海》二十卷、《試律匯海》二十卷、《國朝古今體詩集》十集、《訓士聯珠》一卷,並侍郎黃爵滋著。"

《(光緒)撫州府志》卷八十《藝文·別部》:"《樹齋雜録》《菊譜》《訓士聯珠》,黃爵滋撰。"卷七十九《藝文·集部》:"《戊申楚游草》《粵游草》《己酉北行草》《燕門百菊咏》,俱黃秩林撰。"

按,據國家圖書館藏清咸豐刻本,《燕門百菊詠》作者實爲黃秩林。國家圖書館藏《戊申楚游草》《粵游草》《己酉北行草》刻本,作者均爲黃爵滋及其子秩林。

參考文獻:

1. 黃爵滋《仙屏書屋初集·詩録》,道光二十七年翟金生泥活字印本。

2. 黃爵滋《仙屏書屋初集年記》,道光二十九年刻本。

3. 黃爵滋《黃少司寇奏疏》,中國國家圖書館藏清鈔本。

4. 張興言《(同治)宜黃縣志》,同治十年刻本。

5. 孫衣言《遜學齋文鈔》卷六《光禄大夫前刑部左侍郎黃公行狀》,同治十二年刻本。

6. 許應鑅、朱澄瀾修，謝煌等纂《（光緒）撫州府志》，光緒二年刻本。

7. 趙爾巽等《清史稿》卷三百七十八《黄爵滋傳》，中華書局 1977 年版。

8.《清實録》，中華書局 1986 年版。

9.《清史列傳》卷七十三《黄爵滋傳》，中華書局 1987 年版。

（楊芹）

祁寯藻傳

祁寯藻,字春圃,山西壽陽人,乾隆五十八年(1793)六月四日生於北京。

祁寯藻《觀齋行年自記》(以下簡稱《自記》):"乾隆五十八年癸丑六月己未初四日乙丑亥時生。"

祁寯藻《䜩訖亭集》卷十三《過鐵門舊居感作》:"宣南有舊宅,先子宦居久。言念我生出,乾隆歲癸丑。"

《自記》又述及祁氏世系:"祁氏,係出春秋時晋祁大夫之裔。自七邑既分,支派散徙,其居晋者,所在皆有,世系譜牒,莫得而詳。吾始祖碩公,當元之季,自洪洞來徙壽陽。壽陽,古馬首邑,亦祁氏七邑之一也。傳至十一世祖諱昌,明季諸生。逮寯藻之身,閱十六世。高祖諱敬德,贈修職佐郎;高祖母氏趙、氏安,俱贈孺人。曾祖諱雲瑞,縣學生員,贈朝議大夫,晋贈光禄大夫;曾祖母氏雒,贈恭人,晋贈一品夫人。祖諱文汪,優貢生,長治縣教諭,崇祀忠義孝弟祠,贈朝議大夫,晋贈光禄大夫;祖母氏王、氏賈,俱贈恭人,晋贈一品夫人。父諱韻士,字諧庭,號鶴皋,拔貢生,乾隆丁酉舉人,戊戌進士,歷官編修、右中允,改官户部至郎中,誥授奉政大夫,誥贈光禄大夫;母氏弓,贈宜人,誥贈一品夫人;母氏劉,誥封宜人,誥封太夫人,晋贈一品夫人。子六人:寯藻次五;兄宬藻,增貢生,四川鹽場大使,貤贈光禄大夫,弓太夫人生;宣藻,貤贈通議大夫;宷藻,舉人,候選知縣,貤封光禄大夫;富藻,幼殤;弟宿藻,道光戊戌進士,翰林院檢討,官至江寧布政使,誥授資政大夫,咸豐三年以守城殁於王事,特恩賜恤追贈右都御史,俱劉太夫人生。先君、先母事迹訓誡,俱載年譜行述中。兹僅記余出處大略如左。"

按,祁韻士雖有《祁氏世譜》,但不若《自記》簡明,故徵引《自記》。《自記》係祁寯藻自訂年譜,至咸豐五年(1855)而止;咸豐六年至同治五年(1866)事,參見祁寯藻子世長《觀我齋日記·續録》。

父韻士,官户部郎中,以事繫獄。寯藻年方十二,隨侍讀書不輟,賦《春草》詩以見志。

《自記》:"(嘉慶)九年甲子,十二歲。先君以户部郎中、前任寶泉局監督失察虧銅案獲罪,余與大侄世弇隨侍獄中,讀書,始學詩。"

祁韻士《鶴臯年譜》:"九年甲子,五十四歲,局庫虧銅案發,歷任監督奉旨逮問治罪,余名亦在牘中。向來監督交代,僅憑册造出結,相沿致誤,追悔莫及。"

秦緗業《祁文端公神道碑銘並序》(以下簡稱《神道碑》):"公幼而岐嶷,性至孝,年十二,父以事繫刑部獄,公隨侍讀書不少輟,並賦《春草》詩以見志。"

祁寯藻《觀我齋日記》嘉慶二十一年(1816)七月六日:"先君因公獲咎,自七月入部,至乙丑二月出部,獄中住凡八閲月。"

越歲事白,韻士遣戍伊犁,寯藻請隨侍,不許,乃奉母返里,益篤苦於學。

《神道碑》:"越歲事白,遣戍伊犁,公請從行,不許,乃奉母返里,益篤苦於學。"

《自記》:"(嘉慶)十年乙丑,十三歲。同案監督五靈泰遣子申訴,欽派大臣覆訊。二月,事白,恩免重罪,先君奉戍伊犁。五月,先母率余兄弟妹侄等回壽陽。六月，受業於平定張先生觀藜，字芸閣。自竇先生後，虞鄉今先生映奎、合肥孫先生傳緒、日照蘇先生平世，皆從受業。至是，芸閣師館余家，始爲講解諸經、四子書，學應試文字、詩賦，凡五年。"

十五歲，舉秀才。十八歲，成舉人。

《自記》："（嘉慶）十二年丁卯，十五歲，科考取古學，補縣學附生第五名。學使爲新城陳鍾騤先生希曾。……十五年庚午，十八歲，肄業晉陽書院。……科考取一等一名。縣學舉優行。鄉試中式第十一名舉人。座師湘潭石韞庭先生承藻，官編修；延津申鏡汀先生啓賢，官檢討；房師銅仁楊雲浦先生棟秀，官偏關縣知縣。"

次年會試不第，赴蘭山書院，研精經史，縱覽百家，學以大進。

《自記》："（嘉慶）十六年辛未，十九歲。應會試，不第。六月，旋里。是年秋，陝甘總督那繹堂先生名那彥成，諡文毅，延先君授其子讀，並主講蘭山書院，余隨侍。十七年壬申，二十歲。蘭山書房藏書頗多，前山長武威進士張介侯先生澍，好古博學人也。架上經史子集多經手校，引證貫通，悉有根柢。余因得縱觀，略窺讀書門徑。先君命讀《史記》《漢書》，始學爲古文。繹堂先生授余作字用筆法。"

《神道碑》："先是，贈光禄公蒙恩賜還，即主講甘肅之蘭山書院。公往省父，因留侍焉。書院故多藏書，乃以其暇研精經史，縱覽諸子百家，公之殖學稽古，蔚爲一代儒宗，實基乎此。"

祁世長《誥授光禄大夫太子太保予告大學士贈太保諡文端顯考實甫府君墓誌》（以下簡稱《墓誌》）："大父先於嘉慶戊辰歲蒙恩釋還，時方應繹堂那公聘，主講蘭山書院，府君從。書院多藏善本書，侍奉之暇，研精經文，縱觀羣書，學遂大成。"

按，嘉慶十四年（1809）四月，祁韻士蒙恩自伊犁旋里。

嘉慶十九年（1814）中進士，改翰林院庶吉士。明年丁父憂，服闋入都奉職，散館授編修，旋充國史館協修兼撰文。嘉慶帝崩，充實錄館纂修。

《自記》："（嘉慶）十九年甲戌，二十二歲。會試中式第九十七名。座師吏部尚書錢塘章桐門先生煦，工部尚書吳縣周蓮塘先生兆基，禮部侍郎覺羅寶獻山先生寶興，禮部侍郎青陽王蓮府先生宗誠，房師御史新城陳石士先生用光。覆試一等第十八名，殿試二甲第三名進士，朝考入選第十一名，改庶吉士。……二十年乙亥，二十三歲。二月，先君仍就鬼陽館，季弟宿藻隨侍，大侄世弇繼往省視。三月，中寒虐，舊疾復發，醫藥罔效，竟於二十五日遽捐館舍，慟哉！慟哉！余聞赴星奔，與弟侄扶柩歸里。一切後事幸完善，免遺重悔，皆繹堂先生軫恤之力。先母夙有痰疾，哀慟益劇，家計亦益艱矣！是年冬，繹堂先生寓書，招余往襄硯席。先君自訂年譜刊成。二十一年丙子，二十四歲。保陽督署繕校奏牘，並撰擬駢體奏御文字，閱河間書院課卷。""（嘉慶二十三年）六月，入都，寓庶常館習詩賦。""（二十四年）四月，散館一等第二名，授職編修。八月，充國史館協修兼撰文。……二十五年庚辰，二十八歲。仁宗睿宗皇帝升遐。充實錄館纂修。"

按，嘉慶二十一年事，詳見祁寯藻《觀我齋日記》。

道光元年（1821），直南書房。二年，充會試同考官，復充廣東鄉試正考官。三年，督湖南學政。七年，充文淵閣校理。八年，升右中允，旋遷侍講，充日講起居注官。九年，遷右庶子，署日講起居注官。

《自記》："道光元年辛巳，二十九歲。三月，奉旨着在南書房行走。時同入直者編修程春海前輩恩澤，官至侍郎。始讀朱氏所刊

《說文解字》大徐本並段氏注。同程公奉命恭纂《春秋左傳讀本》。書成，恭呈欽定，發武英殿刊印頒行。二年壬午，三十歲。三月，充會試同考官。五月，充廣東鄉試正考官。……三年癸未，三十一歲。初居澄懷園直廬。五月，簡放湖南提督學政。……六年丙戌，三十四歲。正月，還京供職，奉旨仍在南書房行走。……七年丁亥，三十五歲。充文淵閣校理。八年戊子，三十六歲。京察一等。二月，補授右春坊右中允。九月，三姪世齡鄉試中式舉人。十月，補授翰林院侍講，旋充日講起居注官。九年己丑，三十七歲。二月，補授右春坊右庶子。"

《清實錄·宣宗成皇帝實錄》卷十三："（道光元年二月二十九日）命翰林院編修程恩澤、祁寯藻在南書房行走。"卷五十二："（道光三年五月二日）命翰林院編修祁寯藻，提督湖南學政。"卷一百二十九："（道光七年十一月二日）以翰林院編修祁寯藻，充日講起居注官。"

按，充日講起居注官《清實錄》謂在道光七年，《自記》謂在道光八年。

道光十年（1830），予假省親。逾年回京，補原官。十二年，遷侍講學士，充日講起居注官，署國子監祭酒，復補授通政使司副使。

《自記》："（道光）十年庚寅，三十八歲。七月二十日，以母病奏請開缺，回籍省視。奉旨著准其開缺，賞假三個月，回籍省視。次日具摺陳謝，召見垂詢臣母年歲病狀，於三月假外加賞一月，並蒙獎勵有'求忠於孝'之諭，感激涕零。……寯藻假期已滿，未能回京。時樞相曹文正公兼直南齋，謹遣人賷早往請代奏展假。蒙恩傳諭，俟伊母病愈，再行來京，不必限以假期。小臣烏鳥私情，仰邀茲鑑，自是得以安心在籍侍奉矣。十一年辛卯，三十九歲。……九月，太夫人舊疴有瘳，步履日健，侍奉來京，具摺叩謝，銷假供職。

疊蒙恩詢,令臣母明年夏就養直園,體恤周至,感激難名。十一月,補右庶子。十二月,充文淵閣校理。十二年壬辰,四十歲。二月,補授翰林院侍講學士,旋充日講起居注官。六月,署國子監祭酒。十月,補授通政使司副使。"

道光十三年（1833），補授光禄寺卿,復補内閣學士兼禮部侍郎衘。次年丁母憂,居喪期間,成《馬首農言》。十六年服闋,仍直南書房,授兵部右侍郎,旋轉左侍郎。

《自記》:"（道光）十三年癸巳,四十一歲。二月,補授光禄寺卿。四月,補授内閣學士兼禮部侍郎衘,派閱朝考卷。是年夏,太夫人就養園廬。秋九月,六弟宿藻侍奉安輿還里。十四年甲午,四十二歲。太夫人以寯藻請養,蒙恩未准開缺回籍,擬即全家來京,暫還料理家務。……竟於正月二十五日不起,寯藻聞赴,即日星奔回里,伏棺號泣,抱恨終天,慟哉、慟哉! ……兩年讀《禮》家居,始習農事,撰《馬首農言》十四篇。壽陽縣,古馬首祁大夫七邑之一也。十六年丙申,四十四歲。六月,服闋到京。先於五月,奉旨補授兵部右侍郎。未到京補原官,即蒙遷擢,蓋特恩也。九月,轉補兵部左侍郎。"

祁寯藻《思復齋隨筆》卷五"道光十六年"條:"予於道光十四年甲午二月初二日,在内閣學士任内,聞太夫人訃,丁憂。二月十五日回籍,八月十六日合葬劉太夫人於葦上新塋。……丙申四月三日,阡表刻成,樹石於墓前。五月二日服闋。二十日,自籍啓行北上。二十三日,内閣奉上諭:'兵部右侍郎着祁寯藻補授,欽此。'……六月三日到京,具摺謝恩,奉旨:'仍着在南書房行走,欽此。'"

十七年（1837）,兼署户部左侍郎,調補户部右侍郎兼管錢法堂事務,簡放江蘇提督學政,轉補户部左侍郎。

《自記》:"(道光)十七年丁酉,四十五歲。正月,兼署戶部左侍郎。八月初二日,調補戶部右侍郎兼管錢法堂事務,同日簡放江蘇提督學政。九月,到任學政,駐札常州府江陰縣。十二月,轉補戶部左侍郎。十八年戊戌,四十六歲。……是歲,叠奉諭旨嚴禁鴉片煙,飭刑部議定吸食鴉片罪名新例。謹撰《新樂府三章》,闡述朝廷好生之德,辟以止辟之微意,刊示各學生童互相勸戒,仍嚴飭各屬官吏不得藉端擾累。"

《䭰飣亭集》卷二十三有《丁酉八月二日蒙恩調補戶部右侍郎,奉命督學江蘇,恭紀二首》;卷二十四有《新樂府三章有序》。

道光十九年(1839),調補吏部右侍郎,補授都察院左都御史,奉旨與黃爵滋往福建查辦事件。二十年,升兵部尚書,察勘海防事務。

《自記》:"(道光)十九年己亥,四十七歲。四月,徐州府海州歲科兩考並訖,即接辦淮安、常州、江寧三府科考,並錄遺事宜。八月,回署奏請定各省貢監游幕隨任起文錄科例限,以防弊混,禮部議准通行。九月,調補吏部右侍郎。十一月,蘇州府太倉州松江府科考訖。十二月,補授都察院左都御史。……二十年庚子,四十八歲。先於十二月奉旨馳驛前往福建,會同閩浙總督鄧廷楨查辦事件,同使者刑部侍郎黃公爵滋也。歲杪出都。正月,寯藻接奉廷寄,謹將學政關防送交巡撫暫署,與黃樹齋少司寇自常州啟程。二月,抵福州省城,寓貢院。樹齋隨帶刑部司員二人,余無隨員。是月,補授兵部尚書。七月,查辦事竣。……九月,常州江上接奉廷寄,仍往福建查辦事件。即日回舟南下,海疆夷務自是始矣。十月,由同安縣渡海抵廈門,察勘炮臺、石壁、沙壘、兵勇防守,及六、七月間夷船再至攻擊情形,復奏。是月,還至福州,啟行回京。十一月,途次浦城、石門,兩奉廷寄,均即復奏。十二月,過泰安縣謁岱廟。是月二十六日還京。偕侍郎黃公復命,到兵部尚書任。"

祁寯藻《奉使記》詳載道光二十年行程。另《祁寯藻全集》中收録多封道光二十年奏摺，亦可見其查訪事由，計：《爲遵旨查辦閩省英船寄泊售煙並訊明水師獲盜事奏摺》（二月初一日）、《爲議令閩浙總督暫駐泉州數月督辦海防事奏摺》（三月一日）、《爲查明閩省煙販情形及現辦水陸巡防事奏摺》（三月二十七日）、《爲在閩洋設炮墩控制英船及奸民煙船事片》（三月二十七日）、《爲陳明閩省戰船修造草率並遲延積壓各情事奏摺》（三月二十七日）、《爲查辦漢奸船隻章程事片》（三月二十七日）、《爲審擬金門鎮總兵竇振彪等吸食鴉片一案事奏摺》（四月六日）、《爲黄爵滋與陳偕燦舊識查辦官員吸食鴉片一案請回避事片》（四月二十四日）、《爲陳明密查浙江種植罌粟情形事奏摺》（五月十三日）、《爲英船侵入廈門港業已被擊揚去事片》（六月十八日）、《爲籌議海防大局情形事奏摺》（七月初二日）、《爲遵查台温兩府栽種鴉片等情事奏摺》（八月十八日）、《爲查辦提督陳階平告病情形事奏摺》（九月初六日）、《爲遵旨查明廈門官兵反擊英船情形事奏摺》（十月十四日）、《爲報明查勘廈門海口情形事片》（十月十四日）、《爲報明訪查廈門反擊英船情形奏摺》（十一月四日）、《爲查明廈門兵勇反擊英船情形事片》（十一月四日）、《爲陳明途中聞見定海失陷後情形事奏摺》（十一月十八日）、《爲遵旨查明閩省洋面英船停泊情形事奏摺》（十一月十八日）等。

按，道光二十年五月，英兵犯廣東，鴉片戰爭開始。六月，英軍陷定海。九月，林則徐被免職，琦善代兩廣總督，與英議和。

道光二十一年（1841），充會試副考官，調補户部尚書，軍機大臣，充經筵講官。樞務繁劇，聖眷倚重。

《自記》：“（道光）二十一年辛丑，四十九歲。三月，命充會試副考官。閏三月，調補户部尚書，派閲朝考卷。自辛丑至咸豐癸丑均

派閱朝考卷。五月,派教習庶吉士。九月八日,奉旨著在軍機大臣
上行走。十一月,賜紫禁城內騎馬。……二十四年甲辰,五十二
歲。時戶部籌餉繁劇,管理大學士暨滿漢尚書均直樞廷。上命尚
書賽公賽尚阿與寯藻輪班,五日入直,五日留署辦事至乙巳歲十月
均同。"

《墓誌》:"樞務殷繁,軍書旁午。……府君性謙和,與人以誠,
而論事侃侃不少屈,時論歸之,聖眷彌倚重焉。"

《清實錄·宣宗實錄》卷三百六十四:"(道光二十一年十二月
二十二日)以戶部尚書祁寯藻、禮部尚書色克精額、禮部左侍郎關
聖保、充經筵講官。"

按,《自記》云:"二十二年壬寅,五十歲。正月,充經筵講官。"
與《實錄》時間微有差異,蓋因《實錄》所記係下旨日,《自記》所記係
赴任日。

**道光二十五年(1845),教習庶吉士,管理戶部三庫事務。二十
六年,偕尚書文慶按長蘆鹽運使陳鑑挪撥鹽課,歷任鹽政運司皆議
譴有差;復充順天鄉試正考官。**

《自記》:"(道光)二十五年乙巳,五十三歲。五月,派教習庶吉
士。……十一月,命管理戶部三庫事務。……二十六年丙午,五十
四歲。京察。正月,奉硃諭交部議叙。閏五月,奉旨馳驛前往天津
查辦事件,同使者兵部尚書文公文慶。八月,命充順天鄉試正
考官。"

《清史稿》卷三百九十二《祁寯藻傳》:"二十六年,偕尚書文慶
按長蘆鹽運使陳鑑挪撥鹽課,彌補加價,褫其職,歷任鹽政運司議
譴有差。"

《清實錄·宣宗實錄》卷三百六十四:"(道光二十六年九月)戊
申,諭內閣:前因長蘆運庫動墊虛懸,經欽差大臣等查訊明確,降旨

將道光十年以後歷任勳塾之各該運司、鹽政交部分別議處。茲據該部查取職名，照例議處具奏：前護長蘆鹽運使另案革職之楊承業，山東候補道員張輴，現經革職之陳鑑，前任長蘆鹽運使、現任江蘇布政使陸蔭奎改補道員；現在丁憂之陶士霖，現經降調之李百齡，均著降二級調用；前任長蘆鹽政、現在告病之鍾靈，另案革職之英誠，現經降調之德順、普琳，均著降一級調用，俱不准其抵銷。”

二十九年（1849），充上書房總師傅，以户部尚書協辦大學士。咸豐帝即位，派充實錄館總裁官，拜體仁閣大學士，仍管户部。領樞務，開言路，起用舊臣，政令一新。

《自記》：“二十九年己酉，五十七歲。京察。正月，奉硃諭交部議叙。二月，命充上書房總師傅。七月，奉旨着以户部尚書協辦大學士。是月，命管理户部三庫事務。十月，奉旨馳驛前往四川查辦事件，召見諭以改道甘肅，會同新任總督琦善查訊控案。……三十年庚戌，五十八歲。正月二十二日，行至介休縣，恭聞宣宗成皇帝升遐，伏地震痛，罔知所措。……二月六日還京，恭覲天顏。……是月，派充實錄館總裁官。四月，命稽察欽奉上諭事件處，派充殿試讀卷官。六月三日，奉旨授爲大學士。十二日，奉旨着爲體仁閣大學士。十月，派充實錄館監修總裁官。十二月，充文淵閣領閣事。”

《清史稿》本傳：“（道光）二十九年，以户部尚書協辦大學士，命赴甘肅偕琦善按前任總督布彦泰清查舛誤、縱容家丁，下嚴議。回京，請便道省墓，途次聞宣宗崩，過里門不入。文宗即位，拜體仁閣大學士，仍管户部。寯藻自道光中論洋務與穆彰阿不合，至是文宗鋭意圖治，罷穆彰阿，寯藻遂領樞務，開言路，起用舊臣，寯藻左右之。”

《神道碑》：“維時上鋭意圖治，粤氛不靖，深以議撫爲非，罷大學士穆彰阿公,遂首樞務,日召見便殿,輒問公用人行政之道,公引經據史,動逾晷刻。"

王拯《誥授光禄大夫予告大學士晉贈太保文端祁公墓表》(以下簡稱《墓表》):"文宗即位,首授公體仁閣大學士,長軍機大臣,仍户部。咸豐初,政蕭然清明。"

咸豐元年(1851),調管工部,兼署户部事務。二年,加太子太保銜,復調户部。時湖北、江南數省先後陷於太平軍手。軍興財匱,經度萬難,弟宿藻歿於王事,寯藻公憤私憂,宿疾屢作。四年冬,堅請,得致仕。

《自記》:"咸豐元年辛亥,五十九歲。正月朔日,命管理工部事務。三月,兼署管理户部事務。……二年壬子,六十歲。京察。正月,奉硃諭交部議敘。三月二日,慕陵永遠奉安禮成,奉旨:'大學士祁寯藻敬題神主"恪恭齊肅",著賞加太子太保銜。'……九月,命管理户部事務,毋庸管理工部事務。……三年癸丑,六十一歲。正月三十日,六弟宿藻以江寧布政使守城勞瘁,歐血殞命。……余比年有暈眴頭摇之疾,至是益劇,飲食亦減矣。四年甲寅,六十二歲。四月,西苑召對,以臣頭摇垂詢,奏云肝家風病,服藥尚未見效。六月,因左脅脹痛、氣喘頭暈請假二次,七月初間銷假。上以臣氣力太弱,諭令且回寓將息。又五日乃入直,而胃氣總未平復。閏七月後,又以感受時氣,不寐少食,暈眴益甚,請假三次。八月二十九日,奏請開缺,奉硃批:'卿宣勤有年,深資倚任,着不必開缺,仍在家安心調理,亦不必限定假期。總宜氣知情心平,勿生忿憤,自可速痊。過數月後,再行酌量。'……數月以來加意調攝,乃以痢久卧床,元氣大虧,肝火上冲,致生頭創,曠職半載,悚惕萬分。又值京察屆期,不行已,瀝誠再請開缺。十一月二十五日,奉上諭:'祁寯藻因病久未痊,懇請開缺一折。大學士祁寯藻三朝舊臣,在内廷行走有年,並管理部務,勤慎趨公,深資襄贊。八月間因病奏請開缺,諭令不必限定假期,安心調理。茲據奏稱,醫治數月,尚未痊癒,懇請開缺,情詞肫切,若不允所請,轉無以安其心。祁寯藻著准其開缺,以大學士致仕,俾得息心靜養,以副朕優眷耆臣至意。'聞命之下,伏枕叩頭,涕零如雨,當即具摺陳謝。念自甲戌通籍四十年來毫無報稱,乃荷恩施,逾格獎慰優加,從此衰病餘生悉賴鴻慈再造,撫衷銜感,没齒難名。十二月,自東華門外寓廬,移還宣武城南下斜街四眼井舊宅。時畿輔軍務未竣,病體方劇,是以謝恩摺內不敢遽請回籍也。"

《墓誌》:"時粵匪猖獗,屢易帥,功不成,師老餉絀,仰屋嗟嘆。叔父幼章公又以江寧藩司守城,積勞病歿。公憤私憂,一時並集,並賦詩曰:'盟心只有廉泉飲,造膝元無諫草焚。時世艱危餘涕淚,簡編功過付傳聞。'蓋當時心力憔悴,與當時艱苦情形已可想見矣。甲寅,自夏徂冬,頭暈臂痛,益以頭瘡,病幾殆,連章請告,得致仕。"

《神道碑》:"公相文宗,定郡王素結主知顧樞密事,雖諸王弗與聞也。定邸每向公探問,公輒對以少頃即有旨,定邸滋不悦。其時軍事方興,度支日絀,諸言利者爭以苟且之策進,公多密陳罷之。定邸主議鑄大錢,公謂無裨國用,徒擾閭閻,疏爭甚力,既不聽,則姑請罷當五百當千錢,而當十錢遂通行於天下,今已久廢不行,惟京師行之如故,然亦一錢止值制錢三耳。錢法於是大壞,人多追咎創議者,或且以爲自公發之,不知其人固嘗阻公抗疏力爭者也。定邸没,鄭親王兄弟漸專恣,尤不便公所爲,未幾即有滿洲人吉年訐公一事。上震怒,立誅之。非聖主知公,禍且不測,而公旋以病請退,卒不能安於其位矣。"

《清史稿》本傳:"咸豐元年,調管工部,兼管户部三庫事務。二年,復調户部。廣西匪日熾,出湖南,遂不可制,湖北、江南數省先後淪陷。軍興財匱，議者試行鈔法，又鑄當百、當五百大錢，皆行之未久而滋弊。尚書蕭順同掌户部事，尚苛刻。又湘軍初起，蕭順力言其可用，上向之，寯藻皆意與齟齬，屢稱病請罷，温詔慰留。四年冬，復堅以爲請，乃允致仕。"

按，《神道碑》《清史稿》言政争亦祁致仕之一因，而《自記》《墓誌》皆諱言之。

退居京師六載，好學不倦，賦吟不絶，甚得友朋酬唱之樂；常與後生晚輩談詩論文，鼓吹提攜，堪爲一代宗師。咸豐十年（1860），京師不靖，返鄉静養。

《自記》："（咸豐）五年乙卯，六十三歲。……余自二十歲後，從無大病，入直三十年未曾乞一病假。此次病源，實因軍興餉匱，籌畫無才，焦憂愧憤，積久所致。聖明洞鑑，不加譴責，再生之幸，誠夢想所不到也。去年正月，御賜額書二幅：一曰'學古有獲'，一曰'以勤爲本'。謹以'勤學'名齋，以志感勵。又於老年蒙賜御書蘇軾《望湖樓》詩五首，去年又蒙書賜此詩。竊思蘇詩末首云：'未成小隱聊中隱，可得長閑勝暫閑。我本無家更安往，故鄉無此好湖山。'豈人生出處進退固有數耶？余《紀恩》詩有'老學尚思勤有獲，長閑敢道退無家'，又鑴小印曰'息静軒'，自號閑叟、息翁。感仰恩私，曷其有極。"

按，祁寯藻自記至此而止，之後其子世長爲《續録》。

《自記·續録》："（咸豐六年）讀《後漢書》，刊《䜱䜱亭集》三十二卷。""（咸豐七年）讀《史記》《前漢書》，手批《四子書》。""（咸豐八年）讀欽定《左傳讀本》……又讀岳木《禮記》，以惠定宇先生校宋本校之。……讀段氏《説文解字注》，輯《世説碎金》一卷，校刊《䜱䜱亭後休止》十二卷。""（咸豐九年）讀岳本《毛詩》……手批獨詳，以爲家塾讀本。""（咸豐十年）七月，海夷入寇，京師戒嚴，貴近欲奉上巡幸木蘭,時廷臣言事者甚多。先君與常熟翁今端公均以疴閑居,感激迫切,各具密疏,上皆采納。是歲回籍,具摺奏明,懇辭全俸,仰蒙恩允。並有《條陳時務》一疏。"

又按,祁寯藻詩作主要收於《䜩䜩亭集》和《䜩䜩亭後集》中。《䜩䜩亭集》三十二卷,包括嘉慶十七年壬申(1812)到咸豐四年甲寅(1854)四十餘年所作的一千六百餘首詩;《䜩䜩亭後集》稿本二十卷,包括咸豐四年致仕後到同治元年壬戌(1862)近八年所作的九百餘首詩,頗爲高產。其咸豐四年致仕後之詩歌,既多有與翁心存等友人的迭相唱和,又多有與後生晚輩的談詩論學。對於後進士子,也不吝贊美之詞,如他稱莫友芝與鄭珍爲"黔中二俊",並有贈詩《獨山莫子偲孝廉友芝,定甫農部禮闈所薦士也,著有〈邸亭詩鈔〉,定甫以淵樸許之,頃持詩來見,並以同里鄭子尹珍〈説文逸字記〉見示,可謂黔中二俊矣,題句贈之,兼寄子尹》;莫友芝也寫詩贊美士子對祁的傾慕,稱"龍門爭溯壽陽津"(《次韻奉酬壽陽相國,並謝惠〈䜩䜩亭集〉二首》)。

十一年(1861),同治帝即位,特詔起用,以大學士銜,補授禮部尚書。

《自記・續錄》:"(咸豐十一年)十月二十一日,奉上諭:'予告大學士祁寯藻,忠清亮直,學問優長,著即來京聽候簡用。欽此。'……十二月,奉上諭:'祁寯藻著以大學士銜,補授禮部尚書。欽此。'"

同治元年(1862),命直弘德殿,偕翁心存、倭仁、李鴻藻同授讀,又應詔保薦賢才。

《自記・續錄》:"同治元年壬戌,七十歲。二月六日抵京。先於初二日奉慈安皇太后、慈禧皇太后懿旨:'前因皇帝冲齡,亟宜典學,曾經降旨,令議政王保舉師傅。嗣經該王大臣等各舉所知,臚列以聞。當皇帝養正之年,自應及時就學,以裕聖功。現諭欽天監選擇吉期,於二月十二日皇帝在弘德殿入學讀書。翰林院編修李鴻藻,前蒙文宗顯皇帝派令授讀。茲復特簡禮部尚書前任大學士祁寯藻、管理工部事務前任大學士翁心存、工部尚書倭仁,均屬端謹,學問優長,堪膺師傅之任。祁寯藻、翁心存、倭仁、李鴻藻,均著在弘德殿授皇帝讀。該大學士、尚書等各以耆碩重望,爲時所推,歷受累朝知遇之隆,至優極渥。編修李鴻藻經先皇帝特加簡用。其各朝夕納誨,同心啓沃。帝王之學不在章句訓詁,惟冀首端蒙養,懋厥身修。務於一言一動,以及天下民物之賾,古今治亂之原,均各講明切究,悉歸篤實,庶幾輔成令德,措正旅行,宏濟艱難,克光大業等因。欽此。'……時皇上已讀《大學》,日講《帝鑑圖説》。先君具疏,復復推闡'爲人君止於仁'一言,進呈陳宏謨《大學衍義輯要》六卷、朱子《小學》六卷、杜詔《讀史要略》一卷。又應詔保薦賢才,遵旨臚舉所長奏聞。"

《墓表》:"既老復出,猶手自疏列晉中循異及端木埰、楊寶臣、莫友芝者數人以進,皆潛學士。"

《清史列傳》卷四十六《祁寯藻傳》:"又疏薦端木埰、鄭珍、莫友芝、閻汝弼、王軒、楊寶臣,經行修明,有體有用,寶臣兼通天算。"

同治三年(1864),詔致仕,食全俸。五年,卒,晉贈太保,祀賢良祠,命鍾郡王奠醊,謚文端。

《自記·續錄》:"三年甲子,七十二歲。……嗣因病久不瘥,乞退。七月二十四日,奉上諭:前據祁寯藻疊次因病請假,先後降旨給假,安心調理。茲據奏稱,假期已滿,病仍未瘥,懇請開缺,並退出內廷差使等語。祁寯藻年逾七旬,精力尚健,在弘德殿行走,深資啓沃。茲因舊疾屢發,尚未痊癒,奏請開缺,情詞肫懇,自應勉如所請。祁寯藻著准其開禮部尚書之缺，仍以大學士銜在弘德殿行走。俟調理就痊，自行酌量進內，毋庸拘定日期，以示體恤。欽此。……四年乙丑，七十三歲。先君自去秋開缺後，安心調理，眴疾少瘳。冬間觸寒又發，發輒傾跌，是以未敢遽行入直。自春徂秋，時作時止，遂於八月初八日籲請致仕，並請停賞全俸。是日，奉上諭：本日據大學士祁寯藻奏衰病日久，難以起假入直，籲懇致仕一摺。據稱醫治經歲，病體總未痊癒，自顧衰軀已成廢疾，力懇退出內廷差使，停賞全俸，准予致仕。覽其所奏，情詞真切，若不允其所請，轉不足以示體恤。祁寯藻著准其開弘德殿差使，以大學士致仕，仍加恩支食全俸，以示篤念耆舊至意。欽此。……五年丙寅，七十四歲。……十二日未時竟棄養。嗚呼，痛哉！十四日，遺疏上。諭曰：'予告大學士祁寯藻，學粹品端，忠清亮直。由翰林入直南書房，薦擢正卿，贊畫樞務，簡任綸扉，總理部務，疊受先朝知遇之隆，克慎克勤，無忝厥職。咸豐四年間以樞務積勞，因病開缺。朕御極之初，蒙兩宮皇太后簡用耆臣，重加倚畀，以大學士銜補授禮部尚書，命在弘德殿授讀，朝夕納誨，啓沃深資。旋復因疾予告在家食俸。老成碩望，中外咸知。方冀頤養安和，遐齡久享，遽聞溘逝，悼惜良深。着賞給《陀羅經》被，派鍾郡王帶領侍衛十員，即日前往奠醊，加恩晉贈太保，照大學士例賜恤，入祀賢良祠。……'禮部以恤典請予祭葬，內閣請諡，賜諡曰'文端'。"

按，祁寯藻《息園日記》與《靜默齋日記》載同治年間事甚詳。

寯藻提倡樸學，通訓詁，明義理，於漢儒宋儒兼而不偏。以文學起家，所爲詩古文詞，皆卓然成家，陳衍譽其"以高位主持詩教""學人、詩人之詩二而一"，開晚清喜言宋詩風氣之先。著有《馬首農言》《䜱䜪亭集》《䜱䜪亭後集》等。

《神道碑》："公以文學受知先帝，故所爲詩古文詞，皆卓然成家。自漢儒、宋儒各立門戶，格不相入，公病之，嘗言通訓詁、明義理，二者不能偏廢。……其自著則有《馬首農言》十四篇、《馞馤亭集》四十四卷，已授梓。其他著述尚夥。"

陳衍《石遺室詩話》卷一："道咸以來，何子貞紹基、祁春圃寯藻、魏默深源、曾滌生國藩、歐陽潤東輅、鄭子尹珍、莫子偲友芝諸老，始喜言宋詩。何、鄭、莫皆出程春海侍郎恩澤門下，湘鄉詩文字，皆私淑江西，洞庭以南言聲韻之學者，稍改故步。"

陳衍《近代詩鈔》自序："有清二百餘載，以高位主持詩教者，在康熙曰王文簡，在乾隆曰沈文慤，在道光、咸豐則祁文端、曾文正也。文簡標舉神韻，未足以盡風雅之正變，風則《綠衣》《燕燕》諸篇，雅則'楊柳依依''雨雪霏霏''穆如清風'諸章句耳。文慤言詩，必曰溫柔敦厚。溫柔敦厚，孔子之言也。然孔子刪詩，《相鼠》《鶉奔》《北門》《北山》《繁霜》《谷風》《大東》《雨無正》《何人斯》以迄《民勞》《板》《蕩》《瞻卬》《召旻》，遽數不能終其物，亦不盡溫柔敦厚，而皆勿刪。故孔子又曰：詩之失愚，其爲人也溫柔敦厚而不愚，則深於詩者也。故言非一端已也。文端學有根柢，與程春海侍郎爲杜、爲韓、爲蘇黃，輔以曾文正、何子貞、鄭子尹、莫子偲之倫，而後學人之言與詩人之言合，而恣其所詣。於是貌爲漢魏六朝盛唐者，夫人而覺其面目性情之過於相類，無以別其爲若人之言也。"

陳衍《近代詩鈔》祁寯藻名下所引《石遺室詩話》："有清一代，詩宗杜韓者，嘉道以前推一錢籜石侍郎，嘉道以來，則程春海侍郎、祁春圃相國。而何子貞編修、鄭子尹大令，皆出程侍郎之門，益以莫子偲大令、曾滌生相國。諸公率以開元、天寶、元和、元祐諸大家爲職志，不規規於王文簡之標舉神韻，沈文慤之主持溫柔敦厚，蓋合學人、詩人之詩二而一之也。余生也晚，不及見春海侍郎，而春圃相國諸公，皆耆壽俊至，咸、同間猶存，故鈔近代詩，自春圃相國始。"

按，祁氏著述，以《祁寯藻集》編委會《祁寯藻集》三冊所收最爲集中，分爲譜傳、日記、信札、詩詞、《馬首農言》、隨筆、札記、説文、批注、考證、奏議、題本等，約二百七十萬字，是對祁寯藻著述的首次全面整理。

參考文獻：

1. 祁寯藻著，《祁寯藻集》編委會、中國第一歷史檔案館合編《祁寯藻集》，三晋出版社 2011 年版。

2. 祁寯藻《觀齋行年自記》，《晚清名儒年譜》，北京圖書館出版社 2006 年版。

3. 趙爾巽等《清史稿》，中華書局 1998 年版。

4. 陳衍《近代詩鈔》，商務印書館 1923 年版。

5. 陳衍《石遺室詩話》，人民文學出版社 2004 年版。

（張劍）

魏源傳

　　魏源，原名遠達，字默深，又字良圖、墨生、漢士。晚年持戒，法名承貫。湖南邵陽人。乾隆五十九年(1794)生。

　　魏耆《邵陽魏府君事略》：“府君諱源，字默深，先世江西太和縣人，於明初遷湖南邵陽之金潭。曾祖諱大公，字席儒。祖諱志順，字孝立，隱居不仕，篤行著邑乘。父邦魯，字春煦，有四子，府君其仲也。生於乾隆五十九年甲寅三月二十四日辰時。”

　　魏丙榮等主修《邵陽魏氏族譜》卷十一《魏源傳》：“源，原名遠達，字良圖，號默深。”

　　林昌彝《射鷹樓詩話》卷二：“《古微堂詩鈔》五卷，湖南邵陽魏默深司馬源著。默深字墨生……默深尚友誼，重氣節，醰粹淵懿，古道照人。與余爲摯友，瀝膽披肝，今之鮑叔也。”

　　髫齡入家塾。九歲應童子試。十五歲補縣學弟子員，始究心陽明之學。好讀史。十七歲食餼。嘉慶十八年(1813)，舉明經。

　　《邵陽魏府君事略》：“七八歲入家塾。就扃一室，偶出，犬群噑。夜于𥤏編，咿唔達旦。母憫其過勤，每夜定，滅燈令卧。乃伺二老熟寐，潛籯燈被底翻閱。久爲所覺，諭以‘長夜攻苦，非童稚所宜’，繼至涕泣，始少弛。九歲應童子試。縣令某公，於唱名時指茶甌中畫太極圖曰：‘杯中含太極。’時懷二麥餅，即應聲曰：‘腹内孕乾坤。'令大驚異。……十五歲補縣學弟子員,始究心陽明之學。好讀史,貧無書,假之族塾。伯父坦齋公以幼學,禁雜泛,乃伺便寫讀。十七歲食餼,名聞益廣,學徒接踵。嘉慶癸酉二十歲,舉明經。"

《邵陽魏氏族譜》卷十一《魏源傳》:"嘉慶十五年庚午科試入縣學附生。十六年辛未補廩膳生。十八年癸酉拔貢。"

嘉慶十九年(1814),隨父入都。沿途所見多入吟咏,輯爲《北道集》。在京師,從胡承珙問漢儒之學,從姚學塽問宋儒之學,從劉逢祿學《公羊》;又與董桂敷、龔自珍等切磋古文辭,詩名揚于京師。李宗瀚延源館于京邸,待之甚厚。

李柏榮《日濤雜著》:"魏默深先生自中選後,與新化鄧子湘皋計偕入都,沿途所見入吟咏,曾彙輯爲《北道集》一書。今《古微堂詩集》所收,蓋經加以芟剔者也。"按,《北道集》一書,今未見傳本。

《邵陽魏府君事略》:"明年侍春煦公起復入都,遂留從胡墨莊先生問漢儒家法。周石芳侍郎系英,偶見府君詩篇敦雅,四出揄揚。數日名滿京師,中朝公卿爭納交焉。是時,問宋儒之學於姚敬塘先生學塽,學《公羊》於劉申受先生逢祿,古文辭則與董小槎太史桂敷、龔定庵禮部自珍諸公切磋焉。湯敦甫相國金釗,爲府君拔貢座主。因飾《大學》古本,五十餘日不過候,相國疑其疾,問之。府君垢面出迎,鬖髮如蓬,相國愕眙。及出所業,瞿然嘆曰:'吾子勤學罕覯,乃深造至此。然而何不自珍乃爾也!'李春湖侍郎宗瀚,提學湖南時,府君受知最深。至是延館京邸,待之甚厚。"

顧雲《邵陽魏先生傳》:"其學於漢宋無不窺,而以儒學見諸實用,則陽明其人,然亦弗徇其良知之說,以祖陸而挑朱。"

魏源《古微堂外集》卷四《歸安姚先生傳》:"道光壬午年,拜公於京師水月庵,以所注《大學古本》就正。先生指其得失,憬然有悟,遂請執弟子禮,先生固辭,而心中固終身仰止矣。國朝醇儒推湯、陸,先生取與之嚴,持守之敬,不亞湯、陸,而深造自得過之。發爲文章,形於語默,左右逢源,可與胡敬齋先生並。其當崇祀瞽宗以矜式百世,蓋有待于來者焉。"

嘉慶二十四年(1819)、道光元年(1821)兩中順天鄉試副貢生。道光二年,順天鄉試舉人中式。五年,作《籌漕篇》。江蘇布政使賀長齡延請爲輯《皇朝經世文編》,遂留意經濟之學。

《邵陽魏府君事略》:"己卯中順天鄉試副貢生。道光元年辛巳,又中順天鄉試副貢生。壬午中式順天鄉試舉人第二名。善化賀耦庚制軍長齡爲江蘇布政使,延輯《皇朝經世文編》,遂留意經濟之學。時巡撫爲陶文毅公澍,亦以文章經濟相莫逆,凡海運水利諸大政,咸與籌議。"

《古微堂外集》卷三《明代食兵二政録叙》:"少游京師,好咨掌故,曾以道光五載爲江蘇賀方伯輯《皇朝經世文編》。"

六年(1826)春,入都應試,與龔自珍均不第,劉逢禄惜之,作《題湖南、浙江遺卷》詩。七年,作《籌漕下篇》。八年游杭,從錢東甫講求釋氏之學。

《邵陽魏府君事略》:"戊子游浙江杭州,晤錢伊庵居士東甫,從聞釋典,求出世之要,潛心禪理,博覽經藏。延曦潤、慈峰兩法師,講《楞嚴》《法華》諸大乘。畢,回蘇州,聞舟鉦,有省。"

劉承寬《先府君行述》(劉逢禄《劉禮部集》卷十一):"丙戌分校禮闈,鄰房有浙江、湖南二卷,經策奧博,曰:'此必仁和龔君自珍、邵陽魏君源也。'亟勸力薦,不售。于是有《傷湖南、浙江二遺卷》之詩。"

嘉慶九年(1829)應禮部試,不第。以內閣中書舍人候補,覽內閣秘籍,乃留意一代掌故之學。十年,請從楊芳往平回亂,至嘉峪關而返。爲劉逢祿編訂遺集。十一年,至江蘇省父疾。是年父逝,茹素三年,究心堪輿之術。

《邵陽魏府君事略》:"己丑應禮部試,不第。遵酌增例,以內閣中書舍人候補。內閣爲典籍之藏,國朝掌故之海,乃留意一代典故之學。庚寅,回酋張格爾擾西陲,果勇侯楊公芳參贊軍務。府君以與有文章之好,遂請從自效。至嘉峪關,聞罪人斯得而返。辛卯春,以春煦公病亟,乞假定省。七月,春煦公棄養,哀毀骨立,幾弗勝喪。茹素三年,笑不見齒。乃究心堪輿之術,窮探極覽,不遠千里。以牛眠難驟遘,於壬辰冬暫厝於蘇州城外之金姬墩。"按,黃麗鏞《魏源年譜》云:"據《內閣漢票中書舍人題名》載,魏源由舉人任內閣中書舍人在道光八年。"

魏源《劉禮部遺書序》(魏源《古微堂文稿》,國家圖書館藏稿本):"道光十年商橫攝提格之歲,既論定武進禮部劉君遺書若干篇爲若干卷,群經家法具在。諸子以源爲能喻其先人之志,復使叙其大都。"

陶澍督兩江,思改良鹽法,源爲之贊畫。後有《籌鹺篇》之撰。十五年(1835),買園於揚州,名"絜園"。

《邵陽魏府君事略》:"陶文毅督兩江,以兩淮鹽法凋弊,思更張。府君謂救弊先其急,議改淮北試行票鹽,裁浮費,減鹽價,以輕商本。於是官鹽價減於私販,梟化爲良。引銷課裕,每年溢額數十萬,藉補南課之不足。至今論鹽法者咸宗之。後兩江制府如江夏陳公鑾、侯官林公則徐、長白璧公昌、長沙李公星沅、沔陽陸公建瀛,凡有漕、河、鹽、兵等政更張,皆延與議定而後行。十五年,以陳太恭人春秋高，思所以盡其歡，買園於揚州新城，甃石栽花，養魚飼鶴，名曰‘絜園’。”

嘉慶二十年（1840），林則徐遭革職，爲琦善所代，後被發往伊犁，道經京口，與魏源晤，囑撰《海國圖志》。

魏源《古微堂詩集》卷八《江口晤林少穆制府》其一：“萬感蒼茫日，相逢一語無。風雷憎蠖屈，歲月笑龍屠。方術三年艾，河山兩戒圖。乘槎天上事，商略到鷗鳧。時林公屬撰《海國圖志》。”

二十一年（1841），英人犯海疆，魏源入欽差大臣裕謙幕，數月辭歸。後裕謙陣歿，撫議成，有感而著《聖武記》。

《邵陽魏府君事略》：“二十二年，英夷犯海疆，江、浙震動。欽差大臣長白裕公謙督浙江防剿，延致幕府，數月辭歸。裕公陣歿後，撫議遂成，有感而著《聖武記》。”

《邵陽魏先生傳》：“先是，道光壬寅海疆事起，俯仰數百年，感人材兵力盛衰，用《下泉》思周京意，取向官中書時所纂輯考定於內閣者，作《聖武記》。其書始開國龍興，終嘉慶京畿靖變事爲之記。叙次詳核，質而不俚，識者稱良史才焉。與所爲《海國圖志》盛行於時。”

按，黄麗鏞《魏源年譜》云：“魏耆《邵陽魏府君事略》把裕謙赴鎮海和魏源入裕謙幕時間記作道光二十二年，誤。”當爲道光二十一年。

二十二年（1842），作《籌河篇》，又撰《聖武記叙》於絜園。十二月，在揚州撰《海國圖志叙》，自稱該書“爲以夷攻夷而作，爲以夷款夷而作，爲師夷長技以制夷而作”。是年，爲龔自珍編成《定盦文錄》十二卷、《定盦外錄》十二卷。

《古微堂外集》卷三《聖武記叙》："今夫財用不足，國非貧，人材不競之謂貧；令不行于海外，國非羸，令不行于境内之謂羸。故先王不患財用，而惟亟人材；不憂不逞志於四夷，而憂不逞志於四境。官無不材，則國楨富；境無廢令，則國柄强。"

《古微堂外集》卷三《海國圖志叙》："《海國圖志》六十卷，何所據？一據前兩廣總督林尚書所譯西夷之《四洲志》，再據歷代史志及明以來島志，及近日夷圖、夷語。鈎稽貫串，創榛闢莽，前驅先路。大都東南洋、西南洋增於原書者十之八，大小西洋、北洋、外大西洋增於原書者十之六。又圖以經之，表以緯之，博參群議以發揮之。何以異於昔人海圖之書？曰：彼皆以中土人譚西洋，此則以西洋人譚西洋也。是書何以作？曰：爲以夷攻夷而作，爲以夷款夷而作，爲師夷長技以制夷而作。"

《古微堂外集》卷三《定盦文録叙》："道光二十有一載，禮部儀制司主事仁和龔君卒于丹陽。越明年夏，其孤橙抱其遺書來揚州，就正於其執友邵陽魏源。"

魏季子、繆荃孫《羽琌山民逸事》："山民與先王父有齊名之稱，交亦至密。……二老嘗相謂孰後死孰爲定集。山民先卒，王父索其稿於嗣子，編爲文録，且叙之。"

嘉慶二十四年（1844），中進士。二十五年殿試，列名三甲，賜同進士出身，以知州分發江蘇。秋，權揚州府東臺縣事。二十六年，以母憂去官。

《邵陽魏府君事略》："甲辰，中式禮部會試第十九名。乙巳補行殿試，第三甲，奉旨賜同進士出身。以知州用，分發江蘇。是秋，奉檄權揚州府東臺縣事，禮耆德，懲奸猾，士民悦服。先是，前令葛公起元將收漕，奸民聚譁，挾長短，幾成大獄，故大府以府君代之。開倉之次日，金聲四起，吏卒無措。府君曰：'此奸民欲踵前智也。

少緩，黨固矣。宜急捕。'遂率吏卒開門，尋金聲掩之。須臾，擒二十餘人，置諸獄。衆竄散。父老諭之曰：'魏公勤惠，是愛我者也，何自取夷滅耶？'多自縛輸誠，悉遣之，民益感勸，數日畢事。丙午夏，以母憂去官，毀瘠如前，欲茹素亦三年。至冬仲，飲食日損。家人咸以素務銳進，不事珍衛，且年逾五十，精氣非昔，不可過淡薄，固請食肉，始允。"

嘉慶二十七年（1847），游嶺南，訪張維屏、陳澧；游澳門、香港，有《澳門花園聽夷女洋琴歌》《香港島觀海市歌》諸篇。又輯《海國圖志》成六十卷，是年刻於揚州。

《邵陽魏府君事略》："以前年英夷撫議，當事者爲其寫遠，不諳底蘊所致。遂於讀《禮》之暇，搜攬東西南北四洋海國諸紀述，輯《海國圖志》，及輪船機器各圖説，成六十卷，以資控制。"

二十九年（1849），權知揚州府興化縣事。次年，權淮北海州分司運判，議叙以同知直隸州擢用。咸豐元年（1851），授高郵州知州。積勞致疸疾，幾殆。二年，補輯《海國圖志》成一百卷。三年，太平軍擾江南，在高郵守之。楊以增以遲誤驛報奏劾，遭罷職。四年，欽差大臣署安徽巡撫周天爵請咨軍務，以軍功復官。旋辭歸興化。

《邵陽魏府君事略》："後因續得布路國人馬吉士與美里哥人高理文等所著書，又輯得四十卷，與前書合爲一百卷，尤爲該備。……明年己酉，奉檄權知揚州府興化縣事。……值南鹽缺産，課不足，檄府君權淮北海州分司運判，相機調濟。……議叙，得旨補缺，後以同知直隸州即用。咸豐元年辛亥，特授高郵州知州。因前年防堤積勞，致疸疾。目黃體脹，痰壅氣短，飲食艱，幾殆。裏河者舊婦孺齋戒祈禳，香火千里，吁嗟萬家。至秋雖瘳，而神明非昔矣。癸丑二月，粵逆擾江南，陷省城，揚州繼失守。……道光二十九年之啓釁也，廉訪某公爲淮揚兵備道，實主其議。府君尼之，大相忤。時奉命督江北防剿，遂以遲誤驛報，劾罷職。甲寅，周文忠公天爵以欽差大臣督皖軍，奏府君咨軍務。奉檄擊宿州匪，斬馘六百餘人，降衆伍仟，散其黨，平其壘而還。奉旨復官。府君以年逾六十，遭遇坎坷，世亂多故，無心仕宦，蒙文忠國士之遇，欲立微效報之，至是辭歸，而文忠亦卒。"

《清實錄・文宗實錄》卷一百零三："咸豐三年十一月己未，以剿辦安徽潁州府捻匪出力，復已革知州魏源職。"

歸家後不與人事，惟手訂自家著述。咸豐五年（1855），撰成《書古微》。六年游杭，寄僧舍。七年三月逝，年六十有四。以生平愛杭州西湖，葬於南屏之方家峪。

《書古微》自序："《書古微》何爲而作也？所以發明西漢《尚書》今古文之微言大誼，而闢東漢馬、鄭古文之鑿空無師傳也。……予既成《詩古微》二十二卷，復致力於《尚書》。墜緒茫茫，旁搜遠紹，其得於經者凡四大端：一曰補亡。……二曰正訛。……三曰稽地。……四曰象天。"

《邵陽魏府君事略》："全家時避兵僑興化。自歸，不與人事，惟手訂生平著述。終日靜坐，戶不聞聲。丙辰秋初，游杭州，寄僧舍，閉目澄心，危坐如山，客至亦不納。即門生至戚，接二三語，便寂對若忘。丁巳二月，偶感微疾，謂從子彥曰：'昨有所徵，吾殆不久。至時，毋號哭相擾，惟靜俟氣盡，乃含殮耳。'旬日疾止，神志如常。至晦日，索湯洗濯，易襦袴。明日三月朔，金廉訪安清過候，劇談逾晷，徐謂曰：'君且休，吾將逝矣。幸致何子敬，勉進德，不及決矣！'入室凝坐，至酉刻，嗒然而逝，時年六十有四。……既卒，以生平愛杭州西湖，遂葬於南屏之方家峪。"

《邵陽魏先生傳》："軍興復，巡撫今湘陰相國重其以儒者負當世才，蠲金爲修墓。"

《邵陽魏氏族譜》卷十一《魏源傳》："同治七年奉旨祀江南名宦祠。光緒十三年奉旨祀湖南鄉賢祠。"

金元烺、龔定瀛修，夏子鍚纂《（光緒）再續高郵州志》卷三《魏源傳》："同治十一年奉旨入祀高郵名宦祠。"

配同邑嚴氏。子耆。孫男三：桂、恒、縣。

《邵陽魏府君事略》："配同邑嚴氏，原任揚州府通判諱安儒公孫，候選布政司經歷諱翊義公女也。子耆。孫男三：桂、恒、縣。"

《邵陽魏氏族譜》卷十一《魏源傳》："配嚴氏，清嘉慶元年丙辰九月初八日戌時生，壽六十二歲，咸豐七年丁巳十月三十日丑時卒，葬句容縣龍潭鎮龍蟠山。"

魏源平生嗜學，手不釋卷。爲文弘博奧衍，以有用爲宗，而不斤斤於藻繪。好游覽，履迹廣至，遇勝迹題咏之，有"十詩九山水"之謂。

《邵陽魏府君事略》："府君生平寡言笑，鮮嗜欲。雖嚴寒酷暑，手不釋卷。至友晤談，不過數刻，即伏案吟哦。舟中鉛黃不去手。好游覽，遇勝輒題咏，輪蹄幾遍域中。"

《古微堂詩集》卷七《戲自題詩集》："太白十詩九言月，淵明十詩九言酒，和靖十詩九言梅，我今無一當何有！惟有耽山情最真，一丘一壑不讓人。"

《射鷹樓詩話》卷二："默深所爲詩文，皆有神益經濟，關繫運會，視世之章繪句藻者相去遠矣。詩筆雄浩奔軼，而復堅蒼遒勁，直入唐賢之室。近代與顧亭林爲近。雖粗服亂頭，不加修飾，而氣韻天然，非時髦所能躡步也。"

羅汝懷《緑漪草堂集・文集》卷十五《古微堂詩集叙》:"故其爲文也,悉本所心得而發抒之。……舉經術政理之大,古今沿革之故,旁及術藝,緯以考證。博綜其殊致,紬繹其佚義,而以奥如經、衍如子者出之,於是古文又別爲一格。有執唐宋文家之格法以相繩者,舍人不屑也。其於詩也亦然,少日研求漢魏,致力甚勤,評注之本屢易。其後空諸所有,自行胸臆,一如其爲文然。達難顯之情,狀未道之景,古質如謡,明暢如策,櫛比如賦,於是詩又別爲一格。有謂唐宋以來,詩家派別繁多而未有此體者,舍人不屑也。……且以經緯之才,著作等身,海内傳誦久矣,寧必以詩見哉!"

陸心源《儀顧堂集》卷五《魏刺史文集序》:"先生少負異資,博涉經史百家,近及國朝官書案牘,旁逮歐羅巴人所著,莫不究其所以然,而求其可以行。居嘗憤時感事,奮欲有所樹立,穆然於秦王、漢武之所爲,故發爲文章,古勁遒俊,奇氣勃勃。精者可以羽翼六經,粗者亦與國家大政有裨,蓋非求工文句間者比矣。"

《日濤雜著》:"查默深爲有清一代名家,經世之學,横絶一時。爲文縱横排奡,奥衍泓深,與仁和龔定庵、涇縣包慎伯另創一派,一揮桐城纖柔靡弱之習。近代文豪如王闓運、康有爲、梁啓超輩,俱所心服者也。"

李瀚章等修,曾國荃、郭嵩燾等纂《(光緒)湖南通志》卷二百八十八《人物志》:"源體貌奇偉,爲文下筆千言,雄恣精奥,似先秦諸子。嘉道以來,楚南論詩古文,以源爲大宗。"

魏源治經承常州莊存與、劉逢禄今文一脈,尤致力於《詩》《書》。以經世爲務,河工鹽政,靡不究心。復留意史地之學,而遭逢時務,編成《海國圖志》,旨在爲中國與外洋交通提供借鑑,開道咸以降新風。其時以本國學人而具世界眼光者,當以源爲翹楚。

《清史列傳》卷六十九《魏源傳》:"源經術湛深,讀書精博。初崇尚宋儒理學，後發明西漢人之誼。……性兀傲，高自標樹，惟論古今成敗、國家利病、學術本末，反復辨論不少衰，四座皆屈。……所自著有《古微堂文內集》三卷，《外集》七卷，《詩集》六卷。而賀長齡所著《皇朝經世文編》，亦源襄輯之力居多。"

魏源《詩古微》劉逢祿序："皇清漢學昌明，通儒輩出，于是武進張氏始治虞氏《易》，曲阜孔氏治《公羊春秋》，今文之學萌芽漸復。惟《書》則江、段、孫、王皆雜采馬、鄭、王、孔，無所抉擇，王氏反主鄭說以破古義，尤爲顛謬。《詩》則顧、閻、胡、戴，皆致疑于毛學，而尚不知據三家古義以正其源流。邵陽魏君默深治經好求微言大義，由董子書以信《公羊春秋》，由《春秋》以信西漢今文家法，既爲《董子春秋述例》，以闡董、胡之遺緒，又于《書》則專申《史記》、伏生《大傳》及《漢書》所載歐陽、夏侯、劉向遺說以難馬、鄭，于《詩》則表章魯、韓墜緒以匡《傳》《箋》。既與予說重規叠矩，其所排難解剝，鈎沉起廢，則又皆足干城大道，張皇幽眇，申先師敗績失據之謗，箴後漢好異矯誣之疾，使遺文湮而復出，絕學幽而復明，其志大，其思深，其用力勤矣！"

徐世昌《清儒學案》卷一百六十一："古微說經，本於常州莊氏。學術推遷，殆關運會。其經世之文，多洞中情事。至於治元史、策海防，彰往察來，蘄歸有用，開咸同以後著書風氣，則時爲之也。"

《古微堂外集》卷四《武進李申耆先生傳》："自乾隆中葉後，海內士大夫興漢學，而大江南北尤盛。……錮天下聰明知慧，使盡出于無用之一途。武進李申耆先生生于其鄉，獨治《通鑑》《通典》《通考》之學。……其論學無漢、宋，惟以心得爲主，而惡夫以餖飣爲漢、空腐爲宋也，故以《通鑑》《通考》二書爲學之門戶。……近代通儒，一人而已。"

梁啓超《論中國學術思想變遷之大勢》："前此治今文者，則《春秋》而已。至魏默深乃推及它經，著《詩古微》《書古微》。《詩》主齊、魯、韓，《書》主歐陽、大小夏侯，而排斥毛、鄭，不遺餘力。由今日視之，其無謂亦甚矣，然一家之言，不可誣也。”

梁啓超《清代學術概論》：“源有《元史》，有《海國圖志》。治域外地理者，源實爲先驅。”

劉成禺《世載堂雜憶》：“道、咸間西北史地學盛時，魏默深源別樹一幟，爲東南海疆成《海國圖志》一書。故談遼金元史地者，京師以張穆等爲濫觴；論東南、西南海史地者，以魏默深等爲先河。其後海禁大開，魏默深之從者日衆，觀《小方壺齋輿地叢鈔》，諸家著述俱在。蓋默深著書，名曰輿地，以其援引秦漢史籍，博引證明，實兼海國、輿地、歷史爲一也，其體例頗合近代著史之法。”

參考文獻：

1.《魏源全集》編輯委員會編《魏源全集》，岳麓書社 2011年版。

2. 劉成禺著、錢實甫點校《世載堂雜憶》，中華書局 1960年版。

3. 黄麗鏞《魏源年譜》，湖南人民出版社 1985年版。

4.《清史列傳》卷六十九《魏源傳》，中華書局 1987年版。

5. 林昌彝著，王鎮遠、林虞生標點《射鷹樓詩話》，上海古籍出版社 1988年版。

6. 錢仲聯主編《廣清碑傳集》，蘇州大學出版社 1999年版。

（郭道平）

蔣湘南傳

蔣湘南，字子瀟，回民，河南固始人。嘉慶元年（1796）生。

夏寅官《蔣湘南傳》："蔣先生湘南字子瀟，先世本回部，居河南固始縣，故爲固始人。"

《清儒學案小傳》卷十六："咸豐甲寅卒，年五十九。"故知其生於嘉慶元年。

幼孤貧，從母授經。讀書一覽輒曉，遇疑則訪諸魁儒，勤學不倦。年十九舉秀才，從馬彭讀書，有輕世肆志之概。

蔣湘南《七經樓文鈔》卷首閻彤思序："君幼孤，家貧，母夫人授經於風雪中。仲父奇其才，爲之置書千卷，君一覽輒曉。其有疑者，負笈走千里，訪於魁儒。所到之處，考其山川沿革、風土人情，驗之於事，而證之於經。故君之學醇而不迂，質而有文，誠不自欺，峻不絕物。自宗族、鄉黨以及名卿大夫，靡不口稱而心服焉。"

蔣湘南《春暉閣詩選》卷首洪符孫序："君幼秉母訓，成立於仲父，每言及輒涕。"

《七經樓文鈔》卷首王濟宏序："憶余年二十一，讀書子瀟家，同師侍馬春圃夫子。……子瀟小余二歲，已舉茂才，而余尚應童子試。兩人一見交歡，如魚得水，如膠投漆，如影隨形，然膏癸炬，無暫時離。每課題下，則拉余走城南，穿溪渡谷，入岡巒深處，撥叢草

跏趺坡陀間,閱山光水色煙雲變滅,暇觀前明少司馬周冲白先生君
子亭別業秾李百數十株,繁英堆雪,香塞四空。子瀟若有所悟,於
時放言高論,無所顧忌,有輕世肆志之概,謂將開闢賈董馬鄭之學、
濂洛關閩之理、道藏梵策之書、毗婆尸佛之教,訂訛批謬,機杼已
見。曾不知前有千古,後有萬年,鳥飛兔走,寒暑代謝,尚有何世界
幾易草木也。曾不知帝王師相賢聖仙佛英雄豪俠畸人烈士尚有幾
百千萬若干輩也。'予將仰觀乾象星宮度數,而極其精奧也。予將
俯察堪輿,尋黃河、岷江、金沙江於火燉腦兒羊膊領岡氏斯諸絕境,
而析其支分派別之源流也。予將探恒華泰霍,而辨其幹枝脈絡於
崑崙之主山也。'子瀟舌翻目瞬,濤奔電掣,當其痛快淋漓、躊躇滿
志,則劃然長嘯,山鳴谷應。余時唯唯聽受,無從贊一辭。已而鳥
還花隝,夕陽西傾,遄歸書室,磨墨伸紙,濡毫揮灑,如風捲殘葉。
藝成,呈諸春圃夫子,夫子未嘗不咨嗟稱贊,嘆爲天下奇才云。"按,
據此所述,可知蔣湘南年十九之前已舉秀才。馬彭,號春圃,光州
人,乾隆時歲貢,精於《易》,工詩,有《秋海棠齋詩集》。

道光五年(1825),河南學政吳慈鶴舉爲拔貢。次年入都應朝
考,得蔣攸銛、阮元稱賞,又與陳用光、顧蒓、吳少白、魏源、龔自珍
等人交游,學識大進。仲冬南歸,謁吳慈鶴於濟南,襄校事。不久,
吳氏卒,蔣湘南奔走數千里,經紀其喪,時人稱其義舉。

洪符孫《春暉閣詩選序》:"君始以才受知於吳巢松侍讀,登拔萃
科,侍讀宣於衆曰:'三年學政,得此一人。'而程梓庭制府方撫豫,亦
目君國士。當是時,君名震大河南北,識與不識,莫不知君。入都,爲
蔣礪堂相國所器,一時耆宿如顧學士南雅、陳侍郎石士,皆極口譽
之。……吳侍讀之卒也,君走數千里,經紀其喪,其至性有過人者。"
按,吳慈鶴,字韻皋,號巢松,江蘇吳縣人,嘉慶十四年(1809)進士。

《七經樓文鈔》卷首閻彤思序:"吾友蔣君子瀟,以穎異之姿溺

苦於學;督學使者吳巢松先生拔之於諸生中,目爲中州一人。君更從江鄭堂、阮芸臺兩先生問奇字,研經術;與齊梅麓、俞理初談《九章算法》,考究儀器於欽天監中。"

《七經樓文鈔》卷首王濟宏序:"子瀟後五年乙酉受學使者吳巢松侍讀知,擢拔萃科,貢成均,並賦詩云:'一鞭初指僕公來,難得風檐有此才。'其鑑賞可謂深矣。明年,子瀟入京都,應朝考。蔣礪堂相國、阮芸臺協揆、陳碩士閣學、顧南雅學士數巨公皆爲稱許,而吳蘭雪、郭羽可、魏默深三舍人,龔定庵進士,方春木廣文等諸名士相與倡和議論,考稽商榷,而學益進。迨巢松侍讀移學使者,節督學山左,子瀟南歸,謁見於濟南,留勷校事。幕中如李福、褚應椿輩,皆吳下宿舊。子瀟與泛大明湖,酌珍珠、趵突泉,登太岳,歷訪秦丞相李斯所篆殘碑,陟日觀峰,觀日出處,遨游任城,與洪幼懷飲太白樓,作長歌,自負旁若無人。重以在京師往還,高麗人金老商及客謁章佳胡圖克圖,而聞見益奇,學益肆。侍讀下世於學使者任,子瀟則扶靈柩徒步,涉長途水陸數千里,歸葬吳閶,時人多稱其義重師恩,喜與之游,而學日益富。"按,蔣湘南《春暉閣詩選》卷二有《仲冬赴山左述懷》詩,知其於道光六年十一月赴濟南。

蔣湘南《西征述》卷首馬克惇序:"初,蔣君子瀟以選貢入京師,受業於顧學士南雅先生。"

道光八年(1828),與學使周之楨同游豫、陝,作《西征述》以記沿途風物。

據《西征述》所載,蔣湘南一行於孟春月,自河南光州啓程,途經河南光州、漯河、嵩山、汝州、伊陽、宜陽、陝州、靈寶,陝西大荔、臨潼、咸陽、興平、鳳翔、涇陽、鄜州、延安、綏德、榆林等地,歲末返西安,又經潼關歸里。《春暉閣詩選》卷三、卷四收此行記游詩數十首,可參。

道光十四年(1834)中副榜,次年中舉人。

《七經樓文鈔》卷首王濟宏序:"子瀟自乙酉得選拔。越十年甲午,以選拔中副車。又次年乙未,登賢書,是爲道光十五年。"

《蔣湘南傳》:"道光戊子,儀徵張椒雲典河南鄉試。將行,往辭阮文達。文達曰:'中州學者,無如蔣子瀟。摸索不得,負此行矣。'椒雲欲請其詳,會客至,不得言。既至河南,亦不敢問人。私念公所稱,必好古士。因誡同考官,文有異,雖拙傲無棄。久之,得一卷,文甚瑰瑋,而不中程。衆皆怪笑,椒雲强置之榜末,啓封則蔣湘南也。林文忠嘗笑椒雲曰:'吾不意汝竟得一大名士門生。'其爲名公卿宿儒所推重如此。"按,張集馨,字椒雲。據薛福成《前陝西按察使權巡撫事張公墓誌銘》(《續碑傳集》卷三十七)載,張集馨"以道光九年進士,改翰林,授編修,累充湖北、河南副考官",知其典河南鄉試當在道光九年之後。此處作道光戊子,誤矣。

十六年(1836)七月,至開封,出所作詩於潘筠基。潘氏請代爲選編刊刻,遂成《春暉閣詩選》六卷。

《春暉閣詩選》卷首潘筠基序:"丙申七月,來大梁,始再相見。君已專意治經,不甚爲詩。間有所作,皆有爲之言,與風雲月露者異,而格益以高,篇益以奇。筠基將爲君刊而行之,君全稿未經携出,客中所有,皆門弟子鈔存《關中集》《江上集》《燕臺集》《梁苑集》四種而已。凡從前與筠基所唱酬者都不在焉。君夙服洪先生符孫,詩皆送其閲定。洪先生選二百首,筠基更搜得春暉閣初存稿,選數十首,合爲三百首,編次其目,以付手民。"

時栗毓美主持豫魯兩省河務,以磚代埽,屢屢奏效。蔣湘南謁栗氏於河壩,與籌磚工。

《七經樓文鈔》卷首王濟宏序:"謁栗樸園河帥於河壩,與籌磚工。"按，栗毓美，字含輝，又字友梅，號樸園，山西渾源人。嘉慶七年(1802)以拔貢考授河南知縣，道光十五年(1835)任河南山東河道總督。《七經樓文鈔》卷六有《磚工記》一文，詳論磚工之利。

《七經樓文鈔》卷首閤彤思序："入江督、河督幕府，緣飾經史，以爲章奏，當代政事，一一洞悉。凡本朝三通所載大掌故，皆條其源流，筆之於書。又嘗謂刑名之學，古人所以輔禮。鄭康成注《周禮》，多引《漢律》，是讀律亦儒者事也。因取《大清律》與《唐律》《明律》互校，括以三經三緯，以推原周公制禮之等殺，著《輔禮論》二千餘言，俾讀書人一望而皆能治獄。豈非斟今酌古，爲有用之學者與？"

道光十七年(1837)、十九年，兩次入陝，作《後西征述》。

蔣湘南《後西征述》："自余鄉之西安，有南、北二路。由固始縣北渡淮，道潁陳，西北至大梁，然後西行歷河南府陝州以入潼關者，北路也。由光州西渡淮，至汝陽折而北，又至郾城轉西，歷郟、汝，抵陝州東之觀音堂，與北路合，所謂南路也。南路一千八百餘里，北路二千一百餘里，故行者往往由南。道光八年，余初入陝，由南路。十七年，由大梁之魯山，復由魯山轉汝州以入陝，亦南路。南路渡伊、洛上流，循嵩高之陽，有長坂，無險阻，流覽靡孑遺矣。今兹之行，特取北路。"

《西征述》卷首董文明序："道光十九年，先生復入陝，按日紀程，成《後西征述》一卷。俯仰廢興之迹，釐訂經義之誤，興會所值，下筆不休，發千古未發之覆，直爲研經術者示之門徑，不第爲考地理者助之舟車，比前篇爲有關係已。先生好算術，以擷圓割圓諸法通之于對數，所到之處，輒測北極高度以定方域。卷中補洛陽縣經緯圖表，即其術也。"

甲辰（1844）科大挑二等，選教職，補虞城教諭，不就。

《七經樓文鈔》卷首王濟宏序："子瀟數應禮部試不第，遲至甲辰科挑二等，選教職。……子瀟絕意仕進，補虞城教諭，不就。"

《七經樓文鈔》卷首馬佩玖序："凡十試，始登賢書。屢應春官，舉迄不第。晚而謁選，得虞城教諭，鄙弗就。"

晚年入關中，謁張集馨，又入慧成幕府。咸豐元年（1851），主講關中書院，又主同州書院講席，修《全陝通志》。

《七經樓文鈔》卷首王濟宏序："遂入關中，謁座主張椒雲方伯。方伯陳臬移蜀，子瀟留關中。關中，古帝王都，名儒淵藪。適慧秋谷先生總制全蜀，行旌抵西安，被命防堵江南。訪可以佐戎幕、備參謀者，當事以子瀟薦慧，既偕之去已。而談兵不合，力辭，歸關中。主書院講席，修《全陝通志》。再主講同州書院，而子瀟學益純，議論益閣大，微特抗衡古人，直破其藩籬，而挾之以升堂入室矣。"

柏景偉《江西水道考題識》其二："咸豐元年，主講關中書院。"

按，據張集馨《道咸宦海見聞錄》："（道光二十五年正月）十七日，奉旨補授陝西督糧道。……（道光二十七年）六月，蒙恩補授四川臬司。"故蔣湘南謁張集馨，當在道光二十五年至二十七年間。慧成，字秋谷，滿洲鑲黃旗人，道光十六年進士。

咸豐四年（1854）卒於鳳翔。

《蔣湘南傳》："性剛介，不隨俗。游四方，無所遇，客死鳳翔，無子身後。"

柏景偉《江西水道考題識》其一："先生（蔣湘南）歿於馮翊書院。"

按，卒年參見前引《清儒學案小傳》卷十六。

蔣湘南治經不分漢宋，謂孔門之學以禮爲宗，六經以道家爲祖。

《七經樓文鈔》卷首劉元培序：“本朝經學分漢、宋兩途。爲漢學者，排宋學爲空虛；爲宋學者，攻漢學爲破碎。先生皆以爲不然：‘儒者讀孔子書，學孔子學。孔子，周人也。周之學，春秋《禮》《樂》，冬夏《詩》《書》，謂之四術。孔子益以《易》與《春秋》，謂之六藝，六藝皆周禮也。韓宣子聘魯，見《易象》《春秋》，曰：“周禮在魯。”是《易》與《春秋》之二藝、《禮》《樂》《詩》《書》之四藝，皆周公之禮明矣。子曰：“吾學周禮。”告顏子曰：“克己復禮。”顏子亦曰：“約我以禮。”曾子傳一貫之道，作《大學》，曰：“自天子以至於庶人，壹是皆以修身爲本。”而《中庸》證明之，曰：“非禮不動，所以修身。”可知孔門之學，但宜稱爲“禮學”，不宜稱爲“理學”。孔子没而微言絕，七十子喪而大義乖。孟、荀爲再傳弟子，僅百年而《詩》《書》已待辨正，況漢儒去孔子二百餘年，宋儒去孔子一千餘年乎？漢學、宋學之爭，皆無與周學者也。吾爲周學而已。’此先生論學之大旨也。”

《七經樓文鈔》卷一《六經原始一》：“六經者，先王之器也。道家者，六經之祖也。六經定於孔子，爲儒家祖，何以道家又爲六經祖？曰：道家者，古史官也。……道分見於三百六十官，而總彙於史。天地鬼神常變之故、古今治亂沿革之端，于是乎在，故史官亦謂之道家。……《易》雖在太卜，然得之史，則可以正太卜之《易》也；《詩》雖在太師，然得之史，則可以正太師之《詩》也；《禮》雖在宗伯，然得之史，則可以正宗伯之《禮》也；《樂》雖在司樂，然得之史，則可以正司樂之《樂》也；《書》與《春秋》本史職，其參互更不待言。……史官本號道家，至老彭修道養壽，爲道家祖，而《易》《書》《詩》《禮》《樂》《春秋》從而得之，則謂道家爲六經祖，夫誰曰不可？”

攻輿地之學，作《華岳圖經》《江西水道考》《後涇渠志》《廬山紀游》等。

蔣湘南《華岳圖經》卷首武訪嚴序："道光初載，李榕之《華岳志》出，天下之願游華山者，無不爭購之，以爲讀其書，即如登華岳也。其書僅詳華岳主峰，雜取各家游記，分段以次之，寺觀、神仙、金石、詩文與稗官野語同録，蓋沿明代方志之俗例，尚不及唐道士令狐見堯之《玉笥山記》、李昭冲之《南岳小録》，爲足列於小説家也。吾師子瀟先生之《華岳圖經》出，然後體裁一復於古，即華岳之真面目亦於是見焉。……若其辨'華'字之音，考岳廟之誤，以及祀典陽華藪等篇，皆自來志華山者所未曉。而先生鎔子鑄史，穿穴數十種書，探喉罄胸而出之。信乎有華岳即不可無此書也。世有真讀書者，當寶之，與華岳並重矣。"

蔣湘南《後涇渠志》卷首柏堃序："道光時胡元瑛宰吾邑，聘漢學大師蔣湘南先生修邑志三十卷，改弦更張，體例一新。末附《後涇渠志》三卷，乃仿王太岳《涇渠志》而續作者也。太岳志世不多見，而此志考據詳明，於涇渠、灌田、水程纖細備載無遺，尤爲涇人萬不可少之書。"

爲文力矯歸、方偽八家之弊，倡通經載道、由文入筆，推戴震爲乾隆朝文章之冠，奉劉逢禄、龔自珍、魏源等今文家爲當世文章之杰。

《七經樓文鈔》卷首劉元培序："先生之文，以力矯偽八家爲主，故歸震川、方望溪兩家之法，在所不用。以今家之流弊皆自兩家開也。前代矯八家者，率多摹擬秦漢；先生則删去沉博絕麗之作，而獨存本色。以爲偽秦漢與偽八家猶佩劍之左右也。自來古文家孰不言通經？而先生之所謂經，乃以周公之製作與孔子之信好合考而明之，非章句家瑣拾訓詁之經也；自來古文家孰不言載道？而先生之所謂道，乃以人情時事與天地消息參驗而出之，非理學家空談性命之道也。……文王、周公、孔子之《易》皆用韻語，孔子直以《文言》爲名，是必叶聲韻者始謂之文人之生也。和言中宮，危言中商，疾言中角，微言中徵、羽。發喉引聲，自有高下抑揚之致，《小序》所謂'聲成文謂之音'也。宋以後之文，多有聲而無音。先生病之，嘗曰：'寧爲箏琶，無爲土鼓。'又嘗取《漢書》中志傳爲《史記》所無者，籤而出之，以示古文門徑，曰：'學醇論正，神華味腴。直起直住，不用語助虛字，足爲僞八家對病之藥。宋以來論《史》《漢》異同者，多右馬而左班，乃穴坯之見也。'此先生論文之大指也。且夫通古而不通今者，無用之學也；知今而不知古者，無本之學也。先生以經史爲根柢，而又通本朝之掌故，凡國家鉅典，無不悉其源流。故其文擷經之精，鎔漢之髓，大而入細，奇不乖純，無一字鑿空，無一論涉膚，自成一家之法，故可以廢時人之法。天下必有先睹爲快者。"

《七經樓文鈔》卷四《與田叔子論古文書》："夫古文之弊，自八家始也。非八家之弊古文，乃學八家者之弊八家也。……其所標伸縮剪裁諸法，大概皆爲功令文之法。歸震川、唐荊川、李大泌諸君子，孰非工於功令文者？諸君子以八家之法爲功令文，故其功令文最古；諸君子遂以功令文之法爲古文，故其古文最不古。……書之古者，句法、字法與功令文鑿枘不入。於是舍其難者，就其易者，專以八家爲主，且以明人所録之八家爲主。夫明人所録之八家，未嘗非古文也。而數百年來所爲八家之文，則非古文也。……空疏無具之徒，皆得張空卷以樹八家之幟，是古文之愈失，由於爲古文之太易也。"《與田叔子論古文第二書》："夫模擬者，古人用功之法，非後世優孟衣冠之説也。……古人何嘗不重模擬乎？大概古人用功，最嚴文、筆之分。……其模擬必自文，始音節取其鏗鏘，辭句貴乎華麗，事出沉思，義歸翰藻，雄才博學，神明于聲音成文之故，始能創新題而闢奇格。豪杰之士從而和之，似範其貌，實取其神，用心既久，由鈍入銳，然後浩乎沛然，成其文而有餘，成其筆而亦無不足。則模擬非古人用功之法乎？……夫由文入筆，其勢順；由筆反文，其勢逆。自古有工于文而不工于筆者，豈有不工文而能工于筆者哉？”同卷《與田叔子論古文第三書》：“夫古文之法非他，即在矯古文之弊而已。昌黎矯唐文之弊，而唐之古文興；永叔矯宋文之弊，而宋之古文興。韓、歐不自名其法，而其法自足以範後人，文成則法自立也。且夫論古文而專以法此，仍僞八家所恃以劫持天下者。不破除此等俗見，必不能以讀古書。不讀古書，何能爲古文？……乾隆時，則有如戴編修東原先生，文入賈、董之室，經升游、夏之堂，北斗之南，一人而已。……或疑戴先生之書如揚子雲，有故爲艱深者，此非知文之言也。……戴先生覃思于三代之上，析芒於六經之内，精誠所積，幽微畢豁，故其文簡而奥，醇而腴，雅而奇，遒而穆，非好爲艱深，乃不能爲淺陋耳。戴先生往矣，吾因讀其書而私淑其人。其當吾世而獲從捧手者，有劉禮部申甫、龔禮部定庵、魏刺史默深三君，精西漢今文之家法，而又通本朝之掌故。蓋通古而不通今者，古人謂之俗儒。鄭康成引《漢律》，顏師古撰《唐禮》。大儒有用之學，未有不明當代掌故者。劉君之文，子政、子雲之流亞也；龔君之文，子長、孟堅之流亞也；魏君之文，管仲、孫武之流亞也。其於戴、錢諸先生不必相襲，而周情孔思自能以真古文示天下。”

蔣湘南《游藝録》卷下《論近人古文》：“雖心不然其説而口不能不唯唯。及購得海峰文集詳繹之，其才氣健於方、姚而根柢之淺與二家同，蓋皆未聞道也。夫文以載道，而道不可見，於日用飲食見之，就人情物理之變幻處閲歷揣摩，而準之以聖經之權衡，自不爲迂腐無用之言。今三家之文誤以理學家語録中之言爲道，於人情物理無一可推得去，是所談者乃高頭講章中之道也，其所謂道者非也。八家者唐宋人之文，彼時無今代功令文之式樣，故各成一家之法。自明代以八股文爲取士之功令，其熟於八家古文者，即以八家之法就功令文之範，於是功令文中鉤提伸縮頓宕諸法往往具八家遺意，傳習既久，千面一孔，有今文無古文矣。"

譚獻《復堂日記》："（蔣湘南）雜文持論與章實齋相出入，而服膺定庵、默深、容甫，不及章氏，豈造車合轍邪？抑避而不言也？推崇東原，則性習所近矣。"

作詩則胸襟浩蕩，境界開闊，又以學問助之；宗李、杜、韓三家，而能自成格局；又謂詩與政通，真詩人必爲循吏。

《春暉閣詩選》卷首洪符孫序："君嘗攬海岱，駕伊涼，南條北條之水、太華空同賀蘭之山、鄂爾多斯厄魯特之人，皆足以蕩胸襟而抒志氣，則拓於境矣。君治經宗許、鄭，著《十四經日記》數十萬言，旁通象緯、歷律、輿地、水利、農田諸學，不鑿空，不泥古，故其詩經籍瞵彬，古香古色，辟前人未開之境，則富於學矣。俊逸似供奉，沉雄似拾遺，精卓似吏部，至其獨往獨來、不可一世之概，則又不襲李，不剿杜，不規韓，而自成其爲子瀟之詩。"

《春暉閣詩選》卷首潘筠基序："君自言初學三李，後師杜、韓，久乃棄各家而爲自己之詩。又言古詩人惟昌黎通訓詁，押韻愈險愈穩。訓詁者，治經之本，亦治詩之本也。今觀集中煉字，諧聲通假，縱橫瀾翻，洵從來未有之奇。"

譚獻《復堂日記》："蔣子瀟詩門庭近韓而字句譎麗，頗有出於長吉者。"

崔旭《念堂詩話》："（蔣湘南）學博才優，古體拉雜繁會，跌宕不群。近體亦超脫。"

《七經樓文鈔》卷六《朱丹木先生詩集序》："聲音之道與政通，故古之循吏不必盡能爲詩，而真能爲詩者未有不爲循吏。……詩者,道性情之物也;政者,達性情之事也。理一己之性,以理千萬人之性;平一己之情,以平千萬人之情。血氣既清,牛羊不驚,琴瑟爲友,風雨咸喜,此豈俗吏之所能爲? 又豈尋常吟風弄月者之所能爲哉? 是故古之循吏不必盡能爲詩,古之詩人不必盡能爲政。循吏不以詩名,不害其爲循吏也;詩人不以政名,殆未足爲真詩人也。"

參考文獻:

1. 蔣湘南《西征述・後西征述》,民國鉛印《蔣子遺書》本。

2. 蔣湘南《游藝錄》,民國鉛印《蔣子遺書》本。

3. 蔣湘南著,李叔毅、龔佩璉、張大新點校《七經樓文鈔》,中州古籍出版社 1991 年版。

4. 蔣湘南《春暉閣詩選》,《清代詩文集彙編》,上海古籍出版社 2010 年版。

5. 閔爾昌《碑傳集補》卷五十《蔣湘南傳》,周駿富輯《清代傳記叢刊》,臺北明文書局 1985 年版。

（馬昕）

項鴻祚傳

項鴻祚,初名繼章,更名廷紀。鄉舉名鴻祚,字蓮生,一説字子彦,自號憶雲生。道光十二年(1832)舉人。祖籍安徽歙縣,浙江錢唐(今浙江省杭州市)商籍。嘉慶三年(1798)生。

譚獻《項君小傳》(項鴻祚《憶雲詞》卷首):"項君鴻祚,字蓮生,錢唐人。道光十二年舉於鄉。……君原名繼章,改名廷紀。卒年三十八歲。"許增《重斠刻〈憶雲詞〉書後》:"先生姓項氏,名廷紀,鄉舉名鴻祚,字蓮生。道光壬辰舉人。"吳振棫《國朝杭郡詩續輯》卷四十:"項鴻祚,原名繼章,字蓮生。錢唐人賦棣子。道光壬辰舉人。"石國柱纂、劉文釗修《(民國)歙縣志》卷十《人物志·士林》:"項鴻祚,原名繼章,更名廷紀,字蓮生,桂溪人,寄籍錢塘。道光十二年舉人。"

項鴻祚《憶雲詞·甲稿》自序:"憶雲生自束髮學填詞,少作存若干首。"《憶雲詞》鄧濂序:"憶雲生安在乎?吾將具杯酒以告之。"按,《憶雲詞》亦名《憶雲生詞》或《憶雲樓詞》。杜文瀾《憩園詞話》卷三載曾齺《梅竹山房詞鈔》中有《齊天樂·夜宿紫陽別墅南宮舫,喜項蓮生來,出示〈憶雲生詞〉,兼懷今兄芝生及許青士昆季》一関。《國朝杭郡詩續輯》卷四十云:"蓮生沉默寡言。……自訂《憶雲樓詞》甲稿、乙稿、丙稿。"徐世昌《晚晴簃詩匯》卷一百三十七:"蓮生工倚聲,手定《憶雲樓》甲、乙、丙、丁稿。"

　　汪遠孫等輯《清尊集・集目》："錢塘項鴻祚（原名廷紀）蓮生，嘉慶戊午年五月二十二日生。"《項君小傳》："（項鴻祚）既再上春官，被放，坎坷久，遂卒，時道光十五年也。……卒年三十八歲。"從道光十五年（1835）上推三十七年，即嘉慶三年。《道光十二年壬辰科浙江鄉試録》與《歷代人物年里碑傳綜表》均提到項鴻祚生年爲嘉慶五年，此遵嘉慶三年之説。

　　按，關於項鴻祚的字號，一般材料記載爲"字蓮生"，但也有"字子彦，號蓮生"之説。據《道光十二年壬辰科浙江鄉試録》，項鴻祚原名繼章，字子彦，號蓮生，行四，嘉慶庚申生，中第四十名，杭州府學廩膳生，錢塘縣商籍。姜亮夫纂訂、陶秋英校《歷代人物年里碑傳綜表》與商承祚、黃華編《中國歷代書畫篆刻家字號索引》也提及"子彦"是項鴻祚之字。《重修浙江通志稿・著述》"《憶雲詞四編》"條則曰："案：鴻祚，號蓮生。錢塘人。舉人。"其次，有"項廷紀，字憶雲，嘉興人"之説。丁紹儀《國朝詞綜補》卷四十四："項廷紀，字憶雲，嘉興人。"項廷紀，本爲項鴻祚原名，"憶雲"也與項鴻祚密切相關。此項廷紀似是項鴻祚，但又籍貫不符。《國朝詞綜補》卷三十八云："項鴻祚，字蓮生，錢塘人。道光十二年舉人。官福建鹽大使。有《憶雲詞》。"且丁紹儀《聽秋聲館詞話》卷四"馮柳東與項蓮生詞"條曰："項蓮生醵尹客中聞歌。……醵尹名鴻祚，錢塘人，曾官閩中。楊卧雲中翰藏其《憶雲詞》，爲人假去，屢索無還，嗣經錢仲山觀察覓以見示。"丁紹儀兩處記載項鴻祚及《憶雲詞》，不知《國朝詞綜補》中的"項廷紀"是訛誤還是另有其人。第三，張佳平《清詞人項廷紀家世、生平、著述考》（《南陽師範學院學報》2006 年第 1 期）中説項鴻祚號"小墨林""憶雲樓""睡隱庵""焦琴舊館"等。《憶雲詞・乙稿》自序最後落款"戊子十一月十七日，小墨林書"，《憶雲詞・丙稿》自序云："甲午人日，記於焦琴舊館。"《憶雲詞・丁稿》自序云:"甲午春,葺爐餘老屋數椽,偃卧其中,顏曰'睡隱'。"加之《憶雲詞》亦名《憶雲樓詞》,"憶雲""小墨林""睡隱""焦琴舊館"似爲項氏書齋。

家世業鹽策,至鴻祚漸落。早孤,艱苦力學,弱歲已有聲庠序間。性沉默,寡言語,不樂與人酬酢。每同輩狎集,終日無一言,微笑而已。

《項君小傳》:"家世業鹽策,至君漸落。"杭州項氏始攻課業,至項守約以鹽業起家。項守約,字博施,號萊園。彭啓豐《萊園先生傳》(丁丙《武林坊巷志·東里坊四》):"大父渭征公始遷杭,以明經聲於時。考喜賢公績學砥行,早世不耀。公寬厚而謹,至性過人。……喜賢公卒,公年少,弟中字甫周晬,家方中落,母吳太安人保乂中外。公念身承兩世遺緒,一弟又在孩抱,奈何以生計累慈母心!且人亦顧自樹耳,白首章句,卒也無裨益於世矣,奚爲焉?則慨然棄,維生業,他居有無,非其身力,不以衣食。及弱冠,業隆隆起。"《重修兩浙鹽法志》卷二十五《商籍二》:"項守約,字博施。少孤,奉母訓惟謹,至性過人。……業鹽持方綱。李衛撫浙時,整飭鹽政,興利革弊,皆從咨詢,甚重之。"按,據張佳平《清詞人項廷紀家世、生平、著述考》,項守約後裔入仕途,多從事鹽策,如項本立、項煊曾"候選鹽運司運同",項錦標獲賜"鹽知事銜",項鴻祚之侄項晉蕃曾任兩浙鹽運分司運判,"奏補泰州鹽運分司轉授通州鹽運分司"及海州鹽運分司。古代鹽業是國家的經濟動脈,掌握甚至參與其中者非富即貴。陸師《之官真州述懷》(沈德潛《清詩别裁集》十九)自注:"至今人第夸揚州富饒,不知業鹽策幾家外,窘困猶他處也。"項鴻祚一族與鹽業關係密切,一度資產頗豐,然而至鴻祚輩已家業漸落,項鴻祚《小墨林雜著·答友人書》稱:"僕先世頗不貧,至僕而貧且好詩,實無解乎窮人之説。"道光十三年(1833)下第,作有

《春闈報罷》（《小墨林詩鈔・寒驢集》），詩曰：“登山臨水懷長惡，學賈爲農計又疏。”故《憶雲詞》鄧濂序云：“憶雲生家世王謝，富垺陶衛，則夫吳簫乞食之辱、皋廡賃春之勞，固知免矣。”不免有夸大之嫌。許增説蓮生“幼失怙，艱苦力學，弱歲已有聲庠序間”（《重校刻〈憶雲詞〉書後》），較爲可信。

《國朝杭郡詩續輯》卷四十：“蓮生沉默寡言，不喜酬應，座有生客，則終日不出一言。”許增《重校刻〈憶雲詞〉書後》：“性沉默，寡言語，不樂與人酬酢，每同輩狎集，終日無一言，微笑而已。”

嘉慶二十五年（1820）冬，同許乃穀諸人議復巢居閣，建和靖祠。次年二月成，送林逋像入祠閣下。許乃穀作詞紀事，鴻祚和之。

《憶雲詞・删存・摸魚子》小序：“庚辰歲暮，同人議復巢居閣。明年二月落成，送林先生像入祀閣下。許玉年乃穀以詞紀事，予亦繼聲。”按，北宋隱士林逋在杭州孤山結廬作舍，取名“巢居閣”，序中“林先生”即林逋。

許乃穀《摸魚子・同人詣孤山，議建和靖祠，並補梅放鶴，詞以紀事》（丁紹儀《國朝詞綜補》卷三十三）：“暮蒼蒼、斷垣衰草，無人來吊和靖。山中眷屬空梅鶴，滿目斜陽淒冷。君試省。算七百餘年，舊迹依稀剩。重來繫艇。想一角添樓，二分宜水，位置到疏影。

紅塵鏡，仕隱都難自定。不如沉醉無醒。買山有願非虛語，笑指西湖爲證。高處憑。把去住心情，訴與先生聽。夢來雪嶺。更挈我登臨，隨君歌嘯，月下四山應。”蓮生追和：“幸先生、移居未遂，孤山終屬和靖。玉簪也抱冬青恨，名士幾人心冷。還試省。記凍雨荒祠，遺像今誰認。重來繫艇。怪梅塢栖雲，鶴蘭占水，倒浸一樓影。　　巢居閣，結屋編籬粗定。小窗邀我同憑。他年野志搜嘉話，剩有君詞爲證。都莫問。且倚醉、臨高酒薄風吹醒。暗香半嶺。正清磬初圓,畫船催散,月到萬花頂。"

道光二年(1822)九月,避喧南山甘露院,讀書僧院,就泉看山,旬日而還。

《憶雲詞·甲稿·湘月》小序:"壬午九月,避喧南山之甘露院,就泉分茗,移枕看山,相羊浹旬,塵念都净。出院不百步,越小嶺,即虎跑泉也。嘗月夜獨游,清寒特甚,賦《念奴嬌》鬲指聲一闋紀之。"

《憶雲詞·删存·滿江紅》小序:"九月十四日晚,乘月過虎跑,憩小池上。見寺門未闔,閑步近客堂。有皁衣高冠者呵禁甚厲。問老僧,是當軸諸貴人宴兩試官於此。始憶城中放榜又三日矣。一笑紀此。"

《項君小傳》:"性湛然耆古,嘗避喧南山,讀書僧院,就泉看山,無復塵念。"

三年(1823)小除夕,集癸未以前詞作爲《憶雲詞·甲稿》,自序而刻之。

《憶雲詞·乙稿》自序:"余嘗集癸未以前之詞爲一卷,自序而刻之。"

《憶雲詞·甲稿》自序:"憶雲生自束髮學填詞,少作存若干首。夫詞者,意内而言外也。意生言,言成聲,聲分調,亦猶春庚秋蟀,氣至則鳴,不自知其然也。生幼有愁癖,故其情艷而苦,其感於物也鬱而深,連峰巉巉,中夜猿嘯,復如清湘夏瑟,魚沉雁起,孤月微明。其宦夐幽凄,則山鬼晨吟,瓊妃暮泣,風鬟雨鬢,相對支離。不無累德之言,抑亦傷心之極致。一二知者,强附我於名勝之後,雖復悄然自疑,而學之愈篤。今乃削墨胥山之雲,滌筆娥江之水,次爲新編,以吟以嘆,謂之甲稿焉。癸未小除夕,雨中書。"

　　道光六年（1826）二月，客山陰（今浙江省紹興市）；三月，客嘉興；四月、七月，兩至吳門，又蘇州，游金山、焦山、揚州。還家後，復游南昌，客居焉。

　　《憶雲詞・乙稿・三犯渡江雲》小序：“余今年二月客山陰，三月客禾中，四月、七月一再至吳門，遂北渡揚子，游金、焦兩山，留維揚六日。禇來故山，怳焉如夢。塵衣未浣，又爲豫章之行。登舟惘惘，扣弦而歌，彌覺旅懷之淒黯矣。”譚正璧《清詞人項鴻祚年譜》道光六年：“二月，客山陰。三月，客禾中。四月七月，一再至吳中。遂北渡揚子江，游金焦兩山，留維揚六日而歸。未幾，又作豫章之行，遂在豫章度歲。”黃坤堯《項鴻祚年譜新編》道光六年：“春初赴紹興，暮春歸家。……本年行迹可分兩期。春夏赴揚州。……夏歸家，旋赴南昌。”道光七年：“客居南昌。”

　　按，項鴻祚的兩次游歷均有詩、文、詞紀行。記述山陰至揚州之行的詩有《渡揚子江》《晚泊茱萸灣》《拜史閣部衣冠墓》《過淮陰祠》《歸舟絶句》，詞有《虞美人・歸自越中》《百字令・將游鴛湖，作此留別》《點絳唇・煙雨樓》《木蘭花慢・夜過吳江》《江城子・吳門夜泊》《滿江紅・渡揚子江》《揚州慢・廣陵舟次》《浣溪沙・紅橋，步〈衍波詞〉韻》；記述豫章之行的詩有《玉山道中》《舟過弋陽》《瑞洪夜雨》《月夜抵南昌》《寓齋海棠秋後作花》《與李元卿盟詩章水，即和其投贈之作》《留元卿夜話》《春感》《送李元卿歸惠州》，文有《春閨撲蝶圖賦》《重建西山萬壽玉隆宫碑銘並序》《祭城隍神文》《上繼方伯乞盆梅啓》《謝繼方伯惠新會橙頻婆果啓》《又謝惠徽墨鹿肉啓》《又謝惠端研印香啓》《送李元卿還粤序》《拜蘇雲卿先生祠堂記》《游信州南岩記》等，詞有《齊天樂・過釣臺》《河傳・瀲水道中》《上西樓・蘭溪書所見》《霜天曉角・玉山曉行》《一萼紅・瑞洪雨夜有懷》《八聲甘州・重陽游百花洲》《徵招・丙戌除夕》等。此外，《憶雲詞·乙稿》有《點絳唇·初歸有贈》："輕棹歸來，與君重看西湖月。落花時節。彈指經年別。　　柳葉雙蛾，才展東風結。相思切。酒闌歌闋。細向燈前説。"據"落花時節"與"柳葉雙蛾，才展東風結"，可知春天歸來。《憶雲詞·乙稿》自序落款爲"戊子十一月十七日小墨林書"。《小墨林雜著·游信州南岩記》："丁亥冬，余歸自南昌……"丁亥即道光七年。故《點絳唇》乃項鴻祚道光八年（1828）於江西初歸時所作。《徵招·丙戌除夕》之後、《點絳唇·初歸有贈》之前有《清平樂·元夜作》《菩薩蠻·偶成小令》《一枝春·早春用草窗韻》《掃花游·寓齋海棠開時，正值風雨》《天香·龍涎香》《水龍吟·白蓮》《摸魚子·菰》《齊天樂·蟬》《桂枝香·蟹》諸作，另據《清平樂》"並作一江春水，幾時流到錢塘"，《菩薩蠻》"草熏風暖天涯路"，《掃花游》"不是無詩，極目江南路杳"，《摸魚子》"又匆匆，楚鄉秋到，吳儂清興千里""應怪我，經年總未成歸計"，《桂枝香》"楚霜初飽，還愁解甲，暗隨潮汐"等語，可見其流寓江西思念錢塘之情。

道光七年（1827）冬，自南昌還家。八年冬，參加清尊酬唱，編訂《憶雲詞·乙稿》。

《小墨林雜著·游信州南岩記》："丁亥冬，余歸自南昌，舟次信州，攝弋陽尉張霽先期治具，約爲南岩之游，償宿諾也。"《清詞人項鴻祚年譜》道光七年："自豫章歸。"《項鴻祚年譜新編》道光八年："春歸杭州。"按，黃説亦然。

汪遠孫輯《清尊集》吳德旋序："今錢塘汪君小米之《清尊集》，雖迭爲其主者僅有八人，而浙東西千里問知名之士，以及寓公過客之嫻吟事者咸在，而閨秀之遥同者亦附録焉，可謂極一時觴咏之盛，而爲前此所未有矣。"按，清代嘉慶、道光年間，吳衡照、汪遠孫等人組織浙東名宿耆老、才俊閨秀結成"東軒吟社"。該社集會唱和達十年之久,固定成員十餘人,參與唱和者超過七十人。汪遠孫輯錄集會席間唱和之作爲十六卷,名曰《清尊集》。《清尊集目》按年齒序錄七十六人,項鴻祚居第六十七位。

《憶雲詞・乙稿》自序:"余嘗集癸未以前之詞爲一卷,自序而刻之。甲申至今,四五年來復得數十闋,因次第成續稿。編以甲乙,從吳夢窗例也。近日江南諸子,競尚填詞,辨韻辨律,翕然同聲。幾使姜、張俯首。及觀其著述,往往不逮所言而弁首之辭,以多爲貴,心竊病之。余性疏慢,不能過自刻繩,但取文從字順而止。削稿既竣,仍自識數語,雅不欲與諸子抗衡,又何敢邀名公鑑賞耶?戊子十一月十七日,小墨林書。"

道光九年(1829)冬,編訂《憶雲詞》丙稿;家遇火,室毀而藏書殆盡,詞稿亦灰滅。應許乃普招,奉母赴京寓。途次遇水,母、侄皆道殤。倉皇歸,幽憂之疾益深。

《憶雲詞・丙稿》自序:"己丑冬,編次近作爲丑丙稿,未授梓。弊廬不戒於火,弱骨成灰,藏書略盡,遑問詞哉!"鄧濂《憶雲詞序》:"況乎非介推之隱而竟罹焚山之災,異湘累之放而幾有懷沙之厄,積恨銷骨,古愁塞胸,越吟自哀,湘血彌艷。其志其遇,蓋可悲也。"
《項君小傳》:"先是,家被火,室毀,奉母應文恪之招於京邸。途次遇水,母與從子皆道殤。君蒼黃歸,幽憂疾病不自振。"黃燮清輯《國朝詞綜續編》卷十三:"家不戒於火,乃奉母北行,中途又遇水厄,母與侄俱歿。號蹢旋里,幽憂之疾益深,而詞益工。"《(民國)歙縣志》卷十《人物志・士林》:"家不戒於火,奉母往京師依文恪,又遘水厄,母與從子俱沒。號蹢歸,幽憂之疾益深。"《國朝杭郡詩續輯》卷四十:"家不戒於火,乃奉母赴其姊婿許滇生京寓。中途母與侄遽沒於舟。號擗旋里,幽憂之疾益深而詞益工。"按,許乃普,字滇生,浙江錢唐人,嘉慶二十五年(1820)進士。娶項鴻祚之姐項紃爲繼室。

道光十二年(1832)秋，補辛卯(1831)正科鄉試，中式。是年十二月赴會試，途中度歲。次年春落第，客居京城，十二月南歸。

《(民國)歙縣志》卷四《選舉志》：“項鴻祚，字蓮生，桂溪人，錢塘籍，道光十二年恩科鄉試舉人。”按，此言“道光十二年恩科鄉試”，實誤。清朝正科鄉試定於子、卯、午、酉年秋，會試定於辰、未、戌、丑年春。道光十一年辛卯秋舉鄉試，道光十二年壬辰春舉會試、殿試，是爲正科。《英德縣志》卷二《恩紀》：“道光十一年辛卯，皇上五旬萬壽恩科鄉試，壬辰恩科會試，辛卯正科鄉試改壬辰年舉行，壬辰正科會試改癸巳年舉行。”《明清歷科進士題名碑錄》記載道光十二年壬辰科會試爲恩科。故知項鴻祚壬辰年所中者爲補辛卯正科鄉試，而非《(民國)歙縣志》所言恩科鄉試。

項鴻祚《蹇驢集》自序：“戴劍源曰：‘長安多車馬塵，非論詩所也。’余以壬辰十二月偕計吏北發，癸巳十二月南歸。檢篋中詩，止此而已。感前人下第詩‘跨驢人老落花中’之句，謂之《蹇驢集》焉。”按，集中有《別內》《吳趨寓公行贈汪二丈鳳彝》《過呂城遇西安兵船南下》《夜泊丹徒》《舟中聞雁》《除夕次汜水》《正月二日渡黃河》《車轆轆》《舊縣謁西楚霸王墓》《過景州董子祠》《過趙北口憶江南風景》《良鄉道中》《大雪過盧溝橋》等詩紀行。《憶雲詞·丁稿》自序亦云：“患難以來，人事有不可言者。癸巳下第，南歸已逼歲除。”可知項鴻祚道光十三年會試下第，且寓居京城近一年，之後啓程回鄉。

十四年(1834)人日，重訂《憶雲詞·丙稿》。修葺燼餘老屋，僵臥其中，仿《花間集》作小令以自遣。十五年再上春官，不售，留京五十日歸，歸即病。撿舊稿，編次《憶雲詞·丁稿》，閏六月成。是年秋卒，年三十八歲。

《憶雲詞・丙稿》自序："己丑冬，編次近作爲《丙稿》。未授梓，弊廬不戒於火，弱骨成灰，藏書略盡，遑問詞哉！夫丙位南方，火象也。《丙稿》垂成而毀，殆有先幾焉。嗣是疊遭家難，索居鮮歡。追憶前塵，十遺八九。合寅、卯、辰、巳所作，僅有此數，錄刊一卷，仍列甲、乙之後。嗟乎！不爲無益之事，何以遣有涯之生？時異境遷，結習不改，《霜華腴》之剩稿，《念奴嬌》之過腔，茫茫誰復知者？俯仰生平，百端交集，正不獨此事而已。甲午人日，記於焦琴舊館。"

《憶雲詞・丁稿》自序："患難以來，人事有不可言者。癸巳下第，南歸已逼歲除。甲午春，葺爐餘老屋數椽，僵臥其中，顏曰'睡隱'。讀書之暇，惟仿《花間》小令，自遣而已。今年正月，再上春官，此事遂廢。留京師五十日而去，還我睡鄉。始檢舊稿，次爲一卷。嗟乎！當沉頓無憀之極，僅托之綺羅香澤以泄其思，蓋辭婉而情傷矣。不知我者，即謂之醉眠夢囈也可。乙未閏六月二十一日，書於睡隱盦蕉庵雨聲中。"

《項君小傳》："（項鴻祚）既再上春官被放，坎坷久，遂卒。時道光十五年也。""君原名繼章，改名廷紀，卒年三十八歲。"

《重校刻〈憶雲詞〉書後》："（項鴻祚）既領鄉薦，再上春官，不得意。歸即病，病遂不起。此道光乙未秋間事。年才三十八歲。"《國朝杭郡詩續輯》卷四十："（項鴻祚）既領鄉薦，再上春官不第，歸即病，病遂不起。"

按，丁紹儀有項鴻祚任福建鹽吏之說，《國朝詞綜補》卷三十八曰："項鴻祚，字蓮生，錢塘人。道光十二年舉人。官福建鹽大使。有《憶雲詞》。"《聽秋聲館詞話》卷四云："醲尹名鴻祚，錢塘人，曾官閩中。楊卧雲中翰藏其《憶雲詞》，爲人假去，屢索無還，嗣經鍾仲山觀察覓以見示。"醲尹乃鹽場小吏。項鴻祚道光十五年落第後還鄉,是年秋亡故,不可能赴福建任職。且《清代硃卷集成》記載項鴻祚"道光十二年舉人,候選知縣",亦無鹽吏之説。此説應爲訛誤。

項鴻祚束髮填詞,尤工小令,每自讀一闋,即付姬人歌之。嘗語人曰:"予詞可與時賢角一日之名。"自負如此。奉《花間集》爲宗,仰窺北宋而天賦殊近南唐,篇旨清峻,托體甚高,與浙中詞派迥異。

項鴻祚《憶雲詞·甲稿》自序:"憶雲生自束髮學填詞,少作存若干首。"項鴻祚《祝英臺近·自題〈填詞圖〉》(《憶雲詞·甲稿》):"展香箋,斟綠醑,相對兩眉嫵。笑問多情,甘作小紅否?幾曾奉旨填詞,偷聲減字,便消受、華年一度。 自吟苦。任教采壁旗亭,爭唱玉田句。金縷琵琶,嗚咽怨秋雨。可憐青兕今生,封侯無分,盡修得、劉郎花譜。"

《國朝杭郡詩續輯》卷四十:"(項鴻祚)喜填詞,尤工小令。每自度一闋,即付姬人歌之。其風流自賞如此。……自訂《憶雲樓詞》甲稿、乙稿、丙稿,嘗語人曰:'予詞可與時賢角,詩不足存。'"《重校刻〈憶雲詞〉書後》:"(項鴻祚)事填詞,詩不足存。奉《花間》爲宗旨,以爲詞之有晚唐五代,猶文之先秦諸子、詩之漢魏六朝也。故所著小令,詩不足存,抑揚抗對之音,獨擅勝場,蓋浸淫於此道久矣。《憶雲詞·丁稿》一卷,皆擬韋莊、薛昭蘊諸人之作,循繩引墨,不失累黍。先生嘗語人曰:'予詞可與時賢角一日之名。'其自負如此。"

譚獻《復堂日記》卷二:"閲項蓮生《憶雲詞》,篇旨清峻,托體甚高,一掃浙中喘膩破碎之習。蓮生仰窺北宋,而天賦殊近南唐。《丁稿》一卷,遍和五代詞,和者果無愧色。有明以來,詞家斷推《湘真》第一,《飲水》次之。其年、竹垞、樊榭、頻伽尚非上乘。近擬撰《篋中詞》,上自飲水,下至水雲,中間陳、朱、厲、郭、皋文、翰風、枚庵、稚圭、蓮生諸家，千金一冶，殊呻共吟，以表填詞正變，無取刻畫二窗，皮傳姜、張也。”

仿吳文英例，自訂《憶雲詞》甲、乙、丙、丁四稿。丁稿遍和五代詞，殊無愧色。惜太平軍入杭，故籍灰燼。光緒間許增銳意搜求，重爲校刻《憶雲詞》四稿。

《重校刻〈憶雲詞〉書後》：“自訂《憶雲詞》甲、乙、丙、丁四稿，亂後，故籍灰燼，從藏書家銳意搜索，僅得甲、乙，而無丙、丁。十數年來，遍覓不可得。近始於閩中輾轉傳錄，若有冥契焉。解衣得珠，爲之狂喜，亟付手民，遂吾初願。先生所著詩無專集，近更無可問津，先後鈔存十餘首。《憶雲詞》初刻刪存詞二十餘闋，未刻詞兩闋，零璣寸羽，尤足寶貴。茲附刻於詞集之後。並從汪氏所藏《東軒吟社圖》摹先生像冠於首，俾後之學者，知所瞻慕焉。”

論詞主“意内言外”之説，認爲感物生情，情至而發，自然成文。譚獻評其詞蕩氣回腸、一波三折，有白石之幽澀而去其俗；有玉田之秀折而無其率；有夢窗之深細而化其滯，殆欲前無古人；與納蘭性德、蔣春霖爲詞人之詞，二百年中分鼎三足。

《憶雲詞・甲稿》自序：“夫詞者，意内而言外也。意生言，言成聲，聲分調，亦猶春庚秋蟀，氣至則鳴，不自知其然也。生幼有愁癖，故其情艷而苦，其感於物也鬱而深，連峰巉巉，中夜猿嘯，復如清湘戛瑟，魚沉雁起，孤月微明。其宵復幽凄，則山鬼晨吟，瓊妃暮泣，風鬟雨鬢，相對支離。不無累德之言，抑亦傷心之極致。一二知者，強附我於名勝之後，雖復悄然自疑，而學之愈篤。今乃削墨胥山之雲，滌筆娥江之水，次爲新編，以吟以嘆，謂之《甲稿》。”《憶雲詞・丁稿》自序：“嗟乎！當沉頓無憀之極，僅托之綺羅香澤，以泄其思，蓋辭婉而情傷矣。不知我者，即謂之醉眠夢囈也可。”《憶雲詞》鄧濂序："予觀其字必色飛，語必魂絕，雖皆緣情綺靡之作，感遇怨悱之旨，而使人鏗鏘洋洋，淒然以思，黯然以悲，凡吾身之所直，目之所接，纏綿悱惻，煩冤鬱積，低徊而不能自言者，皆若於是編具焉。楚之騷耶？庾之賦耶？抑漆室之嘯而韓娥之歌耶？"《國朝詞綜續編》卷十三："憶雲詞古艷哀怨，如不勝情，猿啼斷腸，鵑淚成血，不知其所以然也。懷才抑鬱，以一第終，悲哉，惜哉！"

譚獻《篋中詞·今集》卷四："蓮生，古之傷心人也。盪氣回腸，一波三折，有白石之幽澀，而去其俗；有玉田之秀折，而無其率；有夢窗之深細，而化其滯；殆欲前無古人。其《乙稿》自序：'近日江南諸子，競尚填詞，辨韻辨律，翕然同聲，幾使姜、張俯首。及觀其著述，往往不逮所言云云。'婉而可思。又《丁稿》序云：'不爲無益之事，何以遣有涯之生？'亦可以哀其志矣。以成容若之貴、項蓮生之富，而填詞皆幽艷哀斷，異曲同工，所謂別有懷抱者也。"卷五："文字無大小，必有正變，必有家數。《水雲樓詞》固清商變徵之聲，而流別甚正，家數頗大，與成容若、項蓮生二百年中，分鼎三足。咸豐兵事，天挺此才爲倚聲家杜老，而晚唐兩宋、一唱三嘆之意則已微矣。或曰：'何以與成、項並論？'應之曰：'阮亭、葆馚一流爲才人之詞，宛鄰、止庵一派爲學人之詞，惟三家是詞人之詞。與朱、厲同工異曲，其他則旁流羽翼而已。'"

王國維則認爲精實有餘，超逸不足，不能比肩容若。

王國維《人間詞話》卷下："譚復堂《篋中詞選》謂蔣鹿潭《水雲樓詞》'與成容若、項蓮生二百年間，分鼎三足'。然《水雲樓詞》小令頗有境界，長調唯存氣格。《憶雲詞》精實有餘，超逸不足，皆不足與容若比。然視皋文、止庵輩，則倜乎遠矣。"

項鴻祚詩不多作，家遇火而詩無存，憶而錄之，僅得十之三四，名曰《焦尾琴》《枯蘭集》《寒驢集》《睡隱庵囈語》，凡四集，手定清稿，總名之曰《小墨林詩鈔》。另有《小墨林雜著》手稿二冊，錄銘、記、序、跋、曲、文若干。

項鴻祚《小墨林詩鈔》崔永安題識："此錢塘項蓮生先生手稿也。先生小傳爲仁和譚仲修撰，刊《憶雲詞》中，有云：'君文辭爾雅，詩不多作，善填詞。'然則此詩鈔當爲譚仲修所未及見，不尤可寶貴歟？"

案：《小墨林詩鈔》分《焦尾琴》《枯蘭集》《寒驢集》《睡隱庵囈語》四集，集端有自序，叙結集緣由。《焦尾琴》自序："向來作詩苦力弱，遂刻意爲詞。己丑冬，弊廬不戒於火，詞以鏤版幸全，而詩無存者。顧性靈所寄，時時到心，憶而錄之，十得三四，題曰'焦尾琴'，即前人以'爐餘'名集之意，非敢邀賞音於奬下也。"《睡隱庵囈語》自序："患難以來，人事有不可言者。癸巳下第南歸，葺爐餘老屋數楹，坐臥其中，顏曰'睡隱'，間有吟事，等之夢囈而已。"吳慶坻《蕉廊脞錄》卷五："項蓮生孝廉鴻祚，善填詞，有《憶雲詞》甲、乙、丙、丁稿四卷行於世。許邁孫丈重刊，譚復堂撰傳，謂其詩不多作。今崔磐石方伯得其《小墨林詩鈔》《小墨林雜著》手稿，凡四冊。詩曰《焦尾琴》，以其家不戒於火，詩稿盡焚，追憶得之者；曰《枯蘭集》，則以喪其姬人，多幽憶怨斷之音。《雜著》爲駢散文及箴銘文之屬，卷端有許文恪、勞季言小印。劫火所遺，惜無好事爲之刊行也。"

有子益壽，又名爾壽，字少蓮。錢塘諸生。官建德訓導，牽連落職，咸豐十一年（1861）死於太平軍事。

潘衍桐《兩浙輶軒錄續錄》卷四十："項益壽，又名爾壽，字少蓮,鴻祚子。錢塘諸生,官建德訓導。許仁杰曰:'少蓮性冷僻,好吟詩,司訓睦州,坐教諭牽連落職。辛酉之難,與賊奮鬥,死於章家橋。'"按,太平軍於道光十年、十一年兩次攻陷杭州。丁丙《善本書室藏書志》:"《辛巳泣蘄録》一卷。……回憶咸豐庚申、辛酉杭城被粵匪之害,初圍八日而城陷,繼圍六十六日而城破,先後被難者不下百十萬人,讀之更爲隕涕矣。"

參考文獻:

1. 項鴻祚《小墨林雜著》,揚州市圖書館藏稿本。

2. 項鴻祚著、黄曙輝點校《憶雲詞》,華東師範大學出版社2009年版。

3. 項鴻祚著、曹明升點校《項蓮生集》,浙江古籍出版社2018年版。

4. 譚正璧《清詞人項鴻祚年譜》,《文藝世界》1940年第2—3期。

5. 黄坤堯《項鴻祚年譜新編》,香港中文大學中國文化研究所編《中國文化研究所學報》(新第12期,總第43期),香港中文大學中國文化研究所2003年版。

(孔哲)

張際亮傳

張際亮,字亨甫,榜名亨輔,號松寥山人、華胥大夫。福建建寧人。

張氏原籍邵武,宋時始遷入縣北荊林源,明時遷入北鄉渠村。父錫千,嘗賈於鄞州。生年餘,母卒。《張亨甫文集》卷三《姊婿鄢太學墓誌銘》:"育於乳母家,三歲歸。"又見《思伯子堂詩集》卷二十一《見掃落葉者》自序。同產十六人,惟存一兄、二姊。《思伯子堂詩集》卷十八《蕭家灣》:"一兄二姊存。"卷十六《至日十一月十九日》小序:"余家渠村,而支祠在柿坑。"

妻朱氏,妾蔣氏。子誦芬,於亨甫卒後依姚瑩數年,歸閩未久即卒。諸孫五人,存二:新魁、發魁。事俱見姚瑩《東溟文後集》卷十一《張亨甫先生傳》。

嘉慶四年(1799)生。幼育於乳母家,三歲始歸。十二歲,從師讀書。

《張亨甫先生年譜》:"生於福建建寧渠村。"《思伯子堂詩集》卷二十一《見掃落葉者》小序:"余幼育於乳母家,三歲始歸,後八九歲常往省焉。"

《思伯子堂詩集》卷十五《述感奉廉峰樹齋二太史兼呈農部況先生》:"十二就外傅。"

《張亨甫文集》卷一《自題讀書齋壁》："志慕古人之學。"

嘉慶十六年（1811），父卒，伯兄繼業，依繼母吳氏及伯兄。好桐城派詩文，讀其三祖之書。

《張亨甫文集》卷二《馬小眉詩序》："余年十三，得桐城方望溪先生所爲文，讀而好之。其後，讀劉海峰、姚惜抱二先生所爲文詩，則益好之。"

十八年（1813），始學爲詩，刻意謹嚴，以漢魏晉唐爲源，後乃漸及近人之作。

《張亨甫文集》卷二《南來錄自序》："余年十五六時學爲詩，今且二十年矣。其始刻意謹嚴，非漢魏晉唐之源流不敢涉，蓋力求與古人似也，而見者亦多以爲似。其後乃泛濫於晚近諸作者，蓋不甚求似古人，而見者或以爲似，或以爲不似。"

十九年（1814），以第二名入爲邵武府建寧縣學生員。娶妻朱氏。作《童言》一卷，詞理警辟，同縣前輩熊藕亭選入所著文集中。

《張亨甫先生年譜》嘉慶十九年十六歲："督學汪公諱潤之，取入邵武府建寧縣學生員第二名。"

二十年（1815），與科試。鄉賢李古山見其所作，異其才，期許甚至。

《思伯子堂詩集》卷一有《留別家嚴山紳先生》《客有道匡廬之勝者因作》等詩，作於嘉慶二十年。

二十一年（1816），赴福州參加鄉試。不售，歸，謁李古山先生於梅岩，刊刻詩集《蠶繰集》。

《思伯子堂詩集》卷一有《山居》《春日別西田》《旅懷》《游鼓山》

《閩中感興》《福州歸道泰寧謁李古山丈人梅岩留飲》等詩。

嘉慶二十二年（1817），歲試邵武，食餼。抵福州，謁陳壽祺先生於鰲峰書院，先生器之。

《思伯子堂詩集》卷二有《送家兄來儀客任邱》《客樓秋感九月邵武作》《楚江圖送人之湖南》等詩。

二十三年（1818），以督學使者送歲試一等，肄業於鰲峰書院。數月，由福州之江、皖、豫。子誦芬生。

《思伯子堂詩集》卷二有《福州清明日作》《留題涌泉寺壁》《福州送嚴山師》《晚發閩中渡江有作》《宿建州聞笛》《夜渡太湖》《游焦山》《過燕子磯登絕頂》《自京口至皖江舟中雜咏》《潯陽舟中贈別》等詩，作於嘉慶二十三年。

二十四年（1819）夏，游越，游雁蕩山，觀大龍湫瀑布。復之豫，秋歸。鄉試福州，不售。冬赴江西，抵光澤縣而歸。

《思伯子堂詩集》卷三有《初歸讀書溪莊……》《觀大龍湫》《江山船曲》《吊劉誠意》《溫州謁禹廟感賦》《自麗水至永嘉》《觀宋朝三十六名臣畫像歌》等詩，作於嘉慶二十四年。

《思伯子堂詩集》卷二十《懷人感舊》自注：秋試報罷，侯官謝金鑾扶病相見，"以古名臣相期"；並贈詩，授詩十餘首請其點定，見庚辰年所作《哭福州謝退谷先生》序。

二十五年（1820）九月，鄉賢謝金鑾先生卒於臺灣，爲詩哭之。冬，赴浙及豫之新城。鄉試不售，歸。道光元年（1821）、二年，兩次抵福州與鄉試，皆不第。

《思伯子堂詩集》卷四有《哭福州謝退谷先生》《寄藕亭先生》等詩，作於嘉慶二十五年。道光元年落第後，有《試歸後贊夫以書枉問賦此爲報》《短歌束朱二》等詩。卷五有《閱錢虞山詩》《讀陳華亭詩》《書吳梅村詩後》《秋風曲八首》等詩。

道光三年（1823），以撫部舉品學兼優，再至鰲峰肄業。聞桐城姚瑩至撫州，摯詩拜謁定交。江浙贛皖兩湖水灾，作《感賦》。

《思伯子堂詩集》卷二十《懷人感舊》自注：“癸未春，以巡撫舉人才檄，入鰲峰書院，受業於陳恭甫師，凡三年。”

《思伯子堂詩集》卷二十三《述舊絕句》自注：“時掌教爲陳恭甫壽祺師，課士甚嚴，而獎勵甚至。”

《思伯子堂詩集》卷五《寄懷姚石甫瑩明府》題注：“鄉人自福州歸，言明府方渡臺灣，念之悵然。”

《張亨甫傳》：“道光三年，余至福州，亨甫以詩來謁。余曰：何李之流也。子才可及空同，若去其粗豪，則大復矣。”

四年（1824），督學沈維鐈選取拔貢第一名，由邵武至福州，肄業鰲峰歸。游于山，題戚繼光平倭奏凱之平遠臺。目睹流民慘狀，賦《哀流民》。

《張亨甫傳》：“試拔貢第一。”

《思伯子堂詩集》卷六有《正月九日邵武試歸宿山口驛見梅花》《哀流民》等詩。《平遠臺》：“六軍一醉海天月，山中草木皆軒昂。”《哀流民》小序：“冀當事聞而加憫焉。”

五年（1825），由邵武至福州，入京應試，落第，然詩名大起，以呵斥朝貴被謗。十月返福州歸。

《張亨甫傳》：“乙酉，入京師朝考，報罷，京貴人及名士言詩者，無不知亨甫矣。……曾賓谷齻使在京師，聞亨甫名，召飲，同坐皆知名士也。曾以名輩顯宦縱意言論，諸人贊服，亨甫心薄之。曾食

瓜子粘鬚，一人起爲拈去，亨甫大笑。眾慚，曾不歡而罷。明日，亨
甫投書責曾不能教導後進，徒以財利奔走寒士，門下復不自知愛，
廉恥俱喪，負天下望。累數百言。曾怒，毀之於諸貴人。亨甫以是
負狂名。”

《思伯子堂詩集》卷七有《石甫明府招游鼓山令侄慎之繼光林七
梅友同行余得斷句》《十月十一去福州》《游玉華洞》等詩。

**往返京城與贛、鄂、豫、福州間。讀書京城西山翠微山大悲寺。
借貸度日。與徐寶善、黃爵滋、鄭開禧、吳蘭雪、管同、龔自珍等文
酒高會。道光九年至十年，以大吏檄入局，分纂《福建通志》。十一
年預京兆試被黜；道光十二年、十四年，預福州鄉試，皆報罷。十五
年，秋試，易名亨輔，領鄉薦。十六年，入京會試，不第。此後，十八
年、二十年兩次會試，皆不利。**

各年鄉試、會試，見《張亨甫先生年譜》。

《張亨甫文集》卷三《答姚石甫明府書》：“居間惟日夜瀏覽史籍，
間取所作詩稍加刪改。”《答石甫明府書》：“計今年不得舉，當求揚州
御書樓一館，或浙之杭、寧二郡有《四庫全書》處一館，以資著述。”

《張亨甫傳》：“十八年鄉試，主闈試者途中約：張際亮，狂士，不
可中。而亨甫已易名亨輔中式。拆卷見其名，疑，欲去之，副考申
解而止。……會試復報罷。”

《張亨甫先生年譜》道光十五年三十七歲：“典試金應麟，副考
官李某，取中式第三十六名舉人。”

《思伯子堂詩集》卷十七有《去歲落解後禮門明府遣僕迎余謝
不往歲暮復得其手書因前詩博陵句根觸不已述懷却寄》一詩。同
卷《二十九日移居蓮花寺漫作》“矮屋悠悠七十日，何妨此屋暫低
頭”句自注：“余八度鄉試，一廷試，一教習，計在棘闈矮屋中七十日
矣。”卷十八《贈別彝生》題注：“君與余皆落解，先後將南歸。君索

詩爲別，慨然有作。”同卷有《去年十月望夜余在都下西山隱寂寺得福建鄉試錄時樹齋侍御偕子序明經於是日來視余留宿山中相與嘆息今年閏九月望夜余復以落解出都宿泰安得福建鄉試錄時子序亦落解出居保定而余與侍御相隔千餘里矣慨然口號寄二君》一詩，可見科第艱難情形。

道光年間，在京師，與徐寶善、管同、黃爵滋、龔自珍、梅曾亮等餞春送別，文酒高會，多有倡和酬贈。

《思伯子堂詩集》卷七有《黃樹齋爵滋太史思樹芳蘭圖》，卷八有《四月三日丁若士履恒大令招同汪孟慈喜孫農部徐星伯松陳範川鴻墀兩舍人徐廉峰寶善周雪橋仲墀兩太史許玉年乃穀孝廉集飲龍爪槐院若士屬爲詩漫作》，紀京城交游唱和；卷八又有《余五月出都時與徐廉峰黃樹齋兩太史有重來結詩社之約今在道遇廉峰家人言渠丁內艱南歸矣悵然有作並寄樹齋》，寫與徐寶善、黃爵滋結詩社未果；卷九有《三月二十日黃樹齋太史龔木民大令招同邢五峰周雪橋兩太史鄭雲麓考功陳子鶴程容伯恭壽兩同年三官堂看海棠分賦》，寫與黃爵滋、鄭開禧、吳蘭雪等人文酒之會；《餞春陶然亭分賦得客字》寫與管同、龔自珍、黃爵滋等人唱和。

符葆森《國朝正雅集》卷七十一引《韓齋詩話》：“憶庚子在京，餞春於尺五莊，會者十三人，丈年最長，見張亨甫詩，嘆爲絕唱，遂繼作七言短古，皆爲同人推服。今十七年而丈已謝世，良可慨也。”按，丈，謂梅曾亮。繼作七言短古詩即梅曾亮《柏梘山房詩文集》卷七《和張亨甫》。

郭則澐《十朝詩乘》卷十五：“當（姚）石甫坐事逮問，張亨甫際亮於淮上待之，從至京師，迄昭雪出獄乃別去。梅伯言贈亨甫詩云：‘新陪季布入關西，故人喜見翔金鷄。’季布謂石甫也。……見風義之篤。”

道光八年(1828)，與朝鮮李在洽、金芝叟交往唱和。

《思伯子堂詩集》卷九有《朝鮮李石隱在洽主簿爲余作本國之歌因贈並視金芝叟老商從事》《送芝叟歸朝鮮》《八月三日陶然亭再送芝叟》《仲紀從事芝山書記石隱主簿並來告別口號送之》等詩，卷十有道光九年《得芝叟書》一詩。

十三年(1833)，應周作楫聘，入河南襄校試卷。七月赴粵東，途中與姚瑩相別。八月，於蘇州謁林則徐，林助其游粵。復與潘曾綬、朱綬、陳用光等唱和。

《思伯子堂詩集》卷十九有《二月二十九日自里門赴汴梁是日行三十里宿於刊都符氏別業次日至南豐却寄贊夫益謙雅懷厚園諸子》等詩，知是年二月即赴汴梁。同卷《至光州先寄小湖學使道中》自注："都下禮闈已揭曉，此間尚無邸鈔。海內老友如郭羽可、潘四農、黃香鐵、宋于廷諸君，固滿望其得第也。"又有《癸巳七月將自大梁之粵東姚子壽椿劉子敬師陸二丈蔣子涵湘南同年連日置酒慨然留別》一詩，知其在汴時間不長，七月即離開。途中經過武進，與姚瑩相別，有《武進夜別姚石甫瑩大令陳伯游方海上舍》一詩。

《思伯子堂詩集》卷十九《清德堂小飲奉林少穆則徐中丞》："此日承平後，生民積潦中。"林則徐上年即任吳中，《思伯子堂詩集》卷十八《吳門謁少穆中丞別後却寄》："去年過京師，遇公在梁園。今年返故里，見公復吳門。舟行不舍棹，東發不留轅。"時吳中水災疫癘，生民疲敝，詩中對林則徐撫吳寄予希望；本年相見，吳中仍受水災。卷十九又有《潘紱庭曾綬明經招飲秋碧軒同朱西生綬孝廉聯句》《奉別陳石士用光侍御學使丈》等詩。

十四年(1834)，過惶恐灘，懷蘇軾、文天祥、史可法；入江西，至安徽，時沈維鐈爲安徽學政，多紀游交往之作。

《思伯子堂詩集》卷二十一有《惶恐灘》詩,懷蘇軾、文天祥、史可法。入江西,賦詩,夜泊張家渡(《十六夜泊張家渡……》),經吉安(《吉安望青原山》)、峽江(《曉過峽江》)、臨川(《臨川舟中見花》)、建昌(《過建昌望瀑布》)、魚梁(《泊魚梁》),九月初停南昌,與友盤桓唱酬,十七日離南昌,過挽舟嶺後山行,經均口、南豐、樂平、鄱陽,冬至日抵浮梁從兄宅,留五日而別。經建德、東流,入安徽。在江西境各處,賦詩。

風雨中渡皖江,過樅陽,吊劉大櫆。在蕪湖,阻風數日,晤別雪椒觀察(《蕪湖別雪椒觀察五十韻》)。在和縣,謁李白墓(《寄翁蕙卿》小序),登采石謫仙樓,置酒歌李白詩(《登采石謫仙樓遍閱壁間題刻因命僧徒置酒歌太白詩覺天風自來大江不去白日既昏繼之以燭而余醉矣得二十八字》),咏峨眉亭(《峨眉亭》),觀蕭雲從畫壁(《太白樓蕭尺木畫壁歌》)。順流而下,至南京,游秦淮、莫愁湖、詹園、燕子磯,各有詩,於真州過除夕,時姚瑩鹽務司馬,恰往揚州,不值,泊舟待之(《真州除夕》詩序)。

道光十七年(1837),於江陰見李兆洛;於揚州晤魏源、潘德輿等,送姚瑩赴臺灣。

《思伯子堂詩集》卷二十五《以沈石田畫卷寄贈石甫司馬因繫以詩》題注:"時榷都轉於揚州。"卷二十六《揚州別石甫司馬》:"岱宗不爲高,滄海不爲深。姚候期我千秋心,感激發嘆非黃金。"同卷有《譚藝圖爲石甫廉訪題即送之官臺灣》。據小序,知十月,爲赴禮部試經過揚州,得見姚瑩。

《思伯了堂詩集》卷二十六《別李中耆丈兆洛後慨然於懷却寄此詩》其一自注:"見丈人於江陰,乃十月望夜也。"其三自注:"丈人精地理之學,惠近著及昔見其所爲《本朝一統地圖》,皆精核有條理。"同卷又有《題焦山詩録寄四農解元》《不見默深舍人數年矣今乃遇之揚州……》等詩。

道光二十年（1840），林則徐、鄧廷楨擊退英軍，反被嚴處，爲作《絶海》詩。姚瑩招其入臺主海東書院，擬渡海。二十一年，至廈門，遇風濤，無計赴臺。七月入浙，定海已失，鎮海、寧波相繼失守，輾轉入贛、皖、鄂，身經戰亂，詩歌多揭露英夷暴行。二十二年，游浮山、汴梁等，長江下游戰事喫緊，英夷陷吳淞、鎮江，清廷與英議和，簽訂《南京條約》，賦詩譴責。

《思伯子堂詩集》卷二十八《絶海》："絶海才揚十道帆，神州百縣戒初嚴。徒聞靈島成蛟窟，重報邊塵動馬銜。削國翻思殺晁錯，又家未許誦巫咸。孤臣白髮炎荒遠，從古青蠅枉刺讒。"

《張亨甫傳》："二十年，余在臺灣，召之，亨甫喜，將渡海。及廈門，畏險，使人寫其貌題詩寄余而返。聞鹿澤長爲寧紹台道，往依之，至則寧波失守，狼狽走江西。將至山東，不果，遂過桐城，視余家，訪方植之、光律原、馬元伯。而至湖北，葉方伯敬昌厚禮之。"據《思伯子堂詩集》卷二十九《酬李星村即以爲別》自注，知其擬渡臺。同卷《寄姚石甫三丈時將赴臺渡海不果》："登高望四海，但見雲飛揚。長空萬里去鳥盡，嗟我欲渡無舟梁。"卷三十有《到家》《傳聞》《諸將》《須懷》《寧海道中聞定海之警》《定海哀》《鎮海哀》《寧波哀》《後寧波哀》《奉化縣》《自奉化避兵至嵊縣口號》《日鑄嶺》《東陽縣》《白塔》《葉村》《招賢驛》《廣信府》《哭僕》等詩。

道光二十二年作有《陳忠愍公死事詩》，歌頌陳化成。《余擬取道宣州渡江而北》抨擊賣國條約。《都陽至建德道中作》歌頌韓世忠："崇明接江陰，瓜州對京口。金焦扼中流，形勢相左右。韓王昔駐兵，兀尤終北走。如何黃天蕩，今日容群醜。鍾山表龍虎，實瞰嚴城後。棄之資敵人，咄哉噬彼婦。辱國任酉奴，要盟恥我後。年年六百萬，何以供求取。秋風扇江南，嗚咽怒濤吼。上方誰請劍，

下民自疾首。"《心壺先生招飲大梁書院》直斥和議:"半壁東南土,
三年父老哀。誰驅兵轉戰,自許敵飛來。下策新和議,中原昨賑
災。故鄉俱莫問,河患況相催。"

**道光二十三年(1843),聞姚瑩被逮,赴吳中待之,從至京師,因
病卒於京,年四十五。**

《張亨甫先生年譜》道光二十三年四十五歲:"春,在家,病甚
急,招雲誥,付以邑前輩詩,及自著稿;招侄炳文、男誦芬,付以家
事。夏,病起,之豫、越、吳,過淮。聞姚石甫爲英夷訴被逮,欲謀雪
之,遂從入都,途中復病。十月初九日卒於都,明楊忠愍公椒山故
宅。姚公爲殮殯設奠,京城諸公皆賻之,與其櫬歸。歲甲辰夏五
月,葬坪上之官家山。"

《張亨甫傳》:"聞余爲英夷謀懇,江南奏劾,有閩人附和其言,
亨甫憤甚,見某公,面責之。計余赴逮必過吳中,栖遲以待。七月,
余過淮上,乃從至京師。先是,亨甫有妾蔣氏,從在淮,及赴余難,
留蔣於淮,屬其友。亨甫方疝疾,扶病從,余止之,不可。自投方
劑,未已。余事白,出獄,亨甫大喜,從余寓炸子橋楊椒山故宅中,
延人治其病,而所患已深矣。京師諸公聞亨甫急余難,義之,過余
者必問亨甫,而湯海秋及桂林朱濂甫琦、柳州王少鶴錫振、道州何
子貞紹基、晉江陳頌南慶鏞、高要蘇賡堂廷魁、閩陳弼夫景亮,皆亨
甫故人,尤厚。疾革,日晨起,自訂詩稿,屬余及濂甫,執筆爲之去
取,其夕遂卒,年四十五。余及諸君經理其喪,一時識與不識,爭致
賻焉。余攜柩至桐城,使人往閩召其子來,以喪歸。"

**慷慨有經濟大志,慕學諸葛亮、郭子儀、韓琦。關心民瘼,支持
禁煙,主張抵抗英夷等侵略者,得林則徐、林昌彝、盧坤等人盛贊。**

《思伯子堂詩集》卷四《自題日記册子》:"實敷所志者,顏閔周

程之學。而予則願學諸葛武侯、郭汾陽王、韓魏公者也。"

《思伯子堂詩集》卷十一《食肉嘆序》："余竊以爲鴉片來自西洋，始於閩粵，遍於天下，其所以疲敝内地者已甚矣，然誠使海防防捕嚴密，何由不絕！"主張禁絕鴉片。又於《上盧厚山宫保書》(《張亨甫文集》卷三)提出補救辦法："英吉利以鴉片耗敝我内地，天下皆知其害也。今日之勢，既不能閉關絕市以清其源，則惟有因勢補救而已。""先拿快蟹、密緝窑口，然後明示夷酋以内地舊例，不准彼國之船逗留經歲。"《思伯子堂詩集》卷三十二《心壺先生招飲大梁書院》中有"半壁東南土，三年父老哀。誰驅兵轉戰，自許敵飛來？下策新和議，中原昨賑災。故鄉俱莫問，河患故相催"之句，批判朝廷與敵和議，而中原河患水災不止，東南動蕩，兵連禍結，自注云："彼時慮逆夷包藏禍心，於《登粵秀山》《大庾嶺》《浴日亭》諸詩三致意焉。"於英夷之侵略有所警覺。

林昌彝《射鷹樓詩話》卷二："(張際亮)深謀遠慮，識在機先。"

《張亨甫傳》："使亨甫達而在上，風節必有可觀者。竟不一第，徒以詩鳴，是可悲也。……余稱其有經世才，人未之信，後見盧厚山、林少穆二帥亦稱之，然後知余非私言也。"

歐陽兆熊《水窗春囈》卷下《禁煙疏》："自來處士橫議，不獨戰國爲然。道光十五六年後，都門以詩文提倡者陳石士、程春海、姚昂三侍郎；諫垣中則徐廉峰、黄樹齋、朱伯韓、蘇賡堂、陳頌南；翰林則何子貞、吳子序；中書則梅伯言、宗滌樓；公車中則孔宥涵、潘四農、臧牧庵、江龍門、張亨甫，一時文章議論，掉鞅京洛，宰執亦畏其鋒。禁煙之疏，實子序、牧庵、龍門三人夜談剪燭，無意及之，遂成一稿，而黄樹齋亟上之。其詞危栗，宣宗閱之大動，遂決計施行。"

對清代考據學有微詞。

《張亨甫文集》卷三《與蔣拙齋書》："近代考據家穿鑿附會，著書動輒數百卷,黨伐紛紛,急一時之名。"

自言嘗於都門觀劇而悟詩法。詩學李杜及古樂府,嘉道間負盛名。於己曾作艷詩深自刻責。其詩以性情、氣格勝,才氣縱橫,又多所游歷,得江山之助。人比之爲高啓、陸游;或比之何、李。

李家瑞《停雲閣詩話》卷三:"説詩妙於引喻。⋯⋯亨甫亦云:余向在都門觀演《醉打山門》,乃悟詩法所謂悲壯;觀演《小青題曲》,乃悟詩家所謂纏綿。此較王阮亭以禪喻詩,更加透徹。"《思伯子堂詩集》卷十九有道光十三年(1833)所作《將發南昌程玉農廉訪惠書謬有李杜之推慨然感懷口占二絕句》,卷二十一道光十四年所作《寄翁蕙卿》小序云:"蕙卿名時墀,有雋才,今年在福州,屢來訪余,投詩枉贈,擬以太白,余病不能,各於心闋然。既謁太白墓,根觸有懷,乃作此寄之。"見當時已有推之爲李杜者。

《國朝正雅集》卷八十:"潘世恩云:亨甫負經濟才,磊落有奇氣。讀其詩,如天馬行空,瞬息千里;又如神龍變化,不可捉摸。""宋湘云:亨甫如九天上人,人間何處得來。"

《射鷹樓詩話》卷二:"建寧張亨甫孝廉際亮,天才俊逸,騰驤變化,雄視一代。其於詩刻意爲之,而性情、氣格兩兩俱勝。⋯⋯陳恭甫先生謂其七言古詩高青丘後罕有其匹,誠確論也。""嘗問余曰:吾詩視陸渭南何如? 可與並傳否? 余曰:君詩五七律勝於渭南,但渭南五七古所以絕勝者,固由忠義之氣盤鬱於心耳。以足下之才,充其所學,亦渭南一勁敵也。亨甫嘆服。"

鍾駿聲《養自然齋詩話》:"建寧張亨甫際亮負異才,游歷半天下,發爲詩歌,論者比於明之何、李。"

目空四海,訾議前代詩人。

朱庭珍《筱園詩話》卷二:"閩中近代詩人張亨甫,一代奇才,久負盛名。其集刊於近年，約數千首，七古七律最多杰作，卓然成家。生平目空四海，於前人亦多不滿，如黃仲則、蔣心餘、翁覃溪均有訾議。自謂造詣勝於諸人，視同時吳蘭雪、梅伯言、鄧湘皋諸君子，亦似皆不己若。”

或者病其詩歌粗浮淺率。

李慈銘《越縵堂日記》同治三年三月二十九日：“亨父極負時名，詩亦規模作家，而粗浮淺率，毫無真詣。爾時若湯海秋、朱伯韓、姚石甫、葉潤臣所作，大抵相同。時無英雄，遂令此輩掉鞅追逐，聲聞過情，良可哂也。”

徐珂《清稗類鈔・文學類》：“道光癸未，姚石甫按察瑩至福州，亨甫袖詩往謁。姚曰：‘何李之流也。子才可及空同，若去其粗豪，則大復矣。’”

陳衍著，黃曾樾記《陳石遺先生談藝録》：“師云：張亨甫詩頗少佳處，其享名之盛，蓋由友朋氣誼之高，一因也。道咸之際，林清亂後，回捻之匪繼之，復有洪楊大劫，東南文物掃地矣。且其時朝廷專尚功利，宣宗毅然反其祖宗所爲，不重儒術，故斯文衰敝，亨甫以詩鳴，名較易焉，二因也。自時厥後，祁、程、何、李、鄭諸賢興，亨甫之老守古法者黯然無色矣。”“師云：張亨甫詩宗盛唐，尤以學太白自命，實不相似，而與黃仲則較絜短長，則尤未能相伯仲。”

錢仲聯《夢苕盦詩話》：“曩讀李蓴客《越縵堂日記》，見其極口詆張亨甫際亮詩，頗疑未當。頃讀《松廖山人集》一遍，乃知越縵之言不繆。亨甫詩大抵粗率淺易，貌似青丘、北地。夫高、李學唐，昔人已有不能變化之譏，亨甫更效之，尚何取哉？”

謂作詩當以讀書窮理爲本，聲情色澤繼之，而歸要於自然與真；詩關才性，不可强也。區分漢後詩爲志士之詩、學人之詩、才人

之詩，抨擊乾嘉詩作；主張積理養氣，神骨、才情、氣韻兼備；注重性情與時代之關係；認爲古人言詩各有所爲，論詩亦須考論其世。

張際亮《張亨甫文集》卷三《與建陽江秀才遠青札》："大抵作詩以讀書窮理爲本，而聲情色澤繼之，而其歸要於自然而已、真而已。至於陶冶古今，揮斥八極，此自關夫人之才行，不可强也。"

《張亨甫文集》卷三《答潘彥輔書》："漢以下詩可得而區別之者約有三焉，曰：志士之詩也，學人之詩也，才人之詩也。"尤重志士之詩，認爲乾嘉以來之詩"類多以詩干顯貴"，有害風俗人心。

《張亨甫文集》卷三《答姚石甫明府書》復主張積理養氣，神骨、才情、氣韻兼備；注重性情與時代之關係。

《張亨甫文集》卷一《答朱秦州書》："大抵古人言詩之旨，或各有所爲。滄浪之言，爲救五季至宋詩之弊也。漁洋之言，爲救王李鍾譚之弊也。考言而論其世，則前賢持論雖偏，於後儒皆有所益焉。"

著作豐富，詩歌萬餘首，惜多散佚。今存詩文《張亨甫全集》《思伯子堂詩集》，雜著《金臺殘淚記》《南浦秋波録》等。

《張亨甫傳》："亨甫詩已刻者《婁光堂稿》《松廖山人集》《南來録》，未刻詩文尚多。嘗語余欲編爲全集，卒後，余收遺稿於行笥，將成其志焉。"

張際亮《張亨甫全集》收詩二千六百餘首，文一百三十六篇。咸豐間孔慶衡原刻，同治六年（1867）李雲誥補刊。辛丑（1841）六月以後詩全佚。

《思伯子堂詩集》收詩三千餘首，姚濬昌刊於同治八年。匯編已刻未刻自訂稿、參補《張亨甫全集》而成。以癸卯（1843）之作佚失，所編訖於壬寅（1842）。

雜著有《童言》一卷、《緝盜事宜》一卷、《金臺殘泪記》三卷、《翠眉亭稿》一卷、《耆舊抄記》稿本、《日記》十卷毀於兵，《政書自序》稿本未完，編纂《建寧耆舊詩鈔》，李雲誥續纂。

參考文獻：

1. 張際亮著、王颷校點《思伯子堂詩文集》，上海古籍出版社 2007 年版。

2. 張際亮《張亨甫全集》，《桐城派文集叢刊》，北京燕山出版社 2019 年版。

3. 符葆森《國朝正雅集》，咸豐七年京師刻本。

4. 姚瑩《中復堂全集》，同治六年姚濬昌安福縣署刻本。

5. 郭則澐著，卞孝萱、姚松點校《十朝詩乘》，福建人民出版社 2000 年版。

（彭國忠）

何紹基傳

　　何紹基,字小椒,一字子貞。自號蝯叟,又署東洲居士,湖南道州(今湖南省道縣)人。嘉慶四年(1799)生。父凌漢,官至户部尚書。

　　何慶涵《皇清誥授中憲大夫翰林院編修加六級貤封資政大夫候選道加四級顯考何公子貞府君墓誌》:"府君諱紹基,字小椒,一字子貞,五十六歲自號蝯叟,道州何文安公長子,母廖夫人,與仲叔父子毅府君孿生。……生於嘉慶四年己未歲十二月初五日寅時。"

　　何紹基《東洲草堂詩鈔》卷二十一《題舊臨〈坐位帖〉後》:"使蜀時曾因論書作《蝯臂翁》詩示諸生,以後自呼'蝯叟'。"卷二《憶東洲山用前韻》:"余家門對東洲山。"

　　何紹基《東洲草堂文鈔》卷十八《先考文安公墓誌》:"公諱凌漢,字雲門,一字仙椒。先世自宋南渡時由青州益都至道州,居東門外五如石之左。……公由嘉慶六年辛酉科拔貢生,朝考一等,爲吏部文選司七品京官,中式甲子科舉人,乙丑科一甲三名進士,授翰林院編修。……升都察院左都御史、工部尚書,調户部尚書,五署吏部尚書。歷充文穎館纂修,國史館纂修、總纂,日講起居注官,武英殿提調,文淵閣校理,咸安宮總裁。丁卯科廣東副考官,戊辰恩科順天同考官,己卯科福建正考官,壬午科山東正考官、提督學政,辛卯科浙江正考官、提督學政,乙未科會試副總裁、教習庶吉士,己亥科順天副考官。……公薨,上震悼,特旨贈太子太保,賜祭葬,諡'文安'。"

紹基擩染家學,幼慧能文,時輩頗器賞之。

《東洲草堂詩鈔》卷十三《飛來寺敬觀先公丁卯年詩卷次原韻書後》:"是年吾九齡,初來自鄉谷。尚記誡兒語:不許出書屋。"卷一《生日書懷》:"惟書愛最真,坐臥不離手。架上三萬籤,經史任所取。"

沈垚《落帆樓文集》卷九《與許海樵》:"都下人士所聚,而時俊中知讀書者僅見何子貞一人。"

《東洲草堂文鈔》卷五《題馮魯川小像冊論詩》:"少年時甫學爲詩,頗從諸詩老馳逐,皆蒙其誇詡,時以爲似韓,時以爲似蘇,動輒數十韻。"《東洲草堂詩鈔》卷一《恭送顧耕石師督學粵東》:"師閱吾文,有'水碧空青、人間瑰寶'之譽。見余看書博雜,恒以爲戒。"

何慶涵《先府君墓表》:"學使程春海、邵丹畦兩先生皆以國士目之。"

按,程恩澤於道光五年至八年(1825—1828),邵甲名於道光九年至十一年,先後任湖南學政。

《清史稿》卷四百八十六《何紹基傳》:"紹基承家學,少有名。阮元、程恩澤頗器賞之。"

按,《東洲草堂詩鈔》卷七《題荷屋師〈授經圖〉倒用元韻》云:"憶昔歲丙申,初對大廷策。蓬山許游翔,塵海任孤僻。"則紹基問學於阮氏當始於道光十六年。然而兩人之交集,蓋早於此。阮元《皇清誥授光禄大夫經筵講官户部尚書晉贈太子太保諡文安何公神道碑銘并序》(北京大學圖書館藏拓本):"紹基等奉柩歸葬,將至揚州,先以狀來,乞元爲神道碑。元荒耄家居,因與公雅故。"嘉慶十四年(1809),何凌漢任國史館纂修。十五年,阮元任國史館總纂,紹基之才學爲阮氏所聞,或即經此機緣。

道光十一年(1831),以優行貢成均。十五年,舉湖南鄉試第一。十六年,成進士。廷對策爲長齡、阮元及程恩澤所激賞,已置第一,旋以語疵落置十一。改庶常,散館授編修。

《先府君墓表》:"辛卯取優貢生。……乙未恩科,主試吳晴舫、王春綬兩先生,以府君後場精博,拔置第一。丙申恩科,成進士。"

《東洲草堂詩鈔》卷二十一《題舊臨〈坐位帖〉後》:"憶余少壯時,喜臨《坐位帖》,廷對策亦以顏法書之,十二刻而畢,爲長文襄、阮文達兩師相及程春海侍郎師所激賞,已置弟一,旋以語疵落置十一。"

按,所謂"語疵",語焉不詳。李桓《寶韋齋類稿》卷九十八《賓退紀談·五》:"(子貞)丙申聯捷進士,殿試卷寫作極工,閱卷八大臣,擬以第一人者七,惟廖公鴻荃難之,諸公問故,答曰:'公等未詳"其道大行"句耶?'衆默然,遂以二甲第八名進呈。"李氏爲李星沅子,與何氏爲姻戚,所言當有所據。

歷充武英殿纂修,國史館纂修、總纂,國史館提調,文淵閣校理,教習庶吉士。

《東洲草堂詩鈔》卷九《十九日到史館作》:"昔直武英殿,職僅校書。服闋後直國史館,兼辦傳志,每三、六、九館期,風雨無間。"

道光十九年(1839),充福建鄉試正考官。二十四年,充貴州鄉試副考官。二十九年,充廣東鄉試副考官。得士稱盛。

《東洲草堂詩鈔》卷七《闈中紀事留別十首》其四:"人才摸索暗中奇,器識須從論議窺。與玉山閱文,俱以識議佳者爲上。竟日堂皇咸集處,五更風露獨醒時。余每日皆戴星而起。前茅幟影期難拔,兩人定元頗費心。後乘珠光照未疲。二、三場落卷亦全搜。掩卷還思平意氣，敢云得失寸心知。”

桂文燦《經學博采録》卷三：“道州何子貞先生紹基，余己酉座師也。……屢掌文衡，以實學取士，己亥於福建得林藜溪孝廉昌彝，甲辰於貴州得傅青餘孝廉昶，皆服古通經之士。”按，傅昶後改名壽彤。桂文燦爲何氏廣東主試所取士。

傅壽彤《澹勤室全集》卷四《闈中七憶詩並序》：“道州何子貞先生甲辰偕藕舲師主秋試，見予經策，知治鄭、許學，拔列前茅。榜發，公書‘實事求是’四字見貽，並云：‘此阮文達師貽我者，今以貽君，亦漢經師家法傳經之意，願毋忘。’”

咸豐二年（1852），以禮部侍郎張芾保舉，特旨放四川學政。崇學敦教，士皆悦服。五年，以條陳時事，罣吏議鐫職。

《咸豐朝上諭檔》：“前吏部侍郎張芾，保朱琦學優品峻，剛正敢言。……何紹基孝友素敦，性情誠摯，恬退率真，經史研究，文章樸茂，品學兼粹。”

《東洲草堂詩鈔》卷十六《去蜀入秦紀事書懷却寄蜀中士民三十二首並叙》：“道光三十年春，皇上嗣服，命中外大臣保舉人才，以備破格録用，余時丁母憂回籍，張筱浦少寇以登薦牘。咸豐二年三月服闋，七月入都，蒙召對於圓明園。八月初六日，簡放四川學政。初九日，召對於乾清宮，垂詢家世外，於諸經注疏、正史綱鑑、宋五子書及《説文》篆分之學，並原籍道州被賊，湖湘防堵情形，由京至蜀沿途關河道路，温語咨諏，靡不曲至。跪聆占對，晷移六刻始出。”

《先府君墓表》：“時甫除廖夫人服，未與考，蓋特簡也。”

王闓運《湘綺樓日記》同治十年二月二十九日：“有四川南川舉人傅垣西來同店。……言何貞老督蜀學政，爲近日第一。”

《清史稿》本傳："時直陳地方情形，終以條陳時務降歸。"

《清史列傳》卷七十三《何紹基傳》："尤留心民生利病。南江鄭懷江冤獄，及河東土司安安氏、安平康母子爭襲各事，皆據所見入告，悉如所議平反。"

林昌彝《小石渠閣文集》卷四《師友存知詩録小傳》："（何紹基）視學四川，平反命案枉死者十七人，奏參總督、布政司、按察司、知府等員，置承審官七人於法，閭閻快之，咸以爲天眼開。"

熊少牧《誥授中憲大夫翰林院編修貤封資政大夫道州何君墓誌銘》："君感知遇，直言無隱，權貴側目，謗焰熾騰。"

何紹基《東洲草堂詩鈔》卷十六《去蜀入秦紀事書懷却寄蜀中士民三十二首並叙》："（咸豐五年）五月廿四日，余科試潼川完竣回省，知於四月內因縷陳時務十二事，上責以肆意妄言，由部議以私罪降調矣。"按，所云"縷陳時務十二事"，何氏詩文集未載，考《咸豐朝上諭檔》，咸豐五年四月初五日，內閣奉上諭："四川學政何紹基奏縷陳管見一摺，所陳十二條雜出不倫，或本有成例，或妄議更張，窒礙居多，未能按切時務。……何紹基著交部議處。此外各條，皆非學政分內之事，亦非今日救時急務，均着毋庸置議。欽此。"上諭中雖未詳列十二事，然而所舉數事，若皇史宬之灑掃清潔、爲三品以下大臣作傳及有關考試事宜等，猶存梗概，可補文集之不足。

《咸豐朝上諭檔》（咸豐五年四月十四日）內閣奉上諭："吏部奏遵議學政處分一摺，四川學政翰林院編修何紹基，著照部議，降三級調用，不准抵銷，欽此。"

《東洲草堂詩鈔》卷十六《去蜀入秦紀事書懷却寄蜀中士民三十二首並叙》其二十三："卸篆後，士民送扁及萬民傘，議建生祠，並詩文歌頌不絕，有製碑者，曰：'是真名士，可謂大臣。'尤愧！尤愧！出省游山，所至鄉城，老稚歡迎，皆呼爲好大人，或出廟宇中旅糒迎接，民情之可感如此！”

　　按，紹基後爲咸豐帝猜忌，雖經欽差查明，並無劣迹，猶不免爲上所惡。《清實録》中有關記述，可見一斑。咸豐四年（1854）九月二十一日諭軍機大臣等：“載齡、崇實奏遵查總督收受陋規一摺。……惟川省陋規已成錮習，何紹基既據以入告，則該學政按試各棚，有無收受各府州縣陋規之處，亦當密爲訪查。”十月廿二日欽差工部右侍郎載齡等奏：“遵查學政何紹基，並無收受陋規水禮。”得旨：“何紹基不收水禮一節，未可信，朕聞該員在川，聲名亦甚平常，著再確訪具奏。”十一月十九日諭軍機大臣等：“該侍郎等前奏學政何紹基不收水禮一節，殊難憑信，當經諭令再行確訪，並查該員聲名如何，未據該侍郎等覆奏。……均著再行查確，據實參奏，毋得稍有不實不盡，將此由五百里諭令知之。”十二月四日欽差工部右侍郎載齡等奏：“遵查四川學政何紹基，考規嚴肅，無與匪緣交結之人，惟名士自居，未免睥睨群倫，輿論尚許其公平，官場競訾其乖僻。”得旨：“所論尚爲平允，既無別項劣迹，著毋庸議。”

**　　咸豐八年（1858），主講濟南濼源書院。十年秋，辭歸。同治元年（1862），主講長沙城南書院。**

　　《東洲草堂詩鈔》卷二十二《東阿見吳筱亭大令所著〈六書微〉（咸豐十年九月）》：“三年濼源社，邂逅得吳子。”按，此詩作於紹基辭魯返湘途中，可見其主講濼源書院時間爲咸豐八年至十年。《東洲草堂詩鈔》卷十九又收入何氏咸豐七年十月所作《廿五日移入濼源書院作七用坡韻》，此時雖已接受當局聘請，然而尚未執教。王獻唐《顧黃書寮雜録》收何氏致許瀚札，作於咸豐九年秋，略云：“弟濫席濼源兩年，止課九月，素餐之愧可知。”亦足爲證。

　　何紹基《法華小舫日記》（湖南省社會科學院圖書館藏）：“（咸豐十一年十二月十三日）鹽道鄭錫侯來談，訂城南書院之局，下午

送關聘來。"按,紹基執教城南書院始於同治元年,《東洲草堂詩鈔》
卷二十四收入該年夏所作《次韻答梅根居士》詩,自注云:"與城南
諸生論文大意。"惟何氏在城南書院主講截止時間,詩文集無載,兹
據何慶涵《先府君墓表》"凡主講山東濼源書院三年、長沙城南書院
八年"推之,蓋止於同治八年冬。

同治八年(1869)冬,至皖。九年,薄游吳越。諸當事聘主淮南
書局,校定大字《十三經注疏》。又主蘇州書局,兼主浙江孝廉堂
講席。

徐樹銘《澄園詩集》卷二《和何道州夫子定香亭宴集詩韻(同治
九年)》其一:"師於上歲自長沙放舟,應英西林中丞修皖志之聘。"

殷兆鏞《殷譜經侍郎自叙年譜》同治八年十二月十七日:"會何
子貞同年,以所著《東洲草堂詩鈔》見贈。"按,殷兆鏞時任安徽
學政。

又按,何氏本因安徽巡撫英翰之聘,赴皖修安徽省志。抵皖
後,因見修志時機並未成熟,遂婉辭當事之聘,於九年正月離皖
赴蘇。

《東洲草堂詩鈔》卷三十《丁雨生中丞贈花手札謂花氣甚偉詩
以奉謝(同治九年)》:"蝯翁一病經五年,見花不樂知無緣。……早
春忽繫吳門船,金獅巷頭賃一椽。"

《曾文正公書札》卷三十三《復何子貞太史》:"《十三經注疏》爲
學問之根柢,重刻大字本,信足嘉惠儒林,承鼎力玉成此舉,又爲之
商定格式底樣,俾局中有所遵循,實後來學者之幸!"又一札:"大字
《注疏》首難在編次,現得高足工與李、郭、莊三君同司厥事,既曾致
力於此,當可悉臻妥洽。接子箴都轉來函,鈔示老前輩審定《詩經》
格式,音義及疏皆另提一行,用單行中等字以醒讀者之目,碩儒規
畫,自能斟酌古今,訂成善本。惟聞蘇之志局、浙之孝廉堂皆望臺

旌遄往，一慰飢渴，而淮安修志亦思得賢者主持其事，丁健翁尤殷殷企遲，不知臺從果能在揚久住料理《注疏》就緒否？”

《先府君墓表》：“復經相國曾文正公、中丞丁雨生先生延主蘇州、揚州書局，校刊大字《十三經注疏》。”

《誥授中憲大夫翰林院編修貤封資政大夫道州何君墓誌銘》：“當事聘主揚州書局，校定《十三經注疏》。”

同治十二年（1873），寓蘇州，寢疾，卒，年七十五。

《先府君墓表》：“府君五十歲後，每苦呃逆，時作時愈。辛未、壬申，呃作頗劇，然精神眠食未減也。癸酉七月初旬，忽患痢下，晝夜數十起，元氣驟虧。至二十日丑時，遽告終於蘇州省寓。……距生於嘉慶己未年十二月初五日寅時，享壽七十有五歲。……以甲戌年十二月十九日申時，奉府君柩安葬於善化縣南鄉八都石人衝內苦竹坡之原。”

按，《皇清誥授中憲大夫翰林院編修加六級貤封資政大夫候選道加四級顯考何公子貞府君墓誌》云：“同治十三年癸酉歲七月，在蘇州省寓寢疾，二十日丑時告終。”同治癸酉爲十二年，非十三年。何慶涵《元配李恭人墓表》亦云：“自癸酉秋吾父在吳門棄養。”又方濬頤《二知軒詩續鈔》卷十六《子貞前輩挽詩》亦在癸酉年。上引墓誌，干支既不誤，“十三”蓋“十二”之訛。此外，《誥授中憲大夫翰林院編修貤封資政大夫道州何君墓誌銘》及《清史稿》本傳均作十三年卒，誤。

紹基性剛正，慷慨敢爲。充國史館提調時，擬遵高宗諭旨，補辦清初以來三品以下名臣各傳，條例已具，爲總裁所格，識者惜之。

《東洲草堂詩鈔》卷二十七《十月十二日約黃海華胡恕堂張東墅楊性農羅研生李次青小集吾齋爲消寒第一集次青見示所輯〈國

朝先正事略〉感嘆有作》："丙午充提調,因館中照例進書,皆一、二品大臣傳,無三品以下傳,雖經高宗屢次嚴旨申諭,史館乃因循至今,因創擬條例,欲遍搜官書及前人文集,補辦國初以來三品以下名臣各傳,商之總裁穆師相,堅不見允,余即日辭提調矣。"

爲人誠厚樸質,結交皆天下士。與張穆創建顧炎武祠,每歲春秋及顧氏生日舉祀事,魁儒碩士咸至,極一時游集之盛。

《東洲草堂詩鈔》卷二十五《羅研生見示荷池度歲詩次韻答之》："元旦朝賀,編檢到者甚少,或止小臣一人。余於拜年不携僕,手自投刺,二月始畢,人多笑之。"

左宗棠《左文襄公全集》文集卷二《何子貞墨迹跋後》："余交子貞昆弟卅餘年,在朋輩稱深者,子貞天懷灑落,敦摯能久,在諸昆中尤著。"

《東洲草堂詩鈔》卷二十五《徐柳臣前輩壽詩並叙》："憶余十六歲時,當嘉慶十九年甲戌,先公官少司成,十八行省癸酉科選拔生肄業成均者,彬彬然執贄門下,余得盡識其才俊,爲余有交游之始。"

《東洲草堂文鈔》卷四《龍泉寺檢書圖記》："基久處京師,所及交若劉丈申甫、潘丈少白、陳秋舫、龔瑷人、魏默深、陳碩甫、江鐵君、徐廉峰、管異之、陳東之、徐君青、鄭芷香、俞理初、汪孟慈、陳頌南、張彥遠、許印林、沈子敦、黃蓉石、張石洲諸君,大抵皆兩公所識,習而矜賞者也。基自爲弟子員,出司農之門,及成進士,改庶常,儀徵公實爲館師。兩公居相鄰,基與瑷人、孟慈、頌南諸君過從游侍,踪迹輒相屬。"

《東洲草堂詩鈔》卷九《出都四首》其四："平生友朋樂,妙集當時英。冠蓋尋冷交,琴尊栖古情。詞林多矯矯,諫院尤觥觥。下僚經世懷,高士著書聲。凡我所不足,諸君分其贏。我有萬一能,仰報竭肅誠。球鐘若互答，竹柏映逾清。"

張穆《與許印林書》（國家圖書館藏）："夏來與子貞共成顧先生祠堂之事，鳩工庀材，子貞任之，刻已告竣。……子貞攤款三千兩，已有眉目。"

《何子貞手札冊》（北京保利國際拍賣有限公司 2010 年秋季拍賣會，中國古代書畫專場，6367 號）："現在京師創立顧亭林先生祠堂，係基承辦工程，捐貲之人不多，而捐項却不能少出，春浦、東卿兩先生及辛階、方赤俱五十金，閣下或百金或五十，或竟慨捐數百金，候示及登簿也。"

《東洲草堂詩鈔》卷十八《題王子梅顧祠聽雨圖》："我昔初構顧君祠，思將樸學萃儔侶。士人能讀亭林書，皆得春秋拜堂廡。"按，歷年與祭人員，均有題名，詳《顧先生祠會祭題名弟一卷子》。

善飲好游，踪迹幾遍天下。

《東洲草堂詩鈔》卷十九《謝芰香饋冬筍廿二日醉後作五用坡韻》："夜夜自飲樽不空。"《東洲草堂文鈔》卷十七《封朝議大夫吳君晉齋墓誌銘》："丁巳歲除，余省子敬弟於杭州，始與君相見，謂曰：'君志業闊遠，奈何以善飲名？'余爲悚然。"

楊彝珍《移芝室詩鈔》卷二《和淵明〈飲酒詩〉寄何蝯叟》："君飲如長鯨，氣欲吞江山。高歌放青眼，四坐咸無言。揮毫敵草聖，縱橫三十年。書名滿八極，豈借三杯傳？"

苗夔《〈使黔草〉叙》（《東洲草堂詩鈔》附録）："子貞幼歷寒苦，後雖爲貴公子，乃健步善游，南北應試二十年，芒屨篛笠，打碑訪古，雨湌雲卧，遇者不知爲何許人。通籍後，使車所至，奇山秘壑，探幽蹋險，不能自休，每爲余縱談及之，目足俱爲飛動。"

《東洲草堂詩鈔》卷二十六《十月三十日登舟》："一年不出游，似負一年債。"卷二十四《行笥》："足迹未至者，今止雲南、甘肅矣。"

生平於經史、《説文》考訂之學，嗜之最深。旁及金石、圖刻、律算。博綜覃思，識解超邁。

《清史列傳》本傳："生平於諸經、《説文》考訂之學，嗜之最深。旁及金石、圖畫、篆刻、律算，博綜覃思，識解超邁。"

《小石渠閣文集》卷四《師友存知詩録小傳》："於學無所不窺，博涉群書，於六經子史皆有著述，尤精小學，旁及金石碑版文字，凡歷朝掌故，無不了然於心。……著有《惜道味齋經説》八卷、《説文段注駁正》四卷。"

《㫄齋詩集》卷四《子貞七叠延年益壽瓦詩韻見示依次奉酬》："君親受《公羊》大義於劉申受年丈。"

《東洲草堂文鈔》卷七《校定阮氏積古齋款識釋文·楚公鐘》："昔年見阮儀徵師，出示復齋款識宋拓本，且曰：'中惟夜雨雷鐘最奇，歷任封圻屢以祈雨有應。'余讀而易其釋文如此，阮師笑曰：'如此奇確，可謂入室操戈矣。'即命書所釋於册。"

費行簡《近代名人小傳·儒林》："紹基書名滿天下，或知其能爲詞章，若經術則世鮮稱之者矣，予嘗於湘陰柳氏，見其考證《禮經》二百餘條，多據《大戴記》，而貫通制度，言皆精切。又《〈説文〉説》若干首，探其源流，考定部居，雖不足擬段玉裁，而亦苗夔、莫友芝之倫，皆柳氏作而蘄其批削者也。又蜀人李氏藏所爲《〈水經注〉刊誤》，則試士書院程作也，亦瞻博明晳。"

《東洲草堂詩鈔》卷二十七《十月十二日約黃海華胡恕堂張東墅楊性農羅研生李次青小集吾齋爲消寒第一集次青見示所輯〈國朝先正事略〉感嘆有作》："紹基昔直史館，恭録《高宗實録》，得四十册，欲以繼《東華録》之後也。"

曾國藩《曾文正公家書》卷一："（子貞）近又考訂《漢書》之訛，每日手不釋卷，蓋子貞之學長於五事：一曰《儀禮》精；二曰《漢書》

熟；三曰《說文》精；四曰各體詩好；五曰字好。此五事者，渠意皆欲有所傳於後。"

《經學博采錄》卷三："道州何子貞先生紹基，余己酉座師也。……嘗著《閏月定時解》。"

《東洲草堂文鈔》卷三《僧六舟金石書畫編年錄叙》："余性喜學書，而亦好爲金石考訂之學，又兼及畫理。"

按，何氏所鎸印，鈐入《頤素齋印譜》，今藏西泠印社。此外，何氏亦精於印章之鑑定，陳介祺《簠齋印集》（道光廿七年鈐印本）題署："日照許瀚印林、海豐吳式芬子苾、道州何紹基子貞同審定。"

詩宗李、杜、韓、蘇諸大家，隨境觸發，鬱勃橫恣。論詩主文與人一，道與藝合。

《清史稿》本傳："詩類黃庭堅。"

《清史列傳》本傳："詩灝瀚曼衍，宗李、杜、韓、蘇諸家。"

朱琦《〈使黔草〉叙》（《東洲草堂詩鈔》附錄）："子貞平日既肆力於經、史、百子、許、鄭諸家之學，其所爲詩，不名一體，隨境觸發，鬱勃橫恣，非積之厚而能達其意所欲出者不能爾也。"

《小石渠閣文集》卷四《師友存知詩錄小傳》："論詩以厚人倫、理性情、扶風化爲主。其爲詩，天才俊逸，奇趣橫生，一歸於溫柔敦厚之旨。長篇歌行鞭笞雷電，震蕩乾坤，蹴崑崙使東走，排滄海使西流，騰驤變化，得詩家舉重若輕之妙。師論詩喜宋東坡、山谷，其自爲詩，直合蘇、黃爲一手。"

《東洲草堂文鈔》卷三《〈使黔草〉自叙》："詩文不成家，不如其已也，然家之所以成，非可於詩文求之也，先學爲人而已矣。……人可成矣，於是移其所以爲人者，發見於語言文字……是則人與文一。人與文一，是爲人成，是爲詩文之家成。……顧其用力之要何在乎？曰'不俗'二字盡之矣。所謂俗者，非必庸惡陋劣之甚也，同流合污,胸無是非,或逐時好,或傍古人,是之謂俗。直起直落,獨來獨往,有感則通,見義則赴,是謂不俗。"

張穆《〈使黔草〉叙》(《東洲草堂詩鈔》附録):"古人之文之詩之書,所以能造極詣微,隨其大小,卓然自成一家者,無它,各本學問識力所到,而正出之,奇出之,迂回出之,務肖其性情。……子貞之才,涵演莽蒼,足以達其學問識力,而與性情日厚。……讀子貞之文詩,如見子貞之性情。夫學至能發攄其性情,而學乃可蕲其日進矣。"

楊季鸞《〈使黔草〉叙》(《東洲草堂詩鈔》附録):"夫詩以道性情,無性情即無詩。……子貞之詩,一子貞之性情、學問而已,真氣充溢而精華外著,有不知其然而然者,必一一舉似古人,尋條而失幹,豈知子貞者哉!"

《東洲草堂文鈔》卷五《題馮魯川小像册論詩》:"'温柔敦厚,《詩》教也。'此語將三百篇根柢説明,將千古做詩人用心之法道盡。……詩要有字外味,有聲外韻,有題外意,又要扶持綱常,涵抱名理。"

陳衍《石遺室詩話》卷一:"道咸以來,何子貞紹基、祁春圃寯藻、魏默深源、曾滌生國藩、歐陽潤東輅、鄭子尹珍、莫子偲友芝諸老,始喜言宋詩。……洞庭以南言聲韻之學者,稍改故步。"

書法溯源篆分,下逮率更父子、魯公、北海、東坡,懸臂回腕,心摹手追,自成一體,爲世所重。論書尊碑抑帖。

《清史稿》本傳:"精書法,初學顔真卿,遍臨漢、魏各碑至百十過,運肘斂指,心摹手追,遂自成一家,世皆重之。"

《清史列傳》本傳:"書法入顔魯公之室,尤爲世所寶。"

《東洲草堂文鈔》卷九《跋國學蘭亭舊拓本》:"余學書從篆分入手,故於北碑無不習,而南人簡札一派不甚留意。"

《先府君墓表》："書法溯源篆分，下逮率更父子、魯公、北海、東坡，神明衆法，自成一體。"

《小石渠閣文集》卷二《何子貞師草法跋》："師草法超邁入神，巧妙全在執筆，而執筆則在橫懸其臂，回勒其腕，以取周身之勁，乃能操縱自如，運鋒於筆畫之中，平側偃仰，惟意所使，皆成妙趣。"

著《東洲草堂詩鈔》三十卷、《東洲草堂文鈔》二十卷，重刊《宋元學案》，編訂《程侍郎遺集》。

《東洲草堂文鈔》卷五《重刊宋元學案書後》："（先文安公）道光壬辰督浙學，至寧波，以《宋元儒學案》發策，浙士始知有此書。越七年戊戌，王君騰軒、馮君五橋搜得各本，合校刊成，以印本携呈，此事實自先公發之，故嘉其有成，欣然作叙也。及庚子仲春，先公見背，壬寅春，馮氏書版毀於兵火，幸騰軒所呈印本尚存余家。是歲秋，余服闋入都，思有以卒成先志，騰軒曰：'果擬重刊，且宜少待。'乃復精心勘閲，又爲補脱正誤，至甲辰冬而竣事。適余方典黔試歸，傾使囊以營剞劂。先是，癸卯之夏，余集同人勾資創建顧亭林先生祠於城西慈仁寺之隙地，軒亭静奥，因請騰軒下榻其中，悉檢家中藏書，有係學案者移庋祠屋，供其尋討，余亦竭力襄事，校出訛漏甚多，手民亦悉萃居，於是隨校隨刻，至丙午夏而事竣。海内同志諸君子，若湯敦甫協揆丈、潘芸閣河帥師、賀耦庚制府丈、祁春浦大司農、李石梧中丞、但雲湖都轉、唐子方方伯、羅蘇溪方伯、勞星皆觀察、何根雲通政、栗春坪太守、楊墨林州牧，聞有是舉，均出資相助，且敦促其成，時仲弟紹業已先殁，與校字之役者，叔弟紹祺、季弟紹京及兒慶涵、侄慶深也。"

《㒳齋文集》卷三《〈程侍郎遺集初編〉序》："今年春，尚書念公雖葬，而臨終相托之意不可孤，屬穆爲購石材，書丹勒之。並刻其遺集，曰：'以此爲初編，續有裒録，補梓易耳。'穆既恐殘斷之稿並歸蕭落，又懲夫嫁名僞撰者之厚誣公也，爰偕公門人何編修紹基，排比爲賦一卷，詩四卷，又凡稿草之失題者，及詩餘、試帖共爲一卷，碑志、哀誄、駢儷、雜著之文五卷，總題曰《程侍郎遺集》。"

參考文獻：

1. 何紹基《東洲草堂詩鈔》，《續修四庫全書》，上海古籍出版社 2002 年版。

2. 何紹基《東洲草堂文鈔》，《續修四庫全書》，上海古籍出版社 2002 年版。

3. 何慶涵《皇清誥授中憲大夫翰林院編修加六級貤封資政大夫候選道加四級顯考何公子貞府君墓誌》，長沙市博物館藏。

4. 何慶涵《眠琴閣遺文》，《近代中國史料叢刊》，臺灣文海出版社 1966 年版。

5. 閔爾昌編《碑傳集補》卷九《誥授中憲大夫翰林院編修貤封資政大夫道州何君墓誌銘》，《近代中國史料叢刊》，臺灣文海出版社 1973 年版。

6. 趙爾巽等《清史稿》卷四百八十六《何紹基傳》，中華書局 1977 年版。

7. 王鍾翰點校《清史列傳》卷七十三《何紹基傳》，中華書局 1987 年版。

（錢松）

顧春傳

顧春,滿洲鑲藍旗人,西林覺羅氏,字梅仙,一字子春,號太清,嘉慶四年(1799)生。

王蘊章《然脂餘韻》卷六:"顧春,字子春,貝勒奕繪之側福晋,才色雙絶。貝勒自號太素道人,春自號太清,又常自舉其族望曰西林,自署名曰太清西林春。"徐乃昌《小檀欒室閨秀詞選鈔》:"太清春,滿洲西林人。"

按,關於顧太清之家世族屬,另有漢軍一説。如惲珠《國朝閨秀正始集》卷二十《顧太清小傳》載:"顧太清,字子春,漢軍人。"更有説指其爲吳人。如孫静庵《栖霞閣野乘》卷下:"太清姓顧,吳門人。"冒廣生《風雨樓刊〈天游閣集〉識語》:"太清姓顧,或曰吳人,或曰顧八代之裔。"太清後人金啓孮據家藏宗譜《榮府史》等材料,云:"顧太清,姓西林覺羅氏,是清代有名的大學士鄂爾泰的侄子甘肅巡撫鄂昌的孫女。鄂昌因胡中藻詩鈔獄得罪賜死,家產籍没,家遂中落。鄂昌的兒子鄂實峰以游牧爲生,後來移家香山,娶香山富察氏女,生一子二女,長女即太清,本名春,字梅仙,號太清。嚴格説應當寫作西林春才正確,若用字稱也應寫作西林太清。"(金啓孮《滿族女詞人顧太清和〈東海漁歌〉》,《漠南集》,内蒙古大學出版社1991年版)

又按,太清所以從顧姓,或謂因其幼時育於姑母顧氏。如恩華

《八旗藝文編目·別集》卷七云："太清幼育於姑母顧氏，故姓顧，名春，字子春，號太清道人。"太清外孫敦崇於《紫藤館詩草·哭硯》亦云："外祖母姓西林覺羅，鄂文端公之族人，幼育於姑母顧氏家，故又姓顧。鄉人楊子勤太守跋其圖云：'老人為西林鄂文端公曾孫女，寄食於顧氏，顧氏為榮邸侍衛，因被選為幻園貝勒側福晉。紀鵬上公貝勒玄孫，嘗與同直行朝，言之甚悉。'"曼殊啓功《書顧太清事》又云："蓋太清本鄂文端公（鄂泰）曾孫女。西林覺羅氏。幼經變故，養於顧氏。顧氏為榮邸之包衣人，遂被選為側福晉。……今墓在西山南谷，附於太素貝勒園寢。其署複姓西林，名春，正複姓之一證也。"此説並非無據，鄧之誠《骨董瑣記三記》卷二即云："考《玉蝶（牒）》第五册榮親王下，貝勒奕繪媵妾顧氏，顧文真之女。疑王府包衣也。"《玉牒》乃清代皇族族譜，具官方性質。然金啓孮又提出："至於顧姓是因為太清入為貝勒奕繪側室，呈報宗人府時，假托的姓氏（冒護衛顧文星之女）……富察敦崇有意掩没事實，故意這樣寫。主要目的是當時避忌和鄂昌的關係。"張淑蓉《顧太清"冒名報檔子"原因探析》（《社會科學戰線》2013 年第 4 期）又提出新説："太清的堂姑母是奕繪嫡祖母，按禮太清是奕繪父親的姑舅妹妹，而《大清律例》明確規定'其父母之姑舅、兩姨姊妹……（雖無服）亦不得為婚姻'。……萬般無奈的奕繪只好從起碼的表面文章做起，隱瞞太清真實身份，在甲申春上報宗人府時以自家包衣之女'冒名報檔子'，在表象上消除太清與榮純親王西林福晉的關係，以掩蓋自己和太清的尊卑名分。"

又按，關於顧太清之字、號，白育《清代女詩人西林春姓氏里貫考》（《故都旬刊》創刊號，1946 年 11 月）一文有詳考："太清二字乃其別號也。蓋其詩詞集名及別署，多與其夫奕繪相對，如奕繪有《明善堂集》，太清有《天游閣集》；奕繪有《西村樵唱》詞集，太清有

《東海漁歌》詞集;奕繪字子章,太清字子春;奕繪自號‘幻園居士’,太清自號‘雲槎外史’。本此以證太素爲奕繪之號,太清亦爲別號可以無疑。且其譏陳雲伯詩中自稱‘西林太清’,又有‘此太清彼太清’之言,並不及春字,益足證太清二字,乃其別號,更以其自署西林太清春對照,春字實爲其名可以明矣。又考滿洲閨秀詩人中署名連書族望或略其族望而徑以己名爲署者,其例甚多。前者如完顏兑,後者如百保友蘭、希光、金墀之類皆是。故太清之以西林太清春,或太清春署名,亦猶是耳。明乎此,則西林爲太清族望姓氏,益可證明。陳芸《小黛軒論詩詩》徑以西林春稱之,殊爲有見。至其里貫諸家總集,或謂南人或謂漢軍人皆不可據。太清既爲西林覺羅,則其確爲滿洲人,自無疑義也。”

幼時隨父游歷嶺南,始嘗漂泊異鄉之苦。

顧春《東海漁歌》卷一《暗香・謂雲姜妹畫梅團扇次姜白石韻》:“南國,夜月寂。記庾嶺五湖,千樹堆積,少年歷處,卅載相思夢魂憶。”按,此詞作於道光十五年(1835)三十七歲時,上溯三十年,即嘉慶十一年(1806)八歲時,太清隨父游歷廣東。

嘉慶十二年(1807),九歲,回京。

顧春《天游閣集》卷三《夏日城東泛舟歸來有作》:“卅年不到城東去,雲水空濛接遠天。野岸新蜩鳴偶爾,山門枯木尚依然。已非昔日僧迎客,猶記當初柳繫船。一路熏風吹酒醒,重城西望隔蒼煙。”《東海漁歌》卷二《臺城路・四月廿四城東泛舟》:“清溪一帶城東路,新蜩乍鳴高柳。……感卅載重來,光陰回首。”按,此一詩一詞均作於道光十六年(1836),上溯三十年,即嘉慶十二年(1807)九歲時,已居北京。

《天游閣集》卷一《次夫子清明日雙橋新寓原韻》自注:“余二十

五年前侍先大人曾游此寺。"按,此詩作於道光十三年,二十五年前即嘉慶十三年,太清十歲,仍居北京。

《天游閣集》卷四《同雲林携釧兒游萬柳堂拈花寺騎馬過夕照寺得四絕句聊以紀游》其三:"鷄冠夾路看花田,此地重來三十年。夕照涼風同策馬,亂蟬聲裏拂吟鞭。"按,此詩作於道光十九年,上溯三十年即嘉慶十五年,太清十二歲,仍在北京。

十二歲隨父游歷閩地。

《東海漁歌》卷二《定風波·調雲姜妹贈蜜漬荔支有感》:"二十七年風景變,曾見,連林閩海野人家。"按,此詞作於道光十六年(1836)三十八歲時,上溯二十七年,即嘉慶十五年(1810)十二歲時,太清隨父游歷福建。

十三歲僑寓江南,生活備嘗苦辛。

《東海漁歌》卷二《清平樂·二月十日金夫人惠蕓薹菜予不食此味廿六年矣遂以短詞記之》:"三十六陂芳草路,尚記昔年游處。……好是江南二月,者般滋味香清。"按,齊燕銘爲李一氓鈔配本《東海漁歌》所作跋(李一氓《一氓題跋》,生活·讀書·新知三聯書店1981年版)云:"蕓薹俗名金花菜,上海人謂草頭,江南甚多。五四時代以前,京中絕無此物。"此詞作於道光十六年,上溯二十六年,即嘉慶十六年,時太清十三歲,隨父游歷江南一帶,並於是年歸,故此後未再食蕓薹之味。

奕繪《南谷樵唱》卷一《浣溪沙·題天游閣三首》其二:"此日天游閣里人,當年嘗遍苦酸辛。"

嘉慶二十年(1815),十七歲,與奕繪初見於蘇州。

《南谷樵唱》卷一《生查子·記夢中句》:"相見十年前,相思十年後。江月闔廬城，春風戀素手。　　夢好合歡才，夢短將離又。惆悵倦游人，夢繞寒山秀。"按，闔間城即蘇州。此詞作於道光四年（1824），奕繪與太清成婚（詳見下文），上溯十年，即嘉慶二十年（1815），時太清十七歲，與奕繪相見於蘇州。

道光四年（1824），嫁奕繪爲其側福晉，婚後居太平湖府邸之天游閣。

《榮府史》卷三《繪貝勒世家》："（道光）四年，（奕繪）納西林夫人爲側室，以二等護衛顧文星女呈報宗人府。"

奕繪《浣溪沙・題天游閣三首》其二："定交猶記甲申春。"按，甲申即道光四年。

《栖霞閣野乘》卷下："主人名奕繪，號太素，爲榮恪郡王綿億之子，封貝勒，著有《明善堂集》。側福晉者，即太清西林春，著《天游閣集》者也。……貝勒由散秩大臣管宗人府及御書處，又管武英殿修書處，旋改正白旗漢軍都統。性愛才，座客常滿。"《國朝閨秀正始集》卷二十《顧太清小傳》："貝勒（奕繪）別號幻園居士，工詩好學，尤精内典。"楊鍾羲《白山詞介》卷三："宗室奕繪，字子章，一字太素，號幻園。榮純親王孫，封貝勒，官都統，内大臣。有《妙蓮華集》《秘書集》《寫春精舍詞》。"

五年（1825），生載釗。

《榮府史》卷三《繪貝勒世家》："（道光五年）七月，載釗生，西林夫人所出第一子也。"

《天游閣集》卷五《初九日清風閣望釗兒》自注："兒生於乙酉七月初九日。"按，實生於七月初七日，因與奕繪忌日相犯，遂改爲初九日。

道光六年（1826），始與奕繪詩歌唱和。

《天游閣集》卷一有《丙戌清明雪後侍太夫人夫人游西山諸寺》詩，奕繪《流水編》卷一有《清明後，太福晉携家人稚子游潭柘、戒臺諸寺，遇雪，晚晴。側室太清賦詩紀游，因次其韻》詩。

九年（1829），奕繪任東陵守護大臣，太清携載釗隨任赴東陵，居信述山樓。

《榮府史》卷三《繪貝勒世家》：“（道光）九年夏，欽派爲東陵守護大臣，解去管理兩翼宗學事務。六月，如東陵。秋，遍覽黃華山、天台山、平山、茅山諸勝。於是構東山草堂、信述山樓，自題匾額，復以東山爲號。”

《流水編》卷二《將之東陵留別京中一二知己》：“九年夏季東陵役，三載深山好著書。”卷三又有《謁陵恭紀》《中元祭陵恭紀》《信述山樓六絕句》等作。奕繪《信述山樓六絕句》其一：“去年八月起西亭，今年八月山樓成。雲窗霧閣三年客，白日清風萬古情。”太清有《信述山樓五絕句》（《天游閣集》卷一）和之。

十年（1830），奕繪嫡室妙華夫人病逝。自是，太清乃得奕繪專寵。

《流水編》卷三《鼓盆歌九章章四句》其四：“一載生離成死別，十齡女稚比兒痴。正常往歲生他日，痛絶東山下筆時。”自注：“七月初五爲四女十歲生日。”可知妙華夫人逝於是年七月初五日。

冒廣生《小三吾亭詩·讀太素道人〈明善堂集〉感顧太清遺事輒書六絕句》其一：“如此佳人信莫愁，出身嫁得富平侯。九年占盡專房寵，妙華夫人以道光庚寅年七月逝。四十文君儷白頭。太清與太素同生於嘉慶己亥。”按，己亥當爲己未。自妙華夫人去世，至奕繪於道光十八年去世，九年之間，太清得奕繪專寵。

道光十五年(1835),始與江南才女梁德繩、許延錦、石珊枝、李佩金、吳藻、陳素安等交往,又與沈善寶、項章、許延袿、錢伯芳等結秋紅吟社。

《天游閣集》卷二有《法源寺看海棠,遇阮許雲姜、許石珊枝、錢李紉蘭,即次壁刻錢百福老人詩韻二首贈之》《四月廿二,雲姜招同珊枝、素安、紉蘭過崇效寺看牡丹,遇陸誘卿、汪佩之。是日雲姜以折扇囑寫,歸來畫折枝梅,遂書於扇頭》等詩。按,梁德繩,字楚生,浙江錢塘人,梁敦書女,許宗彥妻。許延錦,字雲姜,許宗彥女,阮福妻。石珊枝,江蘇吳縣人,石韞玉女,許謹身妻。李佩金,字紉蘭,江蘇長洲人,李培厚女,錢寶惠妻。吳藻,字蘋香,浙江仁和人,吳葆真女。陳素安,字定林,浙江仁和人,陳星垣女,沈世燾繼室。

沈善寶《名媛詩話》卷八:"己亥秋日,余與太清、屏山、雲林、伯芳結秋紅吟社。"按,沈善寶,字湘佩,浙江錢塘人,沈學琳女,武凌雲繼室;項紃,字屏山,浙江錢塘人,項賦棣女,許乃普繼室;許延袿,字雲林,浙江仁和人,許宗彥女,孫承動妻;錢伯芳,浙江嘉興人,雲姜之娣,阮受卿繼室。

同年,編選《宋詞選》三卷,惜未傳。

《天游閣集》卷二有《既選宋詞三卷,遂以詞中七言者集爲三十九絕句》,卷四有《前年既選宋詞,集選中句得三十九截句,今掇其餘,復成三十五首》。兩組詩共涉及宋代詞人五十三家(即秦觀、陳師道、吳文英、黃昇、李清照、黃庭堅、呂濱老、毛滂、石孝友、晏幾道、辛棄疾、張元幹、黃機、周紫芝、周邦彥、趙長卿、陸游、葉夢得、蔡伸、史達祖、張孝祥、程垓、衛芳華、康與之、晁補之、劉克莊、李玉、洪適、馮延巳、周密、沈端節、王詵、張炎、范成大、葉清臣、蔣捷、蘇軾、柳永、姜夔、賀方回、楊纘、韓元吉、侯寘、俞克成、李之儀、李珣、王安石、趙以夫、曹組、王特起、汪元量、陳允平、李元膺），可見該詞選之大概。

道光十八年（1838）七月七日，奕繪去世。是日恰爲太清長子載釗生辰，府中輿論大嘩。十月，太福晋命太清率所生移居府外。太清暫居養馬營，次年遷居磚塔胡同。

《榮府史》卷三《繪貝勒世家》：“（道光）十八年……秋，貝勒不適，七月初七日辰時，薨於太平湖邸中。襲爵凡二十三年，年四十歲。改大南峪爲園寢，以山堂爲饗殿，清風閣後已預爲壙，因下葬焉。”

郭則澐《知寒軒談薈》：“貝勒薨後，太清頗爲家人所厄，以太福晋命出邸，賃居於西城養馬營。”俞陛雲《清代閨秀詩話》：“顧太清，爲貝勒奕繪側室。……夫歿，遘家難，挈子女出邸，於西城養馬營賃陋屋數椽，撫孤感逝，涉筆皆哀。”

《天游閣集》卷四《自先夫子薨逝後，意不爲詩，冬窗檢點遺稿，卷中詩多唱和，觸目感懷，結習難忘，遂賦數字，非敢有所怨，聊記予生之不幸也，兼示釗、初兩兒》：“昏昏天欲雪，圍爐坐南榮。開卷讀遺編，痛極不成聲。況此衰病身，泪多眼不明。仙人自登仙，飄然歸玉京。有兒性痴頑，有女年尚嬰。斗粟與尺布，有所不能行。陋巷數椽屋，何異空谷情。嗚嗚兒女啼，哀哀搖心旌。幾欲殉泉下，此身不敢輕。賤妾豈自惜，爲君教兒成。”自注：“時在西城養馬營賃房數間暫居。”按，此詩下冒廣生注曰：“太素死而家難作矣。斗粟尺布，殆起於兄弟之間不相容乎？”姑備一說。

《天游閣集》卷四《七月七日先夫子棄世，十月二十八日奉堂上命，攜釗、初兩兒，叔文、以文兩女，移居邸外，無所栖遲，賣金鳳釵，購得住宅一區，賦詩以紀之》：“仙人已化雲間鶴，華表何年一再回。亡肉含冤誰代雪，牽蘿補屋自應該。已看鳳翅凌風去，剩有花光照眼來。兀坐不堪思往事，九回腸斷寸心哀。”冒廣生注：“堂上者，榮恪郡王之福晋也。"

或謂太清出府,因其與龔自珍有私情。然此事真偽,尚無定論,世稱"丁香花公案"。

《栖霞閣野乘》卷下:"定庵生平性不羈,善作滿洲語,嗜冶游。……在京日所歡甚多,與某貝子福晋誼最篤。舊例,凡滿蒙王公貴人諸内眷,例不許外出,惟每季可游廟一次。游廟有定期。某福晋於游廟時,與定庵遇,既目成,以蒙語相問答,由是通殷勤。未幾,爲某貝子所知,大怒,立逼福晋大歸,而索定庵於客邸,將殺之。貝子府中人素受福晋惠,偵知其事,告定庵,定庵亟身走至江淮間,幾乞食。其集中紀行詩,有留眷於京,單身外出,及文集中《重過揚州記》,皆此時作也。""偶見近人筆記,載龔與明善堂主人事。……(奕繪)管宗人府時,龔方爲宗人府主事,常以白事詣邸中。貝勒愛其才,尊爲上賓,由是得出入府第,與太清通殷勤,時相唱和。龔《己亥雜詩》中所謂'一騎傳箋朱邸晚,臨風遞與縞衣人'即指此事。聞太清好着白衣,故云云。""定庵以道光十九年,年四十八乞休。二十一年五十歲,殁於丹陽。其殁也,實以暴疾,外間頗有異詞。初,定庵官京曹時,常爲明善堂主人上客。主人之側福晋西林太清春慕其才,頗有曖昧事。人謂定庵集中游仙諸詩及詞中《桂殿秋》《憶瑶姬》《夢玉人引》諸闋惝恍迷離,實皆爲此事發也。後稍爲主人所覺。定庵亟引疾歸,而卒不免。蓋主人陰遣客鴆之也。"

李伯元《南亭四話・莊諧詩話》:"龔定庵曾爲宗人府主事,其時某王以遠支而管府事,定庵常以事詣邸中。傳聞王有側福晋某氏者,素工文翰,愛定庵才,每藉左右遞簡唱酬。《定庵集》中《己亥絕句》有云:'一騎傳箋朱邸晚,臨風遞與縞衣人。'又詞云:'奏記簾前,珮環聽處依稀似。'即紀其事也。後爲人所知,愠甚,頗有不利於定庵之意。定庵因此乞假南歸云。"

按，孟森曾撰《丁香花》（《心史叢刊》，中華書局 2006 年版）一文，力言此事之僞，其文云："定公集最隱約不可明者爲《無著詞》一卷，又有《游仙》十五首等詩。說者以其爲綺語，皆疑及太平湖，此事宜逐一辨之。《無著詞》選於壬午，刻於癸未，則作詞必在壬午以前。《游仙》之作在辛巳，自注爲考軍機不得而作，當可信。要之，作此者在道光初元至十九年己亥出都。安有此等魔障，亘二十年不敗，而至己亥則一朝翻覆者？定公集所有綺語，除踪迹本不在都門者不計，《無蓉司》《游仙》詩，按其年月，皆不當與太平湖有關。惟'丁香花'一詩，非惟明指爲太平湖，且明指爲朱邸，自是貝勒府之花。其曰'縞衣人'者，《詩》：'縞衣綦巾，聊樂我員。'謂貧家之婦與朱邸之嬪相對照而言，蓋必太清曾以此花折贈定公之婦。花爲異種，故憶之也。太清與當時朝士眷屬多有往還，於杭州人尤密，嘗爲許滇生尚書母夫人之義女。集中稱尚書爲滇生六兄。有《許滇生司寇六兄見贈銀魚螃蟹》詩以致謝一首，時在己亥新年。定公亦杭人，內眷往來，事無足怪。'一騎傳箋'，公然投贈，無可嫌疑。貝勒卒於戊戌七夕，見集中。時太清已四十歲，蓋與太素齊年。當三十二歲時，太素正室妙華夫人先逝。冒鶴亭詩所謂'九年占盡專房寵，四十文君儷白頭'者也。己亥爲戊戌之明年，貝勒已歿，何謂爲尋仇；太清亦已老而寡，定公亦已四十八，俱非清狂蕩檢之時，循其歲月求之，真相如此。""定公風雅好事。太清詞翰遍傳諸公間，集中投贈題咏如潘芝軒尚書、阮芸臺相國，皆有斯文聲氣之雅。其餘宗室王公，如定郡王之流，恒有篇什相投。定公與太清，據'丁香花'詩，眷屬本有往還。詩詞酬答，事所容有。太素逝後，長子載鈞襲固山貝子，與太清極不相能，變亂太素存日所經營之手澤，不恤南谷墳塋，屢見太清集中。則造作蜚語，以誣太清，當是載鈞輩所爲。太清於戊戌七夕遭太素之變，旋於是年十月二十八日以姑命移居邸外,賣金鳳釵購宅詩載集中,詩有'亡肉含冤誰代雪'之句,用《漢書・蒯通傳》'里婦夜亡肉,姑以爲盜,怒而逐之'事,具見家難之作。太素存日之情好一變爲家庭相怨之媒,當時想有。以太清文采跌宕,與内言不出之旨相違,因有流言涉及定公輩者,故士大夫間口耳相傳,至今以爲談柄。然定公己亥出都,《雜詩》所憶,尚在太平湖之丁香花,其時太清實已移居。詩自憶花,乃與其人無預,可以推見。"

道光二十年(1840),太福晋卒,太清向定郡王載銓傾訴冤屈,請代爲周旋,爲己争得家族地位。

《東海漁歌》卷五《金縷曲・上定郡王筠鄰主人》:"人世誠難料。嘆英雄、未完夙志,天何草草。母子孤孀無人問,誰許王孫哀告。空搔首、難舒懷抱。可也九泉能念我,掩啼痕獨向風前悼。寫不盡,招魂稿。　沉憂損性成顛倒。感清天,一聲霹靂,陰霾都掃。拯救生民稍援手,泛出慈航仙櫂。更無盡、神光普照。雖有覆盆終解釋,此生恩擬向來生報。聊獻上,陳情表。"

按,愛新覺羅載銓,字筠鄰,襲定郡王,授御前大臣、工部尚書等職,咸豐三年(1853)加親王衔,著《行有恒堂詩詞》,與太清多有唱和。

道光二十九年(1849),赴大南峪山居養病。

《天游閣集》卷六有《己酉山居四首》,己酉即道光二十九年。

按,《榮府史》卷十《大南峪園寢》:"大南峪繪貝勒園寢,在房山縣大房山之東,太行餘脈蜿蜒至此,四面回環,中函隙地。明萬曆中,慈聖李太后爲寶珠禪師王能貴建天台寺於峪中,大南峪始知名於世。道光中,寺僧苦豪強侵奪地界,欲得別地易寺領,求之檀越,適貝勒游房山,愛天台寺山林幽邃,乃命護衛阿禪泰以邸中采埇地二千畝易之,多於原山地者三倍有奇,復親書易地券詩,付僧存之下院法源寺。道光十四年，遂命護衛阿禪泰、鄂克陀，督工興建，前後歷時五年，雖預爲園寢之規，而實具泉林之勝。"

咸豐七年（1857），妙華夫人嫡子載鈞卒，遂過繼載釗之子溥楣爲嗣。同年，溥楣迎太清回府。

趙爾巽等《清史稿》卷二百二十一《榮純親王永琪傳》："子奕繪襲貝勒，卒。子載鈞襲貝子，卒。子溥楣襲鎮國公。"卷一百六十五《皇子世表》："載鈞，奕繪第一子。道光十八年，襲貝子。咸豐七年，卒。""溥楣，載釗第一子，載鈞嗣子。咸豐七年，襲鎮國公。同治五年，緣事革退。"

《滿族女詞人顧太清和〈東海漁歌〉》："載鈞去世無子，以太清之孫溥楣爲嗣，太清又移回邸中，不過這時年已老了。"

同治十年（1871），前往大南峪養病，此後五年皆在此静養。

《天游閣集》卷七《同治辛未八月南谷養病示兒孫輩》："是非休告訴，煩惱莫相尋。遠避人間世，深山自養心。"

光緒元年（1875），因過於勤讀，目疾加重，至於失明。是年，回京師府中養病。

《天游閣集》卷七《余七十七歲雙目失明，更兼喘嗽，夜不得寐，枕上口占此律，以紀其苦》："多病總緣多壽故，病中最苦目光盲。空花又被浮雲瘴，坎水難將離火降。從此豈能書下酒，可憐不見月當窗。寒衾徹夜難成寐，數盡長更聽吠尨。"

光緒三年（1877），病卒於大佛寺北岔府中，與奕繪合葬於大南峪。

《滿族女詞人顧太清和〈東海漁歌〉》："（太清）死於光緒三年十一月初三日，享年七十九歲，凡歷嘉慶、道光、咸豐、同治、光緒五朝。"

《書顧太清事》："今墓在西山南谷，附於太素貝勒園寢。"

太清作詩全以神行，不拘繩墨，有《天游閣集》傳世。作詞則法乳宋人，深穩沉着，剛健奇麗，少閨閣氣，著《東海漁歌》，有"男中成容若，女中太清春"之譽。

沈善寶《名媛詩話·西林太清春》："滿洲西林太清春，宗室奕太素貝勒繼室，將軍載釗、載初之母，著有《天游閣詩稿》。才氣橫溢，揮筆立成，待人誠信，無驕矜習氣。吾入都，晤於雲林處，蒙其刮目傾心，遂訂交焉。則詩有'巾幗英雄異俗流，江南江北任遨游。蕭條行李春明路，半載新詩半載愁'之句。此後唱和，皆即席揮毫，不待銅鉢聲終，俱已脫稿。《天游閣集》中詩作，全以神行，絕不拘拘繩墨。……太清之倚聲，有《東海漁歌》四卷，巧思慧想，出人意外。"

況周頤《西泠印社本〈東海漁歌〉序》："太清詞得力於周清真，旁參白石之清雋，深穩沉着，不琢不率，極合倚聲消息。求其詣此之由，大概明以後詞未嘗寓目，純手宋人法乳，故能不煩洗伐，絕無一毫纖艷涉其筆端。曩閱某詞話謂：'鐵嶺詞人，顧太清與納蘭容若齊名。'竊疑稱美之或過。今以兩家詞互校，欲求妍秀韶令，自是容若擅長；若以格調論，似乎容若不逮太清。太清詞，其佳處在氣格，不在字句，當於全體大段求之，不能以一二闋爲論定，一聲一字爲工拙。此等詞，無人能知，無人能愛。夫以絕代佳人而能填無人能愛之詞，是亦奇矣。夫詞之爲體，易涉纖佻。閨人以小慧爲詞，欲求其深穩沉著，殆百無一二焉。"

朱庸齋《分春館詞話》卷三："西林春爲滿族女詞人，其詞剛健奇麗，無閨秀詞常見之荏弱格調。""顧太清詞，於滿族婦女中當爲第一無疑，即置於其它閨閣詞人中，亦爲第一流，蕙風甚賞之。惟遍觀全集，終覺乏味。可勝人者，閨閣氣尚少，不比其它女詞人之纖薄靡弱，且筆勢較生硬挺健耳。"

況周頤《蘭雲菱寢樓筆記》載王鵬運語:"滿洲詞人,男中成容若,女中太清春。"

《清代閨秀詩話》卷二:"清代閨秀詞有三大家:湘蘋特起於前,顧太清、吳蘋香揚芬於後,卓然爲詞壇名媛。"

《栖霞閣野乘》卷下:"貝勒(奕繪)所作詞名《西山樵唱》,太清詞名《東海漁歌》,當時特取其對偶云。"

兼善繪事。

郭則澐《清詞玉屑》卷八:"太清又善畫。近見夏閏庵藏其《杏花小幀》,蓋道光丁酉八月追憶山南野渡杏花而作,春明詞侶各有題咏。"

參考文獻:

1. 曼殊啓功《書顧太清事》,《詞學季刊》1934 年第 1 卷第 4 號。

2. 奕繪著、金啓孮校箋《明善堂文集校箋》,天津古籍出版社 1995 年版。

3. 顧太清、奕繪著,張璋編校《顧太清奕繪詩詞合集》,上海古籍出版社 1998 年版。

4. 金啓孮《顧太清與海淀》,北京出版社 2000 年版。

5. 盧興基《顧太清詞新釋輯評》,中國書店 2005 年版。

6. 顧太清著、胥洪泉校箋《顧太清詞校箋》,巴蜀書社 2010 年版。

7. 顧太清者,金啓孮、金適校箋《顧太清集校箋》,中華書局 2012 年版。

(馬昕)

譚瑩傳

譚瑩,字兆仁,別字玉生,廣東南海(今廣東省廣州市)人。嘉慶五年(1800)生。

趙爾巽等《清史稿》卷四百八十六《譚瑩傳》:"譚瑩,字玉生,南海人。"

《清史列傳》卷七十三《譚瑩傳》:"譚瑩,字玉生,廣東南海人。"

劉錦藻《清續文獻通考》卷二百七十八:"(譚)瑩,字兆仁,號玉生,廣東南海人。"

陳澧《皇清敕授儒林郎內閣中書銜瓊州府學教授加一級譚君墓誌銘》(梁鼎芬《(宣統)番禺縣續志》卷三十九):"君之字曰兆仁,別字玉生。"

幼穎悟,於書無不窺,以博學稱於世。性强記,述往事,雖久遠而不失,爲鄉人所敬。尤長於詞賦,有六朝之風,爲阮元、翁心存、徐士芬等所賞。

《清史稿》本傳:"(譚瑩)弱冠應縣試,總督阮元游山寺,見瑩題壁詩,驚賞,告縣令曰:'邑有才人,勿失之!'令問姓名,不答。已而得所爲賦以告元,元曰:'是矣。'"

《晚晴簃詩匯》卷一百四十五:"玉生幼穎悟,於書無所不窺,尤長於詞賦,爲阮文達、翁文端所激賞。"

《（光緒）廣州府志》卷一百二十九《譚瑩傳》："幼穎悟，於書無不窺，尤長於詞賦。年十二，作《鷄冠花賦》《看桃花詩》，老宿驚賞之。弱冠應童試，時儀徵阮元督兩粵，以生辰避客，往山寺，見瑩題壁詩文，奇之。詢寺僧，知爲南海文童，方赴縣考者，因以語南海令，遂以縣考第一入泮督學，爲長洲顧元熙亦賞其賦，有六朝胎息。道光初，阮元開學海堂於粵秀山，以經史詩賦課士，見瑩所作《蒲澗修禊序》及《嶺南荔枝詞百首》，尤爲激賞，自此文譽日噪。凡海内名流游粵，無不慕交者。道光六年，常熟翁心存督粵學，以櫻心扇賦試諸生，瑩居首列。時值西陲用兵，覆試題爲'擬平定回疆收復四城生擒首逆賀表'。瑩振筆直書，駢四儷六，得一千五百餘言。學使批其卷有'粵東固多才，此才合推第一'之語。繼翁任者，爲平湖徐士芬，閱其歷年試卷，亦有'騷心選手，獨出冠時'之譽，遂以優行生入貢。"

《（光緒）化州志》卷七《宦績》："譚瑩，號玉生，南海縣人，道光甲辰舉人，咸豐元年，任化州學訓導，博極群書，尤長於詞賦。其最有功藝林者，莫如校刻祕籍鉅編。洎《粵中先正遺書》一事，髦而好學，澹於榮利。藉閑官，爲旁搜博覽之資。所居圖書充棟，鄴侯三萬軸，不足多也。"

道光十一年（1831），選恩科優貢生，捐納爲教官。十八年，補學海堂學長。二十四年，中舉人。咸豐元年（1851），任化州學訓導。九年，奏加内閣中書銜。後升瓊州府學教授，以老病，不赴任。

《清史稿》本傳："道光二十四年，舉於鄉，官化州訓導。久之，遷瓊州教授，加中書銜。"

《清史列傳》本傳："道光二十四年舉人，官化州訓導，升瓊州府教授，加内閣中書銜。"

徐世昌《晚晴簃詩匯》卷一百四十五："譚瑩，字兆仁，號玉生，南海人,道光甲辰舉人,歷官瓊州教授,加內閣中書銜。"

《(光緒)高州府志》卷二十六《職官九·宦績傳》:"譚瑩,號玉生,南海舉人,以博學稱,咸豐元年任州學訓導。"

《皇清敕授儒林郎內閣中書銜瓊州府學教授加一級譚君墓誌銘》:"後督學徐公士芬以君優行,貢入國子監,未赴,捐納爲教官,學海堂推爲學長。道光二十四年,中舉人。咸豐九年,上官委勸捐出力,奏加內閣中書銜。前後署肇慶府學教授、曲江博羅縣學教諭、嘉應州學訓導,選授化州學訓導,升授瓊州府學教授,以老病,不赴任。"

《(光緒)廣州府志》卷一百二十九《譚瑩傳》:"顧瑩聲望雖高,鄉場屢黜,前後典試如壬辰程恩澤、癸卯翁同書,榜後皆咨嗟,以珊榜未收爲憾。至甲辰,始列賢書。然瑩澹榮名計,偕後不復北上,愛教職。"

愛教職,爲學海堂學長三十餘年。又前後委管粵秀、越華、端溪書院監院。一時粵中才俊,多出其門。晚年生活困頓,仍誨人不倦。

《清史稿》本傳:"(阮)元開學海堂課士,以瑩及侯康、儀克中、熊景星、黃子高爲學長。……瑩爲學長三十年,英彥多出其門。"

《(光緒)廣州府志》卷一百二十九《譚瑩傳》:"至甲辰,始列賢書。然瑩澹榮名計,偕後不復北上,愛教職。無事得以肆其搜覽,任化州最久。士樸魯不文,瑩諄諄引導,迪以詩書。教職俸薄,惟恃新生脩脯,且多書券爲信。瑩隨諸生自送去官後,所積空券盈篋,語子弟悉焚之。前後委管學海堂學長、粵秀、越華、端溪書院監院。"

《(光緒)高州府志》卷二十六《職官九·宦績傳》:"髮賊陳金缸踞信宜,其黨揭三分股入州境,甚猖獗,既平,時瑩坐省局,以保守危城功,力請大憲入奏:每考,加永遠學額四名。此雖恩出朝廷,而非瑩請奏之力,曷克有此。"

同治十年(1871)卒。

《皇清敕授儒林郎內閣中書銜瓊州府學教授加一級譚君墓誌銘》:"明年十二月奉君柩葬於廣州城東荔支岡之原。"

《(宣統)番禺縣續志》卷四十一:"內閣中書銜瓊州府學教授譚瑩,墓在城東荔枝岡,同治十一年陳澧撰志銘,李文田書石。"

工於駢文,時稱粵中第一。詩風早年華麗,晚年激壯悽切。有《樂志堂文集》《樂志堂詩集》《樂志堂續集》《樂志堂文略》;有詞集《辛夷花館詞》,其中《論詞絕句》,於兩宋詞人、清代詞人、嶺南詞人各有所論。又著《賴園橘記》《豫庵札記》。

《皇清敕授儒林郎內閣中書銜瓊州府學教授加一級譚君墓誌銘》:"嶺南自古多詩人而少文人,阮文達公開學海堂,雅材好博之士蔚然並起,而南海譚君瑩最善駢體文,才名大震。"按,范希曾《國朝著述諸家姓名略總目》(《書目答問二種》附)以譚瑩入"駢體文家"之列。

丁紹儀《國朝詞綜補》卷四十六:"譚瑩,字玉生,南海人,道光二十四年舉人,官肇慶教授,有《辛夷花館詞》。"

《清史稿》卷一百四十八《藝文四》:"《樂志堂文集》十八卷,《詩集》十二卷,《續集》三卷,譚瑩撰。"

丁仁《八千卷樓書目》卷十二:"《賴園橘記》一卷,國朝譚瑩編刊本。"

《清儒學案》卷一百二十三:"(譚瑩)有《豫庵札記》一卷,未刻。"

《(宣統)番禺縣續志》卷三十二:"《樂志堂文略》四卷,南海譚瑩撰。"

《清史列傳》本傳："初以華麗勝,晚年爲激壯悽切之音"。

瑩詩名最著,與同時人徐榮、熊景星、徐良琛等結"西園吟社",文酒流連,極一時之盛。又與黃玉階、李能定、沈世良等結爲"花田詩社"。與許玉彬、陳澧、黃玉階等以詞唱和,結爲"越臺詞社";與沈世良、金錫齡、許其光以詞結"山堂吟社"。與吳蘭修、曾釗、梁梅等於載酒亭討論書史。

《(光緒)廣州府志》卷一百六十二:"同時又有結西園吟社者,爲漢軍徐鐵孫榮、南海熊篆江景星、順德梁子春梅、南海徐夢秋良琛、南海譚玉生瑩、番禺鄭棉舟棻、順德鄧心蓮泰,諸人文酒流連,殆極一時之盛。"

《(宣統)番禺縣續志》卷四十:"花田詩社,在花埭,道光、咸豐間黃玉階、譚瑩、許玉彬、李能定、沈世良、蕭諫、吳澐、李應田、杜游、徐灝、樊封、石衡、陳良玉、葉衍蘭諸人聯吟,恒集於此。""越臺詞社,道光壬寅、癸卯間許玉彬創詞社於山堂,與陳澧、譚瑩、黃玉階、葉英華、桂文燿、沈世良、陳良玉、沈偉士、徐灝月,凡一會,唱和甚盛。第一集題爲《越臺春望》,調寄《鳳皇臺上憶吹簫》,因名《越臺簫譜》。"

《(宣統)番禺縣續志》卷十九:"沈世良,字伯眉,捕屬人。博雅嗜古,熟精南史。督學戴文節公熙取入縣學生員。又工詩,尤善填詞。咸豐癸丑、甲寅間,與譚瑩、金錫齡、許其光結山堂吟社。"

《(宣統)番禺縣續志》卷四十一:"載酒亭,在布政司後街越華書院中。道光間,嘉善陳範川編修鴻墀主講時築此亭。環植花竹,招吳蘭修、曾釗、梁梅、侯康、譚瑩、陳澧集其中,討論書史。光緒二十八年,改爲廣州府中學堂,亭廢。"

一生博考粤中文獻,校刻秘籍鉅編甚多,功亦最著。計有《嶺南遺書》五十九種,《粤十三家集》一百八十二卷,選刻近人詩《楚庭耆舊遺詩》七十四卷,采海内罕見書籍彙刻爲《粤雅堂叢書》一百八十種,重刻宋王象之《輿地紀勝》二百卷。曾兩修《南海府志》,一修《廣州府志》,又修《廣東通志》。

《(光緒)化州志》卷七:"(譚瑩)最有功藝林者,莫如校刻秘籍鉅編。泊《粤中先正遺書》一事,發而好學,澹於榮利,藉閒官,爲旁搜博覽之資。所居圖書充棟,鄴侯三萬軸,不足多也。"

《清史稿》本傳:"博考粤中文獻,友人伍崇曜富於貲,爲彙刻之,曰《嶺南遺書》五十九種,曰《粤十三家集》,曰《楚南耆舊遺詩》,益擴之爲《粤雅堂叢書》。"

陳澧《東塾集》卷六《譚君墓誌銘》:"生平博考粤中文獻,凡粤人著述,搜羅而盡讀之。其罕見者,告其友伍君崇曜彙刻之,曰《嶺南遺書》五十九種三百四十三卷,曰《粤十三家集》一百八十二卷,選刻近人詩曰《楚庭耆舊遺詩》七十四卷,又博采海内書籍罕見者彙刻之,曰《粤雅堂叢書》一百八十種,共千餘卷。凡君爲伍氏校刻書二千四百餘卷,爲跋尾二百餘篇,君之淹博,略見於此。所爲詩文,有《樂志堂集》三十三卷,初以華贍勝,晚年感慨時事,爲激壯悽切之音。"

《清儒學案》卷一百二十三:"(譚瑩)有《豫庵札記》一卷,未刻。兩修《南海府志》,又修《廣州府志》,未竟。"

阮元《(道光)廣東通志》跋:"右《廣東通志》三百三十四卷,嘉慶戊寅總督阮文達公所修,道光壬午刊成。閱三十六年,咸豐丁巳島夷之亂,其板毀焉,辛酉重建貢院,惠濟義倉出資助成之,工既畢而資有餘,澄等請於官,重刊通志。同治甲子刊成,爰記其事於目錄後。日講起居注官翰林院編修前詹事府右春坊右中允史澄、二

品銜候選道梁綸樞、國子監典簿銜署德慶州學正陳日新、內閣中書
銜揀選知縣化州學訓導譚瑩、截選知縣前任河源縣學訓導陳澧
謹識。"

　　爲人性坦率，淡泊名利。與人交，不作應酬語。若與論學術是
非、人品心術邪正、詩文得失，咸推勘入微，凡所譏訶，悉中癥結。
少與侯康等交莫逆，晚歲陳澧與之齊名。

　　《清史稿》本傳："（譚瑩）少與侯康等交莫逆，晚歲陳澧與之
齊名。"

　　《晚晴簃詩匯》卷一百四十五："（譚瑩）以文行矜式鄉閭，性坦
率，與人交，不作應酬語。若與論學術是非、人品心術邪正、詩文得
失，咸推勘入微，凡所譏訶，悉中癥結。"

　　《（光緒）高州府志》卷二十六："（譚瑩）性坦率，與人晉接殊落
落，而師生之甚摯。從游者，脩脯隨其自送，絕不計較厚薄。"

　　有子五人，鴻安、崇安、懋安、宗瀚、宗熙。孫三人，祖貽、祖綸、
祖沅。子懋安，後改名宗浚，字叔裕，同治十三年（1874）榜眼，授編
修，督四川學政，典試江南。後纂國史《儒林傳》，再出爲雲南督糧
道，鬱鬱而卒，年未五十。曾替父續纂府志。著有《遼史紀事本末》
《希古堂文》，尚有《兩漢引經考》《晉書注》《金史紀事本末》《珥筆紀
聞》《國朝語林》等皆未成。少有詩名，爲時人所賞，有《荔村草堂詩
鈔》《荔村草堂續鈔》。

　　《皇清敕授儒林郎內閣中書銜瓊州府學教授加一級譚君墓誌
銘》："有子五人。鴻安、崇安、宗浚、宗瀚、宗熙。孫三人。祖貽、祖
綸、祖沅。"

　　《（光緒）廣州府志》卷四十一："譚宗浚，南海人，榜眼，編修。"

　　《晚晴簃詩匯》卷一百六十六："叔裕才學淹博，名滿都下，自編

其詩爲八集，大抵少作以華贍勝，壯歲以蒼秀勝，入滇以後，諸詩雖不免遷謫之感，而警煉盤硬，氣韻益古。"

鄭葵《(宣統)南海縣志》卷十四："譚宗浚，原名懋安，字叔裕，捕屬人，瓊州府教授瑩次子也，少承家學，聰敏强記。年八歲，作《人字柳賦》，即爲時所誦。年十六，中咸豐十一年辛酉舉人，是年計偕入都。時英夷和議甫成，宗浚感山川，爲《覽海賦》，洋洋數萬言，沉博絶麗。同治十三年甲戌，成進士，以一甲第二人及第，授翰林院編修，充國史館協修纂修方略館協修教習庶吉士，加侍讀銜。光緒二年，督學四川，風裁峻整，任滿，時選諸生詩文，爲《蜀秀集》風行海內。八年，充江南鄉試副考官，所得多知名士。十一年，京察一等，記名道府。宗浚不欲外任，向掌院力辭，掌院不允。"

《清儒學案》卷一百二十三："子宗浚，字叔裕，同治甲戌一甲二名進士。授編修，督四川學政，典試江南，多得士。在館職，殫心著述，不樂外任。因續纂國史《儒林傳》，忤總裁意，遇京察，辭薦不允，出爲雲南督糧道，鬱鬱而卒，年未五十。所欲著書，未竟其志。其已成者，《遼史紀事本末》十六卷，《希古堂文》甲乙集共八卷，《荔村草堂詩鈔》十卷，《續鈔》一卷。尚有《兩漢引經考》《晉書注》《金史紀事本末》《珥筆紀聞》《國朝語林》，皆未成。"

弟子陳起榮有名於時，字倬雲，號奎垣，捕屬人，縣學生。性孝友，品學端粹，博覽多聞，熟於史事，尤工駢體文。

《(宣統)番禺縣續志》卷二十："陳起榮，字倬雲，號奎垣，捕屬人，縣學生。性孝友，品學端粹，博覽多聞，熟於史事，尤工駢體文，爲南海譚瑩高弟。里居授徒，從游者日衆。校刊彭兆蓀輯《南北朝文鈔》，以示學者津梁。平日篤交誼，重然諾，任恤睦姻，不遺餘力，古之陳仲弓一流人也。著有《如不及齋詩文集》。"

參考文獻：

1. 王鍾翰點校《清史列傳》卷七十三《譚瑩傳》，中華書局1928 年版。

2. 趙爾巽等《清史稿》卷四百八十六《譚瑩傳》，中華書局1977 年版。

3. 徐世昌等編著《清儒學案》，中國書店 1990 年版。

4. 鍾淦泉、鄧慕堯編《虎門遺韻》，花城出版社 2003 年版。

5. 張之洞著，陳居淵編、朱維錚校《書目答問二種》，中西書局 2012 年版。

（褚爲強）

蘇廷魁傳

蘇廷魁，字賡堂，廣東高要人。嘉慶五年（1800）生。

趙爾巽等《清史稿》卷三百七十八《蘇廷魁傳》："蘇廷魁，字賡堂，廣東高要人。"

佚名《蘇河督年譜》："一歲，嘉慶五年庚申，是歲生。"

少年穎悟。嘉慶二十二年（1817）考入府學，二十四年以一等一名補廩。道光元年（1821），以恩科中舉人。十五年中進士。

李光廷《恭祝誥授光禄大夫賡堂河帥夫子大人八袠開四壽序》（蘇廷魁《守柔齋行河集》卷末）："公少聰敏端重，甫就傅，贈光禄公命背寫《小戎》詩，一字無訛。"

《蘇河督年譜》："十八歲，（嘉慶）二十二年丁丑，歲考入府學。二十歲，二十四年己卯，科考以一等一名補廩。二十二歲，道光元年辛巳，恩科領鄉薦，正主考蘄水陳沆秋舫先生賞其文有古法，發刻一篇。三十六歲，十五年己未，成進士。……三十九歲，十七年戊戌，補散館授職編修。……（八月）派起居注協修、國史館協修。"

《清史稿》本傳："道光十五年進士，選庶吉士，授編修。"

道光十六年（1836）冬，告假歸覲，游西湖，作《西湖雜咏》百首。

蘇廷魁《守柔齋詩鈔初集》卷四《西湖雜咏》小序："丙申冬，告假歸覲，始游西湖，尋歷名勝，省憶舊聞，漫成百首，貽諸同好。"

道光二十二年（1842），遷御史，請修築虎門炮臺及諸要隘，以防敵回擾粵。

《蘇河督年譜》："四十三歲，（道光）二十二年壬寅，三月補福建道御史，八月轉江南道御史，旋掌京畿道御史。"按，蘇廷魁於御史任上，以直言著名。陳康祺《郎潛紀聞》卷一云："以余所聞，嘉、道之間，蘇廷魁、陳慶鏞、朱琦爲'諫垣三直'，又合吾浙金應麟，世稱'四虎'。"《蘇河督年譜》亦云："居諫垣，遇事敢言，直聲動天下。與陳慶鏞頌南、朱琦伯韓有'都中三君子'之稱。"全慶《守柔齋詩集序》："（蘇廷魁）由翰苑轉諫垣，直聲震天下。讀其奏疏者，無不仰望其丰采。"

《清史稿》本傳："二十二年，遷御史。海疆兵事方亟，迭上疏論列，請修築虎門炮臺及燕塘墟、大沙河、龜岡諸要隘，以防敵回擾粵，既而和議成。"

梁廷枏《夷氛聞記》卷四："粵人御史蘇廷魁講經濟，最留心時務。見機有可乘，將有以慰聖心也。即據所聞入告，請就此時先修虎門炮臺，資他日抵禦；築城東大沙河堤，營龜岡東岸。時耆英方以欽差大臣馳及嘉興，上命特依順代杭州將軍，促耆英改赴粵，確查印度及夷船回帆虛實。令相機攻滅香港，重整海防。未至，而夷船已大隊犯江左，復命回江堵禦。是時虎門炮臺尚阻於夷，未得修復。"

同年，因灾異上疏數千言，請歸罪樞臣穆彰阿等，並下罪己詔。上覽奏動容，嘉其切直。

《恭祝誥授光祿大夫賡堂河帥夫子大人八袠開四壽序》："初道光壬寅，公甫官御史，值天變，上疏請下詔罪己，劾輔臣有將順而無匡救，凡數千言。硃批云：'朕當刻意自修，諸臣其盡心獻替，直言無隱。'五日內，白氣全消，由是直聲震天下。"

王拯《蘇賡堂守柔齋續集序》："高要蘇賡堂先生爲御史時，以道光壬寅天變陳言，直聲震天下。"

《蘇河督年譜》："是年，星變陳言，宣宗嘉納，下詔罪己，不數日而白氣消。長白詩人有'臺臣已盡回天力，閣老應存報國心'之句，此摺一出，遠近傳誦。江西州縣至鳴鑼傳賣，旬日而止。"

《清史稿》本傳："二十三年春，有白氣自天西南隅直掃參旗，因災異上疏數千言，極論時政乖迕，歸罪樞臣穆彰阿等，請立罷黜；並下罪己詔，開直諫之路：語多指斥。宣宗覽奏動容，嘉其切直，朝野傾望丰采。"

按，此事於年譜、王拯序、李光廷壽序中均記作道光二十二年，唯《清史稿》記作二十三年，後者誤。

道光二十四年（1844），遭憂去官，就館新會景賢書院、永福寺、越華書院。

《蘇河督年譜》："四十五歲，（道光）二十四年甲辰……以外艱聞訃回籍。……四十六歲，二十五年乙巳，就館新會景賢書院，從學者衆。……四十七歲，二十六年丙午，館永福寺，寓蘭湖。督學戴文節公任滿北歸，屏執事，造訪語次，謂：'在粵不見足下，人將議我，足下可不出耶？'同學述其言，皆嘆異。……五十歲，二十九年己酉，就館越華書院。""公主講席，除院生外，負笈從學者恒百數十人。課文之餘，每勖以立身行己之道、不汲汲於功名爲戒，士風爲之一變。"

三十年（1850），道光帝崩，咸豐帝特旨召用，補工科掌印給事中。

《蘇河督年譜》："五十一歲，（道光）三十年庚戌……文宗御極，特旨召用。軍機發六百里，催起程。十一月至京，吏部奏准召見一次。天語垂詢周詳逾六刻,乃退補工科掌印給事中。"

咸豐元年(1851),上《謹始疏》,文宗嘉納之。

《清史稿》本傳:"咸豐元年,上《謹始疏》,請求宏濟之道,執勞謙之義,防驕泰之萌,推誠任賢,慎始圖治,選擇翰詹爲講官,嚴取孝廉方正備采用,文宗嘉納之。"

同年,奏參賽尚阿援引私親。

《清史稿》本傳:"賽尚阿出督師,援引內閣侍讀穆蔭擢五品京堂,在軍機大臣上學習行走。廷魁疏劾其壞舊制,用私親,超擢太驟,易啓幸進之門,請俟賽尚阿還,令回章京本任,詔斥擅預黜陟,猶以素行端方,不之罪。上先隱其名,出疏示賽尚阿,賽尚阿退,飲臺垣酒,問:'誰實彈我?'廷魁出席曰:'公負國,某不敢負公。'再以憂歸。"

按,梁章鉅、朱智《樞垣記略》卷一載咸豐帝硃批:"咸豐元年三月十六日諭:昨因賽尚阿出差,特旨將內閣侍讀穆蔭開缺以五品京堂候補,在軍機大臣上學習行走。穆蔭係軍機章京,行走多年,尚稱熟習,故令隨同學習,藉資造就。茲據給事中蘇廷魁奏,稱超擢太驟,易啓幸進之門,已不成話,並稱俟賽尚阿回京後,仍令該員回章京當差。黜陟自下,巧爲嘗試,尤屬亂道。該給事中人甚端方,此奏似不出其手,但所言尚無大謬,姑置不問。夫軍機大臣本爲要任,滿漢兼用,斷不應稍有區別。朕用人行政,一秉大公,從無分於滿漢。穆蔭人亦中材,朕本欲添派滿洲軍機大臣,惟內斷於心,親加選擇,黜陟大柄,朕自持之,非諸臣所可輕議也。用是明白宣示,使知朕意。"

咸豐四年（1854），在省城協助剿匪，軍機多出其謀劃。

《清史稿》本傳："四年，廣東紅巾匪起，將犯省城。或獻議借外兵，以鋪捐爲餉糈，力争，罷其議。"

《蘇河督年譜》："五十五歲，（咸豐）四年甲寅，省垣多事，當事議募夷兵數千守城，已成謀矣。以拒虎進狼之説，變色力争，言之再四，遂不果行，省垣賴以安堵。又以軍餉支絀，議派鋪捐，力言其弊而止。佛山失事，大府檄調肇慶參將崔大同來省，力陳肇城爲粤中咽喉，非崔參將不能守，調省，與兵勇不習，未必得力。乃以别策婉拒，而肇城遂失。及昆軍門壽報蘇海等破西江水賊，即勸乘勝赴梧州防守，遏賊西竄。而某觀察以越境爲辭，梧州遂失。此兩事當時頗傳，後乃諱言之。賊圍省城時，日上鎮海樓商辦守城事宜，保薦衛佐邦、林福盛可練勇殺賊。事平，軍功報最。紅匪將近，省垣即陳請大府提銀萬兩，給旗員養練餘丁助剿。當事以糜費辭，力争而後可。及北門之役，有效，當事始帖然。是時，軍令獻耳記給賞，人不自保，力陳其弊。謂諸生過往亦不能保，即行停止。都司黃耀吉之保守三水，無三日糧，兵潰且在旦夕，與大府力言，設法從間道轉運，不但孤城護全，實爲西、北兩江保障。蔡麟洲觀察語僚屬云：'吾輩受庇於紳士，良可愧也。'事平，大擬請獎，大府令王都運增謙先容擬保卿職花翎封章，待發，力却而止。"

蘇廷魁《守柔齋詩鈔續集》卷二《丙丁感事四首》其一："丙丁氛祲亘河津，鎮海籌邊氣絶倫。曾使天驕驚赤幟，不煩戎虜破黃巾。樓船自失重洋險，大樹難回五嶺春。往日金陵哀陸帥，若論成敗更無人。"

咸豐八年（1858），奉旨與羅惇衍等設團防局，招募鄉勇。

《清史稿》本傳："八年，英法聯軍踞廣州，廷魁與侍郎羅惇衍等倡設團防局，嚴清野，絕漢奸，招募東莞及三元里、佛山練勇得數萬人，聲言戒期攻城。敵師出，擊斬百餘級。敵始有戒心，稍戢，連艘北犯，既而天津議和，廣東敵兵未退，民益憤，廷魁等請留練局以防土寇。敵謂既媾和，何復募勇，且以懸金購領事巴夏禮爲責言。議和大臣桂良慮撓成議，奏請撤局。"

《恭祝誥授光禄大夫廣堂河帥夫子大人八裘開四壽序》："方咸豐八年，粵海夷氛之警也，顯廟詔公在籍與羅少司農、龍太常督團防軍興，倉猝籌餉練兵。事甫集，會夷輸款，乃籌善後事。"

按，魏源《海國圖志》卷七十九載蘇廷魁《奏粵海逆夷潛遁當乘機速辦善後事宜摺》。

道光十年（1860），艇匪擾廣寧，圍四會、肇慶，蘇廷魁聯絡諸軍，守禦有方。

《蘇河督年譜》："六十一歲，（咸豐）十年庚申三月，侯賊擁衆十餘萬，自懷集東竄，殘廣寧，困四會，鄉團皆敗。烽火逼肇郡，郡民隨官眷紛紛遷避。時昆軍門壽自梧來，引疾赴省，以舊交挽留，強而後可。適接勞制軍崇光飛函親筆書：'在城文武雖多，所恃爲長城者，惟老兄與昆宮保云云。'即日飛札調惠州兵守城，又札飭黃都司龍韜、黃都司鏞、許守備連升帶勇分護距城，各鄉召七營將弁齊集書院，激以大義，謂：'余奉命團練，城存與存，諸君謂何？'皆面赤同聲答應，惟先生命是聽。於是分段設守，留室家，示無去志，守具略備。七日而施溥統帶提標兵至，民知城可堅守，移居城內，社廟俱滿。賊數千抵城東水口，見兵勇列岸不動，鼓聲隱隱，山谷恐有伏，逾時退去。黃、許諸軍又大獲勝仗，賊鋒大挫，連夜東竄，而郡城獲全。賊中奸細供云：'事起倉卒，不料此城有人云。'四會被圍，旬日糧盡，將潰。召高要許令慶鎔，曉以大義，令轉運以救鄰封，糧至而圍解事平。郡民感德，醵錢以獻，且請建德政祠，力却而止，又辭不作生日。勞制府命高要許令以二千金代買宅,辭不受。"

《清史稿》本傳:"初,艇匪擾廣寧,圍四會、肇慶,兵疲糧罄,或勸之去,廷魁曰:'予團防大臣也,誓與城爲存亡!'會提督昆壽克梧州,以兵來援,城得完。疆臣屢欲上其功,皆固辭。"

同治初,中外大臣交章薦舉,乃以道員發往河南。是時決意引退,軍營差遣概辭不就。

《恭祝誥授光禄大夫虡堂河帥夫子大人八袠開四壽序》:"歲壬戌爲今上初元,以善後事竣奏。九月,得旨來京。十月,廷寄催促,兩宮皇太后垂問者再。癸亥入都,奉命以監司赴豫。"按,《守柔齋詩鈔續集》卷四自注:"同治二年十月六日出京。"

王拯《蘇虡堂先生守柔齋續集序》:"今天子(同治帝)嗣位,我兩宮皇太后垂簾親政,一時海內仁賢輻湊徵起。先生伏居其鄉已十餘年,乃以中外大臣交章薦達,朝廷詔書一再敦勉,幡然萬里,來覲京師。即日得旨,觀察河南。"

同治三年(1864),署河南布政使,整頓庫款,軍餉按季發足,士氣大振。

《蘇河督年譜》:"六十五歲,(同治)三年甲子正月,奉旨署河南布政使。三月初二履任。時庫款支絀,入不敷出,數年來司庫所存,每月無逾十萬者,欠餉幾至七十萬。協餉及駐防綠營月餉稱是,將弁鼓噪,委員坐催,月凡三四。前司閉門逃避,習以爲常。履任旬日,於州縣中賢不肖,黜陟二十餘人。上忙錢糧,報解踊躍,未及五月,已掃數清完。寧陵素稱疲弊,十餘年未常破白,至是亦解數千。庫儲充裕,增至六十萬。軍餉每月按發,將弁歡騰,士氣百倍,故所向有功。駐防前十年僅領一二季餉,及是始按季發足,盡裁各項陋規。八月,代辦監臨,場內肅清。十月,武闈主試,嚴定章程,亦無滋事者。六十六歲,(同治)四年乙丑正月初一日,奉旨補授布政使。"

《清史稿》本傳:"同治初,以中外大臣薦,授河南開歸陳許道,歷布政使。"

同治五年(1866),洧川拆寨,幾釀大變,蘇廷魁以懷柔之法撫之,寨民感激帖服。

《恭祝誥授光禄大夫賡堂河帥夫子大人八裦開四壽序》:"洧川民築寨禦寇,縣令因其未先請,督勇毀拆,民恃衆抗拒,殺傷官兵,令憤以叛聞,大府許千兵往剿,王臬司主其議。公力争,請以名守令往諭,卒獻罪首數人,民情帖然,其執持如此。"

同年八月,奉旨署東河總督。七年(1868),河決榮澤,蘇廷魁禱天發願,率屬振興,終未奪溜,人以爲神。

《蘇河督年譜》:"(同治五年八月)十七日,奉旨署東河總督。"

李光廷《守柔齋行河集後序》:"同治六年,吾師賡堂蘇公由豫藩擢攝是任(按,指東河總督)。其時江寧方克復,而捻賊仍擾山東。曹、兗、濟寧之交,烽煙未息。又遭泛濫,兼之蘭口未塞,患連三省;直隸之長垣、開州,河南之封邱、滑、浚積淤所壓,田園半空,老弱迫於死亡,丁壯罷於轉徙,一時凋瘵之形、困苦顛連之狀,於役所及,怒焉傷之。其詩曰:'不惟畏簡書,將雪素餐恥。風塵何云勞,萬方憂未已。'蓋實由衷之言,而忘其力之不及也。七年六月,河流盛漲,今相國李公實資以平賊,而榮澤無工處一夕遂決。朝廷援例議公,責以堵塞。公乃截留楚北餉以濟工,率屬振興,屬以軍法,號令一出,從事率皆震奮。八年元夕,遂告合龍,前堵決所用至數百萬,公僅用百三十萬而已。天子嘉之,爰命即真,是時公年七十一矣。"

《恭祝誥授光禄大夫廙堂河帥夫子大人八袠開四壽序》：“帥河時，戊辰歲，河决，滎東泛。公禱於天，泪涔涔，誓以身殉，决口遂陷而不奪溜，人以爲神。方事初棘，庫帑支紬，適湖北轉餉二十餘萬，道豫，議截留濟工。豫撫持不可，公遽以請奉俞旨，而大農工餉亦繼至，大工旋合龍。是役也，出納委之局員工役，繩以軍法，費省而程功速然，微湖北餉豫民幾殆。”

《清史稿》本傳：“七年，河决滎澤，未奪溜，革職留任，閱三月工竣，復之。”

同治九年（1870），交卸告假回籍。

《蘇河督年譜》：“七十一歲，（同治）九年庚午……奉旨來京。十月二十七日，交卸告假回籍。”

光緒四年（1878），卒。

《清史稿》本傳：“光緒四年卒。”

治學精《周易》。

《恭祝誥授光禄大夫廙堂河帥夫子大人八袠開四壽序》：“（蘇廷魁）於經專治《易》，著《學易知懼》，倭文端公嘗以是相勸勉。”

全慶《守柔齋初集序》：“余猶憶視學粤東，時先生主講越華書院，晨夕過從，知先生研心於易學極深。”

又好作詩，中歲以後轉益豪放，有《守柔齋詩鈔》《守柔齋行河集》等。

土拯《蘇廙堂先生守柔齋續集序》：“方先生爲御史，拯甫誦籍，觀政曹司，從上元梅先生游，以文字切劘。梅先生論詩尤嚴，獨於先生詩亟稱之。拯故承先生教，而聞梅先生言，亦能心領其意。乃時先生自謂中年心疾，於詩殊不肯爲。且戒拯以詩之爲道，雕鈢肝腎，勞精敝神，宜姑置之，厥意良厚。顧自十餘年來，好溺文字，所歷身世悲憂拂鬱之故，時發於詩，弗能常守先生之教，每思昔言，未嘗不中愧也。先生之來也，一見輒出鉅編相示，曰：‘此吾《北游草》也。昔與子戒勿爲，而兹乃自爲之，且數爲之，子以爲何？’拯受讀之，蓋自被召而出，行程所歷，詩百餘篇；鄉居數載，時有所作，亦附存焉。先生詩故早成，中歲所作，嘗一刻道光間，即梅先生所嘗見也。經歷世變，年益進而詩轉益豪。昔人謂李商隱詩，以謂指事懷忠，鬱紆激切，可與曲江老人相視而笑。竊於先生亦有謂焉。”

彭泰來《守柔齋詩鈔初集序》：“君於學敏而鋭，陶咏尤所好。旬月不晤，出所作，輒移晷讀不盡，又益工。自始爲詩，蓋無日不精進。”

何廷謙《守柔齋行河集序》：“公天資既高，學問宏富，往來南北，閱歷亦甚久。故其意象高遠，托興幽深。其波瀾壯闊，似少陵；刻劃深摯，近昌黎；吐屬雋妙，類東坡。實則自構堂奧，絶無依附。”

徐世昌《晚晴簃詩匯》卷一百三十八：“贗堂官諫垣時，伉直敢言，與陳頌南、朱伯韓齊名，號‘三諫臣’。詩則葩敷藻耀，時露感慨，律句亦有類中晚者。”

林昌彝《海天琴思續録》：“高要蘇贗堂河帥廷魁詩攄寫胸臆，激盪性靈，不侈浮華，吐啜翰藻。此詩家之有道氣者也。”

何日愈《退庵詩話》：“（蘇廷魁）爲詩氣厚詞雄，得杜、韓精華，寄托深遠，吐屬平和，雍雍乎大臣氣度，固自不同也。”

李文泰《海山詩屋詩話》：“贗堂河帥位望崇隆，而詩筆甚清。”

參考文獻：

1. 蘇廷魁《守柔齋詩鈔初集》，《清代詩文集彙編》，上海古籍出版社 2010 年版。

2. 蘇廷魁《守柔齋詩鈔續集》,《清代詩文集彙編》,上海古籍出版社 2010 年版。

3. 蘇廷魁《守柔齋行河集》,《清代詩文集彙編》,上海古籍出版社 2010 年版。

4. 趙爾巽等《清史稿》卷三百七十八《蘇廷魁傳》,中華書局 1977 年版。

5. 佚名《蘇河督年譜》,《北京圖書館藏珍本年譜叢刊》,北京圖書館出版社 1999 年版。

（馬昕）

湯鵬傳

湯鵬，字海秋，湖南益陽人。嘉慶六年（1801）生。

王拯《户部江南司郎中湯君行狀》："君名鵬，字海秋，湖南益陽縣人。……君生嘉慶辛酉年三月十三日。"

按，湯鵬《海秋詩集》卷十五《嘲海翁》序云："益陽湯鵬，號海秋，自少已然。"不知海秋乃其字，抑或其號，姑録於此。

生負異稟，九歲能屬文，年十四補學員，就學於岳麓書院。道光二年（1822）中舉人，次年中進士。

《户部江南司郎中湯君行狀》："君生負異稟，九歲能屬文，年十四補學員，道光二年壬午舉於鄉，明年成進士。"

《海秋詩集》卷十一《此日可惜行示兒子》："余方五齡頗英妙，六經以次資坐嘯。十齡搖筆已兀傲，高崖巨壁紛奔峭。"

《海秋詩集》卷末陳本欽評跋："海秋天姿英邁，嶔崎磊落，自其山居時，已有不可一世之概。昔在岳麓讀書，譚藝於群從中，一見最傾倒之。"

所作制藝具桐城法度，編爲《海秋制藝》前後集，列書肆中，爲士子爭相模仿。然其不屑於此，而專力於作詩，喜追擬漢魏六朝唐人詩，成詩集三十餘卷。

梅曾亮《户部郎中湯君墓誌銘》："所爲制藝，列書肆中，士子模擬，相接得科第。而君是時已專力爲詩歌，自上古歌謠至三百篇、《離騷》、漢魏六朝、唐，無不形規而神絜之。未幾，成詩集三千首。”

姚瑩《湯海秋傳》：“君少爲文有奇氣，初成進士，所爲制藝，人爭傳其稿，市肆售之幾遍。君曰：‘是不足言文也。’取漢魏六朝迄唐人詩歌追擬之，必求其似，務備其體，已梓者三十餘卷。又好爲文，嘗謂其友人曰：‘漢以後作者，或專工文辭，而義理、時務不足；或精義理、明時務，而辭陋弱。兼之者，惟唐陸宣公、宋朱子耳。吾欲奄有古人，而以二公爲歸。’其持論如此。”

邵懿辰《湯海秋哀辭》：“壬辰，余始至京師，見書肆間市湯君海秋時文，善雕繪物情，而舉以大氣，其源似出於方氏。……始君登第，年甚少，山陽汪文端爲座主，奇其文，名是以起。”

湯鵬《海秋制藝》卷首汪廷珍序：“其橫以峭，排以宕，似周秦諸子；其浩落屈盤，空靈變化，似唐宋大家；其質實雄深奧雋，似有明暨國朝作者。至其發抒聖賢之理，刻雕事物之情，則又曠然自道其心之所欲言，而脫然離於古人町畦之外，而自成一家之文也。抑又隨其筆力之所之，而不名一家之文也。蓋天才固多，而人功亦非其所少焉。余生平不輕爲人序文，嘉海秋之請而與之者，蓋欲公之同好以明余之不阿。又策海秋年少氣銳，其後此數十年讀書養氣之功，必能追古人之遠且大者而從之，不徒以其文鳴於天下也。”

《海秋制藝》卷首穆彰阿序：“海秋爲余癸未禮闈所得士，當時闈中之文，樸遬渾堅，瀏亮頓挫，余固心焉許之。已而得其生平所爲文，其理有餘於詞，筆有餘於意，含之而爲毫厘，吐之而爲尋丈，操之而爲徑寸，縱之而爲萬里。嗜奇攬博，而出之以妥帖排奡之力，縋幽鑿險，而出之以汪洋淡泊之致，豈非孔子之所謂達者耶！其上之出入於管、韓、莊、列，其次出入於韓、歐、蘇、曾，又其次乃亦出入於金、陳、歸、黃、熊、劉、二方諸家。然而能自用其才而不襲其貌，且能自用其法而無所拘苦於即離伸縮之間，豈非韓子之所謂能自樹立者耶？海秋嘗刻其初集，山陽汪文端公爲之序以行於世，幾於家有其書，人有其篇矣。乃復重事編摩，芟其初集不足存者，而存其膾炙人口者，如干篇是爲前集。又輯其近所爲文，並取初集之文而陶汰之，用初集之題，連篇累牘以盡其義，因而綴屬之者，如干篇是爲後集。計共得文一百八十一篇，而請序於余。余知海秋甚久，而愛海秋之文甚摯。且聞天下操觚之士，其帖然心服於海秋之文者甚衆。大願吾力之能揄揚焉，於以治今之堆砌者、濡滯者、局趣偓齪摹擬剽竊者，而同歸於孔子之所謂達，韓子之所謂能自樹立。是則余之所以序海秋之文也。"

《海秋詩集》卷末何凌漢評跋："海秋於制藝，鋒铦勁利，壁壘整齊，乃以周秦之古文爲時文，非徒以唐宋之古文爲時文者也。"

《海秋詩集》卷末李湘棻評跋："海秋以制藝名天下，操鉛槧者幾於家置一編。其爲文也，真氣磅礴，從至性至情中流出。"

《戶部江南司郎中湯君行狀》："君初未爲詩，一歲與張別，數月相見，出巨册示之，則已爲詩歌數百篇，淋漓甚豪，一發其振迅不可一世之概。張撫卷大愕，以謂李夢陽今復世也。"

曾國藩《祭湯海秋文》："春官名揭，如纛斯標。奇文驟布，句鷔字梟。群兒苦誦，自暝達朝。"

初爲禮部主事，道光十年（1830）充軍機章京兼方略館纂修，後補戶部浙江司主事，擢貴州司員外郎，充乙未科會試同考官，又擢山東道監察御史。

《戶部江南司郎中湯君行狀》："庚寅，充軍機章京兼方略館纂修。前太傅大學士曹文正公，以禮部方尤衆需補，久恐抑君才，特奏調君戶部，補浙江司主事，擢貴州司員外郎，充乙未科會試同考官。人皆謂君不日月躋津要、得美仕也，而君獨以資求爲御史，擢山東道。"

《湯海秋傳》："初爲禮部主事，年甫二十，負氣自喜。爲文章，震爍奇特，諸公異其才，選入軍機章京，補戶部主事，轉貴州司員外，擢山東道監察御史。君在軍機，得見天下章奏，又歷戶曹，習吏事，慨然有肩荷一世之志。每致書大吏，多所論議。"

《戶部郎中湯君墓誌銘》："君嘗爲會試同考官，門下坯至九列。譽君者，不患其無人。"

於御史任上，進言甚勇。因言宗室尚書叱辱滿司官事，遭處分免職，回戶部員外郎，轉四川司郎中。

《戶部郎中湯君墓誌銘》："年始三十餘，意氣蹈厲，謂天下事無不可爲者。其議論所許可，惟李文饒、張太岳輩。徒爲詞章無當也，於是勇言事。未逾月，三上章，最後以宗室尚書叱辱滿司官非國體，言過當，且在已奉旨處分後，罷御史，回戶部員外郎，轉四川司郎中。"

《湯海秋傳》："及爲御史，再旬而章三上。有宗室尚書叱辱滿司官，其人訐之，上置尚書吏議。君以爲司官朝吏，過失當付有司，不可奴隸辱之；此大臣作威福之漸也，吏議輕，不足以儆。援嘉慶中故事爭之。上以爲不勝言官任，罷回戶部員外。而君方草奏，大有論建，未及上而改官。"

《湯海秋哀辭》："君儻蕩，不規規繩檢，然豪氣任事，自部曹直軍機處擢御史，不兩月以劾載銓罷。定郡王載銓未襲郡王時，爲工部堂上官奴，視其屬，出俚語罵詈。君聞不平，入臺即上章論之。君雖以是斥還部，而載銓自是未嘗攝部事。"

《海秋詩集》卷十八《在御史臺一月以言事回戶部》："一疏達天閽，飛騰白簡霜。臣心無曲折，主德有包荒。浩盪威兼愛，蹉跎老作郎。篋箱餘諫草，磨滅付斜陽。"按，由詩題知湯鵬在御史任僅一月。

丁母憂，服闋起復，補江南司郎中，管理軍需局。時英國侵犯海疆，清廷連年用兵，湯鵬上善後事宜三十條，極言預防之策，然僅報聞而已。

《湯海秋傳》："英夷事起，沿海諸省大擾。上再命將無功，卒議撫通市。君憤甚，已黜，不得進言，猶條上三十事於尚書轉奏焉。大臣用事者曰：'書生之見耳。'上雖召見君，而無所詢，報聞而已。"

《戶部江南司郎中湯君行狀》："於路聞母喪，歸。服闋起復，補江南司郎中，管理軍需局。君以數年海疆連兵，英吉利甫就撫，宜善馭之，上善後事宜三十條，由本部堂上官以聞。大抵言羈縻之中宜思預防，如召募練勇、修船造炮、緝奸設險諸務，皆指陳愲切，而尤以破成格開特科爲用人之要，往復致意焉。……君卒前日，猶與余入官署，時方議復米利堅國通市章程。旨行矣，君呼吏持牘前，張目諦視，意蹙蹙若大戚者。久之，遽出，登車去。余視牘中議，始知君前陳善後疏中有所逆中，而至是夷果以爲請者。予謂君之蹙蹙者，殆以是夫。"

《戶部郎中湯君墓誌銘》："是時英夷擾海疆，求通市。君已黜，不得言事，猶條上奏書，轉奏夷務善後者三十事。雖報聞，而後美利堅求改關市約，有奏中不可許者數事，人以是服其精，非疏闊大略者也。"

道光二十四年（1844），將以郎官出守，因服食大黃，暴疾而卒。

《湯海秋哀辭》："郎官資深需次，將出守，而暴得疾以卒，甲辰七月九日也，年四十有四。"

林昌彝《射鷹樓詩話》卷八："益陽湯海秋正郎鵬於甲辰七月卒於都下。是年四月底，余病亟，死而復生，海秋嘗作詩以志喜。海秋卒之前三日，思爲余作更生會，延都下諸知交飲陶然亭，寄詩云：

'爲君斟此更生酒，留作人間命世才。'至次日，海秋以病辭。第三日，海秋竟長逝矣。悲哉！更有異者，當余病時，爲四月之底，何子貞師、朱伯韓侍御、魏默深司馬、李梅生太史、何子愚世叔咸佽錢以爲醫藥之資。海秋寄詩云：'債客門前如雁立，端陽過後便登仙。'自注云：'頃爲孔方所困，過蒲節即上青天耳，當盡朋友之誼。'昔人所謂詩讖，余於海秋見之矣。"

薛福成《庸盒筆記》卷三"猛藥不可輕嘗"條："益陽湯海秋侍御鵬，雄於制舉文。道光年間，以少年捷科第，登言路，高才博學，聲名借甚。一時勝流如曾文正公及王少鶴、魏默深、邵位西、梅柏言諸君子，皆與之交。……一日，諸友集其舍，或言：'大黃最爲猛藥，不可輕嘗，如某某等爲庸醫所誤，皆服大黃死矣。'侍御曰：'是何害？吾向者無疾，常服之。謂予不信，請面試之。'命奚奴速購大黃數兩來，諸友苦止之不可。及既購到，諸友競起止之，侍御已連取大黃六七錢吞之矣。一友飆起奪之，侍御復攫吞大黃一塊，且罵奪之者，遂皆反脣，諸友不歡而散。抵暮，聞侍御泄瀉不止。黎明，諸友趨往問疾，始知侍御已於中夜暴卒矣。故曾文正公祭文有曰：'一呷之藥，椓我天民。'惜哉！侍御以戲服猛藥殺其身，年僅四十有四，不然，則所就固未可量也。"

湯鵬爲官一二十年，浮沉曹司，常有抑鬱難伸之言，遂發憤爲文，著《浮邱子》九十餘篇。

《户部江南司郎中湯君行狀》："既復官户部，益浮湛，乃益發憤爲文。所著《浮邱子》篇九十餘，其文幹立枝分，以演迤於不窮。設論一事，必先曲盡情勢利害，而後證歸經傳之言。其自謂海秋之所學與海秋之生也之所目嵩而心傷者，悉於是焉存。又言爲天下者，貴能通萬物之情，以定天下之務。若徒治天下事，以吏胥之才而待天下士以妾婦之道，惡在其爲治日也。"

《湯海秋哀辭》："君顧自詭，高語周秦，廣衆中曲詆司馬遷、韓愈以張其説。人或觗不服，輒出所爲《浮邱子》俾讀。《浮邱子》者，效《昌言》《論衡》，道古今政俗得失、人情事變。以二字標題，凡九十篇，篇萬餘言。讀者不能終篇，益愕眙對君，君則鼓掌掀髯大喜。"

《户部郎中湯君墓誌銘》："君既負才氣，久居曹司，以爲事無論利鈍成敗，有所爲，當震暴人耳目……既不得施事，則將著之言，吾書出，而人以爲古嘗有是言，雖工弗貴也。於是爲《浮邱子》一書，立一意爲幹，一幹而分數支，支之中又有支焉，則支復爲幹，支幹相演，以遞於無窮。大抵言軍國利病、吏治要最、人事情僞、開張形勢，尋躡要眇，一篇數千言者，九十餘篇，最四十餘萬言。每遇人，輒曰：'能過我一閲《浮邱子》乎？'其自喜如此。"

湯鵬《浮邱子》卷首熊少牧序："道光壬辰、癸巳間，余與游，最習見。其於時政得失、海内人才之賢否進退，私居恒爲之憂喜。使非浮湛郎署，得所憑以竟其志，必矯然有以自見者。……其爲文也，皆自道其所得也。時而雲垂海立，時而月皎風疏，時而玉珮華紳，時而斜簪散髻，連抃旁魄，無有端涯，非韓子所謂'能自樹立，不因循'者耶？"

《浮邱子》卷末湯鵬後序："是故其篇九十有一，其言二十萬有奇。其指務在剖析天人王霸，發抒體用本末，原於經訓，證於史策，切於家國、天下，施於無窮。其心務在琢磨主術臣道，護持國勢民風。我之所有，以公於世，而毋敢吝。世之所無，以鞭策於我，而毋敢漠然。"

作詩兼擅各體，古體由屈宋而入漢魏，近體規模少陵，又借重於元好問、李夢陽、王世貞等輩。

《海秋詩集》卷首喬松年序："得我益陽師之詩，澄心息氣以讀之，又手舞足蹈以讀之。若四言《琴操》《古歌謡》，則沉浸乎典籍之味而自用其才，掇拾乎天地之狀而自成其采。此可謂山有泰華，水有滄海，一空古今作者矣。若五古則始而沉鬱頓挫，繼而溫柔敦厚，其《秋懷》《古意》《九懷》等作，雖阮嗣宗之《咏懷》、陳子昂之《感遇》、李太白之《古風》，弗能過之。此可謂盡五古之能事，以爲功於三百篇者矣。若七古則《放歌行》四十篇，本之《離騷》以正其旨。其他詨蕩雄奇之作，靡不探之古樂府以怡其情，游之太白以邕其神，參之少陵、昌黎、長吉以厚其力。至其哀艷而圓亮者，則又往往點綴初唐、長慶以溢其趣，此可謂極七古之大觀而無以復加者矣。若五七律則胎息少陵、摩詰，而元裕之、李崆峒亦奔走腕下。五七絕則每藏没石飲羽之技於手揮目送之中，而五絕尤饒近情遠韻，此可謂無境不臻、無體不具者矣。"

《海秋詩集》卷首劉伯塤序："四言則溫柔敦厚，五言則清峻遙深，七言則頓挫淋漓，雜言則揮霍變化。"

《海秋詩集》卷末曹振鏞評跋："余識海秋，長於制藝，已而讀其所爲古文，有賈誼、蘇軾之風。頃復讀其平生所爲詩什，其古體如五七言，始尚出入於韓杜，既乃揚漢魏之標，切風騷之脈，高情遠韻，獨出冠時。至其所爲四言《琴操》《古歌謡》，非特近代詩人之所難，抑亦前代詩人之所希也。近體五七律均得少陵之骨，而又能自用其才，五七絕亦自超然不落唐以下。"

《海秋詩集》卷十《此日足可惜一首答梅生並效昌黎雜用陽庚青東冬江韻》自評其詩："子謂我古意，吞彼文通江。子謂我秋懷，嗣宗不能雙。子謂我九懷，左思走且僵。子謂我放歌，屈宋之古香。謂我孤鳳篇，天問高頡頏。謂我慷慨篇，哀艷逼初唐。謂我古歌謡，導源擊壤翁。謂我和《琴操》，退之宜望洋。謂我四言詩，出入雅頌風。"

《海秋詩集》卷末郭儀霄評跋："海秋作詩實後於余，而其天分之超，人功之猛，規模之大，意思之深，乃爲吾黨所不可及。五言古體，其出入韓杜，排奡頓挫者，特其始作耳，既而上宗蘇李，下該鮑謝，如白雪橫嶺，如絳雲在霄，透徹玲瓏，不可湊泊。七言古體，原本屈宋，頡頏李杜，如蒼鷹側翅，如老蛟舞波，雄放離奇，不可一世。五七言律體，均能鼓鑄三才，包羅萬匯，沉鬱宏博，追步盛唐。五絕，高情遠韻，勝於七絕。至其四言《琴操》《古歌謠》等篇，尤爲空前絕後之作，其樸邃則夏鼎商彝，其橫逸則蓬壺員嶠。岣嶁碑耶，岐陽鼓耶，深夜讀之，只恐仙官敕六丁雷電下取將。”

《海秋詩集》卷末張際亮評跋：“余己丑春在都門，始識海秋農部，是時君始鋭意爲詩，出示數首，嘆爲崆峒復出，外人多駭其言。”

《海秋詩集》卷十五有《弇州山人入夢行》一首，自記王世貞托夢之事，雖頗詭奇，然亦見海秋受益於弇州之處固多。

出語真率，不拘格律，然亦不乏慘淡經營之功。

龔自珍《龔自珍全集》第三輯《書湯海秋詩集後》：“人外無詩，詩外無人，其面目也完。益陽湯鵬，海秋其字，有詩三千餘篇，芟而存之二千餘篇，評者無慮數十家，最後屬龔鞏祚一言，鞏祚亦一言而已，曰：完。何以謂之完也？海秋心迹盡在是，所欲言者在是，所不欲言而卒不能不言在是，所不欲言而竟不言，於所不言求其言亦在是。要不肯捂撦他人之言以爲己言，任舉一篇，無論識與不識，曰：此湯益陽之詩。”

徐世昌《晚晴簃詩匯》卷一百三十一：“（湯鵬）詩淋漓酣暢，言必蘄於盡意，不規規於格律，如其爲人。”

《海秋詩集》卷末楊士達評跋：“海秋先生嘗爲余言，詩文無成法，視吾才與力之所際而法自生。故其平生所作，法法而不囿法。”

《海秋詩集》卷末熊少牧評跋：“海秋於詩文，上下古今之故最熟最精，而其天才筆力又足以浩然而達其心之所欲言。雖然海秋非只靠着天才筆力橫掃千人也，其慘淡經營、艱苦曲折有十倍於人之所爲者。海秋之詩用力最勤，而進步最捷莫如辛卯、壬辰、癸巳、甲午、乙未等年。於時海秋侍從樞垣，衆皆謂其爲功名之階，而海秋獨藉此以討論時事，而爲詩歌忠愛之本。晨僚衣而入值，夜搦管以吟詩，倦或假寐而寢未酣，飢更停餐而食不飽。於五古，吾見其爲《感春》二十首、《秋懷》九十一首；於七古，吾見其爲《放歌行》四十篇；於五律，吾見其《擬歸去來》集杜百六十首，凡皆匠心獨運而後成。"

參考文獻：

1. 湯鵬著，劉志靖、王子羲、石彥陶、陳子定校點《湯鵬集》，岳麓書社 2011 年版。

2. 繆荃孫《續碑傳集》卷二十《户部江南司郎中湯君行狀》，周駿富輯《清代傳記叢刊》，臺灣明文書局 1985 年版。

3. 繆荃孫《續碑傳集》卷二十《湯海秋傳》，周駿富輯《清代傳記叢刊》，臺灣明文書局 1985 年版。

4. 繆荃孫《續碑傳集》卷二十《湯海秋哀辭》，周駿富輯《清代傳記叢刊》，臺灣明文書局 1985 年版。

5. 梅曾亮《户部郎中湯君墓誌銘》，錢仲聯主編《廣清碑傳集》，蘇州大學出版社 1999 年版。

6. 曾國藩《祭湯海秋文》，《曾國藩全集》，京華出版社 2001 年版。

（馬昕）

朱琦傳

朱琦,字伯韓,號濂甫,廣西臨桂(今廣西省桂林市)人。嘉慶八年(1803)生。

《清史稿》卷三百七十八《朱琦傳》:"朱琦,字伯韓,廣西臨桂人。父鳳森,嘉慶六年進士,官河南浚縣知縣,有政聲。滑縣教匪起,率團練禦之,屢破賊,城守卒完。遷河南府通判。歿,祀名宦。"

《清史列傳》卷七十三《朱琦傳》:"朱琦,字伯韓,廣西臨桂人。道光十五年進士。"

方宗誠《朱伯韓先生傳》:"先生名琦,字伯韓,廣西桂林人。父鳳森,嘗知河南浚縣。嘉慶十八年,滑縣賊起,著守城功,有循績。"

沈秉成《(光緒)廣西通志輯要》卷三:"朱琦,字伯韓,臨桂人。"

黃叔璥《國朝御史題名》:"朱琦,字伯韓,號濂甫,廣西桂林府臨桂人,乙未科進士,由翰林院編修補授福建道御史。"

劉錦藻《清續文獻通考》卷二百七十八:"(朱)琦,字濂甫,號伯韓,廣西臨桂人,道光乙未進士。"

道光十一年(1831)舉鄉試第一,十五年成進士,選庶吉士,授編修。尋遷御史,以直言規諫爲己任,切論時務,時稱"名御史"。二十六年,因言不見用,辭官歸里,與弟壽康辦團練,頗受朝廷賞識。

王家相《清秘述聞續》卷三:"解元朱琦,臨桂人,乙未進士。"

《清史稿》本傳："（朱）琦，舉鄉試第一。道光十五年，成進士，選庶吉士，授編修。慕同里陳宏謀之爲人，以氣節自勵。遷御史，值海疆事定，禍機四伏，而上下復習委靡，言路多容默，深以爲憂。著《名實說》。……於是數上疏切論時務，皆留中不報。時咸推其抗直，稱爲名御史。琦以言既不見用，二十六年，告歸。……家居治團練，助守禦。賊中梟杰張家祥者，悔罪投誠，當事猶疑之。琦知其忠勇可用，以全家保之，乃受降，改名國梁，卒爲名將。琦以守城勞議叙，以道員候選。"

《清史列傳》本傳："廣西賊起，琦回籍團練。張家祥之來歸也，官吏多疑之，琦獨識其人忠果可任，力保其無他，後更名國梁，卒爲名將，以死勤事。琦被團練勞，獎道員，入京候選。"

《（光緒）廣西通志輯要》卷三："朱琦，字伯韓，臨桂人，道光十五年進士，改庶吉士，散館授編修，遷給事中。性剛毅，有風裁，在諫垣建言時事，多見施行。尤善古文辭，與永福呂璜齊名。咸豐二年，以守廣西省城功，擢道員，留浙江候補。"按，據《清史稿》記，朱琦被起爲道員在咸豐六年，此記咸豐二年，疑誤。

王先謙《東華續錄（咸豐朝）》卷九："向榮所帶湖南兵，多疲乏，擬令挑選精壯堪戰者留營，俟新調兵到，前往抽換。桂林省城存兵無多，經署藩司吳鼎昌率，同在籍翰林院侍講龍啓瑞、御史朱琦等辦理團練最爲周密。"

《清續文獻通考》卷二百七十八："琦，字濂甫，號伯韓，廣西臨桂人，道光乙未進士，浙江候補道。"

王茂蔭《王侍郎奏議》卷二《籌備安徽防勦事宜摺（咸豐二年十月初九日）》："湖南之辦防堵，亦經年矣。總督親駐衡州，而賊由全州竄入永州，旋破道州，如入無人之境。所謂防堵者，何在？是可見辦理之全恃乎人也！查幫辦防堵，廣西則用龍啓瑞、朱琦。"

《東華續録（咸豐朝）》卷九："即飭令該藩司移駐南寧太平一帶，會督該處，在事文武協力剿捕，毋令蔓延。其梧州一帶，仍應派員防剿，着該撫會商賽尚阿妥籌布置。至省城防守尤關緊要，經該紳士龍啓瑞、朱琦等辦理團練，衆志成城，殊堪嘉尚。"

《東華續録（咸豐朝）》卷十："已將前遣赴南太之兵，調回臨桂，鄉團統計五萬餘人，均極整齊，省城可保無虞，各州縣團練均由在籍侍講龍啓瑞、御史朱琦及其弟前刑部主事朱壽康董率，可資得力。"

咸豐六年（1856），以守廣西省城功，起爲道員，至京師。八年，隨欽差大臣桂良至江蘇，不遇。十年，隨浙江巡撫王有齡至杭州。十一年，總理浙江團練局，守杭州清波門。太平軍破杭州，自殺殉國，年五十九。贈太常寺卿，予騎都尉世職，祀昭忠祠。

《清史稿》本傳："琦以言既不見用，二十六年，告歸。越數年，廣西群賊蜂起，其言皆驗。家居治團練，助守禦。賊中梟傑張家祥者，悔罪投誠，當事猶疑之。琦知其忠勇可用，以全家保之，乃受降，改名國梁，卒爲名將。琦以守城勞議叙，以道員候選。咸豐六年，再至京師。居兩歲，從欽差大臣桂良至江蘇，無所遇，王有齡獨重之，有齡撫浙，辟贊軍事。十一年，粵匪犯杭州，總理團練局。守清波門，城陷，死之。贈太常寺卿，予騎都尉世職，祀昭忠祠。"

《清史列傳》本傳："琦叙團練勞，獎道員，入京候選。逾年，隨欽差大臣桂良等至江蘇，卒無所遇。布政使王有齡推重之，及有齡撫浙，琦亦游杭州。時方用兵，籌餉孔亟，一切苟且之政競進，而琦言事每持大體，務恤民，或嫌其迂。咸豐十一年，總辦團練。賊既圍城，琦守清波門，督士卒守禦，無間晝夜。食將盡，大府以米餉琦，猶分數斗貽舉人伊敬堯。敬堯者，琦道義交也，城陷，琦死之。"

《（光緒）廣西通志輯要》卷三："咸豐二年，以守廣西省城功，擢

道員，留浙江候補。十年，浙江省城陷，殉難。照三品蔭恤。著有
《怡志堂集八卷》。"按，據《清史稿》載，咸豐六年，朱琦以守廣西省
城功，起爲道員，此記爲咸豐二年，疑誤。又，朱琦於咸豐十年隨王
有齡至杭州，十一年總理團練局，守清波門。杭州城破在咸豐十一
年，此記爲十年，疑誤。

《國朝御史題名》："朱琦，字伯韓，號濂甫，廣西桂林府臨桂人，
乙未科進士，由翰林院編修補授福建道御史。"

孫雄《道咸同光四朝詩史》甲集卷一："朱琦，字伯韓，廣西臨桂
人，道光乙未翰林，官至浙江候補道。有《怡志堂詩文集》。由編修
遷給事中，以守桂林功擢道員，庚申殉浙難。"

按，咸豐庚申即咸豐十年。據《清史稿》載，朱琦於咸豐十一年
總理團練局，守清波門。杭州城破在咸豐十一年，此記爲十年，
疑誤。

**性剛毅忠誠，以氣節自勵，勇於國事。爲御史，多建言時事，切
論政務，時人推其抗直，與陳慶鏞、蘇廷魁時稱"三直"，又合金應
麟，稱"四虎"，名重一時。重道義，知人善任，體恤愛民。**

《清史稿》本傳："陳慶鏞、蘇廷魁、朱琦時稱'三直'，合之應麟，
又稱'四虎'。"

陳康祺《郎潛紀聞》卷一："國朝諫臣，首數彭鵬、郭琇，至孫文
定公嘉淦，以自是箴高宗，袁銑以寡欲規宣廟，昌言主德，風稜卓
然，蓋古之遺直矣。以余所聞，嘉道之間，蘇廷魁、陳慶鏞、朱琦爲
'諫垣三直'，又合吾浙金應麟，世稱'四虎'。"

丁晏《頤志齋文鈔·御史朱琦陳慶鏞合傳》："道光、咸豐之際，
上方求言御史臺，有敢言之臣，直聲振天下，得二人焉，曰朱琦，曰
陳慶鏞。琦，字伯韓，廣西臨桂人。"

曾國荃《（光緒）湖南通志》卷一百七十七："李杭，字梅生，生七

歲,能爲五言詩。稍長,博通經史,工爲文。道光甲辰進士,選庶吉士,授編修。杭長身玉立,神清氣澄。益陽湯鵬、上元梅曾亮、閩陳慶鏞、桂林朱琦並以文章氣節,負重名,見杭,傾心引爲小友。"

琦少時即篤學,不務躁進。於學術宗程、朱。工詩、文,皆取法桐城派,而能自開一面,使桐城之學流衍於廣西。詩又學唐、宋、元、清諸名家,尤重李、杜、蘇、黃。尤善古文辭,與永福呂璜齊名。詩文氣韻沉雄,風骨俊逸。以文章氣節,名重當時。著有《怡志堂文集》《怡志堂詩集》《怡志堂詩文初編》《怡志堂文鈔》《來鶴山房詩稿》《臺垣奏議》等。

《清史稿》本傳:"(朱)琦學宗程、朱,詩古文皆有法,著有《怡志堂集》《臺垣奏議》。"

《朱伯韓先生傳》:"先生少篤學,慕其鄉陳文恭公之爲人,毅然思以志節勵當世,不務躁進。……先生工詩古文,以上元梅伯言郎中爲師友。著有《怡志堂文集》六卷、《詩集》八卷。"

《清史列傳》本傳:"(朱)琦古文學桐城,步趨呂璜,能自以才力充拓之,而植體經訓,原本忠孝,常沛然有餘。與梅曾亮、邵懿辰相上下。詩格渾雄,不立綱宗,而自成體勢。著有《怡志堂詩八卷》、《文》六卷。"

徐世昌《晚晴簃詩匯》卷一百三十八:"伯韓工詩,古文辭與梅伯言、邵蕙西相上下,觀其《正氣閣》一作,忠義之概,獨有千古,而卒不欺其言。伯韓又豈僅詩人已哉?"

陳康祺《郎潛紀聞二筆》卷十:"其不列弟子籍,同時服膺有新城魯仕驥絜非、宜興吳德旋仲倫。絜非之甥爲陳用光碩士,碩士既師其舅,又親受業姚先生之門。鄉人化之,多好文章碩士之群,從有陳學,受藝叔陳溥廣敷。而南昌又有吳嘉賓子序,皆承絜非之風,私淑姚先生,由是江西有桐城之學。仲倫與永福呂璜月滄交友，月滄鄉人有臨桂朱琦伯韓、龍啓瑞翰臣、馬平王錫振定甫，皆步趨於吳氏、呂氏而益求廣其術於梅伯言，由是桐城宗派流衍於廣西矣。"

《（光緒）廣西通志輯要》卷三："尤善古文辭，與永福呂璜齊名。……著有《怡志堂集》八卷。"

朱琦《怡志堂詩初編》卷七《答友人論詩》："周詩三百十一篇，曾經聖手難爲言。魯齊諸家守師說，卜氏絕學毛公箋。篇删其章句删字，侈稱古詩有三千。鄭衛淫風尚不削，肯安褊迫裂歌弦。秦人摧燒妄立石，老儒已死闕不傳。尚餘離騷二十五，聖處已到日月懸。漢初樂歌頗近質，蘇李揚馬導其前。熟精文選扸妙理，玉臺新咏別爲妍。高文要得建安骨，探道始識淵明賢。大謝小謝並清發，鮑庾藻思何翩翩。三唐兩宋面貌異，善學能變神則全。輕薄獵華盜名譽，自元訖明猶蹄筌。我家曝書八萬卷，猶病音學不貫穿。古聲淡泊味者少，自提一律歸精堅。平生宗法有數子，李杜韓白蘇黃元。此外諸家間參取，漁洋老筆新排編。"同卷《春星閣小聚數日留詩志別》其三："遠當追甫白，近亦逼蘇黃。"《怡志堂詩初編》宗鑑成跋引朱琦語："早年取徑香山，及與伯言梅郎中游，始改師杜、韓及北宋諸家。"林昌彝《射鷹樓詩話》卷一："侍御留心經濟，尤深於詩，樂府及五七言古詩，氣韻沉雄，風骨俊逸，有如千岩競秀，萬壑爭流。源出浣花，旁及昌黎，而能獨成一子。遒勁似劉誠意，而魄力勝之；忠愛似鄭少谷，而真摯過之。"《怡志堂詩初編》梅曾亮評跋："學韓而自辟異境。""樂府及五、七古視近體尤勝，其中長篇雄深峻邁，如百金駿馬，驀坡注硐，絕不蹉跌。"

謝章鋌《賭棋山莊集》文集卷四《記客中所得近人詩文集》："《怡志堂詩文初編》，臨桂朱琦撰。"

《清史稿》本傳："（梅曾亮）道光二年進士，用知縣，援例改戶部郎中。居京師二十餘年，與宗稷辰、朱琦、龍啓瑞、王拯、邵懿辰輩游處。曾國藩亦起而應之，京師治古文者，皆從梅氏問法，當是時，管同已前逝，曾亮最爲大師。”

《清續文獻通考》卷二百七十八：“《怡志堂文鈔》八卷，《來鶴山房詩稿》八卷，朱琦撰。琦字濂甫，號伯韓，廣西臨桂人，道光乙未進士，浙江候補道。”

與龍啓瑞、彭昱堯、汪運、商書浚、楊繼榮、曾克敬、李宗瀛、趙德湘、黃錫祖等稱爲“桂林十子”，有《桂林十子詩鈔》傳世。又與蘇汝謙、邵懿辰以詩文相唱酬，與梅曾亮以師友交游，與李杭以詩文傾心相交。

楊鍾羲《雪橋詩話》餘集卷七：“《桂林十子詩鈔》，朱伯韓，龍翰臣，外江任之運，商麓原書浚，曾躋堂克敬，彭子穆昱堯，皆粵西人，餘則山陰楊序斂繼宗、臨川李小韋宗瀛、南豐趙淡仙德湘、漢陽黃香圃錫祖。”

陳美文《（民國）靈川縣志》卷六：“（蘇）汝謙抱異才，各大帥皆以國士相待，生平蘊蓄，發於詩歌，嘗與臨桂朱琦、龍啓瑞、唐啓華、馬平王拯以詩文相唱酬。桂林十子，名聞全國，汝謙其一也。”按，據《桂林十子詩鈔》記，“桂林十子”並無蘇汝謙，此記疑誤。

《兩浙輶軒續錄》卷三十三：“邵懿辰，字映垣，號位西，仁和人，道光辛卯舉人。官刑部員外郎，在籍殉難，贈道銜，著《半岩廬詩鈔》。……與上元梅曾亮伯言、臨桂朱琦伯韓游處。”

曾國荃《（光緒）湖南通志》卷一百七十七：“李杭，字梅生，生七歲，能爲五言詩。稍長，博通經史，工爲文。道光甲辰進士，選庶吉士，授編修。杭長身玉立，神清氣澄。益陽湯鵬、上元梅曾亮、閩陳慶鏞、桂林朱琦並以文章氣節，負重名，見杭，傾心引爲小友。”

琦以御史職與陳慶鏞相善，皆肆力經史，以問學相切磨。

丁晏《頤志齋文鈔·衔使朱琦陳慶鏞合傳》："琦在臺諫，與陳君雅相善，皆肆力經史，以問學相切磨。陳君名慶鏞，字頌南，福建晉江人，精研六書，尤邃小學，道光壬辰進士。"

參考文獻：

1. 繆荃孫編《續碑傳集》卷七十九《朱伯韓先生傳》，《近代中國史料叢刊》，臺灣文海出版社1967年版。

2. 王鍾翰點校《清史列傳》卷七十三《朱琦傳》，中華書局1987年版。

3. 趙爾巽等《清史稿》卷三百七十八《朱琦傳》，中華書局1998年版。

4. 丁晏《頤志齋文鈔》，《續修四庫全書》，上海古籍出版社2002年版。

5. 鍾淦泉、鄧慕堯編《虎門遺韻》，花城出版社2003年版。

（褚爲强）

林昌彝傳

　　林昌彝，字惠常，號衣讔山人，又號茶叟、五虎山人，福建侯官（今福建省福州市）人。嘉慶八年（1803）生。

　　林昌彝《衣讔山房詩集》卷一："始旆蒙作噩，時年二十三歲。"按，"旆蒙作噩"爲道光五年（1825），則其生年爲嘉慶八年。

　　林昌彝《射影樓詩話》卷三："余家在福州省垣南後街。"

　　父林高漢，業商。母吳桂，生員之女，昌彝幼隨母誦習經典，知性善之學。曾寄養於同鄉林氏。

　　《射影樓詩話》卷十九："先大人名高漢，字卿雲，以家計故棄舉子業，援例入成均，浮海遠游。"

　　林昌彝《小石渠閣文集》卷四《先妣吳太安人行略》："先妣吳太安人諱桂，父西漁，閩縣生員。……昌彝生二歲，母吳太安人乳生癰毒，乳汁不可飲，同寓孟唐修先生妻林氏生兒，與昌彝同年月，因寄乳焉。……昌彝生四歲，太安人教以《三字經》。……六歲時，鄰家演劇，欲往觀，母曰：'此能搖盪人心，不可往。'昌彝凛然，即不敢往。適上丁釋菜，太安人囑叔父携昌彝往觀，歸問曰：'汝見殿上高坐之聖人乎？見四配十哲之賢人乎？是皆性善人也。'於是昌彝等聞聖賢之學在性善。……十一歲，抄六經，讀有不解者，太安人檢字典與閱。"

嘉慶二十五年(1820)，從岳父周嘉璧求學。參拜朱熹父朱松祠堂。

林昌彝《海天琴思録》卷一："余年十八，從外舅廣文周蒼先生讀書政和學署，同硯及戚好，送余游學詩者約數十人。"按，周嘉璧，號蒼士，嘉慶十二年(1807)舉人，有《享帚編詩草》。

《衣讔山房詩集》卷一《黃熊山拜朱韋齋先生祠》："攀藤披棘上上阿，剔蘚捫苔碣再磨。聽唱南枝三囀鵲，至今桑梓尚謳歌。"

道光元年(1821)，與院試，報罷。

《衣讔山房詩集》卷一《春闈恨詞四首》其一："金壺瀝血恨紅蛾，紫玉殘釵鬱咽多。不向邯鄲輕傅粉，背人雙泪落秋波"。其二："臨風叩叩佩香囊，羅袂幽蘭暗自香。可憐蔣侯第三妹，青溪獨處亦無郎。"自注："時劉三炯甫與余同報罷。"其三："玉簫環指認前身，荳蔻熏湯洗濯新。鸞鏡房櫳凉似水，笛聲吹瘦隔紗人。"其四："杏花春雨不禁寒，枝上鷓聲破夢殘。斜撥搔頭彈錦瑟，多情韓重遇應難。"自注："余於韓學使備取而未售。"韓學使即韓鼎晉，道光元年任福建學政。

二年(1822)，始學於陳壽祺。

林昌彝《一燈課讀圖畫册》徐鼒題識："既冠，爲鰲峰書館山長陳恭甫先生所知，發藏書八萬卷使之校，學業日進，遂於經術。"

《衣讔山房詩集》卷二《吾年二十七》："琅嬛八萬卷，記誦方成帙。"自注："恭甫先生小琅嬛館藏書八萬卷，余每抄讀，爲作提要。"卷四《陳恭甫先生傳》："先生諱壽祺，字恭甫，號左海，福州閩縣人也。……昌彝治經之學，爲先生所授，敢不能忘，因復撰傳一篇，以備史館之采摭焉。"

按，陳壽祺，字恭甫，又字介祥、葦仁，號梅修、左海，晚號隱屏山人。嘉慶四年(1799)進士,改庶吉士。著有《左海文集》等。

道光七年(1827),娶周蕊芬爲妻。

《衣讔山房詩集》卷七《亡室周孺人遺鏡詞》:"孺人名蕊芬,周蒼士師長女也。年十九歸余,捐館時年四十九。"自注:"道光丁亥孺人來歸,友人賦七言律《鴛鴦曲》三十章,並繪圖以贈。"

十四年(1834),與鄉試,因謄録之誤,中副榜。

《射鷹樓詩話》卷十五:"吳縣吳崧甫先生鍾駿。……爲余甲午鄉試坐主。昌彝次場經文五篇,極爲先生所贊賞,以第三場謄録錯亂七行,置副榜。"

《小石渠閣文集》卷四《先妣吳太安人行略》:"子昌彝,道光甲午科副榜、己亥科舉人。"

十九年(1839)秋,領鄉薦赴京。二十年三月,與會試,不第。二十一年三月,再赴會試,不第。是年,與詩人張際亮酬唱甚歡。此後於道光二十四年、二十五年、二十七年、三十年,四赴會試,皆不第。

《射鷹樓詩話》卷八:"余己亥鄉榜,庚子、辛丑、甲辰、乙巳、丁未、庚戌六上公車未售。"

按,張際亮《思伯子堂詩集》卷二十九有詩《薌溪猶子又以崧以滋蒼同年畫石榴扇子屬題書題贈》《薌溪即坐間索咏寺中並蒂支兼限雙字韻口號四首》。《衣讔山房詩集》卷三有詩《道山僧舍次亨甫明經即席韻》《次張亨甫贈四兒慶荃韻》等。

三十年(1850),林則徐爲林昌彝試帖作序。是年秋,二人同游西湖。林則徐赴粤西,昌彝作詩送之。十月,林則徐卒,昌彝有詩哭之。

林昌彝《詩外集》林則徐序："試帖至近代而極盛，吳、紀二家各樹一幟，吳以才華雄麗勝，紀以法律謹嚴勝，嗣是有九家之選、庚辰集之選、七家之選、瀛海探驪之選。前讀孝廉古今體詩，欽佩無量，今復讀外集試帖，不禁俯首至地，庚戌七月既望，俟村退叟宗第則徐志於雲左山房。"

《射鷹樓詩話》卷六："庚戌秋，嘗招余及少穆先生游西湖，拜李忠定公祠。"

《衣讔山房詩集》卷六《少穆先生薨於普寧詩以哭之》："將星一夕隕天墀，父老環轊動地悲。妙算夙嫻擒虜策，英魂長繞出師旗。蠻方共喜驅雕鶚，瘴海何期失虎貔。劉祖云亡韓範渺，中原誰為振瘡痍。"

咸豐元年(1851)四月，《射鷹樓詩話》寫畢。

《射鷹樓詩話》卷二十四："咸豐元年四月，福建侯官林昌彝記於射鷹樓之東北其户。"

二年(1852)，七赴會試，不第。在京師與江開定交，江開為其題《一燈課讀圖》。聞漢陽、武昌失守，作詩慨之。

林慶銓《楹聯述錄》："林昌彝八上公車，四薦而不售。"按，其第七次、第八次赴會試在咸豐二年、三年。

《一燈課讀圖畫册》江開題識："道光甲辰，余應京兆試，與邵陽魏默深舍人論近賢古文詞。默深曰：'近代人能為戰國兩漢及唐宋韓蘇之文者，閩中林薌溪孝廉也。'遲數日，臨桂朱柏韓侍御座間與孝廉一面而已。及咸豐壬子，三遇孝廉於都門，時余行取進京，因訪孝廉於上斜街寓所，時孝廉方寫定《三禮通釋》，將進呈御覽。孝廉乃出其太安人《一燈課讀圖》命題。因知孝廉之學、之行得力於太安人之教者多。少時遭家不造，且身經百折而後學成，此天之玉汝也。余稽之史策，古來凡立德、立功、立言者，皆由勞苦困乏而後動心忍性而名成。先生得賢母教之，遂成大儒，迴思太安人之教，以視熊丸之授讀、螢幌之傳經、斷識之殿勤、絮羹之規誨不是過也。披圖贊嘆，景仰可以勸慈孝。昔人謂爲人百歲仍爲子，此言可爲爲子者勸。余謂此圖可爲爲子者勸，並可爲爲母者勸也。"

《衣讔山房詩集》卷六《聞武昌漢陽失守》："轔轔車馬涌波濤，木落荒郊旅雁號。畫角悲聲吹日動，大旗照影接天高。真愁戰士閑荊隴，憑弔騷人哭漢皋。敗將債軍留後效，徒煩廟算費焦勞。"自注："武昌漢陽失守，有舊相知者全家被難。"

咸豐三年（1853）二月，太平軍攻陷揚州、鎮江，昌彝有詩記之。七月，咸豐帝准昌彝進呈《三禮通釋》。八月，咸豐帝令昌彝修改《通釋》。九月，咸豐帝賜昌彝教授。

《海天琴思錄》卷八："咸豐癸丑，粵匪陷揚州，擄婦女一萬五千餘人，又陷鎮江，擄婦女三千餘人。……余嘗有《七十二烈婦行》。"

《衣讔山房詩集》卷六《聞南京鎮江揚州相繼失守爲之愴然》："風高鑴斗撼秋深，羈旅聞聲淚滿襟。議守未能遑議戰，攻城不足況攻心。司農籌餉勞宵旰，大帥屯兵老羽林。我似杞人憂正切，撫時散髮獨呻吟。""中原一夕起狼烽，十丈欃槍照池濃。吳楚風凄城戍柝，金焦聲斷寺樓鐘。談兵幾輩皆房琯，散賊伊誰效賈琮？回首江南望江北，哀鴻滿目愴囉囉。"自注："南京、鎮江、揚州三城尚未收復，南昌尚未解圍，而端州又陷，至汴梁解圍，乃公顯靈助戰。近三西垣曲一帶，賊勢殊爲蔓延。""揚與賊接仗者鄉勇也，而琦大帥善則按兵不動。"

《小石渠閣文集》卷五《進呈三禮通釋啓》："爲撰成《三禮通釋》一書，敬謹繕録，伏乞代奏，進呈御覽，仰求聖訓事。……咸豐元年十二月，江南黟縣訓導朱駿聲以所撰《說文通訓定聲》一書繕進。……伏乞大人府准代奏,進呈御覽。"

《咸豐朝上諭檔》咸豐三年七月七日:"本日據禮部知照,福建舉人林昌彝呈進《三禮通釋》一書,奉硃批准其呈進。欽此。"

《咸豐朝上諭檔》咸豐三年九月初七:"上諭前因禮部奏福建舉人林昌彝呈進《三禮通釋》一書,當交南書房翰林校閱,尚多脫誤,因將原書發交該舉人再行詳校。茲據改正,仍由禮部進呈,著即賞收。該舉人林昌彝留心經訓,徵引詳明,著以教授歸禮部選用,以示獎勵。欽此。"

林昌彝《三禮通釋》自序:"咸豐三年九月初七日奉上諭:'前因禮部福建舉人林昌彝進呈《三禮通釋》一書,當交南書房翰林校閱,尚多脫誤,仍將原書發交該舉人再行詳校,茲據改正,仍由禮部進呈,著即賞。該舉人林昌彝留心經訓,徵引詳明,著以教授,歸部選用,以示獎勵。欽此。'"

咸豐四年(1854),由廉州至廣州,經德慶州龍母廟,撰楹聯記之。

林昌彝《海天琴思續錄》卷七:"甲寅歲暮,余自廉州之廣州,取道粵西鬱林、梧州一帶,至德慶州界。……撰楹聯帖云:'二千年間氣遙鍾,降萃神靈,玉帶金雞圍墓冢;四十里霏香應感,欣聞母德,雲旗風馬庇祥痾。'"

七年(1857),髮妻周蕊芬卒,作詞悼之。九月初九,登釣魚臺。

《衣讔山房詩集》卷七《亡室周孺人遺鏡詞》:"孺人名蕊芬,周眷士師長女也。年十九歸余,捐館時年四十九,生平辛苦營家,多方教子。卒之前數日,以鏡示兒子曰:'此鏡三十年不離左右,其謹藏之。'作遺鏡詞:蕭蕭遺挂黯妝臺,卅載雙棲一夢哀。天上人間傷永訣,更無形影鏡中來。西風落葉錦衾單,從此無人共歲寒。寂寞

夜臺逢子婦,可能羞膳又承歡。薪米焦勞困不勝,可憐病骨太崚
嶒。生平心血彌留見,一點丹忱化一燈。十年南北若奔馳,家計糟
糠累汝持。典盡裙釵操井臼,濟人猶記縫衣時。淹淹病瘧幸粗安,
萬里征程復整鞍。且畫焚香又日斜,病中徐淑憶秦嘉。天涯風信
傳來誤,目斷燕韓愴暮笳。明星戒旦兩知心,勤儉營家部女箴。教
子能嚴方愛子,兒曹應解受恩深。願修清俸守寒氊,三黨交推汝獨
賢。慧語解頤猶在耳,未知俸滿在何年。鴛鴦回首記高歌,月慘雲
愁奈爾何。今日鴛鴦驚折翼,披圖淒絶淚痕多。鯉魚不寐夜增長,
對鏡何堪兩鬢霜。腸斷窗前臨別語,呼兒勸我莫悲傷。"

《林昌彝詩文集》卷七《重陽日有感》自注:"丁巳釣魚臺。"

**同治二年(1863),與蔣廷鈞校童試卷於廣州,有詩記之。遇恩
師何紹基,繪《海天琴思圖》贈別。**

《海天琴思録》卷六:"江蘇陽湖蔣幼儒大令廷鈞,舉道光壬辰
順天鄉榜。同治癸亥春,同襄校南海文卷。"卷五:"道州何子貞師
於癸亥仲春,相遇於廣州省垣。師寓長壽禪林,時余在廣州府署校
童試卷,約五日謁師於禪寺。……仲夏,師將回閩,余繪《海天琴
思》行看子以志墨緣聚首。"

《一燈課讀圖畫册》何紹基題辭:"知子莫如母,肯爲升斗謀。
昔聞機可斷,今訝井能投。六藝胸全貫,孤燈影不秋。卓哉經世
志,還有射鷹樓。"

三年(1864),郭嵩燾爲題《一燈課讀圖》《海天琴思圖》。

郭嵩燾《郭嵩燾日記》同治三年二月二十三日:"大雨竟
日。……題林薌溪《一燈課讀圖》,詩云:'林君六十手一經,阿母手
澤猶涕零。兒時課經今歷歷,風吹井欄春草青。''白頭短檠窮鄭、
許,禮堂定本褒天語。小人母教苦無酬,獨抱斯圖淚如雨。'"同治

三年三月初一日："題林薇溪《海天琴思圖》：'高山流水無定處，入君琴弦君自知。放棹孤征海波渺，攬衣長嘯天風吹。存思音響不言妙，俯仰人天無盡師。猶嫌此圖着色相，君知汝我今爲難。'"

同治五年（1866）春，應戴肇辰聘，掌教海門書院。生日，作《三廉贈別集》弁語。

《楹聯述錄》卷五："同治丙辰春，戴友梅觀察肇辰守廉州，延仿名師，振興文教，時先嚴在劉融齋中允之試廨襄校，同事强彥吉孝廉，以先嚴品學之優密薦於觀察。"

林昌彝《三廉贈別集》弁語："同治五年九月，郡伯戴公友梅，將赴省垣廉州，士民鏹洋滋萃，汹汹惶惶，如嬰孩之中路失母也。時侯官內閣中書林昌彝，適掌教廉州海門書院與公有賓主之誼，且平日意氣款洽，互相知交敬。……公之孚德，外之可信於天下，內之可信於朋友者矣。"

九年（1870），自京師還閩過姑蘇，有詩記之。

林昌彝《鴻雪聯吟・聽謝伶彈箏四絕句》其三："舊夢茶邊又酒邊，曾聽花底奏鵾弦。吳門此夜瀟瀟雨，記別姑蘇十七年。"自注："余癸丑自京師還閩，過姑蘇後不復至。"

十年（1871），刊刻《説文注辨段》於廣州。

林昌彝《説文注辨段》牌記："辛未九月刊於廣州，與《三傳異同考》《左傳杜注勘訛》合印。"

光緒二年（1876），卒於閩中。

《楹聯述錄》卷八："先嚴於丙子三月十一日棄養。初十日中，神已離舍，閱兩時許復蘇，曰：'吾爲崑崙山金紫大夫，是夜子時赴召。'屆時而逝，月明如晝，嗚呼！痛哉！鄧雙坡方伯挽云：'明達朝廷，天子持命之教；門出將相，國家藉以成材。'黃肖農太守挽云：
'經師、人師、百世師，世尊望峻；道學、詩學、三禮學，學博名歸。'廣
文挽云：'有志射鷹青海嶠，何緣騎鶴上崑崙。'沈幼丹制府挽云：
'總角侍龍門，風雨嘯歌，許以同心如昨日；輕裝歸馬瀆，波濤咫尺，
失之交臂恨終天。'"

參考文獻：

1. 林昌彝著，王鎮遠、林虞生標點《海天琴思錄・海天琴
思續錄》，上海古籍出版社 1988 年版。

2. 林昌彝著，王鎮遠、林虞生標點《射鷹樓詩話》，上海古
籍出版社 1988 年版。

3. 林昌彝著，王鎮遠、林虞生校點《林昌彝詩文集》，上海
古籍出版社 2012 年版。

4. 林慶銓輯《楹聯述錄》，清光緒七年廣州刻本。

5. 郭嵩燾著、湖南人民出版社校點《郭嵩燾日記》，湖南人
民出版社 1981 年版。

（韓立平）

倭仁傳

倭仁,字艮峰,烏齊格里氏,蒙古正紅旗人,河南駐防。嘉慶九年(1804)十月初五日生。

翁同龢《翁同龢日記》同治六年(1867)十月初五日記:"是日艮峰先生生日。"倭仁《倭文端公遺書》卷四:"憶自癸卯年記錄功輟,身心荒廢,屢思續記……今年四十有三矣……道光丙午正月九日。"趙爾巽等《清史稿》卷三百九十一:"倭仁,字艮峰,烏齊格里氏,蒙古正紅旗人,河南駐防。"鄂爾泰等《八旗通志初集》卷二十八:"河南駐防,於康熙五十九年設立。"恩華《八旗藝文編目》記載:"倭仁字艮峰,氏烏齊格里,隸正紅旗。"朱汝珍《詞林輯略》卷六:"倭仁,字艮峰,正紅旗蒙古人,散館授編修,官至文華殿大學士,謚文端,著有《倭文端公遺書》。"《清史列傳》《清實錄》《東華錄》《昭代名人尺牘續集小傳》等史書述其生平大抵相似,故擇其完備者引之。後文不贅述。

按,丙午年爲道光二十六年(1846),可推知倭仁生於嘉慶九年十月初五日。河南駐防於康熙五十九年(1720)設立,可推之倭仁先祖最早當於此年後定居開封。

道光九年(1829)會試中試,殿試入二甲第三十四名,賜進士出身,改翰林院庶吉士。

趙爾巽等《清史稿》卷三百九十一《倭仁傳》："道光九年進士，選庶吉士，授編修。歷中允、侍講、侍讀、庶子、侍講學士、侍讀學士。"繆荃孫《續碑傳集》卷五："道光己丑進士，改翰林院庶吉士，壬辰散館授編修，十三年二月升右春坊右中允，七月升翰林院侍講，充日講起居注官。"方濬師《蕉軒隨録》卷十："蒙古倭文端公，道光辛巳與先叔勉亭公玉達、先叔父鐵君公鐠同舉鄉試。己丑復與鐵君公同成進士，入詞館，故交誼最篤。"謝沛霖《明清進士題名碑録索引》載是科進士共二百二十一人，倭仁爲二甲第三十四名。《清史列傳》《清實録》《東華録》等同。

道光十一年（1831），與同年諸友十餘人相約時晴館"賦課"，吟詩作賦，時相唱和。次年散館。道光十三年，與河南同鄉成立"正學會"，定期會課。

張集馨《道咸宦海見聞録》："（道光十一年）同年馬湘帆、易晴江、朱九山、朱久香、倭艮峰、楊仰山、王雁汀、羅蘇溪等十餘人爲賦課，每月六集，迭爲賓主，皆在時晴館……道光十二年四月散館。"倭仁《張椒雲賦序》："方君在翰林時，約同官同年者數人，校詩賦藝於時晴齋。"

李時燦《中州先哲傳》卷七《李棠階傳》："立社爲課，互相勉勵。"

李棠階《李文清公日記》道光十四年九月十四日："午刻，赴漁汀處，與齊伯母閑説許久。倭艮峰、靳蕉洲、吳佩齋均來會。蕉洲、佩齋來遲，漁汀仍未全記，均不見有振作氣象。因約定此後每日各看小學數章，精思力踐，雖忙迫不得誤，誤者記過。誠如此，亦有益。"九月二十五日："至午正，偕寶儒赴艮峰處會課。佩齋、蕉洲、漁汀相繼至。上課約看《小學》，蕉洲看數日而不見反己意思，佩齋全未看，漁汀作事狃於偏見。總不肯切己反求，識趣日陋而不自知。噫！朋友輔仁，而余毫無益於友，徒有會之名而無課之實，清夜自思，愧怍無地。此心何以自慊乎？"十月初二日："寶儒、艮峰來會，其功課皆甚密。看畢，仍默坐，總不免昏氣。蔗洲、漁汀均來甚遲。酉正散。"十月十三日："寶儒、艮峰來，各看日録相勸勉。默坐許久。蔗洲來，復燃香對坐，收斂中總有昏意。申正，漁汀來。飯頃，勸諸弟各就自己病痛喫緊用功。酉初二刻散。"

道光二十二年(1842)，擢詹事。二十四年，遷大理寺卿。道光一朝，多次任科舉考官。文宗即位，應詔陳言，皆修養身心之要，用人行政之源也。上稱其切直，因諭大小臣工進言以倭仁爲法。但亦嫌其多迂拘，咸豐元年(1851)，以副都統銜充葉爾羌幫辦大臣。赴葉爾羌途中，著有《莎車行紀》。

趙爾巽等《清史稿》卷三百九十一："二十二年，擢詹事。二十四年，遷大理寺卿。文宗即位，應詔陳言，略曰：'行政莫先於用人，用人莫先於君子小人之辨。夫君子小人藏於心術者難知，發於事迹者易見。……天下治亂繫宰相，君德成就責講筵。惟君德成就而後輔弼得人，輔弼得人而後天下可治。'疏入，上稱其切直，因諭大小臣工進言以倭仁爲法。未幾，禮部侍郎曾國藩奏用人三策，上復憶倭仁言，手詔同褒勉焉。"《清史列傳》《清實録》《東華録》等同。

費行簡《近代名人小傳》："文宗雖耳其端名，而以迂儒視之。任爲盛京禮部侍郎，蓋遠之也。"

王家相《清秘述聞續》："道光十五年乙未科會試，侍講學士倭仁，字艮峰，蒙古正紅旗人，己丑進士。道光十五年乙未恩科順天鄉試，侍讀學士倭仁，字艮峰，蒙古正紅旗人，己丑進士。道光十六年丙申恩科會試，侍讀學士倭仁，字艮峰，蒙古正紅旗人，己丑進士。道光十七年丁酉科鄉試，福建考官侍讀學士倭仁，字艮峰，蒙古正紅旗人，己丑進士。"

《清史列傳》卷四十六《倭仁傳》："十五年三月，充會試同考官。閏六月，轉侍讀學士。八月，充順天鄉試同考官。十六年三月，充會試同考官。十七年，充福建鄉試正考官。十八年，充文淵閣直閣事。二十二年，擢詹事府詹事。二十四年四月，稽查右翼覺羅學。八月，升大理寺卿。二十五年五月丁憂。九月，百日孝滿。二十六年，充考試漢御史閱卷大臣。二十七年二月，充各省舉人覆試閱卷大臣。九月，充武殿試讀卷官。二十九年七月，丁憂。十一月，百日孝滿。三十年二月，應詔陳言。"

倭仁《莎車行紀》卷一："咸豐元年正月二十日，挈眷赴葉爾羌幫辦之任，以長女淑婉、少子福裕從……四弟及子侄輩俱送至良鄉。"

咸豐二年（1852），倭仁任葉爾羌幫辦大臣之際，與葉爾羌參贊大臣德齡參劾回部郡王阿奇木伯克愛瑪特。但因此事處理唐突，受"降三級調用處分"。

《布彥泰葉爾羌奏稿》有《准將愛瑪特赴伊犁差遣德齡倭仁交部議處旨》："乾清門行走回子郡王葉爾羌三品阿奇木伯克愛瑪特於所屬護衛阿渾挾勢婪贓毫無覺察。又以該管之參贊大臣，幫辦大臣逼認攤派路費，畏罪情急，列款訐控，實屬咎無可辭。愛瑪特著退出乾清門，革去阿奇木伯克。姑念伊父伊薩克擒獲張格爾有功，著仍留王爵交伊犁將軍差遣以觀後效，葉爾羌參贊大臣德齡、幫辦大臣倭仁風聞該伯克攤派路費及護衛阿渾索贓等情，並未查訊明確，即行參奏辦理，殊未允當，德齡、倭仁著交部嚴加議處。……尋議調三級調用，從之。"

倭仁《倭文端公遺書》卷六："惡人貪酷，聞之氣憤填膺。汝承天子命，畀以邊界重任，乃縱容豺虎荼毒生靈，一旦激變，貽宵旰憂，此罪尚可逭乎！除暴安良，予意決矣。"

倭仁早期習"王學"，與李棠階、王檢心等河南同鄉關係甚密，以陽明心學入理學之門，是爲早期倭仁思想之代表。後期因唐鑑、吳廷棟之故，思想轉向程朱理學。並結識曾國藩。其棄王學而改程朱學之後，確立終身學派立場，是爲"尊朱黜王"。

方宗誠《柏堂集後編》卷六："公先與河内李文清公、内鄉王子涵觀察切劘心性之學，俱由陽明、夏峰之言以入。"

吳廷棟《拙修集》卷九《與方存之學博書》談及倭仁："確守程朱居敬窮理之訓二十年。"此信作於 1861 年，上推二十年，可見倭仁轉向程朱之學當是 1842 年前後。

黎庶昌《曾文正公年譜》："公（曾國藩）前官翰林時與倭仁公、唐公鑑輩講學。"

光緒二十四年(1898)六月曾廉《應召上封事》："其在道光時，唐鑑倡學京師，而倭仁、曾國藩、何桂珍之徒相從講學。"

李元度《天岳山館文鈔·曾文正公行狀》："唐公鑑入爲太常寺卿，公相從論學，唐公授以朱子書，公遂兼窮宋學，與蒙古文端公倭仁、六安吳公廷棟、昆明何文貞公桂珍……往復討論，所作日記，力求改過，多痛自刻責。"

倭仁《倭文端公遺書》卷六："本天之學，要消化這個'我'字，故心益斂而理益明；本心之學，要主張這個'我'字，故心益放而理益昧。"卷八："講學最忌一個'我'字，自闢一解，以爲獨得之奇，而旁徵博引以證其是，此是己見爲害。"卷四："學程朱而弊，猶不失爲拘謹；學陸王而弊，則價規錯矩，肆無忌憚矣。"卷五："學術當恪守程朱，以外皆旁蹊小徑，不可學也。"

方宗誠《柏堂集後編》卷六《節錄倭文端公讀儒粹語編筆記跋》："後與吳竹如侍郎志同道合，時侍郎方爲刑部主事，公日夕相講習，始專宗程朱之言，久而彌精，老而愈篤，名益尊位益貴，而下學爲己之功益勤懇而不已。"

吳廷棟《拙修集》卷九《與方存之學博書》："其（倭仁）能洗净王學，一歸程朱，可謂大勇矣。"

倭仁從唐鑑問學後，與竇垿、何桂珍、呂賢基、方宗誠、何慎修、朱綺等文人交誼甚密，互相切磋學問，日益精進。

倭仁《倭文端公遺書》卷五："蘭泉竇垿來談學，有心心相印之趣。""晚與丹畦何桂珍暢論其旨，不覺水乳之交融也。""過鶴田呂賢基家，自述所學不濟，大家砥礪，痛下工夫，以求上不負君，下不負己。"卷四："伯韓朱琦諄諄以剛字相勉，謂必如此，而後能任重致遠，遷善不勇，改過不勇，皆委靡之故。""精力養得强固，則百事可做。殷勤告教，皆身心要言，有友如此，何忍負之！"

方宗誠《柏堂集外編》卷五《上倭艮峰總憲》："道光三十年讀邸抄陳言諸疏，始知先生爲當今名臣巨儒，私衷景仰。前年客吳竹如方伯署中，讀先生日記，親切篤實，正大精純，在昔大儒唯薛文清、胡敬齋似之，尤覺佩服無已。"

徐珂《清稗類鈔》："（朱琦）從倭文端、唐確慎、李文清諸公游，與聞道學之統。"

倭仁理學以恪守程朱爲要，重因循守舊，輕思辨創新。

倭仁《倭文端公遺書》卷五："道理經程朱闡發，已無遺蘊。後人厭故喜新，於前人道理外更立一幟，此朱子所謂硬自立説，誤一己而爲害將來者也，可爲深戒。"卷六："學於古訓是一定法程，若師心自用，蔑視詩書，流禍甚巨。""程朱論格致之義至精且備，學者不患無蹊徑可尋，何必另立新説，滋後人之惑耶？""夫學豈有異術哉！此道經程朱辨明，後學者唯有篤信敏求。"

咸豐四年（1854），以侍講候補入直上書房，授惇郡王讀。同年輯錄《吏治輯要》。五年，擢侍講學士。歷光祿寺卿、盛京禮部侍郎。七年，調戶部。及頒詔中外，命充朝鮮正使。回京後授都察院左都御史。

趙爾巽等《清史稿》本傳："四年，侍郎王茂蔭等請命會同籌辦京師團練，上以軍務非所長，寢其議。尋命以侍講候補入直上書房，授惇郡王讀。五年，擢侍講學士。歷光祿寺卿、盛京禮部侍郎。七年，調戶部，管奉天府尹事，劾罷盛京副都統增慶、兵部侍郎富呢雅杭阿。及頒詔中外，命充朝鮮正使。召回京，授都察院左都御史。"《清史列傳》《清實錄》《東華錄》等同。

同治元年（1862），擢工部尚書。任同治帝師。上疏諫朝廷慎擇督撫。倭仁輯古帝王事迹，及古今名臣奏議，附說進之，賜名《啓心金鑑》。同年七月，兼翰林院掌院學士，調工部尚書、協辦大學士。同年八月，拜文淵閣大學士。

趙爾巽等《清史稿》本傳："同治元年，擢工部尚書。兩宮皇太后以倭仁老成端謹，學問優長，命授穆宗讀。倭仁輯古帝王事迹，及古今名臣奏議，附說進之，賜名啓心金鑑，置弘德殿資講肄。倭仁素嚴正，穆宗尤敬憚焉。尋兼翰林院掌院學士，調工部尚書、協辦大學士。疏言：'河南自咸豐三年以後，粵、捻焚掠，蓋藏已空，州縣誅求仍復無厭。朝廷不能盡擇州縣，則必慎擇督撫。督撫不取之屬員，則屬員自無可挾以爲恣睢之地。今日河南積習，只曰民刁詐，不曰官貪庸；只狃於愚民之抗官，不思所以致抗之由。惟在朝廷慎察大吏，力挽積習，寇亂之源，庶幾可弭。'是年秋，拜文淵閣大學士，疏劾新授廣東巡撫黃贊湯貪詐，解其職。"

繆荃孫《續碑傳集》卷五："同治元年正月擢工部尚書，二月賜紫禁城騎馬,奉兩宮皇太后懿旨,命在弘德殿授皇帝讀,尋充翰林院掌院學士,公將前所輯古帝王事迹及古今臣工奏議,有裨治道者,重加精擇,附以按辭,爲兩帙進呈,得旨賜名啓心金鑑,並陳設弘德殿,以資講肆。三月充會試正考官,五月教習庶吉士,七月以工部尚書協辦大學士,閏八月授文淵閣大學士,管理戶部事務。"

《清實錄·穆宗實錄》卷一:"上嗣位之初。慈安皇太后、慈禧皇太后以典學方殷。先後復命大學士祁寯藻、翁心存、倭仁、編修李鴻藻、檢討徐桐暨右中允翁同龢、侍讀林天齡,同心協贊,輔翼兼資,上體乾健之行,秉離明之德,猶復單心訪道,遜志研經。"

姚永樸《舊聞隨筆》"倭文端公"條:"當穆宗初典學時,爲總師傅。一日,上有過,諫之不聽,乃上奏皇太后,請加訓責。方作草,上大哭曰:'師傅饒過此次,嗣後不敢。'公見悔意甚誠,乃罷……時上所嚴憚惟公,其後繼之者,多依違不能盡職。"

同治二年(1863),與弘德殿同仁祁寯藻、李鴻藻聯銜上《杜漸防微疏》,且同治一朝,數次參加朝考閱卷及科舉考官工作。

《同治中興京外奏議約編》卷一《杜漸防微疏》:"皇上冲齡御極,智慧漸開……方今軍務未平,生民涂炭,時艱蒿目,百孔千瘡……伏願皇上恪遵慈訓……事事以逸樂便安爲戒,屏玩好以節嗜慾,慎游觀以定心志,省興作以惜物力……而去奢崇儉之風亦自不令而行矣。"

王家相《清秘述聞續》:"同治元年壬戌科會試,考官協辦大學士工部尚書倭仁,字艮峰,蒙古正紅旗人,己丑進士。同治九年庚午科鄉試,順天考官內閣大學士倭仁,字艮峰,蒙古正紅旗人,己丑進士。"

《清史列傳》本傳:"二年四月充殿試讀卷官,朝考閱卷大臣。五月充考試滿御史閱卷大臣……四年四月,充朝考閱卷大臣。八月,充考試國子監助教閱卷大臣。九月,充武會試監射大臣。"

同治六年（1867），恭親王奕訢擬在同文館增開天文算學館，以倭仁爲首，聯名反對，是爲"同文館之爭"。

趙爾巽等《清史稿》本傳："六年，同文館議考選正途五品以下京外官入館肄習天文算學，聘西人爲教習。倭仁謂根本之圖，在人心不在技藝，尤以西人教習爲不可；且謂必習天文算學，應求中國能精其法者，上疏請罷議。於是詔倭仁保薦，別設一館，即由倭仁督率講求。復奏意中並無其人，不敢妄保。尋命在總理各國事務衙門行走。倭仁屢疏懇辭，不允；因稱疾篤，乞休，命解兼職，仍在弘德殿行走。"

《籌辦夷務始末（同治朝）》卷四十六："（奕訢云）務期天文算學，均能洞徹根源……舉凡推算學格致之理，制器尚象之法，鈞河摘洛之方，儻能專精務實，盡得其妙，則中國自强之道在此矣。"卷四十八："（倭仁云）夷人教習算法一事，若王大臣等果有把握，使算法必能精通，機器必能巧製，中國讀書之人，必不爲該夷所用，該夷醜類，必爲中國所殲，則上可紓宵旰之憂勞，下可伸臣民之義憤，豈不甚善。"

同治八年（1869），上疏皇帝大婚宜崇節儉，同年醇郡王奕譞奏請皇太后允許皇帝"升座聽政"，得旨允准。

趙爾巽等《清史稿》本傳："八年，疏言大婚典禮宜崇節儉，及武英殿災，復偕徐桐、翁同龢疏請勤修聖德，停罷一切工程，以弭災變，並嘉納之。"

倭仁《倭文端公遺書》卷八《和醇郡王原韻二首》："聖學勤修立德基，緝熙敬止允懷茲。辰居端拱慈徵奉，乙覽光明古鑑持。曾考典謨求制治，更咨樞軸聽陳詞。東平入告深嘉納，庶事惟康上理期。""宸躬道積已成基，稽衆還思允若茲。巽命重申群策納，乾綱丕振一人持。每懷機密欣觀政，況有懿親更進詞。獨愧老臣無寸補,龍章日月仰風期。"對同治帝能夠親理朝政表達殷切期望。

同治十年(1871),晋文華殿大學士,以疾乞休,同年卒,謚文端,贈太保,入祀賢良祠。

趙爾巽等《清史稿》本傳:"十年,晋文華殿大學士,以疾再乞休。尋卒,贈太保,入祀賢良祠,謚文端。光緒八年,河南巡撫李鶴年奏建專祠於開封,允之。"

《清實録·穆宗實録》卷三百零九:"大學士倭仁,學術純正,志慮忠誠。受先朝知遇之隆……特恩命直上書房,旋授盛京侍郎,均能恪恭盡職。朕御極之初,蒙兩宮皇太后簡用耆碩,擢任正卿,旋晋綸扉,並命在弘德殿授讀。朝夕納誨,於兹十年,深資啓沃。前因患病屢請開缺,叠經賞假……據聞溘逝,悼惜良深。披覽遺章,於修齊治平之道,敷陳剴切,語不及私,閲之尤深凄愴。著賞給陀羅經被,派貝勒奕劻帶領侍衛十員,即日前往奠醊。加恩晋贈太保,照大學士例賜恤,入祀賢良祠。任內一切處分,悉予開復,應得恤典。"

費行簡《近代名人小傳》:"其歿也,穆宗哭失聲,欲親臨奠,孝欽尼之。然亦嘉仁操行,贈太保,謚曰文端。"

倭仁一生崇尚程朱理學,修其身,立其行,有古大臣之風,爲當世理學大儒,士人之楷模。其詩格律高渾,雅近唐賢,後人輯有《倭文端公遺書》十一卷傳世。

《倭文端公遺書》卷八《車中有感》詩云:"千載惟將晚節看,論人容易自修難。羨他松柏森森翠,獨立空山耐歲寒。"

金武祥《粟香隨筆》卷三《倭仁詩》:"蒙古艮峰相國倭仁……爲近時理學名臣。篤守程、朱之學……有古大臣風度……格律高渾,雅近唐賢……七言……皆工穩清麗……統計所存本,不及一卷也。"曾國藩《曾國藩全集》:"當世儀型,群流歸仰。"翁同龢《翁同龢日記》:"嗚呼！哲人云亡，此國家之不幸，豈獨後學之失所仰哉！"方濬師《蕉軒隨錄》："公見人極謙謹……公佩戴之物，率銅質、硝石，無貴重品。朝珠一串，價不過數千，冬夏均不更換。袍惟用藍，絕不用雜樣花色。一生寒素，至無餘資乘轎。羅順德尚書輒嘆爲操守第一人。"費行簡《慈禧傳信錄》卷下："仁爲理學，操行甚嚴，饋遺纖毫不入其門。"《清儒學案》卷一百五十六《艮峰學案》："文端篤守程朱，以省察克治爲要，不爲新奇可喜之論，而自抒心得，言約意深，晚遭隆遇，朝士歸依，維持風氣者數十年，道光以來一儒宗也。"吳廷棟《拙修集》卷十《庚子都中與執夫子垣兩弟書》："其人篤實力行，專以慎獨爲工夫，有日記，一念之發，必時檢點。是私則克去，是善則擴充，有過則內自訟而必改，一念不整肅則以爲放心。"易宗夔《新世説》："倭艮峰體不逾中人，而灑然出塵，清氣可挹。"徐世昌《晚晴簃詩匯》卷一百三十五："文端好讀宋五子書，曾文正方官京朝，與吳竹如、寶蘭泉、涂朗軒諸公共相切，篤學砥行……論者謂轉移風氣，成同治中興之政，文端實開其先。詩僅十餘篇，附編遺書中，氣象發皇，不作理學語。"

參考文獻：

1. 倭仁《倭文端公遺書》，光緒元年刻本。

2. 趙爾巽等《清史稿》，中華書局 1977 年版。

3.《清實錄》，中華書局 1987 年版。

4. 趙相璧《歷代蒙古族著作家述略》，內蒙古人民出版社 1990 年版。

5. 恩華纂輯，關紀新整理點校《八旗藝文編目》，遼寧民族出版社 2006 年版。

（高雅俏　李珊珊）

魯一同傳

魯一同,字蘭岑,一字通甫,江蘇清河(今江蘇省淮安市)人。嘉慶十年(1805)生。

湯紀尚《魯通甫先生傳》:"先生氏魯,名魯一同,字蘭岑,一字通甫。""上世甘、涼故將,國初從吳藩入滇,既窺其異志,遂間走江南,占籍淮安之安東。至先生始遷山陽。"

吳昆田《魯通甫傳》:"其先不知所自始,或曰甘、涼故世將,或曰燕京人。國初嘗從吳藩平雲南,已窺其有異志,挈孥而逃於淮安之山陽,遂占籍焉,世居安東。魯一同始遷清河。"

魯一同《通甫類稿續編》卷下《適黃氏姊年三十八行略》:"(適黃氏姊)生於嘉慶七年十月十二日。……長魯一同三歲。"按,據此可知,魯一同生年當在嘉慶十年。

魯一同《通甫類稿》卷四《孫節母墓誌銘》:"道光二十有八年春,魯一同東歸安東之故居,聞孫子春曦居母憂,趣往唁之,殆無人色。……魯一同長不及膝,游戲於側,太孺人所以憐愛之甚篤。今忽忽四五十人,魯一同失恃已十年,而孫子重有大戚。"

父魯長泰,字特山,本郡庠生,工書善畫,閉門養身,素以道自貞。

潘德輿《養一齋集》卷十九《魯特山七十壽序》:"吾邑文學魯翁

特山，有夷粹行。僑居漣東窮海無人之鄉，不希顯名，淵然有以自足，顧未之見也。道光丁亥，見其子魯一同於郡所，爲文章遠騁高屬，不可一世，言貌溫厚，若無所知。識余大嘆服，因謂非獨子賢，其父之身教可觀矣。乙未，魯一同由副貢生舉鄉試。明年，與余會試，皆報罷儌車南歸。逆旅中從容言曰：‘……家君今年政七十，膚革毛髮，校子猶壯。……順逆之境不以心將迎，終歲陶陶然。……嫛婗書畫間，不自知其貧且老。’”

方宗誠《柏堂集續編》卷十二《魯通甫傳》：“父長泰，淮安府學生，以書畫名淮、海間。”

張兆棟、孫雲修，何紹基、丁晏等纂《（同治）重修山陽縣志》卷十四《魯一同傳》：“父長泰，郡庠生。工書善畫，閉門養素，以道自貞。”

少時穎悟絶人，文章師桐城方苞，遂工古文辭。受其父長泰影響，自幼喜好繪事，十三歲隨楊體之學畫。其父以畫松鷄聞名，魯一同則以畫梅見長。

魯一同《補過軒四書文·夫子之文章可得而聞也》：“少時曾見靈皋先生作而愛之，案頭無時文久矣。”按，靈皋先生，即方苞。

吳昆田《魯通甫傳》：“六歲通五音，少長工爲古文辭。”

按，魯一同擅長繪畫，在其作品中有反映，魯一同《通甫詩存之餘》卷下《梅花長卷》云：“百年好手出荒古，巢湖吾師風骨同。我年十三侍師側，束書不觀時弄筆。”自注：“謂楊體之先生。”按，楊欲仁，字體之，號唯唯道人，巢湖人，嘉慶十年進士，歷任睢寧、贛榆、泰興知縣。著有《孝經集解》《大學中庸性道圖説》《四書精義説貫》《觀心堂文稿》等。兼治書畫，尤擅墨梅。今淮安圖書館藏有魯一同贈友人白倩《梅花圖》一幅，上有題名。均可證其擅畫梅。

道光元年(1821),補博士弟子。二年,舉副貢生,與王欽霖相識。

吳昆田《魯通甫傳》:"年十七,補博士弟子。"

《通甫類稿續編》卷下《哭王考功文》:"吾年十八,以副貢生與君舉同榜。"

魯一同《通甫詩存》卷一《送王慈雨入都》:"我昔十七齡,意氣高軒軒。"按,王欽霖,字慈雨,沭陽人。道光六年進士。官吏部考功司主事。著有《王考功集》。此年與魯一同相識,交往甚深。

七年(1827),與潘德輿相識,師事之。

趙爾巽等《清史稿》卷四百八十六《魯一同傳》:"善屬文,師事潘德輿。"

魯一同《通甫詩文補遺》卷上《與孔宥函書》:"年二十二,見潘丈於本郡,時方被酒,與里中人士會於城西之道觀,疏鬚飄然,劇談大暢,顧謂余文有長沙、敬輿之風。"

《養一齋集》卷七《與通甫》小序:"余八年前見通甫古文數篇,以賈長沙、陸敬輿許之。"按,《與通甫》詩作於道光十四年,八年前即道光七年。

《養一齋集》卷十九《魯特山七十壽序》:"道光丁亥,見其子魯一同於郡。"按,魯一同係因丁晏而識潘德輿。丁晏《頤志齋感舊詩・魯通甫孝廉》云:"余以世交識於幼年,天才穎敏,頭角嶄然,因余以識四農,三人者深相契也。"潘德輿,字四農,山陽人,有《養一齋集》《養一齋詩話》傳世。魯一同敬重潘德輿,並以其爲師。吳昆田《魯通甫傳》云:"文字交游盡一時四海知名之士,而清修篤學,獨重潘先生德輿,誼在師友之間,相契莫逆焉。"

十五年(1835),坐館沭陽,中舉。次年,與潘德輿同赴京會試,不第。期間住友人王欽霖處。與潘德輿、湯鵬、張際亮、姚燮、王欽

霖等有江亭雅集,與王欽霖、黃爵滋、汪喜孫、潘德輿、丁晏等有陶然亭之會。是年,與林則徐、張際亮、湯鵬、姚燮、黃爵滋、徐寶善、丁晏、汪喜孫等人相識。

吳昆田《魯通甫傳》:“年三十一,中道光十五年舉人。”

按,孔繼鑅《心向往齋集》卷四《送通甫》詩云:“往歲遇京師,君宿考功院。”自注:“謂王慈雨吏部。”魯一同經王慈雨引薦,結交江西黃爵滋、甘泉汪喜孫、山陽丁晏、吉安郭儀霄、浙江姚燮等名士。道光十六年四月四日,黃爵滋、徐廉峰招魯一同等人於京城陶然亭爲展禊之會,與會者達四十二人之多。魯一同作有《江亭宴集詩》(《通甫詩存之餘》卷下),自注云:“丙申夏四月四日,黃樹齋鴻臚、徐廉峰太史招集同人於城南江氏亭子爲展禊之會,同人賦詩。”姚燮有《徐編修師及葉紹本黃爵滋兩鴻臚黃編修式琮汪喜孫陳慶鏞兩戶部招同人四十二人江亭展禊賦詩得五言二章》(《復莊詩問》卷十),梅曾亮有《江亭展禊序》(《柏梘山房詩文集》卷下),均記此次展禊之會。黃爵滋,字德成,號樹齋,江西宜黃人,官至禮、刑二部侍郎。主禁煙。擅詩文。有《黃少司寇奏疏》《仙屏書屋文録》《戊申楚游草》等。徐寶善,字廉峰,安徽歙縣人。嘉慶二十五年(1820)進士,改庶吉士,授編修,歷官御史。有《壺園詩鈔》。孔繼鑅,字宥涵,孔子後裔,山東曲阜人,寓居淮安,道光十六年進士,曾任刑部主事、南河同知等。有《心向往齋集》。姚燮,字梅伯,號復莊,又號復翁、復道人,浙江鎮海人。道光十四年舉人,工詩善畫,著有《復莊詩問》等。

雖會試受挫,然研精於學。時海內方承平,魯一同獨以爲深憂,嘗論“天下之患,蓋在治事之官少,治官之官多”。時以爲名言。於田賦、兵戎諸大政皆發之於文章。爲文務切世情,其言曰:“文章事業皆以靜儉爲根本。”又曰:“行不蹈道則非經,道不宗經則非道。"皆至言也。

《柏堂集續編》卷十二《魯通甫傳》："君學熟於史而尤留心時務，當君少壯時，海內方承平，而君獨以爲憂，謂今天下多不激之氣，積而爲不化之習，在位者貪不去之身，陳說者務不駭之論，容容自安，風烈不紀，恐一旦猝有緩急，相顧莫敢一當其冲。今之隱憂蓋在於此。""又嘗論天下之患，蓋在治事之官少，治官之官多，官多者非事之利也，胥吏之利也，重府之權以統州縣，而並道按察於布政使，得詳察所屬，專達於天子。……其識深謀遠，多按切時弊以立言。然老於公車，知者惜之。"

《清史稿》本傳："魯一同無尺寸之柄，而憂傷時世之艱危，於田賦、兵戎諸大政，河道變遷、地形險要，以及中外大勢，無不究其端委而得其機牙，罕有遇合，則一發之於文章，爲文務切世情。"

道光十七年（1837），林則徐任湖廣總督，邀魯一同入幕，欲行而止。周天爵督漕，於清河見魯一同，曰："天下大材也，豈直文字哉！"

吳昆田《魯通甫傳》："林文忠公則徐總督湖廣，請與偕，欲行，而以親老止。"

《清史稿》本傳："既再試不第，益研精於學。凡田賦、兵戎諸大政，及河道遷變、地形險要，悉得其機牙。爲文務切世情，古茂峻厲，有杜牧、尹洙之風。漕督周天爵見之，曰：'天下大材也，豈直文字哉！'"

按，周天爵，字敬修，山東東阿人。嘉慶十六年（1811）進士。歷任廬州知府、江西按察使、陝西布政使、漕運總督、河南巡撫、湖廣總督等職。周天爵任漕運總督在道光十七年，明、清時漕運總督均設於清河，史書故有是載。即在此時，周天爵得見魯一同文章。

道光十八年（1838），再次赴京會試。不第。三月，與潘德輿、吳昆田、姚燮俱住孔繼鑅京城宣南寓所。與張際亮、湯鵬、郭羽可、孔繼鑅、潘德輿、吳昆田等或於江亭雅集，或飲宴城南酒肆，京師壇坫，一時極盛。四月，同潘德輿、湯鵬、張際亮、姚燮游小有餘芳亭子。湯鵬復與潘、張、姚、魯、孔、吳等人聚飲於尺五山莊。閏四月，歸鄉，與潘德輿、張際亮別於山東東昌。際亮至漢口晤林則徐（時任湖廣總督）。是年，黃爵滋請以死刑禁煙，林則徐附議。

《復莊詩問》卷二十八《爲孔司馬作淮南感逝圖繫以詩》："戊戌之春，潘德輿、魯一同、吳稼軒同寓宣武坊孔司馬寓齋。"按，孔司馬即孔繼鑅，時任刑部主事。《復莊詩問》卷十四又有詩《潘丈德輿招同孔宥函江開沈肇熙吳昆田張際亮魯一同飲城南酒肆餞春》。《通甫詩存》卷二《送稼軒入都》小序亦云："往與潘、吳同居孔刑部宣武邸寓，都人謂文章交游之盛無逾此時。"《通甫詩存之餘》卷下《戊戌四月同潘四農湯海秋張亨父姚梅伯游小有餘芳亭子即席用梅伯韻》詩云："萬籟一孤竽，九州紛去馬。諸公各努力，屬精復騷雅。茫茫人代速，落落賞音寡。"《養一齋集》卷十有詩《海秋招同亨甫梅伯通甫孔吳二生飲尺五山莊留詩與海秋別》，亦可證。

按，小有餘芳亭，在京師右安門外。昭槤《嘯亭雜錄》卷九云："右安門外有尺五莊，爲祖氏園亭，近爲某部曹所售。一泓清池，茅檐數椽，水木明瑟，地頗雅潔，又名小有餘芳，春夏間多爲游人宴賞。"尺五莊，亦即小有餘芳亭。

十九年（1839），潘德輿卒，魯一同爲其校訂詩文集。一同二姐、三姐相繼去世。

《通甫詩存》卷三《訂四農丈遺集告成感而有作四首》其四："長安結客時，襟裾連八表。忝從鄒枚末，壺尊侍幽討。趨風多國賓，凌雲散天藻。皇清二百載，斯文日再皛。誦君投贈篇，訪舊生存少。文章如車馬，日夜送人老。恐復先朝露，斯事忍草草。掩卷數晨鐘，隕涕憂心搗。"

《通甫類稿》卷三《孔宥函詩序》："往二十年與孔宥函稱詩都下。……後數年宥函改官南河，與余里居相近。……獨余兩人時相磨切。"

《通甫類稿續編》卷下《適馬氏姊年四十行略》："道光十九年正月十日夜漏四十刻，姊病革，魯一同抱孤甥鴻賢伏於側。……稱傷心者再，遂瞑。念吾姊苦節至性，不可無傳於後，屬先母病危，不暇爲，後十五日而棄養，後百五日而三姊亡。三遭慘變，心骨摧裂，何能次叙文字？""魯一同有姊三人，姊其次也，諱芝仙。性鈍，略識文字。樸誠，家貧鮮婢嫗，佐母操作，暑爨寒漱，汗衣裂膚，無倦色。年十六，許字馬婿，曰天成。"

《通甫類稿續編》卷下《適黃氏姊年三十八行略》："姊諱蘭仙，字靈香，生而有異，家君尤愛之。……生於嘉慶七年十月十二日，卒於道光十九年五月十一日，年三十有八。"

臺灣兵備道姚瑩屢退英軍，竟受誣革職治罪。魯一同參與營救，作《擬論姚瑩功罪狀》。

《通甫類稿》卷四《擬論姚瑩功罪狀》："故延壽不賞，漢臣寒心；道濟見殺，宋疆日蹙。何者？忠孝勇猛之士，敵人所構忌，讒間所緣橫生。徒以纖芥之間、疑似之釁，卒緺吏議，使折衝奇士旋踵及身，爲世深戒，誠可痛也。竊見前臺灣道姚瑩，忠勤文武，守邊數年，橫塞夷虜之衝。虜嘗三犯之，摧敗奪氣以去。……臣見其功，未見其罪，竊料夷人張其凶暴，咆哮中國，深入腹地，得而不有，非有餘力而不肯施技，止此也。使邊將皆如瑩等，出萬死不一顧返之計，縱不百全，勝負之理亦當相較，或未易量。今怵其詭說，變易有功之臣，瑩等一去，海外孤危。後有來者，避畏吏議，孰敢擊賊？邊吏解體，辱軍之將有所飾其恥，率相委以去。東南之禍未有艾也。”

按，姚瑩，字石甫，號明叔，又自號幸翁，安徽桐城人。古文家姚鼐即其從祖。嘉慶十三年（1808）中進士。先後任福建、江蘇州縣官。嘉慶末至道光初，任臺灣知縣。道光十七年（1837）任臺灣兵備道，後受命抗擊英軍，擊退英軍五次進犯，反遭權貴誣陷，被逮入獄。咸豐即位，擢升廣西、湖南按察使，咸豐三年病逝軍中。善詩文，有《中復堂全集》。

道光二十七年（1847），魯一同入京會試，又不第。

按，道光十九年後，至此年十年間未赴京會試。此爲第三次與會試，作《入右安門晚宿蓮花寺贈稼軒》（《通甫詩存之餘》卷下）詩，有“久別緒如雨，重來鬢有華。十年離京國，吾特就蓮花”之句。

二十八年（1848）春，歸安東之故居。訂潘德輿遺集成。

《通甫類稿》卷四《孫節母墓誌銘》：“道光二十有八年春，魯一同東歸安東之故居，聞孫子春曦居母憂，趣往唁之，殆無人色。”

按，《通甫詩存》卷三有詩《訂四農丈遺集告成感而有作四首》，自注曰“戊申”，即道光二十八年。

二十九年（1849），魯一同游徐州諸地。

《通甫類稿》卷三《邳州志後叙》：“余以己酉之歲，薄游彭城，道止於下邳，逆旅有縉紳先生五六人者，儼然造焉。”

《通甫類稿》卷四《文學孫君墓誌銘》：“道光二十九年春，薄游彭城，觀其山川鬱勃，慨然想見古來文武豪俊之士。”

三十年（1850），四赴會試，結識曾國藩。復不第，歸鄉。途經邳州，委以修《邳州志》，咸豐元年（1851）成。盱眙吳棠時宰清河，

魯一同暫居南清河，始撰《清河縣志》。

《通甫類稿》卷四《兵部職方司員外郎韋君墓表》：“君歿於道光三十年三月十四日，得年五十歲。……魯一同與君交三十年，知君最悉。當君未卒前十日，猶親問君病。比禮部試畢，而君柩在殯已三日矣。”

吳昆田《魯通甫傳》：“庚戌試禮部，據淮安館舍，數屏騶從，就問天下事，時當揭曉，文正爲禮部侍郎，吏銓榜，先言於衆曰：‘淮安魯通甫若成進士，天下之幸也！’及見榜無名，爲懊喪，如失左右手。”

《清史稿》本傳：“國藩數屏騶從，就問天下事。”

《通甫類稿》卷三《邳州志後叙》：“《邳州志》，創自明嘉靖中者曰陳志，修於康熙十二年者曰蔣志，今並無傳焉。……肇始於道光三十年七月初吉，成書於咸豐元年十月晦，凡十七閱月。主其事者，前知州事董君用威，今知州事馬君軼群。贊之者，州人優貢生鞏嘉玉、廩生徐景山、朱錫組。采訪抄薈者，生員吳瑗、盧錫宇也。於例得備書焉。”按，魯一同編撰之《邳州志》《清河縣志》，獲時人好評。曾國藩《澤兒只可協修湘鄉縣志》即曰：“吾友有山陽魯一同通父，所撰《邳州志》《清河縣志》，即爲近日志書之最善者。此外再取有名之志爲式，議定體例，俟余核過，乃可動手。”（李瀚章編《曾文正公家書・家訓》卷下“同治五年六月十六日”條，綫裝書局 2016 年版）

魯一同居南清河，爲吳棠明部分，決機宜。咸豐三年（1853）十月，盧州危急，江忠源馳赴安徽巡撫之任，曾國藩邀其佐忠源，戴鈞衡亦薦之，魯一同婉謝不出，而復以鈞衡書，極言用兵機宜。國藩舟師下壓，坐鎮安慶，指復金陵，一如所論。

《通甫類稿》卷一《乙卯六月復戴孝廉第二書》："爲今之計，莫若暫緩金陵之攻而端收旁郡。豫帥壁信陽，收蘄、黃；皖帥仍壁廬，收舒、桐；江帥壁廣饒，收宣、歙；蘇帥壁江南，北兵壁江北，仍同收瓜、鎮。皆觀釁擇利，而專責西帥以上游之任武昌，若復深駐大軍，營繕耕戰，益具舟船，練習水師，以虞變待時。而以曾侍郎九江之圍爲綴賊之勢，西帥既盛，出一不意順流東下，直踞安慶，突出九江之前，號召南北，使羅、石之黨外牽於曾、塔之師，急不得返顧，沿江諸賊必當同時解散，入穴金陵，則成功可望。若不論先後之序，不權輕重之宜，曠日持久而勞費不休，軍民咨怨，釁生難測。萬一先破金陵，使賊分而勢散，即首逆就擒，蔓延之禍未知所底。"

《清史稿》本傳："粵逆踞金陵也，同年生吳棠方宰清河，魯一同爲草檄，傳示列縣，辭氣奮發，江北人心大定。江忠源師抵廬州，友人戴鈞衡爲書通國藩之指，欲其起佐忠源，魯一同謝不出，復書極論用兵機宜，謂當緩金陵，專攻旁郡。其後大兵築長圍，期旦夕破金陵，魯一同獨決其必敗，未幾，果潰裂，蘇、浙淪陷。已而國藩克安慶，復金陵，一如所論。"按，戴鈞衡，字存壯，號蓉洲，安徽桐城人，道光二十九年(1849)舉人，爲桐城方東樹弟子。曾創辦桐鄉書院，擅古文辭，爲學通經致用，有《蓉洲初集》等。太平軍破桐城，妻小死於兵亂。聞訊後悲痛不已，嘔血而卒。

曾國藩《曾文正公書札》卷三《覆江岷樵中丞》："去安徽最近者，又有宿遷之臧牧庵、淮安之魯通甫，皆碩學鴻才。桐城戴存莊，雖文學之士，而有血性。"《與李少荃》："岷樵到廬求賢，孔殷足下及鶴翁、午翁如有所知，幸盡告之。臧牧庵先生天下奇士，不知能延致否？陳作梅近在何處，能邀之入幕否？淮安有魯通父魯一同，足下知其踪否？無惜爲岷君廣求之。"按，江忠源，字岷樵，湖南新寧人，湘軍名將。咸豐三年，於廬州陷太平軍之圍。同年十二月，廬州城破,投水自盡,年四十二,追贈總督,謚忠烈。

咸豐六年(1856),魯一同經由山東游泰山,曲折北上會試,又不第。四月三日,與葉名澧、朱琦等祭顧炎武於京師報國寺。歸途有《途中懷人五詩》,稱曾國藩、朱琦、臧牧庵、戴鈞衡、楊彝珍五人爲性命交。

《通甫詩存》卷四《四月三日同人祀顧亭林先生於報國寺遂爲展禊之會賦五十韻》:"默想斯人徒,會合啓貞元。顛倒王霸略,斟酌周孔編。實録甄累朝,形勢窮九邊。雖非王者師,將相盈其門。當時開太平,此老實仔肩。"

《通甫類稿》卷四《誥授光禄大夫太子太保銜頭品頂帶致仕光禄寺卿湯文端公神道碑》:"公自乞休以後,其心猶是陳善責難之心。……生於乾隆三十七年十一月二十三日,薨於咸豐六年四月十九日,享年八十有五歲。"按,湯金釗,字敦甫,一字勖兹,蕭山人。乾隆五十九年(1794)舉鄉試第一,嘉慶四年(1799)中進士,選庶吉士,授編修。道光七年(1827)任左都御史,禮部尚書,後調任吏部尚書、戶部尚書之職。道光十八年任協辦大學士兼吏部尚書。咸豐四年加封太子太保銜,六年,卒,謚文端。

同治二年(1863)卒,年五十九。著有《邳州志》《清河縣志》《通甫類稿》《通甫類稿續編》《通甫詩存》《通甫詩存之餘》《右軍年譜》《白㝉山人年譜》等。

《柏堂集續編》卷十二《魯通甫傳》:"君既不獲大用,遂以詩文名世,所著《通甫類稿》《邳州志》《清河縣志》,皆刊行,兩志尤爲海內所推服云。同治二年,六十,卒。子四人,葵、蕡,府學生。"

湯紀尚《魯通甫先生傳》:"著詩文《類稿》十一卷、《右軍年譜》一卷,其《邳州志》《清河縣志》尤爲世推重。同治二年卒,年六十。

子四：葵、蕡、苐、蕕。蕡能繼父業，早卒。孫橄，舉人。"按，此處所
載卷帙均有誤，魯一同詩文《類稿》共計十二卷，《右軍年譜》二卷。

按，魯一同詩文集有《通甫類稿》四卷、《通甫類稿續編》二卷、
《通甫詩存》四卷、《通甫詩存之餘》二卷。湯脩於咸豐九年（1859）
所作序云："未幾，先生以《類稿》寄示屬序。"《通甫類稿》四卷應爲
魯一同生前所編。《通甫詩存》四卷，有魯一同自序，云："起乙酉，
終戊午，録詩三百二十二首。"周韶音題識云："右詩四卷，吾師通甫
先生所手定也。於先生平生所作，僅十之二三，而少作之存，蓋寥
寥焉。"可見《通甫詩存》亦爲魯一同生前所編。《續修四庫全書總
目提要》云："集爲手訂，係生平所作僅十之二三，而少作又多不預，
其自嚴於選訂也又如此。"《通甫類稿續編》《通甫詩存之餘》亦編於
生前，與《通甫類稿》《通甫詩存》同時刊刻。現存咸豐九年覆刻《魯
氏遺著》本《魯通甫全集》收有魯一同《補過軒四書文》。國家圖書
館藏有《白苹山人年譜》一卷，題魯一同撰。另南京圖書館藏《通甫
先生集外文》，收逸文四十四篇，係其後人所輯。李慈銘《越縵堂讀
書記》評《通甫類稿》曰："多閎肆而謹嚴，演迤而峻峭，幾於篇篇可
傳。道光以來，殆無第二手，梅宗亮輩，不足道耳。"

**魯一同姊魯蘭仙，亦以詩聞名，有《瘦春仙館詩剩》行世。魯一
同次子名蕡，字仲實，咸豐元年諸生，曾輔佐治理清河、安東水道，
年四十九卒，有《仲實類稿》《仲實詩存》行世，亦以文學聞名當時。**

《通甫類稿續編》卷下《適黃氏姊年三十八行略》："姊諱蘭仙，
字靈香，生而有異，家君尤愛之。九歲讀《毛詩》，不肯竟學，去，習
女紅輒精。十四五觀小史，日竟四五冊，無當意者。一日讀《論語》
《孟子》，嘆曰：'得我心矣。'晨夜研誦，豁然都解。習《詩》《書》《小
戴記》，一以《論》《孟》相印證。年二十，讀《通鑑綱目》，竟首尾未嘗
棄一字。尤好《文選》、韓、柳、歐氏之文。間爲詩，清樸近古，王考

功嘆曰：‘世久不見曹大家、班婕妤，今見之矣。’……遺詩百篇，皆少作。《擬騷》一篇、《書小石城山記後》一篇、手疏《論語》數十則，歸黃後遂絕筆。子一，未名。女一，令儀，魯一同爲兒葵聘之。生於嘉慶七年十月十二日，卒於道光十九年五月十一日，年三十有八。”按，《瘦春仙館詩剩》當係魯氏後人編輯，於民國八年（1919）刻成。

《清史稿》卷四百八十六《魯蕡傳》：“子蕡，字仲實。諸生，文有家法。善綜核，知府章儀林議減清河賦，苦繁重，叩蕡。蕡爲剖析條目，退草三千言，明旦獻之。儀林驚喜，因請主辦，三年而成。又佐修安東水道，役竣，費無毫髮溢。”

劉標壽等修，范冕等纂《（民國）續纂清河縣志》卷十一《人物下・流寓》：“魯蕡，字仲實。諸生。少穎異，姿體凝重有力，善飯。……性喜古文辭，不耐習制藝，三應鄉舉不中輒棄去，一意讀書史。實事求是，不爲空言。……多病，卒年四十九。詩文、書畫皆具家法。著《仲實類稿》《仲實詩存》，皆梓行。”按，據《（同治）重修山陽縣志》前《重修山陽縣志鑑定纂修姓名》，魯蕡曾助吳昆田修纂《（光緒）清河縣志》。另，《（光緒）安東縣志》係晚清金元烺修，吳昆田、魯蕡纂。

參考文獻：

1. 魯通甫著、郝潤華輯校《魯通甫集》，三秦出版社 2011 年版。

2. 方宗誠《柏堂集續編》卷十二《魯通甫傳》，光緒六年刻本。

3. 趙爾巽等《清史稿》卷四百八十六《魯一同傳》，中華書局 1977 年版。

4. 湯紀尚《魯通甫先生傳》,《續碑傳集》,上海書店 1988 年版。

5. 吳昆田《魯通甫傳》,《續碑傳集》,上海書店 1988 年版。

（郝潤華）

姚燮傳

姚燮,原名世烈,字梅伯,號野橋、復莊、大梅等,祖籍浙江諸暨,高祖時遷至鎮海。曾祖姚有純,字禹文。祖父姚昀,字兆鳳,號丹峰。父姚成,字惟青,號耐生。母張氏。妻吳氏。長子景皋,字揖伯,號少楳。次子景夑,字拊仲,號小復。三子景旦。

《甲午科鄉試卷》(上海圖書館藏):"姚燮,原名世烈,字梅伯,號野橋。……鎮海縣民籍。……祖諱昀,字兆鳳,號丹峰。……本生父名成,字惟青,號耐生。……本生母張氏,諱能公女。……娶吳氏,諱紹萬公長女。"

張伯行《正誼堂文集》卷十七《姚復莊先生墓表》:"先生諱莊,字梅伯,自號復莊,鎮海姚氏。"

《(光緒)諸暨縣志》卷三十四《人物志·列傳八》:"姚燮,字梅伯。高祖大嗣,徙鎮海,遂以鎮海籍。"

忻江明《四明清詩續略稿》卷四:"姚景皋,字揖伯,號少楳,鎮海人,燮子。""姚景夑,字拊仲,號小復,鎮海人,燮子。"

蔣敦復《例授文林郎即選知縣姚君墓誌銘》(《復莊駢儷文榷二編》卷末):"子三,景皋,太學生;景夑,郡學生,吳出。景旦,張出。"

屢試不第,潛心著述,有《復莊詩問》《疏影樓詞》《駢儷文榷》《褪紅衫》等傳世。工畫,善墨梅,通音律。

姚燮《復莊駢儷文榷》王薵蘭序：“屢試春宮不第，遂絕意進取，以著書爲娛悦。”

《（光緒）諸暨縣志》卷三十四《人物志·列傳八》：“（姚燮）著有《復莊詩問》三十四卷、《駢體文榷》十六卷、《散體文酌》十二卷、《胡氏禹貢錐指堪補》十二卷、《夏小正求是》四卷、《漢書日札》四卷、《四明它山圖景經》十二卷、《息游園雜纂》八卷、《瓊貽副墨》二十四卷、《苦海航》樂府二卷、《西湖棹歌》二卷、《疏影樓詞》八卷、《疏影樓詞續編》一卷、《玉笛詞》一卷、《玉樞經鑰》二十四卷、《梅心雪》傳奇八卷。”

阮亭《瀛舟筆談》卷九：“詩如‘南極雲低三輔夕，西山日落五湖秋’‘去浪隨風爭夕勢，孤舟有客動勞心’‘驛背亂船迎柝下，馬頭殘夢帶霜醒’‘當風帆濕猶疑雨，入晚天喧漸減衣’……不食人間煙火筆墨也。”

《清史列傳》卷七十三《姚燮傳》：“詩筆力雄健，自遭海夷之亂，出入干戈，備嘗艱苦。……尤工倚聲，其《疏影樓詞》，讀之者以爲厲鶚復生。”

《復莊詩問》卷三十二《〈題畫梅〉三章》其三：“平生畫梅幾千幅，換得青錢供酒肉。”

蔣寶齡《墨林今話》卷十八《姚燮》：“工畫，善墨梅。”

嘉慶十年（1805），生於上字湖登瀛橋北泝小有居。六歲入塾。讀書廣博，泛濫百家。道光四年（1824），娶妻吳氏，始學畫梅。

《例授文林郎即選知縣姚君墓誌銘》：“生於嘉慶乙丑年七月二十日。”

姚燮《蛟川詩繫》卷二十八：“小有居在上字湖登瀛洲橋北泝，給諫第之東園也。”

《蛟川詩繫》卷二十九：“燮六歲入塾，即從先生授《論語》《孝經》。”

《姚復莊先生墓表》：“稍長，讀書十行並下，自經史百家，以逮道藏釋典，靡不周覽。”

姚燮《復莊詩問》卷十一《夜坐吟二章示内子》：“君年廿一爲我婦，弱體持家苦身手。君今年已三十三，報女勞心亦何有。”按，此詩作於道光十六年（1836），故本年娶吳氏。

姚燮《畫梅心語》：“余弱冠學梅，遍走齊梁吳楚間，名手如林立。”

嘉慶十三年（1833），刊刻《疏影樓詞》五卷刊刻。姚儒俠作序，汪遠孫、葉元璧、沈雲亭等題詞。

姚燮《疏影樓詞》姚儒俠序：“《疏影樓詞》，凡四種，余友姚子野橋作。……其平生得力處，追踪秦柳，胎息賀史，取法於夢窗、草窗、白雲、白石之間，沉幽固閟，揮灑流落，體制不名一長，能兼衆美。……道光十三年癸巳花朝後三日。”

十四年（1834）中舉。十五年入京，得名宿獎掖，一時名噪京城。復流連歌館，所作傳奇被之管弦。

《甲午科鄉試卷》：“浙江鄉試硃卷第二房，中式第二十二名舉人姚燮。”

《復莊駢儷文榷》王蒔蘭序：“先生之甫入都也，假館於座主徐廉峰先生宅，徐固以詩古文雄視壇坫，又樂於宏獎後進者。先生之名，因之噪滿日下，一時南北才士，與之角藝，咸畏服焉。”

陳繼聰《大某山人傳》（姚燮《瓊貽副墨・蘭如集》卷四）：“燕京樂部，馳名海内。其伶人色藝俱絕者，不獨如國初王紫稼輩。山人跌宕歌場。……每製傳奇脱稿，梨園即播之管弦。顧曲者皆謂不下關漢卿、梁伯龍。”

嘉慶十六年(1836)三月,赴會試,不第。七月,抵家。

《大某山人傳》:"春闈榜放,蹢躅下底,甚鬱鬱不自得。"

《復莊詩問》卷十《到家四章》其一:"老親視我久,驚我面目黧。不言汝何瘦,但言汝當飢。"

十七年(1837),識歌妓湘文於蘇州,爲作《梅心雪》傳奇,寓身世之感。

浙江圖書館藏稿本《梅心雪》卷首《湘文小傳》:"雪香本時姓,無錫產也。道光三四年間,江東患水,居民無以存活,其家鬻於某姓爲婢。某本籍中人,携至上海,教以琵琶歌曲。年十四,始入籍。……初名素娟,字湘文。……遇三交門客姚生。生固豪士,負才游俠。……生感其有效愛之隱,爲作《梅心雪》傳奇以永其好。《某心雪》者,生字楳伯,用以證楳學之因也。"

《大某山人傳》:"借紅粉之飄零,感青衫之憔悴。其旨深,其意亦傷矣。"

十八年(1838)三月,赴會試,不第。離京後作《南轅雜詩》一百零八首。

《清史稿》卷一百零八《選舉志三》,《復莊詩問》卷十五《南轅雜詩一百八章》。

《大某山人傳》:"榜放,已入轂矣,以浙卷多抽去。"

二十年(1840)三月,赴會試,不第。三月二十九日,與孔憲彝、梅曾亮、朱琦、潘曾瑩、黃憲清、張際亮等十三人會飲於尺五莊,賦詩餞春,姚燮作《尺五莊餞春圖》,爲文記其事。六月,聞定海陷於英軍,南返,有詩記之。

見《清史稿》卷一百零八《選舉志三》。

《復莊詩問》卷二十《孔憲彝招梅曾亮、朱琦、潘曾瑩、黃憲清、張際亮、許乃常、張敦復、陳丙綬、秦湘業、黃軼林飲尺五莊餞春》《聞定海警，感作三章》。

姚燮《復莊駢儷文榷二編》卷五《〈尺五莊餞春圖〉記》。

嘉慶二十二年（1842），修成《四明它山圖經》，戈載、蔣敦復作序，董沛作跋。

《復莊詩問》卷二十五《僦居鄞江橋村絳山樓匝月，撰〈它山圖經〉，即事三章，示主人朱立淇並徐兆蓉、鄭星懷兩文學》其二："鞭心入稊米，百貌搜醜妍。武斷矜辨辭，吾敢阿前賢。"

《正誼堂文集》卷二十三《〈它山圖經〉跋》："《四明它山圖經》十一卷，鎮海姚復莊先生所撰也。叙述古雅，山水源委，皆得之目驗，實能盡其曲折，而考古頗疏。宋人舊志，僅得魏吉州《它山備覽》一書，而乾道、寶慶、開慶諸郡志，似未嘗見也。即元之延佑、至正二志，明之成化、嘉靖二志，均未一檢。其所徵引，皆仍曹志、錢志之舊。"

姚燮《四明它山圖經》戈載序："今梅伯所著《四明它山圖經》，則具三長之才，知五難之道。因避難岩阿，日事探討，尋幽訪勝，見頤闡微，仿桑欽、酈道元之體例，纂成十二卷，凡山川人物、政典藝文，以及建制沿革、興廢異同，搜羅該恰，考證精詳。本本源源，條分縷析，秩然燦然，美矣備矣。"

《四明它山圖經》蔣敦復序："是書博稽載籍，訂正史傳，凡深寧、清容、南雷諸家之説之舛漏者，一一參糾緝補。討論之功，可不謂密乎？爲卷十二。首山經，挈要領也；次今水源委二卷，析條目也；次防置編年紀三卷，重土功也；次奉祀册，重祭奠也；次言行傳表二卷，徵里獻、録寓賢也；次藝文略，而終之以叢志二卷，發體例也。"

嘉慶二十四年(1844)三月,參加會試,不第。都門故人傳姚瑩病死,作詩示之。南歸,湯鵬、魏源餞別。此後絶意仕進。

《清史稿》卷一百八《選舉志三》。

《復莊詩問》卷二十七《都門故人多傳予病死,以詩相挽者,作此示之,得三章》。

孔繼鎔《心向往齋集》卷十七《江上哭梅伯》:"久遲不來當就汝,喜聞笑談下吳淞。笠車半作重泉別,琴筑思聯上國綜。一夕大江悲短笛,百年斜日剩孤篷。斯人真是聰明死,悔不枯僧學打鐘。"

《例授文林郎即選知縣姚君墓誌銘》:"甲辰計偕後,息影邱園,絶意進取。"

《復莊駢儷文榷二編》卷四《揚州寄湯海秋郎中書》:"及聞僕將南下,而足下於魏君置酒城東之樓爲僕飲餞。"

《瓊貽副墨‧尺素集》卷二魏源書:"梅伯仁兄大人左右:小詩奉餞,即祈示政。陳春倩兄扇已送去,而來信云偉堂夫子欲求繪團扇數柄,務肯撥冗爲之,明早送偉師處,並取李芸舫太守之信也。陳世兄來信並附閲,即頌行祺。弟魏源頓首。海秋字均送上查收。"

二十五年(1845),編甲辰以前詩。設帳授徒。注《玉樞經》。

《復莊詩問》卷三十《編甲辰以前詩既成,寄仿賈島例祭之,不必除夕也》:"半生哀樂事,管領久憑君。醜面終難諱,俚腔亦可欣。神弦湘上瑟,佳氣海東雲。再拜供甘醴,靈應我祝聞。"

《復莊詩問》卷三十一《勵志四章,示家塾同學諸子》《寄家塾諸生五章》。

《瓊貽副墨‧尺素集》卷十六葉金鏗書:"明年,聞先生設馬融之帳,開伯起之堂,城中願登門墻者,定見接踵而至。……甲辰十二月二十日。”

嘉慶二十六年（1846）五月，編定《復莊詩問》三十四卷并付梓。

《復莊詩問》牌記：“道光丙午五月開雕，戊申元月竣工。”

《復莊詩問》自序：“詩可以道性情，苟不詩，性情何所寄？吾之詩，吾自寄其性情耳。”

二十八年（1848），《復莊詩問》刻竣，陸雲、葉元坊作《書後》。

《復莊詩問》卷末附。

咸豐元年（1851），著《今樂考證》，爲曲學集大成之作。此年始編校《復莊今樂府選》。

姚燮《今樂考證》馬裕藻跋：“姚氏在百年前，對於文學具此新見，視焦氏循、凌氏廷堪殆又過之。”

《（光緒）諸暨縣志》卷五十：“《今樂府選》，五百卷，國朝姚燮輯，每篇有燮手評，丹鉛錯雜於眉前。其搜採之宏富，勘點之精當，爲孫月峰、胡孝轅輩所不及。評定裝成二百册。”

按，趙景深《姚梅伯的〈今樂考證〉》（《中國戲曲初考》，中州書畫出版社 1983 年版）：“鎮海姚梅伯的《今樂考證》是王國維《曲錄》以前五十年的中國劇曲的總記錄。”

三年（1853），選錄清朝駢文二十五家，作《皇朝駢文類苑》，評點《國朝駢體正宗》。

《復莊駢儷文榷》卷六《〈皇朝駢文類苑〉叙錄》：“燮謬不自揣，博遴而類隸之。始國初及近代，得百數十家，復承李氏之例，略變通之，爲類者一十有五。”

張壽榮《〈國朝駢體正宗〉評本例言》：“姚先生，諱燮。……選有《皇朝駢文類苑》，巨製鴻篇，搜羅殆盡。實藝林中不可少之書。

壽榮向已爲之校刊,其於曾選《正宗》,評論點竄,特其餘緒。然讀之,足窺儷體門徑,無復詭途歧趨之感,裨益後學不少。"

咸豐四年(1854),編成《復莊文錄》。

《復莊文錄》目次自識:"初編文六卷,都九十七首。咸豐甲寅歲正月山居手編。"

五年(1855),寓居上海,與蔣敦復、王韜等過從。爲蔣敦復《芬陀利室詞》作序。

王韜《蘅華館日記》咸豐五年一月十七日:"午後同劍人、壬叔訪梅伯,清談良久,至酒樓小飲,繼復拉至勾欄訪艷。"

《復莊駢儷文榷二編》卷五《蔣純甫〈芬陀利室詞〉序》:"吾人之遇哀與怨多,歡樂少,發之爲辭,激烈淺,紆鬱深。君之詞,哀怨而紆鬱者也。鄙人知之,故敢爲序之。"

十年(1860)七月,批點《紅樓夢》,撰《讀〈紅樓夢〉綱領》。

姚燮《讀〈紅樓夢〉綱領》自序:"雪芹曹氏,以函古蓋今之學,撰空前絶後之書,灑灑洋洋,爲卷者百有二十。上至公卿,下至屠販,罔不讀之而嘖嘖然稱道之。然心解者少,耳食者多,大抵經緒紛繁,得此遺彼,信非澄心默識,有不能辨其途者。園居之暇,分類搜輯之,爲讀者作南針之指,而以鄙見所獲者附之。……咸豐十年庚申秋七月,復翁手抄。"

同治元年(1862),編成《瓊貽副墨》《復莊文酌初編》,校錄《蛟川詩繫》卷一至卷十六。

《瓊貽副墨》卷首自識:"壬戌春日,山居避寇。烽警時危,貧病交攻,心緒惡劣,不復能從事著撰,而又難窘坐以廢閑也,爰於篋衍暨故楮堆中,檢括四十年入世以來,師友酬贈之作,已多斷腰零尾,霉爛蠹穿，爲惋惜者久焉。因費三五日，拮據梳櫛其完好者，分類部署，力疾手謄，日以十四五葉爲率，自正月廿四日起，至三月初十日蔵功。”

《（光緒）諸暨縣志》卷五十：“《蛟川耆舊詩繫》，三十二卷，國朝姚燮撰，燮高祖大嗣始徙鎮海，燮遂入鎮海籍，故有此録，仿胡文學《甬上耆舊詩》，參以沈季友《檇李詩繫》例，而精博過之。傳稱其臨歿猶披閲是編。”

姚燮《蛟川詩繫初稿》（國家圖書館藏）卷一末頁：“壬戌閏九月廿九日録稿。”卷一六末頁：“十二月十七完。”

同治三年（1864），校録《蛟川詩繫》卷十七至卷三十一。蔣敦復爲作六十壽序。四月二十五日，卒於上海。

《蛟川詩繫初稿》卷十七末頁：“甲子正月十四日完。”卷三十一末頁：“二月廿六日完。”

蔣敦復《嘯古堂文集》卷七《姚復莊孝廉六十壽言序》：“甬東，固人才淵藪也，海内群推有道博物君子，爲黃梨洲、全謝山後一人者，實惟復莊姚先生。……著述宏富，爲鄉邦文獻，表幽闡微，固與南雷、鮚埼相伯仲。至於立心質行，粹然寡恥，仿佛徵君博通之學，乃出全吉士上遠甚。此千百年自有定論，非一人之言所敢私也。即以敦復之言，非一人之私言。爲先生壽，先生其聽然而進一爵乎？”

《例授文林郎即選知縣姚君墓誌銘》：“和其天倪，寡疾難老；忽蒙霜露，遽罹鞠凶。泛海來滬，邁疾歸治，竟以不起，同治三年四月廿五日卒。”

參考文獻:

1. 姚燮《復莊詩問》,上海古籍出版社 1988 年版。

2. 姚燮《姚燮集》,浙江古籍出版社 2014 年版。

3. 洪克夷《姚燮評傳》,浙江古籍出版社 1987 年版。

4. 趙杏根《姚梅伯年譜簡編》,吉林文史出版社 1990 年版。

5. 汪超宏《姚燮年譜》,中國社會科學出版社 2011 年版。

（韓立平）

恩麟傳

恩麟,字君錫,一字詩樵,號天放閑人,諾敏氏,室名爲筆花軒,隸屬蒙古正黃旗。嘉慶九年(1804)生。

恩麟生平文獻記載多零星散亂,《清史稿》《清史列傳》皆無載。恩華《八旗藝文編目》考:"恩麟,字君錫,一字詩樵,號天放散人,氏諾敏,隸屬蒙古正黃旗,道光壬辰(1832)舉人,戊戌(1838)進士,官分部主事。著有《聽雪窗詩草》《筆花軒詩稿》和《塞游詩草》。"蔡貴華《中國文獻學資料通檢》,楊廷福、楊同甫《清人室名別稱字號索引(增補本)》對恩麟生平的記述與恩華所考大體一致,但特別指出恩麟的室名爲筆花軒。吳肅民、莫福山《中國少數民族文學古籍舉要》,文精主編的《蒙古族大辭典》除包含上述記載外,還記述了恩麟早年曾隨先輩仕宦江南,後又居官塞外的事實。

按,以上著作均記載恩麟號"天放散人",但所述內容極爲相似,有轉引之嫌。而恩麟在《塞游詩草》卷首明確題有"天放閑人著",故恩麟號"天放閑人"更爲可信。

《聽雪窗詩草》和《筆花軒詩稿》每卷前均題有"古燕·恩麟·詩樵撰",可知恩麟爲古燕人,又字詩樵。

恩麟的出生年月並無明確記載,但據《聽雪窗詩草》《筆花軒詩稿》和《塞游詩草》所作時間可知,恩麟主要生活於道咸年間。又《塞游詩草》中《偶感》一詩有"養兒爲防老,古語良可思。我年六十二,六男兩女兒",詩題後注有"丙寅年"字樣,可推知恩麟生於嘉慶九年。

《聽雪窗詩草》卷五《榜下自嘲》一詩"一身已定半生寒"後注有"主事分部,蒙古籍,得缺不易,升擢尤難",可知其族籍。恩麟父親多容安在遞呈的謝恩摺中自稱"蒙古世僕",再次證實恩麟爲蒙古旗人。

年少聰慧,酷愛吟咏,舉業臨文之暇遍覽羣書。性好游,嘉慶二十五年(1820)與六姊丈蘇秋潭同應京兆之試,不中,出闈即隨其父多容安南宦。詩歌得山水之助,又多關切民生之語。

恩麟家世無載,其父爲多容安。《聽雪窗詩草》卷五《榜下自嘲》一詩有"八比文邀六品官",後注有"壬辰鄉試以三比創格獲雋,戊戌會試又以五比偏鋒幸中",可知恩麟是壬辰(1832)鄉試中舉。中國第一歷史檔案館藏有廣西按察使多容安《奏爲次子恩麟中舉謝恩事》,言及"奴才於閏九月二十四日接僕家書,知奴才次子恩麟應壬辰科順天鄉試中式第六十名舉人",可知壬辰鄉試中舉的恩麟正是多容安的次子。

此外,盧震《聽雪窗詩草序》作於道光五年(1825),載"詩樵亦隨任蕪湖,迄今閱五年矣",另恩麟《聽雪窗詩草》中《暑夜不寐空階獨步寄懷蘇勵泉清阿姊丈四首選三》其二《送丁小楓還楚》等詩也提及"隨任蕪湖"一事。中國第一歷史檔案館藏護理山西巡撫蘇成額《奏報道員多容安請扣廉完繳荆關蕪湖關賠項事》,證實道光初年多容安確於蕪湖爲官。

恩麟詩得山水之助,盧震《聽雪窗詩草序》:"詩樵亦隨任蕪湖,迄今閱五年矣,復出其舊作相示,較其前作,純任自然,更無一語寄人籬下,蓋其得山水之助尤多。"

朱方增《聽雪窗詩草序》:"詩樵隨宦吳楚,振興齊魯之郊,擊楫彭蠡之渚……游歷凡數千里,其間林壑之秀,迤江濤之汹涌,可喜可愕之狀，一一寓之於詩，而詩益工。昔杜少陵兗州望岱諸什，人驚其少作已雄邁若此。然非東郡趨庭以適其游覽之興，烏能成此杰作哉？詩樵所遇亦若是……詩樵年甚少，質甚敏，使益邃，其詣，力研求四部書以增其學，縱觀漢魏六朝三唐諸詩以博其趣，鑱琢乎性情景物之地以擴其才，神明之化，裁之浸淫，以及於右作之林，所作當更有進。"

蘇清阿《聽雪窗詩草序》："世稱謝靈運好山水，所至必縋險鑿幽，務窮其境而後止。今觀其詩，天然超逸，若不食人間煙火者，蓋山水之益人，如此其深也。余內弟詩樵性耽吟咏，自幼所著已具有奇氣。甫冠，與余同習舉業，臨文之暇，輒取歷代諸名家詩，深思熟味，別有會心。性亦好游，苦京師無可游地，不得遂其登臨以助其吟興。辛巳夏隨侍南宦，歷游數省，至戊子，始以就試旋京。出所爲《聽雪窗草》見示，其峭險嵚奇則岫岩裂石也，其噴涌磅礴則驚湍駭浪也，其清幽秀麗則流水落花、深林好鳥也。蓋詩樵本以聰明絕特之姿，潛心詞章之事，又幸而隨宦南北，縱覽名勝。舉夫山川之勝，人物之奇，凡他人生平未獲一睹者，皆得與共晨夕而携俯仰，則所以得山川之助益者，豈淺鮮哉？抑又思之，詩必有閱歷，意境斯涸；必有學問，根底斯厚。不然彼游俠之子，終日遨游，迹遍天下，曾不聞出一驚人之句，又奚足以擬詩樵於萬一耶？"

《筆花軒詩稿》卷一《路過瓜州游金山江天寺》其二："白雲嶺上來，峰巒翠初剡。江水繞四圍，空灘架孤厂。平生五嶽游，攀援忘涉險。登塔最上頭，衣袖雲霞掩。憑欄遠極目，天與水俱瀲。激浪鳴淙淙，征帆去冉冉。石磴煙嵐回，旖檀幡影颭。殘柳綠漸哀，黃條垂似染。眺遍隔江峰，夕陽下西崦。啼鳥送客行，歸鴉兩三點。兀坐重留連，思家意難慊。還復卧孤舟，夢入江天儼。"後注："辛巳科蘇秋潭六姊丈與予同應京兆之試，出闈即隨侍家嚴赴蕪，經月餘得家書，並接秋潭贈寄之作，知秋潭與予皆被落，不勝感嘆即用。"

恩麟關切民生，隨父宦游遇蕪湖大水，詩集中多有記載。《聽雪窗詩草》卷一《癸未隨侍蕪湖值夏秋大水詩以志感》："農功勤仲夏，兩歧禾正秀。連朝雨覆盆，兼旬檐瀉溜。黿鯨翻海出，魚龍攪空鬥。白日暗無色，回飆夜繼晝。奔騰倒山岳，蒼茫迷宇宙。狂瀾乍涌濤，濃雲常裹岫。悵無女媧石，藉以補天漏。官府日祈晴，雨勢更馳驟。居民困播遷，紛竄若鳥獸。但聞穀價增，升斗亦非舊。水厄復饑饉，闔邑哄奔走。帝澤沛陽春，我爲展眉皺。季夏天晴明，人民困稍釋。雖曰書無禾，漸可慶安宅。蛟龍復戰征，江神鬥河伯。風雨浩然來，頃刻成澤國。赭山何嶒崚，勢將沒山脊。舊漲方瀠回，新濤更淜沛。樓閣擬蜃成，街市半通舶。深階幾滅頂，高阜亦盈尺。游魚行破釜，鳴蛙躍頹壁。朝暮驗低昂，直已通潮汐。嗟哉衆黎民，生理日已迫。有室不能居，一飽苦無策。溺者盈萬千，生者徒嘆息。長江浪溶溶，浮棺散如織。豈伊無佳城，爲爾奠魂魄。天心亦已甚，遂使破窀穸。我讀瘞冢丈，寸心常戚戚。凉風霜欲動，秋意振蕭瑟。願祝巨漲平，田疇錯如昔。雜穀或可登，何啻黃雲積。"卷一《暑夜不寐空階獨步寄懷蘇勵泉清阿姊丈四首選三》其二："賞心豁目一登樓，萬頃煙波浸高樹。時蕪湖大水。可憐短陌欲通舟，半夜猶聞人喚渡。"卷二《送丁小楓還楚》："舊雨欣逢千里至，詩篇重叠問奇字。尚期砥礪共鷄窗，詎肯栖遲鍛鵬翅。何知巨浸來無端，時蕪湖大水。晴波漾漾凌山巒。……作詩別君須記取，銜杯莫念征途苦。固知金石久不渝，相期事業留千古。"

按，據《筆花軒詩稿》卷一《路過瓜州游金山江天寺》其二十一詩後的注文及盧震《聽雪窗詩草序》，可知恩麟確爲嘉慶二十五年（1820）南下蕪湖。而《聽雪窗詩草》卷一《癸未隨侍蕪湖值夏秋大水詩以志感》所言的"癸未隨侍蕪湖"應爲創作此詩的時間，可知道光三年(1823)恩麟仍身處蕪湖。

道光初年，多容安調任山西按察使，四年(1824)兼署山西臬司，同年孟冬恩麟隨宦并州。然因與新任山西巡撫福綿結兒女姻親，有所避回，故移任灤河，恩麟隨同北上。

中國第一歷史檔案館藏山西按察使多容安《奏報兼署山西臬司日期並謝恩事》，道光四年六月二十二日。

中國第一歷史檔案館藏護理山西巡撫蘇成額《奏爲新任巡撫福綿與署山西按察使冀寧道多容安爲兒女姻親請福綿到任後再奏請回避事》，道光四年八月二十三日。

《筆花軒詩稿》卷三《邀友叙別》詩序：“甲申孟冬，余隨宦并州，會家君移任灤河，將北上之前數日，治裝已定矣，空庭兀坐，月白風清，回憶幕中客斯警莽王魚軒者相聚數月，歡洽平生。如此良夜，聚不多時，欲過訪以作竟夕談，又以二友各據一席，不知邀集我圍爐共坐，尤足暢懷，爰賦九言體一章以代。”

《聽雪窗詩草》卷二《送丁小楓還楚》：“舊雨欣逢千里至，詩篇重叠問奇字。尚期砥礪共鷄窗，詎肯栖遲鍛鵬翅。何知巨浸來無端，晴波漾漾凌山巒。遥望故人秋水闊，雄文安得回狂瀾。室邇人遠更睽隔，賴有詩筒傾玉液。挂帆君忽賦旋歸，悵我將爲遠行客。一紙丹書寵命新，時家嚴調任山西。關山從此涉風塵。雁門霜雪飄殘夜，定省應難彈苦辛。征衫瀲灔波光瀚，解攬西南各分散。欲言不盡轉無言，楚水秦雲增浩嘆。亦知聚會自有時，暫會何堪此別離。扁舟歸去晴川上，江流不惜長相思。多文爲富善爲寶，君子固窮真絕倒。青燈黄卷守素心，男兒三十詎云老。泥金縷帖冀他年，京都相待九秋天。何當席帽離身日，看花握手春明前。朔風初起水始冰，驛路蕭條感益增。夕陽欲墜三山外，料峭新寒雪意凝。作詩別君須記取，銜杯莫念征途苦。固知金石久不渝，相期事業留千古。”

道光七年（1827），隨侍武林。

《聽雪窗詩草》卷三《丁亥仲冬隨侍武林嶬署九峰姊文有書來問近況因戲賦此以代簡》："承詢近況復何如，魚鹿今吾異故吾。似戲忝爲司簿吏，逐日查核程引册簿儼然作劇。非真權作守財奴。核銷庫課出入必先遇目故云。詩書忙裏偷閑讀，程課勤中寓慎輪。贏得清風饒兩袖，天倫樂聚足歡娛。"

十二年（1832），恩麟任監生吏，應壬辰科，中第六十名舉人。十八年，中三甲第四十九名進士。

中國第一歷史檔案館藏：廣西按察使多容安《奏爲次子恩麟中舉謝恩事》："奴才於閏九月二十四日接僕家書，知奴才次子恩麟應壬辰科順天鄉試中式第六十名舉人。……奴才蒙古世……仰蒙皇上天恩，擢任廣西……。奴才長子惠麟今夏荷恩慈升授理藩院員外郎……今奴才次子恩麟任監生吏……列雜華木，同沾雨露，益當思天地之恩，而父子均沐。"

《聽雪窗詩草》卷五《榜下自嘲》："八比文邀六品官"後注有"壬辰鄉試以三比創格獲雋，戊戌會試又以五比偏鋒幸中，故云。"

《明清進士題名碑錄索引》載道光十八年戊戌科三甲第四十九名爲恩麟。

二十五年（1845），任兵部候補主事。因書吏規禮被罷，發十五軍臺效力。軍臺苦寒而人煙稀少，又因廟堂許，市糧於張家口外，遂集同人辦消寒集會。二十八年，恩麟當差期滿，臺費全清，請釋回放。

中國第一歷史檔案館藏察哈爾都統雙德《奏爲原兵部候補主事恩麟發往軍臺效力期滿臺費全清請釋回事》，道光二十八年（1848）六月初七日，云："廢員恩麟原任兵部候補主事，緣事革職，發往軍臺效力贖罪,指派第十五軍臺當差。"察哈爾都統雙德《原兵部候補主事恩麟案由清單》,道光二十八年(1848)六月初七日,云:"查廢員恩麟原任兵部候補主事,因兩次得受書吏年終規禮銀四百兩,按坐贓折半科,罪應杖七十徒一年半,係職官收受陋規,經軍機大臣會同刑部訊明,定擬從重發往軍臺效力贖罪等情具奏,奉此案已革兵部候補主事恩麟以掌印司員不知自愛,兩次得受書吏年終規禮,著從重發往軍臺效力贖罪,欽此,今該廢員在臺效力已滿三年。"

《消寒集咏》吳嘉賓序:"草木皆華于春,而梅以冬艷。蓋天地生物之心無時或息者於此見之。然則吾徒處搖落之會,各以文藻自見,得無有似之乎? 曩國家用兵西陲,軍行轉餉,羽書往來,經蒙古部落中設臺站二十餘所,使被謫者分主其事,以勞自贖。遠者逾瀚海,抵窮漠,數千里言語不通,耆欲殊絕,其風霜愁苦有常人所不能堪者。嗣承平日久,臺站無所事事,而朝廷猶行遣謫臣如故。始聚居蒙古南界上,今之張家口外,乃前明與蒙古互市邊要之地。我朝置吏治民與內地同,而蒙古與內民交易猶以舊垣爲中外限,稽禁出入,於是至此即爲蒙古界矣。吾徒幸值是時,雖獲罪棄逐令甲,猶許至張家口外置買糧食,將獲疾病而數人者遂得朝夕聚居于此,去中國不遠有樂生之心。蓋國家所以待臣子猶天地之于物,雖凋催隕獲,然其所以生之者未嘗息也。而物之處此者,苟有可以點綴耳目,呈露端倪,其又安敢以自秘也邪? 消寒圖不知始於何時,蓋以九爲陽極之數,又自因之物極則變數也,亦理也。夫天無不愛物,物亦無不望天之愛者,故人情於草木猶爲之計日而待之,而況于其非草木者乎? 然則吾徒之假日以媮樂也。固有以焉爾、厚甫始約爲此集,始於戊申歲之至日,集既周而厚甫適奉歸命,苦寒盡而春至也。繼厚甫當歸者爲芷庭,在今歲冬至前又繼之,爲余與余宗人字星垣者,在明歲冬至前又閱一至日。而薇垣、詩樵、子均亦當歸。詩樵已報滿復留,若爲茲集留也者,而茲集能兆厚甫之歸,然則不可以不識也。集中惟星垣不能詩,子均病不能與,而薇垣後至不盡作,又星垣戚馬君暨予友張君亦與皆不能詩。蓋吾徒之意非欲以詩鳴也。詩樵録授,余使爲叙時,春盡逾月矣,而杏始華也。嘉賓書。"

按,吳嘉賓字子序,衡保字子均,王恩祥字芝庭,蔣勤培字厚甫,吳星垣(源)字德水,馬君爲馬佑庵字德順,繡綸字薇垣。

《塞游詩草》中《三月五日書所見丁未年》:"晨興未興尚濡滯,晴光射窗喜朝霽。驚聞西北涌黃雲,起視紅沙布天際。眨眼天色陡轉黑,舉室覿面見不得。村舍人家復上燈,行人惶惑無人色。移時又見黃雲見胡匈切,光耀逼人兩目眩。疑真龍戰野雲中,其血玄黃物染遍。忽然變易更無窮,映得山山樹樹紅。計時自辰歷巳午,風驅疾赴天之東。或推休咎或駭異,或定驚魂或嘲戲。風雲變幻天何奇,奇遇窮荒沙漠地。我志其事係以詩,以俟智者決其疑。"

按,此詩作於道光二十七年,描寫了塞外軍臺遭遇沙塵暴的景象。

恩麟爲官資料甚少,又因同時代有與其同名的官員,故其爲官經歷尚無定論。《清史稿辭典》云:"恩麟,字君鍚、詩樵。諾敏氏,隸正黃旗蒙古。道光十八年進士。官至甘肅布政使。同治元年(1862)曾護理陝甘總督印。八年遷駐藏辦事大臣,十二年解任。有《筆花軒詩稿》四卷行世。"錢實甫《清代職官年表》,魏秀梅《清季職官表》,吳豐培、曾國慶《清代駐藏大臣傳略》也都記載了駐藏大臣恩麟爲蒙古族正黃旗。陳德鵬《清代駐藏大臣籍貫、出身校勘》考:蒙古族正黃旗恩麟是道光十八年三甲四十九名進士,並非駐藏大臣恩麟,並根據《清實録·穆宗實録》中駐藏大臣恩麟所上的謝恩摺以及《清史列傳》中熙麟的奏摺判斷出:駐藏大臣恩麟爲滿洲人，是熙麟的族弟。清代官員張集馨的《道咸宦海見聞録》也記載護理陝甘總督恩麟字仁峰，並非詩樵。

中國第一歷史檔案館藏署理甘肅布政使恩麟《奏爲補授甘肅布政使謝恩事》："奴才滿洲世僕，賦性庸愚，前由户部察郎中京察記名，于咸豐六年七月蒙文宗皇帝恩慈簡放甘肅蘭州道，九年三月復荷特恩擢授甘肅臬司歷次升藩司印務。……同治元年二月十九日。"

中國第一歷史檔案館藏吏部尚書全慶《題爲議得現署甘肅按察使恩麟期滿准其實授請旨事》："吏部尚書臣全慶等謹題爲詳請實授事，查定例旗員百日孝滿，奉旨簡署外任督撫藩臬道府印務者服滿，文到部即將應否，准其實授之處具題請旨等語。今恩麟鑲黄族滿州監生由甘肅蘭州道丁憂尚未服滿，咸豐玖年正月貳拾叁日奉旨以道員發往甘肅候補，欽此。又貳月貳拾壹日奉旨甘肅按察使著恩麟署理，欽此。今據陝甘總督覺羅樂斌奏稱：恩麟於捌年拾月初拾日丁母憂，不計閏扣至拾壹年正月初拾日貳拾柒個月服滿等因，咸豐拾壹年叁月初壹日奉。"

按，《清史稿》《清代職官年表》《清季職官表》《清代駐藏大臣傳略》所述蒙古族恩麟曾出任甘肅布政使、護理陝甘總督、駐藏辦事大臣等内容與中國第一歷史檔案館藏録副奏摺所記載的滿族恩麟内容相抵牾。受其影響下的著述如《中國近現代人物名號大辭典》《清人詩文集總目提要（中册）》《近代中國蒙古族人物傳》《清代蒙古官吏傳》《清代人物生卒年表》等，均有此疑處。由上可知，陳德鵬《清代駐藏大臣籍貫、出身校勘》的考證更爲合理。

卒年不詳，同治九年（1870）尚有詩存。

恩麟生平尚無明確記載，但同治九年（1870）尚有詩存，即《塞游詩草》中《祀竈日庚午年》一詩："歲歲今朝祀禱虔，年年艱窘自依然。未能免俗聊從俗，媚竈奚如敬聽天。"

恩麟性耽吟咏，其宦游南北，嘗出海，皆有詩作。南下作《聽雪窗詩草》及《筆花軒詩稿》，北上亦存《塞游詩草》。詩以性靈爲尚。其終身善學，從候振庭、劉業師、閻雨帆等衆賢爲師。

恩麟南宦作詩深受"性靈説"影響。盧震《聽雪窗詩草序》："書曰'詩言志'，心之所之謂之志，昔人之詩皆昔人之志，詩存即志存也。夫詩以抒寫性靈爲上，而專談格調者次之……詩樵二兄處共研墨者數日，朝夕分韻，相得甚歡，一見即情意投洽，皆有恨晚之歎。因出其舊作相示，往復披尋，但覺性靈發越，不似塗澤家專以格調爲工。"

《聽雪窗詩草》蘇清阿序云："辛巳夏，隨侍南宦歷游數省……出所爲《聽雪窗草》見示。"

嘗出海，有詩爲據。《塞游詩草》中《坐輪船出大沽口行海洋中作》一詩云："洪波浩淼望無邊，雲水光涵一色連。舟似萍浮孤梗漾，天如盌覆四圍圓。風掀浪涌行何疾，煙觸輪飛製亦玄。名利旅愁都破却，却希三島覓神仙。將至煙臺路經三島。"《維舟上海感賦》："滬瀆維舟日午時，洋樓洋舶遍河湄。不因吳語聽來熟，直把中華當外夷。"

恩麟師從多人，有詩爲據。《筆花軒詩稿》卷二《留別候振庭四世叔大人雲悼》："伊川明道從游遍，信是師門有鳳緣。盈帙經時邀點竄，塞裳累月悵淪漣。夏間江潮驟發僅就講院中請業。離懷難對梅花語，別緒真如雪意綿。晋水箴言勤惠錫，釋疑也抵絳帷邊。"

《聽雪窗詩草》卷一《圓居讀書四首録二》其二："縱觀天地襟懷遠，坐對詩書趣味深。曲檻芬芳花自落，小窗窈窕月初臨。虛中默會淵微理，方寸常存貧賤心。富貴浮雲渾不羨，希賢何止惜分陰。"注云："次日劉業師曰：凡讀書者日以貧賤存心，莫以富貴存心，心存富貴則功不能專，人未有不好富貴而好貧賤者，欲富貴則非讀書不能得，日以貧賤存心，則功自專而學日進矣。敬凜師言，常以自警。”

《筆花軒詩稿》卷四《八雪詩閻雨颿老夫子命賦》：“其一《侍雪》彤雲簾外黑漫漫，料峭風來室倍寒。暖酒圍爐期快雪，情殷幾次啓窗看。”其二《踏雪》：“荒原極目儼鋪銀，路混三义辨未真。行到孤山山轉處，梅花一樹悄無人。”其三《咏雪》：“逐風片片下瑤臺，如絮如花破曉來。呵凍欲題江上句，形容不盡悵無才。”其四《臥雪》：“數椽茆屋斷水間，一夜寒深夢裏山。欲仿袁安賢處士，蕭然高臥閉柴關。”其五《聽雪》：“擁爐家聖對孤檠，不覺瓊花入夜傾。偶向靜中閑側耳，隔窗時聽折梅聲。”其六《釣雪》：“瓊英漠漠壓蓬窗，削面風嚴撲石矼。倚醉放舟無遠近，垂綸隨意釣寒江。”其七《掃雪》：“時晴雪意尚慎空，竹徑迷離水暗通。曲背山童擁帚掃，冰花猶自舞回風。”其八《煮雪》：“寒林初霽舞飢鴉，掃雪閑烹石鼎茶。火到十分仍活水，香添一瓣嚼奇花。”

按，由上述詩文及注文可知恩麟曾從候振庭、劉業師、閻雨帆等衆賢爲師。其中劉姓業師只知其姓，不知其名。

參考文獻：

1. 恩麟《聽雪窗詩草》，國家圖書館藏道光間鈔本。

2. 恩麟《塞游詩草》，國家圖書館藏同治間鈔本。

3. 吳嘉賓、恩麟、衡保、蔣勤培、王恩祥等《消寒集咏》，國家圖書館藏清鈔本。

4. 恩麟《筆花軒詩稿》，國家圖書館藏清鈔本。

5. 朱保炯、謝沛霖編《明清進士題名碑錄索引》，上海古籍出版社 1980 年版。

6. 楊廷福、楊同甫編《清人室名別稱字號索引(增補本)》,上海古籍出版社 2001 年版。

7. 恩華纂輯、關紀新整理點校《八旗藝文編目》,遼寧民族出版社 2006 年版。

(王麗芸　李珊珊)

華長卿傳

華長卿，原名長懋，字枚宗，號梅莊、鎦庵生、米齋老人。先祖本江蘇無錫人，明中葉遷山陰，康熙中遷天津，遂爲天津人。嘉慶十年（1805）生。

《清史列傳》卷六十九《華長卿傳》："華長卿原名長懋，字枚宗，直隸天津人。"徐世昌《大清畿輔先哲傳》卷二十六《華長卿傳》："華長卿，原名長懋，字枚宗，晚號米齋老人，天津人。"俞樾《開原縣訓導華君墓表》："華氏本江蘇無錫人，明中葉遷山陰。國朝康熙中，遷天津，遂爲天津人，至君八世矣。曾祖廷柱，候選布政司理問。祖蘭，乾隆四十五年舉人，安徽安慶府江防同知。父堂，太學生。君字枚宗，號梅莊，又號鎦庵生。"

按，華長卿《梅莊詩鈔》卷三有道光十四年（1834）所作《三十初度述懷》詩，卷十二有道光二十四年所作《四十初度》詩，知其生於嘉慶十年。

祖父多能文藝，長卿亦紹其家學。

徐世昌《大清畿輔先哲傳》本傳："祖蘭，字省香，號春浦，善古近體詩，兼工金石、分隸、篆刻，與同邑沈嶧齊、嘉紹張虎拜同以才名。乾隆四十二年，應秋試，取內廷謄錄官，充四庫全書館校錄，益取內府藏書讀而錄之，廣交輦下諸名士，文名藉甚。……識拔吳鼒於未第時，與張葆光、孫嘉瑜往來倡和，爲詩友。善畫山水，皴法不着色，嘗寫《劍閣圖》，能狀棧道險峻。在含山時，學博徐來鳳工花卉，蘇廷煜能以指畫竹，一時稱爲'三絕'。所蓄書畫萬千卷，渡江沈溺殆盡。没後，又毀於火。著有《左癖膏肓》及詩文集，皆散佚。長卿搜得《皖城集》一卷，刊之行世。長卿能紹其家學。"

幼時從舅氏沈兆澐讀書外家，受唐詩及高啓五律。年十四五，在家塾從董懷新學作詩文。弱冠時，又從余堂長學詩賦。

《開原縣訓導華君墓表》："六歲，母沈孺人卒，孺人爲沈文和公女兄。君幼時，常居外家，文和公授之唐詩，咸能背諷。未弱冠，以詩賦知名。嘗一日晨起，成八韻詩三首，同學咸懾服焉。"按，《梅莊詩鈔》卷十五《和王研雲廣文寶仁六十述懷詩原韻》自注："長卿九歲失恃。"自稱九歲時喪母，與墓表不合。

《梅莊詩鈔》卷三《三十初度述懷》其三："曾記當年畫荻時，挑燈課讀母兼師。九齡莫釋懷中抱，廿載空勞夢裏思。墓草暫埋真樂土，紙錢常挂最高枝。長城五字言猶在，不忍重翻季迪詩。"自注："先母曾以青邱五律授讀。"卷七《辛丑十月將之金陵留別》其二："一心望切登科再，卅載恩深上學初。"自注："自七齡從學於舅氏。"卷八《上雲巢舅氏六十韻》："少賤追隨久。"自注："長卿七歲從受業。"

《大清畿輔先哲傳》本傳："少受詩學於梅成棟、董懷新、余堂長。"

《梅莊詩鈔》自序："髫年從雲巢舅氏讀書外家，授予唐人五七言及青邱五律。午十四五，在家塾從董梧侯師學作詩文。家藏唐宋來詩集最富，師才思敏妙，酷似温、李、冬郎。常鈔選歷朝及本朝吳、施、朱、王、查、袁諸家詩數十卷。予每竊窺，即心焉好之，而未得門徑也。師與樊文卿先生年皆未盈三十，已卓然成家，推津門兩巨手。迨予弱冠,拜從余階升師,謬蒙以詩賦見許。嘗終朝成八韻詩三首,同學訝然,輒戲呼予爲詩翁。"

道光四年(1824)入縣學,十一年中舉。其間受業於梅成棟,雖攻舉業,亦不廢作詩。

《開原縣訓導華君墓表》:"道光四年,入縣學。歸安鄭夢白中丞琛時以兵備道駐津門,課諸生以詩古文,君常列高等。十一年,舉於鄉。"

《梅莊詩鈔》自序:"是年應童子試者十餘人,衹予一人得入泮。道光丙戌,鄭夢白觀察集闔邑諸生,月課以古文詩賦,予得與梧侯、文卿兩先生常並列超等,始知肆力于詩。庚寅,受業于梅樹君師,沽上詩家與慶雲崔念堂同爲張船山先生門下士也。時予專攻舉業,而友朋贈答、懷古咏物,亦未嘗廢也。"

《梅莊詩鈔》卷二《揭曉後感成》:"大父科名五十年,于今續守舊青氈。九方相到追風馬,一第登如上水船。庭訓敢忘增白髮,慈親差可慰黃泉。旁人爭許何無忌,慚愧焉能衣鉢傳。"

十二年(1832)丁父憂里居,與高繼珩、邊浴禮訂交,丁晏稱爲"畿南三子"。

《梅莊詩鈔》卷三《哭女詩》自注:"壬辰七月,遭先大人之變。"

《開原縣訓導華君墓表》:"俄丁父憂里居,與寶坻高君寄泉、任邱邊君袖石訂交,學益進,山陽丁儉卿先生稱爲'畿南三子'。"《清史列傳》本傳:"長卿幼有宿慧,工詩,與任邱邊浴禮、寶坻高繼珩稱'畿南三才子'。"《大清畿輔先哲傳》本傳:"文思益進,時稱長卿及遷安高繼珩、任邱邊浴禮爲'畿南三子'。"

《梅莊詩鈔》自序:"壬辰後,讀禮家居,始與邊袖石訂交。袖石年少氣盛,淵博穎銳,詩筆迥不猶人。甲午、乙未間,互相焠屬,頗得他山之助。"

道光十八年（1838），在京師宣南坊舍，與丁晏、溫予巽、錢步文、李復淳、孔憲彝等人爲詩酒燕集。

《梅莊詩鈔》丁晏序："歲戊戌，晏在都門，與梅莊同寓客邸，賞奇析疑，始訂交焉。時於宣南坊舍，與漢陰溫東川檢討、仁和錢冬士農部、鎮江李晴湖廣文、曲阜孔綉山孝廉，凡十一人，爲詩酒宴集。梅莊、綉山年最少。梅莊贈晏詩云：'儀廙文章妙斬新，何如淮上有傳人。千秋子建逢知己，屈宋心思托洛神。'蓋指余所撰《陳思王年譜》也。"

二十一年（1841），南游金陵，依舅氏居金陵十載，得交海內詩人。所交者有馬壽齡、楊淞、許瀚、端木埰、孔憲彝、方朔、楊鐸等。

《開原縣訓導華君墓表》："沈文和公官江安糧儲道，君往從之。自辛丑以後，居金陵者十載，所交如全椒馬鶴船、山陰楊蓮卿、日照許印林、江寧端木子疇、曲阜孔綉山、懷寧方小東，皆海內名士。二十四年，大挑二等以教職銓選。三十年，被省符署房山縣教諭。君先已如金陵，未及赴。"

《梅莊詩鈔》自序："辛丑，南游金陵，依舅氏十載，得交海內詩人，不祇丁柘唐、孔綉山也。時馬鶴船僑寓金陵，亦騷壇奪席者，詩無體不工，評定尤細。"

《梅莊詩鈔》卷十六《和雲巢舅氏詩元韻》自注："在容園齋中獲交日照許印林、商邱楊石卿，譚經濟金石，累日不倦。"

咸豐元年（1851），暢游吳、越、楚、皖、齊、晋諸省，與李鴻藻、瞿端卿、王鴻諸名士游。

《開原縣訓導華君墓表》："咸豐元年，遡大江，游楚北，又由皖而汴。三年，自京師出居庸關，至於大原。所至縱覽其山川，交其賢豪長者，而發之詩歌，以自見其志。同時士大夫聞風傾慕，爭與之交。如李蘭孫、瞿端卿、王子梅諸公，皆一見如故。騷壇雅坫，每以君一至爲重。”

《大清畿輔先哲傳》本傳：“客其舅氏沈兆澐江安道幕中十載。縱游吳、越、楚、皖、齊、晋、大梁，足迹半天下，與曲阜孔憲彝、懷寧方朔諸名士游。”

《梅莊詩鈔》自序：“辛亥，溯大江，游黄州、武昌，歸舟復由皖至汴，遇王子梅，倡予和汝，亦足樂也。癸丑，同賀杏槎，出居庸關，由宣大赴太原，又得詩一卷。”

咸豐三年（1853），選授奉天開原縣訓導。當地嚮學者寡，長卿課諸生以詩文，勵品勉學，使其邑文風丕變，科名日盛。

《開原縣訓導華君墓表》：“是年冬，選授奉天開原縣訓導。開原地處邊隅，民習耕作，嚮學者寡。君進諸生，課之詩文，武生則課以弓矢，優者咸有奬。其來見者，勵以立品，勉以勤學。一邑之士，皆就請業，文風丕變，科名日盛。”

受奉天府尹倭仁之命，爲《奉天通志》總纂，在局三年，成書三十六卷，詳簡有法，時論稱焉。

《開原縣訓導華君墓表》：“時倭文端公以盛京將軍兼奉天府尹，與府尹張公炳堂創修通志，以君爲總纂。在局三年，成書三十六卷。局費告匱，未究其事。然所纂書，詳簡有法，時論稱焉。”

《大清畿輔先哲傳》本傳：“咸豐三年，選奉天開原訓導。時大學士倭仁爲府尹，奇其才，檄纂《盛京通志》凡三十六卷。”

在遼期間，相與談詩者甚寡，惟王柘、劉文麟、魏燮均、傅桐諸人可與切磋詩藝。

《梅莊詩鈔》自序："甲寅，出渝關，抵開原，相與談詩者遂無人矣。冷齋獨學，尚友古人而已。當是時，同寮中工詩賦騈體文者，祇王雪庵一人。而遼東能詩者又得兩人，一爲遼陽劉仙樵，一爲鐵嶺魏子亨，皆與予友善。泗州傅味琴亦久幕瀋陽，以騈體、詩、古擅長者也。今則風流雲散。"

爲政得法，得士民愛戴。光緒五年（1879），以右耳重聽乞休。奉天學政王家璧以勤學善教薦，奉旨加國子監學正學錄銜。

《開原縣訓導華君墓表》："君又徵求遺書，討論故事，以明成化時有三萬衛都指揮劉旺並其子荅厮於古城堡禦寇死難，雖名見志乘，而享祀闕焉，言於臺司，列入祀典。又以公都子名或見《孟子外書》，請於學廡木主補書其名。遇旱，則用董子祈雨之法。遇疫，則修《周官》招荑之法。遇寇警，則講商子搏力之法。遇災歲，則行左氏勸分振廩之法。加學額以勸士也，開河運以便民也，修祠廟以妥神也。大吏以君才可任民社，議登薦牘，輒辭不就。每屆歲科兩試，以公事至府，與同官諸君文酒娛樂，一觴一咏，談諧閑作，不知爲冷官薄宦也。光緒五年，以右耳重聽乞休。諸生言於縣令而留之，予休沐三月。既滿，又以請，乃從之。去官之日，諸生書'久道化成'四字，顏其所居之堂。自同官僚友，以及邑中士大夫，皆設供張祖道於郭門外，雖市井之馹、什伍之士，徒步走送，相望於道。以一儒官而傾動一時，如是豈易得哉？""光緒五年十有一月，奉天府府丞兼學政王家璧上言伏見告病開缺，開原縣訓導華長卿究心經史，兼有著述，在任二十六年，每逢宣講聖諭及春秋丁祭，必誠必敬，循例月課外，時進諸生，以經史相切磨，以文行相敦勉。勤學善教,足爲司鐸者法,請賞給京銜致仕,以風勵學校之官。疏入,有詔賞加國子監學正銜,於是海内咸知華君爲博聞敦行之君子人矣。"

《清史列傳》本傳:"咸豐三年選開原訓導,在任二十六年,以病告歸。奉天學政王家璧以勤學善教薦,奉旨加國子監學正學録銜。"

光緒七年(1881),卒。

《清史列傳》本傳:"光緒七年卒,年七十七。"

《開原縣訓導華君墓表》:"光緒五年……越二年,君捐館舍。……六年十一月己卯夜,感疾左臂不仁,時瘥時劇。至七年二月辛丑,啓手足於正寢,年七十有七。"

按,此卒年及享壽年數與其生年相符。《大清畿輔先哲傳》本傳及徐宗亮《(光緒)重修天津府志》卷四十三載華長卿於"光緒六年卒",皆誤。

華長卿宏覽多聞,喜爲考據。尤精史學,著《唐宋陽秋》,仿《春秋》筆法,黜朱梁而以後唐繼唐,黜石晉而以南唐繼後唐,筆之削之,以正名位。兼通小學,以識字之法在辨形聲,故作《説文形聲表》。

《大清畿輔先哲傳》本傳:"長卿宏覽多聞,喜爲考據,嘗著《古本周易集注》十二卷、《尚書補闕》一卷、《毛詩識小録》四卷、《春秋三傳異同考》四卷。而於史學體例尤爲精核,嘗謂《史》《漢》以後,至《唐書》而始有表,《五代史》創爲《十國年譜》,益嘆其用意之妙,而服其取法之精。因思漢晉以後,南北割據,閲二百八十五年,隋文始統一之。前之三國、後之五代,未有如斯之久者。於是擬廬陵之式,襲子長之名,起晉惠甲子,迄隋開皇八年,鈔集一表,以便檢閲。其間沿革興廢,篡弑征伐,悉準之紫陽《綱目》,著《兩晉十七國南北朝年表》二卷。又謂《五代史》序次簡潔,獨體例舛鼇,未能盡當於人心。朱温以大盗移國，凶逆淫暴，而列於本紀之首，稱爲太祖；石晋興滅，皆由契丹，奉表稱臣，靦然無耻，亦列於本紀而尊之爲高祖，謬矣。夫宋接周緒，以歷朝皆都汴、洛，似屬相承。然漢承晋，周承漢，尚屬有因。若後唐當未滅朱梁之先，已由晋而踐帝位，至契丹立石晋以後，始携璽登樓而自焚，又安得謂之代嬗哉？是只可名之曰‘五季’，不得名之曰‘五代’。劉㫤父子僅四年耳，即可稱爲一代乎？史臣撰一代之史書，必盡載一代之事，實未有合七姓十三君而總爲一代者。況其建都也，或汴或洛，記事未能畫一。論其享國之年，又遠不及南漢、吴越也。則莫如仍以唐爲主，而列國皆分爲載記，如《晋書》之例。李唐立功河朔，世篤忠貞，即老敕使，尚知推尊唐室，不忘舊德，固非賊温可比，其繼唐也亦宜。徐知誥本姓李氏，既復本姓，立宗廟，以高祖太宗爲不祧之主，割據江淮，名曰南朝，聲名文物，甲於天下，誠衣冠禮樂之國，較之石晋，又不可同日語也。以後唐繼唐，不以石晋繼後唐，而以南唐繼之，直削朱梁國號，比之安史、黄巢。迨南唐奉周朔、去帝號，而宋興矣，此唐、宋相嬗之義也。因就《綱目》後六卷及《續修綱目》前三卷，始唐天祐四年，終宋開寶九年，本原書事實，黜朱梁石晋，而崇奉李唐，不以建都爲統緒，而以族姓爲紹述，竊比蜀漢繼東都之例。自群雄分據，以迄炎宋之並土宇，前後七十年間，予奪勸懲，一秉麟經心法，著《唐宋陽秋》五卷。書出，識者嘆其公允。長卿又以通經在先識字，而識字之法在辨形聲，其説與嘉定錢繹《説文統釋》相類。因許氏原書始一終亥，按其偏旁，別爲編纂。凡從某某聲、從某某省聲之字，俱改歸偏旁之下。凡從某或從某省之字，添注本字之下。本字無偏旁可歸者，仍載原部之後。其有古文、籀文、重文又變體者，詳注之，著《説文形聲表》十四卷、《部首》一卷。復將《爾雅》十九篇分類編輯，撰爲《説雅》六卷，專論字義，與《形聲表》相爲發明。又爲《正字原》六卷，仿《康熙字典》檢字體例，按畫分部，由楷法以通篆籀，上探字學之原，兼注音義及所從之字於其下，備載《説文》九千三百五十三字重文新附，依類編入，計畫得字，由形悟聲，一切俗體、僞文無從紊亂，尤爲有裨後學云。”

《開原縣訓導華君墓表》：“所著有《古本周易集注》十二卷、《尚書補闕》一卷、《毛詩識小録》四卷、《春秋三傳異同考》四卷、《説文形聲表》六卷、《説雅》六卷、《正字原》六卷、《韻籍》四卷、《兩晉十六國年表》二卷、《輿地韻編》五卷、《唐晉陽秋》六卷、《史騈箋注》八卷、《查初白張船山年譜》二卷、《盛京通志稿》三十六卷、《東觀堂文鈔》八卷、《梅莊詩鈔》三十二卷、《臙香館詞鈔》二卷，都凡一百四十四卷，可謂富矣。”

按，華長卿學術著作之尚存者，僅《尚書補闕》《唐宋陽秋》二書。後書之義已見上引。前書序云：“《大誓》一篇，出於漢代，立在學官，至梅賾僞《泰誓》行，而真《大誓》反爲所掩，以白魚赤烏火流穀來之文乃王者膺命符瑞，爲不足信，而反斥之。嗟乎！以僞亂真，以真爲僞，斡棄周鼎，而寶康瓠，良堪欷耳。國朝太原閻氏，元和惠氏，吴縣王氏、江氏，金壇段氏，陽湖孫氏諸家，祖述漢學，各有成書。而北方鄉塾知之者尠，余不揆檮昧，即《尚書大傳》《史記》《左傳》《論語》《孟子》諸書所引《大誓》之文，裒輯一册，並集馬、鄭諸家之注，以詁其義，名曰《尚書補闕》，俾學僮比而讀之。孰真孰僞，必有能辨之者，亦實事求是之一端云爾。”乃爲真古文《大誓》篇輯佚正名之作。

其詩音節高爽，詞旨雋永，頗得唐人三昧；又兼具曹劉之豪逸、陶阮之冲淡、鮑謝之峻潔。其詞，小令纏綿清艷如子時歌，又如李後主；大令沉鬱忼壯，高遏雲霄，合蘇、辛爲一手。

華長卿《四十賢人集》李宗昉序：“劉得仁謂五律如四十賢人，

著一個屠酤兒不得,誠哉是言也!天津華梅莊孝廉爲余辛卯主試順天所取士,深思好學,工古文詞賦,兼通篆隸書法,爲北方之杰出者。曩時來謁,不知其長於詩。今春,由江寧沈雲巢觀察幕中計偕入都,出一編索余叙。詩皆五言律體,自題曰《屠酤集》,蓋謙遜不敢謂賢耳。觀其音節高爽,詞旨雋永,頗得唐人三昧。秦淮海稱少陵爲詩聖,謂能集詩家之大成,學者每瓣香奉之。後凡以詩鳴者,皆得廁於賢人之列。梅莊詩兼曹劉之豪逸、陶阮之冲澹、鮑謝之峻潔,即謂四十賢人,云乎不可?由是而精進焉,詩律更細,將登少陵之堂,而嚌其胾可也,豈僅食兩廡特豚哉?揚風扢雅,鼓吹休明,其造詣又何可量耶?"

華長卿《膽香館詞鈔》王鳳瑞序:"梅莊先生大人閣下,敬讀詞集,令人百遍不厭。其小令纏綿清艷如子時歌,又如李後主;其大令沉鬱忼壯,高遏雲霄,合蘇、辛爲一手,如《題十趣圖》《醉判聽鬼唱曲圖》,機趣橫生中,而寄旨遥深,非精於詞者,不能道其隻字。至《感懷得高寄泉書》《却寄題亡友繆星潭詞稿》,一字一泪,血性流露,此爲至詞。非性天純厚、學養淳深者,又不能道其只字。統觀全集,其選聲叶律,精嚴之至,煉字運意,新警絶倫。鳳瑞非阿其所好,梅莊家師深於詞者,諒不以所言爲諛也。集中有《江城子》《點絳唇》《滿庭芳》三闋,似近於曲,則嫌溢詞之界,如鹿虔扆輩之詞亦有近於曲者,説者謂詞寧侵曲,不可侵詩,還求先生教我。"按,《梅莊詩鈔》卷五有《論詞絶句》三十六首,論及自李白至陳維崧,共五十四人,可見其詞學觀念。

參考文獻:

1. 華長卿《四十賢人集》,道光二十四年刻本。

2. 華長卿《縢香館詞鈔》,《清詞珍本叢刊》,鳳凰出版社 2007 年版。

3. 華長卿《梅莊詩鈔》,《清代詩文集彙編》,上海古籍出版社 2010 年版。

4. 俞樾《春在堂雜文·五編》卷四《開原縣訓導華君墓表》,《近代中國史料叢刊》,臺灣文海出版社 1966 年版。

5. 徐世昌《大清畿輔先哲傳》卷二十六《華長卿傳》,《清代傳記叢刊》,臺灣明文書局 1985 年版。

6.《清史列傳》卷六十九《華長卿傳》,中華書局 1987 年版。

（馬昕）

鄭珍傳

鄭珍字子尹，號柴翁、五尺道人，貴州遵義人。嘉慶十一年（1806）生。

鄭知同《敕授文林郎徵君顯考子尹府君行述》："先君諱珍，字子尹，號柴翁，別號五尺道人，姓鄭氏。……以嘉慶丙寅三月初十日巳時生故宅。"

鄭珍《巢經巢文集》卷五《柴翁說》："柴翁者何？山農之老者也。所以號柴翁何？寓瞻韓意也。昌黎文公《南溪始泛》詩云：'南溪亦清駛，而無楫與舟。山農驚見之，隨我觀不休。匪惟兒童輩，或有杖白頭。'至張文昌祭公詩則云：'移船入南溪，東西縱篙撐。柴翁携童兒，聚觀於岸旁。'所謂柴翁，即韓之山農而杖白頭者也。……余亦適成爲柴翁而已，故取以爲號云。"按，此文作於同治三年（1864），當爲晚年自號。

少有異質，從父受諸經。十餘歲，就村塾讀，僅攻帖括。十四歲徙居外家，從外祖父黎安理問字，從舅氏黎恂粗受經義。十七補縣學弟子員。發其舅氏藏書，日過目數萬言。未幾，專一程朱，精研性理，德業大進。又從舅氏學詩古文。道光二年（1822），補學弟子員。

鄭珍《播雅》卷二十二《鄭布衣文清》小傳："珍幼不慧，而先人責望尤切，親授諸經，課法盡善，能使所倍久猶不忘。"

鄭珍《巢經巢詩集》後集卷五《埋書》其二："生小家壁立，僅抱經與傳。九歲知有子，《山海》訪圖贊。十二識庾鮑，十三聞《史》《漢》。十四學舅家，插架喜偷看。始知覽八千，舊是先生貫。"

《巢經巢詩集》前集卷二《檢外祖黎靜圃安理府君文稿感成》："當時我童幼，頑狀頑難似。先生撫而笑，孺子盍楚捶。耕稼儻有人，學成盡堪俟。此後執經來，請業吾語爾。朽質不易鎪，而公行病矣。陽厥見俠瘦，繞頸若珠累。無知尚肆姐，持冊前問字。先生不揮去，曰居待吾起。力疾爲指説，聲轟所憑儿。"按，黎安理，字履泰，號靜圃，貴州遵義人，爲鄭珍外祖父。

黎庶昌《鄭徵君墓表》："先生自幼精力之過絶人，寓目輒能記誦。余世父雪樓公以憂歸，自桐鄉多蓄典籍，先生以甥行學於舅家，悉令鼓篋讀之，恒達旦夕，肘不離案，衣不解帶，數年而學以大明。"《敕授文林郎徵君顯考子尹府君行述》："在岐嶷日已有異質，長益穎悟。河梁里氛稔惡，先大父懼爲築埋賈衖所漸，亟徙避之。以己卯春，舉室東走樂安溪上，僦田宅窨灣以居，依外曾祖靜圃安理黎公，先大母考也。時先子十餘歲，就村塾讀，僅攻帖括。恒意天下人所讀書，必不盡是。庚辰年十五，外祖雪樓恂府君令淅歸，乃往受業，粗講經義。十七補縣學弟子員，旋食廩餼。雪樓府君知非小就才，令多讀古籍。先子隨發府君所藏書數千卷，縱觀古今，殫心四部，日過目數萬言。未幾，既淺俗學爲不足尚，尤懲涉獵爲無所歸，自忖非潛心宋五子之學，無以求聖人至道，終不能躋古儒者。由是專一程朱，精研性理，德業大進。雪樓府君工詩古文，時啓窾數語，先子聲入心通。後凡有作，府君莫不擊節稱奇，嘆曰：'昔歐陽文忠刮目蘇子瞻，有"當讓此人出一頭地"之許，吾於甥亦謂然。'遂議以侄從姑，而我母來歸。"按，黎恂，字雪樓，一字迪九，晚號拙叟,貴州遵義人,嘉慶十九年(1814)進士,爲鄭珍舅氏。

黎汝謙《夷牢溪廬文鈔》卷二《趙母鄭宜人家述序》:"文清君三子,長曰珍,字子尹,今世所稱經師大儒鄭徵君者。年甫十二,貌尪瘠,授句讀於塾師張先生之門。長山令君解組歸,徵君以外孫行來侍左右,警敏好學,頭角嶄然。年餘,長山令君卒,吾大父雪樓公自浙江桐鄉令艱歸,徵君復挾策問業,與吾世父伯庸君朝夕共硯席臥起,姿性穎悟,邁絶等倫。雪樓公奇其才,遂以長女配。"按,黎汝謙,字受生,貴州遵義人,光緒元年(1875)舉人,鄭珍外甥。

《巢經巢詩集》前集卷二《阿卯晬日作》:"我年十七八,逸氣摩空蟠。讀書掃俗説,下筆如奔川。謂當立通籍,一快所欲宣。"

道光五年(1825),選拔貢生,受知於貴州學政程恩澤。受程氏濡染,精研漢學,遂致經術大進。後隨其往湖南。此數年間,與莫與儔、莫友芝、歐陽紹洛、鄧顯鶴、黃本驥諸先生游。

《鄭徵君墓表》:"道光五年,選拔貢生,受知於歙縣程侍郎恩澤。侍郎詔之曰:'爲學不先識字,何以讀三代秦漢之書?'先生大感悟,益進求諸聲音文字之原,與古宮室冠服車輿之制。方是時,海内崇尚考據,名曰漢學,從者波靡。先生師承其説,實事求是,不立異,不苟同,即已洞知諸儒者之弊,治經宗漢,析理尊宋。逾二年,復從侍郎於湖南歸,而與府教授莫猶人先生游,益得與聞國朝六七巨儒宗旨。久之,經術益大涵肆,莫可殫詰。"

《敕授文林郎徵君顯考子尹府君行述》:"乙酉拔貢成均。學使者爲程春海恩澤侍郎。侍郎邃於古學,天下稱文章宗伯,見先子文,奇其才。旋移視學湖南,先子廷試歸,即招以去,期許鴻博。爲提唱國朝師儒家法,令服膺許、鄭。先子乃博綜五禮,探索六書,得其綱領。又接見新化歐陽潤東紹洛、鄧湘皋顯鶴兩詩老。時湖湘間號人文淵藪,而湘皋先生執騷壇牛耳,海内罕其儔匹;潤東先生亦卓然名家。先子與上下其議論,兩先生不以後輩折抑,把臂論交。湘皋先生酒酣氣豪,振筆千言。先子和之,掎角爭奇不捨。先生大言曰:'今天下詩,僕蓋無多讓,何期今見畏友乎。'暨友寧鄉黃虎痴本驥先生,先生性高潔,雅癖金石,聚先秦兩漢以來墨本數千卷。先子就觀,各領其妙。因悟隸楷法。居侍郎門下年餘,戊子辭歸,侍郎有'吾道南矣'之嘆。……時獨山莫子偲友芝先生侍其尊人宦遵義,爲學與先子同志,多儲秘籍,締交先子。"

《巢經巢詩集》後集卷二《王個峰言某友家有說文宋刻本……識之册端》:"我爲許君學,實自程夫子。憶食石魚山,笑余不識字。從此問鉉、鍇,稍稍究《潎喜》。相見越七年,刮目視大弟。爲點《新附考》,詡過非石氏。公時教惠、王,歸沐輒奉几。"

按,程恩澤,字雲芬,號春海,安徽歙縣人。嘉慶十六年(1811)進士,授翰林院編修。道光三年(1823)任貴州學政,六年調湖南學政,官至戶部侍郎。著《國策地名考》《程侍郎遺集》等。莫與儔,字猶人,號杰夫,貴州獨山人,布依族。嘉慶三年進士,任四川鹽源知縣、遵義府學教授。著《二南近說》《仁本事韻》《貞定先生遺集》等。莫友芝,字子偲,自號邵亭,貴州獨山人,莫與儔之子。道光十一年舉人,潛心於版本目錄學,著《宋元舊本書經眼錄》《邵亭知見傳本書目》等。歐陽紹洛,字念祖,一字澗東,湖南新化人,著《澗東詩鈔》。鄧顯鶴,字子立,一字湘皋,湖南新化人。嘉慶九年舉人,著《易述》《毛詩表》《南村草堂詩鈔》《文鈔》等。黃本驥,字仲良,號虎痴,湖南寧鄉人,道光元年舉人。任黔陽縣教諭,著《三長物齋詩略》《文略》等。

道光十五年(1835),再游京師。次年,隨舅氏入滇南幕。

《敕授文林郎徵君顯考子尹府君行述》:"乙未再游都門,多識中州人士,取助益宏。丙申從雪樓府君滇南幕,所至必識其掌故。"

道光十七年（1837）中舉，次年試禮部不第歸。受遵義知府平翰之托，與莫友芝共修《遵義府志》，三年而成。

《敕授文林郎徵君顯考子尹府君行述》："丁酉領鄉薦，賀耦庚長齡中丞納居門下。識先子貧，極加賙恤。戊戌試禮部不第歸。平越峰翰太守以郡志首屬先子，佐以子偲先生，閱三載告成。凡古今文獻搜羅殆盡，間涉全黔事迹。好古之士欲考鏡南中，爭求是書，比之《華陽國志》。"

鄭珍《遵義府志》卷首周廷授序："道光丁酉春，山陰平樾峰承簡命來守播州，居以廉平，庶務畢理。念郡乘之闕而未備也，爰有事焉。知郡孝廉鄭生珍之博學多聞，而屬以簡書之役；復以都勻孝廉莫生友芝爲之佐，而身爲裁定其當否。事方草創而平君罷郡去，繼之者爲順德黃君愛廬，踵其緒而期底於成。……凡三歷寒暑而書用成。"

《遵義府志》卷首賀長齡序："鄭生嘗以采著顛末告余曰：議之始蓋茫然無刺手處，留心一年，乃始知有孫志、陳志及各州縣草志而搜得之；又一年，乃悉發荒碑僕碣及各家所遺舊記事狀，知不可復有得，乃始具稿。稿蓋數月間事耳。"

莫友芝《邵亭遺文》卷五《答萬錦之全心書》："夫以文獻最闕之鄉，抱古一辭，動輒數編；鉤今一事，動稽數月。有徵必窮，有聞必核，專心致志，首尾四年。友芝與巢經，靡不智盡力竭。計無復增，始付寫官，墨諸梨棗。"

《遵義府志》卷首李鈞序："其一事一文，必詳所自，則合《龍龕手鑑》例；搜羅舊碣，存目甄文，則合《輿地碑目》例。而地理、水道，事加詳考，使貴州之郡縣山川自漢魏來皆有端緒。溯古到今，復爲《年紀》，使貴州之唐以前事，大半可以參求。則隱隱乎非僅一府書矣！"

《巢經巢詩鈔》前集卷五《愁苦又一歲贈邵亭》："好事賢郡守，乃念地乘非。經百六十年，山川當發揮。文獻向來缺，侗也實無知。顧以一日長，主持爾見推。能如驂之靳，搜剔力不遺。舊稿無一備，作者頭腦乖。每每對之嘆，不足爲光輝。意欲與導源，人卑言易卑。終思竟此業，匪望千秋垂。使識漢郡縣，不與苗疆儕。自盡後死責，職競由人譏。"按，此詩記其修志之難。

道光二十四年甲辰（1844）大挑二等，以教職用。次年，權古州廳儒學訓導，兼掌榕城書院；三十年，再權鎮遠訓導。

《敕授文林郎徵君顯考子尹府君行述》："甲辰，仍計偕北上，又不捷。大挑二等，以教職用。乙巳初，權古州廳儒學訓導，兼掌榕城書院。廳舊爲夷疆，道光朝，始立學校，諸生夷漢各半，學植荒陋。先子至，初以文賦開其塞，繼以性道化其頑。不數月，遠近肄業至百餘人，鄰縣數百里有負笈來者。坐則侍立一堂，行則從游塞路，先子樂甚，廣爲甄陶。得士如胡長新能文，後舉進士；劉之琇能詩。州人自是益知向往程朱，砥礪名節。未逾年去職，門人有泣送者。是後稱廣文鄭老。……至庚戌，以貧故，再權鎮遠訓導。"

咸豐二、三年間（1852—1853），輯遵義歷代詩什爲一編，名曰《播雅》。

鄭珍《播雅引》："余束髮來，喜從人問郡中文獻，得遺作輒録之。久乃粗分卷帙，名曰《遵義詩鈔》，奔篋衍有年矣。屢欲整比鋟行之，無資且不暇。去秋在行省見前董唐子方方伯，方伯謂：'鄉里耆舊，其行義文采已多無傳，賴有此，不宜更閟。'手勵費，屬歸爲之。窮冬多暇，盡出前鈔，重加去取，復增新獲二三十家，命兒子知同寫定。計自明萬曆辛丑改流，至今二百五十二年間，凡得二百二十人，詩二千三十八首，次爲二十四卷。所登載不必盡工，然纖佻惡俗則趁矣。更曰《播雅》，奉方伯訂正而刻之。例皆仿元裕之、沈客子遺意：或因詩存人，或因人存詩，或因一傳而附見數人，或因一詩而附載他文，按及他事，要據前鈔，略備一方掌故。體非選詩，必可準繩；亦非徵詩，必侈人數。觀者諒諸一人之力，耳目詎周；創難爲功，苟嘗匪恤。補遺糾謬，是所望於後之賢。"此引署作咸豐三年（1853），故知《播雅》編於此時。

咸豐四、五年間（1854—1855），補荔波縣訓導，逢群苗叛亂，率民兵退敵。未幾，棄官以歸。晚歲經營子午山廬於墓次，絕意隱居以終。

《敕授文林郎徵君顯考子尹府君行述》："甲寅楊隆喜之亂作矣。適選授荔波縣訓導，先子計借官避寇，挈家之任。未數月，都勻群苗叠叛。乙卯八月犯荔波。縣令蔣嘉穀病不省人，先子苴軍政，以游擊營百餘兵、南丹民兵二百四出迎敵，經數十戰。賊以萬計，有增無已。九月賊越山險，以數千圍城。先子開門揮棠死戰，斃賊數百，追襲三十里。時蔣君病漸起，先子解兵柄謂蔣曰：'還若城，吾可潔身去矣。'遂告歸。"

《鄭徵君墓表》："甲辰大挑二等，凡三爲教官，最後補荔波縣訓導。適狄夷作亂，大舉攻城，縣令蔣嘉穀病，不能視事。先生募南丹廠工三百人，署以軍政，縋城出擊，斬馘甚衆，城賴以完。未幾，遂棄其官以歸。先是，先生自得鄉舉後，即已厭薄仕進，惟從政於門內甚謹。存則授几授杖，以至視形聽聲，無不致敬，以勉於分所當爲；歿則附身附棺，以至繼志述事，無不盡慎，以達乎心之所安。晚歲經營子午山廬於墓次，將浩然自得以終，不復與聞人間事。"

鄭珍《巢經巢詩鈔後集》卷末趙懿跋："甲寅，楊龍喜寇遵義，適選荔波教諭，十一月遂挈眷之官。自平越與家人別，令先往都勻，只身赴省垣領憑。乙卯正月至都勻，先後痘殤長孫兒女。僑寄月餘,始往荔波。五閱月而狄苗亂作,縣令蔣嘉穀病,不能辦賊,外祖募練設關防禦,乞援於南丹土知州莫樹棠。已,大破賊,斬馘甚衆。賊逼城,而游擊馬清杰堅促不出。外祖知不可與有爲,又自無守土責,乃棄官挈家走南丹,經羅斛旋省。"

咸豐九年(1859),湄潭亂起,被迫離鄉避賊,周旋輾轉,與家人聚散無定。

《巢經巢詩鈔後集》卷末趙懿跋:"己未,湄潭賊起,乃欲游蜀依唐公鄂生。出仁懷至南溪,值亂,又聞湄賊犯遵義,急趨歸。而家人已徙真安,繞南川入蜀,抵南溪矣。庚申,探得之,召歸,遇於桐梓,遂僑居魁崖側數月,仍返遵義。"

《敕授文林郎徵君顯考子尹府君行述》:"己未,鄂生官四川南溪,疊延先子。先子欲遍觀蜀中山水,依之作娛老計,十月西去。而湄賊即以後月入寇桑梓。知同倉皇奉母携幼間道走南溪。先子聞賊耗,促裝還山,道不相值。先子至家,知同在南溪矣。先子亟出桐梓,訪石知先生,遣健步走南溪,命知同歸。庚申三月始聚首,寓居魁崖,自稱且同亭長。秋,仍還山。湄賊益逼東里。辛酉,先子主講湘川書院。冬賊復入境,焚掠無遺,子午山亦罹其灾,藏書半燼。先子無歸,因寄家書院,自是恒多感愴。"

同治二年(1863),詔赴江蘇,以知縣補用。未及行,便於次年以口疾卒。

《鄭徵君墓表》:"同治二年癸亥,乃用大臣密薦,詔赴江蘇,以知縣補用。未行,而口疾作,遂以甲子九月十七日終於家,春秋五十有九。"

《敕授文林郎徵君顯考子尹府君行述》:"癸亥,里中禹門山砦成,乃暫移家砦内。貧況不堪,仍欲赴綏定,又不果。適大臣疊舉十四人於朝，相國祁公寓藻以先子弁首。仰蒙俞旨，特以知縣徵起，分發江蘇。時相國曾公國藩駐節安徽，子偲先生久游其幕，曾公因諗先子學行，授意子偲先生，數馳書促行，迫欲一見。先子方計出山，力攄忠藎，上報殊恩，兼酬知己。是秋，口疾遂作，屢延醫治，有劇無瘳，越至甲子，益形骨立。彌留及九月十七日，時加亥，竟棄不孝知同等而長逝矣，年五十又九。"

《巢經巢詩鈔後集》卷末趙懿跋："辛酉、壬戌，主講湘川、啓秀兩書院。時朝廷詔以江蘇知縣補用，道梗不得出。癸亥，移歸禹門山寨，至甲子九月而疾終。"

鄭珍爲學宗旨，在於融匯漢宋，尊德性與道問學兼顧。致力於許、鄭漢學，尤善三禮、《說文》。

《敕授文林郎徵君顯考子尹府君行述》："大抵先子生平爲學宗旨，匯漢、宋爲一藪。嘗括其要領示知同曰：'尊德性而不道問學，此元明以來程朱末流高談性理、坐入空疏之弊；明於形下之器，而不明形上之道，此近世學者矜名考據、規規物事、陷溺滯重之弊。其失一也。程朱未始不精許、鄭之學，許、鄭亦未始不明程朱之理，奈何歧視爲殊途偏執之害，後學所當深戒。'故先子晚年於道益深，記誦詞章其餘事耳。"

《鄭徵君墓表》："先生之爲學，其孤詣有可得而言者矣。其初，實致力於許、鄭二家之書，以爲不明傳注則經不能通，不明訓詁則傳注不可得而讀。其於康成、叔重，信之惟恐不篤，尊寵之惟恐不及。既治三反，苟有惑，則憤發潭思，又不合，則群綜諸儒之説，旁參曲證，必求⋯得當程朱氏之義理而後已。如是者積三十餘年，而先生之於三禮、六書乃始渙然怡然矣。蓋經莫難讀於《儀禮》，昏、喪尤人道之至重，則爲《儀禮私箋》。古制莫晦於《考工》，則爲《輪輿私箋》《鳧氏圖説》。小學莫尊於《説文》，以段玉裁、嚴可均二家之説綦備，則爲《説文逸字》及《説文新附考》。奇字莫詳於郭忠恕《汗簡》，而謬俗實多，則爲《汗簡箋正》。漢學莫盛於康成，則爲《鄭學録》。每勘一疑，獻一義，刊漏裁誣，卓然俟聖而不惑，斯亦天下之神勇也。先生嘗以謂遵義，漢牂柯地，自郡人尹珍從許慎、應奉授經書、圖緯，教授南域，後遂無有經術發聞者。於是毅然以道真自命，故學成而先生裒然爲西南巨儒。"

因鄭氏注禮，用語簡古，爲後人曲解、非議者多在，故作《儀禮私箋》《輪輿私箋》以申釋其間疑難。又作《鄭學録》，纂録康成事迹，以傳注、書目、弟子目、年譜相次。

鄭珍《儀禮私箋》卷末鄭知同後序："先君子自壯歲即通家康成公之學，於古今聚訟之地，必研究康成立説之所以然，窮源導窾，見爲鑿不可易而後已焉。嘗謂：'康成經訓，范傳言當時學者頗議其繁，至今讀之，猶苦太簡。唯其簡奧，故雖以孔、賈專門尚不能盡通其義，無惑乎近人以輕心從事，初不得解，即妄意有所牴牾，遂牽私見，必求案證，異論紛紜，恒由此作。余之墨守康成，往往一言一事或思之數日不識所謂者，始亦訝其不合，迨熟玩得之，覺涣然冰釋，切合經旨，都無瑕釁。然後知世之據以詆斥康成者，皆偏駁曲見，惜未登高密之堂，令我公以數語箴其膏肓也。'故先君子學禮數十年，嗜鄭彌篤，老益深醇，五十以還，始操筆發擿，所以極思《禮》注，兼以救世儒之失者，爰著於編。初志於《儀禮》全經皆有考論，不幸中年半爲飢驅，晚境叠遭喪亂，一歲數遷，幾無黔突，故強半尚未脱稿。所存遺説獨及四篇，然於《喪服》經注闡證特詳，合以他篇所發明者，其有裨於康成非淺鮮也。"

鄭珍《輪輿私箋》卷首自序："今年自入閏五，少雨熱酷，窮居無憀，輒取《考工》經注讀之。堅守康成，往復尋繹，時似得解，頗繁記識。至是，三職有者，用思略盡。因彙爲《輪輿私箋》，得常覽之，省其當否。嗟夫！經至今日，能者無不名鄭學，而鄭義轉幾無一是。即此車制，其一端也。慎修先生云：'鄭注之精微，賈氏猶不能盡通，後人可輕破乎？'是真能讀鄭注者。然吾未及見斯人而持正之矣！"

鄭珍《鄭學録》卷末鄭知同跋："先君子服膺家康成公之學數十年，自壯歲即喜搜掇康成雜事。知同髫齔，恒見手寫册子弆篋衍，久漸增富，嘗舉示知同曰：'康成爲漢學之宗，宜有年譜纂次生平。第世越千六百餘年，載籍淹淪，存者僅一史傳，而趙商墓碑、某氏別傳諸文，皆不復可得睹。其佚雖時時見他説，要事實之失傳者或多矣。然其出處大節，范氏已具綱領，若薈萃諸書遺文，因傳條列而參稽之，固自踪迹宛然，靡所闕略。又所著書見隋、唐志及群籍者凡數十種，最稱詳夥。雖文十有八九不存，其目儼在。而其門人之顯著爲名臣、爲通儒，下至名氏足徵者，猶數十人。是皆後學所宜周知。余暇當綜核軼事，傅麗傳文，用推究其始末，即按之撰譜而編書籍，與弟子附焉。'知同謹受命，罔敢贊一辭。己未之春，離侍館貴陽，逮秋還山，則先君子書成。受而讀之，首傳注，次書目、弟子目，而終之以年譜焉，夫然後家康成公文行歷歷如指掌。"

因《説文》訛脱偽竄之字尚多，而作《説文逸字》《説文新附考》；又謂《汗簡》多摻後世贗字以亂古文，又作《汗簡箋正》以揭其影附詭托之迹。

鄭珍《説文逸字》卷末莫友芝後序："子尹卅年前從程春海侍郎問故，誓通許學。見段、錢諸老書證義雖備，而補正訛脱未有專力爲者。瀏覽條記，分別審録，得凡百六十五文，謂之《説文逸字》，係以解説討論，分爲二卷。偏旁所逸，本書可定，猶取他徵，外百二十餘文，益有憑證。復有傳本訛旁，楚金竄衍，鼎臣誤增，及諸家引他籍冒許君，或引者訛改不應今本，今本訛改不應所引，今行《韻譜》

闌入俗書，且三百文不茍一字混入。令子知同懼觀者謂本書疏漏，執爲議端，又述其説爲《附録》一卷。此其致勤極慎，既末由蹈穿鑿不根，亦無失於株守曲護，其功於南閣甚巨矣哉！"

鄭珍《説文新附考》卷首姚覲元序："徵君（鄭珍）少作，本有全文；中年，自忖其每未審核，且聞鈕氏書率典贍，初不欲傳；繼聆友人數輩臨鈕氏動疏舛，晚境再思厘訂，而懈於窮搜插架，爰乙去未諟；命子繩箅許書，廣稽載籍，務求確當爲古字。凡數易稿，徵君覆爲點定，而後告竣。迨伯更（鄭知同）游張太史幕，獲見鈕作，始信其多可議。太史因謂：'鈕説既涉紕繆，奚不爲之繩糾，令觀者豁然，勿更留疑誤之爲愈？'伯更遂遍揭其違失，凡若干事，一一辯詰，各附當條之末。余乃知是編竭兩世精能，積數十年攻討之勤，宜其洞晰及此也。"

鄭知同《汗簡箋正題記》："先君子爲古篆籀之學，奉《説文》爲圭臬，恒苦後來混亂許學而僞託古文者二：在本書中有徐氏'新附'，在本書外有郭氏《汗簡》。世不深考，漫爲所掠，自宋已還，咸稱'新附'爲《説文》，與許君正文比並，已自誣惑。而《汗簡》尤若真古册書之遺，眩其奇侅者，至推爲'遭秦所劫，盡在於斯'，而反命許書爲小篆，何其倒也。國朝書學昌明，小學家始寖覺二者之非古，然未有追窮根株，精加研核，顯揭真贋所由來者。先君子有慨於是，自少壯輒致力潛探，確求所以，推本詳證，各得所當。先成《説文考附》，隨修《汗簡箋正》。以謂'新附'之蔽，不過舉漢後字加諸先秦，猶屬經典通行習用，識者辨其非古，求得本文，則已無他悖也。《汗簡》之不經則異是，其歷采諸家，自《説文》、石經而外，大抵好奇之輩影附詭託，務爲僻怪，以炫末俗。甚者有如《碧落文王庶子碑》《天台經幢》《義雲切韻》《裴光遠集綴》等十數種，其戱敗之迹，往往如出一轍。郭氏乃專信不疑，裒輯繁猥，不遺餘力。加之自爲裁制,求合所定偏旁,未免變易形體,以就己律,不必其出處有然,自我作古,於斯爲劇。即或本非俗造,舊有自來,而出世久傳訛,動成歧異。至有一文演爲數體,是類復了無決擇,前後差互叠出,更屬觸目榛蕪。其間偶有真書出許祭酒網羅之外,賴其著録以存編中,正寥寥可指屈,初無補於全文之踳駁也。先君子所爲,抉其底蘊,爲之筆正,莫若此數端最不可爲訓者矣。"

爲文章古澀奧衍,實則真氣流貫。

鄭珍《巢經巢詩鈔》卷首翁同書序:"爲文章古澀奧衍,大率如先秦以上諸子,汲冢墜簡,兩漢碑版文字,及馬第伯《封禪記》之屬。腐儒小生讀之,或至口鉗舌撟,實則真氣流貫,非貌爲魁紀公家言者。及讀其《母教録》,即又惻悱沉摯,似震川《先妣事略》《項脊軒記》諸篇,羊質善變,幾無以測吾子尹也。"

《巢經巢文集》卷首高培谷序:"其文守韓、柳家法,謹嚴峭潔,不落宋以後體勢。"

《敕授文林郎徵君顯考子尹府君行述》:"作文純白古健,變化曲折,不預設局度,任其機軸,操縱自如,比成,乃罔不應矩。近世於文,步趨方、姚。先子以爲紀律森嚴,非不可師,苟取法僅此,恐失之促窘耳。"

作詩則熔鑄才學,爲晚清宋詩風氣之代表。詩風於蘇、黃爲近,晚歲乃由韓、孟以規少陵,又善用白戰之法,兼具元、白之面目。

《巢經巢詩鈔》卷首翁同書序:"古近體詩簡穆深厚,時見才氣,亦有風致。其在詩派,於蘇、黃爲近。要之才從學出,情以性鑠。"

《巢經巢詩鈔》王柏心序:"吾讀播州鄭君子尹詩而善之。……至其爲詩,則削凡刷猥,探諧奧賾,淪靈思於赤水之淵,而拔雋骨於埃壒之表,不規規肖仿古人,自無不與之合。余未識子尹,讀子尹詩，悲愉喜慍如見子尹焉。進而求之，則藹然者仁義也，秩然者禮度也，較然者忠信廉潔也，其宗主又不離六經。甚矣子尹，能範其志，非若他人沾沾情辭聲貌可以僞爲者也。"

鄭珍《巢經巢遺稿》卷首唐炯序："凡所遭際，山川之險阻，跋涉之窘艱，友朋之聚散，室家之流離，與夫盜賊縱橫，官吏割剝，人民涂炭，一見之於詩。可駭可愕，可歌可泣，而波瀾壯闊，旨趣深厚，不知爲坡、谷，爲少陵，而自成爲子尹之詩，足貴也。"

陳田《黔詩紀略後編》："詩則蚤歲措意眉山，晚乃由韓、孟以規少陵，才力橫恣，範以軌度，冥心妙契，直合古人。又通古經訓詁，奇字異文一人於詩，古色斑斕，如觀三代彝鼎。余嘗論次當代詩人，才學兼全，一人而已。"

《巢經巢詩鈔後集》黎汝謙序："吾觀先生晚歲之詩，質而不俚，淡而彌真，有老杜晚年景界。"

《敕授文林郎徵君顯考子尹府君行述》："其於詩，溯騷賦、漢唐而下諸名大家，靡集不窺，擇其尤膾炙者，彙鈔成册。含咀有年，而風骨則力追盛唐。蚤年胎息眉山，終模韓以規杜。要之，名作如林，不持一格。第覺橫肆遒逸之概，溢於毫素。"

胡先驌《讀鄭子尹巢經巢詩集》（張大爲等編《胡先驌文存》，江西高校出版社 1995 年版）："巢經巢詩最足令人注意之處，即其純用白戰之法，善於驅使俗語俗事以入詩也。……其詩雖故取材於庸俗，而絕非元、白頹唐率易之可比。蓋以蘇、黃、韓、杜之風骨，而飾以元、白之面目者，故愈用俗語俗事，愈見其筆力之雄渾，氣勢之矯健。"

梁啓超《清代學術概論》："咸同後，競宗宋詩，只益生硬，更無餘味。其稍可觀者，反在生長僻壤之黎簡、鄭珍輩，而中原更無聞焉。"

錢仲聯《夢苕庵詩話》："鄭子尹詩，清代第一。不獨清代，即遺山、道園亦當讓出一頭地。"

參考文獻：

1. 鄭珍《巢經巢遺詩》，民國十八年鉛印本。

2. 鄭珍著、黄萬機等點校《鄭珍全集》，上海古籍出版社2012年版。

3. 錢大成《鄭子尹年譜》，《國專月刊》1935年第2卷第1期。

4. 凌惕安《鄭（子尹）珍先生年譜》，《近代中國史料叢刊續編》，臺灣文海出版社1981年版。

5. 繆荃孫《續碑傳集》卷七十四《鄭徵君墓表》，《清代傳記叢刊》，臺灣明文書局1985年版。

6. 鄭知同《敕授文林郎徵君顯考子尹府君行述》，《廣清碑傳集》，蘇州大學出版社1999年版。

（馬昕）

蔣敦復傳

蔣敦復，字克父，一字劍人，自號江東老劍、麗農山人，寶山人。

蔣敦復《麗農山人自叙》（《嘯古堂文集》卷首）：“姓蔣氏，太倉寶山人。”“初名金和，字純父，更名敦復，字克父，一字劍人，年五十後自號江東老劍、麗農山人。”

應寶時修《（同治）上海縣志》卷二十三：“蔣敦復，寶山人。”

滕固《蔣劍人先生年譜》：“倉州寶山縣人，世居邑城鎮海樓西。”

按，敦復名號甚多，據《蔣劍人先生年譜》可知，原名爾鍔，另有子文、超存等字。

幼聰穎，有“神童”之譽。好讀書，喜用世之學，年十五已嶄露頭角。

《麗農山人自叙》：“幼聰穎，九歲畢《十三經》，皆庭訓。”

易宗夔《新世說》卷四《夙慧》：“蔣劍人幼有神童之譽，六歲時，塾師指几上墨令對，應聲曰‘泉’。塾師以爲未工，蔣曰：‘白水泉對黑土墨，胡謂不工？’塾師大奇之。”

蔣敦復《嘯古堂文集》卷三《上撫部侯官公書》：“五歲入家塾讀書，目數行下。九歲畢十三經，即學爲時文，顧非所好，好《左氏春秋傳》、司馬遷《史記》及孫、吳家言。稍長，思爲用世之學，遍覽廿二史。凡天人感應之理,古今治亂興衰之勢,皆有以尋其迹而討其原,窺其微而察其變,如是者十年。年十有五,而嶄然頭角英英欲露矣。"按,侯官公爲林則徐,詳見後文。

蔣敦復《芬陀利室詞話》卷一:"嘉慶末,余年童稚,始識陽湖周保緒先生於田若谷邑宰署中,蒙以奇童見稱。"按,周保緒,即常州詞人周濟。

家貧無以自立,故恒游於外。

《嘯古堂文集》卷三《上撫部侯官公書》:"幼失怙恃,家難屢作,避之出游。"

《蔣劍人先生年譜》:"道光三年,先生十六歲,母瞿氏不容於姑,令大歸;父亨泰亦旋卒。"

《麗農山人自叙》:"嘗出游歸,而家已破,無立錐之地,以故恒客居於外。"

年十六,游揚州。會阮元從弟阮亨宴平山堂,敦復既未通謁,攝敝衣冠徑入,體短貌寢,而出語不凡,一座皆驚。阮亨待之甚厚。

《麗農山人自叙》:"十六歲之維揚,有朝貴至。相國弟某觴之平山堂,大會賓客。山人攝敝衣冠不通謁直入,短小精悍,出語驚坐客。相國弟某奇其才,甚敬禮焉。"按,王韜《甕牖餘談》亦載此事:"十許歲時,與家人負氣出游,竟附便舶過江,徑詣維揚。既登岸,囊中不名一錢,信步至平山堂。時阮枚叔方宴客,閽者攔不納,蔣必欲入,反斥閽者,誚呵之聲徹於內。枚叔遣介詰之,則云寶山神童蔣某來見。枚叔命之入。既見,長揖就席。蔣體既短瑣,貌又不揚,枚叔視之,意其十一二歲耳,遂笑問:'能詩否?'曰:'能。'遽援筆作一絕以獻:'東風吹我過蕪城,入夢繁華記不清。花外笙歌樓外笛,不知誰是庾蘭成?'是日,曾賓谷轉運亦在座,大加稱賞。

因問：'今日誰可當庾蘭成者？'蔣指枚叔曰：'是當之矣。'枚叔於是招致其家，待若上賓。"此二者當爲一事，阮枚叔應爲阮梅叔，爲阮元從弟阮亨，梅叔其字也，"幼以《蕉花曲》得名，壯年詩學日進，著有《珠湖草堂詩鈔》等"，事迹詳見方浚頤修纂《（同治）續撰揚州府志》卷十三。又《嘯古堂文集》卷三《上撫部侯官公書》："至邗上，儀真相及曾侍郎一見大奇之，延譽公卿間。"儀真相即阮元，曾侍郎爲曾燠（賓谷）。

道光十二年（1832），上書江蘇巡撫林則徐言當世之務，則徐許爲天下奇士，敦復亦以林爲平生第一知己。

《嘯古堂文集》卷三《上撫部侯官公書》："乃者某孝廉自吳門來，告以二三當事語及鄙人，咸深嘆惋，代畫數策。或薦於學使者，或致之京邸中，或延之一席，或饋以兼金。獨侯官公逌然微笑，曰：'此子天下奇士，天將老其才，俾異日得成大器，公等能豢養之作池中物耶？'爾鍔聞之，驚喜加手於額，曰：'侯官公，此某平生第一知己也。'"按，敦復既以林爲知己，乃曰："國家承平二百年矣，今上下相蒙，無法不敝，宴安鴆毒，情僞日滋。禍患之來，氣機已召。不出十年，天下多事，遺大投艱之任，公適當之。"蔣對林期以重望。本文末補識云："上此書後，公移節南河，督師兩廣。夷事起，思余言，貽書招往，病不能行。負公千古，言之恨恨。"

二十年（1840），英人款塞，東南擾擾，敦復上書言事，觸當事者怒，竟羅織他過而罪之，遂遁空門以避禍，法名"妙塵"，號"鐵岸"。

《蔣劍人先生年譜》係此事於道光二十年。《麗農山人自叙》："當是時，夷人難起，山人固留心世務者，見東南兵備日弛，臨事懼不足用，上書總督陳十事，語過峻，觸當事者怒。會有某令構蜚語，欲以危法中傷山人者，懼而逃於方外以免。山人爲僧名'妙塵'，號

'鐵岸'，往來山澤間，與緇流牴牾，卒無所容。"

按，王韜《甕牖餘談》云："劉光斗爲寶山邑令，當縣試寶山邑童時，出題稍誤，蔣率諸童哄於堂。劉令銜之，覆試日借他故撲之。蔣作文痛斥其短，榜於通衢，劉令聞之益怒。復以別事羅織，禍且不測，乃削髮爲僧。"可知敦復入空門或另有他故。葉廷琯《蛻翁所見詩録感事集》云："少年劇貧困，而性兀傲，無以自存，遂出家爲僧。"此與《自叙》異，或當從自叙。

當事者去，還俗，復習舉子業，歲試得爲諸生第一。

《麗農山人自叙》："會總督與某令皆得罪去，山人爲門户計，返初服。"會張芾督學江蘇，歲試遂置第一，補學官弟子。還俗原因另有兩説。一見葉廷琯《蛻翁所見詩録感事集》："時英人在上海，求通商，劍人於西語字一習即通曉。有人薦之館校書，西俗不喜僧道，乃返初服，就館校書。"一見齊學裘《見聞隨筆》卷五《蔣劍人奇踪》："（張芾）放江南學使，素見劍人詩古文詞，悦之。到江南問教官：'蔣敦復何在？'對曰：'蔣久已出家爲鐵岸和尚矣。'張大怒曰：'有此才而使之潦倒爲僧，是誰之過歟？快着伊還俗應童子試，勿多言。'"蔣因此還俗應試。

按，張芾字小浦，陝西涇陽人，道光十五年（1835）進士，二十三年爲江蘇學正。後歷任刑部侍郎、江西巡撫等職。同治元年（1862）五月，關中回民起事，遇難。

其後鄉試五試不中，遂絶舉業，留意時務，著《寰鏡》十六卷。

《麗農山人自叙》："山人蓄妻子，思仕宦，五踏省闈，屢薦不售。"幡然改弦易轍，放棄舉業，"慮島夷終爲中國患，蒐羅遐陬人著述，考訂地球四洲形勢，著《寰鏡》一書，凡十六卷"。

咸豐三年（1853），太平天國攻占南京，撰《憤言》三篇、戰守二策。十年二月，隻身至杭州修志。會太平軍陷杭，避兵富春山中，撰成《後憤言》三篇。"憤言"者，憤國之不振也。

《嘯古堂文集》卷一《後憤言》序："癸丑春，粤匪南寇，竊據金陵，草莽孤臣蔣敦復作《憤言》三篇、戰守二策，冀以動當事者之聽。既而度世，竟莫能用，伏處海上又七年。咸豐十年春，賊破杭郡，退分股，一撲上游，一擾蘇常，事益棘。時客富春，避兵山中，鄉里妻子弗暇顧，旁皇中夜，孤憤塡膺，作《後憤言》三篇，上爲吾君吾相陳撥亂反正之幾，中爲文武大帥畫滅寇保民之策，下爲父老子弟謀衛國全家之方。"

七月，寓故人胡叔節家，恐遭不測，作《自叙》以自悼。

《麗農山人自叙》："庚申二月朔，再至杭，同人探梅於孤山，留二日來富，入志局。甫十餘日而寇警迭至。局撤，於是避兵入山，杭郡破而復完，賊竄。吾吴、常、鎮、蘇、松、太一時俱陷，鄉里妻子音問隔絶，山人抑鬱多病，索索無生氣。客故人胡叔節家，暇則游山，買舟溯江。……屬當亂離，羈旅他鄉，他日或以王事死，或爲知己死，兵死餓死，俱未可知。子幼，恐後世無聞焉，自叙梗概如此。"按，局勢險惡，敦復恐遇不幸，故作此文。

次年（1861）三月，上《萬言策》，因保舉得爲邑訓導。

《嘯古堂文集》卷二《萬言策》序："咸豐三年春，江省陷，敦復僑寓海上，作《憤言》三篇、戰守二策。十年春，杭省陷兵，避兵山中，作《後憤言》三篇，俄而蘇省又告陷矣。泛海旋滬，上書當事，不報。明年春，賊氛益熾，區區孤憤益無聊賴。縱筆爲此，肝疾大作，誓絶口不道世事。知我罪我，聽之悠悠之人與蒼蒼之天而已。辛酉三月，江東老劍蔣敦復自識於海上築耶精舍。"

梁蒲貴修纂《(光緒)寶山縣志》卷十:"航海旋里,上大吏萬言書,極論時事,旋以保舉得訓導。"

徐世昌《晚晴簃詩匯》卷一百五十九:"及返初服,與博士弟子員,豪氣已減。低首備書,尤好談兵事,上書當道,多不見用。晚乃得一席地,特以羈縻之耳。"

同治六年(1867),與修《上海志》,未成而卒,終年六十。

卒年據《蔣劍人先生年譜》。

《(光緒)寶山縣志》卷十:"同治初,永康應寶時分巡蘇松,聘修《上海縣志》,未竟而卒。"

按,李汝爲、潘樹棠修纂《(光緒)永康縣志》卷八,應寶時字敏齋,永康縣人,年二十四中道光甲辰恩科(1844)舉人,後任上海道,著有《射雕詞》二卷。

臨終,以文集刊刻之事托於友人應寶時。寶時爲其刊刻《嘯古堂文集》八卷。

《嘯古堂文集》應寶時同治七年(1868)跋:"麗農山人,余二十年前詩友也。初與胡鼻山人同遇於海上,琴尊跌宕,意氣縱橫,致足樂也。比余宦游此邦,尚得與山人訂宮譜,搜異志,説鬼譚天,以抒發其胸中不平之藴。迨山人客余幕中,雖亦就訪時政,每助余詰強鄰之難,剔巨魁之奸,然必數日甫得一面相見,又不過數語,欲如往昔之送抱推襟,流連光景,不可得矣。不一年而山人歿,歿之前夕,尚以書貽余曰:'老病顛連,僅屬氣息,恐遂奄忽化爲異物,愧負知己,無以報德。雖知己不必責報於我,然天下滔滔,斯人誰與?有心同志,能有幾人?徒使魯仲連、陳同父一流人,長埋泉壤,豈不痛哉?一生勤苦,只得'好名'二字,然亦望後世知我心耳。文集八卷望爲先刻,詩詞諸稿能次第開雕,大妙大妙。'又自題其函爲'鳴鳥遺音'。山人臨終，其本性不迷如是。余諾之，因檢其所著《嘯古堂文稿》，寄俞蔭甫同年樾爲之編次，分八卷，復邀齊玉溪丈學裘爲之校勘，逾一年始成。以版授其長男夢虎藏諸家。"

妻支氏，亦能詩。

《麗農山人自叙》："婦支氏，號靈石女史，學詩於山人，生子女後不復作。"按，據《蔣劍人先生年譜》，敦復乃贅婿於羅溪支氏，婦名機。

生二子一女。

據《蔣劍人先生年譜》，長子同寅，小名文虎或夢虎，字伯威，生於咸豐四年（1854），諸生，自號江東小劍，卓犖有父風。王韜有詩題其《海天長嘯圖》。次子名文豹，出處不詳。一女，適上海朱氏。

敦復慷慨有大略，心繫天下而終老筆硯，數干謁權要，皆不能用，時人亦多稱其文名。

費行簡《近代名人小傳》："嘗以策干楊秀清，不能用。乃遍歷南朔，晚歸，憔悴死。嘗爲近體詩十章，上曾國藩，李榕謂較何杕何若。國藩曰：'是有雅鄭之分矣。蓋詞雖雄放，而詩律未細，間雜俚俗也，而其晚作蒼涼悲壯，幾闖杜室；儷體有奇麗語而不入格。'"

鄭逸梅《藝林散葉》："蔣劍人自謂著録三萬餘言，非至精至當，不敢出以問世，稿由其子伯威寶藏。王紫注品評，謂詞第一，詩次之，文又次之。"

有《嘯古堂詩集》八卷，前四卷半爲古樂府擬古之作，後四卷多感時傷世之作。

《嘯古堂詩集》前四卷王韜同治元年（1862）序："劍人先生，余畏友也。……咸豐壬子冬，始見之於滬市，傾蓋訂交，執手如舊相識。明年春,上當事書不見用,而其窮益甚。……余處多有君未刻詩詞藏於行篋,君詩前四卷爲友人醵貲助刊,早經世間。骨采高雄,華實並茂,於綺麗雋逸中時有清剛之氣。所微嫌者,樂府擬古之作據其半,而自見真性情、真面目反少。然以觀近人所作,大江南北殆無與抗手,非虛譽也。"

《嘯古堂詩集》後四卷王韜同治二年序:"劍人後四卷詩,爲咸豐乙卯年所刊,亦由友人醵貲助剞劂費版,藏羅溪陳氏。當時印刷甚少,世罕見之,聞遭兵燹,已付劫灰。其詩慷慨激昂,沉雄鬱勃,有把杯問天,拔劍斫地之慨。至其感懷時事,悲憫天人,抒憤言愁,長歌當哭,杜陵詩史,夫何愧焉? 每讀一過,則浮一大白,近日詩人,殆未見其比。"

文未沾桐城之風。

據《蔣劍人先生年譜》,其時桐城嫡裔姚瑩、姚椿與毛岳生皆出自姚鼐門下,有聲於時。敦復與三人有瓜葛,如《嘯古堂文集》卷三《答姚石甫廉訪書》直以"知己"稱姚瑩,但未沾染桐城習氣。如《嘯古堂文集》卷三《與崔蒼雨書》云:"古文一道,生較晚,無所師承。或有以乾嘉諸公文相勖者,頗不願學。所觀覽亦猶是人人誦習之書,及自下筆,仍不過吐其胸中所欲言,言盡即止,不能強所不欲言者以爲言,亦不能屈所欲言者不盡言,而繆托他言以爲言,強所不欲言以爲言,僞也。屈所欲言不盡言,托他言以爲言,欺也。欺且僞矣,不能問心,遑敢問世?"

詞不主一家,然致力於姜白石、張玉田者猶多。

《芬陀利室詞集》支機序:"機讀寫墨樓內史序朱君西生之詞曰:'意蓄語中,韻溢弦外。'又云:'言苦者思沉,辭隱者志鬱。'喟然曰:'何甚似吾劍人之詞也?'劍人才氣高邁,務爲有用之學,不屑屑以詩名，而竟以詩名，其於詞也亦然。每一申紙，哀艷欲絕，比興所作，綿眇無極。顧君子山評之，以爲'凄厲動魂，芬芳竟體，得力在白雲、白石間'，是已。雖然，詞者，意內而言外也，今海內多知言，知劍人之意乎否？夫誰與同憂患者？勿以示人可也。戊申冬十月，靈石山人支機序。"

《芬陀利室詞話》卷一："（幼）時習經史及帖括文字，間以作詩，未嘗問津於倚聲之學。中年抑鬱無聊，乃學填詞，從王子九茂才處借得先生《存審軒詞》一卷讀之，是真得意內言外之旨。……蓋先生少時，與張皋文、翰風兄弟同里相切劘，又與董晉卿各致力於詞，啓古人不傳之秘。近來，浙、吳兩派俱宗南宋，獨常州諸公能瓣香周、秦，以上窺唐人微旨，先生其眉目也。"按，《存審軒詞》爲周濟詞集。

《芬陀利室詞集》王潤序："小令如花間，中調如北宋，慢聲如南渡，哀感頑艷，凄入心脾，亦由其流離世故，自傷情多也。"

《芬陀利室詞集》王敬之序："大詞取徑於白石、玉田，參變於稼軒、放翁，一洗□靡浮艷之習，又正律審音，力辟榛莽，必傳無疑。"

除詩文詞外，著述尚多。

《麗農山人自叙》："平生著述有《嘯古堂詩集》十二卷，《古文》八卷，《駢體文》一卷，《英志》八卷，《宮調譜》三卷，《芬陀利室詞集》十卷，《詞話》八卷，《游杭日記》二卷，《兵鑑》六冊（未完稿）。"

按，據《蔣劍人先生年譜》統計，敦復著述今存有《嘯古堂詩集》、《嘯古堂文集》、《詞集》（附《遺集》）、《芬陀利室詞話》、《英志》、《駢體文集》。《英志》乃爲英國所作，《嘯古堂文集》卷七《英志自序》云："嗚呼，奈之何而我中國而爲外夷所輕也。吾爲此懼，作《英志》。"可見著書之宗旨。

參考文獻：

1. 蔣敦復《芬陀利室詞集》,《續修四庫全書》本,上海古籍出版社 2002 年版。

2. 蔣敦復《芬陀利室詞話》,《續修四庫全書》本,上海古籍出版社 2002 年版。

3. 蔣敦復《嘯古堂詩集》,《清代詩文集彙編》本,上海古籍出版社 2010 年版。

4. 蔣敦復《嘯古堂文集》,《清代詩文集彙編》本,上海古籍出版社 2010 年版。

5. 滕固《蔣劍人先生年譜》,《圖書館學季刊》1935 年第 9 卷第 2 期。

6. 野竹《寶山區劍人先生年表》,《江蘇文獻》1942 年第 3、4 期合刊。

（任群）

馮桂芬傳

馮桂芬，字林一，號夢奈，江蘇吳縣（今江蘇省蘇州市）人。嘉慶十四年（1809）生。

按，馮桂芬《顯志堂稿》卷首所附左宗棠《中允馮君景庭家傳》、李鴻章《三品銜詹事府右春坊右中允馮君墓誌銘》均作"字林一，又字景庭"，《清史稿》卷四百八十六本傳作"字林一，號景亭"。

道光八年（1828），入蘇州正誼書院，受知於時任江蘇巡撫林則徐。十二年，中式舉人。二十年，以殿試一甲二名登進士第，授翰林院編修。

《顯志堂稿》吳大澂序："道光朝林文忠公撫吳，有政聲。公餘之暇，與紫陽、正誼兩書院肄業士講求文藝，鑑別人倫。吾師林一馮公以學問文章受知於文忠最深，有一時無兩之譽。"

《顯志堂稿》卷十二《林少穆督部師小像題辭》："公撫吳日餘事，總持風雅，宏獎後進，士有小善一藝，靡不邀題品，而桂芬之受知也最早。憶公重蒞吳以壬辰六月……越三日課書院，荷公首擢，有一時無兩之譽，諄勖甚至。雖以桂芬之謭劣，而感激奮發，思有所以不辱公知者，夙夜實兢兢焉。"

二十三年（1843），充順天鄉試同考官。二十四年，任廣西鄉試正考官。回京後教習庶吉士，不久即丁艱回籍。二十八年，應兩江總督李星沅之聘，主講南京惜陰書院。

《顯志堂稿》卷首《崇祀鄉賢》附《事實》："主試廣西，在闈中悉心校閱，遍搜各房落卷，獲雋者多老宿，一時咸慶得人。在道作《行紀》二卷，所歷山川古迹悉有考證。"

咸豐元年（1851），詔令中外大臣各舉賢才，大學士潘世恩以林則徐、姚瑩、邵懿辰與桂芬同薦。尋以憂歸，受江南總督陸建瀛聘，至揚州纂修鹽法志。

《顯志堂稿》吳雲序："歲庚戌，淮南改行票鹽，余奉制府陸公檄，赴揚州籌議新章。先生亦膺纂修鹽法志之聘。余慕先生名垂二十年，至是始識先生於揚之梅花書院。相與議醝綱利病及時事得失，輒有水乳之契。暇時縱論今古，商訂金石文字，相得益歡。"

三年（1853），致書江蘇巡撫許乃釗，揭露州縣租賦繳納諸弊，於胥吏索賄舞弊一項，痛陳其害，力主均賦，並獻防弊之策，得以采用。

《顯志堂稿》卷五《與許撫部書癸丑》其二："前書所謂利歸州縣十二三，利歸丁胥差役十七八……補偏救弊莫如紳民均賦之一法。又本年情形於折色爲宜，謹就管見，別爲一議，並章程八條奉寄。"

《顯志堂稿》卷十《均賦議癸丑》："今蘇屬完漕之法，以貴賤強弱爲多寡，不惟紳民不一律，即紳與紳亦不一律，民與民亦不一律。紳戶多折銀，最少者約一石二三斗當一石，多者遞增，最多者培之。民戶最弱者折銀約三四石當一石，強者完米，二石有餘當一石，尤強者亦完米，不足二石當一石。……而紳與民又各有全荒之戶。……紳以力免，民以賄免。……今既不能全辦清漕，而議補救之法，非紳民一律不可，非通知利弊亦不可以定一律之價。……至其餘防弊之法條目，謹擬八則如左。……是議中丞亟稱善，函致方伯某公照搬，頗亦采用。"

按，咸豐三年，桂芬又撰《均賦説勸官》《均賦説勸紳》《均賦説勸衿》《均賦説勸民》諸篇，咸豐六年又有《請均賦牒》，參見《顯志堂稿》卷九。

同年，太平軍攻陷南京，桂芬奉特旨與程庭桂、韓崇、胡清綏同辦團練勸捐事。爲蘇撫許乃釗商略機要，輔擬文檄。又與程庭桂定議，令招募江南大營餘丁以爲留守策應之師，師甫成即平定上海多縣太平軍之亂。因籌餉、團練等功，桂芬得叙賞五品頂戴。六年（1856），補右春坊右中允。

《清史列傳》卷七十三《馮桂芬傳》："咸豐三年，粵匪陷金陵，奉特旨與程庭桂、韓崇、胡清綏同辦團練勸捐事。巡撫許乃釗駐師金陵，羽檄日數至，商略裁復，皆桂芬主之。中書馬釗自乃釗幕中來，言及蘇松空虛可慮，大營餘丁甚衆，募之爲留守策應之師，計甚便。桂芬即與庭桂定議，令招募，事甫集而青浦上海諸匪竊發，連陷數縣，釗與主事劉存厚馳剿青浦，一鼓下之，乘勝復諸城，上海平。叙勞賞五品頂戴。"

七年（1857），兩江總督何桂清奏言桂芬在籍辦理勸捐時徇庇親戚，中飽私囊。雖經查覈並無其事，但因招致物議，上諭著其勿庸辦理省城捐輸局事務。

《清實錄》咸豐七年閏五月癸未條："該署督所稱隱漏大户有人把持，誠所不免。以朕所聞，在籍中允馮桂芬辦理勸捐，多有徇庇，其親戚富户之在吳江、太湖廳等處者，率多隱匿。該員家本寒素，自勸捐之後，置買田產，建蓋房屋，頓成富家，其中情弊，尤不可問，一人如此，從而傚尤者當更不少，若不從嚴究辦，何以帖服人心？著何桂清嚴密訪查，據實參處。"咸豐七年八月庚午條："上御勤政殿聽政，諭内閣，前聞江蘇在籍中允馮桂芬有徇庇捐户等情事，當經諭令何桂清查明參奏。兹據奏稱，訪查馮桂芬鄉評毁譽參半，其勸捐吴江縣、太湖廳兩處，均會同衆紳公議，尚無包庇情事。惟紳士辦理地方公事，必須輿情推服，該員既因勸捐致招物議，著勿庸辦理省城局務。"

按，咸豐三年，時任江蘇巡撫許乃釗認可桂芬均賦之法，行於蘇州府諸縣，次年乃釗去職，均賦事寢。然當地大户與胥吏因失不法之利，銜恨桂芬，遂生流言，以至於兩江總督何桂清將此所謂物議入奏。《顯志堂稿》卷五《與曾撲帥書》："會軍興，與團練之役。許洵臣前輩撫吴，屬以大小户均賦事，晚任之力，州縣遷怒於某大户之族，無何，某當路遂中萋語。"詳參馮桂芬《顯志堂外集·癸丑均賦記》（復旦大學藏稿本）。

咸豐九年（1859），請假回籍。十年，太平軍攻陷蘇州，桂芬避難上海。時太平軍鋒焰甚熾，上海岌岌可危，桂芬與諸官紳議入皖乞援於曾國藩，並爲團練大臣龐鍾璐推薦錢鼎銘携書前往，又代草數千言，歷陳危急情形與用兵先後機宜。國藩閲之以爲然，加之鼎銘慟陳局勢之危，遂遣李鴻章發兵。國藩因乞援書而愛桂芬之才，欲招入幕，辭之。時上海新設會防局，以協調中外勢力抵抗太平軍。爲迎李鴻章率軍來滬，會防局中應寶時、顧文彬等人於洋商與撫藩之間周旋游説，以籌巨資、雇輪船，桂芬亦爲之參謀。

《顯志堂稿》卷首附李鴻章《墓誌銘》："粵匪之陷蘇城，避居滬上。是時予方從曾文正公治兵皖疆，今河南巡撫錢君鼎銘持書乞援，陳滬城危狀及用兵先後機宜，累數千言。其書君所創稿，文正得之感動，乃定計以予率師乘輪舟東下，卒解滬上之圍，克蘇州。文正嘗言，東南大局，不出君一書也。予既至滬，奏辟君，自隨君創立會防局，調和中外。又設廣方言館，求博通西學之才，儲以濟變。"

《顯志堂稿》吳雲序："庚申後，余與先生同寓滬上，過從甚密。時東南遍地皆賊，海角偏隅，華洋雜處，岌岌不可終日。於是設會防局，以聯中外之勢，籌巨貲，雇輪舟，以迎安慶之師。余與二三同志艱難奔走，搘拄危局，殆無一事不與先生議。先生澄慮寡言，及臨大事、決大疑，往往慷慨激烈，直任不辭，故人亦樂就之也。"

按，詳參《顯志堂稿》卷四《皖水迎師記》。

同治元年（1862），李鴻章率軍至滬。桂芬入其幕府，力陳漕務之弊，鴻章因此有奏减漕糧之疏，桂芬代爲撰稿，得旨允行，蘇松太减三之一，常鎮减十之一。民力得蘇，士民感戴。

《顯志堂稿》卷首附李鴻章《墓誌銘》："嘗爲予言，外家破於催科，究心漕務者三十餘年，周知民間苦累，因力陳其弊。予於是有奏减漕糧之疏，凡蘇松太减三之一，常鎮减十之一。"

《顯志堂稿》吳雲序："時郭公（郭嵩燾）正管江蘇糧儲，因以减賦之說進，潘君（潘曾瑋）又從旁慫恿，郭公深韙之。余復寓書潘君，屬先達於先生，以先生在今爵相合肥公幕府掌奏記也。越日，先生過余，坐未定，喜形於色曰：我與子平生蓄願今可償矣。昨潘君携子手書見示，余留置案頭，合肥公見之，閱至'不必待蘇州克復，先從松江辦起，他日收復蘇太各郡，其辦法一如松例'，大爲嘉許，已屬余具疏稿矣。後之斟酌損益、得上邀朝廷曠代之恩，章程悉出先生手定，事具先生文集中。"

《顯志堂稿》卷四《江蘇减賦記》："余生長田間，深知其苦。先淑人家爲催科所破，嘗謂桂芬曰：汝他日有言責，此爲第一事也。棄養以來，益用耿耿，顧迄不得言責，且以爲内發不如外發之捷。欲求一賢督撫言之，而揆時度勢，不可輕動，故遲之。惟三十年來宮中一言一事涉漕賦者，必求其詳，手録之，久漸成帙。蓋以道光十年以後無年不灾，通牽歲賦不過五六成，竊以爲此可减之機，而所見督撫尚非其人。無何而有粵寇之劫，余避地上海，湘陰曾公國藩奉詔東征，介錢君鼎銘招余往，辭之，而以減賦節略相寄，曾公首韙之。同治元年春，合肥李公鴻章督師至滬，又有幕府之約，見即說以減賦，欣然相許。余無求於李公，而以此事故，曲意赴軍。同事糧道湘陰郭公嵩燾引爲同志，李公遂以此事付我兩人。先爲郭公草詳，繼爲李公草疏稿，累旬始成。博訪通人，諏謀詢度於金布令甲名於時者，若李君友琴、鄒君雨平諸人，僉無異詞……"

左宗棠《中允馮君景庭家傳》："吳平，李公開府吳中，就君咨訪郡縣利病，諸時政多取決焉。如蘇松減漕額，長元吳三縣減佃租，舉八百數十年歷代名公卿思爲民請命不可得、積歎終古者，一旦如其意而湔雪之，如沉痾之去體。非遇聖仁在上，當事無所顧慮，民間呻吟疾苦奚由徹諸殿陛也？吳人兵燹餘生，蠲貸及於寬政，幸矣。茲如常制，更減除數十萬租賦，永爲太平幸民，微君有言而孰貽之？第以赴皖請援，謂君大有造於鄉邦，抑又淺矣。"

按，馮桂芬文中所言方伯某公爲江蘇布政使劉郇膏。劉郇膏職在籌餉，與桂芬大幅減賦之主張異趣，多次橫阻，桂芬亦多次致書李鴻章，直陳郇膏諸策之弊，參見《顯志堂稿》卷五《再啓李宮保》《三啓李宮保》。又在清丈、漕運津貼等事項上意見衝突，參見《顯志堂稿》卷五《啓肅毅伯李公論清丈書》《致姚衡堂書》及卷九《請定步弓尺寸公牒》。二人齟齬頗深，以至於李鴻章親自登門調停。相較而言，桂芬借鑑古法，考究今制，慮遠謀宏，以民生爲重，得道多助。代李鴻章所撰疏稿，參見《顯志堂稿》卷九《請減蘇松太浮糧疏（代）》。

在上海期間，作《校邠廬抗議》四十篇，於經國大計多有指劃，見者咸稱通儒。其中《均賦議》《改科舉議》《采西學議》《制洋器議》諸篇尤爲劃切。戊戌變法期間，光緒帝曾下令將此書刷印一千部，頒發各衙門，令百官閲後逐條論其可行與否，進呈以備采擇，影響廣遠。

按，據學者熊月之對該書現存多部稿鈔本的研究，《校邠廬抗議》初稿含四十二篇，四十篇作於咸豐十年至十一年（1860—1861），此外《用錢不廢銀議》作於咸豐二年，《以工巧爲幣議》作於咸豐五年。因恐部分言論觸及時諱，稿成後二十餘年僅以鈔本流傳，直至桂芬去世之後，才由其子整理刊刻。詳參熊月之《馮桂芬評傳》，南京大學出版社 2004 年版。

該書最爲後世稱道者在於講求西學。其中《采西學議》提出在廣東、上海設立翻譯公所（一本作翻譯書院），“選近郡十五歲以下穎悟文童，倍其廩餼，住院肄業，聘西人課以諸國語言文字，又聘内地名師課以經史等學，兼習算學”，並提出於俄國所進千餘種西書中擇其有理者譯之，又對精習西學、能見諸行事之諸生由通商大臣請賞給舉人，在咸豐年間均爲新見，同治以後漸見實行。桂芬對西學多有積累，曾指出魏源《海國圖志》中多處錯誤，參見《顯志堂稿》卷十一《跋海國圖志》。曾國藩幕僚趙烈文直言：“（《校邠廬抗議》）全書精當處皆師夷法，而參用中國前人之説，然凑數而已，不如法夷爲得，其論馭夷尤善。”（趙烈文《能静居日記》同治二年三月十四日）

亦有部分觀點失之偏頗，如《復陳詩議》主張恢復陳詩觀風制度，《善馭夷議》欲徒以泯猜疑、布誠信馭夷，均難免窒礙。但總體而言，該書受到時人廣泛稱許，曾國藩曰：“粗讀十數篇，雖多難見之施行，然自是名儒之論。”（《曾國藩日記》同治元年九月十七日）

同治初，於上海設立撫恤局，掩埋亡故流民。又創立保息、安節等局，資助女普濟堂、錫類堂。二年（1863），在上海創辦廣方言館，任監院。三年，因蘇州克復，回蘇參與規劃諸多善後事宜。詔求賢才，安徽巡撫喬松年復薦桂芬，以病不果行。六年，以蘇松太三屬辦理團練及善後之功,賞加四品卿銜。八年,受江蘇巡撫丁日昌聘,纂修《蘇州府志》。九年,李鴻章奏請破格優獎賞給三品銜。

按,以上事迹參見《顯志堂稿》卷首《崇祀鄉賢》所附《事實》。

同治十一年(1872),李鴻章奉詔議治理黃河事,或欲復淮徐故道,桂芬致書力陳不可,鴻章納其言。十三年四月,卒於家,終年六十六歲。光緒初,入祀鄉賢。

《顯志堂稿》卷首附李鴻章《墓誌銘》:"前年,予奉詔議治河事,有欲挽河使南流復淮徐故道者。君書來,痛陳南流之弊,予於是有故道難復之疏。予以非才,謬膺重任,敬耆老而咨故實,庶幾免愆戾焉。"

《顯志堂稿》卷五《致李伯相書》:"以徵今言之……無端以由地中行之水忽欲載諸四五丈高城之上,果何理也? 此一流覽而知其不可者也。……以考古言之,自來論治河者無慮數十家,惟紹聖諸臣及金元主東流,餘無不主北流者。……近溯嘉道兩朝至咸豐之初,六十年中河決不下二十次,北流十八年不聞多事如此,試問南北受災輕重如何? 南流堵築一次,通牽約費七百萬,歲修約六百萬,合計六十年,河費不下五萬萬。北流十八年,侯家林工費如千,又無歲修,試問南北度支多寡如何? 此時估費,兩下即或相若,而北可分年酌辦,南必一氣呵成,試問南北需費緩急如何? 此一比較而知其不可者也。……蓋河淮合流,潘、靳之時頗蒙其利,後漸無利有害,至此而極,天時人事之交窮,萬無不思變計之理。……陸立夫制軍始創海運,豈厭故喜新、惡平樂險、避易趨難、異於人情哉? 亦出於不得已也。"

按,馮桂芬具體治河對策,詳參《校邠廬抗議》卷上《改河道議》。

桂芬曾主講南京惜陰、上海敬業、蘇州紫陽、蘇州正誼等書院,前後近二十年,造就甚衆,知名者有王頌蔚、葉昌熾等。

按,徐世昌《清儒學案》爲馮桂芬立《校邠學案》,將吳大澂、王頌蔚、葉昌熾、管禮耕、袁寶璜諸人列爲校邠弟子。

精小學,因段玉裁《說文解字注》引用多誤,作《說文解字注考正》。精算學、測繪,著有《弧矢算術細草圖解》《西算新法直解》《測定咸豐紀元中星表》,增訂並重刻《道光甲辰赤道恒星圖》。嘗手製定向尺及反羅經,用以步田繪圖。

按,《清史列傳》本傳謂其說經宗漢儒,亦不廢宋,而實際側重仍在漢學一端。《校邠廬抗議》卷下《改科舉議》:"宜以經解爲第一場,經學爲主,凡考據在三代上者皆是,而小學、算學附焉。經學宜先漢而後宋,無他,宋空而漢實,宋易而漢難也。"費行簡《近代名人小傳·馮桂芬傳》:"弱冠治《周官》禮及管子書,皆有箋釋。……中歲兼治費氏《易》、毛氏《詩》。其論《周官》禮與《禮經》有出入,謂當周代,《禮經》猶會典,《周官》則事例也。事例多後增,固不能盡同會典,今謂《周官》僞造者,非也。又論《詩》,謂齊魯多同,唯韓獨異,然其與毛氏異同,半無關大旨,然則僞毛詩者亦非也。"算學亦得到時人認可,《顯志堂稿》卷一《天元算術序》:"余友元和尹茂才菊圃(尹錫璜),績學之士也,尤長於算術,比以新著《天元算術》十卷見示。"

擅古文。因其傳志策議文字聞名當世,不免被目爲文學之士,殊違其經世之本心。著《顯志堂稿》《夢奈詩稿》等。

《清史列傳》本傳:"善爲古文,探源《左》《國》,下及唐宋,四方丐傳志者戶外屨常滿。"

《顯志堂稿》吳大澂序:"公於文無所不長,詩、古文辭、駢體、制藝無不卓然成一家言,而尤達於經世之學,集中所存抗議十五篇,於時政之得失、風俗之盛衰言之深切著明。"

《顯志堂稿》卷十二《五十自訟文》：“余生平所自信者有二：操守第一，萬鍾千駟不能易吾節。吏事次之，少賤，通知民情，留意掌故。二者竊自謂不居人下，乃人輒目爲文學之士，不以吏事相許。”

參考文獻：

1. 馮桂芬《校邠廬抗議》，《續修四庫全書》，上海古籍出版社 2002 年版。

2. 馮桂芬《顯志堂稿》，《清代詩文集彙編》，上海古籍出版社 2010 年版。

3. 趙爾巽等《清史稿》卷四百八十六《馮桂芬傳》，中華書局 1977 年版。

4. 王鍾翰點校《清史列傳》卷七十三《馮桂芬傳》，中華書局 1987 年版。

5. 趙烈文《趙烈文日記》，《續修四庫全書》，上海古籍出版社 2002 年版。

6. 熊月之《馮桂芬評傳》，南京大學出版社 2004 年版。

7. 《清廷簽議〈校邠廬抗議〉檔案匯編》，中國第一歷史檔案館編，綫裝書局 2008 年版。

（黃政）

何兆瀛傳

何兆瀛，字通甫，號青耜，一作青士。祖籍江西大庾，康熙年間移籍江蘇江寧（今江蘇省南京市）。嘉慶十四年（1809）生。

陶湘《昭代名人尺牘續集小傳》卷十八：“何兆瀛，字通甫，號青耜，江蘇江寧人。”李放《皇清書史》卷十三引《木葉庵法書記》：“何兆瀛，字通甫，號青士，一號青耜，又號心盦，江寧人。”

英匯《科場條例》卷二十五：“何兆瀛祖籍實係江西大庾縣，自康熙年間移籍江寧。”何兆瀛《心盦詩存》戊寅卷《過梅嶺》自注：“余祖籍大庾。”

按，《心盦詩存》丙子卷自序：“丙子嘉平之中旬，青耜自志，時年六十又八。”戊寅卷有《七十自述》一詩，戊寅即光緒四年（1878）。何兆瀛《老學後庵自訂詩二集》卷首光緒十三年自序：“時在同治辛未，年已六十三矣。……明年，政八十。”該書卷六有作於丁亥年（1887）之《生日作》，詩題自注：“明年將正八十矣。”何兆瀛《水仙花唱和詩》卷首自序：“光緒己丑六月，兆瀛志時年八十又一。”據此數條推知，何氏生於嘉慶十四年（1809）。又，顧廷龍《清代硃卷集成·順天鄉試硃卷·道光丙午科·何兆瀛》載何兆瀛於“嘉慶辛未年六月初二日吉時生”。然硃卷所載官年多有誤者，不甚可信，仍當依何氏自述。

嘉慶二十二年（1817），其父何汝霖任兵部侍郎，時兆瀛僅九歲，隨父到京，至五十九歲調任浙江，前後居京五十年。

趙爾巽等《清史稿》卷三百七十五《何汝霖傳》："何汝霖，字雨人，江蘇江寧人。拔貢，考授工部七品小京官。中式道光五年舉人，充軍機章京，累遷郎中，歷內閣侍讀學士、大理寺少卿。偕侍郎恩桂按事浙江，查勘南河料垛。命在軍機大臣上行走，歷宗人府丞、副都御史。二十二年，授兵部侍郎，調户部，偕大學士敬徵勘東河工程。二十五年，擢兵部尚書。值太后七旬萬壽，汝霖母丁年九十，五世同堂，賜御書扁額。尋以母憂，歸江蘇。……服闋，命以一品頂戴署禮部侍郎，尋署户部尚書，仍直軍機處，授禮部尚書。……咸豐二年，以足疾乞罷直，許之。未幾，卒。謚恪慎，祀鄉賢。"

何兆瀛《老學後庵憶語》："余九歲隨宦到京，五十九歲始以分巡去都下。"何兆瀛《泥雪錄》卷首自序："余住京師五十年。"

少以貴公子能詩詞，有聲都中。道光十八年（1838），作《戲寄》詩百首。二十至二十一年間，爲水仙花詩，同人多有唱和，編成《水仙花唱和詩》。

李慈銘《越縵堂日記》同治九年八月二十一日："何青士廉使兆瀛，江寧人，故尚書恪慎公之子，少以貴公子能詩詞，有聲都中。"

徐世昌《晚晴簃詩匯》卷一百四十七："青耜爲恪慎公子，以蔭官郎曹。烏衣子弟，詞翰翩翩。"

何兆瀛《心盦詩外》卷首曹宗瀚序："何青耜給諫爲余同年，雨人尚書之長公子，幼承庭誥，督教甚嚴，故貴介而有經生名士風，其所由來者遠矣。猶記其年十一歲時，咏蝴蝶花，有'釋蟲兼釋草，形影不分明'之句，塾師極賞之。蓋時方讀《爾雅》畢。"

《心盦詩存》戊寅卷《懷人詩》其三："推倒衆豪杰，才名少壯時。"

何兆瀛《戲寄》卷首自序："曩見諸城劉文清公有《觀劇詩》，嘗欲仿爲之。以連年罷於制舉業，卒未有暇也。今夏，戢影棠梨館，簾櫳晝静，蟬聲在空，炎風忽來，吹人如火，偶成一什，輒爲神往，如在善和坊裏紅牙按拍時也。自夏徂秋，得詩百首，爰録而存之，非敢媲美文清，亦庶幾先哲風流於斯未墜耳。顔曰《戲寄》，自寄其所寄，其亦寓言十九之意也夫！戊戌小陽朔棠梨館主青耜自志。"

秦緗業《虹橋老屋遺稿》文集卷二《心盦詩存序》："道光己亥、庚子間，余客游京師，於稠人中識江寧何君青耜，且間讀其詩，得唐賢三昧，於新城尚書爲近，余嘆服之。其時遭際隆平，朝野無事，則有葉筠潭、徐廉峰、黄樹齋諸先生提唱風雅，獎借後進。每於春秋佳日，宴集一時名士於江亭，賦詩綴文，動盈卷軸，流布海寓，余亦偶厠其列，而上元梅伯言、馬湘帆，建寧張亨甫，益陽湯海秋，漢陽葉潤臣，鎮海姚梅伯，曲阜孔繡山，臨桂朱伯韓，代州馮魯川，吳縣潘星齋、紱庭及青耜諸君子恒與焉。諸君子大半習於余，青耜與伯言、湘帆兩丈同里閈，在師友間，故詩名噪甚。時君官户曹，其先尚書公方秉樞政，門庭闐溢，人且以貴公子目君。"

《水仙花唱和詩》卷首自序："道光庚子、辛丑間，余在京師，偶爲水仙花詩。同人多有和作，積有箋素，藏之篋笥。後在浙幕中，同人又有所作，因彚存之。"按，何氏自序作於光緒十五年（1889）。

道光二十六年（1846）中舉，次年會試不售。咸豐四年（1854），由户部郎中補授陝西道御史。

《清代硃卷集成·順天鄉試硃卷·道光丙午科·何兆瀛》："中式第五十一名舉人何兆瀛，江蘇江寧府江寧縣監生民籍，前充國史館謄録候選知州，現官户部額外郎中。"

黄叔璥《國朝御史題名》："何兆瀛，字青耜，號通甫，江蘇江寧縣人。丙午科舉人，由戶部郎中補授陝西道御史。"

《心盦詩外》卷首曹宗瀚序："青秣果績學不倦，文譽日起，乃九賦秋風辭，始獲一第。春官再放，遂由部郎入臺諫。"

同治五年（1866），《心盦詩外》編成，此集專收制舉詩作。同年，作雜劇《仙合曲譜》，以紀念蔡氏、管氏二亡妻。

《心盦詩外》祁師相評語："合閱諸作，用意、布局、遣詞均有條理，尤能以氣驅使，瀁洄動宕，情詞斐然，於此道已得三昧。"晏同甫評語："昔人言制舉之文從墨卷出，不從墨卷入，固知試帖一體，非工於各體詩者，亦未易工也。今讀君詩，益信。"蔡小石評語："青秣天才俊逸，所爲古今體詩，結響清麗，比之晴山出雲、曉露著花，自有天然流露。茲編斂才就範，而一氣動宕，舒卷自如，略無描頭畫腳之態，揣摩家固當奉爲金針。"許海秋評語："青秣作試帖，惟以行氣爲之，故有逸氣，有豪氣，有華妙超雋之氣，而實有一口吹不斷之氣，固詩人之詩也。"按，此集有同治五年曹宗瀚序，故繫於此年。

何兆瀛《仙合曲譜》雜劇有清同治刻本，僅存於上海圖書館、南京圖書館。卷首有吳寶鈞同治七年序，稱"白門何青秣先生《仙合曲譜》殆爲元配蔡眉修、繼配管有華兩賢媛作也"。《泥雪錄》有詩曰："身世妻宮注短星，鼓盆再賦鬢猶青。記曾仙合翻新譜，玉笛吹殘不忍聽。"詩末注云："余舊有《仙合曲譜》，用〔北新水令〕一折譜之，爲蔡、管兩淑人作也。"按，冒廣生《小三吾亭詞話》卷二載何氏"生平有戲癖"，其以雜劇自遣悼亡之思，亦屬當然。據學者考證，管氏亡於同治五年，參見孫書磊《稀見戲曲〈仙合曲譜〉考述》（《中國典籍與文化》2011 年第 1 期）。《泥雪錄》又載："老伶工陳永齡請演之，旋以分巡出都，此事遂已。"而其出都在同治六年，可知該劇完成於同治五、六年之間。

同治六年（1867），由給諫出爲浙江杭嘉湖道，自感懷才不遇。

《心盦詩存》丙子卷汪學瀚題詞：“同治丁卯，青耜先生由給諫出爲浙西觀察。”

秦緗業《心盦詩存序》：“同治丁卯，君由給事中出爲杭嘉湖道。”

《老學後盦自訂詩二集》卷首自序：“五十九歲，出爲外吏。”

《心盦詩存》丙子卷《北行述懷》：“自我來杭州，於今十年矣。作宦苦不工，竊抱伐檀恥。雖無不虞譽，亦鮮求全毀。祇此區區心，可以告知己。滿眼英豪流，騰達罔倫比。而我守鈍拙，瘝人竟忘起。矧年已七十，黄昏夕陽耳。羊皮苟自鬻，何以謝百里。”

七年（1868），吴煦刊《龔定盦集》，兆瀛出《定盦詞》與吴所得詩、文相配，遂成全集。

龔自珍《龔定盦全集・別集・庚子雅詞》何兆瀛後記：“此玉淦潘丈所録《定盦詞》，余借讀將十年。昨復携至武林，適曉帆吴方伯刊《定盦文》成，後搜得詩草，刊附文集後。余因出此詞，請附其詩並刊之，使定盦著作各見一斑也。同治戊辰十二月，古升州何兆瀛志於武林官署之知所止齋。”

《龔定盦全集・別集・庚子雅詞》吴煦後記：“同治己巳，補刊龔定盦先生遺文，及《破戒草》《己亥雜詩》，承何青士觀察惠假定公詞鈔本。正在付梓，適趙益甫孝廉過杭，携有《定公詞》四卷，乃先生手定，刻於道光癸未。取校何本，增多不少。惟《庚子雅詞》一卷，則未刻本也，遂改依原刻本重刊，而以《庚子雅詞》附後。其爲別集五種，得窺全豹，亦一快事也。曉帆吴煦記。”

十二年（1873），十二卷本《心盦詩存》、四卷本《心盦詞存》刊於杭州，前者存詩一千四百一十四首，後者存詞二百零八首。

秦緗業《心盦詩存序》:"(何兆瀛)詩則夷猶宕往,固無異乎樂天、東坡;詞亦出入南北宋,不專浙派,余乃益嘆服。然後知君一行作吏,此事不廢,特不欲以詩人、詞人自命耳。科名之盛,近推丙午,內而卿貳,外而開府,殆不乏人。君顧一官不遷,迄今六載,監司權輕,又無以大展其志,疑其有不能釋然於中者。乃君從政之餘,以詩自娛,性情淡泊,如陶、韋一輩人,豈非能由詩而見道者與?"

何兆瀛《心盦詞存》卷首赫舍里如山序:"心盦道兄,其四禪中人乎?紆金縮綬,視若無有。現宰官身而説法,澄辟支果而離垢。嘯咏則茅壓屋頭,談諧則花飛天口。其言情也,及情而不過乎情;其體物也,寓物而不滯於物。吾知其游心太空而咒妙蓮於飛鉢矣。……心盦之詞,殆有悟於斯矣,如立春作云:'好春如海,隨着江雲,等閑渡了春魂。'《咏燕》云:'曲曲雕梁泥落盡,紅剩斜陽一綫。'斯境也,飄然若春雲之無痕,了然若明月之前身。其禪耶?其非禪耶?吾烏測其所由然耶!心庵真深於禪者與?"

杜文瀾《憩園詞話》卷六:"江寧何青耜都轉兆瀛,以名孝廉仕吾浙,洊升杭嘉湖道最久。多惠政,尤著績於海塘,今已都轉粤東,頌聲猶留民口。素擅詩古文辭,所著《心盦詞存》四卷,不拘格律,妙趣橫生。"

譚獻《復堂日記》卷四咸豐五年:"何青耜《心盦詞存》,駢宕麗逸,如見六朝人物,與許海秋齊名,不虛也。"譚獻《篋中詞‧今集》卷四:"何先生詞抗手許海秋,齊名文苑,不虛也。但沉鬱稍不逮許,而無海老枯率之失。"

張德瀛《詞徵》卷六:"何青耜兆瀛詞,如春暮柳絲,瘦無一把。"

冒廣生《小三吾亭詞話》卷二:"江寧何青耜兆瀛,與海秋同里齊名。……論者謂何詞沉鬱,稍不逮許,而許之粗率,則亦所無也。"

光緒二年(1876),自浙江任上返京,入覲述職,奏以沿途水旱情形。到京後不久,即返江蘇故里。往返途中百餘日,以詩自遣,得詩百首,編爲《心盦詩存》丙子卷。

《心盦詩存》丙子卷秦緗業題詞:"光緒丙子之秋,青耜同年展觀北上,及中冬南旋,舟車往返六千餘里,得詩百篇,都爲一卷,出以見示。其詩清超華妙,得之大曆十子爲多。而七言絶句,風韻獨絶。自唐劉夢得、杜牧之,而後與漁洋相伯中,近今實罕有其儷。蓋君心氣和平,雖年垂七十,猶困監司,而托之於詩,無噍殺之音,無頹唐之態,吾知其學養深矣。"

《心盦詩存》丙子卷汪學瀚題詞:"先生和易近人,喜獎後進,論詩以和平深遠爲主,不拘拘摹仿家數。閱事既多,今昔之感一於詩發之。公餘,輒引賓從觴咏湖山,視宦境榮利夷如也。光緒丙子引覲北上,往還舟車,得詩若干首,都爲一卷。即境抒懷,言近指遠,尤令人得味外味,益信福澤之深厚,純任自然。而杖履優游,所得於湖山之助者,爲不少矣。"

《心盦詩存》丙子卷自序:"生平不喜和韻,尤不工投贈之什。自抒性情,自寫身世,但期爲我之詩耳。"

按,據《心盦詩存》丙子卷諸詩所載,何兆瀛於八月一日啓行,自杭州北行,經浙江塘栖,江蘇蘇州、無錫、毗陵、丹陽、揚州、高郵、淮安,山東郯城、沂州、蒙陰、新泰,直隸景州、任丘等地入京。集中有《九月十七日蒙恩召見養心殿恭紀》一詩,自注:"上問途中水旱情形甚悉。"又有《北行述懷》詩云:"此去宣南坊,老屋幸未圮。"其出都後,則經直隸景州,山東高唐、東阿、任城,江蘇高郵、真州、瓜步、焦山等地。《出都》詩云:"偶敧烏帽客京華,天末吳山又憶家。草草去來成一笑,却教兩地負黃花。"

光緒四年(1878),移任廣東鹽運使。赴粵途中,又得詩百首,編爲《心盦詩存》戊寅卷。

《心盦詩存》戊寅卷楊近仁題詞:“戊寅中夏,先生奉命來粵爲轉運使。近仁獲侍左右,時親其言論丰采,益欽仰之。先生學問淹通,工於詞賦,詩集、詞集早已鐫行。嘗於展覲北上時得詩百篇,及南行紀游詩若干首,出以見示,並命校刊。其詩源出於杜,而融化於蘇。比興深微,格律精細,含蓄藴藉,卓然可傳,實於古名家之外獨辟門徑,益以知先生胸懷灑落,泊然於聲利之途,故其爲詩,多自抒性情,正如空山鼓琴,沉思獨往,其高曠誠不可及也。”

《心盦詩存》戊寅卷陳澧題詞:“此一卷詩有四妙,曰心清,曰意真,曰理深,曰筆靈。”

《心盦詩存》戊寅卷俞濩題詞:“其味清脆如噉瑶柱,其音静細如調玉瑟,此詩之隱秀在骨者。個中風味,誰復領解?擁節南來,吟鞭所指,仿佛東林西寺同日焚香,湖水至今猶馥。”

《心盦詩存》戊寅卷自序:“此一卷紀行詩耳。流連光景,陳義孱薄無足觀。徒以七十衰翁觸暑長征,歷兩月之久,而老健無恙,亦頗自喜。存此詩,非僅雪泥鴻爪之纵也。戊寅九月,老澈自志。”

《心盦詩存》辛巳卷汪學瀚序:“光緒戊寅,青耜先生由浙西觀察移莞粵鹺。泝富春,涉彭蠡,入贛江,越庾嶺,兩月而達廣州,得紀程詩百餘首,刊示同人。”

按,據《心盦詩存》戊寅卷諸詩所載,何兆瀛於四月啓行,經江西鉛山、弋陽、貴溪、南昌、豐城、吉安、萬安、贛州、南康,廣東曹溪、韶州、清遠等地,於六月抵達廣州。集中有《阴雨守風船窗枯坐作留别杭州詩寄武林諸舊好去後之思我固不能忘情也》詩云:“移官往作嶺南人,又與東坡步後塵。”

光緒七年(1881)季春去粵,仲夏抵杭州,仲秋往南京,過甘雨巷舊宅,行展墓禮,孟冬仍返浙。其間來往,得紀行詩一百二十五首、詞十一首,編爲《心盫詩存》辛巳卷。

《心盫詩存》辛巳卷汪學瀚序:"越三歲辛巳,先生解組,卜居杭州,言尋舊途,遂修初服,山靈相識,花鳥送迎,瀧吏不驚,嘯歌上下。紀程三月,復得詩百首。既稅武林之駕,旋解秣陵之帆。山指栖霞,羅漢參果;巷過甘雨,枇杷惜花。展墓禮成,行舟吟遣,匝月又積數十詩,都録一卷,授學瀚編校付梓。先生於詩,不主一家,能合衆妙,性靈入冶,格律斯融,渡象挂羚,解弢赴節。故心宅恒坦,詩宗益超。一時寄興之作,體物類情,言近旨遠。至其緣遇怫鬱,故舊感懷,亦皆比興和平,自然流露,有悱惻纏綿之致,無趨數噍殺之音。古來嶺表羈遷,勞人愾嘆。鮫里灑泪,鸚樊引吭。睹炎景而煎憂,托物言以攄憤。大都有激而作,不平則鳴。況耳目所經,今昔異趣。瘴雲霾曀,灘石喧豗。其有不忼慨生平、欹歔欲絶者,展誦此卷,使人意消。始信溫柔敦厚之旨,益人也深,而彌嘆先生蘊蓄之真、福澤之大、其詩境之高,爲尤不可及也。讀先生集者,亦當以斯意參之。"

《心盫詩存》辛巳卷自序:"余季春去粵,中夏抵武林,中秋作金陵之行,孟冬仍返浙。來往得紀程詩詞如干首,彙寫一册存之。"

按,據《心盫詩存》辛巳卷諸詩所載,何兆瀛三月離廣州,經廣東韶州、南雄,江西吉水、南昌、弋陽、上饒、玉山,浙江常山,於六月四日抵杭州。集中有《將去廣州作》詩云:"大長蠻夷地,三年薄宦游。"《宿花埭作》詩云:"自我來穗城,三年墮雲霧。今日聽驪歌,如夢久而寤。"六月四日所作《咏帆》詩云:"細雨春帆五字詩,江湖廿載得歸遲。而今悟徹安心境,打鼓吹簫到岸時。"又於八月二十七日啓行,經塘栖、嘉興、蘇州、毗陵、丹陽,抵南京。集中有《過甘雨巷舊宅》詩云:"重過童子釣游地,指點先居太息長。人自風流説王謝,我從門巷感滄桑。飛鴻又印新泥爪,歸燕猶尋舊草堂。祇惜枇杷花一樹,今來無復倚東墻。"《謁墓禮成敬賦》詩云:"九齡去鄉里,七十方言歸。平生望墓門,靡瞻而靡依。今來拜墓門,屺岵終銜悲。封樹幸無恙,音容猶可追。高峰緬給訓,旭日敷春暉。藹然空山中,元氣常無虧。白髮一孤兒,乃有歸畊時。寸心矢不渝,謠諑空爾爲。棋局姑斂手,明哲其庶幾。迢迢江水長,渺渺江雲飛。吾廬長子孫,慎毋忽去兹。右軍誓墓心,默冀先靈知。"

光緒十三年(1887),《老學後盦自訂詩二集》《老學後盦自訂詞二集》刊於杭州,專收同治十年(1871)以後所作詩詞。前者收詩七百四十三首,後者收詞一百一十八首。

《老學後盦自訂詩二集》自序:"瀛詩不工,而顧喜爲之,結習也。昔官京師時,曾集所作,以四十歲爲斷,自叙存篋中,而未敢出以示人。五十九歲,出爲外吏,簿領塵俗,略無清興。又忽忽十餘年,得詩殊不多。邁孫許君慫惠付刊,秦澹如同年爲之叙,並四十歲以前之作,統付手民。自視之,無甚異境,不足存,故仍閟不示人也,時在同治辛未年,已六十三矣。今又將二十年,空庭視蔭,自知早暮,區區爪痕,謬享敝帚,又取辛未後所作,自訂而彙存之。然不敢示人,猶初志也。明年,政八十,後當年續一編,如山中白雲,聊自怡悦,仍不堪持贈者也。……嗟乎! 劍南一老,歸釣鏡湖。我思古人,慨焉身世,故以老學後盦額吾廬者,正以寓竊比也。"

何兆瀛《老學後盦自訂詞二集》卷首譚獻序:"兩宋詞人之耆壽者,前稱了野,後則放翁。放翁樂府,曲而至,婉而深,跌宕而昭彰,抑亦先生因寄所托,把臂遇之者乎?"

徐世昌《晚晴簃詩匯》卷一百四十七:"自西臺出守浙西。罷官後,僑寓湖上,文酒流連。年逾八十,一時有洛社耆英之目。詩工力雖不甚深,而婉約清新,想見承平風調。其自署曰老學後盦,知其服膺所在矣。"

光緒十四年(1888),《泥雪錄》《老學後盦憶語》刊於杭州。

《泥雪錄》自序:"余住京師五十年,始則讀書養親,身世間致足樂也。咸豐壬子,先公見背,後則鮮民之生矣。迨同治丁卯五十九歲,由臺省乞外爲外吏者,又十餘年。今老矣,養疴武林,回憶前塵,恍如夢境,拉雜成咏,得詩百首,識大體小,聊以記爪痕而已。光緒乙酉嘉平澈叟自志,時年七十有七。"

《老學後盦憶語》自序:"此卷所記,皆同治丁卯外宦以後所聞見,故以粤東解組爲斷,而再到武林作寓公以來,偶有所憶,亦即屬入。今年正八十,自後有記憶者,另入札記焉。光緒戊子澈叟志。"

按,二書所收均爲七言絕句,詩末自注,叙及往事。

十五年(1889),《有棠梨館筆記》《水仙花唱和詩》編成。

何兆瀛《有棠梨館筆記》卷首自序:"昔在京師,曾有筆記之作,所記皆同鄉人士。甫得一卷,乃出爲外吏二十年,此事遂廢,其塵俗亦可笑人也。頃檢視之,續有所記者,亦僅寥寥數事,遂並録之,仍苦不成卷軸。有棠梨館爲京師米市舊居書室,先公自題之額在焉。余曾讀書其中,鮮民之生,不敢忘,兹署筆記簽,因謹志之。老澈記時年八十有一,光緒己丑十月。"

按,《水仙花唱和詩》本事見上文。

詩文之外,又工書法。

《皇清書史》卷十三引《木葉庵法書記》:"(何兆瀛)工書,學趙、董、張三文敏。"

彭玉麟《彭玉麟集・書信・致何兆瀛》:"耤翁仁兄大人閣下:

昨朝忭領教言,並瞻仰所臨法書,健羨釁鑠,心專慕之。"

卒年不詳,殆不早於光緒十五年(1889)。

按,《水仙花唱和詩》卷首自序:"光緒己丑六月,兆瀛志時年八十又一。"己丑即光緒十五年,此時尚健在。

參考文獻:

1. 何兆瀛《何兆瀛日記附澗閣紀言》,上海圖書館藏稿本。

2. 何兆瀛《何兆瀛家書匯存》,上海圖書館藏稿本。

3. 何兆瀛《心盦詩存》,同治十二年何氏武林自刻十二卷本。

4. 何兆瀛《心盦詩外》,同治十二年何氏武林自刻本。

5. 何兆瀛《心盦詞存》,同治十二年何氏武林自刻本。

6. 何兆瀛《心盦詩存》,光緒五年刻三卷本。

7. 何兆瀛《老學後盦憶語》,光緒十四年武林刻本。

8. 何兆瀛《泥雪錄》,光緒十四年武林刻本。

9. 何兆瀛《有棠梨館筆記》,光緒十五年刻本。

10. 何兆瀛《水仙花唱和詩》,光緒十五年刻本。

11. 何兆瀛《仙合曲譜》,上海圖書館藏稿本。

（馬昕）

邵懿辰傳

邵懿辰，字位西，仁和人。嘉慶十五年（1810）生。

趙爾巽等《清史稿》卷四百八十《邵懿辰傳》："邵懿辰，字位西，仁和人。"

按，邵懿辰《忱行録》有高均儒同治四年（1865）跋，其云："《孝經通論》《禮經通論》皆其五十二歲所著，位西即於是歲十二月初一日殉杭州之難。"邵氏卒於咸豐十一年（1861），故知其生於嘉慶十五年。

道光十一年（1831），中舉。二十一年，考取内閣中書。二十五年，充軍機章京。二十六年，升起居注主事。二十八年，升刑部員外郎。咸豐元年（1851），詔求人才，潘世恩以邵懿辰、林則徐、姚瑩三人並薦，懿辰因母老不出。以嫻於掌故，制誥多出其手。然每多抗直進言，爲權貴所忌。

《清史列傳》卷六十五《邵懿辰傳》："由舉人於道光二十一年考取内閣中書，尋補官。二十五年，充軍機章京。二十六年，升起居注主事。二十八年，由軍機處奏保，以員外郎升用，分刑部，尋補官。二十九年，捐備本籍賑需，下部議叙。"邵懿辰《位西先生遺稿》卷末羅惇衍跋："道光辛丑春，特試士之赴禮部者爲中書舍人。邵員外位西衰然首選，旋直樞禁。"《浙江忠義録》卷七《邵懿辰傳》：

"道光辛卯舉人，考取内閣中書，充軍機章京。才思敏給，屬稿立就，尤嫻掌故，遇大典禮，制誥多出其手。"

《忠義見聞録》卷二十四"邵刑部懿辰"條："潘文恭公以先生與侯官林公則徐、桐城姚公瑩、吳縣馮公桂芬名上三公者，皆當世偉人杰士。而先生乃與之同列薦章，豈非以其學問行誼大有足重哉!"邵懿辰《位西先生遺稿》卷末羅惇衍跋："咸豐紀元之初，詔求人才，潘文恭公以位西與林文忠、姚石甫並薦。嗣粤寇擾及東南，求才益亟。其時位西已移疾家居。胡文忠、曾滌生相國諸公復交章論薦，有旨召用矣。位西因母老不出。"

《清史稿》本傳："洊升刑部員外郎，入直軍機處。大學士琦善以妄殺熟番下獄，發十九事難之。粤亂作，賽尚阿出視師，復上書次輔祁寯藻，力言不可者七端。時承平久，京朝官率雍容養望，懿辰獨無婾阿之習，一切持古義相繩責。由是諸貴人憚之，思屏於外。"曾國藩《邵位西墓誌銘》："然位西性故戇直，往往面折人短，以謂書籍所無，公何得漫爾，不應再糾焉，猶不獲三諫焉，無問新故疏戚貴賤，時否一切，鍪額相繩，人不能堪，終以此取戾於世。大學士琦善在獄，嘗發十九事難之。大學士賽尚阿視師廣西，手疏七不可諍之。諸公貴人病其峭直，由是齮焉，不得安其位。"《位西先生遺稿》潘祖蔭跋："道光三十年三月，位西先生由先大父文恭公疏薦，文宗顯皇帝特旨召對，駸駸將有大用矣。時先生爲軍機章京，陝甘總督某以枉殺番案被逮，詔軍機大臣與刑部會鞫。丈與諸章京及諸司同任其事，有陰爲某地者多舉細故詰問，某抗辨自若。先生至，出懷中問日詰之，某瞠不能答。同列瞪眙不知所爲。由是，側目者多矣。粤事起，遣重臣視師。先生爲十不可之議，請上之，格不行，師果無功。自是，不見容。至河工，旋被劾去。"按，《清史稿》卷三百七十《琦善傳》："(道光)二十九年，調陝甘總督，兼署青海辦事大臣，剿雍沙番及黑城撒拉回匪。既而言官劾其妄殺，命都統薩迎阿往按，革職逮問。"另據《清史稿》卷三百九十二《賽尚阿傳》，賽尚阿視師廣西，始於咸豐元年（1851）六月。邵懿辰《半岩廬遺文》卷末方宗誠跋稱詰問琦善之事有六，言賽尚阿視師之不可有八，數有小差。

咸豐三年（1853），受命視山東河工。次年，以防河無效，降光祿寺署正。

《清史稿》本傳："會粵賊陷江寧，京師震動，乃命視山東河工，未行，復命偕少詹事王履謙巡防河口。咸豐四年，坐無效，鐫職。"

《清史列傳》本傳："咸豐三年二月，命發往東河，交河道總督福濟差委，並諭以到工後隨同福濟巡查黃河口岸。時粵匪由江蘇分竄河南。三月，懿辰偕詹事府少詹事王履謙分駐河干，辦理防務。六月，歸德府失守。諭曰：'邵懿辰係朕特派之員，並傳諭實力嚴防。該員於歸德失陷時，將劉家口船隻收歸北岸，尚未疏防，惟於燒燬船隻後，輒離防守，咎實難辭，着交部議處。'尋降二級調用。"

《位西先生遺稿》卷末孫衣言跋："會朝廷出上相經略廣西，位西決其十不可，語尤駭人，大臣某尤惡之。會河工需人，即以位西名上。位西得東河。位西母老，遂奉以如工所。已而粵賊渡河北犯，遂言位西守不力，鐫二級罷去。位西飄然歸矣。"

《浙江忠義錄》卷七《邵懿辰傳》："歷升刑部員外郎，奉命防河，爲言者所中，降光祿寺署正。"

自是歸家，閉門著述。九年（1859），以在籍辦理團練操防出力，開復原官。

《清史稿》本傳："既罷歸，則大覃思經籍，著《尚書通義》《禮經通論》《孝經通論》，頗采漢學考據家言，而要以大義爲歸。"《浙江忠義錄》卷七《邵懿辰傳》："既回籍，杜門著書，布衣蔬食，泊如也。"

《清史列傳》本傳："九年，以在籍辦理團練操防出力，經巡撫胡興仁保奏，開復原官。"

咸豐十年（1860）二月，太平軍陷杭州，懿辰奉母避走。後以母卒，返杭州。時曾國藩駐師祁門，懿辰於七月詣軍門，縱談兵事，意不合，持論不少屈，國藩尤重之。

《清史稿》本傳："（咸豐）十年，賊陷杭州，以奉母先去獲免。"國家圖書館藏邵懿辰《半巖廬書札・邵懿辰致邵懿礽書札》："上年二月廿七之變，爲杭城數千百年所未有。焚殺之慘，上段尤甚……弟居下城，甫於三月朔，奉老母及眷屬，一半縋城，一半附一破船，由艮山水關而出，至海昌之硤石鎮遁居浹月……閏三月三日，搬回省城。四月中旬，又有大警。老母不眠不食不湯，已全眷搬至紹郡鄉間，乃於五月十五日丑刻一病不起。鄉僻屋小，草草成禮，享年八十有三。"

《浙江忠義錄》卷七《邵懿辰傳》："兩江總督曾國藩與懿辰厚，駐師祁門。時懿辰詣軍門，縱談兵事，意不合，持論不少屈，國藩尤重之。"

《邵位西墓誌銘》："咸豐十年二月，賊入杭州，五日而復。七月，位西訪余祁門軍次，語余以城破時，盡室陷賊中，賊退乃挈家東徙紹興，老母考終，粗得盡禮，欲乞師以援兩浙，遂別去。"按，《邵懿辰致邵懿礽書札》云"八月初，赴祁門一行"，月份小異。

十一年（1861），太平軍再至，懿辰與巡撫王有齡共守杭州。城陷，罵賊不止而遇害。

《清史稿》本傳："母卒，既葬，返杭州。賊再至，則麾妻子出，獨留與巡撫王有齡登陴固守。十一年，城陷，死之。"

《半巖廬遺文》卷首馬新貽《奏爲在籍京員守城殉節臚陳死事情形懇恩敕部議恤摺》：“咸豐十一年九月，粵逆再犯杭城，前刑部員外郎邵懿辰丁憂家居，與撫臣王有齡共籌守禦，事無不舉。乃賊焰益熾，圍城數十重，糧盡援絕。十月下旬，衆知杭城將殆，共勸懿辰乘間外逸。懿辰勃然曰：‘事已至此，而猶冀苟免，讀聖賢書，所學何事？死，分也，亦命也。我籌之熟矣，無多言。’時方著《禮經通論》未成，於是日食半菽，重加編訂。城外炮聲如雷，火光徹天，處之坦然。語其子順年曰：‘古人臨難著書，頗傳於後。今我於危城中，與古人相對，不計生死，後世必有笑我爲書痴者，豈知今日之事潰敗如此，賊踪彌滿，即使逸出，亦無生理。與其求免而辱，何如一死殉城，猶爲心之安乎？’順年知父志不可奪，亦不敢言去。如是者經月，十一月二十八日，城陷。懿辰處分家事，命子順年、順國速奉母出走。順年之母痛哭不忍行，則曰：‘若曹以細弱累我，是真欲死我矣。若曹速行，我將自爲計。’言未已，賊大至。彼此倉皇失散，家人回顧懿辰，已不相見。蓋懿辰固期於必死，而以好言給妻子以必行也。順年等奉母出城，晝伏宵行，航海至滬，又至皖，使人潛往偵伺，卒不獲生死確耗。同治三年（1864），杭城克復。順年馳歸故居，房舍悉成灰燼，訪問親戚，族黨多登鬼錄。有梓人羅占魁者，舊鄰人也，告之曰：‘當日城破後，據城者爲僞王鄧光明，訪知懿辰爲杭州宿望，邏伺拘執，迫令從逆。懿辰仰天大笑曰：“逆賊！我固早辦一死，速殺我，尚何言？”賊猶未肯遽加害，橫施捶楚，環守甚密。懿辰不食兩日。有賊目陳石浦者，復以甘言相誘，懿辰罵愈厲，賊怒甚，遂以巨杵擊碎頭顱，加刃於胸，倍遭慘害。時咸豐十一年十二月初一日，距城陷三日。’順年聞言慟絕，復詢諸同鄉舉人顧成俊之妻沈氏，言亦符合，並稱當時親見懿辰屍橫於路，髮眦上裂，面目如生。越數日，再往，路人咸稱賊已於豐禾巷内掘坎稿埋矣。……

咸豐十年二月，杭城初次被圍時，母猶在堂。懿辰於圍城中側身間道，奉母避居紹興之壽勝埠。迨十一年，母病歿，扶柩歸，即守志家居，立意不復出。每曰：'前此之避，徒以有母在耳。自此，不再求幸免矣。'執意遭時多難，嬰城喋血，竟以身殉，良可痛惜。臣下車之始，訪諸里人，並無異詞。旋據伊子邵順年稟陳顛末，並准兩江督臣曾國藩咨請具奏。前來伏查，該故員邵懿辰學問淵深，志趣卓越。昔在京師，與兩江督臣曾國藩爲道義交。逮曾國藩駐師祁門，故員以故舊見訪，縱談兵事，有意見不合處，持論斷斷，弗爲苟同。其一生學術行誼，曾國藩屢稱之，而臣亦習聞之。今者，欽承恩命，來撫是邦，緬想前型，蒐羅軼事，首廉得該故員死事情狀，真有先儒之範，而兼烈士之風。所惜手纂遺書，多歸灰燼，不克留諸後學，而慷慨就義，大節凜然，自足千古。合無仰懇天恩，敕部將前任刑部員外郎邵懿辰照陣亡例從優議恤，仍從祀杭州本籍昭忠祠，可否並將該故員生平事實宣付國史館立傳，以表宿學。"

按，《清史稿》本傳與馬新貽奏疏所記大體相同，唯其遣散妻兒之時間，前者謂城陷前，後者謂城陷後。

同治三年（1864），杭州克復，其子順年返里奔哭，具詢其父遇難詳情。浙江巡撫馬新貽上疏陳其義舉。朝廷遂照陣亡例從優議恤，賜入昭忠祠，國史館立傳。其子受蔭，子媳以投井殉難而獲旌表。次年，葬於杭州。

《邵位西墓誌銘》："同治三年二月，杭州克復。順年奔哭，周詢，具得三日不食，罵賊遇害狀。實以十一年十二月朔日殉難。於是，始除次執喪，赴告遠近。浙江巡撫上其事。"

《清史稿》本傳："時國藩督師江南，聞而嘆曰：'嗟乎！賢者之處患難，親在，則出避；親歿，則死之：義之至衷者也。'乃迎致其妻子安慶。先是懿辰以協防杭州復原官，死事聞，贈道銜，祀本省昭忠祠。"

《清史列傳》本傳："（馬新貽）疏入，諭曰：'前任刑部員外郎邵懿辰，於杭城失陷時，罵賊被害，實屬慷慨就義，大節凜然，着照陣亡例從優議恤，從祀杭州本籍昭忠祠，其生平事實著宣付國史館立傳，以表宿學而襃忠節。其子媳，邵順年之妻伊氏，投井殉難，孝節兼全，著交部照例旌表。'尋賜恤如例。贈道銜，賞雲騎尉世職，襲次完時，以恩騎尉世襲罔替。"

《浙江忠義錄》卷七《邵懿辰傳》："順年，監生，蔭世襲雲騎尉。順年妻，伊氏舉人樂堯女，城破投井死，有詔旌表。"

《邵位西墓誌銘》："順年歸自杭州，未得父屍，大痛遘疾，同治四年六月十三日歿於金陵。……於是國藩命順國與其婿鄭興儀，具位西衣冠，葬之杭州某鄉某山，以余恭人及順年附。"國家圖書館藏清鈔本《半巖廬遺詩》載梁鼎芬題詩自注："先生衣冠葬西湖二龍山。"

懿辰博通群籍，經術湛深，旁及天文、輿圖、術數之學。其治經，謂漢宋同源，考證、義理不可偏廢。

《浙江忠義錄》卷七《邵懿辰傳》："博通群籍，經術湛深。嘗謂漢、宋諸儒學本同原，不可偏廢。既不得志於時，思以著述傳世。雖車中，恒手卷不釋。旁及天文、輿圖、術數之學，罔不精究。"

《清儒學案小傳》卷二十一："歸後，家居養親，覃思經籍。其言曰：'宋儒幸生漢儒後，得因其已明之訓詁名物以推見聖人之底蘊。若夫漢儒如治璞者，方攻切其外，固未暇睹精光之所在也。使賈、馬、鄭、王生於周、程、張、朱之世，其不相背馳也明矣。'故平生説經，以大義爲主，而亦不廢考證之功。"

姚永樸《舊聞隨筆》卷二："仁和邵位西先生懿辰，嘗言經者天地之心，史者天地間薄籍也，必得木版之精善者而究心焉，外此宋儒言理道之語，亦天地之心所寄。韓、歐以來之述作，乃釋經作史之準的也。其書要不爲多，惟近世掌故經濟之書不能不多備規軸焉。大抵所守至精，而用心不雜，則清虛之地與天地精神相往來，而古人之心亦時來會於吾心，庶幾讀書不至於徒多而無益。……先按察公識先生，因梅伯言郎中先生，嘗非議陽明之學。按察公曰：‘陽明自有是處，我輩不及陽明處多矣，未可議之。’先生曰：‘學者當先辨志。’按察公曰：‘不學陽明，即辨志矣，議論何益於事？’先生深韙其言。按察公嘗謂先生經史之功甚深，志在力行，爲當時學人所罕。”

按，仁和邵氏家祠刻本《半巖廬所著書》收《尚書傳授同異考》《尚書通義》《禮經通論》《孝經李氏注輯附曾子大孝》《四庫全書簡明目錄標注》《半巖廬文集》《半巖廬詩集》《明季國初進士履歷跋後》《半巖廬日記》等書，其《總目》又著錄《孝經通論》《圜天新説》等佚作。

於《書》，著《尚書傳授同異考》，欲折衷古文經真偽之辯；著《尚書通義》，以史法通讀諸篇。

邵懿辰《尚書傳授同異考》卷首胡玉縉序：“此書以伏生今文自有簡策，《大傳》非伏自作，今文《太誓》及百兩篇爲偽，皆墢有根據。以逸十六篇爲劉歆偽造，則本孔疏而小變之。以杜林古文爲非孔壁本，亦足以備一通。二十八篇非一卷所能容，殆猶賈逵集古今文同異、劉陶刪定中文之比，而獨於梅氏所上古文，斷斷焉頌其可信者，或者頗以爲異，不知其具有深意也。先生以爲古文久列於經，非篤信好學研究群經如閻、惠諸儒，不得輕議古文。否則，無忌憚之小人將有偏主今文學而概以他經古文爲偽者，勢不至廢經不止，此先生所大懼也。……先生之維古文，意在兼維群經，蓋即莊氏之志，而又有進焉者也。”

邵懿辰《尚書通義》卷首《尚書大義緣起》：“六經皆以載道，而道寓乎文。不自其文，何由推知其道？顧《易》《春秋》《周官》《儀禮》，皆聖人手作，本末具見，首尾完備，推文而見其義，猶不爲難。惟《詩》《書》則作者非一人。而《書》乃三代史官各紀其時之事與言，削繁存要，皆有義法寓其間，與詩人各自言其意者又有不同。故讀《尚書》而不明乎史法，微論道不可得而識察也，即事與言之真亦必乖歧觸礙而不能以無失焉。……今觀孔、蔡之傳《書》，理非不舉，事與言非不析，而於義蘊之廣狹、年世之離續與夫篇章句字分合詳略之間，皆不克觀其會通，揭其奧秘，而所載之理與事與言亦安在不因而蔽晦？苟一以史氏立言之義推之，則文義煥然，而蘊於其中者轉可紬繹省想而靡窮。此實《書》之本義。"

按，《怵行錄》卷末高均儒跋云："位西所纂著，用力於《尚書》最專且久。其二十七八歲時，著《尚書大意》，稿經幾易，更名《尚書通義》，又再易稿，至五十二歲春始謄清本，夏付手民。"由是，知《尚書通義》初稿作於道光十六、十七年間（1836—1837），而終成於咸豐十一年（1861）。此書今僅存卷六、卷七，起自《召誥》，迄至《呂刑》，凡十六篇。

於《禮》，謂《儀禮》爲完書，本無闕佚，宋儒亦不應黜小戴從祀。

邵懿辰《禮經通論》卷首丁晏序："邵位西先生著《禮經通論》，謂《儀禮》爲完書，聖門所傳本無闕佚。……自謂天牖其衷，啓二千年儒先未發之覆，信不虛也。……《通論》謂《禮運》'射御'爲'射鄉'之誤；禮有五經，爲五倫之典；謂射禮即軍禮，足正崔靈恩'軍禮皆亡'之誤，皆精確不可易。又謂宋儒據《何武傳》，苟繩古人，黜小戴從祀之非，至爲篤論。"

《清儒學案小傳》卷二十一："於《禮》，據《禮運》謂《儀禮》十七篇乃孔子刪定，並無闕佚，其次序當依《大戴》，以冠、昏、喪、祭、射、鄉、朝、聘爲目。《禮運》'御'字乃'鄉'字之誤。"

按,《禮經通論》作於咸豐十一年(1861)。《邵位西墓誌銘》云：
"飢餓圍城之中,猶著《禮經通論》,誦聲鏗然,徹於巷外。亂後僅得
《禮經通論》一卷、文三十餘首,刻之淮安,蓋不能什之一二,餘則散
佚矣。"《忱行錄》卷末高均儒跋亦云："《孝經通論》《禮經通論》皆其
五十二歲所著。"《禮經通論》本有二卷,今僅存卷上。

於《樂》,據《論語》謂聲不可傳,非別有樂經也。

《清儒學案小傳》卷二十一："於《樂》,據《論語》謂聲不可傳,其
原在《詩》,其用在《禮》,非別有樂經也。"

**於版本目録之學多所關注,著《四庫全書簡明目録標注》,就四
庫所收書之存佚優劣增注平議,可爲初學者之進階。**

邵懿辰《四庫全書簡明目録標注》卷首繆荃孫序："是書之命
意,在分別本之存佚與刻之善否。四庫所儲有不應收而收者,有應
收而不收者,有所收之本不及未收之本者,有所收據《大典》而原書
尚有舊刻、舊鈔者,有無宋元舊刻止有明刻爲祖本者,明與本朝先
後幾刻有足有不足有佳與不佳而四庫未收之本後出之書。以類相
從,夾注於後。……蕙西居京師,購書甚富。案頭置《簡明目録》一
部,所見宋元舊刻本、鈔本,手記於各書之下,以備他日校勘之
資。……此書通行後,何啻得千百導師於家塾,而保全舊學,不致
湮没於塵埃,流失於外域。舊學絶續之交,豈非絶大關係之事哉?"

葉名澧《橋西雜記》："邵君蕙西居京師,購書甚富,拳拳於板本
鈔法。……名澧嘗見邵蕙西案頭置《簡明目録》一部,所見宋元舊
刻本、叢書本及單行刻木、鈔木,手記於各書之下,以備他日校勘
之資。"

按,《四庫全書簡明目録標注》今僅存經部。國家圖書館藏稿
本《半岩盧所見書目》,存經部《爾雅》以後之目。經比對,該稿本爲

《四庫全書簡明目録標注》之草稿。

其爲文章，早年重義理而輕文辭。爲官後，乃轉入奥美盤折之風。主宗歸有光、方苞二家。詩非所長，然亦未入俗調。

《邵位西墓誌銘》："位西之學，初以安溪李文貞公、桐城方侍郎爲則，爲文章務先義理，不事縟色繁聲以追時好。厥後，以舉人仕京師，爲内閣中書、刑部員外郎，入直軍機處，與上元梅曾亮伯言、臨桂朱琦伯韓數輩游處，博覽朝章國故，其文益奥美盤折。亦頗采異己之説以自廣，詢訪高才秀士，折節造請，酣恣而不厭，久昵而彌虔。"

《舊聞隨筆》卷二："益陽湯海秋侍御鵬論文章喜高語周秦，於廣座中曲詆司馬子長、韓退之。一日，謂先生曰：'子文筆天出，慎無徇世所謂八家者。'先生徐謝曰：'生平但識歸熙甫、方靈皋，猶病未能，況八家乎！'海秋不覺憮然。"

劉聲木《桐城文學淵源考》卷二："(邵懿辰)文宗方苞，嘗從梅曾亮受古文法，經學淵深。爲文擷經之腴，精於義理，叙事有法，醇古茂實，奥美盤折，步武方苞，卓然成家。詩非其所長，然固非時俗人所能爲。"

《半巖廬遺文》卷首吳棠序："其文浩乎沛然，如百斛泉不擇地涌出，而筆力之峭折、氣息之古茂，又不待言。"丁晏序："其文篤雅清深，多抉時切至之論。"

國家圖書館藏清鈔本邵懿辰《半巖廬詩册》卷末袁昶跋："位西邵丈爲文，始引梅柏峴爲深友，以求惜抱姚公所傳之義法。後乃祖禰於熙甫歸氏、靈皋方氏，紓餘雅馴，造辭不妄。"

參考文獻：

1. 邵懿辰《半巖廬所著書》，民國十一年邵氏家祠刻本。

2. 趙爾巽等《清史稿》卷四百八十《邵懿辰傳》，中華書局 1977 年版。

3. 徐世昌《清儒學案小傳》卷二十一《邵先生懿辰》，周駿富輯《清代傳記叢刊》，臺灣明文書局 1985 年版。

4. 陳繼聰《忠義見聞錄》卷二十四"邵刑部懿辰"條，《清代傳記叢刊》，臺灣明文書局 1985 年版。

5. 浙江采訪忠義局《浙江忠義錄》卷七《邵懿辰傳》，周駿富輯《清代傳記叢刊》，臺灣明文書局 1985 年版。

6. 繆荃孫《續碑傳集》卷五十四《邵位西墓誌銘》，《清代傳記叢刊》，臺灣明文書局 1985 年版。

7. 王鍾翰點校《清史列傳》卷六十五《邵懿辰傳》，中華書局 1987 年版。

（馬昕）

徐鼐傳

徐鼐，字彝舟，號亦才，江蘇六合人。嘉慶十五年（1810）生。

徐世昌《清儒學案小傳》卷二十："徐鼐，字彝舟，號亦才，六合人。"

徐鼐《敝帚齋主人年譜》嘉慶十五年："是歲夏四月初九日壬辰午時，洪太恭人生主人於邑南門外前街之舊宅。"

少從其父受經。道光九年（1829）入邑庠，十五年中舉人。

桂文燦《經學博采録》卷六引徐鼐與桂氏書："弟束髮後從先君子授經，弱冠游庠。"

夏寅官《徐鼐傳》："二十歲入邑庠，中道光乙未舉人。"

《敝帚齋主人年譜》道光九年："是歲，縣試邑侯光地山先生拔主人第四人，主人以不第一人爲恨，出不平語，自是有狂名。府試蘇鰲石先生拔第一，五覆四冠其軍。比入謁，先生曰：'子文筆明亮，不久滯諸生也。'秋，院試學使者爲申鏡汀侍郎，主人入泮，又冠其軍。"道光十五年："是歲春……抑鬱甚。兄吉芝以聞於贈公，贈公促主人歸，不許赴鄉闈，婉求之乃可，中式第三人。主試爲華陽卓海帆閣學、襄陽單地山編修，房師爲侯官林蘇門大令，詩文具刻闈墨中。"

　　道光十六年（1836），赴禮部試不售，乃館江都史致儼司寇家。縱覽史氏藏書，學以大進，始專研經義，以許、鄭爲宗。其間與梅曾亮、温葆琛、陳立之、張曜孫、湯鵬、賴其瑛等人交好。

　　《徐鼒傳》："赴禮部試不售，館江都史致儼司寇家。司寇藏書甚富，書篋高與屋齊，先生縱覽坐讀之，學以大進。交上元梅伯言、温明叔，句容陳卓人，陽湖張仲遠，益陽湯海秋，永春賴子瑩。初，先生喜爲唐四傑駢體文，至是專研經義，以許、鄭爲宗。與人書云：'讀近儒説經書，雖與宋儒多所牴牾，而其思盧精專，堅守師法，實足以昌明周孔之傳，而補心性諸儒所不及。懼其久而散佚，擬效賈、孔之例，與同志數人集《皇清經解》諸儒經説，並藏本未刻行者，成《十三經後疏》。就中惟《易》《論語》稍有端緒云。'"

　　十八年（1838）南歸，游揚州，仍館史氏家。其間與劉文淇、劉寶楠、羅士琳、梅植之、薛壽等人訂交。是年，有《讀書雜釋》《戴記吕覽蔡氏月令異同疏解》之作。次年，又輯《周易舊注》。

　　《敝帚齋主人年譜》道光十八年："是歲春會試。薦卷爲固始祝衡畦大鴻臚，總裁以額滿置之。乃南歸，念父母春秋高，不欲遠游，而贈公以主人家食爲憂，會問山司寇卒於京師，遺言謂延師教讀非徐彝舟不可，公子穎生丙榮扶柩歸揚州，主人感司寇國士之知，乃游揚州。與劉孟瞻文淇、念樓寶楠、羅銘香士琳、陳卓人立、梅蘊生植之、薛介伯壽訂交。問難既多，劄記日富，有《讀書雜釋》之作，成《戴記吕覽蔡氏月令異同疏解》四卷。著《説文引經考》未成，丹徒柳賓叔榮宗以所著書見示，主人嘆其精核，乃毁己稿。"

　　徐鼒《讀書雜釋》卷首自序："戊子（戌）、己亥，館揚州史氏。治《月令》，見高、蔡之義間優於康成，作《月令舊解異同》。讀洪興祖《楚詞補注》，作《楚詞校勘記》。未卒業，而聞先大人疾革，匆匆捲篋歸,柢稿散失過半。癸丑四月,粵匪犯六合之南關,藏書毀焉。就行篋所遺留者,録酈説而覆勘之,不復覺爲雷同、瑣屑。"李慈銘《越縵堂讀書記·未灰齋文集》:"《讀書雜釋》自十三經以次,間及子史,多主《説文》及近儒惠、段、王、阮之説,本原詁訓,雖未見精深,而參證折衷,實事求是,無鑿空逞臆之談。"

徐鼒《周易舊注》卷首徐承祖序:"右《周易舊注》十二卷,先大夫纂輯未成之書也。先大夫於道光己亥館揚州史氏,治《周易》,謂韓、王、程、朱之説雖純駁不一,而外象數以言性命,終非聖人作《易》之旨,取明何氏楷,國朝惠氏棟、張氏惠言、姚氏仲虞之書參考之,將爲《周易舊注疏證》,乃詳稽孟、京以下諸儒,訖於干寶,輯舊注若干卷。未幾,聞先大父病革,遂匆匆卷篋歸。迨入直史館,又有《小腆紀年》之作。是稿僅付鈔胥,録成帙,而未暇爲疏證也。"柯劭忞《續修四庫全書總目提要·〈周易舊注〉提要》:"按鼒所綴述,不能出孫星衍集解之外,惟據石經及日本山井鼎所引之足利本,增文字異同數事。其泰初九以其彙徵吉下,辯《漢書·劉向傳》注引鄭氏,謂《漢書注》別有鄭氏,非鄭康成,則丁杰輯鄭氏《易》已言之,不自鼒始矣。"

道光二十五年(1845),中進士,改庶吉士,散館授檢討。

《徐鼒傳》:"中道光乙巳進士,殿試三甲,朝考二等第一,改庶吉士,散館授檢討,充實録館協修。"

《敝帚齋主人年譜》道光二十五年:"竟閣筆榜發,主人中式三十名。座師爲長白鶴舫相國,錢塘許滇生、黃縣賈筠堂兩尚書,商城周芝臺侍郎,房師爲漢軍楊簡侯宮贊,撥房師爲豐城徐稼生編修。初,簡侯先生以主人卷薦滇生、芝臺,兩先生擊節賞,謂二三場沉博絶麗,可第一。會有以二場多《説文》古字慮磨勘被議者,鶴舫相國顧謂羅椒生學士曰:'君好古,屬君校勘之,有訛舛,則君執

其咎耳。'策中問'古文《尚書》別自有二',主人據《隋書·經籍志》
'衛宏桼簡古文尚書'以對;問'《古詩十九首》孰爲蔡邕作,孰爲傅
毅作'云云,主人據徐陵《玉臺新咏》對。學士校至此,起對曰:'匪
特經義原本漢學,取才《騷》《選》,即此二條通場無條舉者,足壓卷
矣。'相國曰:'元魁無庸議,予以進士可耳。'是科江蘇中式十六人,
主人拙於書,殿試三甲六十六名,引見班次在十五,無館選望。朝
考之前一夕,主人飲葉棣如閣學所,笑問,曰:'論疏款式未習耳。'
閣學亦笑曰:'如君書法,閱卷官恐未肯閱論疏,作妥帖八韻得知縣
足矣。'比入試保和殿,命題爲'君子周而不比,諭恐懼修省以迓和
甘'疏,主人固不習制科論疏,且無得失心,論中據左氏'忠信爲
周',《周天圖説》'始終爲周',義謂朱注,普遍義未備,據《周易·比
卦》《説文》,人與人相反爲比,説偏黨義,疏中引用《洪範五行傳》
《春秋繁露》,振筆疾書,日午投卷出。閱卷大臣元修侍郎福濟簽其
卷面曰:'擬三等上。'芝臺先生見之,笑曰:'此君波磔,恐仍三等下
耳。'侍郎:'誠然,第徵引博贍。'先生取閱之曰:'此卷恐是湖南
魏源。盍質之祁春圃乎?'蓋壽陽相國時以户部尚書入直,與鶴舫、
海帆兩相國同有總理權,且好樸學,故欲以棄取決之也。比壽陽見
之,則大喜,謂非讀墨卷,人當第一,海帆相國曰:'鄉會試糊名易
書,字畫工拙所勿論,殿廷試卷呈御覽,字畫不楷可乎?'鶴舫相國
曰:'春圃謂翰林須讀書人,良是,恐奉上斥駁耳,若改二等第一,則
有詞以對矣。'議乃定,折彌封,見主人名,海帆相國笑曰:'此僕乙
未江南第三人,第不能書,他皆翰林才也。'壽陽亦笑曰:'然則寓藻
固不識其人,非有私矣。'出,謂其鄉人張穆曰:'子識有徐鼒乎?'穆
固狂士,遽答曰:'天下有幾讀書人,焉有不識也。'壽陽因告以閱卷
事,且曰:'君告之不論授何官,是我門生無疑也。'翼日引見,改庶
吉士。方排班時,有三品官問:'孰爲徐公?'主人答曰:'某是也。'

其人指語衆曰：‘此通人，貌亦不俗。’主人方匆遽不暇問姓名，事後每向人言之，以聲聞過情爲恥也。”道光二十七年：“四月，散館。命題‘擬楊子雲長楊賦’。閱卷大臣孫符卿尚書瑞珍見卷中有蠻蠻字，笑謂張筱浦侍郎芾曰：‘此君不能書，而寫難字可怪也。’侍郎曰：‘此必江蘇徐棳筆公也，文古而字劣，曩卓、祁兩君所以争也。’尚書因置二等引見，授檢討。蓋葉棣如閣學嘗戲主人曰：‘他人以紫毫書卷子，乃用棳筆乎？’因呼爲‘棳筆公’。”

時各府嘗具疏請禁開礦助餉，徐鼒極言國本在於農桑而非礦銀，又著《務本論》二卷以闡發之。

《清史列傳》卷七十三《徐鼒傳》：“各府嘗具疏請禁開礦助餉，極言足國之要，在重農桑、貴穀帛、禁淫侈，娓娓數千言。又爲《務本論》二卷，多廣前人所未備。”

《敝帚齋主人年譜》道光二十九年：“時連歲饑饉，度支告匱。廷臣有開礦、折漕、捐輸之議。主人謂：‘銀非耕織所出，求之末而忘其本，非計也。’著《務本論》二卷。”

徐鼒《未灰齋文集》卷一《擬上開礦封事》：“我國家疆域遠過漢唐，列聖恭儉相承，前代奢靡之事一切罷斥，而國用常患不足者，毋亦於本計有未講乎？而議者以爲，經費之不足由於銀少，請開礦銀助餉。臣竊惑之，蓋自古國家未有恃銀以爲用而國不貧者。……何也？銀者，非耕之能生，織之能成者也。……蓋其勢之不可行者有六，請竭其愚，惟皇上察焉。一曰濟軍務而轉妨軍務也。……二曰裕國帑而實耗國帑也。……三曰廣盜賊之藪也。……四曰擾閭閻之業也。……五曰肥貪猾之橐也。……六曰泄山川之靈也……”

《未灰齋文集》卷三《務本論自叙》：“辛丑之夏，英夷犯廣州，御史某請開礦助餉，議者或惜其説之不行。鼒以爲國用之不足，非銀少也，恃銀以爲用之弊也。擬上諫開礦封事，其略曰：'今之籌國用者，在於重農桑而已矣。重農桑必先貴粟帛，貴粟帛必先禁淫侈，淫侈禁而後商賈之利微，商賈之利微而後耕織之人衆，耕織之人衆而後粟帛之所出多，粟帛之所出多而後銀價賤，銀價賤而後泉貨之源通。'議者迂之。……顧以人之不信吾説，而吾遂無以自信，則是曖姝濡需之學，重以突梯挈榼之情。《易傳》曰：'中心疑者，其辭枝；失其守者，其辭屈。'鼒竊恧焉，因就前説，罄其辨，條其法，爲《務本論》上下篇。蓋以守弈者舉棋之戒，且以備遒人木鐸之徇焉。"

按，《清史列傳》及《敝帚齋主人年譜》均言《務本論》有二卷，《務本論自叙》亦稱爲"上下篇"。然《經學博采録》卷六引徐鼒與桂氏書云："爲《務本論》三篇，本欲呈之當事者，故有謄寫本。其第三篇爲友人取去，先將第一、第二篇呈政。"可知本有三篇，呈送者僅前兩篇耳。

又遵乾隆帝諭旨，謂史臣不當斥明福、唐、桂三藩爲僞國，遂著《小腆紀年》二十卷，以記南明史事。

《徐鼒傳》："先生志在經世，盡讀中秘書，恭譯純皇帝諭旨。謂史臣不當斥明福、唐、桂三藩爲僞國，惜當日史臣不能仰體宸衷，發揚大旨，因仰遵純廟'分注福王年號，撮序唐、桂二王本末'之諭，爲《小腆紀年》二十卷。"

《敝帚齋主人年譜》道光三十年："是歲正月十四日，宣宗成皇帝升遐。館臣以將有實録館之命，發列聖實録聖訓讀之。主人讀純皇帝諭，謂史臣不當斥明福、唐、桂三藩爲僞國，初王師迅埽，不得不行抗命之誅，事後追思，諸臣瑣尾間關，有死無二，在人臣忠於所事之義，實爲無愧。又讀仁皇帝諭，謂朱成功乃明室遺臣，非朕之亂臣賦子。因檢《欽定勝朝諸臣殉節録》諸書，告子弟曰：'大哉，

王言至公，無我之學也。當日史臣不能仰體宸衷，發揚大旨，可謂
曠職。’因仰遵純廟，分注福王年號，撮敘唐、桂二王本末之論，爲
《小腆紀年》。”

　　徐鼒《小腆紀年》自序：“臣鼒恭讀《純廟實錄》及《御製勝朝殉
節諸臣錄序》，謂：‘史可法、劉宗周、黃道周爲一代完人。其他死守
城池，身隕行陣，瑣尾間關，有死無二，在人臣忠於所事之義，實爲
無愧。朕深爲嘉予，不欲令其湮没無傳。下及諸生韋布、山樵市隱
之流，慷慨輕生者，亦當令俎豆其鄉，以昭軫慰。’凡賜謚者千六百
餘人，入祀忠義祠者又二千餘人。命儒臣於《通鑑輯覽》之末，附紀
福王年號，撮敘唐、桂二王本末，銓次死事諸臣。又命史館編明降
臣劉良臣等百二十餘人爲《貳臣傳》，吳三桂等二十餘人爲《逆臣
傳》。煌煌聖諭，至再至三，蓋以前聖人公天下之心，行後聖人正人
心之教，大中至正，超越千古。而史臣惑忌諱之私，稗史習傳聞之
謬，漏略舛錯，不可究詰。臣鼒仰遵純廟附書之論，竊取《春秋》《綱
目》之義，原本正史，博采舊聞，爲《小腆紀年附考》一書。考而知其
梗概者，則王鴻緒《明史稿》、溫睿臨《南疆繹史》、李瑤《繹史摭遺》、
黃宗羲《行朝錄》、谷應泰《明史紀事本末》、楊陸榮《三藩紀事本末》
也。參考而訂其謬誤者，甲申三月以前，則吳偉業《綏寇紀略》、鄒
漪《明季遺聞》、李遜之《三朝野紀》、文秉《烈皇小識》、錢默《甲申傳
信錄》、陳濟之《再生紀》、某氏《國變難臣鈔》、戴田有《桐城子遺錄》
《保定榆林城守紀略》暨《國子監進士題名碑》《貢舉考》也。福王南
渡事，則顧炎武《聖安本紀》、黃宗羲《弘光實錄》、李清《南渡錄》《三
垣筆紀》、夏允彝《幸存錄》、文秉《甲乙紀》、許重熙《甲乙匯略》、應
廷吉《青磷屑》、戴田有《僞東宮僞後事略》、某氏《弘光大事紀》《金
陵剩事》《揚州殉難舠》《福人錄》暨各省郡縣志、諸家詩文集也。
唐、桂二王事，則錢秉鐙《所知錄》、瞿昌文《天南逸史》、閩人《思文

大紀》、劉湘客《行在陽秋》、沈氏《存信編》、魯可藻《嶺表紀年》、馮
蘇《劫灰録》、某氏《南粤新書》《粤游見聞》《東明聞見録》、范康生
《仿指南録》、何印甫《風倒梧桐紀》、楊在《紀事始末》、鄧凱《滇緬紀
聞》《遺忠録》《求野録》《也是録》、黃晞《江陰城守紀》、某氏《贛州乙
丙紀略》、徐世溥《江變紀》、沈荀蔚《蜀難叙》、鄭元慶《湖録》暨閩、
廣各志書也。魯監國及賜姓成功事，則馮京第《浮海紀》、鮑澤《甲
子紀略》、陳睿思《閩海見聞》、汪光復《航海遺聞》、某氏《江東事案》
《江南義師始末》《魯乘》《舟山忠節表》《江上孤忠録》、黃宗羲《朱成
功始末》、江東旭《臺灣外紀》，暨臺灣、廈門志，海外諸遺老詩文集
也。臣鼒入史館後，始創是書。壬子冬，乞假歸覲，奉命辦理團練。
扞撥之暇，發家藏稗史，參互推勘，五歷寒暑。每月夜登陴，與諸同
事相勞苦，輒舉書中忠義事，口講手畫，環而聽者咸感喟不能自已。
戊午春，揚州官軍移營浦口，士民額手相慶。臣鼒亦解團練事，需
次入都，屬門下士汪達利繕寫成帙。方冀故鄉友朋參訂訛闕，乃五
載金湯，一朝瓦碎。向時家藏之書毀焉，無復存矣。登陴聽講之
人，較書中死事之人，爲更慘矣。獨臣鼒以孑然之身，遠宦數千里
外。烽煙未息，羽檄交馳。脱並是書灰燼焉，則臣鼒所以仰遵純廟
聖諭、竊取《春秋》《綱目》之義，汲汲以正人心、維世運之愚衷，與不
才之軀同忽焉没矣。是則梓而存之之意也夫。"

李慈銘《越縵堂讀書記·小腆紀年》："詳贍簡質，有條不紊，足
稱佳史。"梁啓超《中國近三百年學術史》："嘉道以降，文網漸寬，此
類著述本可自由，然時代既隔，資料之搜集審查皆不易，惟徐亦才
鼒之《小腆紀年》《小腆紀傳》最稱簡潔。"

**道光三十年（1850），充實録館協修官。咸豐元年（1851），充實
録館纂修官，兼國史館協修官。**

參見《敝帚齋主人年譜》道光三十年及咸豐元年。

咸豐三年(1853),太平軍犯江寧,徐鼐與六合令溫紹原募壯士數千人爲團練,守六合五年,有"紙糊揚州,鐵鑄六合"之譽。

《清史列傳》本傳:"鼐負經濟才。咸豐三年,粵匪犯江寧,鼐在籍,與六合令溫紹原募壯士數千人爲團練。賊三犯東溝,輒敗之。奉命留辦團防,守六合五年,賊不得逞,時稱'紙糊揚州,鐵鑄六合',六合團練之名聞天下。鼐以常勝之衆易於驕,驟積之財易於匱,撤勇則可虞,養勇則多費,乃創《保衛章程》。"

《未灰齋文集》卷七《〈六合保衛團練章程〉叙》:"壬子冬,鼐歸自京師,先生(溫紹原)謀諸鼐,募四方壯士數千,捐資製器械旗幟,分隊伍,設團練保衛局,親歷四鄉百二十餘保鋪,教以樹旗鳴鑼起伏救應之法,賊三犯東溝,團勇三敗之,賊既陷金陵,復陷鎮江、揚州,乃渡江分兩路北犯,破浦口官兵,陷滁州,分其衆間道奄至邑之南關外,我軍荷神庥以火攻破之,賊駭奔南鄉,兵勇團練尾而殲之,時癸丑四月壬午日也。是時賊之由滁州而上者,連陷鳳陽、潁、亳、歸德,逼開封,攻懷慶,破臨洛關,掠直隸界,京都大震。獨其殲於六合者數千人,焦頭爛額,折骨絕筋,無一獲全,拋棄銅炮火槍刀矛無算,賊中爲之語曰'紙糊揚州,鐵鑄六合',由是吾邑團練之名聞天下,天子詔書褒美,而四方聞風而起者,往往聚鄉兵以殺賊焉。"

《未灰齋文集》卷一《請救兵疏》:"竊臣因迎養母親,於去年九月告假南還,在途患病,於十一月抵里。適聞岳州、漢陽相繼失守,江南民風脆弱,又連年水災,蓋藏鮮少,客商凋敝,一聞此警,人無固心。臣思東南全局,上游莫重於武昌,下游莫重於金陵。楚撫常大淳輕躁暗弱,料難抗此巨寇,必須江督陸建瀛身率重兵,會合安撫蔣文慶、贛撫張芾兩省兵勇扼九江,進占道士洑諸隘,爲犄角之勢,上爲武昌聲援,下爲金陵屏蔽。六合距省七十里,連夜赴省面陳機宜,值陸建瀛駐辦河工未歸,投謁藩司祁宿藻。又以藩司患病,遲之五日始克會面。時漢口避賊之人紛紛東下,人心愈駭,藩司以未見督臣,無從號令。臣見此策不行,因思浦口、六合爲金陵右臂,可以連鳳、泗之援兵,通淮、揚之旱路,鹽梟出沒,土匪繁滋,關係最爲緊要。連夜折回本縣,與縣令溫紹原募捐口糧,集義勇千三百人,嚴隊伍,分旗幟,添造火器、軍械,又令各坊户造竹槍、燈旗爲救應之計。既而武昌失陷,聖諭三路會剿,命陸建瀛駐九江,軍民喜躍,方期克日成功。孰料建瀛畏葸無能,聞命二十日之後,始出省城,正月上旬始抵上游,將士未輯輕犯賊鋒,一聞鼓聲,解甲潰散,建瀛若能急於此時收合餘燼,退駐小孤山,猶可保守安慶,即不然,亦當扼荻港、蕪湖、牛渚、采石、東西梁山之險,爲保護金陵之計。乃建瀛盡棄沿江險要,於十九日單舸奔回金陵,次日又私送家眷出城,由水路赴松江,以致闔城鼎沸,軍民逃散。迫於輿論,帶兵數百,駐扎東梁山,賊船甫至,又棄東梁山奔回省城。二十九日,賊兵踵至,焚燬城外居民房屋,火光兩日夜不減,炮聲聞百里。賊又設浮橋數座,攻打省城。隔江浦口向設防兵,都司富勒渾泰先一日逃避,賊兵上岸,焚殺甚慘。臣與縣令溫紹原激勵義兵,動帑給餉,捕斬搶掠土匪,分別杖斃數十人。賴溫紹原坦白爲懷,與臣同心戮力,保守城池,勉支旦夕,然螳螂何足當車,丸泥何足塞險,敢竭其愚爲皇上陳之。"按,文集篇題下注云"癸丑正月入奏"。

咸豐八年(1858),外國軍艦擅闖長江,官軍畏葸不前,不敢進擊。徐鼐時在都中,上《請定戰守疏》,力倡破敵以振國威,然爲大吏所阻。

《木灰齋文集》卷 《請定戰守疏》:"金人之犯汴京也,種師道曰:'敵人不知兵,豈有孤軍入人國而能善其歸者乎?此如猛虎入於阱中,當以計取之。請罷和議,而深溝固壘以待之,請扼其歸路,殲諸河上。'宋君臣不之聽,卒亡汴京。今夷人衆不過數千,船不過數十，鹹水不能飲，煤米無所資，狃於船堅炮利，深入沮洳之地，擱淺陷淤而不思退計，正猛虎入阱，以計取之之時矣。一大創之，則彼知中國之不可輕侮，束手聽約，不敢復來。若但朝遣一使，暮許一約，使彼離間我人心，扼據我大郡，句誘我奸民，要求之約踵事而增，窟穴之謀逾時益固。微論震驚宮闕，害不忍言，即和議成，而全船出洋，彼知吾之弱不能振，勢將敗盟再來，皇上將何以應之也？……我中國之軍民不啻千萬人，彼則數船之衆耳，以十撲一，蔑不勝，以百撲一，亦蔑不勝，我衆而彼寡矣。我因糧於本境，彼則船中之食，日少一日，我飽而彼飢矣。我有百勝而彼有百敗，何憚而不自强哉？至於夷氛逼近，內外憂疑，宸居宜入禁城，以慰臣民忠愛之心，此坐不垂堂之戒也。巡防團防王大臣宜責任一二人以專責成，毋多派以相牽掣，此四刃不斷、八刃不入之義也。前史之言曰：‘可戰而後可守，可守而後可和。’陛下誠思宋徽欽之何以失，明景泰之何以得，當必有投袂而起者矣。”

《敝帚齋主人年譜》咸豐八年：“三月望，至都。四月，夷船駛入楊邨，官軍奉議款密旨，莫敢進擊，廷臣爭者數十人，王侍郎茂蔭、殷學士兆鏞、尹御史耕雲言尤痛切，而樞臣扼之，卒不用。主人擬《請定戰守疏》稿，初下走謁商城尚書，求入奏閣，人以已就寢辭，乃廢然歸寓。”

同年，授福建福寧府知府。振興文教，修葺近聖書院，購儲經史書籍；又仿六合團練之法，募水勇以禦海盜。同治元年（1862），卒於任上。

《清史列傳》本傳：“既出守福寧，日以振興文教爲事，葺近聖書院，購儲經史。郡東南濱海，盜艘出沒，亟募水勇嚴斥堠，一以六合團練法行之，擒巨盜李水等六十二人，置於法，屢蹙賊於浙東，克復台州、處州。”“同治元年卒於官。”

《敝帚齋主人年譜》咸豐九年（1859）："書院舊無藏書，自辛亥後科第久輟，舉業日靡，每科試，學使者蹙額攢眉，無可取錄。主人念諸生中頗有苦心力學之人，而終年不窺十三經、廿四史，是以學無根柢，乃捐俸購《十三經注疏》《史記》《兩漢書》《三國志》《南北史》《新五代史》暨《皇清經解》、《昭明文選》、類書數十種，儲近聖書院，交監院官與山長司其事，爲立管書規條六則、讀書門徑七則、課書功候八則。福寧書院之有藏書，自是始也。"按，徐鼒《未灰文外集》收《福安書院諭》一文。

《敝帚齋主人年譜》咸豐十年（1860）："福寧東南濱海，故多盜。師船久敝，盜艘出沒於東冲、三沙之間，吏莫敢捕。主人創團練法，令沿海各村編户口，出壯丁，築望樓，修炮臺之圮者，捐廉倡修戰艦，募廣艇三、勇船四，與舟師協緝，先後捕獲積年巨盜，李水綽號同安鰍等六十二人置於法，盜始斂迹。"

徐鼒在閩期間，作《小腆紀傳》，臨終時囑其子承禮續成之。

《徐鼒傳》："疾革時，檢《小腆紀傳》稿，總爲一大篋，屬其子承禮曰：'吾非談、彪，不敢望汝等爲遷、固也。雖然，小子勉之！'承禮因就遺稿，彙輯爲六十五卷。蓋《紀年》以年經，《紀傳》以人緯。承禮仰繼先志，不懈益虔，復延大興傅以禮、仁和魏錫曾同事校讎，付刊以行。"

徐鼒《小腆紀傳》卷末徐承禮跋："右《小腆紀傳》六十五卷，先大夫晚年未成之書，今謹編目鈔定者也。先大夫以道光庚戌充實錄館纂修官，恭讀列聖實錄，遵純廟'分注明福王年號，撮叙唐、桂二工本末'之諭，爲《小腆紀年》二十卷。更采舊聞，著爲是書。彼以年經，此以人緯。縱經橫緯，職志左、班。東南寇盜初捍桑梓，迨守福寧，登陣盡瘁。疾彌留，命兩兄暨承禮曰：'余半生精力，盡此二書。而《紀年》刊成，方識訛舛；《紀傳》草創，什一舊得稗乘，遭亂散亡。某人某事，雖復省憶，時地貫秩，無徵不信。今天不假年，齎志黃壤，吾非談、彪，庸遂責若輩以遷、固邪？然小子識之矣。'承禮泣承遺命，念茲事體大，逡巡有年。大興傅君以禮，故熟於明季掌故者，昔讀《紀年》，知有《紀傳》，介仁和魏君錫曾，來索副本。承禮以原鈔有標目，無卷次，又字句失讎，間有訛奪，迺盡發手稿清本，與魏君參互校勘，而時咨疑義於傅君，不揣僭妄，釐次如右。募書人繕爲定本，閱兩載，始竟事。其中義類悉依舊稿而少加變通。舊立《微者》《戮辱》二傳，篇目寥寥，難以分帙，則附於《義師》《貳臣》。如大臣陳士奇等、武臣邱磊等、土司楊之明等、宦官龐天壽等、奸臣劉孔昭等、貳臣方國安等、逆臣劉澤清等，原稿僅存其目，間取《紀年》中事實賅備者，聯綴爲傳，注'補'字以別之。或始末不完，雖見他書，未敢屬引，則注'傳闕'二字，從其慎也。又清本史可法、高宏圖、姜曰廣、徐石麒、高倬、顧錫疇、邱祖德各傳，謹載本朝賜諡，他皆闕如。今遵《欽定勝朝諸臣殉節錄》，次第增補，俾體例歸畫一也。夫有明南渡後紀事之書，不下三百餘種，類皆分輯見聞，偏舉時地，惟溫氏睿臨《南疆逸史》、李氏瑤《繹史》勘本《摭遺》，綜括三藩，較爲完備。顧溫書粗具體裁，病於太簡；李書紀次無法，詳略失中，論者謂先公之作，會萃群編，訂訛求是，簡而該，詳而有體，非夫溫、李同年可語。然承禮追維治命，欿若不足，又披傅氏藏書遺聞軼事，頗尋端緒。蓋臣誼士，盛著風烈，若復甄綜散亡，仿裴松之注《三國志》例，補紀傳所未及，別爲志、表，無闕史裁，則於當日事勢，了若觀火。先人未竟之志，庶少慰也。"

徐鼒專精樸學，詩學最淺，然時人亦稱譽其詩雖吳梅村、黃仲則不能過之。文則多酬應之作，然論説諸篇頗多名議。

徐鼒《未灰齋詩鈔》卷首自序："僕所學以詩爲最淺，亂後存稿亦以詩爲最少。一行作吏，筆墨俞疏，檢拙著付梓人，不欲留詩。

福州林香溪致書謂：'君詩佳者，雖梅邨、仲則不能過之，請留之以雪言樸學者不能詩之恥。'因檢存稿錄示門人李孟丞，屬其校對訛誤，他日留覆醬瓿也。"

李慈銘《越縵堂讀書記・未灰齋文集》："文則散儷皆非當家，且多酬應之作。然其論說諸篇頗多名議。"

參考文獻：

1. 徐鼒著、劉榮喜校注《未灰齋詩文集》，巴蜀書社 2009 年版。

2. 徐鼒《敝帚齋主人年譜》，《北京圖書館藏珍本年譜叢刊》，北京圖書館出版社 1999 年版。

3. 王鍾翰點校《清史列傳》卷七十三《徐鼒傳》，周駿富輯《清代傳記叢刊》，臺灣明文書局 1985 年版。

4. 閔爾昌《碑傳集補》卷二十四《徐鼒傳》，周駿富輯《清代傳記叢刊》，臺灣明文書局 1985 年版。

5. 桂文燦著、王曉驪、柳向春整理《經學博采錄》，華東師範大學出版社 2010 年版。

（馬昕）

貝青喬傳

貝青喬，字子木，號木居士，蘇州吳縣人。嘉慶十五年（1810）生。

《吳中貝氏族譜》（貝青喬著，馬衛中、陳國安點校《貝青喬集（外一種）》附錄，上海古籍出版社 2013 年版）卷二：“青喬，廷熙長子，字勝之，號無咎。”“嘉慶十年正月初七日未時生。”

曹允源、李根源修纂《（民國）吳縣志》卷六十六下：“貝青喬字子木。”

王韜《瀛壖雜志》卷四：“吳縣貝青喬，字子木。”

按，貝青喬《咄咄吟》署名“木居士”。

國子監典籍銜監生。

《吳中貝氏族譜》：“青喬，吳庠生，國子監典籍，議叙同知。”

《（民國）吳縣志》卷六十九上：“貝青喬，國子監典籍銜監生。”

熟諳武備，不以文人自域。

葉廷琯《感逝集》附識：“子木抱經濟才，熟諳武備諸事。詩文特其餘技，顧英思偉論，時見於篇章，蓋其蘊蓄者宏大，不肯以文人自域。”

道光二十一年（1841），入揚威將軍奕經幕，抗擊寧波英軍。目睹軍中之怪事，作《咄咄吟》二卷。

李銘皖、譚均培修，馮桂芬纂《（同治）蘇州府志》卷八十四《貝青喬傳》："壯年嘗佐揚威奕將軍戎幕，不避艱險，冀有所樹立，既而無成功。"

　　按，奕經爲宗室，揚威將軍。英軍既攻陷定海、鎮海及寧波府，清廷乃派奕經前往收復失地。《清史稿》卷三百七十三《奕經傳》記録此次戰事始末："浙事日亟，巡撫劉韻珂促援，遲不至，遂相惡。久駐江蘇，以供應之累，官吏亦厭之，餉需文報皆延擱不時應。十二月，始抵杭州。前泗州知州張應雲獻策規復寧波，奕經、文蔚皆然之，遂令總理前敵營務。應雲以重貲購寧波府吏陸心蘭爲内應，日報機密多虛誑。奕經禱於西湖關廟，占得'虎頭'之兆，乃議於二十二年正月寅日寅時進兵，屢遣諜，爲敵所獲，漏師期。初，英兵踞府城僅二三百人，艦泊定海。至是，濮鼎查率十九艘兵二千散泊江岸，早爲之備矣。奕經由紹興進曹娥江，而慈谿敵兵退。應雲請急進，遂駐慈谿東關，文蔚分屯長溪嶺，令提督段永福、余步雲等趨寧波，游擊劉天保趨鎮海，副將朱貴駐大寶山，而應雲率所募義勇駐駱駝橋，爲諸軍策應，約於正月晦數路並舉。而敵已勾結應雲部勇，勢且生變，不及待期，先二日輕軍分襲，不携槍炮。永福等入寧波南門，中地雷，天保甫及鎮海城下，爲敵炮擊退，皆大敗。越日，應雲所具火攻船爲敵所焚，軍中自驚，奔大寶山。朱貴收集潰兵圖進攻，敵兵已至，力戰竟日，殺傷相當，無援，貴死之。文蔚聞敗亦退，軍資器械棄失殆盡，奕經留軍紹興，回駐杭州，自請嚴議，詔原之。英艦乘勝由海窺錢塘江，以尖山海口淺阻，尋退去。鄭鼎臣者，殉難總兵國鴻子，曾從父軍。奕經予二十四萬金，令募水勇規復定海，聞寧鎮之敗，逡巡海上。奕經督之嚴，乃報三月三日敗敵於定海十六門洋面，毀船數十，殲斃數百。劉韻珂以爲欺罔，奕經遣侍衛容照等出洋查勘，得焚燬船木及壞械回報，乃疏聞，賜奕經雙眼花翎，鼎臣亦被獎。時寧波英兵忽退，留艦招寶山海口，改犯乍浦，陷之。奕經不能赴援，而以收復寧波奏，詔斥不先事預防，革職留任。既而英兵犯江南，陷鎮江，逼江寧，命奕經赴援，尋命駐王江涇防禦。奕經自寧波慈谿之敗，軍心渙散，不能復用，益爲劉韻珂所揶揄，議守議撫，一不使聞。及和議成，撤師，詔布奕經等勞師糜餉、誤國殃民罪狀，逮京論大辟，圈禁逾年。"

貝青喬《半行庵詩存稿》卷二《將從軍之甬東紀別》其一："竪儒不自量，投身入虎隊。戎服夜歸家，里老共驚怪。"其四："晨興上堂上，長跪別阿父。阿父顧而喜，雙眉色軒舉。爲兒治戎裝，檢視到干櫓。回頭別阿母，阿母泪如雨。執裾哽不言，示意欲相阻。阿父促兒走，謂兒計非左。區區愁戰死，死綏亦得所。生爲蟻虱臣，義當瀝肝腑。授兒劍一握，入穴刺蛟虎。莫辜大帥恩，臨陣或不武。行矣早凱旋，飲至吾望汝。"

從軍後，作《咄咄吟》，自序云："道光二十一年十月二十日，揚威將軍奕經奉旨進剿寧波英夷，道出吾蘇，駐節滄浪亭行館。僕投效軍門，蒙收隸麾下，隨至浙中。始命入寧波城，偵探夷情，繼命監造火器，尋又帶領鄉勇，派赴前敵，終命幫辦文案，入核銷局，查造兵勇糧餉清冊。被逮後，又命列叙軍務始末，繕具親供，備刑部入奏，故於內外機密，十能言其七八。""軍旅之中，聽睹所及，有足長膽識者，暇輒紀以詩，積久得若干首，加以小注，略述原委，分爲二卷，題曰《咄咄吟》，言怪事也。"王韜《瀛壖雜志》卷四："具載當時軍中利病，識者以爲不愧少陵詩史。"

按，《半行庵詩存稿》卷二《吳山寫望》《過餘姚縣》《入寧波城》《逾雁門嶺》《駱駝橋紀事》等詩，皆實録此戰之詩。至於《軍中雜誄詩》專爲此戰戰死者所作，沉痛慷慨，振蕩人心。

奕經敗，青喬從戎理想破滅，作詩抒憤。

《半行庵詩存稿》卷二《自編軍中紀事詩爲〈咄咄吟〉，朋舊多題贈之作，賦此爲答》其一："蒿目陳陶多少恨？翻教詩史浪傳名。"其四："底用名山貯石函，籌邊策備此中參。倘教詩獄烏臺起，臣軾何妨竄海南。"此類作品集中尚多。

按，葉廷琯《題貝子木〈咄咄吟〉》其一："慷慨從軍樂，悲歌行路難。"其二："英才誤庸帥，敗績見完人。"其四："帳中方坐嘯，城下已聯盟。""空教投筆者，詩史擅才名。"對青喬之不遇深表同情。

又按，《（同治）蘇州府志》卷八十四："葉廷琯字調生，廩貢生，候選訓導。弱冠，才譽籍甚。錢塘陳大令文述賞之，妻以女。淡於榮進，潛浸樸學，一以考佐經史爲營。又嘗甄錄同時未刻詩爲《存》《歿》二集，凡百六十餘家。"

道光二十三年（1843），北上應試，聞父喪即歸。

《感逝集》附識："癸卯北上，應京兆試。到京三日，聞父諱歸。"

二十七年（1847），林則徐總督雲貴，知其爲人，欲招之幕府，遂有滇、黔之行。

按，貝青喬集中有多首與林則徐的詩歌，《半行庵詩存稿》卷一《林師則徐遣戍西口，道出吾蘇，走送呈詩》有"迢迢天山路，漠漠青海湄。我知萬家夢，今夕先公馳。而況門下士，贈別將何持"之語，當作於林則徐發配伊犁時。青喬以門下士自居，則二人相識已久。又同書卷三《林師書來存問兼贈白金詩以鳴謝》其二有"一自蜺旌河上去"之句，自注云："辛丑歲，公以嚴辦煙匪，挂吏議，譴戍伊犁，道出蘇州，曾走送金閶舟次，旋奉旨留辦河務。"可見所言屬實。

貝青喬《木居士答林少穆制府書》（貝青喬《咫齋漫錄》附錄）："同鄉吳委員自滇來，奉到鈞諭，並百金二十兩、楹帖諸件。……昨見邸報，知老夫子大人晋爵宮保，賞戴花翎，凡在下風，罔拂額手以賀。"按，此時貝青喬向林則徐呈詩四首，其一云"闔外鐃歌騰六詔”，自注：“時公新平滇南永昌彌度之變。”又云“階前干羽格三苗”，自注：“時公將來黔閱兵。”道光二十七年三月，林則徐爲雲貴總督。二十八年平定彌度之亂，七月十九日加太子太保，並賞戴花翎，則青喬所言即此。貝青喬道光二十七年西南之旅，殆受林氏之邀，因文中云“稍理行裝，便當趨侍”。

三年後，以母老辭歸。

《半行庵詩存稿》卷四《侍林師行轅談宴，翌日賦詩呈謝，即以告歸》其三：“只怨母在憶吳閶，難戀綸巾羽扇人。”按，以母老告辭，恐爲托辭，或因其揣林則徐於雲貴難有作爲，故“援手中原待我公”（《侍林師行轅談宴，翌日賦詩呈謝，即以告歸》其四）。

《感逝集》附識：“丁未，以友人謡諑作黔游。越三年，由滇蜀東還，在峽江覆舟，幸先登舟獲免，而行李詩稿皆失。”

返程過巴峽之新灘，船覆，幾至死地。

《半行庵詩存稿》卷五有《新灘》詩。同卷《下灘船破，人物盪然，幸先在麓，一身僅存，驚定作詩》其二又云：“百條生命一條存，哀絕江頭泪暗吞。”可見驚險至極。詩稿亦没於水中，故《下灘船破，人物盪然，幸先在麓，一身僅存，驚定作詩》其三云：“最惜詩囊手自删，半生搜斡鬢成班。苦吟偏觸陽侯忌，不許長留天地間。”友人宋來鳳《貝子木歸自蜀，遇於皖江道中，有詩枉贈，率答三章，即題其客中吟稿，並送旋里》（貝青喬著，馬衛中、陳國安點校《貝青喬集（外一種）》）有“如何下新灘，怒觸冰夷宫”語，自注云：“子木過新崩灘，觸石船破，行李漂没殆盡。”

咸豐十年（1860），京師淪陷，青喬自浙江迎母去杭州。次年，太平軍攻克杭州，青喬與母相失，雖出没生死以尋，終不獲。不得已，投直隸總督劉長佑麾下。

《半行庵詩存稿》惲世臨序：“初，庚申之變，子木自浙迎母以去。越歲，杭城再陷，母子相失。子木出没生死，尋母不獲，負罪引慝，無地自容，不得已，就直隸制軍劉公之聘。”葉廷琯《楙花盦詩》卷下《聞貝大子木旅櫬南歸，偶檢閲其壬戌、癸亥兩年吳門、津門寄書，賦此追悼，即題其劫餘小草後》：“思親空羨徐元直，避賊終爲管幼安。”自注：“初因訪母，溷迹賊中，旋即到滬，由海道北上就幕。”即言此事。側室某亦遇害。《吳中貝氏族譜》云：“（青喬）側室某氏，因避兵杭州，咸豐十一年十一月二十八日，城陷被害。”

未至，同治二年（1863）卒於旅途，終年五十四。

《吳中貝氏族譜》卷二：“同治二年四月二十一日未時，殁於直隸總督劉公戎幕。”

按，此時青喬並未見劉，如惲世臨《半行庵詩存稿序》云：“不得已，就直隸制軍劉公之聘，未及相見，道卒旅邸。嗚呼，文人之窮一至於此！顧子木之卒也，劉公即馳使，殯殮如禮，且致書其家，又厚資俾迎其喪以歸，終葬於先人之墓。”《楙花盦詩》卷下《偕同人校刊半行庵遺詩，既成，慨念子木生平附書一詩卷尾》：“駿骨真看酬善價，蛾眉豈料負良媒。”自注：“癸亥春，中丞李公薦君於直隸制府劉公幕，司章奏。在途病卒。制府命屬吏妥爲殯殮。越歲，又厚賻俾歸櫬，實未識面也。”劉制軍爲劉長佑。

妻朱氏，無子。

《吳中貝氏族譜》卷二：“配朱氏，例封宜人，朱南村女，嘉慶十年二月初六日午時生，咸豐四年一月十九日未時卒，合葬吳邑五圖萬青字圩七子山。……公無子，以季壇元信兼祧。女二，長適陳子庚，次適王菊生。”按，季壇，爲貝青喬四弟。

青喬有幹濟之才，生乎亂世，頗識軍機。遍歷南北，雲貴苗疆人情世態無不付之於詩，他人不及，蓋詩史也。

《半行庵詩存稿自序》：“余初不解吟事，年二十八遇朱丈綬，聞其緒論，始粗識師承，然畏難未學也。閱十年，遇益困，憤懣欲有言，葉丈廷琯從而激獎之，遂委志於詩。”

《半行庵詩存稿》卷二《夜泊毗陵，憶甲午歲與朱丈綬同舟過此。偶得驛塍水市一聯，頗蒙激賞，今丈歸道山久矣，追溯舊游，補成一律》：“此處游踪渾似夢，當年詩思冷於冰。瓣香願爲南豐爇，風笛聲中感倍增。”按，此詩以陳無己瓣香於曾鞏自喻，即以朱綬爲師也。《（同治）蘇州府志》卷九十：“朱綬字仲輝，先世自崑山遷郡城，父鑑習名、法家言，工於詩，世所稱‘阿顛先生’者也。綬，道光辛卯舉人，以詩古文著聲大江南北，論詩痛詆袁枚，而稱蔣士銓、黃景仁。其詩大不及士銓，超不及景仁，自謂得力於潔，故晚年更字‘仲潔’。古文亦以潔爲體，初多峭蓬之作，後乃從容大適。卒年五十有二。”

《半行庵詩存稿》黃富民序：“境苦而詩益工，實能錘鑿天險，雕鎪世態。……語奇而卓，筆紆能達，言之有物。”

陳聲聰《兼於閣詩話》卷一：“《半行庵詩》對當時社會之黑暗面，多所揭發，沉雄哀婉，胎息少陵，亦有詩史之日。”

錢仲聯《道咸詩壇點將錄》目之爲“天猛星霹靂火秦明”。

至於窮愁而死，特咸同詩人之尤者，或比之黃仲則。

徐世昌《晚晴簃詩話》卷一百四十八：“咸同詩人之窮，莫子木若也。”

《半行庵詩存稿》惲世臨序：“昔乾隆中，吾鄉詩人黃仲則終身坎壈，殆與子木等。至於今《兩當軒集》風行海內，子木之詩時有與仲則相似，他日《半行庵集》當與並傳不朽乎！”

張炳翔《留月簃詩話》："子木於本朝詩人中，最服膺蔣心餘、黄仲則、舒鐵雲，故其氣息自近之。"

著有《咄咄吟》二卷、《半行庵詩存稿》八卷、《苗妓詩》一卷、《爬疥漫録》四卷。

《吴中貝氏族譜》："著有《半行庵詩存稿》八卷、《咄咄吟》四卷行世，《爬疥漫録》四卷待梓。"

《清人别集總目》（李靈年、楊忠主編，安徽教育出版社 2000 年版）："《苗妓詩》一卷，宣統排印《香艷叢書》本第六集。"

王欣夫《蛾術軒篋存善本書録》（王欣夫著，鮑正鵠、徐鵬整理，上海古籍出版社 2002 年版）："爲咸豐五年六月，僑寄徽州，記太平天國義軍戰績，及清官吏恇怯擾攘狀，皆數年中身所親歷，而人所共證者。"

參考文獻：

1. 貝青喬《半行庵詩存稿》，《清代詩文集彙編》，上海古籍出版社 2010 年版。

2. 貝青喬《咄咄吟》，《清代詩文集彙編》，上海古籍出版社 2010 年版。

3. 貝青喬著，馬衛中、陳國安點校《貝青喬集（外一種）》，上海古籍出版社 2013 年版。

4. 李銘皖、譚均培修，馮桂芬纂《（同治）蘇州府志》，江蘇古籍出版社 1991 年版。

（任群）

陳澧傳

陳澧,字蘭甫,初字蘭浦,學者稱東塾先生,廣東番禺(今廣東省廣州市)人。嘉慶十五年(1810)生。

陳澧《東塾讀書記·自述》:"陳澧,字蘭甫,先世江南上元人。祖考捐職布政使司理問,遷廣東番禺。"

桂文燦《經學博采錄》卷十二:"業師陳蘭甫先生,當代通儒也。先生名澧,初字蘭浦。"

陳澧《東塾集外文》卷三《東塾類稿自序》:"家之東偏有一書塾,余七歲就傅處也。"

汪宗衍《陳東塾(澧)先生年譜》引陳澧《自記》:"嘉慶十五年二月二十九日,生於木排頭舊宅。"按,汪宗衍《陳東塾先生著述考略》(《嶺南學報》1935 年第 4 卷第 1 期)云:"先生之孫慶貢藏稿本。自一歲起,凡行事、著述、讀書,輒記一條或三數條,至六十二歲止。宗衍錄有副本。"然《自記》今已不可得見,惟汪宗衍所編年譜多引及之。以下凡《自記》文字,均據汪譜。

七歲入塾,從徐達夫讀書。八歲從尉繼蓮讀書。九歲,從鄭光宗受讀四書,並初學作詩及時文。十二歲,從王和鈞讀《禮記》。十三歲,從胡徵麟讀《左傳》。十五六歲,篤好作詩。

陳澧《東塾集》卷三《徐達夫先生試律詩序》:"徐達夫先生,澧之表兄,澧七歲從受業焉。"

《東塾集》卷五《書尉先生》:"尉先生,先考、先叔考受業師也。嘉慶二十二年,澧八歲,兄子宗元九歲,先考延先生教之。先生年七十餘,首無髮,目近視,日以吟詩爲樂。……先生名繼蓮,浙江山陰人,乾隆中廣東商籍生員。"

《自記》:"(九歲)鄭光宗授讀《論語》《大學》《中庸》《孟子》。""初學作詩及時文。""(十二歲)王和鈞關石授讀《禮記》。""(十三歲)胡徵麟禹庭授讀《左傳》。"

《東塾集》卷四《與陳懿叔書》:"澧十五六歲時,篤好爲詩,立志欲爲詩人。稍長,知有經史之學,雖好之,不如好詩也。"

道光六年(1826),督學翁心存考取爲縣學生。次年,科試第一,翁心存命入粵秀書院肄業。其間與楊榮緒、盧同伯、桂文燿等爲友,復問詩學於張南山先生,問經學於侯君模先生。

《東塾讀書記·自述》:"十七,督學翁文端公考取縣學生,明年錄科第一,同時諸名士皆出其下。文端公命入粵秀書院肄業,山長陳先生厚甫賞譽之。與桂星垣、楊浦香爲友,復問詩學於張南山先生,問經學於侯君模先生。"

《東塾集》卷六《浙江湖州府知府候選道楊君墓碑銘》:"余少時與君同肄業粵秀書院,時順德盧君同伯、南海桂君文燿並爲院長陳厚甫先生賞識。盧君早卒,吾三人過從尤密,以勸善規過相要約。"

《與陳懿叔書》:"張南山先生見澧詩,大賞之,時教以詩法。"陳澧《陳東塾先生遺詩·感舊三首》其二:"我年未弱冠,初見張南康。請問讀書法,乞爲道其詳。答云四庫書,提要挈宏綱。千門兼萬户,真如古建章。從此識門徑,漸可升其堂。又言讀書者,古書味最長。當時一古字,語重聲琅琅。我得此二語,如暗室得光。我舉此二語,先生云已忘。賤子不敢忘,書此什襲藏。"

《陳東塾先生遺詩・感舊三首》其三："我與侯君模，風義兼師友。望衡對宇間，日日得捧手。其學博而通，文藻亦富有。諸史最專門，瓣香竹汀叟。著書求心安，片語我謹守。今稍有成書，附君或不朽。藝文君網羅，地理我析剖。傷哉墓木拱，酹以一杯酒。"

道光十一年（1831），舉優行貢生。十二年，入越華書院，受學於陳鴻墀，與其詩酒論辯。同年，中舉人。十三年，始棄作詩。

《東塾讀書記・自述》："年廿二，舉優行貢生。廿三，中舉人。"

《東塾集》卷三《陳範川先生詩集後序》："道光中，嘉興陳先生來粵掌教越華書院，澧從受業。……先生在粵時，粵之名士吳石華、曾勉士常與游，其在弟子之列者梁子春、侯君模、譚玉生，澧與兄子宗元亦與焉。先生樂之，築亭於書院，題曰載酒亭，環植花竹，招諸名士論辨書史，酬酢歡暢。間述乾隆、嘉慶時名臣碩儒言行，感憤時事，慷慨激烈。"

《自記》："南歸，與梁國珍同行。前此先生喜作詩，常與談詩，國珍勸勿作，遂止。"陳澧《默記》："僕少時喜爲詩，年二十四始棄。自此以後，興到爲詩者一年不過數首，亦竟有終年無一首者。偶有應酬之作，皆不愜意，迫於不得不作耳，故皆不存稿也。"《與陳懿叔書》："及赴會試，與同年梁玉臣同舟，爲詩唱和。玉臣專《毛詩》之學，雖與澧唱和，心弗善也，而澧刻意爲之。玉臣曰：'君自視其詩去古人幾何？'澧始愧汗自失。"

二十年（1840），被舉補學海堂學長，自是遂爲學長數十年。

《陳氏家譜》卷九："庚子（道光）二十年……十月，澧舉補學海堂學長。"

林伯桐《學海堂志・題名》："陳澧……道光二十年十月補。"

《東塾讀書記・自述》："爲學海堂學長數十年。"

道光二十三年（1843），與許玉彬、黃玉階等人結詞社。

陳澧《憶江南館詞》自序：“余少日偶爲小詞，桂君星垣見之曰：‘此詩人之詞也。’自是十餘年不復作，或爲之，歲得一二闋而已。去歲黃君蓉石、許君青皋邀爲填詞社，凡五會，而余僅成二詞，兩君謂余真詞人也。此三君皆工詞而其言如此。”

《東塾集》卷六《許青皋墓碣銘》：“（許玉彬）又爲填詞社，觴咏爲樂。已而俗客闌入，競設盛饌，冠蓋赫然，乃恚而罷。”

六應會試不中。二十四年（1844），大挑二等，獲候選教官資格。

《東塾讀書記・自述》：“六應會試不中，大挑二等。”

《自記》：“（道光十三年）會試不第。”“（道光十五年）會試不第，移寓梁國珍家。”“（道光十六年）會試不第，惠郡王請館於其府，辭之。與侯康、侯度南歸。”“（道光二十一年）會試不第，南歸。”“（道光二十四年）會試不第，大挑二等。”“（道光三十年）會試不第。”“（咸豐二年）會試不第，獨歸。”

陳之道編《東塾續集・與碩卿侄書》：“明歲恩科並加額，吾侄宜及今用功，以期上進。我自問今年必不中，所以仍來此者，以吾侄仍未舉於鄉故也。我此後決不再來會試，吾侄當努力。蓋今人之重科名，亦古人重門第之遺意，是以科名未可輕也。然我年過四十，又筋力漸不如前，頗覺場中辛苦難受，此後斷不踏棘闈矣。”按，據此可見陳澧於舉業之灰心。

二十九年（1849），選授河源縣學訓導。次年十一月到官，兩月後告病歸。

《東塾讀書記・自述》：“選授河源縣學訓導。兩月，告病歸。”《自記》：“（道光三十年）十一月二十日，到河源縣訓導任。”《陳氏家譜》卷九:"己酉(道光)二十九年正月,澧選授河源縣訓導。""辛亥咸豐元年正月,澧告病歸。"

《東塾集外文》卷五《與徐子遠書》其十八:"澧已告病開缺,去歲原擬引疾不赴任,所以暫行者,覃恩不可虛領故耳。此官真所謂飯不足者,如索諸新生印金,又甚可愧赧。大約教官有學租者可爲,專食印金者不可爲;一學一教官者可爲,一學兩教官者不可爲也。如果能啓導此邑人士知讀書史,亦是一事,然此殊不易。不談舉業而勸讀書,恐無人肯聽耳。不能稍盡愚心,而專爲求食,不如早賦歸去來矣。"按,據此可知陳澧告病辭官之緣由。

咸豐六年(1856),請京官職銜,得國子監學錄。

《東塾讀書記・自述》:"揀選知縣到班,不願出仕,請京官職銜,得國子監學錄。"

《東塾集外文》卷五《致仲文書》:"咸豐六、七年間,數科揀選到班,弟自顧蹉跎,遂不赴選。"

同治三年(1864),兩廣總督毛鴻賓、廣東巡撫郭嵩燾設廣東輿圖局,聘陳澧總核其事。同年,郭嵩燾議設省團練局,擬請陳澧司局事,澧固辭。

《自記》:"(同治三年)三月,兩廣總督毛鴻賓、廣東巡撫郭嵩燾設廣東輿圖局,聘先生總核其事。"《東塾集》卷六《子韶墓碣銘》:"同治三年,有旨各省繪地圖以進。廣東督撫命文武官各繪圖,而開局於廣州府學宮,延粵士五人總核之。五人者:鄒特夫、徐子遠、桂子白,其二人余與子韶也。"

《東塾集》卷三《送巡撫郭公入都序》:"議設省團局,公曰:'廣東有二弊,吾知之:民情不通也,義與利不辨也。'澧於是知公之明。公命澧司局事,澧固辭。"

同治六年（1867），任菊坡精舍山長，課以經史。

《東塾讀書記‧自述》："至老爲菊坡精舍山長，英偉之士多出其門焉。"

《陳氏家譜》卷九："丁卯（同治）六年，澧主講菊坡精舍。"

《自記》："（同治六年）秋，運使方浚頤創設菊坡精舍，請先生任掌教。"

《東塾集外文》卷五《覆楊柳岑書》："今年爲大吏延主菊坡精舍講席，固辭至六七次而未許，舍己芸人，良可愧也。"

《東塾集》卷二《菊坡精舍記》："初，粵秀山有道士祀神之廟曰應元宮，其西偏有臺榭樹木曰吟風閣，後改曰長春仙館，遭夷亂廢圮。蔣香泉中丞與方伯議改爲書院，方伯葺而新之，題曰菊坡精舍，言於中丞，以澧爲掌教。澧辭，方伯命之再三，乃敬從。始議爲書院時，以書院多課時文，此當別爲課。澧既應聘，請如學海堂法，課以經史文筆。學海堂一歲四課，精舍一歲三十課，可以佐之，吾不自立法也。每課期，諸生來聽講，澧既命題而講之，遂講讀書之法，取顧亭林說，大書'行己有恥，博學於文'二語揭於前軒，吾不自立說也。因而申之曰：博學於文，當先習一藝，《韓詩外傳》曰'好一則博'，多好則雜也，非博也。又申之曰：讀經史子集四部書，皆學也，而當以經爲主，尤以行己有恥爲先。吾老矣，勉承方伯命，抗顏爲師，所以告諸生者如是，諸生欣然聽之。"

陳澧《東塾雜俎》卷末周肇祥跋："先生嶺海通儒，掌教菊坡精舍，執經問難常數百指，頗有東漢之風。"

方浚頤《二知軒文存》卷十八《與蘭甫書》："今先生主講已八年矣。研經嗜古之士，通貫淹雅之才，荷提撕而蒙造就者，不知凡幾，洵足上爲學海堂抗，大爲楚庭生色。"

按，《東塾集外文》卷一有《與菊坡精舍門人論學》《策問》《菊坡

精舍講稿》,劉伯驥《廣東書院制度》(臺灣"國立"編譯館中華叢書
編審委員會1978年版)收同治九年所作《廣州菊坡精舍章程》,均
與菊坡精舍講學情形有關,可參。

光緒七年(1881),奉旨加恩賞,給五品卿銜。次年,卒。

《陳氏家譜》卷九:"辛巳(光緒)七年……七月初三日,澧奉旨
加恩賞,給五品卿銜。"

《清史稿》卷四百八十二《陳澧傳》:"光緒七年,粵督張樹聲、巡
撫裕寬以南海朱次琦與澧皆耆年碩德,奏請褒異,給五品卿銜。八
年,卒,年七十三。"

**陳澧治學廣博,然以治經爲主,感漢學皓首窮經、難於時用之
弊,乃主張兼采宋學,著《漢儒通義》以申之。**

陳澧《漢儒通義》卷首自序:"漢儒説經,釋訓詁、明義理,無所
偏尚。宋儒譏漢儒講訓詁而不及義理,非也。近儒尊崇漢學,發明
訓詁,可謂盛矣。澧以爲漢儒義理之説,醇實精博,蓋聖賢之微言
大義,往往而在,不可忽也。謹録其説,以爲一書。漢儒之書,十不
存一,今之所録,又其一隅,引伸觸類,存乎其人也。節録其文,隱
者以顯,繁者以簡,類聚群分,義理自明,不必贊一辭也。竊冀後之
君子,袪門户之偏見,誦先儒之遺言,有益於身,有用於世,是區區
之志也。若門户之見不除,或因此而辯同異、爭勝負,則非澧所敢
知矣。"

《東塾集外文》卷五《答楊鼸香書》其二:"澧嘗以爲班孟堅有言
云:'幼童而守一藝,白首而後能言。'此古今之同患也。夫治經者
將以通其大義,得其時用也。若乃小學一道,經術首基,近世儒者,
咸知考索。然或《蒼》《雅》甫明,華顛已至,窺堂陟奧,俟之何年?
又諸儒之書,多宏通之篇,寡易簡之作,可資語上,難喻中人。故童

蒙之子,次困之材,雖有學山之情,半爲望洋之嘆。後學未振,或此之由。"

《陳蘭甫先生澧遺稿》:"今時學術之弊:説經不求義理,而不知經;好求新義,與先儒異,且與近儒異;著書太繁,誇多鬥靡;墨守,好詆宋儒,不讀宋儒書;説文字太繁碎;信古而迂;穿鑿牽强;不讀史,叠木架屋。"

凡小學、音韻、天文、地理、樂律、算術、篆隸,無不研究。

《清史稿》本傳:"凡天文、地理、樂律、算術、篆隸,無不研究。"

《與陳懿叔書》:"是時年二十六矣,嗜好乃益多,小學、音韻、天文、地理、樂律、算術、古文、駢體文、填詞、篆隸真行書,無不好也,無不爲也。"

著《説文聲表》,以聲分部,重編《説文》九千字。

《自記》:"(道光十八年)始著《説文聲統》。"按,《説文聲表》原名《説文聲統》。

《東塾集》卷三《説文聲表序》:"上古之世,未有文字,人之言語,以聲達意。聲者,肖乎意而出者也。文字既作,意與聲皆附麗焉。象形、指事、會意之字,由意而作者也;形聲之字,由聲而作者也。聲肖乎意,故形聲之字,其意即在所諧之聲。數字同諧一聲,則數字同出一意,孳乳而生,至再至三,而不離其宗焉。澧少時讀《説文》,窺見此意,以爲《説文》九千餘字,形聲爲多,許君既據形分部,創前古所未有。若更以聲分部,因聲明意,可以羽翼許書。乃以暇日爲之編次,以聲爲部首,而形聲之字屬之。其屬字之次第,則以形之相益爲等級,以意之相引爲先後,部首之音相近者,其部亦以類聚,依段氏古韻定爲十七卷。"

著《切韻考》，以《廣韻》考求《切韻》音系，奠定今音學基礎。

《自記》：“（道光十八年）著《切韻考》。”

《東塾讀書記・自述》：“著《切韻考》六卷、《外篇》三卷，謂孫叔然、陸法言之學存於《廣韻》，宜明其法，而不惑於沙門之說。”

陳澧《切韻考》卷首自序：“自孫叔然始爲反語，雙聲叠韻各從其類，由是諸儒傳授，四聲韻部作焉。而陸氏《切韻》實爲大宗，蓋自漢末以至隋代，審音之學具於斯矣。唐季沙門始立三十六字母，分爲等子，字母之名，雖由梵學，其實則據中土切音。然音隨時變，隋以前之音至唐季而漸混，字母、等子以當時之音爲斷，不盡合於古法。其後切語之學漸荒，儒者昧其源流，猥云出自西域。至國朝，嘉定錢氏、休寧戴氏起而辨之，以爲字母即雙聲，等子即叠韻，實齊梁以來之舊法也。二君之論，既得之矣。澧謂：切語舊法，當求之陸氏《切韻》。《切韻》雖亡，而存於《廣韻》。乃取《廣韻》切語上字繫聯之，爲雙聲四十類；又取切語下字繫聯之，每韻或一類或二類或三類四類。是爲陸氏舊法。隋以前之音異於唐季以後，又錢、戴二君所未及詳也。於是分列聲韻，編排爲表，循其軌迹，順其條理，惟以考據爲準，不以口耳爲憑，必使信而有徵，故寧拙而勿巧。……蓋治小學，必識字音；識字音，必習切語。故著爲此書，庶幾明陸氏之學，以無失孫氏之傳焉。”

黃侃《與人論治小學書》：“番禺陳君著《切韻考》，據切語上字以定聲類，據切語下字以定韻類，於字母、等子之說有所辯明；足以補闕失，解拘攣，信乎今音之管龠、古音之津梁也。”

著《聲律通考》，考歷代樂聲高下，以使古樂不墜於地。

《東塾讀書記・自述》：“著《聲律通考》十卷，謂古有十二宮，且有轉調，今俗樂惟存七調。然古律尺度具在，可考歷代樂聲高下。

晋十二笛,可仿而製。唐《鹿鳴》《關雎》十二詩譜,可按而歌,而古樂不墜於地。”

《東塾集》卷四《復曹葛民書》:“澧爲此書,所以復古也。復古者,迂儒之常談,澧豈可效之哉! 良以樂不可不復古故也。即世運已降,習俗沉錮已深,勢不能以復古,而吾之説終不可不伸於天下。蓋伊古以來,禮樂並重,古禮傳至今日,有失者,有未失者,以今人冠昏喪祭考之《儀禮》可見也。樂則不然,太常樂部所掌,奏之朝廷,奏之郊廟,草茅下士不得而聞,尤不得而議。外省學宫之樂,則琴瑟弗鼓,鐘磬弗考,平時所聞者,鼓吹也,戲劇也,小曲也。其號爲雅音者,琴師之琴也,此則今所謂樂也。何爲宫商,而不知也;何爲律吕,而更不知也。嗚呼! 樂者,六藝之一,儒者之學,而可輕褻淪亡一至於此哉! 本朝古學最盛,講考據者數十百家。古禮已不行,而必考《三禮》;古篆已不用,而必考六書;而考古樂者絶少。近數十年惟凌次仲奮然欲通此學,自謂以今樂通古樂。澧求其書讀之,信多善者,然以爲今之字譜即宋之字譜,宋之字譜出於隋鄭譯所演龜兹琵琶。如其言,則由今樂而上溯之,通於西域之樂耳,何由而通中國之古樂也。又況今之字譜非宋之字譜,宋之字譜又非出於鄭譯,古籍具存,明明不可以假借者乎! 澧因凌氏書考之經疏、史志、子書,凡言聲律者,排比句稽,以成此編。”

著《漢書地理志水道圖説》《水經注西南諸水考》,謂地理之學,當自水道始。

《自記》:“(道光十四年)始著《漢地理圖》。”“(道光二十七年)著《漢書地理志水道圖説》。”

《東塾讀書記·自述》:“著《漢書地理志水道圖説》七卷,謂地理之學,當自水道始,知漢志水道,則可考漢郡縣,以及於歷代郡縣。”

陳澧《漢書地理志水道圖説》自序："讀史不可不明地理，考地理不可無圖，澧嘗欲爲諸史地圖而未能也。惟以地理之學，水道尤難，乃考《漢志》水道，爲之圖説。起於蒲昌，訖於黑水，自西而東，自北而南，刺取志文，編排次第，以今釋古，著其源委，而略其中間，循班志之例也。兩山之間有水，兩水之間有山，山川相間，古今無改，若究其曲折，則有國朝齊氏《水道提綱》，按籍可考。惟水行平土，湮變遂多，是用鈎稽本志，證以《水經》酈注，備詳其故瀆焉。……昔班氏之爲此志也，生當東漢一統太平，親見蘭臺圖籍，故其所録簡而彌周，觀其大川所行，皆記里數，其爲精密，斯可知矣，後之作者莫能比焉。惟我大清奄壹寰宇，遠邁盛漢，康熙、乾隆兩朝，命官分測，仰準天度，俯繪地輿，創千古所未有。今以稽核《漢志》水道，有若重規叠矩，其有古今遷異，亦可尋其脈絡，蓋自有我朝地圖，而《漢書・地理》乃可得而説也。澧伏處陬澨，夙好編摹，獲觀兩朝之圖，兼覽衆家之説，三歷寒暑，定著斯編，由是總繪百郡，順考歷朝，讀史者當有樂乎是爾。"

陳澧《水經注西南諸水考》自序："自《禹貢》而後，諸書言水道者，惟《漢書・地理志》，核之今日水道，無少差謬。其次則《水經》，其言浪水過番禺，東至龍川，則已誤矣。酈道元身處北朝，其注《水經》，北方諸水大致精確，至西南諸水，則幾乎無一不誤。……因讀《漢志》豚水、鬱水，知酈氏《溫水》《浪水》二篇注之謬，因連而及之，知《若水》《淹水》《沬水》《青衣水》《葉榆水》《存水》諸篇之注之謬，又連及《江水》篇，自發源至若、淹二水入江以上之注之謬，條而辨之，既正以今日水道，復就酈注爲圖，俾覽者曉然，於其差謬而弗相沿焉。其餘未暇悉辨，此非敢攻訐古人也，不敢回護古人以貽誤後人也。"

精通行楷篆隸四體書法,又擅篆刻,著有《摹印述》。

李放《皇清書史》卷九引《木葉廎法書記》:"(陳澧)精四體書,兼擅鐵筆,著有《摹印述》。"

張維屛《藝談錄》:"粵東篆書,二百年來當推黃石溪。石溪作古,當推陳蘭甫。"

吳仰賢《小匏庵詩話》卷八:"書法酷類蘇齋,冊端四大字亦蘭甫所署,篆法圓勁古厚,非時手所及。"

畢生學術精華,編爲《東塾讀書記》《東塾雜俎》二書,精見迭出,別具特色。

《陳東塾先生著述考略》:"(《東塾讀書記》)我先生生平鉅作。初名《學思録》,蓋取'學而不思則罔,思而不學則殆'之意。後讀《伊洛淵源録》,横渠嘗於學堂雙牖,左書'砭愚',右書'訂頑',伊川曰是啓爭端,改曰'東銘''西銘',則先生改今名之故也。原書二十五卷,今刻成者卷一《孝經》、卷二《論語》、卷三《孟子》、卷四《易》、卷五《書》、卷六《詩》、卷七《周禮》、卷八《儀禮》、卷九《禮記》、卷十《春秋三傳》、卷十一小學、卷十二諸子、卷十三西漢、卷十五鄭學、卷十六三國、卷二十一朱子,凡十六卷。其餘卷十四東漢、卷十七晋、卷十八南北朝隋、卷十九唐五代、卷二十宋、卷二十二遼金元、卷二十三明、卷二十四國朝、卷二十五通論,凡九卷,未成而殁。遺命兒子及門人編録,題曰《東塾雜俎》。"

《東塾集》卷四《與胡伯薊書》:"僕近年爲《學思録》,惟鈔撮群書,不成著述之體,欲待二三年後乃編定之。今内度諸身,外度諸世,不可復緩。然且及今爲之,猶恐汗青無日,爲一生之遺恨,故今以論著之大旨告足下。僕之爲此書也,以擬《日知録》,足下所素知也。《日知録》上帙經學,中帙治法,下帙博聞,僕之書但論學術而已。僕之才萬不及亭林，且明人學問寡陋，故亭林振之以博聞，近儒則博聞者固已多矣。至於治法，亦不敢妄談，非無意於天下事也。以爲政治由於人才，人才由於學術，吾之書專明學術，幸而傳於世，庶幾讀書明理之人多，其出而從政者必有濟於天下，此其效在數十年之後者也。天下人才敗壞，大半由於舉業，今於此書之末，凡時文、試律詩、小楷字，皆痛陳其弊，其中發明經訓者，如《論語》之四科，《學記》之小成、大成，《孟子》之取狂狷、惡鄉原，言之尤詳，則吾意之所在也。"

陳澧不工詩文，然於詞頗標高格。著有《憶江南館詞》，收詞僅二十餘首，即爲近代粵人詞之典範。

《憶江南館詞》卷末汪兆鏞跋："先生少喜填詞，中歲後專治經，不欲以詞人傳。"

譚獻《篋中詞續》："蘭甫先生，孫卿、仲舒之流，文而又儒，粹然大師，不廢藻咏。填詞朗詣，洋洋乎會於風雅，乃使綺靡、奮厲兩宗，廢然知返。"

李佳《左庵詞話》卷上："陳澧蘭甫以經學稱，詩詞亦超雋。……視彼一孔半瓶，沾沾自命爲儒士，轉鄙詞賦爲雕蟲而不屑觀之，能勿汗顏?"

冒廣生《小三吾亭詞話》卷二："粵中詞人，三家之先，推嘉應吳石華學博蘭修、番禺陳蘭甫京卿澧。……京卿之詞，則學人之詞也。"

朱祖謀《彊村語業》卷三《望江南·雜題我朝諸名家詞集後》："甄詩格，凌沈幾家參。若舉經儒長短句，歸然高館憶江南。綽有雅音涵。"

張爾田《與夏瞿禪書》（夏承燾《天風閣學詞日記》1934年引）："故國三百年，不以詞名而其詞卓然可傳者，只一陳蘭甫。蘭甫經學大師，而其詞乃度越諸子，則以其詞外有事在也。詞之爲道，無論體制，無論宗派，而有一必要之條件焉，則曰真。不真則僞真與實又不同，不可以今之寫實派爲真也，僞則其道必不能久。”

朱庸齋《分春館詞話》卷三：“吾粤詞學……蘭甫雅正而略欠空靈。”

參考文獻：

1. 陳澧著、黄國聲主編《陳澧集》，上海古籍出版社 2008 年版。

2. 汪宗衍《陳東塾（澧）先生年譜》，《近代中國史料叢刊》，臺灣文海出版社 1966 年版。

3. 趙爾巽等《清史稿》卷四百八十二《陳澧傳》，中華書局 1977 年版。

4. 王鍾翰點校《清史列傳》卷六十九《陳澧傳》，中華書局 1987 年版。

（馬昕）

莫友芝傳

莫友芝，字子偲，自號邵亭，又號紫泉，晚稱眲叟，貴州獨山人。清嘉慶十六年(1811)生，祖母張太孺人贊爲亢宗之子。幼慧，早承父兄之教。

張裕釗《莫子偲墓誌銘》："子偲姓莫氏，諱友芝，自號邵亭，晚號眲叟。"

莫祥芝《邵亭先生行述》："高祖雲衢府君，遷居獨山州城北三十里兔場街，自是爲獨山州人。……先生行五。生時教授君方就養家居，大母張太孺人聞聲喜曰：'是非常兒，吾家得此亢宗子矣！'""其生以嘉慶十六年辛未五月初三日午時。"

莫友芝《邵亭遺文·影山草堂本末》："周三歲，能識字，先君授之《毛詩》《尚書》《儀禮》《戴記》。時先伯兄總家政，先四兄課耕牧，先三兄補諸生，課治舉業。先君有不暇，則三兄授之。"

莫友芝《清故授文林郎翰林院庶吉士四川鹽源縣知縣貴州遵義府教授顯考莫公行狀》回憶父教云："逮授子友芝經，乃令以雅故爲本。至遵義，悉購集漢、宋經說，及本朝專門名家者置座右，手日披覽。謂友芝曰：'學者立身行己，當法程、朱，輔以新吾、蘇門、潛庵、稼書之篤近。若言著述，我朝大師相承，超軼前代矣。'每舉惠氏《易》、閻氏《書》、胡氏《禹貢》、陳氏《詩》及諸言《禮》家說精核絕者，爲友芝指講。"

按,莫友芝號紫泉,不見於其碑志和行述。《郘亭印存》中有"友芝私印、紫泉莫五"印,道光十五年(1835)莫友芝跋《兩漢金石記》時已自稱"紫泉莫友芝",此當爲莫友芝較早之自號。而"郘亭"之自號,係道光二十一年修成《遵義府志》後,因失收牂柯郡之"郘亭",遂自號以志過自警。《呈壽陽相國,乞篆書"郘亭"牓》小序云:"道光時侍先君教授遵義,己亥、庚子間有《府志》之役,於犍、不狼諸山,鱉、黚、延諸水並鈎討,粗就緒,惟'郘亭'失收。辛丑,先君見背,研食久僑,不能歸,乃'郘亭'自號以志過。"(莫友芝《郘亭遺詩》卷五)"郘亭"係莫友芝最爲常用之號。"眲叟"之稱始於咸豐九年(1859),係莫友芝晚年自號,張之洞《送莫子偲游趙州赴陳刺史鍾祥之招》有"黃沙舞風白日晡,眲叟束書戒僕夫"句,並於"眲叟"下自注:"子偲近日別號。"

父與儔,嘉慶四年(1799)進士、翰林院庶吉士,改官爲四川鹽源縣知縣,道光三年(1823)再改官爲貴州遵義府學教授,以樸學教於郡。友芝從來遵義,與鄭珍同志爲友,切劘許、鄭之學,兼百家詩文雜氏。

《郘亭先生行述》:"道光癸未,隨教授府君之官遵義,年方十三,已儼然異人。"

黎庶昌《莫徵君別傳》:"父與儔,以翰林院庶吉士再改官,爲遵義府學教授。君從來,居遵義。爲人默然湛深,與吾里鄭徵君子尹珍同志友善,篤治許、鄭之學。"

《(民國)續遵義府志》卷二十二《莫友芝傳》:"友芝從來遵義,爲人沉默宏深,與邑人鄭徵君子尹同志爲友,切劘學行,終身不衰,同攻許、鄭之學,兼百家詩文雜氏,無不相砥錯而致力焉。"

按,莫與儔事迹詳見曾國藩《莫猶人先生墓表》(《莫友芝年譜長編·譜前》),不具錄。

道光十一年（1831），鄉試中舉。然六上禮部，未獲一第。

據莫友芝鄉試硃卷（貴州博物館藏），莫友芝中鄉試第十一名。本年鄉試主考官爲賈楨、彭作邦，同考官爲吳嵩梁，薦卷房師爲胡達源（胡林翼之父）。

據張劍《莫友芝年譜長編》統計，莫友芝六上禮部時間分別爲道光十三年、道光十六年、道光十八年、道光二十七年、咸豐九年、咸豐十年。

二十一年（1841），與鄭珍修成《遵義府志》，極得時譽，名震西南。

《邵亭先生行述》：“戊戌，平公翰守遵義，延聘與鄭學博同纂郡志，迄辛丑，書成，考核援引稱精博，時論韙之，謂志乘之巨觀，爲自來黔中所未有。中丞賀公長齡欲以其書上之朝廷以獎績學，教授府君執不可，遂已。”

《莫徵君別傳》：“道光中與子尹同撰《遵義府志》，博采漢唐以來圖書地志、荒經野史，披榛剔陋，援證精確，體例矜嚴，成書四十八卷。時人以配《水經注》《華陽國志》。”

梁啓超《中國近三百年學術史》贊《遵義府志》爲“府志中第一”。

二十七年（1847）會試，與曾國藩邂逅於琉璃廠書肆，偶談及漢學門徑，曾氏驚嘆曰：“不意黔中有此宿學耶！”遂於虎坊橋置酒訂交。

《莫徵君別傳》：“丁未會試，公車報罷，與曾文正公國藩邂逅於琉璃廠書肆。始未相知也，偶舉論漢學門户，文正大驚，叩姓名，曰：‘黔中固有此宿學耶！’即過語國子監學正劉椒雲傳瑩。爲置酒虎坊橋，造榻訂交而去。”

曾國藩《曾文正公詩文集》卷一《送莫友芝》：“我時走其廬，深語非淺商。"

莫友芝《郘亭詩鈔》卷四有《春官報罷，國子學正劉椒雲傳瑩招同曾滌生學士國藩小飲虎坊寓宅，歌以爲別》詩。

咸豐二年（1852），過貴陽，訪唐樹義，有編纂《黔詩紀略》之議。同年，《郘亭詩鈔》刻成。

唐樹義等編《黔詩紀略》卷二十一《楊文驄》下莫友芝按語："友芝歲壬子（1852）之都勻省墓，道貴陽，伯庸挾《山水移集》偕詣子方方伯，飲待歸草堂，遂有紀錄黔詩之議。"

《黔詩紀略》莫繩孫題記："咸豐癸丑，遵義唐公欲采黔人詩歌，薈萃成編，以國朝人屬之黎先生伯容。因亂，稿盡亡失。先君任輯明代。"

按，唐樹義，字子方，遵義人，道光二十五年（1845）遷陝西按察使，二十七年調湖北布政使，二十九年權巡撫，因與上司不合，引疾退居貴陽待歸草堂。黎兆勛，字伯庸（又作柏庸、伯容），號檬村，晚號澗石居士，貴州遵義人。編纂《黔詩紀略》之議，莫繩孫所言咸豐癸丑與莫友芝所言壬子有異，當從莫友芝之説。《郘亭遺文》卷六《待歸草堂後記》云："咸豐壬子春，友芝走都勻省墓，得道謁先生於茲堂。"知時在春季。《郘亭書畫經眼錄·唐杜工部贈太白絕句直幅》又云："咸豐壬子中春十一日壬辰，黎兆勛柏容、利瓦伊寅桂舲、舍弟庭芝，同觀於夢硯齋，莫友芝書。"亦可證。

又按，鄭珍《郘亭詩鈔序》所署日期爲"咸豐壬子九日"，翁同書《郘亭詩鈔序》所署日期爲"咸豐二年十月"，知《郘亭詩鈔》是年已刻成。

又按，今存咸豐二年刻本《郘亭詩鈔》僅有鄭珍序，翁同書序補收於同治五年修補版《郘亭詩鈔》，可知翁氏作序之前《郘亭詩鈔》已告刻成。

咸豐九年（1859）試禮部，房官王拯推爲名家積學，薦之，不售，以截取知縣候選在都，四方名流英才，多與接聞。

王拯（字少鶴，一字定甫）《龍壁山房詩草》卷十有《獨山莫子偲友芝年五十矣，來試禮部，僕闈中得其卷，見其經策清淳，斷爲宿士，惜薦未售也。撤闈來見，携示所著〈邵亭詩集〉，長句贈之》詩。

莫友芝本年四月二十日致六弟莫庭芝信（《莫友芝全集》，第 6 冊）云："我二月半到京，草草完場，殊不能繼前人之事，可愧之甚。比領得薦卷，乃出戶部員外王少鶴先生之房，因房批推許太過，總裁趙蓉舫遂抑而不取，此亦命也，於人何尤哉！少鶴先生廣西人，元籍浙江，乃祁淳甫相國高弟，言經濟，講古文，亦舊與黃子壽往來。得我卷子，以爲有名家風，止二三場，又推以積學，不可謂非一知己也。軍功雙月知縣直是無選期，以花樣太多之故。我止得僅就截取本班，已於四月初二引見，奉旨以知縣用，現在本班，雙月即可到。若上手不添人，年內外可望選，若添人，即須俟單月到班，快亦須明冬以後。即已出門，爲之奈何，止有圖一館地爲度日計，靜以俟之而已。"

南京圖書館藏稿本《邵亭詩文稿》中，有莫友芝手書"京中所聞及新識諸名輩"，計：劉熙載、尹耕雲、王闓運、李壽蓉、高心夔、龍汝霖、鄧輔綸、鄧繹、李榕、彭嘉玉、羅汝懷、嚴咸、黃淳熙、劉達善、張世準、李鴻裔、明溥、張金鏞、林鴻年、何紹基、陳壽祺、吳懷珍、易佩紳、蔡毓春、龍湛霖、周成、唐啓蔭、楊峴、方宗誠、馮志沂、許宗衡、黃雲鵠、李汝鈞、陳昌綸、王軒、楊傳第、許振禕，共三十七人。

按，此名單僅爲莫友芝在京所識或所聞的部分名人，如祁寯藻，雖不在名單中，却是莫友芝在京所識的重要人物，祁寯藻《壽陽祁氏遺稿·饅頷亭後集》中有《獨山莫子偲孝廉友芝，定甫農部禮闈所薦士也，著有〈邵亭詩鈔〉，定甫以淵樸許之，頃持詩來見，並以同里鄭子尹珍〈説文逸字記〉見示,可謂黔中二俊矣,題句贈之,兼寄子尹》。王拯《龍壁山房詩草》卷十亦有《子偲奉所爲詩,執再傳弟子禮,謁壽陽師,師贈以詩兼寄遵義鄭珍子尹,子偲次韻奉酬,竊亦傚顰》。其他如許乃普、翁同龢、張之洞、郭嵩燾等亦是莫友芝在京所識名人。另外,此名單中有部分人物僅爲聞知,如楊峴,係咸豐十年莫友芝出京後始相識於途中。

咸豐十年(1860)恩科未中,截取亦靡有定期,遂出京往安徽訪曾國藩。

莫友芝本年閏三月中下旬有信致陳鍾祥(《莫友芝全集》,第6册):"自二月次保定,奉箋後匆匆入都,爲場屋之計。場後又應接紛如,倏爾報罷。學殖荒落,真不直一笑也。閏月十三奉到惠書,並厚贈卅金。橐囊方空,適然蒙此接濟,其增潤枯旅,有逾尋常,感謝無似。又承尊體一切復元,尤慶快慶快。友芝三月雖及到部銷假投供,而自去年二月至今,踰年尚未選及正班一人,則前與兄言當待四月開選,巽一撞,恐已是靠不住。計四月内必將出京,爲糊口之謀,舍走曾滁老軍更無二法。經平棘時,更爲我兄馨之。"

按,莫友芝《良遷詩三首》小序云:"余出都以初秋癸卯。"初秋癸卯即七月十一日,然據高心夔《佩韋室日記》咸豐十年七月十一日載:"是日晨入城……遂至櫻桃街送偲老行,方早飯也。偲老之行展用明日,約在寶蕾軒夜話。……將至寶蕾軒,值偲老來,下車同行,既至,眉兄出門,久之歸,三人共晚飯,叙別至夜半始散。"知莫友芝實際出京在七月十二日。

中途道梗,暫入胡林翼幕,爲其校刻《讀史兵略》。

莫友芝《邵亭日記》咸豐十一年正月二十四日:"午見胡宮保。宮保謂祁門路未暢通,宜且遲渡江。問肯留幕下否? 余以鈍拙不能任事爲辭，但不分職事、不勞薪奉，許時月相依，得親炙當代偉人，開拓胸臆，則出都之素志也。”二月十一日：“晴，宮保以箋啓見屬。”二月二十九日：“宮保屬往鄂城，爲校新纂《兵略》，並檢點箴言書院藏書。”六月二十四日：“以《兵略》校本呈宮保核，謂一依所勘爲定。”

按，國圖藏《鄭子尹等書札》中有莫祥芝復信莫友芝云：“不仕事之説固善，然既在彼住下，亦不可無名色。昨晤陳筱翁，云宮保別有借重之處，但是能做之件，即宜應之。”從今存郘亭書札底稿和本年二月十一日日記看，莫友芝還是擔任了筆墨職事。

咸豐十一年（1861）七月，往謁曾國藩於東流戎幕。未久，安慶克復，又依曾氏安慶幕中，居客卿之位。曾氏爲給薪水之資，使遥領廬州廬陽書院山長。

《郘亭日記》咸豐十一年七月三日：“食後，謁兩江總督欽差曾公國藩於城中行營。”

《曾國藩日記》咸豐十一年七月三日：“午刻清理文件。莫子偲來，久談二時許，即在此便飯。子偲名友芝，貴州獨山人，道光廿七年在京城相遇於書肆，旋與劉椒雲相友善。自此一別十五年，中間通書問一二次而已。因其弟祥芝在此，渠來省視，因得再晤。學問淹博，操作不苟，畏友也。”

《郘亭日記》咸豐十一年八月一日：“午後安慶克復報至。”九月二十日：“答陳心泉拜還，而心泉先遣人送廬州廬陽書院關訂，云欽差意也。”按，欽差指曾國藩，陳心泉指陳浚，字心泉，福建閩縣人，道光二十七年（1847）進士，授編修。

同治二年（1863）春，成《唐寫本説文木部箋異》一卷，後由曾國藩資助梓行。冬，中外臣工先後保奏莫友芝、鄭珍等十餘人，特旨

發往江蘇，以知縣用。然卒不就。

《郘亭遺文》卷一《唐寫本說文木部箋異引》："同治改元初夏，舍弟祥芝自祁門來安慶，言黟縣宰張廉臣有唐人寫《說文解字·木部》之半。……余則以謂果李唐手迹，雖斷簡決資訂勘，不爭字畫工拙。特慮珍弄靳遠假，命其還，必録副以來。廉臣見祥芝分豪摹似，倉卒不得就，慨然歸我。明年正月將至，檢對一二，劇詫精奇。莫春寒雨，浹旬不出門户，乃取大、小徐本通讎異同，其足補正黟至數十事。前輩見戴侗引晁記唐本許書，雖刺謬，猶貴重；近人獲蜀《石經》殘拓，寶過宋槧元鈔。矧此千歲秘帙，絶無副移，徑須冠海内經籍傳本，何僅僅壓皖中名迹也。"

《曾國藩日記》同治二年五月七日："中飯後……莫子偲來，將所得《唐寫本說文木部》重寫一遍，將以刊刻，公諸同好。余與同至内銀錢所，囑爲之精刻。其所爲《校勘記》，將待陳碩甫先生來訂定，而後發刻。"

按，《唐寫本說文木部箋異》刊成時間當爲同治二年歲末，莫友芝同治三年正月十五日致鄭珍信(《莫友芝全集》，第 6 册)云："收得《唐人寫本說文》百八十餘篆，異同足正二徐數十處，因撰《箋異》一卷，已刊成，俟緩寄。"知此前該書即已刊就。

《曾國藩日記》同治二年十二月十五日："是日接部文，將鄭珍、莫友芝、鄧瑶、趙烈文、成果道、向師棣等十餘人發往江蘇，以知縣用，因中外臣工先後保奏也。"

按，莫友芝計議再三，終婉辭出仕。其同治三年五月二十一日致莫祥芝信(《莫友芝全集》，第 6 册)云："(曾國藩)謂我弟兄必不可不有一官，欲催我趁時一出。我總要看得弟有出路，我仍不出爲善。宜徐計之也。此間至好者，皆以我不出爲善，我出爲不是，須看到勢逼無法，時決之耳。"日後莫祥芝宦途順利，莫友芝自然無需再爲五斗米折腰。

同治四年（1865），奉曾國藩札委，往揚州、鎮江一帶搜求乾隆間頒存文匯、文宗兩閣《四庫全書》散失零星之本。同治五年，又奉李鴻章札委，往江南諸郡游，續完采訪兩閣《四庫全書》公幹，兼查各儒學各書院官書兵後留存情況。得償遍歷名山大川，盡交魁儒豪彥之願。

《邵亭日記》同治四年正月二十一日：“奉使相札，命往揚州、鎮江一帶搜求乾隆間頒存文匯、文宗兩閣《四庫全書》散失零星之本，恭藏以待補繕。”按，使相即曾國藩。

同治四年五月十四日，莫友芝致信曾國藩，彙報訪書經過：“友芝奉鈞委采訪鎮江、揚州兩閣《四庫》書，即留兩郡間二十許日，悉心咨問。並謂上兩項書向由兩淮鹽運使經算，每閣歲派紳士十許人，司其曝檢借收。咸豐二、三年間，毛賊具至揚州，紳士曾呈請運使劉良駒籌費移書，避深山中，堅不肯應。比賊火及閣，尚扃鑰完固，竟不能奪出一冊。鎮江閣在金山，山僧聞賊將至，亟督僧衆移運佛藏，避之五峰下院，而典守書閣者揚州紳士，僧不得與聞，故亦聽付賊炬，唯有浩嘆！比至泰州，遇金訓導長福，則謂揚州庫書，雖與閣俱焚，而借録未歸與拾諸煨燼者，尚不無百一之存。長福曾於甘泰間三四處見之，問其人，皆遠出，倉猝無從究詰。以推金山庫書，亦必有一二散存者。友芝擬俟秋間，更歷兩郡，仔細搜訪一番，隨遇掇拾，不限多少，仍交運使恭弆，以待將來補繕。然後溯邗而北馳，叩幕府銷差。”（《莫友芝全集》，第 6 册）

《邵亭日記》同治四年三月十七日：“奉李宮保委查蘇省各屬官書。”五月二十九日：“同治五年五月將爲江南諸郡游，續完采訪兩閣全書公幹，兼查覈各儒學各書院官書兵後有無存留。”按，李宮保即李鴻章。

按，同治五年江南諸郡之游，莫友芝收穫甚豐，據其日記，他曾在上海觀諸藏家藏品，購書亦多。如六月九日，周湘清以《黃氏譜序》來；七月十二日，錄劉芝田所藏黃道周手書草隸直幅於《書畫經眼録》；七月十五日，爲蔣敦復所藏《知俯齋牓子卷》題跋；八月十一日，鬱泰峰以書樣二十餘册來看，中有桃花紙十七史絶佳；八月十三日，以新購五大箱書存機器局，待寄金陵等。

同治六年（1867）九月，應丁日昌之請，爲其持靜齋藏書編纂目録。本年又促成《續資治通鑑》之刊刻。

莫友芝《持靜齋藏書記要序》（《莫友芝全集》，第 8 册）："同治丁卯秋末，友芝游浙，還及吳門，禹生中丞命爲檢理持靜齋藏書，三百有若干匣，散記其撰述人、代、卷帙、刊鈔。逾兩月，粗一周，未及次序。明年春，開書局，董校旁午。夏秋間，暫還金陵，略以四部別之，旋輙去。己巳開歲，局事少減，乃舉官本《簡明目録》，悉齋中所有，注當條下，《庫目》未收，或成書在後者，約略時代，條記於上下端，用助朝夕檢覽。……猶自以爲未備，不欲泛濫編録，因舉傳本希見，指述大略，爲《記要》二卷存之，以驗好古之士。二月庚午，獨山莫友芝。"

按，同治五年及六年間，莫友芝對《續通鑑》的購板和刊刻出力甚巨。據其日記及信札，同治六年正月十五，其致信李鴻章，彙報訪書經過，並促購《續通鑑》。正月十九日，應寶時信至，言《續通鑑》板已購得。十月，莫友芝來上海，應寶時惠贈畢沅《續資治通鑑》印本，莫友芝遂作《修補畢氏續資治通鑑刊板跋》以述原委："同治丙寅春，李肅毅伯開書局金陵，刊六經注成，且及《史》《漢》。問繼者何亟？友芝以《通鑑》對，《續》宋元則取鎮洋畢氏，即承命求胡果泉仿元本，備覆刊。聞畢書板在嘉興馮氏者，軍興，取供炊薪，僅損末百塊，其鄰遞倍薪材易去。亂定，又不能綴完。戴禮庭秀才爲議售，且就，而禮庭亡。蕭毅提師赴河濟，應敏齋觀察亟爲購致，刊補亡失以行。江浙四部鉅編板刻燹毀幾盡，惟此碩果搖搖將不自存，遂得拔出塵蠹，爲士林嘉會。觀察之爲政可思矣！"

同治七年（1868），丁日昌在蘇州開江蘇書局，聘友芝爲總校，當年刻補成胡三省注《資治通鑑》。

《邵亭遺文》卷三《資治通鑑後識》："右司馬文正公《資治通鑑》，胡身之氏注二百九十四卷，附《釋文辨誤》十二卷。其二百有八卷以下暨《辨誤》，同治戊辰江蘇局刊；以上二百有七卷，則購鄱陽胡氏嘉慶丙子覆元興文署舊槧，合之者也。……丙寅之歲，合肥協相權督兩江，議覆而新之。已爲致一鄱陽善印矣，尋提師征捻北去。戊辰初春，豐順中丞奏開書局江蘇，命友芝董斯役。議治史部，則挾是編以請，中吳士大夫僉然之。議授工何始，則以最末一帙層累而上。既若干卷就，友芝有事於秣陵。伏暑中，方縣令浚益、何太守栻、桂觀察嵩慶，一日之間先後來告曰：'鄱陽《通鑑》板猶八九在，曷致諸蘇局補綴以行，必事半功倍。'友芝亟馳書告中丞，再旬再往返，則已檄劉郡丞履芬行，先得郵實存亡卷數。則其後三之一，道光乙未前樓火，並《文選》板燼焉，前之太半在後樓，即今板也。冬十月，郡丞航以至，而局刻適完所闕卷，泯然相接湊，異矣哉！更一月以校訛補脫易漫，萬葉鉅編，首尾秩秩，距肇功之初夏，九閱月爾。"

按，此言李鴻章欲刻而未就，至丁日昌開江蘇書局，莫友芝始得從最後一帙刻起，後知鄱陽胡氏舊版尚存大半，遂函告丁日昌購至，恰與江蘇書局所刻合成全帙事甚明。

同治九年（1870），又就揚州淮南書局總校聘，參與刻印《全唐文》《十三經》諸事。

《邵亭日記》同治九年二月二日："龐省三都轉書來，言揚州新開書局，未有章程，欲邵亭爲之總校。"按，龐際雲字省三。

莫友芝本年六月十日致莫庭芝信（《莫友芝全集》，第6冊）云："我去臘已辭蘇州書局館，開春湖北督撫諸公以文昌書院講席相招，亦力辭之。而龐省三都轉又以揚州書局堅訂，以是繩兒（按，指莫繩孫）上司，不能不應。"

《邵亭日記》同治九年五月十日："介伯、又蘇諧商校《隋書》法，局刻諸史，並依毛本爲式，毛本外僅有殿本、南監萬曆本，適又携北監本來，擬備此四本異同於每卷尾，各附一二紙，其毛誤今改者記云'依某本改'，其兩通者但記異同而已。"

十一月十五日，莫友芝致信方浚頤（《莫友芝全集》，第6冊）云："昨書局提調王守言《全唐文》板式，尊意必以原書大小爲準，而不取友芝請改依《全唐詩》之議。因命刻匠依原樣寫宋本觀，頗覺其字大行鬆，尚不如新刻《隋書》之整致。因與王守熟商，此刻既擬改宋，即非原書原式，何妨稍加直行，以損成功時紙墨。"

《邵亭日記》同治十年正月七日："督相曾公招飲，言當刊《十三經注疏》，問通行者何本爲善。以阮本爲善，公嫌其字小，則又以殿本對。"三月二日："將之揚州，謁督相辭，謂前議之《十三經》，今付淮南局專辦，可留意購兩善印殿本。"四月二十二日："聚局中諸友約議校經章程。"四月三十日："謁督相，言揚州刻經章程，定用殿本翻雕，惟經文必改寫放大，使與注文不混。"

按，刻印《十三經注疏》起於同治十年，前期莫友芝參與較多，然因與曾國藩宗旨有所不合，後曾國藩實以何紹基主其事，曾國藩五月二十六日致何紹基信（《曾國藩全集》修訂版，岳麓書社2012年版）云："《十三經注疏》爲學問之根柢，重刻大字本，信足嘉惠儒林。承鼎力玉成此舉，又爲之商定格式底樣，俾局中有所遵循，實後來學者之幸。昨莫偲翁來，談及此事，渠意格式廣長，字之粗細，悉以殿本爲法，並須翻板爲之。鄙人則不主於翻刻，而主於另寫，但亦不欲有剪裁伸縮之事。蓋編次一過，再行發寫，非數年不能卒業，而又須一手爲之乃能完整。老前輩精力雖强，然雲霄逸鶴，不欲竟以經生憔悴專一之事相困。若台端僅引其緒而使它人仿效爲之，未必有如許通才聯翩而來。”六月十日曾國藩致方浚頤信云：“《十三經注疏》業已飭局重刊，並延請何貞翁前輩在揚總理其事。校經本屬不易，得此耆儒主持，足令六籍揚馨，至以爲慰。”（《曾國藩全集》修訂版嶽麓書社 2012 年版，第 3 册）《邵亭日記》同治十年八月十七日亦載：“登舟之揚局，泊漢西門外。先是，與局中約處暑前後當至局，以何子貞議改刻《經疏》章程，有信致滌相，謂子偲且可不來，余遂遲遲其行。局中屢信相催，且聞子貞已行，又不能不一往也。”

同治十年（1871）九月，訪求古籍於揚州裏下河。九月十四日，於興化舟中病逝，享年六十有一。

《邵亭先生行述》：“今年秋，將至揚州書局，爲蘇、常之游，因携所復校未竟《隋書》，將於舟中蕆事，聞下河完善區多故藏，繞道訪之。至興化，感風寒，得汗不已，以同治十歲辛未九月十四日未時卒於舟次。”

友芝少承先訓，好學深思，手不釋卷，經史子集，靡不探討，於音韻訓詁、金石目録、史志文獻尤能究極奧頤，疏導源流。又工真行篆隸，能力追古人而運以己意，求者接踵。其逝也，人皆惜之，曾國藩親往致吊，並挽聯云：“京華一見便傾心，當時書肆訂交，早欽宿學；江表十年常聚首，今日酒樽和泪，來吊詩魂。”

《莫子偲墓誌銘》：“子偲之學，於《蒼》《雅》故訓、六經名物制度,靡所不探討,旁及金石目録家之説,尤究極其奥賾,疏導源流,辨析正僞,無銖寸差失。所爲詩及雜文,皆出於人人,而於詩治之益深且久。又工真行篆隸書。求者肩相摩於門。"

《曾國藩全集·詩文·聯語》:"京華一見便傾心,當時書肆訂交,早欽宿學;江表十年常聚首,今日酒樽和泪,來吊詩魂。"趙愷《鄭莫黎三先生事實徵輯》按語載此聯爲:"京華一見便傾心,當年虎市橋頭,書肆訂交,早欽宿學;江表十年常聚首,今日莫愁湖上,酒樽和泪,來吊詩人。"文字小異。

平生著書十餘種,《唐寫本説文木部箋異》《郘亭知見傳本書目》《黔詩紀略》《郘亭詩鈔》尤廣爲人知。莫氏當世即以詩名家,鄭珍評其詩似孟東野、陳後山,陳衍視爲學人之詩,詞則高健古艷,堪爲晚清一大作手。

據張劍《莫友芝年譜長編》統計,莫友芝編著之書,生前刊刻者有:《〈樗繭譜〉注》一卷,注鄭珍《樗繭譜》,有力於蠶絲之業。與鄭珍合撰之《遵義府志》,凡四十八卷,爲目三十三,成書八十餘萬言,"時人以配《水經注》《華陽國志》"(黎庶昌《莫徵君別傳》)。《唐寫本説文木部箋異》一卷,以唐人寫本《説文》木部殘篇一百八十字,較孫刻大徐本、祁刻小徐本,足補正者將及百條,劇可寶貴。《持静齋書目》五卷及擇其精要而成之《持静齋書目記要》二卷,一備一精,相輔相成,在目録學上別具特色。《郘亭詩鈔》六卷,大略收道光二十四年(1844)迄咸豐元年(1851)詩作,鄭珍爲之删定並序。

身後梓行之著作有:《韻學源流》一卷,綜括舊説,理明事簡,堪稱第一部"漢語音韻學史"(陳振寰《韻學源流評注》,貴州人民出版社1988年版)。《黔詩紀略》三十三卷,網羅明代黔人詩歌,貴州文獻始燦然可述。《郘亭知見傳本書目》,係莫友芝撮録邵懿辰等人著述並雜以己見而成,本無意成書,然自其子莫繩孫整理爲十六卷並流傳於世後，因其注録豐富，深得賞鑑家珍愛。《宋元舊本書經眼録》三卷附録二卷，記録所見多種宋、金、元、明精刊本、鈔本、稿本，或釋題概要，或考訂源流，或品評優劣，或録寫其序跋、印鑑，頗受藏書家重視。《郘亭書畫經眼録》四卷附録二卷（附録二卷爲其子繩孫撰），叙録莫氏經眼書畫作品數十種，雖卷帙無多，然吳、唐、蜀、宋名迹，亦有賴是編而傳者。《金石影目録》兩册，記録所經眼金石目録數百種。《郘亭遺詩》八卷，收録咸豐二年至同治十年（1871）詩五百餘首。《郘亭遺文》八卷，收其各類文章六十八篇。《影山詞》三卷，收詞百餘闋。《古今集聯》四卷，收莫氏集聯一千三百餘副。《郘亭日記》，記咸豐十年末至同治十年友芝事甚詳，爲研究莫氏第一手材料。

知而未見或已佚之著作，有《過庭碎録》《棠陰雜志》《聲韻考略》《資治通鑑索隱》《郘亭經説》《梁石記》等。

莫友芝當世頗負詩名，鄭珍《郘亭詩鈔序》稱其詩大似"東野、後山"，楊峴《遲鴻軒詩續》卷首謂其詩"蒼老"。汪士鐸《莫郘亭遺詩跋》謂其詩"如秋宵警鶴，漢苑鳴蛩，風露凄清，知爲不食人間煙火者。又如五丁開山斧鑿崖，絶無一平土"。陳衍《石遺室詩話》卷二八云："鄭、莫並稱，而子偲學人之詩，長於考證，與子尹有迥不相同者，如《蘆酒詩》後記一二千言，《遵亂紀事》廿餘首，《哭杜杏東》亦有記千百言附後，皆有注，可稱詩史。""道咸以來，何子貞紹基、祁春圃寯藻、魏默深源、曾滌生國藩、歐陽潤東輅、鄭子尹珍、莫子偲友芝諸老，始喜言宋詩。"

莫友芝詞生前不肯付梓，後朱祖謀得其鈔本，激賞之，譽爲"高健之骨、古艷之神，幾合東坡、東山爲一手。國初諸家俱無從望其肩背，無論後來矣"（南京圖書館藏鈔本）。近年來莫詞始爲學界關注，並給予較高評價。細觀莫詞，寫戀情之纏綿，寫親情之真摯，寫黔中風情之清新,寫贈答寄懷之遥深,皆的然名家。

按,莫友芝於詩詞實不甚留意,嘗謂"作一首好詩不若作一篇好文"(同治三年黎庶壽致莫友芝信,《莫友芝年譜長編》"同治三年"條),同治後詩作漸少,精力多移於學術。即以同治以前所作詩歌論,每於詩中夾雜或夾注考證文字,後世遂視其爲宋詩派或學人之詩。其影響後世者,亦多爲學術著作,版本目錄之學,尤爲人稱道。

參考文獻:

1. 莫友芝《清故授文林郎翰林院庶吉士四川鹽源縣知縣貴州遵義府教授顯考莫公行狀》,道光刻本。

2. 莫友芝著,張劍、張燕嬰整理《莫友芝全集》,中華書局2017年版。

3.《郘亭遺詩》附錄《莫子偲墓誌銘》,光緒元年刻本。

4. 黎庶昌《拙尊園叢稿》卷四《莫徵君别傳》,清末金陵書局刻本。

5. 趙愷《鄭莫黎三先生事實徵輯》,民國二十六年遵義趙愷石印本。

6. 張劍《莫友芝年譜長編》,中華書局2008年版。

(張劍)

曾國藩傳

曾國藩，字伯涵，號滌生，初名子城。湖南湘鄉人。嘉慶十六年（1811）生。

黎庶昌《曾文正公年譜》：“公諱國藩，字伯涵，號滌生，湖南湘鄉人。曾氏祖籍衡陽，國初有孟學公者，始遷湘鄉荷塘都之大界里；再傳至元吉公，族姓漸多，資産漸殖，遂爲湘鄉人。”

《曾文正公年譜》嘉慶十六年一歲：“公生十月十一日亥時，時竟希公在堂，壽幾七十矣。是夜夢有巨蟒盤旋空中，旋繞於宅之左右，已而入室庭，蹲踞良久。公驚而寤，聞曾孫生，適如夢時，大喜曰：‘是家之祥。曾氏門閭行將大矣。’宅後舊有古樹，爲藤所纏，樹已槁，而藤日益大且茂，矯若虬龍，樹葉蒼翠，垂蔭一畝，亦世所罕見者。”

黎庶昌《曾太傅毅勇侯別傳》（曾國藩《曾國藩詩文集》附錄）：“公諱國藩，字伯涵，別號滌生，湖南湘鄉人也。初名子城，後改。”

《曾文正公年譜》道光十八年二十八歲：“中式後，更名國藩。”

祖玉屏，字星岡，務農。父麟書，字竹亭，諸生。

《曾文正公年譜》：“元吉公之仲子曰輔臣公者，公之高祖也。曾祖諱竟希，誥贈光禄大夫；妣彭氏，誥贈一品夫人。祖諱玉屏，字星岡，誥封中憲大夫，累贈光禄大夫；妣王氏，誥封恭人，累贈一品夫人。考諱麟書，字竹亭，湘鄉縣學生員，誥封中憲大夫，累封光禄大夫；妣江氏，誥封恭人，累封一品夫人。仲父諱鼎尊，早卒；叔父諱驥雲，字高軒，以公官賜封光禄大夫。星岡公以嘉慶戊辰年遷居白楊坪。公兄弟五人，女兄弟四人。公則竹亭公之長子也。"

《曾國藩詩文集》文集卷四《大界墓表》："王考府君以道光二十九年十月四日棄養，倏歷二十三年。……府君諱玉屏，號星岡。……春秋七十有六，葬於八斗冲。……府君之先，六世祖曰孟學，初遷湘鄉者也。曾祖曰元吉，別立祀典者也。祖曰輔臣，考曰竟希。"

《曾國藩詩文集》文集卷四《台洲墓表》："先考府君諱鱗書，號竹亭，平生困苦於學，課徒傳業者蓋二十有餘年。……府君既累困於學政之試，厥後挈國藩以就試，父子徒步橐筆以干有司，又久不遇。至道光十二年，始得補縣學生，府君於是年四十有三，應小試者十七役矣。吾曾氏由衡陽至湘鄉，五六百載曾無人與於科目秀才之列，至是乃若創獲，何其難也。自國初徙湘鄉，累世力農，至我王考星岡府君，乃大以不學爲恥，講求禮制，賓接文士，教督我考府君，窮年磨厲，期於有成。……府君僻在窮鄉，志存軍國，初令季子國葆募勇討賊，既又令三子國華、四子國荃募勇，北征鄂，東征豫章，粗有成效，而府君遽以咸豐七年二月四日棄養。"

道光十三年(1833)，國藩補縣學弟子員，次年鄉試中第。十八年成進士，選庶吉士，散館後授翰林院檢討。

《曾文正公年譜》道光十三年二十三歲："本年科試，入縣學。時公名子城，提督學政爲岳公鎮南。竹亭公年四十有三，應童試十七次，始補生員，積苦力學，授徒家塾者二十年。至是深喜公之繼起而早獲售也。"道光十四年二十四歲："肄業岳麓書院，山長爲歐陽坦齋先生。公以能詩文，名噪甚，試輒第一。是科領鄉薦，中式第三十六名舉人。"道光十八年二十八歲："本科會試，欽派大總裁大學士穆彰阿公及朱公士彦、吳公文鎔、廖公鴻荃。公中式第三十八名進士。房考官季公芝昌。同鄉中式者五人,寧鄉梅公鍾澍、茶陵陳公源袞,尤公至好。四月,正大光明殿覆試一等,殿試三甲第四十二名,賜同進士出身。朝考一等第三名,進呈宣宗,拔置第二名。五月初二日引見,改翰林院庶吉士。"道光二十年三十歲:"四月,移寓澱園挂甲屯,十七日,散館。取列二等第十九名,引見授職檢討。"

道光二十三年(1843),授翰林院侍講學士,漸次升轉,二十七年,任禮部侍郎。三十年,任兵部左侍郎。咸豐元年(1851),署刑部左侍郎。二年,署吏部左侍郎。六月,充江西鄉試正考官,未至,丁母憂回籍。

《曾文正公年譜》道光二十三年三十三歲:"八月初四日抵成都,接准吏部咨文,已於七月十五日補授翰林院侍講之缺。"道光二十五年三十五歲:"五月初二日,上御門,公升授詹事府右春坊右庶子。⋯⋯六月,轉補左庶子。⋯⋯(九月)二十四日,上御門,升授翰林院侍講學士。"道光二十七年三十七歲:"六月,奉旨升授内閣學士,兼禮部侍郎銜。"道光二十九年三十九歲:"(正月)二十二日,奉旨升授禮部右侍郎。⋯⋯八月初二日,奉旨兼署兵部右侍郎。"道光三十年四十歲:"六月初四日,奉旨兼署工部左侍郎。⋯⋯(十月)奉旨兼署兵部左侍郎。"咸豐元年四十一歲:"(五月)二十六日,公奉旨兼署刑部左侍郎。"咸豐二年四十二歲:"正月二十四日,奉旨兼署吏部左侍郎。⋯⋯六月十二日,欽命充江西鄉試正考官。⋯⋯聞訃:江太夫人於六月十二日薨逝。公大慟,改服奔喪。"

時太平軍北上,圍長沙,陷武昌,江南大震。國藩奉命在籍治團練,募爲勇營,教以兵法,號曰湘軍。次年,又創水師。選將塔齊布、羅澤南、楊載福、彭玉麟、江忠源等,或拔自偏裨,或起於書生,並一時之杰。

《曾文正公年譜》咸豐二年四十二歲:"是月(十一月),湖南巡撫奉上諭:'前任丁憂侍郎曾國藩籍隸湘鄉,於湖南地方人情自必熟悉。着該撫傳旨,令其幫同辦理本省團練鄉民、搜查土匪諸事務,伊必盡力,不負委任等因。'"咸豐三年四十三歲:"(七月)江公忠源復以書致公,謂長江上下,任賊船游弈往來,我兵無敢過問者。今日之急,唯當先辦船炮,擊水上之賊。時郭公嵩燾在江公幕中,力主水師之議。……(十一月)公前擬募陸勇六千,本以付江公忠源統帶。尋奉旨籌備水師,始建水、陸萬人,大舉東征之計。先派江公之弟忠濟帶勇一千名赴皖,公則經營戰艦,規造炮船二百號,雇民船二百以從其後,船行中流,陸兵則夾江而下。其規畫大局如是。"

徐世昌等《清儒學案》卷一百七十七《湘鄉學案》:"集水陸萬人,選將以塔齊布公、羅公澤南、楊公載福、彭公玉麟分領之,或拔自偏裨,或起於書生,並一時之杰。"

咸豐四年(1854),督師東下,初戰岳州、靖港,皆失利,而湘潭一路大捷,後克岳州,復武昌,圍九江,湘軍之名威震海內。七年,丁父憂。

《清史列傳》卷四十五《曾國藩傳》:"(四年二月)督師東下。三月,與賊接戰岳州。四月,又戰靖港,皆不利,得旨革職,仍准專摺奏事。時國藩已遣守備楊岳斌、知縣彭玉麟與塔齊布合擊賊於湘潭,大破之,復其城。賊退踞岳州,七月,國藩攻克之,毀其舟。賊浮舟上犯,再破之,遂與塔齊布,水陸追擊,自城陵磯二百餘里,剿洗淨盡。賞三品頂戴。九月,復武昌、漢陽,盡焚裹河賊舟,賞二品頂戴。署湖北巡撫,賞戴花翎。旋以國藩力辭賞兵部侍郎銜,辦理軍務,毋庸署理巡撫。"

《曾文正公年譜》咸豐七年四十七歲:"二月初四日,公由瑞州回至南昌,會商軍務。初九日,仍還瑞州營。竹亭公以初四日薨於里第。"

咸豐十年(1860),加兵部尚書銜,署理兩江總督。次年,以克復安慶,加太子少保銜,後督辦蘇、皖、贛、浙四省軍務。舉左宗棠、李鴻章分統浙、蘇軍務,同治三年(1864),蘇、浙漸次平定。七月,弟國荃攻拔金陵,太平天國起義遂被平定。國藩以軍功加太子太保銜,賜一等侯爵。

《曾文正公年譜》咸豐十年五十歲:"(四月)上諭:'曾國藩著先行賞加兵部尚書銜,迅速馳往江蘇,署理兩江總督。'(六月)二十四日,奉上諭:'兩江總督著曾國藩補授,並授爲欽差大臣,督辦江南軍務。'"咸豐十一年五十一歲:"(九月)官文公會奏安慶克復情形。奉上諭:'曾國藩調度有方,著加恩賞加太子少保銜。'……(十月)十八日,奉上諭:'欽差大臣兩江總督曾國藩著統轄江蘇、安徽、江西三省,並浙江全省軍務。所有四省巡撫提鎮以下各官,悉歸節制。浙江軍務,著杭州將軍瑞昌幫辦,並著曾國藩速飭太常寺卿左宗棠馳赴浙江,剿辦賊匪。'"同治三年五十四歲:"(六月)十六日,金陵官軍治地道成,轟陷城垣二十餘丈。公弟國荃督領將弁衝殺入城,圍攻僞宮城。即日由驛八百里馳報金陵克復大概情形。是夜攻克內城,搜殺三日夜。十九日,擒賊酋李秀成、洪仁達。賊黨死者十餘萬人。……二十九日,奉上諭:'本日官文、曾國藩由六百里加緊紅旗奏捷克復江寧省城一摺,覽奏之餘,實與天下臣民同深嘉悦。此次洪逆倡亂粵西,於今十有五年,竊據江寧亦十二年,蹂躪十數省,淪陷數百城,卒能次第盪平,殄除元惡。該領兵大臣等櫛風沐雨,艱苦備嘗,允宜特沛殊恩,用酬勞勣。欽差大臣協辦大學士兩江總督曾國藩自咸豐三年在湖南首倡團練,創立舟師,與塔齊布、羅澤南等屢建殊功,保全湖南郡縣,克復武漢等城,肅清江西全境。東征以來,由宿松克潛山、太湖,進駐祁門,叠復徽州郡縣,遂拔安慶省城,以爲根本,分檄水陸將士規復下游州郡。兹幸大功告蔵，逆首誅鋤，實由該大臣籌策無遺，謀勇兼備，知人善任，調度得宜。曾國藩著加恩賞加太子太保銜，錫封一等侯爵，世襲罔替，並賞戴雙眼花翎。'"

同治四年（1865）五月，奉命督辦直隸、山東、河南三省軍務。時捻軍正盛，蒙古親王僧格林沁於曹州被殺。國藩以駐兵四鎮、扼守兩河之策征剿，去職後李鴻章仍襲之，一載有餘，成效頓顯。五年（1866）十一月，回兩江總督任。

《曾文正公年譜》同治四年五十五歲："（五月初九）奉到上諭：'欽差大臣協辦大學士兩江總督一等毅勇侯曾國藩，現赴山東一帶督師剿賊，所有直隸、山東、河南三省旗綠各營及地方文武員弁，均著歸曾國藩節制調遣。如該地方文武不遵調度者，即由該大臣指名嚴參。'"同治五年五十六歲："公辦理捻匪一載有餘，初立駐兵四鎮之議，次設扼守兩河之策，皆未久而改變。其在臨淮，搜擒蒙、亳匪徒，以絕捻之根株；在徐州辦結湖團巨案，以除捻之勾引。劉銘傳、劉松山、潘鼎新三軍，大小數十戰，賊衆縱橫飆忽之勢，實因以少衰。"

《清儒學案》卷一百七十七《湘鄉學案上》："四年，科爾沁親王僧格林沁戰歿曹州，先生奉命督師。奏言賊情已成流寇，官軍不宜與之俱流，宜於安徽之臨淮、江蘇之徐州、山東之濟寧、河南之周家口駐重兵，爲四鎮，別設一游擊之師，一處有急，各相應援，以有定之兵，制無定之寇。又議扼黃河、運河以蹙賊，兵事始有歸宿。而言路多所指摘，乃自陳病狀，請開缺以閑散效力，並請削封爵，詔不允行。尋命回木任，以李文忠代督師，悉守成略。"

《曾文正公年譜》同治五年五十六歲："（十一月）初六日，奉到上諭：'曾國藩著回兩江總督本任，暫緩來京陛見。江蘇巡撫李鴻章著授爲欽差大臣，專辦剿匪事宜。'"

同治七年(1868),調直隸總督。九年五月,天津教案發。國藩堅保和局,不與西洋構釁,遂致非議。八月,調補兩江總督。十一年,卒於任,年六十二,贈太傅,謚文正。

《曾文正公年譜》同治七年五十八歲:"(七月)二十七日,奉到上諭:'曾國藩著調補直隸總督,兩江總督著馬新貽調補。'"同治九年六十歲:"(六月)初十日,公至天津。津郡民團舊有水火會名目,人數甚衆,怨崇厚公之護教,咸望公至,必力反崇公之所爲。公奉命之初,凡詣公條陳此事者,或欲藉津人義憤之衆以驅逐洋人,或欲聯合俄、英各國之交以專攻法國,或欲參劾崇厚以伸士民之氣,或欲調集兵勇以爲應敵之師。公意在堅保和局,不與洋人構釁,以致啓兵端。其函致崇公,則稱'有禍同當,有謗同分'之語。既至津郡,出示曉諭士民,仍不獎其義憤,且亦有嚴戒滋事之語。由是津人以怨崇公者怨公矣!……(八月)初四日,奉上諭:'曾國藩著調補兩江總督,直隸總督著李鴻章調補。'"同治十一年六十二歲:"(二月)初四日午後,公乃散步署西花園,子紀澤從。公連呼足麻,扶掖回書房,端坐三刻乃薨。是日戌時也。……奉上諭:'大學士兩江總督曾國藩,學問純粹,器識深宏,秉性忠誠,持躬清正。由翰林蒙宣宗成皇帝特達之知,洊升卿貳。咸豐年間,創立楚軍,剿辦粵匪,轉戰數省,迭著勳勞。文宗顯皇帝優加擢用,補授兩江總督,命爲欽差大臣,督辦軍務。朕御極後,簡任綸扉,深資倚任。東南底定,厥功最多。江寧之捷,特加恩賞給一等毅勇侯,世襲罔替,並賞戴雙眼花翎。歷任兼圻,於地方利病盡心籌畫。老成碩望,實爲股肱心膂之臣。方冀克享遐齡,長承恩眷,兹聞溘逝,震悼良深!曾國藩著追贈太傅,照大學士例賜恤,賞銀三千兩治喪,由江寧藩庫給發。賜祭一壇,派穆騰阿前往致祭,加恩予謚文正,入祀京師昭忠祠、賢良祠,並於湖南原籍、江寧省城建立專祠。'"

子二：長紀澤，以蔭補户部員外郎，充出使英、法、俄大使，著《曾惠敏公文集》《歸璞齋詩鈔》等。次紀鴻，賞舉人，著《對數詳解》。

劉蓉、郭嵩燾《皇清誥授光禄大夫贈太傅武英殿大學士兩江總督一等毅勇侯曾文正公墓誌銘》(《曾國藩詩文集》附録)："子紀澤，户部員外郎，襲封一等毅勇侯；紀鴻，賞給舉人。女五人：一適袁氏，江蘇松江府知府芳瑛之子秉楨；一適陳氏，安徽池州府知府源衮之子遠濟；一適羅氏，浙江寧紹台道、追贈巡撫、忠節公之子兆升；一適員外郎郭剛基，嵩燾之冢子也；一字聶氏，廣東候補道爾康之子緝椝。孫四人：廣鈞，舉人；廣鎔，六部員外郎；廣銓，六部主事。年皆幼，朝廷推恩賞官有差。廣鑾，公薨後生。"

《清史稿》卷四百四十六《曾紀澤傳》："曾紀澤，字劼剛，大學士國藩子。少負俊才。以蔭補户部員外郎。父憂服除，襲侯爵。光緒四年，充出使英法大臣，補太常寺少卿，轉大理寺。六年，使俄大臣崇厚獲罪去，以紀澤兼之。……十年，晋兵部侍郎。與英人議定洋藥税釐，歲增銀六百餘萬。明年還朝，轉入總理各國事務衙門。調户部，兼署刑部、吏部各侍郎。十六年卒，加太子少保，謚惠敏。子廣鑾，左副都御史；廣銓，兵部員外郎。"

《清史稿》卷五百零七《曾紀鴻傳》："曾紀鴻，字栗誠，大學士國藩少子。恩賞舉人。早卒。紀鴻少年好學，與兄紀澤並精算術，尤神明於西人代數術。銳思勇進，創立新法，同輩多心折焉。謂《大衍》求一術亦可以代數推求，依題演之，理正相通，撰《對數詳解》五卷，始明代數之理，爲不知代數者開其先路。中言對數之理，末言對數之用，明作書之本意。其於常對、訥對，辨析分明。先求得各真數之訥對，復以對數根乘之，即爲常對數。級數朗然，有條不紊，雖初學循序漸進，無不可相説以解焉。"

國藩道德、文章、事功皆有可稱。平生以宋儒義理爲主,處功名之際,則師老、莊之謙抑;持身型家,則尚禹、墨之儉勤。克己之功,雖古聖賢無以過之。

《曾文正公年譜》同治十年(1871)六十一歲:"平生以宋儒義理爲主,而於訓詁、詞章二途,亦研精覃思,不遺餘力。處功名之際,則師老、莊之謙抑;持身型家,則尚禹、墨之儉勤。"

《清史稿》本傳:"天性好文,治之終身不厭,有家法而不囿於一師。其論學兼綜漢、宋,以謂先王治世之道,經緯萬端,一貫之以禮。惜秦蕙田《五禮通考》闕食貨,乃輯補鹽課、海運、錢法、河堤爲六卷;又慨古禮殘闕無軍禮,軍禮要自有專篇,如戚敬元所紀者。論者謂國藩所訂營制、營規,其於軍禮庶幾近之。晚年頗以清静化民,俸入悉以養士。老儒宿學,群歸依之。尤知人,善任使,所成就薦拔者,不可勝數。一見輒品目其材,悉當。時舉先世耕讀之訓,教誡其家。遇將卒僚吏若子弟然,故雖嚴憚之,而樂爲之用。居江南久,功德最盛。"

論學兼取漢宋之長,以經世致用爲本。發爲文章,私淑桐城,以漢賦雄奇瑰瑋之境矯其失。論詩不主一家,尤嗜山谷。近代文壇桐城古文與宋詩之盛行,國藩有力焉。

李鴻章《皇清誥授光禄大夫贈太傅武英殿大學士兩江總督一等毅勇侯曾文正公神道碑》(《曾國藩詩文集》附録):"公爲學研究義理,精通訓詁;爲文倣法韓、歐,而輔益之以漢賦之氣體。其學問宗旨以禮爲歸。"

《清儒學案》卷一百七十七《湘鄉學案上》:"論學兼取漢、宋之長,要之致用。發爲文章,起衰載道。所仰止者,自文、周、孔、孟以後,兼取道德、政事、辭章,下逮近儒顧氏炎武、秦氏蕙田、姚氏鼐、王氏念孫，凡三十有四人，圖其象而爲之記，以示爲學宗旨。"

曾國藩《讀書録·望溪文集》："望溪先生古文辭爲國家二百餘年之冠，學者久無異辭，即其經術之湛深，八股文之雄厚，亦不愧爲一代大儒。雖乾嘉以來，漢學諸家百方攻擊，曾無損於毫末。"（《曾國藩全集》，第 15 册）

曾國藩《書信之一·致劉蓉》："聞此間有工爲古文詩者，就而審之，乃桐城姚郎中鼐之緒論，其言誠有可取，於是取司馬遷、班固、杜甫、韓愈、歐陽修、曾鞏、王安石及方苞之作，悉心而讀之。"（《曾國藩全集》，第 22 册）

吴汝綸《桐城吴先生尺牘》卷一《與姚仲實》："桐城諸老，氣清體潔，海内所宗，獨雄奇瑰瑋之境尚少。蓋韓公得揚、馬之長，字字造出奇崛。歐陽公變爲平易，而奇崛乃在平易之中。後儒但能平易，不能奇崛，則才氣薄弱，不能復振，此一失也。曾文正公出而矯之，以漢賦之氣運之，而文體一變，故卓然爲一代大家。"

陳衍《近代詩鈔·石遺室詩話·曾國藩》："詩極盛於唐，而力破餘地於兩宋。眉山、劍南之詩，皆開、天、元和之詩之變化也。自明人事摹仿而不求變化，以鴻溝畫唐宋，東坡且無過問者，涪翁無論矣。坡詩盛行於南宋、金、元，至有清幾於户誦，山谷則江西宗派外，千百年寂寂無頌聲。湘鄉出而詩字皆宗涪翁，《題彭旭詩集後》有云：'大雅淪正音，箏琵實繁響。杜韓去千年，搖落吾安放？涪叟差可人，風騷通肸蚃。'又云：'自僕宗涪公，時流頗忻響。女復揚其波，拓兹疆宇廣。'其明證矣。五言古參學左太冲、鮑明遠，七言古全步趨山谷，如《題毛西垣詩集後》《送凌十一歸長沙》等篇，蓋逼肖者。餘則服膺杜、韓，不高言深微淡遠，惟多雜律句。"

鴉片戰争之後，時局動盪。太平軍起義持續十有五載，波及十數省，國藩創建湘軍，征戰十二年，折而不撓，政局之安，多賴國藩。

晚清中興名臣將帥，泰半出於所薦，中興第一人之譽，良不虛也。

《清史稿》本傳：“論曰：國藩事功本於學問，善以禮運。公誠之心，尤足格衆。其治軍行政，務求蹈實。凡規畫天下事，久無不驗，世皆稱之，至謂漢之諸葛亮、唐之裴度、明之王守仁，殆無以過，何其盛歟！國藩又嘗取古今聖哲三十三人，畫像贊記，以爲師資，其平生志學大端，具見於此。至功成名立，汲汲以薦舉人才爲己任，疆臣閫帥，幾遍海内。以人事君，皆能不負所知。嗚呼！中興以來，一人而已。”

又爲洋務運動之先驅，咸豐十一年（1861）於安慶創辦軍械所，試製槍械、輪船；同治五年（1866），委派容閎籌建上海製造局；十年，選派學生官費赴美留學。西方工業文明之引入中國，國藩居功甚偉。

《曾文正公年譜》同治五年五十六歲：“（十二月）又片奏前年飭委運同銜容閎前往西洋，采辦機器百數十種，均交上海製造局收用。”同治七年五十八歲：“（四月初七日）又奏上海鐵廠製造火輪船，及廣東艇船，仍須酌改營制，略仿西洋之法，擬會同丁日昌履勘查閱，再將外海水師章程核議具奏。……（八月）十三日，上海船廠造火輪船第一號成，駛至金陵。公登船試行至采石磯，命名曰‘恬吉’，取四海波恬、公務安吉之意。”同治十年六十一歲：“七月初三日，公與李公鴻章會奏派委刑部主事陳蘭彬、江蘇同知容閎選帶聰穎子弟，前赴泰西各國肄習技藝。從前斌椿、志剛、孫家谷等奉命游歷海外，親見各國軍政船政，皆視爲身心性命之學，中國當師仿其意，精通其法。查明美國新立和約，擬先赴美國學習，計其程途，由東北太平洋乘坐輪船，徑達美國，月餘可到。已飭陳蘭彬、容閎二員酌議章程，所需經費，請飭下江海關於洋稅項下按年指撥，勿使缺乏。並請飭下總理衙門，將該員所議章程酌核。"

著有詩集四卷、文集十二卷、奏議百二十卷、批牘二十四卷、書札六十卷、日記三十四卷、尺牘五十卷、家書二十八卷等。光緒二年(1876)，門生李瀚章彙集編撰爲《曾文正公全集》。

《曾文正公年譜》同治十一年六十二歲："公之爲學，其大綱宗略見於所作《王船山遺書序》，而備見於《聖哲畫像記》。自登第以還，於學無所不窺，九經而外，諸子百氏之書，靡不規得要領。其於《莊子》《史記》《漢書》《資治通鑑》《明史》《文獻通考》《五禮通考》數種，尤篤好不厭，治之三反。平生爲詩古文辭，雅不欲存稿，應手散佚。公子紀澤等料檢手澤，門人李鴻裔、黎庶昌等爲搜輯於知故之家，凡得詩四卷、文十二卷。其存官署者，批諭奏章凡百二十卷，政迹批牘二十四卷，書札六十卷；其存家中者，日記三十四卷，尺牘五十卷，家書二十八卷。皆公親手迹也。在京師時，著有《茶餘偶談》若干卷，久佚。又爲《曾氏家訓長編》。其成者：《朱子小學》一卷、《冠禮長編》一卷、《歷朝大事記》數卷、《藩部表》一卷，抄輯鹽漕河工水利賦役成案各若干卷。餘則臚列序目，未有成編。選錄《十八家詩鈔》三十卷。出都以後，治軍臨官，不廢書史，著有《孟子四類編》《左氏分類事目》《禮記章句校評》《樸目雜記》《周官雅訓雜記》各若干卷。選錄《經史百家雜抄》，分十一類，爲二十六卷。又爲《古文簡本》二卷、《鳴原堂論文》二卷。晚年衰病，猶日從事於經史，爲《論語言仁類記》一卷、《易象類記》一卷，《通鑑大事記》未成書。又選錄古詩之得閑逸意者，自陶淵明至陸放翁六家爲《六家詩鈔》，亦未克成書。門人王定安輯錄公所爲經史評注，爲《師訓匯記》若干卷，又掇公平生言行，爲《求闕齋弟子紀》四十卷。"

李瀚章《曾文正公全集序》(《曾國藩詩文集》附錄)："湘鄉曾文正公既薨之明年，天下士思公上可見，則亟欲得讀公遺集以爲師法。瀚章乃蒐輯公生平所著文字，《奏稿》三十二卷、《詩集》三卷、《文集》三卷、《書札》三十三卷、《批牘》六卷、《雜著》二卷、《求闕齋日記》二卷、《讀書錄》十卷、《孟子要略》五卷及遵義黎庶昌編次公生平行事爲《年譜》十二卷，付之剞劂。舍弟鴻章又取公所纂《經史百家雜鈔》二十六卷、《十八家詩鈔》二十八卷、《古文簡本》二卷、《鳴原堂論文》二卷，校而刊之，都爲一書。"

參考文獻：

1. 曾國藩《曾國藩全集》，岳麓書社 2011 年版。

2. 曾國藩著、王澧華校點《曾國藩詩文集》，上海古籍出版社 2005 年版。

3. 黎庶昌撰《曾文正公年譜》，黎庶昌著，黎鐸、龍先緒點校《黎庶昌全集》，上海古籍出版社 2015 年版。

4. 趙爾巽等《清史稿》卷四百五《曾國藩傳》，中華書局 1977 年版。

5. 王鍾翰點校《清史列傳》卷四十五《曾國藩傳》，中華書局 1987 年版。

6. 徐世昌等編纂，沈芝盈、梁運華點校《清儒學案》卷一百七十七《湘鄉學案上》，中華書局 2008 年版。

7. 徐壽凱、施培毅校點《吳汝綸尺牘》，黃山書社 1990 年版。

8. 陳衍《近代詩鈔》，商務印書館 1923 年版。

（王宏林）

徐子苓傳

徐子苓，字西叔，一字毅甫，小字道士，號南陽，別號龍泉老牧，合肥人。

馬其昶《龍泉老牧傳》：“龍泉老牧者，合肥徐君所自署別號也。君故號南陽，字西叔，一字毅甫。”“龍泉者，巢湖之濱其所居山名也。”“君方在娠，有道士修髯古貌，自言游峨眉來。到門乞齋已，忽不見。家人報産兒，故遂小字曰道士。”

劉聲木《桐城文學淵源考》卷四：“徐子苓，字毅甫，一字西叔，號南陽，合肥人。”

黃雲、林之望等修纂《（光緒）續修廬州府志》卷四十五：“徐子苓，字叔偉，號毅甫，合肥人。”按，徐子苓字叔偉，待考。

嘉慶十七年（1812）生。

按，《龍泉老牧傳》云：“光緒二年，年六十有五。”狄葆賢《平等閣詩話》卷一：“光緒二年終於家，年六十五。”可知生年在嘉慶十七年。又徐子苓《敦艮吉齋文鈔》卷一《説相贈陸秋丞》云：“吾與子生同壬申，既同歲月同月又同日也。”祝曰：“我生之歲，金水會局。其月建子，日臨戊戌。”壬申歲，即嘉慶十七年。以五行論之，壬爲水，申爲金。建子月爲夏曆十一月，戊戌日爲二十九日。故知子苓生於是年十一月二十九日。

父欽早卒。

《龍泉老牧傳》："先世由南昌遷廬州，世農也。父欽多病，早世。"

《敦艮吉齋文鈔》卷二《復曾相公書》："少遭家難。"同卷《上翁撫軍書》："子苓少孤。"

雖孤貧無以自存，亦不廢學。年十八，應府試，爲太守劉耀椿激賞，遂師焉。

《敦艮吉齋文鈔》卷二《與陳梁叔書》："僕年十八九，頗自刻厲，不甘爲愚下人。"同卷《與張石洲書》："僕少拘家難，有書數百卷，田數十畝都蕩盡。"

《龍泉老牧傳》："太守劉耀椿奇賞之，期以國士，爲資給之。"《（光緒）續修廬州府志》卷四十五："年十八，受知太守劉耀椿，拔冠軍。"《敦艮吉齋文鈔》卷二《與王給諫書》："子苓年十八，應府試，被知於先生（按，即劉耀椿），因師事焉。"

按，劉耀椿，事見《（光緒）續修廬州府志》卷二十七："劉耀椿，字莊年，山東安丘人。庚辰進士，由六安調署廬州。遇公事能持大體，吏治民瘼，直言無諱。"《敦艮吉齋文鈔》卷一《海南歸棹詞跋》云："余少學於安丘劉先生。"徐子苓《敦艮吉齋詩存》卷一《泗州呈劉安丘先生》，卷二《〈江樓遠眺圖〉，安丘劉先生守皖時作也。越次年己亥，觀察廈門，余詣送獲觀。今年夏，余歸自京師，謁先生於濟南書院。先生重出此圖屬題，敬賦長句》《於安丘席上酬單學博伯平》諸詩，皆與劉氏有關。

道光十五年（1835）中舉人。

《龍泉老牧傳》："（子苓）謂名業可立致，年二十四舉於鄉。"《（光緒）續修廬州府志》卷四十五："中道光乙未科舉人。"《敦艮吉齋文鈔》卷一《嘯顛詩序》："既余領江南鄉薦，嘯顛方病痢劇。"

入都，結交曾國藩、邵懿辰、陳源兗、張穆等名士。

《龍泉老牧傳》："入都，獲交湘鄉曾文正公及邵郎中懿辰、陳編修源兗、張石洲穆及他知名士，皆解帶寫誠，群流傾響。"《敦艮吉齋文鈔》卷一《吳徵士詩序》："余少喜爲文辭，出游四方，海內之能文者多與余好。"

按，曾國藩於道光十八年（1838）中進士，任清要之職。其在京時，遇窮困及有疾病死亡者，資助必豐。咸豐二年（1852）六月，國藩回湘丁母憂，十一月奉旨籌辦鄉勇抵抗太平軍。此十四年中，曾氏長期居於北京。邵懿辰，字位西，杭州仁和人，道光十一年舉人，後考取內閣中書，入值軍機處，累官至刑部員外郎。咸豐四年以故罷職歸鄉。咸豐十一年，太平軍攻陷杭州，被執，不屈而死，年五十二歲。著有《孝經通論稿》《尚書通義》《四庫簡明目錄標注》《半巖廬文集》等。《敦艮吉齋文鈔》卷二《與邵位西書》有"僕年今四十有一"之語，作於咸豐二年。陳源兗，字瞻孔，一字岱雲，湖南茶陵人。道光十八年進士，選庶吉士。道光二十五年，出知吉安府。咸豐三年，太平軍進犯廬州，遂襄贊江忠源守城。城圍，糧匱援絕，十二月二十七日城破，與江忠源俱殉國。事見陳繼聰《忠義紀聞錄》卷十九。張穆，字誦風，初名瀛暹，一字石洲，山西平定州人，道光十一年優貢，充白旗漢教習。應京兆試，誤犯傷規被黜，自是絕意仕進，以著述爲業，尤長地理之學，撰有《蒙古游牧記》《延昌地形志》《烏齋詩文集》等。年四十五，卒於京師。參見支偉成《清代樸學大師列傳》。

會試不第，貧甚，鬻文爲生。

《龍泉老牧傳》："既困，不得第，歸而鬻文自活，得錢復隨手散去。久益困，則以書抵故人於京師，謂：'足下誠欲起僕之窮乎？何不號諸貴人之門，曰："合肥有徐生，善鬻文，苟羅而致之，不苟以恒禮，自時文、試帖、館閣賦、箋、表、頌、誄，旁及兩漢、三唐樂府，與夫流俗俳諧、祈神、頌鬼、藏嬌贈艷之作，唯主人之命是聽，計役而與償。"當其快意，萬言之富，唾手可辦。即非其人，雖千金，一字不得也。蓋其困彌甚，而自喜亦彌甚。'"

按，此段文字出自《敦艮吉齋文鈔》卷二《與張石洲書》，子苓以爲"鬻文雖鄙事，苟可以緩須臾之死，猶勝窮餓以吁人"，實不得已也。

曾國藩、陳源兗、英翰等多周濟之。

《龍泉老牧傳》："曾公典試江西，節過廬州，詣君陋巷，不值，賦詩一章而去。"核李瀚章《曾文正公年譜》卷一，知國藩於咸豐二年（1852）六月十二日充江西鄉試正考官，七月十三日過宿州，二十五日抵安徽太和縣，本日聞母喪消息，遂徑赴湖南丁憂。可知，曾國藩詣徐子苓應在是年七月。《龍泉老牧傳》："曾公水陸大舉，克服安慶，則遣人迎致君，居三年。"核《曾文正公年譜》卷七，知曾國藩克復安慶在咸豐十一年八月一日。《敦艮吉齋文鈔》卷二《上曾相公書》云："去年秋，執事移節江寧。子苓自忖山陬小民，冒烽火，攜妻子，寄食於宇下者三年矣。江寧既平，大難夷矣。"曾國藩攻克江寧在同治三年（1864）。可見，三年之說不差。

《敦艮吉齋文鈔》卷四《書陳太守》："（陳源兗）由翰林出守吉安，服闋，補池州。既解任，撫軍（按，即江忠源）察其廉，檄來廬州，分守時雍門。城破，自經死。……余過江，樂池州山水，又以太守遂客焉。其檄至廬州也，余久避地，心邑鬱，念諸故人存歿永訣，公來有日矣，亟走問。既至，城閉，相與對飲達旦。"其後，子苓受陳源兗委托出圍城募鄉勇，城陷乃已。《龍泉老牧傳》："而鄉里富民，聞前時議斂民財事，皆爭齮齕君，君用是益困厄無所向。"

《清史稿》卷四百二十五《英翰傳》:"英翰字西林,薩爾圖氏,正紅旗人,道光二十九年舉人。咸豐四年,揀發安徽,以知縣用。九年,署合肥。後以平定太平軍、捻軍有功,累官至宿州、潁州知府,安徽布政使。同治五年,擢安徽巡撫。十三年,擢兩廣總督。光緒元年以二品頂戴署理烏魯木齊,次年卒。謐'果敏'。"子苓與之交好,《龍泉老牧傳》云:"果敏公英翰者,起安徽州縣至巡撫,故與君爲昆弟交。一日,君敝衣詣巡撫署,果敏屣履出迎,酒酣樂作,君乃言:'大難初夷,百廢待飭,而君輩爲大官者固樂甚乎? 僕老罷,殊不慣此。'因起趨出,果敏亟謝,曰:'謹受教。'即命撤樂,固請,乃留。"

同治五年(1866),揀選得知縣,子苓不樂爲吏,改授和州學正。未幾,挂冠去。

《龍泉老牧傳》:"同治五年揀選得知縣,不樂爲吏,改教職,選授和州學正。未上事,州牧游智開,循吏也,固邀之往。比至,聞學師爭諸生贄金薄厚,笑曰:'是尚可爲耶?'徑去不顧。"

按,《(光緒)續修廬州府志》本傳云:"同治五年,援例授和州學正,分修《安徽通志》。甫一年,即告歸。隱龍泉山下,築屋數椽,儲書數千卷,歌嘯自得,號龍泉老牧。曾國藩顔其廬曰龍泉精舍,晚號默道人。"方志所載與《龍泉老牧傳》有不合之處:其一,是否參修《安徽通志》;其二,方志言甫一年,而本傳云"未上事";其三,是否晚號"默道人"。皆待考。

遭時多故,子苓貧益甚,欲耕樵讀書而不得,然究心天下利病,救時傷世之志屢形諸文字。

《敦艮吉齋文鈔》卷二《與江刺史書》:"子苓少孤露,老母衰病,目幾盲。家素窮空,有田數區,在巢湖之陰。自軍興,由郡城携去而耕於湖上。既而青陽,而長寧,及今又去而之於方山之東。蓋自是凡五遷矣。"

　　按,子苓雖身在草野,依然未忘國事。《敦艮吉齋文鈔》卷二《上翁撫軍書》云:"山中有田數畝,有羊十餘頭,備書賣藥,粗能自存。""而自天下方構兵時,國家兵謀之得失,與夫皖事之所爲,糜壞潰裂之由,亦嘗究心其略。"又如《敦艮吉齋文鈔》卷二《與邵位西擬言時事書》一文,首言鴉片禍害中國,以至於財匱兵弱,國力不振。又批評士大夫耽於文藝,不務時事,國家之弊在於"朝廷百執事之玩愒畏懦,無肯爲國家任事之人",並提出練兵、開言路、改革館職、節約財用等措施。

光緒二年(1876)夏卒,終年六十五。

　　《龍泉老牧傳》:"光緒二年,六十有五。其夏,有鷗鳥飛集書室,侍者逐不去,醢之。越日,二大鷗率群小鷗數百栖園樹,震撼墻屋,格格有聲。君曰:'此賈太傅所謂服鳥也,吾其行矣。'遂卒。"

有《敦艮吉齋文鈔》四卷、《敦艮吉齋詩存》二卷傳於世。

　　《龍泉老牧傳》:"著有《敦艮吉齋詩文鈔》六卷。"按,即文四卷,詩二卷。

　　《敦艮吉齋文鈔》李國松序:"吾鄉徐毅甫先生《敦艮吉齋文》四卷,光緒丙戌其嗣君伯源鋟版,印傳不廣,其中多詒奪,又時有代言應俗之作,識者憾焉。歲甲辰,吾師桐城馬先生重爲編定,稍汰去四十餘篇,文以類從,仍四卷,命曰'文鈔',而國松爲之較字授刊,蓋先生文之可傳者具此矣。"

　　《敦艮吉齋詩存》李國松序:"國松既校刻徐毅甫先生文成,復取其《敦艮吉齋詩存》二卷重刻之。《詩存》爲先生所自定稿,同治五年果敏公英翰刻於潁州,十年再刊於皖。光緒十二年,其嗣君源伯復合《文鈔》四卷鋟板於家，至是凡四刻矣。"

子苓勤學多識，好讀《易》、老莊、孫子之書。

《龍泉老牧傳》："少喜讀《易》、老莊、孫武之書。"按，《敦艮吉齋文鈔》卷一《嘯顛詩序》："余少多疾病，嘗從事於老莊養生之言。"卷二《與張石洲書》："年十七八讀莊老書，慨然有出世志。二十歲後，又喜讀孫子書。"

不苟流俗，人以其與朱默存、王謙齋爲"合肥三怪"。

《龍泉老牧傳》："性故特介於時，俗人不能容納，尤貴顯者尤以氣轢之，人以此畏其狂，望風疾之。""馬其昶曰：余客合肥，聞其先輩有'三怪'之目，蓋謂君暨朱默存、王謙齋而三。"

子苓師事姚瑩，文章得桐城義法，詩善歌行體，多紀實之作。

《龍泉老牧傳》："君師事姚石父先生，其文學亦乃傳業桐城。"按，姚瑩字石甫，安徽桐城人，嘉慶十三年（1808）進士。歷任地方，曾守臺灣，事迹多可稱述，"瑩師事從祖鼐，不好經生章句，務通大意，見諸施行。文章善持論，指陳時事利害，慷慨深切，所著《東溟文集》《奏稿》《後湘詩集》《東槎紀略》《康輶紀行》及雜著諸書爲《中復堂全集》行於世"，詳見《清史稿》卷一百七十一。

姚瑩《敦艮吉齋題詞》（轉引自錢仲聯主編《清詩紀事》，鳳凰出版社 2004 年版）："古直渾堅，其源自漢、魏來。皮相者以爲山谷之學杜陵矣。五七言近體體潔思清，時獲妙緒。佳者在高、岑、王、孟之間。"

次子元叔，早慧，咸豐六年（1856）殀，年十九，著有《劫餘小錄》。

《龍泉老牧傳》："配楊氏，生子二：長源伯；次元叔，才而早死。君上世五傳皆單丁，至源伯乃有孫五人。"按，元叔事迹，見《文鈔》

卷三《亡兒元叔行略》《徐氏子元叔權厝志》。前文云元叔卒於咸豐六年六月二十七日，後文云卒於是年七月二十七日。考《敦艮吉齋文鈔》卷二《答陳立凡書》："適有幼子元叔六月二十七日之變……此子之死以二十七日之黎明。"似應以六月二十七日爲確。

參考文獻：

1. 徐子苓《敦艮吉齋文鈔》，《清代詩文集彙編》，上海古籍出版社 2010 年版。

2. 徐子苓《敦艮吉齋詩存》，《清代詩文集彙編》，上海古籍出版社 2010 年版。

3. 徐子苓《敦艮吉齋詩存補遺》，《清代詩文集彙編》，上海古籍出版社 2010 年版。

4. 繆荃孫《續碑傳集》，周駿富輯《清代傳記叢刊》，臺灣明文書局 1985 年版。

5. 馬其昶撰、彭君華校點《馬其昶文集》，黃山書社 2003 年版。

（任群）

燮清傳

燮清,字秋澄,奈曼氏,漢姓項,隸蒙古正黃旗。京口駐防,嘉慶十八年(1813)生。

延釗《養拙書屋詩選跋》:"公諱燮清,氏奈曼,漢姓項,京師正黃旗蒙古籍。以先世駐防,故生於京口。"恩華《八旗藝文編目》:"燮清字秋澄,氏奈曼。諸生。隸正黃旗。"李恩綬《丹徒縣志摭餘》卷九《人物志·方技》:"燮清,漢姓項,字秋澄,蒙古奈曼氏,正黃旗人。"春元《京口八旗志》:"燮清,漢姓項,正黃旗人。"

由於燮清無意進取科舉,官位卑微,所載資料甚少,故生卒年不詳。前人之研究,概述或"生卒年不詳",或"道光年間人",或"道光咸豐年間人"等,然具體生平,皆未詳說。

按,愛仁的《重修京口八旗志》有燮清《養拙詩撰序》,序云:"道光乙巳,蒙天恩將文科改作翻譯,余幼未曾習,加之愚鈍之資,年過三十,況業素平寒。"道光乙巳年,即公元1845年,序中提及"年過三十",可知燮清應生於嘉慶二十年(1815)之前。序中又曰:"既承諸老友惠慇,又當爾四十初辰,借此以解讀書之嘲,則可遂欲以此問世……咸豐壬子秋八月序於養拙書屋之南窗。"咸豐壬子年,即1852年,序中又提及"四十歲初辰",遂可推知燮清生於嘉慶十八年。另燮清《養拙書屋詩選》中有《三十自述》,寫於道光二十二年(1842)。除此,其《養拙書屋詩選》中《負策行》詩前序云:"咸豐辛亥十月,家大人携弟南闈武試,資斧告罄。遣紀連夜傳書,命急辦資上省。自二十五日辰發,次早抵寓。故有此作。"咸豐辛亥即咸豐元年(1851),則知燮清生活於嘉慶、道光、咸豐三朝,而非"道光年間"。

燮清生平主要活動在京口一帶,《養拙書屋詩選》中有詩《甘露寺》《金山寺》《游竹林寺》《夏日同友人游蓮花洞偶拈》《直指庵觀梅》《自獅子窟過八公洞夜宿蓮花洞》《鶴林寺》《竹林寺》《獅子窟》《八公洞》《游莫愁湖》《小九華山》《五洲山》《寶蓮庵》《北固山房》《笠庵》《游焦山》《從焦山放舟至象山》《游陳園》《別焦山》《登燕子磯》等提及甘露寺、金山寺、蓮花洞、直指庵、八公洞、鶴林寺、竹林寺、獅子窟、莫愁湖、小九華山、五洲山、寶蓮庵、北固山、焦山、象山、燕子磯、秦淮水,都是京口(今江蘇省鎮江市)與江寧(今江蘇省南京市)之景點。

弱冠應童子試,冠軍入潤庠,後數戰秋闈未捷,因道光二十五年(1845)制改文科爲翻譯,遂無意進取科舉,日以訓迪後進爲樂。

春元《京口八旗志》"學校志":"道光二十三年癸卯,詔令各省駐防改考翻譯。自此文試遂停。"燮清《養拙詩撰序》云:"道光乙巳,蒙天恩將文科改作翻譯。余幼未曾習,加之愚鈍之資,年過三十,况業素平寒,不克學習翻譯,日以訓蒙爲業。暇則以書畫吟咏消磨歲月,亦明知雕蟲小技與生民無關,弄之有愧。"《養拙書屋詩選》中有《無題》詩云:"童場小試製征袍,刀剪深宵不彈勞。別後丁年縈曲愫……曇雲深處竟禪逃。"延釗《養拙書屋詩選跋》亦云:"弱冠應童子試,冠軍入潤庠,數戰秋闈未捷,道光乙巳制改文科爲翻譯,公遂無意進取,日以訓迪後進爲樂。"

道光十八年(1838),作詩《戊戌重陽高佩倉夫子招飲署中》。

第一次鴉片戰爭期間,燮清有關心國家大事、民生疾苦的詩作,例如《六月十四日避難》《挽京口都護海公死節詩》《亂後入城》等敘事詩。

燮清有詩《挽京口都護海公死節詩》歌頌了鎮江之役壯烈殉國的副都統海齡:"海公大義世無比,壯心一柱中流砥。……吁嗟乎!人臣大節能無虧,精忠直與日月貫。"

道光二十二年(1842),有《三十自述》《五月十八日西城守夜》《六月十四日避難》等詩作。

燮清有詩《三十自述》:"我生不滿百,已過三十秋。"亦有詩《五月十八日西城守夜》,寫於鎮江之役的前夜:"報到烽煙警,城添守夜兵。何當天暫暖,堪愛月偏明。挂號燈連影,傳更不斷聲。可憐閨裏夢,一夜幾回驚。"《六月十四日避難》記載鎮江之役之慘烈:"炮聲如雷火如電,咫尺交鋒人不見。兵微賤眾勢難敵,七晝夜中鐵瓮陷……遂令城內百萬家,一時逐盡人煙絕。"亦描述地主豪強趁火打劫:"一波未平一波起,村鎮豪強爭剪截。可憐奇禍不單行,虎口纔脫入狼舌。"母親在逃難中喪命:"哀哉老母殉難亡,此語一聽斷肝腸。生我不能全母命,終天抱恨呼蒼穹。所幸老父弟與子,三人俱各無損傷。時盼天軍軍未下,賊類剿滅還侵疆。"

二十三年(1843),有《敵後入城》《六月十四日》等詩作。

戰爭結束半年後,燮清返回故居時作《亂後入城》:"妖星已落聚殘兵,父子妻兒快入城。舊日家鄉又又見,半年飄泊淚都傾。逢人盡道別離苦,隔世難拋生死情。滿眼蓬蒿藏白骨,長江流恨幾時平。"《六月十四日》作於道光二十三年,即鎮江之役一周年後,詩云"去年此月局一變,黑霧天星時時見。""去年去日死亦卜,今年今日生有辰。"

嗣緣世亂,鴉片戰爭後,烽煙疊起,內憂外患交侵,燮清棄筆從戎,入魁果肅將軍幕,由軍功得保藍翎同知銜候選知縣。期間,不

乏有同情民間疾苦之作，如《勸桑行》《大風雨歌》《水灾行》等。

延釗《養拙書屋詩選跋》："嗣緣世亂，始入魁果蕭將軍幕，由軍功得保藍翎同知衛候選知縣。"恩華《八旗藝文編目》："由軍功保舉知縣。京口駐防。"李恩綬《丹徒縣志摭餘》卷九："附生，以軍功保知縣。"

爕清《養拙書屋詩選》卷上有詩《大風雨歌》反映民生疾苦、同情百姓苦難遭遇："烈日炎炎火莫比，酷旱殺苗苗幾死。村村望雨心如熾……諺云人忙天不忙，頃刻禾生農夫喜。須知否極有泰來，造物旋環存至理。"愛仁《重修京口八旗志》引《水灾行》："霖雨連旬天不明，江湖濫漲與岸平。岸斷圩奔地頻冽，波濤滾滾轟雷鳴。……愧煞乾坤一朽腐，空有慈懷事莫補。安得大江之水化爲粥，遍濟流亡無饑苦。"

道光二十五年（1845），任藍翎同知衛候選知縣。創作關心民生詩作《勸桑行》。

《養拙書屋詩選》卷上《勸桑行》序："道光二十五年歲次乙巳秋八月，吾鄉陸伊湄明府招令沙石安、戴西園諸公，承臬憲文東川先生志，勸種蠶桑。乃擇潤州鶴林寺戴公園諸隙地，設局籌款，意美法良。未及一年，已成風俗。率成古言一章，以記民風臻臻日上矣。"詩云："吁嗟乎！斟酌通變權乎宜，盡心於民即王政。"

爕清志乎詩古文辭，工書畫，精歧黃，尤善鼓琴，嘗携琴登北固山，坐臨江亭，撫琴獨鼓，而江水汩汩，與琴聲雜錯，聞者不知其爲琴聲、江聲，而其旁若無人，蕭然自得。亦通六壬奇遁，著有《六壬明鏡》、《奇遁元真》（已散佚）、《養拙書屋詩選》諸書。

爕清《養拙詩撰序》："余自束髮以來，性即耽詩；成童後，便以爲玩好，雖寢食之間不廢吟咏，殆亦賦性之然也。後習舉業無暇於此，少有閑時即同二三小友唱和。"延剑《養拙書屋詩選跋》："公志乎詩古文辭，工書畫，精歧黃，善撫琴，通六壬奇遁。著有《六壬明鏡》《奇遁元真》諸書。惜稿本散佚。"李恩綬《丹徒縣志摭餘》卷九："好詩工棋，精書畫，尤善鼓琴，多弦外音，嘗携琴登北固山，坐臨江亭撫弦獨鼓，而江水汩汩，與琴聲錯雜，聞者不知其爲琴聲、江聲，而燮清旁若無人，蕭然自得。著《養拙山房詩鈔》兩卷。"春元《京口八旗志》載燮清："工書畫，善琴棋，尤好吟詩，如《和魁軍憲大觀亭》句云：'江山留客醉，風月笑人忙。'又《竹林寺》句云：'流泉通秘竈，落葉打禪床。'又《夜行》句云：'霜深泥路滑，月皎夜江清。'又《題武侯小像》句云：'名士胸襟仙佛慧，英雄志氣聖賢心。'又《春風》句云：'捲殘楊柳煙千里，剪破桃花浪一江。'一時盛傳誦之。著《養拙山房詩鈔》一卷。"李恩綬《丹徒縣志摭餘》卷十二亦有相同記載。

與任達三、羅月樵、高慎庵、劉子和、楊寄南、孫蘭居、高佩倉、郭蘭臺、傅白山、悟來上人、蕭子光、湯國泰、戴迪生、倪理齋、羅鏡岩、柳述齋、艾霽山等友人往來密切，文會雅集，游山玩水。時有唱和聯吟、送別懷人之作，發其雅人深致。

燮清《養拙詩撰序》："於丁未年間，有胸陽老詩人湯仁山先生來鎮，送勤業齊詩一部，並囑題詞。余細讀其詩，知先生真能以性情發爲歌咏者，非世之浮辭麗語以眩人之耳目可比，遂同柳丈述齋、孫丈蘭居、艾丈霽山、戴君迪生，請先生盤桓唱和……"延剑《養拙書屋詩選跋》："《養拙書屋詩》多散佚，此二卷仁山湯先生所手選者也。……此詩選承鄉前輩柳述齋、孫蘭居、戴迪生、艾霽山諸公敦促行世，刊於咸豐壬子。"

燮清《養拙書屋詩選》中有詩《同任達三、羅月樵、高慎庵、劉子和在環山閣賞雪》《中秋月下逢高慎庵》《哭高慎庵》。

燮清《養拙書屋詩選》中有詩《同任達三、羅月樵、高慎庵、劉子和在環山閣賞雪》《初冬偕蕭子光、劉子和飲於雲門墓前》《題子和畫雙鈎蘭花》等。

燮清《養拙書屋詩選》中有詩《題周奎〈水月鯉魚圖〉》。

燮清《養拙書屋詩選》中有詩《和孫丈蘭居止宿許園夜雨達旦不寐韻》。

燮清《養拙書屋詩選》中有詩《奇遇篇》（自注：爲倪維章作，號理齋，河南歸德府永城縣廩生）、《倪理齋昆玉留槐蔭閣五日把酒論文深相契合遂書短歌以志別》（自注：時劉子和、傅白山、羅月樵、戴迪生諸友聞之，皆來拜識，助資送行）等。

燮清《養拙書屋詩選》中有詩《仁山先生來鎮邀留數日與予敲詩頗費苦心故以短歌贈之》《贈仁山先生即以送別》《題湯仁山先生勤業齋集後》等，湯國泰《勤業齋集》亦有詩《古劍行贈蒙古項秋澄》《題項秋澄養拙書屋吟草》等。

咸豐二年（1852），搜集自身所作詩歌，經仁山湯先生手選，承柳述齋、孫蘭居、戴迪生、艾霽山等人敦促成集《養拙書屋詩選》二卷並行世，刊於咸豐壬子。翌年英、法入侵，城破版毀，幾盡失傳，後由堂侄延釗多方覓得稿本，民國二十五年由晚香堂影印，得以流傳。

李恩綬《丹徒縣志摭餘》卷十三載：“燮清，《養拙山房詩選》二卷。”燮清《養拙詩撰序》：“於丁未年間，有朐陽老詩人湯仁山先生來鎮，送勤業齊詩一部，並囑題詞。……遂同柳丈述齋、孫丈蘭居、艾丈霽山、戴君迪生，請先生盤桓唱和。因出拙稿就正懇其斧削，蒙先生大公之心，誨人不倦，刪改以成卷帙，又蒙諸老友命付之梨棗。……咸豐壬子秋八月序於養拙書屋之南窗。”延釗《養拙書屋詩選跋》：“此詩選承鄉前輩柳述齋、孫蘭居、戴迪生、艾霽山諸公敦促行世，刊於咸豐壬子。翌年郡城破版毀……爰圖影印，以期多方保存。非敢云能承先志也。丙子仲冬堂侄延釗謹跋。"柯愈春《清人詩文集總目提要》卷四十載:"所撰《養拙書屋詩選》二卷,湯國泰選,民國二十五年項氏晚香堂上海影印。"

燮清一生雅好詩學,喜好唱和。寫景詩清新雅麗,極具美學價值。叙事詩內容豐富,布局合理,用韻靈活,極具藝術感染力。

燮清詩可分爲寫景詩和叙事詩。寫景詩有鎮江山水名勝、四時風物等;叙事詩有關於第一次鴉片戰争鎮江之役的詩作《五月十八日西城守夜》《六月十四日避難》《挽京口都護海公死節詩》《六月十四日》《亂後入城》等。

參考文獻:

1. 燮清《養拙書屋詩選》,民國二十五年項氏晚香堂上海影印本。

2. 春元《京口八旗志》,光緒間刻本。

3. 李恩綬編纂《丹徒縣志摭餘》,民國七年刻本。

4. 愛仁《重修京口八旗志》,國家圖書館藏民國十六年鈔本。

5. 張玉藻、翁有成修,高覲昌等纂《(民國)續丹徒縣志》,民國十九年刻本。

6. 何紹章、馮壽鏡等《(光緒)丹徒縣志》,江蘇古籍出版社1991年版。

7. 恩華纂輯、關紀新整理《八旗藝文編目》,遼寧民族出版社2006年版。

(馮海霞)

劉熙載傳

劉熙載，字伯簡，一字融齋，晚號寤崖子，江蘇興化人。

沈祥龍《樂志簃文録》卷四《左春坊左中允劉先生行狀》：“先生諱熙載，字伯簡，號融齋，江蘇興化人。”俞樾《春在堂雜文》四編卷三《左春坊左中允劉君墓碑》：“君諱熙載，字伯簡，號融齋，江蘇興化劉氏。”蕭穆《敬孚類稿》卷十二《劉融齋中允別傳》：“字伯簡，一字融齋。”以爲熙載字融齋。

按，劉熙載《昨非集》卷二有《自爲伯簡字贊》《自爲熙載字贊》。同卷《寤崖子傳》云：“寤崖子，揚州興化人也，姓劉氏。……九歲猶未命名，繼而父名之曰熙載。……寤崖子者，蓋其自謂。或譽之曰：‘寤，悟也，吾觀於子，誠大悟者乎？’寤崖子懼然曰：‘是何言與？此吾以自警也。吾之昏瞀若無日不在寐中，名此者意欲庶幾一寤云爾。且張乖崖之乖也非乖，則寤崖豈即寤乎？’”

嘉慶十八年(1813)生。

《寤崖子傳》：“寤崖子生於嘉慶癸酉。”

《左春坊左中允劉君墓碑》：“君生於嘉慶十八年正月癸巳。”

幼力學能詩。

《左春坊左中允劉先生行狀》：“生有異稟，自幼不苟言笑，七歲能賦詩讀書，深悟義理。”

十歲喪父，十五喪母。

《左春坊左中允劉先生行狀》："先生十歲而孤，事母至孝。"

《左春坊左中允劉君墓碑》："君少孤苦。"

《寤崖子傳》："寤崖子十歲而孤。……父蓋隱君子，先生稱鶴與先生。"

《昨非集》卷三《如皋盧孝子》："慨余天所棄，十歲爲孤兒。數年復喪母，煢煢靡所依。"按，王氣中《劉熙載行年小志》認爲劉母卒於道光七年(1827)，時熙載十五歲。

家貧，益刻苦志學。

《左春坊左中允劉先生行狀》："家貧，饘粥不給。刻苦志學，常以'志士不忘在溝壑''遯世不見知而不悔'二語自勵。賃廡佛庵，精研群籍，往往終夜不寢。"

道光十九年(1839)中舉，二十四年登進士第，改翰林院庶吉士，授編修。

《左春坊左中允劉先生行狀》："弱冠，補邑諸生。道光己亥，登賢書。甲辰，成進士，改庶吉士，授編修。歷充國史館纂修、協修。庚戌，殿試受卷官。壬子，順天府鄉試磨勘官。癸丑，教習庶吉士。"

咸豐三年(1853)，直上書房。召對稱旨，御書"性静情逸"四字賜之。

《左春坊左中允劉先生行狀》："咸豐三年，直上書房，與諸王講授，左右博喻，一歸於正。貧不能役僕，退直則獨居，温理所業。自以脱粟合惡草具煮食。一日，中涓來索犒金，見之曰：'此可食耶？'太息而去。時故相倭文端同直上齋，以操尚相友重。每五更初，先他人至朝房論學。……顯廟知先生賢，召對數次，御書'性静情逸'以賜。"《劉中允融齋別傳》："久之，上見其氣體充溢，早莫無倦容，問所養，對以'閉户讀書'。上嘉焉，書'性静情逸'四大字賜之。"

咸豐六年（1856），考績名列一等。熙載不樂爲吏，此後多以講學爲事。

《左春坊左中允劉君墓碑》："六年，大計群吏，君一等，記名以道府用。君旋以病乞假。"按，據楊抱樸《劉熙載年譜》，劉熙載"乞假"乃是托辭，不樂爲吏乃是實情。此後，遂設館於山東禹城，教書授徒。次年年底，又館河北定興。咸豐八年十月，回京城，仍以教授爲業。其間，與郭嵩燾、王闓運、鹿傳霖等有交往。

十年（1860），湖北巡撫胡林翼以"貞介絶俗，學冠時人"薦於朝，其後講學於湖北、山西。

《左春坊左中允劉先生行狀》："湖北巡撫胡文忠以'貞介絶俗，學冠時人'疏薦，延主漢陽書院。至則省城戒嚴，辭去，之山西，授徒自給。"

《左春坊左中允劉君墓碑》："十年，胡文忠公特疏薦君'貞介絶俗'。"

按，據《劉熙載年譜》考證，咸豐十年五月初三，湖北巡撫胡林翼薦君於朝。胡林翼《胡文忠公遺集》卷三十七《敬舉人才，力圖補救疏》云："臣訪聞告病編修劉熙載，貞介絶俗，學冠時人。……以上八賢，臣胡林翼均未曾識面，亦無文字往來，訪聞既確，據實附陳，以備聖明采摘。"十一年二月，胡林翼以百金迎接劉熙載主講江漢書院。到武昌後以戰亂，學生星散，無法授課。兩月後辭去，赴山西。在鄂時，劉熙載得與故人莫友芝相見，又結識數學家丁果臣。據楊抱樸研究，劉熙載於山西講學地點爲曲沃。

同治元年（1862），詔起用舊臣，熙載名在其中。次年，兩奉寄諭，催促入京。三年，補國子監司業。同年秋爲廣東學政，補春坊左右中允。

《左春坊左中允劉君墓碑》：“同治元年，詔起舊臣，而君與焉。其明年，兩奉寄諭，趣入都。三年，補國子監司業。其秋，命爲廣東學政。”《左春坊左中允劉先生行狀》：“同治元年，奉詔入都，擢國子監司業。三年，視學廣東，遷詹事府右春坊右中允，轉左。”按，《劉熙載年譜》云‘同治元年，奉詔入都’，誤。

《左春坊左中允劉先生行狀》：“至（廣東）則崇禮教，黜浮華，裁陋規，減供張。行部所至，蕭然無異寒素。評校試卷，反復慎密，所取多賢士。作《懲忿》《窒欲》《遷善》《改過》四箴以訓，謂士學聖賢，當從事於此四者。”《左春坊左中允劉君墓碑》：“視學廣東，一介不苟取。諸生試卷，無善否畢讀之。或曰：‘次藝可無閱。’君曰：‘不觀其全，而謂吾已得之，欺人乎？自欺也。’試畢，集諸生而訓之。作《懲忿》《窒欲》《遷善》《改過》四箴以示之。”

五年（1866），辭歸興化。

《左春坊左中允劉先生行狀》：“（同治）五年，引疾歸。篋書襆被，不名一錢。”

《左春坊左中允劉君墓碑》：“引疾歸，遂不出。”

按，據《劉熙載年譜》，劉熙載辭歸在是年五月十七日之後某日，而辭歸原因亦非疾病，乃是他對官場黑暗不滿。因劉熙載在廣東實行改革，損失了胥吏的利益，所以他們誣陷劉熙載，這是他辭職的根本原因。

六年（1867），赴上海主講龍門書院，凡十四年。

《左春坊左中允劉君墓碑》：“主上海龍門書院以終。”“其主講龍門書院歷十四年,與諸生講習,終日不倦。每五日必一一問其所讀何書,所學何事,講去其非而趨於是。丙夜,或周視齋舍,察諸生在否,其嚴密如此。然與之居,温温然無疾言厲色。性嗜酒,招之飲,欣然往,雖醉不亂。樾時亦頻至上海,至必訪君,君亦數數來,談諧甚樂,初不覺其巍然高厲也,而意所不可,卒莫之能奪。嘗有異邦人求見,三至三却之。一日,徑造其庭,君在内抗聲曰:'余不樂與爾曹見。'其人悚然去,竟不得見。"

《左春坊左中允劉先生行狀》:"主上海龍門書院講席十四年,定課程,務實學,以身爲教,正而不迂,寬而不弛。讀書行事,令各札記,因材誘掖,使人人知學有大本,反躬自治,咸底於善而後已。嘗言:'士處窮處達,皆當以正人心、維世道爲己任。'又嘗語學者曰:'真博必約,真約必博。'曰:'才出於學,器出於養。'凡平日垂教之旨,多平實,可條録。遠近之士聞風來學,前後著録者數百人,學舍不能容,辟旁屋處之。及卒,諸門人千里赴吊,莫不哀慟。"

光緒七年(1881)二月,卒於興化家中,年六十九。

《左春坊左中允劉先生行狀》:"光緒六年,先生在書院遘疾,旋里。七年二月,卒於里第,年六十有九。"

《左春坊左中允劉君墓碑》:"卒於光緒七年二月乙未,年六十有九。"

熙載治學廣泛,無漢宋門户之見,六經子史而外,天文、算術、字學、音韻及仙釋家無不通曉。諸作之中,《藝概》《書概》尤爲知名。

《左春坊左中允劉先生行狀》:"先生學問博大純正,治經無漢宋分門之見,而於子史、小學、音韻、算數,旁及九流二氏言,靡不綜覽,手抄書至數百卷。顧終身兢兢,尤在性道,而持循於倫紀日用間，大旨以慎獨主敬爲宗。合宋元以來諸儒書，沉潛研究，身體力行，而未嘗辯論同異。以爲近日斯道大明，學者當集諸儒之長，不當訾諸儒之短。每言學惟盡人道而已，踐行復性其要也。故一生謹言行、嚴操守，虛己待人，悉本誠敬，酬酢事變，則斷以義理，確乎不可易。"

按，據《左春坊左中允劉君墓碑》，熙載有《持志塾言》二卷、《藝概》六卷、《四音定切》四卷、《説文雙聲》二卷、《説文疊韻》二卷、《昨非集》四卷，皆刊行於世，爲《古桐書屋》六種。《劉熙載年譜》云："劉熙載著述，除自刻六種匯爲《古桐書屋》六種外，還有光緒十三年及門弟子刻的《古桐書屋續刻》三種，即《札記》與《持志塾言》相類；《游藝約言》與《藝概》相類；《制藝書存》本爲《昨非集》中第六卷而未刊者。劉熙載諸種著作，以《藝概》影響最大，《書概》在書論史上地位尤高，迄今仍沾溉後學。"

有詩文集《昨非集》。

《昨非集》自序："此集始名《四旬集》，蓋集中所編入率四十以前作也。余之少也，學不知道，雖從事於六經，然頗好周秦間諸子，又泛濫仙釋書並騷人辭客之悲愁放曠，惜衰暮、感羈旅者，亦未嘗不寓目焉。故當時所作，指趣多所出入，且有傲然自得而不知其非者，豈非沉溺之甚也哉？四十後乃始悔之，又後則欲勿存之矣。既而思之，非與是不容偏掩者也，是中有非，非中亦豈必無是？狂言聖擇，理或同與？且未必有是，然存之以著其非，庶鑑余非者，得以及時趨是，而不至余之過時而悔與？偶憶陶淵明辭有'昨非'二字，因以名集。昨之云者，豈獨爲四十以前言之乎？四十以後附入者，自視實亦未見是也。故並以昨非概之。"

卷一自序："余作《瘱崖子》，或問所以名書之義，余曰：'偶然耳，過則忘之矣。'抑或瘱者見之謂之瘱，崖者見之謂之崖矣乎？猶憶滿洲文秀庵見此書云:'取類得於《易》,博依得於《詩》,敷暢似《説苑》《新序》,非深悉事物之理,其何能爲?'文秀庵抱道隱於擊柝,故不輕許人者,然是言也,余蓋未之信焉。方思有所改且益,以復質於秀庵。今秀庵已逝,余遂不忍復益,亦無所改,姑以其所及見者存之,凡四十二篇。"

卷二自序:"文者,學問中所有事,是以好之者多。然余之於文,嘗自哂焉:以爲不好乎,則何以有所作也?以爲好乎,則何以溯自少年以來或數年不作,或所作往往失去,雖存者亦出於偶然,非由審擇也。余於是乃知所以處之矣:失者不必憶也,存者可無去也。既不去焉,則集而序之,可也。序之,將自訾乎,抑自譽乎?皆過也。蓋君子慎其實,豈斤斤於文焉已哉?"

有子三人:彝程、展程、尊程。

《左春坊左中允劉先生行狀》:"先生配宗宜人,同邑諱定保女,前卒。子三:彝程,國學生,國子監典籍銜;展程,光緒乙亥科(1875)舉人;尊程,邑庠生。"

參考文獻:

1. 劉熙載著,薛正興點校《劉熙載文集》,江蘇古籍出版社2001年版。

2. 劉熙載著,王氣中箋注《藝概箋注》,貴州人民出版社1980年版。

3. 劉熙載撰,袁津琥校注《藝概注稿》,中華書局2009年版。

4. 繆荃孫《續碑傳集》卷十八《左春坊左中允劉君墓碑》,周駿富輯《清代傳記叢刊》,臺灣明文書局1985年版。

5. 楊抱樸《劉熙載年譜》,《遼東學院學報(社會科學版)》2007 年第 6 期、2008 年第 1—3 期。

6. 沈祥龍《樂至簃文録》卷四《左春坊左中允劉先生行狀》,《清代詩文集彙編》,上海古籍出版社 2010 年版。

7. 蕭穆《敬孚類稿》卷十二《劉融齋中允別傳》,《清代詩文集彙編》,上海古籍出版社 2010 年版。

(任群)

楊沂孫傳

楊沂孫,字子輿,號咏春,又號濠叟、濠觀,江蘇常熟人。嘉慶十八年(1813)生。

楊泗孫《濠叟墓誌》(《觀濠居士遺著》卷首):"兄諱沂孫,字子輿,號咏春。……後守鳳陽,即莊惠觀魚地,自號濠觀。""兄之生也,以嘉慶癸酉九月二十三日。"

《清史稿》卷五百零三《楊沂孫傳》:"沂孫,字咏春,江蘇常熟人……自號濠叟。"

按,《清史稿·楊沂孫傳》記述甚簡,楊氏生平,詳見其《觀濠居士遺著》以及楊泗孫《濠叟墓誌》,楊同福《皇清誥授通議大夫候選道安徽鳳陽府知府加三級癸卯科舉人顯考咏春府君行述》(以下簡稱《顯考咏春府君行述》),楊同升《賜進士及第誥授資政大夫南書房行走太常寺少卿加四級前日講起居注官隨帶加三級先考濱石府君年狀》(以下簡稱《先考濱石府君年狀》),楊希鈺、楊沂孫合修《楊氏家乘》(以下簡稱《家乘》),楊沂孫《濠叟日記》等文獻資料。

沉潛善悟,復承庭訓。

《顯考咏春府君行述》:"五六歲,資政公課以識字,次第授經。……年十歲,始從常郡歸田莊,時資政公方躬事重闈,讀書課子。府君至性過人,沈潛善悟,復承庭訓,指授發抒,爲文辭閎博淵懿。"

楊希鈺、楊沂孫《楊氏家乘·伯田公傳略》:"沂孫年十一二時,母氏歸寧毗陵,則以托王恭人,恭人視如己子,夜臥則爲講論書史,至蘇文忠、岳武穆、于忠肅諸忠義事,娓娓不倦,至今猶憶之也。伯父視余寬而無威,幼時不知畏,然亦不忍欺。回思往事,如在目前,何能已於言也。同治二年正月從子沂孫述。"

道光十三年(1833)補諸生。

《楊氏家乘·例贈孺人沂孫配趙氏壙志銘》:"癸巳春,婦來歸,夏,沂孫補博士弟子員。"

楊沂孫《觀濠居士文集》卷下《承硯圖記》:"及余二十一,補府學弟子員,府君刻辭其背以賜。"

按,楊沂孫妻趙氏,其曾祖爲著名詩人趙翼,頗具文學之才、治生之能,嫁楊沂孫時逢其家生計艱難,趙氏遂勸楊沂孫從岳父趙起(字於罔)往淮北販鹽以補家用。楊希鈺《家乘·例贈孺人沂孫配趙氏壙志銘》:"蓋婦在室即佐父母持家,稔淮北票鹽,以利慈其父爲之,遂勸其夫共佐之。余守先人遺業,素不善治生,而食指漸繁,婦能代展一籌以裕吾家計,賢哉! 又能勵夫至勤學業,廣以四方之志。"

道光十八年(1838),至江陰受教於李兆洛。

楊沂孫《濠叟日記》道光二十六年六月二十九日:"守之從養一李先生游最久,服教最深。余於戊戌歲,始謁先生於蓉城,著籍爲弟子。"

按,李兆洛,字中耆,晚號養一老人,江蘇陽湖人,嘉慶十年(1805)進士,工詩古文,精考證,尤嗜輿地學。曾主講江陰暨陽書院二十餘年。

又按,蓉城爲江陰別稱,非指成都。

道光二十三年（1843）捷順天鄉試。

《濠叟墓誌》：“府學生，試北雍，中道光癸卯科舉人。”

《顯考咏春府君行述》：“癸卯，府君年三十一歲，捷順天鄉試。出山左毛公鴻賓房。”

楊希鈺《銀藤花館詩草》本年詩有《十月泗兒入都，余送至常州，返棹有作》其一：“駑駒呭角未能齊，壯志凌風振鬣嘶。得侶連鑣皆俊夥，依兄入洛有提携……”知此時楊沂孫仍在京城。

按，道光二十三年鄉試前，楊沂孫已於道光十四年、十五年、十七年參加過三次鄉試，皆未中。

道光二十七年（1847）會試下第，以揀選知縣注册候選，旋入嘉定李蒙泉幕。

《濠叟日記》道光二十七年四月十一日：“余兄弟下第，作歸計。”

《顯考咏春府君行述》：“丁未會試後，以揀選知縣注册候銓，歸。”

《濠叟日記》道光二十七年九月二十九日：“登岸先訪葛稚侯，時麓原大令新至任，住當湖書院，往見，邀襄辦書啓，諾之。”李蒙泉字麓原，山東歷城人，道光二十年進士，時攝嘉定篆。

按，楊沂孫此前道光二十五年曾應禮部試，未中。《濠叟日記》道光二十七年元旦記：“乙巳春又同應禮部試，暢聚於宣南寓中。”另楊沂孫入李幕不足一年即辭，《濠叟日記》道光二十八年三月廿六日：“札致李麓原，辭其館席。”

道光二十九年（1849），往天津經營鹽務。

《濠叟日記》道光二十九年二月三日：“與外舅、佛持談長蘆鹽事，定同往天津辦鹽之局。”二月初五日：“定向五舅母借本銀一千，即署借券。"二月十七日："啓行，是日外舅遣專足來促行。"三月廿四日："至天津府西關，卸裝洪興店。"

按，外舅指岳父趙起；佛持指妹婿丁承壽，字佛持。

咸豐元年(1851)，季芝昌督閩浙，偕沂孫以往，爲掌奏記。

《顯考咏春府君行述》："咸豐元年辛亥，季文敏公芝昌督閩浙，偕府君以往，爲掌奏記。"按，季芝昌咸豐元年授閩浙總督，兼署福州將軍，次年因病陳情開缺。十一月，詔許回籍養病。

楊沂孫《觀濠居士遺著·觀濠居士詩集》卷上《季佑申繪全〈菊尊介壽圖〉》："至樂在天倫，追寫見真切。祖庭愛日心，孺慕長無絕。一幅慈順意，披讀增嗚咽。憶昔尚書公，銜命督閩浙。後車我則載，文孫爾獨挈。冒暑登長途，勤事感宿疾。爾我相周旋，晨昏侍言説。節署有黃花，猶記階前列。相與爲公壽，時在九秋節。後公乞疴歸，我早選人謁。"《觀濠居士遺著·觀濠居士文集》卷下《季佑申元配金恭人墓誌銘》："余家與江陰季氏交三世。"按，楊沂孫父與芝昌交好，楊沂孫與芝昌子、佑申父季念貽(字君梅)交好。

《觀濠居士文集》卷下《題朱畫士仲諼觀瀑圖》："余以辛亥、壬子出入閩中，梯田遍山，懸流萬道，其聲如鐘鼓笙簧，應接不暇。又於泰山觀水簾之勝，所目擊之瀑布僅此。至見之詩與畫者蓋夥，殆以廬山之龍湫爲最奇，惜我虞之拂水廢矣，當日得名，決非偶然者。失之戶庭，得之行旅，失之濟勝，得之天游，咫尺之圖，亦天游也。"

季芝昌《季芝昌日記》咸豐元年六月十六日："將出都赴閩浙總督之任，同行者楊咏春孝廉沂孫，長孫繪全，丑刻聞雨聲其濃，達曉彌甚，午刻以前勢傾瀉不已。束裝以待者久之。曾滌生……送於廣安門外之三魯廟。"七月四日："抵羊流店，車馱午正亦到，午食後與咏春談頗暢，出京以來，心緒第一寬閑日也。夜睡亦恬。"

咸豐二年（1852）春，自福建歸。夏，入都赴吏部謁選。

《觀濠居士詩集》卷下《三月下旬寄示同福，索貴池所產天生紅茶。去夏同福來書云，土人謂此茶產自嶺顛平坦有紅沙處，因沙紅而茶色隨之。然非山頂清氣結聚不能也。味極員腴似醇醪。官此數年，始得此數兩，因名曰天半朱霞，封寄高堂，冀得却疾延年之益乎。余嘗此味，實無上妙品，惟昆老、緘老暨三弟來，始共飲之》其三自注：“壬子年自閩越歸，過烏龍地，買上品茶一斤奉堂上，雲生平所嘗茶味，此爲最矣。”楊希鈺《銀藤花館吟草》本年詩《題雲泉族弟烹茶鶴避煙圖》其二自注：“沂兒自閩歸，過烏龍山，得佳茗，云即是工夫茶也。”

《顯考咏春府君行述》：“壬子夏，以銓選期近，由閩入都。”按季芝昌亦於該年十一月因病回籍。見楊沂孫詩《季佑申繪全〈菊尊介壽圖〉》。

《翁心存日記》咸豐二年七月十七日：“楊咏春昨日到都來見，言南中頗旱，六月初尚未得透雨，而山東雨大，山路甚難行，凡行四十餘日，行李尚未到也。”可知楊沂孫入都路綫是先由閩歸常熟，五、六月之交由常熟入京，至七月十六日始至。

按，楊沂孫本年入京後一直在京活動，《翁心存日記》本年中秋日、十二月十四日均載楊沂孫來訪。

咸豐三年（1853）二月，除安徽銅陵令，戰亂未能之任，爲安徽巡撫福濟奏留戎幕。

《觀濠居士文集》卷下《朱章橋塋記》：“至咸豐三年年四十一，將服官於皖。”

《觀濠居士詩集・詩餘》錄詞《南浦》，後有楊沂孫子同福注：“先君以癸丑謁選，除銅陵令。”

《顯考咏春府君行述》：“癸丑，府君年四十一歲。二月，授安徽銅陵縣知縣。五月出都，時粵寇披猖，安徽、江寧省垣先後陷，大帥駐節靡定，上海匪民爲變，陷城據之。吾邑逼近寇氛，各鄉奸徒蠢動，府君甫至家，爲設方略練鄉勇，邑令借之，捕斬首禍者，事始定。乃單騎赴官，先謁大府於泚水行營，巡撫福公濟以營務需人，奏留戎幕。”按，福濟字元修，滿洲鑲白旗人，道光十三年（1833）進士。

楊沂孫端午時已至常熟，計日程，出都當在四月。《季芝昌日記》三月二十五日：“得咏春選銅陵信。”五月六日：“昨日咏春旋里，未刻來晤，談悉都門近事。”五月九日：“咏春來同飯。”五月十一日：“咏春來，書扇一柄。”六月二日：“邀子方、咏春、昆圃、書城早飯。”六月四日：“子方、咏春來。”六月十八日：“咏春自毗陵歸來。”《觀濠居士文集》卷下《陳善禾李仲標兩君傳》：“咸豐三年冬，田莊鄉民作亂，余集團防遏，惟善禾肯就之。”

咸豐五年（1855），自盧州軍營出署黟縣，未至而黟縣陷，遂從張帶軍幕於徽州，一切軍務，夙夜勤劬，張帶倚之如左右手。時長江兩岸險要，多爲太平軍所據，皖省大吏方全力顧淮泚以圖盧郡，若皖南四府一州，鞭長莫及。沂孫首倡《暫設皖南巡撫議》，大旨謂徽寧爲江浙門户，江浙沃饒，不顧門户則大局且不支，餉需何由而辦。今暫設巡撫以主軍務，不增文屬而增武營，擇人而任，得以便宜從事，如此則江浙既無外憂，得以專事餉需，維持大局。廷議，加皖南道按察使銜，主軍事，得專奏，增總兵一員以佐之，並受節度。此議實自沂孫發之。以功升同知直隸州補用。

《楊氏家乘·硯芬公（希鈴）傳略》：“公精於醫，又精星命之學。咸豐五年，沂孫自盧州軍營出署黟縣。正月過里，見公。公以星學推之，言沂孫必不能握印。行至績溪而黟縣陷，沂孫復回里。四月從張筱浦中丞軍，辭公，公忽曰：‘吾不知子乃有應世才，後必遠大，吾不及子矣。'"

《顯考咏春府君行述》："乙卯春，委署黟縣，未履任而江右之賊麋竄入徽，數日間全郡悉陷。適前江西巡撫涇陽張文毅公苐以皖浙兩撫請奉旨辦理徽寧防務，被檄入幕。一切軍務，惟府君與連平顏君培文共相贊畫。……文毅公倚之如左右手。府君既被知遇，益感激，夙夜勤劬，獨任勞怨，以克復全郡功，得旨以同知直隷州補用。"

《觀濠居士文集》卷上有作於咸豐十年七月的《邵氏桃花源詩畫卷序》："余初官皖省，適軍興，馳驅戎馬，終歲露宿。方伯畢公閔其勤苦，俾攝黟篆，以均勞逸。且曰黟在萬山中，未必非今之桃源，雖官猶隱也。黟故有桃源洞，為名勝地。余心竊喜，乃未至黟二百里而城陷。遂佐涇陽張中丞治軍於徽州，蓋六年矣。"按張苐，字黼侯，號筱浦，陝西涇陽人，道光十五年（1835）進士，諡文毅。

《觀濠居士文集》卷上有《暫設皖南巡撫議》，後有咸豐五年乙卯長至日夏炘跋："此議甫脫稿，當事者莫不稱賞，以有所牽制未能上達。今年夏，侍郎仁和沈公兆霖據以入奏……皆此議為之嚆矢也。冬十月，先生以籌餉莅婺源，出以示儒學教官當塗夏炘。"

按，楊沂孫留福濟幕一載，有於福濟前中傷者，楊遂乞外任，授知皖南黟縣，楊遂於咸豐五年春赴任，未至而黟縣陷。《觀濠居士詩集・詩餘》錄詞《南浦》，後有楊沂孫子同福注："先君以癸丑謁選，除銅陵令，時已陷賊，乃進謁大吏於廬州行省，才至全椒而廬州陷，江中丞死之。甲寅春，中丞福濟至，駐軍沘水上，檄留戎幕，從事一載，頗有於中丞前中先君者，乃乞外，遂赴皖南。"

咸豐六年（1856），叙功免補本班，以知府補用。

《顯考咏春府君行述》："丙辰三月，江西巨憝數道犯徽，府君親從文毅公出營七里亭，輕騎督戰，諸將悉出死力，麋戰數晝夜，賊始敗遁,敘功得旨免補本班,以知府補用。"

咸豐七年(1857)九月,簡授鳳陽府知府,仍留徽營效力。

《顯考咏春府君行述》:"(咸豐)七年二月,得旨以繁缺知府記名簡放。三月,赴上海籌辦軍火,並勸徽商之在滬者以助餉。九月,簡授鳳陽府知府。文毅文移督撫,云該守隨營三載,督辦捐輸,整頓團練,無不殫心竭慮,逆匪數次內犯,該守稟商調度,悉合機宜,且能與文武員弁和衷共濟,諸務正資勷助,現在徽池防剿萬分喫緊,應請仍留徽防,實與軍務地方均有裨益,咨請具奏,得旨允准。"

楊希鈺《銀藤花館吟草》有《沂孫補鳳陽守,仍留徽營,書示》詩。

咸豐八年(1858)以積年勸捐出力,旨加道銜。

《顯考咏春府君行述》:"(咸豐)八年三月,以積年勸捐出力,旨加道銜。十月,馳赴績溪督辦捐務。"

咸豐九年(1859)六月,暫署徽州府事。十二月交卸,仍贊軍府。

《顯考咏春府君行述》:"(咸豐)九年正月,以張泰忠受撫事,緝音嘉許,准予獎叙。……六月,署徽州府事,時徽郡歲遭寇攘,試事久未舉,協餉助軍近一百五六十萬,民力竭矣,而軍事方亟,餉捐請益勢未已。府君方視事,既已閔其流離之苦,更欲堅其報效之忱,因商請學使,於皖南無賊地按縣臨試,並通籌全局,謂江、皖兩省當借浙闈鄉試,吁請文毅陳奏,得旨特諭江浙督撫速籌辦理,由是皖南各郡士氣以伸,徽郡是科之獲雋者尤衆,籌捐濟餉遂益奮勉云。八月,以節次軍功匯案請獎,賞孔雀翎,又以籌餉始終出力,奉旨交部優叙。十二月，交卸徽州府事，仍贊軍府。"

咸豐十年（1860）八月，被詔回籍辦團。

《顯考咏春府君行述》："（咸豐）十年閏三月，金陵大營潰，賊陷蘇、常，常、昭孤城，困守江南，團練大臣龐文恪公鍾璐奏請府君回籍辦理團務，已有旨俞允，適文毅先數日亦奉內召之命，曾侯相時授江督，駐兵祁門，遣道員李元度入徽接統軍事，府君既隨文毅交卸防務，即日起程，甫入浙，則徽郡遽失。又審常、昭亦已陷，乃轉由甬東航海至滬，團帥屬府君駐札通州，糾合南岸暨各沙洲民團，俟大兵雲集，隨同進剿。"

《觀濠居士文集》卷下《書夏弢甫先生檀弓辨誣後》："（咸豐）十年八月，新安以易帥失守，沂孫亦被詔回籍辦團。"卷上《書徽郡兵禍事》："庚申秋，公內召，八月初十日，以軍事交李元度，留十日，公啓行。沂孫遂遵旨回籍辦團。郡中士大夫與余周旋久，不忍遽別，餞余程六皆之宅。王子槐侍郎之子憲三，被酒而泣，且肆罵。"卷下《承硯圖記》："咸豐庚申八月二日，粵寇闌入城，叔弟自局所趨歸，扶兩親出避，府君倉卒啓篋，出百金入此硯以渡江，居通州，余時奉旨自徽郡回籍辦團，路梗泛海，以十月五日始達，見兩親無恙則喜，話避難事且悲。"

按，同治元年團練撤防，楊沂孫仍回皖候差。該年秋，曾拜謁曾國藩。《顯考咏春府君行述》："同治元年壬戌，團練撤防，府君奉咨回皖。"楊同福《濠叟歷劫後詩》（《觀濠居士詩集》附）："夏，赴皖謁曾相國。秋回通，大病甚劇。"

同治二年（1863）四月，以辦團勞績，經蘇撫奏保，得旨以道員在任候選。次年，成《管子今編》；並研讀《莊子》，後成《莊子正讀》。

《顯考咏春府君行述》："（同治）四月，以辦團勞績，經蘇撫奏

保,得旨以道員在任候選。……甲子年養疴皖南,取《管子》一書重
疏章句,述《管子今編》七卷。《南華經》,吾府君所獨得蹄筌者也。
自甲子以迄庚辰,凡讀本有七,每讀一次有一次之綫索,每閱一周
有一周之化境。以鳳陽濠梁爲莊惠觀魚地,而宦迹適值,故莅鳳以
後自號濠觀。輯《莊子正讀》,仍其内、外雜篇,而舊注羼入及先後
凌躐者悉訂正焉。"

按,楊沂孫《莊子正讀·内篇》今尚存於上海圖書館。

**同治四年(1865)赴京引見,八月,抵鳳陽府任。旋丁父憂,奉
母守制於鄉,講論諸子,漫游江浙。與弟泗孫、汝孫修宗祠、丙舍,
商整祠規及義莊、書田各變通章程。**

《顯考咏春府君行述》:"吏部以鳳陽任屆六年,調取引見。府
君以大父母在都,可遂瞻望之私,欣然就道,以乙丑五月航海到京。
時不孝同福續娶婦,即前母趙太淑人侄女也。萃集一堂,咸其愉
樂。六月,引見於養心殿,奉旨回任。八月抵鳳陽受事,而先大父
遽以冬月壽終京邸,府君聞訃哀毁不自勝。次年迎喪旋里治葬,後
即偕兩叔父奉先大母以君。"

《濠叟墓誌》:"丙寅以先君憂歸,始同居奉母。"

《濠叟歷劫後詩》:"四年乙丑,五月入都引見,八月赴鳳陽任,
十一月大父壽終京都。五年丙寅夏,回籍守制。"

《觀濠居士文集》卷下《爲從弟鶴峰書大戴禮粹言記後》:"同治
丙寅,余自濠州歸,居先君子憂,與從弟鶴峰講論諸子,醇醇有味。"

《濠叟歷劫後詩》:"六年丁卯,曾爲浙東西之游。"

楊同升《先考濱石府君年狀》:"戊辰四十六歲,正月葬先妣於
邑西鄉胡家橋,偕世父、叔父修理宗祠丙舍,商整祠規,並義莊書田
支放變通章程。"

按,《先考濱石府君年狀》爲楊泗孫之子楊同升撰,故世父指楊

沂孫,季父指楊汝孫。另同治八年十二月十七日,楊沂孫母丁氏又去世。《顯考咏春府君行述》:“己巳十二月,先大母壽終,府君屆不毀之年,哀慕如孺子。”

同治十年(1871)八月,受安徽巡撫英翰之聘修撰省志。

《顯考咏春府君行述》:“庚午冬,奉先大母合葬於太平橋祖塋再昭穴先大父兆。時不孝同福以軍功叙知縣分發皖省,大府方開省志局,屢馳書敦請府君,不獲已,勉應之。八月到皖。”

《濠叟歷劫後詩》:“十年辛未,八月到皖,因皖撫延掌皖省志局也。”《觀濠居士文集》卷上《上英宮保書》亦言受聘修志事。《觀濠居士文集》卷下《雲水相思圖後記》:“又越歲爲辛未八月,應西林中丞之聘,仍由滬至皖。”按,英翰字西林,官至安徽巡撫、兩廣總督。

同治十二年(1873)冬,病辭歸里,以詩酒書法自娛。

《顯考咏春府君行述》:“癸酉,府君年六十一歲,是冬忽患鼻衄,頗劇,又心常忡忡,調治略瘥,即堅辭以歸。……甲戌正月抵里,郊居數月,繼僦城中紫荆街屋調養經時,始就平復。既屏居不出戶庭,日事讀書稽古,或與二三執友及從父輩却謝形迹,放懷詩酒,朋好以篆籀索書者亦不靳也。是冬,側室生一妹,膝下嬉娛,聊慰晚境。”

《濠叟歷劫後詩》:“十三年甲戌,正月辭志局歸里。夏,移居紫荆街周氏屋。”

《觀濠居士文集》卷下《因固園記》:“同治甲戌春,濠叟自皖歸里,貸周氏之屋以居。居雖陋,有隙地。地雖蕪,有花木。余葺面南室二間,因其固然,讀書弄孩其中,以娛老焉,署曰吉羊止止室。蓋自弱冠至今,隨所居以名其室者也。”

按,此當爲同治十二年冬辭歸,同治十三年正月抵家。

光緒七年八月五日（1881 年 9 月 27 日）病逝。

《顯考咏春府君行述》："光緒二年春，不孝同福之官貴池，邑瀕江，離家千餘里而近，音書易達，府君無不隨時付答，月兩三至。……時又手書詩文卷册以寄。不孝同福每歲暮輒遣老僕回家代問安否。……（光緒七年）八月朔後病勢益加，痰壅氣塞，飲食不進，延至初五日午時，竟棄不孝等而長逝。"

沂孫喜治周秦諸子，尤究心管、莊二書，每掇其至理名言，手自鈔録，時輒增删，輯有《管子今編》《莊子正讀》，自言管子得黃帝、太公之傳，三代下佐命諸臣源流，皆出於此。莊子爲卜子再傳弟子，晚年由卜氏之謹守，上窺顏氏，故心齋坐忘，與魯《論》屢空之義若合符節。皆古人未發之蘊。

據《濠叟墓誌》及《顯考咏春府君行述》。

沂孫文字篆籀之學，爲當世推重。每謂倉頡作字始於象形指事，成《文字説解問訛》一書，欲補苴段玉裁、王筠所未備。又作《在昔篇》，考上古，逮史籀、李斯，折衷於許慎，下至有清一代，於文字本末源流，要言不煩。書法久享大名，尤致力於篆、籀，雖學鄧石如而能後來居上，融金文、石鼓筆意入小篆，變圓轉流美爲方嚴高古，實開篆學新境。

據《濠叟墓誌》及《顯考咏春府君行述》。

李慈銘《越縵堂日記》光緒十二年六月二日："（楊沂孫）篆法高古一時無兩，實出鄧完白之上。"

譚獻《復堂日記》卷六："（楊沂孫）書鬱乎如少温，足使山民却步。"

繆荃孫《藝風堂文續集一》卷一《安徽靈璧縣知縣楊君墓誌銘》："（楊沂孫）篆隸行楷各體皆擅長，海内推爲鄧完白先生後一人。"

按，楊沂孫自謂篆書亦勝鄧完白，《顯考詠春府君行述》載其自語：“吾察吾書篆籀，當可頡頏山民得意處，間亦過之，隸書不能及也。真書、草書瞠乎後矣。此吾自得之語，後之人有知之者，當不以爲狂言也。”

其爲文雄健樸茂，不喜規摹前人，每操筆立成，不假點竄。論文多得力於莊學，嘗讀歸震川所評《史記》，有“文無達評”之論。爲詩專主性情，於古人特愛陶、蘇，晚歲又喜陸放翁詩，於清人承繼常州楊大鶴、趙翼與鉛山蔣士銓。趙烈文許其詩“意以真、辭以沛”，潘遵祁贊其詩“原本淵明，出入東坡、山谷之間，而自有一種天然流露之真。叟之爲人，惟一真字足以概之，詩亦猶是矣”。

《顯考詠春府君行述》：“爲詩文專主性情，每操筆立成，不假點竄，於古人詩愛陶、蘇。”

《觀濠居士遺著・觀濠居士文集》卷上《讀武昌張氏所刊歸評史記》：“凡古人評點之書，在作者且未嘗有是意也。無是意而强謂曰有，是誣作者也。震乎讀史者之名，取其一時之評點而確守之，且導學者共守之而刊布之，是梏學者之心思也。天地之理無窮，雖至聖不能盡；智巧之機日辟，豈一說所能拘？故曰《易》無達占，《詩》無達詁，《春秋》無達辭，吾亦曰文無達評而已矣。”

按，楊沂孫喜陶、蘇、陸詩，多見其《觀濠居士遺著・觀濠居士詩集》中，不僅有和陶詩數十首。且自云“晤歌更有陶蘇陸，終古神交不厭憎”（卷下《正月晦夜坐》），“心折坡公望洋嘆，晚親老學倚門窺”“能以平和寫幽憤，晚年宜讀放翁詩”（卷下《士虎妹倩借我〈劍南詩鈔〉讀之，並屬朱墨以爲先導，然詩境各有所宜，前人云少年宜蘇，晚年宜陸，似不誣也。得詩五首，書於簡端》其一、其二），“但寫劍南與東坡”（卷下《庚辰正月杪被酒戲吟》）。對楊大鶴、趙翼與鉛山蔣士銓的推崇，亦見諸其詩句，如“六百餘年溯詩派，毗陵楊芝田

趙甌北是吾師"(卷下《燈下讀放翁詩效其體》),"書尊鄧完白,詩愛
蔣心餘"(卷中《九日懷弟書成、鶴峰,復咏二律》其二)。趙烈文許
其詩"意以真、辭以沛"(《觀濠居士遺著·觀濠居士詩集》趙烈文
序),潘遵祁贊其詩"原本淵明,出入東坡、山谷之間,而自有一種天
然流露之真。叟之爲人,惟一真字足以概之,詩亦猶是矣"(《觀濠
居士遺著·觀濠居士詩集》潘遵祁序)。

　　沂孫著述不自收拾,散佚頗夥,僅有《在昔篇》等少量手迹影印
出版,餘者多爲稿鈔本。今以常熟圖書館藏俞鴻籌鈔本《觀濠居士
遺著》二十一卷保存内容最爲豐富,計《觀濠居士文集》二卷、《觀濠
居士詩集》三卷、《詩集補遺》一卷、《詩餘六闋》一卷、《箴銘雜著》一
卷、《文字説解問訛》四卷、《許書干支建首形義正訛》一卷、《積古齋
鐘鼎彝器款識辨疑》八卷。另有《濠叟日記》《徽郡禦寇案牘》《管子
今編》《莊子正讀》《楊氏家乘》等稿鈔本散藏於上海、南京及常熟圖
書館。

　　參見張劍《清代楊沂孫家族研究》。

參考文獻:

1. 楊沂孫《濠叟日記》,常熟市圖書館藏稿本。

2. 楊沂孫《觀濠居士詩集》,常熟市圖書館藏鈔本。

3. 楊沂孫《觀濠居士文集》,常熟市圖書館藏鈔本。

4. 楊希鈺、楊沂孫《楊氏家乘》,常熟市圖書館藏鈔本。

5. 楊希鈺《蘭馨堂詩存》,光緒間刻本。

6. 楊希鈺《銀藤花館吟草》,中國社會科學院圖書館藏
鈔本。

7. 楊同福《皇清誥授通議大夫候選道安徽鳳陽府知府加

三級癸卯科舉人顯考咏春府君行述》,光緒間刻本。

8. 楊同升、楊同元《賜進士及第誥授資政大夫南書房行走太常寺少卿加四級前日講起居注官隨帶加三級先考濱石府君年狀》,光緒間刻本。

（張劍）

史夢蘭傳

史夢蘭,字香崖,號硯農,樂亭人(今河北省唐山市)。嘉慶十八年(1813)生。

王樹枏《皇清誥授通議大夫四品京卿史公神道碑銘》(以下稱《史夢蘭神道碑》):"先生諱夢蘭,字香崖,號硯農,世爲樂亭鉅族。""先生之生,以嘉慶十八年四月二十九日。"

徐世昌《史夢蘭傳》:"史夢蘭字香崖,號硯農,樂亭人。"

生六月,父紀瑞棄世,母王氏養以成人。

《史夢蘭神道碑》:"考諱紀瑞。""或者謂先生生六月而孤,其學行蓋成於母教也。"《史夢蘭傳》:"生六月,失父。幼受母王氏教,端謹如成人。"游智開修、史夢蘭纂《(光緒)永平府志》卷七十《列女下》:"節婦王氏,灤州廩生王化成次女,邑舉人史夢蘭之母也。性寬厚嚴明,遇事有體。十七歲歸史紀瑞,奉舅姑,接娣姒皆盡禮,尤能得兩姑歡心。二十二歲,子蘭生,六閱月而夫亡。氏銜痛,上慰高堂,下撫藐孤,佐理門內事,纖悉胥當,而於子教之尤嚴。"史夢蘭《爾爾書屋詩草》卷五《庚寅上元日立春日作》其四:"藐爾孤雛羽尾翛,憑誰辛苦護危巢?"自注:"余幼孤,母子零丁,唯祖是賴。"

按,據《史夢蘭神道碑》,其祖名成獲,太學生。《(光緒)永平府志》卷七十《列女下》:"道光二十二年,(王氏)以節孝得旌。同治十年，又以五世同堂得旌。光緒三年，知府游智開率屬介壽，年八十七歲無疾而終。"《爾爾書屋詩草》卷六《庚寅上元日立春日作》其十二"子壽難期母壽同"自注："先母於戊寅棄養，壽八十七歲。"《爾爾書屋文鈔》卷下《與梅小樹》："戊寅三月，先慈棄養。"

王氏寬厚嚴明，處事有體，課子讀書，夢蘭亦以孝聞。

《（光緒）永平府志》卷七十《列女下》："蘭始能言，偶外出，聞村童相詈語，不知其非，入輒施之婢僕。氏聞之，變色叱問：'此語從何來？'立批其頰者三，泪隨聲下。蘭自是終不敢以穢語加人。稍長，使就傅，防閑愈密，蘭惴惴，常以讀書勤惰卜母色欣戚。""同治辛未，年八十。是歲玄孫生，親友欲集優稱觴，蘭乘間以請，斥之曰：'汝以此爲孝乎？抑以吾必藉此爲榮乎？人子之盡孝，自有所在，何事浮文爲？'蘭遂不敢復請。其恬淡深識類如此。"

道光二十年（1840），中舉。

《史夢蘭神道碑》："先生性嗜學，淡於榮利。自道光庚子舉於鄉。"

《爾爾書屋文鈔》卷下《記夢》："時余以庚子新中，尚未經覆試。"

按，據石向騫《史夢蘭先生年譜簡編》，本年中式第一百六十九名。

三十年（1850），以會試五試不第，乃棄舉業，以著述爲樂。

《史夢蘭神道碑》："五試春官不第。"《爾爾書屋文鈔》卷下《記夢》："余道光辛丑春，初應會試，寓直隸會館。……從此五上公車，俱薦爾不售。庚戌科，已擬中數日，而因本房朱久香先生與總裁某相國刻闈墨，語言構釁，內監視曹某又媒蘖其間，遂發怒，將取中本房所薦之卷留一撤四,余卷適在其中。余自此遂絕意進取矣。”“以史館謄録議叙選,授朝城知縣,力辭不赴。築別墅於碣石山,名曰‘止園’,奉母教子,以著述自娛。”

《(光緒)永平府志》卷七十《列女下》:“適以史館議叙,應得山左朝城令,蘭欲往,氏諭之曰:‘人生窮達有命。汝幸承先業,衣食粗足,但得母子常相歡聚,終吾餘年,勝仕宦多矣。’蘭遂棄而不就。”

《爾爾書屋文鈔》孫國楨序:“絕意進取,遂上下千古,以搜討撰述爲己任,乃著述傳海内。”

夢蘭有意溝合漢宋之爭,彌縫朱陸之異。

《史夢蘭神道碑》:“先生於書靡所不通,而持躬履世,一以宋儒爲歸,無朱陸異同之見。其治經也,溝合漢宋,不拘守一家之學。”

《史夢蘭傳》:“夢蘭學無偏倚,嘗病近世學者於程、朱、陸、王過分門户,非孔門四科之旨,解經無漢宋之見,訓詁義理必折中於一是。四部之籍手自丹黄,無暇刻閑,平生著述甚富,不名一家。”

著述既豐,名亦隨之。

《史夢蘭傳》:“嘗以名物之稱中多復字,形容之妙,每用重言,《爾雅》《廣雅》釋訓之中偶一及之,未能詳備,於是集經、史、子、集及諸家注疏之用疊字者,搜羅疏證,爲《疊雅》十三卷。又以方言土語劢關訓典,學士文人有習其語而不能舉其字,其於是采載籍中與鄉音里諺相發明之語,掇集而參訂之,爲《燕説》四卷。又以士子讀書束於功令,專攻朱注,然先儒異説皆所以廣見聞、翼經傳也,於是旁采衆義,爲《論語翼汪駢枝》二卷。又以群史地名沿革不﹒,於是依韻編次,以便檢稽,爲《輿地韻編》二百卷。又以古今興亡治忽之原,每肇於宮闈而及於天下。自唐王建作《宮詞》百首,歷宋、元、明代有作者,然偶然托興,只見一斑。於是上起黄帝,下逮有明,正統、偏安、僭竊、割據，且正史、雜史、載記、小説及歷代詩文所載有關宮闈風化之事，無不廣搜博采，形之咏歌，爲《全史宮詞》二十卷。又以鬼谷、鶡冠別號之稱始於周秦之際，自後競相標尚，又有出於別號之外，爲當世所指目者，緣事類行，有美有刺，足寓勸懲之意，於是取史傳志乘所載，彙而録之，爲《異號類編》二十卷。又以楊慎所輯《古今風謠》及《古今諺》二書可以參考天人之故，然隨手摘録，重出與脱訛之處不一而足，於是重加釐正，爲《古今謠諺補注》二卷，並取群書所載爲楊書所未備者爲《古今謠諺拾遺》十卷。又以永平一郡二百餘年，人文迭出，名流逸士滅没牖下，姓字翳如者不可枚數，於是廣爲搜訪，吉光片羽悉入吟筒，或以人存詩，或以詩存人，各就其所長者録之，爲《永平詩存》二十四卷、《續編》四卷。又以雜事異聞足以資勸懲、廣見聞者，輒筆記之，爲《止園筆談》八卷。至其詩文，以抒寫性靈爲主，不拘拘於格調，著有《爾爾書屋詩草》八卷、《文鈔》二卷。其他所著，尚有《圖書便覽》《氏族考異》《四朝詩史》《史肪雙名録》《青衣小名録》《遼詩話》《樂亭縣志》《遷安縣志》諸書。”

按，據高周《史夢蘭年譜》統計，史夢蘭各類著述達七百一十五卷册，詩八百四十餘首，文六十篇。

朝鮮進士任慶準、越南使者阮荷亭争購其《全史宮詞》。

《史夢蘭傳》：“朝鮮進士任慶準、越南使臣阮荷亭争購其《全史宮詞》，携之歸，國人比之鷄林賈人之於白樂天云。”

《爾爾書屋詩草》卷六《咸豐戊午正月，余刻〈全史宮詞〉成，朝鮮進士任慶準於書坊見之，稱贊不已，因贈一部。繼以札致謝，並報以丸藥、摺扇等物。翌歲，貢使復購數十部歸其國》：“知君不是鷄林賈，惟借詩邀國相金。”同卷《越南使臣阮荷亭介津門，梅小樹索拙作〈全史宮詞〉諸刻，因以其國親公〈倉山詩集〉見貽，書後四截句》其三："朗誦宮詞百四篇，自慚全史未能全。"

曾國藩、李鴻章總督直隸，先後禮聘之，皆以母老辭。

《史夢蘭神道碑》："同治己巳，湘鄉曾文正公督直隸，開禮賢館，延聘畿輔鴻文碩學之士。吾先祖竹溪公與樂亭史先生同時應徵。及直督李文忠公創修《畿輔通志》，而定州王君文泉又有校刊《畿輔叢書》之舉，皆禮聘先生，均以母老辭。"

按，石向騫《史夢蘭先生年譜簡編》考訂此事甚詳："（同治八年）十一月，應直隸總督曾國藩之邀赴保定，與之相見。先是，曾國藩於保定蓮池設禮賢館，徵召畿輔德行才學之士，特首聘史夢蘭，並予手書再三邀請。……十三日見，曾國藩覺史夢蘭學問淵博，與之座談甚久。十八日又見，二人縱論古今學術得失及地方利病大端，並互贈各自所刻圖書。曾氏極爲賞識史氏所著《全史樂府》與《叠雅》，並面許作序；對史氏所修《樂亭縣志》則有'釐正舊例，體裁尤雅'之褒。……國藩欲留聘史夢蘭主持蓮池書院講席，且爲禮賢館中諸人表率，夢蘭以奉養老母爲由力辭。臨別，國藩手書'德侔歐母'爲史母壽。此行在保定住八日。""（同治十年）直隸總督李鴻章委黃彭年修《畿輔通志》，開局於蓮池書院；冬，派任信成、恩福二位觀察遞書至樂亭，聘史夢蘭前往志局襄助，並索要《樂亭縣志》稿，以備采摘。夢蘭以母老婉拒；托任信成贈黃彭年新刊《永平詩存》一部，因此書與地方文獻有關。"

光緒十六年（1890），順天學政周德潤以篤學耆儒薦於朝，賞四品卿銜。二十三年，學政徐會灃復以學行薦。

《史夢蘭神道碑》："庚寅之歲，直隸學使周德潤奏加四品卿銜；逾八年，學使徐會灃復以碩學耆儒疏請加國子監祭酒銜。其爲當時推重如是，是可以知先生矣。"

光緒二十四年（1898）十二月卒，享年八十六。

《史夢蘭神道碑》："歿以光緒二十四年十二月二日，享年八十有六，葬於邑西南大港村外先塋之次"。

夢蘭論詩力主抒寫性情，非孜孜於格調聲律者。既通曉古今，故詩多咏史之體，而《竹枝詞》諸篇雖效俚俗，亦得風人之旨云。所爲古文亦多可傳。

《史夢蘭神道碑》："先生爲詩，抒寫性靈，不事雕琢；文則下筆輒數千言。"

《爾爾書屋詩草》張山序："其行之篤可知。家藏書數萬卷，手自丹黃，所著《全史宮詞》《疊雅》等書，熔鑄群言，自爲一集，其學之博可知。故其爲詩也，性情溢於詞章，經籍煥爲文采，不染叫囂之習而聲調自高，不矜馳騁之能而情景俱盡。人方講聲韻，談格調，琢字句，千氣萬力以與之角，卒之傷股中肩，旗靡轍亂，長城如故而偏師已覆，何也？不知江河之有源，而溝澮以爲之；不知花木之有根，而剪彩以像之。天下事遺本求末，而終歸於敗者，不獨詩爲然也。嗟夫！自詩有別才之說興，紛紛作者，自謂李杜韓蘇，搖筆即是，而自識者視之，幾同腐鼠鮑魚之不可嚮邇，雖有逐臭者愛之重之，而盜竊虛名，轉眼澌滅。此雖天地之運會，亦人心之憂也。山故著先生之詩之本於學行者以救之。"

《爾爾書屋詩草》王晋之序："先生殫力著述，以其餘作爲詩歌。其於古也癖焉，淫焉，優柔饜飫，故雖清詞淺語，皆有深義奧蘊，磅礴鬱積，愈味之而愈不能窮，顧不以自喜。積數十年之所爲，僅删存八卷，屬晋之點定。……後生小子得先生之詩而讀之，攬其大端以窺其用意之所在。於咏史諸篇，辨興衰成敗之機，而即以勘入己身；於敦叙師友，針砭世俗，慎進退出處之什，以端學術而正性情；

更取其流連景光、摹繪風物者,博其趣而暢其天,則於先生之詩例之也。……至於先生之詩,詞旨清腴,雖感憤時艱、表揚忠烈之作,意極迫切,而一歸於溫厚和平。"

《爾爾書屋詩草》卷七題識:"爰檢滇、黔、閩、粵諸志乘,采其事之新奇可以入咏者,作《竹枝詞》八十八首。"

《爾爾書屋文鈔》孫國楨序:"嘉道以來,格調益工而根柢益薄,於今愈降,無復之本實先撥,宜若人人汨沒其中,莫能振拔矣。然近今大儒猶有以學問爲經濟文章,與古人並駕,如曾文正公其人者,又何風氣之足限而師傅之傳可承哉? 唯能以古人爲師,斯不慚及於古爾。先生以高蹈之躬,受曾文正公之知,於尋常物色之外,出處不同而學問文章異地同揆,其淵源蓋可識矣。先生又云:'余多應酬之作,既無佳題,焉得佳文?'楨應之曰:'文之所繇,貴賤視其有用否爾:其無視於用耶,臺閣冠冕半屬浮文;其有視於用耶,布帛菽粟無非至理。蓋題有大小而道無精粗。先生於尋常應酬之作,皆有切理饜心之致,其與正人心,扶世教,與夫禔躬應務之體要,昭然若揭。一切浮光掠影、無關世用之談,有不待芟除而自盡者。昌黎云惟陳言之務去,先生又何愧焉? 而先生所恃以不朽之故又不在此,讀是編者知著述之有本源,則由立言蘄立德,詩文特其緒餘焉爾。'"

子三人:長履泰,先卒;次履升,光緒元年(1875)舉人,内閣中書,父歿,以毀卒,著有《放言百首箋注》及《有所不爲齋詞》;次履晋,光緒十六年進士。

按,此據《史夢蘭神道碑》。史履晋,字進之、康侯,號恂叔、叔魚、稚農,光緒十六年進士,爲中國近代實業救國之先驅,著有《史履晋詩文稿》。

參考文獻:

1. 史夢蘭《爾爾書屋詩草》,《清代詩文集彙編》,上海古籍出版社 2010 年版。

2. 史夢蘭《爾爾書屋文鈔》,《清代詩文集彙編》,上海古籍出版社 2010 年版。

3. 王樹枏著、石向騫整理《皇清誥授通議大夫四品京卿史公神道碑銘》,國家圖書館藏拓本。

4. 閔爾昌《碑傳集補》卷五十《史夢蘭傳》,燕京大學國學研究所 1923 年版。

5. 高周《史夢蘭年譜》,山西師範大學 2012 年學位論文。

6. 石向騫《史夢蘭先生年譜簡編》,《唐山師範學院學報》2014 年第 1 期。

（任群）

龍啓瑞傳

龍啓瑞,字翰臣,廣西臨桂(今廣西省桂林市)人,嘉慶十九年(1814)生。父光甸,字見田,嘉慶二十四年舉人,歷官黔陽武陵知縣、浙江乍浦台州同知。

《清史列傳》卷六十九龍啓瑞傳:"龍啓瑞,字翰臣,廣西臨桂人。父光甸,字見田,嘉慶二十四年舉人。歷官黔陽武陵知縣、浙江乍浦台州同知。"

《清史稿》卷四百八十二龍啓瑞傳:"龍啓瑞,字翰臣,臨桂人。"

繆荃孫《龍啓瑞傳》:"龍啓瑞,字翰臣,臨桂人。"

繆荃孫《前户部候補主事龍君墓誌銘》:"君諱繼棟,字松岑,廣西臨桂人。浙江乍浦同知,諱光甸,君王考也;江西布政使,治績入《國史·循良傳》,諱啓瑞,君之考也。"按,龍繼棟爲龍啓瑞長子。

龍啓瑞《經德堂文集·内集》卷三《先大夫事略》:"府君諱光甸,字見田,姓龍氏,世爲廣西臨桂人。自始祖慶誠公殁於康熙間,始有墓在邑北飛鸞橋,中變故,莫知其籍之所自來。四世至府君之曾祖,貤贈文林郎,諱鎮海;祖,貤贈奉政大夫,諱翮,皆潛德弗耀;父,誥贈奉政大夫,諱濟濤,始以文學起家,由乾隆甲寅恩科舉人大挑二等,借補潯州府武宣縣儒學訓導,推升柳州府儒學教授。"

少承家學,刻苦攻讀。道光十四年(1834)舉人,二十一年狀元,欽點爲是年恩科狀元,授翰林院修撰。

陳鼐《(同治)德化縣志》卷二十九:"道光二十一年辛丑,恩科龍啓瑞榜。"按,道光二十一年辛丑科,值清宣宗六旬萬壽,改爲恩科,正科提前至上一年舉行。

《經德堂文集・内集》卷四《妹淑墓誌銘》:"余既終鮮兄弟,家居復無朋友講習之樂,每夜分伏案,燈火熒然,獨妹携書册隨於左右,余視之若弟,而時以疑難相啓發,又良友生也,孰知天遽奪之而去耶!"卷四《先室劉恭人墓誌銘》:"先大夫方督余制舉業,恭人居室,未嘗盡日樂。逮余進士及第,歸省武陵,至之日賓僚歡燕,倡優文綺之戲,光彩溢目。"卷四《先大夫事略》:"子一,即不孝啓瑞,道光甲午科舉人,辛丑考取内閣中書,以是科一甲第一名進士,授翰林院修撰。"

道光二十三年(1843),任順天鄉試同考官。二十四年,任廣東鄉試副考官。二十七年,大考翰詹二等七名,以侍講升用。同年七月,任湖北學政。

繆荃孫《龍啓瑞傳》:"二十三年,充順天鄉試同考官。二十四年,充廣東鄉試副考官。二十七年,大考翰詹二等七名,以侍講升用。七月,簡湖北學政。"

道光三十年(1850),丁父憂回籍。咸豐元年(1851)六月,廣西巡撫鄒鳴鶴奏辦團練,以啓瑞總其事。二年七月,省城圍解,以守城有功,升爲侍講學士。五年,回京。六年四月,授通政司副使。十一月,任江西學政。

《清史列傳》本傳:"三十年,丁父憂回籍。咸豐元年六月,廣西巡撫鄒鳴鶴奏辦團練,以啓瑞總其事。二年七月,省城圍解,以守城叙功,以侍講學士升用,並戴花翎。五年,回京。六年四月,擢通政司副使;十一月,提督江西學政。七年三月,授江西布政使。"

《清史稿》本傳："三十年,丁父憂回籍。咸豐元年六月,廣西巡撫鄒鳴鶴奏辦廣西團練,以啓瑞總其事。二年七月,省城圍解,以守城出力,以侍講學士升用。六年四月,授通政司副使。十一月,簡江西學政。七年三月,遷江西布政使。"

繆荃孫《龍啓瑞傳》："三十年,丁父憂回籍。咸豐元年六月,廣西巡撫鄒鳴鶴奏辦廣西團練,以啓瑞總其事。二年七月,省城圍解,以守城出力,以侍講學士升用。五年,入都供職。六年四月,授通政司副使;十一月,簡江西學政。七年三月,遷江西布政使,治理蒸蒸日上。"

沈秉成《(光緒)廣西通志輯要》卷三："丁艱,回籍。巡撫鄒鳴鶴奏辦通省練,著有《團練輯略》,規制嚴密。咸豐二年,髮匪攻省,啓瑞督團捍禦,備極勞苦,解圍,補翰林院侍講學士,擢通政司副使。"

咸豐七年(1857)三月,遷江西布政使。八年九月,卒於官,年四十五。爲政清廉,惠心澤民,有政績。爲人孝友純篤。同治十一年(1872),入祀江西名宦祠。

《清史列傳》本傳："七年三月,遷江西布政使。時髮逆踞東南,江西僅省會暨一府未没於賊,庫藏久虛。啓瑞焦勞籌度,饟糈賴以不竭。會歲旱蝗,齋心祈禱,力求驅捕之法,蝗患頓除。嘗勸民積穀備荒,復以暇修普濟育嬰。諸善政惠心澤民。都邑感慕。"

繆荃孫《龍啓瑞傳》："七年三月,遷江西布政使,治理蒸蒸日上。八年九月卒於官。"

《(光緒)廣西通志輯要》卷三："(龍啓瑞)簡放江西學政,改江西布政使。值髮逆鴟張,地方凋敝,徵兵籌餉,昕夕不小休。八年,卒於任。身後無長物,賴資助,得運柩回籍。同治十一年,入祀江西名宦祠。啓瑞孝友純篤,經術湛深。"

龍啓瑞一生仕宦，多與學政相關，故常心繫風教，以化時俗。

繆荃孫《龍啓瑞傳》："七月，簡湖北學政。湖北人知禮尚文，啓瑞專以根柢之學振之，著《經籍舉要》一書，以示學者。又以學政之職有三要：一曰防弊，二曰勵實學，三曰正人心風俗。故所做文檄告誡周祥。"

《清史列傳》本傳："七月，提督湖北學政。湖北人士知禮尚文，啓瑞專以根柢之學振之，著《經籍舉要》一書，以示學者。又以學政之職有三要：一曰防弊，二曰勵實學，三曰正人心風俗。故所做文檄告誡周祥。既復舉舊日所聞及近所施行者，爲《視學須知》一卷。"

與同鄉呂璜、朱琦、王錫振、彭昱堯等爲古文，師法桐城；後與梅曾亮游，亦師亦友；爲"嶺西五大家"之一。

曾國藩《曾文正公文鈔》卷一《歐陽生文集序》："仲倫與永福呂璜月滄交友，月滄之鄉人有臨桂朱琦伯韓、龍啓瑞翰臣、馬平王錫振定甫，皆步趨吳氏、呂氏，而益求廣其術於梅伯言。由是桐城宗派，流衍於廣西矣。"按，吳德旋，字仲倫，姚鼐私淑弟子；梅伯言即梅曾亮，姚鼐直傳弟子。

黃薊《嶺西五大家詩文集》跋："有清道光、咸豐之交，桐城之學流衍於廣西，而月滄（呂璜）、伯韓（朱琦）、翰臣（龍啓瑞）、定甫（王拯）、子穆（彭昱堯），諸子詩古文辭並著名當世。……由是天下學者莫不知有'嶺西五大家'矣。"

《經德堂文集・内集》卷二《彭子穆遺稿序》："梅先生古文爲當代宗匠，子穆、少鶴暨朱伯韓琦、唐仲實啓華及不肖，每有所作，輒相就正，得先生一言，以爲定。而蘇虛谷汝謙，故茂田密友，在京閉門却掃，與君談，詩學尤精邃。諸君自司業池公梅先生外，皆吾粵人也。方是時，海寓承平既久，粵西僻在嶺嶠，獨文章著作之士，未克與中州才俊爭騖而馳逐，逮子穆與伯韓、少鶴、仲實先後集京師，凡諸公文酒之燕，吾黨數子者必與。語海內能文者，屈指必及之。梅先生嘗曰：天下之文章，其萃於嶺西乎？"

《清史稿》卷四百八十六《梅曾亮傳》："（梅曾亮）與宗稷辰、朱琦、龍啓瑞、王拯、邵懿辰輩游處。曾國藩亦起而應之，京師治古文者，皆從梅氏問法。"

況周頤《眉廬叢話》："吾廣右古文家，平南彭子穆昱堯，永福呂月滄璜，馬平王定甫拯，臨桂唐子實啓華、朱伯韓琦、龍翰臣啓瑞皆得桐城嫡傳，所作多名言精理，不同率爾操觚。"

與彭昱堯、朱琦、汪運、商書浚、楊繼榮、曾克敬、李從瀛、趙德湘、黃祖錫等交游，常於桂林杉湖畔相唱和，被譽爲"杉湖十子"，廣西詩壇興盛一時。

張凱嵩《杉湖十子詩鈔》自序："方乾嘉間，海內人文極盛之秋，最後袁、趙以詩鳴，一時風靡。子才初起自桂林，老復來游，時臨川李松甫郎中僑家於此，門第頗盛。子纘來實主之。然松甫爲詩，宗陶、韋，又時有桂林朱小岑、高密李少鶴兩君子與松甫師友，風尚頗遒。粵人皆知朱、李詩法之高，於子纘來初，不甚尚之也。朱、李既往，粵之詩人益多輩出，尤莫盛於道光之初。余來雖已不及其盛，然猶得與朱伯韓侍御、龍翰臣學士游。兩君故時健者，松甫之客，零落久矣。然如陳君心薌，老猶健，在官學博。楊君柳塘，年更老於心薌，時亦尚存。而汪劍峰、曾芷潭、彭蘭畹數君者，又各以其孤杰雄畢之才，兀律自起於粵詩人盛衰絕續之交。松甫之子小韋能讀父書，爲詩乃不相襲，於伯韓、心薌、劍峰、蘭畹，故皆往來倡和。至黃香甫、趙淡仙者，又小韋客之尤者也。……夫人才誠不擇地而生，然而山川磅礡之氣實鬱泄焉。故與其人才力必有相應而發見者。桂林、陽朔奇峰羅列，鑱天拔地，崝嶸萬狀，灕江天下之清，灘瀧數百，水石相激，雷輥雪噴，以東之海。……讀諸君詩，嶄然如見此邦山水之奇，使人幾不復憶壯游五嶽，吁其勝哉！”

按，道光年間，龍啓瑞、彭昱堯、朱琦、汪運、商書浚、楊繼榮、曾克敬、李從瀛、趙德湘、黃祖錫等十人常於桂林杉湖以詩唱和，張凱嵩遂編其詩爲《杉湖十子詩鈔》，“杉湖十子”之稱，即始於此。

啓瑞兼擅詩、文、詞，奇才妙筆，有《經德堂文集》《浣月山房詩集》《漢南春柳詞鈔》《南槎吟草》等；又好法帖，善收藏。通音韻之學，有《古韻通説》；又有《爾雅經注集證》《小學高注補證》《經籍舉要》《是君是臣錄》《班書識小錄》《通鑑識小錄》《諸子精言》《莊子字詁》等。另有《視學須知》，專言學政；《團練輯略》，專言團練。

《清史稿》本傳：“啓瑞切劇經義，尤講求音韻之學，貫穿於顧、江、段、王、孔、張、劉、江諸家之書，而著《古韻通説》二十卷。以爲論古韻者，自顧氏以前失之疏，自段氏以後過於密，江氏酌中，亦未爲盡善。陽湖張氏分二十一部，言：‘凡言古韻者，分之不嫌密，合之不嫌廣。惟分之密，其合之也脈絡分明，不至因一字而疑各韻可通，亦不至因各韻而疑一字之不可通。’啓瑞服膺是言，故其集古韻也，意主於嚴，而其爲通説也，則較之顧氏而尚覺其寬。不拘成説，不執私見，參之古書，以求其是而已。其論本音、論通韻、論轉音，皆確有據依，而以論通説總之，故以名其全書焉。他著有《爾雅經注集證》三卷、《經德堂集》十二卷。”

符葆森《國朝正雅集・寄心庵詩話》：“余初讀龍翰臣《南槎吟草》，奇才妙筆，狀難狀之景，達難達之情，以真意剴切寫之。嗣讀其全稿，有雄渾者，有婉麗者，莫名一格，尤在寄旨遥深，詩外有事，關心民物，得古采風之遺，非僅以廣酬雅韻也。”

康有爲《廣藝舟雙楫・干禄》：“昔嘗閱桂林龍殿撰啓瑞大卷，

專法魯公,筆筆清勁。"施南金《木葉廎法書記》:"(龍啓瑞)書法平原。予藏其真書楹帖云:'真儒讀書萬卷,神仙飲酒百斛。'字大如斗,類顏家廟碑。所著《浣月山房集》有與蘇虛谷論書詩云:'僕也十年來,於此耽研窮。'知其致力者深矣。"龍啓瑞《經德堂藏書録》自序:"余年少不知好學,稍長則溺於詩賦應制文字。是時,雖有書,亦不暇讀。即來京師,古今碑刻之所聚也,則好法帖。間朋輩問答,又好爲詩。是二者之書,常聚而讀之,而於六經史册諸子百家之言,猶未足以投其心而生其愛也。年來百好俱息,稍喜從事於斯,而典籍浩博,家少藏書,欲有所觀,或不能具。假之於人,猝不可得,乃漸次求之於肆,或乞其副於師友之家,蓋迄今四年,而得書四千餘卷。於是以經史子集爲類,因所得之先後録而存之。夫四千餘卷之書,比之於藏書家,或未能十一也,然較予前數年所見,則未嘗有矣。且由是充之,以至於萬或數十百萬,皆今日之積也。"

劉錦藻《清續文獻通考》卷二百七十八:"《經德堂文集》六卷,《別集》二卷,《浣月山房詩集》五卷,《漢南春柳詞鈔》一卷,龍啓瑞撰。"

《清史列傳》本傳:"七月,提督湖北學政。湖北人士知禮尚文,啓瑞專以根柢之學振之,著《經籍舉要》一書,以示學者。又以學政之職有三要:一曰防弊,二曰勵實學,三曰正人心風俗。故所做文檄告誡周詳。既復舉舊日所聞及近所施行者,爲《視學須知》一卷。……後交漢陽劉傳瑩,切磨經義,尤講求音韻之學。……著《爾雅經注集證》三卷,他著有《小學高注補證》《是君是臣録》《班書識小録》《通鑑識小録》《諸子精言》《莊子字詁》及《經德堂詩文集》十二卷。"

《(光緒)廣西通志輯要》卷三:"丁艱,回籍。巡撫鄒鳴鶴奏辦通省練,著有《團練輯略》,規制嚴密。"

龍啓瑞有子三，繼棟、維梁、維章。繼室何慧生，有詩才，著有《梅神吟館詩集》，啓瑞歿，投繯以殉。

《先大夫事略》："子一，即不孝啓瑞，道光甲午科舉人，辛丑考取內閣中書，以是科一甲第一名進士，授翰林院修撰。丁未大考翰詹，升授侍講。子婦劉氏，女四，長早逝，次適永寧州舉人韋世炳，次適同邑附學生況穎生，次未字。孫男二，維棟、維梁。孫女二，俱幼。"按，《先大夫事略》作於道光二十九年（1849），其時龍維章未生，故言"孫男二"。

《前户部候補主事龍君墓誌銘》："君諱繼棟，字松岑，廣西臨桂人。浙江乍浦同知，諱光甸，君王考也；江西布政使，治績入《國史循良傳》，諱啓瑞，君之考也。……君博涉群籍，喜馳騁文詞。通小學，工篆隸，體勢堅穆，近世側鋒，環行無札，一掃刮絕。以同治壬戌舉人，入官户部額外主事。"

徐世昌《晚晴簃詩匯》卷一百九十："何慧生，字蓮因，善化人，臨桂龍啓瑞繼室，有《梅神吟館詩集》。詩話：蓮因於咸豐癸丑歸翰臣方伯，甫五載，翰臣卒，投繯以殉。邵半岩有題其《梅神吟館集》詩云：'三湘秀色入房帷，八桂才名動主知。金殿臚句原首唱，彩毫同夢忽雙枝。不勞點竄修眉筆，無限翻新咏絮詞。便恐紅窗希覓句，年年文葆得佳兒。'蓋初歸龍氏時也。"按，何慧生有詞名，況周頤《粵西詞見》收錄閨秀詞僅何慧生一家。

參考文獻：

1. 閔爾昌輯《碑傳集補》卷四十一《龍啓瑞傳》，《近代中國史料叢刊》，臺灣文海出版社1973年版。

2. 王鍾翰點校《清史列傳》卷六十九《龍啓瑞傳》，中華書局 1987 年版。

3. 趙爾巽等《清史稿》卷四百八十二《龍啓瑞傳》，中華書局 1998 年版。

4. 吕斌《龍啓瑞詩文集校箋》，岳麓書社 2008 年版。

5. 張延銀、朱玉麒主編《繆荃孫全集·詩文》，鳳凰出版社 2013 年版。

（褚爲强）

徐時棟傳

　　徐時棟,字定宇,一字同叔,學者稱柳泉先生,浙江寧波人。嘉慶十九年(1814)生。十六歲而孤。少時博覽群書,頗有詩名,不屑舉業。

　　徐時棟《煙嶼樓詩集》卷十七《壽從叔荇湖翁六十》小注:"翁生乾隆戊戌十一月二十五日,余生嘉慶甲戌十一月二十五日,翁我之生同月日。"

　　徐時棟《煙嶼樓文集》卷二《先府君言行記序》:"時棟不幸,生十六歲而孤。"

　　《煙嶼樓文集》陳勱序:"吾友徐君柳泉,博覽群書,自其少時,即抗心希古,思登作者之堂。視世俗科舉之學,夷然有所不屑,然試輒高等,風檐急就。詩賦詩藝及柳汀社課諸作,一時競相傳誦,而不知特其餘緒也。"

　　董沛《徐先生墓表》:"先生名時棟,字定宇,一字同叔,學者稱柳泉先生。"

　　道光二十三年(1843)充優貢,二十六年舉人,兩上春宮而不入,以輸餉授内閣中書。後家居不出,以著述爲業。

　　《徐先生墓表》:"充道光癸卯優貢,旋中丙午舉人,以輸餉授内閣中書。自其少時有志著述,兩上春宮,即家居不復出。湖西煙嶼樓藏四部書六萬卷，盡發而讀之。”

戴枚修纂《（同治）鄞縣志》卷四十四《徐時棟傳》：“道光二十三年充優貢，學使羅文俊命呈所作詩古文，嘆爲異才，旋中二十六年舉人，兩上春宫，即不復試，以輸餉授内閣中書。”

同治七年（1868），纂《鄞縣志》。

徐世昌《晚晴簃詩匯》卷一百四十七：“柳泉爲全謝山再傳弟子，學有淵源，家居著述，主四明壇坫三十餘年，所纂《鄞縣志》，搜考詳密，爲方志所僅見。”

《（同治）鄞縣志》卷四十四《徐時棟傳》：“同治七年，開鄞志局，延時棟主其事，發凡起例，總持大綱。編輯討論，則屬諸同事。任之次年，移局其家，益發藏書，及借閱同里盧氏、杭州丁氏書，搜采繁複，至千數百種。仿國史館列傳之例，注所徵引，排比成文，以是費日力。”

十二年（1873）卒。葬於鄞縣西南王杜隩。

《徐先生墓表》：“同治十二年十一月八日，柳泉先生卒，年六十。……以四月朔日葬先生於縣西南王杜隩。”

自少時，有志著述，尤嗜古文，其學祖全祖望。其文宏深博偉，入韓柳之堂奥。

《煙嶼樓文集》陳勱序：“吾友徐君柳泉，博覽群書，自其少時，即抗心希古，思登作者之堂。”

《煙嶼樓文集》葛祥熊序：“先生禀絶人之資，生而嗜古。……於其殁也，由經史迄説部，論撰各數種，編爲成書，而精力所萃，尤在古文四十卷。”

《（同治）鄞縣志》卷四十四《徐時棟傳》：“文章宏深博偉，入韓柳之室。”

其詩浩落自喜，以樂府爲最，渾灝流轉而又段落分明；風格剛健有力，多關軍中吏事，有資勸懲，獨樹一幟。

《晚晴簃詩匯》卷一百四十七：“徐時棟，字定宇，一字同叔，號柳泉，鄞縣人。道光丙午舉人，官內閣中書。有《煙嶼樓集》。……詩筆遒健不懈，而及於古，新樂府尤擅場，所咏多關軍中吏事，有資勸懲，采風者當有取焉。”

《（同治）鄞縣志》卷四十四《徐時棟傳》：“孫德祖曰：師生平，於前代慕蘇文忠，於國朝慕紀文達。詩古文辭，一以辭達爲主，而長於以文言道俗情，新樂府動輒千言，紀事仿《焦仲卿妻》《木蘭》二詩，當少陵詩史。五言古詩如《哭伯兄醒木》《哭朱鏡湖》諸作，至性至情，可歌可泣，惜文多不能備録。……董沛曰：‘舍人詩，以樂府七古爲最，渾灝流轉中，仍復段落分明，不失古法。次則五律，次則五古，並稱傳作，餘體亦清勁。吾郡諸名家，洵足自樹一幟。’”

其論經，多取先秦之説，無漢宋門户之爭，於時人之誤多有糾正；論史，獨推史遷，以糾班范以下。當時後進高材，多從其學。以經術文章主盟四明文壇三十餘年。

《（同治）鄞縣志》卷四十四《徐時棟傳》：“其論經，最取先秦之説，以經解經，旁及諸子，引爲疏證，無漢宋門户之習。……主四明壇坫三十餘年。”

《徐先生墓表》：“先生覃思精詣，治經有心得。不傍漢，不徇宋，常主先秦之書以平衆難，故不蹈近人墨守之弊。《尚書·湯誓》有二：一爲伐桀，見於今文；一爲禱旱，錯見於古書。梅氏竊取古書以綴《湯誥》，而禱旱之誓湮矣，先生正之，則有《逸湯誓考》。《太誓》亡於秦火，河内女子所獻亦僞書也。近代崇漢，據以爲真，先生非之，則有《三太誓考》。言《詩》音者始自陳第，亭林輩繼之，往往以漢魏之韻强合古音，先生以《詩》證《詩》，分爲七部，而周人之韻著焉，則有《詩音通》。……其他箋釋，雜引諸經解之，則確《山中學詩記》。……信乎，其爲通儒也！"

浙江省社會科學院編《浙江人物簡志·徐時棟》："其論經多取先秦之説，以經解經，旁及諸子，引爲疏證，没有漢宋門户之惡習。其論史則獨推司馬遷，班固、范曄以下則條舉而糾之，許多議論前人所未發。"

曾主纂《鄞縣志》，搜采繁複，爲方志之最。留心鄉邦文獻，刻《四明宋元六志》，並爲其訂訛考正。

《徐先生墓表》："先生以經術文章，主盟壇坫，後進高材生，咸北面稱弟子。四方知名之彦以事之四明者，皆願望見顔色，出所業相證問。"

《浙江人物簡志·徐時棟》："道光二十六年舉人，以輸餉授内閣中書。藏書六萬卷，其藏書之所稱煙嶼樓。生平酷愛讀節，廣采博覽，學識淵博。……留心鄉邦文獻，刻《四明宋元六志》，考異訂訛，有《四明六志校勘記》三十一卷，其中札記二十卷、補遺二卷、校勘記、佚文四卷、雜録二卷、作者二卷、雜考一卷，此書考據精確，堪稱善本。又輯《四明舊志詩文鈔》，文詩並茂，主四明壇坫三十餘年，後起之秀，多出其門。四方知名之士以事來鄞，以所學相質問，都各得其意而去。同治七年，縣開志局，聘請徐時棟主持。爲了充分利用自己藏書修纂方志，次年移局於家，並從同里盧址抱經樓、杭州丁丙八千卷樓借閲一千數百種資料，仿照國史館列傳之例，注明書中所引用資料的出處，排比成文，費力十二年。時徐時棟已重病在身，猶堅持不懈。臨死時，執其友董沛之手，鄭重相委修志之事。"按，"讀節"疑誤，應爲"讀書"。

喜好藏書，爲浙東著名藏書家。先後建有煙嶼樓、城西草堂、水北閣等三處藏書樓。煙嶼樓於咸豐十一年（1861）因太平軍亂而遭竊略；後建城西草堂，又於同治二年（1863）十一月因火盡毀；其後再建水北閣。雖屢遭兵火，而其聚書之志不渝，並制定《煙嶼樓藏書約》，編有《徐時棟藏書目錄》。

《（同治）鄞縣志》卷四十四《徐時棟傳》："師好聚書。余以同治己巳與修鄞志，方就，師新居水北閣，開書局，得見所藏，無慮六萬卷。"

《徐先生墓表》："故居曰煙嶼樓，藏書六萬卷，盡發而讀之，自夜徹曉，丹黃不去手，覃思精詣，直造古人。"按，煙嶼樓今存，在今寧波市海曙區共青路48號，坐西朝東，五間二弄，上下二層。董沛言煙嶼樓有書六萬卷，而徐時棟自言爲十萬卷。徐時棟《煙雨樓筆記》卷六："余自弱冠即好購書，二十餘年亦將十萬卷。咸豐十一年遭亂，在煙嶼樓者盡爲人竊掠。"

《煙雨樓筆記》卷六："古今藏書之家，無不厄於兵火。……余自弱冠即好購書，二十餘年，亦將十萬餘卷。咸豐十一年遭粵寇，在煙嶼樓者，盡爲人竊掠；其在城西草堂者，尚五六萬卷。同治二年十一月二十九日，草堂焚如，皆灰燼矣。而奉化人有於亂後出數千金，買天一閣書，別爲屋藏之；亦於十一月此旬中被火。"《煙嶼樓文集》陳勱序："及兩遭鬱攸，捯擋殘帙。"

徐時棟《煙嶼樓藏書約》（張傳保修，陳訓正、馬瀛纂《（民國）鄞縣通志・文獻志》附）："勿卷腦，勿折角，勿唾揭，勿爪傷，勿夾別紙，勿作枕頭，勿巧式裝潢，勿率意塗抹，勿出示俗子，勿久假他人。"並分書五行，以藍字印成竹簡式，訂於書册之首。

按，范鳳書《中國著名藏書家與藏書樓》云："徐時棟（1814—1873）：字定宇，一字同叔，號柳泉，浙江鄞縣（今寧波市）人。清道光二十六年（1846）舉人，以捐納授內閣中書。勤學博覽，有志著述，治經有心得，董沛稱其爲通儒。撰有《逸湯誓考》《三泰誓考》《史音通》《呂氏春秋雜記》《山中學濤記》《煙嶼樓詩文集》《煙嶼樓筆記》等。徐時棟酷嗜藏書，搜聚四部書六萬卷，築煙嶼樓，盡發而讀之，丹黃雜下，通宵達旦。洎遷城西草堂，遭大火之厄，藏書俱燼。志不息，購藏如其舊，重建水北閣新藏書樓。”徐時棟《謝陳樹珊駕部送書》詩：“客歲吾廬下祝融，圖書收拾去匆匆。范廬已斷千秋望，湯鄭同付一炬中。本以網羅遭劫火，莫將呵護問天公。故人憐我平生志，架上新來幸不空。煙嶼樓，徐氏原居寧波月湖煙嶼洲，因命名書樓‘煙嶼樓’。水北閣，重建城西書樓，北面有條河，便取‘以水制火’之意，命名新書樓爲‘水北閣’。”

爲人敦厚有度，謙恭有禮，樂善好施，爲鄉賢守令所敬，名重當時。與陳勱、董沛等交好。

《（同治）鄞縣志》卷四十四《徐時棟傳》：“時棟內行敦篤，待朋友有恩紀，力所不及，稱貸以益之。父桂林，嘗建小學，繕浮橋，有德於鄉。時棟偕其弟時梁繼之事，益修舉。佐巡道段光清修洪水塘，俾西南鄉無旱干患。建議爲縣中貞烈節孝諸婦女請旌，多至千餘人。監司守令重其名，一切謝之，以名刺答拜而已。”“十二年，時棟已屬疾，猶强起論志事，臨殁，執其友董沛手，鄭重相委。”

《煙嶼樓文集》陳勱序：“余辱文字交四十年，每有所作，必出以見示。別久，輒手錄近稿寄余評論，偶爾獻疑，初不以爲然，反復辯難，或至再三，他日相見，則曰：‘吾子之言是也。’復出示其改定者，相視一笑。”

一生著述甚豐，有《煙嶼樓文集》《煙嶼樓讀書志》《煙嶼樓詩集》《煙嶼樓筆記》《游杭合集》《逸湯誓考》《山中學詩記》《呂氏春秋

雜記》,先後編有《新故書目録》《煙嶼樓書目》等。

《煙嶼樓文集》葛祥熊序:"煙嶼,故郡中月湖十景之一,先生之樓當其地。後居城外,曰城西草堂。以煙嶼名集,不忘舊也。"

丁仁《八千卷樓書目》載徐時棟作品有:《逸湯誓考》六卷、《山中學詩記》五卷、《煙嶼樓文集》四十卷、《詩集》十八卷、《游杭合集》一卷。趙爾巽等《清史稿》卷一百四十七《藝文三》:"《吕氏春秋雜記》十卷。"卷一百四十八《藝文四》:"《煙嶼樓文集》四十卷,《詩集》十六卷。"按,《徐先生墓表》記其詩集爲十八卷,且當時已付梓,疑《清史稿》所記爲誤。

張舜徽《清人文集别録》:"《煙嶼樓文集》四十卷,光緒元年刻本。鄞縣徐時棟撰。時棟字定宇,又字同叔,號柳泉。道光二十六年舉人,官内閣中書。歸而閉户讀書,以所居在月湖之煙嶼,因以煙嶼名其樓。聚書充之,日坐卧其中。上自經訓,旁及子史百家,靡不究覽。有《煙嶼樓讀書志》十六卷,自抒心得,博及四部;又有《筆記》八卷,考證細物,雜録異聞:皆甚精核(二書有一九二八年鉛印本)。其論學大旨,具載《讀書志》中。是集雖卷帙較豐,而叙記之文,居其太半。叙記之文,以傳爲多,有所謂《婦女傳》《譜傳》《家傳》《四明志作者傳》。其次則爲事略、行狀,爲記事,爲恩舊記,爲碑文、墓誌、墓表之屬,累牘連篇,爲他家文集所未有。蓋時棟亦欲表章鄉邦文獻,以上效鮚埼亭,然而才識弱矣,固無以企及全祖望也。是集述學之文雖少,然如卷五《與柳東先生論朱氏逸經考書》,發明古書引經之例,至爲審密,足以袪蔽釋疑,仍有裨於經術。卷三十四《跋熹平石經存字》,分條辨析,極見周洽。卷三十六《分類重編學海堂經解贊》二十一首,臚舉是書編次之失,得其癥結,實爲後來依經分訂者開示新徑,擁彗先驅矣。若欲論其學術之淺深,又當自《讀書記中》求之也。時棟卒於同治十二年,年六十。"

有二子,隆壽、隆籌;四女;孫三,正塘,正堤,正坫;孫女二。家室和睦。兄徐時楷,議叙鹽運司知事,著有《濱湖軒詩稿》。弟徐時榕,道光諸生,工書法,以楷行稱佳,有《季仙先生遺稿》。

《徐先生墓表》:"前娶朱氏,同縣人,道光二十六年十月三日卒,年三十三。再娶葉氏,慈谿人,咸豐十年十二月五日卒,年三十五。先生甫四十,立仲兄子隆壽爲後。以佐振議叙九品銜。後納妾鮑氏,奉化人,生子隆籌,尚幼。女四,長嫁舒懋敬,次嫁吏部主事凌忠鎮,三字吳世栗,四未字。孫三人,正塘,正堤,正坫。孫女二人。"

《(同治)鄞縣志》卷四十四《徐時棟傳》:"年四十,未有子,即立兄子隆壽爲嗣,爲文告祖父,略云他日幸而有所生,必以壽爲嫡長。越十有九年,遂有子隆籌,師旋捐館。壽撫其弟,逾於同胞。此二事,人情所難。"

喬曉軍編《中國美術家人名辭典·補遺二編》:"徐時榕,鄞縣人。字季仙,號石門。徐時棟弟,道光諸生。工書法,以楷行稱佳。有《季仙先生遺稿》。參考《四明書畫家傳》。"

張如安、杜建海選注《鄞州歷代詩文選》:"徐時楷,字聖木,更字兆行,號醒墨,鄞人。徐時棟之兄。議叙鹽運司知事。著有《濱湖軒詩稿》。"

參考文獻:

1. 徐時棟《煙雨樓筆記》卷六,《續修四庫全書》,上海古籍出版社 2002 年版。

2. 繆荃孫編《續碑傳集》卷八十《徐先生墓表》,《近代中國史料叢刊》,臺灣文海出版社 1973 年版。

3. 張舜徽《清人文集別録》，華中師範大學出版社 2004 年版。

4. 喬曉軍編《中國美術家人名辭典・補遺二編》，三秦出版社 2007 年版。

5. 張如安、杜建海選注《鄞州歷代詩文選》，浙江古籍出版社 2008 年版。

6. 方煜東主編《三北徐氏》，寧波出版社 2012 年版。

（褚爲强）

總主編 ──── 羅時進

明清才子傳箋證

主編

張劍　馬昕

清代詩文編（咸豐—宣統）（下）

第八卷

鳳凰出版社

孫衣言傳

　　孫衣言,名克繩,字劭聞,號琴西,齋名遜學,浙江瑞安(今浙江省溫州市)人,嘉慶二十年(1815)生。五歲受父啓蒙,始讀經書,後從鄉里宿儒受學,有才名。道光十二年(1832)縣試第一,十七年選拔貢生,二十四年舉人,三十年進士,選翰林院庶吉士。

　　姚永樸《孫太僕家傳》:"孫公,諱衣言,字劭聞,號琴西,浙江瑞安人。世有隱德,曾祖某,父某,皆以公貴,贈如其官。公幼穎異,書過目輒成誦。道光三十年成進士,選庶吉士。"

　　孫延釗《孫衣言孫詒讓父子年譜》嘉慶二十年:"八月十七日丑時,生於潘埭演溪草堂,賜名克繩。"嘉慶二十四年:"其父爲之啓蒙,口授經書,督之甚嚴。"嘉慶二十五年:"入家塾讀書,塾師孫榮堂先生廷爵,係從叔祖也。"道光七年:"宿儒謝芝庭先生蘭,邑之廣化鄉人,開館授徒於集善鄉,衣言與弟鏘鳴偕從之學。"道光八年:"自是年,衣言、鏘鳴同從城間王莘農先生咸學於玉尺書院。"道光十一年:"從邑宿儒謝西堂夢池游,即以遂學工文,超軼流輩。邑宿儒曹秋槎孝廉應樞主玉尺書院講席,參校權邑侯某公甄別試,於成童卷中得衣言文,奇之。"道光十二年:"始爲古今體詩。與鏘鳴及樂清林恒軒大椿同從曹秋槎孝廉游,問詩法。是歲,衣言縣試第一。"道光十三年:"院試,衣言第三,鏘鳴第一,同補學官弟子。出學使新城陳侍郎用光門下。"道光十四年:"與鏘鳴、黃菊漁及同邑楊尺珊樹東，同讀書城西薛氏江上樓。"道光十七年："本省鄉試薦卷。"道光十八年："至京師，本郡與貢者八人居同邸。"道光十九年："順天鄉試，中副榜第二十八名，主試者潘芝軒相國世恩、何雲門尚書凌漢、恩小山都憲桂、徐辛庵侍郎士芬，薦卷者賈運生侍御臻。"道光二十一年："考選國子監琉球教習。"道光二十四年："舉順天鄉試第三十九名舉人。""正大光明殿覆試，衣言欽定二等第一名。""是年充國子監琉球教習期滿，有旨以知縣用。"光緒二十五年："是年，侍父希曾南歸，道上以詩紀行。"道光二十九年："衣言復至京師。"道光三十年："會試中式第九十三名進士。……殿試二甲第三名，朝考二等第十三名，選翰林院庶吉士。"

徐世昌《晚晴簃詩匯》卷一百五十："孫衣言，字劭聞，一字琴西，瑞安人，道光庚戌進士，改庶吉士，授編修。"按，據孫延釗《孫氏源流及家世》："公姓孫，諱衣言，字紹聞，號琴西，晚號遜安。"此言"一字琴西"，疑誤。

咸豐二年（1852），授翰林院編修。三年，上書房行走，充咸安宮總裁、文淵閣校理。七年，特除翰林侍講，充文淵閣直閣事。八年，簡放安徽安慶知府。九年，引疾歸休，歸寓永嘉縣城南。

《孫衣言孫詒讓父子年譜》咸豐二年："二月二十一日，衣言攜詒讓等至都，僦居宣武門外香爐營四條胡同。衣言散館二等，授職翰林院編修。"咸豐三年："正月，從祀西陵。""六月，充實錄館協修，旋改纂修，於是預修《宣宗實錄》，而獨編《夷務書》，成稿百卷。""四月，有旨命衣言及翰林院侍讀殷兆鏞（字譜經，吳江人）、編修李鴻藻（字蘭孫，高陽人），在上書房行走。而衣言以掌院學士賈筠堂相國之薦，比得旨召見始知之。五月，衣言入上書房，授惠邸諸子讀。……是年，衣言充咸安宮總裁、文淵閣校理。"咸豐六年："充會試同考官，闈中有《春闈日錄》。錄云：十一月十一日，以實錄館議叙，賞加五品衘。在任内凡編成《夷務書》一百卷，編及辛丑、壬寅間海上撫夷事，每太息痛恨，見諸詩歌，而於忠亮如林文忠公不克竟其用，尤深慨焉。復用丹筆讀《惜抱軒集》一過。十二月初五終卷。"咸豐七年："十二月十八日，特除翰林侍講。……是年，充文淵閣直閣事，登閣觀覽《四庫全書》，而於四庫所著録之温州先哲遺著，特注意檢閲。"咸豐八年："六月十八日，衣言簡放安徽安慶知府。"咸豐九年："三月下旬，衣言獲准引疾歸休。……衣言歸寓永嘉縣城南，授詒讓詩法。九月，俞刻《遜學齋詩鈔》十卷成，俞序其端，以爲上追漢魏，近作尤似蘇、黄，而立言之體，視三百篇之大小雅爲近。"

同治元年（1862）携家還歸瑞安。二年，入曾國藩幕。三年，自皖歸，守制。四年，受聘爲杭州紫陽書院主講。七年，以道員補用，入金陵。八年，升江寧布政使。十年，曾國藩薦爲江南鹽法道。十一年，授江寧鹽巡道。十三年，任安徽布政使。

《孫衣言孫詒讓父子年譜》同治元年："正月，金錢會起義失敗，地方戰事息止。衣言自孫坑携家還歸瑞安，僦居城内水心殿街許氏屋。""七月，衣言偕弟鏘鳴携眷出門，鏘鳴回京，衣言赴皖，均繞道閩贛。"同治二年："同月二十八日，衣言與林若衣離南昌赴皖，二月五日抵安慶。十一月二十二日，衣言奉節相曾國藩飭署廬鳳潁道。二十五日即上署辦公。十二月初一日，衣言又奉札會辦營務。"同治三年："時衣言就廬鳳道任。……六月二十六戌時，衣言母丁太夫人卒於家。……冬，鏘鳴奔喪先歸，而衣言於十月十二日亦自皖挈家以行。"同治四年："二月，衣言及詒讓等抵家居喪。五月二十七日，父孫希曾卒，距生於乾隆丁未八月初五亥時，享壽七十有九。……十月，浙撫馬谷山中丞聘衣言主講杭州紫陽書院。……十一月五日，衣言抵杭，主講杭州紫陽書院。時俞樾蔭甫方主講蘇州紫陽書院。東南人士有庚戌兩紫陽之目。"同治七年：
"二月一日，以保升道員赴部引見，由杭赴滬，將航海北上。……六
月初十日奉旨，衣言以道員歸部遇缺即選。……朝廷應馬督之請，
十月二十四日特旨將衣言發往兩江，以道員補用。衣言抵金陵，即
參督幕。十一月，馬督委衣言辦善後局事務。衣言條議善後十要，
馬公深然之，蓋知無不言，言無不行。"同治八年："二月，馬督奏准
孫衣言歸江蘇，以道員補用，並暫緩引見，蓋先是吏部曾飭奏明指
定一省補用，又須照章帶領引見也。……四月，李雨亭方伯宗羲入
都陛見。馬督奏明，衣言在任六閱月，清積牘，澄吏治，凡事循照定
章，實事求是，而清理道咸以來藩司所屬交代，尤費心力，升署江寧
布政使。是年，衣言捐貲重修明中山王徐達墓。"同治九年："秋，江
南鄉試，衣言歷充文武闈提調。"同治十年："三月，曾侯四督兩江，
奏署衣言江南鹽法道。"同治十一年："正月初十日，特旨補授衣言
江寧鹽巡道。"同治十三年："加布政使銜。……十月，衣言兼署安
徽布政使。"

**光緒元年（1875），授湖北布政使。三年，任江寧布政使。五
年，以太僕寺卿召還朝。此後稱病家居十餘年，以講學著述爲業。
十六年，卒於家。**

《孫衣言孫詒讓父子年譜》光緒元年："八月初四日，衣言升授
湖北布政使。"光緒二年："是月十一日，衣言以新授鄂藩入
覲。……四月二十四日，衣言履鄂藩任。……秋闈，衣言充提調。"
光緒三年："四月，詒讓四試禮部不第。同月二十日，衣言離鄂，鏘
鳴同行，二十六日抵寧，接江寧布政使篆。"光緒五年："時衣言與兩
江總督沈葆楨意見不合，難以相處。……七月十八日，有旨衣言以
太僕寺卿召還朝。以藩司改京卿者，率以左官爲嘆；衣言得報，獨
大喜過望，以爲昔在侍從，以抗疏陳時事，而出爲郡守，茲獲重登禁

近，庶冀竭盡論諫之職，克遂平生之志。以太僕寺卿召還朝。八月初四日，衣言交卸藩篆，乞假回籍省墓。……時衣言以同卿內召，有引退之意。……十二月，衣言假期屆滿，而病甚不能造朝，乃請告。衣言於是杜門不復出，益宣究其平日所篤守之永嘉學術，聚鄉里英才而講授之。如此者十餘年，先後受業諸子則有泰順林亨甫用霖、周麗辰煥樞、曉茭恩熙、季蘭恩鑄，永嘉王子祥景義，樂清陳叔和國鏘。……衣言寫定郡志《職官補正》八卷、郡志《選舉考正》六卷。”

《孫太僕家傳》：“光緒十六年卒於家。”

《晚晴簃詩匯》卷一百五十：“已逾六十，遂不復出，以著書自娛。”

朱孔彰《孫徵君詒讓事略》：“孫徵君詒讓，字中容，溫州府瑞安人也，父太僕公衣言，以翰林起家，詩古文雄一時，咸豐初，入南書房，教授皇子諸王。又四夷屬國遣人來學京師，衣言官國子監並教之。先有琉球弟子阮宣詔、東國興等，後有再傳弟子林世功學成歸國，故詩文流播海外。同治間出爲安徽道員，升按察使，糾六安知州某贓罪，政理法嚴，群吏皆憚之。遷湖北江寧布政使，擢太僕寺卿，乞病歸，年八十餘，終於家。有《遜學齋集》行於世。”

平生論學，宗宋儒，治永嘉之學。爲古文辭，守桐城方氏、姚氏。緒論出入馬、班、韓、歐間。詩嗜山谷，所作有清幽之致。詞嗜蘇辛。尤喜考其鄉先輩軼事。著有《遜學齋文鈔》《詩鈔》，編有《琉球詩録》《夷務書》《永嘉學案》《永嘉集》《甌海軼聞》《永嘉古文詞略》等。建玉海樓以藏書，定《藏書規約》十六條。

《孫太僕家傳》：“公論學，宗宋儒，爲古文辭，守桐城方氏、姚氏。緒論出入馬、班、韓、歐間。詩嗜山谷，詞嗜蘇辛，尤喜考其鄉先輩軼事。嘗以黃太沖、全謝山《宋元學案》於永嘉諸儒猶未備，更搜補爲《永嘉學案》。又編其遺文爲《永嘉集》内外編，而別刊陳止齋、葉水心兩集，校勘皆精，審其所自著，曰《甌海軼聞》，曰《遜學齋詩文鈔》。"

《晚晴簃詩匯》卷一百五十："補輯永嘉學案，編刊陳止齋、葉水心二先生集。平生論學，宗宋儒，喜述鄉先輩遺聞軼事。詩嗜山谷，所作有清复之致。"

《清史稿》卷一百四十八《藝文四》："《遜學齋文鈔》十卷，《詩鈔》十卷，孫衣言撰。"

章炳麟《太炎文録初編・文録》卷二《孫詒讓傳》："孫詒讓，字仲容，浙江瑞安人也。父衣言，清太僕卿，性骨鯁，治永嘉之學。"

《孫衣言孫詒讓父子年譜》道光二十四年："阮勤院等學成歸國，其所爲古詩往往可觀，衣言乃擇其雅者，録而刻之，謂之《琉球詩録》。琉球人極重之，幾於家有其書。蓋彼中詩人，素所講習五七言律，絕無及古體者，自是風尚爲之一變。"咸豐三年："正月，從祀西陵。""六月，充實録館協修，旋改纂修，於是預修《宣宗實録》，而獨編《夷務書》，成稿百卷。"同治六年："時衣言就年來搜訪所得之溫州史料中，采輯詩文，成《永嘉集》數十巨册，分爲文内外各編和詩内外各編。"同治七年："二月一日，以保升道員赴部引見，由杭赴滬，將航海北上。詒讓隨行。初二日，衣言於嘉禾舟中閲舊校汲古閣本《史記》。三月初三日，衣言至都。當時頗思搜采鄉邦軼事、史志所未詳者，隨時輯録以補國聞之缺，於是始編《甌海軼聞》。"光緒九年："是年，衣言類纂《永嘉古文詞略》，凡爲總目四門十二類。"光緒十四年："春，衣言爲其子詒讓卜築新居於縣城虞池金帶橋之北，別於其旁建玉海樓以藏書。蓋念先世好聚圖籍，經亂無復存者，自歷官中外得禄易書，舟車所至，即增卷帙；而詒讓仰承庭誥，襄助搜訪，綜所收穫，約八九萬卷。因取王應麟所以名書者，以名斯樓，專爲庋書讀書之所，且願鄉里後生來就我讀，不徒爲一家設也。八月，玉海樓築成，衣言自撰《藏書記》，定《藏書規約》十六條。"

孫衣言《遜學齋文續鈔》卷三《玉海樓藏書記》："予家自先大夫資政府君，隱居種學，好聚圖籍。兒時見先世所藏多爲前朝善本，丹黃殆遍，經亂無復存者。予初官翰林，稍益購書。同治戊辰復爲監司金陵，寇亂之餘，故家藏書往往散出。而海東舶來，且有中土所未見者。次兒詒讓，亦頗知好書，乃令恣意購求，十餘年間致書約八九萬卷。雖視深寧所見，未能十之四五，然頗自謂富矣，舊居褊隘，苦不能容。今年春爲次兒卜築河上，乃於金帶橋北別建大樓，南北相向各五楹，專爲藏書讀書之所。盡徙舊藏庋之樓上。而以所刊《永嘉叢書》四千餘版列置樓下，以便摩印。"

平生交游甚廣，尤受曾國藩、梅曾亮、孫鼎臣等賞識。

《孫衣言孫詒讓父子年譜》道光十八年："衣言始交馬平王定甫錫振，字少鶴，更名拯。亦同歲與貢者，能治古文辭。與代州馮魯志沂、諸暨余小坡坤、仁和邵位西懿辰、臨桂朱伯韓琦，又字濂甫、龍翰臣啓瑞、平南彭子穆昱堯友善。遂介定甫識諸氏。當時清侶中，以昆明黃矩卿宮贊琮、歸安葉筠潭鴻臚紹本，字立人，著有《白鶴山房集》、會稽宗滌樓內翰稷辰，字攻耻、益陽湯海秋郎中鵬、晋江陳頌南戶部慶鏞、江都汪孟慈戶部喜孫、番禺黃蓉石刑部玉階、建寧張亨甫孝廉際亮、漢陽葉潤臣孝廉名澧、烏程周岷帆孝廉學源、東鄉艾至堂廣文暢、鎮海姚梅伯孝廉燮、漢軍姚秋士兵部斌桐、歸安陳秋谷丙綏諸氏，過從尤密。潤臣、秋谷爲丁酉同年。"道光十九年："始識高要蘇賡堂編修廷魁於華二之風雨懷人館。於宜黃先生汀亭饒春席上，又識昆明戴雲帆水部絅孫、漢陽黃海華學正文琛、滿洲慶伯蒼孝廉霖。數從黃鴻臚、汪郎中與朝鮮使臣李秋齋應教時在飲酒賦詩。"道光二十年："始與孔綉山、伊靄堂湄，字漪君兩孝廉、張伯海上舍匯、董嘯庵蓉鏡爲文字交。又定交無錫秦應華湘業,號淡如。應華爲文恭公蕙田之從元孫,而小硯侍郎瀛之季子也,能古文辭,爲經世之學,從邵位西、龍翰臣、朱伯韓及上元梅伯言曾亮、善化孫芝房鼎臣等游。衣言以是獲接梅、孫兩氏。"

有二弟鏘鳴、嘉言,二子詒穀、詒讓。弟鏘鳴曾任侍讀學士,後去職,主講多地書院。子詒讓,幼承家學,博通經傳,精研古學,爲一代經學大師。

吳馨《(民國)上海縣續志》卷二十一:"孫鏘鳴,字蕖田,道光二十一年進士,入翰林,抗疏劾權貴,直聲震天下。屢掌文衡,累遷侍讀學士,以言事忤當局,罷歸。光緒十年,主講龍門書院,教諸生以實學。移取製造局,編譯書籍八十餘種,益以家刻若干種,庋院中以餉學者。卒年八十。"

《孫徵君詒讓事略》:"詒讓承家學,博通經傳,少有神童之目。同治丁卯弱冠舉浙江鄉試,爲副考官張公之洞所取士,五赴禮闈未第,遂壹意古學,研精三十年,著《周禮正義》。……先主溫州師範學堂,後爲浙江教育學長。光緒間,朝廷徵主禮學館,未赴。三十四年五月病,中風,卒,春秋六十有一。"

《孫衣言孫詒讓父子年譜》道光二十八年:"八月十九日巳時,次子詒讓生於潘埭茂德里,賜名效洙,又名德涵。後正名詒讓,字仲頌,一作中容,號籀廎居士,別署荀羕。"

章炳麟《太炎文錄初編·文錄》卷二《孫詒讓傳》:"孫詒讓,字仲容,浙江瑞安人也。父衣言,清太僕卿,性骨硬,治永嘉之學,而詒讓好六藝古文。……父乃授《周官經》,其後爲《正義》,自此始。以爲典莫備於六官,故疏《周禮》;行莫賢於墨翟,故次《墨子閒詁》;文莫正於宗彝,故作《古籀拾遺》。其他有《名原》《古籀餘論》《契文舉例》《九旗古誼述》《周書斠補》《尚書駢枝》《大戴禮記斠補》《六曆甄微》《廣韻姓氏刊誤》《經迻》《札迻》《述林》。又述方志爲《永嘉郡記》。"

參考文獻：

1. 閔爾昌《碑傳集補》卷四十一朱孔彰《孫徵君詒讓事略》,《近代中國史料叢刊》,臺灣文海出版社 1973 年版。

2. 閔爾昌《碑傳集補》卷七姚永樸《孫太僕家傳》,《近代中國史料叢刊》,臺灣文海出版社 1973 年版。

3. 趙爾巽等《清史稿》卷一百四十八,中華書局 1977 年版。

4. 孫延釗著,徐和雍、周立人整理《孫衣言孫詒讓父子年譜》,上海社會科學院出版社 2003 年版。

5. 章太炎著,王培軍、馬勇整理《章太炎全集·太炎文錄初編》,上海人民出版社 2017 年版。

（褚爲強）

端木埰傳

端木埰,字子疇,江寧(今江蘇省南京市)人。生於嘉慶二十一年(1816)九月初八,幼孤,少有詩才。

陳作霖《端木侍讀傳》:"君端木氏,諱埰,字子疇,江寧人,貌清古,長身鶴立。弱齡作《梅花詩》,有'飽經霜雪無寒相,能返陽和亦大才'之句,爲江浦韓介孫先生所賞。既補諸生,枕經葄史,尤喜《離騷》。"按,韓印,字伯符,號介孫,江浦人,時爲端木埰師。

端木藩《端子疇侍讀哀啟略》(陳作霖《金陵傳記雜文鈔》):"先王父氣骨素健,童時從江浦韓介孫刺史游,輒奇之曰:'此偉器也。'"

汪壬林《餐青閣詩詞文稿》端木埰跋:"越戊子從韓介孫夫子受業,與永伯從兄汝華兄弟同門,始與汪氏歡洽。"按,汪壬林,字雍伯,一作永伯,著有《餐青閣詩詞文稿》。端木埰爲汪壬林摯友。

端木埰《有不爲齋集》卷三《生慈倪太宜人事略》:"嗚呼!吾母竟棄不孝而長逝矣。自道光三年癸未不孝年八歲,先嫡母盧太宜人棄養,越明年甲申九歲,先府君又棄養,惟生母倪太宜人是依。"按,道光三年,端木埰八歲,倒推八歲,可知其生於嘉慶二十一年。

彭鑾《薇省同聲集·獨弦詞》:"許玉瑑《石湖仙》序:'重九前一日,子疇前輩六十有九生辰,彭瑟軒前輩同人公宴,謹依白石老仙壽石湖居士自製曲奉贈。'"按,重九前一日即九月初八,故端木埰生辰爲嘉慶二十一年九月初八。

道光十二年（1832），娶婦伍氏。十八年，受知於祁寯藻，補廩膳弟子員，始從其讀《離騷》。

《有不爲齋集》卷三《生慈倪太宜人事略》："娶婦伍氏。伍氏，貴家女。""明年，復受知學使者壽陽祁文端師，食廩餼。"按，祁文端即祁寯藻，字春圃，山西壽陽人，道光十六年起爲江蘇學政，時在任，卒諡文端。祁寯藻於端木埰頗爲賞識器重，先拔其爲廩膳弟子員，此後入朝，亦多所舉薦提携。

《端子疇侍讀哀啟略》："壯年受知壽陽祁文端公最深，當文端公視學江蘇，拔先王父補廩膳弟子員。"

《端木侍讀傳》："既補諸生，枕經葄史，尤喜《離騷》。"

按，端木埰喜讀《離騷》，終生不變，後作有《離騷啟蒙》一卷。《端子疇侍讀哀啟略》："庚寅轉侍讀，先王父體疾適劇，於七月謝恩，即請開缺，然時愈，肘亦稍瘳，尚能手錄《離騷》二卷。"可見祁寯藻於端木埰影響之深。

二十二年（1842），因鴉片戰事，奉母避亂鄉間。

《生慈倪太宜人事略》："二十二年壬寅，海警達江寧，不孝奉太宜人辟居鄉。"

二十六年（1846），受知於學使張芾，以優行入貢。

《生慈倪太宜人事略》："二十六年丙午，以優生試，受知學使者涇陽張文毅師。"按，張文毅，即張芾，字同綬，時爲江蘇學政，卒諡文毅。端木埰於此年成優貢。《生慈倪太宜人事略》記"入都""試禮部在京半年""考取教席""己酉候補教習，居京師一年"。

《端子疇侍讀哀啟略》："丙午，三原張文毅公以先王父優行入貢，朝考以知縣用。"按，張文毅爲涇陽人，此記爲三原，誤。《端木侍讀傳》云："歲科試，屢冠其曹，旋以優行入貢，錄用知縣，未謁選。"端木埰於此時録用爲知縣，不知何故，竟未謁選，故有入京考取教席之舉。

二十八年（1848），從金鰲習填詞，入盟"聽松詞社"。

端木埰《碧瀅詞・自叙》："道光戊申，江寧水灾，偉君金先生居采蘩橋，水泊其半扉，移居天禧寺之聽松閣。去僕家數武，朝夕請業。楊君樸庵、許君仲常、錢君漸之、僧花雨，及家兄西園、猶子錫䐉常侍側。閔先生窮愁，謀所以慰安之。適先生填《秋影》《秋聲》兩詞，仲常屬和，謂予曰：‘先生境困極，又一無所好，盍群和焉，聊謂詞社，稍釋老人牢愁。’衆以爲然。先生亦不忍拂群意，遂就所作，名曰‘聽松詞社’。自秋徂冬，各得詞百餘首。僕雖從事於斯，茫然不知詞爲何物。先生爲約略指示。"

按，《金陵通傳》卷三十三云："金鰲，名登瀛，字偉君，一字曉六。性亢直，能面折人過，而學問詳洽。"依端木埰自叙，其受詞學，即始於金鰲。《端木侍讀傳》云："（端木埰）性兀傲，不與時俗諧，獨居京師，自甘冷僻，布衣蔬食，無僕從之奉。出門，即以御者爲僕，最惡權貴人，意所不愜，必面斥之。"

二十九年（1849），候補教習，居京師一年，與鄉人蔡宗茂、何兆瀛及所居屋主陸静軒等交游唱酬。

《生慈倪太宜人事略》："己酉候補教習，居京師一年。"按，端木埰於是年考得教席，得以留京一年。而《國朝金陵詞鈔》卷八、《昭代名人尺牘續集》卷十八端木埰小傳云："道光己酉優貢。"據《生慈倪太宜人事略》《端子疇侍讀哀啓略》，端木埰已於道光二十六年以優行入貢，此年爲以優貢身份考取教席之職，故《國朝金陵詞鈔》卷八、《昭代名人尺牘續集》卷十八端木埰小傳所記皆誤。

端木埰《齊天樂・憶松》（《碧瀅詞》）尾注："己酉秋杪，逢居陸静軒年丈退圃小屋三楹。庭列四松,清風寒月,幽静特甚。""丈及雨生同年並二三人每乘月夜相過,呼酒瀹茗,極一時之樂。"

《碧瀣詞·自叙》:"明年入都,同里蔡小石先生、何青士農部交游最密,亦多倡和。"按,蔡宗茂,字禧伯,號小石,又號竹慈,江蘇上元人。何兆瀛,字青粗,一作青士,號通甫,江蘇江寧人。

三十年(1850)春,伯兄埠卒,返鄉料理喪事。

《生慈倪太宜人事略》:"庚戌春,伯兄卒於家,復踉蹌歸。"

《端子疇侍讀哀啓略》:"時本先王父適歿,先王父聞耗,即回江寧理喪事。"

咸豐三年(1853),太平天國軍占江寧,奉母避居秀州。

《生慈倪太宜人事略》:"咸豐三年癸丑,髮逆陷江寧,家盡毀,不孝奉太宜人村居。"按,咸豐三年,太平天國軍連陷江寧、鎮江、揚州三府,端木埰遂奉母避亂浙江秀州。《碧瀣詞》自序云:"既遭亂,栖秀州。"

端木埰《齊天樂·憶松》尾注:"逾年遽歸,留滯南中,不至者五稔,丙辰再入。"端木埰此後留居南中數載,直至咸豐六年丙辰奉母由水路入都。

《端子疇侍讀哀啓略》:"旋逢癸丑金陵之變,乃奉曾祖姚暨王姚由蘇赴浙,繞道入都,時江寧以東猶晏然也。"

六年(1856)夏,侍母入京,甚爲困頓,得夏伯音、祁寯藻等資助。

《生慈倪太宜人事略》:"丙辰,奉太宜人由水路入都。六月,抵京師。""自遭亂,赤貧,知交淪落,獨今大銀臺夏君伯音誼轉篤。丙辰小雪後,見不孝未衣裘,欲資助之。""是年冬,祁文端師聞其困乏,招課蒙孫。"按,夏家鎬,字伯音,江蘇江寧人,爲端木埰同鄉。

江寧亂時,端木埰家資盡毀,又客居南中數載,至此財物耗費殆盡,以至冬雪而無袋衣,困頓之至。

《端木侍讀傳》:"同鄉中,惟與夏伯音少司寇往還最密,然亦時有齟齬,事過,輒如故。"

七年(1857),入館壽陽祁寯藻家。

《生慈倪太宜人事略》:"明年丁巳,遂館文端師家。"

端木埰《齊天樂・一從灑遍西州泪》(《碧瀅詞》)序:"采自丙辰入都,館壽陽師宅,琴樽唱和,藏稿甚富。"按,端木埰此時方正式入館於祁文端家,此前因困乏而"招課蒙孫",殆爲權宜之計,而今決意爲館師。知其與祁寯藻相處甚爲融洽,唱和故多。

九年(1859),旗學教習。

劉存仁編《篤舊集》卷十七收錄端木埰詩七題十四首,並云:"(端木埰)現補旗學教習。"

十年(1860),隨祁寯藻入晋。

《生慈倪太宜人事略》:"自是相邀入晋。"按,祁寯藻,山西壽陽人,已於咸豐四年求致仕,獲准,是年始舉家返鄉,此爲端木埰受邀同行入晋,遂居晋三載,至同治元年祁寯藻被詔入京,端木埰又同行與歸。

同治元年(1862),復隨祁氏自晋返京,寓於祁宅之西槐街舊居。

《生慈倪太宜人事略》:"同治元年壬戌,又相挈回京師。""回京師,以宅之西偏另宅。"

端木埰《齊天樂・舊居》(《碧瀅詞》)尾注:"槐街舊居,子禾總憲餘屋也。自壬戌回京,文端師留居此屋十年。"按,子禾,祁寯藻子世長字。端木埰自此在京十年，皆居槐街舊屋，直至同治十一年丁母憂歸鄉。

三年（1864），祁寯藻薦，除內閣中書。

《端木侍讀傳》："會壽陽祁文端公疏薦賢才，首列君名，遂除內閣中書。"

況周頤《薇省詞鈔》卷九："端木埰，江蘇江寧人，同治三年由優貢生特用到閣。"

《清史稿》卷三百八十五《祁寯藻傳》："俊藻提倡樸學，延納寒素，士林歸之。……因舉素所知寒士端木埰、鄭珍、莫友芝、閻汝弼、王軒、楊寶臣，經明行修，堪資器使。……又薦直隸知縣張光藻、陳崇砥、王蘭廣，山東知縣蔣慶第，山西知縣程豫、吳輝祖及江南優貢端木埰、山西舉人秦東來。並嘉納允行。"

《端子疇侍讀哀啓略》："穆宗詔保薦賢才，文端公知先王父爲人，疏薦之朝。奉旨賞用內閣中書，每直閣事。"

八年（1869），手書《經史粹言》四卷進呈。

《有不爲齋集》端木藩跋："先祖生平著作甚富，所有《經史粹言》《讀史法戒錄》各四卷，於同治己巳、光緒己丑皆手書，先後進呈。"

十一年（1872），丁母憂，歸江寧。既葬，廬居雨花山安隱寺。至孝，每晨必徒步往省墓兆。未幾，妻亡，不復娶。

《端木侍讀傳》："俄，丁母憂，歸，廬居雨花山安隱寺，不入城市。既葬，每晨必徒步二十五里，往省墓兆，陰雨積雪無間。"

端木埰《齊天樂·見棄》（《碧瀅詞》）尾注："壬申，奉諱南歸。"同調"一從灑遍西州泪"序："壬申奉諱，倉卒出京。"

翁同龢《翁同龢日記》光緒十八年正月十一日:"子疇,孝子也,江寧優貢。其妻,孝婦。母在,孝婦侍母,子疇終身不入室。母亡,妻亦卒,遂不娶。"

《端子疇侍讀哀啓略》:"壬申,奉曾祖妣諱,扶櫬南歸江寧,豐葬於王祖考墓側。墓去城二十五里,晨夕徒步往視,陰雨積雪無間。氣血以是衰,鬢星星白矣。服闋後,王母又歿。"按,端木埰此次丁母憂歸江寧,前後去職五載,直至光緒四年,簽升内閣典籍。

光緒二年(1876),移居高子安宅。

端木埰編《宋詞賞心録》王瀣跋:"光緒丙子,子疇先生自京師歸,住余西鄰高子安先生家。時余甫六齡,高先生日日携以游園,因令拜謁。"

四年(1878),簽升内閣典籍。

《端子疇侍讀哀啓略》:"戊寅,乃再入都,補典籍。"

《清代官員履歷檔案全編》光緒四年六月等月分月官内閣典籍端木埰等履歷:"臣端木埰,江蘇江寧府江寧縣優貢生,年六十三歲,由現任内閣中書今論俸簽升内閣典籍缺,敬繕履歷,恭呈御覽。謹奏。光緒四年六月二十八日。"

六年(1880)十二月十九日,與王鵬運等祭祀蘇東坡;十六日夜,爲汪壬林校訂《餐青閣詩詞文稿》並作跋。

端木埰《水調歌頭》(《碧瀣詞》)序:"庚辰嘉平十九,祝東坡先生生日,同幼霞閱讀、伯謙内翰。"按,王鵬運,字佑遐,一字幼霞,臨桂(今廣西桂林)人。工詞,與況周頤、朱祖謀、鄭文焯合稱"清末四大家",鵬運居首。王鵬運此時與端木埰已爲師友,其詞亦多受端木埰影響。

王鵬運《袖墨詞·大江東去》序："坡公生日，招同疇丈、粹甫、槐廬、伯謙、薇卿設祀四印齋，敬賦。"

《餐青閣詩詞文稿》端木埰跋："庚辰冬，居京師。潘君漢峰歸自東部，忽出永伯詩文兩冊及哲嗣龍卿大令書，囑爲校勘，喜極繼以悲，悲而復喜，展卷雒誦，猶有少時唱和之作。……謹校訂而歸之。光緒庚辰嘉平望夜端木埰敬志。"

七年(1881)，告假開缺。八月初，銷假到閣。

《清代官員履歷檔案全編》光緒七年八月等月分月官道武震等八員履歷："光緒七年八月，臣端木埰，江蘇江寧府江寧縣優貢生，年六十六歲，由前內閣中書題管典籍告假開缺，嗣經銷假到閣。"

十年(1884)，與彭鑾、許玉瑑、王鵬運以詞酬唱，賡和甚多。

《碧瀣詞·自叙》："甲申以後，與彭瑟軒太守多同日值，今比部許君鶴巢、閱讀王君幼霞亦皆擅依聲，賡和益多。幼霞尤痂嗜拙詞，見即懷之。"按，彭鑾，字瑟軒；許玉瑑，字鶴巢；王鵬運，字幼霞。端木埰自叙特別提及王鵬運，指出其詞之"拙"，可見其對王詞頗爲關注。端木埰於詞學，實爲王鵬運之先導。故《宋詞十九首》唐圭璋跋云，晚近詞學之復興，王鵬運與朱祖謀貢獻尤巨，然"端正二人詞學之趨向，端木埰實亦有力"。《宋詞十九首》陳匪石跋亦云："近數十年來，詞風大振，半塘老人遍歷兩宋大家門戶，以成拙重大之詣，實爲之宗，論者謂爲清之《片玉》。然詞境雖愈釁愈進，而啓之者則子疇先生。"

十四年(1888)，充會典館總纂；手書蘇軾、秦觀、周邦彥、王沂孫等人詞作十九首，編成《宋詞賞心錄》，贈王鵬運；爲王鵬運校《東坡樂府》。

《端木侍讀傳》：“光緒十二年，又獻《讀史法戒録》，皆蒙留覽。尋充會典館總纂。”

按，端木埰於是年贈手鈔《宋詞賞心録》與王鵬運，尾署“幼霞仁棣清玩，端木埰。”王氏珍藏於四印齋，陳匪石跋言王氏“籤題戊子至日”，即爲受贈日前。《宋詞賞心録》後輾轉流傳，於民國二十二年（1933）秋由夏丏尊於上海開明書店付梓，易名《宋詞十九首》。

又按，王鵬運《四印齋所刻詞》本《東坡樂府》末附有“江寧端木埰子疇復校”字樣，表明端木埰曾爲王氏校訂《東坡樂府》。

十五年（1889），況周頤向其習填詞之道；素喜碧山詞，以其爲宗，自編詞集，名爲《碧瀣詞》；進呈《讀史法戒録》四卷。

況周頤《存悔詞》序：“余性嗜依聲……戊子入都後，獲睹古今名作，復就正子疇、鶴巢、幼霞三前輩，寢饋其間者五年始決。”按，況周頤爲清末詞壇大家，亦曾以詞就學於端木埰，端木氏於晚清詞學，影響頗大。

況周頤《蕙風詞話》卷二十一：“憶二十歲時作《綺羅香》，過拍云：‘東風吹盡柳綿矣。’端木子疇前輩見之，甚不謂然，申誡至再。余詞至今不復敢叶虛字。”

《碧瀣詞・自序》：“初侍金先生，首熟碧山《齊天樂》一闋，吟諷既熟，作輒依之，於諸名家，又篤嗜碧山。……遂僭以《碧瀣》自張其編。露氣之下被者爲瀣，以是爲碧山之唾餘可也，爲中仙之藥轉可也，若以爲《花外》嗣音，則不敢也。”

況周頤《新鶯詞・齊天樂》序：“己丑秋仲，録校疇丈前輩《碧瀣詞》，敬跋一闋。”

《有不爲齋集》端木藩跋：“先祖生平著作甚富，所有《經史粹言》《讀史法戒録》各四卷，於同治己巳、光緒己丑皆手書，先後進呈。”

十六年（1890），升侍讀，以老病求致仕，不獲；《碧瀣詞》由王鵬運再加搜集、編定，稍後由彭鑾、王鵬運等收入《薇省同聲集》。

《端木侍讀傳》："升侍讀，以疾開缺。"

《端子疇侍讀哀啓略》："庚寅轉侍讀，先王父體疾適劇，於七月謝恩，即請開缺，然時愈，肘亦稍瘳，尚能手錄《離騷》二卷。"

《薇省同聲集・叙錄》："自鑾出後，疇丈近以老疾決退。……光緒十六年閏二月識於邕州郡齋。"

《碧瀣詞》王鵬運跋："光緒庚寅秋日，彭瑟軒前輩郵寄《薇省同聲集》，屬付梓人，並以年丈子疇先生詞甄采無多，屬家搜輯。因取篋中所藏，悉爲編入。"

十七年（1891）十二月，疾益劇。十八年，病卒，年七十七。

《端子疇侍讀哀啓略》："至辛卯十二月，不孝事先王父訓，馳入都，疾益劇，醫藥省視，輒不效。"

《有不爲齋集》吳薘培序："壬辰春，已歸道山。"

《端木侍讀傳》："未及歸，卒，年七十有三。"按，據《生慈倪太宜人事略》推算，端木埰生於嘉慶二十一年（1816）九月初八；據《端子疇侍讀哀啓略》，端木埰卒於光緒十八年一月十五，享年七十七歲，故《端木侍讀傳》所記"年七十三"爲誤。

晚清詞學復振，端木埰實開風氣之先，影響深遠。

《宋詞十九首》邵瑞彭跋："詞學復古之機，始於康邕老輩，至半塘而成功，疇、鶴二老，則半塘之前馬也。"

《宋詞十九首》陳匪石跋："近數十年來，詞風大振，半塘老人遍歷兩宋大家門户，以成拙重大之詣，實爲之宗，論者謂爲清之《片玉》。然詞境雖愈夐愈進，而啓之者則子疇先生。"

參考文獻：

1. 端木埰選、何廣棪校注《宋詞賞心録校評》，臺灣正中書局 1975 年版。

2. 端木埰《碧瀅詞》，陳乃乾編《清名家詞》，上海書店 1982 年版。

3. 端木埰《有不爲齋集》，《清代詩文集彙編》，上海古籍出版社 2010 年版。

4. 端木藩《端子疇侍讀哀啓略》，陳作霖《冶麓山房叢書》第 3 册《金陵傳記雜文鈔》，屈萬里、劉光祐編《明清未刊稿匯編》，臺灣聯經出版事業公司 1976 年版。

5. 繆荃孫輯《續碑傳集》卷二十《端木侍讀傳》，周駿富輯《清代傳記叢刊》，臺灣明文書局 1985 年版。

（褚爲强）

江湜傳

  江湜，字持正，一字弢叔，別署龍湫院行者，蘇州人。嘉慶二十三年(1818)生。

  黃華《江弢叔先生傳》(江湜《伏敔堂詩録》附録)：“先生姓江氏，諱湜，字持正，一字弢叔，別署龍湫院行者。”“先生以嘉慶戊寅八月十四日生。”“曾祖以下三世皆邑庠生，以文學世其家。”

  曹允源《(民國)吴縣志》卷六十八上：“江湜，字弢叔，諸生，少時不得志於場屋，入貲需次浙江，嘗攝長林場鹽課司。”

  歐陽英《(民國)閩侯縣志》卷一百零五：“江湜，字弢叔，江蘇長洲人，附生。”

  劉錦藻《清續文獻通考》卷二百八十：“湜，字弢叔，江蘇長洲人，浙江長林場大使。”

  江湜《伏敔堂詩録》卷十二《八月十四日舟中題》：“歸途仍是客，生日又思親。極望天邊眼，遥慚牖下人。患應緣識字，晚乃慕垂綸。一片相迎月，還家合照貧。”

  出身文學世家，六歲入學，十一歲入里塾，二十歲補庠生，二十六歲入太學爲貢生。道光二十四年(1844)，入山東學使殷壽彭幕。後值母喪，丁憂歸籍。

  《伏敔堂詩録》卷十四《新年憶舊時二事》其一：“憶昔五六齡，

頂髮縮雙髻。新年上學前,老僕抱看戲。"其二:"憶昔十一齡,新年入里塾。"

《江弢叔先生傳》:"弱冠補府庠生。""道光癸卯年二十六,游京師,貢太學。"

《伏敔堂詩録》自序:"明年甲辰,從殷述齋學使於山東。"卷三:"上年五月間聞訃母憂,故夏后無詩。"按,殷壽彭,字雉斟,室名述齋,江蘇吳江人,時爲山東學政。

李銘皖《(同治)蘇州府志》卷八十九:"江湜,字弢叔,諸生,少時不得志於場屋,入貲需次浙江,嘗攝長林場鹽課司,中年歿於浙。"

博潤《(光緒)松江府續志》卷二十七:"江湜,字弢叔,長洲人,諸生。工詩,學昌黎、山谷而變其體。咸豐間,游幕華亭署,繼僑寓郡城,時往來青浦,與熊其光友善,後以佐貳需次浙江,卒於嘉興,著有《伏敔堂詩録》。"

《(民國)閩侯縣志》卷一百零五:"江湜,字弢叔,江蘇長洲人,附生,官浙江縣丞,嘗入福建學政彭蘊章幕,工詩,著有《伏敔堂詩集》。"

徐世昌《晚晴簃詩匯》卷一百五十九:"江湜,字弢叔,長洲人,諸生,浙江候補,從九品。"

二十七年(1847),從彭蘊章入閩。二十九年,歸鄉。咸豐元年(1851),避太平軍亂,顛沛流離,曾寓居松江府華亭縣,生活困頓。二年鄉試落第。三年,入福建學政李聯琇幕。四年,辭李聯琇幕,留福州。六年,歸鄉。

《江弢叔先生傳》:"丁未春,又從彭文敬侍郎閩學政。"按,江湜入彭蘊章幕,前後共計三年。《伏敔堂詩録》卷六《別王叔蘭》:"不待荔枝熟,飄然去福州。三年如短夢,一意倦孤游。"

《伏敔堂詩録》卷七《歲除日戲作二首》其二:"有人來算屋租錢,小住三間月兩千。使屋如船撐得動,避喧應到太湖邊。"

《伏敔堂詩録》卷十一《柬小湖》小序:"既三應鄉舉不遇。"卷十二《八月十四日舟中題》:"歸途仍是客,生日又思親。"

七年(1857)入京,以彭藴章贈金納資爲從九品官,分浙試用,後於杭州任職。八年,奉委入海運局。十年,爲鹽運使兼按察使繆梓從軍事,治軍書,遇太平軍破杭、蘇,與家人散失。同治元年(1862),《伏敔堂詩録》刻成。三年,奉檄爲樂清長林場鹽課大使。四年,先爲文闈執事官,後佐治海運事。五年,病卒。

《伏敔堂詩録》卷十四《咏梅三首》小序:"去春謁彭表長於京邸,蒙贈多金,入資得從九品官。"卷十三《自笑二首》其一:"隨身一石硯,賃屋古杭州。"卷十五《二月二十日在營務處作》:"風吹夜雨止還作,客治軍書愁到明。"

《伏敔堂詩録》自序:"以束脩所得若干金,反助雪樵,越數月而十五卷之刻以成,時同治元年壬戌三月。"

徐世昌《晚晴簃詩匯》卷一百三十七:"符兆綸,字雪樵,號卓峰居士,宜黄人,道光壬辰舉人,歷官福清屏南建陽知縣,有《卓峰草堂詩鈔》。詩話:雪樵詩,自攄性情,獨往獨來,經緯變化,兼備諸體,於五古尤長。與江湜相得,湜刻詩集,雪樵力助,成之,贈以詩云:'忍住飢寒尚賦詩,天涯相見此何時? 豈惟吳越憂方大,遂恐東南勢不支。萬種愁深聊自寫,千秋事重與誰期? 眼看如此平生了,尊酒逢場且莫辭。'兩人身世之感慨乎言之。"

《江弢叔先生傳》:"同治甲子,奉檄攝樂清長林場鹽課大使。""丙寅七月初三日,以疾卒杭城旅舍,年四十有九,遺命葬甪直贈公墓側,題謁曰:清故詩人江弢叔之墓。"

工詩，亦以詩人自賞。其詩學昌黎，參變於山谷、誠齋，後又研習皮傅，自成一體。詩風雅致，無諧俗之語，超越流俗。但其詩多危苦之言，入宋人窠臼。其論詩，以情爲主而歸於一眞字，不肯隨人步趨，純用白描，才力充然有餘，用筆能展轉不窮，屈曲透達。書法學東坡，亦能作水墨畫。

《伏敔堂詩録》自序："余詩誠傳世，後當自有定論，不敢挾數君子之推許以自矜重。"

王揖唐《今傳是樓詩話》："《石遺詩話》謂弢叔'近體出入少陵，古體出入宛陵，而身世坎壈，所寫窮苦情況，多東野、後山所未言'。其推服可謂至矣。"

《晚晴簃詩匯》卷一百五十九："江湜，字弢叔，長洲人，諸生，浙江候補，從九品，有《伏敔堂詩録》。彭咏莪曰：'弢叔詩，古體皆法昌黎，近體皆法山谷，無一切諧俗之語，錯雜其間，戞戞乎，其超出流俗矣。'詩話：弢叔詩，兀臬戕削，以瘦成其堅。自序述彭文敬及青浦熊其英、蘇林一再稱其筆力，蓋所自負者在是，生亂離之世，不得志於有司，一尉終淪，半通僅假，內悼身世，上念庭闈，傍徨鬱勃，發爲危苦之言，要亦有不能自已者，至其性成習染，蹈宋人科臼，在所不免，此正其詩病，讀者勿沿流而忘源也。"

《（同治）蘇州府志》卷八十九："（江湜）論詩，以情爲主而歸於一眞字，又不肯隨人步趨，故其詩純用白描，骨肉朋友之懷，死生離別之感，言之沉着痛快，才力亦充然有餘，用筆能展轉不窮，屈曲透達，吾吳數百年來詩家中，未有此派。"

《（光緒）重修華亭縣志》卷十七："江湜，字弢叔，長洲人，諸生，詩學昌黎，參變於山谷、誠齋，後乃剥削皮傅，自成一體。彭文恭公蘊章極許之，書學東坡，亦能作水墨畫。咸豐間，游幕邑署，繼嘗僑寓護持術，旋以佐雜需次浙江，爲藩司徐宗幹都轉繆梓所重。同治初，卒於嘉興，著有《伏敔堂詩録》十五卷、《續録》四卷。"

李宣龔《碩果亭詩》卷下《爲叔通題江弢叔行書卷子》："伏敔詡能書，野老未知愛。戲言千載後，價不兼金貸。叔通忽得之，藝苑共稱快。蒼苔破鳥迹，米蔡辨流派。一空寒乞相，薄有狂奴態。此君落人間，實與世相背。只餘文字巧，弗受天所械。江書不如詩，評剖本非隘。誰知臨池手，畫乃亦三昧。龍漱入吾眼，風雨氣猶在。若論到聖處，直與彦冲配。多能期不朽，豈厭一而再？表微後死事，勿病太瑣碎。"

一生沉淪下僚，貧窮困窘，欲爲詩人而委身下吏，聽鼓應官，然清高自賞，耿直公正，狷介自守，不爲世俗利益所動。

《今傳是樓詩話》："嘆老嗟貧，文人結習，識者鄙之。然無病之呻，固無足取，如本愁苦而强作歡娛，本秋士而故爲達語，將言爲心聲之謂何也。弢叔處境至困，悉見於詩，其能以曲達之筆狀難寫之情，而又無尋常怨憤悻悻之意，尤難。《歲除日戲作》云：'庭角無梅座不春，門扉雖闔豈遮貧。晚來雪屨鳴深巷，半是吾家索債人。''有人來算屋租錢，小住三間月二千。使屋如船撑得動，避喧應到太湖邊。'《雜書》云：'早歲耽吟興不孤，惟愁門外吏催租。只今身作催租吏，敗盡人詩我亦無。'《與朱象山夜話》云：'君行間道常遭賊，我受奇窮等被兵。惟死未曾經歷耳，異鄉燈火兩殘生。'《挈眷》云：'挈眷今朝信使回，寓廬門對北風開。別無家具隨身到，使異流民就食來。即日米薪愁瑣屑，在途烽火幾驚猜。時危正要憂天下，數口飄零未足哀。'""弢叔賦性狷介，備歷艱困，彌敦風節。其以諸生納資爲從九，乃其表丈彭公詠莪助之。初什入浙，杭陷入閩，曾主螺江陳氏家，弢厂先生之從叔某某均從授讀。彭公曾督閩學，君入幕襄校，於閩固舊游地也。已而又入浙司鹽権，終於差次。天將昌其詩，固寧嗇其遇耶？海藏爲余談君身世甚詳，臨川李小湖聯琇，君之故人，視學吳中，君先期以游學自解，謝不應試，作詩道意云：'吾鄉昔有彭甘亭，白頭坐困一監生。有人令出我門下，却棄鄉舉逃時名。甘亭以監生應鄉舉，有相知者典試江南，密寄文訣，甘亭不入場而返。又有詩人黃仲則，作客英年好游歷。笥河學士渴愛才，挽袖留之留不得。朱笥河視學安徽，延仲則襄校。仲則與同事者不合，買舟徑去，笥河遣人追之不及。吾生不能學古人，聊學二子全吾真。窮無意氣慕榮達，病厭奔走甘沉淪。向來與君相識新，此意今在臨歧陳。青山一路冬入春，畫船插幟寒溪濱。君行我住隱顯異，他日惟堪交以神。'君之自守如此，豈可專以詩人目之？"

王韜《瀛壖雜志》卷四："同邑江湜叔湜，出先君子門下。家貧，授徒江村。彌自刻厲，專肆力於古。先君子見其所作，嘆曰：'子他日當以詩文名海內，然帖括不可廢也。'顧自爲諸生後，三踏槐黃而三見斥，遂絕意進取。飢驅謀食，之燕之齊，之閩之浙，北轍南轅，徬徨道路。學日進而詩益工。嘗至京師，依其戚彭相國。相國贈以俸錢五十萬，乃循例納粟爲縣尉，需次杭垣。脚靴手版，聽鼓應官，棄詩人而爲俗吏，聞者奇之。杭垣陷賊，湜叔脫身還蘇鄉。俄而吳門亦陷，四出焚掠，一家中雙親弱妹同日殉難。湜叔先十日挈弟穿賊營出，得達於浙。既遘奇慘，痛不欲生，旋復自浙至閩。友朋助以資，刻其所著《伏敔堂詩》十三卷。而卒以憂憤殞其生。文人之厄，至湜叔而極矣！湜叔嘗偕嘯峰、步洲至滬，流連攬勝，其踪迹多在九峰三泖間。嗚呼！湜叔以詩名，奔走天下，所交多通人名士，盛相推許。而湜叔亦矯然自負，思以經濟才自見，不僅托之空文也。值世之窮，晦塞不遇，作客諸侯，厠身下吏，乃其末路耳，而天又從而摧殘抑挫之，正未知造物者之意何居也。"

著有《伏敔堂詩録》《伏敔堂續録》《集道堂外集詩》。

李銘皖《（同治）蘇州府志》卷一百三十七："湜《伏敔堂詩録》十

五卷，《續録》四卷。葉廷管曰：'㴝叔詩，以情爲主，不假雕飾，其意欲獨立門户，不肯步人後塵。'"

《清續文獻通考》卷二百八十："《伏敔堂詩録》十五卷，《續録》四卷，江湜撰。湜，字㴝叔，江蘇長洲人，浙江長林場大使。"

《清史稿》卷一百四十八："《伏敔堂詩録》十五卷，《續録》四卷，江湜撰。"

丁仁《八千卷樓書目》卷十八："《伏敔堂詩録》十七卷，《續録》四卷，國朝江湜撰刊本。"按，前述各家皆記《伏敔堂詩録》十五卷，獨此記十七卷，疑誤。

妻陳氏，無子。後納妾白氏，生女一，名阿福。以弟子江遲爲嗣。

《(民國)吳縣志》卷七十二下："庠生江湜妾白氏，二十四歲寡。"

《伏敔堂詩録》卷十一《七月二十日既事》："聘妾來空廉，當秋典敝裘。知添身外累，且伴客中愁。"卷十二《五月二十日生一女》："中年心迹雨沉淪，只望生兒救晚貧。得女他時翻是累，今生何事更如人？直愁詩卷無藏處，莫論飢驅不貸身。一段凄涼客中意，封書還去惱衰親。"同卷《舟中贈阿福》："小女生福州，名之曰阿福。阿福在娠時，震動母左腹。占之得乾象，成男盼嗣續。不知五月姤，卦氣一陰復。忽吹雌風來，啼聲出茵褥。稍喜母不驚，孕久血氣足。脱下紫胞衣，正如雛出殼。我命母食之，負以一女僕。非男謝矜寵，慰情聊撫育。彌月哺來肥，肌雪面如玉。試以一聲笑，啞然妙知覺。"

《江㴝叔先生傳》："無子，以弟子遲爲嗣。"

近人多以江湜能自開户牖，爲清咸同中之能作宋派詩者，乃宋詩派"同光體"之先導，爲咸同間一詩雄。

《今傳是樓詩話》:"友人寄示《伏敔堂詩錄》,乃長洲江湜弢叔遺著,有清咸同中之能作宋派詩者。時論以《伏敔堂》與鄭子尹之《巢經堂集》、金亞匏之《秋蟪吟館》並稱,蓋能於舉世不爲之日,自開戶牖,戞戞獨造,亦云難矣。李越縵論弢叔詩,以爲有勁氣而多病粗率,實則粗率二字未免失當。弢叔久官閩浙,終於卑官,故詩中時多抑塞悽苦之作,要亦其境地使然。集中有《彭表丈屢賞拙詩,抱愧實多,爲長句見意》云:'笋輿篾舫兩年間,苦調勞歌不盡刪。豈可向人獻窮狀,更令讀者損歡顏。旅懷伊鬱孟東野,句律清奇陳後山。他日無成還志短,詩名幸與二君班。'即其自況,可以見其詩矣。余最愛君《舟中絶句》云:'我向西行風向東,心隨風去到家中。憑風莫撼庭前樹,恐被家人知阻風。'性情中語,自然流露,不僅詩之工也。"

參考文獻:

1. 江湜著、左鵬軍校點《伏敔堂詩錄》,上海古籍出版社2012年版。

2. 李宣龔《碩果亭詩》卷下《爲叔通題江弢叔行書卷子》,《近代中國史料叢刊》,臺灣文海出版社1973年版。

3. 王韜著,沈恒春、楊其民標點《瀛壖雜志》,上海古籍出版社1989年版。

4. 王揖唐著、張金耀校點《今傳是樓詩話》,遼寧教育出版社2003年版。

5. 劉錦藻等《清朝續文獻通考》,巴蜀書社2024年版。

(褚爲强)

蔣春霖傳

蔣春霖，字鹿潭，江蘇江陰人，寄籍大興。嘉慶二十三年（1818）生。

《清史稿》卷四百八十四《蔣春霖傳》：“春霖，字鹿潭，江陰人，寄籍大興。”

繆荃孫《（民國）江陰縣續志》卷十五：“蔣春霖，字鹿潭，寄籍大興。”

金武祥《蔣君春霖傳》：“蔣君春霖，字鹿潭，江陰人。生而瑰異，諷書十行俱下。性倜儻，自標直，不溺苦於章句之學。”“同治戊辰冬，將訪上元宗兵備源翰於衢州，道吳江，艤舟垂虹橋，一昔而卒，年五十一。”按，自同治戊辰上推五十一年，即嘉慶二十三年。

父尊典，官荊門知州。幼隨父荊州任所，久居之，得江山騷賦之助。道光中葉，嘗登黃鶴樓賦詩，使老宿斂手，一時有乳虎之目。父歿，家中落，奉母游京師，數舉試不第。

《蔣君春霖傳》：“父尊典，官荊門知州，有子三，君仲也。幼隨荊門公任所，久涉鄂漢，得江山騷賦之氣爲多。道光中葉，海宇清晏，士夫雍容樽俎，文宴稱盛。君周旋先輩間，嘗登黃鶴樓賦詩，老宿斂手，一時有乳虎之目。父歿，家中落，奉母游京師，聲聞日起，巨公鴻生咸折節樂與交。既連不得志於有司，乃棄制舉業。”

蔣春霖《水雲樓詞續》宗源瀚序："屢不得志於有司。"

道光二十八年（1848），爲淮南鹽官，後又任富安場大使，善政有德音。

《蔣君春霖傳》："就淮南醎官，非其志也。咸豐壬子，權富安場大使，綱政稱最，蒲圻但運使明倫器之，久任不調。丁巳，遭母憂，始去官。"

蔣春霖《水雲樓詞》李肇增序："蔣君鹿潭，負文學氣義，與世牴牾，官鹽曹十年。"按，自丁巳上推十年，則鹿潭是年始爲鹽官。

《水雲樓詞續》宗源瀚序："屢不得志於有司，乃俯就鹽官。嘗權東臺場，恤竈利，課團丁禦侮，人咸德之。"

杜文瀾《憩園詞話》卷四："歷署淮南醎尹，曾練鄉團禦寇，吏治卓越，商民感之。"

咸豐三年（1853）十一月，太平軍於揚州敗清軍。二十六日，太平軍撤離揚州，抵進瓜洲。作詞聲討太平軍。

蔣春霖《水雲樓詞》卷一《揚州慢・癸丑十一月二十七日賊趨京口報官軍收揚州》："野幕巢烏，旗門噪鵲，譙樓吹斷笳聲。過滄桑一霎，又舊日蕪城。怕雙雁、歸來恨晚，斜陽頹闊，不忍重登。但紅橋風雨，梅花開落空營。　　劫灰到處，便司空、見慣都驚。問障扇遮塵，圍棋賭墅，可奈蒼生。月黑流螢何處，西風黯、鬼火星星。更傷心南望，隔江無數峰青。"

怡良《兩江總督怡良奏稿》："兩淮鹽屬各員遵旨普律捐輸稍助軍餉。……臣等前於咸豐三年十一月内，接准欽命總理巡防事宜，奉命大將軍和碩惠親王等札開現在軍務未竣，應需軍餉，自當寬爲籌備，議請准令一體量力捐助，督撫司道只令捐銀數百兩，府縣以下旦二百兩至數十兩，以官階之大小分銀數之多寡。……署富安場大使蔣春霖捐銀二十兩。"

咸豐七年（1857），遭母憂，去官，居東臺。於是年自定《水雲樓詞》，徐鼒、何詠、李肇增、褚榮槐先後爲序。

《蔣君春霖傳》："丁巳，遭母憂，始去官。"

蔣春霖《水雲樓詞》徐鼒序末署："歲在丁巳冬杪，六合彝舟甫徐鼒叙於東臺舟次。"

按，馮其庸《〈水雲樓詞〉的版本》云："卷首第一篇叙是徐鼒寫的，末署'歲在丁巳冬杪，六合彝舟甫徐鼒叙於東臺舟次'。第二篇叙是江寧何詠所作，末署'咸豐八年歲在戊午三月既望，江寧何詠撰於東亭慈雲禪社之散花室'。第三篇叙是甘泉李肇增撰，末署'咸豐辛酉年午月上旬，甘泉李肇增撰'。第四篇叙是秀水褚榮槐所作，末署'辛酉八年，秀水二梅褚榮槐叙'。以上四叙，除李肇增一叙是古文外，餘三叙皆四六騈文，其中尤以褚榮槐、何詠二叙最爲精警，徐鼒一篇，中間一段四六文字，亦極雅整。一部詞集有這麼多好《叙》可讀，亦爲難得。"（馮其庸《蔣春霖年譜考略·水雲樓詩詞輯校》，齊魯書社 1986 年版）

咸豐十年（1860），移居泰州。

《蔣君春霖傳》："庚、辛之際，兵事方急，徐溝喬勤恪公松年，嘉善金運使安清，先後爭致之，君抵掌陳當世利弊甚辨，謇侃奮發，不以屬吏自撓，上官亦禮遇之，不爲牾也。"

《水雲樓詞》卷一《滿庭芳》詞序："秋水時至，海陵諸村落輒成湖蕩，小舟來去，竟日在蘆花中。余居此既久，亦忘岑寂，鄉人偶至，話及兵戈，詠'我亦有家歸未得'之句，不覺悵然。"按，海陵即泰州，"余居此既久"，説明已移居此地。

咸豐十一年(1861),居泰州。杜文瀾爲鹿潭刻《水雲樓詞》於東臺。

杜文瀾《憩園詞話》卷四:"余權泰州僉判,始與訂交,樂數晨夕,曾爲代刻《水雲樓詞》二卷,以版歸之。"

《水雲樓詞續》周念永跋:"《水雲樓詞》二卷,爲翁自定之本。秀水杜文瀾刻之於《曼陀羅華閣叢書》中,而歸其版於蔣氏。"

《水雲樓詞》李肇增序末署:"咸豐辛酉年午月上旬,甘泉李肇增撰。"

按,《〈水雲樓詞〉的版本》云:"《水雲樓詞》的各種版本,三十五年以前,我曾盡力搜尋,也頗有所獲,共得六種。……一、《水雲樓詞》一、二卷,曼陀羅華閣精刻本,扉頁正中署'水雲樓詞'篆書四字,扉頁背面刻'咸豐辛酉仲夏開雕'。辛酉爲咸豐十一年,即咸豐的最後一年,明年即改元同治。到同治七年戊辰,鹿潭即卒於吳江舟次。故此集爲鹿潭生前的自定本。宗源瀚《水雲樓詞續》序云:'先刻《水雲樓詞》於東臺,同時作者,莫不斂手。'宗源瀚此叙作於同治癸酉,即同治十二年,距鹿潭謝世僅五年,當極可靠。後民國十五年丙寅,周念永《水雲樓詞》跋裏説:'《水雲樓詞》兩卷,爲翁自定之本。秀水杜文瀾刻之於《曼陀羅華閣叢書》中。'宗源瀚和周念永説的就是這個本子。此書刻甚精,好用古體字。……此書高26.7公分,寬15.5公分。卷一卷二各二十頁,叙共七頁,目錄一頁,扉頁一頁,連封面封底共五十一頁。"

同治二年(1863),居泰州,參與詞會,作《軍中九秋詞》。

《憩園詞話》卷四引《瘦鶴軒詞刊本》自序:"壬戌游海陵,晤蔣鹿潭於客舍,時興詞會,鹿潭與同人作九秋詞。"卷三:"同治癸亥春,鎮江、揚州水陸各軍,以餉缺將潰,金眉生廉訪承薛覲唐中丞會檄,馳駐泰州,設籌餉局,以安軍心。……三五月間,竟得爬梳就緒。乃以公暇廣招才士,大開詞壇。時喬鶴儕中丞師都轉兩淮,復能主持風雅。文墨之盛,遠近所傳,無殊王漁洋、盧雅雨之在揚州也。比有軍中九秋詞社,爲秋角、秋堞等題,同作九人,今眉生與錢搀初觀察、黃子香太守、黃琴川刺史、姚子箴、張子和兩大令、蔣鹿潭參軍,均歸道山。僅宗湘文太守及余存耳,可勝黃壚之感。拙作《秋竈》已刊入《采香詞》,餘未存稿。昨見子箴《菊壽庵詞》中,有《疏影》調咏秋堞一闋,正社中作也,録之以存故事。詞云:'彎環雉堞,認丹樓碧瓦,那處城闉。渺渺斜陽,一角愁紅,飛鴉數點明滅。秋心綠遍天涯草,向望裏、千闌百折。待譙門、夜火懸星,又聽斷笳悽咽。　　客路鞭絲慢指,女墻掩映處,煙樹重叠。野菊叢邊,蝶瘦蛩慵,孤負登高時節。十年夢繞居庸翠,記冷挂、秦時明月。甚西風、響遍寒砧,卷下半天黃葉。'"

按,這組詞鹿潭詞集、續集均不載,《詞學季刊》創刊號刊入,1933 年上海漢文正楷印書局本《水雲樓詞全集》收於補遺中,計有《霓裳中序第一·秋袴》《霜葉飛·秋樾》《長亭怨·秋堞》《轆轤金井·秋竈》《一枝花·秋鏑》《奪錦標·秋幢》《燭影搖紅·秋幕》《疏影·秋堞》《水龍吟·秋角》等九闋。

同治六年(1867),居泰州。晚景甚困,憂時念亂,牢落寡合,浮湛下僚,以迄於終。

《蔣君春霖傳》:"兩公既去,君憂時念亂,益牢落寡合,浮湛下僚者六七載,而年且垂垂老矣。"

《水雲樓詞續》宗源瀚序:"鹿潭晚歲困甚,益復無聊,倒心回腸,博青眸之一顧。"

同治七年(1868)冬,蔣春霖偕姬人黃婉君赴衢州,道經吳江,卒於吳江垂虹橋。年五十一,姬人殉焉。

《蔣君春霖傳》："同治戊辰冬，將訪上元宗兵備源翰於衢州，道吳江，艤舟垂虹橋，一昔而卒，年五十一。姬人黃婉君徇焉。"

《憩園詞話》卷四："別數年，余權泰州篆，忽來晤，面目黧黑，黯然神傷，云將赴浙，依宗湘文太守。甫至震澤，亡於舟中，爲之墮淚。"

《水雲樓詞續》宗源翰序："詞中所謂黃婉君者，聚散乖合，恩極怨生，鹿潭卒爲婉君而死。婉君亦以死殉鹿潭，瀕死，向陳百生再拜，乞佳傳，從容就絶。論者謂此可以慰鹿潭，而鹿潭愈足傷矣。"

張爾田《近代詞人逸事・蔣春霖遺事》（《詞學季刊》1935 年第 2 卷第 4 號）："晚年與女子黃婉君結不解之緣，迎之歸於泰州。又以貧故，不安於室。鹿潭則大憤，走蘇州，謁小舫。小舫方署臬使，不時見鹿潭。既失望，歸舟泊垂虹橋，夜書冤詞，懷之，仰藥死。小舫爲經紀其喪。婉君聞之，亦以死殉。余從嫂黃亦家泰州，親見婉君死狀，言之甚悉。是亦詞人之一厄也。鹿潭遺詩宗源翰序，略及其事，而不能詳云。"

吳眉孫《與龍榆生言蔣鹿潭遺事》（《同聲月刊》1941 年第 1 卷第 5 號）："昨書談黃婉君向陳百生再拜乞佳傳事，今日在老友秦嬰庵處，談《水雲樓詞》，因論及之，嬰庵云：'宗序所謂乞佳傳事，蓋曲筆耳。初百生與鹿潭摯好，鹿潭既爲婉君而死，百生語婉君曰："君能以死殉鹿潭，我必爲君請旌表。"時百生已入詞館，力固能辦此也。婉君既死，旌表事請而被駁，百生無以自踐其諾言，未幾出都，車行北道中，恒有旋風揚沙走其前，仿佛見婉君冤憤狀，倉皇抵家。自是棄官不復入都，蓋負疚於心也。宗序於旌表事難言之，故變其詞曰：婉君乞佳傳耳。'嬰庵述者舊傳聞如此。愚以爲請旌表被駁，百生誠不自料。然當時胡竟於一弱女子，而責之一死，殊難索解。迨請旌不成，能如宗湘文之言，爲婉君作一佳傳，亦可自贖其愆，奈何並此無之，或者傳已作而文未流傳耶？……弟尤有感者，鹿潭之死，半爲婉君因貧而不安室處，半爲杜筱舫因貴而落漠故人。書冤仰藥，劇可憐傷，觀於靈櫬寄厝江陰蕭寺中，歷數十年，無人爲之舉葬，則當時筱舫所謂經紀其喪，其薄可想。”

張爾田《與龍榆生書》：“月刊今日遞到，中有吳眉孫先生書，論黃婉君乞陳百生作佳傳事。聞之先君子，鹿潭臨死時，所書冤詞中，實疑婉君有不貞事。杜小舫得之，大怒，主嚴辦。百生輩遂據以恫嚇曰，若不死，且訟之官。婉君畏罪，乃殉焉。宗序所謂乞佳傳者，飾詞耳。婉君之死，不負鹿潭，百生勸婉君之死，實負婉君。不然請旌被駁，亦尋常事，何至結恨於地下哉！”

齊學裘《見聞隨筆》卷八：“江陰蔣鹿潭春霖，醲尹詞人也。著有《水雲樓詞》一冊問世。余來吳陵見其人誦其詞，憐其才，嘆其遇也。亂後納宜興難婦黃婉君者，年近三十，中人之姿，性情怪僻，聰慧過人，縫衣調羹，無不稱善，生平不能見蠶豆，豆殼在地，偶見之渾身發青，手足俱顫，吐瀉交作，僵卧數日乃愈，如此怪相，得未曾有。”

蔣氏性倜儻，有豪俠氣，不善治生。

《憩園詞話》卷四：“鹿潭一往情深，性復倜儻，有豪俠氣。”

《蔣君春霖傳》：“君伉直不諧俗，人多忮之，又勇施予，廉俸所入，菽水外悉以資人緩急，坐是重困，貧不得歸，挈家揚州之東臺居焉。”

《水雲樓詞》李肇增序：“流浪海濱，歌樓飲肆中，常浮湛跌宕以自適。與人輕直無曲貸，見者或憚之。然咸知其佯狂，不甚以爲駭也。”

《近代詞人逸事·蔣春霖遺事》：“（鹿潭）性落拓。……素不善治生，閣樓酒館，隨手散盡。”

雅好辭章，工詞，專主清空神韻，尤近張玉田。與納蘭性德、項鴻
祚並稱有清三大詞人，所著《水雲樓詞》二卷，又《續集》一卷，以身遭

咸豐年間兵亂,撫時感事,絶多傷惋之音,故譚獻推其爲詞中老杜。

《憩園詞話》卷四:"(鹿潭)性好長短句,專主清空,摹神兩宋。……爲詞專取神韻,酒酣輒琅琅自歌之。嘗爲余言,欲采中晚唐佳句入詞,冀益深厚。"

陳廷焯《白雨齋詞話》卷五:"蔣鹿潭《水雲樓詞》二卷,深得南宋之妙。於諸家中,尤近樂笑翁。竹垞自謂學玉田,恐去鹿潭尚隔一層也。"

譚獻《篋中詞・今集》卷五:"文字無大小,必有正變,必有家數。《水雲樓詞》固清商變徵之聲,而流別甚正,家數頗大,與成容若、項蓮生二百生中,分鼎三足。咸豐兵事,天挺此才,爲倚聲家杜老。而晚唐兩宋一唱三嘆之意,則已微矣。或曰:'何以與成、項並論?'應之曰:'阮亭、葆馪一流,爲才人之詞。宛鄰、止庵一派,爲學人之詞。惟三家是詞人之詞。與朱、厲同工異曲,其他則旁流羽翼而已。'"

《水雲樓詞》謝鼎熔跋:"吾鄉詞人,首推蔣鹿潭先生,一時海內翕然,有詞中杜工部之稱。"

繆荃孫《藝風堂文續集》卷五《冰紅詞序》:"荃孫初晤譚仲修同年,出《篋中詞》相視。盛推吾邑蔣鹿潭先生,謂國朝詞人,可與成容若、項蓮生相伯仲。"

《水雲樓詞續》宗源翰序:"先刻《水雲樓詞》於東臺,同時作者,莫不斂手。而鹿潭慨然自謂:欲以騷經爲骨,纇情指事,意内言外,造詞人之極致。譽以南唐兩宋,意弗滿也。鹿潭既死,於漢卿哀其未刻之詞畀予,予弟載之,復於篋中得鄉所札致者都爲四十九首,並以付梓。"

金天羽《弈人傳》(閔爾昌《碑傳集補》卷五十六):"三百年來,藝事之超絕者,曲有東塘昉思,詞有鹿潭,書則覺斯青,主琴之仙者,得江麗田焉。"

按,近代學者亦有對譚獻拔擢鹿潭甚至推爲"詞中老杜"提出疑問的。如周夢莊在《水雲樓詞疏證·前言》中言:"杜甫在中國詩歌史上的地位、影響及人民賦予他最崇高的詩聖的形象,這一切都不是蔣鹿潭能够連鑣方駕的。過分拔高蔣鹿潭,脱離了現實所許可,自然不易爲人們接受。"但也承認他的詞學成就:"盡管詞翁不能配享草堂,但他仍不失爲有清一代第一流詞家。他接武常浙詞派,却别樹一幟,不作常浙詞派的家臣。他在開拓詞風上有貢獻,應該刮目相看。"馮其庸《蔣鹿潭年譜考略》云:"譚獻於鹿潭詞評價特高,比之於詩中杜甫,實爲不倫。蓋杜甫於開元、天寶間之史事及其身歷之戰亂,不僅皆以實録,且能關懷民主、譴責統治者之荒淫靡費,即以當時之所爲'盜賊',杜甫亦曰'盜賊本王臣',可見其對人民之關切與同情,而鹿潭當時之於太平天國起義,則一再斥之爲'賊',於當時因戰爭帶來之殘破,則一概委之於太平軍,是知兩者立場之不同,對人民態度之不同也。"但亦肯定其藝術上的成就:"然就藝術方面言之,鹿潭詞之藝術成就,固有清三百年中之獨立特出者,譚仲修氏譽而揚之,固不失爲水雲樓詞之知音也。"饒宗頤則從詞人器識度量方面對其提出質疑,其在爲黄嫣梨《蔣春霖評傳》(臺灣文史哲出版社1993年版)所作序中言:"鹿潭爲道咸詞家巨擘,世無間語。譚仲修推挹尤至。惟朱彊翁稍嫌其'氣格駁而未純',謂'正惟其才僅足爲詞'而已;雖溯寫風流,時極温深怨慕,而詞外無物,要其器識度量,有以限之也。余少誦《水雲樓詞》而悲之,惜其能爲撫時感事嘆老嗟卑之詞,而不能抗志高曠,爲他人莫能追躡之詞,蓋徒沉溺於詞之中,而不能自拔於詞之外,靡有會於坡老所指向上一路,宜其侘傺早死,詞有以促之,蓋才人而力僅足爲詞,其遇之塞,爲害有如此者! 復翁特許之爲詞人之詞,余則憐其仍未脱才人窠臼,去婉約遥深之高境尚遠,猶有待於衡量也。"

又有詩《水雲樓剩稿》一卷，恢雄沉鬱，亦神似少陵。

《蔣君春霖傳》："君故力於詩，追源究流，靡不洞貫，積稿累數寸，中歲乃悉摧燒之，語所知曰：'吾能詩匪難，特窮老盡氣，無以蕲勝於古人之外，作者眾矣，吾寧別取徑焉！'用是一意於詞，以終其身，然亦卒成大名，晚年刪存詩，僅數十篇。……余嘗讀君詩，沉鬱蒼健，神似子美，因刻之《粟香叢書》。"

蔣春霖《水雲樓剩稿》金武祥序："余近得其古近體詩剩稿不及百首，恢雄沉厚，亦多可傳。……而鹿潭之詩固足爲吾邑後勁，悔余亦未能駕而上之也。仁和譚仲修大令盛稱《水雲詞》，謂咸豐兵事，天挺此才，爲倚聲家老杜。余謂即以詩論，實亦神似少陵。夫詞者詩之餘，鹿潭詩存者過少，然則謂其詩爲詞之餘，殆亦無不可也。"

《水雲樓詞》李肇增序："吾獨異夫君爲詩，恢雄骯髒，若《東淘雜詩》二十首，不減少陵秦州之作。"按，骯髒，高亢剛直意。

參考文獻：

1. 蔣春霖著、劉勇剛箋注《水雲樓詩詞箋注》，上海古籍出版社 2011 年版。

2. 趙爾巽等《清史稿》卷四百八十四《蔣春霖傳》，中華書局 1977 年版。

3. 繆荃孫纂錄《續碑傳集》卷八十金武祥《蔣君春霖傳》，周駿富輯《清代傳記叢刊》，臺灣明文書局 1985 年版。

4. 馮其庸輯校《蔣鹿潭年譜考略》，齊魯書社 1986 年版。

5. 唐圭璋編《詞話叢編》，中華書局 2012 年版。

（陳婷婷）

金和傳

金和,字弓叔,別字亞匏,上元(今江蘇省南京市)人,邑增生。嘉慶二十三年(1818)生。

束允泰《金文學小傳》:"案君諱和,字弓叔,亞匏其別字也,行三,亦上元人,增生。"

按,金和《秋蟪吟館詩鈔》卷二《得祁兒死信一百三十八韻》自注:"五月二十六日爲余生日。"卷七《生日寄遺還十二韻》自注:"實五月二十六日也。"知其生於嘉慶二十三年五月二十六日。

父早卒。八九歲時寄居母舅吳築居家中,從其課讀。十歲以後,賴母教而能自立。

《秋蟪吟館詩鈔》卷三《呈從舅吳築居先生》:"我生方八歲,全家寄舅居。深深修竹中,許借聽雨廬。阿舅纔中年,仗筆爲農鋤。遠作珠履賓,歸已逼歲除。劇與我父飲,到鼓一中餘。我幼何所知,階前鳴輕琚。阿舅月旦寬,道甥器璠璵。其時浩然師,下帷治經畬。我母屬多病,命兒就受書。讀了不異人,蠢蠢奴牧豬。不過問字勤,朝至髮未梳。宵雪侍披吟,免觸屏風咕。阿士無文章,何以當過譽。明年還江南,行及燒燈初。阿舅惜甥去,門前送登車。諄諄語我母,長路母苦渠。別舅從此始,見舅日以疏。"

《金文學小傳》:"父某早卒,母教之嚴,君遂能自立,以學行聞於時。"金和《秋蟪吟館文鈔・上吳和甫師書》:"和十歲以上,經句韻字,母實講畫焉。"

道光十八年(1838),就讀南京惜陰書院,尤長詩、古文辭,爲時文不拘一格,不求合程式,用是擯斥。

《秋蟪吟館文鈔・蔡紫函遺集序》:"自道光戊戌後,先師陶文毅公既築惜陰書舍,以經史詞賦課諸生於實學,而余與君暨壽君昌、孫君文川前後受知於績溪胡竹邨、滁州王絅齋、吳縣馮景亭、泰興吳和甫諸先生,時名日稜稜起。自惟才地無多,於行輩要未嘗不孜孜焉,益知所發奮,期大異於俗學之所趨競,靳至於古人之卓然表見於後世者,以不負諸先生責望之重,以大爲陶公光。"

《金文學小傳》:"尤長詩、古文辭,操筆立成不加點。時藝才氣壯盛,不拘拘一格。長篇滔滔千餘言,短或寥寥三數百言,終不求合程式,用是擯斥。"

二十年(1840),鴉片戰爭爆發。二十二年五月,英人入吳淞江;七月,訂立《南京條約》。金和目睹清軍之萎靡,憤而作《圍城紀事六咏》以刺之。

《秋蟪吟館詩鈔》卷一收《圍城紀事六咏》,有《守陴》《避城》《募兵》《警奸》《盟夷》《説鬼》六篇。後人評價不一,稱其記載國恥,可爲箴戒者,如王蘧常《國恥詩話》:"上海既陷,金陵已震動,六月英夷復陷鎮江,七月遂西薄,運大炮置鍾山之巔,爲碎城之計,於是城下之盟成焉,實爲我國割地賠款之始,吾世世子孫所不容一日忘者也,悲哉!金弓叔茂才有《圍城紀事六咏》,描寫慌亂及無耻情狀極真。《説鬼》一首尤趣。⋯⋯惜遣辭未能盡雅,七馬頭云云亦誤。"詆其辭氣浮滑者亦有之,如胡先驌《評金亞匏秋蟪吟館詩》:"金氏感時之詩,始於壬寅英人犯江之役,其《圍城紀事六咏》,實爲其感時諸作之先河,而與日後遭粵寇之難諸詩同一格調、同一氣味者,吾人讀之,一方誠許其有紀事之價值,然終嫌其辭氣之輕薄浮滑也。嘗謂此等詩以至誠惻怛爲上;深惡痛恨、正言切責次之;輕薄譏訕之言,則品斯下矣。……至金氏《圍城紀事六咏》,則除《警奸》《盟夷》二詩意在諷刺當局之顢頇畏葸、貽誤事機外,其餘四詩,類皆無的放矢。"

兹録其中三首,以見風貌。《守陴》:"將軍突遣追風騎,九城之門一時閉。道有訛言江上傳,今夜三更夷大至。此時行者猶未知,須臾聞説皆驚疑。入城出城兩不得,道旁頗有露宿兒。平明馳箭許暫開,沸如蠅集轟如雷。土囊萬個左右堆,羊腸小徑通車纙。老翁腰間被劫財,脚下蹴死幾幼孩。村婦往往踣墮胎,柳棺摧拉遺屍骸。摩肩擁背步方跛,關吏一呼門又鎖。繞郭聲聲痛哭歸,頭上時飛洗炮火。"《警奸》:"西北諸山火星墮,都説城中有夷夥。中夜能爲夷放火,大吏責成縣令拿。縣令責成里長查,何人野宿蹲如蛙。搜身偏落鐵藥沙,邏者見之喜且嘩。侵晨縛送縣令衙,縣令大怒棒亂撾。根追欲泛河源槎,叩頭妄指讎人家。一時冤獄延蔓瓜,從此里巷紛如麻。人人切齒嗔朝鴉,平日但有微疵瑕。比來盡作虺與蛇,往往當路横要遮。道旁三老私嘆嗟,平原獨無董事恥。昨日亦獲瘦男子,大抵竊鷄者賊是。"《盟夷》:"城頭野風吹白旗,十丈大書中堂伊。天潢宫保飛馬至,奉旨金陵句當事。總督太牢瘖不鳴,吳淞車償原餘生。九拜夷舟十不恥,黄侯自分已身死。十萬居民空獻芹,香花迎跽諸將軍。將軍掩泪默無語,周自請盟鄭不許。聲言架炮鍾山巔,嚴城傾刻灰飛煙。不則盡決後湖水,灌入青溪六十里。最後許以七馬頭,浙江更有羈縻州。白金二千一百萬,三年分償先削券。券書首請帝璽丹,大臣同署全權官。冒死入奏得帝命,江水汪汪和議定。"

　　咸豐三年(1853),太平軍陷金陵。金和舉家皆在城中,佯與敵兵結納,探悉敵情。五月十日,頓首軍門,以城中四千人與清軍相約舉事,然清軍臨敵怯退。十六日至十九日,歷謁欽差大臣向榮、撫部許乃剣、提督和春諸營,再圖裏應外合,向榮等亦虎頭蛇尾。如此往復數次,金和心灰意冷,作詩諷刺官軍之墮落。同年秋後,渡江至全椒,寄居親戚家。次年二月,始知母之死信。此間得詩一百五十餘首,結爲《椒雨集》。

　　《金文學小傳》:"癸丑,江寧失守,陷於賊。衣短後衣,與賊兵時轟飲,醉則雜卧酒甕側相爾汝,因此頗探悉賊情。久之,遂與結納,謀内應。諸生張繼庚者,其妻從弟也,亦陷賊中,與君合謀。君既與賊稔,出入城闉無所問。時向忠武駐兵城外,遏賊鋒,軍容甚盛。君子身叩營門,以情告,未諾,遽慨然請以身質。時君家猶在賊中也,使人潛與繼庚約。從之者頗衆,既定期,官兵不至,再約又不至。賊遂知,備城閉樹,竹木爲栅。其黨斬關不能出,争上城殺賊。賊大至,殲焉。君以爲質,得脱。君妻亦棄其女,携侄女潛出城,往依外家於全椒。"

　　《秋蟪吟館詩鈔》卷二《痛定篇十三首》:"正月二十七,居人走相報。謂有奔馬來,江警今在告。負郭千萬家,入城附堂奥。如牛得火驚,似蟹在糖躁。明夜城外喧,次第賊果到。九城先已閉,守陣各安竈。我亦登城看,始見賊花帽。是時賊尚稀,城下肆舞蹈。轟然鳥機發,却作厲鬼倒。晦日朔日間,環城樹大纛。紅衣而黄裳,遂集如毛盗。城中尟勁旅,况賊攻之暴。乃招市兒兵,徒手助鼓噪。從此盼外援,北望費祈禱。天皆低欲頽,十日雲不掃。惟餘炮火明,萬鳥避而噪。夜夜城中民,煮粥上城犒。"同卷《三月二十八日作》:"自從中春來,悄悄閉門户。出入必以夜,粥飯亦夜煮。街上聞人行,摇手戒勿語。作計叢棘端,地獄無此苦。誰知復大索,謂有男近女。按籍編女口,賊婦作官府。楚婦猶人情,粵婦毒於虎。明知是家人,問訊或不許。過者稍遷延,拔刀勃然怒。痛哭形問影,影似唾罵汝。汝母遂無兒,汝子遂無父。汝妻遂無夫,汝婢遂無主。汝死亦無名,汝生亦何補。"按,此二詩紀南京城陷之事。

《秋蟪吟館詩鈔》卷二《追紀五月初十日事贈同學張君荷生》:"面目焦黑汝何人,泣數行下爲我言。四月之初脫羅網,自念殘命甘從軍。獻書首言募兵事,爲有城內諸逃民。誰無父母與妻子,欲救奚翅溺與焚。仇讎未刃苦無計,及鋒而用斯銜恩。民愚皆不自量力,捨生萬一能生存。此議初上未許可,同病人已先知聞。螳勇蠡義願效死,四千餘衆何紛紛。一錢粒米不受賞,但憑歃血盟言真。五月初九奉嚴令,按圖索馬當明晨。明晨官軍大破賊,急須此輩從風雲。是日四千人者至,各囊大餅懷在身。短衣特書復仇字,刀光戞戞秋水新。折枯湯雪期一舉,拔山凌波豈等論。官軍或言戰危事,怒髮上指眉不顰。此時有進已無退,萬足蹙上天邊塵。行行去城未五里,賊纔望見齊反奔。隼飛猱進逐之猛,呼聲直徹高城垣。城垣巨炮暗不發,重門洞啓無人門。全城已是掌中物,只欠合戰殲殘魂。官軍步步常在後,到此忽作中田屯。大旗舞動金奏急,道有地火埋機輪。城中了無立脚地,如雷震起都千鈞。固知賊不解爲此,曾何所見皆云云。嗟乎民本非賊敵,大力恃有官軍援。儻能孤行自殺賊,在城豈惜清妖氛。今者官軍既告絕,近城復退悲風吞。從此心寒氣亦短,勢難復聚飢腸貧。君謂此事可怒否,哽胸熱淚冤誰論。我今告汝冤休論,將軍螫汝方汝嗔。幾欲殺汝酬汝勛,儻其殺汝詶汝勛,汝今已作無聲磷。"按,此詩紀五月十日戰事。

《秋蟪吟館詩鈔》卷二有《自十六日至十九日曆謁欽差大臣向榮撫部許乃釗提督和春諸營退而感賦四首》《初五日紀事》《初七日

去大營擬寄城中諸友》,紀其歷謁向榮等人而終歸無果之事。

《上吳和甫師書》:"四月之初,賊計在北犯。……母乃傳語戒和曰:'一月不見汝,亦甚不思汝。汝猶濡滯是,是欲爲賊伍乎?夫外兵之不入,或者無裏言啓之,而不知賊之易與也。汝盍出而告諸?'和勢不敢止,乃規間道出。賊火相屬,劣容宵走,挾所聞見,往貢於我將軍,而我將軍方持重未決,其意則霍霍然不云爾也。然而和已不可入矣。和出彌月,子殤在告。……和也聞之,氣輴魂越,更念老母,哀出意外,今如之何! 自是之後,寒餓交至,和乃渡江至全椒,依衣食於舅氏,作書寄母,不名至否。和初行時,閣母所御鱐脯參餳之屬,略支半年,而秋末咳甚,漸却不進。延及臘祭,神智大憒,傷其孫之死而不可以生也,惜其子之去而不可以留也,懟我兵之不速戰而賊之無日以退也,食敗憂勝,疾遂不愈,長與世棄。……此時和尚不知也。……明年二月,訃者果至。"

《秋蟪吟館詩鈔》卷二《椒雨集自序》:"癸丑二月,賊陷金陵,劍浙矛炊,詭名竊息。中夏壬子,度不可留,拚面辭家,僅以身免。賊中辛苦,頓首軍門,人微言輕,窮而走北。桑根舊戚,恩重逾山,自秋徂春,寄景七月,而先慈之訃至矣。計此一年之中,泪難顙愧,聲不副愁,幾昧之無,遑言競病。惟以彭屍抱憤,輒復伊吾;亦如麯生之交,尚未謝絕。昔楊誠齋於酒,獨愛椒花雨。椒,辛物也,余宜飲之。又余成此詩,半在椒陵聽雨時,今寫自癸丑二月至甲寅二月,詩凡百五十餘首,爲《椒雨集》。"譚獻《復堂日記》光緒十八年三月十四日記:"審定金亞匏《秋蟪吟館詩鈔》……又審定其《椒雨集》之上,皆紀金陵陷後事。酸辛怒罵,不忍終卷,殆變風以來未有之詩境,老杜'鬼妾''鬼馬'之句尚不逮其奇慘矣。"按,金和以詩爲史,記載太平天國占據金陵及劫掠江南之事,多見於《椒雨集》中。除以上所涉幾首外,《原盜一百六十七韻》《南師九首》《十六日至秣陵關遇赴東壩兵有感》《雙拜岡紀戰》《將問》《北警有作》諸作亦多含諷刺之意，爲《椒雨集》中之佳作。

咸豐四年(1854)八月至六年秋，赴泰州、丹陽、清河、松江等地教讀，頗多寄人籬下之慨。此間得詩百餘首，結爲《殘冷集》。

《秋蟪吟館詩鈔》卷四《殘冷集自序》："余以甲寅八月出館泰州，乙卯移清河，丙辰移松江，數爲人師，自愧無狀。惟以詞賦爲名，於詩不得不間有所作。雖短章塞責，而了了萍踪，未忍竟棄，遂積爲卷葉。此三年中，乞食則同也，而殘杯冷炙，今年爲甚。夫殘冷宜未有如余詩者矣，乃寫自甲寅八月至丙辰十月去松江時詩，凡百有餘首，命之曰《殘冷集》。"

《上吴和甫師書》："和樸直之性，不宜於時好，靦面南嚮，爲人師傅，屢以無狀謝免。三年之中，一年在泰州，一年在清河，一年在松江。金革介道，以家自隨；牛涔之水，涸於蹻擔。處必請債問逋者薪積，謾語瘁舌，券無報時，而旅儲仍匱，終恐爲丐。"

《金文學小傳》："時蔡君在丹陽糧臺，糧臺委員某因蔡君求爲二子師。君應聘至丹陽糧臺總辦觀察，高公雅重。君留逾月，及之館，某不能窺君所學，有違言，君遂辭去。"

咸豐六年(1856)十月，應江蘇候補道史保悠之聘，佐釐捐局於常州。七年，移佐釐捐局於江北，秋七月又移東壩。自六年十月至九年冬，得詩二百餘首，編爲《壹弦集》。

《秋蟪吟館詩鈔》卷五《壹弦集自序》："余以丙辰十月應大興史懷甫保悠觀察之聘，佐釐捐局於常州。明年丁巳，移江北。其七月，又移東壩。遂至己未九月，事在簿書錢穀之間，日與駔儈吏胥爲伍，風雅道隔，身爲俗人，蟲鳥之吟或難自已，則亦獨弦之哀歌也。今寫自丙辰十月至己未冬赴杭州時所作詩，凡二百有餘首，曰《壹弦集》。"

《秋蟪吟館文鈔・佐東壩鹺捐局記》:"在東壩再陷於賊而復之明月,大興史觀察始用總督怡公命,算鹽之鹺於常鎮鎮郡之臨江諸口。和適游常州,向食於觀察,觀察乃贅和於局。其十二月,觀察欲自江以北,知鹽所發之真數,而一定其鹺,獨繆以和往。鹽發自江北,而止於江南之東壩,蓋賊塞大江後,淮南鹾政既坐廢,當事者請於上,許鹽假道常鎮之內河,以次販於上流之數十郡縣,賣與買者各相望於東壩,而南北客之通貨有無者,亦惟是歸。東壩初固有局,兼算鹽貨鹺,至是鹽之鹺宜專屬觀察。其明年正月,東壩局遂分。閱六月,總督河何命觀察並監貨之鹺,東壩局又合。而和已中罷江北之行,觀察仍以和實東壩局,故和於東壩局亦最後至於是。"

咸豐十年(1860),門人陸鍾江爲廣東高明縣令,寄書邀金和南下粵東爲其佐。次年,金和至廣東。同治三年(1864),陸氏亡故,金和乃轉而輔佐潮州鳳安道臺,終日忙於兵刑錢穀之事。此間所得詩,結爲《南栖集》。

《金文學小傳》:"當陸公建瀛之總制兩江也,嘗延君課某子鍾江讀。鍾江時宦粵,聞君耗,遣使來迎。君挈眷至廣南,已而鍾江卒於官,適關道某公京師來用蔡君,薦禮君爲上客,幕中事一以畀之。至則皆立辦兵刑錢穀,洋務不學而能。"

《秋蟪吟館詩鈔》卷六《南栖集自序》:"咸豐十年之閏三月,金陵大營再潰,不數月而吳會賊踪幾遍,東南之禍於是乎極。余於其時盡室由江陰渡江,一寓於靖江,再寓於如皋,又渡吳淞江取道滬上,然後航海至粵東止焉。初佐陸子岷鍾江大令於端、廣二郡,子岷逝世,遂佐長白鳳安五林觀察潮州。前後七八年間,凡若簿書期會之煩、刑獄權算之瑣、椎埋烽燧之警、侏傺責讓之擾,俱於幕府焉責之,感在知己,所不敢辭,則日已昃而未食,鷄數鳴而後寢者,蓋往往有焉,文章之事束之高閣而已。然猶以其聞見所及,製爲《粵風》《粵雅》二百餘篇，又先後懷人詩七十章，草稿皆在牘背，未遑掇拾。丁卯東歸之前數日，家人輩以爲皆廢牘也，而拉雜摧燒之，於藏拙之義甚當，而歌泣已渺不可追，然則祖龍之焰虐矣。顧任生游迹以粵東爲至遠，屐齒之所及，未可廢也，其未至粵以前及在粵餘詩，敗鱗殘爪，間有存者，輒復寫之，爲《南栖集》。”

同治六年（1867），南京平定，金和乃歸家。衰病索居，一度嗜賭，積蓄殆盡。十二年，再次出游求事。應唐景星聘入上海輪船招商局，在上海七八年，終究無所成。此間所得詩，結爲《奇零集》。

《金文學小傳》：“江南平，携家以歸。出橐中金縱博，在粵時館穀豐腆，至是揮霍殆盡。復出游，希所遇。……唐觀察景星自滬具函來招君觀察。粵人知君才，時辦招商局，欲倚以集事也。自是，留海上者有年。至乙酉秋而没。次子還舉於鄉，君及見其報捷云。”

《秋蟪吟館詩鈔》卷七《奇零集自序》：“余於丁卯夏，由粵東之潮州航海東歸，既過春申江，行未至金陵，遘疾幾殆。至戊辰冬，始以家屬旋里，劫灰滿地，衰病索居，懷刺生毛。閲四五年，竟無投處。癸酉之歲，出門求食，雖間有憐而收之者，而舊時竿木，鮑老郎當，大抵墨突未黔，楚醴已徹。十餘年中，來往吳會，九耕三儉，靳免寒餓而已。生趣既盡，詩懷亦孤，而自與夫已氏文字構釁以來，既力持作詩之戒，又以行李所至，習見時流壇坫，尤不敢居知詩之名。即或結習，未忘偶有所作，要之變宮變徵，絶無家法，正如山中白雲，止自怡悦，未可贈人。乃知窮而後工，古人自有詩福，大雅之林，非余望也。顧吾友丹陽束季符大令數數來問詩稿，謂余詩他日必有知者。兒輩亦以葺詩爲請，余未忍峻拒，因檢丁卯至乙酉諸詩，雖甚寥寥，猶彙寫之爲《奇零集》。余已年垂七十，其或天假之年，蠶絲未盡，此後亦不再編他集矣。”

光緒十一年（1885），卒於滬上。

《金文學小傳》："至乙酉秋而没。"

金和詩多作於危難困苦之際，時人稱其跌蕩尚氣，纏綿婉篤，有變風變雅之貌，亦可與杜少陵詩史相比。梁啓超更推其與黄遵憲爲"晚清兩大家"，乃中國文學革命之先驅。

《秋蟪吟館詩鈔》譚獻序："獻竊聞之，《詩》有《風》有《雅》，則有正有變，廟堂之制，雍容揄揚，箸後嗣者，正雅尚已。天人遷革，三事憂危，變雅之作，用等諫書。流而爲《春秋》家者，非無位者之事。若夫形四方之風，長言永歌，政和安樂者有之。既不獲作息承平之世，兵刃死亡，非徒聞見而已，蓋身親之。甚而《式微》之播遷、《兔爰》之傷敗、《清人》之翔翔、《黍離》之顛覆，'不自我先，不自我後'，則夫悲歌慷慨，至於窮蹙酸嘶，有列國變風所未能盡者，亞匏之詩云爾。大凡君之淪陷、之鮮民、之乞食，一日茹哀，百年忍痛，情動於中而形於言，於我皆同病也。風之變，變之極者，所謂不得已而作也。君終焉放廢，不復能以變雅當諫書，《春秋》紀衰，亦布衣者所竊取。君蕉萃老死，不再相見，今從束季符令君得讀君詩，散佚而後，尚數百篇。跌蕩尚氣，所謂振奇者在是；纏綿婉篤，所謂至性者在是。"

《秋蟪吟館詩鈔》梁啓超序："及讀金亞匏先生集，而所以移我情者，乃無涯畔。吾於詩所學至淺，豈敢妄有所論列？吾惟覺其格律無一不軌於古，而意境、氣象、魄力，求諸有清一代，未睹其偶；比諸遠古，不名一家，而亦非一家之境界所能域也。嗚呼！得此而清之詩史爲不寥寂也已。"

梁啓超《晚清兩大家詩鈔題辭》（梁啓超《梁啓超全集》，北京出版社 1999 年版）："晚清兩大家詩是什麼？一部是元和金亞匏先生的《秋蟪吟館詩》，一部是嘉應黃公度先生的《人境廬詩》。我認這兩位先生是中國文學革命的先驅，我認這兩部詩集是中國有詩以來一種大解放。"

《秋蟪吟館詩鈔》陳衍跋："上元金君仍珠以其尊人亞匏先生遺詩刊本見惠，讀之仿佛向者之讀子尹之詩也。至癸丑、甲寅間作，則一種沉痛慘澹陰黑氣象，非子尹之詩所有矣。夫舉家陷身豺虎之穴，謀與官軍應，不濟萬死一生，遲之又久，僅而次第得脱，豈獨子尹所未經，抑少陵所未經矣。經此危苦而不死，豈乏其人？不死而又能詩，且能爲沉痛慘澹陰黑，逼肖此危苦之詩，無其人也。"

汪國垣《光宣詩壇點將錄》："亞匏詩以五七古擅長，鴻篇巨製，極奔放恣肆之觀，力量最大，幾無與抗手。亞匏在咸、同時有名，至光緒年間方卒，時代較早，然不可漏也。……亞匏詩初不爲人重，近二十年中，或有推爲中土之密爾頓、莎士比亞者，乃稍稍露頭角。平心而論，膽大心粗，力量不弱，自是英雄本色。所惜氣盡於辭，韻竭於外，即之心喜，味之索然。亦猶花和尚六十二斤鐵禪杖，徒使鐵店待詔咋舌也。"

姚錫鈞《姚鵷雛剩墨·夢湘閣説觚》："上元金亞匏先生，諱和，字弓叔，亞匏其別字也。著有《秋蟪吟館詩鈔》。詩境排奡佚蕩，不可一世，而胎息深厚，語必己出。於古，近昌黎、誠齋、次山、遺山；於今，近鄭子尹、魯通甫、范肯堂。顧亦不甚相似，蓋直爲亞匏一人之詩而已。先生與巢經同時，而所遭尤蹇屯，窮老以没。其哲嗣仍珠先生爲刊其全集，古近體均佳，古體尤妙絕時人。"

其中最稱名篇者，爲五古長詩《蘭陵女兒行》，叙述生動，氣勢夭矯，殆少倫比。

陳作霖《可園詩話》："江南初定，大將某過常州，見有女甚美，强委禽焉。女至營，責以大義，某不敢留，聽其去。上元金亞匏明經和爲作《蘭陵女兒行》云云。奇人奇事，得此奇詩以傳之，足以不朽矣。"

胡先驌《評金亞匏秋蟪吟館詩》："金氏集中之名篇，當首推《蘭陵女兒行》，其叙述之生動、氣勢之夭矯，殆少倫比。"

然金詩才氣有餘，却語近輕薄，缺乏剪裁，終落凡猥之格，亦遭人譏刺。

《評金亞匏秋蟪吟館詩》："綜而論之，金氏之詩，才氣橫溢，言辭犀利，誠有過人之長。惟太欠剪裁，不中法度，且骨格凡猥，口吻輕薄，殊缺詩人之高致。充其量，亦惟可與龔定庵相伯仲耳。故苟湮没無聞，則亦有表彰之必要。惟自梁任公、馮蒿庵、陳石遺諸公交口稱譽以來，風行海内，不脛而走，則不得不爲毫釐之辨。龔定庵之恢奇吊詭、炫人耳目，貽誤後人者已久，斷不容更有野狐禪妄擬正法眼藏也。"

徐英《書秋蟪吟館詩後》（徐英、陳家慶《徐澄宇論著》，華通書局 1933 年版）："詩盛於唐，變於宋，衰亂於元，中興於明，而委靡於前清。自清中葉泊乎末年，雜以醜怪，而上元金亞匏者，又鍾三百年委靡醜怪之極，而成其所謂《秋蟪吟館詩》者也。……金亞匏之詩，本無足稱，特能集前人之病弊，以成其醜怪，而益以謬戾乖張之氣，其詩乃臭穢不可嚮爾。兼之宅情位言，謀篇審勢，亦漫無法度，蓋亞匏本嗇於才，特悍於氣，力難縛鷄，妄欲舉鼎，既折筋而斷股，復昂首以代肩，喘息難支離，以至於死。綜觀全集，得詩五百餘首，古體最劣，而偏喜製作長篇，喜一韻到底，而牽辭以就韻，往往顛倒舊辭，割裂成語，任意爲之，多不可通。……至其牽辭就韻，以致僻澀而不可通者尤多。……又喜造作硬語，晦澀怪誕而不可通。……又雜以滑稽俗語，等於游戲。……更有一語之意，顛倒重復，瑣屑鄙倍，佻仄詭怪者。……以予觀之，亞匏之詩，一'醜'字實不足以形其萬一。梁氏所謂'生千歲後,而欲自樹壁壘於古人範圍之外者'(《秋蟪吟館詩鈔序》),亞匏蓋樹一醜之壁壘於古人範圍之外歟?"

錢仲聯《夢苕庵詩話》:"金亞匏和《秋蟪吟館詩鈔》初不爲人所知,至梁任公序其集,始力張之,至謂有清一代,未睹其偶。此論一出,而金詩乃聲價十倍。胡適之《五十年來中國之文學》亦和梁之説。石遺老人亦極稱之,以與鄭子尹並舉。傳者謂亞匏子某多金,任某銀行行長,以千金酬任公,丐其一序。錢能通神,而任公遂極噓咈夸張之能技以揄揚之矣。新建胡步曾先驌及吾友漢川徐澄宇英,皆曾作專文貶之,其論又失之過苛。吾謂亞匏詩頗能密致,所欠者沉鬱耳。持西江派門户之見以衡量亞匏詩,必無當也。惟見道未深,語太犀利,此自才人通病,亦不必爲亞匏諱也。"

參考文獻:

1. 金和著、胡露校點《秋蟪吟館詩鈔(附《秋蟪吟館文鈔》)》,上海古籍出版社 2012 年版。

2. 胡先驌《評金亞匏秋蟪吟館詩》,《學衡》1922 年第 8 期。

3. 徐英《書秋蟪吟館詩後》,《徐澄宇論著》(第一集),華通書局 1933 年版。

4. 金受申《晚清平民詩家金亞匏年譜》,《魯東月刊》1938 年第 1 卷第 7—8 期。

5. 閔爾昌輯《碑傳集補》卷五十一,束允泰《金文學小傳》,周駿富輯《清代傳記叢刊》,臺灣明文書局 1985 年版。

(馬昕)

錢振倫傳

　　錢振倫，原名福元，或謂福昌，字侖仙，一字楞仙，浙江歸安（今浙江省湖州市）人。嘉慶二十四年（1819）生，光緒八年（1882）卒。幼時家貧而聰穎，以橐筆爲書記，於時文有癖嗜，日構一篇。年十四，童試冠軍；道光十五年（1835），翁心存典浙試，取爲舉人；十八年進士，授編修。二十四年，典試四川，薦升國子監司業。

　　劉檉壽《（民國）續纂清河縣志》卷十一：“錢振倫，字楞仙，歸安人，道光戊戌進士，以編修大考二等，充四川正考官，遷國子監司業。”

　　謝延庚《（光緒）江都縣續志》卷二十八《寓賢列傳第八》：“錢振倫，字楞仙，浙江歸安人。道光十八年進士，散館授編修。二十四年，典試四川，薦升國子監司業。”

　　王家相《清秘述聞續》卷五：“四川考官編修錢振倫，字侖仙，浙江歸安人，戊戌進士，編修。”

　　李昱《（光緒）歸安縣志》卷三十一：“道光十八年戊戌：錢振倫，原名福元，乙未舉人，編修國子監司業。”卷三十七：“錢振倫，字侖仙，幼而聰穎，年十四，童試冠軍，其文如老宿。家貧，橐筆爲書記，其於時文有癖嗜，日構一篇。某縣令憎嫌之，乃晨起略遲，輒於帳中脱稿。道光乙未，鄉舉。戊戌，庶常。散館授編修，典四川鄉試，遷國子司業。”

鄭鍾祥等纂《(光緒)常昭合志稿》卷四十：“錢振倫，原名福昌，字楞仙，浙江歸安人，戊戌進士。由編修升司業，典四川試。”

陳康祺《郎潛紀聞》卷四：“山東王大令世銓以道光壬午進士，需次吾浙。乙未鄉闈，充同考官，榜發，得未弱冠者三人，萃於一房。歸安錢振倫，年十七；瑞安孫鏘鳴，年十八；鄞縣童華，年十五。”按，“乙未鄉闈”，指道光十五年浙江鄉試。此言錢振倫於此年中舉，時爲十七，據此倒推，則其生於嘉慶二十四年。

金梁《近世人物志·錢振倫志》：“錢楞仙，名振倫，戊戌翰林，告歸二十餘年，主揚州安定書院，遂卒於揚，年六十四。”《(光緒)常昭合志稿》卷四十：“(錢振倫)卒年六十四，即葬虞山石虎浜。”按，據以上所言，可知振倫卒年六十四，則可推知其卒於光緒八年。

咸豐元年(1851)，丁母憂，歸籍，遂不復出。後避居泰州，爲崇實書院講席。再居淮上，爲清江書院主講。後又主講揚州安定書院。晚年以歲貢署贛榆縣學教諭，秩滿後爲懷仁書院講席。教誨諸生，頗爲殷勤。課藝中工書，郡邑重修文廟，碑榜半出其手。後以疾辭歸。爲人淡泊名利，在官一絕奔競。性簡傲，不畏權貴，不諧於俗，凡所交，必以志趣相投爲是。不樂仕進，以著述自娛。

錢振倫《樊南文集補編》自序：“咸豐改元，以憂返里，復偕弟振常分任箋注之役。”

《(民國)續纂清河縣志》卷十一：“淡榮利，不諧於俗，在官一絕奔競。丁內艱，遂不復出。粵寇擾浙江，避地居泰州。吳勤惠任漕督，聘主崇實書院講席。時清邑承捻亂後，公私掃地，振倫至，則教諸生講求經史，實學而範之，以文章正軌，風氣爲之一振。”

《(光緒)江都縣續志》卷二十八《寓賢列傳第八》：“淡於榮利，不樂仕進。”

《(光緒)歸安縣志》卷三十七：“性簡傲，不諧於俗。乙未，鄉試，常熟翁心存主浙闈，賞其文，有意相攸，聞已締姻，乃止。及振倫官詞林，喪妻，乃申前議，成婚。修謁，一言不合，拂衣登車去，至不相往來。京師目爲怪物，獨曾國藩心敬異之。咸豐初，還鄉營葬，遂不復出。惡湖人悷求之習，去不居，流寓震澤。籌餉例開，奉命勸輸湖州軍餉。郡守王某有近利聲，振倫鄙之，即謝去。江浙寇擾，避居上海。江蘇巡撫薛煥，振倫督學四川所取士也，聞其至，晉謁甚恭。煥拜床下，振倫不答，曰：‘吾以愧世之慕勢者。’旋定居淮上，漕督吳棠延主清江書院。時曾國藩督兩江，其同年也，同官相好，振倫不通書問。官兩江者，或求尺牘，冀其汲引，客言未竟，惡聲呵斥，客慚惶遁去。同治五年，國藩剿捻山東，道經淮上，枉車騎訪之。次日，振倫爲鷄黍之約，兩人對酌，談笑極歡。國藩此行也，未嘗擾人一飯也，其爲所敬禮如此。”

金梁《近世人物志·錢振倫志》：“其人（錢振倫）頗孤介有學。常熟翁文端，其乙未鄉試座主也，以女妻之，而翁婿不相能，每詆翁爲不學，士論以此少之。”

錢祥保《（民國）續修江都縣志》卷二十六下：“歸安錢振倫主講安定書院堂，時肄業所作詩文，多選刻。課藝中工書，郡邑重修文廟，碑榜半出其手。授徒數十年，成就甚衆。晚年以歲貢就教職，署贛榆縣學教諭。月課諸生，當堂評改，諸生驚服。受代後，縣令陳惜其去，延主懷仁書院講席，訓誨殷勤，一如家居授徒。時越二年，以疾辭歸。”

工駢文，取法唐代，尤好李商隱之作。其文磊落洞達，沖夷清越，藻麗自生，有名於時，爲清代大家。所著有《樊南文集箋注》《樊南文集補編》《示樸齋駢體文》《示樸齋駢文續存》《鮑參軍集注》《時文試帖稿》。擅書法，學趙孟頫而能清勁挺拔，無軟熟柔媚之習，爲時人所重。

《（光緒）江都縣續志》卷二十八《寓賢列傳第八》："告歸後，以著述自娛。好李樊南之文，以桐鄉馮氏采本未備，取《全唐文》所載二百三篇，與弟振常分任箋注，成《樊南文集補編》十二卷。振倫駢文，亦取法樊南，著有《示樸齋駢體文》八卷。晚年客揚州，主講安定書院。又嘗纂修郡志，鹽運使方浚頤深敬禮之。"

張之洞《書目答問·國朝著述諸家姓名略》："今人《示樸齋駢體文》，用唐法。"

譚獻《復堂日記》卷二："閱錢楞仙司業《示樸齋駢文》，師法義山，純用唐調；清典可味，固是雅才。"

錢振倫《樊南文集補編》自序："《樊南文集》，原目不可見。《四庫全書》著錄，乃崑山徐氏本，藝初爲箋，章仲爲注者也。其文皆采自《文苑英華》，凡一百五十首。厥後桐鄉馮氏注出，頗糾其箋注之誤，而於篇目無甚出入。其引明《文淵閣書目》義山文集十册，崑山葉氏《綠竹堂書目》義山文集十一册，固疑其不止於此矣。振倫曩官京師，恭誦《欽定全唐文》七百七十一至七百八十二所收李義山文，較諸徐、馮注本多至二百三首，惜未知采自何書，曾手錄之。咸豐改元，以憂返里，復偕弟振常分任箋注之役。嗣見阮文達所撰《胡書農學士傳》云：'從《永樂大典》錄出樊南佚文四百餘首。'乃恍然於所由來。而數尚不合，亟從學士子次瑤孝廉乞得錄本對校之，則即此二百三首，其同字句小有異同，亦藉以考定。《永樂大典》今存翰林院敬一亭，悔未及對校。又知文達所謂四百餘首者，或合徐本之百五十首約略言之，非此二百三首外，尚有佚文二百首爲《全唐文》所未采也。庚中，賊擾江、浙，倉卒渡江而北，平生書籍，悉付灰燼，而此本居然獨存。展卷重觀，如隔世事。所注間有未備，比因主講袁浦，同年吳仲宣漕帥富藏書，獲從乞借補注之，編爲十二卷。夫以振倫兄弟之簡陋，上方徐氏昆季，誠不可道里計，惟是頻年捃摭之功,不忍輕棄。今茲稿本粗定,尚冀有好事如馮氏者糾余之失,更合本集以成完書,則此編其獲嚆矢也已。"

錢振倫《示樸齋駢體文》魏大縉跋:"韓、柳之散行,必由讀書而得;齊、梁之儷語,亦須練氣而成。……(先生)於文則幽契相孚,而於行則孤芳別抱也。"

《示樸齋駢體文》曾國藩序:"及讀其文,磊落洞達。……君文不盡效李氏,沖夷清越,藻麗自生。"

《(光緒)歸安縣志》卷三十七:"所著有《樊南文集箋注》《示樸齋駢體文》《時文試帖稿》。"

《(民國)續纂清河縣志》卷十五:"錢振倫《示樸齋文鈔》八卷,以下流寓,《駢體文》八卷,《樊南續集箋注》十六卷。"卷十一:"書法吳興而出以勁挺,無軟熟柔媚之習。工駢文,用唐法,記問淹博,熟於唐事,與弟振常箋注《樊南文集》,有名於時,著有《示樸齋文鈔》。"

按,錢振倫與弟振常對《樊南文集》進行輯補、箋注,然用力多者實爲振常。錢恂《吳興錢氏家乘》卷三云:"樊南補編之箋注,學呂公(振常)用力爲多,同治四、五年間,學呂公在長沙,恂隨侍左右,得見手稿十餘巨冊。"

於時有美名。與曾國藩爲同年,交情篤厚;爲方浚頤等所賞。年六十四,卒於揚州,葬虞山石虎浜。及歿後三十年,邑人書請官府,崇祀於書院中。

張之洞《(光緒)順天府志》卷十四:"放生園轄子營:井一。曾文正年譜:道光三十年十月,移寓轄子營關侯廟,與同年錢振倫同寓。"

《(光緒)歸安縣志》卷三十七:"同治五年,國藩剿捻山東,道經淮上,枉車騎訪之。次日,振倫爲鷄黍之約,兩人對酌,談笑極歡。

國藩此行也,未嘗擾人一飯也,其爲所敬禮如此。"

《(光緒)江都縣續志》卷二十八《寓賢列傳第八》:"錢振倫,字楞仙,浙江歸安人。……晚年客揚州,主講安定書院。又嘗纂修郡志,鹽運使方浚頤深敬禮之。"

陳康祺《郎潛紀聞》卷四:"同考官榜發,得未弱冠者三人,萃於一房,歸安錢振倫,年十七,瑞安孫鏘鳴,年十八,鄞縣童華,年十五。三人皆已食廩餼,舉優行,時已詫爲僅有。後錢、童以戊戌,孫以辛丑,皆成進士,入翰林,躋坊局,握文衡。錢、孫皆中年告歸,錢至司業,孫至學士,童先以編修乞養,亂後再出,今官吏部侍郎。乙未至今,幾五十年,三人者,皆健在,曰幼慧,曰蚤達,曰清班,曰貴官,曰耆壽,曰宿學。三人皆屢主書院,錢、孫今尚爲江南山長,皆有著述,無一不具,無一不同。在今日爲天上之景卿,在當日實一門之桃李,亦可謂名場佳話矣。"

《(光緒)常昭合志稿》卷四十:"(錢振倫)卒年六十四,即葬虞山石虎浜。"

金梁《近世人物志·錢振倫志》:"錢楞仙,名振倫,戊戌翰林,告歸二十餘年,主揚州安定書院,遂卒於揚,年六十四。"

《(民國)續修江都縣志》卷二十六下:"卒年七十有四,子六人。"按,前皆記振倫年六十四卒,獨此記七十四,疑誤。

《(民國)續纂清河縣志》卷十一:"歿後三十年,邑人牒請大府,崇祀書院中。"

振倫妻早卒,後娶翁氏爲繼室。翁氏端恩,文端公翁心存女,字璇華,富詩才,有《簪花閣詩稿》。有妾祝氏,以節旌。有子六人。子延祺,光緒壬午舉人;子錢甡,曾留學日本,後因病回國。錢甡子爲著名古典文學研究專家錢仲聯。振倫弟振常,字仲彝,丁卯舉人,辛未進士,曾爲禮部主事,有子恂、玄同。恂耿直不羈,曾出使法俄等國,爲晚清著名外交人才;玄同爲近代文化名人。

《(光緒)常昭合志稿》卷四十:"(錢振倫)爲翁文端典浙試所選士,以次女爲之繼室焉。……卒年六十四,即葬虞山石虎浜。繼室翁有《簪花閣詩稿》。妾祝氏以節旌。"

《(光緒)歸安縣志》卷三十七:"常熟翁心存主浙闈,賞其文,有意相攸,聞已締姻,乃止。及振倫官詞林,喪妻,乃申前議,成婚。"

孫衣言《體仁閣大學士贈太保文端翁公墓誌銘》(翁心存著、張劍整理《翁心存日記》附):"公翁氏,諱心存,字二銘。……公娶許氏,誥封一品夫人,有婦德。子四人,長即巡撫同書,道光庚子進士。次音保,早卒。次即按察使同爵,附學二品蔭生。次即侍講同和,咸豐丙辰進士。女二人,適優貢生俞大文,國子司業錢振倫。"

徐世昌《晚晴簃詩匯》卷一百八十七:"翁端恩,字璇華,常熟人,文端公女,文恭公女兄,歸安國子監祭酒錢振倫繼室,有《簪花閣詩鈔》。單受茲曰:夫人爲士釐伯姑,昔年先舅命士釐題《簪花閣集》,曾遵擬四絕句,刊時載入帙末,展卷惡然。又,伯姑別有館,名"綠莊嚴"。道光癸卯,阮文達書額,故名《綠莊嚴館集》。額已久失,先舅官京師時,從海王村購歸,至今珍藏家中。"翁氏之詩,於時有名,徐世昌《晚晴簃詩匯》即選録其詩五首。

《(民國)續修江都縣志》卷二十六下:"卒年七十有四,子六人。延禩,光緒壬午舉人,安徽直隸州州同延祥諸生。"

宗源瀚《(同治)湖州府志》卷十一:"錢振常,丁卯舉人。"卷十三:"錢振常,振倫弟,字仲彝,辛未進士。"

《(光緒)歸安縣志》卷三十二:"錢振常,振倫弟,字仲彝,辛未進士。"

《(光緒)歸安縣志》卷三十一:"錢振常,丁卯並補甲子舉人,禮部主事。"

姜泣群《朝野新譚》已編:"錢恂與陸徵祥:吳興錢恂,字念敬,驕倨詭異,有父風,殆出天性。屢試不售,益傲謾自恣,鄉鄰目爲怪物。許竹篔使德俄,調充隨員,乘法蘭西輪舶,初出國門,昧於西語,形同木偶。上海製造局總辦劉麒祥遺廣方言館法文高才生陸徵祥爲許,招待陸,乃指揮爲錢安頓行李,錢德之甚,遂互通氏族,是爲錢、陸相交之始。會許以戚某介紹於劉,俾讀書廣方言館,劉乘間以陸爲囑許,倉卒得書一覽,置之,移時竟忘。越年餘,清理積牘,獲此札,不省爲何許人。遍詢僚佐,皆不復記憶,錢獨具以對,時陸徵祥肄業京師同文館,至是奉調出洋,陸感錢一言之知,恒敬禮之。顧錢爲人,褊愎落落,不能得志。陸則才氣飆發,歷任公使,咸倚重之,不數稔,洊升參贊,聲名洋溢四海。迨胡惟德使俄,與錢故同鄉,且有世誼,復調之往。錢、陸舊雨重逢,愈益相親。陸以錢年齒少長,偶戲呼恩師,錢不敢應。嘗欲與陸約爲異姓兄弟,陸笑允之,亦卒未實行。"

萬福麟《(民國)黑龍江志稿》卷六十:"《中俄界綫簡明説》,清錢恂撰。恂,字念劬。浙江歸安人,曾任出使大臣,周知外事,此書於中俄界綫分晰頗清。"

參考文獻:

1. 姜泣群《朝野新譚》,光華編輯社1918年版。

2. 徐世昌《晚晴簃詩匯》,中華書局1990年版。

3. 鄭鍾祥等纂《(光緒)常昭合志稿》,龐鴻文等纂《中國地方志集成·江蘇府縣志輯》,江蘇古籍出版社1991年版。

4. 譚獻《復堂日記》,河北教育出版社2001年版。

5. 張之洞著、范希曾補正《書目答問補正》,上海古籍出版社 2001 年版。

    6. 翁心存著、張劍整理《翁心存日記》，中華書局 2011
年版。

（褚爲强）

李元度傳

　　李元度，字子青，一字笏庭。自號天岳山樵，晚號超然老人。
湖南平江人。生於道光元年（1821）。

　　《清史稿》卷四百三十二《李元度傳》：“李元度，字次青，湖南平
江人。”

　　王先謙《誥授光禄大夫貴州布政使李公神道碑》：“公姓李氏，
諱元度，字子青，一字笏庭。自號天岳山樵，晚更號超然老人。其
先出唐太宗第三子吴王恪，後遷江西建昌。石晋天福中，再遷湖南
平江，爲縣人。”“其生道光元年八月二十五日。”

　　父不言，字仲宋，號小卿，嘉慶二年（1797）生。少時勤奮，讀書
有成，與人善，惜英年早逝。母喻夫人早孀居，奉養公婆，撫育子
女。元度有兄恩覃，早慧而夭。

　　李元度《天岳山館文鈔》卷四《先世父暨先府君合葬墓碑》：“府
君諱某，字仲宋，號小卿。”“世父既未竟於學，大父益專力課府君。
府君性穎特……思自奮於甲科，爲親慰。……未冠，有文名。……
終年閉特室，手披口吟。忘寒暑晝夜以求之，得咯血疾。諱不言。
道光三年，受知督學祁文端公。……明年，府君將讀書岳麓，未行
而病。……越數月，病革。……（殁）時在九月十九日。……府君
篤孝友，與人温摯，間雜以詼諧。……其卒也，大父母哭之，幾喪

明。賴吾母守節,奉舅姑,字孤得有立。越十年,大母考終,又十四年,大父乃終。府君初奉特旨,誥贈奉政大夫,晉贈榮禄大夫,再晉光禄大夫。吾母晉封一品太夫人。長子恩覃,奇慧,甫周晬,識字二千有奇,四歲殤。次元度。"

公生有異稟,有過目不忘之才。

《誥授光禄大夫貴州布政使李公神道碑》:"公生有異稟。……稍長,讀書過目成誦。"

道光二十三年(1843)中舉,會試落榜,游奉天學政幕,飽讀典籍,尤精史地掌故之學。咸豐三年(1853)中大挑二等,授黔陽縣教諭。

《誥授光禄大夫貴州布政使李公神道碑》:"中式道光癸卯舉人,會試報罷,游奉天學政幕。陪都尊藏列朝《實録》,公得以仰窺美富,通知一代政事,又隨使車,遍覽關東形勢,浩然有得,益肆力掌故地理之書,旁及百家載籍。才識宏裕,大挑,選授黔陽教諭。"

《清史列傳》卷七十六《李元度傳》:"道光二十三年舉人,大挑二等,選黔陽縣教諭。"

按,自元度中舉至咸豐四年被曾國藩保爲知縣前,清廷共組織過兩次大挑選拔,一爲道光二十四年甲辰科,一爲咸豐三年癸丑科。楊彝珍《天岳山館文鈔序》有"道光戊戌始與次青相識於京邸"之語,則道光三十年元度仍有與楊彝珍同赴會試之行,故元度應爲參加道光二十四年會試罷後,游幕東北,九年後參加咸豐三年大挑選拔,中二等,選授湖南黔陽縣教諭。

咸豐四年(1854),以收復湘潭功,保爲知縣,加內閣中書銜。是年攻武昌,有戰功,復受賞。冬,隨曾國藩移師江西鄱陽湖,軍事不利,國藩幾危,賴其救持。

《誥授光禄大夫貴州布政使李公神道碑》："咸豐二年,粤寇破武昌而東,曾文正公國藩奉詔在籍團練,公上書數千言,隱其名,曾公題之。既相見,詢知公所爲,大歡曰:'吾固知非子莫辦。'引與規劃軍事,岳州師潰,曾公敗於靖港,部軍捷於湘潭。賊返竄。詔落曾公職,戴罪督剿。故事,革員例不專奏,公代草疏,請出湖南境,後仍專奏以速戎機,曾公疑焉,公力持之。得諭旨,奏保知縣加内閣中書銜,復武昌,克田家鎮,加同知銜,賞花翎。"

《清史列傳》本傳:"咸豐三年,曾國藩調理營務。四年,以克復湘潭功,保知縣,加内閣中書銜,從攻半壁山,奪田家鎮賊巢,保同知,賞戴花翎。""是年(咸豐四年)冬,曾國藩率水師入鄱陽湖,爲湖口賊所阻,別股由小池口襲我軍,而大風復壞戰艦數十,事急不可支,元度强掖國藩渡江。"

咸豐五年(1855),隨曾國藩入南昌,受命開赴湖口,與太平天國石達開、韋昌輝部鏖戰,有俘獲。是年八月,收復湖口。

蔡冠洛《清代七百名人傳》第一編《李元度傳》:"(咸豐)五年正月,入南昌,整水陸各軍,曾國藩遣元度會攻湖口,翼王石達開、北王韋昌輝挾全力來爭。元度力戰却之,獲其帥譚友盛、袁蕃邦。八月,遂復湖口。"

《誥授光禄大夫貴州布政使李公神道碑》:"(咸豐)五年,公自請於曾公,募平江勇爲一軍,破賊蘇官渡,會水師,克湖口。"

杜文瀾《平定粤匪紀略》卷四:"(咸豐五年七月)十一日,同知李元度,知縣李錕、劉希洛帶平江勇由南康渡湖,十五日至文橋,并力破之,賊趨蘇官渡,又破之,陸路之險隘已得。乃會水師,焚燒賊艇,五路夾擊賊於西門外,陷,坑内伏大炮,因躍坑而過,力破守門悍賊,遂克縣城。其都昌縣城亦於十六日收復。"

咸豐六年（1856），公繼與太平軍戰，攻克進賢等縣城。扼守貴溪，保證清軍浙東糧道安全。是年十一月，因宜黃等地失守，遭責貶。

《清史稿》本傳：“（咸豐）六年，移屯撫州，偕江軍林源恩合防，與賊相持。久之，餉絀，分軍克宜黃、崇仁，而賊自景德來援撫州。賊出攻江軍營，林源恩死之，元度突圍出，移屯貴溪，防廣信。”

《誥授光禄大夫貴州布政使李公神道碑》：“（咸豐）六年，公克東鄉，攻撫州，累戰皆捷，分軍西徇，復宜黃、崇仁。值皖賊來援，戰不利，退保崇仁。”

咸豐七年（1857）二月，在鷹潭與太平軍戰，大勝。九月，解貴溪圍，復原官，加知府銜。

《清代七百名人傳》：“（咸豐）七年二月，敵糾合三萬，自安仁來犯，大戰於鷹潭，斬首數千級，賞還花翎，給同知銜。九月，以力解貴溪城圍，復原官，加知府銜。”

《誥授光禄大夫貴州布政使李公神道碑》：“（咸豐）七年，曾公檄公守貴溪，兼控閩浙要隘，大捷於鷹潭，加知府銜。敗石達開衆巨萬，擢知府，以道員記名。”

咸豐八年（1858）二月，因湖北巡撫胡林翼疏調防浙。七月，因江西道員出缺，請旨簡放。旋移防玉山。會太平軍大舉來攻，以七百兵力與戰。元度傷左頰，仍堅守兩晝夜。太平軍傷亡慘重，逃貴溪。復拒福建北來之太平軍，守廣豐。九月，命以浙江道員缺出，請旨簡放。

李元度《書破地雷事》（葛士濬《皇朝經世文續編》卷七十）：“咸豐八年七月，余以平江軍三千分守玉山、廣豐、常山三縣，賊自建寧出二杜關，猝犯廣豐，守者裁五百人。聞警，濟師千人往援。賊圍之三匝，我軍嬰守，不能下。賊詗知援豐者率自玉山來，玉城虛，可襲也。十五日,賊二萬掩至,守卒僅七百。城外民廛櫛比,曰七里市、三里街,百貨所輳,余親逆戰十里外。斷賊浮梁,賊以步隊綴我軍騎,賊趨上游趾水渡,將薄城,余急入拒守。賊踞西門外,市廛爲窟穴,急火之,燔三十餘戶。賊撲火熄,聚殘甓爲壘穴,壁施火炮,平擊城上人。我軍堅守兩晝夜,賊忽罷攻,鉦鐃聲雜作。有老卒驚曰:'賊今穴地,用鉦鐃掩鋤鑱聲耳。昔破吉安、義寧,皆此術也。'乃懸賞令壯士縋城,破賊壘。余立堁垸間督戰,飛炮中左頰,仆流血升餘。幸斜擊,得不死。時十八日日昳候也。越日,軍士來告,地道已逼城。計安出? 余裹創巡城,知縣袁君翼相顧失色。余忽悟拒之之法,急下令起小西門迄北門,計城百丈,最受敵。每二丈挖洞一,廣二三尺,深五尺許,橫出城根下,勿傷其址。土皆內,輦城以外勿透風。每隊穴洞一,計洞五十,限半日成,違者斬。衆未喻其法也。逾時工竟,問且何爲? 余曰:每洞選壯士持短兵,晝夜蹲伏其中,飲食溲溺皆更代,賊穿隧至勿驚,縱以短兵,可立斃。衆如法行,袁君猶疑畏,余諗之,告衆曰:賊之爲地雷也,必緊貼城根,忌偏斜,偏則不相值;忌旁泄,旁泄則力殺。計鑿隧必橫長十餘丈,我先伏隧以待賊,是賊隧十丈而與吾遇者五,其尚能逞乎? 衆皆噪曰:善! 十九日日晡,賊穿隧道,將及城。親卒來告,戒勿聲,磨刀以待。俄斜穿及洞,衆躍起,立殪二賊。隧隄爲賊屍所壅,不能出追。乃灌以水,隧道破。越日賊渠登南門外塔山,隔江望城中,新土纍纍,如蟻垤。知術敗。又三日,竄德興,玉山圍解。余上其法於鄂撫胡文忠公。公飛書報曰:子法信善矣。然我軍亦用此制賊,若武昌,若吉安、九江,皆著成效。"

　　咸豐十年(1860)閏三月,受命赴浙江。六月,授溫處道。會曾國藩移師祁門,疏調元度會剿,改徽寧池太廣道。八月,至祁門。時太平軍李世賢部攻陷寧國。元度至徽州未十日,徽州復陷,遂被革職拿問。

《清史列傳》本傳:"(咸豐)十年閏三月,敕元度赴浙江,交巡撫王有齡差委。六月,授溫處道。會曾國藩移駐祁門,疏調元度會剿,改元度徽寧池太廣道。八月,至祁門。時偽侍王李世賢陷寧國,守將周天受戰死。元度至徽州未十日,徽城繼陷,革職拿問。"

咸豐十一年(1861)三月,回鄉募兵勇八千,號安越軍。逢太平軍入湘,元度應湖南巡撫之請,協防瀏陽。後太平軍李秀成等部逼武昌,湖北總督官文、巡撫胡林翼檄李元度與其對陣。元度連復多縣,再加布政使銜。九月入浙,與左宗棠合兵,與太平軍李世賢部戰,得江山、常山等地。

《誥授光祿大夫貴州布政使李公神道碑》:"十一年,命曾公飭赴浙,應得罪名,仍查辦。公歸里,募八千人,爲安越軍。會賊酋李秀成連陷湖北、江南郡縣,湖南大震,官民固請留守平江。六月,公自湖北轉戰而前,賊望風潰遁,連復通城、崇陽、蒲圻、義寧、新昌、奉新、瑞昌諸城,詔賞還按察使銜。再賞布政使銜,前罪應否寬宥,命曾公核奏。九月,次衢州。……十一月,杭州陷。"

同治元年(1862)正月,授浙江鹽運使,兼署布政使。二月,擢按察使,未赴任。三月,兩江總督以前擅自回籍及謊報軍功、援浙遲滯事彈劾元度。有旨革職,免於治罪,委左宗棠處聽用。十一月,御史劉慶復以上年杭州失陷事彈劾元度。曾國藩、左宗棠爲之辯解,朝廷以其前功免於發遣,仍留鄉贍養其母。

《誥授光祿大夫貴州布政使李公神道碑》:"同治元年,李侍賢陷江山,公力戰挫其鋒,復分軍與左公會擊,大破之。授浙江鹽運使,晉按察使,署布政使。而曾公以公罪未定,遽回籍,疏劾褫職留營,命交左公差遣,公遂歸。尋言官論劾,復命曾公、左公查實具奏。時金陵已克,曾公奏公守徽之役,到不十日,巨賊猝至,兵力未厚,前奏逮問本從嚴。今大功垂成,請量録用。左公奏杭州失陷,非公逗留所致。惟落職後求去索餉,不顧大局詔遣戍,仍留養母。"

同治五年(1866),貴州苗部有事,思南、石阡、思州、遵義、銅仁五地騷動。貴州巡撫張亮基疏調元度入黔。四月,以十二營入黔,六月破大坉苗,小坉苗乞降。公以大小坉有水路通牂牁江,遂造戰船,建水師,封鎖江面,又立新營整編降苗。分軍剿平大園子等三寨。受賞還原銜頂戴。九月,又連破諸苗,收復苗寨多處。

《清史列傳》本傳:"(同治)五年,貴州逆苗及黄號、白號等匪搆亂,蹂躪思南、石阡、思州、遵義、銅仁五府,巡撫張亮基疏調元度入黔。時賊已擾及湖南沅州,而老巢在荆竹園,大小坉居其前,白號賊踞秦家寨,黄號賊踞覺林寺。四月,元度率十二營以往,六月,攻大坉,破之,小坉賊乞降。元度以大小坉河道上通石阡,由兩江口入牂牁江,遂造戰船,創立水師,扼江面以拊荆竹園之背,又立貴新營以處降衆,分軍剿平大園子、廣家山、馬鞍營三寨,命賞還原銜頂戴。九月,荆竹園賊竄石阡,元度破之於石灰坡。連克鐃鈸頂等六寨。"

同治六年(1867),貴州苗部相繼多有歸降,公用兵克多地,期間因疫病流行軍中,稍停頓,被黔官劾奏,遭責。七年,以終養老母,開缺回籍。

《清代七百名人傳》:"(同治)六年四月,白號敵安雷鉢以五十一寨降。覃德徵以二十寨降。五月,敵攻尖山坉,以千餘人犯三道水,以三千人犯棗子坪及大頂寨。元度分兵夾擊。敵敗走入園。時癘疫流行,弁兵病亡相繼。巡撫劉琨以頓兵日久奏劾,元度降三品頂戴。十一月,克官塘。十二月,克八寶營。"

光緒八年(1882),丁母憂。十年(1884),法越戰事起,兵部尚書彭玉麟督辦廣東海防,李元度應邀贊理營務,屢有建議。事畢,仍返鄉守制。

《清代七百名人傳》第一編《李元度傳》:"光緒八年,丁母憂。十年,法越搆亂,彭玉麟以兵部尚書督辦廣東海防,延元度贊理營務。乃建議堵塞虎門海口,又定沙基洋行案。遂歸籍終制。"

光緒十一年(1885)服闋,授貴州按察使。十三年,遷貴州布政使。在黔多有善政。是年,卒於官。十四年,附祀曾國藩祠。

《誥授光禄大夫貴州布政使李公神道碑》:"服除,(光緒)十一年入都補貴州按察使,十三年遷布政使。在黔,剪巨惡,劾墨吏,興蠶桑,設礦局。前殉難者,自貴州提督孝順公以次,爲請建十忠祠,恤其後裔。它善政多可紀。""(光緒十三年)九月二十七日,卒於官,距其生道光元年八月二十五日,年六十七。湖南巡撫奏請附祀曾公祠,事迹宣付國史。詔如所請。"

《清代七百名人傳》第一編《李元度傳》:"(光緒)十四年,祔祀曾國藩祠。"

性敦厚,事母至孝,與親族相睦。在平江時,興學寬賦,建設警備,於清末動盪之勢,保全鄉里。

《誥授光禄大夫貴州布政使李公神道碑》:"(元度)性肫篤,事母逮老如孺子。厚於親族,塾有課,嫠有資,姻故鄉鄰,多待以舉火。平江地界三省,設局縣城,集械編丁,以時訓練。寇警迭乘,恃以完固。立諸善堂及廣仁倉,貸不取息,並建平江忠義祠,及葺新諸祠,祀必親必慎,倡捐江西欠餉二十餘萬,請增府縣學額,它軍效之,省帑千萬。"

戎馬之餘，筆耕不輟，著述頗豐。

《誥授光禄大夫貴州布政使李公神道碑》："所著有：《國朝先正事略》六十卷，《平江縣志》五十六卷，《平江十三君子事略》二卷，《十忠祠紀略》二卷，《南岳志》二十六卷，《天岳山館文鈔》六十卷，未刊者：《四書廣義》六十四卷，《國朝肜史略》十卷，《名賢遺事録》二卷。《國朝先正文略》二百卷，《求實用齋叢書》若干卷，《安貧録》四卷，《古文話》六十四卷，《天岳山館詩集》十二卷，文續集若干卷，四六文二卷。"

元度善文，因其履歷豐富，所閱深廣，故其文頗多識見感慨。論古人，能直指關鍵，言其卓勝之處，發人所未發；論時事，建謀策，亦具遠見卓識。以古文有議論與叙事二用，黽勉而爲，頗有所獲。

李元度《天岳山館文鈔》楊彝珍序："人方謂君出入戎馬間，必無暇用其留餘之日力以涉於古，其文章或未能並事功兼勝。後屢以書抵予，兼示其撰著文字，予愕然。……乃視其所作，較之委巷憔悴專一之士，無少讓焉。得非所受者既異而又勤而不已。"

《天岳山館文鈔》自序："古文云者，別乎時文及儷體云爾。凡文之用二，曰議論，曰叙事。議論以理勝，經與子之流也。叙事以情勝，史之流也。"

參考文獻：

1. 李元度《天岳山館文鈔》，光緒六年刻本。

2. 杜文瀾《平定粵匪紀略》，臺灣文海出版社 1967 年版。

3. 葛士濬輯《皇朝經世文續編》，臺灣文海出版社 1972 年版。

4. 趙爾巽等《清史稿》,中華書局 1977 年版。

5. 王先謙《誥授光禄大夫貴州布政使李公神道碑》,繆荃孫編《續碑傳集》,周駿富輯《清代傳記叢刊》,臺灣明文書局 1985 年版。

6. 蔡冠洛編纂《清代七百名人傳》,周駿富輯《清代傳記叢刊》,臺灣明文書局 1985 年版。

(陳婷婷)

俞樾傳

俞樾，初名森，字立甫，後更名樾，字蔭甫，號曲園，所居曰春在堂，浙江德清人。道光元年（1821）生。四年，以鄉居不能從師讀書，舉家自舊廬遷居仁和縣（今屬浙江省杭州市）臨平鎮史家埭。以此之故，後讀書遇臨平事必記之。六年，母姚太夫人口授四書，爲啓蒙之始。九年，剪紙成書冊之形，自爲書而自注之。其後著述等身，至老不倦，實兆於此。十年，從中表兄戴福謙（戴望嗣父）讀時文，前後五年。

俞樾《曲園自述詩》其一：“宣廟龍飛歲在庚，元年辛巳月嘉平。小寒未屆猶非臘，還是元枵月内生。”自注：“余生於道光元年十二月二日，距小寒尚兩日，故星命家仍作子月論也。”其二：“烏巾山下舊居家，鵲喜樓頭靜不嘩。一夜春風吹喜氣，迢迢千里到京華。”自注：“余舊居在德清東門外烏巾山之陽，地名南埭，有小樓曰鵲喜。……余生於是樓。先大夫時在京師，有志喜詩曰：‘春風吹喜氣，千里到幽燕。’”其四：“四齡遷徙到東湖，爲苦鄉居聞見無。”自注：“道光甲申，余止四齡，而先兄壬甫則十二歲矣。以鄉居不能從師讀書，乃遷居仁和之臨平鎮。蓋太夫人臨平人，依外家以居也。”其七：“阿母操勞井臼餘，晨窗課讀不教虛。兒時駑鈍真慚媿，九歲才能畢四書。”自注：“余讀四子書，皆太夫人口授。”其九：“束髮從師戴次君，本來中表誼殷殷。”自注：“余讀書孫氏，所從師爲戴貽仲先生,先祖母戴太夫人侄孫也。……余從之五年。"

俞鴻漸《印雪軒詩鈔》卷七《二兒生志喜》:"春風吹喜氣,千里到幽燕。"

俞樾《茶香室三鈔》卷十"蔡京書臨平寺額"條:"余幼時居臨平,故遇臨平事必記之。"

俞樾《群經平議》序目:"道光之元,樾始生焉。生六歲,而母氏姚太恭人授之《論語》《孟子》及《禮記・大學》《中庸》二篇。十歲,受業於戴貽仲先生,始習爲時文。十五歲,從先朝議君讀書常州,粗通群經大義。"

俞樾《春在堂全書録要》自序:"余自兒戲之時即有著述之志。九歲時剪紙爲書册之形,自爲書而自注之。"

繆荃孫《藝風堂文續集》卷二《清誥授奉直大夫誥封資政大夫重宴鹿鳴翰林院編修俞先生行狀》:"九歲,戲爲書,自注其下,著述等身,篤老不倦,實兆於此。"

道光十六年(1836),應童子試,成秀才,補縣學生。十七年,應省試,名列副榜第十二名。自此專力爲科舉之文。二十年秋闈,因病未應,讀《日知録》自遣。後著《曲園雜纂》,中有《日知録小箋》一卷,始於是時也。

《曲園自述詩》其十三:"髫年采得泮池芹,初踏名場望已殷。"自注:"丙申歲,余年十六,初應小試,學使史薌塘先生取入縣學。"又:"鄉闈逐隊到杭州,分得天香一半秋。"自注:"丁酉應鄉試,中式副榜第十二名。"其十七:"秋風一病太郎當,孤負槐花此度黄。病榻惟看日知録,零星箋注不成行。"自注:"庚子秋闈,余以病不應試,病中惟以《日知録》自遣。今《曲園雜纂》中有《日知録小箋》一卷,始於是時也。"

道光二十四年（1844），中式甲辰恩科舉人。李鴻章亦於是年應皖省鄉試，中式舉人。俞氏、李氏有同年之誼，是爲日後訂交之由。

《曲園自述詩》其二十五："微名幸得附賢書，莫向名場問毀譽。"自注："甲辰秋，余舉於鄉。"

道光三十年（1850），成進士。保和殿覆試，題"得志與民同之""淡煙疏雨落花天（得莊字）"。覆試詩中有"花落春仍在"句，爲閱卷官曾國藩所激賞，謂："咏落花而無衰颯意，與小宋落花詩意相類。"言於同閱卷諸官，得置第一。先生一生常念及此事，後以"春在"命其堂，刻其書，皆以此也。又常以此詩意境非春風得意人之作。

《曲園自述詩》其三十九："金殿簪毫賦暮春，豈因花落見精神。如何謬被群公賞，也算巍峨第一人。"自注："保和殿覆試詩題'淡煙疏雨落花天'。余首句云'花落春仍在'，大爲曾文正公所賞，謂：'咏落花而無衰颯意，與小宋《落花》詩意相類。'言於同閱卷諸公，置弟一。覆試第一，俗亦謂之'覆元'，然視會元、狀元則迥不如矣。"其四十："鵷行列坐殿西東，官樣文章總未工。"自注："余殿試二甲第十九，朝考一等第二十九。"其四十一："聖主量材親點注，書生本色秀才官。"自注："五月初三日引見，蒙恩改翰林院庶吉士。"

《群經平議》序目："十五歲，從先朝議君讀書常州，粗通群經大義。其明年入縣學，又明年應鄉試，厠名副榜，於是專力爲科舉之文。越七年而舉於鄉，又六年而成進士，入翰林則年已三十矣。"

俞樾《俞樓雜纂》卷三十八《淡煙疏雨落花天得"莊"字》："花落春仍在，天時尚艷陽。淡濃煙盡活，疏密雨俱香。鶴避何嫌緩，鳩呼未覺忙。峰巒添隱約，水面總文章。玉氣浮時暖，珠痕滴處凉。

白描煩畫手,紅瘦助吟腸。深護薔薇架,斜侵薜荔墻。此中涵帝澤,豈僅賦山莊。"自注曰:"此庚戌進士覆試題也。詩甚不工,然'花落春仍在'句爲吾師曾文正公所賞。其後余遂以'春在'名堂,因以名集,至今海内皆知有《春在堂全書》。則此詩,其緣起也,因亦錄附於後。"

俞樾《春在堂尺牘》卷一《上曾滌生撲帥》:"回憶庚科覆試,曾以'花落春仍在'一句仰蒙獎借,期望甚殷。迄今思之,蓬山乍到,風引仍回,洵符'花落'之讖矣。"

咸豐二年(1852),散館。五年二月,入國史館,充協修,署志傳兼修。四月,考差,以"舜在床琴"命題。時海宇多故,宵旰憂勤,乃借題發揮,以"舜在床琴"見古聖人不懟不竦,遇變如常,並旁引文王之羑里鳴琴、孔子之匡邑被圍弦歌不輟,以明先後聖之同揆。八月,簡放河南學政。

《曲園自述詩》其四十三:"芸館三年職未供,且來試聽禁城鐘。"自注:"壬子春入都,散館。"其四十四:"萬户千門不易摹,彤廷率爾竟操觚。天恩許注蓬萊籍,免作仙人項曼都。"自注:"散館,引見,蒙恩授編修。是年散館題爲《乾清宮賦》,以'表正萬邦宏敷五典'爲韻,今刻《賓萌外集》中。"其五十五:"詞曹無事太優游,史館還容一席留。欲向青編求故實,自將志傳署兼修。"自注:"乙卯春,派充國史館協修。凡初入史館者,例須自署願修何書,大率皆署列傳,余欲考求國朝事實,署志傳兼修,然在職不久,此志仍未逮也。"其五十七:"旰食宵衣聖主心,小臣文字效微忱。雖當天步艱難日,稍抒憂勞借舜琴。"自注:"四月十三日,考試試差人員,上以'舜在床琴'命題。時海宇多故,宵旰憂勤,余借題發抒,以'舜在床琴'見古聖人不懟不竦,遇變如常,並旁引文王之羑里鳴琴、孔子之匡邑被圍弦歌不輟以明先後聖之同揆。"其五十八:"誰料聖恩偏最渥,竟容玉尺兩河操。"自注:"乃八月初二日蒙恩,放河南學政。"

咸豐六年(1856),疏請子產從祀文廟,孟皮(孔子兄)配享崇聖祠。詔下部議,從之。七年七月,御史曹登庸參劾先生命題割裂,罷職。

《曲園自述詩》其六十八:"命宮磨蝎待如何,喚醒東坡春夢婆。已到神山仍引去,蓬萊亦是有風波。"自注:"丁巳秋,因人言免官。"

俞樾《春在堂詩編》卷七《次韻贈徐誠庵》自注:"余年十六與君同入縣學。"卷一有《丁酉鄉試廁名副榜漫書數語》。卷三《禮闈揭曉口占四十字》:"三十初通籍,微名敢怨遲。"又有《五月初三日勤政殿引見紀恩一首》《十九日初入翰林院恭紀》;又有《四月二十一日散館引見授職編修恭紀》一詩,在《壬子元旦無錫舟次試筆》一詩之後。卷四有《乙卯二月十五日初入國史館》《八月初二日蒙恩簡放河南學政恭紀》。卷五有《樾於去年十一月疏請以鄭公孫僑從祀文廟並以孟皮配享崇聖祠詔下部議從之茲因檄行所屬府州並係以詩》《予視學中州偶因人言而罷漫賦四章》。

俞樾《賓萌集》卷五《奏定文廟祀典記》:"咸豐六年十有一月,河南學政臣樾言:昔孔子周流列國,同時賢大夫其克協聖心者,於衛則有伯玉,於鄭則有子產,而觀《論語》所載,則於子產尤稱道弗衰。蓋孔子在鄭嘗以兄事之,及其卒也,為之流涕。今文廟從祀有蘧瑗而無公孫僑,非所以遵循聖心,修明祀事也。……臣愚以為,先賢鄭大夫公孫僑宜從祀文廟大成殿兩廡。又按,孔子有兄曰孟皮,故《論語》稱孔子以兄子妻南容,而《史記·弟子列傳》有孔子兄子孔忠,蓋皆孟皮之子也。孟皮言行,無所表見,然既為孔子之兄,則亦祀典所不可闕者。……臣愚以為,孟皮宜配享文廟崇聖祠。奏上。詔下其議於禮部,僉曰:宜如臣樾言。爰定:公孫僑從祀大成殿西廡,位林放上,孟皮配享崇聖祠,位西向第一。天子俞焉。

於是上自國學，下至郡縣學，咸奉行如詔書，禮也。"

《清實錄・文宗實錄》卷二百三十一："（咸豐七年七月）乙酉諭內閣：御史曹登庸奏'學政輕浮乖謬，請飭查辦，並將所出試題開單呈覽'一摺，河南學政俞樾，出題割裂，致令文義難通。據該御史開列二十題，俱係不成句讀，荒謬已極。至所稱：科試郟縣童生，文題誤出破句，幾至罷考；按試河南府時，坐索棚規，逗遛三日，均屬有玷官箴。俞樾著即革職，交英桂，督同藩司瑛棨，將所參各款，秉公查辦，據實具奏，毋稍徇隱。"卷二百三十二："（咸豐七年七月壬寅）又諭：前因御史曹登庸奏參河南學政俞樾出題割裂及坐索棚規各款，降旨革職，交英桂督同藩司瑛棨秉公查辦。茲據俞樾奏稱'考試題目，間有截搭，並未割裂太甚'等語。該學政所出覆試文題是否割裂荒謬，文義難通，俱有試卷可憑，無煩嘵嘵置辯。仍著英桂督同瑛棨，調查卷冊，據實具奏。俞樾業經革職，著聽候查辦。"

咸豐八年（1858）春，南歸，以故里無家，賃居蘇州。夏，讀高郵王念孫、王引之父子《讀書雜志》《廣雅疏證》《經義述聞》等書而好之，自始有意治經子。十一年春，避兵，賃居於上虞南門內，從上虞令胡堯戴處借得《學海堂經解》半部研讀。同治元年（1862），客居天津，以詁經著述自娛。夏，寫定《兒笘錄》四卷，爲訂正《説文》而作。三年，《群經平議》書成，繼王氏《經義述聞》而作，深明讀經之道在正句讀、審字義、通古文假借，而以能通假借爲要。又以爲聖人之道具在於經，而諸子書往往可以考證經義，不必稱引其文，而古言古義隱然可見，乃繼王氏《讀書雜志》而作《諸子平議》。十年，有《古書疑義舉例》七卷，説解古書文法、修辭，以正古注古疏之失；並歸納校勘條例，訂正古書傳寫錯誤，收入《第一樓叢書》付剞劂。

《曲園自述詩》其六十九："崎嶇水陸走歸途，故里荒涼錐也無。竊比滄浪蘇子美，從今踪迹寄姑蘇。"自注："戊午春，自汴梁歸，因豐沛間寇盜充斥，故繞道走山東而入江南境。既至吳下，又以故里無家，賃飲馬橋屋，暫寄妻孥。此余寓吳之始。"其七十："十年春夢付東流，尚冀名山一席留。此是研求經義始，瓣香私自奉高郵。"自注："是年夏間無事，讀高郵王氏《讀書雜志》《廣雅疏證》《經義述聞》諸書而好之，遂有意治經矣。"其七十七："租得南門屋數椽，姚墟舜井足流連。何來山寇猖披甚，學海堂書讀未全。"自注："辛酉春，於上虞南門內賃屋以居。庭院清曠，稍可讀書。於上虞令胡君堯戴處假得《學海堂經解》半部，余得讀此書，實始此也。"其八十三："同治初元二月春，全家航海到天津。"其八十四："烽煙稍遠暫安居，一住津門三載餘。諸子群經兩平議，篋中草草有成書。"自注："《群經平議》成於是時，《諸子平議》亦成大半矣。"

《春在堂詩編》卷六有《余著〈群經平議〉三十五卷其第十四卷專論〈考工記〉世室重屋明堂制度乙丑之春津門有好事者取以付梓漫題其後》一題，在《南旋》之前。卷七有《辛未春日以弟一樓叢書付剞劂率題五韻》一題。

俞樾《兒笘錄》自序："余於是書（按，指《說文解字》），信而好之，蓋有年矣。然意所未安，則亦不敢苟同，妄有訂正，積久遂多，不自知其是不也。同治建元之歲，余因桑梓淪陷，浮海北來，寓居天津。是夏多疫，敫門不出，因寫爲四卷，名曰《兒笘錄》。"

《群經平議》序目："咸豐七年，自河南學政免官歸。……余自顧無所能，閉戶發匧，取童時所讀諸經復誦習之，於是始竊有撰述之志矣。家貧，不能具書，假於人而讀焉，有所得，必録之。治經之外，旁及諸子，妄有訂正，兩《平議》之作，蓋始此矣。……同治建元之歲，由海道至天津，寓於津者三載，而《群經平議》三十五卷乃始告成。……治經之道，大要有三，正句讀，審字義，通古文假借，得此三者以治經，則思過半矣。……三者之中，通假借爲尤要。諸老先生,惟高郵王氏父子發明故訓、是正文字至爲精審,所著《經義述聞》用漢儒'讀爲''讀曰'之例者居半焉。或者病其改易經文,所謂焦明已翔乎寥廓,羅者猶視乎藪澤矣。余之此書,竊附王氏《經義述聞》之後,雖學術淺薄,倘亦有一二言之幸中者乎?""五年春,方伯出巨貲,鳩衆工,登全書於版,未竟厥功,遷廣東巡撫去。笏堂承公命,始終之,開雕於夏四月,越八月而書成。"

《諸子平議》序目:"聖人之道,具在於經,而周、秦、兩漢諸子之書亦各有所得,雖以申、韓之刻薄,莊、列之怪誕,要各本其心之所獨得者而著之書,非如後人勦竊陳言、一倡百和者也。且其書往往可以考證經義,不必稱引其文,而古言古義,居然可見。""諸君子聞有此書,乃謀醵錢而刻之,經始於强圉單閼之歲,至上章敦牂而始觀厥成。"

俞樾《古書疑義舉例》自序:"夫周、秦、兩漢,至於今遠矣。執今人尋行數墨之文法,而以讀周、秦、兩漢之書,譬猶執山野之夫,而與言甘泉、建章之巨麗也。夫自大小篆而隸書、而真書,自竹簡而縑帛、而紙,其爲變也屢矣。執今日傳刻之書,而以爲是古人之真本,譬猶聞人言筍可食,歸而煮其簀也。嗟夫,此古書疑義所以日滋也歟? 竊不自揆,刺取《九經》、諸子,爲《古書疑義舉例》七卷,使童蒙之子,習知其例,有所據依,或亦讀書之一助乎?"

旁及史部。同治三年(1864),崇厚薦修《天津府志》,惜未能卒業。五年,主修《上海縣志》,七年,成。光緒五年(1879),審定《鎮海縣志》。又多撰時人碑傳墓銘,以爲舊史氏職當如此。

《曲園自述詩》:"侍郎仗節鎮津關,常共清談塵尾間。欲向丁沽修志乘,殺青未竟又南還。"自注:"崇地山侍郎屬余修《天津府志》,然無經費,無任采訪者,姑就故書中鈔撮而已。乙丑秋間,因二兒在吳下大病,南回視之,故未竟其事也。"其九十五:"滬上年來志局開,南園群彦許追陪。體裁繁冗仍疏漏,自笑經生非史才。"自注:"上海修縣志,設局南園,時應敏齋同年以蘇松太道駐上海,延余主其事。後鎮海縣修志,亦余主之。"

《春在堂尺牘》卷一《與蕭毅伯李少荃同年前輩》:"樾僑寓津門,又將三載。今年承崇地山同年延修《天津府志》,而苦無經費,未能設局,不過從故書中鈔撮,終朝伏案,勞而無功。"

同治五年六月十九日,俞樾致應寶時手札曰:"上海志局荷蒙寵招,感感。但史家三長,鄙人不得其一,奈何。所定章程俱極妥善。"又一札曰:"志局開已月餘,采訪計略有端倪。"同治六、七年間又有多通手札説明修志進度等事。此志有同治十年吳門臬署刻本。

俞樾《春在堂雜文三編》卷三《鎮海縣志後序》:"書成,懼其體例之未能斠若畫一也,以余舊官柱下,恦習記載之文,將全稿寄余吳下曲園,俾審定之。……重違來意,瀏覽一周,間亦小有獻替。"又按曰:"凡纂修郡縣志,則歷次纂修之人與其序文不能不錄。然一展卷,而連篇累牘不休,亦殊取厭。余前預修《上海志》,偶出新意,於全書之末附《序録》一卷,即將歷次修志姓名與其序文均納入其中。光緒五年,《鎮海志》成,于印波明府求序於余,因爲仿上海之例,作《序録》一卷,其文本不足存,而此法似可用,故録存之。"

俞樾《春在堂雜文》自序:"其文多碑、傳、序、記之文,文體卑弱,無當於古之作者。又性好徇人之求,苟有子孫羅列其祖、父事實以告,輒曰是仁人孝子求顯其親者也,義不忍割,於是失之煩冗者往往有焉。然當代名公巨卿之行事,所謂磊落軒天地者,亦多見於吾文,豈以吾文之鄙陋而遂土苴視之哉?"

詩文著述甚富,且多隨作隨刻。道光二十九年(1849)冬,《好學爲福齋詩鈔》刊行。

俞樾《好學爲福齋詩鈔》（南京圖書館藏）牌記作"好學爲福齋詩鈔，道光己酉冬月刊，萱蔭山房藏板"。

咸豐八年（1858）季夏，所著《日損益齋詩鈔》十卷刊於吳門。

俞樾《日損益齋詩鈔》（南京圖書館藏）牌記作"咸豐八年季夏刊於吳門"。

咸豐九年四月，《日損益齋駢儷文鈔》四卷刊於蘇州寓齋。

俞樾《日損益齋駢儷文鈔》（國家圖書館藏）牌記作"咸豐九年四月刊於吳門寓齋"。

同治五年（1866），刻成《賓萌外集》三卷，皆駢儷之文。

俞樾《賓萌外集》自序："余自幼喜爲四六文。……十餘年來，從事樸學，久輟不作，而舊稿尚在篋中。從前客授新安時，故人孫蓮叔曾以付刻，亂後亡失其板，於是杜小舫觀察爲重刻之，刻既成，因紀歲月於簡端。……同治五年歲陽在柔兆陰在攝提格，月雄在修雌在相，載生魄，德清俞樾記。"

同治七年，刻《春在堂詩編》六卷。

《春在堂詩編》楊昌濬序："偶出所爲《春在堂詩集》示余。……太史之詩，寓新變於法度之中，發神悟於意象之表，天才雋邁，絕去畛畦，驟讀之，清奇秀拔，若古幹之疏峭而洪波之激盪也。徐測所由，則與余所謂'觸境而發，稱心而出，曲折奔赴，萬象畢會'者乃無不合，是豈猶夫世之爲詩者與？太史曩官京師，不嗜榮利，蕭然有山水志。既歸，徜徉湖山，壹意著述，於名位起落，一不挂懷，此其胸次夷曠，過人絕遠，固宜其詩超出埃壒，而世之僅以詩稱太史者，猶未爲知言也。"

同治九年，編定《春在堂詞録》二卷，刻成《賓萌集》五卷。

俞樾《春在堂詞録》自序："余不諳音律，填詞素非所長，偶一作之，亦不存稿，少時之作及今猶能記憶者，止《燭影搖紅》一闋、《滿江紅》一闋而已。中歲研經，盡從吐棄，兩《平議》告成，息焉游焉，復有所作。……然則填詞非難，協律爲難，當今之世，有霞翁其人乎？姑録而待之。庚午春正月，俞樾記。"

《賓萌集》王凱泰序："君之文曰《賓萌集》，蓋用《呂覽·高義》篇'比於賓萌'之義。集凡五卷，曰《論篇》、曰《説篇》、曰《釋篇》、曰《議篇》、曰《雜篇》，蓋從《晏子春秋·諫》篇、《問》篇、《雜》篇之例。余受而讀之，其論切當而不浮，其説精微而不腐，其釋詳明而不煩，其議正大而不詭，其雜文亦有法度，不苟作，信如君言，'今之集即古之子'，而讀君集者，猶讀子也。"

同治十年夏，與恩錫以"腴"字韻叠韻，幾及二十首，編成《吳中唱和詩》一卷；秋，潘祖謙、潘祖均昆弟爲刊《春在堂雜文》二卷。

《春在堂雜文》卷一《吳中唱和集序》："庚午冬，竹樵方伯恩錫自奉天府尹拜蘇藩之命。……今年春，方伯蒞吳，樾適從西湖詁經精舍還吳下寓廬，一見如故。以《南游草》一卷見示，誦之，清麗絶倫，因步集中《雨泊常州》詩韻，題贈一律。方伯不以樾爲鄙陋，詩筒往復，幾無虚日，蓋未匝月，而方伯已二十迭韻，樾亦迭至十餘。"

《春在堂雜文》自序："余往年編次《賓萌集》，其《雜篇》一卷，皆雜文也。同年王文勤公方爲廣東方伯，已取而刻之矣。然其時編茸亦間有遺漏，而嗣後又歲有所作，同治辛未歲命人寫録之，得如干首。吳下有潘氏昆弟，曰祖謙，字濟之，曰祖均，字和甫，乃相國文恭公之孫，皆曾從余學詩賦者也，請以此編付之剞劂，即題曰《春在堂雜文》，然止二卷耳。是歲余行年五十有一，至於今，八十五歲矣。此數十年中,謬以虛名流皤海內,來求余文者,無月無之,積之遂多,不忍竟棄,絡續付刻。以前所刻者爲《初編》,續刻者《春在堂續編》凡五卷,《三編》凡四卷,《四編》凡八卷,《五編》凡八卷,《六編》凡十卷,合之《初編》二卷,凡三十七卷。……《六編》之刻,成於癸卯,此刻之後,又得文數十篇矣。余年齡衰暮,未必能刻七編,或即附之《六編》之後,曰《六編補遺》可也。光緒三十一年冬十月,曲園記。"

光緒二年(1876)秋,讀《法苑珠林》,刺取其事,成連珠一百八首,爲《梵珠》一卷;冬作《駐雲飛》一百首,用尤侗《十空曲》體,衍爲《百空曲》。均見才情恣肆,大筆如椽。

俞樾《曲園雜纂》卷四十二《梵珠序》:"余生平未窺釋典,丙子季秋,自吳下至西湖精舍,偶從竹樵方伯借得《法苑珠林》,於舟中讀之,刺取其事,成連珠一百八首。意雖止於捃華,義亦資乎勸善,因皆取材梵典,故名曰《梵珠》。"

光緒三年冬,以與恩錫唱和所得詞作編爲《春在堂詞録》卷三,校付手民。

《春在堂詩編》卷八《竹樵方伯(恩錫)被命攝漕督以詩賀之》小序:"余與方伯唱和詩最多,彙爲一卷,題曰《吳中唱和》,存稿別行之,故不存於集。今聞其攝漕督,余適在西湖精舍。又因先兄葬事將還德清,未知能及至吳中送別否。依依之意,不能無詩,詩雖不工,亦不能不存也。"同卷《丙子初冬自杭旋蘇平望舟中以詩代柬寄彭雪琴侍郎於西湖退省庵》其二:"又費篷窗四日功,安排筆硯與詩筒。百空曲向舟中唱,自愧觀空尚未空。"自注:"舟中作《駐雲飛》一百首,用尤西堂《十空曲》體,衍爲《百空曲》。"

光緒五年八月，夫人姚氏歿已百日，賦七言絕句百首矜念之，名《百哀篇》，悼亡之意甚濃。

《俞樓雜纂》卷四十一《百哀篇序》："己卯四月，内子姚夫人一病不起。停辛積苦，觸緒紛來，幾於鬱結成疾。自念非詩不足以達之。……是歲八月……乃取胸中所欲言者，爲七言絕句一百首。元微之云：'貧賤夫妻百事哀。'因以'百哀'名篇。"

光緒十二年，作《小蓬萊謠》二百首，每首皆運化一故事於其中，大率取唐宋人小説之信而有徵者。十三年，有《金縷曲廿四疊均》。十五年，著《曲園自述詩》一百九十九首，爲生平自述。

俞樾《小蓬萊謠》自序："今夏無事，偶作此二百首，每首皆運化一故實於其中，大率取之唐宋人小説，信而有徵，非姑妄言之也。……題曰《小蓬萊謠》。……光緒丙戌孟冬，曲園居士記於右台仙館。"

俞樾《金縷曲廿四疊均》（國家圖書館藏）牌記作"光緒丁亥中春鋟版"。

《曲園自述詩》其一百九十九："自述詩皆信口占，志銘碑傳已堪兼。篇章不是難盈皕，妄冀他時尚可添。"自注："《曲園自述詩》成於己丑五月，凡一百九十九首。"

光緒二十二年，入縣學已滿一甲子，將當年院試之詩文題重作一篇，刻《重游泮水試草》。二十八年，中舉人滿一甲子，奉上諭："俞樾早入詞林，殫心著述，教迪後進，人望允孚，加恩開復原官，准其重赴鹿鳴筵宴。"賦詩志幸，以示榮寵。二十九年，《補自述詩》八十首。

《春在堂尺牘》卷七《與劉景韓中丞》："溯自道光丙申，初入縣學，至今光緒丙申，六十年矣。俗有重游泮水之説，功令無之，不敢以瑣事煩瀆官師，但取當年院試文詩題重作之，刻《重游泮水試草》，附以七言古詩一章，遍贈知交。"

《春在堂詩編》卷十九有《光緒二十八年六月辛亥浙江巡撫任公以樾中式道光二十四年甲辰恩科舉人遵例於光緒二十九年癸卯正科重赴鹿鳴筵宴先期陳奏奉上諭俞樾早入詞林殫心著述教迪後進人望允孚加恩開復原官准其重赴鹿鳴筵宴聞命恭紀》一題。

俞樾《補自述詩》其二十五："一出黌門首屢回，今年泮水又重來。刻成試草教人看，六十年前老秀才。"自注："光緒丙申，距余入學之歲六十年矣，俗有'重游泮水'之説。余因將當年院試之題重作一篇，刻《重游泮水試草》。"其八十："此後行藏不再談，已將身世付優曇。曾披蓮社高僧傳，遠永年皆八十三。"自注："《自述詩》止此矣。余今年八十有三，《蓮社高僧傳》慧遠、慧永，年皆八十三而終。"

光緒三十二年十二月，知將不起，臨終前猶賦詩多首。以是年十二月二十三日卒。

《春在堂詩編》卷二十三有《別家人》《別諸親友》《別門下諸君子》《別曲園》《別俞樓》《別所讀書》《別所著書》《別文房四友》《別此世》《別俞樾》《卧終自喜》《卧終自恨》諸詩。

《清誥授奉直大夫誥封資政大夫重宴鹿鳴翰林院編修俞先生行狀》："先生以光緒丙午十二月二十三日卒於蘇州寓廬。"

他如《曲園雜纂》五十卷、《俞樓雜纂》五十卷、《右台仙館筆記》十六卷、《茶香室叢鈔》二十三卷、《茶香室續鈔》二十五卷、《茶香室三鈔》二十九卷、《茶香室四鈔》二十九卷、《九九銷夏錄》十四卷、《金剛經注》二卷、《太上感應篇纘義》二卷、《游藝錄》六卷、《七俠五義》，則皆子部之蔚爲大觀者。並有《春在堂全書錄要》一卷，撮舉每種之大略。所著諸種，同治十年彙爲《春在堂全書》，屢經增訂，至其卒年，幾及五百卷。允符曾國藩"俞蔭甫拼命著書"之嘆。

《春在堂詩編》卷九《築右台仙館成落之以詩》其三自注："余吳下有曲園，因成《曲園雜纂》五十卷。西湖有俞樓，因成《俞樓雜纂》五十卷。及右台仙館成，不能成書，姑成《筆記》十二卷，聊述異聞而已。"卷六有《丁禹生撫部與余言湘鄉相公嘗言俞蔭甫真讀書人丁禹生真作官人余因憶去年見公金陵公嘗言李少荃拼命作官俞蔭甫拼命著書余何人斯而公輒與中興名臣相提並論雖非所克當然未始不自喜也乃以小詩紀之》一首。

《春在堂隨筆》卷一："湘鄉公喜諧謔。因余銳意著述，戲之曰：'李少荃拼命做官，俞蔭甫拼命著述。'"

《春在堂詩編》卷十三《西湖雜詩》其四自注："前年，從潘伯寅尚書處借得《三俠五義平話》，戲爲改定，易其名曰《七俠五義》，今滬上已排印成書，盛行於時矣。"

《春在堂全書錄要》徐琪序："先生乃手定《春在堂全書錄要》一卷，每種各撮舉大略，以便學人尋討。"

俞氏一生以教授爲業。道光二十一年（1841），已有文名，遂爲人師，臨平沈蘭舫（名燦）兄弟從之讀書。二十二年至二十四年，輾轉授館於武林蔡氏、荻港吳氏、玉山汪氏。二十五年，授館於新安汪村，前後五年。咸豐八年（1858）罷歸後，先後主蘇州雲間書院、蘇州紫陽書院、上海詁經精舍、上海求志書院、歸安龍湖書院、德清清溪書院，而以館杭州詁經精舍爲最久。其課諸生，一禀阮文達成法，王侍郎昶、孫觀察星衍兩先生之緒，至此復起而振之。兩浙知名之士，從其問學者不下千人。蔚爲通材者，如于鬯、王仁俊、尤瑩、朱一新、劉恭冕、江標、汪鳴鸞、陳漢章、陸潤庠、吳昌碩、吳慶坻、吳大澂、冒廣生、袁昶、徐琪、黃以周、章炳麟、章鈺、崔適、譚獻、繆荃孫、戴望等。編選《紫陽課藝》《上海求志書院課藝》《詁經精舍文》四至八集，存當時人文之盛。

《曲園自述詩》其十八："初擁皋比不自珍，村書幾卷課清晨。沈猶行氏來從學，著籍門生第一人。"自注："辛丑歲，余在印雪軒讀書，有沈氏子二人來從余學。其兄名燦，字蘭舫，後以校官充詁經精舍監院者十年，嘗語人曰：凡在曲園門下者，莫如我先也。"其二十："小齋虛度武林秋，明月清風何所求。曾向西泠橋下坐，安知他日有俞樓。"自注："壬寅歲，余館於武林蔡氏，脩脯所入，不足四萬錢。余《百哀詩》所謂'當時家計殊堪笑，明月清風四萬錢'也。嘗徒步赴崇文書院之課，於西泠橋下小憩。其地蓋即今之俞樓矣。"其二十一："蘆荻花中小港寬，又携書劍此盤桓。"自注："癸卯歲，館荻港吳氏。"其二十二："玉山冰水曾游處，秀老不來清老來。"自注："癸卯鄉試，壬甫兄登賢書。其年，兄館玉山汪春生大令署中，榜後乃薦余自代。"其二十八："江山與我有前緣，一客新安共六年。"自注："余自乙巳秋館休寧汪村。……至庚戌會試後乞假南歸，辛亥又館汪村者半載，首尾共歷六年。"其九十一："軍門敬謁李臨淮，尚念當年桂籍偕。報道故人吳下至，皋比一席早安排。"自注："肅毅伯李少荃相國，時以蘇撫攝兩江總督，甲辰同年也。余往見之，承薦，主蘇州紫陽講席。"其一百零一："兩載三吳月旦評，吳中文筆最峥嶸。明年改主談經席，勸駕殷勤馬北平。"自注："余主紫陽講席，止丙寅、丁卯兩年，然人文頗盛。吳清卿河師、張幼樵學士、陸鳳石侍讀皆預焉。旋受浙撫馬端敏公之聘，辭紫陽而就詁經，因選刻《紫陽課藝》兩卷，以存文字之緣。"其一百零三："詁經精舍聖湖湄，坐擁皋比愧轉滋。願與諸生同黽勉，講堂許鄭兩先師。"自注："戊辰二月二十五日於詁經精舍開課。"其一百二十九："滬上南園似舊佳，又煩講席此安排。雪泥踪迹匆匆甚，今日猶存樸學齋。"自注："滬上南園，即往年修志書處。癸酉歲，沈仲復中丞時以松蘇太道駐上海，即其地設詁經精舍，延余主之。余因改園中湛華堂爲樸學齋,以示黜華崇實之意。余主是席止三年,然樸學齋額則至今存焉。"其一百五十一:"滬濱更啓子雲亭,幾輩論詩並受經。"自注:"是年,馮竹儒觀察於滬上設求志書院,延余總其事。余力辭,乃以經學、詞章兩齋自任。"其一百五十二:"七年講席忝菱湖,竹杖何曾到此扶。今日論文一杯酒,小園花木亦堪娛。"自注:"湖郡菱湖鎮有龍湖書院,省中自中丞、方伯、廉訪以下無不輪課,他處所罕見也。余自庚午歲承楊石泉中丞薦主斯席,至丙子歲,凡七年,從未一至其地。丁丑春,自蘇至杭,繞道菱湖,親至院中。小有泉石花木,風景頗勝。"

《補自述詩》其三十四:"高據西湖第一樓,居然三十一春秋。明年勇撤談經席,坐看滔滔逝水流。"自注:"余丁酉歲主講詁經三十年矣,即擬力辭,然念時勢至此,或藉屛翊稍留大局,故又留一年。今則橫流更甚,斷非區區螳臂所能枝柱矣。因力言於廖穀士中丞,堅辭斯席。自今思之,不得謂余無先見也。"

《清誥授奉直大夫誥封資政大夫重宴鹿鳴翰林院編修俞先生行狀》:"其課諸生,一稟阮文達公成法,王侍郎昶、孫觀察星衍兩先生之緒,至先生復起而振之。兩浙知名之士,承聞訓迪,蔚爲通材者不可勝數。"

又熱心文獻。兵燹後,議請各督撫於省會書院存貯《十三經》《廿四史》及周秦諸子之書,如諸生中有篤學嗜古者,許其赴院讀書,師友講習,以求實學。同治八年(1869),浙江巡撫李瀚章謀合江寧、蘇州、杭州三書局合刻《二十四史》,爲謀之江南諸當事,成五書局合刻《二十四史》之壯舉。又於浙局精刻子書二十二種,海內稱爲善本;與議鈔補浙江文瀾閣舊藏《四庫全書》。俱見沾溉儒林、嘉惠學者之盛心。光緒八年、九年(1882—1883),選定《東瀛詩選》四十卷,《補遺》四卷,存日本詩人五百餘家,詩五千餘首。又編成

《東瀛詩記》二卷，略記東瀛詩人之出處大概、學問源流，凡一百五十餘家。

《春在堂尺牘》卷一《與李少荃同年前輩》："吳下爲人才淵藪，兵亂以來，不無荒廢。……省會書院，宜存貯《十三經》《廿四史》及周秦諸子之書，諸生中有篤學嗜古者，許其赴院讀書，師友講習，以求實學，或亦造就人才之一助乎？"

同治八年元旦，俞樾致李瀚章札："前得書局同人書，知《周官》業已告成，想今年《七經》可畢矣。金陵擬接刊《三國志》，蘇局謀開雕《明史》。吾浙《七經》畢工後，未知刊刻何書，已有定見否？或與金陵、吳門合成全史，或竟將《十三經注疏》刊行，經經緯史，各成巨觀，洵士林之幸也。"

《春在堂尺牘》卷二《與壬甫兄》："今春李筱泉中丞謀合各省會書局刻《二十四史》，屬弟商之江南督撫。因先與丁禹翁商量，許刻遼、金、明三史。嗣於三月中得馬穀翁回書，金陵書局從《史》《漢》起直任至《隋書》而止。遂携書與筱翁面議，浙江刻新、舊《唐書》及《宋史》，而以兩《五代》及《元史》請少荃伯相於湖北刻之。三四年後，全史告成，一巨觀也。"卷四《與楊石泉中丞》："前承示及，唐、宋三史刻成將刻諸子，此誠經史後不可不刻之書，具見嘉惠來學之盛意。……竊謂宜博求周秦兩漢之書，汰除其僞托者，尚可二十餘種，如《管子》、《晏子》、《老子》、《列子》、《莊子》、《墨子》、《商子》、《韓非子》、《荀子》、《孫子》、《吳子》、《呂氏春秋》、陸賈《新語》、賈誼《新書》、董子《春秋繁露》、《淮南內篇》、桓寬《鹽鐵論》、劉向《新序》、《說苑》、揚雄《法言》、《太玄》、班固《白虎通義》、王充《論衡》、王符《潛夫論》、荀悅《申鑑》、應劭《風俗通義》、徐幹《中論》、蔡邕《獨斷》之類，購覓家藏舊本，寫樣校刊，亦藝林一盛舉矣。"

《春在堂隨筆》卷三："同治己巳，江寧、蘇州、杭州、武昌四書局有會刻《二十四史》之舉，余與聞其事。在詁經精舍曾以《會刻全史章程》命題。”“江浙之開書局也，余曾有續刻《皇清經解》之議。因博訪通人，搜羅衆籍。……乃當事諸君子莫有從余議者。余窮老且病，此志終不果矣。”卷六：“甲戌之秋，浙江書局謀刻諸子，購得《十子全書》一部。時余在吳下，從坊間假此書觀之，乃嘉慶甲子重鐫本也。……《十子全書》本非佳刻，而此重鐫本，又坊間逐利雜湊而成，體例不一，未可據依。”

《清史稿》卷四百八十二《俞樾傳》：“東南遭赭寇之亂，典籍蕩然。樾總辦浙江書局，建議江、浙、揚、鄂四書局分刻《二十四史》。又於浙局精刻子書二十二種，海內稱爲善本。”《清誥授奉直大夫誥封資政大夫重宴鹿鳴翰林院編修俞先生行狀》：“先生於兵燹後總辦浙江書局，建議江、浙、揚、鄂四局分刻《二十四史》，於浙局精刻子書二十四種，海內稱爲善本。又議鈔補浙江文瀾閣舊藏《四庫全書》，今閣重建，而書亦觕具，沾溉儒林，嘉惠尤非淺尠。”按，浙江書局有《二十二子全書》（光緒間刻本），未見“二十四子”之書，則繆説誤。

光緒八年，俞樾致北方蒙札：“至岸田吟香先生欲以貴國諸名家詩集付弟選擇，弟學術粗疏，何足握詞人之秤。惟東瀛文物，企仰素深，果能探其淵海，擷其精華，何幸如之！竟請便中寄示，敢云玉尺之量才，私幸金針之度我。”九年又致書曰：“選詩一事，即承諉誶，不敢不卒業。頃已選定四十卷，又從諸家選本中選出五百餘首，定爲補遺四卷，兹將目録寄上清鑑，並乞轉寄吟香翁一閲。”

《曲園自述詩》其一百七十三：“海外詩歌亦自工，別裁僞體待衰翁。頰唐舊日輶軒使，采盡肥前築後風。”自注：“日本國人以其國詩集一百七十餘家寄中華，求余選定。自壬午冬至癸未夏，爲選定四十卷，又補遺四卷。其國之詩，自元和、寬永以來略備於此矣。日本向無總集，此一選也，實爲其國總集之大者，頗盛行於海東也。”

俞樾《東瀛詩記》自序："壬午之秋，余養疴吳下，有日本國人岸田國華，以其國人所著詩集百數十種，請余選定。……自秋徂春，凡五閱月，選得詩五千餘首，釐爲四十卷，又補遺四卷，是爲《東瀛詩選》。余每讀一集，略記其出處大概、學問源流，附於姓名之下，而凡佳句之未入選者，亦或摘録焉。……全書凡五百餘人，見於此記者止一百五十人，蓋無所記者固略之矣。光緒九年夏六月，曲園居士俞樾記。"

俞氏生性曠達，不以出處爲懷，不以死生爲意。光緒五年（1879），葬夫人姚氏於錢塘右台山之原，亦自營生壙於墓之左。六年，於姚夫人墓側築右台仙館，館中設兩位，左曰曲園先生，右曰曲園夫人。嘗戲語人曰："安知異日不爲右台山中土地公婆乎?"唯念以著述傳世。是年，於右台仙館之旁掘一地穴，將《群經平議》《諸子平議》《第一樓叢書》《曲園雜纂》《俞樓雜纂》《賓萌集》《春在堂雜文》《春在堂詩編》《春在堂詞録》《春在堂隨筆》《春在堂尺牘》《楹聯》等手稿二百五十卷，瓮封之，盡埋於地穴，勒石其上，署題曰"書冢"。三十一年，於杭州南高峰、諸暨寶掌山各營書藏，以儲《春在堂全書》。今杭州俞樓、蘇州曲園及寒山寺《楓橋夜泊》詩石刻，皆其遺迹之可瞻者。

《春在堂詩編》卷八有《余故里無家久寓吳下去年於馬醫巷西頭買得潘氏廢地一區築室三十餘楹其旁隙地築爲小園壘石鑿池雜蒔花木以其形曲名曰曲園乙亥四月落成率成五言五章聊以紀事》。卷九有《光緒五年十月乙丑葬内子姚夫人於錢唐右台山之原余即自營生壙於其左率成二律刻石墓門》《詁經精舍諸君子爲余築樓孤山之麓是曰俞樓其時新居太夫人憂未有詩以落之也兹補作四章寄精舍諸子》。同卷《築右台仙館成落之以詩》其二自注："余所著書已行於世者二百五十卷矣。右台仙館之旁尚多餘地，乃聚其稿而薶之，立石而識之，題曰'書冢'，蓋久有斯志，而今始成之也。"其四自注："右台仙館中設一龕，左爲曲園先生之位，右爲曲園夫人之位，皆余所手題也。嘗貽勒少仲、吳平齋書，及之，且曰：'安知他日不爲右台山中土地公婆乎？'是亦可一笑也。"卷二十二有《往年柳門、花農兩君爲我鑿書藏於孤山其地卑濕不能耐久今年命門下士毛子雲茂才改鑿於南高峰下而諸暨令張子厚亦門下士也又爲鑿書藏於其邑之寶掌山兩藏同時落成以詩紀之》。卷二十三有《唐張繼〈楓橋夜泊〉詩膾炙人口惟次句"江楓漁火"四字頗有可疑宋龔明之〈中吳紀聞〉載此詩作"江村漁火"宋人舊籍洵可寶也此詩宋王郇公曾書以刻石已不可見明文待詔所書亦漫漶"江"下一字不可辨筱石中丞屬余補書姑從今本然"江村"古本不可没也因作此詩附刻以告觀者》。

《俞樓雜纂》卷五十《俞樓經始》："（光緒）四年夏四月始築俞樓。……是歲之秋，退省翁巡江東下，歸休乎西湖，乃拓俞樓而大之，且爲鑿池。……冬十二月俞樓成。"

《俞樓雜纂》卷三十七《書冢銘》小序："書冢者，德清俞樾藏其所著書之稿也。凡《群經平議》三十五卷，《諸子平議》三十五卷，《第一樓叢書》三十卷，《曲園雜纂》五十卷，《俞樓雜纂》五十卷，《賓萌集》五卷，《外集》四卷，《春在堂雜文》七卷，《詩》八卷，《詞》三卷，《隨筆》六卷，《尺牘》四卷，《楹聯》二卷，《四書文》一卷，《太上感應篇纘義》二卷，《袖中書》二卷，《游藝錄》六卷。書成，鏤版而行之，聚其稿而薶之，從而銘之。"

《曲園老人遺墨》（上海圖書館藏）："吾生平一無所長，惟所著書垂五百卷。……子孫有顯達者，務必將吾《全書》重刻一版，以流傳於世，並將堅潔之紙印十數部，游宦所至，遇有名山勝境，鑿石而納之其中，題其外'曲園全書藏'，庶數百年後有好古者發而出之，俾吾書不泯於世。"

《春在堂尺牘》卷一《上曾滌生揆帥》:“雖名山壇坫,萬不敢望,然窮愁筆墨,倘有一字流傳,或亦可言‘春在’乎?”

《曲園自述詩》其一百四十五:“回環小築屋三楹,又鑿方池一水清。自笑虚聲總無實,流傳海外曲園名。”自注:“屋旁有餘地,如曲尺然,乃叠石鑿池,雜栽花木,是謂曲園。今海内外皆知有曲園矣,實則甚小,無足觀也。余虚名過實,類如此。”其一百四十七:“吴中屋就便移居,位置琴樽已有餘。相國賜題門外榜,德清太史著書廬。”自注:“乙亥四月,吴中新屋落成。十九日遷入。居之門外懸李少荃相國所題榜,曰‘德清俞太史著書之廬’。”其一百五十六:“諸君爲我築俞樓,待到春風始一游。”自注:“戊寅歲,門下諸君子爲我築俞樓於孤山之麓,而彭雪琴尚書成之。”其一百五十八:“右台山下築新阡,爲有遺言未忍捐。我亦自營生壙在,他年於此共長眠。”自注:“内子姚夫人將死,遺言願葬杭州,乃買地於右台山下。己卯五月,窆地窆棺,余亦自營生壙於其左。”其一百五十:“著書敢信便長留,自笑名心尚未休。又爲曲園成雜纂,盆池卷石冀千秋。”自注:“著《曲園雜纂》五十卷。”其一百五十九:“却念湖堤卜築初,諸君爲我費躊躇。欲酬徐辟彭更意,再著俞樓雜纂書。”自注:“時又援《曲園雜纂》之例著《俞樓雜纂》,亦五十卷,冀以著述傳其名,以酬諸君雅意。”其一百六十二:“自爲亡婦築新塋,又築山中屋數楹。却怕空山太孤寂,更營書冢傍柴荆。”自注:“是年,於右台山買地,築屋一區,是爲右台仙館。又於門外築書冢,埋余所著書之稿。”其一百六十三:“清閑山館儘徜徉,翁媪居然共一堂。尚有綺疏遺恨在,特教卧室署茶香。”自注:“右台仙館中設二位,左曰‘曲園先生’,右曰‘曲園夫人’。嘗戲語同人曰:‘安知異日不爲右台山中土地公婆乎?’”

參考文獻：

1. 俞樾《春在堂全書》，同治至光緒間刻本。

2. 俞樾著，張燕嬰整理《俞樾函札輯證》，鳳凰出版社2014年版。

3. 俞樾著、張燕嬰整理《春在堂尺牘》，鳳凰出版社2020年版。

4. 俞樾著、張燕嬰編輯校點《俞樾詩文集》，人民文學出版社2022年版。

5. 繆荃孫《藝風堂文續集》卷二《清誥授奉直大夫誥封資政大夫重宴鹿鳴翰林院編修俞先生行狀》，民國二年刻本。

6. 趙爾巽等《清史稿》卷四百八十二《俞樾傳》，中華書局1998年版。

（張燕嬰）

錫縝傳

錫縝,原名錫淳,字厚安,號淥矼,博爾濟吉特氏滿州正藍旗人。道光三年(1823)生,卒年尚有爭議。

《清史稿》卷四百九十一《錫縝傳》:"錫縝,原名錫淳,字厚安,博爾濟吉特氏,滿洲正藍旗人。咸豐六年進士。由戶部郎中授江西督糧道,爲駐藏大臣,乞病歸。工書,善詩文。著有《退復軒詩文集》。"

錫縝生於道光三年三月,有科舉文獻等可稽考求。《咸豐六年丙辰科會試同年齒録》:"博爾濟吉特氏錫淳,字厚安,號淥矼,行一,道光癸未年三月初一日吉時生。正藍旗滿洲穆克登布佐領下監生。"另據其《退復軒詩》卷二壬子年(1852)《元日》:"三十無名世所憐,舉頭又見有情天。"也可證其生於道光三年。

朱彭壽《清代人物大事紀年》"光緒十三年丁亥"載:"原任駐藏幫辦大臣。十二月卒年六十五。"

先祖爲元朝帝系後裔,入清後,屢膺顯秩,世代簪纓。

錫縝子齡昌硃卷載:"始祖垂爾扎爾,元裔蒙古兀魯特貝子。天聰八年率部落來歸,隸滿洲正藍旗,授二等輕車都尉。"

楊鍾羲《雪橋詩話》卷十二載張文襄所撰《博爾濟吉特桓靖公御賜碑文》:"衍四衛拉特之貴族,氣奮風雲;讀七大黃冊之秘書,胸羅象緯。出爲牙將，領銀槍效節之都；繼帥偏師，居黃河遠上之地。屬重臣經營西事，爲國家薦舉邊才，一歲超遷，三邊提控。甘泉烽火，惟資當道之王罷；淳水堅冰，不渡臨流之銅馬。"

錫縝《退復軒詩》卷三《和子猷弟北征之作》："吾家開國即封爵，繩武當如開國時"。

其父保恒，生母伊爾根覺羅氏爲鑾儀衛、冠軍使圖勒弼善之女，生錫縝與一女。庶母張氏，生錫綸和兩女，隨父保恒出任古城，城陷殉難。錫縝前妻那穆都魯氏，早逝。後娶佟佳氏，原甘肅、土魯番同知英貴之女，與錫縝育有一子齡昌，齡昌妻爲徐桐之女。

錫縝父與弟皆精忠報國，楊鍾羲《雪橋詩話》卷十二："桓靖以道光辛丑官西安參將，咸豐壬子攝古北口提督，同治癸亥署古城領隊大臣。古城北通蒙部，爲烏、科兩城咽喉，無古城則北路危。時回匪勢張，連陷南路各城，並陷烏魯木齊、迪化州，圍攻寧夏、鞏昌。古城舊無倉儲，兵食皆取給奇臺，乃運糧預爲之備。六月寇至，出戰大捷。無何，鞏、寧失守，賊復來犯，出奇兵擊之。以積勞成疾，量移哈密，未赴，與後任領隊大臣壯節公惠慶，誓死捍禦，十一月卒於軍。明年二月城陷，壯節與妻妾一女舉火自焚，公之妾、女、子婦亦赴火死。子錫綸子猷，負骨還鄉，尋復提兵絕塞……子猷以同治戊辰爲布倫托海幫辦大臣……歷古城領隊大臣、塔爾巴哈臺參贊大臣，署伊犁將軍。久任邊疆，守孤城，抗強敵，爲數千里內蒙古扎薩克所歸附，威行西域"。

郭則澐《十朝詩乘》卷二十："保桓靖權古城領隊時回匪方熾，連陷南路諸城，進攻寧夏、鞏昌。桓靖預儲糧，待寇至，與戰大捷。未幾鞏昌陷，復來犯，出奇兵擊之。勞甚，致疾。有詔調哈密未赴，與後任惠壯節協力捍禦，卒於軍。"張文襄《五北將》詩咏錫將軍云："匈奴象人射邽都，楚祭北門爲黔夫。敵國所惡我所寶，羊陸市詐將人愚。爾來闌外盛材武，敢戰內寇怯戰虜。何況羅刹逞睢盱，六國同聲畏豺虎。一自昆彌叛不朝，王庭十載淪天驕。狡黠老漁伺便利，盜據甌脫容遁逃。豪杰陷賊能自拔，習慣沙場從結髮。賢父戰死沙州城，桓靖美諡榮忠骨。賢兄博學高名起，武達文通一門裏。國難家仇在西域，孤兒甘赴邊城死。絕遠無如塔城孤，斗入斯科環雜胡。藩籬外收哈薩克，犄角內結呼土圖。匈奴未滅家何有，閉壁不許通妻孥。墾荒起疲變重鎮，鄂博一步誰能逾。西鄰責言衆積毀，熱血未冷霜盈顴。玉門望斷敵人喜，刀筆糾摘紛紛起。私交不責許田鄭，市租獨苛代郡李。恩寬僅殺飾終儀，柳翠凄涼歸萬里。二卵棄將古有之，長城頓壞今已矣。鼓鼙聲壯磬聲悲，我皇聽之思者誰。屯田未熟征夫老，界上來爭帕爾碑。"

據《林則徐全集》中《致保恒》："惟厚庵世兄斷弦一事，前聞令親家臺鎮軍言及，殊爲懊悶。兹承見示，續經定聘，諒俟甲第聯登之後，始賦好逑。"可知，繽妻那穆都魯氏亡於其鄉試前。

族內其他成員亦有善詩詞者，如錫綸、鄂恒和恭釗等。

錫綸之詩情意悲壯，言語樸實，懷人之作感情真摯，邊疆之詩富有豪氣。如《自題馬上小影》："馬上誰，更生子，上馬行行千萬里。問子何爲號更生，兵火凍餒不曾死。匍匐雪海冰天裏，負骨還鄉又來此。三十四年四度來，兩銜帝命攻賊壘。封豕咥人劫不止，十年積恨何時已。始來束髮今落齒，未報君恩臣老矣。吁嗟乎，更生子。"

鄂恒詩語言簡易，曉暢明白。如《夜雨有感》："月黑夜漫漫，風狂客夢闌。雲陰遮樹失，雨氣撲窗寒。歲月功名渺，乾坤道路難。壁間長鋏在，含淚一哀彈。"

另有鄂恒一詩，可見其與錫繽之關係。《感錫厚庵靈介眉二甥落第賦以贈之》："千秋才命兩相妨，戮力文壇竟秒茫。璞玉有誰知楚客，焦桐何日遇中郎。披胸君豈輸多士，搔首吾將問彼蒼。大器晚成休致慨，歲寒松柏總難量。”

恭釗詩詞皆善，其詩語言樸質、通俗易懂。如《秋雨》：“春膏滋蔀屋，萬寶占豐足。抑知秋後霖，亦造天下福。”

錫縝曾爲恭釗撰《酒五經吟館詩草跋》一文，恭釗也爲他題詩二首，題爲《宗侄厚庵以詩稿見示閱竟志以二絕》。詩題便可知其爲同宗異支族親。

三十四歲以前隨父遷徙任所，游歷過陝、甘、青及江淮、河北等地。其間師從名師，習漢文詩文典籍，創作詩歌、古文。於道光二十四年（1844）中舉。

道光二十年（1840），錫縝到西安跟隨楊澹人游歷、學習。《退復軒文》卷下《西輶依永集序》：“道光庚子家大人官西安參將，佐司徒較庠射，縝甫十九歲，大人輒取詩文質之。”

與愛國將領林則徐友善，互有酬答。道光二十二年，楊鍾羲《雪橋詩話》卷十一：“嘗見林文忠《享師日記》一册……道光壬寅，公以督部戍邊，路出西安，留兩月。博爾濟吉特桓靖公時官西安參將，始以子錫縝厚安見公。公手臨皇甫誕碑一册與之，厚安爲刻石於陝。乙巳，公入關，攝總督，剿番，命厚安繕奏章。庚戌九月，力疾奉詔，討粵西賊。未至，卒於潮州。厚安挽詩四首……”

道光二十三年（1843），錫縝赴京初試，躊躇滿志，意氣風發。作詩云：“少年飛動意，不唱定風波。”路經涿州，作《涿州夜發》：“星光散迷離，樹影掠出没。微聞村落間，野犬吠殘月。”

郭則澐《十朝詩乘》，“錫厚安都護，道光甲辰赴京兆試，途徑靈州東北天池子，遇西征兵迫奸民女，厚安以大義呵止之，兵竟引去。作《天池子紀事》……厚安旋貴顯，論者謂有陰德。”

孫延釗撰《孫衣言孫詒讓父子年譜》，道光二十四年順天鄉試

《同榜提名録》中載"錫純改名錫縝",此處所載之人應是錫縝,"純"應是同音誤字。

道光三十年(1850),錫縝侍宦於盧臺,經滄州時,作《過滄州》一詩:"行過滄水郡,歲晚感途長。日暈寒雲凝,沙崩老樹僵。西來山律律,東去海茫茫。年少書生耳,馳驅鬼騙驪。"

咸豐六年(1856)得中進士,改庶吉士,授編修,後曾任户部郎中、江西督糧道。光緒元年(1875)被任命爲駐藏大臣,以疾辭謝。其於病缺期,擅遞摺奏事遭貶,後頤養天年。

《清史稿》卷四百九十一《錫縝傳》:"咸豐六年進士。"

《翁曾翰日記》同治十一年:"錫縝放江西督糧道,平步青告病缺也。"

《清實録・德宗實録》卷五十八:"(光緒三年九月)以恭纂穆宗毅皇帝實録全書過半。予鑲藍旗蒙古副都統宗室奕慶優叙。前江西督糧道錫縝,以四五品京堂候補。"

《清實録・德宗實録》卷七十九:"(光緒四年十月)命駐藏幫辦大臣桂豐來京,賞内閣侍讀學士錫縝副都統銜,爲駐藏幫辦大臣,未到任前,以駐藏辦事大臣松溎,暫屬。"

《清實録・德宗實録》卷八十八:"(光緒五年二月)福州副都統全福,駐藏幫辦大臣錫縝,均因病乞休,允之。"

另據《張佩綸日記》記載光緒五年:"二十七日(3月19日),晴。駐藏大臣錫縝奏請開缺,其人覥顔京秩,憚遠引疴,可恨。伯潛在坐。"

《清代駐藏大臣考》續表11:"錫縝,幫辦大臣,光緒四年十月至五年二月(1878.11—1879.3)。"

《清實録・德宗實録》卷一百七十五:"(光緒九年十二月)諭内閣,前駐藏幫辦大臣錫縝奏報捐八旗官學用款,請將阜康商號存銀一萬兩,飭追歸公一摺,錫縝此奏,殊屬取巧,著將原摺擲還。"

《山西票號史料》編寫組、黃鑒暉編《山西票號史料》(增訂本)載《給事中鄭溥元奏摺》:"(光緒九年十二月十二日)昨讀上諭:前駐藏幫辦大臣錫縝奏,八旗官學用款,請將阜康商號存款一萬兩飭追歸公。此奏殊屬取巧,著將原摺擲還等因。欽此。仰見聖主燭照如神,莫名欽悚。但臣以爲錫縝貪詐成性,有終難逃法網者。錫縝前在户部與革職之姚覲元、董俊翰、啓續等表裏爲奸,家稱巨富,後管銀庫,假公濟私,置買田宅,奢華無度,或謂其有數十萬兩發交各商生息,即其存於阜康號者亦斷不止一萬兩。旋擢道員錫縝以囊橐既盈,托病開缺,乃復謀充實録館提調,私冀内升卿貳,旋經外放藏臣,錫縝又以路途寥廓,捏病規避,實則恣意遨游,不知隱匿。今冬阜康關閉,錫縝失落存款,來之不善,去之亦易,只可忍氣吞聲,豈得仰懇朝廷代爲追取。不謂錫縝竟敢擅遞封事也,始無論其以多報少必有欺飾,而以費能自追之款上瀆宸聰,陽則托名於歸公,實則自泄其私忿,鮮廉耻莫此爲甚。且告病開缺,未經起復,何以放外任則病生,遞封事則病愈也。臣竊記鄂禮擢任邊臣,以托病開缺曾被部議,錫縝以貪墨著名之員竟得逍遥法外,且敢任意混瀆,非交部嚴議,不特無以服姚覲元等之心,亦無以緘鄂禮之口,相應請旨派員詳查嚴參,以示懲儆。"

《清實録·德宗實録》卷一百七十六:"(光緒九年十二月庚申日)又諭,兵部奏,遵旨嚴議處分,並告病人員應否遞摺查無明文一摺,前駐藏幫辦大臣錫縝,著照部議降四級調用,不准抵銷,並摺罰所兼世職半俸九年,免其降調世職。至告病人員,雖據查無不准遞摺明文,惟究於體制未合,嗣後凡告病未經銷假者,概不准自行遞摺奏事。"

能詩文、長騎射、善書法、廣交游。

潘祖蔭與錫縝同官户部,相交甚篤,作有《退復軒詩序》:"厚庵結交賢士大夫遍海内,而獨有取於余,殆以余爲知之者深乎?……

顧以厚庵之文章如此，幹濟如此，初未嘗入詞館，掌文衡、權樞要，與厚庵同年同官者無不橫飛直上，外而封疆，內而臺閣，肩背相望。而厚庵獨以疾困，豈非遇而不遇歟？得不謂之命歟？"可見二人交情之深。錫縝詩集屢見贈潘祖蔭詩，如《題潘伯寅少農藤陰書屋勘書圖四十韻》《潘伯寅司寇孟鼎歌爲蔭軒宗伯賦》。

楊鍾羲《雪橋詩話》卷十二："厚庵都護嘗輯師友倡和之作，爲感舊拾遺集一卷。中如楊澹人昌朝，湖北大冶縣諸生。道光庚子，厚庵侍桓靖公官西安，從澹人游，始學爲詩古文。澹人寄籍平利，試陝闈久不售，奔走衣食於文字以死。……周發甫，陽湖諸生。孫心仿運錦，江蘇銅山縣孝廉方正。劉子迎達善，陽湖人，道光甲辰舉人，官登萊青道……澹人句如《宜城道中》云：'遠山雲入畫，村舍黍爲墻。'發甫《雲陽晚泊》云：'雨來黃葛樹，春盡子規聲。'劉子《迎逆旅》句云：'酒釀中年泪，衣添到處塵。'披沙揀金，不無可采。"現雖未找到《感舊拾遺集》一書，但從徐世昌的叙述中亦可知錫縝與楊澹人、周發甫、劉子迎等交往密切。同時，其曾與沈兆霖、童古畚有酬唱之作，集成《西輀依永集》。

錫縝於咸豐元年（1851）作《懷人詩五首》（含懷劉達善詩），又於咸豐二年作《送劉子迎同年達善下第南歸，兼寄發甫》曰："前年訪碑萃墨亭，未過淮浦心怦怦。劉子覯止甚非偶，相期他日不勝情。"寥寥數語道出其對劉子迎之眷戀。

道光二十七年（1847）錫縝與周騰虎二人一見如故，常有信件往來，交流學問、思想。錫縝寫有《贈周發甫即送其之蜀四首》《懷人詩五首》《送劉子迎同年下第南歸兼寄發甫》。其曾於道光三十年作《柬發甫一百韻》："望穿千里目，思竭九回腸。信遠風傾耳，情深泪滿眶。""紀年逢協洽，新咏聽清商。""互通丹篆夢，屢舞白霓裳。""酬唱傳雙管，歡呼舉十觴。"另據周騰虎《餐芍藥館詩集》載，周騰虎亦於咸豐元年作一首《錫淥矼孝廉以長律百韻寄贈原韻奉答》以答之,此之周騰虎還作《寄答錫厚庵孝廉》《懷友詩》等表達思錫縝之情。周騰虎去世,錫縝作《哭殷甫》:"三十年來苦奔走,西南秦楚東江都。文章經世世不用,有才幾至殺其軀"以表惋惜、傷痛之情。

道光二十八年(1848)夏,楊維屏與錫縝二人相識於寧夏,錫縝《退復軒詩》卷一《喜楊翠岩大令見訪》:"久聞楊子心相許,今日相逢古朔方。"二人相見恨晚,彼此心心相惜遂成爲忘年之交。錫縝《跋翠岩書予金銅印記後》:"大令静穆寡言笑,遇人頗不可否,論文輒娓娓不已,於口所見必洞道理,必盡泄無剩。"文後記録楊維屏贈言:"無貪多,無好高,書不必盡讀,體不必盡備。惟吾所長,擇善固執,又深求於性情根本之地,古人將引以爲徒矣。"

道光二十九年,錫縝於徐州識得孫運錦,三十年作《徐州贈孫仿明經運錦二首》。作有《孫心仿明經詩序》,贊孫運錦詩才橫絶,"胎息蘇文忠大家也",却老而不第,錫縝爲他深感惋惜。

因室名"退復軒",故創作結集爲《退復軒全集》(又作《退復軒詩文集》),含《退復軒文》二卷五十篇,其中詩論、文論若干篇,注重文、質統一,抒寫内心。《退復軒詩》四卷,編年收録自道光二十一年(1841)迄光緒十年(1884),作品近四百首;《退復軒隨筆》一卷;《金貞佑銅印題詞》一卷;《時文未棄草》兩卷,存詞六首。

考錫縝作品不止此十卷。《退復軒文》卷上《與翠岩論文書》:"縝十五六歲習騎射不學,十八九習制藝,弱冠後始學爲古文辭,更不長進。"錫縝道光三年生,可知其創作當始於道光二十二年之後,然其族叔恭釗於咸豐元年(1851)作七絶《宗侄厚庵以詩稿見示閲竟志以二絶》爲贈,其一:"宋艷班香手自鈔,揮毫想見費推敲。果然謝朓驚人句,不比雕蟲只解嘲。"若詩中所贊爲實情,則錫縝在咸豐元年三十歲時就有抄就待梓的詩稿。

李慈銘《越縵堂日記》同治十一年（1872）三月二十日：“户部郎錫縝五古長篇，句法清老，而用事多踳駁，然亦近時之矯矯者矣。户部字厚安，丙辰進士。署中所稱姚、楊、錫三大將之一也。楷法亦秀健。”

徐世昌《晚晴簃詩匯》卷一百五十五引潘文勤曰：“厚安官户部，與尚書肅順抗，遂不用。久之事白。時軍事未平，度支告匱，厚安迎機立斷，措置裕如，長官倚如左右手。以其間爲詩，詩直逼盛唐，乾嘉以來，江浙二派之習，無一字犯其筆端。於書則真草篆隸，無不精妙，文章幹濟如此，而終以疾廢。天將以傳其詩歟！”

《清人詩集叙錄》錄其著《退復軒詩》四卷，清光緒間刻本。詩鈔所收爲道光二十一年（1841）至光緒十年（1884）詩。錫縝少侍父官陝甘，所詠《陝州硤石驛》《西夏雜詩》《自寧夏之洮州》《六盤山》等篇，均自所歷。林則徐成伊犁，有《送林少穆出西安詩》，又有《挽林文忠公詩四首》，情詞亢切，詩注間載史料。又作《古北雜詩》《蘇州懷戚武威四十韻》，頗豪壯。同治元年出使青海，嘗繪西寧地圖，作《關隴行七首》《役湟四首》《拂雲樓行》《紅城堡》等詩，有助於了解回疆事。錫縝習讀古籍，有《讀史十五首》《題黃山谷像四十韻》《陳農部倬填詞圖歌》《阿文勤公奉使朝鮮圖爲鄂立庭學士禮賦》等篇。嘗作《金貞祐銅印作歌並屬時流題詞》《萬元户印歌》《盂鼎歌》《風雨懷人圖》。其《仿白香山新樂府十首》，爲封神、任子，勇號、機器、明墨、演戲，亦可驅駕前人。張之洞有《贊塔爾巴哈臺參贊大臣屬伊犁將軍錫縝詩》，見《廣雅堂詩集・五北將歌》。

參考文獻：

1. 錫縝《退復軒詩》，光緒間刻本。

2. 錫縝《退復軒文》,光緒間刻本。

3. 恭釧《酒五經吟館詩草》,光緒間刻本。

4. 趙爾巽等撰《清史稿》,中華書局 1977 年版。

5.《清實錄》,中華書局 1987 年版。

6. 徐世昌《晚晴簃詩匯》,中國書店 1989 年版。

7. 楊鍾羲撰、劉承幹參校《雪橋詩話》,北京古籍出版社 1989 年版。

8. 龍顧山人纂,卞孝萱、姚松點校《十朝詩乘》,福建人民出版社 2000 年版。

9. 林則徐全集編輯委員會編《林則徐全集》,海峽文藝出版社 2002 年版。

10. 孫延釗撰,徐和雍、周立人整理《孫衣言孫詒讓父子年譜》,上海社會科學院出版社 2003 年版。

11. 李慈銘《越縵堂日記》,廣陵書社 2004 年版。

12. 朱彭壽《清代人物大事紀年》,北京圖書館出版社 2005 年版。

13. 來新夏主編《清代科舉人物家傳資料彙編》第 29 冊,學苑出版社 2006 年版。

14. 周騰虎《餐芍藥館詩集》,《清代詩文集彙編》,上海古籍出版社 2010 年版。

15.《咸豐六年丙辰科會試同年齒錄》,《中國科舉錄續編》第 9 冊,全國圖書館文獻縮微復製中心 2011 年版。

(張博)

周星譽傳

周星譽，初名譽芬，字畇叔，一字叔雲，又作叔藎，河南祥符（今河南省開封市）人，籍山陰，家累世爲宦。道光六年（1826）生。天資華贍，幼能爲詩詞駢文，下筆似宿構。

金武祥《二品頂戴兩廣鹽運使周公傳》："公諱星譽，字畇叔，一字叔雲，河南祥符人。曾祖世絪乾隆癸酉舉人。祖理，乾隆辛丑進士，廣東雷州知府。父岱齡，乾隆甲寅舉人，直隸保定知府。先世著籍山陰，故保定公解官歸，仍居越中。……生之夕，母陸太夫人夢一老尼指山寺桂花謂之曰：'此汝子也。'已而生公，公天資華贍，幼即能爲詩詞，及駢儷文字，下筆若宿構。"

李浚之編《清畫家詩史》卷辛下《周星譽傳》："周星譽，初名譽芬，字畇叔，一字叔雲，河南祥符（今開封）人，籍山陰。"

黃叔璥《國朝御史題名》："周星譽，字容之，號畇叔，河南祥符縣人。"

徐世昌《晚晴簃詩匯》卷一百五十："周星譽，字畇叔，一字叔芸，祥符籍，浙江山陰人。"

道光二十四年（1844），中舉人。三十年，中進士，改庶吉士，授編修。

《二品頂戴兩廣鹽運使周公傳》："年十九，中道光甲辰舉人，庚戌成進士,改庶吉士,名譽踔起。"

《清畫家詩史》卷辛下《周星譽傳》:"道光庚戌進士,由御史官廣東鹽運使。"

未幾,丁憂歸。咸豐三年(1853),於浙東成立益社,以詩詞唱和。家居九年,學識益粹,詩文益富。

《二品頂戴兩廣鹽運使周公傳》:"未幾以連丁家難歸。道光末祚,風雅寖微,士大夫無以矜式,後進學者,日泪於榮利,而文章之道,殆欲衰熄。至是公家居銳以興復自任,於是創益社於浙東,一時勝流,如許槤、孫垓、余承普、周光祖、陳壽祺、孫廷璋、王星誠、李慈銘、星監、星詒咸隸社籍。吳越間花事最盛,公昆季扁舟載酒,往來雲門,南湖扣舷而歌,與衆山若應答,見者以爲天際真人也。家居凡九年,學識亦粹,詩文日益富,同社交相推服,無敢與狎,主齊盟者。嘗與客言名士可爲,才子不可爲也。名士者,如美人,如時花,如古鼎彝圖畫,如朱霞天半,如鸞鶴顧影,品自矜貴;才子則不然,可以窮,可以乞,可以佯狂病癲、破坊決觚,風斯下矣,明唐寅桑悅之徒是也。又言千古文士,得乾坤清氣爲多,吾家兄弟,如星監清奇,星詒清剛。客曰:然則子非清麗乎?公笑不言,蓋許其知言也。"

李慈銘《越縵堂日記》:"(咸豐三年)秋七月,與同邑孫子九秀才垓、祥符周素生大令灝孫、叔子庶常譽芬、季貺、布衣星誠、山陰周息鷗孝廉光祖、沈寄帆上舍昉、王平子秀才章、楊漁賷秀才師震、青田端木叔總明經百禄、陽湖許太眉徵君槤、上虞徐葆意明經虔復、蕭山陳荃譜孝廉潤、丁韻琴文蔚結言社。每人捐分資一番金,每月捐錢二百。推孫子九爲社長,以沈寄帆爲監社,每年秋冬兩大會。社長拈詩文題分課,每月課詩文,題歸值月社友輪課。"

《清畫家詩史》卷辛下《周星譽傳》:"嘗在籍創益社,浙東王星誠、李慈銘等咸隸社籍。"

服除，還官京師。時人折節爭致，以得詩、定交爲榮。然公性高簡傲，不隨時俯仰，遂不得顯宦。由編修日講起居注，擢江南道監察御史，有直聲。同治四年(1865)，充會試同考官，得士吳汝綸最知名。

《二品頂戴兩廣鹽運使周公傳》："服既除，還官京師，公卿中如商城周文勤公、仁和沈文忠公、新城陳子鶴尚書，皆折節爭致，以得其贈詩爲寵。同時聞人，如潘伯寅尚書、孫琴西太僕、林穎叔方伯、王定甫通政，咸先顧定交，流連過從，談宴無虛日。而公天性簡傲，高自標置，不隨時俯仰，坐是不得顯宦，由編修日講起居注官擢江南道監察御史，充同治乙丑會試同考官，所得士桐城吳汝綸最知名。……爲御史時，疏劾王有齡、何桂清，直聲甚著。"

光緒八年(1882)，任廣東鹽運使，兼署廣東按察使，加二品銜，多善政。中法戰事起，籌餉以濟軍，尤爲稱道。十年，以不職劾，即罷官解組，寓蘇州，並於是年卒。妻吳氏，妾許氏。子紹晉，早卒，以兄星監幼子爲嗣。

金武祥《粟香隨筆・粟香三筆》卷三："甲申閏五月，周昀叔都轉解組，將寓居蘇州，瀕行賦留別詩四律書橫幅見贈，跋云：光緒壬午，星譽典轄東粵，聞泩生道兄豪於詩，政暇索所作古近體，讀之不覺心折，以同官之雅，時時過從，訂文字交焉。閱兩載甲申罷官北歸，泩生索書舊稿，率占七律四章留別，即求郢政倚裝走筆，拉雜書寫，不足爲外人道也。詩云：'一舸鷗夷載酒行，五湖煙月寄浮生。楊枝駱馬猶多累，蒪菜鱸魚亦假名。抗疏不聞成翊世，論兵特薦李元平。人材令僕需公等，老我東岡事耦耕。''設醴何曾早見幾，三休初息漢陰機。偶商國是空拊枕，每戀君恩忍拂衣。廉吏去應知陸績，要官思久熟王晞。生平冷笑陳承祚，便有中人也合歸。'問到葫蘆費揣摩，載來薏苡謗書訛。懷磚便擊風斯下，墮甑能完幸己多。一網竟成名士禍，八關別署黨人科。詆蘇排馬家風在，笑罵紛紛奈汝何。'蠻微弓衣萬口傳，凌雲彩筆氣翩翩。奪標躍馬詩堪將，拄笏驂鸞吏是仙。麟閣勛高誰解賞，烏臺案枉客能箋。從來瘦犬憎蘭佩，莫炫孤芳乞衆憐。'"

《二品頂戴兩廣鹽運使周公傳》："升兩廣鹽運使，兼署廣東按察使，加二品銜。……及官粵西，多善政。而當法越有事，征兵籌餉，以濟劉永福安南軍，俾支危局，尤犖犖大者。……卒光緒甲申年某月某日，葬紹興府城外之昌源山，娶吳氏，妾許氏，能詩歌，善談論，日記所稱'令芬'者是也。子紹晉早卒，以兄星監幼子爲嗣。……金武祥曰，按狀多言文學，而宦績所不詳，謂俾傳文苑者得所掇拾，然已憶公由左江擢典粵鹺，會武祥奉旨曾忠襄檄查勘粵西邊防，歸謁公即與武祥言法越之情僞，關塞之夷險，軍政之强弱，與武祥所身歷目驗者，若合符契，武祥竊心儀之。後時時繼見，論時事、権文藝，欣合無間。於是武祥益有知己之感，在粵數年，裕課恤商，綱政稱最，使公膺節鉞，當大任，必將安內攘外，績效爛然，是豈僅以文苑傳哉？"

朱壽朋《東華續錄（光緒朝）》卷六十："諭前據給事中鄧承修，奏參廣東鹽運使周星譽，嗜好甚深，在廣西左江道任內侵蝕甚巨，赴運使任時有私、更稅貨等情，當諭令張樹聲等確查具奏，茲據張樹聲、倪文蔚奏，周星譽被參各款或並無其事，或查無確據，惟精力漸敝，任事爲難等語，周星譽前已開缺，著即休致。"

《清史稿》卷四百四十四《鄧承修傳》："（鄧承修）與張佩綸等主持清議，多彈擊。……又劾……鹽運使周星譽諸不職狀。"

潘衍桐《兩浙輶軒續錄》卷四十一："資深擢臺諫平進粵西分

巡,稍遷廣東運使,未久謝病,流寓吳下以歿。"

兄弟八人,皆擅詩詞,尤著者星譽、星詒二人。後周星詒外孫冒廣生輯《五周先生集》《二周集》,流行於世,遂爲藝林佳話。

《二品頂戴兩廣鹽運使周公傳》:"保定公凡八子,公次居七。長沐潤,次如甫,次源緒,次祖福,次星監,次星誥,次星詒。星譽、星詒同母生。……言千古文士,得乾坤清氣爲多,吾家兄弟,如星監清奇,星詒清剛。客曰:然則子非清麗乎? 公笑不言,蓋許其知言也。"

冒懷蘇《冒鶴亭先生年譜》光緒二十二年:"先生輯成《五周先生集》,五周先生者:周文之名沐潤,道光進士,常州府知府,爲外祖季貺之大兄。周復之名源緒,道光進士,安慶府知府,行二。周涑人名星監,安徽無爲州知州,行五。以及伯外祖畇叔,行七。外祖季貺,行八。次年,俞曲園爲《五周先生集》作序,略云:'五先生皆曠代逸才。……詩文皆自能成家,不染近代浮靡之習。'"按,《五周先生集》,内有《蟄室詩録》一卷,周沐潤撰;《訒庵遺稿》一卷,周源緒撰;《傳忠堂學古文》一卷,周星監撰;《鷗堂剩稿》一卷,周星譽撰;《東鷗草堂詞》二卷,周星譽撰;《疢横詩質》一卷,周星詒撰。

俞樾《春在堂雜文》六編卷七《五周先生集序》:"夫弟兄競爽,自古難之,郊祁軾轍,世所艷稱,至於花萼之集,合爲一編,同傳千古,則尤其難者也。稽之前代,有兄弟三人爲一集者,如宋孔文仲、孔武仲、孔平仲,《清江三孔集》是也;有兄弟四人爲一集者,如宋柴望,及其從弟隨亨、元亨、元彪,《四隱集》是也;有兄弟五人爲一集者,如宋寶常、寶年、寶群、寶庠、寶鞏,《聯珠集》是也。乃今又得之於祥符周氏,周本吾浙山陰人,寄籍祥符,遂爲汴中著姓,其兄弟八人,知名者五。余庚戌成進士,與畇叔都轉爲同年生,則其於兄弟,行居七者也,余留京師日淺,故雖與畇叔同年,且同官翰林,又知其能詩,然未得與之酬唱也。同治之元,余至京師,與畇叔相見,始稍論及詩，旋即別去，其後與昀叔同寓姑蘇時相過從，然昀叔又不久下世矣，其弟季貺太守宦游閩中，余有表侄戴子高茂才主其家，極相得，與余書屢言季貺負才名，有奇氣，所爲詩詞，高出儕輩，又喜收藏金石，書籍字畫，手自理董，精審絕倫，子高落落少許可，而心折季貺，如此余又知季貺之才也。比年以來，季貺亦與余同寓姑蘇，竟未一謀面，韋李、晁坤，渺若楚越，吾兩人之衰老亦可見矣。今年春，有冒鶴亭孝廉，見余於春在堂，乃季貺之外孫也。以《五周先生集》見示，則自其長兄柯亭太守，至季貺之詩皆在。詩皆不多，蓋掇拾於蟫斷臮朽之中，非其全者，涑人刺史止有文而無詩，惟昀叔存詩一卷、詞二卷，於昆弟中爲稍多矣。嗟乎！五先生皆曠代逸才，而所存止此，亦可悲也，然詩文皆自能成家，不染近代浮靡之習，則此一集也，亦如精金美玉，其光氣固不可埋没；竇氏聯珠，不得專美於前矣。五先生中，惟季貺如魯靈光巋然獨存，余雖衰老，幸相距不過數里，尚願介鶴亭而與之游也。"

《晚晴簃詩匯》卷一百三十九："周沐潤，字文之，號柯亭，祥符籍，山陰人，道光丙申進士，歷官常州知府，有《蟄室詩録》。詩話文之爲介堂太守岱齡子，道光丙申介堂守蘇州，文之與弟復之同捷禮闈，林文忠方撫吳，集香山少陵句贈聯云：'謝安子弟佳難得，庾信文章老更成。'其弟涑人、昀叔、季貺，並負時名，人各有集，擬之竇氏聯珠，亦清門佳話也。"

少擅高名，頗自負，天懷冲曠，而遠想宏域。然爲人尚可議，與李慈銘先親善而後交惡，致終生未冰釋。

《兩浙輶軒續録》卷四十一："周星譽，榜名譽芬，字昀叔，星監弟，山陰人，河南籍，道光庚戌進士，官兩廣鹽運使。譚獻曰：昀叔入詞館，年未三十，天懷冲曠，迹似金門之隱。……少擅高名，而遠想宏域，詩文俊逸，屬草逾年月輒削棄之。……孫德祖曰：同治辛未，余春闈報罷，方大困，許竹篔同年書十四言見贈云：'未仕此身猶屬我，除貧何事不如人.'蓋叔昀未第時語也,今其季弟季貺刻《鷗堂剩稿》未見此詩,知君詩散佚不尠,又可見君少年自負亦不淺也。"

《越縵堂日記》咸豐六年三月二十七日眉批:"此處涂抹之字乃某人姓名也。此人十年來爲予執友,常以道義性命之交自命,而含沙下石,極力擠予,致予流離困苦,屢瀕於死。又向老母紿壽田金三百餅以去。嗚呼！古來交道之不終者有矣,或勢力相軋,或意見乖忤,若予於此人,骨肉倚之,惟命是聽,而計陷之若是,真禽獸不食其肉者矣。予見其姓名輒痛憤欲絕,而年來踪迹甚密,日記中無一二葉不見其名者,不能盡去,隨見隨抹而已。嗚呼！以予之深於友朋,惟恐傷交道者而至於如此,天下後世可以想見其人矣。李生而終貧賤則已,如其否也,以直報怨,豈無其時乎？特記於此。時(咸豐)八年酉冬十一月初七日。"光緒十五年五月初六日:"周星監來,言以安徽直隸州開復入都驗看者。本名灝孫,字素人,三十年舊交也;然其諸弟皆無形,得罪於余,余久絕之,自不便與之見,故謝之去,追念平生,爲之耿然。"

李慈銘《越縵堂文集》卷四《致潘伯寅書》:"但弟與二周,憾深創巨,迹其射影,直可滅宗。……至庚申之冬,老母知慈尚阻吏銓,時寇氛逼江,越中危甚,衰親弱弟,猶於蒼黃之中鬻田數十,得四百金,將謀寄都,而季厖(按,即周星詒)公肆無良,劫敓而去。老母痛恨逆豎,兼念遠人,積憂成疾。京師識與不識,無不駴嘆。而叔雲(按,即周星譽)洋洋自得,若爲不聞;弟猶强與周旋,未遽棄絕。迨今夏五月,叔雲忽得重賫,儼然安富,弟適纏灾疾,宛轉簀床,連函呼救,深拒不應。延至秋初,乃始投書告絕。此弟與二周之始末也。"

李慈銘《越縵堂詩話》卷上:"汴人周星譽有重陽節此調八首,亦新秀,星譽固險譎無行,其詩詞亦喜爲狎邪輕褻之言,然佳處實不可沒李山甫、康伯可,俱有清才,而論世者以爲溫八叉、柳三變之罪人,惜哉。"

雅擅詩詞。其詩學義山、少陵,又融會唐宋諸名家,風格博麗沉鬱。

《粟香隨筆·粟香三筆》卷三:"昀叔都轉,詞林老宿,海內推服無異詞,其所著多不存稿,《東漚詞》一卷,季弟季貺太守刊於閩中,哲昆涑人直刺尚錄存日記數卷,其古近體詩已散佚。去歲出示者,只在粵西數十首而已,其中五律較多,皆沉鬱蒼老,直追盛唐。"

周星譽《鷗堂剩稿》金武祥序:"其詩由玉溪而溯浣花,復融會唐、宋諸名家,一爐冶之,博麗沉鬱,牢籠衆有,在道、咸間足以自成一家。"

詞風亦多樣,或如詩人之詞,清超意遠;或近溫李,清麗柔婉,海內推服。駢文亦佳,然不及詩詞。

李慈銘《越縵堂日記》咸豐六年二月初三日:"東鷗詞,以詩入,故雲飛拂拂,然是詩人之詞。"

《兩浙輶軒續錄》卷四十一:"獻在閩與君弟季貺交,序其《東鷗草堂詞》,刻之入都,傾襟投分,如見晉宋閒人,涉筆清超,使人意遠,今惟金湜生運副粟香叢書,刻東漚詩數十篇,高接中唐,次亦似明季嘉定四家之流,日記二卷,往往似《世說新語》。"

冒廣生《小三吾亭詞話》卷一:"《東鷗草堂詞》小令之工,幾於溫、李。""使十八女郎執紅牙板歌之,恐聽者回腸蕩魄也。"

陳衍《近代詩鈔》:"以長短句名家,能爲秦七柳七黃九之言。""詩所剩不多,自多麗句。"

工畫,尤善折枝花卉。

金武祥《二品頂戴兩廣鹽運使周公傳》:"尤善畫折枝花卉,驚才絕艷，冠絕一時。"

《清畫家詩史》卷辛下《周星譽傳》："工詩，能花卉。"

其妾許令芬亦雅擅詩詞，兼工繪事。

《粟香隨筆·粟香三筆》卷二："余《墨偶談續編》云：曩於山左道上李家店旅壁，鈔録吳縣女史許令芬原唱及諸和作，刊於初編，余實未知其何如人。及壬申冬返桂林，周畇叔觀察以詩函見示，述及端委，始知女史爲觀察如夫人也。其賦詩志感云：'當代風騷重品題，空山蕭艾亦無遺。難成蘇氏機中錦，敢示孫郎帳下兒。銀筆自羞同刻楮，玉臺應笑困然脂。牽蘿汲甕貧居久，那有吟情似曩時。'女史雅擅詩詞，兼工繪事，曾以所畫墨牡丹扇見遺云：在都時丹青酬酢，悉女史捉刀，嗣又録其舊作見示，《秋夜即事》云：'暗暗疏簾暝，寥寥小院扃。空煙疑作雨，纖月不妨星。窗凝花光白，燈涵竹氣青。誰家弄秋篴，鷗夢一時醒。'《畫扇自題》云：'昨宵微雨下莓苔，石背秋花一兩開。僻徑等閑人不到，虧他瘦蝶會尋來。'《京邸新秋病起漫興》云：'深院微吟日又斜，風簾樹影日參差。藥爐靜對支頤坐，間數秋槐落砌花。'又《臨江仙》詞云：'坐又無憀眠又悶，强扶小婢間行，曲房如水畫簾明。簟腰荷氣嫩，窗眼竹陰清。一雨新涼蘇病骨，槐花風灑疏櫺，晝長持底遣閑情。重鈎辭世帖，細注度人經。'諸作情詞婉約，風調閑雅，無愧作家。"

著有《鷗堂日記》《入都日記》《鷗堂剩稿》《東鷗草堂詞》等。

按，《鷗堂日記》三卷，始咸豐五年(1855)，迄咸豐十年。多記師友唱和及社會見聞。其中記載太平天國時期清兵不堪一擊及百姓流離失所之狀，尤具史料價值。

參考文獻：

1. 繆荃孫編《續碑傳集》卷八十金武祥《二品頂戴兩廣鹽運使周公傳》，周駿富輯《清代傳記叢刊》，臺灣明文書局 1985 年版。

2. 李浚之編《清畫家詩史》卷辛下《周星譽傳》，周駿富輯《清代傳記叢刊》，臺灣明文書局 1985 年版。

3. 李慈銘《越縵堂日記》，廣陵書社 2004 年版。

4. 冒懷蘇《冒鶴亭先生年譜》，學林出版社 1998 年版。

5. 朱壽朋編纂、張靜廬校點《光緒朝東華錄》，中華書局 1958 年版。

（陳婷婷）

恭釗傳

恭釗，生於金陵節署，字仲勉，號養泉，滿洲正黃旗人，博爾濟吉特氏，祖上系出蒙古，發祥於斡難河。祖居西拉穆愣地方。釗於道光五年（1825）生。父琦善，官至總督，文淵閣大學士。

恭釗生平文獻記載多零星散亂，《清史稿》《清史列傳》皆無載。其生平詳細記載於其自撰年譜。生年據恭釗《酒五經吟館年譜》：“道光乙酉年十二月二十六日，恭釗生於金陵節署。”恩華《八旗藝文編目》記載：“恭釗字仲勉，號養泉，氏博爾濟吉特，隸正黃旗。”《酒五經吟館小傳》：“父琦善，仕至總督、大學士。”《清史稿》卷三百七十《琦善傳》：“琦善，字静庵，博爾濟吉特氏，滿洲正黃旗人。父成德，熱河都統，以先世格得理爾率屬歸附，世襲一等侯爵。……九年，擢四川總督。十一年，調直隸。十六年，協辦大學士。十八年，拜文淵閣大學士，仍留總督任。”蔡冠洛《清代七百名人傳》之：“琦善，博爾濟吉特氏，滿洲正黃旗人，祖恩格得理爾，以率屬投誠功，世襲一等侯爵。……琦善由蔭生於嘉慶十一年以員外郎用。”

釗祖上官尊爵顯，世代簪纓。家學淵源至深，少時文采顯著，自幼受教嚴格，詩文創作亦早起步，其家族成員文學創作蔚爲大觀，頗具規模。

恭釗家族世代達官，居顯要之職。恭釗《酒五經吟館詩草·小傳》:“八世祖恩格德爾率所部歸,本朝尚公主,從龍有功,謚端順。國史名臣有傳。五世祖英泰承襲其胞叔祖奉義侯爵,祖成德仕至將軍都統。父琦善仕至總督大學士,謚文勤。”

按,恭釗兄弟共有九人,恭銘爲恭釗胞兄,但因恭銘英年早逝,恭釗在剩下的兄弟八人中年齡最大,兄弟包括恭鈞、恭鍹、恭鑫、恭鏜、恭鉽、恭銓、恭鍇。恭釗還有一個姐姐,爲恭鑫、恭鉽胞姊,嫁與文淵閣大學士瑞常之子文暉,後誥封夫人。恭鈞生於道光八年(1828),卒於光緒十年(1884),字甄甫,官至保定府知府,在直隸大順廣道任中病故。恭釗在《酒五經吟館詩草》卷下《哭三弟甄甫》自注中寫道:“三弟任正保兩府太守頗著聲名,大名屬舊有黄河,近變險工,亦因之勞瘁。”恭鑫,恭釗五弟,生年不詳,卒年爲同治六年(1867)。曾爲禮部主事,咸豐八年(1858)爲銀庫郎中。咸豐十一年,授四川順慶知府。同治六年,擢升四川鹽茶道。恭鏜,恭釗六弟,字振夔,官至黑龍江將軍、杭州將軍。在黑龍江將軍任上,恭鏜疏請創辦漠河金礦,派兵驅逐沙俄盜礦;又建議墾荒屯田,强固邊防。費行簡在《近代名人小傳》評價恭鏜“慷慨敢任事”。恭鍇,字鐵臣,恭釗季弟,咸豐十年英法聯軍攻入北京,咸豐帝自圓明園倉惶逃往熱河,爲防止聯軍打入内城,恭鍇參與守衛内皇城的戰鬥中。事後,從知府銜候補主事,著賞加五品銜筆帖式。後升爲兵部員外郎。同治九年卒。翁同龢在其同治九年四月十八日日記中寫到:“吊恭鐵臣,見其群從。鐵臣清才早逝,可傷也。”

恩華《八旗藝文編目》載其父琦善編著《宿州志》。恭釗兄恭銘,著有《石眉課藝》,恭銘師朱栻爲《石眉遺稿》作序云:“丁亥冬,琦静庵節帥招余下榻東署,課長君石眉,時年甫十四,文已斐然可觀。”可見恭銘在年少時便已頗具文采。恭釗侄瑞洵,歷任翰林院侍講學士、侍讀學士、日講起居注官。後皈依佛乘,寄居净業湖僧舍,閉口誦經、著述,飲酒微醉,閑爲詩歌自遣。著有《犬羊集》一卷及續一卷,收詩六十九首,另有《散木居奏稿》二十五卷。恭釗同宗族親錫縝,著有《退復軒詩》四卷、《退復軒文》二卷、《時文未棄草》二卷、《退復軒隨筆》一卷、《金貞佑銅印題詞》一卷。《清史稿》卷四百九十一《錫縝傳》:"錫縝,原名錫淳,字厚安,博爾濟吉特氏,滿洲正藍旗人。咸豐六年進士。由戶部郎中授江西督糧道,爲駐藏大臣,乞病歸。工書,善詩文。著有《退復軒詩文集》。"恭釗作七絕《宗姪厚庵以詩稿見示閱竟志以二絕》其一云:"宋艷班香手自鈔,揮毫想見費推敲。果然謝朓驚人句,不比雕蟲只解嘲。"稱贊錫縝詩才。李慈銘《越縵堂日記》同治十一年四月二十日:"(錫縝)字厚安,丙辰進士。署中所稱姚、楊、錫三大將之一也。""五古長篇,句法清老,而用事多蹐駁,然亦近時之矯矯者矣。"時人亦謂錫縝詩"直逼盛唐"。

釗自道光七年(1827)三歲始,至道光二十一年十七歲,期間凡十五年,優游卒歲,隨侍父琦善。道光二十一年,父琦善因鴉片戰爭失利,因公獲罪,家遭籍没。同年,子瑞徵生。

恭釗《酒五經吟館年譜》:"丁亥年,三歲,隨侍先大人回京。""辛丑年十七歲,先大人因公獲咎,家遭籍没,此一生患難之始。四月,子瑞徵生,出嗣胞兄後。"按,丁亥年爲道光七年,辛丑年爲道光二十一年。

《清史稿》本傳:"提督關天培守靖遠炮臺,總兵李廷鈺守威遠炮臺,並請援,琦善不敢明發兵,夜遣二百人往。二十一年正月,事聞,上震怒,下琦善嚴議,命御前大臣貝子奕山爲靖逆將軍,戶部尚書隆文、湖南提督楊芳副之,率師赴粵協剿。"

道光二十三年(1843),父琦善蒙恩起用,先後授葉爾羌參贊大臣、熱河都統、駐藏大臣等職,釗因墜馬傷足留京,未隨侍其父。

恭釗《酒五經吟館年譜》："癸卯年，十九歲，先大人蒙恩起用，授葉爾羌參贊大臣，改授熱河都統，復改授駐藏大臣，釗墜馬傷足留京，未隨侍。"《清史稿》本傳："二十三年，以三品頂戴授熱河都統。御史陳慶鏞疏論僨事諸臣罪狀，上重違清議，再褫琦善職，意仍嚮用。未幾，予三等侍衛，充駐藏大臣。二十六年，授四川總督。"蔡冠洛《清代七百名人傳》："今又與之香港，且以數百萬圓拱手奉之，是餧虎狼以肉，而欲止其搏噬也。旋經王大臣等定讞，以斬監候。議上，九月，恩予釋放，發往浙江軍營效力贖罪，尋改發軍臺。二十二年，賞四等侍衛，充葉爾羌幫辦大臣。二十三年三月，賞二品頂帶，授熱河都統。……十月，賞二等侍衛，充駐藏辦事大臣。"

按，據恭釗自撰年譜，琦善起用葉爾羌參贊大臣時間是道光二十三年。據《清史稿》及《清代七百名人傳》載爲道光二十二年秋。今從後説。

道光二十四年（1844），子瑞麟生。道光二十五年，始習古今體詩，次年，子瑞麟夭折，第一次應試不第。

恭釗《酒五經吟館年譜》："甲辰年，二十歲，六月子瑞麟生。""乙巳年，二十一歲，初學爲古今體詩。""丙午年，二十二歲，子瑞麟殤，應舉子試不第。"

道光二十九年（1849），才華超拔，第二次應試不第。

恭釗《酒五經吟館年譜》："己酉年，二十五歲，回京應鄉試不第，挑取謄録，先大人調任陝甘總督。"《清史稿》本傳："二十九年，調陝甘總督，兼署青海辦事大臣，剿雍沙番及黑城撒拉回匪。"張集馨《道咸宦海見聞録》稱讚恭釗："醇雅醞藉，學豐遇嗇，竟未獲售，然其才斷不久居人下。"

按，張集馨時任甘肅布政使，與琦善爲同事，朝夕聚處，尤爲親密。曾是恭釗的授業老師之一。

咸豐元年(1851),釗以蔭生授官侍衛,夫人柏雅爾氏去世,父琦善因妄殺入獄,同年十二月納妾褚氏,作詩存稿自此年始。

恭釗《酒五經吟館年譜》:"辛亥年,以蔭生引見,授官侍衛,六月内子柏雅爾氏逝世,先大人復因公獲咎入獄,十二月納妾褚氏,作詩存稿自是年始。"

《酒五經吟館詩草》卷下《自保旋京即事》:"歸騎土花紅,魂消細雨中。障泥拖潦水,襆被冒凄風。心血愁揮泪,頭顱笑亂蓬。贖刑思孝女,顏汗説途窮。"道出此時之艱難愁緒。

《酒五經吟館詩草》始存詩,因悼亡妻,此年多作思念亡妻詩作,卷上《偶成二首》詩云:"不問前身問後身,瑶池一去隔紅塵。丹青若許憑空寫,供向鴛幃當夢神。""誰與青天明月知,十年心事斷腸詩。柔情總似三春繭,宛轉冰蠶自吐絲。"另如《悼亡》三十首、《七夕作》四首、《客中悲緒》二首、《獨夜》、《重感》四首等俱是此類詩作。

咸豐二年(1852),進例改捐員外郎侯銓,第三次應試不第,父琦善戍吉林,旋奉釋回,授河南巡撫,復都統銜,督師進剿太平天國起義軍。

恭釗《酒五經吟館年譜》:"壬子年,二十八歲,遵例改捐員外郎侯銓,仍應鄉試不第,先大人戍吉林,旋奉釋回,授河南巡撫,復以都統銜督帥進剿逆匪由楚而皖。"恭釗《酒五經吟館詩草序》:"亦緣高自期許,猶冀一鳴驚人,方將奮迹雲霄,垂諸不朽,何屑寄情風月,聽其雲生哉? 迨一事無成,終身蹭蹬……至今日不堪回首,既無輟耕登甲之能,又乏斬將搴旗之績。"嘆其屢試不中,命運多舛。三次應試不第後作《落第自遣》四首:"雲霄阻隔九重天,虚度棘闈桂魄圓。何苦又燒丹竈火，從今不羨玉堂仙。風塵未必無名士，日月爭多誤往年。便到華胥終是夢，幾人曾藉枕頭眠。""神座朱衣醉不醒，分明天眼別垂青。既無瑤島群仙骨，何戴珠林千佛經。野鶴閒雲身自在，貝編玉格事消停。上乘願力諸天相，一墮紅塵一涕零。""自惜凌雲寫與看，交游慰我意從寬。文章不盡關三昧，感慨何須集百端。待我登龍成晚器，輸人走馬謁春官。相逢合受雲英笑，昭諫求名一遇難。""等身書卷豁胸襟，庭訓傳經讀到今。鱗甲竟遭三度劫，鳳毛空有一飛心。出山爲雨聲名薄，破浪乘風志願沈。且抱瑤琴臥岩谷，興來山水自知音。"道盡屢試不第之心酸。

《清史稿》本傳："咸豐二年定讞，發吉林效力贖罪，尋釋回。時粵匪已犯湖南，勢日熾，屢易帥，皆不能制。起琦善署河南巡撫，駐防楚、豫界上。以捐餉加都統銜，授欽差大臣，專辦防務。"

咸豐四年（1854），父琦善卒於軍，釗奉旨引見，蒙恩賞四品頂戴以郎中用。次年釗作詩悼父琦善。

恭釗《酒五經吟館年譜》："甲寅年，三十歲，先文勤公督帥積勞成疾，七月卒於軍，釗百日奉旨引見，蒙恩賞四品頂戴以郎中用，十一月調補戶部員外郎。"

恭釗《酒五經吟館詩草》卷下《夜宿先大人塋廬哀慕偶成》二首："空抱莪蒿寸草心，春暉難報泣春陰。方期愛日承歡永，豈料終天結慕深。仿佛音容依俎豆，縱橫血淚遍衣襟。寢門定省難回首，一拜靈筵一痛沉。""三十年中樂最真，深慚老大未成人。趨庭詩禮言猶在，陟岵瞻依迹已陳。手澤尚新空護惜，心期難慰倍酸辛。同來泣血松楸下，諸季相期鳳與麟。"

《清史稿》本傳："四年夏，連戰金山、瓜洲、三汊河，屢奏斬獲。自琦善與向榮分主大江南北軍事，攻戰年餘，鎮江、瓜洲迄未克復，無得力水師，不能扼賊，琦善雖議增水師，亦未果。是年秋，卒於軍,贈太子太保、協辦大學士,依總督例賜恤,謚文勤。"

咸豐八年(1858),到京記名召對,五月奉命補授甘肅鎮迪遺缺,道經甘督,奏補西寧道,十月到任。

恭釗《酒五經吟館年譜》:"戊午年,三十四歲,京察一等引見,記名召對,五月奉命補授甘肅鎮迪遺缺,道經甘督,奏補西寧道,十月到任。"

《酒五經吟館詩草》卷上《將之西寧任,出京過晋陽道中作》四首:"新捧霓裳過鳳樓,却從島嶼望瀛洲。神山亦竟分高下,多少仙人坐上頭。""對面天台路幾盤,蓬山咫尺欲登難。如何同煉丹爐火,獨受風霜特地寒。""朧雲關月事茫茫,萬里西風木葉黄。不及老農心事少,只憑晴雨卜豐穰。""太行山色一痕青,層疊秋雲路幾經。爲宦豈愁西塞遠,玉關羗笛不堪聽。"另有《劉湘嶺久宦隴右來都候銓,適奉命觀察西寧瀕行贈詩六章途次和步原韻》,詩題下均標爲"戊午年作"。

咸豐九年(1859),因請剿回衆,拂帥意,奏稱張皇,自此困頓。

恭釗《酒五經吟館年譜》:"己未年,三十五歲,在湟因回衆劫掠太甚,請剿,拂甘帥樂意,奏稱張皇,自此運即迍邅。"

恭釗《酒五經吟館詩草》卷上《湟城感賦》自題句云:"安插投誠野番之議,署西寧太守。那遜阿古拉創之制軍樂,公斌爲請於朝,大改舊章,殊多事也。"並作《湟中竹枝詞》三十首、《湟中初夏》六首,描寫西北風光,是爲此年重要作品。

同治元年(1862),調署甘涼道,經沈文忠公奏派剿辦撒回營總獲勝,七月沈文忠公事竣回省,遇山洪而没。

《清史稿》卷二十一《穆宗本紀》:"同治元年……樂斌以縱匪殃

民，解任訊辦。命麟魁署陝甘總督，與沈兆霖剿撫撤回。"

恭釗《酒五經吟館年譜》："壬戌年，三十八歲，調署甘凉道，經沈文公奏派勤辦撤回營總獲勝，七月沈文忠公事竣回省，被山水衝没，自此是非混淆。"

恭釗《酒五經吟館詩草》卷下《沈文忠公挽詩》自題："文忠師偉業公忠，昭著天下，遂遭水厄，神人共悲。釗以吏學請業，素荷垂青，感痛更何待言！嗟乎！哲人長往，國士誰依？嘆知遇之難逢，覺聲泪之交下，謹成四律，恭奠靈筵，不足以表揚盛德，惟當痛哭而已。"並作挽詩四首以悼之，詩云："嶽降申生世幾人，人間來去總如神。浙東名譽文章富，隴右聲威事業新。正駐河山孚衆望，忽驚雷雨證前因。風波平地成奇厄，偏失中朝倚賴臣。""珥筆詞臣侍鳳樓，司農國計仗長籌。八千驛路丞新命，三十功名溯舊游。病後雲雷驅鶴馭，來時風雪滿貂裘。不堪回首西湟道，祠宇前頭一水流。""傷神民命太摧殘，湟水秦關兩顧難。志在邊樓籌大局，夢依樞院繞長安。天心有意徵星使，人望無端殉水官。痛灑靈筵知己泪，戰袍春雪不勝寒。""回憶旌旄有涕零，春風座上領箴銘。汪洋大度虛能受，疑謗群言悟即醒。駐節孤忠常引咎，蓋棺哀變豈前經。欲從箕尾瞻神異，知在天垣第幾星。"

按，沈兆霖於同治元年出署陝甘總督，用兵西寧回部。八月，自甘肅回西安途中，遇山洪暴發，被衝没逝世。贈太子太保，謚文忠。

同治三年(1864)，謁見甘督，請咨回旗，在京閑居。次年，子瑞墀生。同治六年，旅居順郡，五弟恭鑫死秦中，有警，路阻，釗冬間挈其柩眷由江下駛，同年子瑞墀殤。

恭釗《酒五經吟館年譜》："甲子年，四十歲，力疾赴甘，謁見甘督熙公，請咨回旗。""乙丑年，四十一歲，子瑞墀生。""丁卯年，四十三歲,旅居順郡,五弟擢鹽茶道,不得履任,七月進省,八月憂忿自經,死秦中,有警路阻,釗冬間挈其枢眷,由川江下駛,子瑞堙殤。"

恭釗《酒五經吟館詩草》卷下《閑居自遣》:"勛名不與命相期,解組歸來兩鬢絲。作吏幸餘風滿袖,讀書好下酒盈巵。英雄末路應同慨,學問中年自悔遲。筋力已疲成久病,不堪回想少年時。"

恭釗《酒五經吟館詩草》卷下《五弟冠儒遷官蓄忿非命死爲詩哭之》自題"丁卯年作"。詩云:"身前身後事難知,忿極泉臺瞑目時。不信英雄能短氣,甘抛妻子肯低眉。肝腸易化晨昏泪,手足如傷左右肢。繞膝孤雛猶待哺,一貧如洗不堪思。""血泪臨風泣杜鵑,參差禍福問青天。如何廉吏今生果,偏有奇冤宿夜纏。寄遠尚勞慈母綫,同懷空羡祖生鞭。錦城不是超遷路,虛賺高堂望眼穿。""望斷家山東復東,有誰憐我是飄蓬。心摧枯樹荊花紫,泪灑新霜楓葉紅。孤雁聲隨江水咽,元龍氣逐海雲空。眼前無限傷心事,盡在逢人笑語中。"

同治十年(1871),赴湖北任所。釗在甘肅爲官及在京閑居時期,與詩友朱學勤、童大畬、徐辰告、孫濂等唱和。

恭釗《酒五經吟館年譜》:"辛未年,四十七歲,神營復保奬,分發候補,指捐湖北,時六弟已擢奉天尹,無回避之嫌。"

恭釗《酒五經吟館詩草》卷下《和朱修伯見寄原韻》:"退直花甎日影移,紫陽家學肅容儀。朝班曾喜陪蘭省,門第何能比桂枝。遠宦地尋充國傳,知音人誦惠連詩。雲山縱隔薰香座,荀令風流總繫思。""舊隸農官接上臺,同曹雅望屬鸞臺。書傳紫禁詞臣字,詩是青蓮學士才。秋月正看金闕回,春風如度玉關來。廣平近況君知否,一片冰心賦雪梅。"

恭釗《酒五經吟館詩草》卷下《和童硯雲見贈原韻》四首:"相見休言別恨遥,秋窗促膝雨蕭蕭。變更人事風雲幻,激烈雄心日月銷。撲面絮迷鴻爪亂，飄裀花逐馬蹄驕。何須惆悵論前度，有酒惟將魂磊澆。""又陪月夕與花晨，差勝相思十二辰。君是人龍才不忝，我非天馬性難馴。狂瀾莫挽銀湟水，怨柳空吹玉笛春。知己僅逢寧有憾，讓他捷足冒功人。""驚心烽火滿郊原，日暮途窮且莫論。潦倒中年詩興减，昂藏七尺病軀存。放言月旦絲霜鬢，消受林泉酒一樽。我與使君同感舊，隴雲深處爲招魂。""常抱西州一慟心，前游陳迹不堪尋。夢醒雞塞秦關遠，冤滯鴒原蜀道沈。舊雨逢迎君染翰，晨星稀少我操琴。字珠韻玉平生泪，和醉成詩上酒襟。"

恭釧《酒五經吟館詩草》卷下《寄懷童硯雲》二首："箋書無據未妨遲，搖曳心旌只自知。燕谷暮雲將斷處，洞庭秋水欲波時。珠襦寶蓋千家佛，錦軸牙籤一字師。別有深情難索解，微之去後久無詩。""綉衣五馬拜綸恩，聽到真除吉語温。李白有詩多入夢，江淹無賦不銷魂。罕逢南雁新書字，獨覓西樓舊酒痕。想見瀟湘明月夜，梅花香裏度黃昏。"

按，童大昕生於道光六年（1826），卒年不詳，字古畬，號硯雲，浙江山陰人，咸豐二年（1852）進士。據《兩浙輶軒續録》載："君於咸豐十年冬，以部郎隨中州某公于役灤陽，與兀魯特錫縝俱成《灤陽賡唱集》一卷。明年十一月，又偕隨錢唐某公按事隴右，成《西輶載筆》一卷。二人踪迹，終始同之。"《兩浙輶軒續録》收童大昕四首邊塞詩，錫縝《退復軒文》卷下《西輶依永集序》中也記載與童大昕同去隴右之事："與童君大昕古畬偕歸自灤陽，錢塘沈大司徒兆霖奉使於隴右，趣縝與古畬偕，辭焉不可，疏上遂行，時咸豐十一年十一月也。訖明年同治元年之五月，先古畬歸京師，行六閱月，以萬里計。合古畬作，得詩若干首，爲《西輶依永集》。"咸豐十年至同治元年恭釧與童大昕皆遠在甘肅爲官，後同在陝甘總督沈兆霖手下辦事，與童大昕結爲好友。《寄懷童硯雲》詩云"洞庭秋水欲波時""罕逢南雁新書字”，可知童大昕時在湖南爲官。兩人相差一歲，年齡相近，性格相投，恭釗曾在詩中將童大昕稱爲“一字師”，有詩云：“珠幡寶蓋千家佛，錦軸牙籤一字師。”二人常就詩歌寫作探討切磋。

《酒五經吟館詩草》卷下《簡徐葆田》二首：“漫言萍水是他鄉，咫尺金臺共夕陽。乘興偶來名士舫，感懷新惹令君香。鑑湖一曲秋風早，雲隴十年春夢長。同病更誰能勸勉，浣花須築讀書堂。”“衡宇非遥把晤難，停雲落月繫長安。才抛離緒千絲網，旋送歸人七寶鞍。樽酒何時陪縱飲，箋書相與勸加餐。舊游聞説成焦土，只合同君壁上觀。”另有《和徐葆田見贈原韻》四首。

按，徐葆田，名辰告，浙江人，時任蘭州知府，與恭釗爲在甘時同僚。

恭釗作詩《贈孫霽帆》：“不因來蜀國，無自遇興公。家變凄惶日，天緣患難中。”恭釗旅居四川時，適逢家變，時五弟恭鑫因受讒言憂忿去世，此機緣下與成都知府孫濂相識。

同治十一年（1872），七月到鄂，十月奉委會辦牙釐總局，妾楊氏去世。

恭釗《酒五經吟館年譜》：“壬申年，四十八歲，七月到鄂，十月奉委會辦牙釐總局，妾楊氏逝世。”

恭釗《酒五經吟館詩草》卷下《悼妾楊氏》自注：“余改官楚北，挈眷乘火輪船冒暑而來。姬畏熱飲冰，抵鄂即病，歷四十餘日而卒。”

光緒七年（1881），左宗棠由甘回湘過鄂，釗隨進謁，蒙叙任甘宦迹，頗加獎許。釗在鄂期間，與何國琛、張炳堃、張蔭桓、吳善寶、王加敏、惲祖翼、瞿延韶等諸詩友酬答唱和。

恭釗《酒五經吟館年譜》："辛巳年，五十七歲，左文襄公由甘回湘過鄂，釗隨寅僚進謁，蒙叙任甘宦迹，頗加獎許。"

《酒五經吟館詩草》卷下《黃鶴樓復毀於火舊地重來憑眺唏噓有感而作》自注："辛巳年冬，左文襄公過鄂，釗隨寅僚進謁，公呼釗至前曰：'君曾任甘肅西寧道乎？官聲甚好，彼都人士稱道勿衰。'同官相顧愕然。計離隴右幾二十年，忽受名流嘉獎，豈非意外之榮，洵所謂被其容接者如登龍門也。"

按，胡鳳丹《鄂渚同聲集》收録與恭釗唱和的詩人，如何國琛、張炳塈、張蔭桓、吳善寶、王加敏、惲祖翼、瞿延韶等酬答唱和。除上述詩社中友人，恭釗還與其他一些鄂渚文人往來密切，如沈錫慶和文輅。

恭釗詩《和何白英酬彭漁颿咏雪原韻》酬和何國琛。另作有《和何白英因張樵野召食洋饌不至唱酬之作並步原韻》，因友人張蔭桓不至，二人就此作詩一首，可見恭釗與何、張二人往來頻繁，感情至深。

張蔭桓《鐵畫樓詩鈔》卷一《奉慰恭觀察養泉二兄悼妾》："獨夜江風悲楚些，廣寒秋月返香魂。他鄉愁緒生雲夢，盛暑行踪悔海門。客燕巢痕剛徹土，哀蟬流響已黃昏。薄營齋奠譑經懺，況是朝雲有慧根。"《恭觀察酒五經室詩集題詞》："沙堤舊德宜鸞掖，虞陛新恩改鶡冠。執戟已違郎署志，拜章翻幸外臺寬。河洮感遇邊聲壯，春雪高歌客和難。日夜江聲流筆底，故應屈宋作衙官。"

文輅《畫虎集·寄和恭養泉前輩釗贈別元韻》云："交誼深醇藍宝臭，詩心澄澈玉盡秋。"可知二人交誼深厚。

恭釗《酒五經吟館詩草》中存《春日偕王若農惲松雲吳定生瞿廣甫游洪山寶通寺即景》《再叠同游寶通寺原韻》《和張少華參軍同游東山寺原韻》《和姚彥侍方伯之任粵東作去來詞原韻》等諸多唱

和詩。其餘諸人均在《酒五經吟館詩草》《酒五經吟館詩餘草》後或題詩，或跋文。

光緒十一年（1885），母劉太夫人逝世。次年，妾褚氏逝世。

恭釗《酒五經吟館年譜》："乙酉年，六十一歲，二月先慈劉太夫人棄養，釗怵惕俱失，創鉅痛深，毀瘠衰頹，自是年始。""丙戌年，六十二歲，妾褚氏逝世。"

恭釗《酒五經吟館詩草》卷上有《乞養回京，迎慈親歸，才五越月遽罹鞠凶人子至此，萬死不足蔽，辜泣叙巔末，垂示子孫不可以言詩也》二首、《悼長妾褚氏》八首。

光緒十九年（1893）二月，交卸江漢關道印。其自撰年譜止於此年，卒年不詳。

恭釗《酒五經吟館年譜》："癸巳年，六十九歲，二月交卸江漢關道印。"

按，因恭釗《酒五經吟館年譜》止於光緒十九年二月，之後再無記錄，據榮蘇赫等《蒙古族文學史》將卒年定爲1894年。米彥青《接受書寫：唐詩與清代蒙古族漢語韻文創作》將卒年定爲1893年。雲峰《蒙漢文學關係史》、白・特木爾巴根《古代蒙古族作家漢文創作考》等書卒年不定。

釗仕於同光年間，值清廷興洋務、求自强之時，與國外列强關係、貿易之交往於其詩作可見一斑，以詩證史，摹寫親所見聞。

《清史稿》卷二十一《穆宗本紀》："同治十二年……閏六月甲申，李鴻章覆陳黃、運兩河淮、徐故道難復，請仍海運。其舊河涸地，酌量升課。"《清史稿》卷二十三《德宗本紀》："光緒十五年……八月乙亥，命李鴻章、張之洞會同海軍署籌辦盧漢鐵路。"《清實録·德宗實録》卷四百二十："振興庶務，富强至計，首在鼓勵人才。各省士民著有新書，及創行新法，製成新器，果係堪資實用者，允宜懸賞以爲之勸……試以實職，或錫之章服，表以殊榮。"《清史稿》卷二十三《德宗本紀》："（光緒二十四年五月）命三品以上京堂及各省督撫、學政舉堪與經濟特科者。頒士民著書、製器暨創興新政獎勵章程。命中外舉製造、駕駛、聲光化電人材。戊寅，詔各省保護商務。"

恭釗《酒五經吟館詩草》卷上《輪船暢恤民艱也》："機器靈捷資水火，出没駭浪驚濤間。""南洋五口北三口，納税輸金耳目新。泰西入商三十載，中華失業萬千人。"又揭露税務繁多，以致國民失業。《洋債盛慮財匱也》："一分囊橐二分債，銷盡腰纏巨萬金。滬上人人長袖舞，多財大腹都稱賈。"寫商人資金雄厚《電綫通》"軍情易授機宜策，邸報先安躁進心"贊揚電報瞬息千里之速。《鐵路開》"從今坦道平於掌，累月行程一日還"贊鐵路之便利。《西湖景》"西洋照像果傳神，活脱争憐入畫人"贊照相之逼真。

釗科舉屢次不第，仕途不順，鬱鬱寡歡。其人好酒，喜作詩，其詩深婉綺麗，感傷哀怨。其詞深得晚唐温庭筠之風，所著有《酒五經吟館詩草》兩卷、《酒五經吟館詩餘草》一卷。諸友贊美之詞溢於言表。

按，恭釗創作四十七首詞作，爲蒙古族漢文作家罕有，楊鍾羲《白山詞介》收詞三首，葉恭綽《全清詞鈔》收詞二首。錫縝題詞《南鄉子·題恭養泉瘦鶴吟館詩詞》："綺語昔曾耽，筆底花香泥鏡奩。別有痴情深似病，懨懨，愁比詩多總愛拈。　別緒幾年添，杯酒蘭山好月銜。仙骨何緣新覺瘦，珊珊，俏立邊風影更尖。"評價其詞以綺語寫痴情。米彦青《接受與書寫：唐詩與清代蒙古族漢語韻文創作》一書中認爲其詞作深受唐詩影響。恭釗好友童硯雲跋也有"拚將好句問飛卿"之語。

恭釗《酒五經吟館詩草》自序："既無輟耕登甲之能，又乏斬將搴旗之績，轉不若雕蟲小技猶可一藝自名也。爰裒集平日患難坎坷之托於吟咏者，聯綴而叙次之，付諸手民以見厥志，其間忿激之詞、游戲之作，原不足陳之大雅，所望高明君子諒我之心，悲我之遇，而匡我所不逮也。"

童大畸題詞《多麗》："問眉棱，能消幾許柔情。想拈毫、風前瘦影，經年愁病伶俜。認啼痕，翠斧香冷，尋韻事、蟬鬢釵橫。羅綺叢中，麝蘭風裹，情天一夢幾時醒。更消受，篆煙茶韻，俏立對空庭。尋詩處，梨風半院，梅月三更。　　嘆知交、頻年闊別，相逢鬢各如星。覓新題、聞笳邊郡，省往事、挾瑟春明。惜翠情長，吊紅詞婉，拼將好句問飛卿。最怊悵驪、歌唱徹，良會杳難憑。重相憶，隴山晴雪，郵館孤燈。"

何國琛《酒五經吟館詩草》題辭："通侯華胄擅文章，餘事拈毫七寶裝。康樂芙蓉初日麗，屯田楊柳曉風涼。歌翻敕勒邊聲壯，瑟譜幺弦別恨長。綺語何須刪少作，徵材獵艷溯齊梁。"

吳善寶《酒五經吟館詩草》跋語："嚴滄浪論詩，有詩人之詩，有學人之詩，有才人之詩。大集別裁僞體，祖述風騷，詞不可徑也。惟曲而達情，不可激也。因譬而喻，芬芳悱惻之中，自有一段真性情流出，所謂以才人之筆而兼詩人之致者也。彼宋元而後，沾沾以能賦爲工者，殆未足與語斯旨矣。"

錫縝《酒五經吟館詩草》跋語："翁石瓠嗜恬澹，甘寂寞爲詩，一唱三嘆，如朱弦疏越。前輩謂學盛唐者看中晚，中晚人得盛唐之精髓，無宋人之流弊。天地間文章只在當前，搜得出便成至文。梅宛陵曰'發難顯之情於當前，留不盡之意於言外'，實盡古今詩法。前後讀酒五經吟館詩積四十年，尋繹其進境如此。"

沈錫慶《酒五經吟館詩草》跋語："陸士衡云'詩緣情而綺靡'，

三百篇後變爲離騷，浸淫於漢魏六朝，至唐而極盛，宋元迄明代有作者，此詩之源流也。養泉廉訪以金張世冑，筦鑰農曹，觀察西陲，保氓輯寇，功績燦然，然迨至楚北筦榷局整釐絪，百廢俱興，宜若不暇。以詩鳴者，顧朝夕相從，論文樽酒，見其出入百家。自漢魏六朝至我朝作者，無不登堂嚌藏，逎知其肆力於詩者最深，出大集示余，盥誦回環，不能釋手。蓋以芬芳悱惻之懷發諸咏吟，不自知其詞之工而情之摯也。余既從廉訪游，又喜其譚詩之旨，有合於士衡之訓。爰書數行以志欽佩。"

沈錫慶《酒五經吟館詩餘草》跋語："唐人歌詩，宋人歌詞，故詞至宋而工。秦淮海之'山抹微雲'，柳屯田之'曉風殘月'，千古艷稱之。蓋其抑揚抗墜，節奏自然，移人者遠也。讀集中諸闋，幽情逸韻，寄託遥深，風格近秦、柳。爰跋數語，以志同好。"

張炳堃跋語："以白石之性靈，寫夢窗之秾艷。故宜清而能腴，麗而有則，是君身有仙骨，世人那得知其故。"

參考文獻：

1. 恭釗《酒五經吟館詩草》，光緒間刻本。

2. 恭釗《酒五經吟館詩餘草》，光緒間刻本。

3. 趙爾巽等撰《清史稿》，中華書局 1977 年版。

4. 蔡冠洛《清代七百名人傳》，中國書店 1984 年版。

5. 趙相璧《歷代蒙古族著作家述略》，內蒙古人民出版社 1990 年版。

6. 恩華《八旗藝文編目》，遼寧民族出版社 2006 年版。

（張博）

王韜傳

王韜,初名利賓,字紫詮,江蘇長洲人。道光八年(1828)生。

王韜《弢園老民自傳》:"老民姓王氏,素居蘇州城外長洲之甫里村,即唐陸天隨所隱處也。老民以道光八年十月四日生,初名利賓。"

趙烈文《能靜居日記》咸豐十一年(1861)七月十三日:"王瀚,原名利賓,字子九,一字仲弢,號蘭卿,又號懶今,行四,道光戊子年十月初四日戌時生。"按,十八歲改名瀚,詳見後文。

少穎敏,四五歲由其母授字義,後從父讀書,經史雜說,無不賅貫,一生學問悉基於此。

《弢園老民自傳》:"老民少承庭訓,自九歲迄成童,畢讀群經,旁涉諸史,雜說無不該貫,一生學業悉基於此。……老民母固知書,識大體,四五歲時,字義都由母氏口授。夏夜納涼,率爲述古人節烈事。老民聽至艱苦處,輒哭失聲,因是八九歲即通説部。"王韜《弢園文録外編》卷十一《珊瑚舌雕談初集序》:"十二歲,從先君子讀書吳村,一住五載,一切學問悉基於此。十七歲,先君子授徒於家,乃返。"王韜《弢園尺牘續鈔》自序:"余少即好拈弄筆墨,十二歲學作詩,十三歲學作箋札,十四歲學作文,有得即書,不解屬稿。"王韜《遁窟讕言》卷一《天南遁叟》:"少好學,資賦穎敏,迴異凡兒。讀書數行俱下,一展卷即能終身不忘。一鄉之人咸嘖嘖嘆羨曰:'某家有子矣。'"

十六歲赴崑山縣試,十八歲入縣學,十九歲赴南京與鄉試不第,遂棄帖括之學,而肆力於經史、詩文。

王韜《漫游隨錄》卷一《登山延眺》:"余十六歲赴鹿城應縣試。……是歲,主縣試者爲楊耕堂大令,蜀人。見余文,擊節嘆賞;以余在幼童列,文頗不凡也。"

《弢園老民自傳》:"十八歲以第一入縣學,督學使者爲秦中張筱坡侍郎,稱老民文有奇氣。旋易名瀚,字懶今。"所謂"第一",乃王氏自詡之詞,實爲第一等第三名,詳參張志春《王韜年譜》。

王韜《弢園尺牘》卷六《與英國理雅各學士》:"竊念韜少時禀承庭訓,十八歲入邑庠,十九試京兆,一擊不中,遂薄功名而弗事。於是杜門息影,屏棄帖括,肆力於經史,思欲上抉聖賢之精微,下悉古今之繁變,期以讀書十年,然後出而用世,不意天特限之。"《弢園尺牘》卷十二《擬上合肥相國》:"十八歲入邑庠,遂棄帖括,乃得肆力於詩文。"

按,王韜於帖括之批判見解,參見《弢園尺牘續鈔》自序:"顧性不喜帖括,十九歲應秋試不售,歸即焚棄筆研。竊視同里閈諸友,於帖括外無所長,亦無所好,未嘗不隱笑之。然余有所作,即示人,人亦不欲觀,咸輕視余,若以余不知文章爲何物者。嘗作一書托人轉達所知,久不見答;及詢其人,乃知以書中無要言,未之達也。嗚呼!彼之所謂文章者,時文耳;所謂要言者,俗事耳。宜其與余初不相入也。"

道光二十八年(1848),以省親游上海,訪西士麥都思主持之墨海書館,觀活字板機器印書。次年,其父見背,又逢江南大水,乃承

麥都思之請再往滬上，入墨海書館從事編校，前後奉職十三年。其間所得有限，入不敷出，常有生計艱辛之嘆。且其以士人身份而爲西人傭書，亦頗遭物議。

《漫游隨録》卷一《黃浦帆墻》："丁未仲夏，先君子飢驅作客，小住滬北。戊申正月，余以省親來游。……時西士麥都思主持墨海書館，以活字板機器印書，競謂創見，余特往訪之。……後導觀印書，車床以牛曳之，車軸旋轉如飛，云一日可印數千番，誠巧而捷矣。書樓俱以玻璃作窗牖，光明無纖翳，洵屬玻璃世界。字架東西排列，位置悉依字典，不容紊亂分毫。"

《與英國理雅各學士》："己酉六月，先君子見背，其時江南大水，衆庶流離，研田亦荒，居大不易，承麥都思先生遣使再至，貽書勸行，因有滬上之游。"《弢園老民自傳》："既孤，家益落，以衣食計，不得已豪筆滬上，時西人久通市我國，文士漸與往還。老民欲窺其象緯輿圖諸學，遂往適館授書焉，顧荏苒至一十有三年，則非其志也。"

按，王韜傭書時生計艱困，所得自給有餘，養家則難，其窘狀可從《弢園尺牘》所收與友人諸信函中察知，如卷三《寄應雨耕》："僻處海陬，欲歸未得，家有八口之累，室無半年之餘。"卷三《呈滌庵明經師》："歲暮囊空，百費猬集，徒張空拳，輒喚奈何，以諸窘迫狀，真閻浮提中苦惱衆生也。"卷三《與許壬釜》："授書西舍，絕無善狀，局促如轅下駒。筆耕所入，未敷所出。平仲之書，漸以易米；蔡澤之釜，時復生塵。"

又按，王韜迫於生計，傭書西人之館，內心難免不平。王韜《蘅華館詩録》卷二《移家滬上作》一詩，頗抒悒鬱之情，其中有"一朝落海上，夫豈由余衷。根本詎弗重，饘粥何由充"之句。後遭物議，亦常致書親友以自白，如《弢園尺牘》卷四《奉朱雪泉舅氏》："目論之士，以此爲獲罪名教，有玷清操，或則肆其妄譚，甚者加以醜詆。苦衷莫諒，初志誰原，舉世悠悠，憐才者殊不可得耳。……嗚呼！留則百喙莫辨，歸則半頃未置。……左右都非，進退維谷，坐是忽忽若忘，憒憒不樂。"

在滬期間，於西學身經目驗，乃知其精，思想漸趨轉變。譯介西方科技著作，又協助麥都思重譯《聖經》，並加入基督教。

王韜此期於西學有褒有貶，徘徊輾轉，難定於一。大抵於家鄉故舊，多言西學之疵；於滬上新朋，多言西學之善。前者如《弢園尺牘》卷四《與周弢甫徵君》，力陳"制夷"方略："識者以爲中外異治，民俗異宜，强弱異勢，剛柔異性，潰彝夏之大防，爲民心之蟊賊，其害有不可勝言者矣。西人素工心計，最爲桀黠。其窺伺濱海諸處，雖非利吾土地，而揣其意，幾欲盡天下之利而有之。……《傳》曰：'非我族類，其心必異。'西人隆準深目，思深而慮遠，其性外剛狠而內陰鷙。待我華民甚薄，傭其家者，駕馭之如犬馬，奔走疲困，毫不加以痛惜。見我文士，亦藐視傲睨而不爲禮。……吾恐日復一日，華風將浸成西俗，此實名教之大壞也。"信中批西方科技："至其器械造作之精，格致推測之妙，非無裨於日用者，而我中國決不能行。……奇技淫巧，概爲無用之物，曾何足重。"又批西方宗教："天主教入中土雖已三百年，而耶穌教不過近今數十年間耳。向在其國中相爭若水火，今欲越數萬里而訓我華人，亦未見其能必行也。"後者如《弢園尺牘》卷三《與韓綠卿孝廉》稱頌西方天文、數學："天算之學，西人精於中土十倍，幾何又爲算學之淵源。"《寄應雨耕》稱頌西方醫學："幸遇西醫合信，特出良劑，治此頑疴。"又於《瀛壖雜志》（按，此書成於咸豐三年，有蔣敦復序可證）卷六稱頌耶穌功德："夫西域遠處海隅，敦龐初變，悍屬成風。而耶穌一人獨能使之遷善改過，以範圍而約束之，道垂於千百年，教訖於數萬里。嗚呼，謂非彼土之杰出者哉！"

另據《弢園文録外編》附録《弢園著述總目》載，王韜於此期譯介西學著作有《格致新學提綱》《光學圖説》《重學淺説》《西國天學源流》等數種。其自作之書則有《中西通書》，《王韜日記》咸豐八年八月晦日載該書自序。

關於王韜入教受洗一事，王韜《蘅華館日記》咸豐四年八月二十四日："是日賦閑，至醫院聽英人説法，受主餐。"八月二十七日："午刻抵閔行鎮，維舟上岸，分送聖書。"九月二十九日："是日禮拜，至會堂聽英人説法。"皆可證明。詳參 Paul A. Cohen, *Between Tradition and Modernity*：*Wang Tao and Reform in Late Ching China*（Harvard University Press, 1974），pp. 19 - 21。

咸豐九年（1859），三次上書徐有壬，力陳"和戎平賊"之方略。十一年，作《擬上曾制軍書》，提出鎮壓太平軍之計策。又積極奔走，組織團練。

上徐有壬三書，即《弢園尺牘》卷四所收《上徐君青中丞第一書》《上徐君青中丞第二書》及卷五所收《上徐君青中丞》。《上徐君青中丞第一書》云："當今天下之大患，不在平賊而在禦戎。……而欲平賊則請以和戎始。……事固有緩急，有先後。今日之事，要惟先其所急，後其所緩而已。彼雖爲心腹之患，而在今猶未大決裂，可先以和弭之，而後徐爲之圖。"徐氏於次年二月回信，給予褒獎，並賜以吕宋銀三十餅作爲養母之用，詳見《弢園日記》咸豐十年二月九日所記。

《弢園尺牘》卷六收《擬上曾制軍書》，其平賊方略大旨云："修省恐懼，振勵奮發，以合天時；力争上游，順流進取，以得地利；撫集流亡，解散脅從，以盡人事。而尤要者，則在簡立大員，分兵爲三道：一由上海以收復嘉、青、太、昆而進攻蘇州；一由寧波以聯絡湖郡,保障杭垣,而進扼嘉興,墊守廣德,俾毋得過浙東西一步;一由安慶以克蕪湖諸要害,直抵金陵,搗其巢穴,必當同時並進,合攻夾擊,使賊首尾不能相顧,而後賊勢孤矣。"

《弢園老民自傳》自述其上書大吏與組織團練事迹:"金陵既陷爲賊窟,而滬上亦以閩、粤會匪起,戕官據城。老民思出奇計以復之,卒不能。發憤抑鬱,患咯血疾幾殆。咸豐八年,徐君青中丞開府吳中,與老民固有文字之契。老民以和戎、防海、弭盜三大端進言,前後上書十數通,皆蒙優答。十年,金陵大營潰,賊竄吾吳,常、鎮、蘇、太同時俱陷,東南半壁至此糜爛,四郡村鄉亦蹂躪無完土。老民於是志益孤,心彌苦。方捧上官檄督辦諸鄉團練,老民知其貪詐畏怯,萬不可恃,屢上書當事,代畫方略。言過切直,當事外優異而內忌嫉之。顧所言頗見施行,能多見效。其最要者,以西人爲領隊官教授火器,名曰洋槍隊。後行之益廣,卒以收復江南。然用其言而仍棄其人,並欲從而中傷之,此老民之所以扼腕太息、痛哭流涕、長往而不顧者也。惟時賊於蘇鄉遍設僞官、立董事,皆土著人,暴斂橫徵,僞卡林立。老民固素識諸董事,密相結納,説以反正。言曾帥善用兵,只以方剿上游,未遑兼顧,今安慶已復,援軍旦夕必至,不可不自爲計。因激以忠義,勉以功名,令諸董事入賊中説頭目結內應,皆有成説,其黠者亦從而徘徊觀望。"

屢次上書仍未獲重用,組織團練亦收效不大,韜乃倒戈,爲太平軍謀劃。同治元年(1862),其假借"黄畹"之名,上書太平天國蘇福省民政長官劉肇鈞,獻"和戎抗清"之計,卒未得用。劉肇鈞敗逃後,其書爲清軍繳獲上報。清廷見書大驚,即諭旨捉拿王韜。韜得英駐上海領事麥華陀保護,携妻女寓居領事館一百三十五日,後潛逃至香港,從此流亡在外二十三年。

王韜《上逢天義劉大人禀》屬故宫軍機處檔案,原載《國學季刊》1934年第4卷第1號。其上書大旨云：“於今天下未寧，方將經略中原。中原之疆土，十僅克服二三，欲資兵力者甚多。則我之待夷，寧和而毋戰，不宜輕失外援，以啓邊釁。……豌請謹獻其策曰：明告而嚴討之，陽舍而陰攻之，徐以圖之，緩以困之。”“曾郭［國］藩近患瘡傷甚劇，年衰血虛，勢難驟痊，其調度必無人。此進攻之時，不可失也。能復安慶，克取黃州，然後控九江、爭漢口，與翼王通問，合併兵力，長驅大進，黃河以南非復菁［清］有矣。”

清廷諭旨，參見王先謙《東華續錄》卷七《同治元年三月己酉上諭》：“逆黨黃豌爲賊畫策，欲與洋人通好，與軍務殊有關係。閱該逆稟内，於洋人多醜詆之詞，業經薛焕飭令吴煦告知英法領事，破其奸謀。仍着薛焕會商曾國藩、李鴻章妥爲辦理。至該逆所稱派撥黨與赴洋涇浜潛住，並勾結游民作爲内應，計殊凶狡，並著李鴻章、薛焕嚴密防範。黃豌是否見匿上海，或竄赴他處？著曾國藩等迅速查拿，毋任漏網。”

上書太平天國一事，王韜本人一向予以否認，此後著述中多有伸冤自白之語，如《弢園老民自傳》：“老民密縱反間，使賊黨互相猜貳，自翦羽翼，諸内應者多急欲見功，勢頗可乘。而當事者遽以通賊疑老民，禍且不測，聞者氣沮。老民急還滬上，猶思面爲折辨。顧久之事卒不解，不得已航海至粤，旅居香海。”《弢園尺牘》卷六《與醒逋》：“當路勢位烜赫。固無難指龜而成鱉，湆素以訛緇，欲戮一細民，亦何求而不得。兹雖西官力爲周旋，爲之請於彼國駐京公使，而當事者轉益其疑。……嗚呼！即使韜銜冤斧鑕，飲恨刀鋸，於正典明刑，攻城殺賊，亦何所裨，徒成殺士之名，自取忌才之實，此堪憤而又堪笑者也。”《與英國理雅各學士》：“壬春方擬回滬，忽聞官軍緝獲賊書，指爲韜作。當事不察，竟論通賊，忌毁者衆，百喙莫明。然而韜竟冒危往滬者，誠以區區之心可白無他。蓋進甘蒙隕首之誅，而退不甘受附賊之罪，退則猶可緩死，進則必無一生，而韜竟捨生取死者，其志亦斷可識已。”

學界就王韜上書太平天國一事之真偽，聚訟不休，主流意見以爲此事屬實。參見王開璽《關於王韜上書太平天國之我見》，《近代史研究》1988 年第 3 期；李景光《關於王韜上書太平天國的幾個問題》，《社會科學輯刊》1989 年第 4 期。

遁迹香港後，改名韜，字仲弢，一字子潛，自號天南遁叟，寓潛心晦迹之意。入英人理雅各之英華書院，助其翻譯中國儒家經書。

按，理雅各，蘇格蘭人，近代著名漢學家。道光十九年（1839），英國倫敦布道會派其前往馬六甲擔任英華書院院長。二十三年，英華書院遷入香港，理雅各亦一並隨往。其所著有《中國人關於神鬼的概念》《孔子的生平和學說》《孟子的生平和學說》等書，於歐洲漢學界有廣泛影響。咸豐八年（1858），理雅各借英國商人之資助，計劃將中國四書五經譯爲英文，取名《中國經典》。王韜抵港後，始佐其翻譯五經。《與英國理雅各學士》函中述其初至香港之窘迫、佐助經典之辛勤及對理雅各之感激，云：“逃死南陲，得逢執事，授餐適館，禮意優崇，俾覊旅之人弗至失所，感激之私，淪肌浹髓。韜遭罹巨釁，淪落異方，已同没世之人，並少生人之樂。去家萬里，欲歸則無可歸之家；避地一隅，欲往則無可往之地。舊朋無一字之來，新知乏半面之雅，所恃者執事一人而已。執事學識高邃，經術湛深，每承講論，皆有啓發，於漢、唐、宋諸儒，皆能辨別其門徑，決擇其瑕瑜；兹也璧書已竟，又將從事於葩經。不揣固陋，輯成《毛詩集釋》三十卷，繕呈清覽，庶少助高深於萬一。始於去歲五月，而成於今歲三月，將周一載，凌晨辨色以興，入夜盡漏而息，采擇先哲之成言，纂集近儒之緒語，折衷諸家，務求其是。韜承知遇之恩，於束脩之外，饋以兼金，辭受均難，感愧交並，耿耿於心，未有以報。伏思世間一切食用服御,皆先生所固有,且貧者不必以貨財爲禮也,惟此筆墨之事,貢自愚衷,或可少爲先生所許耳。臨書竦仄,無任感懷。"《弢園著述總目》所列《春秋左氏傳集釋》六十卷、《春秋朔閏日至考》三卷、《春秋日食辨正》一卷、《春秋朔至表》一卷、《皇清經解校勘記》二十四卷、《國朝經籍志》八卷,皆爲王韜譯經時所作筆記,亦可見其勤勉。

同治六年(1867)初,理雅各因事歸國,邀王韜往游歐洲。是年冬,韜乃起行,經新加坡、檳榔嶼、錫蘭,入紅海,過地中海,於法國馬賽港登岸,陸行歐洲,乘船越英吉利海峽抵英。在外兩年有餘,訪問亞非歐多國,沿途參觀,廣開見聞。並受邀前往牛津大學演講,宣傳中華文化,增進中西交流。晚年作《漫游隨録》三卷,記載泰西游歷之事。九年,返香港。

《弢園老民自傳》:"六年冬,西儒理君雅各招往泰西佐譯經籍,遂得遍游域外諸國,覽其山川之詭異,察其民俗之醇漓,識其國勢之盛衰,稔其兵力之强弱。道經法都,得瞻其宫室之壯麗,士女之便娟,廛市之駢闐,財物之殷阜,與英之倫敦並峙稱雄,同爲歐洲巨擘焉。既至英土,居蘇格蘭之西境,其地近北極,少燠而多寒,春夏之交,徹夜有光。而山水清淑,岩壑秀美,游屐所至,殊足娱情適志。九年二月還粤。此三年中,老民以孤身往還數萬里。嘗登舵樓以眺望,決目極天,蕩胸無際。波濤消其壯志,風雨破其奇懷。未嘗不感愴身世,悲憫天人。擊碎唾壺,泪涔涔墮也。"

《漫游隨録》卷二《倫敦小憩》:"英之北土曰哈斯佛(Oxford),有一大書院,素著名望。四方來學者,不下千餘人。肄業生悉戴方帽,博袖長衣,雍容文雅。每歲必品第其高下,列優等者,例有賞賚;而頒物之先,必先集於會堂聽講。監院者特邀余往,以華言講學。余備論中外相通之始。……是時,一堂聽者,無不鼓掌蹈足,同聲稱贊，墙壁爲震。"

返港後，即創辦《循環日報》，爲國人創辦報紙之開端。王韜親撰政論，多以西制針砭朝政。其政論文自成風格，後擇其精華，編入《弢園文錄外編》。

王韜辦報之宗旨，可見《循環日報》同治十二年十二月二十六日《本局日報通啓》："啓者，我同人創設中華印務總局將一年矣，然而日報一道，猶未舉行也。今擬刻期於十二月中旬爲開辦，每日按時分派，並無間斷。每月逢星房虚昴之日停止不送，蓋以是日乃西人禮拜之期，於船舶之駛行，貨物之貿易，皆鮮所聞故也。是報之行，專爲裨益我華人而設。周年酌取閱費五大圓，稍以襄助紙墨之需，其命名則曰《循環日報》。……今我同人爲論其大略曰：日報一道，所繫豈不重哉！蓋地球之大，生齒繁矣，疆域廣矣，其間良夕殊情，安危異勢，緩急異宜，動靜之微，得失之機，雖有遠見者亦不能馳域外之觀。本局是用博采群言，兼收並蓄，凡民生之休戚，敵國之機宜，製造之工能，舟車之來往，及山川風土禍福灾祥，無不朗若列眉，俾在上者得所維持，在下者知所懲創，此區區之微意也。……夫國之大患，莫若民情壅於上聞。民情不通，則雖有水旱盜賊，皆蔽於有司，莫得而知矣。比之一人之身，元氣不通，則耳目失其聰明，手足艱於行動。國之有民，亦猶人身之有元氣也。……近世儒者，囿於耳目，見有談時務者則曰大言不慚；見有談外事者則曰奪於外誘。豈知日月麗天，不廢秉燭，爲明有不及也。"《循環日報》（月刊本）同治十二年十二月十八日《本館日報略論》："客有問於本館先生曰：先生之爲日報也，其辭約，其旨微，其序述簡而明，其發論閎而當，美則美矣，然僕有惑焉：夫名之曰日報，則所言者必確且詳，乃先生所叙則或出於風聞而未得其直，或得其大概而未詳其備，言時事則多避忌，言惡行則略姓名，得毋有乖直筆之義乎？先生曰：此非爾所知也。夫以省會之繁衆，州郡之遼遠，一己之耳目，安能家考而户問之？其出於風聞，得其大概者，不過借彼事端發揮胸臆，以明義理之不誣，報應之不爽，俾衆生感發善心，消除惡念，發幽光於潛德，開悔悟於愚民而已。至於一介儒生，何敢謬陳得失；雖有聞見所及，亦第援古證今，僅同瞽詩矇誦之例。若必感憤激昂，妄談當局，僕雖不敏，亦當奉教於君子矣。"

《弢園文録外編》自序："自中外通商以來，天下之事繁變極矣。見所未見，聞所未聞，一切奇技瑰巧，皆足以鑿破天機，砍削元氣，而泄造化陰陽之秘。其間鬥智鬥力，情僞相感而利害生，交際相乘而得失生，强弱相形而凌侮生，誠詐相接而悔吝生。四十餘年中所以駕馭之者，竊謂未得其道也，草野小民獨居深念，怒然憂之。時以所見達之於日報，事後每自幸其所言之輒驗，未嘗不咨嗟太息而重爲反復以言之，無奈言之者諄諄而聽之者藐藐也。今春忽患風痹，幾於手足拘攣，杜門却掃，習静養痾，因取歷年來存稿稍加釐次，授諸手民。自愧言之無文，行而不遠，必爲有識之士所齒冷；惟念宣尼有云，辭達而已，知文章所貴在乎紀事述情，自抒胸臆，俾人人知其命意之所在，而一如我懷之所欲吐，斯即佳文。至其工拙，抑末也。鄙人作文竊秉斯旨，往往下筆不能自休；若於古文辭之門徑，則茫然未有所知，敢謝不敏。曰《外編》者，因其中多言洋務，不欲入於集中也。光緒九年夏四月浴佛前二日，天南遯叟王韜序於香海。"

光緒五年（1879），受栗本鋤雲等日本學者邀約，赴日游歷數月，考察明治維新文明成果，並與日本友人、旅日華人廣爲結納。沿途游觀見聞及唱和詩作，收入其《扶桑游記》一書。

《弢園老民自傳》："光緒五年己卯，老民作東瀛之游，藉以養宿痾、滌煩慮。……既至日東，遍歷崎陽、神户、浪華、西京諸名勝。居江户者十旬，遍交其賢士大夫，一時執贄請受業者户外屨滿。壺觴之會，壇坫之開，無日無之。唱和諸作，頗有豪氣。中又爲日光山之游，遍覽諸瀑布，窮其幽邃。老民將歸，日之賢士大夫餞別於中村酒樓，星使、參贊以下至者百有餘人，日人謂自開國數千年來所未有也。”

王韜《扶桑游記》自序敘其訪日緣由：“余少時即有海上三神山之想，以爲秦漢方士所云，蓬萊諸島在虛無縹緲間，此臆説耳，安知非即徐福所至之地，彼欲去而迷其途乎？顧自此東瀛始通，文字書籍由漸流入，其人之容貌音聲、性情風俗，固有與中土相仿佛者。邇來與泰西通商，其法一變，前之所謂世外桃源可以避秦者，今秦人反從而問津焉。余多日東文士交，每相見，筆談往復，輒夸述其山川之佳麗，士女之便娟，謂相近若此，曷不一游？又言：‘至東瀛者，自古罕文士。先生若往，開其先聲，此千載一時也。’聆之躍躍心動，神已飛於方壺、員嶠間矣。今春，寺田望南書來，以爲千日之醉、百牢之享，敢不維命是聽。於是東道有人，決然定行計。抵江都之首日，即大會於長酡亭上，集者廿二人。翌日，我國星使宴余於旗亭，招成齋先生以下諸同人相見言歡。由此壺觴之會，文字之飲，殆無虛日。余之行也，餞別於中村樓，會者六十餘人。承諸君子之款待周旋，可謂至矣。中間偕作晃山之游，遍探山中諸名勝。前後小住江都凡百日，日所游歷，悉紀於篇，並彙録所作詩文附焉。名曰《扶桑游記》，以畀栗本鋤雲先生，付諸手民，用示同人，不敢有忘盛惠也。光緒五年秋七月八日志於舟中，時將至長崎矣。”

龜谷行跋於其間細節亦有補充：“戊寅之春，余與栗本匏庵、佐田白茅探梅於龜井户，歸途飲於柳島。匏庵曰：‘吾聞有弢園王先生者，今寓粵東，學博而材偉，足迹殆遍海外。曾讀其《普法戰紀》，行文雄奇，其人可想。若得飄然來游，願爲東道主。’白茅曰：‘善矣！’余友寺田士弧曾至南海，與先生善，乃有東游之約。士弧與重野成齋、岡鹿門諸人，謀欲邀之。余告以匏庵言，於是成齋始與匏庵交。匏庵每置酒會友，未嘗不津津乎王先生也。己卯之夏，先生遂航海而至。"

自日歸國後，身體每况愈下，重病纏身，思能落葉歸根，返歸吳門，耕讀歸隱。乃托馬建忠、盛宣懷等人從中斡旋，乞清廷恕其當年通賊之罪。十年（1884），經李鴻章默許，終得歸里。

關於王韜歸國後之病情，《弢園尺牘續鈔》卷二《與吳瀚濤大令》中自述："韜自入春以來，陡患風痺，濕熱注於四肢，動履維艱。深恐手足拘攣，將成廢人，登山臨水，無望於此生矣。瞬經兩月，纏綿未痊。初時醫家進以瀉劑，欲求速效，不意元氣大傷，胃陽將絶，每對鷄鴨魚肉，輒作腥膻氣，聞之欲嘔，幾將效留侯之辟穀。以是枯瘠異常，幾成老僧。"

其與馬建忠、盛宣懷書信中，多相請托，乞請周旋，並頻頻表達無意復出、不越雷池之心。《弢園尺牘續鈔》卷一《與馬眉叔觀察》："韜年來屢遘多疾，精神困憊，迥非昔時；長夜無聊，輒不能寐，藥爐茗碗，獨遣良宵，幾於一月二十九日病。……韜久病思歸，以正丘首。時欲於莫釐、鄧尉之間，築室三椽，擁書萬卷，聊以畢此餘生足矣。能成斯志，惟在閣下。乞於修書上傅相之時，爲韜從容委曲以言之，不必登姓名於薦牘，惟求安游釣於故鄉。從此高枕林泉，長臥丘壑，優游著述，歌咏詩書，皆出自君之所賜也。"卷二《復盛杏蓀觀察》："明春決作歸計，行將於吳山越水間，卜築三椽，爲菟裘以終老。從此杜門却掃，息慮寡營，藉以自全其天，雖有蘇張其舌，不復出雷池一步矣。"

次年，又受唐廷樞、傅蘭雅、丹文等人之請，出任上海格致書院山長，系統踐行其教育改革理念。書院初以舉辦不定期演講爲主，且僅授西方科技；王韜厲行改革，改爲招收生童，開班教學，並創設

時務考課制度,激勵學人關注國計民生。

王韜《格致書院課藝》自序:"格致書院之設,於今十餘年矣。乙酉秋,唐景星觀察偕丹文律師、傅蘭雅西士,延余爲監院,不獲辭。……每年分四季爲課期,由余請於當道出題課士,即由當道視其優劣詳定甲乙,列前茅者,例撥院款給以獎勵,而當道亦復分厥廉泉,優加策勉,藉以鼓舞興起之焉。"

晚年致力於刻印一生著述,期可傳名後世。

王韜《王韜致謝綏之函》其三(中國社會科學院近代史研究所近代史資料編輯室編《近代史資料》總第 66 號,中國社會科學出版社 1987 年版):"弟自粵旋吳一十有三年,不過刹那間,精神迥不如前,面目亦非故我。彈指光陰,催人老邁,石火電光,鏡花水月,一切事皆當作如是觀。語云'豹死留皮',孔子疾没世而名不稱。名之不可已矣如是夫!弟窮而在下,不過以著述求名耳。惟是覆瓿糊窗之物,亦何足存。生平著述四十餘種,授諸手民者,不過片鱗半甲耳。前以香帥命譯《洋務叢書》,遂乏暇晷,刻書之役,遽爾中止。今歲始得重理舊業,俱當躬自校閱,繕寫真本。伏念犬馬之齒,六十有七矣。炳燭餘光,爲時有限,不得不早自料理。即使不灾梨棗,亦當分儲書院及藏書公所,恐他年鼠嚙蟲殘,同於草亡木卒爲可悲耳。"

十三年(1887),病死於上海寓所。

《新聞報》1897 年 5 月 25 日《天南星逝》一文報導:"天南遁叟王紫詮廣文韜著作等身,才名藉甚。……不料近抱沉疴,一病不起,於昨日騎箕仙去。從此詩壇酒國中頓少一風流老輩,言之能無沮然。"可推知,王韜卒於光緒十三年四月二十三日(1887 年 5 月 24 日)。

王韜學貫中西，著述等身。筆記小説述其生平游歷，多有妙趣，能開國人眼界。詩、詞、駢文皆善，近人評其詩勝於袁枚，詞則出入玉田、草窗，駢文亦峭麗流暢。

據《弢園著述總目》，王韜筆記著作有《瀛壖雜志》《瓮牖餘談》《遁窟讕言》《淞隱漫録》《扶桑游記》《海陬冶游録》《花國劇談》《漫游隨筆圖説》《淞濱閑話》《老饕贅語》《歇浦芳叢志》等。

費行簡《近代名人小傳・王韜》："韜不過李漁之流，所謂浮薄輕士，而其詩與儷體文，固多佳制，未可全没也。……詩古近體皆可誦，勝於袁枚。駢文雖不盡能拔俗，而峭麗流暢，亦足傳世。"《蘅華館詩録》自序："余不能詩，而詩亦不盡與古合，正惟不與古合，而我之性情乃足以自見。"

蔣敦復《芬陀利室詞話》卷二："王子九茂才少工倚聲，出入於玉田、草窗之間。……詞句清麗，情韻纏綿。"

參考文獻：

1. 王韜《弢園尺牘》，光緒十三年大文書局鉛印本。

2. 王韜《弢園尺牘續鈔》，光緒十五年鉛印本。

3. 王韜著，陳恒、方銀兒評注《弢園文録外編》，中州古籍出版社 1998 年版。

4. 王韜《弢園老民自傳》，江蘇人民出版社 1999 年版。

5. 張志春《王韜年譜》，河北教育出版社 1994 年版。

6. 陳正青、湯志鈞整理《王韜日記》，中華書局 2015 年版。

（馬昕）

潘祖蔭傳

潘祖蔭，字東鏞、伯寅，小字鳳笙，號鄭庵，江蘇吳縣（今江蘇省蘇州市）人。道光十年（1830）生。四歲隨父母南旋，寓外祖父第。五歲隨父母還京，受業於胡清綬。六歲受業於沈慶蕃。八歲得見阮元，獲贈齊侯罍拓本。

潘祖年《潘文勤公年譜》道光十三年（1833）："二月，先君及汪太夫人南旋，兄侍行，寓外大父詒德公第。"道光十四年："四月，先嚴慈挈兄還京，受業於胡若卿先生，名清綬。"

潘祖蔭《説文古籀補叙》："余八歲即見阮文達於兵馬司後街之邸，以齊侯罍拓本爲賜，後爲陳頌南師弟子，始爲鐘鼎文字之學。"（吳大澂《説文古籀補》卷首，清光緒十二年點石齋石印本）

道光二十六年（1846），以國子生應順天鄉試，挑取謄録。二十九年，南歸抵蘇州，與楊文蓀、戈載、尤崧鎮、江湜諸先輩訂交。三十年，考取國子監學正學録二十四名。咸豐元年（1851），請業於曾國藩，受《説文》讀法。

李慈銘《誥授光禄大夫太傅工部尚書潘文勤公墓誌銘》："十七歲，以國子生應順天府鄉試，挑取謄録。"《潘文勤公年譜》道光二十六年："八月應順天鄉試，挑取謄録，出倉少坪先生景愉房。"

《誥授光禄大夫太傅工部尚書潘文勤公墓誌銘》："二十一歲，

考取國子監學正學録。"《潘文勤公年譜》道光三十年："八月，考取國子監學正學録二十四名，九月引見。"

《潘文勤公年譜》咸豐元年："請業於曾文正公，教以治《説文》，先看段注第十五卷及小徐通論，並熟讀部首。復治《毛詩故訓傳》。"

按，邵懿辰《半岩廬遺詩》潘祖蔭跋云："咸豐庚戌九月，蔭考取國子監學正，赴圓明園引見，始謁丈於七峰別墅，是爲識丈之始，遂偕游碧雲、卧佛諸寺。蔭時受業於晋江陳先生之門，丈嘗謂蔭曰：'子從頌南講漢學，何不從篔生講宋學？'時閲學正試卷者，湘鄉師也。蓋丈之詆漢學，特憤時事云爾，非其本意也。"據此，伯寅請業於曾氏，應爲邵懿辰所紹介。

咸豐二年（1852），中恩科會試第九名，殿試一甲第三名，朝考一等第四名，授職編修。三年，朝鮮李尚迪來訪，與之筆談朝鮮金石書籍之事，獲贈《陳真興王北狩碑》《唐平百濟碑》《桂苑筆耕》。四年，朝鮮吴慶錫來，與孔憲彝、葉名澧、阮福等爲文酒之會，獲贈《唐平百濟碑》等多種朝鮮古刻拓本，始編著《海東金石録》。

《清代硃卷集成》咸豐二年恩科會試潘祖蔭貢歷："會試中式第九名。保和殿覆試二等第一名。殿試第一甲第三名，賜進士及第。朝考一等第四名，欽授翰林院編修。"《誥授光禄大夫太傅工部尚書潘文勤公墓誌銘》："二十三歲中咸豐壬子科會試第九名，殿試一甲第三名，授編修。"

《潘文勤公年譜》咸豐三年："四月，留館。朝鮮李藕船尚迪來，以筆相問答。兄詢以彼土金石文字及鄭麟趾、申叔周諸家之書，藕船因舉篋中所携《陳真興王北狩碑》《唐平百濟碑》及《桂苑筆耕》以贈。"咸豐四年："正月，李藕船弟子吴元秬慶錫自其國來，與孔綉山憲彝、葉潤臣名澧、阮賜卿福諸先輩爲文酒之會，兄亦與焉。元秬復贈兄《唐平百濟碑》、《劉仁願紀功碑》、紅流洞石刻六種、《真鑑禪師碑》、《興化寺碑》、《文殊院記》,皆海東古刻也。兄由是廣搜拓本,發憤爲《海東金石録》,逾年而成,共二十四卷,自爲序。"

咸豐六年(1856),先後充功臣館纂修、會試同考官,補翰林院侍讀,充咸安宮總裁,後得命在南書房行走。七年,屢和御製詩,後召對於勤政殿之後殿,次日補授翰林院侍講學士。八年,充陝甘鄉試正考官。

翁心存《翁心存日記》咸豐六年五月十一日:"潘祖蔭補侍讀。"九月四日:"隨同文相國酌定咸安宮總裁(潘祖蔭)。"(翁心存著、張劍整理《翁心存日記》,中華書局2011年版)《清實録·文宗實録》咸豐六年十一月辛酉條:"命翰林院侍讀潘祖蔭、編修彭瑞毓,在南書房行走。"

《潘文勤公年譜》咸豐七年:"(正月)二十四日,命和御製《對鷗舫雪望》詩二首、《昆明曉泛》詩一首。……(三月)二十一日,命和御製《觀書五古元韻》。……二十三日,恭和御製《皇長子周歲之喜有作元韻》。……(四月)初八日,恭和御製《四月初七日雨詩元韻》。……閏月二十一日,召對於勤政殿之後殿。二十二日,奉旨補授翰林院侍講學士。"

《清實録·文宗實録》咸豐八年六月丙寅條:"以翰林院侍講學士潘祖蔭爲陝甘鄉試正考官。修撰翁同龢爲副考官。"《鄭盦文存·陝甘鄉試録序》:"咸豐八年戊午科鄉試屆期,禮臣以陝甘考官請,特命臣潘祖蔭偕翰林院修撰翁同龢往司其事。"

咸豐九年(1859),與許彭壽、楊泗孫合疏,請戒諭諸臣臚陳得失。十年四月,疏陳東南軍務,請調臨省大員往江蘇。七月遞封奏,前後凡三疏,諫止巡幸木蘭。十一年,署宗人府府丞,充磨勘大臣,上疏密陳五事。

《清實録・文宗實録》咸豐九年三月庚寅條："諭内閣：朕御極以來，屢經特詔求言，内外臣工，敷陳時事，凡有關國計民生者，無不隨時采擇，立見施行。本日據許彭壽、潘祖蔭、楊泗孫奏，入春雨澤稀少，請戒諭諸臣臚陳得失等語。夫遇灾修省，原非博納諫之虚名，况現在軍務未平，民困未甦，朕祗承祖訓，上迓天庥，宵旰焦勞，無時少釋。在廷諸臣，自各部院堂官至科道等，原准其隨時獻納，並未豫飭其緘默旁觀。各大員等，群力匡襄，尚有能喻朕意者。至科道等，身列諫垣，遇事直言，方爲不負職守。……朕深愧訓諭無方，繼自今若不激發天良，敷陳要政，以補救時艱，國家安用此臺諫爲耶？將此詳諭在廷諸臣知之。"

《潘文勤公年譜》咸豐九年："三月二十日，與許仁山先生、楊濱石京卿合疏請求言。"按，《請求直言疏》收入潘祖蔭《潘文勤公奏疏》："竊自入春以來，雨澤稀少，近畿望澤孔殷。皇上親詣圓明園龍神廟拈香，並於本月二十二日親詣黑龍潭再申虔禱。仰見皇上宵旰憂勤，視民如傷之至意。……近見内外臣工未免恬熙之習。九卿臺諫不聞忠讜之言。……臣等伏願皇上戒諭諸臣，各抒所見，臚陳得失，之言善否，聖心自有權衡。"

《潘文勤公年譜》咸豐十年："四月十三日，疏陳東南軍務。又附片請責成署淮海道吳棠辦理江南、山東交界等處土匪。又參奏興安府同知徐奎縱容教匪、吞蝕倉糧，請飭下陝西撫臣查辦。"按，《歷陳東南軍務疏》收入《潘文勤公奏疏》。

《翁心存日記》咸豐十年七月廿七日："彭中堂、潘祖蔭各遞封奏。六部九卿遞會奏，都察院堂官、五城御史遞連銜封奏，諫止巡幸木蘭也。"《潘文勤公年譜》咸豐十年："八月，文宗顯皇帝巡幸木蘭。兄三上疏力爭，前後兩疏廷臣會銜。"按，《諫止巡幸木蘭第一疏》《第二疏》《第三疏》俱見《潘文勤公奏疏》。

《清實録·穆宗實録》咸豐十一年八月庚申條：“大理寺少卿潘祖蔭署宗人府府丞。”

《潘文勤公年譜》咸豐十一年十月：“二十日……充磨勘大臣。是月，兄上疏密陳五事曰：勤聖學、求人才、整軍務、裕倉儲、通錢法。”按，《密陳五事疏》，收入《潘文勤公奏疏》。

同治元年（1862），擢光禄寺卿，兼署都察院左副都御史。奏請於江蘇、安徽、山東、河南之交添設四界鎮以制捻匪，附片奏參浙江金衢嚴道江允康、西安知縣丁壽辰劣迹，及嚴通州、泰興等處江防。三年，招王軒、董文涣、定丈、王憲成、張炳炎、李文田、秦炳文、許宗衡陪李尚迪飲，席間出示新刻《西髦詩草》。是年，署理工部右侍郎，兼管錢法堂事務。

《翁心存日記》同治元年閏八月二十七日：“前因潘祖蔭奏江蘇、安徽、山東、河南四省邊界捻匪蔓延，徐州爲四省交冲，請添設四界鎮道各員，當諭僧格林沁等妥議具奏，兹據奏稱槍匪起於蒙、亳，擾及江皖東豫，出没之區四通八達，添設鎮道無裨全局，須俟地方肅清，再行酌議，潘祖蔭所奏著毋庸議。”按，《請添設江蘇、安徽、山東、河南四界重鎮疏》《楚軍進逼金陵請妥辦江防以遏賊冲片》收入《潘文勤公奏疏》。

《清季洪洞董氏日記六種·董文涣日記》同治三年三月三十日：“同顧翁赴伯寅邀，陪朝鮮李藕船飲，暢譚竟日，同坐者，定丈、蓉州、午橋、若農、香濤、誼亭、海老。伯寅示其新刊王孟調明經《西髦詩草》。”（董文涣等《清季洪洞董氏日記六種》，北京圖書館出版社 1997 年版）

《清實録·穆宗實録》同治三年七月壬戌條：“都察院左副都御史潘祖蔭署工部右侍郎，管錢法堂事。”

同治四年（1865），隨駕出都詣東陵。五年，派查估太平諸倉工程，補工部右侍郎管錢法堂事務，仍兼署刑部左侍郎。

《潘文勤公年譜》同治四年：“八月十二日，穆宗毅皇帝將詣東陵，派隨扈大臣。二十三日，工部奏派恭送梓宮隨營辦事及查看橋道堂官二員，御章鈐出恒祺、潘祖蔭。二十七日，軍機大臣傳旨，南書房隨扈派出許彭壽、潘祖蔭、孫詒經。九月十六日，隨駕出都。……二十四日卯刻至燕郊，午刻至行宮侍班，戌刻還京。”按，《清實錄・穆宗實錄》同治四年九月己卯（十七日）條：“上奉慈安皇太后慈禧皇太后啓鑾。恭謁東陵。”丁亥（二十五日）條：“上奉慈安皇太后、慈禧皇太后還宮。”《潘文勤公年譜》所記出都、還京日期與《實錄》有違，應以《實錄》爲準。

《清實錄・穆宗實錄》同治五年十二月辛亥條：“工部右侍郎王發桂因病解職，以都察院左副都御史潘祖蔭爲工部右侍郎，管錢法堂事，仍兼署刑部左侍郎。”

同治六年（1867），派查勘福陵工程，回京後作《沈陽紀程》一卷。是年，刻金城齋《求古錄禮説補遺》並序，又刊龔自珍《泰誓答問》。

《清實錄・穆宗實錄》同治六年四月丙申條：“工部左侍郎毓録因病解職，改派右侍郎潘祖蔭前往盛京，敬謹查勘福陵工程。”《潘文勤公年譜》同治六年：“四月，派查勘福陵工程。……六月初二日，回京覆命，猶未愈也。是役成《沈陽紀程》一卷。”

《潘文勤公年譜》同治六年：“十一月，刻《求古錄禮説補遺》，臨海金城齋撰。趙益甫得於台州，元和管申季明經復得四首，兄並刻之。又刊龔定庵先生《泰誓答問》。”按，《求古錄禮説補遺序》收入《鄭盦文存》。

同治七年（1868），充經筵講官，刻陳焕《公羊逸禮考徵》。

《清實録·穆宗實録》同治七年十二月丙寅條："以都察院左都御史靈桂、户部左侍郎龐鍾璐、右侍郎潘祖蔭，充經筵講官。"

《潘文勤公年譜》同治七年："是年刻長洲陳碩父先生《公羊逸禮考徵》。任校讎之役者，先生弟子陳比部倬也。"按，是書後收入潘祖蔭匯輯《滂喜齋叢書》。

同治八年（1869），轉户部左侍郎，管三庫事，派修阜成門城墙工程，派勘估武英殿工程。

《清實録·穆宗實録》同治八年六月辛酉條："諭内閣：醇郡王等奏，武英殿不戒於火，查明大概情形各一摺。本月二十日夜間，西華門内武英殿不戒於火，延燒至三十餘間。……轉户部右侍郎潘祖蔭爲左侍郎，管三庫事。"按，《潘文勤公年譜》同治八年："二月二十一日，調補户部左侍郎，兼管三庫事務。是日，武英殿灾。"所記有誤。

同治九年（1870），兼署吏部右侍郎，蒙賜御筆"直良功順"額及七言聯，以此刻印。

《潘文勤公年譜》同治九年："十一月，賜御筆四字額曰'直良功順'，七言聯曰'鐘鏞律應鈞天奏，黼黻文章復旦華'。奉旨不必謝恩，亦不必具摺謝恩。是日，命兼署吏部右侍郎。"上海圖書館藏伯寅舊藏《鹿角山紀聖碑陰》有"御賜直良功順印"。

同治十年（1871），與張之洞設宴龍樹寺，邀四方之士秦炳文、李慈銘等十七人大會，各賦詩，請秦炳文作圖。冬日作消寒第一集。

許同莘《張文襄公年譜》卷一同治十年："五月初一日，與潘文勤觴客於龍樹寺，名士畢集。秦誼亭作雅集圖，誼亭題云：'時雨乍晴，青廬瑟瑟，縱論今古，竟日流連，歸作此圖，以記鴻爪。'"（商務印書館 1944 年版）王闓運《湘綺樓日記》同治十年五月一日："伯寅來，旋約飲在龍樹寺，與香濤同爲主人。四方之士，集者十七人。"李慈銘《越縵堂日記》同治十年五月一日："詣龍樹寺赴伯寅、孝達之招，至者二十餘人，名士群集，而吾鄉之妄人天水生亦與焉。諸君多不欲，均茵伏。伯寅賦紙，屬分紀以言，且請秦誼亭戶部繪圖。"董文渙《日記》同治十年五月一日："申刻赴伯寅前輩龍樹寺約，坐中除王紉秋闓運孝廉、秦誼庭農部、閻庶常迺竸外，皆初晤面者。"

董文渙《日記》同治十年十一月十一日："伯寅丈邀十五日作消寒會，共十二人：胡荄甫、趙撝叔、張香濤、陳逸山、王蓮生、秦誼亭、趙價人、許鶴巢、吳清卿、顧緝廷、海客、李菊人。十二日香濤來札，約定消寒會，共七人。十五日，消寒第一集，伯寅丈作。"

同治十一年（1872）夏，與張之洞、李慈銘、嚴汝成、胡澍、王懿榮、陳喬森諸名士銷夏聯吟，彙集唱和之作刻成《壬申銷夏詩》。是年，刻《吳頊儒遺書喪禮經傳約》《炳燭編》《亢藝堂集》《西梟草》《陳比部遺集》。

《潘文勤公年譜》："夏，與諸名士銷夏聯吟。兄首唱六律，一拓銘、二讀碑、三品泉、四論印、五還硯、六檢書。張孝達、李炁伯、嚴汝成、胡甘伯、王正儒、陳逸山皆有和作。刻《壬申銷夏詩》。"按，潘祖蔭《鄭盦詩存》有《消夏六咏》。張之洞《張之洞詩文集》卷二有《和潘伯寅壬申消夏六咏》。

《潘文勤公年譜》同治十一年："又刻吳頊儒遺書、李鄅齋方伯《炳燭編》、錢塘張文節公集、歙曹念生《噉橄欖館稿》、越三子詩。其一爲孫廷璋蓮士，兄庚戌學正同年；其一爲陳壽祺珊士，丙辰分校禮闈所得士；其一則王星誠孟調也。"

按，《亢藝堂集序》《西梟草序》收入《鄭盦文存》。

同治十二年（1873），刻《鹽法議略》《素問校義》《宋四家詞選》。是年夏，與李慈銘、王頌蔚諸君聯吟，復刻《癸酉銷夏詩》。十二月以磨勘被議，降二級調用。

《潘文勤公年譜》同治十二年："是夏，與李炁伯、王芾卿諸君聯吟，復刻《癸酉銷夏詩》。"

《誥授光禄大夫太傅工部尚書潘文勤公墓誌銘》："四十四歲，兼署吏部左侍郎，充癸酉科順天鄉試副考官。十二月，以磨勘被議，降二級調用。先以户部遺失行在堂印，革職留任，至是循例革任。"《潘文勤公年譜》同治十二年："十二月，禮部奏磨勘處分，奉上諭，降二級調用。是年，刻績溪胡氏《尚書序録》《卦本圖考》《説文管見》，密縣王氏《鹽法攻略》，《藝芸書舍宋元本書目》，胡甘伯《素問校義》，周止庵《宋四家詞選》。"

同治十三年（1874），奉特旨升復侍郎，以三品京堂候補。

《誥授光禄大夫太傅工部尚書潘文勤公墓誌銘》："四十五歲……六月，復特旨開復侍郎任内革職留任處分，以三品京堂候補。"

光緒元年（1875），任大理寺卿，後署禮部右侍郎。四年，召見於養心殿，調補户部右侍郎，充實録館副總裁。

《清實録·德宗實録》光緒元年三月癸卯條："以候補三品京堂潘祖蔭爲大理寺卿。"八月辛未條："以大理寺卿潘祖蔭署禮部右侍郎。"

《潘文勤公年譜》光緒四年："五月初八日，召見於養心殿。十九日，調補户部右侍郎仍兼署工部左侍郎。……九月初一日，兄回京，充實録館副總裁。"

光緒五年（1879），擢都察院左都御史，旋又擢工部尚書，以承辦妥協有功，加太子少保銜。是年，刻《秋審情實條款》《提牢瑣記》《救荒活民書》《伐蛟説》《答問擔粥廠章程書》。

《清實録・德宗實録》光緒五年正月辛未條：“桑春榮因病解職。以都察院左都御史翁同龢爲刑部尚書。户部左侍郎潘祖蔭爲都察院左都御史。”三月乙卯條：“以都察院左都御史潘祖蔭爲工部尚書。”三月庚午條：“以工部承辦山陵大事悉臻妥協，賞加尚書潘祖蔭太子少保。”

《潘文勤公年譜》光緒五年：“兄自長秋官，刻《洗冤録詳義》《秋審情實條款》、合肥李光禄公《貫垣紀事詩》、濮主事文暹《提牢瑣記》，又自丁丑後，以晉豫諸省偏災迭告，刻《救荒活民書》及《伐蛟》《治蝗》《擔粥》諸説。”

光緒六年（1880），奉諭與惇親王、恭親王、醇賢親王、翁同龢專辦中俄交涉事件。七年，充國史館正總裁，寫成中俄善後五策初稿，與奕誴、奕譞、奕訢同覆核曾紀澤奏俄國改訂條約章程。八年，召對養心殿，授軍機大臣。

《潘文勤公年譜》光緒六年：“九月初一日，奉上諭：與惇親王、恭親王、醇賢親王、翁尚書同龢專辦中俄交涉事件。”按，《翁同龢日記》光緒六年九、十月間所載多涉此事。

《翁同龢日記》光緒七年正月十一日：“午初二退直，函致伯寅，請其稍遲再寫，遂與商定明日辦法而退。”（翁同龢著，陳義杰整理《翁同龢日記》，中華書局 2006 年版）《清實録・德宗實録》光緒七年四月丙午條：“欽奉慈禧端佑康頤昭豫莊誠皇太后懿旨，曾紀澤奏與俄國改訂約章及辦事艱難情形各一摺。總理各國事務衙門奏進呈曾紀澤《改訂條約章程》並地圖等件一摺。著惇親王奕誴、醇親王奕譞、潘祖蔭、翁同龢會同總理各國事務衙門王大臣覆核具奏。”

《清實録·德宗實録》光緒八年十一月戊子條："命刑部尚書潘祖蔭在軍機大臣上行走。"

光緒九年（1883），父曾綬逝，送棺椁回鄉。是年，刻徐元嘆遺詩、《百宋一廛賦注》《藏書紀要》《劉貴陽經説》《日本金石年表》。十年，盡出所藏，延葉昌熾編藏書目。以舊日所刻諸書彙爲《滂喜齋叢書》四集，復刻《功順堂叢書》，又別刻《士禮居藏書題跋記》。

《潘文勤公年譜》光緒九年："正月二十二日丑刻，先君棄養。二十四日，奉上諭追贈三品卿銜，賞銀二千兩治喪。……四月二十日，扶櫬南旋。……十月，刻徐元嘆遺詩，又屬族侄志萬寫刻《百宋一廛賦注》及楊雪漁太史所書《藏書紀要》。……是年所刻尚有《劉貴陽經説》《日本金石年表》。"

葉昌熾《緣督廬日記》光緒十年九月二十九日："鄭盦丈盡出所藏秘笈，屬編書目。並云天禄琳琅同治癸酉詔付內務府重裝裱。龍馭上賓，今迄未交進，不知流落何所矣。武英殿亦有秘刊數百種，盡遭一炬，其書目惠邸有之。"《潘文勤公年譜》光緒十年："以舊所刻諸書彙爲《滂喜齋叢書》四集，復彙刻《功順堂叢書》。……又別刻《士禮居藏書題跋記》六卷。"

光緒十一年（1885），挈眷北上抵京，召見於養心殿，命仍在南書房行走，署兵部尚書。是年，以南旋所刻書分贈友朋。

《清實録·德宗實録》光緒十一年五月戊申條："命前刑部尚書潘祖蔭仍在南書房行走，並署理兵部尚書。"

《潘祖蔭日記》光緒十一年五月十九日。"晤廉生，謝客。以《功順》《左補》《孔注》《士禮居》《眉山》《百宋》《紀要》送伯希。以《平齋尺牘題跋》送廉生。以《曬書堂集》《證俗文筆録》四種送葉先生。……叔平來，以《左補》《孔注》《西夏》《眉山》《石湖田家石刻》

《秋室先生集》送之。"

光緒十二年（1886），與翁同龢等會奏請祀顧炎武、黄宗羲於孔廟，上駁；充會典館副總裁，先後派寶泉局工程、内倉工程，派管理溝渠河道大臣。

《潘祖蔭日記》光緒十二年二月十六日庚辰："顧、黄會議，仍另奏，翁領銜。上諭毋庸從祀。昨日事。""十月初二日……奉上諭：潘著充會典館副總裁，欽此。……十二月初六日……派寶泉局工程。……十四日……派内倉工程。二十二日……派管理溝渠河道。"

光緒十三年（1887），扈蹕西陵。兼管順天府府尹事。十四年，署户部尚書，康有爲來書求見。

《潘文勤公年譜》光緒十三年："（三月）初六日，扈蹕出都，每日至行宫侍班。……十一日，皇太后、皇上謁陵。十二日，慕陵大饗，隨同行禮。……十五日，回京。"

《清實録・德宗實録》光緒十三年九月戊午條："以工部尚書潘祖蔭兼管順天府府尹事。"

《潘祖蔭日記》光緒十四年八月初七日："奉上諭：户部尚書著兼署，欽此。"十月初四日："康祖詒號長素，友之國器從孫。上書自稱南海布衣。"

光緒十五年（1889），慈禧皇太后將歸政，以前任軍機大臣奉懿旨交部議叙，賞加太子太保銜。是年，奉旨校《通鑑御覽》，邀諸友襄助。

《潘文勤公年譜》光緒十五年："二月二十二日，皇太后將歸政。以前任軍機大臣奉懿旨交部議叙。"《清實録・德宗實録》光緒十五年正月甲戌條："南書房行走尚書潘祖蔭著賞加太子太保銜。"

《緣督廬日記》光緒十五年二月十九日："鄭盦丈奉敕校《通鑑

御覽》，招偕再同往相助。……同校者郎亭、鶴巢兩丈，建霞、花農、廉生、夢花、佛卿、子培、子封、許子源及梁君某子。"（葉昌熾《緣督廬日記》，江蘇古籍出版社 2002 年版）

光緒十六年（1890），京師雨災，與順天府尹陳彝會奏災情，請調撥錢糧，開設粥廠。後受寒，強起入直。終以積勞成疾，心陽大虛而卒，遺命弟祖年子樹孳爲嗣子。十八年，歸葬於吳縣茭白蕩。

《潘文勤公年譜》光緒十六年："六月，京師霪雨爲災。二十四州縣同時被水。初六日，與陳六舟京尹彝會奏情形一摺。……在玉清觀、臥佛寺、功德林、普濟堂設立粥廠四處。……十月二十三日，忽感寒，身熱，汗出不止。是夜猶強起入直。……三十日，兄自知病不起，陳六舟京兆來視疾，諄諄以公事相托，且曰：'吾其爲周小棠乎？'蓋周公亦以任京兆時辦賑盡瘁而歿者也。申刻，痰聲驟涌。酉刻遂薨。遺命以樹孳爲嗣。"

《（蘇州）大阜潘氏支譜·世系考一之四》敷九公支四房貢湖公支三十二世"潘祖蔭"條："葬吳縣五都二圖任字圩茭白蕩子山午向兼壬丙。"

《誥授光禄大夫太傅工部尚書潘文勤公墓誌銘》："將以壬辰三月十九日，葬公於吳縣五都一圖之茭白蕩。"

潘氏累世仕宦，祖蔭自登進士，授翰林，歷官大理寺卿、禮部右侍郎、工部尚書，入直軍機。居官三朝四十載，文字衡校、山陵巨役、大議典禮，悉肩其任，中外倚重。博通經史，儲古書金石甚富。迭掌文衡。刻書近百種。

《誥授光禄大夫太傅工部尚書潘文勤公墓誌銘》："綜公一生，以文學政事揚歷三朝。早結主知，日在禁近，進參樞密，出備六卿，恩寵便蕃，光華震叠。凡程工艱巨之役、文字衡校之司，無歲不膺，無月不與。以至國是大議，典禮鴻章，朝局元黃，黨論消長，天下之疑獄，百司之興作，公悉仔肩其任，折衷是非，強力一心，中外倚重。"

《清史稿》卷四百一十一《潘祖蔭傳》："祖蔭嗜學，通經史，好收藏，儲金石甚富。先後數掌文衡，典會試二、鄉試三，所得多真士。"

按，潘祖蔭一生輯刻書籍甚多，初無計劃，隨得隨刊。至光緒年間，逐漸彙刻成《滂喜齋叢書》五十種、《功順堂叢書》十八種，此外尚有二十八種單刻。所著有名可考者有《潘文勤公奏疏》《沈陽紀程》《東陵日記》《西陵日記》《閱卷記錄》《八喜齋隨筆》《鄭盦詩存》《鄭盦文存》等十餘種。

參考文獻：

1. 潘祖蔭《潘文勤公奏疏》，光緒間刻本。

2. 潘祖蔭《鄭盦詩存》，潘承弼輯《陟岡樓叢刊》，民國三十三年影印本。

3. 潘祖蔭《鄭盦文存》，潘承弼輯《陟岡樓叢刊》，民國三十三年影印本。

4. 潘祖蔭著、蘇州博物館編、呂健點校《潘祖蔭日記》，上海古籍出版社 2022 年版。

5. 潘祖年《潘文勤公年譜》，光緒間刻本。

6. 李慈銘《誥授光祿大夫太傅工部尚書潘文勤公墓誌銘》，上海圖書館編《（蘇州）大阜潘氏支譜》附編卷九，上海科學技術文獻出版社 2018 年版。

7. 潘祖蔭著，潘裕達、潘佳整理《潘祖蔭日記》，中華書局 2023 年版。

（白雲嬌）

李慈銘傳

李慈銘，初名模，字式侯，一字法長。更名後，字愛伯，號蒪客，晚署越縵老人，會稽（今浙江省紹興市）人。道光九年（1829）生。

孫寶圭《會稽李慈銘傳》：“先生諱慈銘，姓李氏，初名模，字式侯，一字法長，更名後，字愛伯，號蒪客，晚署越縵老人。會稽人，生於道光九年十二月二十七日。”按，咸豐六年（1856）改名慈銘，李慈銘《越縵堂日記》咸豐六年正月二十八日：“以原名避太高祖疑名也。曰慈銘者，以不孝自警也。”

《越縵堂日記·甲寅日記·大事記》：“宣宗成皇帝九年，歲在己丑，冬十二月二十七日辰時，余生。”

四五歲，從大母認字。六歲，識字一千。七歲，始入塾讀唐詩。十一歲，始學作文。十二歲，始作詩。十六歲，作《游蘭亭》詩，傳誦一時。十七歲，作《上冢詞》十餘絕句，始得詩名。二十五歲，與孫垓、周星鑒、周星譽、周星詒、周光祖、沈昉、楊師震、端木百禄、許棫、徐虔復、陳潤、丁文蔚等人結言社，詩文唱和。

孫寶圭《會稽李慈銘傳》：“先生四五歲，從大母倪太恭人認字於白華絳跗閣中，六歲識字一千。七歲上學，好讀唐人詩。時其父竹村公督課經書甚急，不得携詩塾中，輒私置此閣，課暇則竊取而讀，且仿爲之。”《越縵堂日記·甲寅日記·大事記》：“（道光）十四年甲午,余六歲。……是歲,余識字一千。""十五年乙未,余七歲,余始入塾讀唐詩。""十九年己亥,余十一歲,始學作文。"按,《越縵堂日記》咸豐十年九月二十九日記:"幼時自七歲至十一歲,讀書先中翰公水香書屋。"

孫寶圭《會稽李慈銘傳》:"十二歲隨父侍大父游吼山,飲於花明禪院。父及大父各用聲字韻賦詩,命先生和作二首。"按,李慈銘《白華絳跗閣詩集》卷甲有《予十二歲時秋日隨先君子侍大父游吼山飲於花明禪院兩大人賦詩皆用聲字韻命予和二首今日檢得改錄存之》詩,是爲慈銘作詩之始。

孫寶圭《會稽李慈銘傳》:"十六歲有《偕群從侍大父游蘭亭》七律,十七歲有《侍大父直河新宅合樂夜宴》七絕,皆其少作之傳誦於世者也。"宋慈抱《會稽李慈銘傳》:"生有異才,十五六工韻語,《游蘭亭詩》有云:'勝事應添元月禊,好山如見六朝人。'傳誦一時。"李慈銘《越縵堂詩續集》卷十《甲申三月十三日出都小住津門四月三十日還京絕句五十首》其二十六自注:"余十六歲時,冬夜侍本生王父自樊浦歸,舟遇風,泊石瀆,賦詩有云:'雲裏鐘鳴知野刹,林中犬吠有茅茨。'又云:'燈從矮屋遠穿樹,船與斷冰争過橋。'皆爲當時傳誦,其稿久不存矣。"《越縵堂詩續集》卷一《乙亥清明寓中祀先感賦二首》其二自注:"予十七歲時,嘗作《上冢詞》十餘絕句,内一首云:'紅橋漓渚春風市,綠樹亭山細雨天。更有謝公遺墓在,衣香人影滿春田。'爲時所傳誦,予得詩名,實始於此。其稿久棄,聊附記之。"

《越縵堂日記·甲寅日記·大事記》:"(咸豐三年)秋七月,與同邑孫子九秀才垓,祥符周素生大令灝孫、叔雲庶常譽芬、季眖布衣星詒,山陰周息鷗孝廉光祖、沈寄帆上舍昉、王平子秀才章、楊漁賞秀才師震,青田端木叔總明經百禄,陽湖許太眉徵君械,上虞徐葆意明經虔復，蕭山陳荃譜孝廉潤、丁韻琴州佐文蔚結言社，每人捐分貲一番金，每月捐錢二陌，推孫子九爲社長，以沈寄凡爲監社。每年秋冬兩大會，社長拈詩文題分課。每月課詩文題，歸值月社友輪課。是年秋，會周息鷗值年，遂於九月會於蘭亭天章寺，即以蘭亭秋禊爲題，歲星正值癸丑，距逸少之會，計千五百年，亦一奇也。"宋慈抱《會稽李慈銘傳》："越多高材生，如王星誠、孫廷璋等結社倡和，咸推慈銘爲職志。"

道光三十年（1850），應院試，補縣學生員。次年應科試，得補廩生。此後應鄉試凡十一次，屢試不中。

《越縵堂日記·甲寅日記·大事記》："（道光）二十七年丁未，余十九歲。冬十月，余服闋，赴縣試，不遇。""二十八年戊申，余二十歲。……余府試，嘔血，即繳卷出。五月，院試，余以卷被鄰舍生所污，僅取佾生。""二十九年己酉，余二十一歲。……是年撫軍吳公文鎔以大水後貢院傾圮，奏請移鄉試於九月。……十月，榜發，余不售。""三十年庚戌，余二十二歲。……三月，余應院試。督學者爲吳公鍾駿。先試古學，拔余第二。……次試正場，文二篇，詩一首，取余第三。""今上咸豐元年辛亥，余二十三歲。春三月，余應科試，督學吳公拔余第三。"

孫寶圭《會稽李慈銘傳》："道光三十年，吳縣吳晴舫侍郎鍾駿再督浙學，得先生文，偉之，以第二人補縣學生員，明年食餼。自是應南北鄉闈試凡十一，屢薦屢報罷。"

科舉蹇困不堪，乃謀捐貲入仕。咸豐八年（1858），賣田三十餘畝。次年，偕周星譽、星詒兄弟入京捐官。其捐官款竟爲星詒欺瞞挪用，致其落魄京師。在京數年，勤學苦讀，日以學術爲事。

《白華絳柎閣詩集》卷丁《周叔雲季貺兄弟勸予入貲爲郎漫賦

長句答之》："甚事東山捉鼻忙，秀才康了强登場。何曾捧檄歡親舍，便見移文出草堂。鑄錯已嗤秦博士予初以貲得太常博士，解嘲重署漢山郎。濁流何與蒼生計，虛羨朱儒粟一囊。"

《越縵堂日記》咸豐八年十二月三日："是日，粥田三十畝。……皆單港腴壤，爲予報捐，故屛當湊數，猶缺數百金，敝賦已盡，再無逼處矣。仰屋長嘆，奈何之。予五歲識字數千，時祖母愛予甚，禁不許多識。予每牽先君子衣求之，予之則喜，輒又求益，見者皆以爲此子不凡也。乃今年三十矣，潦倒名場，貧病相繼。六七年前早有仕宦志，而落產不及中人，八口饘粥之外，無有所贏。比歲，家棄日重，又昏喪洊臻，故益落，迄未有策以自振。今年落解，周叔子兄弟敦勸入貲爲郎，儵他日得一郡自效。予曾作書致叔子，有云：'……嗚呼！古人養親不擇祿。若僕者，既不能謀升斗之養，復不能厠厮卒之伍，匪但爲毛少節、孔仲山輩所不齒，亦銅臭司徒之衆人矣。讀書末路，猥冒貲郎，未卜長安索米人何日得爲蠶桑之遺耳。'"

孫寶圭《會稽李慈銘傳》："咸豐九年北游，將入資爲部郎，而爲人所紿，喪其資，落魄京師，母恭人嘔鬻田成之。李氏故以財力滋殖雄里閈，顧先生授產不豐，至是悽然寒士矣。……晚清間京曹冗雜，額外司員多不治事。其以貲郎進者大都徒尚酬酢交游，造謁報謝無虛日，暇則徵歌狎飲以爲常。先生恥與之伍，則鍵戶讀書，非其人不與通聲氣。自經史子集以及稗說梵夾、詞曲傳奇，無不博涉。"劉成禺《世載堂雜憶》："周昀叔以越縵學問才調沈淪可惜，勸其納貲爲宦。越縵乃售出田產，決意捐納。時季貺亦納貲，以同知分發福建。李則願捐京官，指捐郎中。越縵捐官之款，交季貺帶京辦理。季貺抵京，部中書吏告周曰：查福建省同知，如加捐小花樣，即可補缺。但所携款不敷，乃移挪越縵捐郎中款，將原捐'不論單雙月'者,爲李僅捐'雙月'。"

十一年(1861),咸豐帝崩於熱河,死前授肅順等八人爲贊襄政務大臣,總攬朝政。兩宮皇太后與恭親王奕訢密謀,欲垂簾聽政。是時,朝中議論紛紛,慈銘受當國者屬,舉歷代賢后臨朝故事,條議上書。

《越縵堂日記》咸豐十一年八月初四日:"當國有議請母后垂簾者,屬爲檢歷代賢后臨朝故事。予隨舉漢和熹和帝后、順烈順帝后,晋康獻康帝后、遼睿知景宗后、懿仁興宗后、宋章獻真宗后、光獻仁宗后、宣仁英宗后八后,略疏其事迹,其無賢稱者亦附見焉,益爲考定論次,並條議上之。"十月一日:"垂簾之事,予曾撰《臨朝備考録》一卷,采擇漢代以來可爲法者,而痛論近日之事勢,有不得不行者於後,屬叔子以貽商城,慫恿上之。商城亦心動,嗣董御史疏先上,被詰責,商城遂噤,不敢復言。及鑾輅還都,恭邸迎謁道次,偵知兩宮意,行至朝日壇,閣部諸臣出迎,恭邸風示之,黃縣等遂具公疏上,而勝帥疏亦適至云。"

按,關於李慈銘於垂簾聽政之態度,參見《越縵堂日記》咸豐十一年八月十六日所記:"竊謂垂簾之事,國家所戒,然必主器有長君,否則負扆有元老,若内僅在疚之藐孤,外無總己之良輔,京師孤弱,海内紛崩,狂寇在近郊,强虜居輦下,乃猶拘守文之成説,避稱制之嫌名,嗣主深居於禁中,諸臣秉筆於樞府,宮廷隔絶,上下相疑,使非舍經用權,因時變法,假中宮之位號,收人主之威權,召見百官,號令四海,則蕭墻之害,不可勝言,社稷之憂,有難臆計。……朝廷之體,須因時制宜。當今主少國疑,一切之政,宜以得人心爲本,不當因循舊制,墨守成法。"

同治二年(1863),以郎中分曹戶部,簽分廣西司行走,然倦於公事,頗多不遇之憤。四年,乞假歸鄉。六年,應浙江巡撫馬新貽之聘,任浙江官書局總校勘。

繆荃孫《雲自在龕隨筆》卷一:"莼客初得戶部,門聯曰云:'餘事秖修文苑傳,閑身且署戶曹郎。'"

《越縵堂日記》同治二年五月十五日:"行年三十五矣,黃鵠不舉,來與諸牛化緣,可笑也。"六月三日:"得署中司務廳知會,予派稽核堂印,向例滿漢各八員,須日日進署。生最畏暑,近日炎歊尤酷,支離病甚,又無一錢可名,乃正用此時持事來,殆非人力所致者也。"七月十五日:"午入署,晤本司主事王壽卿、顧敦義,皆藞苴齷齪之尤者。生與此輩相對,咄咄怪事。"十一月二日:"以予自論之,平生所慕者書,所畏者事。書自性命所繫,一日不得此書,一日不能不慕。若言所畏,家居時,或明日有小事必須出門,先日方寸即覺兀臬。今年到官後,更畏派差使,比雖四月不入署,然自惴惴恐書吏送知會來。"同治三年十一月十七日:"午入署,坐於陝西司堂,不至此者一年餘矣。"

同治九年(1870),鄉試揭曉,中第二十四名舉人。次年,會試禮部,不售。十三年,會試又落第。

《越縵堂日記・桃花聖解盦日記》同治九年九月二十三日:"午詣總督衙門,謁兩座師,各進摯銀四兩,門禮三番金。先見副考官李芍農先生,極道故誼,且言闈中物色予卷,文筆殊不相似,以爲倩看,既慚負知己,又無以對都中故人。指所改闈卷弟十名徐建棠詩,末聯云:'兹鄉蓴菜好,敲月訪參寥。'曰:'此語爲兄設也。'談逾兩時而出。復見正考官劉鎔山先生。劉字緘三,南皮人,道光丁未翰林,年六十五六矣,齃齃忠厚人也。"

《越縵堂日記·桃花聖解盦日記》同治十年三月一日：“詣保和殿覆試。……試者百人，人賜餅五枚。”四月十一日：“是日，榜發，山、會兩邑只一人，曰周福清。”

《越縵堂日記·桃花聖解盦日記》同治十三年四月十四日：“禮部取闈卷出，房官評文、詩俱佳，而詩多寫二韻，恐謄錄錯誤，礙不能薦，惜之，此真咄咄怪事也。”四月十七日：“出闈後，言予卷爲王編修先謙所薦，李尚書已取中第四名進呈矣。填榜時，拆彌封，既唱名，忽嘩，傳卷有大疵，以詩中十韻始看出也。歷一時許，復唱名，則爲陳光煦矣，蓋倉猝取本房一浙江卷易之耳。此固命蹇爲之然。以經進之卷，始則疏忽而不察，繼則匆遽而擅易，牛頭馬脯，居之不疑，亦可謂無忌憚者矣。”

光緒六年（1880），會試中第一百名，賜進士出身。即請歸本班，准以户部郎中原資叙用。

孫寶瑄《會稽李慈銘傳》：“五上春官，至光緒六年庚辰乃始通籍，以原官久次，補户部江南司郎中。”

曾之撰《越縵堂駢體文叙例》（李慈銘著、劉再華校點《越縵堂詩文集》，上海古籍出版社 2012 年版）：“庚辰之春，先生自以年五十，擬不復應禮部試。余與仲彝、嵋青敦勸，乃勉入闈，是歲成進士。越數年，補户部郎中。”

《越縵堂日記·荀學齋日記》光緒六年四月十三日：“晨，敦夫出闈，知余卷在林編修紹年房，初不知所謂，以問其鄉人陳編修琇瑩，陳君力贊之。猶不信，更質之錢辛伯，辛伯謂通場無此卷也，始請陳君代擬評語，呈薦於翁尚書。尚書大喜，二十五六日即以次二藝發刻本中高魁，後以景尚書取本房一卷作元，乃置第十九名。既翁尚書欲以余卷束榜，始置一百名，而仍刻入闈墨，意別有在也。”五月十日：“未刻，報至，得旨准以户部郎中原資叙用。貲郎回就，桑榆之景已斜；流品既分，蓬瀛之路遂絕。虛望後車之對，長循選格之名。雖出陳情，實非雅志。羞與少年爲伍，乃與俗吏隨波乎？金榜一題，玉堂永隔。當亦知己所累欷，後人所深喟者也。"

光緒十三年（1887），補授戶部江南司郎中。十四年，簡放各省學政，慈銘獨不與，外論紛然，爲其不平。十五年，兩試御史，皆得第一，却不得官。眾鄉友乃集資爲其捐試俸，遂於次年補山西道監察御史，轉掌山西道，巡視北城，督理街道。爲御史期間，數上封事，究治貪腐，然均不報。

《越縵堂日記・荀學齋日記》光緒十四年八月一日："是日，簡放各省學政，外論紛然，無不爲余不平。蓋當國者各有所主。……余一生偃蹇，不與人競。當軸袞袞，皆以簡傲目之，濟寧尤銜余甚。至此中得失，何足置懷。"

孫寶瑄《會稽李慈銘傳》："（光緒）十五年試御史，十六年補山西道監察御史，轉掌山西道，巡視北城，督理街道。"《越縵堂日記・荀學齋日記》光緒十五年七月八日："是日，簡放試差畢，余又不得命。兩年兩試，兩取第一，而皆付沈淪。此自來所無，非政府力沮之，不至此也。然余一生偃蹇，所至鉏鋙。無顏馴之怨尤，守子雲之寂寞。鑿舟任運，木雁何心。事事磨牛，年年失馬。宋人詩云：'不須愁日暮，天際乍輕陰。'若余之西崦久催，東隅何得？羞方朔之自薦，戒主父之倒行。絕望陽戈，難收炳燭。生涯久盡，疾病交侵。要豈盡章惇所爲耶！殳夫來言，漱丈仲殳喬梓與可莊敦夫謀爲余捐試俸，爲考御史。……余補缺已二十有八月，將屆三年，而捐免試俸仍以三年計，需實銀五百十八兩。不繳此銀，則不得保送御史。昔年伯希、仲殳、介唐、可莊、子培、殳夫諸君已有此議，余力止之。今諸君不以告余，先自集貲，俟今日試差已竣，即具呈戶部，其意甚盛。又以近日臺諫闃寂已甚……其在職者，大率猥鄙頑鈍，發蒙振落，恭然待盡，冀余一旦入臺，矯舉風校，以言盡責，此其意亦甚厚。然吾衰甚矣，憂患餘生，尚能有幾？且此輩當軸，必不使之入臺。即幸點班聯，而柴立頹波，獨弦千里，積嫌叢怒，亦必不能有爲，徒負知己之期，何補國家之事？'陳力就列，不能者止。'先哲之達言也。'豈不欲往，畏我友朋。'古人之通義也。故堅屬彀夫，爲告漱丈、仲弢，即寢此議。"

《越縵堂駢體文叙例》："己丑冬，朝旨令部院大臣保送人員試御史，先生以俸淺不及格。瑞安黃漱蘭副憲體芳、長白盛伯熙祭酒昱謂：'當今翰林院六部中宜爲御史者，莫先生若。不得先生，此舉爲無光。遂援例代爲輸金，報俸滿。'先生曰：'諸公意良厚，然馬齒日增，臣精已銷亡矣，恐終負雅意。'堅臥不起。試之前一日，黃岩王弢甫工部彥威走告所以，且曰：'庚辰入試，惟子言是賴，盍再一言？'余亟往請。曰：'先生生平願爲御史，以發抒志業，見于詩文中者不一而足。一旦避不敢任，如初志何？且瑞安、長白兩公皆石交，古道無它腸。若虛其意，天下將謂先生深負兩公。'先生瞿然曰：'君言是也。'遂入試，先生之不鄙余言如此。"

《清史稿》卷四百八十六《李慈銘傳》："光緒六年，成進士，歸本班，改御史。時朝政日非，慈銘遇事建言，請臨雍，請整頓臺綱。大臣則糾孫毓汶、孫楫，疆臣則糾德馨、沈秉成、裕寬，數上疏，均不報。"沃丘仲子《近代名人小傳·官僚·李慈銘》："在臺日，數上封事，主用重典治貪酷，以齊政令、振綱紀，皆名言深識。"

光緒二十年（1894），甲午戰争爆發，慈銘聞中國海陸軍俱敗，感憤國事，咯血加劇，於十一月二十四日卒於京師。

孫寶圭《會稽李慈銘傳》："二十年夏，倭人犯邊，敗聞日至。先生素善病，至是扼腕憤慨，咯血益劇，遂以是年十一月二十四日卒，春秋六十有六。"

慈銘臨死前，將平生所寫日記七十餘冊交沈曾植，請爲刊刻。該日記起自二十六歲咸豐四年（1854），止於六十六歲光緒二十年（1894），卷帙浩大，内容豐富，爲晚清四大日記之首。所載人情風俗、史實軼聞，可補史書之不足；所録詩詞、札記，亦可供玩賞、助閑談。

孫寶瑄《會稽李慈銘傳》："先生十七歲時即有日記之作，至二十歲而中輟。二十六歲復記，自是逐日爲之，至老而無間。自謂：'略參國事，間采詩詞；斷句綴附於行間，清談贅存於紙尾。貞淫雜咏，皆李玉溪寓意之言。細大必書，師趙閱道焚香之告。朝嬰夕側，詎資風月以偶談；積玉碎金，聊紀見聞於困學。'凡得《越縵堂日記》十三冊，《孟學齋日記》七冊《籀詩研雅之室日記》附，《受禮廬日記》三冊，《祥琴室日記》《息荼庵日記》合一冊，《桃花聖解庵日記》二十冊，《荀學齋日記》二十冊，《光緒十二年七月十一日以後日記》八冊，都凡七十二冊，至四十載，積數百萬言。論者以爲冊中説經、證史、記事，以及評騭人物、雜記方俗、囊括詩文，綜厥所長，殆兼數善。近之可方湘鄉日課之勤，遠之可繼亭林《日知》之博云。"

王伯恭《蜷廬隨筆》："會稽李莼客侍御慈銘，以詩古文詞名同、光間，昨得其同治癸亥以來日記十餘冊閲之，朝章典故，一時人情風俗及經史大義、章句小學，無不備載。所作詩文，亦羼列其中，信大觀矣。議論翔實，遠勝譚仲修之《復堂日記》。"

《越縵堂日記・孟學齋日記・弁言》："予著《越縵日記》，起甲寅迄今，編爲甲集至壬集，得十四冊二十八卷，世之治亂、家之亨困、學問文章之進退工拙，亦略可見矣。平生頗善鶩聲氣，遂陷匪類而不自知，至於接牘連章，魑魅屢見，每一展閲，羞憤入地。……當取其考據、議論、詩文、踪迹稍可録者，分類眷之，以待付梓。凡所餘者，或投之烈炬，或錮之深淵，或即藏之鑿楹，以爲子孫之戒。"

王存《徵刊越縵堂日記啓》（李慈銘著，劉再華校點《越縵堂詩文集》）："越縵先生，浙東老宿，海内大師，合文苑與儒林，殿有清之作者。廣談虞筆，雅俗同欽。先生窮年矻矻，著述等身，剞劂所傳，十不逮一，而生平精力尤薈萃於《日記》一編，積數百萬言，亘三十餘載。其用力也，罔有或輟；其爲事也，無乎不賅。近之可方湘鄉日課之勤，遠之可繼亭林《日知》之博，綜厥所長，殆兼數善：一曰説經……一曰證史……一曰讀書記……一曰記事……一曰評騭人物……一曰雜記……一曰詩文……"

李慈銘治學廣博，説經堅守乾嘉諸老家法，於史學致力最深，然動輒詆毀旁人，故屢遭時議。

孫寶圭《會稽李慈銘傳》："先生著書，都凡百數十卷。於經學有《十三經古今文義彙正》《説文舉要》《音字古今要略》《越縵經説》；於史學有《後漢書集解》《北史補傳》《歷史論贊補正》《歷代史剩》《閏史》《唐代官制雜鈔》《宋代官制雜鈔》《元代重儒考》《明謚法者》《南渡□略》《皇朝謚法考》《國朝經儒經籍考》一名《國朝儒林小志》《軍興以來忠節小傳》《會稽新志》；於詞章有《孟學齋古文内外篇》《湖塘林館駢體文鈔》《白華絳跗閣詩初集》《杏花香雪齋詩二集》《霞川花隱詞》《桃花聖解庵樂府》。其他雜著有《越縵讀書録》《柯山漫録》。"

徐世昌等《清儒學案》卷一百八十五《越縵學案》："少時曾從宗先生稷辰游，入四賢講堂。後專治漢學，仍服膺宋儒。平生矜尚名節，務矯俗流，有裁製人倫、整齊物類之心。而道孤命蹇，志未少伸。其《復陳畫卿書》云：'有《正名》二十篇，頗自負爲内聖外工之學，足以繼《明夷待訪録》《日知録》而起，須俟身後始出。'説經確守乾嘉諸老家法，於史學致力最深。日有課記，每讀一書，必求其所蓄之深淺、致力之先後而評騭之，務得其當。《復桂浩亭書》云：'嘗讀《詩》之歐《本義》、朱《集傳》，書之蘇傳、蔡傳，其議論亦間有較勝漢儒者。而國朝惠氏棟之《易》，王氏鳴盛、孫氏星衍、江氏聲之《書》，專述鄭義，字字抉剔，亦不免自相違反，蓋康成總集諸義，博觀會通，千慮一失，豈能畢照？《書》注既亡，出於剟拾，更不能無所羼亂，使鄭君生于今世，必不竟棄宋儒如惠氏、王氏、江氏之娸也。至程子之《易》、朱子之《易》與《禮》，尤與漢儒相輔不背。惟宋儒之患在不善學者，盡棄訓詁名物，以孟浪行之，而謂《易》可無象，《詩》《書》可無序，則一切古書俱可不讀矣。'語極持平。"

《近代名人小傳·官僚·李慈銘》："其治經，僅習訓詁漢人家法，絕非所知。治史，徒能方人比事，不識源流體例。嘗觀所爲日記，動詆人俗。學不知己，學亦非甚雅也。"於此可見時人之非議。

其作詩，自視甚高，頗含傲兀卞急之氣；書卷外溢，不染浙派餖飣之習。

李慈銘《越縵堂文集》卷二《白華絳跗閣詩初集自序》："而己所得意莫如詩。其爲詩也，溯漢迄今數千百家，源流正變，奇耦真僞，無不貫於胸中，亦無不最其長而學之。而所致力，莫如杜。嗚呼！來者之工，吾不得而窮之矣。往者則歷歷可指也。以吾絜之，不知其同與，異與，過與，不及與？"可見其於詩藝自視甚高。

張之洞《小漚巢日記》："讀李越縵詩，清峻博贍，洗伐功深，然趣含卞急，令人長傲兀之氣。"

陳衍《石遺室詩話》卷十一："癸未春挈眷入都，小住陳汝翼編修處，數遇李蓴客户部慈銘。……時未見蓴客之詩，後得刻本，亦未細閱。識沈子培，乃亟稱其工；識樊雲門，則推服其師等于張廣雅。實則清淡平直，並不炫異驚人，亦絕去浙派餖飣之習，惟遇考據金石題目，往往精確可喜。"

汪國垣《光宣詩壇點將錄》卷一："越縵詩，在小長蘆、春融室之間，雅潔春容，且書卷外溢，尤熟史事。"

樊增祥《杏花香雪齋詩序》（《越縵堂詩文集》）："夫先生之詩，自爲之而自道之，已屢見於《日記》中矣。世以其言近誇大，不無後言，其實先生之學，原本經術，而於三通、廿四史，致力尤□且深。又天資高亮，記誦精博，故其爲詩也，無一語不鮮明，無一字不典核。其朝廟諸作，如國有大事，王臣蹇蹇廷立而議；山林諸作，如吳越湖山，煙水雲嵐，鮮翠奪目；其憂憤諸作，如寒熊吼林，怒馬突陣，而語無偏宕，少陵稷契之心也；其閑適諸作，如幽谷鳴禽，煙畦采玉，又如老坡瓢笠，飄然與神仙游，華陽真逸之侶也。至於悼念弟妹，哀挽友朋，語摯情深，泪長心遠，如玄鶴唳夜，青鵑挂枝，使讀者如辭漢銅仙，泛瀾無已。若夫寄耳琴笙，游目衫扇，題紅箋於北里，貌翠飾於西園，莫不百琲成文，十香在抱，是又極閑情之致，拾香草之遺焉。蓋先生於詞，無所不有，而剔其纖者、瑣者、妖者、褻者；於體無所不工，而去其僿者、僻者、晦者、獷者，蓋不知幾經簡斥，幾經烹煆，而始成此金昭玉粹、天高日晶之至文也。"

由雲龍《定庵詩話》卷下："李越縵論詩，極推崇大復、空同，而於公安、竟陵、松圓、子相亦多節取，非盡如吳修齡輩一概抹却也。"

鄭逸梅《藝林散葉》："李越縵鄙薄唐人詩，謂宋之問一無可取，沈佺期之'盧家少婦鬱金堂'一首，亦粗成章法而已。李義山古體全無骨力，溫飛卿則揉弄金粉，取悅閨襜，直蕩子艷詞耳！"

邵鏡人《同光風雲錄·李慈銘》："詩則以清新俊逸爲主，於同時詩人，少所許可，獨稱清初王漁洋能盡雅，雅者，正也，欲藉以抗江西之魔力，一時名人，若陶子縝、王可莊、樊樊山，皆游其門，執業稱弟子。"

其駢文簡古悽艷,有東漢、魏晉之風,而不落宋人窠臼。作古文,亦夾雜八字駢語。

《近代名人小傳・官僚・李慈銘》:"儷體文簡古凄艷,無一言落宋人窠臼。"

《同光風雲錄・李慈銘》:"尊客古文詞,喜夾雜八字駢語,頗類'陽湖派'。"

《越縵堂駢體文叙例》:"先生固湛深經學,而於詞章尤深造獨得,各體皆冠絶一時。其駢文之善者,有東漢、魏晉間人風格,次亦不落齊、梁以下。"

其作詞,始擬花間,後喜填拗詞,晚年歸於無邪之義。

李慈銘《霞川花隱詞自序》(馮乾編校《清詞序跋彙編》,鳳凰出版社 2013 年版):"予少不解此,其始爲之也,在道光庚戌,蓋較他所著爲最後,其所作亦於山水間爲多。乙卯冬,嘗删定爲一編,名曰《松下集》。自後作更稀,至間歲不得一二。入都以後,行事乖迕,精神流漂,感觸益多,篇什稍富,蓋美人香草之旨所不免矣。"

李慈銘《霞川花隱詞〈松下集〉十二首後記》:"予自庚戌秋賦《菩薩蠻》十餘闋,多擬花間,爲作詞之始。癸丑、甲寅間,喜填拗詞,宮商僻澀,誦之凄哽。"

樊增祥《二家詞鈔序》(《越縵堂詩文集》):"先生填詞始道光庚戌,其少作曰《松下集》,僅存十三首。自己未入都,己丑還浙,中間羈旅幽憂,兵戈危栗,感時傷逝,永嘆長言,所爲樂府,探原《小雅》,把臂三間,温、韋以下不中作。僕迨辛未計偕,再官農部,自是遂無歸山之日。賀湖煙水,禹廟鶯花,一篇之中,三致意焉。時或結興蘭荃,寓情巾烏,要歸無邪之義,無忝正始之音。洎乎晚年,彌入化境。"

參考文獻：

1. 李慈銘《越縵堂日記》，廣陵書社 2004 年版。

2. 李慈銘《越縵堂日記説詩全編》，鳳凰出版社 2010 年版。

3. 李慈銘著、劉再華校點《越縵堂詩文集》，上海古籍出版社 2012 年版。

4. 陳仲瑜《李慈銘年譜》，上海圖書館藏稿本。

5. 趙爾巽等《清史稿》，中華書局 1977 年版。

6. 平步青《掌山西道監察御史督理街道李君蓴客傳》，閔爾昌輯《碑傳集補》卷十，周駿富輯《清代傳記叢刊》，臺灣明文書局 1985 年版。

7. 孫寶圭《會稽李慈銘傳》，錢仲聯主編《廣清碑傳集》卷十四，蘇州大學出版社 1999 年版。

8. 宋慈抱《會稽李慈銘傳》，錢仲聯主編《廣清碑傳集》卷十四，蘇州大學出版社 1999 年版。

（馬昕）

翁同龢傳

翁同龢，字叔平，又字聲甫、笙階，號瓶廬居士、松禪老人，江蘇常熟人。道光十年（1830）生於京師。

孫雄《舊京文存》卷一《清故户部尚書協辦大學士翁文恭公別傳》：“公諱同龢，字聲甫，號叔平，又號瓶笙，晚自署松禪老人，文端公（翁心存）幼子也。”《清史稿》卷四百三十六《翁同龢傳》：“翁同龢，字叔平，江蘇常熟人，大學士心存子。”張廷璐《國朝鼎甲徵信録》卷四：“翁同龢，字笙階。”

翁同龢《瓶廬詩稿》卷二《通州和壁間韻》其一：“少壯才名第一流，老來皮裹有陽秋。緣何喚作瓶居士，不貯膏油只貯愁。”

翁同龢《翁同龢自訂年譜》道光十年：“四月二十七日寅時，生於京師羅圈胡同寓所。”

五歲隨母回常熟。六歲從表伯朱啓宇讀書。十二歲隨李元瑛受讀，始作詩。十三歲始學試帖詩。十四歲始作八股文，同年就讀縣學。十六歲入蘇州府學。十九歲拔貢第一。二十一歲應禮部拔貢試，朝考一等，以小京官用，分發刑部江西司行走。

《翁同龢自訂年譜》道光十四年：“三月，吾母携三兄兩姊及龢赴江西。十二月，隨吾母歸里門。”道光十五年：“從表伯朱啓宇先生受讀。”道光二十一年：“從李惺園先生元瑛，歲貢生受讀，始作詩。”

道光二十二年：“五經、古文粗讀畢，學試帖詩。……詩有佳句，屢爲吾父、三兄所稱賞。”道光二十三年：“二月始作八股文。九月，應縣試，正案名列二十外。”道光二十五年：“五月，應府試，名列第三，府學桂星垣先生文耀也。六月，先祖母張太夫人卒。八月，應院試，如有能信之者。與大侄同取詩賦。遂同入泮。學使張筱浦先生帶。余撥入府學第四名，十一月送入泮。吳中風俗，新生參謁禮畢即疾趨而出，謂之先出學門。余執不可，從容徐步而出。學師馮樹尊先生秉桓，常州人，舉人。年八十矣，激賞余曰：‘勉之，他日大器也。’”道光二十八年：“科試取詩賦，名德之與賦，徑一圍三。正場列一等第三。余以附生不欲應選拔試，雲樵兄、紱卿侄强余入，遂得選拔第一，科試正案亦列第一矣，始食餼。”道光三十年：“六月，應朝考，列一等第五。復試擢第一。引見以小京官用，分刑部，在江西司行走。”

咸豐二年（1852）中舉。六年應順天會試，狀元及第，授翰林院修撰。八年，擢陝西學政。

《翁同龢自訂年譜》咸豐二年：“八月，應順天鄉試，中式第二十七名。房師呼延冠三先生。振，辛卯解元，甲辰翰林，陝西長安人。座師麟梅谷先生魁、朱桐軒先生鳳標、呂鶴田先生。賢基。四書題‘子曰中庸之爲德也其至矣乎’一節，‘誠者物之終始，敢問何謂浩然之氣’二句，詩題‘業廣唯勤’，得‘修’字。經藝爲呂師所賞。”咸豐六年：“三月，會試，頭場病痢，草草交卷出。是時聞揚州托營庇次，三兄駐邵伯收兵，意緒甚劣，二場漸愈矣。四書題‘告諸往而知來者，洋洋乎發育萬物’一節，‘莫如爲仁’一句，‘游鱗萃靈沼’得‘靈’字。榜發，中式六十三名。座主彭咏莪相國蘊章、全小汀尚書慶、許滇生尚書乃普、劉韞齋閣學琨。房師貢荆山編修璜，撥房金子梅給諫鈞。覆試一等第二名，殿試一甲第一名。余卷本列第二，裕相國誠復視，拔第一卷入。上諭讀卷官曰：‘今科所取甚允洽。’及拆封，奏龢名，上喜動顏色曰：‘此翁某之子,深知其才.'奏第二名孫毓汶,上曰:'好,其父孫瑞珍與翁某皆上書房師傅,誠佳話也.'是日引見,上注視良久,朝考卷另束發交讀卷大臣,諭不必入等第,改充實録館協修,署纂修官."

《清史稿》卷四百三十六《翁同龢傳》:"咸豐六年一甲一名進士,授修撰.八年,典試陝甘,旋授陝西學政,乞病回京."唐文治《記翁文恭公事》:"丙辰殿試以第一人授修撰,戊午奉命典試陝甘,時尚未散館,士林以爲榮遇.甫一年,公遽思親引疾歸,其天性純孝蓋可見矣."

同治四年(1865),奉旨在弘德殿行走,爲慈安、慈禧二太后講《治平寶鑑》.五年,擢翰林院侍講,授讀同治帝.

《翁同龢自訂年譜》同治四年:"二月,服闋起復.三月,補右贊善,分教庶吉士.五月,充日講起居注官.閏五月,病痢.六月,署實録館總校官,逐日校勘無餘力.六月,轉左贊善,是月遷右中允.十一月,奉旨在弘德殿行走,召見固辭.兩宮皇太后褒諭再三,勖以勉承先人未竟之志,流涕受命.次日即於簾前進講《治平寶鑑》,自後五日一班進講."同治五年:"二月,擢侍講,每日侍上臨書信講《帝鑑圖説》畢,復講《庭訓格言》."

《清史稿》本傳:"轉中允.命在弘德殿行走,五日一進講,於簾前説《治平寶鑑》,兩宮皇太后嘉之.累遷内閣學士.……同龢居講席,每以憂勤惕厲,啓沃聖心."

同治八年(1869),武英殿災,具摺請停宮禁一切工程,並罷外省傳辦各物.

《清史稿》本傳:"當八年武英殿之災也,恭録康熙、嘉慶兩次遇災修省聖訓進御,疏言:'變不虛生,遇災而懼.宜停不急之工,惜無名之費.開直臣忠諫之路,杜小人幸進之門.'上覽奏動容."

《翁同龢自訂年譜》同治八年：“七月，武英殿災，具摺請停宮禁一切工程，罷外省傳辦各物。疏稿具，倭、徐兩公見之，欲附名同上，遂聯銜上，有旨嘉納。”

同治十三年（1874），與奕譞、李鴻藻等聯銜奏請停修圓明園。同治帝病危時，又與奕誴等聯銜請皇太后權理朝政。

《清史稿》本傳：“又圓明園方興工，商人李光昭蒙報木價，爲李鴻章所劾論罪。廷臣多執此入諫，恭親王等尤力諍，上不懌。同龢面陳江南輿論，中外人心惶惑，請聖意先定，待時興修。乃議定停園工，並有停工程、罷浮費、求直言之諭。”

《翁同龢自訂年譜》同治十三年：“七月，王大臣具疏，請停圓明園工。龢特蒙召對，因具陳民生艱苦，衆怨沸騰。是日有旨，停園工。”

邵鏡人《同光風雲録·翁同龢》：“穆宗自幼穎悟，有成人之度，惟久居深宮，受制母后，又無適當之教育，故一旦親政，遂了無顧忌，爲所欲爲，更復秉承慈意，重修圓明園，以娱母后之心。惟浩劫以後，大興土木，自爲國家財力所不能及，是以群臣諫阻，帝俱不納。同龢乃從容面陳，以中外人心惶惑，並引江南民間所傳，一一詳陳之，帝遽頷之，且曰：‘待十年或二十年，四海平定，庫項充裕，園工可許再舉乎？’諸王大臣皆對曰：‘如天之福，彼時必當興建。’遂定停止園工，改修三海而退。尋下罷浮費，求直言詔，同龢之力也。”

按，翁同龢《奏請停止圓明園工作摺》原文，參見李宗侗、劉鳳翰《李鴻藻先生年譜》，中國學術著作獎助委員會 1969 年版。

光緒元年（1875），署刑部右侍郎，平反“楊乃武案”。

《清史稿》本傳：“光緒元年，署刑部右侍郎。”

《翁同龢自訂年譜》光緒元年：“八月，署刑部右侍郎。……浙江葛畢氏毒斃本夫一案，言官劾奏以爲誣，余反復供狀，以可疑者五具駁，同官中有不願者，余力持之。"

按，翁同龢《奏請復訊楊乃武一案摺》原文，參見《京報》光緒元
年十一月十四日。

光緒二年（1876），入值毓慶宮，授讀光緒帝。

《清史稿》本傳："（光緒二年）四月，上典學毓慶宮，命授讀，再
辭，不允。"

《翁同龢自訂年譜》光緒二年："正月二十二日，上在養心殿識
字。每日偕御前大臣、親王伯彥諾謨祜、貝勒奕劻、額駙景壽及夏
同年同善入殿，講《帝鑑》一段，清、漢字各五六。四月二十一日，上
至毓慶宮讀書，揖諸臣稱師傅，以後逐日入值。"

**光緒四年（1878），授都察院左都御史。五年，授刑部尚書，不
久改任工部尚書。同年，因吳可讀死諫事件，上《遵議預定大統
疏》，以本朝家法不建儲貳爲由，鞏固光緒帝正統地位。**

《清史稿》本傳："旋遷户部，充經筵講官，晉都察院左都御史。
遷刑部尚書，調工部。"

翁同龢《遵議預定大統疏》（盛康輯《皇朝經世文續編》卷六十
二）："我朝家法不建儲貳，此萬世當敬守者也。……臣等以爲誠宜
申明列聖不建儲之彝訓，將來皇嗣蕃昌，默定大計，以祖宗之法爲
法，即以祖宗之心爲心。總之，紹膺大寶之元良，即爲承繼穆宗毅
皇帝之聖子。揆諸前諭則合，準諸家法則符。使薄海内外，咸曉然
於聖意之所在。則詒謀久遠，億萬世無疆之休，實基於此矣。"

光緒六年（1880），奉旨參與中俄伊犁問題交涉事宜。

《清史稿》本傳："六年，廷臣争俄約久不決，懿旨派惇親王、醇
親王及同龢與潘祖蔭每日在南書房看摺件電報，擬片進呈取進止，

至俄約改定始止。"

《翁同龢自訂年譜》光緒六年:"七月,俄事日棘,朝廷命曾紀澤由英赴俄,遞國書。……(八月)十八日,兩宮皇太后召見王大臣於養心殿,臣龢與焉。時俄以十八條要挾,諸臣持兩端,唯恭邸言戰不足恃,不敢作孤注一擲。侍郎寶廷與面爭,臣則謂伊犁可棄,則十八條不可准。又言戰非難,必皇太后先定主意,樞臣及諸臣一心則可,若旋戰即和,貽誤更大。工部司員夏震川遞封事,指斥諸臣,語極切直。越日,會議於內閣,軍機、大學士、六部九卿、翰詹科道,暨右庶子張之洞咸集。惇親王領銜復奏,大略謂俄係大國,與我壤地相接,彼既遣使布策來,俟到時商議,不致決裂。余單銜遞封奏一件。九月,懿旨派惇親王、恭親王、醇親王、刑部尚書潘祖蔭、工部尚書翁同龢於南書房公同閱看內外諸臣摺件及電報、電復等件。自朔日起,自是摺奏皆五人聯名。蒙見諭:'俄事唯軍機及爾三王兩大臣是任。'余力言西安、漢中等處通商及松花江行船兩事不可允。……(十二月)俄議屢有波瀾,至是始定,刪西(安)、漢(中)通商一條,歸我帖克斯川一帶地方,領事僅設嘉峪關、土魯番二處。嘎界照明約,塔界在明、崇兩約之間,於是廢崇厚之約,另立新約。"

光緒八年(1882),命充軍機大臣。

《清史稿》本傳:"八年,命充軍機大臣。"

《翁同龢自訂年譜》光緒八年:"十一月初五日,王文韶告養開缺,命臣在軍機大臣上行走,仍兼毓慶宮行走。具疏懇辭,奉旨一道,又蒙皇太后面諭:'擇人極難,毋得固執。'乃頓首受命。"

光緒九年(1883),會商中法越南問題交涉,與李鴻藻呼籲出兵出關,援越抗法。

《清史稿》本傳:"十年,法越事起,同龢主一面進兵,一面與議,庶有所備。又言劉永福不足恃，非增重兵出關不可。"按，中法戰爭起於光緒九年，此處年份有誤。

光緒二十年（1894），會商朝鮮事宜，力主添兵朝鮮，抗擊日本。次年，馬關議和前，力主不割地。任總理衙門大臣，負責辦理對日賠款事宜。

《清史稿》本傳："時日韓起釁，同龢與李鴻藻主戰，孫毓汶、徐用儀主和。會海陸軍皆敗，懿旨命赴天津傳諭李鴻章詰責之，同龢並言太后意決不即和。歸薦唐仁廉忠赤可用，請設巡防處籌辦團防。於是命恭親王督辦軍務，同龢、鴻藻等會商辦理。上嘗問諸臣：'時事至此，和戰皆無可恃！'言及宗社，聲泪并發。及和議起，同龢與鴻藻力爭改約稿，並陳：'寧增賠款，必不可割地。'上曰：'臺灣去，則人心皆去。朕何以爲天下主？'毓汶以前敵屢敗對，上責以賞罰不嚴，故至於此。諸臣皆引咎。上以和約事徘徊不能決，天顏憔悴。同龢以俄、英、德三國謀阻割地，請展期換約，以待轉圜。與毓汶等執爭，終不可挽，和約遂定。明年，兼總理各國事務大臣。"

《翁同龢自訂年譜》光緒二十一年："二月，李相鴻章面奏，略及割地，余不謂然。慈聖起居違和，李鴻章來京未召見，割地之議，大拂慈懷。……時議欲棄臺，余力爭不可，遂大抵牾。"

按，翁同龢《復陳會議朝鮮事宜摺》原文，參見故宮博物院編《清光緒朝中日交涉史料》卷十四。

光緒二十四年（1898），參與戊戌變法，力促光緒帝召見康有爲，贊成開辦昭信股票。四月，遭西太后貶斥，開缺回籍。變法失敗後，於同年十月再遭嚴譴，著革職永不叙用，並交地方官編管。

康有爲《康南海自編年譜》光緒二十一年："時翁常熟以師傅當國，憾於割臺事，有變法之心。來訪不遇，乃就而謁之。……乃與論變法之事，反復講求，自未至酉，大洽，索吾論治之書。……時常熟日讀變法之書，銳意變法。吾說以先變科舉，決意欲行，令陳次亮草定十二道新政旨意，將次第行之。……常熟內畏太后，欲托之恭邸而行。而恭邸不明外事，未能同心，卒不行也。”

《同光風雲錄·翁同龢》：“同龢居師傅之尊，言聽計從，亦極贊助有爲之主張。時頑固派諸王大臣，側目於旁，而險狠之西后，又妬恨於內，於時，帝與同龢，則日謀維新，而西后與榮禄，則陰謀廢立之事，乃晴天霹靂，四月二十七日，西后忽將硃諭强迫德宗宣布，其諭曰：‘協辦大學士兼户部尚書翁同龢，近屢次經人參奏，且每於召對時出言不遜，漸露攬權狂悖情狀，本當從重懲處，姑念在毓慶宫行走多年，不忍遽加嚴譴，著即開缺回籍，以示保全，欽此。’德宗見詔，戰栗色變，無可如何，同龢一去，股肱頓失矣。及其出京，榮禄贈以千金，且執其手，嗚咽而泣，問何故開罪於皇上？口蜜腹劍，其伎倆真可畏也。”“西后既放逐同龢，遂作一網打盡之計劃，而八月之政變突起，康有爲、梁啓超，倉皇潛逃，譚嗣同等六臣，斬首菜市口，德宗幽禁，西后又復訓政。下詔兩江總督命殺同龢，經大學士王文韶長跪哭求，榮禄亦曰：‘本朝尚没殺過師傅。’乃止，改下硃諭曰：‘翁同龢授讀以來，輔導無方，往往巧藉事端，刺探朕意，至甲午年中東之役，信口侈陳，任意慫恿，辦理諸務，種種乖謬，以致不可收拾。今春力陳變法，濫保非人，罪無可逭，事後追維，深堪痛恨，前令其開缺回籍，實不足以蔽辜，翁同龢著革職永不叙用，交地方官嚴加管束。’同龢不死，間不容髮矣。”按，前後兩道硃諭原文，參見《清實錄·德宗實錄》卷四百一十八、四百三十二。

蘇繼祖《清廷戊戌朝變記》：“翁爲皇上二十餘年之師傅也，誼甚親密，自醇賢親王薨逝後，益與之親切。上之操危慮患，翁亦俱能仰體，現雖罷其毓慶宫，仍在樞廷行走，可以日近天顔。自甲午之後，閱歷時艱，恍然於强弱存亡之所在，近日輔翊皇上，籌畫新政，僅其一人；曾保薦康有爲，才堪大用，甚爲滿朝忌而惡之。當康去冬來京上書時，有守舊之大員於元旦密告恭邸曰：‘康有爲此來，聞是翁、張所引，將樹朋黨以誘皇上變法者，亟其防備之。’恭邸阻見康有爲者，蓋有先入之言也。近見恭邸薨逝，康復見用，太后亦爲所上之書感動，乃極力排擠讒謗皇上及康也；因太后已許不禁皇上辦事，未便即行箝制，故於未見康時，先去翁以警之。是日諭旨三道，皆奉太后交下勒令上宣布者。皇上奉此諭後，驚魂萬里，涕泪千行，竟日不食，左右近臣告人曰：‘可笑皇上必叫老翁下了鎮物了。’”

唐文治《記翁文恭公事》：“戊午[戌]春，公保工部主事康有爲通達時務可用，剛（毅）隨密奏太后，謂公植黨，熒惑聖聽。四月二十四日，公奉旨開缺回籍，是日適公生辰也。嗚呼！剛之計可謂巧而毒矣。公絲毫無慍色，越數日即行。至正陽門外，送者數百人，車馬闐咽，有痛哭流涕者。公獨坦然謂文治曰：‘人臣黜陟，皆屬天恩。吾進退裕如，所恨者不能復見皇上耳。’蓋先一二年時，文治逆知公危，燕見時微諷公退。公慨然曰：‘吾爲師傅，譬諸一家孤兒寡婦無依賴指導，爲西席者可恝然去乎？’文治固夙知公之心，至是聞公言，更不覺泫然也。公歸里，杜門不聞外事。其年八月治康、梁黨，隨興大獄。剛毅欲殺公，倡議以公編管。浙江王相國夔石爭之。剛偽曰：‘此太后意耳。’十月，奉旨削職。”

按，翁同龢獲譴之由，或謂非僅贊同變法，而實因其開罪剛毅。夔龍《夢蕉亭雜記》卷二云：“常熟翁協揆，學問家世，冠絶班行，兩充帝師，名高望重，而禍亦隨之。當戊戌廷試後，德宗御太和殿，傳臚禮成，賀還宮。召見軍機，謂協揆曰：‘今科狀元夏同龢與師傅同名，誠爲佳話！’足見君臣一德，遭際攸隆。翼日爲公揆辰，兩宮先期賞賚，亦極優渥。詎公入直謝恩，忽奉嚴旨，驅逐回籍，即日出京，不准逗遛。霹靂一聲，朝野同爲震駭。公到籍後，閉門謝客，日在山中養疴。迨八月政變，康、梁獲罪，剛相時在樞府，首先奏言：翁同龢曾經面保康有爲，謂其‘才勝臣百倍’，此而不嚴懲，何以服牽連獲咎諸臣？維時上怒不測，幸榮文忠造膝婉陳，謂康、梁如此橫決，恐非翁同龢所能逆料。同龢世受國恩，兩朝師傅，乞援議貴之典，罪疑惟輕。上惻然，僅傳旨：‘交地方官嚴加管束。’協揆奉嚴旨後，始知夏間獲譴，係由剛相構成。因謂人曰：‘子良剛相號前充刑部司員，由余保列一等，得以外簡。厥後以粵撫入京祝嘏，適額相奉旨退出軍機，余即力保子良繼入樞垣。雖不敢市恩，實亦未曾開罪，不知渠乘人之危，從井下石如此！’嗟嘆久之。客有告協揆曰：‘剛相識漢字無多，聞在直時，每稱大舜爲舜王，讀“皋陶”之“陶”字，從本音；並於外省奏摺中，指道員劉鼐爲劉鼏。經公當面呵斥，渠隱恨，思報復久矣。’公熟思良久，曰：‘是吾之過也。’”又謂，獲譴一事始萌於其阻修頤和園之事，蓋早於變法前已開罪慈禧。易宗夔《新世說》云：“翁叔平之去官，言人人殊。其實甲午戰後，慈眷尚隆，其失眷在丁酉秋冬之間。是年九月間，有旨交戶部提款百萬，搭排雲殿彩柵，以萬壽期近也，翁持不可。內務府大臣希后旨，遽撥百萬與之。后意甚怒，逾月，太后召見內府大臣時，尚申申詈翁不置也。未幾，翁竟開缺。或謂爲剛毅所齕，康有爲所牽累，事誠有之，然其原因實在於此。……頤和園一彩柵之價，何致需百萬之巨，緣排雲殿爲頤和園內最宏廓之處，殿前方廣數十丈，以四大柱支柵，上用金綫織成之緞，雜奇花異卉珍禽奇獸，四周以金工壽字相間絡繫，即從實報銷，亦須三四十萬。宮中興作，以三成到工爲正例，此柵尤爲實用實銷。清季宮闈之豪侈，實出人想象之外。然翁素恂謹，宦京多年，何以鋒鋩暴露如此，蓋亦有激而然。甲午之役，常熟主戰，合肥主和，其事世人之所知也。戰敗乞和，常熟派人頗以喪師失律咎合肥，合肥派人謂戰敗乞和由於海軍戰敗，由於籌備未周，連年海軍經費，竭大半助修頤和園。事實本係如此，常熟無以難之，自是心中恒不直慈禧所爲，其門人若文芸閣之徒，又慫恿之，是以有此急激之舉。一念之萌，幾致殺身。然其心事，則昭然可揭日月也。"

削籍後，隱居在家，仍切念時艱。

《清故户部尚書協辦大學士翁文恭公别傳》："削籍後，廬墓七年，閉門思過，每念時艱，輒復流涕。"

光緒三十年（1904），病卒。臨終時，口占一絶，自撰挽聯，並口授遺疏。

《記翁文恭公事》："光緒三十年甲辰卒於家。"

《瓶廬詩稿》卷八《疾亟口占》："六十年中事，傷心到蓋棺。不將兩行泪，輕向汝曹彈。"

俞鍾鑾輯《翁松禪手札》（上海有正書局 1926 年版）第 1 册封頁收其自撰挽聯："朝聞道，夕死可矣；今而後，予知免夫。"

《翁同龢遺摺》（《逸經》第 27 期）："已革協辦大學士户部尚書翁同龢跪奏，爲天恩未報，臣病垂危，伏枕哀鳴，仰祈聖鑑事：竊臣早年通籍，薦蒙先朝優遇，屢司文柄，兼侍講帷，忝陟班聯，叠膺簡任。只以奉職無狀，負罪當誅，猶蒙恩予保全，放歸田里，交地方官管束，俾盡天年。臣自知咎戾，深悔難追，夙夜彷徨，浸成老病，兹已氣息綿惙，無望瘉生。伏念負疚如臣，固已言無足取，不敢復有所陳述。第思隆恩未答，盛世長辭，感悚之餘，難可瞑目。所願勵精圖治，馴致富强，四海蒼生，咏歌聖德。臣雖死之日，猶生之年，謹口授遺疏，不勝嗚咽依戀之至。伏乞皇太后、皇上聖鑑。謹奏。"

宣統元年(1909)，開復原官。民國三年(1914)，遜帝溥儀追謚
"文恭"。

《記翁文恭公事》："宣統元年，蘇人士請於朝，奉旨開復原官，
並予謚'文恭'，於是公之事始得湔雪云。"

按，端方所作《已故褫職大學士翁同龢請量予恩施摺》(丁國鈞
《荷香館瑣言》卷上)云："今者冲皇御極，首布恩綸，昔年緣事罷譴
諸臣，每荷聖慈，曲爲湔被。翁同龢舊臣世德，效力多年，迹其講畫
之勞，宜在矜原之列，合詞懇爲奏請恩施等情前來。奴才伏念翁同
龢以甘盤舊學，我穆宗毅皇帝恩禮甚至，德宗景皇帝眷顧尤隆。當
甲午、戊戌之交，時局艱危，宮廷旰食，翁同龢身膺樞要，責有攸歸。
乃循繹二十四年十月嚴旨，獨咎翁同龢輔導之無方，仰見聖人責躬
之微意。蓋當五洲交通之時代，本中華未有之艱難，在當時不可寬
責備之文，在今日則宜有原情之論。翁同龢起家世胄，博學能文，
屢典文衡，得人最盛，天下英俊之士多出其門。我朝厚澤深仁，最
隆師傅。同光兩朝之聖學，既已垂耀千秋；經筵啓沃之世臣，或當
掩其一眚。我皇上繼志述事，至孝至仁，上體在天降鑑之心，定深
故舊不遺之感。合無仰懇天恩，俯准將已故革職户部尚書、協辦大
學士翁同龢開復原官，以昭恩意。可否特與優恤之處，出自聖裁，
非奴才所敢擅請。"五月二十日硃批云："翁同龢著加恩准其開復原
官，該部知道。"

翁同龢作詩力追昌黎、山谷，戊子至戊戌(1888—1898)十年間
所作爲其菁華所在，又以有關書畫金石之作爲最工，時抒悲憤。

李慈銘《癸巳瑣院旬日記》："詩法力追昌黎、山谷，爲一時斯文
宗主，世比之歐陽公云。"

徐世昌《晚晴簃詩匯》卷一百五十五："文恭師久侍講幄，入贊

樞廷，崇陵最所倚毗。晚遭多故，終老江湖，生平本末，具見於詩。淹雅端和，不失先民矩矱。七言古詩，筆力放縱。淵穎堅凝，青丘雋上，殆兼擅其勝。尤以戊子至戊戌十年間爲菁華所在。”

錢仲聯《論近代詩四十家》：“松禪老人詩，以有關書畫金石之作爲最工，時抒悲憤。如《臨吳漁山真迹》《臨倪文正畫二絕句》，皆身在江湖、不忘魏闕者，不僅如陳衍所云‘清雋無俗韻’而已。至其他題跋諸篇，考據精審，亦饒詩味，非翁方綱之以‘抄書當作詩’者可比。張之洞同時以達官能詩名，而此境却非《廣雅堂詩》所有。”

善書法，幼習歐、褚，中年用力於顏體，五十後出入蘇、米。晚年益趨平淡。間作畫，筆力奇肆，不拘一格，古趣盎然。

竇鎮《國朝書畫家筆録》卷四：“（翁同龢）善書法，幼年專習歐、褚，中年用力於平原，雖蠅頭小楷，皆能懸臂書之。五十後更出入蘇、米。又沉浸北朝碑像，漢隸禮器，乙瑛、張遷諸碑。晚年益趨平淡，幾與劉文清抗衡。間作小畫，筆力奇肆，出之不爲畫家規則所拘束，隨意數筆，古趣盎然。更自爲題咏，彌覺雋逸，然僅爲家人子弟偶一揮染，未嘗爲外人作也。”

鄒王賓《松禪老人遺墨跋》：“余獨癖愛其（翁同龢）書，遠宗顏、李，近邁張、梁，有駕蒼龍游碧落之概。至其結體森秀，若良玉之蘊巉岩；運筆健遒，似純綿之裏精鐵。竊謂東坡評書，端莊雜流麗，剛健含婀娜，尚不足以盡之。”

易宗夔《新世説・巧藝》：“翁叔平書法不拘一格，爲乾嘉以後之名家。相國生平雖瓣香翁覃溪、錢南園，然晚年造詣，實遠出覃溪、南園之上。論清代書家，劉石庵外，當無其匹。光緒戊戌以後，靜居禪悦，無意求工，而超逸更甚。”

參考文獻：

1. 翁同龢著、謝俊美編《翁同龢集》，中華書局 2005 年版。

2. 翁同龢《翁同龢自訂年譜》，中國社會科學院近代史研究所近代史資料編輯部編《近代史資料》總 86 號，知識產權出版社 2006 年版。

3. 翁同龢著，朱育禮、朱汝稷校點《翁同龢詩集》，上海古籍出版社 2009 年版。

4. 翁同龢著、翁萬戈編、翁以鈞校訂《翁同龢日記》，中西書局 2012 年版。

5. 趙爾巽等《清史稿》，中華書局 1977 年版。

6. 唐文治《記翁文恭公事》，錢仲聯主編《廣清碑傳集》，蘇州大學出版社 1999 年版。

（馬昕）

譚獻傳

譚獻,又名廷獻,初字滌生,改字仲修,號復堂,又號半厂,浙江仁和(今浙江省杭州)人。道光十二年(1832)生。

邵懿辰《半岩廬遺文》卷上《與譚仲修書》題下邵章按語:"復堂師時字滌生,後改字仲修。"譚獻《諭子書二》:"予戊子以來,自號半厂,以爲學問、游迹、仕宦、文辭率止於半,以識内媿然。"

又按,夏寅官《譚獻傳》言其"卒於光緒辛丑,年七十二",依此則生於道光十年。然譚獻《諭子書一》:"丁卯鄉試,獲舉,年已三十六矣。"依此則生於道光十二年。《諭子書一》又言二十歲時受知於學使德化萬公,按萬青藜到任浙江學政在咸豐二年(1852),據此亦生於道光十二年。故從道光十二年説。

少孤多病,母陳氏苦節長養。十三歲應書院課。十五歲學詩。二十歲入縣學。受知於浙江學政萬青藜,並得同鄉前輩邵懿辰指導文章學術、引介京中師友。二十二歲學詞。咸豐七年(1857),隨萬青藜入都,游學京師。

譚獻《復堂類集》文集卷一《復堂詞録叙》:"獻十有五而學詩。二十二旅病會稽,乃始爲詞。"

《諭子書一》:"十五歲就宗文義塾讀書,補弟子員。十六歲乃爲童子師。歲脩脯不足三十緡,養汝祖母不足,賴針紉佐之。嘗力

872

疾寒夜操作，龜手流血，予啜泣於旁，汝祖母訓予曰：'汝父力學，困場屋，年未四十，中道棄汝。但汝得成立，讀書識道理，無忘今夕，可也，徒悲何益？'十七歲後，漸好交游。自十四學試，漸寫成卷。其時家中故書兩遭火，惟有《古文眉詮》《杜詩箋》二書，予略上口。藉李枚仲《綱鑑易知錄》，奮筆涂抹，至今悔之。二十歲時，以觀風詩賦受知學使德化萬公，得餼於庠。先達邵位西先生歸田，介袁敬民得見，與語學行文章之事，予之奉手先正，得師友之益，自此始也。粗有知識即好辨，位西先生誨以安溪桐城之學，猶斷斷也。邵先生曰：'如子者，不可不一入京師，多見耆宿，庶幾有成。時尚多疾疢，且新娶，汝祖母不遣遠游……'邵先生先有書向通姓氏輦下諸公，桂林朱伯韓觀察、漢陽葉潤臣舍人、代州馮魯川比部、馬平王少鶴章京、瑞安孫琴西侍讀、上元許海秋起居、德化蔡梅庵編修，往往折輩行與交。而同志友人則尹杏農御史、李子衡刑部、楊汀鷺孝廉，道義得朋，沆瀣無間。至於性命骨肉之交，丹徒莊中白爲最摯。鄉人吳子珍以公車留京，則舊好也。於是問業焉，切磋焉。"

邵懿辰《半廬遺詩》譚獻跋："先生歸里後，獻介袁蓮伯以見，勗之道義，乃請執弟子禮。先生報書數百言。……嗣是析疑請益，若折輩行與交。咸豐丁巳，獻從萬文敏師入都，先生先期馳書輦下，諸老成皆以獻爲可以語上。獻之奉手哲人、與聞緒論，蓋先生假以羽毛也。"

咸豐八年（1858），因邵懿辰之薦，入福建學政徐樹銘幕，與幕友勤研經史校讎之事。太平軍攻陷汀州，譚獻幸免於難。十一年，入繼任學政厲恩官幕。

《諭子書一》："久游無所依，負米不能贍，乃冒烽火，垂橐歸，東南亂且日亟矣。長沙徐壽衡侍郎顧祠相見，立談傾倒，視學福建，過杭，訪士於邵先生，首及予，予適歸，即招延入閩。至學使幕，文字外無他事,乃研討經史校讎之事,窮日夜爲之。同幕有新城楊卧雲,宿學也,相與討論,心目漸有歸宿。福州南後街比屋鬻舊書,叢殘而直廉,乃節嗇買之,且有善本。庚申汀州陷時,方按試未竟,予與楊君同陷賊,貌爲書賈以免。辛酉二月,再至福州,亦更生矣。而杭州先以庚申三月不守,數日克復,家得無恙。道阻不得歸,歸又無所得食,因循旅羈,又病矣。徐侍郎受代,仍就屬研秋光禄之聘。鄉再陷,音書斷絶,心志瞀亂,不欲生又不敢死,不復能治文字。去學使館舍,流寓焉。是年冬,偶游厦門,交德清戴子高,陳碩父徵君弟子也。"

同治四年(1865),因拮據歸杭州,不久入浙江采訪忠義局。六年,浙江巡撫馬新貽邀譚獻爲詁經精舍監院,又奏開浙江官書局,以獻爲總校。同年,鄉試中舉。次年,會試下第後南歸,署秀水校官,仍兼書局采訪局事,與浙江學政吳存義論學甚契。

《諭子書一》:"丙寅、丁卯,馬端敏公(按,即馬新貽)撫浙,檄予詁經精舍監院,又奏開書局,以予爲總校。先是,余甫歸,已入采訪忠義局,遂同纂《忠義録》局於官,文書三年刻成,未詳贍也。""故官秀水將兩期,居於學舍不過三月耳。泰興吳和甫(按,即吳存義)侍郎督浙學,予不得與考校,而論學尤契。吾之中年,虚鋒略盡,漸有見素儲樸之意者,吾師泰興公教也。繼吳公者,即徐侍郎(按,即徐樹銘)。篤故舊,忘形迹,而三年述職,上疏薦士,余亦與焉。嘗規阻之不得,侍郎遂以是疏謫予。辛未公車,杜門不欲接海内人士者,以此臂疾漸甚,掣曳不能作字,又客閩患痔,比歸治瘳,濕鬱觸肝,乃終年有腹疾。"

同治十三年(1874),假貸親友,欲納貲爲官。光緒元年(1875),應邀入安徽布政使紹誠幕。三年,任安徽歙縣知縣,與民相樂。五年，官全椒知縣。八年，權懷寧知縣。十年，知合肥。十二年，知宿松，不久以疾請代。

《諭子書一》："甲戌之赴，計偕自顧漸老，稍欲以民事自試。假貸戚友，入貲，以縣尹官皖，非素志也。光緒元年，方伯紹誠公召余入幕從事。二年，又應官文知己也。……丁丑八月，官歙縣，乃生汝瑜於官舍。新安山水大好，去故鄉最近，文物尤茂，雖大亂之後，餘韻存焉。吾作宰期月，心神相樂。……己卯七月，蒞全椒，薛師（按，即薛時雨）之鄉。習聞其土風患寡患貧，居官二年，殊疚心，無一善也。辛巳秋九月，解官回櫂。今方伯盧公又命備幕僚。壬午大水，季冬之月，饑民嗷嗷，大府以予權懷寧令，附郭都會，奔走云爾，稍以賑廩建築，與父老相見，宣上德，非必通下情也。閱歲，甲申閏月，移治合肥。"

《諭子書二》："初官歙，文章禮義、名賢遺風猶存，巖壑絕勝，士民親愛，歷一寒暑，至今營魂猶戀之。次蒞全椒，先師桑根先生之鄉。夙昔話言，習聞邑中風氣，士能讀書而不免矜，民能力穡而不免諼。故余理縣頗持法以待，不假借。……懷寧在官，當同鄉舉吳興沈芸閣守安慶，上下如一家，而予時以公事相抗，沈公固無間也。比公進擢粵臬去皖，代者不容傲吏，遂齟齬。而撫部、方伯優容器使，乃行省鉅細咸咨度一令。十八月中，頗任勞怨，過情聲聞，亦由於此。合肥襟要全皖，名爵鼎貴，邑長以得罪巨室爲恐。吾最簡傲，相見以誠，視事數旬，乃知名族無不以禮自持，謙謹過於寒微，貴介中種學積文者比肩立，皆迹遠於吏庭，而氣類相感。別七八年，書問寄懷，篇吟盈懷袖，若今庶常李新吾、今蜀分巡張靄卿兩先生，及蒯翰卿明經，情文摯篤，汝輩於篋衍皆親見之。至外間傳說吾去任數月而大獄興，並至用武於近鄉，謬謂吾未行皆不至，是此非予所敢自信也。……丙戌，移宿松。大府之意仍欲以首劇見畀，余已觸末疾，筋力漸畏趨走，乃力謝之。不意赴宿松，民間以虛名著相親也，士林以文藝待磋厲，尤拳拳。屬有厠科甲而選事者，凌折鄉里，嘗試官府，予毅然拒之，以劣狀聞於上，選事者斂手退。徂秋，予疾大作，邑雖小，曷敢臥治。迫冬，眩作，氣上如沸，乃陳情大府，以疾請代。時署藩司丁公，十年來以國士待我，持牘不肯下，使醫來，始信病狀，許謝事。"

同治十六年(1890)，應湖廣總督張之洞之邀至武昌，主經心書院講席，兩年間與友朋、諸生相處協洽。編有《經心書院續集》十二卷。二十七年，卒。

《諭子書二》："庚寅、辛卯，座主南皮張尚書督兩湖，招之至江夏，聘主都會經心書院講席，遂爲院長兩年矣。書院爲公視學日所創立，一以阮文達公西湖詁經精舍爲規模，以吾乙丑後嘗爲精舍監院，習舊聞，非必學行足式高才諸生也。既游鄂，故交頗有。陳藍洲官漢川，亦以病在省城，氣誼與子虞、白叔無所殊。施南樊雲門定交京邸，矢以久要，俄焉聚首，所謂賓至如歸。其他則同鄉同年之仕於斯、客於斯者，友朋之樂，不減井里。往來江上之輪舶，如坐房闥。無如衰遲日即，頹廢獨客，朝夕終以病魔爲畏。汝瑜侍側，講舍僅能稍慰岑寂。吾所慰岑寂者，自來鄂國，從游少俊，如泰興吳生守訓、定遠凌生培、宿松胡生子英、錢塘宗生承露，先後負笈。世交後起，文字請業，又得邵生孝章、周生兆淶、吳生錫庚、徐生增榮，此皆將來汝輩成立當引爲昆弟之交，求攻錯之效。吳生乃和甫先師孫，邵生乃位西先生孫，尤師友中薪盡火傳，愉快過於人世榮遇耳。"

譚獻治學，早年以小學治經，三十歲後偏向今文經學，服膺莊存與、莊述祖。重視《春秋》，推崇董仲舒，以爲堪比孟、荀。手訂

《董子定本》，費時多年。

《復堂類集·文集》卷二《答林寳君書》：“獻以訓詁小學治經，適得其末，而又不詳密，三十以後，差有窺於微言大義，遂棄前日記誦之所得，識大識小，兩見乖違。”

《諭子書一》：“吾於古文無所偏嗜，於今人之經學嗜莊方畊、葆琛二家。”譚獻《復堂日記》卷一：“莊氏（按，指莊述祖）之《尚書》、先生（按，指宋翔鳳）之《論語》，殆可懸之國門。”譚獻《復堂日記補録》卷一：“莊氏之學既世，方耕侍郎之《春秋》冠絶古今無二。”

《復堂日記》卷一：“董子爲《春秋》第一師。他雜論政道，皆推本聖緒，醇備可見施行。至於陰陽五行，大義微言，洞達天人之故，固當鼎足孟、荀，覺賈生尚多粗粗。”

譚獻《復堂文續》卷一《董子叙》：“始從事於咸豐戊午六月，卒業於光緒壬辰六月。”

按，譚獻早年以小學治經，主要受仁和縣令李枝青影響。《復堂類集》文卷一《李西雲先生遺書叙》：“獻知從事《爾雅》訓詁、《説文》形聲，蓋本福安李先生之教云。先生閩儒，於學無所不窺。其嗜學也，綜群經，其治經也，先小學，蓋與江、戴、段、孔諸家途徑悉合。……方先生之宰仁和，獻以童子試受先生知。初謁先生，即告以當讀邵氏《爾雅正義》、段氏《説文解字注》。”二十歲後受到鄉賢邵懿辰指點，亦告以涵泳經書。邵懿辰《半岩廬遺文》卷上《與譚仲修書》：“足下何不先温習經書，《詩》《書》《易》先專一經，虛心涵泳，實力探討，學然後知不足，可以藥浮而釋累也。”故“備聞嘉定錢氏、餘姚盧氏、武進張氏、興化凌氏、烏程周氏之言”（《復堂文續》卷一《董子叙》），所推重之黃宗羲、毛奇齡、盧文弨、章學誠諸人，亦皆擅長考據。《復堂日記補録》卷一：“吾浙問學之事，浙東西截分兩途，東學樸質而近迂，西學隱秀而入瑣。吾於浙東推黃氏昆季、西河先生,不甚服萬氏,尤不喜全謝山。西學首推馮山公、盧抱經。"三十以後於今文經學用力漸多,其《師儒表》首列《絶學》一門,即以莊存與、莊述祖、劉師培、宋翔鳳居前(參見《復堂日記》卷一)。大約一方面緣於時勢危殆,屢經亂離,有用世之志。《復堂類集》文卷二《上座主湖北督學張先生書》云:"獻生三十七年矣,蚤識文字,以斧藻自蔽且二十寒暑,學無師授。至二十五六歲始知推究於遺經。中丁亂離,瀕死者數。昔人所謂無暇刻發篋陳書之暇。徒於舟車之中、竈突之側,縱橫一卷,十忘七八。竊窺經教,外識世變,於天地萬民之故恝然也,而不無所概於心。欲著一文,名曰《學論》,未屬草也。其大要四言耳:曰天下無私書,天下無私師,人才皆出於學,國政皆聞於學。繼而讀《明夷待訪録》,則黃先生已發其凡焉。"另一方面緣於交游。其引爲"性命骨肉之交"(譚獻《諭子書一》)的摯友莊械即通《易》《春秋》及緯書,好微言大義(參見《復堂文續》卷四《亡友傳・莊械傳》)。《復堂類集・文集》卷一《朱櫻船詩叙》亦曰:"吾友丹徒莊中白,遭亂流寓泰州,其人甄極悉緯,通天人之故、荀董之文、枚傅之詩,可謂卓爾。"京師游學時所交師友對其影響尤大:"予之略通古今,有志於微言大義,皆此二年師友之所貺也,至於今不敢忘。"(《諭子書一》)但肆力義理之後,校讎考據並不輕廢,在閩游幕期間曾與友人研討金石之學:"(魏錫曾)飢不皇食,晚出諸碑,鋭志著録,欲撰《萃編補石》。獻落魄亡鄉,嘗左右之,偶得一二舊拓,互靳秘也,俄而出以相炫,所見不合,斷斷爭辯,至面赤拂衣起,明日相見如初。"(《復堂文續》卷四《亡友傳・魏錫曾傳》)其日記中議論各家經訓、校讎子史之條目亦極多。故能受聘於以樸學見長之詁經精舍,爲《許學叢刻》《説文徐氏未詳説》等作序(參見《復堂文續》卷一),爲樸學名儒黃式三作傳(參見《復堂類集・文集》卷二《黃先生傳》)。

　　於史學，極推重章學誠。嗜好馬驌《繹史》，爲之悉心校讎。又究心金石碑版，所刻《半厂叢書》中有《金石跋》三卷，曾評點魏錫曾《非見齋審定六朝正書碑目》。

　　《復堂日記》卷一："於書客故紙中搜得章實齋先生《文史通義》《校讎通義》殘本，狂喜，與得《晉略》同。章氏之識冠絕古今，予服膺最深。往在京師借葉潤臣丈藏本，在廈門借孫夢九家鈔本，讀之不啻口沫手胝矣。不意中得之，良足快也。""閲《文史通義·外篇》……與《内篇》重規叠矩，讀者鮮不河漢其言，或浮慕焉，以爲一家之學亦未盡耳。懸之國門，羽翼六藝，吾師乎，吾師乎！吾欲造《學論》，曰天下無私書、天下無私師，正以推闡緒言，敢云創獲哉！"

　　《譚獻傳》："又深嗜馬宛斯驌《繹史》，悉心校讎，條列凡例：引用書目一，古書真偽二，群經正字三，諸書善本四，要删補正五，除重去復六，改定分注七，以後從前八。可謂精審。"《復堂日記》卷一："先秦兩漢載籍出入復重，此吾所以驚嘆於馬宛斯《繹史》也。"《復堂日記補録》卷二："校《繹史》卒業。録記彝器銘識、法帖書體，下及《相牛》《相鶴》之經，而《爾雅·釋詁》《釋訓》《釋言》既不著，器物、草木、蟲魚亦删落過甚，然其移並實有苦心。予酷嗜《繹史》，記三十歲前楊卧雲（按，指楊希閔）舍人指爲'復堂腹笥鑰'，四十歲前吳和甫少宰又云'譚百卷'。……第飲食舟車恒以自隨，蓋三十年矣。"

　　於文章好汪中、龔自珍、孔廣森，善作傳狀。

　　《諭子書一》："作文好魏晋人語，從駢儷入，不能擺落華藻，無所謂潔净精微也。……文章嗜汪容甫、龔定厂二先生，駢儷尤習孔㨾軒。"

　　《復堂日記》卷八："吾輩文字不分駢散，不能就當世古文家範圍，亦未必有意決此藩籬也。"

學詩較早,二十歲即成《化書堂集》,三十歲編刻《復堂詩》。於本朝詩人稱許吳嘉紀、黃承吉。又自編《古詩錄》《唐詩錄》《金元詩錄》《明詩錄》及《合肥三家詩錄》(王尚辰、徐子苓、戴家麟三家)。

《諭子書一》:"學詩最早,二十歲時,高古民先生及令子昭伯刻《化書堂集》三卷。三十歲時,在閩復刻《復堂詩》三卷,詞一卷。……詩歌嗜吳野人(按,指吳嘉紀)、黃春谷(按,指黃承吉)。"

《復堂類集・文集》卷一《朱櫻船詩叙》:"泰州吳野人先生,抗逸民之高踪,樹詩人之逸軌,言皆布菽,功在風化。昔者著録遺文,未嘗不心游目想矣,百年作者,有難繼之嘆。"

《復堂日記》卷一:"春谷先生服膺漁洋,亦幾智過其師,是真能傳法者。予謂學漁洋易,學春谷難,當與天下共參之。"

《復堂類集・文集》卷一《古詩錄叙》:"獻撰録是集,亦欲推本情性,規矩雅頌,匪徒標舉美文,遺餉學子。裁斷或失,時時有緣情綺靡者錯乎其間,是則予之罪也。然必有可以觸類焉者,庶有知者理而董之。"

《復堂類集・文集》卷一《唐詩錄叙》:"唐詩有選,殷璠、高仲武而下,遂積十數,蕩而無本,華而不實。或泥一隅,不觀其通,或徇衆説,不衷於是,披尋所及,喟嘆因之。丁巳之歲,游學京師。……舉三百年之遺文離爲八集,都爲一編,排纂未竟,旋以圖南。悠悠五載,復事發正,録成定本,附《古詩録》之後。"

《復堂類集・文集》卷一《金元詩錄叙》:"予録金詩,孔氏存曹檜之義也。……顧氏《元詩選》三集,作者數百,網羅蓋備,頗傷繁鄭,予今據以著録。"

《復堂類集・文集》卷一《明詩錄叙》:"明人矢詩之旨,義法未必盡純,至其音節往往可歌。甄綜群言以爲是集,庶幾存六義之遺意而已。"

最擅詞學。纂録本朝人詞，爲《篋中詞》，選自唐至明之詞千餘首成《復堂詞録》，又輯有《粵東三家詞鈔》（葉衍蘭、沈世良、汪瑔三家），皆附評論。自撰《復堂詞》《復堂詞話》。其詞學上承常州詞派前賢張惠言、周濟，主"柔厚"説，即"以憂生念亂之時，寓温厚平和之教"，推賞潛氣内轉、一波三折、惝恍迷離之作。並繼丁紹儀之後，主張"作者之用心未必然，而讀者之用心何必不然"，受今人重視。爲常州詞派之代表人物。

《諭子書一》："甲寅年，館山陰村舍，始填詞。旋又棄去，後乃尊信張皋文、周保緒先正之言，鋭意爲之，纂録本朝人所著，成《篋中詞》五卷、續一卷，刻行。丹徒馮夢華共商榷之。其自唐至明又寫定爲《復堂詞録》十卷。"按，今《續修四庫全書》所收爲《篋中詞》六卷、《續》四卷。

《復堂類集·文集》卷一《復堂詞録叙》："右録三百四十餘人，詞一千四十七首。……獻十有五而學詩。二十二旅病會稽，乃始爲詞，未嘗深觀之也。……三十而後，審其流别，乃復得先正緒言以相啟發。年踰四十，益明於古樂之似在樂府，樂府之餘在詞。昔云禮失而求之野，其諸樂失而求之詞乎？然而靡曼熒眩，變本加厲，日出而不窮，因是以鄙夷焉，揮斥焉，又其爲體固不必與莊語也。而後側出其言，旁通其情，觸類以感，充類以盡，甚且作者之用心未必然，而讀者之用心何必不然？言恩擬議之窮，而喜怒哀樂之相發，嚮之未有得於詩者，今遂有得於詞。如是者年至五十，其見始定。先是，寫本朝人詞五卷，以相證明。復就二十二歲以來審定由唐至明之詞，始多所棄，中多所取，終則旋取旋棄，旋棄旋取，乃寫定此千篇，爲《復堂詞録》前集一卷、正集七卷、後集二卷。其間字句不同、名氏互異，皆有據依，殊於流俗。其大意則折衷古今名人之論，而非敢逞一人之私言，故以論詞一卷附焉。"

《復堂日記續録》光緒十九年八月初十日："葉蘭臺屬選《嶺南三家詞》，爲沈伯眉、汪玉泉及蘭翁。今日始就，審定圈識，寫目録寄去。沈爲《楞華館詞》，汪爲《隨山館詞》，葉爲《秋夢庵詞》。"

參考文獻：

1. 譚獻《諭子書一》《諭子書二》，閔爾昌輯《碑傳集補》卷五十一，周駿富輯《清代傳記叢刊》，臺灣明文書局 1985 年版。

2. 譚獻評編《非見齋審定六朝正書碑目》，《石刻史料新編》第 3 輯，臺灣新文豐出版公司 1986 年版。

3. 譚獻《篋中詞》，《續修四庫全書》，上海古籍出版社 2002 年版。

4. 譚獻《復堂類集》《復堂文續》，《清代詩文集彙編》，上海古籍出版社 2010 年版。

5. 夏寅官《譚獻傳》，閔爾昌《碑傳集補》卷五十一，周駿富輯《清代傳記叢刊》，臺灣明文書局 1985 年版。

6. 譚獻著，范旭侖、牟曉朋整理《譚獻日記》，中華書局 2013 年版。

（黄政）

王闓運傳

王闓運,字壬秋,一字壬父,號湘綺,湖南湘潭人。道光十二年(1832)生。

邵鏡人《同光風雲錄·王闓運》:"世傳湘綺生時,父夢神榜其門曰'天開文運',因以闓運爲名。"王代功《湘綺府君年譜》同治五年:"府君初名開運,在衡州時,王春波大令名與相同,是歲始改今名。初字紉秋,取'紉秋蘭以爲佩'也,友人稱曰壬秋,五十後改今字。"

蔡冠洛《清代七百名人傳·王闓運》:"王闓運,字壬秋,又字壬父。"

王闓運《湘綺樓記》(王闓運《湘綺樓日記》光緒十五年正月一日):"湘綺樓者,余少時與婦同居之室。時所居無樓,假樓名之。家臨湘濱,而性不喜儒,擬曹子桓詩曰:'高文一何綺,小儒安足爲。'綺雖不能,是吾志也。"

玳功《湘綺府君年譜》道光十二年:"十一月二十九日午時生於善化學宮巷内居宅。"

幼時初受學於母蔡氏,後入塾從讀於李鼎臣,再就學於叔父步洲。質鈍而勤學,九歲遍讀五經,亦能屬文,十四五時初露文才。性不喜制舉業,而喜讀古書。十九補諸生,有文名。

《湘綺府君年譜》道光十四年(1834):"府君幼穎悟,祖妣教以古歌謠及唐五言諸詩,即能識字。曾祖妣喜曰:'此兒他日必成名,惜余不及見耳。'"道光十八年:"善化李鼎臣先生設塾里巷,曾祖妣以其距家稍近,命府君從讀。授以《論語》《孟子》,朝往夕歸。"道光二十年:"是歲畢誦五經,能屬文。"道光二十一年:"始學時文帖括,家貧,不能延師,曾祖妣乃命府君從步洲君讀,並授作文之法。"道光二十三年:"是歲,步洲君假館宜章縣署,府君從之游學,益屬志於經史詞章,昕夕不輟。"

《清史稿》卷四百八十二《王闓運傳》:"幼好學,質魯,日誦不能及百言。發憤自責,勉強而行之,昕所習者,不成誦不食;夕所誦者,不得解不寢。"《同光風雲錄·王闓運》:"初就塾讀書,性鈍,日誦不及百言,同塾生皆嗤之。師曰:'學而嗤於人,是可羞也。'闓運聞而泣,退益刻勵,日所學,不得解,不寢。"《湘綺樓詩集》卷六《思歸引序》:"余少小鈍弱,既冠始學。"

《湘綺府君年譜》道光二十六年(1846):"當是時,天下方騖於科舉,宣宗尤重翰林。以一童生,不數年可躋二品。故父老以科甲督責子弟,甘心不悔。府君不喜制舉之業,嘗假得《楚詞》,讀之驚喜。塾師目爲雜學,禁止勿觀。府君則於作文時竊誦之。塾師出,不意從後掣其卷藏焉。蓋當時風尚如此,府君益發憤,欲並古之作者,尤欲多讀未見書。"道光二十九年:"肄業城南書院,院長陳堯農先生工制藝,每聚諸生講學,非高材生不得入內聽講。陳先生因府君雋異,特許入內齋。每有問難,輒驚老宿。長沙熊雨臚先生少牧以孝廉名動海內,詞賦、科舉爲一時之冠。……朱丈特介紹府君問業,熊先生選文四十篇,屬府君熟讀。未數日,復往請益,熊先生怪之,因問文家派別,府君具道其所以,應答如流,不失一字。"王闓運《天影庵詩存序》(《大中華》1915年第1卷第9期):"余固少孤,爲叔父所教。九歲能文,而不喜制舉程式。"《湘綺樓詩集》卷七《春懷詩四十八首》其二十一:"昔年十四五,文翰頗翩翩。"

《湘綺府君年譜》道光三十年(1850):"三月應鄉試,知縣李寅庵先生春暄拔置第一,提督學政爲車公順軌,取入縣學發落。日以府君文不合式爲訓,而獎掖備至,聞者異之。"

按,闓運少時智力情況,諸家記載懸殊,或目爲神童高材,或指其質魯性鈍。實則,幼時受學甚早,智力稍開,雖稱神童,究非奇能異智;入塾後爲同窗所侮,師長所激,勤學進益,乃漸成大器,方有內齋聽講及雨臚嘆服之事。

年二十,與鄧輔綸、鄧繹、李壽蓉、龍汝霖結"蘭林詞社",以詩歌相娛,時號"湘中五子"。

《湘綺府君年譜》道光二十七年(1847):"始就外傅從劉先生煥藻讀書三年,同學七人,始識長沙羅伯賡熙贊。羅丈通博有文名,故識武陵劉采九鳳苞。劉丈居城南書院,爲肄業生。院長陳堯農先生本欽,鄧辛眉丈繹妻父也,與鄧彌之丈輔綸俱居院中。府君與羅丈論詩,羅言及二鄧,府君欲訪之未暇也。"道光二十八年:"讀書營盤街戴祠。始應童子試,鄧丈彌之兄弟聞府君'月落夢無痕'詩句,奇之,特來造訪。其時,李丈篔仙壽蓉、丁丈果臣取忠、龍丈皞臣汝霖皆居城南院齋,府君因定交焉。李丈放誕自喜,尤擅才名,與府君相得甚歡,日夕過從。嘗於十二月雪夜,李丈徒步來宿書室,刻燭聯句二十韻。名篇劇韻,傳誦一時,名字漸達湖外。"

《湘綺府君年譜》咸豐元年(1851):"李丈篔仙既耽吟咏,遂約同人倡立詩社。龍丈皞臣年最長,次李,次二鄧,次府君。每擬題分咏,各賦　詩,標曰'蘭林詞社'。……先是,湖南有'六名士'之目……李丈乃目蘭林詞社諸人爲'湘中五子'以敵之,自相標榜,夸耀於人,以爲湖南文學盡在是矣。"

按,《湘綺樓詩集》中多有憶及蘭林詞社往事之作,如卷一《五君咏序》："嘗觀顏延之《五君咏》，意獨怪之。異世論友，中實自叙。山王同游，並以貴黜，則取人必於窮厄乎？余未弱冠，得奉教賢人君子有日矣。其游息輒偕，適有五君。會以遠適倏散，彌念嘉會，率爾命筆，各贈一章。譽淺諷深，期之弦佩云爾。"卷九《獨行謡三十章四百四十八韻凡四千四百八十五字感贈鄧輔綸》其一："憶我年十五，體羸志未修。呻吟窮巷內，學作康衢謳。儒冠樂群會，始得通羅劉。此時聞常鄧，高咏鏘鳴璆。鳳凰不孤響，燕雀隨秋秋。寒冬步從我，玉珮貂襜褕。"

咸豐三年（1853），始定每日鈔書之課，自此寒暑不輟。

《湘綺府君年譜》咸豐三年："是歲，於南昌書肆得宋牧仲對簿時手録蘇詩，始嘆先輩精專，雖遭顛沛，猶不輟業，乃定每日鈔書之課。適得宋版《玉臺新咏》，因影寫之。李丈伯元以爲必無成理，未三月，書成，李丈驚服。自是日，必鈔書，道途寒暑不少輟。五十年中，書字以萬萬計，蓋自二千年以來學人鈔録之勤，未有盛於府君者也。"

《清史稿》本傳："闓運刻苦勵學，寒暑無間。經、史、百家，靡不誦習。箋、注、抄、校，日有定課。遇有心得，隨筆記述。"

咸豐五年（1855），往鄧彌之家教讀，始治三禮，作《儀禮演》十三篇，爲其注經之始。

《湘綺府君年譜》咸豐五年："是歲，始治三禮，以禮經難讀，先自禮經始，作《儀禮演》十三篇。分章節，正句讀，實爲注經之始。"

咸豐七年（1857），中舉。

《湘綺府君年譜》咸豐七年："是歲，領鄉薦，中式第五名舉人。座主爲楊君泗蓀、錢君桂森，房考官爲鮑君聰。"

按,《清史稿》本傳載其爲"咸豐三年舉人"。《湘綺府君年譜》爲其子所撰,更可信。

咸豐九年(1859),初次赴京會試不第。結識肅順,受其激賞,延入幕府,奉若師保。尋入山東巡撫文煜幕府。是年,作《八代詩選》。

《湘綺府君年譜》咸豐九年:"四月,會試榜發,報罷。以京師人文淵藪,定計留京,寓居法源寺。於時名賢畢集,清流謀議,每有會宴,多以法源寺爲歸。時龍丈皞臣居戶部尚書肅慎公宅,授其子讀;李丈篁仙供職戶部主事,爲肅所重賞。肅公才識開朗,文宗信任之,聲勢烜赫,震於一時,思欲延攬英雄,以收物望。一見府君,激賞之。八旗習俗,喜約異姓爲兄弟,又欲爲府君入貲爲郎,府君固未許也。"《清史稿》本傳:"入都,就尚書肅順聘。肅順奉之若師保,軍事多咨而後行。"《同光風雲錄·王闓運》:"既入都,應禮部試,不售。時肅順柄政,待爲上賓。……文宗崩,西后用事,時湘綺方客游山東,先是得肅順書招,入京將大用,稍遲行,而肅順伏誅矣。遂臨河而止,狼狽而歸。有詩云:'當時意氣各無倫,顧我曾爲丞相賓。俄羅酒味猶在口,幾回夢哭春華新。'即咏此事。後數年,主講船山學院,每朗誦此詩,泪輒涔涔下,亦嘗以私積千金,恤肅順之家屬,其於朋友生死之際,風義不苟如此,可以風世。"《湘綺府君年譜》咸豐九年:"十月,至濟南,寓居山東巡撫文煜公署中。"

《湘綺府君年譜》咸豐九年:"又選漢魏六朝諸家詩,爲《八代詩選》,與同人分寫,而自加評語焉。"《續修四庫全書總目提要·〈八代詩選〉提要》云:"其編次之旨則見於其門人楊廷瑞之序,略謂:'嘗聞吾師壬秋先生言:凡選詩文,肇漢訖隋,自唐以下,別樹幟焉。古樂府歌詩胎祖風騷,詞旨深遠,後人臆測,只得一偏,譬井中見天,曰天僅在是,豈理也哉。善讀詩者,以意逆志,其所觸悟,亦因人之志趣境地各有不同，而所得互異。故一涉評騭，即成俗本。馮氏《古詩紀》，其失繁；沈氏《古詩源》，其失簡。先生寓蜀時，折衷其間，分體纂集，乃有八代詩之選。予從先生游，得知是書本末，並述先生選詩之意於卷端云云。'是則壬秋此選乃折衷於馮、沈二氏之書，而別具抉擇於其間者也。"

自咸豐四年（1854）至同治三年（1864），王闓運數游曾國藩幕，然十餘年間始終游離幕外，未任幕職。初，曾國藩辦團練以抗洪楊，闓運上書言事，請從軍，然以孤子新婚，未有子嗣而罷。肅順敗後，闓運旋參曾幕，備受禮敬，然其自負奇才，建言多不爲曾所用，乃萌生無復用世之志。咸豐十一年，咸豐帝駕崩，闓運與書曾國藩，勸其入覲阻慈禧臨朝，曾未從其言。同治三年，作《思歸引》，抒退隱之願。十年，再赴京與會試不第，自此絕意於制舉。

《湘綺府君年譜》咸豐四年："曾文正公以丁憂侍郎奉寄諭幫辦本省團練，人民得上書言事。府君屢論事，曾公輒嘉納之。……於時，彭剛直公玉麐方率水師爲營官，陳丈雋丞士杰方居陸軍參謀畫，皆與府君友善，論兵事多相合，乃約府君從軍。馮樹堂先生卓懷獨於曾公前力言：'行軍，死地。王某孤子新婚，未有子嗣，倘有不測，無以慰節母之心。'曾公疑府君不樂從行，故浼馮言之心，頗不憚，而無以難之。府君亦不欲自明，乃止。"

支偉成《清代樸學大師列傳・王闓運》："值天下方亂，將帥多開幕府，招致才俊。曾文正尤稱好士，肅順既敗，乃走依文正祁門軍。時幕下布衣或起家爲藩臬，裸身來歸，資巨萬；先生獨以客自居，不受事。說公屏儀節，虛衷延納，重法以繩吏胥，嚴刑以薙奸宄，多見采用。迨公益貴，賓僚率著籍稱弟子；先生仍爲客，往來軍中，每旬月數日即歸。會走謁文正於金陵節署，公未報，但遣使召飲，先生笑曰：'相國以我爲餔啜來乎！'徑携裝乘小舟去，追謝弗及。蓋文正喪歸再出，遽變節爲巽順，雖復功成，勛業冠代，而先生笑其避事，文正且不自信也。又嘗説胡文忠公據湘鄂獨立，徐平髮捻，逐清建夏，文忠謝不敏。復説文正曰：'南洋諸埠，土皆我辟，而英荷占之，且假道窺我，今士猶知兵，敵方初强，曷略南洋以蔽閩粵。'文正亦謝不敏。至是，知事成之由命，毀譽之無真，乃退息無復用世之志，惟出所學以牖後進。"

《湘綺府君年譜》咸豐十一年："是歲七月，文宗顯皇帝晏駕熱河，怡、鄭諸王以宗姻受顧命，立皇太子，改元祺祥，請太后同省章奏。府君與曾書，言宜親賢並用，以輔幼主，恭親王宜當國。曾宜自請入覲，申明祖制，庶母後不得臨朝，則朝委裘而天下治。曾素謹慎，自以功名大盛，恐蹈權臣干政之嫌，得書不報。厥後，朝局紛更，遂致變亂，府君每太息痛恨於其言之不用也。"

王闓運於《思歸引》序（《湘綺樓詩集》卷六）中，抒其歸隱之志。序文云："夫賢才有益於天下，天下誠有損於賢者。非惟大名之不終，亦思慮之夭神也。是以孔子晚年不夢周公；莊生論人，謂之不祥。且以七尺之身，乘百年之運，自奮於天地之內，董京所以蹢躅而去之者也。猥以孤煢之軀，無侍奉之祜，昊天降割，慈德無報。……余嘗游朱門，窺要津，親見禍福之來、貴賤之情多矣，亦何取身登其階，然後悔悟乎？昔人有言，貧賤常思富貴。尚子又云，貴不如賤，富不如貧。若以物論之齊，化成虧之心，猶爲蔽也。凡名皆假設，實亦終化。儻非善安其生，則出處之道殊矣。歸歟歸歟，將居於山水之間，理未達之業。出則以林樹風月爲事，入則有文史之娛。夫讀婦織，以率諸子。何必金谷爲別業，乃後肥遯哉！既息駷於清苑，閑居無營，因作詩一篇以明所懷。悼石生之空言，故仍題曰《思歸引》云爾。"

《湘綺府君年譜》同治十年（1871）："三月三日至京師，寓黃丈曉岱宅。府君初不欲會試,適值試期,亦不欲示異,遂入試。"

光緒三年(1877),始撰《湘軍志》。次年成草稿後,方應四川總督丁寶楨之聘,入蜀掌教尊經書院,十二年卸任。十四年,代郭嵩燾主講長沙思賢講舍,次年辭聘。十七年,掌教衡州船山書院,直至民國初年。

《湘綺府君年譜》光緒元年(1875):"十一月遂至長沙。曾文劫剛適遣使修書,請府君來省議修《湘軍志》事,以爲洪寇之平,功首湘軍,湘軍之興二十餘年,回、捻平定又已十年,當時起義之人、殉難之士,多就淹沒,恐傳聞失實,功烈不彰,必當勒成一書,以信今而傳後。以府君志在撰述,親同袍澤,亟宜及時編輯,以竟先烈。且文正嘗言:'著述當屬之王君,功業或亦未敢多讓。今日《軍志》之作,非君而誰?'府君不得已諾之。"光緒三年:"五月,始撰《湘軍志》。"光緒四年:"八月,四川總督丁丈稚璜遣書約往四川,又致書譚丈文卿,屬其勸駕府君。答以撰《軍志》畢始定行期。……十一月,草創畢,始定蜀游。"

《湘綺府君年譜》光緒四年:"(十二月)二十七日,至成都,寓鐵板橋機器局黃丈翰仙處。丁丈稚璜請府君主講尊經書院。因言:'凡國無教則不立,蜀中之教始於文翁遣諸生詣京師,意在進取,故蜀人多務於名,遂有題橋之陋。今欲救其弊,必先務於實。'以府君生當中興,與曾、胡諸公游而能不事進取,一意著述,足挽務名之弊,故以立教殷殷相托焉。"

《清代樸學大師列傳・王闓運》:"丁文誠公寶楨禮重之,聘任成都尊經書院院長。至之日,進諸生而告曰:'治經於《易》,必先知易字含數義,不當虛衍卦名;於《書》,必先斷句讀;於《詩》,必先知男女贈答之辭不足以頒學官、傳後世。一洗三陋,乃可言《禮》。《禮》明,然後治《春秋》。'又曰:'説經以識字爲貴,而非識《説文解字》之字爲貴。'又曰:'文不取裁於古則亡法,文而畢摹乎古則亡意。'當清季,蜀學晦塞,久鮮通儒,聞先生言,始知研誦注疏諸史文選等。院生日有記,月有課,暇則習禮,若鄉飲投壺之類,三年而士風丕變。其後廖平、戴光、胡從簡諸人,蔚爲經師,咸守家法,較之詁經、學海所造就者殆有過無不及焉。蜀學成,還主長沙校經書院,繼移衡州船山書院,而所得士少遜於蜀矣。"

按,曾國藩屬闓運作《湘軍志》,然闓運挾私怨以作史,自謂效太史公發憤而作,竟於曾文正多所譏刺,且於湘軍烈士之功多所罔顧,故書成後廣遭訾議。闓運爲時論所迫,自請毀板。後,郭嵩燾之孫振墉纂《湘軍志平議》,指摘其書之誤,郭氏自序云:"湘潭王壬秋先生闓運所撰《湘軍志》,爲文譎奇恣肆,侈論辨而多舛於事實,識者病之。"民國十年(1921)跋又云:"湘君開本朝創局,以馴致中興,王氏挾區區鄉曲之私怨而顛倒之,悖矣。"

民國三年(1914),應袁世凱之請,北上任國史館館長,當年冬便辭職返湘。

《湘綺府君年譜》民國元年(1912):"十一月,至長沙桃源。宋遁初教仁自上海歸湘來謁,國民黨領袖也。初致敬愛之誠,繼言'民國新設史館,必須府君受職'之意。"

《湘綺樓日記》民國三年十一月十四日載王闓運與袁世凱書:"前上啓事,未承鈞諭。緣設立史館,本意收集館員,以備咨訪,乃承賜以月俸,遂成利途,按時支領,又不時得,紛紛問索,遂至以印領抵借券,不勝其辱,是以陳情辭職,非畏寒避事也。到館後日食加於家食,身體日健,方頌鴻施,故欲停止兩月經費,得萬餘金,買廣夏一區,率諸員共聽教令,方爲廉雅。若此市道,開自鱷生,曾叔孫通之不如,豈不爲天下笑乎?前擬將頒印暫存夏內史處,又嫌以外干内,因暫送敝門人楊度家,恭候詢問,必能代陳委曲。闓運於小寒前由漢口還湘，待終牖下。奉啓申謝，無任愧悚，敬頌福安。闓運謹啓。"

民國五年（1916），卒。

《湘綺府君年譜》民國五年："（九月）二十四日子正三刻，終於正寢。……文學之士聞之者悲嘆失氣，操筆作誄者殆數千人。京師、四川、江西諸省聞赴[訃]，皆爲位而哭，作文祭奠。"

王闓運自同治八年（1869）始立日記，至其去世前兩月方止，成洋洋數十巨册，藏於長沙彭次英家。

《湘綺府君年譜》同治八年："是歲始立日記。"民國五年："七月朔日，猶勉書日記，執筆手顫而止。"《湘綺樓日記》上海商務印書館跋叙日記出版始末，云："湘潭王壬秋先生，爲一代儒宗，所著詩文書牘，行世已久。湘鄉彭君次英，藏有先生《湘綺樓日記》遺稿，都數十巨册。先生生道光初年，登咸豐癸丑賢書。此稿起同治八年己巳，迄民國五年丙辰。凡所記載，有關學術掌故者甚多。……其學而不厭、誨人不倦之勤劬，日記中皆纖悉靡遺。同、光之世，數參大幕。洎乎民國，總領史館，負朝野重望，數十年如一日，其間人物消長，政治得失，先生身經目擊，事實議論，犖然咸在，多有世人未知者。他若集外詞章雜俎，散見日記中者尤不勝僂指。敝館商諸彭君，今將全稿付印，以餉當世。讀是書者，作日記觀可，作野史觀可，作講學記觀亦無不可。"

其一生著述甚夥，遍及四部，尤擅經學。然好爲怪誕之説，頗爲後人訾議，以爲乃文士經説，不堪信從。

《湘綺樓日記》同治十二年（1873）正月十二日："凡爲文人，必有過人之姿，蓋非學力所到，余學人耳。"《清史稿》本傳："（闓運）嘗慨然自嘆曰：'我非文人，乃學人也！'"

《清代樸學大師列傳·王闓運》："先生於學，初由《禮》始，考三代之制度，詳品物之所用。然後達《春秋》微言，張公羊，申何學。見夫乾嘉來學者習注疏文章，皆法鄭、孔，有解釋，無紀述，重考證，略論辨，讀者竟十行輒隱几臥，慨然曰：'文者，聖之所托，禮之所寄；史賴之以信後世，人賴之以爲語言。詞不修則意不達，意不筆則藝文廢，俗且反乎混沌。況乎孶乳所積，皆仰觀俯察之所得。字曰文，言其若在天之星象，在地鳥獸蹄迹之迹，必其燦然者也。今若此，文之道幾乎息矣！'故其爲文，悉本《詩》《禮》《春秋》，而通乎莊生之旨；汪洋縱肆，曲直而達之於理，使聞者有所解悟，發其蒙而悦其心。末世爭利，則言利害人心，其禍有甚於殺；群言淆亂，則推撥亂之道，其要必本諸修身。括中外之學説，探賾索隱，舉折衷於聖人。昧者不察，或以爲滑稽玩世，或以爲高遠不中世情，莫知微妙玄通，薪傳之所自來，徒賞其文辭，目爲文士；而通經致用，悲天憫人之衷，自弱冠以至旄期，無一日而或息者，雖及門問學之士，朝夕相處，或莫之能喻也。"

按，王闓運爲晚清知名學者，一生著述豐富。據《清史稿·藝文志》《補編》、王紹曾《清史稿藝文志拾遺》及《中國古籍總目》著錄，有《周易説》《尚書古今文注》《尚書箋》《尚書大傳補注》《詩經補箋》《湘綺樓毛詩評點》《周官箋》《儀禮演》《禮經箋》《禮記箋》《春秋公羊傳箋》《穀梁申義》《論語訓》《爾雅集解》《王氏六書存微》《閩後漢書隨筆》《湘軍志》《祺祥故事》《湘綺樓日記》《入廣記》《水經注札記》《（光緒）湘潭縣志》《（同治）桂陽直隸州志》《（同治）清泉縣志》《老子注》《鶡冠子注》《莊子注》《墨子注》《王志》《楚辭釋》《哀江南賦注》《湘綺樓文集》《湘綺樓詩集》《夜雪集》《通道集》《湘綺樓駢體文鈔》《湘綺樓箋啓》《湘綺樓書牘》《湘綺樓聯語》《湘綺樓未刻稿》

《八代詩選》《唐詩選》《湘綺樓說詩》《王志論詩》《尊經書院初集》《湘綺樓詞鈔》《湘綺樓詞選》《湘綺樓詞乙巳自定本》《湘綺樓全書》等。對其經學著述，後人評價不高，多責其立說怪誕，華而不實。如《續修四庫全書總目提要・〈周易說〉提要》云："（闓運）好爲華辭，雜糅夸誕，不出文人說經之域，與樸學殊科。……至於分析文字，效荆舒之野言，附會俗說，拾遺西之餘唾。易家末流雖多怪迂，蓋未有若斯之甚者也。"《續修四庫全書總目提要・〈尚書今古文注〉提要》云："（闓運）特以不喜宋儒之故，務欲盡反其言，不憚擅改經文，以快私臆。循是說經，將何所不至，其關係經義豈小哉？總之闓運長於詞章，經術實疏。"《續修四庫全書總目提要・〈論語集解訓〉提要》云："此種侮聖亂經、詭誕不倫之論，殊可駭怪。蓋其意在自造新義，求勝於往哲，一味自欺欺人。則其所學，可以睹矣。清之末年，國政壞而士風亦壞，掉弄聰明，決裂防檢，遂至於如此。"李慈銘《越縵堂日記》光緒五年十二月二日："（闓運）盛竊時譽，妄肆激揚，好持長短。雖較趙之謙稍知詩書，詩文亦較通順，而大言詭行，輕險自炫，亦近日人海佹客一輩中物也。"

其詩沉酣漢魏六朝，淵雅淳厚，爲近代湖湘派魁首，惜乎近於摹擬；古文、駢體亦以復古爲主；詞則宗南宋矩度，具清剛之氣。

陳衍《近代詩鈔》："湘綺五言古沉酣於漢魏六朝者至深，雜之古人集中，直莫能辨。正惟其莫能辨，不必其爲湘綺之詩矣。七言古體必歌行，五言律必杜陵《秦州》諸作，七言絕句則以爲本應五句，故不作，其存者不足爲訓。蓋其墨守古法，不隨時代風氣爲轉移，雖明之前後七子無以過之也。然其所作於時事有關係者甚多。"

徐世昌《晚晴簃詩匯》卷一百五十五："（闓運）文尚建安典午，意在駢散未分；詩擬六代，兼涉初唐。湘、蜀之士多宗之，壁壘幾爲一變。"

費行簡《近代名人小傳·王闓運》:"(闓運)遂溯莊、列,探賈、董,發爲文章;其儷體則揖顏、庾;詩歌則抗阮、左;記事之體一取裁於龍門。"

瞿鋨庵《杶廬所聞録》:"集中詩文多摹古之作,刻意求似,殊乖不示人以璞之意。晚年下筆不經意,乃樸雅深至,獨具風格也。"

沈其光《瓶粟齋詩話》:"有清咸同間,湘潭王湘綺闓運詩名傾朝野,世所稱湖湘派者也。湘綺才大而思精,寢饋漢、魏、六朝諸家集,於樂府、歌行、宮體、山水之作,無所不擬。窮源竟委,迄於三唐,屹然爲晚清一大宗。然其五言實未能盡脫漢、魏面貌。平湖張金鏞提學湖南,論湘人文章如高髻雲鬟,美而非時。其後曾氏提倡江西,力矯摹擬之弊。於是湘綺詩漸不爲世所重視。余謂湘綺雖生離庚申之亂,而其時民俗猶淳,故其作温潤淵雅,絶無矜張叫囂氣味。詩教之盛衰,足以消息世運。試取咸、同、光、宣四朝詩讀之,自能辨其謦欬。"

汪國垣《光宣詩壇點將録》:"湘綺樓老人王壬秋,爲詩壇耆宿,得名最盛,生平造詣,乃在心模手追於漢魏六朝而稍涉初唐及盛唐,所傳湘綺樓詩,刻意之作,辭采巨麗,用意精嚴,誠足獨步一時,尚友千古。惟及身以後,傳者無人,王氏亦自云:'今人詩莫工於余,余詩尤不可觀,以不觀古人詩,但觀余詩,徒得其雜湊摹仿,中愈無主矣。'"

錢仲聯《近百年詩壇點將録》:"王闓運爲近代湖湘派魁首,標榜八代。一意摹擬,爲世詬病久矣。然七古《圓明園詞》,實爲長慶體名作,五律學杜陵,亦不僅貌似,七律學玉溪生者亦可愛,不能一筆抹倒也。劉慎詒《讀湘綺樓詩集》云:'白首支離將相中,酒杯袖手看成功。草堂花木存孤喻,芒屩山川送老窮。擬古稍嫌多氣力,一時從學在牢籠。蒼茫自寫平生意,唐宋溝分未敢同。'褒貶差得其平。"

《續修四庫全書總目提要・〈湘綺樓詞鈔〉提要》："闓運才氣縱橫，不可羈束。然其所爲詞，不逞才性，而能斂以南宋詞人之矩度，故頗具清剛之氣，自爲詞家一作手。"王闓運《湘綺樓詞選》自序："亦知有小詞否？靡靡之音自能開發心思，爲學者所不廢也。《周官》教禮，不屏野舞縵樂。人心既正，要必有閑情逸致、游思別趣，如徒端坐正襟，茅塞其心，以爲誠正，此迂儒枯禪之所爲，豈知道哉？"

又善書法，筆重墨凝，端肅有度。

馬宗霍《書林藻鑑》："符鑄云：'湘綺書筆重墨凝，樸茂多姿，蓋從北碑中出，雖爲文章所掩，然極堪寶玩也。'《雲岳樓筆談》：'先生經術文章，照耀當世，書法其餘事耳。顧性喜鈔書，日有恒課。自謂平生作字之多，今固無匹，古亦難儔。故其行楷小書，雖似絕不經意，而古澤書氣，醰乎有味，於書家外別成一格。'又云：'先生初習小歐，功力頗深。筆能運墨，墨能透紙，端肅有度，雅飭入程。既參馬鳴寺，得其峻宕，益臻妙致。'"

參考文獻：

1. 王闓運著、吳相湘主編《湘綺樓日記》，臺灣學生書局1985 年版。

2. 王闓運著、馬積高主編《湘綺樓詩文集》，岳麓書社2008 年版。

3. 趙爾巽等《清史稿》，中華書局1977 年版。

4. 支偉成《清代樸學大師列傳・王闓運》，周駿富輯《清代傳記叢刊》，臺灣明文書局1985 年版。

5. 邵鏡人《同光風雲錄》，周駿富輯《清代傳記叢刊》，臺灣明文書局 1985 年版。

6. 蔡冠洛《清代七百名人傳》,周駿富輯《清代傳記叢刊》,臺灣明文書局 1985 年版。

7. 費行簡《近代名人小傳》,周駿富輯《清代傳記叢刊》,臺灣明文書局 1985 年版。

8. 王代功《湘綺府君年譜》,北京圖書館編《北京圖書館藏珍本年譜叢刊》,北京圖書館出版社 1999 年版。

(馬昕)

黎庶昌傳

　　黎庶昌，字蒓齋，別署黔男子。貴州遵義人，生於道光十七年
(1837)八月十五日寅時。先世由江西新喻徙居四川廣安州，明萬
曆中徙遵義東鄉樂安里之沙灘。伯父恂，由進士起家，有名於時；
父愷，官開州訓導。

　　《黎庶昌全集・遵義沙灘黎氏家譜》（以下簡稱《家譜》）："庶昌
字蒓齋，別署黔男子，道光十七年丁酉八月十五日寅時生。"按，《家
譜》另載黎氏家世源流，凡十一世各房譜系。

　　黎汝謙《誥授資政大夫出使大臣四川川東道黎公家傳》（以下
簡稱《家傳》）："公諱庶昌，號蒓齋，貴州遵義黎氏。先世由江西新
喻徙居四川廣安州，以上世代不可考。凡歷幾世，至前明萬曆中，
有曰朝邦者，率其四子懷仁、懷義、懷禮、懷智，由廣安徙貴州之龍
里，逾年再徙遵義東鄉樂安里之沙灘家焉。懷仁生民忻，民忻生
耀，耀生天明，天明生國柄，國柄生贈奉直大夫正訓，公曾祖也，姚
鄒氏，封宜人。奉直授徒於四川灌縣，卒，門人葬之郭外。實□生
山東長山縣令安理，姚楊氏。長山令生二子，長曰恂，由進士起家，
歷官至雲南巧家同知；次曰愷，即公考也，官開州訓導。三代皆以
公貴，贈次政大夫。姚張氏，生母吳氏，皆封夫人。訓導公生四子，
長庶燾、庶蕃，皆舉人，次即公。"

　　按，《家傳》稱黎庶昌號"蒓齋"，而《家譜》及《清史稿》卷四百五

十三《黎庶昌傳》等皆稱字"蒓齋",今從《家譜》。

庶昌幼年家貧體弱,然攻讀刻苦。年十四五,賦詩屬文,條理井然,每試冠同儕。

《黎庶昌全集·先大夫側室劉孺人家傳》:"庶昌甫四歲,患羸弱,竟日號咷。"

《家傳》:"訓導卒於開州,時公方六歲,家貧也,而尫弱多疾,伯兄教之嚴,祁寒盛暑不少懈。年十四五,賦詩屬文,犁然成誦。郡縣試,屢冠其曹。"

時鄭珍、莫友芝以樸學聞名,庶昌隨諸兄從之游,學業大進。

周恭壽修,趙愷、楊恩元纂《(民國)續遵義府志》卷二十上《黎庶昌傳》:"時鄭、莫兩徵君以樸學著稱。庶昌諸兄與角逐其間,以詩詞名,庶昌獨留意經世之學。"

夏寅官《黎庶昌傳》:"少染家學,從莫子偲、鄭子尹兩先生游,稽經考道,學以大進。"

按,咸豐四年(1854)四月,十八歲的黎庶昌娶莫友芝之妹爲妻;而鄭珍母親是黎庶昌三姑母,黎恂很賞識鄭珍,又將長女許配之;鄭珍女又許配給莫友芝之子莫彝孫。鄭、莫、黎三家互爲姻親。

咸豐七年(1857),中秀才。黔亂,乃走京師應順天鄉試。咸豐十一年、同治元年(1862)兩試不第,困不得歸。適詔求直言,遂以諸生上書,論時事萬餘言,朝廷嘉之,特賞知縣,發往江蘇曾國藩大營查看差遣。

《家傳》:"廿一,入群庠生,食廩餼。自咸豐壬子,黔省苗教亂起,停鄉舉者十五年,公時學已大成,無所進取,乃走京師應順天鄉試。辛酉、壬戌兩試下第,困不得歸。同治元年,穆宗御極,兩宮太后垂簾聽政,下詔求言,公以諸生獻策闕廷,上韙其言,召赴軍機處面試。又奏言國家之所當興革者十五事,皆切中時弊,遂特賞知縣,發往江蘇曾文正公大營查看委用。"

《家譜》:"同治元年十月,在都應詔上書陳言,特旨以知縣用,交兩江總督曾文正公國藩軍營差委。"

《清實錄・穆宗實錄》卷四十五載同治元年十月八日丁亥諭:"前因貴州貢生黎庶昌條陳時務,由都察院衙門代奏。當經諭令該衙門轉飭該貢生,將應陳事件詳細具呈。茲據都察院據呈代奏,詳加披閱。其中雖有更改舊章事多窒礙之處,間亦有可采擇。業經另行降旨施行,並交該衙門分別核議外,黎庶昌以邊省諸生,攄悃陳書,於時務尚見留心。方今延攬人才,如恐不及,黎庶昌著加恩以知縣用。發交曾國藩軍營差遣委用,以資造就。"

《黎庶昌全集・答李勉林觀察書》:"庶昌方十七八歲時,讀古人之書,即知慕古人之爲,思以瑰偉奇特之行震爍乎一世。故年二十六,而應詔上書言事,頗自傅於蘇子瞻、陳同甫一流。"

按,黎鐸《黎庶昌年譜》(以下簡稱《年譜》)認爲黎庶昌二十一歲"入府學附生食廩餼";黃萬機《黎庶昌評傳》認爲黎庶昌"十八歲時成了秀才,二十一歲入府學爲附生,不久又得食廩餼,成了廩貢生"(貴州人民出版社1989年版),並引黎庶燾詩爲證。今檢《慕耕草堂詩鈔》卷三有該詩,名爲《喜莃齋弟充弟子員作詩寄郡中》,實在咸豐七年諸詩作中,故從《家傳》而不從《年譜》與黃著。

明年從軍安慶,追隨曾國藩六載,稽查保甲,幫辦善後局,治理文書,篤學耐勞,屢得曾氏薦舉。同治七年(1868),經曾氏保奏,以直隸州知州留江蘇補用,復入丁日昌幕。

至安慶時間在同治二年三月十九日。《家譜》:"(同治二年)從軍安慶。"《曾國藩全集》第二十七冊《書信》同治二年八月二十四日復倭仁："黎庶昌三月到營，派司稽查保甲，尚未試以吏事。"按，均未言某日，獨《年譜》言爲三月十九日，而未注出處，後電詢作者黎鐸兄，稱係據貴州圖書館藏黎庶昌手稿，然該稿並未收入其主編之《黎庶昌全集》，不知何故。

委查保甲事在同治二年五月二十日。《莫友芝全集·邵亭書札》同治二年五月十四日致莫祥芝信："蒓齋議論頗能見其大，若更能於煩細曲折處，逐事求宜，則大善。滌公頗爲酌一不內不外差使，尚未定。"同年六月二十二日致莫祥芝信："蒓齋前月二十後，派專查保甲。節相謂，當就實際處可大可小者磨淬之。"按，滌公、節相皆指曾國藩。又據《莫友芝全集·邵亭日記》，黎庶昌係專查東南保甲局。

幫辦善後局事在同治三年九月二十日。《曾國藩全集·奏稿》同治七年九月二日《黎庶昌請留江蘇候補片》："同治二年三月，該員到臣安慶軍營當差，三年六月金陵克復，委辦善後事宜。"然曾國藩僅言是在六月克復金陵後。《邵亭日記》同治三年九月二十日則明載："是日朗軒、蒓齋委幫辦善後局。"

按，湘軍攻占安慶和江寧之後，曾國藩曾先後於安慶、江寧兩地設立善後總局，下設團練、保甲、田產、米糧、子彈、火藥、撫恤等局。黎庶昌幫辦善後局的同時，仍稽查東南保甲局，至同治四年閏五月始辭局。《邵亭日記》同治四年閏五月十七日："曾相國以上月廿五登舟，廿八開行，溯揚淮，將於徐州開幕府，從行者錢子密、程伯敷、屠晉卿寥寥數人，而先分保甲局之黎蒓齋、向伯常、譚春浦、計芾邨並辭局偕往。"閏五月十八日："琴西自皖還，即接替蒓齋東南保甲局事。"

治理文書事在同治四年五月。《曾國藩全集》第二十八册《書信》同治四年五月十九日復馬新貽："國藩定於廿五日起程。……

幕中錢、程兩君從行，鄉令師棣、黎令庶昌亦俱同往，襄辦文案。"《邵亭日記》同治四年六月十七日："得向伯常來信，伯常與菰齋俱以閏月廿九抵臨淮，同司筆札。"

又按，《年譜》及《黎庶昌評傳・黎庶昌年譜簡表》（以下簡稱《簡表》）皆謂同治二年派司稽查保甲、同治三年委派"辦善後事宜"，未能言明具體月日；《簡表》且誤係黎庶昌隨曾氏入山東襄辦營務時間在同治五年，評傳正文亦顛倒時間，語焉不詳。

屢得曾氏薦舉及同治七年保奏事分別在同治二年十一月、同治三年十一月、同治五年十二月、同治七年九月。《曾國藩全集》第六册《奏稿》同治二年十一月十二日《奏陳酌保賢員以備器使摺》："候補知縣黎庶昌，貴州人，因上書言事，奉特旨發交臣營差遣。好學耐勞，力矯高亢之習而趨於平實。"《曾國藩全集》第八册《奏稿》同治三年十一月十八日《續保攻克金陵之水陸等軍及隨營籌餉各員弁摺》，所附籌辦軍務餉務人員及金陵大營差委各員請獎清單："委用知縣黎庶昌，請俟補缺後，以直隸州知州盡先補用，先換頂戴。"《曾國藩全集》第九册《奏稿》同治五年十二月三日《劉銘傳軍攻克黄陂等處五案並保摺》，附有保單云："直隸州用江蘇委用知縣黎庶昌……該員等身先士卒，會克堅城……黎庶昌請免補知縣，以直隸州知州歸於本省遇缺即補。"《曾國藩全集》第十册《奏稿》同治七年九月二日《黎庶昌請留江蘇候補片》："臣查黎庶昌自到營以來，先後六年，未嘗去臣左右。北征以後，追隨臣幕，與之朝夕晤對，察看該員篤學耐勞，內懷抗希先哲補救時艱之志，而外甚樸訥，不事矜飾。臣於同治二年十一月密保一次，又於續保克復金陵水陸等軍暨銘軍攻克黄陂案內明保兩次，奏請以直隸州知州留於江蘇遇缺即補，均經奉旨允准在案。今臣交卸督篆在即，該員係特旨差委人員，既無經手事件，不必隨臣前赴直隸，亦無須補行引見，應即歸於江蘇聽候補用。除俟該員服闋,由新任督臣馬新貽咨部起服外,理合附片具陳,伏乞皇太后、皇上聖鑑,敕部查照。謹奏。"

入丁日昌幕具體時間未詳,但當在曾國藩保奏候缺江蘇期間,即同治七年九月之後至同治九年六月署吳江縣之前。《家傳》:"文正平江南,征捻匪,公常在左右。已而文正移督畿輔,念公家貧親老,勢難偕行,乃留公江蘇待次,上奏云'黎某與臣朝夕互對數年,外甚樸訥,内有抗心古哲、補救時艱之志'之語。時豐順丁公日昌巡撫蘇州,習聞公名,延入幕治事。"

同治九年(1870)署吳江令,次年調署青浦。

署吳江令事在同治九年六月。《家譜》:"同治九年至十一年署吳江、青浦知縣。"《莫友芝全集·郘亭書札》同治九年八月二十二日致姚浚昌:"蒓齋六月委署吳江,初任直此繁難,大爲棘手。"

按,黎庶昌候缺兩年始得署吳江,備嘗艱難。先是同治八年,黎庶昌赴京引見,因手續繁雜,十月初旬始回江蘇,已錯過該年選官時間;曾國藩於同治九年連番寫信向丁日昌、馬新貽等江蘇大員薦舉,終於在使黎庶昌在六月獲得了署吳江的委任(見《曾國藩全集》第三十一册《書信》同治九年正月二十四日、三月二十二日、四月二十六日、六月初一致丁日昌,四月十二日致馬新貽)。另《家傳》謂:"己巳署吳江。"己巳爲同治八年,《家傳》誤。

署青浦令事在同治十年冬。《家傳》:"逾年文正還督兩江,檄署青浦。"《(民國)續遵義府志》卷二十上《黎庶昌傳》:"九年署吳江縣,十年署青浦縣。"《曾國藩全集》第三十一册《書信》同治十年六月五日復黎庶昌信尚勸黎久仟吳江,然七月二十五日復張之萬云:"黎牧交卸吳江,虧累甚巨。閣下護惜良吏,許爲另籌位置,或可稍爲挹注。若得脱然無累,盡心民事,則其政績必有可觀。"可推知交卸吳江事在同治十年六月,但並未能即署青浦令,同治十年八月十一日復黎庶昌信云："承示交卸吳江署任公私虧累至七千餘緡之多，亟思另圖生計以爲目前事畜之資。尊況艱窘，僕所稔聞，每於致中丞書中言之。中丞亦深器閣下，許爲另籌位置，意甚拳拳，似將來設法必可彌縫夙累。但望少安勿躁，以待事機之轉移，慎勿操之過蹙，便覺度日如年，徒損襟懷，而於事仍無濟。如能守一耐字訣，久之自履亨衢，必不坐視閣下久登債臺，竟不一援手也。"同治十年九月二十九日日記附記"黎蒓齋署缺事"。足證直至九月底黎仍未署缺，亦可推知署青浦必在十月至十二月之冬季。

交卸青浦事在同治十一年。《重修青浦縣志・職官》載同治十年縣令爲黎庶昌，十一年則爲汪祖綬所代。《簡表》謂同治十一年"初冬，卸職，舉家寓居蘇州。家貧甚，赴保定謁李鴻章求事，未得"。

又按，黎庶昌在吳江一年的虧累屬於漕尾拖欠。所謂漕尾，指因漕糧、漕耗負擔過重，州縣不得不挪公私之資買米墊完，留串待徵，造成拖欠(蒂欠)。

光緒二年(1876)，以三等參贊隨郭嵩燾出使英、法，又隨副使劉錫鴻出使德國。光緒四年攝理駐英公使，歲末以二等參贊長駐法國。次年期滿銷差，爲出使美日秘三國大臣陳蘭彬奏調，任駐日斯巴尼亞(西班牙)二等參贊。

卸任青浦之後至出使西洋之前，又曾於同治十一年(1872)管淮陽堤工支應，工竣後調管揚州荷花池榷務，光緒二年丙子榷通州花布釐捐。《家傳》："壬申管淮陽堤工支應，工竣，管揚州荷花池榷務。二年報解餘羨逾萬，調榷通州花布釐捐。"《年譜》及《簡表》謂同治十二至十三年管淮陰堤工支應，光緒元年管揚州荷花池釐金局，光緒二年調榷通州花布釐捐，修訂《遵義沙灘黎氏家譜》，惜均未注出處。

隨郭嵩燾出使西洋事在光緒二年九月。據《郭嵩燾全集・日記》光緒二年九月十五日：「具摺請訓，並保舉出洋隨員：參贊二人，張自牧、黎庶昌；翻譯二人，德明、鳳儀。」九月廿五日啓程離京，十月十七日自上海登英輪出洋，十二月初八至倫敦清公使館。

赴德國事在光緒三年十月。據《郭嵩燾全集‧日記》及《全集》後所附年表：該年十月九日，劉錫鴻離倫敦赴德國任駐扎公使，黎庶昌等三人隨行。黎庶昌《上沈相國書》亦云：「十月初旬，庶昌隨同劉星使自倫敦起程，馳赴德都，助理一切。」

攝理駐英公使事在光緒四年六月。據《郭嵩燾全集》後所附該年年表：「六月初四日，參贊黎庶昌自巴黎到倫敦，奉郭嵩燾之命，攝理駐英公使。」前此，郭嵩燾已於四月九日奏請從德國調回黎庶昌，《郭嵩燾全集‧日記》該日載：「調回參贊黎蒓齋。」

長駐法國事在光緒四年十二月。《曾紀澤集》卷一光緒四年十二月二十三日《派員駐法片》：「所有原駐英國之參贊官黎庶昌，應即派充長駐法國二等參贊官，照料一切公事。」

任駐西班牙參贊事當在光緒五年十二月。《曾紀澤集》卷一光緒五年十一月二十七日《參贊期滿銷差揀員充補疏》：「茲據駐法二等參贊官江蘇候補直隸州知州黎庶昌稟稱三年期滿，懇請照章銷差。臣伏查黎庶昌隨同前出使大臣郭嵩燾出洋，於光緒二年十二月初八日行抵英國，應以是日作爲到國之日，旋經調往德國，嗣經臣派駐法國，至光緒五年十二月初七日止，實係三年期滿。該員遠涉重洋，歷襄使職，和平接物，黽勉從公，辦事三年，毫無貽誤，實屬辦理洋務不可多得之才。臣因疊次承准總理各國事務衙門王大臣函開，現當經費支絀之際，各員弁宜設法裁減，以節虛糜，故未便更援該衙門奏定各員年滿奏獎仍可酌留之例，將該參贊官再留法國當差。適出使美日秘三國大臣陳蘭彬路經法國，與臣面商，該大臣所調人員，多未到差，現在需員甚急，擬奏調參贊官黎庶昌歸該大臣差遣。"《曾紀澤日記》光緒五年十二月十一日："至莼齋處送行。"

按，由於郭嵩燾與劉錫鴻交相攻訐，清廷於同治四年八月改曾紀澤爲出使英法兩國欽差大臣，李鳳苞署理出使德國欽差大臣。《家傳》謂："時副使爲番禺劉通政錫鴻。劉故郭公門人，一旦驟貴與己並，郭常怏怏。久之益不相能，正副使互相彈擊，章奏相銜，朝廷兩釋不問。已而改劉爲德奧義和使臣，二人仍彈擊不休，朝廷乃並撤歸，而以曾惠敏公紀澤繼郭公，李京卿丹崖繼劉公。公之隨郭公也，初不知兩公有隙，事之維均。適遇小人居間構譖，郭公遂遷怒於公，謂公黨劉，常以盛氣凌折，至不能堪。公懣憤無聊，肝氣鬱結，遂遘目疾，西醫用蠱蟲攻之，左目失明。曾惠敏爲文正公冢嗣，與公有舊。然以隨文正久，常覺儀文闊疏，意殊不合。三年差滿，循例保擢知府，差竣歸國，已束裝登車，出使美日秘國大臣陳公蘭彬，適乏駐日斯巴尼亞參贊，發電留公。"今查郭嵩燾、曾紀澤文集及日記，頗見郭、曾與黎交親相助之狀（郭僅於光緒三年六月二十九日記中對黎未及時翻譯表示不滿），《家傳》所言或出有因，然似非客觀。

光緒七年（1881），爲出使日本大臣，收羅唐宋逸編古籍，歷時三載，刻成《古逸叢書》二十六種。丁內艱，歸里服喪。光緒十三年釋服，再充出使日本大臣。因機適變，剛柔互濟，四方重之。

初任出使日本大臣事在光緒七年三月七日。《清實錄・德宗實錄》光緒七年三月己巳："命二品頂戴記名道黎庶昌，爲出使日本大臣。"《清史稿》卷二百一十九《交聘年表一（中國遣駐使）》"光緒七年日本"條："許景澄。三月丁憂。黎庶昌。三月，自知府以道員補用，予二品頂戴，命爲出使日本大臣。"

刻印《古逸叢書》事在光緒八年至光緒十年。《家傳》："公在日京三年。……乃收羅唐宋逸編古籍，刻《古逸叢書》二十六種。刻印之精,突過前古,一時海內震動。"《古逸叢書》跋:"庶昌於光緒辛巳使日本,越歲壬午搜輯佚書,屬楊守敬任校讎,刊於東京使署,甲申蔵事。"陳矩《東游文稿‧記遵義黎蒓齋先生刊〈古逸叢書〉》:"節三年薪俸萬數千金,耗二年心力。"

丁內艱始終光緒十年八月。《家傳》:"壬申八月丁內艱。……公奏請回國終喪,扶母柩旋里。"

再充日本大使事在光緒十三年七月。《清實録‧德宗實録》光緒十三年七月二十六日辛巳:"出使日本國大臣李興銳因病解職。命記名道黎庶昌充出使日本國大臣。"黎庶昌《丁亥入都紀程》卷上:"光緒十三年丁亥三月廿六日,余服闋入都銷差。"同書卷下:"七月初五日行十四里,通州換單套車登陸,經通州城二十里三間房尖,二十里東便門,李苾園端棻宮詹已遣人在彼照料,入城得免阻滯,住西河沿斌魁店,是日晴。……七月初十日奉旨:記名道黎庶昌著於十二日予備召見,欽此。"此可知其進京陛見日期。

因機適變、剛柔互濟事,《府志》《家傳》皆有載。《(民國)續遵義府志》卷二十上《黎庶昌傳》:"其初使日本,日本吾同文,國甫變法中,士大夫多邃漢學,又重庶昌文行,雅意結納,庶昌亦樂與之游,文酒酬酢無虛日。已而朝鮮有東學黨之亂,日本陰集戰艦,謀襲其都,中國尚未知也。宮島誠一郎者,日本老儒,與庶昌交最篤,一日舉酒慨然嘆曰:'我公奉使於此而與我等好也,頃將別,奈何?'庶昌心異其言,使人偵知其事,密電馳報李鴻章,時方在告,張樹森署直督,遂以大將統兵,風馳電邁,執戎首歸。日兵遲到半日,受盟而退。其先事識微類如此。"《家傳》:"公兩使日本,與其士大夫狎習,每春秋佳節,常設文酒之宴於芝山紅葉館,與諸名士唱酬咏歌,哀然成帙。於是有《日東文宴集三編》之刻。任滿之前半載,祖餞之會無虛日,惜別頌禱之詞以數百計。去之日,攀送者塞巷盈途,或追餞至數百里外。太西各國使臣嘖嘖稱美，謂爲從來使臣返國所絕無也。"夏寅官《黎庶昌傳》："前後凡奉使六年，熟通彼此之情，因機適變，剛柔互濟，鄰邦嘆異折服之。"

按，黎庶昌光緒十四年，曾因奏請在禹門寺立專祠奉祀鄭珍、莫友芝等，被"部議"降三級調用，"蒙恩賞二品頂戴，仍留出使大臣之任。任滿之日，合肥相國李公鴻章念公朝鮮之役，偵察幾先，通報捷疾，得不失機宜，以不諳典禮，致於吏議，殊爲可惜，乞朝廷棄瑕錄用。上嘉納之。公還朝覆命之日，即賞還原官。"（《家傳》）另《年譜》《黎庶昌評傳》及《簡表》載此期事迹甚詳，不贅。

《清實錄・德宗實錄》光緒十四年八月二十五日甲辰："總理各國事務衙門奏，黎庶昌以輕視祀典，得降調處分。可否准以二品頂戴仍留使任。得旨，黎庶昌著准以二品頂戴。仍留出使日本大臣之任。"

光緒十七年（1891），簡授四川川東兵備道。設學堂，倡實業，建病院，整武恤商，秩然改觀。

日本任滿時間在光緒十六年七月。《清史稿》卷二百一十九《交聘年表一（中國遣駐使）》"光緒十六年日本"條："黎庶昌。李經方。七月癸巳，自江蘇候補道爲出使日本大臣。"按，光緒十七年初，黎庶昌正式回國。黎庶昌作於光緒十六年十月的《庚寅宴集三編統序》云："今年冬，余任滿將歸國。"而其屬員孫點在《題襟集》中有作於十一月十日之識語："節使還軺既有期矣，贈行各作斷自今日，以便分裝成冊，持贈中外同人。"可見至此尚未從日本動身。

《清史稿》卷四百四十六《黎庶昌傳》："十七年，除川東道。川俗故闇塞，既蒞事，倡實業，建病院，整武恤商，百廢具舉。"

《家傳》："（光緒十七年）四月簡授四川川東道。四川爲天下繁富之省，而川東又四川繁盛之區，所轄州縣三十餘，赤望居半，一道之地,縱橫千里,蓋幾於小省諸侯。公莅任,裁汰舊規,清正守法,廉俸所入,半施之義舉國事。設洋務學堂教諸生之秀者,獨力建雲貴會館,修禹門山及紅花園、金頂山諸梵宇,所費以萬計。又賑荒救災,購米平糶。凡鄉先達之塋壟荒墟,祠宇頹廢,忠臣孝子之後裔貧無倚賴者,見之無不勇為,為之必求可久,以故去官之日,僅有屋十數楹,田百餘畝而已。”

《年譜》:“(光緒十七年)正月初二日,(黎庶昌)至日皇宮遞辭行國書,即行返國。……八月,離滬赴川東道任。”惜未注出所據。

夏寅官《黎庶昌傳》:“莅官二年,規畫興革,秩然改觀。”按,黎庶昌在重慶不止二年。

向楚主編《(民國)巴縣志》卷七《學校》:“清光緒十八年,遵義黎庶昌備兵川東,創設洋務學堂,拔取穎秀之士凡二十人肄業其中,習中文、英文、算學三科,重慶之有學堂,自此始。”

江瀚《慎所立齋詩集》卷四《應黎蒓齋觀察主講東川書院之聘留別親故三首》作於道光十九年,知庶昌於是年曾聘江瀚主講東川書院。

按,此處言光緒十八年任川東道,與《清史稿》等有異。《(民國)巴縣志》卷六《職官·川東兵備道中軍守備》亦謂黎庶昌光緒十八年任,而張華奎於光緒十七年署。但同書卷九《人物師列傳上》却云黎庶昌“十七年,除川東道”。此當指光緒十七年四月任命黎氏,而黎氏本年歲末始赴重慶,交割上任在光緒十八年。

光緒二十一年(1895)夏,遵義旱災,庶昌募資賑之。冬,以疾卸任,歸養遵義。光緒二十三年十二月二十日卒於沙灘舊宅。

《(民國)續遵義府志》卷二十八《年紀三》:“光緒二十一年乙未五月,郡屬旱,邑紳黎庶昌募捐糴米平糶。”自注:“邑紳黎庶昌時官川東道,鄉人公函求賑,庶昌摹屬吏商民及官蜀貿渝同鄉集款二萬餘金,委邑人即用知縣趙怡就近糶米運遵,就桃源洞設局,斗米照市價減三分之一,糶完餘銀四千金。次年庶昌侄尹融自吉林農安縣告歸,值米亦貴,以前款買米,就大悲閣平糶,斗米照市價減二百文,餘款糶盡。庶昌電告雲貴總督王文韶求賑,文韶奏撥直賑銀萬兩匯交黔撫,以遵義、桐梓、仁懷三縣分攤,遵義發銀三千兩,款至糶畢,存儲未動。"

交卸川東道時間在光緒二十一年十月,代者爲張華奎。《近代中國史料叢刊》第三輯《清季外交史料》卷一百一十八《川督鹿傳霖致總署委張華奎署川東道以重商務電(光緒二十一年九月初五日)》:"已密飭黎道妥籌辦理,惟該道有病,精神恍惚,此次日本商務關係甚重,恐致貽誤,擬請旨將該道送部引見,仍委張華奎接署,以期妥慎,不知於英使請暫留黎道有礙否。乞示。九月初五日。"《(民國)巴縣志》卷六《職官・川東兵備道中軍守備》謂張華奎光緒二十一年再任川東道。《年譜》引陳矩《乙未英美教案雜記》,謂:"十一月川東道已爲張華奎任。"《江瀚日記》光緒二十一年閏五月十七日:"電傳張藹卿觀察調署川東道喜音。"閏五月十九日:"得菽齋觀察丈書,云劉宮保已到滬,復有電旨,令其幫同辦理教案,真怪事也。"十月二十四日:"藹卿觀察昨日抵渝,今遣人來候,明晨接篆矣。"知張接任時間爲光緒二十一年十月二十五日。

《家傳》:"甲午中東之役,公每聞戰狀,輒慟哭涕零,憂憤成疾,或終日不食,久之,漸語無倫次。丙申八月,渝城大火,焚民舍二千餘家,延及衙署。公倉皇震驚,疾益加甚,漸成狂瞀,提刀叫躍,言語迷惘。時有旨召公赴京,以疾不果行,其冬遂引疾歸。交替後延西醫診視,疾已大瘳。公歸急迫,西醫曰:'此疾今甫半療,若不療根,明春再發,將不可復治矣。'時子弟輩無敢泥公者。公果歸至家,飲食步履如常,語言復故。乃秋,右目復瞽,公益煩惱,疾遂篤,至不知溲溺。至十二月廿日，遂以不起。……公以道光丁酉八月十五日生，光緒丁酉十二月廿日卒，均在沙灘老宅，春秋六十有一。”

《清史稿》本傳：“（光緒）二十一年，詔陛見。駐渝法領事聞其將去，留辦教案，代者多方困之。”

按，《清史稿》中“法領事”當爲“英領事”。《家傳》“丙申八月”（光緒二十二年八月）當爲“甲午七月”（光緒二十年七月）之誤，據《巴縣衙門檔案》，此數年中，惟光緒二十年七月二十五日大火延及道署，一千零八十二家受災，《家傳》之誤殊不可解。《年譜》所載大火時間無誤。《黎庶昌評傳》正文謂大火在光緒十九年，所附《簡表》謂大火在光緒二十年甲午，自相矛盾。《年譜》與《簡表》謂歸里在光緒二十一年冬，《家傳》云“明春”“乃秋”，似謂歸里在道光二十二年，然《家傳》敘事時間較含混。《江瀚日記》光緒二十一年十二月十八日云：“送黎蒓齋觀察丈回里。”知歸里事實在光緒二十一年歲末。

庶昌於學無不窺，著有《拙尊園文稿》，《黎氏家譜》《全黔國故頌》《入都紀程》《西洋雜志》《續古文詞類纂》等。其文章不篤守桐城義法，能變化姚鼐陰陽剛柔、曾國藩兩儀四象之說而閎大之。體勢博大，動中自然，與張裕釗、吳汝綸、薛福成並稱曾門“四大弟子”。曾國藩謂之“行文頗得堅強之氣”“可成一家言”。吳汝綸亦謂之在“曾門中已能自樹一幟”。

《家傳》：“爲文大旨宗尚方、姚，法度謹嚴，簡煉縝密，而雄直之氣，得自天成。曾文正常稱之曰能。所著有《拙尊園文稿》內外編、《黎氏家譜》、《全黔國故頌》、《入都紀程》、《西洋雜志》、《續古文詞類纂》等書，皆刊以行於世。”

《（民國）續遵義府志》卷二十上：“庶昌於學無不窺，而古文詞篤守桐城義法，輔以惜抱陰陽剛柔，並湘鄉兩儀四象之說而閎大之。意以本朝學問，惟義理、考據、辭章三者。言考據在今日枝搜節解，幾無賸義可尋，騖而不已，誠不免破道害義之譏。惟文章一道，尚留未盡之境，而因文見道，庶幾及之。故篤不惑，遂力於是。所爲以遷、固爲宗，而廉悍峭折似半山，風神逸宕頗近廬陵，巋然自成一家言。於梅、曾之後，與武昌張裕釗、桐城吳汝綸馳騁當世，莫可軒輊。"

曾門"四大弟子"之稱，李詳《論桐城派》(《國粹學報》1909 年第 12 期)即以"曾門四弟子"擬之姚鼐四門生；1929 年徐一士《凌霄一士隨筆》亦列有"曾國藩四大弟子之古文造詣"條目。按，此條據王達敏兄告知。

薛福成《拙尊園叢稿》自序："菇齋恂恂如不勝衣，而意氣邁往，若視奇績偉勛可捩契致。文正(按，指曾國藩)……謂菇齋生長邊隅，行文頗得堅強之氣，鍥而不捨，可成一家言。"

吳汝綸《桐城吳先生尺牘》卷一《答黎菇齋》："今得全集，則佳篇至多，其體勢博大，動中自然，在曾門中已能自樹一幟。"

張舜徽《清人文集別錄・拙尊園叢稿》："(黎庶昌爲文)遠師桐城，近法湘鄉，不規規於一格，而氣又足以振之。所爲碑傳文字，嚴謹有法。"

按，《家傳》《(民國)續遵義府志》皆謂庶昌謹守桐城家法，然費行簡《近代名人小傳・黎庶昌》認爲黎庶昌師承鄭珍，曾國藩"知師承有自，頗愛重，且授以古文義法。然庶昌旁及諸家，頗薄視方、姚，與國藩旨微異"。黃萬機《黎庶昌評傳》認爲黎受鄭珍、曾國藩影響最深，既得鄭之自然變化，復得曾之雄奇悍健。均頗有見地，今節取其說。另黎氏著述，以今人黎鐸、龍先緒校《黎庶昌全集》所收種類最爲齊全。

參考文獻:

1. 黎庶昌著,黎鐸、龍先緒點校《黎庶昌全集》,上海古籍出版社 2015 年版。

2. 黎汝謙《夷牢溪廬文鈔》,光緒間刻本。

3. 夏寅官《黎庶昌傳》,閔爾昌編《碑傳集補》,民國二十一年燕京大學國學研究所鉛印本。

4. 周恭壽修,趙愷、楊恩元纂《(民國)續遵義府志》,民國二十五年刻本。

5. 黎鐸《黎庶昌年譜》,中國人民政治協商會議遵義市委員會文史資料研究委員會《遵義文史資料》(第 9 輯),遵義政協 1986 年版。

6. 曾紀澤著,俞岳衡校點《曾紀澤集》,岳麓書社 2008 年版。

（張劍）

薛福成傳

薛福成,字叔耘,亦作叔芸,號庸庵,江蘇無錫人。道光十八年(1838)生。

夏寅官《薛福成傳》:"薛先生福成,字叔耘,號庸庵,江蘇無錫縣人。""生於道光十八年三月十八日。"

少年苦讀,好性理、經世之學。

夏寅官《薛福成傳》:"性孝友,喜觀儒先性理書。稍長,縱覽經史,好爲經世之學。"

薛福成《庸庵文外編》卷三《上曾侯相書》:"福成於學人中,志意最劣下,往在十二三歲時,强寇竊發嶺外,慨然欲爲經世實學,以備國家一日之用,乃屏棄一切而專力於是。始考之二千年成敗興壞之局,用兵戰陣變化曲折之機,旁及天文、陰陽、奇門、卜筮之崖略,九州厄塞山川險要之統紀,靡不切究。蓋窮其説者數年,而覺要領所在,初不止此。因推本姚江王氏之學,以收斂身心爲主,然後浩然若有得也。既又知爲學之功,居敬窮理,不可偏廢,而溯其源,不出六經四子之説。"

薛福成《庸庵文編》卷三《先妣事略》:"先妣於福成兄弟,未嘗加以疾言遽色,然教誡不少倦。每歸自塾中,必親理其餘課。寒暑風雨之夕,一燈熒然,誦聲至夜分乃罷。暇輒爲言:'某能讀書,身享令名,榮及父母;某不能讀書,污賤危辱,瀕於死亡。'福成等聳聽汗下,罔敢自逸。故督責非甚嚴,而所學或倍常程。府君自外歸,輒又喜曰:'雖吾自教,不是過也。'"

咸豐七年(1857)與弟薛福保同中秀才。

薛福成《庸庵文續編》卷下《母弟季懷事狀》:"(薛福保)年十八,以古學受知學使者臨川李公聯琇,與余同補縣學生。李公學故閎邃,其相士懸格尤峻,從遺卷中拔取余兄弟,後常詫其事以語人人。"按,薛福保生於道光二十年(1840),年十八時爲咸豐七年。

太平天國亂中,全家避難至寶應,從其兄薛福辰學制舉文,浩然有用世之意。

薛福成《庸庵文別集》卷六《誥授光禄大夫頭品頂戴都察院左副都御史薛公家傳》:"而粵寇陷無錫,太夫人挈家僑徙江北,公未得音問,偕弟福成走數千里,微服穿賊境,屢瀕於危。航海涉江,始覲太夫人於寶應,相見悲喜,遂奉母鄉居以避寇。公弟福成、福保等始皆從公學制舉文,至是見時變方股,兄弟互相切磨,研極經濟及古文辭,浩然有用世之意。"

同治四年(1865),入曾國藩幕,軍謀機要多所贊畫。師事曾氏,增益學識,於經世之務多所用心。

夏寅官《薛福成傳》:"曾文正剿捻寇北上,張榜郡縣,招賢才。先生於寶應舟中上萬言書,文正大奇之,延入幕,軍謀機要多所贊畫。""初私淑姚江王氏,以收斂身心爲主。自師事曾文正,學識日大,凡歷史掌故、山川險要,以至兵機天文、陰陽奇遁之書,靡不鈎稽講貫,洞然於心。故遇事立應,略無窒礙。"

錢基博《薛福成傳》:"四年夏,兩江總督曾國藩奉詔剿捻,張榜郡縣，招賢才。福成上書言事，略謂：'節下勛名軒天地，天子倚之，天下信之。必將策富強，定經制，消反側，防外侮，正風俗，則舉世視爲轉移。而值變亂之後，百事興革，民心望治。則尤更張，不見其迹，設施易蒙其澤。'所以相規勉者，殊於人人，而不爲頌諛之言。國藩嘆賞，謂劍州李榕曰：'吾此行得一學人。'延入幕府，由是聲譽隆起，以一書生負天下望。"

按，《庸庵文外編》卷三《上曾侯相書》文末亦載其上書始末："同治乙丑之夏，科爾沁忠親王戰没曹南，曾文正公奉命督師北剿捻寇，並張榜郡縣，招致賢才。余上此書於寶應舟次，文正一見，大加獎譽，邀余徑入幕府辦事。是時幕府諸賢爲劍州李榕申甫、嘉興錢應溥子密、黟程鴻詔伯敷、宣城屠楷晉卿、溆浦向師棣伯常、遵義黎庶昌蒓齋。文正語申甫曰：'吾此行得一學人，他日當有造就。'又謂余曰：'子文長於論事，年少加功，可冀成一家言。即與伯常、蒓齋同舟，互相切劘可也。'厥後，余從公八年，前後出入幕府共事者三十餘人，多一時賢俊。余頗得晨夕晤談，以擴見聞、充器識，皆文正提獎之力也。"其上書所言之事，曰養人才、廣墾田、興屯政、治捻寇、澄吏治、厚民生、籌海防、挽時變等。

同治六年（1867）中副貢。

夏寅官《薛福成傳》："中式同治六年副貢。"

八年（1869），途經濟南探親，爲山東巡撫丁寶楨執殺權閹安得海出謀劃策。

錢基博《薛福成傳》："會太監安得海干政。八年秋，奉孝欽顯皇后懿旨，采辦廣東。福成先以事如保定，道出山東。巡撫丁寶楨邀與語天下事，頗引爲言。福成即力贊寶楨執殺之境上，而以其罪奏聞，只曰：'布置欲豫，審幾欲密、欲斷，否則不惟賈禍，亦恐轉益其焰,而貽天下患。'寶楨計決,至是斬安得海而籍其貲。曾國藩聞之,語福成曰:'吾病目久,聞是事,積翳爲之開矣。'"

按,《庸庵文續編》卷下收《書太監安得海伏法事》,詳述此事始末;《薛福成日記》同治八年九月三日亦記其中曲折,均可參。

同治十一年(1872),曾國藩去世,薛福成作《代李伯相擬陳督臣忠勛事實疏》,叙曾國藩一生功績,文章翔實扼要,惜未獲進呈。

《薛福成日記》同治十一年四月八日:"自曾文正公薨後,梅筱岩方伯、黄昌歧軍門、穆將軍、何小宋制軍、英西林中丞陸續具疏,表彰戰功政績,請付史館。惟李伯相以爲事端宏大,未易着筆,以故久未具奏,函囑予就近查考事迹,代草一疏。是日甫經構成,約三千餘言。初十日用排單寄去。"

《庸庵文編》卷一《代李伯相擬陳督臣忠勛事實疏》文末自識:"伯相初聞文正公之喪,亟欲具疏臚陳事迹,請付史館。惟以相隔較遠,於近事未能周知,乃馳書金陵幕府,屬福成與錢子密京卿就近考核。福成遂草此疏寄呈,輾轉稽延,倏逾兩月。時則署兩江總督何公、湖廣總督李公、安徽巡撫英公皆已陸續具疏表章,朝廷恩禮優渥至再至三,伯相以謂若再陳奏,近於煩瀆,因寢不上。然其後每與幕僚談及,頗惜當時未用此稿。又謂:'此等大文,其光氣終自不磨滅也。'"

同年秋,赴蘇州書局任職。

《薛福成日記》同治十一年九月八日:"先是張振軒漕帥奉命來署蘇撫,道過無錫,曾約予赴蘇垣,旋爲位置書局一席。予在家接到公牘,是日二更後,啓程登舟。"九月九日:"辰刻抵蘇州,暫駐閭門外楊乾豐夏布棧。"九月十日:"訪書局中諸同事。是時,江蘇書局分設梵門橋之紫陽書院及申衙前街,局中提調爲江山劉泖生刺史，學博而德純，一見如舊相識。其餘官紳在局者約十餘人，頗多宿學之士。余搬入紫陽書院，居於樓上。”

光緒元年（1875），逢新皇博采讜言，遂請丁寶楨代奏《應詔陳言疏》，上“治平六策”“海防十議”，震動朝野。

錢基博《薛福成傳》：“光緒元年，下詔求言。福成上‘治平六策’‘海防十議’，一時傳誦，以爲馬周陳亮復出。自是，始定遣使駐外國之制，有停止捐例之令，有津貼京員之議，有稽核州縣交代之新章，而四川之裁撤夫馬局，各省免米商釐稅及裁汰緑營、添設練軍，吉林、黑龍江相繼遣大臣練兵。十年之間，其大興革，皆以福成此疏發之。”

按，《庸庵文編》卷一收《應詔陳言疏》。“治平六策”，即養賢才、肅吏治、恤民隱、籌漕運、練軍實、裕財用。“海防十議”，即擇交宜審、儲才宜豫、制器宜精、造船宜講、商情宜恤、茶政宜理、開礦宜籌、水師宜練、鐵甲船宜購、條約諸書宜頒發州縣。

同年，以直隸州知州入李鴻章幕，掌箋奏。

夏寅官《薛福成傳》：“光緒元年，以直隸州知州復入大學士李文忠幕，掌箋奏，文忠知其可屬大事。”

光緒二年（1876），英使威妥瑪以馬嘉理案爲由脅迫清廷，薛福成建議李鴻章以拒爲迎，保全和局。

錢基博《薛福成傳》：“二年夏四月，英使威妥瑪以旅滇英人被戕，多所要索，與總署王大臣議，不洽，遂怒出京。詔李鴻章俟其到津，挽留與互商。而威使則告絶徑去，至煙臺，國人恟懼。福成則以爲英自俄、德交合，方惴惴顧慮，必不輕用兵中國。設威使因此相持，致兵連禍結，彼將内爲國主尤，外見怨商人，非所深願。彼之本計，不過見可進而知難退。我之應之，不妨以拒爲迎，一面備戰，一面將滇案本末布告各國使臣，宜將威使自辦滇案以來，始則多方禁阻，不許詳告各國，繼則百端要挾，不使及時議結，兩層反復詳述，咨明各國駐使，請其評論。仍密飭海關稅務司，設法刊布外國新聞紙，彼都人士非無公論，久必有據理以譏威使者。已而威使果遷延煙臺，不即南下，示轉圜意。六月，詔鴻章就與議，而携福成偕行焉。既德、俄、美、法各國公使咸會，均不直威所爲。威爲氣沮，而事遂定。"

按，《庸庵文外編》卷三收《上李伯相論與英使議約事宜書》。

光緒五年（1879），聞總理衙門已准總稅務司赫德兼任總海防司，急撰《上李伯相論赫德不宜總司海防書》，沮赫德之圖謀。

錢基博《薛福成傳》："五年，總署王大臣將以總稅務司赫德總司南北洋海防，下鴻章議。鴻章復書頗瞻徇。福成則以爲：'公自任天下之重，天下安危所繫，何得不言？夫赫德爲人陰鷙，雖食厚禄、受高職，其意仍内西人而外中國。彼既總司各關稅務，利柄在其掌握，已有尾大不掉之勢。若復授爲總海防司，則中國兵權、餉權皆入赫德一人之手。若總署已與定議，不能中止，宜告赫德以兵事非可遥制，須親赴海濱，專司練兵。其總稅務司一職，則別舉人代。赫德貪戀利權，必不以彼易此也。'鴻章聞之，聳然即據以告總署。總署遂以專司練兵，開去總稅務司一缺之説告赫德，赫德果不欲行，遂罷此議。"

按，《庸庵文編》卷二收《上李伯相論赫德不宜總司海防書》。

同年，撰《籌洋芻議》，呼吁變法。

薛福成《籌洋芻議自序》："光緒五年，日本兵船入琉球，以其王歸，遂滅琉球。是時，日本勢益張，而西洋德意志諸國，方議修約事,議久不協。俄羅斯踞我伊犁,索重賂,議者尤汹汹。余愚以謂應之得其道,敵雖強不足慮;不得其道,則無事而有事,後患且不可言。竊不自揆,網羅見聞,略抒胸臆,筆之於書,凡得《籌洋芻議》十四篇。既屬稿,以呈伯相北洋大臣合肥李公。公大韙之,爲達總理各國事務衙門,備采擇。"

《籌洋芻議・變法》:"今天下之變亟矣。竊謂不變之道,宜變今以復古;迭變之法,宜變古以就今。嗚呼! 不審於古今之勢,斟酌之宜,何以救其弊? 宜我國家集百王之成法,其行之而無弊者,雖萬世不變可也。至如官俸之儉也,部例之繁也,綠營之窳也,取士之未盡得實學也,此皆積數百年末流之弊,而久失立法之初意。稍變則弊去而法存,不變則弊存而法亡。……若夫西洋諸國,恃智力以相競。我中國與之並峙,商政礦務宜籌也,不變則彼富而我貧;考工製器宜精也,不變則彼巧而我拙;火輪、舟車、電報宜興也,不變則彼捷而我遲;約章之利病,使才之優絀,兵制陣法之變化宜講也,不變則彼協而我孤,彼堅而我脆。"

光緒八年(1882),朝鮮内亂,上書直隸總督張樹聲速調兵船渡海平亂,使日軍無機可乘。

夏寅官《薛福成傳》:"朝鮮内亂,上書直督張公樹聲,請迅調兵輪渡海。日本艦至,我軍已定變,尋盟而退。"

錢基博《薛福成傳》:"八年夏六月,朝鮮内亂,毀日本使館,日使花房義質奔還。朝鮮,故我屬藩。李鴻章新丁憂,而張樹聲代督聞之,與幕僚議函,請總署奏發兵。福成則以爲:'發兵是也,然輾轉籌商往返之間,若日兵先至,彼且虜其王而據其都,事機得失,間不容髮。請即遣超勇、揚威、威遠三兵輪東駛,扼朝鮮之仁川海口。然後函商總署,發陸軍東渡,直指朝鮮都城。其餘泰安、湄雲登瀛洲,澄慶等船陸續進發。一則迅赴事機,取疾雷不及掩耳之勢;一則使日本、朝鮮見我軍絡繹不絕,莫測多寡之數,兵法所謂虛者實之,實者虛之也。我宜乘日兵之未至,爲朝鮮速定內變。內變定,而日無能爲矣。'樹聲用其計,我兵先一日至,馳入王京平亂,而日無所逞其志。"

按,《庸庵文編》卷二收《上張尚書論援護朝鮮機宜書》,詳述此事始末;《薛福成日記》光緒八年六月二十八日至九月四日,亦多記之,均可參。

光緒十年(1884),任浙江寧紹台道,適逢法越戰起,遂籌劃海防,擊退法艦。

夏寅官《薛福成傳》:"當時郭侍郎筠仙、丁文誠、張文襄皆以賢才密薦。七年,署宣化府。十年,授浙江寧紹台道。值法越構兵,馬江敗。浙防戒嚴,購器築壘,布置井井。法兵犯鎮海,奮力抵禦,相持四五十日,卒不得逞。論者謂與鎮南關之捷相匹云。"

錢基博《薛福成傳》:"十年,授浙江寧紹台道。會中法失和,海鹽戒嚴。福成至,而巡撫劉秉璋檄令總理營務,籌辦海防事宜。福成曰:'從前洋人構釁,中國籌防無法,堅瑕虛實,一望了然。彼以千里鏡注視吾兵民所居、軍實所萃,以開花炮攻之,一彈所炸,鮮不糜爛,故當者無完壘,攖者無堅城。今不可不變計。'遂沿海築長墻,亘二三十里。其要口埋地雷,而於山崗高敞地則立疑營。壁壘森羅,旗旛高豎。凡炮臺,皆換石爲沙土,換明爲暗,務使虛實相間。既而法水師大將孤拔帥兵船毀我福建馬尾炮臺船廠,乘勝追敗南洋援臺兵輪。至此,但見長墻綿亘,卒不知炮臺所在,姑向高敞地疑營開炮擊,廑有一二中炮臺者。尤以沙土性柔,彈入不炸,徒耗彈藥而已。孤拔則無所爲計,既見防軍無還炮,遂駛入口門。防軍伺敵艦近,即發炮連擊,壞其兩舟。自是不敢駛近口門,退泊十餘里外。夜用舢板渡陸軍撲岸,屢被擊沉,相持四十餘日。福成又以定海懸絶海外,恐爲孤拔乘,則聳英領事,聲明道光二十一年不得割讓舊約,以杜窺伺。是役也,孤拔乘中國無海軍,以鐵甲舟十餘觸我海疆。直、蘇、閩、粤、臺灣督防,皆特派大臣,會辦絡繹,宿將棋置。撥部帑巨萬萬,然要皆幸無事。而臺灣告急,福州喪師,我武未揚,惟浙防無督辦之大臣,亦未請撥帑項,僅福成以一分巡道拄撐,位望既輕,而兵不過數千,兵輪只元凱、超武兩艘,然屹不爲敵軍乘,而防守之固稱一時最,論者以爲難焉。”

趙爾巽等《清史稿》卷四百四十六《薛福成傳》:“十年,授寧紹台道。法蘭西敗盟,搆兵越南,詔緣海戒嚴。寧波故浙東要衝也,方是時,提督歐陽利見頓金雞山,楊岐珍頓招寶山,總兵錢玉興分守要隘。諸將故等夷,不相統攝。巡撫劉秉璋檄福成綜營務,調護諸將,築長墻,釘叢樁,造電綫,清間諜,絶向導與窺伺。其南洋援臺三艦爲法人追襲,駛入鎮海口,復令其合力守禦。謀甫定而寇氛逼矣,再至,再却之,卒不得逞而去。”

按,薛福成著《浙東籌防錄》四卷,收錄與中法戰争期間浙東海防有關之禀牘、照會、告示、電報等文件,涉及薛福成籌防事迹處甚夥。薛福成所撰自序叙此次浙東海防始末亦較詳,均可參。

光緒十四年(1888),升任湖南按察使,未及上任。次年即任命爲出使英法義比四國大臣。十六年,抵達歐洲,向英法義比四國遞交國書。

夏寅官《薛福成傳》:“十四年,授湖南按察使。十五年,以三品京堂候補出使英法義比四國大臣。”錢基博《薛福成傳》:“十五年,擢湖南按察使。旋授三品京堂,充出使英法義比四國大臣。”按,擢湖南按察使事,當在光緒十四年。《薛福成日記》光緒十四年九月七日:“接京電,初六日奉上諭:‘……薛福成著補授湖南按察使。欽此。’”

《薛福成日記》光緒十五年四月十六日："上諭：'布政使銜湖南按察使薛福成，著派充出使英國、法國、義國、比國欽差大臣。欽此。'"四月十八日："上諭：'布政使銜湖南按察使薛福成，著開缺以三品京堂候補，並賞給二品頂戴。欽此。'"光緒十六年正月十一日："余於去年四月十六日奉出使英法義比四國之命。五月二十一日陛辭請訓，並奏准賞假兩月省墓。六月初一日出都，道出津滬，皆小作勾留，二十三日始抵蘇垣。……余方擬於十二月十四日乘坐法公司'揚子'輪船啓行，已購船票矣，忽接前任出使大臣劉芝田中丞來電云：德法時疫正盛，英亦傳染，望明正起程爲妥。同時傅相亦接是電，遂爲電奏請旨。接准電開：'奉旨，李鴻章電奏請旨已悉，薛福成著准於明正起程，欽此。'余復居滬静養一月，購定法公司'伊拉瓦第'船票，以是日戌刻登舟。眷屬同行者，内子與第二女也。參贊則候選知縣許珏靜山，隨員則廩貢生顧錫爵延卿、直隸候補縣丞錢恂念劬、優廩生張美翊讓三、浙江候補鹽大使楊振鑣叔平、江蘇候補縣丞沈翊清逋梅、候選通判左運璣子衡、候選府經歷縣丞潘承烈景周，醫官則舉人趙元益静涵，翻譯學生則舉人胡惟德馨吾、候補千總王鳳喈儀亭、附生王豐鎬省山、同文館學生世增擷珊、監生郭家驥秋坪，供事則候選直隸州王錫庚鵬九，武弁則趙占魁、王鐸也。"

薛福成《出使英法義比四國日記》自序："光緒十五年，爲今天子親政之初，福成奉命出使英法義比四國，未及行。越明年二月，始抵巴黎，由巴黎至倫敦，四月至伯魯色爾，又明年至羅馬。"

在英期間，奏請南洋各島設立領事保護僑民，並豁除海禁，以安僑民之返國者。

夏寅官《薛福成傳》："至英，疏請添設南洋各島領事；又請保護華僑，豁除舊禁，飭關役無得擾累。閩粵人尸祝之。"

錢基博《薛福成傳》:"故事中國禁通海,凡出洋久留者,行文外國,解回正法。至是,僑民致富者多以官吏訛索,不敢回。而僑屬國又以中國不保護僑民,因事陵削,告訴無門。福成以爲:'保富之法肇於《周官》,懷遠之謨陳於《管子》,中國有人滿之患,遂不得不導備工以擴生計,開商路以阜財用,順民志以聯聲氣。且中國貿易每歲與各國出入相準,虧短甚巨。然尚有可周轉者,以華民出洋所獲之利足資補苴也。倘此禁不開,此源再塞,則內地財匱民窮,事變叢生,不可不蚤計,不可不熟慮。'自是,議添設南洋各島領事,以保護僑民之在外者。奏除通海舊禁,以安僑民之返國者,僑民便之。"

按,薛福成《出使公牘》卷一收《咨總理衙門與英外部商辦添設領事》,卷三收《論添設南洋領事書》,卷五收《論豁除海禁招徠華民書》,卷八收《與英外部商設英屬各埠領事》;薛福成《庸庵海外文編》卷一收《通籌南洋各島添設領事保護華民疏》《請豁除舊例招徠華民疏》,均可參。

光緒十八年(1892),英人侵坎巨提,總理衙門電致薛福成詰英外部,問其故。同年,與英外部副大臣山特生舉行滇緬邊界及商務問題談判,並於二十年代表清廷同英外交大臣勞思伯里簽署《中英續議滇緬界、商務條款》。

《清史列傳》卷五十八《薛福成傳》:"(光緒)十八年正月,英人侵坎巨提回部。總理衙門電致福成詰英外部。"《清史稿》本傳:"坎巨提來乞師。坎故羈縻回部,自英滅克什米爾,遂爲所屬。近且築路貫其境,坎拒之,戰弗勝,乃求援,朝旨使福成詰其故。福成晤英外部沙力斯伯里,詗知其防俄心切,遂與訂定會立坎酉,以釋嫌怨。因具選立本末以上,並陳英、俄互爭帕米爾狀,請趣俄分界,冀英隱助。已而被命集議滇緬界綫、商務。"

夏寅官《薛福成傳》:"滇緬畫界通商事宜,與英外部爭持逾兩年,始允讓地立約。每當交涉迫切,親至外部,斷斷爭駁,不少假借。雖外人亦服其堅韌。"錢基博《薛福成傳》:"先是,(光緒)十一年,英人滅我藩屬緬甸。湘鄉曾紀澤方使英,爭立君存祀,英人不可,願以滇普洱邊外之南掌撣人諸土司地屬中國,而大金沙江爲公用之江,於八莫允中國立埠設關。未及定議,而紀澤歸,僅與英外部互書節略存卷。十二年,英使歐格訥與中國總署頂緬,約置前議不理。至是,福成檢前卷,向英外相葛雷申議,葛雷不可,曰:'萬國公法,議在立約後,不可不遵;而議在立約以前,無效。'既以有約爲憑而不叙,入必作罷論也。福成則以野人山地雖爲英據,然不在緬甸轄境,照公法當與中國均分。遂照會葛雷,請以大金沙江爲界,江東屬中國。或尼之曰:'英人勞師縻餉,豈易讓我?'福成曰:'不然。天下事不進則退。彼所與而我不欲有者,不妨明指之,以爲另索之符;我所欲而彼萬難允者,不妨故求之,以爲交換之地。明知英不與我野人山地,然必藉此一着,方可力爭上流。'已而葛雷果堅拒不應。兩次停商,而福成不顧;再三翻議,而福成力持。葛雷謂此議非出總署,僅使臣意。福成即電請總署,向英使歐格訥力伸畫江爲界之議。惟英人終重視野人山地,不願分割,於是有就滇境東南讓展邊界之説。卒爭回漢龍、天馬、鐵壁、虎踞四關,分得野人山内之昔馬,及潞江以東之科干地方。於滇西南邊外,亦有展拓,收回車里、孟連兩土司管理,隱杜英、法窺伺滇邊之萌。其有裨邊防,視曾紀澤原議得南掌撣人諸土司地者尤大。蓋南掌諸部,時已盡歸暹羅,匪英屬。而撣人各種,惟康東土司最大,然離我邊境遠,控轄不易。固不若福成之所展,皆在近邊也。"

同年任滿回國,初抵上海未滿一月即病逝。

《薛福成日記》光緒二十年四月二十三日:"(四月)二十一日戌刻,余赴車棧登火車,仰使率參隨等已在車棧拱候相送,一揖而别。

二十二日巳刻，抵馬賽，暫寓客店。二十三日申刻，登'堪爾圖寧'輪船，船主曰弗冷騰愛彌而。酉刻起碇，駛輪出口。"五月二十八日："酉正抵上海，暫寓天后宮。"

夏寅官《薛福成傳》："（光緒）二十年四月，卸事内渡。六月十九，以微疾歿於上海行臺。"

《清史列傳》本傳："二十年四月，差竣。六月，抵上海，卒。諭曰：'督察院左副都御史薛福成由湖南臬司洊擢京卿，派充出使大臣，辦理交涉事件，悉臻妥恰。兹届差旋，忽聞溘逝，軫惜殊深，加恩著照副都御使例賜恤，任内一切處分悉予開復，應得恤典，該衙門查例具奏。伊子直隸候補知縣薛翼運著俟服闋後，以知州補用，以示篤念藎臣至意。'尋賜祭葬，子翼運，知州。"

《出使公牘》卷末張美翊跋："自公（薛福成）薨後，東事益棘，朝廷咨嗟太息，深惜中道告逝，未盡其用，而憂時念亂之君子，群居私論，且謂使公而在，當不至此。蓋其勛業聲名，既歿而逾彰。"

治古文不拘宗派，唯尚真摰。

夏寅官《薛福成傳》："治古文不拘宗派，原本忠孝，而以閎雅真摰之文行之。"

《清史稿》本傳："福成好爲古文辭，演迤平易，曲盡事理，尤長於論事紀載。"

劉聲木《桐城文學淵源考》卷四："（薛福成）師事曾國藩，受古文法，國藩許以有論事才。福成雖喜言古文，吳汝綸譏其策論氣過重，切中其弊，最爲精鑿。福成亦謂汝綸與張裕釗標榜爲文，本屬至善，因此失歡。"

參考文獻：

1. 薛福成《庸庵文別集》，上海古籍出版社 1985 年版。

2. 薛福成著，丁鳳麟、王欣之編《薛福成選集》，上海人民出版社 1987 年版。

3. 薛福成《薛福成日記》，吉林文史出版社 2004 年版。

4. 薛福成《庸庵文編》，《清代詩文集彙編》，上海古籍出版社 2010 年版。

5. 薛福成《庸庵文續編》，《清代詩文集彙編》，上海古籍出版社 2010 年版。

6. 薛福成《庸庵文外編》，《清代詩文集彙編》，上海古籍出版社 2010 年版。

7. 薛福成《庸庵海外文編》，《清代詩文集彙編》，上海古籍出版社 2010 年版。

8. 趙爾巽等《清史稿》，中華書局 1977 年版。

9. 夏寅官《薛福成傳》，閔爾昌編《碑傳集補》卷十三，周駿富輯《清代傳記叢刊》，臺灣明文書局 1985 年版。

10. 錢基博《薛福成傳》，閔爾昌編《碑傳集補》卷十三，周駿富輯《清代傳記叢刊》，臺灣明文書局 1985 年版。

11. 王鍾翰點校《清史列傳》，中華書局 1987 年版。

（馬昕）

王先謙傳

王先謙,字益吾,晚號葵園,湖南長沙人。道光二十二年(1842)生。

吳慶坻《王葵園先生墓誌銘》:"先生諱先謙,字益吾,學者稱葵園先生。葵園者,先生歸里所築居也。"

趙爾巽等《清史稿》卷四百八十二《王先謙傳》:"王先謙,字益吾,長沙人。"

王先謙《王先謙自定年譜》道光二十二年:"七月初一日子時,先謙生。……生先謙時,寓省城營盤街。"

四歲始入家塾,六歲學爲詩文,十三歲始應童試,十六歲入縣學,十八歲補廩膳生。

《王先謙自定年譜》道光二十五年:"先謙始入家塾,從大兄會庭公學。"王先謙《虛受堂文集》卷八《先伯兄會廷府君行狀》:"教仲兄、先謙,誘掖獎勸無不至,每日温經書,令復解,明日又取解者,隨所指辨,詰之反復,通貫無遺義乃已。閑則令默記故事,日必足十。比夜,前仲兄侍坐,講《通鑑》,立先謙於側。歲爲常,故先謙未學爲文,而習史事已頗多。"

《王先謙自定年譜》道光二十七年:"學爲詩文。是歲,府君命名曰先謙,字曰益吾。"咸豐四年(1854):"始應童試。"咸豐七年:"應縣、府試,皆前列。"咸豐九年:"歲試一等第五名,補廩膳生。"

咸豐十一年(1861)，喪父，奉母無資，赴武昌，入長江水師向導營，掌書記。次年即辭歸。

王先謙《虛受堂詩存》卷一《百哀》詩序：“自嚴親雲殂，生理日絕，困頓無賴，迫爲遠行。”

《王先謙自定年譜》咸豐十一年：“時家徒壁立，不孝卒攖大故，昏迷罔措，偷生奉母，糊口無資。不得已，於六月赴湖北武昌，見父執胡心泉先生。先生與會庭公同學李禹臣謨薦入長江水師向導營，營官原任狼山鎮總兵王君吉，聘司書記。”同治元年：“二月辭歸。”

《王葵園先生墓誌銘》：“先生二十而孤，貧甚，出爲長江水師向導營掌書記，受傭以奉母，尋謝歸。”

同治三年(1864)中舉。四年中進士，選庶吉士。七年，散館授編修。

《王先謙自定年譜》同治三年：“九月，鄉試，中式第四十名。”同治四年：“會試，中式第二百名。”同治七年：“四月散館，欽定一等第六名，引見，授職編修。”

《王葵園先生墓誌銘》：“以廩膳生舉同治甲子鄉試。乙丑成進士，改翰林院庶吉士，散館授編修。”

《清史稿》本傳：“同治四年進士，選庶吉士，授編修。”

光緒元年(1875)，大考二等，擢中允。五年，充日講起居注官，多有奏劾。

《清史稿》本傳：“光緒元年，大考二等，擢中允，充日講起居注官。歷上疏言言路防弊，請籌東三省防務，並劾雲南巡撫徐之銘。”

《王葵園先生墓誌銘》：“光緒初，詔求直言，廷臣爭務建白，喜抨擊，或涉朋比。先生憂之，上《言路宜防流弊疏》，同列糾劾，斥爲

莠言。聖明鑑其無他寢，弗問，先生益感奮。論已革滇撫徐之銘情
罪重大，請嚴旨查辦。論招商局關係重要，請飭整頓。伊犂之約，
疏凡四上：一曰俄人叵測，條舉籌備四事；一曰寬減崇厚罪名，宜俟
條約更定；一曰東三省宜簡重臣督防；一曰會議防俄，未盡事宜。
凡所規畫，多切中利害。”

按，以上諸奏疏，參見《王先謙自定年譜》光緒五年、六年。

光緒八年(1882)，撰集《續古文辭類纂》成。

王先謙《虛受堂文集》卷三《續古文辭類纂序》：“惜抱《古文辭
類纂》，開示準的。賴此編存，學者猶知遵守。余輒師其意，推求義
法淵源，采自乾隆迄咸豐間，得三十八人。論其得失，區別義類，竊
附於姚氏之書，亦當世著作之林也，後有君子，以覽觀焉。”按，該書
實選三十九人。

譚獻《譚獻日記》光緒十年十月六日：“購得王翰林先謙選刻
《續古文辭類纂》。意主桐城，去取頗矜慎也。”十月二十一日：“閱
《續類纂》畢，主張楚才，矜詡太甚。吳南屏氣驕而才悍，不能漱六
藝芳潤，選言非雅，未始非一方桀傲之士，未必登千載著作之林。
至周星叔、彭麗笙輩舉場變相，繩以姚氏義法，豈有合哉！惟曾文
正其詩雖不足觀，而其文固獨絕耳。好言古文有吳大廷彤雲者，未
經采及，猶有公論。”

李慈銘《越縵堂日記》光緒八年十二月二十四日：“得王益吾長
沙書，並詒新刻《續古文辭類纂》，專續桐城家法，甄別審慎，多有可
觀。然尺木、臺山、茗柯、碩洲四家，實與桐城無涉，以之充數。而
錢衍石及宗滌甫師與桐城枹鼓相應，乃反不錄，惜祭酒在都時，未
及與之商榷也。”

同年，丁憂歸。光緒十一年（1885）服闋，補授國子監祭酒。奏請停罷三海工程，請頒《列聖御製詩文集》《列聖聖訓》《欽定方略》，請舉人及職官得入監讀書。

《清史稿》本傳："八年，丁憂歸，服闋，仍故官（按，即國子監祭酒）。疏請三海停工。"

《王葵園先生墓誌銘》："在國學日，請准舉人職官，入監肄業；請頒《列聖御製詩文集》《列聖聖訓》《欽定方略》，俾士得服習國故，蘄致用；而請罷三海工、請嚴戒太監李連英兩疏，尤切直，風采傾天下。"

按，《三海工程請暫行停罷摺》《請國學添設舉監名目准舉人入監肄業摺》《請恩准職官入監片》，均參見《王先謙自定年譜》光緒十一年。

同年，簡放江蘇學政，於任上開設南菁書院，編刻《皇清經解續編》《南菁書院叢書》。

《王先謙自定年譜》光緒十一年："八月初一日，奉旨：'江蘇學政著王先謙去。欽此。'次日，具摺謝恩。十八日，請訓，蒙召見一次，束裝就道。"

《清史稿》本傳："南菁書院創於黃體芳，先謙廣籌經費，每邑拔取才士入院，而督教之，誘掖獎勸，成就人材甚多。"

《虛受堂文集》卷二《皇清經解續編序》："道光間，前大學士臣阮元總督兩廣，薈萃國朝學人撰著，刊於粵東，爲《皇清經解》千四百卷。邑昭代之儒風，導後進以繩矩。優優棣棣，觀者美焉。今距粵東刊經之日逾六十年。中間寇難迭興，烽警相望，而率土人士，內函貞固之氣，外炳文明之姿，枕席可安，弦誦不輟。纂述之盛，視承平時抑無多讓。幸值神武奏定，寰海鏡清，不於斯時裒集遺編，賡續刊布,懼彌久散佚,曷以稱聖天子勸學右文至意?光緒十一年,臣奉恩命,視學江南。抵任後,檄學官覃心搜採,合臣舊藏,掇其精要,得書二百九部,都千四百三十卷。奏請設書局刊刻,經營三載,工乃告成。臣自愧學術疏庸,觀聽未廣,豈足以繼先臣阮元之萬一?惟是彙而存之,以待後善學者擇焉。"

《虛受堂文集》卷五《南菁書院叢書序》:"光緒戊子秋,余刊《皇清經解續編》成。時試事既畢,還暨陽候代。檢舊藏及近得之書裨益藝文者,尚數十種,遂以餘力促召梓人刊爲叢書。……自來叢書之刻,多雜厠前代,或泛及詞章。兹編專錄國朝,非有裨考訂者不入。書分八集,皆可喜可觀。予未及搜採者,又屬吾友院長繆筱珊編修賡續成之,板存南菁書院,因以名其書。四、五集,則院中高材生所撰述,多士觀覽興起,尚益覃精術業,偕登於作者之林,是予所深望也。"

光緒十四年(1888),奏《太監李蓮英招搖請旨懲戒摺》。次年,奏請開缺。築新宅於長沙東北隅,名曰葵園。

《清史稿》本傳:"十四年,以太監李蓮英招搖,疏請懲戒。略言:'宦寺之患,自古爲昭,本朝法制森嚴,從無太監攬權害事。皇太后垂簾聽政,一稟前謨,毫不寬假,此天下臣民所共知共見者。乃有總管太監李蓮英,秉性奸回,肆無忌憚。其平日穢聲劣迹,不敢形諸奏牘。惟思太監等給使宮禁,得以日近天顏;或因奔走微長,偶邀宸顧,度亦事理所有。何獨該太監夸張恩遇,大肆招搖,致太監篦小李之名,傾動中外,驚駭物聽,此即其不安本分之明證。易曰'履霜堅冰',漸也。皇太后、皇上於制治保邦之道,靡不勤求夙夜,遇事防維。今宵小橫行,已有端兆。若不嚴加懲辦,無以振綱紀而肅群情。'疏上不報。"左舜生《萬竹樓隨筆》:"劾李蓮英一疏,則尤爲言人之所不敢言。……十三年,蓮英奉命隨醇親王奕譞巡閱海口,自北洋將領視之,其聲勢殆高出奕譞之上。御史朱一新以各直省水災,奏請修省,辭及李蓮英,即因此被黜,則蓮英之炙手可熱可知。顧葵園不畏強禦,仍於十四年三月,嚴詞劾之。……一則曰'肆無忌憚',再則曰'大事招搖',三則曰'不安本分',四則曰'宵小橫行',其措辭之強硬,不惟有古大臣風,確亦不失湖南人本色。自此疏上後不報,葵園知天下事已不足有爲,設再戀棧不去,或更召致小人之傾陷亦未可知。此殆葵園托辭請假回籍,於翌年二月,即自動請求開缺,不復再出之由來也。"按,《太監李蓮英招搖請旨懲戒摺》,參見《王先謙自定年譜》光緒十四年。易宗夔《新世說》云:"王益吾有才無行,賄結李蓮英,得江蘇督學,選拔才俊,幾與黃漱蘭侍郎齊名。既瓜代,乃深悔階進之由,慮他日名爲李污,具疏嚴劾之,並謂李非真閹,醜詆備至。孝欽后覽奏震怒,王遂以是罷歸。而王之直聲,震於朝野。"小說家言未足深信,錄此姑備一說。

《王先謙自定年譜》光緒十五年:"二月,因假期已滿,病體未瘁,呈請湖南巡撫代奏開缺。三月二十日,奉硃批:'王先謙著准其開缺。'"王興祖《先府君葵園公行狀》(《葵園述略》,第11—14頁):"先府君官情素淡,因家門多故,子女殀亡,在江蘇兩庶母各生一女,又皆逾期而殤,中心忽忽不樂,益生厭棄世故之意,加以到任後,頻患腦後虛驚暈眩,時懼顛越,久而益甚,假期已滿,病體未瘁,呈請湖南巡撫代奏開缺,得奉俞旨,築宅於省城東北隅古荷花池前,名曰葵園,移居之。"

《虛受堂文集》卷六《葵園校士錄存序》:"葵園者,余歸里後所築居,遂自號也。"按,繆荃孫《藝風堂友朋書札》收本年十二月十九日王先謙與繆荃孫函,云:"兄自營一巢於湘垣稻穀倉街,臘杪搬家。俗物頗冗,惠函請寄彼處。"黃兆枚《王葵園先生墓碑》(《葵園述略》):"長沙省治東迤四十里,其地爲龍喜鄉。王葵園先生晚栖於其鄉之凉塘以老。先生自江蘇學政任滿告歸,尋築室省城東隅居之,署曰葵園,學者因稱葵園先生,即不復出。"

光緒十六年(1890),應郭嵩燾之請,主講思賢講舍,又於講舍設思賢書局以刻書。

《王先謙自定年譜》光緒十六年:"先是淮南、北鹽局以曾文正公規復淮綱,湘人受惠者尤多,相與鳩貲,建祠於省城小吳門正街。前任兵部侍郎郭嵩燾筠仙前輩,建議於祠旁爲思賢講舍,聚徒課學。……侍郎主講數年,及余歸,乃固以相讓。余勉應之,因商定於釐務公所歲釀六百金,就講舍設局刊書,是爲湖省思賢書局之始。"

《王葵園先生墓誌銘》:"顧性淡榮利,既歸田,壹以正學爲後進導。主思賢講舍,城南、岳麓兩書院,教士務文行合一。"

十七年(1891),移主城南書院。

《王先謙自定年譜》光緒十七年:"二月,城南書院院長王楷雁峰前輩病故,地方大吏再三聘請,遂移主城南。辭思賢,薦楊書霖商農自代。"

二十年(1894),主講岳麓書院。

《王先謙自定年譜》光緒二十年:"主講岳麓書院。"

二十四年(1898),陳寶箴任湖南巡撫,延梁啓超主時務學堂。王先謙指其謀逆,請倡正學以端士習。

《王先謙自定年譜》光緒二十四年:"時工部主事南海康有爲以變法自强之説,聳動海内,朝野多爲所惑。翁叔平尚書保薦有'勝臣十倍'之語,一時靡然從風。識者心鄙其人,然不悟其有逆謀也。

陳右銘中丞寶箴蒞任湖南，余素識也。向以志節自負，於地方政務，亦思有所振興。會嘉應黃遵憲來爲鹽法長寶道，與中丞子三立、庶常熊希齡合謀，延有爲弟子梁啓超爲新設學堂總教習。江標、徐仁鑄相繼爲學政。學會、報館同時並興，民權平等之說，一時宣揚都遍，舉國若狂。學會之初立也，中丞邀余偕往，聽講者亦多。中丞升座，首舉'有恥立志'四字爲言，聞者灑然動容。其後余以事冗，不能再往宣講。登報愈出愈新，余始駭詫。葉奐彬吏部德輝以學堂教習評語見示，悖逆語連篇累牘，乃知其志在謀逆。岳麓齋長賓鳳陽等，復具稟附批加案，請從嚴禁遏。余遂邀奐彬諸君具呈中丞，附錄齋長稟詞，請整頓屏斥，以端教術。中丞批詞含胡，但以衆紳有門戶意見，深自引咎。熊希齡及唐才常、譚嗣同、畢永年諸人，緣此橫目相仇，極意圖陷。會書院諸生公議，在學宮傳集同人，商立議約，釐正學術，語皆醇正，並無觸犯。徐學政聞之，即飭學官究明倡議主筆之人，將加懲辦。余挺身獨任，徐遂無言。旋由時務學堂學生呈控賓鳳陽等匿名揭帖誣巇伊等，就賓等元稟添砌多語，撫、學竟准訊究懲辦。余函致中丞辭館，復書挽留。俞廙軒中丞時爲藩司，向中丞力言因此影響之語，致王某辭館，有礙體面。中丞答云：'豈但辭館？我要參他！'蓋其時適奉中旨：官紳阻撓新政，即行正法。陳語已伏殺機，而余初未悟，復函致撫、學抗論。兩人復信，轉極委婉，時已八月初旬。康有爲事敗逃竄，亦自知不保也。不數日，而慈聖簾聽，撫、學革職之旨至。向使康有爲邪謀得遂，國事不可問，余與奐彬且先落機阱矣。"

《王葵園先生墓誌銘》："戊戌湘學會起，詖辭朋興，先生持正論，力距之。由是忌者橫目雠視，圖傾陷，而先生卒強立。遇地方大利病，必伸讜議，爲疆吏匡救。"

光緒二十九年（1903），建一門四節坊於南城外官道旁。

《王葵園先生墓誌銘》："世母郭，兩嫂吳、楊，弟之婦張，並苦節，爲建一門四節坊，奉其嫂臨視焉。"

《王先謙自定年譜》光緒二十九年："十二月初三日，二嫂楊宜人没於家廟西側試館。嫂與吾妻不葉，自母柩南歸，嫂即別居，祈請不聽，不復强之。四月中，爲嫂及伯母郭太恭人、長嫂吳宜人、弟婦張恭人建一門四節坊於南城外官道旁，奉嫂親臨瞻視，以慰其守節四十七年之苦志，不料遽爾長逝。"

三十三年（1907），湖廣總督張之洞、湖南巡撫岑春蓂奏充王先謙爲湖南學務公所議長。先謙辭謝不獲，並具呈督撫，請於長沙設立貧民簡易小學堂十數處。

《王先謙自定年譜》光緒三十三年："督部張中堂、撫部岑堯帥會咨學部，稱前任祭酒王先謙，學術純正，博通古今，衛道憂時，士林宗仰，請派充湖南學務公所議長。五月内，經學部奏，奉俞旨。余於學務，無所通曉。屢次托吳自修學使懇辭，不蒙允許。衰年多疾，於公務更復何裨？亦東坡好寫銘旌之比耳。"

王先謙《虛受堂書札》卷二《與吳自修學使》："前奉閣下及張、岑二公派充學務議長，固辭不獲，當以決不收受夫馬銀兩，奉達臺端。昨由公所備送月支二百金，隨即繳上，仰荷鑑諒愚忱，許以另款存儲，預備學務，實用義心古抱，欽佩奚如！至辦理小學堂一節，偶與馮莘垞給諫談及。莘垞隨以上達，亦荷臺端嘉允，以謂可行。兹擬具呈督撫，並賫上章程清摺，謹先録呈大教。是否可用，望裁定緘示。至開辦之初，先就省城酌分地段，擇要設堂，俾兒童往來，不虞懸隔。"

宣統二年（1910），湖南饑荒，饑民哄圍撫署，衛隊開槍。黃自元等電京請旨易撫，假公名領銜。總督瑞澂誣劾，降五級調用，疏辯不報。自是，益淡於政事。

《王葵園先生墓誌銘》："湘中仍歲饑，先生數言於岑公，請遏米運，實倉穀，用備非常，不之省。庚戌三月，長沙民以米貴哄於市，亂民乘之起，毆巡警道，火巡撫署，市廛盡閉。巡撫不能制，揖布政使，授之印，俾出文告，事稍稍定。而諸紳率以電達政府及鄂督，請易巡撫，用先生名居首，先生未與知也。總督瑞澂弗察，遽疏劾諸紳，其構罪先生語尤誣妄。吏議鐫五級，湘人官京師者大駭，牘訴都察院，請上走昭雪，不報。"

左舜生《萬竹樓隨筆》："宣統二年三月，長沙發生米荒。饑民聚眾哄圍撫署，實為三月初五。巡警道賴承裕字子佩，於初四日即已被毆。……初六日撫署衛兵開槍，擊斃多人，致激眾憤，痞棍乘機放火焚署，並有焚燬學校及搶劫教堂等事，以致全城罷市。時任湘撫者為西林岑春蓂，事前措置失當，臨事更過度張皇。當事急時，乃以印交藩司莊賡良，由莊率同紳士數人，步行勸諭開市，並格殺數人，事乃平息。先是初五日饑民包圍撫署時，湘省在籍紳士七人，曾電鄂督瑞澂，請代奏撤換岑撫，另易妥員，該電係由若輩假借葵園名義，領銜發出。事後清廷命瑞澂查奏，瑞乃歸罪諸紳，葉德輝、孔憲教、楊鞏等均因此得罪，葵園亦不免焉。"

馬與龍《紀葵園師居家奪職始末》（《葵園述略》）："省民既屢搗碓坊，岑命賴道子佩查辦。賴候補在湘，圖辰州知府缺。岑至，即以署巡道。賴感岑，為之奮勇，在南門外鰲山廟嚴詞威脅饑民。民忿，群起縛賴，將叢毆之。賴之從丁數人，脫去外服，混入饑民中，大聲詈賴，謂應送入撫院治罪。眾以為然，從丁等即拖賴入城，眾隨之。過臬署時，有從丁雜入叢人中，挾賴潛竄臬署。眾未覺，仍紛紛向撫署狂奔，至則失賴所在。謂已匿撫署，於是有焚署斫柜之事。當是時，省紳群集席少保祠會議，欲急電湖北總督，略稱岑撫威逼饑民，恐釀巨禍，請速調換等情，由候補道王莘田起稿。其領銜，應推資望之最老者，時無過於師，而師未到會。衆擬待之，黃自元太史謂依例如此，復何遲疑？電遂發。葵園自返里後，專事著述，於公事不願干預。是日，方款留張鴻年在家。張，皖人，係孝廉，儒雅好學。師嘉其志，延納之，談飲竟日。張去後，師方補其每日著書之功課，雖聞外間有焚撫署事，未之問也。翌日，有人持片紙録電稿寄投。師閱之，見己名領銜，大驚，謂豈有此種辦法？遂急電湖北督署，言不知情。然前日省電到鄂，鄂督瑞莘儒已據以電奏矣。及接師電，覆轉誚其反復推諉。"

《虛受堂書札》卷二《復胡退廬侍御書》："是日有黃自元、譚延闓、劉國泰、龍璋，齊集鄂紳王銘忠宅，致電鄂督，痛詆岑撫，而竊弟名首列。弟在家會客竟日，伊等並不知會。蓋因岑新爲弟進書，知會，則恐弟不允也。弟知後，即趕電鄂督，告以實不與聞，請加察核。而鄂督並不考查，遽加參劾。"

《先府君葵園公行狀》："先府君自遭此无妄之灾，閲世愈覺雪淡。"

宣統三年（1911），武昌起義爆發，王先謙避難平江。後改名遁，遷居鄉間。播遷之際，仍著書不輟。

《王先謙自定年譜》："八月，聞湖北新軍據鄂省，湖南人心動搖，訛言日起，紛紛徙避。二十八日，予亦啓行赴平江。三十日抵縣，寓岩上豐宅，對門即駐防之新軍也。九月初二日，聞初一會垣不守，新軍皆有離心，管帶陳浚投水死。時知縣先遁，城中無主，不逞者群謀劫奪。予赴北鄉煙舟，寓鄉紳蘇鳳梧緯卿家一日，旋移十八曲陳家，又移三墩甑家山蘇家。蘇海淵泉自省回里，厚庵部郎之尊翁也,招予歸度歲。十一月十九日,返煙舟。"

《清史稿》本傳:"國變後,改名遁,遷居鄉間。"《王葵園先生墓誌銘》:"壬子後,自署曰遁,不書名。"

《王葵園先生墓誌銘》:"明年秋,武昌變起,長沙亂。先生辟地平江煙舟,再徙縣城,三徙黄甲山。凡三年,乃還長沙涼塘舊莊。憂危播遷,中[終]日著書不輟。"

民國六年(1917)十一月病逝,葬於涼塘莊。

《王葵園先生墓誌銘》:"先生以丁巳年十一月二十六日卒於涼塘,春秋七十有六。卒前數日,自知告終之期,預書日記,遺令不赴,不入城設奠。即以其年十二月十九日葬上涼塘左壠子首午趾,實長沙之東龍喜鄉也。"

王興祖、王祖陶、王祖恩《先府君葵園公行狀》:"今歲十一月二十五日,函促不孝興祖由城來鄉,見先府君猶手書校閲不倦,日夜侍側,聞訓最久,人定命不孝等暫退,先府君就寝。至二十六日寅刻,忽嚏而醒,趨問安否,曰或稍感寒,因請問服何方,不答。而痰聲漸動,醫者隨至,謂脈見真臟,藥弗及也。至己刻竟棄不孝等而長逝矣,嗚呼痛哉!先府君以道光二十二年壬寅七月初一日子時生,春秋七十有六,遂於十二月十九日,葬涼塘舊莊之原。"

王先謙一生治學勤勉,精力絶人,著述、撰集、校刊、刻印之書足可等身。

《王葵園先生墓誌銘》:"先生於學,無所不究,門庭廣大,合漢宋涂轍而一之。其於崇經術,治國聞,致力彌篤。在史館,成《東華録》二百卷、《東華續録》四百十九卷,十朝謨烈,燦然大備。視學江蘇,成《皇清經解續編》一千四百三十卷,上紹阮文達盛軌。用嘉惠來學,復以余力緝《南菁書院叢書》一百四十四卷。其著述,則有

《尚書孔傳參正》三十六卷、《三家詩義集疏》二十八卷、《漢書補注》一百卷、《後漢書集解》一百二十卷、《新舊唐書合注》二百二十五卷、《元史拾補》十卷、《荀子集解》二十卷、《莊子集解》八卷、《五洲地理圖志略》三十六卷、《日本源流考》二十二卷、《外國通鑑》三十三卷。其撰集之書，則有《合校水經注》《續古文辭類纂》《駢文類纂》《律賦類纂》《十家四六文鈔》《六家詞鈔》。其校刊之書，則有《欽定天祿琳瑯書目前後編》《鹽鐵論》《世說新語》《郡齋讀書志》《景教碑文紀事考》。其闡揚先德，則有通奉公遺著《詩義標準》一百十四卷、《鮑太夫人年譜》一卷。季弟先恭校注《魏鄭公諫錄》《諫續錄》《文貞故事》《拾遺》十一卷，重事考證，成弟未竟之志。其表章鄉邦耆碩，若周侍郎壽昌、郭侍郭嵩燾之集，毛茂才國翰、歐陽州判輅、毛孝廉貴銘之詩，吳訓導敏樹之文，並緝香刊布，用章遺獻。訪獲亡友李布衣謨、丁孝廉蓉綬、李明經楨詩文集，授之梓。蘇郎中輿著《春秋繁露義證》，書成而歿，爲刊行之。其篤風義，又如此。”

葉德輝《葵園四種跋》：“（王先謙）每撰一書，必持稿相商榷而始定著。二十餘年，無日不從事文字之役。”

李肖聃《題葵園所著書後》（《葵園述略》）：“都所輯篇，凡數千卷。載筆記注，五十餘年。奔走兵間，不廢常課。老年轉徙，日手一編。其所述嘉惠於方來，其用心無慚如往哲。故玉池（按，指郭嵩燾）推爲文雄，湘綺（按，指王闓運）命曰宗工，皮先生（按，指皮錫瑞）服其精力絕人，章枚叔（按，指章太炎）謂其通知法式。湖湘近代以來著作之才，群推此老。”

按，《葵園述略》收魏節山《葵園著述目錄考》一文，可參。

其治經，不偏於今古，但求事實；其治史，致力於兩漢，而於《後漢書》更得深微；其治子，莫不沉潛考注，發前人之所未發。

王祖岐《説先伯葵園公之治學》（《葵園述略》）："於公之治學，初似盡力於諸經，故《續經解》一書，啓迪後進，有功儒林。三吴士子，恒謂有清經學，繼阮儀徵者，當推長沙祭酒。張南通致公函，略謂：'自公之歸，江南頌公盛德，至今不衰，益即頌公之倡導經學也。説者謂公之治經，直承漢學，其意以爲群經雖厄於秦火，漢距先秦爲時不遠，故高唐二戴之言、白虎通經之義，尚足徵信。'此實近於門户之見。實則公之經學，不偏於今古，但求事實也。歸田後，猶采集諸家之説，於皮鹿門先生尤所敬服。祖岐於皮先生之學，惜未承教，讀其《尚書冤詞平議》，於毛檢討毛西河清授檢討之説，但證其所誤，不加疵議，已足見其學淵量雅，宜公之推重也。公著《尚書孔傳參正》，清南書房諸臣稱其'博采兩漢經師微言大義、歷朝諸儒考證訓釋以引申孔傳之舊誼，而於梅賾益增之二十五篇一一注明''凡古文今義之散見故籍者，尤能得其考證，犁然悉當，洵爲體大思精之作，可補《正義》所未逮'等語，就此可知采訪之周。即《三家詩義疏》，並徵先公及伯叔之説，蓋以所見權當，苟有可取，必爲采用。可見大儒治學，不拘一家之言，亦不固執陳説也。公於史學，初致力於兩漢，《漢書補注》，清儒謂以唐顔師古舊注未盡賅洽，因取唐宋以來之説，輯爲補注，旁徵博考，鈎稽詳明，較之惠棟《後漢書補注》，其用力之勤，可與相埒。而范史更得深微，於惠棟書中遺文奥義覆加推闡……獲益非淺。餘如諸子百家，莫不沉潛考注，於各家精奥，發前人之所未發。公著各書，朝旨褒美，謂爲學有家法，精博淵通，淹貫古今，周知中外。公著有《日本源流考》《五洲地理圖志》。以學稱譽，如斯爲盛矣。"

其作詩，早年學杜，晚年學蘇，反對模擬古人。

徐世昌《晚晴簃詩匯》卷一百六十三："葵園精研古學，著述閎深。早歲作詩，蒼涼沉鬱，雅近少陵。晚學東坡，益見變化。余在京師，無一日之雅而心欽其人。"

葉德輝《虛受堂詩集後序》（《葵園述略》）：“余不喜言詩，而每聞先生論詩大旨，不主性靈，亦不主典實，欲以杜、蘇、陸三家融冶一爐，而自成一子。於三百集中詩，十九可以背誦，無一句遺忘，則知其所得深矣。同時與湘綺先生並稱二王，然湘綺摹擬六朝，耳目手足皆非己物，先生頗諷之。余亦附和先生，不韙湘綺也。大抵詩無論漢、魏、六朝、唐、宋，一朝有一朝之風氣，一人有一人之本色，即以《三百篇》論，風、雅、頌體各不同，各國之風，亦自殊意。必懸一律，不許人輕犯，豈古人言志之義哉？先生詩與湘綺異轍，而自有先生之真。今捐賓客已六七年，海內求其遺書，懸重金以待。若其詩文集，稱者甚稀，則知世間無真知書者也。先生詩，削膚存液，刻核新深。得杜之神，運蘇之氣，含陸之味，置之國朝集中，挺然拔秀，未有與之相似者也。世有誦先生詩者，必以余爲知詩之甘苦矣，奚足爲先生詩增重耶！”

《題葵園所著書後》：“蓋先生於杜、蘇諸集，致力最深。精華名篇，略可成誦。故風格鬱然，已自名家。”

其作文，諸體皆工，而書序銘志尤美。

《題葵園所著書後》：“（王先謙）文章諸體皆工，而書序銘志尤美，考事皆有依據。其原出於劉、曾、蔡、韓，斯才分有獨至也。”

其於實業，亦致力講求。

喬庵《葵園公考求實業》（《葵園述略》）：“（王先謙）於著述之餘，考求製造，創辦大經公司，購置車床機床斧鉗等器，選雇技工製造應用之物，並獎勵發明。技師廖華彬先生，獨出心裁，創造製鞭機，數月而成。其生產力，十倍於手工。公極欣慰，備加讚勉。時岑春蓂撫湘，公力言製造成效，主張多設工廠，以資提倡。凡與人合資舉辦一事，必躬親考察。收支出納，條載精詳。如有虧損，自任彌補。張雨珊先生與人云,人但知祭酒著書講學,未審於實業亦致力講求,且計理詳盡,出人意外,精力實有過人處。"

參考文獻:

1. 王先謙《虛受堂文集》,《葵園四種》,岳麓書社 1986 年版。

2. 王先謙《虛受堂詩存》,《葵園四種》,岳麓書社 1986 年版。

3. 王先謙《王先謙自定年譜》,《葵園四種》,岳麓書社 1986 年版。

4. 王先謙《虛受堂書札》,《葵園四種》,岳麓書社 1986 年版。

5. 徵文考獻樓主編《葵園述略》,民國三十七年王祖陶刻本。

6. 趙爾巽等《清史稿》,中華書局 1977 年版。

7. 吳慶坻《王葵園先生墓誌銘》,閔爾昌編《碑傳集補》卷七,周駿富輯《清代傳記叢刊》,臺灣明文書局 1985 年版。

（馬昕）

繆荃孫傳

　　繆荃孫,字炎之,號筱珊,晚號藝風,江蘇江陰人。道光二十四年(1844)生。少而穎異,十一歲畢五經。十二歲遭母喪,復經太平天國之亂,避亂江北,至淮安,肄業麗正書院,從丁晏受經學、小學。同治三年(1864),隨父入蜀,受業湯成彥門下,始爲考訂之學。六年,會四川舉行丁卯正科並補壬戌恩科鄉試,以寄籍華陽監生應舉。

　　繆祿保《四品卿銜學部候補參議翰林院編修繆府君行述》(以下簡稱《繆府君行述》):"先世自宋南渡時遷江陰,家牒載始祖宏毅公官統制,駐兵毗陵,遂家焉。支派散處,代遠莫詳。歷十一世,至廣三公諱仁,於明中葉始定居城西申港鎮,曾祖諱秉奎,妣楊。祖諱庭槐,嘉慶乙丑進士,甘肅平涼府知府,妣吳。考諱焕章,道光丁酉順天舉人,貴州候補道,妣朱,繼妣薛。"按,繆氏行述另見夏孫桐《觀所尚齋文存》,題作《繆藝風先生行述》,內容與繆祿保《繆府君行述》大體相近。據夏氏自述,"曾據自編《年譜》兼證著述,爲其家草《行述》,茲復爲要删,略具學行梗概,俾後之傳儒林、文苑者有所採擇焉"。則夏氏收入本集者後經修改。

　　繆荃孫《藝風老人年譜》:"道光二十四年甲辰八月九日癸卯亥時,荃孫生於江陰申港鎮祖居西宅。""五歲,識字數千,並誦唐人小詩,皆先母口授。六歲,始入塾,從族祖集珍先生讀書。七歲,從族兄翩飛先生讀書。八歲,四書畢,遂讀經。九歲,始學作詩。十一歲，五經讀畢，讀《周禮》《儀禮》。十二三歲，仍從翮飛先生讀書，又從族叔星熊先生學作應試詩文。十四歲，從星熊先生學文，又從吳表兄炯堂先生讀書。讀《國語》、《國策》、《史》、《漢》、八家文。十五歲，始讀《文選》。十六歲，始讀《説文》。十八歲，寓淮安，無力從師，自携《隨園詩話》、《吳會英才集》、洪黃兩家詩文選，輒仿爲之。”“（同治六年）八月，以寄籍華陽監生應舉，行同治丁卯正科帶補壬戌恩科鄉試。……揭曉，中一百二十八名舉人。”

同治七年（1868）入都，因改歸原籍，不得應會試。返蜀，先後入崇實、吳棠、姚覲元幕，遍歷川東北諸郡，搜拓石刻，始爲金石之學。時張之洞視學蜀中，遂執贄門下，爲撰《書目答問》。光緒二年（1876）舉進士，改庶吉士。三年散館，授翰林院編修。同年，張之洞總纂《順天府志》，延其爲編修。既而之洞出任晉撫，遂繼爲總纂，歷時七載告成。五年，供職京師，充順天鄉試同考官。

《藝風老人年譜》光緒三年：“彭芍庭世丈祖賢議修《順天府志》，延荃孫充纂修。時南皮師自蜀旋京，爲總纂，發凡起例，迥殊凡近。”

《繆府君行述》：“己卯充順天鄉試同考官，得士二十一人，副榜五人。福山王文敏公懿榮，以經策補薦，主司欲置副榜，力爭始得之。居京師，卜宅大川淀，爲朱椒堂先生舊居，手題‘涵秋閣’楹牓猶存，髣潭風景在目，館職多暇，殫心著述，博搜經籍，每涉廠肆，見有佳本，典衣以購，友朋通假，鈔輯考析，日不暇給。”

八年（1882），充國史館協修，奏派分纂《儒林》《文苑》《循吏》《孝友》《隱逸》五傳。十三年，兩湖制府裕祿延聘覆纂《湖北通志》。十四年，丁繼母憂，居廬整理五傳告成，繕稿呈館。此間因辦《儒林傳》，與總裁徐桐議不合，遇事齟齬，遂還蘇。

《繆府君行述》:"潘文勤公爲國史館總裁,疏請編輯《儒林》《文苑》《循吏》《孝友》《隱逸》五傳,賡續阮文達所未竟,奏派府君爲分纂。丁母艱,居廬整理五傳告成,繕稿呈館,始奉檄南歸。"

《藝風老人年譜》光緒十四年:"五月,整理《儒林》等五傳,撰成稿本,托陸提調呈堂。自辛巳潘文勤師爲總裁,廖穀似壽豐爲提調,奏辦《儒林》《文苑》《循良》《孝友》《隱逸》五傳。張幼樵佩綸、陳伯潛寶琛爲總辦。壬午,荃孫傅到,即充分纂。穀似外簡,王小雲貽清爲提調。幼樵署副憲,改派錢馨伯。伯潛出爲江西學政,改派汪柳門鳴鑾。癸未,文勤師丁憂,徐蔭軒相國桐爲總裁。小雲丁憂,柳門出爲山東學政。馨伯辭退,改派李芯園端棻、鄭蓮裳蓉鏡爲提調,譚叔裕宗浚及荃孫爲總纂。叔裕外簡,荃孫獨任其事,成《儒林傳》上二十二篇、下四十九篇,《文苑》七十四篇,《循良》四十三篇,《孝友》二十九篇,《隱逸》十五篇,分並去取,略具苦心。中有僉人譖之於徐相國,相國不知是非,以先入之言爲主,隨加挑斥,埋没苦心。今已完竣,交館初稿,擬即付梓人,與天下讀書人共證之。如特旨宣付國史館者,劉繹之空疏,李春之鄙俚,吳觀禮之庸下,李聯琇之拘滯,均不足以立傳。劉熙載、桂文燦猶爲彼善於此矣。李任江蘇督學甚有時望,《好雲樓全集》現已行世,則甚不副其名,亦其子編輯不當也。徐相國少年與薛執中游,受周太谷之傳,以《參同契》之言説《易》。一日示以紀大奎所著書,命編入《儒林傳》。荃孫爲言:'《易》有經學之《易》,有術數之《易》,所以朱子注《參同契》,《四庫》列之道家,而不收入經部。以此爲例,大奎似未便補入。'徐亦首肯。而奔走掌院之門者,如李岷琛、王廉、蔣璧方等,群譖荃孫恃才獨斷,渺視前輩,以激東海之怒。命宫磨蝎,動遇小人,夫復奚言。"

楊頤侍郎視學江蘇,延爲南菁書院院長,主講南菁書院,與定海黃以周分任經學、詞章兩科。南菁東南人才之淵藪,一時出於門下者,有曹元忠、丁國鈞等。歲闈輟課,張之洞招游粵東,寓廣雅書局,商訂刻書事,閱兩月歸。十六年(1890),服闋入都,以記名道府用。是年十月,丁父艱,守制在京。次年,主講山東濼源書院,冬扶父柩旋里,張之洞招約明年主湖北經心書院講席。十八年春,辭講席回京。十九年服闋,充國史館提調。

《藝風老人年譜》光緒十四年(1888):"九月,楊蓉浦師督學江蘇,招至邑城,命主講南菁書院。書院延兩院長,黃元同以周先生專課經學,荃孫分課詞章。諸生正額八十人,附額不計數。""十二月,張文襄師招游粵東,遂至廣州,住廣雅書局東校書堂,軒宇宏敞,水木明瑟,夾河華屋,接以紅橋。東即三大忠祠,再東即南園十先生祠,中有抗風軒,環房八間。金碧迷離,房闥繚曲。闌外荷池千頃,假山數峰,布置雅稱。與陶心雲澂宣、屠靜山寄、章碩卿同寓。王雪橙、王子展存善爲提調舊友。梁節庵、凌仲桓、陳孝蘭、粵人黎貞伯念椿、陶春海福祥、陳孝貞宗侃、孝聖宗穎,同年廖澤群、金學獻聚會。"

《藝風堂書札》繆荃孫致趙鳳昌:"弟薄官長安,浮沉人海,一差未得,無以爲生,小楷時文,本非素習,既不能趨時相之門,又不能說時人之目,終歸棄置,分所當然。南皮師閔其困窮,俾襄廣雅書局。一切未諳,全仗指示。如有刻本章程,乞先寄閱。"(《繆荃孫全集·詩文》,第 2 冊)

《藝風老人年譜》光緒十七年:"二月,東撫張勤果公曜招東游,荃孫因葬親之費無出,不得已至濟南。勤果公聘主濼源書院。院爲山東名勝地,《小滄浪筆談》有垂柳、葦蕩、方池、鰲簪石、鐵獅峰五咏,今‧切如故。益以芙蓉泉、古柏、明都司題名碑都指揮使舊署改、唐墓誌、君子亭爲後五咏。邀諸生賦詩。出游趵突泉、開元寺、千佛山、龍洞、歷下亭、鐵公祠、匯波樓諸名勝。山東諸生,經學則膠州黃象杕,博洽則諸城尹彭壽、日照丁文瀚、小門人王崇文,詞章則世昌王鶴年、單蓉鏡、單步青、劉彤光等，均優。是科大半中式。”

光緒二十年（1894）大考，翰詹原列三等一名，因前修《儒林傳》搆怨，爲徐桐抑作三等一百二十四名。張之洞招至湖北，修《湖北通志》，兼攝自强學堂商務科分校。逾年，張之洞移督兩江，聘主江寧鍾山書院，凡六年，復兼領常州龍城書院講席。

黃濬《花隨人聖盦摭憶》“光緒甲午翰詹大考”條載繆荃孫致張之洞札：“受業之開罪徐掌院也，因《儒林》等五傳，奏派受業與譚叔裕總辦，徐太無學術，又堅愎自是，硬交紀大奎、方東樹入《儒林》，受業等兩人，恐爲清議所鄙，力持不肯，屬有讒人交搆其間，遂固結而不可解。此次入都，撰文舊缺不派，慶典不派，會典館潘文勤索之於前，翁尚書索之於後，允而不派。京察不能不列一等，考語平常，以致不能記名。掌院例不閱大考卷，忽特旨命之覆閱，業已拆封，恩怨易辨，受業卷初列二等，因一訛字，改置三等之首，亦可以已矣。徐一見大喜，謂非置四等不可，翁尚書再四挽救，置三等倒第四名，奪俸兩年，徐尚以爲未快也。深仇宿怨，爲之下者，不亦難乎？現擬收拾圖書，提携細弱，午節前後，航海而南，趨叩崇階，面聆訓誨。雜事數則附呈，手箋祗肅，敬請鈞安，伏維垂鑑，受業繆荃孫謹啓。”（黃濬《花隨人聖盦摭憶》卷上，中華書局2008年版）

《繆府君行述》：“甲午，京察一等，未記名，張文襄招修《湖北通志》。逾年，文襄移督兩江，聘主江寧鍾山書院，凡六年，復遥領常州龍城書院。以兩院皆盧抱經先生主講舊地，平生瓣香所在，課暇一意刻書，日事校勘，叢書數集，陸續告成。金陵爲東南都會，故家藏庋，時時散出，蘇滬密邇，估客奔輳，所收舊籍金石書畫乃益富。”

張之洞奏設自强學堂，其旨略謂：“治術以培植人才爲本，經濟以通達時務爲先。……湖北地處上游，南北衝要，漢口、宜昌均爲通商口岸，洋務日繁，動關大局，造就人才，似不可緩。亟應及時創設學堂,先選兩湖人士肄業其中,講求時務,融貫中西,研精器數,以其教育成材,上備國家任使。臣前奏明建立兩湖書院,曾有續設方言、商務學堂之議。茲於湖北省城內鐵政局之旁,購地鳩工,造成學堂一所,名曰自強學堂。分方言、格致、算學、商務四門。每門學生先以二十人爲率,湖北、湖南兩省士人方准與考。方言學習泰西語言文字,爲馭外之要領。格致兼通化學、重學、電學、光學等事,爲衆學之入門。算學爲製造之根源。商務關富強之大計。每門延教習一人,分齋教授,令其由淺入深,循序漸進,不尚空談,務求實用。所需經費,暫就外籌之款湊撥濟用,俟規模漸擴,成效漸著,再行籌定專款,奏明辦理,以爲經久之計。"(《設立自強學堂片》,光緒十九年十月二十二日。《張之洞全集》第 2 冊《奏議》,河北人民出版社 1998 年版)

庚子以後,清廷銳意變法,興辦洋務。張之洞集東南名流於武昌,共資討論,荃孫應招,領江楚編譯局總纂。光緒二十八年(1902),改鍾山書院爲高等學堂,荃孫釐訂學章,領高等、中、小三堂事。是年冬,奉命親赴日本考察學務,酌定課程。三十一年,薦舉經濟特科,時荃孫年已六十有二矣,不赴。

《繆府君行述》:"庚子後,朝廷銳意變法,改鍾山書院爲高等學堂,充監督,兼領中小學堂,復親赴日本,考察學務,歸乃酌定課程,編輯課本,中西兼重,實事求是。疆吏援故事,疏陳續學碩儒,士林矜式,兼敘創辦學堂勞勩,詔加四品卿銜。"

光緒三十三年(1907),張之洞在鄂,以新學銳進,國學日衰,創辦存古學堂,保存國粹,延荃孫爲教務長。是年,兩江總督端方奏辦江南圖書館,派荃孫主其事。宣統元年(1909),學部復奏建京師圖書館,延請荃孫任正監督。同年,張之洞逝世,荃孫聞訊,極爲傷悼，因而却聘，次年九月始赴任。發内閣大庫之遺藏，復以敦煌新出之寫卷，薈萃館中，一時罕有其匹。又兼之端方在江南收得歸安姚氏、南陵徐氏藏書，同送京庋藏。並欲再得瞿氏鐵琴銅劍樓書，而事終不果，改爲鈔書進呈。三年，荃孫至常熟，酌定進呈書目，選外間鮮流傳者七十一種鈔副，並舊刊本凑足百種之數。其事及半而武昌事起，清帝退位，遂告中輟。荃孫編成《清學部圖書館善本書目》《方志目》；並集宋元舊本書影，刻爲《宋元書景》，遂辭館務南歸。南北二館之興，實乃中國近代圖書館事業之發軔，皆仗荃孫之力而成之。

張之洞光緒三十年（1904）六月十二日致電瑞安黃紹箕學士，論創辦存古學堂之旨，略謂：“近日風氣，士人漸喜新學，頓厭舊學，實有經籍道息之憂。……故擬於武昌省城，特設存古學堂，以保國粹。若以新學爲足以救亡，則全鄂救亡之學堂已二三百所，而保粹之學堂止此存古一所，於救大局何礙。有才有志之士，知保粹之義者尚不乏人，斷無慮無人信從也。救時局、存書種，兩義並行不悖，日本前事可鑑。……務請力勸仲容來鄂，爲此堂監督。此堂學生將來專供各學堂中學、國文數門之師，存此聖脈。”（《致瑞安黃仲韜學士》，《張之洞全集》第 11 册《電牘》，河北人民出版社 1998 年版）

《兩江總督端方奏江南圖書館購買書價請分别籌給片》（光緒三十四年）：“浙紳姚氏藏書一千零一十一種，皖紳徐氏藏書六百四十一種，兩項書籍計共十二萬九百餘卷。分裝一百八十箱，共編目録一份。於光緒三十四年十二月，委員領賷送學部驗收，所有兩項書價，共銀二萬兩。”（《學部公報》第 150 期，轉引自李希泌、張椒華編《中國古代藏書與近代圖書館史料（春秋至五四前後）》，中華書局1982 年版）

王欣夫《石梅載筆》：“端方買丁氏書後，思並得瞿氏書，事未及成,而爲張文襄所知,即以學部具名電促端。張又單名電端,謂若得瞿書,當另建屋以藏之,士大夫聞之,群相慶賀,想此事惟吾匋齋尚書足以成之,洞謹先爲九頓首以謝云云。端時在蘇,得電後即密招秉丈謀之,秉丈不允,乃出張電示之,謂事出騎虎,必想法以答張。乃由秉丈商於良士,允鈔書百部進呈以調和之。清例進書百部者有欽賞官職,故瞿因以兩便也。"(王欣夫《石梅載筆》,復旦大學圖書館藏鈔稿本)

《藝風老人年譜》宣統三年:"三月,派回江南催瞿氏進呈書。五月,旋京,並解瞿氏書五十種。六月,編呈各省志書目四卷。八月,刻本館宋元本書《留真譜》本書一葉,牒文、牌子、序跋述源流者均摹之,加考一篇。九月,復交新編《善本書目》八卷,即乞假回上海寄寓。"

柳詒徵《繆荃孫傳》:"端方督兩江,荃孫說之購杭州丁氏善本書,倡立江南圖書館。尋京師議立圖書館,張之洞管學部,奏以荃孫主之,發內閣書庋之館,復輦敦煌石室唐寫卷子,購歸安姚氏藏書,都十餘萬卷。當是時,新學小生苴葛故籍,諸老先生流風浸衰矣。而南北二館,後先巋立,號爲册府,篤古之士猶得鑽仰胝沫其間,不令中國歷代巨刻珍鈔、萬國希覯之瑰寶,流放沽鬻於東西都市者,荃孫力也。"

辛亥以還,寓居滬上,以遺老自居,鬻書換米,爲富家校書編目自給。一時滬上富紳,購書刻書之風轉盛。吳興劉承幹、張鈞衡兩君,並哀集叢書,得荃孫之助。武進盛宣懷自建愚齋圖書館,亦請編訂書目。松江韓氏讀有用書齋,與黃蕘圃爲姻戚,復翁既没,爲之經紀藏書,得士禮居書獨多。民國三年(1914),荃孫觀書松江,爲作《華亭韓氏藏書記》,韓氏藏書始重於世。

繆荃孫《藝風堂藏書續記緣起》:"僑居海上,生計毫無,不得不出以易米。"(繆荃孫《藝風堂藏書續記》,民國二年江陰繆氏刻本)

繆荃孫《藝風堂藏書再續記》自序：“予自國變，蟄居海隅，佳槧舊鈔，往往易米。”（繆荃孫《藝風藏書再續記》不分卷，民國二十九年燕京大學圖書館鉛印本）

《藝風老人年譜》繆祿保、繆僧保後記：“嗣後僑寓滬濱，歷十餘年，杜門不問世事，惟以鉛槧自娛。吳興劉翰怡、張石銘兩君方刊叢書，時相就正，或出藏本以資之。又爲武進盛氏編所藏書目。”

《藝風老人日記》民國三年八月十一日：“申刻到松江曹君直來，迎住繡野橋韓三房。張文遠來，同檢書。住韓氏宅。”二十三日：“撰《韓氏藏書記》。”按，其時曹元忠館於韓家，爲編書目，乃邀藝風前來觀書。曹元忠致繆荃孫函云：“韓氏小門生名德鈞，字子縠，謹以附聞。綠卿前輩藏書，得吾師以記，附《藝風堂集》以不朽，非惟其子孫感激已也。惟記文尚求吾師以他紙錄一通，俾韓氏小門生裝潢以爲世寶，誘掖獎勸，諒長者有樂乎斯也。”（《藝風堂友朋書札》）

時入民國，倡修《清史》。三年（1914），開清史館，聘荃孫爲總纂，然年逾七十，客居不便，在滬遙領。因前領《儒林》等五傳，雖後經他人增改，仍願自任。閱兩年，除《循吏》一傳讓歸他手，餘四傳皆脫稿。江蘇重修《通志》，以金石一門屬之，乃悉發家藏拓本，編錄考訂，一手成之。六年江陰續修縣志，荃孫招集里中耆舊通才，總攬其成。民國八年十一月初一日，卒於上海寄廬，年七十有六。

《藝風老人年譜》繆祿保、繆僧保後記：“洎清史館開，膺總纂之聘。乙卯夏到京師，開館之始，會議一切編輯事宜，多經折衷。高年不便客居，回滬遙領，手定全書凡例一卷。因《儒林》《文苑》《循吏》《孝友》《隱逸》五傳，國史舊稿原出府君手輯，仍歸增訂，後以《循吏》一傳分歸他手。越兩年，四傳脫稿。又創輯《明遺臣傳》《土司傳》，則國史所未具者也。繼復於甲辰、戊午兩次到京，會商史事。時館中分纂積稿已多，府君力主列傳應先擬定目錄，畫分時代，擇人主任，編排歸卷，加以修正，乃有頭緒。自任康熙一朝，脫稿者十之六七，未克畢事。其後，館中修正傳稿悉依此例，而府君已不及從事矣。……府君身閱滄桑，厭世已久，垂暮編摩，至是多已就緒。偶感微疴，於十一月初一日棄養，享壽七十有六歲。"

先生長考據，精鑑藏，著作等身。所著詩文，刻爲《藝風堂文集》《續集》《外集》；辛亥以後所作，則名《辛壬稿》《癸甲稿》《乙丁稿》，合編爲《藝風堂文漫存》。又撰有《詩存》《詞》《尺牘》《藝風堂雜鈔》等。先生任《清史》"五傳"之纂修，又輯《續碑傳集》《補遺》，當朝人物，網羅放失，各得其所。又搜輯地方藝文，編《常州詞錄》《秦淮廣紀》等。其生前所記《藝風老人日記》及其師友往來之《藝風堂友朋書札》《藝風堂書札》，尤爲晚近文獻徵信之淵藪。先生善鑑別書畫，端方督兩江之時，時與商榷，爲編《壬寅消夏錄》四十卷。酷嗜金石，勤於搜訪，藏本之數，爲前此金石家所未及。撰有《藝風堂金石文字目》《續目》，又補正孫、趙兩家《訪碑錄》，爲《金石分地目》。所纂諸志書金石一門，亦多由先生親任。

《繆府君行述》："酷嗜金石，先後得劉燕庭、韓小亭、馬硯孫、瑛蘭坡、崇雨舲、樊文卿、沈韻初諸家所藏拓本，又得拓碑人李雲從、聶明山等，並善搜訪，於畿輔、山右、山左、大江南北及皖中石刻，椎拓幾遍。收藏目錄，共得一萬八百餘種，磚瓦不與。藏本之富，爲自來金石家所未有。又補正孫、趙兩家《訪碑錄》，爲《金石分地錄》，初擬補續《金石萃編》，先就遼金元輯錄，以非獨力能成，輟而未作。"

先生博覽群籍，尤長目錄學，精鑑版本。辛亥以還，寓居滬上，爲張鈞衡編《適園藏書志》。劉承幹《嘉業堂藏書志》、盛宣懷《愚齋圖書館藏書目錄》,亦手定凡例,自任編纂。與海内藏書之家,至爲合契,互通鈔校。自藏之書,編爲《讀書記》《藏書記》《藏書續記》《藏書再續記》。平生藏書校勘,私淑黄氏蕘圃,曾助潘祖蔭搜輯《士禮居藏書題跋》,又續輯《續記》《再續記》,後復經章鈺、吴昌綬二人薈萃諸本,各將所得增入,合編爲《蕘圃藏書題識》《補遺》《刻書題識》《補遺》。又輯有《紅雨樓題跋》。先生生前爲人編刻之書甚多,多署他人名。姚覲元《咫進齋叢書》、盛宣懷《常州先哲遺書》、劉世珩《聚學軒叢書》《貴池先哲遺書》《玉海堂景宋元本叢書》、張鈞衡《適園叢書》《擇是居叢書》、劉承幹《嘉業堂叢書》《吴興叢書》,多借先生之力成之,或出藏書相助,或親任校勘,或代爲撰序。自編刻叢書《雲自在龕叢書》五集共十九種、《對雨樓叢書》四種、《藕香零拾》三十八種、《煙畫東堂小品》十二種,所輯古書及本朝人小集、家集,多在其中。

　　陳乃乾《海上書林》:"筱珊晚年以代人編藏書目録爲生財之道,人亦以專家目之,造成一時風氣。……然筱珊對於此事,實未經心,僅規定一種格式,屬子侄輩依樣填寫而已。"(《陳乃乾文集》上,國家圖書館出版社2009年版)繆氏晚年寓滬上爲盛宣懷愚齋藏書編目,曾有一札談到編之實際情况:"荃孫自同治甲戌爲張文襄《書目答問》,一手經理。近南洋、學部兩圖書館,均有同志幫忙,荃孫止總大綱,專注善本。現在無一書不過目,無一字不自撰,直與辦《書目答問》一樣,先交家内寫官(舊用兩人,相隨多年)録清本,取其熟而能快,改補後再交館中人寫定本。"(繆荃孫《與盛杏蓀書》,《學術集林》卷七,上海遠東出版社1996年版)

　　《藝風老人年譜》光緒元年:"十二月,到重慶,住姚彦侍川東官舍,爲校定《咫進齋叢書》十二種。"光緒二十年:"是年,盛愚齋宫保囑編刻《常州遺書》,皆荃孫搜羅,宫保出貲而已。"光緒二十四年:

"爲劉聚卿觀察刻叢書。"二十五年:"是年,刻《常州先哲遺書》成。"光緒三十年:"是年,《聚學軒叢書》印行,荃孫舉舊藏書應刻者助之。"三十四年:"盛宮保屬續刻《常州先哲遺書》,體例照前編。"宣統三年:"《常州先哲遺書續編》成。"

先生早年蹇於仕途,遂一心埋首故籍,收拾遺文,興辦圖書與教育事業,役志於古書流通。早歲輾轉江南江北,先後任南菁書院、濼源書院、自強學堂、鍾山書院、存古學堂教習,作育英才,規章學程,多出擘畫。及門如曹元忠、陳慶年、丁國鈞、柳詒徵、孫毓修,皆承先生之志。曹氏董理內閣大庫藏書,陳氏、丁氏典守江南圖書館,柳氏主持國學圖書館,孫氏入商務印書館,皆不離乎保存文獻與書籍流通二者。值此新舊蛻嬗之世,先生自守丹鉛,著述終老,文獻徵存,繫於一身。昔人言"不得志,獨行其道",以先生視之,蓋無愧焉。

參考文獻:

1. 張廷銀、朱玉麒編《藝風堂書札》,《繆荃孫全集·詩文》,鳳凰出版社 2014 年版。

2. 繆荃孫《繆荃孫全集·日記》,鳳凰出版社 2014 年版。

3. 李法章《梁溪旅稿二編》卷上《繆荃孫傳》,民國十一年鉛印本。

4. 繆荃孫《藝風老人年譜》,民國二十五年北平文祿堂刻本。

5. 夏孫桐《觀所尚齋文存》卷四《繆藝風先生行述》,民國二十八年鉛印本。

6. 繆祿保《四品卿衔學部候補參議翰林院編修繆府君行

述》，汪兆鏞輯《碑傳集三編》卷十，周駿富輯《清代傳記叢刊》，臺灣明文書局 1985 年版。

7. 柳詒徵《繆荃孫傳》，中國歷史文獻研究會編《歷史文獻研究（北京新一輯）》，北京燕山出版社 1990 年版。

8. 顧廷龍編《藝風堂友朋書札》，上海古籍出版社 1980 年版。

（林振岳）

袁昶傳

袁昶，初名振蟾，字爽秋，一字重黎，號浙西村人，浙江桐廬人。
道光二十六年（1846）生。幼貧，有異質，七八歲竊好辟穀。十歲通
五經大義，嗜吟咏。十三歲應童子試，以文詞見賞。十四歲補弟子
員。旋遭匪亂，家人星散，相繼離世。

張鳴珂《寒松閣談藝瑣録》卷六："爽秋字重黎，原名振蟾，桐
廬人。"

徐世昌《晚晴簃詩匯》卷一百七十一："袁昶，字重黎，號爽秋，
桐廬人。"

《清史稿》卷四百六十六《袁昶傳》："袁昶，字爽秋，桐廬人。從
劉熙載讀，博通掌故。"

袁允橚等《太常袁公行略》："公姓袁氏，諱昶，初名振蟾，字爽
秋，一字重黎。浙江嚴州府桐廬縣人，世居芳郭里，晚稱芳郭鈍叟，
又稱鈍椎，自寓貶勵意。桐邑濱浙江西，常自號浙西村人，學者稱
浙西先生。……公幼有異質，稟贈公庭訓，十歲通五經大義，初應
童子試，郡守邑侯目爲神童，宗師許爲大器，年十四補弟子員。旋
遭髮匪，家人星散。公再爲匪掠，卒以計得脱，纚風沐雨，走荆棘
中，日百餘里。嘗尋贈公於山中，攀崖涉津，數蹈鋒刃，歸省太夫人
阽危之中，不稍間。洎贈公歾，公奔喪營葬，不能成禮，太夫人相繼
逝世，公茹痛幾絶，益以承先志爲己任。貧不能自存，問租於佃農，

田盡爲豪右所奪，幾被害。又至戚舊家乞，夙逋爲所拘。贈公執友方古香老人直之於縣，乃得釋。""公於詩自謂有夙好，十歲既嗜吟咏。少多顛沛，抑鬱不自得，故常爲養性之舉，以陶寫性靈，寄咏懷抱，與年俱進，遂多率意爲之。晚歲恒以此自戒，然有所寄慨，輒不能已。又自謂早歲讀古人文，多燭跋不倦，中歲世事攖擾，偶一披覽，輒覺心爲爽朗，退直餘暇，必閲先儒理學書數篇。"

徐珂《清稗類鈔・師友類》："桐廬袁忠節公昶幼貧，日從溪邊漉小魚，雜野疏爲食。"

袁昶《毗邪臺山散人日記》光緒元年（1875）六月："比七八歲竊好辟穀，服餌長生之術，太孺人嘗怒其不食，撻之乃跪復食。"同治六年（1867）十一月："抵府治吊太守王公慶勛，上海人擗踊而出。余十三歲應童子府試，公爲守，以文詞見賞故也。"同治十年三月："僕年十八，髮便有二色，生於憂患故也。"

同治四年（1865），始游學四方。是年夏，嚴郡水患，昶上書郡守，乞發粟賑灾。六年於嚴州府城應科試。請業高均儒，又以古學受知吳存義，學益進。是年中舉，旋歸父衣冠與母合葬。七年，會試不第，南歸。肄業於上海龍門書院，師從劉熙載，並問學於敬業書院山長鍾文烝。

《太常袁公行略》："乙丑夏，嚴郡山水暴發，上書郡守丁公，乞發粟以賑灾，民多所全活。旋讀書杭州，掌教東城講舍高伯平先生均儒，清德高行，爲多士師，公執贄請業，學益進。以古學受知於學使吳和甫少宰存義，一時知名之士，皆講學勸義，篤行相友善。杭郡太守薛公時雨，識公於未遇之先，袖所取課藝，入告嫂氏郭淑人，議妻以兄子，遂成聘。歲丁卯舉於鄉。議遷葬贈公於桐，至瘞所，兵荒榛蕪，竟失其處，乃招魂具衣冠歸，與徐太夫人合葬焉。戊辰應禮部試，報罷。南歸時，興化劉融齋中允熙載主講上海龍門書院，奇公才,留肄業焉。中允尚謹言力行,恐懼修省之學,公於是致力性道。又嘗問經義於鍾子勤先生文烝,由是不爲漢宋師承所囿。"按,漢學主攻經義,宋學專談性道。鍾、文二人分別爲漢學、宋學之代表人物。袁昶同時承學二家,遂不爲漢學、宋學之別所拘囿。

《毗邪臺山散人日記》同治六年三月:"時在嚴州府城應科試。"五月:"始見薛良儲於湖上書院,甚見獎許,命予刊落浮華,深感其言推赤心置人腹中。始執贄受業於閩縣先生。"

同治八年(1869)十月,受聘爲揚州書局總校。十年四月,會試又不第,南歸。十三年三月,三次會試落第,納粟爲中書舍人,初入仕途。

《太常袁公行略》:"己巳旋,杭大府聘爲書局總校。是冬,就甥館於全椒,游學江淮間,交游益廣。聞譽日起館揚州書局,時聞六安吳竹如少司寇廷棟好談道,往謁。從論學未盡協服其雅正,恒以自勵。嘗致書嚴郡太守宗湘文源瀚,整書院,興教育。條陳浙撫楊中丞昌浚,刊《宋元學案》,又請慎汰湘勇,勿貽害鄉里。公不苟干謁,而所知則規納不吝,事多類此。甲戌禮闈,既取復易,或勸籖仕,乃納粟爲中書舍人。益擫思道藝、博治掌故。嘗謂義理之學首重力行,故必先廣學識,不然雖嚴氣正性,而無裨於事。詞章以闡道義,考據以通經術,義理以持古今經變,不可偏廢。又謂我少習詞章,繼乃博覽諸子,推原理學旁及佛老,皆蘄於取精,微棄糟粕。故公之教人必以理學法,爲言未嘗及佛老。至叩以歷史舊聞,暨熙朝雅故,原原本本沛乎不窮。公所謂務廣學識者,其要領在是。就中書二年,歷充方略館、國史館校對。"

光緒二年(1876)中進士。五月,昶任職農部,前後達十六年。

章梫《一山文存》卷三《國史傳稿·袁昶》:"袁昶,浙江桐廬人。

光緒二年進士，以主事用分戶部，先以舉人捐內閣中書，歷充方略館、國史館校對官。九年考充總理各國事務衙門漢章京。"

《太常袁公行略》："光緒丙子成進士，觀政農部。……供職農部十有六年，大司農閻文介公嘗語人曰：'吾部袁司官素講求學問，故事無巨細，多所咨詢。'造各省徵信册編印，光緒六年後歲計簿奚委諸公，歷充陝西司、雲南司主稿，北檔房總辦，則例館提調。"

光緒十年（1884），上書張佩綸，因病請辭，未果。十一年春，隨同錫珍、鄧承修赴天津議法越合約。十二年，保俟補主事。十三年，充會典館纂修。十四年保免補主事，加四品銜。六月，補江西司員外郎。十五年，任御史。十六年，記名以海關道員用。十八年三月，任會試同考官。十二月，爲皖南兵備道，分巡安徽徽寧池太廣道。二十四日，光緒帝於乾清宮召見袁昶。

《太常袁公行略》："十四年三月，保免補主事，仍以員外郎，無論題選咨留，遇缺即補，加四品銜。是年六月，補江西司員外郎。十六年二月保請記名以海關道員用，俟得道員後加一級。十八年三日，保以本部郎中，遇缺即補，俟得道員後加二品銜。是年十二月，奉旨分巡安徽徽寧池太廣道。"

《一山文存》卷三《國史傳稿・袁昶》："十一年春，隨同吏部尚書錫珍、鴻臚寺少卿鄧承修馳赴天津議法越和約。十二年，以總署期滿保獎，俟補主事。後以本部員外郎無論題選咨留，遇缺即補。十三年，充會典館纂修官。十四年三月，又以總署期滿保獎免補主事，仍以本部員外郎無論題選咨留，遇缺即補，加四品銜。六月補江西司員外郎。十五年，記名以御史用。十六年，又以總署保獎，記名以海關道員用。俟得道員後加一級。十八年三月，充會試同考官。是年，又以總署保獎，以本部郎中遇缺即補，並俟得道員，後加二品銜。十二月，授安徽徽寧池太廣道。"

《毗邪臺山散人日記》光緒十年五月："上張六丈：昶性疏曠，不習吏事，每荷上官全而宥之，靦然竊食，已爲天幸，日來眩暈舊疾復作，不能問家人生事，銷沉文字海中遣日耳，天之賦命於人，蓋有定分，或杖策而龍驤，或執戟而蒿隱，一顯一晦視乎其時，不可強也，強爲之則不知量力守輒，而徒取困蒙詬。故不肖之自謀，願以陸沉蓬累畢世，自全便爲適矣。至於操一簣以障河，銜微木以填海，雖亦嘗企慕焉，而才弱殊非其選，運會所至，將有主張回斡之者。冀廓清之後，得蒙庇作蹀躞畦隴間一幸民耳。袁倅敬孫已在藥籠中否，此君才識度越時流，操守亦潔，惜久無所遇，而其人緩急實足任使，公左右不可無佳吏。如某言之或妄，甘受劾治，率啓主臣惟辱察之。"十一月："長官不允辭差，予素乏吏才，殊以爲苦。"光緒十三年十月："會典館甫奏開在東華門内國史館後，予年將半百，一向作粗官，至是才博一館差，如鼠搬薑，殊爲人詬笑。然近性健忘，於本朝掌故不能洽熟，又孤是職也。聞總裁常熟翁尚書欲派予爲總纂，幸提調爲婉辭而止。提調之代辭玉成我也，尚書之意於焠勵人材之法猶未備，不佞自揣有三淺，資格淺、學術淺、智慮淺，無其實而冒居其名，不祥。"光緒十五年十月："蒙恩記名以御史用，自爾益宜焠勵讀書，研求前古當今之故，惟恐將來入臺不稱職，月慚諫紙二百張也。"光緒十八年十二月："廿三日辰正，樞垣南屋有信來云：蒙恩擢爲皖南兵備。""二十四日，遞摺入謝。是晨昧爽，上御乾清宮西暖閣，北向坐，蒙恩召對約二刻許，上垂詢農、譯兩曹事及里貫科目出身，並該管道職掌甚悉。聖心尤注念新疆、滇緬兩處界務利病，謹以現辦情形奏對。"

蔡冠洛《清代七百名人傳》："十二年，以總署期滿保獎，俟補主事後，以本部員外郎，無論題選咨留，遇缺即補。十三年，充會典館纂修。……十六年，又以總署保獎記名，以海關道員用，俟得道員後加一級。十八年三月，充會試同考官。是年，又以總署保獎，以本部郎中遇缺即補，並俟得道員後，加二品銜。"

光緒十九年（1893），任安徽徽寧池太廣道，整飭吏治，擴建中江書院，創建尊經閣。昶嘗慨士鮮實學，遂聘實學之儒，刊農桑、兵、醫、輿地、治術、掌故等實用之書，課經史、義理、掌故、時務、格致等實用之學，並施以從日至歲之各階段獎勵制度。又購書萬卷於尊經閣，以便生就近研覽。以上書院、經閣等所需經費，昶於多方籌措外，亦自捐廉給獎以充之。

《太常袁公行略》："十九年四月履任。……公始蒞任，即以培養人心風俗、整飭民事吏事爲己任，以五事嚴約僚屬，禁絕門禮；免藉牙參新道曠離職守；不薦各屬幕友家丁暨乾脯；不狥官紳向各屬關白私請；不受，年節壽饋遺。皆立法自己，以身董率。時訪問民俗疾苦、商旅利病，與僚屬反復講究，多少興革，蒞蕪五年，未嘗稍懈。……舊有中江書院，經兵燹廢弛，公念五屬人士所萃，規模狹隘，不足容多士，下車之日，既銳意振興。……籌措經費，增購基址，廣拓齋舍，先後捐廉四千餘兩。聘禮實學之儒爲都講，精擇齋長，甄拔尤者優餼住院肄業。仿安定湖學教授法，立經義、治事兩齋，刊發經籍舉要，暨捐置自校刊農桑、邊防各種有用諸書，手訂課程，示之準則。日有記，月有課，季有加課，歲終有殿最，以督勵之，分課經史、義理、掌故、時務、格致諸學院。壁榜朱子白鹿洞規、滄州精舍學諭，暇日接見，以朱子'樸實、闇修、安定、明體、達用'爲教。創建尊經閣，捐募官私各刻新舊有用書籍，分部藏庋數萬卷，刊置書目，俾諸生得就近研覽。升任時，復捐儲銀五千兩生息，備案移存，爲持久擴充計。其時物力未充，士鮮知學，自公孜孜勸導，始知所師法，咸究心史事、掌故、時務之屬。"

《一山文存》卷三《國史傳稿・袁昶》："昶蒞任，嚴約僚屬，痛抑胥吏，詳詢民俗疾苦、商旅利弊，多所興革，頒鹽桑之法於所屬州縣，捐廉俸四千餘兩，廣中江書院齋舍，延聘院長，甄取秀士，分課經史、義理、掌故、時務、格致。創建尊經閣，購書數萬卷。"

《清史稿》卷四百六十六《袁昶》："（光緒）十八年，以員外郎出任徽寧池太廣道，誡僚屬，抑胥吏，多所興革，擴中江書院齋舍，課以實學，建尊經閣，購書數萬卷。……昶嘗慨士鮮實學，輯農桑、兵、醫、輿地、治術、掌故諸書，爲《浙西村叢刻》。"

任期間中日失和，長江警戒，昶力籌防警，以靖匪安良，日捐百金爲倡，募勇一營，保衛教堂商埠，約束江面各國輪艦兵弁。釐清關稅案，裁汰常關外銷公費歲萬八千金，悉數報部，一洗中飽之弊。定專條納新關穀米出口稅，歲羡數十萬。督修蕪湖西南濱江圩堤，延袤十二里，更穿築新纍堤三百七十丈，自是蓄泄有資，田廬完固，民歌誦之，受朝廷嘉獎。

《太常袁公行略》："甲午東鄰失和，長江戒警，各國兵艦絡繹過境，蕪湖爲皖南北樞紐，又江皖接界，盜匪出沒，防營單散，不敷調遣，公乃力籌防警，以靖匪安良，月捐百金爲創，兼勸紳商集款募勇一營，名曰保衛編。扎衢巷，兼防護商埠、教堂，商情大順，即以衆情公舉舊曾在蕪之武弁，領之訓練，以鎮市區，公不時督察，即以備地方水火盜賊，蓋不立警察之名而已收其效矣。次年冬，體恤商艱，汰留百名，稟撥公款，而道捐月餉如故。迄今民氣靖謹，遠人安之，方事之殷，公介稅務司，與英領事商以英艦碇泊江中鎮，胕不若時，以溫語款接，犒以羊酒，輪艦兵弁悉就約束。事平，南洋大臣據以實告，領事稅司奉旨各子三等第一寶星，出公製給。公整頓關政，潔己以馭下，廉俸所餘，二十年報效軍需八千餘兩。奉旨獎賜花翎。二十一年，清釐關稅案內，裁汰常關外銷公費等款，歲萬八千餘兩，悉數報部，一洗中飽之弊。"

光緒二十一年(1895)，張之洞保薦袁昶。二十四年，四月授陝西按察使，未行。五月任江寧布政使。八月入京供職總署，召以三品京堂，在總理衙門行走。解救黃遵憲。膠州案後，下詔求言，昶上書二萬餘言，得光緒帝重視。又上請籌八旗生計、清理屯田之條陳，得戶部詳查辦理。

張之洞《張文襄公奏議》卷四十二《保薦人才摺並清單》："謹將遵旨保薦人才各員開具清單恭呈御覽。……安徽徽寧池太廣道袁昶，學優才長，志趣清遠，地方公事，極勤劬而極敏速，向在總署當差多年，博通洋務，任蕪湖關道後，於洋關稅務司及領事等，俱能駕馭有法，操縱合宜，而在任裁汰陋規，浮費萬餘金，儉約刻勵，其廉潔可風，尤爲人之所難。"

《太常袁公行略》："四月十六日，奉命按察陝西，未行。五月二十四日，復奉命擢受江寧布政使。……八月，公入都陛見，奉旨調授直隸，旋以總署需才，奉旨以三品京堂總理各國事務衙門行走。是時朝議紛更，謠傳四播，鄰使交詰，且盛兵自衛。公乃密陳慶邸，極言主上聖明，中外欽戴，王爲親貴重臣，當委婉求全，竭力調護，絕奸佞之流言，杜細民之謠諑，力荷艱巨，以釋群疑。邸深頷之。總署大臣初視事，例往拜各使館。公日與各國使臣會晤，反復開導，多方譬喻，各使稍稍自安，警衛兵以次撤減。京卿黃公遵憲時以被疑飭羈於滬，公密言於樞部，力爲剖白，且謂萬不可再事鈎求，致成黨禍，會外人亦以爲請，遂得釋。"

《清史稿》本傳："膠州事起，下詔求言，昶條列時政二萬餘言，以德突據膠灣，其禍急而小；俄自西北至東北，與我壤地相錯，蒙喀四十八部將折入異域，其禍紆而大。宜及今預練勁旅，痛革吉奉華靡風習，自頃兵力，不能議戰，要不可不議守。我朝八旗初制，文武不分途，京外不分途，人皆兵，官皆將，故人才盛、國勢強。承平日久，文法繁密，諸臣救過之不暇，於是相率爲鄉願，而舉國之人才靡矣。金田洪楊之亂，其始一小民耳，猶窮全國之力，僅而克之，況諸國互肆蠶食之心，有不乘吾敝而攻吾之短者哉？夫敵國外患，爲殷憂啓聖之資，苟得其人，毋拘以文法，則理財練兵，防海交鄰之策，可次第就理。上親書其綱要於册，下中外大臣議行。二十四年，遷陝西按察使，未到官。擢江寧布政使，調直隸。未幾，内召以三品京堂，在總理衙門行走。"

劉錦藻《清續文獻通考》卷七："二十四年諭軍機大臣等議，覆袁昶條陳，請籌八旗生計等語。旗丁生齒日繁，徒以格於定例，不得在外省經商貿易，遂致生計日艱。從前富俊松筠沈桂芬等，均曾籌議及之，現當百度維新允宜，弛寬其禁，俾得各習四民之業，以資治生。著户部詳查嘉慶、道光年間徙户開屯計口授田成案，切實訂立新章，會同八旗都統迅速奏明辦理。"

《一山文存》卷三《國史傳稿·袁昶》："尋奏袁昶條陳內請籌八旗生計，出使日記，申明定章，請權理財之名實，清理屯田，嚴查官輪兵輪，稽税杜漏，加重川鹽課禁，金銀制錢流出外洋各節，請飭京外各大臣議行。"

光緒二十五年（1899）二月，補授光禄寺卿。六月補授太常寺卿，條陳時務於整頓釐金六事，擘畫甚詳。

《清史稿》本傳："授光禄寺卿，轉太常寺卿。時財用匱，議整釐税，昶極言釐金，名病商，實病民，不可議增。"

《太常袁公行略》："己亥二月二十六日，奉旨補授光禄寺卿。"

《　山文存》卷三《國史傳稿·袁昶》："二十五年二月補光禄寺卿，六月轉太常寺卿，會詔下六部九卿會議籌餉理財之法。昶條陳整頓釐金六事：曰慎用賢員，以袪積弊；曰綜核比較，以重權課；曰各省物產衰旺不同，當隨地制宜，考察整頓；曰外銷公費款項，不妨臚列報部，仍請飭部臣勿掣疆吏之肘，常關弊習尤深，亦可照此辦理；曰酌復坐賈落地捐，以抵制洋票漏戶，並應量百貨輕重，定簡章，擇正紳巨商辦理，一律懲勸，酌減行釐，以示招徠；曰定劣員司巡侵漁之罰，宜寬商去苛，省官益糈，並叙次歷年比較大數上之，而極言釐金爲用兵以來萬不得已之舉，明病商，暗病民。又片舉廉能之員可主關權者程儀洛、王秉恩、朱采、樊增祥、湯壽潛、勞乃宣、朱之榛、童祥、熊文悌，凡九員，謂使權道府兼治稅釐，必有可觀。"

光緒二十六年（1900），五月張之洞致電袁昶，極言拳匪之亂。二十日，昶上《上慶王請急剿拳匪書》。又於御前會議力陳己見，嘘唏慷慨，引慈禧太后側目。二十二日，上《請亟圖補救之法以彌巨患疏》。

《一山文存》卷三《國史傳稿・袁昶》："二十六年五月，拳匪事起，兩宮嘗召見王貝勒大學士六部九卿，昶皆與焉。草疏略謂義和團不可信，公使館不可攻。"

《張之洞全集》："致京袁爽秋光緒二十六年五月十二日亥刻發：拳匪大亂，外兵乘機，邪術豈能禦敵？大局危矣！剛相宣諭勸解何日行，政府主見都下議論速示，以慰杞憂。"（苑書義、孫華峰、李秉新主編《張之洞全集》，河北人民出版社1998年版）

李希聖《庚子國變記》："（光緒二十六年）五月初十日，俄使格爾思上書言亂民日益多，英法藉之將不利於中國，俄與中國方睦逾二百年，義當告總理衙門，得書不敢上，俄使欲入見，乃封奏焉，亦不答。十四日，以禮部尚書啓秀、工部侍郎溥興、內閣學士那桐，入總理衙門，而以載漪爲管理。十五日，日本書記生杉山彬出永定門，董福祥遣兵殺之於道，剖其屍。十七日，拳匪於右安門內火教民居，無老幼婦女皆殺之，一僧爲之長。十八日，往宣武門內火教堂，又連燒他教堂甚眾，城門晝閉，京師大亂，連兩日有旨，言拳匪作亂，當剿，而匪勢愈張。二十日，焚正陽門外四千餘家，京師富商所集也,數百年精華盡矣,延及城闕,火光燭天,三日不滅。是日召大學士六部九卿入議,太后哭出,羅嘉杰書示廷臣,相顧逡巡,莫敢先發。吏部侍郎許景澄言,中國與外洋交數十年矣,民教相仇之事,無歲無之,然不過賠償而止,惟攻殺使臣,中外皆無成案,今交民巷使館,拳匪日窺伺之,幾於朝不謀夕,儻不測,不知宗社生靈置之何地?太常寺卿袁昶言,釁不可開,縱容亂民,禍至不可收拾,他日內訌,外患相隨而至,國何以堪,慷慨欷歔,聲震殿瓦,太后目攝之。"

楊典誥《庚子大事記》:"(光緒二十六年五月)二十二日,大亂將作,識時務者深報杞憂,於是吏部左侍郎許景澄、太常寺卿袁昶於二十二日封章入告,痛陳目前局勢危迫,亟圖補救之法,以彌將來鉅患。"(北京大學歷史系中國近現代史教研室編《義和團運動史料叢編》第一輯,中華書局1964年版)

是年六月中旬,會同許景澄上《請速謀保護使館維持大局疏》。二十七日,會同許景澄上《嚴劾大臣崇信邪術請旨懲辦疏》,及奏,釀成禍胎。疏稿言辭痛快,為世稱頌。

《庚子大事記》:"(光緒二十六年六月)十三日,吏部左侍郎許景澄、太常寺卿袁昶奏為密陳內訌外侮禍亂日急,速謀保護使館,維持大局,披瀝愚忱,仰祈聖鑑事。……十七日,太常寺卿袁昶力陳義和團之不足恃。"

《清史稿》本傳:"義和團起山東,屠戮外國教士,昶與許景澄相善,廷詢時陳奏,皆忼慨。上執景澄手而泣,昶連上二疏,力言奸民不可縱,使臣不宜殺,皆不報。復與景澄合上第三疏,嚴劾釀亂大臣,未及奏,已被禍。疏稿為世稱誦。"

葉昌熾《緣督廬日記抄》卷八:"廿八日佩鶴來談,云從直報見盛杏蓀大理劾毓賢一疏,淋漓痛快,又有爽秋請剿義和團一疏,據云先後凡四上章,禍胎即基於此矣。"

初,太后諭旨各地,凡遇洋人則殺。袁、許二人竊改陝西、河南、蒙古各處諭旨,言:凡殺者皆爲保護義。太后知,大怒,命力斬。光緒二十六年(1900)七月初二日,昶被捕。三日,與許景澄同時被殺,終年五十有四。臨刑前,昶厲斥國賊,顏笑自若,視死如歸家耳。

《太常袁公行略》:"(光緒二十六年)七月二日下稷,有步軍統領衙門弁役來宅,詭言諸大臣在總署相候議事。語門丁云:'拳匪敗事,其請諸大人干旋乎?'及登車,乃云王大臣皆在提督署,遂由署送入刑部,家人始知禍作。次晨,不孝等方擬入獄省視,中途聞耗折回刑部,則已不及,遶出順治門而遂不得見矣,嗚呼痛哉!"

羅惇曧《拳變餘聞》:"許景澄、袁昶、徐用儀之冤戮,稱浙之三忠。三人中,袁昶最以氣節學問著。以部曹外任皖南道,内轉太常卿。""適李秉衡自南京奉命帶兵入衛,載漪令其沿途搜捕奸謀,至清江浦北四十里,獲二人自京來者。一爲景澄致江督劉坤一書,一爲袁昶致鐵路督辦盛宣懷書,皆力詆剛毅及太后受愚,語極憤痛。秉衡繫之北上,以書呈載漪,載漪大恨,請旨逮捕。"(張汝杰、楊俊明編《清代野史》第一輯,巴蜀書社1987年版)

黃鴻壽《清史紀事本末》卷六十七:"乃請太后聽榮禄之言,勿攻使館,護送各使至津。刑部尚書趙舒翹請明發上諭,滅除内地洋人,以絶外人間諜。吏部左侍郎許景澄進曰:'中外締約數十年,民教相攻之事無歲無之,然不過賠款而已,惟攻殺外國使臣,必召兵端,倘各國協而謀我,何以禦之?'太常寺卿袁昶曰:'臣在總署供差有年,見外人皆和平講理,不信有請太后歸政之照會,據臣愚見,各國必不致干涉中國内政。'載漪大怒,斥昶爲漢奸,太后命昶退,顧問戶部尚書立山對曰:'拳匪烏合,其術多不效。'載漪憤然曰:'用其心爾,奚問術乎! 立山必與夷通,乃敢廷辯。'内閣學士聯元曰:'倘使臣不保,他日聯軍入城,恐有玉石俱焚之禍。'載漪怒斥之曰:

'聯元方自使館來，懷貳心，罪當誅。'太后亦怒。命立斬聯元，左右力救之而止，自是無敢進言者。""秋七月，殺吏部侍郎許景澄、太常寺卿袁昶，景澄、昶三上疏請剿拳匪、懲禍首。載漪、剛毅深惡之，及李秉衡至京，奏言捕獲信差，搜出景澄通夷信據，又太后前寄各省密諭，命其但遇洋人，即殺勿使漏網。近聞陝西署撫臣端方、河南撫臣裕長，及蒙古各處所奉諭旨，凡即殺字，皆係保護字。今查出爲袁昶、許景澄所竊改，太后大怒曰：'二人膽敢擅改諭旨，此何異趙高之所爲！'命車裂以徇，大學士王文韶力諫，始改命立斬。""昶臨刑曰：'予惟望不久重見天日，消滅僭妄。'監斬官載瀾怒斥之，昶厲聲曰：'予死而無罪，汝輩狂愚亂國，罪乃當死。予名將長留於天壤，受世人之愛敬。'回顧景澄曰：'人死如歸家耳，奚懼爲！'載瀾徑前擊之，行刑者立下其刃。"

李希聖《庚子國變記》："刑部侍郎徐承煜監刑，色獨喜，昶笑謂承煜曰：'勉爲之，吾待公於地下矣。'景澄亦呼家人與言，皆陽陽如平時，顏色不變。"

昶等被害，舉國稱冤，中外嗟惜。莫須有之獄，後世自有公論。是年十二月十二日，各國要求將袁昶等開復原官。二十五日，朝廷爲昶等平反，追諡忠節，並准建"三忠祠"於杭州西湖，又於安徽蕪湖縣爲昶建專祠。

盛宣懷《愚齋存稿》卷三十八電報十五："寄張香帥七月初十日：竹篔、爽秋，初三午刻棄市，天下傷冤。"

《清史稿》本傳："袁昶、許景澄之死，舉國稱冤。"

《清史稿》卷二十五《宣統皇帝本紀》："癸丑……以瑞澂爲江蘇巡撫，允浙江紳士爲故兵部尚書徐用儀、吏部右侍郎許景澄、太常寺卿袁昶，於浙江西湖立祠。……壬戌，予遺愛在民故太常寺卿袁昶安徽蕪湖縣建祠。"

《清史稿》卷九十四《禮志六》："杭州西湖祀徐用儀、許景澄、袁昶，號爲三忠云。昶又祀蕪湖。"

《晚晴簃詩匯》卷一百七十一："袁昶……庚子之變，以不附和權貴，直言觸忌，倉猝被禍，中外嗟惜。"

《緣督廬日記抄》卷八："庚子七月初四日晨起，見硃諭：'吏部左侍郎許景澄、太常寺卿袁昶，屢次被人參奏，聲名惡劣，平日辦理洋務，各存私心，每逢召對，任意妄奏，且語多離間，有不忍言者，實屬大不敬。若不從嚴懲辦，何以整飭群僚，許景澄、袁昶均著即行正法，以昭炯戒，欽此。'正在晨餐，不覺投箸浩嘆，許君無覿面之緣，重黎則素交也，莫須有之獄，後世自有公論，無待余之頌冤。"

端方《大清光緒新法令》大清新法令第四類外交一條約："辛丑各國和約……十二款光緒二十七年七月二十五日第二款……兵部尚書徐用儀、戶部尚書立山、吏部左侍郎許景澄、內閣學士兼禮部侍郎銜聯元、太常寺卿袁昶，因上年力駁殊悖諸國義法極惡之罪，被害於西曆本年二月十三日，即中曆上年十二月二十五日。奉上諭，開復原官，以示昭雪。"

章開沅《清通鑑》："十二月二十日，是日，各國公使照會李鴻章等，要求開復徐用儀、許景澄、袁昶、聯元、立山原官，以示'昭雪'。"

《愚齋存稿》卷五十一電報二十八："寄北京邸相並各省督撫將軍十二月二十六日：樞電光緒二十六年十二月二十五日，內閣奉上諭，本年五月間，拳匪倡亂，勢日鴟張，朝廷以剿撫兩難，迭次召見臣工，以期折衷一是，乃兵部尚書徐用儀、戶部尚書立山、吏部左侍郎許景澄、內閣學士聯元、太常寺卿袁昶，經朕一再垂詢，詞意均涉兩可，而首禍諸臣遂乘機誣陷，交章參劾，以致身罹重辟，惟念徐用儀等宣力有年，平日辦理交涉事件，亦能和衷，尚著勞勩，應即加恩，徐用儀、立山、許景澄、聯元、袁昶均著開復原官，該部知道，欽此。"

李榕《(民國)杭州府志》卷十一:"三忠祠在孤山之陽,即詁經精舍式古堂舊址改建,祀光緒二十六年死節兵部尚書諡忠愍徐用儀、吏部左侍郎諡文肅許景澄、太常寺卿諡忠節袁昶,宣統二年三忠後裔並紳士集資,郡紳楊復孫樹禮建造。"

公平生博極群書,出入仙釋。學詩取徑較寬,最終祈向黃庭堅,故其詩意新味古,兀傲瘦硬,生澀聱牙,爲晚清"同光體"浙派詩人代表。與同籍沈曾植交情篤厚,詩風相近。與李慈銘、樊增祥等亦有唱和,與樊有"南能北秀"之稱。

《毗邪臺山散人日記》光緒十三年五月:"苗生(按,指朱懷新)評予詩長處在能作理語而不腐,短處在求奧反澀、求深反晦,又短於言情,賦景不極工緻流麗之態。此言搔着癢處。"光緒十五年二月:"作詩最忌漢冠晉制、唐襟宋帶,一衣之上,色澤駁錯,不能自成風格,作文亦忌之,作人亦忌之。僕多師多好,一向雜儳,如今切戒雜儳,一味歸心老釋,以物外自處,亦用一條鞭法。"

《晚晴簃詩匯》卷一百七十一:"(袁昶)平生博極群書,出入仙釋,其詩意新味古,兀傲自喜,殆如其《入咏吳山水仙王祠》云:'千年埋碧終難化,八月怒濤空爾爲。'又:'江流不盡興亡恨,抉眼蘇臺鹿上時。'直自寫照,後與許文肅合祀西湖,詩中所説'林邊秋菊水伯朱旗'遂成讖兆。"

樊增祥《樊山集》卷十七《夜宿挹翠山房,讀爽秋詩集》:"君詩如岕茶,飲多不得寐。冷積肝鬲間,軒然雪濤沸。缺月隳屋角,金缸照墨翠。玄爲道家言,深與佛理會。中夜咿唔聲,幽於風蟬嘒。上人憫我勞,薦以霜果脆。問我讀何書,答言黃庭類。聞否木樨香,上人不能對。"

汪辟疆《光宣詩壇點將録》:"浙西村人詩,硬語盤空,遣詞命意,不作猶人語。或有議其僻澀者,要非定論。句如'大千人爲物之道(自注:爲,母猴也,故對實事),十二辰蟲如是觀',知訓爲母猴，則不嫌生造也。”

錢仲聯《近百年詩壇點將録》引金天羽語：“以爲能從山谷溯太白，而得蒙莊之神。凡藝事有獨至，必真率互見。喬松怪石，不掩其醜。浙西好用道藏佛典，乃爲累耳。若乃揉之益騫，嗇之彌雋，隱文彰義，標倫卓伍，良不可及。”

《樊山集》卷十五《愛伯師評騭袁樊兩家詩格，以山水花木茗果爲喻，敬答一首，柬爽秋兼柬子培》：“袁詩如食欖，我詩如啖蔗。世有知味者，甘乃居苦下。袁詩黍稷馨，我詩桃李花。古人亦有言，秋實勝春華。袁詩爲帛我爲錦，袁詩爲酪我爲茗。袁爲冰柱爲雪車，我爲丹曦爲紫霞。袁詩好處無人愛，我詩愛好皆驚嗟。早年把臂得陶君謂子珍六兄，晚歲齊名遇袁子。七寶樓臺屬化城，千尋石壁橫江水。秦黃並受蘇門知，能秀俱事黃梅師。吾師兼愛何分別，得失心知寧自私。少年紅燭照清歌，宛轉春風競綺羅。邇來漸欲歸平淡，奈此餘波綺麗何。此事推袁非一日，可畏隱然臨大敵。更斗東陽瘥沈來，三交不覺蛇矛失。”

公曾問學於劉熙載、鍾文烝，劉致力性道，鍾長於經義。公承二家所長，不偏廢其一，故於學術上提出“平決漢宋”之主張，以針砭乾嘉學派一味埋頭考究之風。

袁昶《浙西鈍叟遺文・答王逸吾學史》：“欲稍破門户之見，非有洽孰經傳、兼通義故，以平決漢宋群淆者，孰能爲之？”

《太常袁公行略》：“益撣思道藝，博洽掌故。嘗謂義理之學首重力行，故必先廣學識，不然雖嚴氣正性，而無裨於事。詞章以闡道義，考據以通經術，義理以持古今經變，不可偏廢。”

邵懿辰《自書詩册》袁昶跋：“是詩之旨甚美，可以藥世士、博溺心、辨喪志，馳騖而不知所止泊之病，殆爲乾嘉間考據家腦後下一巨針也。多讀古書而能知其要領，去其蕪翳，飫其菁英，以養吾神明之用，漸使胸中浩乎沛然。積有所得，然後篤其實而藝者書之，此修詞之義也。姚曾諸老皆由此勘入，曾公學識過人，乃尤貫徹古今事變之所宜，此其成就所以大也。”

著有《浙西村人詩初集》《安般簃詩鈔》《春闈雜咏》《水明樓集》《于湖小集》等。

《太常袁公行略》：“公詩刊有《浙西村人初集》十三卷，《安般簃詩續鈔》十卷，《春闈雜咏》一卷，《于湖小集》七卷，《水明樓集》一卷。其後在京者曰《朝隱厄衍》尚待梓文集，曾草印《于湖文錄》九卷。壯年雜稿，公自視陳迹，已更雅不欲存，間思修改而卒未編錄。晚歲遺稿十餘篇，已散佚數首，爲譯署章京時擬撰奏啓與陳事書札五冊，自題曰《參軍蠻語》，又《止齋雜著》均待梓。”

參考文獻：

1. 袁昶《毗邪臺山散人日記》，李德龍、俞冰主編《歷代日記叢鈔》，學苑出版社 2006 年版。

2. 章梫《一山文存》，沈雲龍主編《近代中國史料叢刊》第 33 輯，臺灣文海出版社 1973 年版。

3. 蔡冠洛《清代七百名人傳》，周駿富輯《清代傳記叢刊》，臺灣明文書局 1985 年版。

4. 袁允楠等《太常袁公行略》，國家圖書館編《中華歷史人物別傳集》，綫裝書局 2003 年版。

5. 葉昌熾撰、王季烈編《緣督廬日記鈔》，北京圖書館出版社 2007 年版。

（陳婷婷）

延清傳

　　延清,字子澄、紫丞,漢姓柏,號鐵君(小恬),另號梓臣,行一,晚號擱筆老人。巴里(哩)客氏,蒙古鑲白旗人。道光二十六年二月二十四日(1846 年 3 月 21 日)生於京口,上溯三代先祖均駐防於此。

　　《清代硃卷集成》第 36 册載延清生平:"延清,字子澄,號小恬,一號梓臣,行一,巴哩克氏。道光丙午年三月二十四日吉時生,京口駐防。優貢生,係蒙古鑲白旗德通佐領下人。曾祖珠隆阿,領催。曾祖姚巴魯特氏金,副前鋒永明公長女。祖德慶,字有餘,領催,覃恩貤贈朝議大夫。祖姚庫伊特氏王,領催阿洪阿公長女。父連元,字士元,領催,覃恩誥贈朝議大夫。母巴嚕特氏卜,領催祥慧公長女。(延清)娶文氏,正藍旗佐領赫成額公孫女。"

　　《同治庚午科大同年齒録》"延清"條中載:"巴哩克氏,字子澄,號鐵君,道光丙午三月廿四日生江蘇京口,蒙古鑲白旗,德通佐領下優附生。"《京口八旗志》中延清生平記載亦如此。愛仁《重修京口八旗志》卷四:"延清,字子澄,號鐵君,氏巴哩克,漢姓柏,蒙古鑲白旗人。"

　　孫雄等《道咸同光四朝詩史甲集》卷四收延清詩,附小傳云:"延清,字子澄,蒙古鑲白旗人。"《遺逸清音集》卷一延清小傳謂"延清,巴哩克氏,字子澄,號鐵君,晚號擱筆老人,蒙古鑲白旗人,京口駐防。"恩華《八旗藝文編目》中著録延清全部漢文著述,並附小傳曰:"延清字子澄,一字紫丞,號鐵漢,氏巴里克,隸鑲白旗……京口駐防。"

延清遠祖籍未可考。延清《奉使車臣汗記程詩》卷一《小住張垣日盼繙譯不至率成》詩注:"余係鑲白旗蒙古巴哩克人,究不知屬內外蒙古何部落,待考。"《奉使車臣汗記程詩》卷一《昨詩意有未盡率補一首用寶文靖公詩韻》亦曰:"南蠻客久忘先係,北貊人皆昧遠圖。"白·特木爾巴根《古代蒙古作家漢文創作考》、米彥青《接受與書寫:唐詩與清代蒙古族漢語韻文創作》云:據(延清)詩注,其先祖自康熙年間由京師分出,駐防江寧,乾隆年間又由江寧移駐京口。詩後注:"京口駐防係乾隆年間由江寧移駐京口,案:江寧駐防康熙年間由京師分出。"《八旗滿洲氏族通譜》《皇朝通志》皆未載巴哩克氏族。

延清幼失怙、家貧,寄宿姑丈文斗南家。志存高遠,勤奮好學,受漢學習染至深,亦善騎射。曾師從高鵬飛、陳生鍰。少時詩學之才已盛。

《清代硃卷集成》第 36 册載:"道光壬寅城陷,(延清母巴嚕特氏)隨祖母閉户自焚,奉旨給帑建坊,並入祀節烈詞,例贈孺人。"愛仁《重修京口八旗志》卷四:"母巴嚕特氏,道光壬寅隨祖母庫伊特氏殉難。清幼失怙,恃依姑丈文氏撫養。攻苦讀書。早年入泮。"

按,道光壬寅(1842),延清母殉難。道光丙午(1846),延清出生,互相抵牾。《清代硃卷集成》中,列兩位延清母,另一爲泰楚特氏周,領催廣順公長女。可知延清生母應爲泰楚特氏,此作無泰楚特氏何時離世的記載。

汪鳳池《錦官堂賦鈔序》:"子澄同年,予總角交,相知最素,其家貧而少孤,從師日少,紬繹經史多由心得。少時作四子文,見者輒賞其驚才絕艷。稍長,詩名籍甚,而尤長於賦。是刻殆如南山霧豹,特其一斑而已。"

李恩綬《庚子都門紀事詩補叙》:"余嘗叙之鐵君嗜詩如飲食之,不能一日離。"趙曾望《奉使車臣汗記程詩序》:"余與尹仰衡監司時方同學少年,並跳盪不羈,目空一切,君(按,指延清)獨沈雄邁往,有古丈夫風。"延清詩中自詡"心齋師孔子,我豈禮空王"。李恩綬《奉使車臣汗記程詩序》:"今子澄係從龍之裔,擅倚馬之長。"

延清《庚子都門紀事詩》卷三《感舊詩・高淦泉布衣》:"洪溪游學處,花裏記尋師。"淦泉尊翁……余之受業師也,余從游門下三年。時師居鎮江東鄉大港,古名洪溪。支恒榮《錦官堂試貼序》言:"子澄同年,性坦而情摯,尤好吟詠。少受業於陳生篆先生之門,溺苦於學,日手一編,昕夕弗輟。邑中有藏書者,嘗……燈下手鈔,皆蠅頭細字,動輒盈册。比試屢戰皆冠軍。"

延清嗜書如命,加之悟性極高,少時詩學盛名鄉里。薛書培《錦官堂賦鈔序》言:"子澄少以能文名,尤工詩賦。每科歲試古學案出,里人紛紛索稿。培忝列同學,讀子澄試作,輒擊節歡賞,嘗以未窺全豹爲恨。乙亥秋,晤子澄於金陵旅次,索其賦鈔讀之,沈博古奧,流麗端莊,有迥異於時流之專事堆砌,務爲修飾者,蓋由天資卓越而又嗜古不輟,故能高出尋常乃爾也。"

盛昱《鬱華閣遺集》卷一《題子澄同年錦官堂賦鈔》:"午塘夢麟號梧門法式善號久不作,燕支山色空煙雲。東部貴種射生手,南朝才子熟券軍。磐磐大集厚一尺,何如雕弓開六鈞。緣邊戰事方日棘,能作吳語吾不聞。"

《江蘇省通志稿》卷九十一:"清篤實廉慎,性耽風雅,詩才敏捷,下筆千言。"

同治九年(1870)延清補丁卯科優貢,同治十二年中舉人,次年參加會試,提名進士榜,官工部。先後任工部都水司、屯田司、寶源局印,光緒二十五年(1899)充虎神營文案翼長,光緒二十六年升階爲春坊庶子。光緒三十年，擢升爲翰林院侍讀學士。三十一年，爲侍講學士。爲官清正廉潔。

《清實録·穆宗實録》卷三百六十六同治十三年："辛亥。引見新科進士。得旨……延清……俱著交吏部掣簽，分發各省以知縣即用。"

《同治庚午科大同年齒録》載："第十一名優貢，癸酉科舉人，甲戌科進士，工部郎中、日講起居注官、翰林院侍讀學士。"孫雄等《道咸同光四朝詩史甲集》延清小傳云："（延清）同治甲戌進士。由工部郎中轉入詞曹，現官翰林院侍講學士。"延清《遺逸清音集》小傳："同治庚午並補丁卯科優貢，癸酉科舉人，甲戌科進士。工部主事，由郎中轉翰林院侍讀，官至侍讀學士。"恩華《八旗藝文編目》中著録延清全部漢文著述，並附小傳曰："同治甲戌進士，光緒三十一年由工部郎中遷翰林院侍讀，累官至侍講學士。"愛仁《重修京口八旗志》卷四："同治庚午並補丁卯科優貢，癸酉登賢書，甲戌成進士，由工部郎中升轉翰林院侍讀學士。"

趙曾望《奉使車臣汗記程詩序》曰："庚午同年生今學士延君子澄，余四十年之摯友。弱冠同游泮宮，比上章敦牂之秋，同應明經試，同寓白門。"胡俊章《錦官堂試貼序》言："昔宜春宇師由江蘇學政告歸家居，課子立結青吟社。招俊章入課，暇輒聞師言曰：余歲試鎮江於京口駐防，得一延某，文詞贍博，器宇端凝，必不久羈於庠序。俊章於是竊心焉慕之，乃閱丁卯庚午兩科，子澄竟連躓棘闈，師嘗爲扼腕焉。迨甲戌春，子澄始以癸酉孝廉公車來京，寓居師之蝶園，俊章乃獲與之訂交然，猶未知其能詩也。是年子澄聯捷成進士，服官工部……"延清《錦官堂詩草》中《甲辰四月初六日早詣頤和園仁壽殿引見蒙恩補授翰林院侍讀恭紀五律二百韻》詩云："六十年將屆，居然入玉堂。"

按，光緒三十年（1904），延清五十九歲時，擢升爲翰林院侍讀學士。延清《錦官堂詩草》有詩《六十感懷七律十四首》，其三《用群芳譜梅聖俞紫薇詩韻》云：“木天翔矗丁年志，垂老瀛洲惜歲華。去年四月，清以工部郎中，由吏部帶領引見，蒙恩補授翰林院侍讀，年已五十九歲。那有文章光日月，獨無痼癖到煙霞。壺中侍漏更偏永，酒後題詩字半斜。一事衰翁差足樂，課孫窗下剔燈花。長孫金源年九歲，尚喜讀書，現從武清楊竹士先生希賢學，余於暇日亦嘗課之燈下。”

《清代歷朝軍機處上諭檔光緒卷》光緒三十一年四月十二日第3條載：“奉旨翰林院侍講學士者延清補授，欽此！”延清《錦官堂詩草》有詩《六十感懷七律十四首》，其四《用宛陵集梅聖俞依韻和永叔詩韻》云：“早朝曾入大明宮，喜覲宸顏咫尺中。今年元旦，皇上升保和殿，受百官朝賀，清以日講起居注官侍班，是日曾用香案集詩韻，恭紀四詩。山駕六鰲迎曉日，天開萬象趁春風。謂正月初一日立春。貂冠珥筆聯僚友講官儀同三品，每侍班滿漢各二人，雉鼎和羹恃相公。聞説理財能富國，債臺高築不憂窮。”

《清實錄・德宗實錄》卷四百零一光緒二十三年：“丙子，復引見京察一等鈐出人員。得旨，除楊樹、李佩銘、朱福詵、崔永安、徐受廉、陸鍾琦、葉昌熾、啓綏、恩浩、樂平、紹彝、恩良、崇恩、延清、緒良，毋庸記名外。”《清實錄・德宗實錄》卷四百六十光緒二十六年“（二月）復引見京察一等鈐出人員，得旨……延清、榮凱、志全、桂年、慶綿、戴恩溥、齊蘭、潘慶瀾、胡孚宸、黃桂鋆、麟趾、海福、增厚，均著交軍機處記名以道府用。”

延清《錦官堂詩草》有詩《六十感懷七律十四首》，其十一《用懷麓堂集李西涯壽董圭峰六十詩韻》云：“絲綸美屬鳳池毛，羞説詩人例水曹。余官工部三十年，歷掌司務廳、屯田司、緒繰司、都水司印鑰，先後保送管理街道廳、賢源局監督，均蒙恩圈出，並奏充管理木倉監、皇差處，官冰窖、彩絲庫等監督,兼則例館、課吏館提調,甲午、丙申、戊戌、庚子,四次京察一等。愁裏何曾離皂帽余庚子都門紀事詩,贈陸申甫同年一首有素衣過禮憂和嶠,皂帽羈踪類管足之句,夢中枉自著緋袍。唐張説未達時,夢著緋衣騎驢,後官鴻臚寺,余少時亦有是夢。柳營解職嗟衰老,甲午,中日失和,都門戎嚴,經國防大臣奏調襄解局務,嗣又經練兵處王大臣奏調辦理文案,升文案糧餉兩處翼長。楓陛蒙恩羨俊髦。自注:溥倬雲尚書與永子茂將軍、隆有夢琴泰、壽益卿勛兩星使,信懷民都轉勤,曩皆從車練兵處。試向金鰲峰頂望,蓬萊宮殿五雲高。”

延清爲官廉潔,曾受光緒帝贊譽。《庚子都門紀事詩》卷二有詩《寶源局既爲洋人占據,所有庫存銀錢銅鉛各項皆非我有,獨監督印經大使景仲純筆政先期藏匿,久之送存舍間,感而賦之》曰:“籌國我曾攄蓋愊,代庖人又過瓜期。”自注:“今年春間,本局報效庫存,歷年節省銀二萬兩,曾奉有‘潔己奉公’之諭。”

延清於光緒三十四年(1908)充欽差專使,奉帝命赴蒙古車臣汗部致祭。宣統二年(1910)八月轉爲翰林院侍講學士,十一月被派充文職六班大臣,官至二品。

愛仁《重修京口八旗志》卷四:“(延清)奉旨出使車臣汗賜奠,欽派文職六班大臣。性情和平,學問淵博。”延清奉旨前往車臣汗部致祭,是其人生大事,以詩集《奉使車臣汗記程詩》記之,《正月二十一日奉旨,派出翰林院侍講學士延清前往車臣汗部致祭,欽此,恭紀七律四首》有:“恩綸一紙天下聞,帝簡詞臣荷寵光。持節忝充中禁使,賜書追悼外藩王。”《奉使車臣汗部出都門漫賦用景佩珂學士北征草卷首四詩韻》云:“玉門柳色笛邊稠,風景幽州似冀州。負弩前驅東道引,乘軺後進朔方游。敢希陸賈千金橐,擬製嚴光五月裘。縱是天生才有用,敢從奉使覓封侯。”

《奉使車臣汗記程詩》載録多首時人對此事的題贈之作。如惲毓鼎題詩《送子澄學士出使車臣汗》云："懷柔恩詔侍臣齎，萬里征軺古谷蠡。曉殿暫辭香案側，春風竟度玉門西。天空瀚海黃沙回，日落穹廬白草低。料得紀程富詩卷，苦吟渾忘瘁輪蹄。"耿道沖題詩《子澄學士出使車臣汗以留別詩見示勉和一章》云："使節新膺典禮修，外藩賓服重懷柔。禁中傳詔輝丹鳳，漠北揚鞭策紫騮。故里老臣今始至，好詩遠賈久爭收。文明此去先輸入，學問遐方待講求。"李毓琛題詩《子澄學士奉使致祭車臣汗詩以送之》云："乘軺驅騎卒，致祭莅車臣。羊酒齎長路祭品羊二頭酒五器，鶯花逼暮春。賢勞從事獨，休戚備藩均。特簡存微意，東蒙主所親。"何乃瑩《奉使車臣汗記程詩序》曰："天將使草昧不毛之地大啓其文明，必先使非常之人潤色其山川草木，發爲歌咏以泄天地之奇。而所謂非常之人者，天有必試以窮荒僻陋之境以窘其才華。雖行數千百里而耳目之所聞見羌無故實，迨觀其所著作一，若其地之山川草木歷歷如在目前，忘其爲窮荒僻陋者。然後嘆文人學士之筆足以泄天地造化之奇而知天將有造於邦也。吾友延子澄學士蒙古詩人也。蒙古地處荒僻，其風强悍，子澄獨能以風雅鳴於時。"又題詩《送子澄學士出使車臣汗，賜奠十二叠天字韻》云："玉關垂柳暮春天，使節遙臨瀚海邊。內翰題詩應處處，外藩朝貢自年年。飲和早變匈奴俗，賜奠還深我佛緣。錦里歡迎香案吏，歸來合箸紀程篇。"李鍾豫題詩《子澄學士同年奉賜奠蒙藩之命，將於二月啓行，賦此贈別並和天字韻》云："手持丹詔閱冰天，使節遙臨瀚海邊。草地乘軺多歷日，榆關橐筆幾經年。遠綏藩服銜新命，老識家山證夙緣。君本蒙古巴里客氏，國初始駐防京口。萬里馳驅吟興健，歸來囊篋集詩篇。"

　　趙曾望《奉使車臣汗記程詩序》曰："戊申春，君六十有三歲矣，出使車臣汗部，奠酹蒙古藩王，遑乎遠哉。君故蒙古舊族也，故於其疆圉之名字，山川之形勢，既且人民風俗群生，草木之繁蕪，又無不稽之於典籍，而徵之於閱歷。"李鍾豫《奉使車臣汗記程詩序》曰："（光緒三十四年）子澄有奉使車臣汗之役，往來閱七十餘日，途間得詩四百餘首……"李恩綬《奉使車臣汗記程詩序》曰："戊申之春，辭丹陛，策朱軒，張旝而行，携詔而往。"

延清爲仕約四十載，政績不顯，文獻記載甚少。然心迹坦盪，醉心詩文辭賦，閑情自適。

支恒榮《錦官堂試貼序》："聯捷成進士，未與選時，論屈之官水部。勤能有聲，猶捄竹素弄柔翰，每遇一題率成數首，蓋性情所近而精力亦復有餘，故樂此弗疲也。或謂以子澄之才之學，固宜研部務，審時變，志其大且遠者，而故分心力於此，奚爲耶？曰：憶頓紅塵中，車馬奔馳日逐焉，勞精敝神於酬酢之地，果皆爲其大且遠者乎？又何議乎試帖之爲雕蟲小技，棄置而弗道也。"

范鳴和《書錦官堂賦鈔後》亦云："歲庚午，謁月楂，從父淮安甌稱子澄才不置。甲戌，子澄公車赴京，一見如舊識。因得讀所爲律賦數百首，其才思橫溢，魄力沈厚，以班揚之筆，抒徐庚之辭，蔚然館閣巨製，爲之斂手推服。既成進士，僅得部職，予深爲怏怏，而子澄泊如也。蓋古之君子，其於學也，務既其實，不以世俗之所輕重者爲喜愠，惟懼不獲，蘄至於古，常自視欿然，日孜孜焉勉求其所未至。子澄之志固有遠且大者，方不欲僅僅以詞章自見，而予曩者乃必於玉堂金馬求吾子澄，蓋猶未離乎目睫之見也。"

延清廣交京口、京師各界文人墨客、官府政要，吟詩和韻，結社酬唱，刊刻互贈。

李鍾豫《奉使車臣汗記程詩序》曰："光緒乙亥丙子間，子澄學士偕延松岩將軍、崇仲蟾駕部聯七曲吟社，余與姪子汝椿附焉。子澄詩才雋雅，屢冠吾曹，唱和推敲，殆無虛日。厥後同人鞅掌四方，吟事遂廢。"

與延清交往之人多達幾十位，如漢族詩人易順鼎、趙曾望、張振卿、何潤夫、左宗棠、俞樾、張邵予、陳子久、胡俊章、李鍾豫、桂月亭、李恩綬、王振聲，蒙古族詩人錫鈞、成多禄、闊安甫等。《江蘇藝文志・鎮江卷》："趙曾望（1847—1913），字紹庭，一作芍亭，號薑汀。清丹徒人。同治九年（1870）優貢，官内閣中書。"與延清爲鄉里。其《奉使車臣汗記程詩序》曰："吾何幸於少年同學中，卒得此沈雄邁往之偉丈夫（按，指延清）也。"

《江蘇藝文志・鎮江卷》："李恩綬（1835—1911），字丹叔，一字亞白，號訥庵，又號文靖先生。清丹徒人。附貢生，官候選訓導。"其《來蝶軒詩跋》云："余持是説質諸廬郡周舍人槑莊、方孝廉六岳，皆首肯。水部至性過人，居官廉介，尤禮賢好士，喜刊格言及方書以贈人。聞仙蝶之來，伯禾大令時應院試，兩次冠全軍。"二人更有同游鑑詩之事。孫雄《道咸同光四朝詩史》乙集卷五："李恩綬字丹叔，一字亞白，江蘇丹徒人，附貢生，有《眉州室詩詞稿》及《宣南游草》。君所爲詩，凡四千餘首，晚年鈔存十四卷。日冬心書屋詩存已刻者，僅《眉州室詩》四卷詞二卷而已。丙戌、丁亥游宣南，有詩一卷，延子澄學士清携以示余，爲録數首。丁明經傳靖言庚戌之歲君已七十有五，孫曾林立，神明不衰，猶酷嗜吟咏云。"

胡俊章《錦官堂試貼序》："公餘之暇，不廢吟咏。其爲詩也，魄力沈雄，格調高古，且往往於險韻中出奇制勝，同人莫不辟易。丙子歲，俊章通籍觀政水曹，復得與子澄爲僚寀，暇日每以著作見示，罔不洸洋恣肆，暢所欲言。因服其學有本原，固非僅以詩鳴者也。其所著試律，分韻編輯，共一千數百餘首，待梓久矣。兹先就各家所已選刻者，又附以會課諸作，刊刻百首。俊章得與校讎之役，兼索序言，自慚譾陋，何足知詩。然聞之先達，論詩無不以風華典贍、格律謹嚴爲正軌,子澄之詩庶幾近之。俊章前刻春明詩課以及諸家選本,采入無多而讀者靡不膾炙,究以未窺全豹爲憾,是編一出,必將紙貴一時,雖子澄之文章、經濟不盡於是,然其嘉惠後學,勇於立言,是編即其嚆矢焉爾。"

延清與他人唱和之作甚多,僅以《遺逸清音集》所輯詩示之。旭朝《延子澄世伯乙卯七十正壽用引玉編春字韻寄祝》,見《遺逸清音集》卷四;同裕《子澄夫子奉使車臣汗賦此奉寄》,見《遺逸清音集》卷四;延昌《題延子澄姻叔所著〈蝶仙小史〉用卷內自題詩韻二首》,見《遺逸清音集》卷一;恩華《延子澄師蝶仙小史匯編刊成自題二律依韻奉題》,見《遺逸清音集》卷一;錫鈞《秋日感事和延子澄同年見示詩八首韻》《題延子澄同年庚子都門紀事詩三首》,見《遺逸清音集》卷一;桂芳《往謁延子澄世伯並呈四詩用吾鄉李亞白先生贈伯禾世兄詩韻》,見《遺逸清音集》卷四;延釗:《讀延子澄先生前後三十六天詩至感舊書慨及書憤重題再紀數章不覺悶極悲來放聲大哭家人以余爲狂茲特用天字韻紀以此詩寄呈澄老》,見《遺逸清音集》卷四;善耆《和延子澄水部秋日感事八首遵用少陵秋興詩韻》,見《遺逸清音集》卷一;壽耆《延子澄學士家藏翁叔平協揆所書虎字出以屬題因用卷內鍾秀之何潤夫兩前輩詩韻奉題二首以應》,見《遺逸清音集》卷一;定成《和延子澄學士同年三十六天詩韻二首》,見《遺逸清音集》卷一;清昌《奉和子澄先生天字韻四首》,見《遺逸清音集》卷二;慶珍《奉和子澄姻長學士詩伯天字韻》,見《遺逸清音集》卷二;奎濂《乙卯冬斗室築成率成俚句寄呈延子澄先生》,見《遺逸清音集》卷二;定信《子澄詩老過從招飲遲博如未來詩以紀事用成子蕃遷居韻》,見《遺逸清音集》卷二;愛身《題延子澄世伯太常仙蝶圖恭用高宗純皇帝御製詩韻》,見《遺逸清音集》卷二;闊普通武《延子澄郎中清轉補翰林院侍讀賀之以詩四首》,見《遺逸清音集》卷三;慶恕《和延子澄學士奉使車臣汗記程草》,見《遺逸清音集》卷三;鍾靈《連日陰雨不得出游寄延子澄學士》,見《遺逸清音集》卷三;崔永安《題延子澄水部清荷村消夏圖即用自題七律二首韻》,見《遺逸清音集》卷三;錫恩《書感和子澄老哥天字韻》,見《遺逸清音集》卷三;文淇《蘭浦來京旋又言別子澄招飲遂有是作》,見《遺逸清音集》卷三;董楷《再和太常仙蝶四絕句以應子澄世丈之命》,見《遺逸清音集》卷四。

光緒庚子(1900)之年,西人大舉入侵京師,燒殺搶掠,無惡不作,史稱"庚子事變"。時延清在京,記事抒懷,成詩三百八十九首,結集爲《庚子都門紀事詩》,堪稱詩史,震驚詩壇,影響深遠。

張寶森《錦官堂七十二候試律詩序》言:"庚子之變,蜩螗沸羹,近今罕有。士大夫奔走僵踣、枕藉溝壑者不可勝數,而吾友延子澄獨屹然不少動,未嘗跬步出國門。迨事稍定,則哀其三十年前所爲七十二候詩並武清楊竹士茂才所爲箋注,將留以付諸手民。嗟乎!子澄何若此之好整以暇乎,吾因是而服子澄有守矣。子澄當輩轂震驚之秋,感懷時事,得詩三百餘首,當時目爲詩史,同人已慫惠付梓。"

王鳳池《庚子都門記事詩序》云:"余同年友柏紫丞水部得《都門紀事詩》三百餘首,無所諱,無所飾,所謂直書其事而義自見者。杜陵遭天寶之亂,即所見聞,形諸歌咏,論者推爲詩史,紫丞此作,其亦同此志也夫。"郭錫銘《庚子都門記事詩集評》云:"昔浣花翁有詩史之稱,今錢塘盲叟有詩鐸之輯,是編出,其可接武杜陵,嗣音張仲乎?"李潤均《庚子都門記事詩集評》云:"經心史筆妙通神,迸入唫毫寫性真。只有少陵相伯仲,水曹今古兩詩人。"支恒榮《庚子都門記事詩集評》云:"但是非成敗之故,若無文人騷客以記之,何以傳後而信今?惟我子澄,雅擅詩才,特將遭難後耳目所見聞者發爲古近體若干卷,亦少陵詩史之意也。"

《庚子都門記事詩》卷四載同人和詩,呂曉叔詩云:"五字長城萬口傳,君詩早貴洛陽箋。冬心獨抱冰霜裏,淚眼相逢濁酒邊。"耿伯齋詩云:"水部風流比工部,傷時苦恨歷艱難。萬言立就成詩史,五色相宣耀錦官。"葛芸臺詩云:"陽春一曲破愁天,詩老胸中得氣先。裁句已精工部律,知音敢托伯牙弦。"承鼎銘詩云:"兩字平安望隔年,一封喜自日邊傳。危城坐困身無恙,孽海能生骨是仙。但任風濤沉禹甸,不驚烽火戴堯天。更難奇變皆詩料,史筆雄爭老杜編。"

民國伊始,延清離群隱居,以"擱筆老人"自號,約歿於民國九年(1920)。

延清卒年無確考,《江蘇省通志稿·人物》、《鎮江府志·文苑》、王廣西等編《中國近代文學藝術詞典》、榮蘇赫編《蒙古族文學史》等書均未載。愛仁《重修京口八旗志》卷四曰:"(延清)卒年七十五歲。"朱彭壽所編《清代人物大事紀年》載延清民國九年七月去世,時年七十五歲,卒年當爲民國九年。

延清一生雅好詩文,致力於詩文創作與刻印。詩才卓絕,成績斐然。

延清《遺逸清音集》卷一自傳:"著有《錦官堂詩集》《錦官堂試帖》《錦官堂賦鈔》《覆瓿集》《蝶仙小史匯編》《庚子都門記事詩》《丙午春正唱和詩》《奉使車臣汗記程詩》《引玉編三四集》《前後三十六天詩合編》《錦官堂七十二侯試律詩》。"

愛仁《重修京口八旗志》卷四:"……(延清)著有《錦官堂詩賦》《覆瓿集》《蝶仙小史匯編》《庚子都門紀事》《庚子都門紀事詩補》《丙午春正唱和詩》《錦官堂詩續集》《奉使車臣汗記程詩》《引玉編

三四集》《三十六天合編》《七十二侯試律詩》，俱刊行於世，兹不備載，僅録有關係詩賦數篇，以見其崖略云而。"

按，延清《遺逸清音集》與愛仁《重修京口八旗志》所提部分著作名稱略有差異，多爲同一詩集。

張寶森《錦官堂試貼序》："余年十八始識子澄於場屋，睹其所爲詩，愕然驚服，鄭重訂交而別。明歲，余僑居城東之洪溪，適子澄游學其地，過從遂密，敬愛如兄弟。余家貧，以課童蒙自給。子澄時時至，至則清談不輟。嘗約爲試體詩，曰或各得數首。每當落日氣清，輒躑躅行吟於溪橋竹木間，推敲聲病，斟酌分寸，及瞑而返，得月則返益緩，或遇嚴寒，微霰簌簌落襟袖間，膚盡生粟，而吾兩人呫嗶辨論，尚未休也。見者笑以爲痴，而吾兩人則弗之顧。未幾，子澄授徒郡城，僅以郵筒相存問，然余間以事入城，輒詣子澄，子澄輒出其近所爲詩以相示賞。……甲戌之夏，余以試事入都，雖數相見，且連床徹夜話，而未暇談藝。及子澄乞假南還塗中，得詩數十首，悉以示余。余間亦獻疑，乃嘆子澄爲學之專與交友之篤，不以窮達易其情，有如此者。子澄嘗以不入館閣爲憾。"

陳明綬《錦官堂試貼跋》："每讀子澄，心未嘗不俯首至地，背汗交浹也。子澄之詩，構思精取拈富，用筆遒煉句渾，每拈一題，棄不逾晷，他人苦心經營，終少能及。"

陳克劬《錦官堂賦鈔題辭》："出新意於法度，範衆材於矩矱。精嚴之至，轉益豪放。半生儷白妃青，對此欲焚筆硯。"鄧樹聲《錦官堂賦鈔題辭》："以渾灝飛舞之筆運磅礴璨瑋之詞，咏古諸作夾叙夾議，兼有史才，識力尤高人一等，洛誦再三，欽佩無地。"

王廣西、周觀武《中國近代文學藝術辭典》："爲詩多憂憤國事及反映時局之作。"榮蘇赫、趙永銑所編《蒙古族文學史》："延清……不僅在清末民初，而且在整個近代蒙古族漢文作家中都是最突出的,是一位創作數量最多、反映現實最深入的杰出的現實主義詩人。"

子彭年,女杏芬,受父熏陶,喜好文學,皆有詩作留世,頗受推崇,亦有聲名。

延清之子彭年。《同治庚午科大同年齒錄》"延清"條:"子彭年,光緒甲午優貢,同知銜江蘇知縣。"孫雄《道咸同光四朝詩史》乙集卷六:"彭年,字伯禾,蒙古鑲白旗人,光緒甲午優貢,官江蘇知縣子澄學士延清之子,署東臺知縣,頗著政聲。"恩華《八旗藝文編目》中著錄其詩集《春暉閣詩集》,並附小傳云:"彭年字伯禾,一字壽民。光緒甲午優貢。官江蘇東臺縣知縣。延清子。"

延清《遺逸清音集》卷四收其《恭題家君太常仙蝶圖》等二十八首詩,《庚子都門紀事詩》收其詩十三首,《庚子都門紀事詩補》中收一首,《庚子都門紀事詩》卷三《秋日感事用杜少陵秋興八首韻》詩後附彭年和韻詩八首。其妹杏芬《京師地名對》收其詩四首。《道咸同光四朝史詩》乙集卷六收其《庚子哀感詩》等十四首。彭年的詩大多創作於庚子事變期間,反映了異族入侵的罪惡行爲及民衆的疾苦生活。

延清之女杏芬,清末女詩人。愛仁《重修京口八旗志》卷五:"柏姑名杏芬,氏巴哩克,蒙古鑲白旗人,侍讀學士延清之長女。秉性聰慧,好讀書兼持家務。"杏芬受其父延清和兄彭年的影響,工詩善文,以淵博的知識和超逸的才華聞名於世,時人稱之爲"蒙古族女學士"。

其漢文著述有《京師地名考》。杏芬離世後,父延清、兄彭午整理稿本,於光緒二十四年(1898)刊印,光緒二十六年(1900)重刊。恩華《八旗藝文編目》"歷代女士作品考"著錄其《京師地名對》,並附小傳云:"杏芬,延子澄之女,早卒。"時人張寶森爲《京師地名對》

撰序云:"遠取吳太元《垣識略》,近采陳聖湖《郎潛紀聞》,分門別類,各有布居;配宮諧商,無傷聲病。錦官堂有此家學,玉合子居然天成。"且另有鮑心增序文。此外有郭錫銘《〈京師地名對〉題詞七絕四首》,延清《〈京師地名對〉題詞》(七律四首)、《〈京師地名對〉記》、《又題七律四首》李恩綬《〈京師地名對〉識語》。卷末附恩沛與汪慶生跋文。《京師地名考》二卷采詩歌、注釋之法,介紹北京街道名稱及歷史變遷、具體位置,對研究北京市歷史地理變更具有較高參考價值。

參考文獻:

1. 延清《錦官堂賦鈔》,光緒五年刻本。

2. 延清《錦官堂試帖》,光緒十一年刻本。

3. 杏芬《京師地名對》,光緒二十七年刻本。

4. 延清《庚子都門紀事詩》,光緒二十八年刻本。

5. 延清《奉使車臣汗記程詩》,宣統元年鉛印本。

6. 延清《遺逸清音集》,民國五年鉛印本。

7. 延清《錦官堂詩草》,民國五年鉛印本。

8. 愛仁《重修京口八旗志》,國家圖書館藏民國十六年鈔本。

9. 繆荃孫等纂《江蘇省通志稿・人物志》,江蘇古籍出版社1998年版。

10. 榮蘇赫、趙永銑主編《蒙古族文學史》,內蒙古人民出版社2000年版。

11. 朱彭壽《清代人物大事紀年》,北京圖書館出版社2005年版。

12. 恩華《八旗藝文編目》,遼寧民族出版社 2006 年版。

13. 孫雄《道咸同光四朝詩史》,上海古籍出版社 2013 年版。

（馮海霞）

樊增祥傳

樊增祥,字嘉父,號雲門,別號樊山,晚號鰈翁,自稱天琴老人,湖北恩施人。道光二十六年(1846)生。幼聰慧,美姿容,不喜嬉。九歲始入塾,授讀前已辨四聲,竊觀諸小説。十一歲能詩,十三歲學經義,人稱奇童。

王森然《樊增祥先生評傳》:"樊增祥,字嘉父,號雲門,別署樊山,晚號鰈翁,自稱天琴老人,湖北恩施縣人。生於道光二十六年丙午。"

錢海岳《樊樊山方伯事狀》:"公姓樊氏,諱增祥,字雲門,一字樊山,晚又號天琴。世居楚北恩施。""公生而岐嶷,弱不好弄,未授讀,已辨四聲。十一歲,能詩。十三歲,通經義,執數墳籍,如瀉瓶水,稱奇童。"

樊增祥《樊山集》余誠格序:"兒時不好弄,恒於室中獨步,且行且語。或窺之,即止。咸豐初,太翁官廣西道,爲賊梗,眷屬留長沙,久之乃達。故九歲始入塾,然未授讀以前已能辨四聲,竊觀諸小説,與兄姊講説不倦,人稱奇童。十一歲能詩,十三學經義。"

邵鏡人《同光風雲録·樊增祥》:"樊山天性敏慧,美姿容,髫齡即卓犖異群兒。"

家七世爲將。父變,官總兵,咸豐八年(1858)以不職劾罷,家道遂中落。父以爲恨,嘗詔公勤讀書,以儒入仕。後貧不能延師,公遂與兄自相師友，爲學日進。未幾參加院試，名列榜前。

《樊樊山方伯事狀》："自公以上，皆以躍馬鳴稍，尚勇健，用武功，顯者七世矣。父爕，湖南副將，因事爲左文襄劾罷，家落。嘗詔公曰：'若當克自奮勵，讀書由儒進，毋以鶡冠爲也。'"

《樊增祥先生評傳》："父官總兵，以不職爲湘撫劾罷，時左宗棠主湘戎幕，疑出其意，訴於總督官文，宗棠幾中禍。"

《樊山集》余誠格序："十一歲能詩，十三學經義。太翁即於是歲罷官，待勘者又二年，貧不能延師。先生與兄訒齋自相師友。年十六，太翁盡室還宜昌，先生兄弟仍鍵戶讀，太翁日坐齋中督課。屬文每數行必取閱，閱必數數呵罵，蓋望之過深也。而文亦因是益進，試輒冠其曹，先後典郡者皆爲延譽。"

同治六年（1867），中舉人。家益貧，遂爲人司書記，博資供養雙親。會張之洞視學宜昌，見公文，奇賞之，薦爲潛江、江陵書院山長。熏陶日久，始知學問門徑。是年兄訒齋卒，母徐氏痛甚，不許公出，年遂數出數歸，節衣縮食以盡瞻養。如是者十年。

《樊山集》余誠格序："丁卯，舉於鄉。而家益貧。先是，太翁歸，有衣裘數笥，斥賣略盡，並太夫人釵珥缺焉。先生既鄉舉，即爲人司書記，博菽水資。會南皮張先生視學至宜昌，見先生文，奇賞之，招致賓座，又薦爲潛江院長。先生雖天資高異，而己巳歲以前，無書可讀，見南皮後，始知學問門徑。南皮亦奇其敏惠，盡以所學授之。……是歲，兄訒齋卒，徐太夫人慟甚，恒不許先生出，而不出又無以爲養，故歲嘗數出數歸。誠格嘗見先生《潛江家乘》，仿山谷《宜州家乘》。每日薪蔬不過三十錢，性不肉食，食或不托數枚，或湯餅一器，取諸市肆，並爨火省焉，而盡以所獲奉親舍。……如是者十年。"

《樊增祥先生評傳》:"張之洞督鄂學,拔入心經書院,熏陶日久,學益進步。"

《樊樊山方伯事狀》:"南皮張文襄典試宜昌,見文大奇,目以國士,招致賓座。歷主潛江、江陵講席。"

同治十年(1871),拜師會稽李慈銘,習其辭章之學。光緒二年(1876),又與陶子珍、陶仲彝兄弟交好。

《樊山集》余誠格序:"先生無他嗜好,以文字友朋爲性命。丁卯,南皮典浙試,得士最盛,先生館南皮久,故與浙士最親。辛未,見會稽李先生,深相慕結。及丙子夏課,遂與陶子珍、仲彝昆季俱受業焉。"

《樊增祥先生評傳》:"已而舉於鄉,嘗納贄會稽李慈銘,習其辭章之學,得入堂奧。"

光緒三年(1877),中進士,選庶吉士。入京謁張之洞,張勉其爲經世之學。遂盡屏詞章之學,非有用之書不觀。五年散館,竟改外,選某縣知縣,會丁父憂,常悒悒。十年,從母命,謁選陝西宜川知縣,爲邑七月,調居首邑。居常服膺玩物之戒,勤於公事。不三年,又丁母艱。十五年,先後入黃子壽、張之洞幕,從張公還楚。服闋,由鹿傳霖薦爲渭南令。爲政尚嚴,而宅心平恕,善治獄,片言可折。所爲判詞,海内傳誦,後裒集爲《樊山政書》。

《樊增祥先生評傳》:"已成光緒丁丑科進士,選庶吉士,散館選某縣知縣。丁艱起,選陝西宜川縣知縣。聽訟明決,片言折獄,聞者悅服。所爲判辭,莊諧並茂,敏妙中窾,遠近爭傳誦,膾炙人口。其公牘尤有名,法家咸奉爲圭臬。受知鹿傳霖,調補渭南,大邑也,歷權諸煩劇,皆有能名,重儒勸學,嫉惡愛民,屢膺卓薦。"

《樊山集》余誠格序:"丁丑,通籍,南皮自蜀還京,與先生別且久，相見嘆曰：'子其終爲文人乎？事有其大且遠者，而日以風雅自命，孤吾望矣。'先生皇然請業，盡屛所爲詞章之學，非有用之書不觀。南皮與先生故皆好談，至是談益劇，達晝夜不止，想與上下千古，舉凡時政得失之由、中外强弱之形、人才消長之數，每舉一事，必往復再三，窮其原始，究其終極，所著《廣雅堂問答》一卷，即當日疏記者也。""初，以先生弗嫺西學，清談而已，久之，稍與謀議，乃大嘆挹，謂族子樞曰：'雲門智數過人，真幕府才，惜吾不能留耳。'服闋，還秦，授渭南令。其爲政尚嚴，而宅心平恕，所遇大吏，皆推誠相與，故得自行其志。貧賤日久，閱歷世故三十餘年，其於物態詭隨、情僞百變，無不揣摩已熟。又上自節鎮，下至令長，出入賓幕，更事最多，故尤達於吏治。少時好聽人折獄，無當意者。嘗曰：'使吾操丹筆從事，故當與此輩小異。'至是，果符曩言。每聽訟，千人聚觀，遇樸訥者，代白其意，適得其所欲言。其桀黠善辯以訟纍人者，一經抉摘，洞中窾要，皆駭汗俯伏，不得盡其詞。乃從容判決，使人人快意而止。故先生所至，良懦懷恩，豪强屛息，而於家庭釁嫌、鄉鄰爭鬥，及一切細故涉訟者，尤能指斥幽隱，反覆詳説，科其罪而又白其可原之情，直其事而又摘其自取之咎。聽者駭服，以爲訽察而得，實則熟於世情，長於鈎較，因此識彼，聞一知十，故凡所佯揣，無不奇中。"

樊增祥《樊山政書》自序："昔余宰渭南六年，嘗哀其公牘批判，付諸剞劂，已數千部流布人間矣。每行縣，一馬一僕，裹糧往反，不費民間一錢。其治盜，皆身自捕逐，立就擒縛。嘗謂人曰：'作吏最苦，臨事貴速，若晝寢夜宴，寄權於人，其所亡失不知凡幾矣！'"

《樊樊山方伯事狀》："己卯散館，時鄂羅不率，言路蜂起。公有所論列，當軸弗喜，抑置二等，竟外放。無何，宅外憂歸，終服，逖遁不出。旋奉母徐夫人命，謁選得陝西宜川令。爲邑七月，調居首邑。不三歲，重以禮去官。貴筑黃彭年與文襄交徵辟。己丑，徑吳如粵，復從文襄還楚。文襄高掌遠跖，方以西政潤飾文治，號有爲。初爲公弗嫺西海事，清談而已。久之與謀議，乃嘆伏曰：'真幕府才。'服闋，由定興鹿文端薦除渭南令。諳練世故，治獄精絕人。堂皇聽訟，千人聚觀，虛中察詞氣，不爲繳刻，故曼衍其詞，若出若没，而得情僞。樸訥者代白其意，如所欲言。桀黠者經鈎抉，洞癥結，皆駭汗伏。於是從容遣決，使人人愉意而去。其所爲判詞，海内傳誦焉。一時大吏亦推誠相與，故益得發舒，治劇撥煩，事咄嗟辦，枹鼓不驚，邑稱神明。六年帙滿，膺上考。”

樊增祥《樊山續集》陶在銘序：“自君再入關，刑名錢穀、箋啓會計之屬，皆身自爲之，而定興密縣諸公更以記室參軍見委，他人十口不及詳，十手不及書者，君獨從容庀治，咄嗟立辦，而酬對賓客，處分庶事，常沛然有餘。居渭稍久，虓虓改行，風俗清美，他州之民，稱渭南爲仙界，時有越境控訴者。”“居常服膺宋儒玩物之誡，公事未畢，不得讀書觀畫。”

光緒二十五年（1899），入榮祿幕，爲其運籌。時祿竊權，盛極一時。次年（1900），拳匪亂作，八國聯軍侵華，慈禧太后、光緒帝出逃。公至長安，協同巡撫接駕，得太后信任，准予撰寫機要文字，應付裕如，世推如唐人陸贄。

《樊增祥先生評傳》：“戊戌，榮祿竊柄，大權獨攬，置武衛軍，以官西安將軍時，夙器增祥才識，遂以道員充祿幕僚，運籌帷幄。庚子拳匪亂作，隨鑾扈從逃西安，遣李鴻章爲全權大臣，與聯軍議和。其後罪己、變法諸詔皆出其手，剴切委婉，頗似陸敬輿。”

《樊樊山方伯事狀》：“己亥，召對，以道府參武衛軍榮文忠幕府。庚子，至秦，隨湲陽端忠愍迎駕，命備兵皖北，詔留行在。孝欽太后諭文忠曰：“機要文字，可與樊增祥撰。”是時行在於軍機内閣外，特置政務處，如唐政事堂，總內外詔奏，管樞密大計，而以提調命公。帝在西安，夷兵窟京師，正議款，萬目矕矕，鮐吸鯤潜之性，濤張恫喝，朝異而夕不同，操從緩急可不之數，變且賾。羽檄如山，手批口校，十老吏張燈通曙，猶不給。公獨裕如，霆摧的破，當機立斷，斡旋補苴，樞臣以爲左右手。而《罪己》一詔，剴切委宛，讀者泣下，感激忠義，維繫人心，世推如陸敬輿興元詔書云。公本以外吏，遽與喉舌參幾務，人嗟異數。蓋以文名結主知，而上亦駸駸嚮用公矣。"

光緒二十七年（1901）六月，授陝西按察使。八月，行布政使事。二十九年，調浙江按察使。三十年，徵陝西布政使，在任發展實業，創設工藝廠，開民智，脱民貧。後爲升允彈劾，竟解任去。次年平反，授江寧布政使。

《樊樊山方伯事狀》："辛丑六月，授陝西按察使。八月，行布政使事。癸卯，調浙江按察使，還移陝西。甲辰，徵陝西布政使，以事爲長白升允彈挂吏議。越年，天子察其枉，終右之，起家拜江寧布政使。時端忠愍督兩江，忠愍內移畿近，公行總督事。"

《樊增祥先生評傳》："後擢至臬司，入覲，孝欽后垂詢履歷甚詳，謂爾爲張之洞弟子，之洞才備文武，爾必能肖爾師。再選陝西藩司，榮位顯達，盛極一時。後爲親貴嫉視，終被總督升允所劾，朝旨令賜察復，良楊道員周善培勘之，增祥兼納糧庫羨餘，中有含溷，其他文牘體制，亦多違法，竟以實復，褫職去。逾年，鹿傳霖以樞臣按事歸化城，奏調之從，事蔵覆命，都統貽穀革職拿問，增祥簡授江寧布政使。時端方作督，二人稔交也，政餘諧謔爲樂，方移直隸，遂護理兩江總督。"

朱壽朋《東華續録（光緒朝）》卷一百九十三："辛未夏時奏。富國恃乎商，通商恃乎工，五行百產轉運者，商也。製造者，工也。今欲抵制外人，而我拙彼巧，我粗彼精。……上年冬，藩司樊增祥札委署西安府知府尹昌齡創設工藝廠,略仿蒙學之例,從小處粗處淺處易處入手,挑選少壯無業者百人入廠學習,陝西不惟民智未開,即官智亦待啓。試辦之始,人皆非,笑以爲事必無成,尹昌齡氣銳志堅,率同局員馬兆森等董督。工師居肆,治事局員各竭心思,學徒咸知勤奮,臣到任後,迭加敦勉,不戒而孚,數月以來,若竹工、木工、草工、針工外,就其質之所近以呈能,各得其師之所傳以成器,雖皆粗淺,頗利行銷而漸進精良者,則以氈罽爲特出。蓋畜羊剪毛以制氈,本陝人之故技,特工料偷減,制不求精,兹由廠員教督,揀毛務純,壓片務薄,染色務鮮,印花務細,制爲衣物,人爭購之,近有訂購至數百床者,亦可見技無不可學,民無不可教,惟視辦事認真與否。"

辛亥革命後,逃至滬上,服膺道教,與友游宴唱和,不問世事。黎元洪薦爲民政長,堅拒不從,人咸稱其高尚。起華屋於租界,子孫俱分據要津。

《樊增祥先生評傳》:"辛亥冬,江寧陷,逃之滬上,閉戶著述,不問世事。曾易道裝攝影,自題詩其上,有'朝家若問陶弘景,六月松風枕簟涼'之句,日與瞿鴻機、沈曾植等游宴。黎元洪薦爲民政長,堅不赴,人咸稱其高尚。然增祥已擁厚資,起華屋租界,其子若孫,亦分據要津,且是時民黨方用事,議會跋扈,官吏至不易爲,宜其堅辭矣。然項城每有錫予,必具文申謝,務極工麗,以稱述感激。"

《樊樊山方伯事狀》:"宣統辛亥,楚兵發難,挂冠走海上。既而邸京師,黎元洪、袁世凱屢存問,聘參朝政,卒堅臥不復起矣。公由縣令陟方面,出入十餘年,所至盡心冤獄,宣布恩意,治不尚赫赫名,謇直有大臣節,而爲詞章所掩,故天下或僅以詞人稱公。""辛、壬以降,方鎮鴟突,長安如弈棋。公則跌宕人海,和而不詭,笑譚文燕,結社吟詩,月再三集。春秋佳日,大會名士,江亭二閘、翠微、崇效、法源諸寺,連鑣結駟,雲合朋簪,就閑房冷刹、青林丹嶂間,門僻搜奇，以迭韻唱和相確。諸公或筋搖脈張，齒舌氣索，思竭不能續。公愈興發，頃刻盈數紙，即席成詩，雅贍而速，古之擊鉢刻燭，殆無以過爾。公以大耄之年，聰明不衰，標蕭淡遠，觀者猶見乾嘉時承平大臣風態。"

民國四年（1915），至京師，充袁世凱參政院參政，寵禮備加，終日宴集酬唱。袁稱帝前後，極詔媚恭維，爲世所不齒。後以退宦詩人寓都下，文酒過從，與周樹模、左紹佐號"楚中三老"。又聞張作霖入據北京，獻《統一頌》以邀金。晚年專愉聲色，收女伶弟子者甚衆。又好鼻煙，煙髯一色，不修邊幅，見者厭之。然文聲日盛，與易順鼎齊名，人皆知樊、易二先生，騷壇推爲盟主。

《樊增祥先生評傳》："乙卯，去之京師，充袁政府參政院參政，寵禮備加，日從袁克文賦詩徵歌，或偕易順鼎等觀劇，放浪狎邪，不修邊幅。……其晚年，專以聲色寄情，樽前筵畔，綺紅偎翠，京津女伶拜其門下者甚衆。如新艷秋、蓉麗娟、孟麗君、劉艷琴、小蘭芳，及馬家姊妹艷雪、艷秋，李桂芬、李慧琴等，均爲入室弟子，旖旎溫馨，屢見詩辭，經其一捧，立即成名。……其人清癯如鶴，好聞鼻煙，鬚煙染成一色。手指極不潔，衣冠污穢，見者厭之。"

樊增祥《瀛臺賜宴恭紀》序："今上登極之前一日，召集奉進諸臣賜宴瀛臺，仿前清仁廟、純廟舊典也。瀛臺宴集，首由今上賦詩，群臣敬祝有差，刊《瀛臺賜宴恭紀詩》一卷，當時列宴諸人，縱游中、南兩海。際快雪之時晴，抄宜春之帖子，庚颺蓬瀛，一樓一閣，一石一樹，一額一題，一山一水，罔敢遺漏。"

金息候《近卅人物志·樊增祥》："某記，聞樊山已應聘，舊人新官，從此一錢不值矣。又樊山毅然入都供職，兼參議、顧問兩官，又兼清史館，其婦來尼之，絕裾而行。寐叟填《鷓鴣天》一闋嘲之。"

蔡冠洛《清代七百名人傳·樊增祥傳》："入民國，爲退宦詩人，寓都下，文酒過從，與周樹模少樸、左紹佐笏卿號‘楚中三老’。”

李肖聃《星廬筆記》：“中外大官，重其风譽，時以文字相委。聞張作霖入據北京，樊山獻《統一頌》，張報以萬金。”

《樊樊山方伯事狀》：“晚歲，海内之負鰲蟠螭、銘宫揭阡走幣者填門，咸賴公文以休萬祀。題序得其片紙，珍若拱璧。其樂府輒爲梨園歌舞，被之管弦檀板，故上自綬冕簪笏，下至閨秀村童、教坊女闥，皆知樊山先生，所作不翼不脛飛走，亦幾户有其章。騷壇推爲主盟，聲譽出文襄、慈銘上矣。”

李審言《藥裹慵談・近代詩人四家》：“近數十年來，海内所稱道之詩人，樊雲門、易實甫、陳伯嚴、鄭蘇堪四家，如四大宗。……少年後進有才華者學樊、易。”

民國二十年（1931），病故京寓。

《樊增祥先生評傳》：“先生本爲詩人，不善理財。民國二十年三月十四日夜九時半中風，病故京寓。身後均爲摯友李釋勘等摒擋一切，遺族僅一孀媳及二孫耳。”

《近世人物志・樊增祥》：“爲雲門議婚祝氏，今日迎娶往賀。又雲門新夫人來見，娟潔如玉，茗樓詩格，足稱佳偶矣。”

《樊樊山方伯事狀》：“公生於道光丙午，考終於後一甲子辛未，春秋八十有六。夫人某氏，繼京兆祝氏，皆先公卒。”

擅書畫，曾爲齊白石撰治印潤格，使其名重於世。雅好藏書，聚書二十餘萬卷，書畫碑帖之屬，亦十餘巨簏，人目爲收藏家。

齊白石口述、張次溪筆録《白石老人自述》（生活・讀書・新知三聯書店 2010 年版）：“光緒二十八年，我四十歲。……我到西安……見着午詒。……在快要過年的時候，午詒介紹我去見陝西臬臺樊樊山（增祥），他是當時的名士，又是南北聞名的大詩人。我刻了幾方印章，帶了去，想送給他。到了臬臺衙門，因爲沒有遞'門包'，門上不給我通報，白跑了一趟。午詒跟樊山說了，纔見着了面。樊山送了我五十兩銀子，作爲刻印的潤資，又替我訂了一張刻印的潤例，親筆寫好了交給我。……樊樊山在西安給我定的刻印潤格，我借重他的大名，把潤格挂了出去，生意居然很好。"

《樊增祥先生評傳》："與畫家齊白石先生最交善。"丁巳六月，《題借山吟館詩草》有云："瀕生書畫，皆力追冬心。今讀其詩，遠在花之寺僧之上，真壽門嫡派也。"

《樊山集》余誠格序："丁卯，舉於鄉。……是歲……徐太夫人知先生好書，每持館金歸，必檢數金畀之曰：'爾且可買書。'""二十許時，即好聚書，侵尋三十年，所得二十餘萬卷。而書畫碑帖之屬，又十餘巨簏，關內目爲收藏家。先生嘗曰：'意不能無所寄，聲色服玩，非性所耆，此事差以自娛。若值攻取之場，赴功名之會，視棄此物如敝屣耳。吾寧作虎頭痴哉？'誠格所知聞者如此。今此刻集，亦猶蓄書畫之意云。"

《樊山續集》陶在銘序："君居外，歲必再三歸覲，歸必增詩文數帙，異書數種或十數種。叩其所得，日新月異，往往莫測其所從來。比再歸再見，則新作益夥，舊所見者十不存一二，其精進如此。"

爲人輕俠好義，喜面折人過，謗者蜂起。四十以後，充然有道之士，然剛疏未改，人目爲狂，絕少知音。

《樊山續集》陶在銘序："爾時少年氣盛，譏訕流俗，凌侮貴游，謗者蜂起。……生平輕俠好義，喜面折人過。四十以後意氣都平，允然有道之士。"

《樊山集》余誠格序："中道舛迕，黜爲外史，而同時應舉之士，置身清要，擁旄持節者殆非一人。自以門望才地，全不後人，而沉滯若此，意忽忽不樂。又十餘年，而向之享盛名、居邇列者，或仕路顛隮，或中年玉折，繁華如夢，轉轂不恒，以先生視之，猶爲身名俱泰，則又有齊彭殤、一貴賤之意。以故四十以後，滑稽玩世，忘情得失，然性韻剛疏，出言務盡，世亦以此忌之。居京師時，不詣人，客至不見，亦不答拜，人目爲狂。""貴筑先生居蓮池，爲後進標準，臧否人物，瑕瑜不掩，獨於先生無閒。瑞安黃先生，清聲義問，舉朝敬憚，獨折輩行與交。官副都時，以先生不樂衣冠之會，特屏騶從至酒肆祖餞焉。關中同官涂少卿，江西宿士，嘗謂同門田生曰：'子之師，奇男子也。自弱冠至四十，不御內者十七年，此豈易到耶？'湘人趙元臣者，善相人，先生詣之，一見嘆曰：'終身不得志也。'先生謾曰：'吾寧窮餓死耶？'趙曰：'非也，他人求之不得者，子得之皆若不足，是寧有滿志時耶？'先生以爲知言。有日者謂先生權極重，當秉戎節。誠格私問鄉人之善言命者，則曰：'非也，階不過四品。所謂權重者，譬如數人共事，必彼一人尸之，人常逸而彼常勞，彼常發謀而人常退聽，此爲權重耳。'先生亦以爲知言。"

　　李審言《學制齋文鈔》卷二《書樊雲門方伯事》："樊雲門方伯官寧藩，甫視事，繆藝風先生勸余謁之，曰：'子老且病，須賴人吹噓，盍以駢文稿示我，當爲先容。'後月餘，余往謁之。問：'鄉試幾次？'對：'九次。'曰：'沉屈矣。'又問：'受知係何學使？'余曰：'入學爲瑞安黃侍郎，補廩爲長沙王祭酒。'曰：'俱是名師。'又云：'前見大作駢文，甚古。譚世兄尚在我署內。'蓋見余駢文前有譚復堂先生序也。又曰：'江北有顧清谷先生，善駢文，見過否？'余曰：'方宧酬世丈見過。'又曰：'顧耳山先生是兄弟薦於鹿芝軒中丞者。'余起謝曰：'顧爲姻親。渠奉母諱留陝，不得歸。當時只知陝西主考泰州同鄉黃君葆年所薦，不知方伯也。'又曰：'此時不尚風雅，但知阿、比、西、地字母耳。'余因進曰：'江寧藩司自許仙屏先生升任去，尚未有講求文字者，方伯可以提倡提倡。'樊唯唯。余出告友人王君

宗炎。曰：'子稱謂太抗，當稱大人。'余笑曰：'渠大人，我小人耶？'
後友告：'樊方伯好收門生，不見某君齒遜樊二年，新經拜門，委辦
南洋官報局，歲可得數千元。'余曰：'繆藝風先生可謂知己，余尚未
執贄門下，何況樊山？'某君既辦官報，果獲數千，存儲寶善源，折閱
泰半。余告友人：'若如君言，得錢亦不可保，門生名澌洗不去矣。'
余見樊山後，樊有詩寄藝風，末句'可有康成膩帢無'，蓋用《世說‧
輕詆篇》：'着膩顏帢，逐康成車後。'戲藝風即以戲余，遂薄之不往，
而索回文稿甚亟。樊棄之，不可得，藝風一再函問，不復。藝風復
余書云：'前日方伯談次，尋大作未獲，雜入文書中矣。昨又函催，
亦未復也。'余復作書求之，亦未答。因知樊忌前害勝，善效王恭帖
箋故事，且復仿吾家昌谷中表投溷之舉，益太息，謂爲夙憾。改革
後，樊遁上海，余復館滬，徐積餘觀察謁樊。出問何往？云：將候李
審言。樊似有眷眷意。徐勸余往見，余不可。藝風又告：'雲門知
君在此，曰：李是行家。稱之者再，君可趨樊一談。'余又不可。後
沈乙庵語余：'雲門約我及散原打詩鐘，君可同往。'余以事辭。樊
名滿天下，後生小子唯樊爲趨向，友人官京，抄示樊山近詩，有'新
知喜得潘蘭史，舊學當推李審言'語，以是爲重。數年後，上海有
《當代名人小傳》出。其文人一門，有李審言、潘飛聲同傳，潘蘭史、
李審言上各空方格四字，即京師友人抄示二語也。下云：'二人因
得名。'余之得名，非由樊始，海內賢達，可以共證。然亦見世之擁
樊者多，若以余一窮秀才，樊由庶吉士官至藩司，一言之譽，足爲定
評，豈知余素不嘸於樊耶？樊今年八十有五，余今年七十有二，各
有以自立，各亦不相妨。恐讀《當代名人小傳》者不知余與樊山本
末，故備書之，亦以見江寧藩司自許仙屏先生去後，馴至亡國，無一
人可繼也。庚午四月。"

《樊增祥先生評傳》："李氏所叙文稿入不復出一節，蓋樊增祥

慣技，讀之益令人念及增祥持去其師李慈銘日記最後數年者，使永不得見，爲可憾也。樊死後知交爲理後事時，遍覓卒不可得，殆毀之矣。"

雅好文學，詩詞文兼善，尤以詩聞，爲近代晚唐派代表詩人。能爲歡愉之辭，工於隸事，巧於裁對，時人贊其清新博麗。尤擅艷體，至老不變，人稱"樊美人"。詩多唱酬之作，不免千章一律、貪多賣弄之病。曾賦前、後《彩雲曲》，最工，述名妓賽金花事。時人以爲可逮香山，軼梅村。

《樊山續集》陶在銘序："昔南皮師嘗曰：洞庭南北得二詩人，壬秋歌行、雲門今體，皆絕作也。又嘗評其集云：詩第一，詞亦第一，駢文第二。而李會稽亦云：'今世學人能詩者，皆幽邃要窈，取有別趣。若精深華妙，八面受敵而爲大家者，老夫與雲門，不敢多讓。'……及退食蕭然，綠茗一杯，石葉數片，清吟抱膝，入興成章，圓若流珠，熟於美醞。……每見人苦吟三日不成一字，或積學半生，著書不盈寸許者，輒目笑之以爲鈍士。昔劉後村有言：'古人好對偶，被放翁用盡。今人不能道語，被誠齋道盡。'若吾雲門者，其殆兼之歟！其殆兼之歟！"

《樊增祥先生評傳》："其詩清妙宛達，無不盡之懷；駢文足窺四杰；散文才氣充沛。……樊山之詩，輯裁巧密，情辭並茂，以虛運實，素以絢，而尤工隸書。古之論詩者輒言：'愁苦之音易好，歡愉之辭難工。'顧樊獨不然，驚才絕艷，可駕東郎而上之，王次回安足語哉？曾賦前、後《彩雲曲》並序，傳述名妓賽金花軼事，雅俗爭賞，傳誦幾遍。晚近時流若謝壽康、劉半農震賽金花之名，或爲制劇本，或爲撰自傳，蓋顛倒於樊山文字之力爲多焉。……民初詩人，以樊山先生作品爲最多，約計有二萬七千首。"

《樊樊山方伯事狀》："駢文清新俊逸，上追初唐王楊盧駱四子；詩開爽如信陽、北地，其七律近唐東川、義山，稱心而言，如人人意中所欲言，實人人所不能言；詞合南唐二主及清真、白石之長，力矯粗獷填砌，亦取屈曲盡意而止。"

蔡冠洛《清代七百名人傳·樊增祥傳》："詩尤有名，歡娛能工，不爲愁苦之詞。艷體之作，自謂可方駕冬郎，《疑雨集》不足道也。賦前後《彩雲曲》並序，最工。……嘉興沈曾植讀之，以爲的是香山，不止梅村也。增祥詩思迅疾，案頭常積竹紙百餘頁，每有省記，下筆數行，不數月又易本矣。論詩以清新博麗爲主，工於隸事，巧於裁對。……作詩萬首，而七律居其八九，次韻疊韻之作尤多，文綺麗稱其詩。"

汪辟疆《光宣詩壇點將錄·樊增祥》："細寫朝雲，篇篇綺密，多應秀師呵斥。英雄雙槍將，風流萬户侯。樊美人，殆若人之儔歟？董平箭壺上小旗，有'英雄雙槍將，風流萬户侯'十字。樊山詩尚側艷，自少至老，不變其體。京滬間多稱爲樊美人。"

汪辟疆《汪辟疆説近代詩·湖湘派》（上海古籍出版社 2001 年版）評樊增祥："胸有智珠，工於隸事，巧於裁對，清新博麗，至老弗衰。……惟喜摭僻書，旁及稗史，刻畫工而性情少，采藻富而真意漓。千章一律，爲世詬病。"

按，有關《彩雲曲》，當時雅俗爭賞，推許甚衆，樊公亦頗爲自負。然民國以後，非議之人亦多。齊如山《關於賽金花》云："一次跟樊先生談天，我偶問道他的《彩雲曲》，他趕緊説是游戲筆墨，不足以登大雅之堂。窺其意，似不欲人再説，大有後悔之意。"（劉半農等《賽金花本事》，岳麓書社 1985 年版）又如劉厚章、鄭正《鄂西籍近代文學家樊樊山生平紀略》云："前一曲……觀念陳腐……後一曲……信口開河，不核事實，甚至忘却民族的尊嚴，國家的體面。……《彩雲曲》傳開以後，樊山本人自詡是過於吳偉業（梅村）的《圓圓曲》，相擬於白居易的《長恨歌》《琵琶行》。從吳梅村'慟哭六軍俱縞素，衝冠一怒爲紅顔'的詩句裏，可以看到吳對於亡國，他感到無限的悲痛，對於賣國賊吳三桂，則給以無情的嘲弄，這是何等的志氣，何等的心胸。白居易'同是天涯淪落人，相逢何必曾相識'的詩意，把在封建王朝做官和風塵歌妓賣唱等同起來看待，極端鄙視封建社會的官場生涯，樂天的人生志趣，該是何等的高潔。白居易、吳偉業的形象，樊山，豈能望其項背。"（《鄂西大學學報》1986 年第 1 期）

樊氏論詩忌墨守，求新變，不主一家之言，提倡轉益多師、八面受敵之法，以取衆之所長。樊言其學詩自袁枚、趙翼始，後隨張之洞、李慈銘而入晚唐温庭筠、李商隱，又上溯至中唐劉禹錫、白居易，至晚年亦爲宋詩。其取徑之寬，令人嘆服。又强調詩人需多歷練、多讀書，以積累經驗及學養，亦爲方家之言。

金天羽《天放樓詩集》樊增祥跋："或又謂：'詩爲古人説盡，不必復作。'此又無知妄論也。世運遞嬗，光景日新而日奇，詩境即因之而生。今吾所讀之書，多古人所未讀，所見之事，皆古人所未見，但有古人之才之筆，而以彼未讀、未見之書與事一一擷其英而紀其實，吾未見今不逮於古之所云也。向來詩家率墨守一先生之集，其他皆束閣不觀，如學韓、杜者必輕長慶，學黃、陳者即屏西崑，講性靈者則明以前之事不知，尊選體者則唐以後之書不讀。不知詩至能傳，無論何家，必皆有獨到之處，少陵所謂'轉益多師是汝師'也。人所處之境，有臺閣，有山林，有愉樂，有憂憤。古人千百家之作，濃淡、平奇、洪纖、華樸、莊諧、斂肆、夷險、巧拙，一一兼收並蓄，以待天地人物、形形色色之相需相感，吾即因以付之，此所謂'八面受敵，人不足而吾有餘'也。所蓄既富，加以虛衷求益，句鍛季煉，而又多行路，多更事，行路多，更事多，見名人、長德多，經歷世變多，合千百古人之詩以成吾一家之詩'，此則樊山詩法也。"

錢基博《現代中國文學史》(沈雲龍主編《近代中國史料叢刊續編》第 83 輯)："(樊山)自言弱冠以前，嗜袁子才、趙甌北。庚午，從南皮游，遂捐棄故技，盡焚前作；存稿斷自庚午，猶宋人以見黃名集云。然詩境並不與同。遂涉溫庭筠、李商隱以溯劉禹錫、白居易，於此事頗具甘苦。……初取徑於中、晚唐，而晚年亦爲宋詩。"

參考文獻：

1. 樊增祥《樊山集》，光緒十九年渭南縣署刻本。

2. 樊增祥著，涂曉馬、陳宇俊校點《樊樊山詩集》，上海古籍出版社 2004 年版。

3. 邵鏡人《同光風雲録‧樊增祥》，《近代中國史料叢刊續輯》，臺灣文海出版社 1983 年版。

4. 蔡冠洛編纂《清代七百名人傳》，周駿富輯《清代傳記叢刊》，臺灣明文書局 1985 年版。

5. 錢海岳《樊樊山方伯事狀》，卞孝萱、唐文權編《民國人物碑傳集》，團結出版社 1995 年版。

6. 王森然《樊增祥先生評傳》，《近代名家評傳(二集)》，生活‧讀書‧新知三聯書店 1998 年版。

(陳婷婷)

錫珍傳

　　錫珍（1847—1889），字席卿，號仲儒，蒙古鑲黄旗人，額爾德特氏，祖上世居喀喇沁地方。曾祖和瑛，刑部尚書。祖璧昌，兩江總督。父同福。叔父恒福，直隸總督。錫珍家族世代達官，家學淵源深厚，珍承先代之緒，早年登第，敭歷清華，洊陟正卿。

　　《清史列傳》卷五十三：“錫珍，額爾德特氏，蒙古鑲黄旗人。曾祖和瑛，刑部尚書；祖璧昌，兩江總督。錫珍由三品蔭生，同治七年進士，改翰林院庶吉士。十年，散官，授編修。”恩華《八旗藝文編目》：“錫珍字席卿，隸鑲黄旗。同治戊辰進士。官至吏部尚書。璧昌孫。”

　　按，錫珍生年在史書中無準確記載，據《清史列傳》卷五十三載：“十二年八月，以錫珍四十生辰，賜銅佛、如意、文綺、珍玩。”可推知錫珍生於 1847 年。又有震鈞《天咫偶聞》卷四載：“近代席卿冢宰錫珍，三十四爲冢宰，四十賜壽。”亦可佐證此點。

　　錫珍卒年在《清史列傳》卷五十三中有載：“十五年六月，因病乞假……九月，卒。”據此可知錫珍卒於 1889 年，《清實錄・德宗實錄》卷二百七十四：“（光緒十五年九月）命奉恩輔國公載澤帶領侍衛十員，往奠故吏部尚書錫珍茶酒，賞銀五百兩治喪。”朱壽朋《光緒朝東華録》卷九十六：“（光緒十五年九月）吏部尚書錫珍卒，賜恤如例。”亦可證。

錫珍祖上世居喀喇沁地方，《同治七年戊辰科會試同年齒録》載錫珍始祖廷弼名下注有“原住喀喇沁地方”字樣，可見其先世爲喀喇沁人。《八旗通志初集》卷十一記載喀喇沁部蒙古於天聰六年(1632)歸附，分隸於鑲黄旗蒙古左右參領屬下28個佐領。

錫珍生於書香世家、仕宦之族，據《同治七年戊辰科會試同年齒録》載，錫珍家世傳承爲“始祖廷弼—二世祖旺鏊—三世祖滿色—高祖德克精額—曾祖和瑛—祖壁昌—父同福—錫珍”。曾祖和瑛(1741—1821)，乾隆三十六年(1771)辛卯進士，歷官刑部尚書、工部尚書、軍機大臣、領侍衛内大臣，充上書房總諳達、文穎館總裁等職，謚簡勤，著有《太庵詩草》《易簡齋詩鈔》《風雅正音》。祖壁昌，歷任葉爾羌辦事大臣、參贊大臣、兩江總督、内大臣等職，謚勤襄，著有《葉爾羌守城紀略》《守邊輯要》《壁勤襄公遺書》《兵武聞見録》《牧令要訣》《壁參帥詩稿》。叔父恒福，官至直隸總督。叔父謙福(1809—1861)，累官至詹事府詹事，著有《桐花竹實之軒梅花酬唱集》和《桐花竹實之軒詩鈔》。錫珍家族世代達官，家學淵源深厚，震鈞《天咫偶聞》卷四在涉及其祖父壁昌時稱：“孫錫珍吏部尚書，蓋四代八座云。”錫珍亦承先代之緒，徐世昌《晚晴簃詩匯》卷一百六十四稱：“席卿冢宰師，承簡勤、勤襄二公之緒，早年登第，敭歷清華，洊陟正卿。”

同治二年(1863)，寶廷、宗韶、志潤等結探驪吟社，席卿於七年參社，多雅集唱和。

寶廷(1840—1890)字竹坡，愛新覺羅氏，滿洲鑲藍旗人，鄭獻親王濟爾哈朗八世孫。同治七年進士，累任内閣學士、禮部侍郎。有《偶齋詩草》傳世。

探驪吟社舉於同治二年，由八旗宗室寶廷發起，主要成員有宗韶、志潤等，前後共有社員五十餘人，是清末重要的八旗文人詩社，刻有總集《日下聯吟詩詞集》。寶廷《偶齋詩草》内次集卷七有詩《同白石宿芷亭觀中偶成》，其一自注：「癸亥、甲子間，與芷、白諸君結探驪吟社，同人廿餘。」震鈞《天咫偶聞》卷三載：「同治初，京師士夫結探驪吟社。扶大雅之輪，遵正始之軌，倡而和者，一時稱盛。伯敦乃擇其尤者刻之，名《日下聯吟集》。」可見一二。

錫珍與寶廷同屬同治七年丙辰科進士，《清實錄・穆宗實錄》卷二百三十一載：「（同治七年）丙辰，引見新科進士……錫珍、吳大澂、宗室寶廷……俱著改爲翰林院庶吉士」。《清實錄・穆宗實錄》記載光緒九年（1883）寶廷因差次不自檢束，自請從重懲責，上著交部嚴加議處，尋議革職，錫珍曾於光緒十年（1884）三月上書，保薦已革侍郎宗室寶廷「才尚有爲」，請棄瑕錄用。可見其往來之況。趙爾巽《清史稿》卷四百四十四載：「宗室寶廷，字竹坡，隸滿洲鑲藍旗，鄭獻親王濟爾哈朗八世孫。同治七年進士，選庶吉士，授編修……（光緒）十六年，卒。」《清實錄・德宗實錄》卷一百二十六載：「以詹事府詹事寶廷，爲内閣學士兼禮部侍郎銜。」

曾璐在《探驪吟社研究》中曾考證錫珍於同治七年加入探驪吟社並參與了詩歌唱和活動。志潤集《日下聯吟詩詞集》中有載錫珍於同治七年開始參加探驪吟社的唱和活動，並記載了錫珍與詩社衆人以《擬陶淵明歸田園居》爲題進行詩歌唱和活動，有詩云：「人生如寄耳，動靜皆適然。困我名利場，於今三十年。胡不早言歸，慚愧舊林泉。乃得脫塵綱，扁舟落日邊。石梁隔村樹，沙岸暝墟煙。所見無故物，代謝幾變遷。種我南山豆，檢我白雲篇。存者抑云何，無懷與葛天。」

時清行蔭生錄用之制，錫珍遂由三品蔭生入仕，同治七年（1868）進士，改翰林院庶吉士，時席卿二十二歲。

錫珍成爲進士並成爲翰林院庶吉士，在趙爾巽等《清史稿》卷三百六十八中有載："孫錫珍,同治七年進士。"《清實錄‧穆宗實錄》卷二百三十一中有載："(同治七年)丙辰,引見新科進士。得旨,一甲進士三名洪鈞、黃自元、王文在,業經授職外,許有麟、吳寶恕、王壽國、錫珍……俱著改爲翰林院庶吉士。"《清史列傳》卷五十三亦載："錫珍由三品蔭生,同治七年進士。"在《明清進士題名碑錄索引》《清朝進士題名錄》《八旗藝文編目》《晚晴簃詩匯》中也亦有相關記載。

同治十年(1871),四月,散官,授爲編修。十一年(1872)二月,升侍講。六月,奏辦院事,充文淵閣校理。十二年(1873)四月,轉侍讀。六月,升侍講學士,充日講起居注官。

《清實錄‧毅宗實錄》卷三百零九："(同治十年)丁亥,引見戊辰科散館人員。得旨,編修黃自元、王文在,業經授職,二甲庶吉士……錫珍……王鳳池俱著授爲編修。"《清實錄‧毅宗實錄》卷三百五十三："以翰林院侍讀錫珍充日講起居注官。"《清史列傳》卷五十三："十年,散館,授編修。十一年二月,升侍講。六月,奏辦院事,充文淵閣校理。十二年四月,轉侍讀。六月,升侍講學士,充日講起居注官。"

同治十三年(1874)正月,席卿二十八歲。充咸安宮總裁。四月,錫珍奉使喀爾喀,賜奠車臣汗阿爾塔什達之福晉鄂卓特氏,六月,歸京,往返六十一日,長驅九千里,期間途中見聞所感皆載日記之中,所錄集成《奉使喀爾喀紀程》。十二月,轉侍讀學士。

《清史列傳》卷五十三："十三年正月,充咸安宮總裁。十二月,轉侍讀學士。"

錫珍《奉使喀爾喀紀程》："同治甲戌之歲,奉使喀爾喀,賜奠車臣汗阿爾塔什達之福晉鄂卓特氏。夏四月九日壬午,由皇華驛起程,出安定門……壬午,還京。斯役也,往返六十有一日,長驅九千里。快哉,吾行也!《奉使喀爾喀紀程》詳載錫珍此行,期間途中見聞,風土人情皆録其中,間以作者感悟,時而懷古,時而思今,興起而賦詩,可做研究邊疆地理風情之材料是也。徐世昌《晚晴簃詩匯》對此亦有載。

光緒元年（1875）四月,席卿二十九歲。大考翰、詹列二等,賞紅紬袍料。七月,充山東鄉試正考官。

《清實録・德宗實録》卷十三載:"翰林院侍讀學士錫珍爲山東鄉試正考官,翰林院侍讀黄毓恩爲副考官。";《清史列傳》卷五十三:"光緒元年四月,大考翰、詹列二等,賞紅紬袍料。七月,充山東鄉試正考官。"

光緒二年（1876）五月。轉詹事府少詹事。十二月,升詹事。

《清史列傳》卷五十三:"二年五月,轉詹事府少詹事。十二月,升詹事。"《清實録・德宗實録》卷四十五亦載此事。

光緒三年（1877）三月。遷通政使司通政使。

《清實録・德宗實録》卷四十九:"（光緒三年三月）以詹事府詹事錫珍爲通政使司通政使。"《清史列傳》卷五十三亦載此事。另據趙爾巽等《清史稿》卷八十六所載:"穆宗祔廟,奉安中殿西第四室者,通政使錫珍説也。"也可佐證之。

光緒四年（1878）,遷都察院左副都御史。二月,北數省同被旱灾,京師流民增多,上喻設遷糧廠五座,著户部照數撥給,並著派錫珍等人分駐監放。

錫珍遷職一事在《清史列傳》有載,《清史列傳》卷五十三:"四年,遷都察院左副都御史。"《清實録・德宗實録》卷六十八記録了錫珍在都察院左副都御史任上一事："（光緒四年二月）諭內閣，步軍統領等衙門奏，遵旨會議安插外來貧民，請添設粥廠一摺。京師近日外來就食貧民，逐漸加增，所設粥廠，不敷安插，自應擇地添設，以惠窮黎，加恩著照所請。所有外城永定、左安、右安、廣安、廣渠等七門外，先行酌設糯廠五座，定期開放。所需粟米二千石，經費銀三千兩，著戶部照數撥給。由五城御史，各派公正紳士二人領取，認真經理，並著派錫珍、于淩辰、恩霈、懷塔布、李祉分駐監放。"據趙爾巽等《清史稿·德宗本紀一》卷二十三載："二月……丁酉，賑呼蘭災。己亥，下詔罪己。賑山西、河南饑。丙午，瘞災地遺骸。庚戌，免侯官被水丁糧。"又據《清實錄·德宗實錄》卷六十八所載"諭軍機大臣等，曾國荃奏……現在北數省同被旱災。"以及上文所提及"並著派錫珍、于淩辰、恩霈、懷塔布、李祉分駐監放"一段可知光緒四年二月北數省同被旱災，京師流民增多，光緒下詔於京師七城門設遷糯廠五座，所需經費著戶部照數撥給，時錫珍遷都察院左副都御史，遂並著派錫珍等監察人員分駐監放。

　　光緒五年（1879），正月，坐京察保列一等之御史被劾，降一級留任；旋升理藩院右侍郎。二月，調工部右侍郎兼管錢法堂事務。七月，授正黃旗漢軍副都統。八月，兼署兵部右侍郎。數日後，又暫署吏部右侍郎。九月，時查孝陵神廚庫房、暨孝東陵方城瓮券門、景陵龍鳳門並皇貴妃園寢西明樓等處工程，均有滲漏酥鹻情形，上著派錫珍敬謹查勘，奏明辦理。十一月，調刑部右侍郎。十二月，管理右翼幼官學事務。

　　光緒五年錫珍任職調動事宜於《清史列傳》《清實錄》中有載。《清實錄·德宗實錄》卷八十六："（光緒五年春正月）通政使司通政使錫珍爲理藩院右侍郎。"又卷八十七："（光緒五年二月）理藩院右侍郎錫珍爲工部右侍郎，兼管錢法堂事務。"又卷九十八："（光緒五年七月）以工部右侍郎錫珍爲正黃旗漢軍副都統。"又卷九十九：
"（光緒五年八月）工部右侍郎錫珍，兼署兵部右侍郎。""工部右侍
郎錫珍暫署吏部右侍郎。工部左侍郎師曾兼署戶部左侍郎兼管三
庫事務。"又卷一百零三："（光緒五年十一月）調工部右侍郎錫珍，
爲刑部右侍郎。"《清史列傳》卷五十三對此亦有載。

《清實錄・德宗實錄》卷一百記載了光緒五年九月錫珍在工部
右侍郎兼管錢法堂事務任上一事："（光緒五年九月）諭內閣榮頤等
奏，應行急修各工，請派員查勘一摺。孝陵神廚庫房暨孝東陵方城
瓮券門、景陵龍鳳門並皇貴妃園寢西明樓等處工程，均有滲漏酥齄
情形，著派錫珍敬謹查勘，奏明辦理。"朱壽朋《光緒朝東華錄》卷三
十對此事亦有載。

**光緒六年（1880），席卿三十四歲。三月，兼署吏部左侍郎。四
月，上諭命錫珍等八人爲殿試讀卷官。八月，兼署鑲白旗漢軍副都
統。九月，兼署工部右侍郎，兼管錢法堂事務。十二月，調戶部右
侍郎兼管錢法堂事務。**

《清實錄・德宗實錄》卷一百一十："光緒六年。庚辰。三月。
以刑部右侍郎錫珍、兼署吏部左侍郎。"又卷一百一十二："（光緒六
年夏四月）刑部右侍郎錫珍……爲殿試讀卷官。"又卷一百一十七：
"（光緒六年八月）以刑部右侍郎錫珍署鑲白旗漢軍副都統。"又卷
一百二十："（光緒六年九月）刑部右侍郎錫珍兼署工部右侍郎，兼
管錢法堂事務。"又卷一百二十五："（光緒六年十二月）調刑部右侍
郎錫珍爲戶部右侍郎，兼管錢法堂事務。"《清史列傳》卷五十三對
此亦有載。

**光緒七年（1881）二月，署正白旗護軍統領。三月，調正紅旗滿
洲副都統。四月，命爲副使，隨正使鑲白旗漢軍都統額勒和布前往**

朝鮮,頒發大行慈安端裕康慶昭和莊敬皇太后遺誥,途中見聞所感皆載日記之中,所録集成《奉使朝鮮紀程》,附詩草。十月,調吏部右侍郎;坐户部侍郎任内失察正紅旗章京冒領恤賞,降二級留任,旋即抵銷。

　　光緒七年(1881)錫珍任職之狀在《清史列傳》《清實録》中有載。《清史列傳》卷五十三載:"七年二月,署正白旗護軍統領。三月,調鑲紅旗滿洲副都統。十月,調吏部右侍郎;坐户部侍郎任内失察正紅旗章京冒領恤賞,降二級留任。旋即抵銷。"《清實録·德宗實録》卷一百二十七載:"(光緒七年二月)正黄旗漢軍副都統錫珍署正白旗護軍統領。"《清實録·德宗實録》卷一百二十八載:"(光緒七年三月)調正黄旗漢軍副都統錫珍爲正紅旗滿洲副都統。"

　　按,錫珍於光緒七年(1881)三月於滿洲都統調動一事,《清史列傳》卷五十三載爲:"調鑲紅旗滿洲副都統。"《清實録·德宗實録》卷一百二十八載爲:"調正紅旗滿洲副都統。"又《清實録·德宗實録》卷一百二十八載:"(光緒七年三月)鑲紅旗滿洲副都統安德因病乞休,允之。……丙子,調正白旗漢軍副都統德福,爲鑲紅旗滿洲副都統。"又卷一百二十九載:"(光緒七年夏四月)命鑲白旗漢軍都統額勒和布爲正使,正紅旗滿洲副都統户部右侍郎錫珍爲副使,前往朝鮮,頒發大行慈安端裕康慶昭和莊敬皇太后遺誥。"又卷一百四十五載:"(光緒八年夏四月)調正紅旗滿洲副都統錫珍爲鑲黄旗滿洲副都統。"可知光緒七年三月正白旗漢軍副都統德福被任命爲鑲紅旗滿洲副都統,四月正紅旗滿洲副都統户部右侍郎錫珍爲副使,前往朝鮮,光緒八年四月錫珍以正紅旗滿洲副都統之身調鑲黄旗滿洲副都統。由此推斷,錫珍於光緒七年三月應調爲正紅旗滿洲副都統,《清史列傳》卷五十三中記載疑有誤。

錫珍奉使朝鮮一事在《清實錄·德宗實錄》卷一百二十九有載:"(光緒七年夏四月)命鑲白旗漢軍都統額勒和布爲正使,正紅旗滿洲副都統户部右侍郎錫珍爲副使,前往朝鮮,頒發大行慈安端裕康慶昭和莊敬皇太后遺誥。"錫珍出使期間亦有《奉使朝鮮紀程》詳載此事,朱壽朋《光緒朝東華録》卷四百零一、徐世昌《晚晴簃詩匯》對此亦有載。

錫珍出使朝鮮此間有詩《朝鮮貧弱時事棘矣慨然有作》《遼陽城》《鳳凰邊門》《通遠堡》《游醫巫間》《納清亭》,其中遼陽城、鳳凰邊門、通遠堡、醫巫間在遼寧境内,納清亭在朝鮮境内。此間詩作多以景寄懷,感懷實事,記遠行之景,抒憂民之嗟。

光緒八年(1882)正月,兼署兵部右侍郎。四月,調鑲黄旗滿洲副都統。五月,署户部右侍郎兼管錢法堂事務。錫珍以八旗學校廢弛,疏請整頓,疏入,上韙之。五月,上調盛京户部侍郎恩福爲户部右侍郎兼管錢法堂事務,未到任前以錫珍兼署。六月,署倉場侍郎。十一月,上以全漕告竣,予錫珍議叙及餘升叙有差。

錫珍於光緒八年(1882)任職之狀,《清史列傳》《清實錄》中有載。《清實錄·德宗實錄》卷一百四十二載:"(光緒八年春正月)户部右侍郎錫珍兼署兵部右侍郎。"又卷一百四十五載:"(光緒八年夏四月)調正紅旗滿洲副都統錫珍爲鑲黄旗滿洲副都統。"又卷一百四十六載:"(光緒八年五月)調盛京户部侍郎恩福爲户部右侍郎兼管錢法堂事務,未到任前以吏部右侍郎錫珍兼署。"又卷一百四十七載:"(光緒八年六月)倉場侍郎繼格丁憂,以吏部右侍郎錫珍署倉場侍郎。"《清史列傳》卷五十三對此亦有載。

光緒八年(1882)五月錫珍上奏請整頓八旗學校。《清史列傳》卷五十三載:"錫珍以八旗學校廢弛,疏請整頓,略云:'圖治首在用人,而作人必自學校。祖宗深思指臂之難,廣設八旗官學,加意訓迪,使之共底於成。二百餘年，人材輩出。降至今日，百不逮一……'疏入，上韙之。"《清實録・德宗實録》卷一百四十五對此亦有載。

《清實録・德宗實録》卷一百五十五："（光緒八年十一月）以全漕告竣，予倉場侍郎游百川前署侍郎錫珍議叙，餘升叙有差。"

光緒九年（1883）三月，兼署刑部右侍郎。四月，保薦已革侍郎宗室寶廷"才尚有爲"，請棄瑕録用；湖北荆宜施道於蔭霖，請改用京秩，使朝夕獻納，克盡所長。上以所請非是，傳旨申飭。時癸未科考，上又命錫珍等八人爲殿試讀卷官。六月，轉左侍郎。九月，調倉場侍郎。十月，上諭内閣、錫珍、游百川奏，職官互相禀揭，請交部訊辦一折。十二月，錫珍以江浙二省來年冬漕，疏請飭提前趕辦，疏入，上韙之。

光緒九年錫珍任職情況，《清實録・德宗實録》卷一百六十一載："（光緒九年三月）吏部右侍郎錫珍兼署刑部右侍郎。"又卷一百六十五載："（光緒九年六月）轉吏部右侍郎錫珍爲吏部左侍郎。"又卷一百七十載："（光緒九年九月）調吏部左侍郎錫珍爲倉場侍郎"，《清史列傳》卷五十三對此亦有載。

光緒九年錫珍任上事務，《清史列傳》卷五十三載："四月，保薦已革侍郎宗室寶廷才尚有爲，請棄瑕録用。湖北荆宜施道于蔭霖請改用京秩，使朝夕獻納，克盡所長。上以所請非是，傳旨申飭。"《清實録・德宗實録》卷一百六十二亦對此有載。《清實録・德宗實録》卷一百六十二載："命協辦大學士吏部尚書李鴻藻……吏部右侍郎錫珍……爲殿試讀卷官。"又卷一百七十二載："（光緒九年十月）諭内閣，錫珍、游百川奏職官互相禀揭，請交部訊辦一摺。據稱通州西中二倉帶班章京岳興等禀稱，本月十六日……必須徹底根究，通倉首領鳳山，著暫行解任交刑部訊辦，章京岳興等，著一並聽候傳質"，朱壽朋《光緒朝東華録》卷五十六對此事亦有載；《清實録・德宗實録》卷一百七十五載："（光緒九年十二月）諭軍機大臣等，錫珍、游百川奏江浙二省來年冬漕，請飭提前趕辦一摺……應運漕糧請飭提前趕辦等語……不得稍涉遲延將此各諭令知之。"

　　光緒十年（1884）五月，以漕糧御史春等長上奏江浙漕糧未能一律干潔，米復潮漲，上著錫珍同游百川，將該御史等所陳情弊，確切查究，照例懲辦。同月，升都察院左都御史。閏五月，充總理各國事務衙門大臣。丁未，上命錫珍同廖壽恒、陳寶琛、吳大澂往天津會商法約，上又有法越交涉各事密諭於錫珍等。甲申，以津海關道盛宣懷被劾，與廖壽恒等奉旨查辦，查明上奏，上著盛宣懷交部議處。六月，奉旨赴津查周盛傳一案，見其無實在劣迹，上著毋庸置議。八月，遷刑部尚書，授鑲黃旗漢軍都統，管理户部三庫事務。九月，管理左翼幼官學事務。

　　光緒十年（1884）錫珍任職調動情況於《清史列傳》《清實録》《光緒朝東華録》中有載。《清史列傳》卷五十三載："十年五月，升都察院左都御史。閏五月，充總理各國事務衙門大臣。八月，遷刑部尚書，授鑲白旗漢軍都統，管理户部三庫事務。九月，管理左翼幼官學事務。"《清實録・德宗實録》卷一百八十三載："（光緒十年五月）倉場侍郎錫珍爲都察院左都御史。"又卷一百九十一載："（光緒十年八月）以都察院左都御史錫珍爲刑部尚書。""以刑部尚書錫珍爲鑲黃旗漢軍都統。"朱壽朋《光緒朝東華録》卷六十載："（光緒十年五月）以錫珍爲都察院左都御史。"卷六十四載："（光緒十年八月）以錫珍爲鑲黃旗漢軍都統。"

　　按，錫珍於光緒十年（1884）八月於漢軍都統調動一事，《清史列傳》卷五十三載爲"授鑲白旗漢軍都統"，《清實録・德宗實録》卷一百九十一載爲"以刑部尚書錫珍爲鑲黃旗漢軍都統"，朱壽朋《光緒朝東華録》卷六十四載爲"以錫珍爲鑲黃旗漢軍都統"。又據《清實録・德宗實録》卷一百八十四載："（光緒十年五月）以克勤郡王晋祺爲鑲白旗漢軍都統。"又卷二百二十三載："（光緒十二年春正月）調鑲黄旗漢軍都統錫珍爲鑲白旗滿洲都統，以都察院左都御史奎潤爲鑲黄旗漢軍都統。"可知光緒十年五月，克勤郡王晋祺被任命爲鑲白旗漢軍都統；光緒十二年正月，錫珍以鑲黄旗漢軍都統之身調爲鑲白旗滿洲都統；且在光緒十年八月至光緒十二年正月之間錫珍並無在都統任上調動記載。又因《清實録》《光緒朝東華録》皆記載光緒十年八月錫珍被調爲鑲黄旗漢軍都統，由此推斷，錫珍於光緒十年八月應調爲鑲黄旗漢軍都統，《清史列傳》卷五十三記載疑有誤。

錫珍進入總理各國事務衙門，始於光緒十年，《清實録・德宗實録》卷一百八十五載："（光緒十年閏五月）命……都察院左都御史錫珍……在總理各國事務衙門行走。"趙爾巽等《清史稿・德宗本紀》卷二十三載："閏五月乙巳，命……左都御史錫珍……並在總理各國事務衙門行走。丁未，命……錫珍、廖壽恒、陳寶琛、吴大澂往天津會商法約。"《清史列傳》卷五十三、朱壽朋《光緒朝東華録》卷六十一對此事亦有載。時閏五月，錫珍於總理各國事務衙門大臣任上，上又有法越交涉各事密諭於錫珍，《清實録・德宗實録》卷一百八十五載："又諭，法越交涉各事，前經李鴻章與法酋議定簡明條約，叠次諭令該署督將詳細條目豫爲籌畫……著派錫珍、廖壽恒、陳寶琛、吴大澂會同李鴻章詳細妥籌……即有一分之益，李鴻章著俟錫珍等到齊後……將此諭知錫珍、廖壽恒並由五百里密諭李鴻章、陳寶琛、吴大澂知之。"朱壽朋《光緒朝東華録》卷六十一對此亦有載。

光緒十年（1884）錫珍任上之事，《清實録・德宗實録》卷一百八十三載："（光緒十年五月）諭軍機大臣等，抽查漕糧御史春長等奏本屆江浙漕糧未能一律乾潔。近日米復潮漲，訊據經紀等供稱，想係由津抵壩撥船所致，請旨飭查等語。漕糧爲天庚正供，豈容稍滋弊竇。本屆運到之米，究竟因何潮濕，供詞殊屬游移，亟應查明究辦，以重倉儲。著錫珍、游百川將該御史等所陳情弊，確切查究，照例懲辦，原摺均著鈔給閱看，將此各諭令知之。"

光緒十年閏五月，錫珍奉命與廖守昌一道徹查盛宣懷被劾一事，《清實錄・德宗實錄》卷一百八十六載："（光緒十年閏五月）有人奏左宗棠保舉之署津海關道盛宣懷，鑽營牟利。在蘇州上海開設錢莊當店，與民爭利。……著錫珍、廖壽恒按照所參各節，確實查明，據實具奏，毋得稍有徇隱。"又卷一百八十八："又奏遵查盛宣懷參款，得旨盛宣懷被參逢迎接納等情。現經查明，無據可指。其開設錢莊當店……以致衆商疑慮，實難辭咎。盛宣懷著交部議處。"《錫珍廖壽恒奏查明盛宣懷被參各款摺》亦詳載此事。

六月，錫珍同廖壽昌一道前往天津調查周盛傳一案，《清實錄・德宗實錄》卷一百八十載："諭軍機大臣等，有人奏，風聞現在天津統帶淮軍之湖南提督周盛傳，盤剝兵丁，異常刻苦。該提督行爲跋扈，李鴻章受其挾制等語。天津屏蔽京師，關係甚重。周盛傳統帶防軍是否得力，所參各節，有無其事，著李鴻章悉心察看，據實具奏。"

又卷一百八十八載："（光緒十年六月）都察院左都御史錫珍等奏，遵查周盛傳參款。得旨周盛傳被參各款，現據查無實在劣迹，即著毋庸置議……此旨即著錫珍、廖壽恒傳令李鴻章知悉。"

《錫珍廖壽恒奏查明周盛傳被參各折》："值此海疆有事，周盛傳久統防營，即使小有過失，亦當在聖主矜全之列。現經臣等明查暗訪，其督辦屯田已有成效，其餘各款亦無實在劣迹可指……所有遵旨查明淮軍統領周盛傳被參各緣由，謹據實繕折復陳，伏乞皇太后、皇上聖鑑。謹奏。"

光緒十一年（1885）三月，命往天津會同全權大臣李鴻章與法
國使臣換約。六月，以臺灣道劉璈被劾，命馳赴江蘇會同巡撫衛榮
光同赴臺灣查辦；十月，得實，論如律。赴臺期間事宜皆載日記之
中，所錄集成《渡臺紀程》兩册，附詩草。十二月，主持修訂《欽定吏
部銓選則例》告竣。

關於光緒十一年三月錫珍前往天津會同全權大臣李鴻章與法
國使臣換約一事，《清實錄·德宗實錄》卷二百零五載："（光緒十一
年三月）諭軍機大臣等，大學士直隸總督李鴻章著作爲全權大臣，
與法國使臣辦理詳細條約事務。刑部尚書錫珍、鴻臚寺卿鄧承修
並著馳驛前往天津，會同商辦。""又諭，本日已有旨派李鴻章爲全
權大臣，與法國使臣辦理詳細條約事務，並派錫珍、鄧承修前往天
津會同商辦。法使巴德納不日到津，所有應議事宜，關係重大。李
鴻章務當與錫珍、鄧承修會同詳細妥籌，臨機因應……將此諭知錫
珍、鄧承修，並由五百里諭令李鴻章知之。"趙爾巽等《清史稿》卷二
十三、《清史列傳》卷五十三、《直督李鴻等奏與法使商議條約畫押
竣事摺》亦載此事。

錫珍同衛榮光於光緒十一年以臺灣道劉璈被劾赴臺灣查辦。
《清史列傳》卷五十三載："十一年，六月，以臺灣道劉璈被劾，命馳
赴福建會同巡撫衛榮光查辦，得實，論如律。"《清實錄·德宗實錄》
卷二百零九載："（光緒十一年六月）命刑部尚書錫珍，馳驛前往江
蘇，會同衛榮光查辦事件。"又卷二百一十載："（光緒十一年六月）
諭軍機大臣等，前有旨派錫珍前往江蘇。會同衛榮光查辦事件。
錫珍已於本日請訓。擬由海道赴滬。衛榮光著俟該尚書到後。即
行同赴臺灣，秉公查辦。所有應查各件，已交錫珍帶往，與該撫公
同閱看。將此由五百里諭令知之。"又卷二百十一載："（光緒十一

年秋七月）又諭，劉銘傳奏，據署臺澎道陳鳴志等，會稟劉璈，濫支虛冒各款，及提督高登玉、都司李德福，朋比爲奸……交錫珍、衛榮光，按照所奏各節，歸案訊辦，務須徹底根究，毋稍含混。"又卷二百一十八載："（光緒十一年十月）諭内閣，前據劉銘傳奏參臺灣道劉璈，貪污狡詐，劣迹多端。當將該員革職拏問，並將任所原籍資產，一並查抄。特派錫珍、衛榮光馳往查辦，兹據查明覆奏。此案劉璈被參鹽務礦務營私舞弊各節，經錫珍等傳集人證，詳核卷宗。雖多辦理不善，尚無侵吞虧短……已革臺灣道劉璈，著照所擬斬監候……知府劉濟南素行不檢，物議滋多，著一並革職。"錫珍《渡臺紀程》《準補鳳山知縣張星鍔稟揭臺彭道劉璈》、朱壽朋《光緒朝東華録》卷七十一、徐世昌《晚晴簃詩匯》對此亦有記載。

　　按，錫珍赴臺查案途徑江蘇期間有詩《寶應舟中》《曉至山陽》。據《清實録・德宗實録》卷二百一十載："（光緒十一年六月）諭軍機大臣等，前有旨派錫珍前往江蘇，會同衛榮光查辦事件。"可知錫珍於此時曾至江蘇，且其詩歌《寶應舟中》《曉至山陽》中寶應、山陽皆在江蘇境内，可知此二首皆作於錫珍赴臺經江蘇期間。

　　又據王叔磐，孫玉溱《古代蒙古族漢文詩選》考《寶應舟中》一詩："1884 年 8 月 23 日，法國艦隊在福建馬尾襲擊中國軍隊。由於倉促應戰，福建水師的十一艘軍艦和十九艘商船全被擊沉擊毁。‘海上歸槎迥'即暗指馬尾海戰失敗一事……中法戰爭中，清政府在戰爭有利的形勢下却向法國求和，簽訂喪權辱國的《中法會訂越南條約》（即《天津和約》，1885 年 6 月 9 日）。‘關河正洗兵'即暗指此事。"可推知此詩大致作於 1885 年中法戰爭後，亦可證明此點。

　　《欽定吏部銓選則例》卷一載："御覽仰祈，聖鑑事竊，臣部奏準修輯則例於上年十二月内告竣，謹繕黄册進"下有光緒十二年（1886），總負責人爲"吏部尚書鑲白旗滿洲都統管理户部三庫事物錫珍"。

光緒十二年（1886）正月，調鑲白旗滿洲都統。二月，調吏部尚書。三月，充會試正考官。以後又三場策題第三問內，錯誤甚多，上將錫珍等四人照出題錯三字例，各罰俸。七月，充崇文門正監督。六月，醇親王暨禮親王等復申訓政之請，錫珍同御史貴賢並以爲言，懿旨勉從之。秋七月，充崇文門正監督。八月，以錫珍四十生辰，賞賜有加，恩遇前所未有。十月，充會典館副總裁。

錫珍於光緒十二年任職情況，在《清史列傳》《清實錄》《光緒朝東華錄》中有載。《清實錄·德宗實錄》卷二百二十三載：“（光緒十二年春正月）調鑲黃旗漢軍都統錫珍爲鑲白旗滿洲都統。”又卷二百二十五載：“（光緒十二年三月）以吏部尚書錫珍爲會試正考官。”又卷二百三十載：“（光緒十二年秋七月）以吏部尚書錫珍爲崇文門正監督。”又卷二百三十三載：“（光緒十二年冬十月）……吏部尚書錫珍……爲副總裁官。”《清史列傳》卷五十三，朱壽朋《光緒朝東華錄》卷六十八、卷七十三對此事亦有載。

光緒十二年（1886）三月，錫珍充會試正考官，以後又三場策題第三問內，錯誤甚多，將正考官錫珍，副考官祁世長、嵩申、孫毓汶，照出題錯三字例，各罰俸九個月，係公罪例，準抵銷。光緒《欽定科場條例》卷十六《三場試題·考官出題·例案》載：“（十二年丙戌科會試三場策題）第三問內引用元《程氏讀書分年日程》，‘元’字誤書‘明’字，明《呂氏小兒語》，‘明’字誤書‘宋’字……應將正考官錫珍、副考官祁世長、嵩申、孫毓汶，均照出題三字例，各議以罰俸九個月，係公罪，例準抵銷。”

錫珍參與進言慈禧太后垂簾聽政一事於《清實錄》《清史稿》《蕉廊脞錄》中有載。《清實錄·德宗實錄》卷二百二十九載：“（光緒十二年六月）欽奉慈禧端佑康頤昭豫莊誠皇太后懿旨。醇親王奕譞奏，重申愚悃，吁請勉允訓政。禮親王世鐸等奏，再行瀝誠吁懇訓政數年錫珍等奏,揆時度勢……現既允準訓政,醇親王亦當以國事爲重,略小節而顧大局所管事宜仍著照常經理,俟數年後斟酌情形,再行降旨。"趙爾巽等《清史稿·德宗本紀》卷二十三載:"十二年。六月。庚辰,醇親王暨禮親王等復申訓政之請,尚書錫珍、御史貴賢並以爲言,懿旨勉從之。命醇親王仍措理諸務。"吳慶坻《蕉廊脞録》也對此有所記述。

時八月,錫珍年四十,上賜典於珍,《清史列傳》卷五十三載:"十二年,八月,以錫珍四十生辰,賜銅佛、如意、文綺、珍玩。"徐世昌《晚晴簃詩匯》卷一百六十四載:"年未強壯,令甲一品大臣六十以上,遇旬壽,有賜壽之典,上方文綺,世以爲榮,師以四十而得之,中朝知國故者,僉謂前所未有。"震鈞《天咫偶聞》卷四載:"近代席卿冢宰(錫珍),三十四爲冢宰,四十賜壽"。

光緒十三年(1887)二月,丁母憂。五月,百日孝滿。十二月,充經筵講官。

《清史列傳》卷五十三載:"十三年二月,丁母憂,五月,百日孝滿。十二月,充經筵講官。"《清實録·德宗實録》卷二百三十九載:"(光緒十三年二月)錫珍穿孝,以工部尚書崑岡兼署吏部尚書。吏部左侍郎松溎管户部三庫事務。怡親王載敦署鑲白旗滿洲都統。"翁同龢《翁同龢日記》:"光緒十三年二月三十日……吊錫席卿母喪,拜客歸。"

光緒十四年(1888),兼署鑲紅旗蒙古都統。

《清史列傳》卷五十三:"十四年,兼署鑲紅旗蒙古都統。"

光緒十五年(1889)二月,議覆御史屠仁守處分,下都察院議革職,加恩改爲革職留任。三月,兼署鑲黄旗漢軍都統。六月,因病乞假。九月,卒。有遺疏奏入。

錫珍因議覆御史屠仁守處分而險被革職一事，在《清史列傳》《清實錄·德宗實錄》《光緒朝東華錄》中均有載。《清史列傳》卷五十三："十五年（1889）二月，議覆御史屠仁守處分，嚴旨詰責，下都察院議革職，加恩改爲革職留任。尋以覃恩開復。"《清實錄·德宗實錄》卷二百六十六、朱壽朋《光緒朝東華錄》卷九十三對此事亦有載。

錫珍兼署鑲黃旗漢軍都統，《清實錄·德宗實錄》卷二百六十八載："（光緒十五年三月）以吏部尚書錫珍署鑲黃旗漢軍都統。"《清史列傳》卷五十三載："三月，兼署鑲黃旗漢軍都統。"

錫珍於光緒十五年身體抱恙，六月，因病乞假，至九月卒，見於《清實錄》《清史列傳》《光緒朝東華錄》中。

《清實錄·德宗實錄》卷二百七十一載："（光緒十五年六月）諭內閣，錫珍奏，病仍未痊，懇恩賞假，並請派署缺一摺。錫珍著賞假一個月。吏部尚書著麟書兼署。鑲白旗滿洲都統著崑岡兼署。"又卷二百七十四載："（光緒十五年九月）命奉恩輔國公載澤，帶領侍衛十員，往奠故吏部尚書錫珍茶酒，賞銀五百兩治喪。子仲燊以員外郎用。"

《清史列傳》卷五十三載："十五年，六月，因病乞假。八月，陳請開缺，再賞假一月。九月，卒。遺疏入，諭曰：'吏部尚書錫珍，持躬端謹，學問優長。由翰林洊陟卿貳，迭掌文衡；補授刑部尚書、調任吏部尚書、派充總理各國事務衙門大臣，克勤厥職。前因患病，迭次賞假。該尚書年力正強，方冀調理就痊，長資倚畀。茲聞溘逝，軫惜殊深！加恩著賞給陀羅經被，派奉恩輔國公載澤帶領侍衛十員即日前往奠醊。照尚書例賜恤，並著賞銀五百兩，由廣儲司給發，經理喪事。任內一切處分，悉與開復。應得恤典，該衙門察例具奏。伊子仲燊，著以員外郎用，以示篤念藎臣至意。'尋賜祭葬。

子仲燊,恩賞員外郎。"

朱壽朋《光緒朝東華録》卷九十六對此事亦有載。

徐世昌編《晚晴簃詩匯》卷一百六十四載:"年未强壯,令甲一品大臣六十以上,遇旬壽,有賜壽之典,上方文綺,世以爲榮,師以四十得之,中朝知國故者,僉謂前所未有。乃未及數年,師遂捐館,長衢中税,貴壽難兼,不勝摑門過墓之感。"

錫珍自升任侍郎後,歷充殿試讀卷官二次,朝考閱卷大臣一次,鄉會試覆試閱卷大臣四次,庶吉士散館閱卷大臣二次,拔貢朝考閱卷大臣一次。錫珍一生雅好詩文,弟子徐世昌謂其"登高能賦,倚馬成章,亦足見其大概矣"。其一生行迹徧及南北,南曾赴臺,又奉使喀爾喀、朝鮮各地,閎覽博物,又勤於公事政務,期間所感多寄於詩文,故其詩文多感懷之作,記遠行之景,抒憂民之嗟。詩無專集,傳今詩者約二百首,今有稿本《錫席卿先生遺稿》《奉使喀爾喀紀程》,主持編纂《欽定吏部銓選則例》《欽定吏稽勛司則例》《八旗駐防考》《國朝典故志要》。

《清史列傳》卷五十三:"錫珍自升任侍郎後,歷充殿試讀卷官二次,朝考閱卷大臣一次,鄉會試覆試閱卷大臣四次,庶吉士散館閱卷大臣二次,拔貢朝考閱卷大臣一次"。《清實録·德宗實録》對此亦有載。

錫珍於同治十三年(1874)、光緒七年(1881)、光緒十一年先後奉使喀爾喀、朝鮮並赴臺,光緒五年,充總理各國事務衙門大臣,親歷衆多對外條約之簽訂,期間所感多存於詩文之中,故其詩文留有衆多史料。恩華《八旗藝文編目》載其有《臺灣日記》《朝鮮日記》《喀爾喀日記》。其詩文多感懷之作,記遠行之景,抒憂民之嗟。錫珍《奉使朝鮮紀程》中有《朝鮮貧弱時事棘矣慨然有作》一詩云:"營州踰海地東偏,猶是箕封禮俗傳。赫赫中天依日月,茫茫下土奠山川。海潮終古無消長，人事於今有變遷。漫説通商爲受命，他時涕出更誰憐。"實感朝鮮之羸弱，憂清之頽勢。其《鳳凰邊門》云"除是皇華使，誰停問俗輶"、《奉使喀爾喀紀程》云"庚辰，抵懷來縣，土潤溽暑，田家作苦，頭戴笠子日卓午，揮汗如雨，汗滴禾下土。觀乎此，而行旅之況瘁，焕然釋矣"，亦可窺其憂民之情也。

徐世昌《晚晴簃詩匯》卷一百六十四："席卿冢宰師，承簡勤、勤襄二公之緒，早年登第，敭歷清華，洊陟正卿……師於同治甲戌賜奠喀爾喀，光緒辛巳頒詔朝鮮，乙酉讞獄臺灣，皆有日記。海陸遄征，咨諏所及，地形夷險，民氣慘舒，尤三致意焉。詩無專集，今所録者，皆采自日記中。登高能賦，倚馬成章，亦足見其大概矣。"

錫珍歷任吏部尚書、刑部尚書等要職，主持編纂《欽定吏部銓選則例》《欽定吏稽勛司則例》《八旗駐防考》《國朝典故志要》，是研究清代史實的重要材料。鄧之誠《鄧之誠文史札記》中曾稱贊道："民國三十二年（1943），一月五日……今日入城本意在托松崎代賣《錫珍手稿四種》，可得千金，已略有成説……比略翻一過，覺《八旗駐防考》及《國朝典故志要》，實爲奇書，意戀戀，不能舍，寧饑死亦不欲出手也。"

席卿有子六人。子端恭，内務府主事。子華堪，吏部尚書。子仲燊，員外郎。

《清史列傳》卷五十三："子仲燊，恩賞員外郎。"

傅嬙《末代皇妃文綉的一生》："錫珍有子六人，長子叫端恭，承父祖餘蔭，在内務府當一個叫'主事'的小差事。……我祖父華堪，行五，在清末官至吏部尚書。"

按，額爾德特氏家譜今已佚失。據溥儀《我的前半生》載："這是滿洲額爾德特氏端恭的女兒，名叫文綉。"可知文綉之父爲額爾德特氏端恭，又傅嬙爲文綉之侄女，《末代皇妃文綉的一生》一書爲其據家人所憶并合史書所載而成,故以此爲據。

弟子**徐世昌**(1855—1939),字卜五,號菊人。光緒三十一年(1905)任軍機大臣,民國七年(1918),選爲民國大總統。有《晚晴簃詩匯》《清儒學案》《退耕堂集》《水竹村人集》等。

徐世昌《晚晴簃詩匯》卷一百六十四有"席卿冢宰師"云云,可證其爲錫珍弟子。

賀新培《徐世昌年譜》:"咸豐五年乙卯(1855)九月十三日辰時,生於河南衛輝府城内曹營街寓室。""光緒十二年丙戌(1886),三十二歲。正月,下旬偕弟世光赴京應禮部會試。三月,抵京。……是科會試總裁吏部尚書錫席卿珍。""民國七年九月四日,參、衆兩院并聯合席會選舉大總統,列席凡四百三十六人,公以四百二十五票當選。"《清實錄·德宗實錄》卷五百四十五:"(光緒三十一年)命署兵部左侍郎徐世昌在軍機大臣上學習行走。"

李鴻章、翁同龢、曾紀澤、吳大澂、邵亨豫等漢族文人均與錫珍有交游往來。

李鴻章曾與錫珍有多篇信件:光緒九年(1883)十月十七日有《復倉場總督部堂錫》,光緒十年十二月初八有《致刑部大堂錫》,光緒十一年十二月初八有《賀刑部大堂錫年節》。

翁同龢《翁同龢日記》曾多次提及與錫珍往來之况,如:"光緒五年十二月初七……到蔭軒處,紹彭、敏生、錫席卿在彼,看敏生所擬公折稿,極妥洽,明日將畫之。"同年一月二十日、十一月三十日也有提及。又如:"光緒十二年十月廿一日……今日本借伊庵人請六舟,昨六舟辭,故頌閣另請錫席卿、變臣及余,反客爲主,乃六舟今日誤會,於未初到頌閣處,時庵人尚未歸也,匆匆食葱餅去,余等申初集,戌初散。""(光緒十二年)十二月初十……赴閣相招,錫席卿先在彼,看所收字畫,直待至申初多,額、張二相、許星叔、孫萊山始集,酉正散,菜甚佳。"光緒四年、六年、九年、十三年亦有多處提及與錫珍之往來。

曾紀澤《出使英法俄國日記》中亦有提及與錫珍之往來:"十日⋯⋯午初二刻,往譯署,與席卿、小雲、仲山久談。""十七日⋯⋯茶食後,錫席卿、廖仲山陸續至,席卿先去,小雲於飯時至,四人與丁韙良同飯。""廿五日⋯⋯至譯署,飯後,與席卿、仲山一談。"

吳大澂《四家書札》:"錫席卿同年,廖仲山親家,尚有查辦事件,約需初十後回京,不能久在此候送。"

邵亨豫《願學堂詩存》中《次日寅刻起作》詩後自注:"同祁子禾宗伯錫席卿司寇考試漢謄録。"《夜衷》詩後有自注:"同子禾席卿同登明遠樓眺望。"

參考文獻:

1. 錫珍《欽定吏部銓選則例》,光緒十二年刻本。

2. 錫珍《錫席卿先生遺稿》,北京大學圖書館藏清光緒間稿本。

3. 志潤《日下聯吟詩詞集》,國家圖書館藏光緒五年丁溪新館刻本。

4. 朱壽朋《光緒朝東華録》,中華書局 1958 年版。

5. 趙爾巽等撰《清史稿》,中華書局 1977 年版。

6. 震鈞著,顧平旦點校《天咫偶聞》,北京古籍出版社 1982 年版。

7. 王鍾翰點校《清史列傳》,中華書局 1987 年版。

8.《清實録》,中華書局 1987 年版。

9. 徐世昌《晚晴簃詩匯》，中華書局 1990 年版。

10. 恩華《八旗藝文編目》，遼寧民族出版社 2006 年版。

11. 畢奧南《清代蒙古游記選輯三十四種》，東方出版社 2015 年版。

（王成海）

黃遵憲傳

黃遵憲,字公度,別署觀日道人、東海公、法時尚任齋主人、水蒼雁紅館主人、布袋和尚、公之它、拜鵑人,廣東嘉應(今梅州市)人。道光二十八年(1848)生。

趙爾巽等《清史稿》卷四百六十四《黃遵憲傳》:"黃遵憲,字公度,嘉應州人。"錢仲聯《黃公度先生年譜》(黃遵憲著,錢仲聯箋注《人境廬詩草箋注》):"黃先生遵憲,字公度,別署觀日道人、東海公、法時尚任齋主人、水蒼雁紅館主人、布袋和尚、公之它、拜鵑人,世爲廣東嘉應州人。"

《黃公度先生年譜》道光二十八年:"四月二十七日,先生生於廣東嘉應州城東門外之攀桂坊。"

天資聰穎,三歲由其祖母口授《千家詩》。四歲就塾,學詩學文,少懷大志,鄉里甚推異之。

《黃公度先生年譜》咸豐元年(1851):"八月開蒙,塾師爲李伯陶。"咸豐七年:"先生學爲詩,塾師以梅州神童蔡蒙吉'一路春鳩啼落花'句命題,先生有'春從何處去?鳩亦盡情啼'之句,師大驚,次日令賦'一覽衆山小',先生破題云:'天下猶爲小,何論眼底山!'因是鄉里甚推異之。"黃遵楷《先兄公度先生事實述略》(北京大學中文系近代詩研究小組編《人境廬集外詩輯》):"先兄少聰穎,先曾祖

1029 •

母孫曾數十人,特鍾愛之。甫學語,即教以誦詩識字,親屬多銜之。一日,先曾祖母命試以詩,題曰'一覽衆山小',先兄應聲曰:'天下猶爲小,何論眼底山!'先曾祖母喜曰:'此兒志趣遠大,他日將窮四極而步章亥,吾寧勿愛乎!'"

同治三年(1864),始從事於學。

黃遵憲《致梁啓超函》(1902年4月)(陳錚編《黃遵憲全集》,上册):"吾年十六七始從事於學,謂宋人之義理、漢人之考據,均非孔門之學。《詩集》中開宗明義第一章,所謂'均之筐篋物,操此何施設'者也。"

同治六年(1867)春,應院試入州學,學使爲會稽杜耀川學士。七年作《雜感》詩,有"吾手寫吾口,古豈能拘牽"之語,爲別創詩界之論。十年,補廩膳生。十一年,取拔貢生。

黃遵憲《與丘菽園書》(《黃遵憲全集》,上册):"思少日喜爲詩,謬有別創詩界之論。然才力薄弱,終不克自踐其言。譬之西半球新國,弟不過獨立風雪中清教徒之一人耳。若華盛頓、哲非遜、富蘭克林,不能不屬望於諸君子也。"

按,《黃公度先生年譜》同治七年:"《雜感》詩編次在《長子履端生》下,當爲先生二十一二歲時所作。"

同治十三年(1874),與友人胡曉岑等由海道北上,經天津入京應廷試,不中。時其父鴻藻在京供職,遂留侍京寓,深得同鄉何如璋器重。光緒元年(1875)八月,丁日昌奉命督福建船政,後任福建巡撫,欲延致幕下。公度將應順天鄉試,不果往。

《黃公度先生年譜》同治十三年:"四、五月間,抵京師,寓嘉應會館,與胡曉岑爲鄰,昕夕過譚,論文甚樂。同時相過從者,又有潯州賴雲芝鎮平鍾赤華。""先生在京師,鄉前輩何子峨侍講、鄧鐵香、舅氏鍾遇賓兩侍御尤推重之。"

《先兄公度先生事實述略》:"時先君供職農曹,遂留侍京寓。"

黄遵憲《日本雜事詩》王韜序:"公度,嶺南名下士也。今豐順丁公尤器重之,亟欲延致幕府,而君時公車北上,以此向左。"

光緒二年(1876),以舉人入貲爲道員,充使日參贊。後因薩摩兵亂暫緩行期,於次年八月二十三日乘海安號由上海啓程,三日後抵日本長崎港。是年末,租定公使館於東京芝山月界僧院。網羅舊聞,參考新政,廣徵博引,撰寫《日本國志》。

《清史稿》本傳:"以舉人入貲爲道員,充使日參贊。著《日本國志》,上之朝。"

《黄公度先生年譜》光緒二年:"八月,先生中式順天鄉試第一百四十一名舉人。……先生入貲以五品銜揀選知縣用,又入貲爲道員。十二月,清政府以翰林院侍講大埔何子峨出使日本,候選知府慈溪張魯生爲副使。以先生充使日參贊。"

黄遵憲《日本國志》自序:"丙子之秋,翰林侍講何公實膺出使日本大臣之任,奏以遵憲充參贊官。竊伏自念今之參贊官,即古之小行人、外史氏之職也。使者捧龍節,乘駟馬,馳驅鞅掌,王事靡益,蓋有所不暇於文字之末。若爲之寮屬者,又不從事於采風問俗,何以副朝廷咨諏詢謀之意。既居東二年,稍稍習其文,讀其書,與其士大夫交游,遂發凡起例,創爲《日本國志》一書。"

梁啓超《嘉應黄先生墓誌銘》(《人境廬詩草箋注》):"先生以拔貢生中式光緒二年順天鄉試舉人。旋隨使日本。"

黄遵憲《人境廬詩草》康有爲序:"及參日使何公子峨幕,讀日本維新掌故書,考於中外之政變學藝,乃著《日本國志》,所得於政治尤深浩。"

《日本國志》薛福成序：“嘉應黄遵憲公度以著作才屢佐東西洋使職，光緒初年爲出使日本參贊，始創《日本國志》一書，未卒業，適他調，旋謝事，閉門賡續成之。采書至二百餘種，費日力至八九年，爲類十二，爲卷四十，都五十餘萬言。”

使日期間著有《日本雜事詩》，海内外廣爲流布，詩碑可見於今東京平林寺中。

《日本雜事詩》自序：“余於丁丑之冬，奉使隨槎。既居東二年，稍與其士大夫游，讀其書，習其事。擬草《日本國志》一書，網羅舊聞，參考新政。輒取其雜事，衍爲小注，串之以詩，即今所行《雜事詩》是也。”“此篇草創於戊寅之秋，脱稿於乙卯之春。日本名宿若重野成齋、岡鹿門、青山鐵槍、蒲生子暗諸君子皆手加評校，丹黄燦然，溢於簡端。余爲之易稿者四。繕録既畢，上之譯署。譯署以聚珍版印之。其後香港循環報館、日本鳳文書坊又各縮爲巾箱本。”

《日本雜事詩》王韜序：“既副皇華之選，日本人士耳其名，仰之如泰山北斗，執贄求見者户外履滿。而君爲之提唱風雅，於所呈詩文，率悉心指其疵謬所在。每一篇出，群奉爲金科玉律，此日本開國以來所未有也。……今公度出其嘉猷碩畫，以佐兩星使於遣大投艱之中，而有雍容揖讓之休，其風度端凝，泂乎不可及也。又以政事之暇，問俗采風，著《日本雜事詩》二卷，都一百五十四首。叙述風土，紀載方言，錯綜事迹，感慨古今，或一詩但紀一事，或數事合爲一詩，皆足以資考證，大抵意主紀事，不在修詞，其間寓勸懲，明美刺，具存微旨，而采據浩博，搜輯詳明，方諸古人，實未多讓。”

《黄公度先生年譜》光緒五年：“先生之著《日本雜事詩》也，稿凡四易而始成，一日携其初稿出示源桂閣，源君嘆服不置，欲爲珍藏於其家，而先生弗願也。繼乃埋葬於東京隅田川畔源氏桂林閣之園中，立石碑以志始末，時爲本年九月。碑爲圓柱形，周六英尺二英寸,高四英尺,其出地面部分計三英尺。碑之陽面,由先生親題'日本雜事詩最初稿冢',旁書'公度應桂閣屬'等字,陰面則源君所作《葬詩冢碑陰志》也,其文曰:'是爲公度葬詩冢也。公度姓黃氏,名遵憲,清國粵東嘉應州舉人。明治丁丑隨使來東京,署參贊官。性雋敏曠達,有智略,能文章。退食之暇,披覽我載籍,咨詢我故老,采風問俗,搜求逸事,著《日本雜事詩》百餘首。一日過訪,携稿出示,余批誦之,每七絕一首,括記一事,後系以注,考記詳核,上自國俗遺風,下至民情瑣事,無不編入咏歌,蓋較《江戶繁昌記》《扶桑見聞記》,尤加詳焉。而出自異邦人之載筆,不更有難哉!'"按,詩冢後被移置東京北部平林寺中。

時協助公使何如璋處理中日外交折衝,爲琉球、朝鮮事獻計獻策。

《黃公度先生年譜》光緒四年:"先生在日本參贊任。使館中事,多待決於先生。"

《嘉應黃先生墓誌銘》:"當爲日本使館參贊也,日本方覬我琉球,且覬及朝鮮。先生告使者,乘彼謀未定,先發制之。具牘數千言,陳利害甚悉。"

吳天任《清黃公度先生遵憲年譜》光緒五年:"日本謀奪我藩屬琉球,先生爲何使致書清廷總理各國事務衙門,及北洋大臣,前後數十函,通陳利害,主張强硬對付,力爭主權,策日本當時國勢,謂我若堅持,彼必我屈。時日方要求與我會議改訂利益均沾之約,先生謂宜聯絡美英諸國,撤使罷議。更痛論當此縱橫之局,必先審勢而後可以評理,必敢言兵而後可用兵。"按,文中"先生爲何使致書清廷總理各國事務衙門",即何如璋《與總署總辦論球事書》(《茶陽三家文鈔·何文僖文鈔》卷中),書云:"今日本國勢未定,兵力未强,與日爭衡,猶可克也。隱忍容之,養虎坐大,勢將不可復製。況琉球迫近臺灣，若專爲日屬，改郡縣、練民兵，資以船炮，擾我邊陲，臺澎之間，將求一夕之安不可得。即爲臺灣計，今日爭之，其患猶紓；今日棄之，其患更亟也。……爲今之計，一面辯論，一面遣兵舶責問琉球，徵其貢使，陰示日本以必爭，則東人氣懾，其事易成，此上策也。據理與爭，止之不聽，約球人以必救，使抗東人，日若攻球，我出偏師應之，內外夾攻，破日必矣，東人受創，和議自成，此中策也。言之不聽，時復言之，或援公法，邀各使評之，日人自知理屈，球人僥幸圖存，此下策也。坐視不救，聽日滅之，棄好崇仇，開門揖盜，是爲無策。"

黃遵憲《致王韜函》（光緒五年十二月二十三日，《黃遵憲全集》，上冊）："本謂本署初次照會失於無禮，議撤議激言者屢矣。自楊越翰新聞一出，反謂其行文無禮，乃緘口不復道。此蓋中間人補救之力亦不尠也。此事本無輕重。臺灣一案亦定議後互撤照會，惟彼國必欲挑此，恐中土之迂腐無識者，反謂以文字啓禍，則悠悠之口，難於爭辯耳。日本之處心積慮欲滅球久矣，使者之爭非爭貢也，意欲借爭貢以存人國也。本係奉旨查辦之件，曾將此議上達樞府，復經許可後發端。此中曲折，局外未能深知，敢爲先生略言之。"

黃遵憲《致王韜函》（光緒七年六月十三日，《黃遵憲全集》，上冊）："去歲八月，有修信使金宏集來此，弟爲之代作策論一篇，文凡萬字，大意以防俄爲主，而勸以親中國，結日本，聯美國。"按，此處所指即爲《朝鮮策略》。

《黃遵憲與金宏集筆談遺稿》（光緒六年八月二日，《黃遵憲全集》，上冊），黃遵憲曰："僕平素與何公使商略貴國急務，非一朝一夕，今輒以其意見書之於策，凡數千言。知閣下行期逼促，恐一二見面不達其意，故邇來費數日之力草，雖謹冒瀆尊嚴上呈，其中過激之言，千萬乞恕，鑑其愚而憐其誠，是禱。"金宏集曰："見示冊子，萬萬感銘，勝似逢場筆話多矣。得暇奉閱，仍當携歸，俾我國人咸知上國諸公之眷念如是厚且摯矣。"

光緒八年（1882），調任美國舊金山總領事。任期内盡職盡責，捍衛華僑華工權益。

《黃公度先生年譜》光緒八年："本年春，先生奉命調任美國三富蘭西士果總領事。"《人境廬詩草》卷九《續懷人詩》自注："壬午春，余往美洲。"

《清史稿》本傳："旋移舊金山總領事。美吏嘗藉口衛生，逮華僑滿獄，遵憲徑旨獄中，令從者度其容積，曰：'此處衛生，顧右於僑居耶？'美吏謝，遽釋之。"

《嘉應黃先生墓誌銘》："美人嫉吾民之僑彼境者，蓄志擯之，先生既以先事御之之謀告其上而不用，乃盡其力所能及以爲捍衛。美政府嘗藉口衛生，係吾民數千，先生數語捭闔而脱之，且責償焉。吾嘗游美洲，去先生爲領事時且二十餘年矣，而吾民尚稱道此事不容口。"

《先兄公度先生事實述略》："東居五載，以星使差滿，奉調赴美，駐札桑佛蘭西斯哥總領事，即華人所通稱曰舊金山大埠是也。先是美國嘉厘寬尼省之埃利士工黨，嫉華工之勤能而值賤，不足與競，擬設新例以排斥之。適中美約期届滿，美特遣使三人來華，議改約事，道出日本。先兄廉得其情，謂三使者有袒華人、有袒工黨、有中立者，揣其用意，不過曲循民情，藉以分謗。中國若堅持却之，使袒華人者得所藉口以中國之不願，商約不改，則新例自不能行。詎知約既改矣，工黨之新例適於先兄到美之日而發生其效力，乃苦心焦思，設法挽救。所有僑商回華，請由領事發給護照，爲再來之據；並請律師控訴，以駁其新例。由是華商人等由他國來美及曾寓美國再來與執持領事護照而復來者，均得通行無阻。即華工假道金山，往來檀香山、域多利、巴拿馬等處者，亦由領事給照，無所留難矣。新例雖行，乃變逐客之令爲防禦新客之舉，追尋往昔，不禁爲之低徊不置云。其他聯合會館、消弭械鬥，華人感之，美人亦未嘗不敬愛之也。”

施吉瑞《金山三年苦：黃遵憲使美研究的新材料》（《中山大學學報》2016 年第 1 期）：“在助手傅烈秘（Frederick Bee，1825—1892）的協助下，他開始了針對排華立法的合法鬥爭，市、州、聯邦政府逐級展開，取得了一些重要的勝利。他成功地將唐人街原本反目的不同社團整合成統一的中華會館。他幫助那些多種族結合的家庭，這些人飽受反通婚法律及懷有敵意的公眾的壓力。他迫使加州政府同意華人孩子也可以進入公立學校接受教育，並在唐人街創建第一所華人公立學校。在那樣一個所有公立醫院都不接受華人病人、華人得重病只能暴屍街頭的年代，黃遵憲協助購買了用於在舊金山開辦第一所華人醫院的土地。”

光緒十一年（1885）九月，由美抵廣州。歸鄉後重事編纂《日本國志》，十三年五月書成。

《人境廬詩草》卷八《題樵野丈運甓齋話別圖》自注：“乙酉九月，遵憲歸自美國。”

《先兄公度先生事實述略》：“領事任滿，乞假回國，發篋續成《日本國志》一書，意在借鏡而觀，導引國人，知所取法。然至甲午以後，始有知者。雖風行一世，而時已晚矣。且其書成太早，凡日本之整理財政、改革幣制、設立議院以後種種事實，不及記述，良可惋惜。”

《日本國志》自序：“乙酉之秋，由美回華，星使鄭公既解任，繼之者張公仍促余往，而兩廣制府張公又命遵憲爲巡察南洋諸島之行。遵憲念是書棄置可惜，均謝不往。家居有暇，乃閉門發篋，重事編纂,又幾閱兩載而後書成。凡爲類十二,爲卷四十。"《人境廬詩草》卷五《〈日本國志〉書成志感》:"湖海歸來氣未除,憂天熱血幾時攄。千秋鑑借吾妻鏡,四壁圖懸人境廬。改制世方尊白統,罪言我竊比黄書。頻年風雨雞鳴夕,灑泪挑燈自卷舒。"

《黄公度先生年譜》光緒十三年:"采書至二百餘種,費日力至八九年。爲類十二,爲卷四十,都五十餘萬言。其總目爲:卷首,《中東年表》。第一,《國統志》,凡三卷。第二,《鄰交志》,凡五卷。第三,《天文志》,凡一卷。第四,《地理志》,凡三卷。第五,《職官志》,凡二卷。第六,《食貨志》,凡六卷。第七,《兵志》,凡六卷。第八,《刑法志》,凡五卷。第九,《學術志》,凡二卷。第十,《禮俗志》,凡四卷。第十一,《物産志》,凡二卷。第十二,《工藝志》,凡一卷。稿本寫成四份:一送總理各國事務衙門,一送李鴻章,一送張之洞,自存一份。"

按,黄遵憲在《日本國志自序》中指出"乙酉之秋,由美回華",而施吉瑞根據《舊金山紀事報》(San Francisco Chronicle)上專欄"碼頭與波浪"(Wharf and Wave)和《上加州日報》(Daily Alta California)中"汽輪動向"(Steamer Movements)中登載的船舶出發日期推定黄遵憲於光緒十一年八月十二日(1885 年 9 月 19 日)乘坐"北京號"啓程回國。

光緒十五年(1889),以二品頂戴分省補用道充駐英二等參贊。赴英後使事之餘重訂《日本雜事詩》,着手編輯《人境廬詩草》。

《黄公度先生年譜》光緒十五年:"冬,袁爽秋爲總理各國事務衙門總章京,叔耘使歐,爽秋密以先生薦而不語先生。先生遂被命以二品頂戴分省補用道充駐英二等參贊。"光緒十六年:"正月十一日,出使英、法、意、比四國大臣薛叔耘,自上海乘法公司伊拉瓦第船放洋。先生則定明在香港守候。十四日,船抵香港。十六日,先生携次子仲雍、一僕，由嘉應州來，登舟，午正一刻開行，未初二刻出口。……(三月)十七日，薛使率參贊馬清臣暨先生，覲見英女王維多利亞於溫則行宮，呈遞國書。先生有溫則宮朝會詩，使館中凡上行之文奏疏，薛使自任之；下行之文批札及例行公牘，皆先生任之；平行之文總理各國事務衙門及南北洋沿海督撫書函公牘，則許靜山任之。”

《日本雜事詩》自序：“使事多暇，偶翻舊編，頗悔少作。點竄增損，時有改正，共得詩數十首，其不及改者，亦姑仍之。”《黃公度先生年譜》：“改訂《日本雜事詩》爲定本二卷。上卷刪二首，增八首；下卷刪七首，增四十七首。共有詩二百首。”

《黃公度先生年譜》光緒十五年：“先生自本年起，始自輯詩稿。自謂四十以前所作，多隨手散佚，至是憤時勢之不可爲，感身世之不遇，誓將自逃於詩忘天下，乃始薈萃成編，藉以自娛。”

光緒十七年(1891)七月，總理各國事務衙門奏準設立新嘉坡總領事，以黃遵憲充任。八月，離英赴任。十月初，抵新嘉坡。詳察南洋各島情形，查訪僑民疾苦，改善僑胞待遇；並奏開海禁、嚴禁虐待歸僑。後中日戰事起，張之洞自湖廣總督移署兩江，以籌防需人，電奏調黃遵憲回國。二十年十一月中旬，解任歸國。

薛福成《出使日記續刻》卷二：“余前與英外部商定香港設領事，新嘉坡領事改爲總領事官，於正月間具折陳奏，奉旨交總理衙門議奏。會有沮之者，總理衙門遂久擱不覆。而外部亦乘機稍有翻異，謂香港領事，先給試辦一年准照。如不侵英官之權，不違華民之意，即可換給長年准照。而沮之者因得益以爲辭，欲罷此事。余屢發電爭之，相持未決。至是適因新嘉坡領事左秉隆以親老多病告假回籍，左即擬調香港領事者也。余乃爲調停之法，電致總理衙門云：‘擬暫緩港事，請先議准新嘉坡總領事，幷發憑以便請外部給准照。此事關係南洋全局，亦不牽涉他事，且爲英待中國與他國一律之據，似應受之。'旋接回電云：'新嘉坡總領事已奏准以黃遵憲充補。'云云。"

《清黃公度先生遵憲年譜》光緒十八年："去年先生到任一月，即詳察南洋各處情形，並出巡所轄各島，銳意以興利除弊保護僑胞爲職志。本年上書薛使，彙舉海外僑民與内地互相關涉，而須予分別查察禁革者，凡有多項：如嚴查出海船舶販私，調處財産糾紛，交涉引渡逃犯，防禁誘拐人口，與會黨尋仇，截殺歸僑，盜取財物等，莫不悉力以赴。於防緝會黨尋仇以下各節，尤爲僑胞稱頌。"

《先兄公度先生事實述略》："當在金山，美人下逐客令，唯恐華僑之不能復來；及在新嘉坡，英政寬大，又恐華僑之不願回國。乃請薛使奏開海禁，康乾間海寇充斥，有沿海居民不許出洋、違者以海賊論之禁令。旋有閩人蔡某，挾資回國，鄉人索勒不遂，誣通海賊，殺之。南洋閩籍僑民相與以歸國爲戒。以堅華僑内嚮之心；並咨請閩粵總督，出示嚴禁虐待回籍之僑民；復照會沿海道府，轉飭州縣，妥爲保護：務使内地官長與外洋領事息息相通，僑民之往來其間者無冤抑、無枉縱而已。"

《清黃公度先生遵憲年譜》光緒十九年："八月，清廷明令廢除海禁，保護歸僑，並嚴禁唆擾勒索等弊，蓋循薛使據先生陳請而有此諭。論者謂此諭乃中國保護歸僑之主張，亦即先生在總領事任内最值得紀念之政績也。"

《人境廬詩草》卷九《己亥雜詩》自注："張香濤制府署兩江總督，於受事之日，即電奏調余回華。"

陳衍《石遺室詩話》卷八："甲午中日之役，君方爲新嘉坡總領事。張廣雅督部由湖廣移署兩江，以籌防需人，檄調回。"

回國後供職江南，辦理五省教案，成效斐然。《馬關條約》簽訂後，主持蘇杭兩地談判。

《黃公度先生年譜》光緒二十一年（1895）："先生至江寧，謁總督張之洞，昂首足加膝，搖頭而大語。之洞委先生爲江寧洋務局總辦，辦理五省堆積之教案。"

《先兄公度先生事實述略》："其明年，駐京法使施柯蘭照會總署，以前商江南、江西、浙江、湖南、湖北各省未結教案，由南洋大臣派員與法國駐滬總領事商辦了解，應請速行。南洋准咨，仍限於本省教案，委諸先兄；其他各省，分咨自辦。而法總領事往來照會，對於先兄，則稱爲總署委員。迨江南教案就緒，各省相繼踵來。不及數月，舉大江以南，數十年懸而未結之教案，無賠償，無謝罪，無牽涉正紳，無波及平民，一律清結。領事感其神速，主教服其公平。從前地方官吏，於條約章程素未寓目，理所應許，靳而不予。一遇有事，輒倉皇失措，視教士爲外國所派之官，教民如本國化外之民，種種謬誤，因而演出。教士之把持，教民之恃勢，平民之積怨者，固不能爲外人咎；而教士之橫行圖賴，僞造契據，藉端恐嚇，甚至擅用平移總督之官封文套者，亦未嘗無人。當時住江陰教士彭安多，即用此封套。先兄一以遵守約章，檢查證據，應予則予，應斥則斥，如庖丁屠牛，迎刃而解。法總領事猶以私人交誼，贈之以拿破侖銅像，以作紀念。"

《嘉應黃先生墓誌銘》："江、鄂四省，教案積數十起，連十數年，文牘盈尺，莫能斷結。及先生受委，則浹月而決之，教士撟舌而不敢爭。異時沿江沿海，劃地爲市，租借外旅，命曰租界。始事者昧於國際法，於界内界以治外法權，喪威失權，悔不可追。先生恫之。值甲午之役，約以蘇州、杭州兩處爲租界予日本。授受之際，先生適主其事，乃曰：'蘇、杭腹地，非江海口岸比。'因議自營市政，凡所以便外旅者,纖悉備至,而獨於治外法權則靳焉。日本主者莫能難也。"

《黄公度先生年譜》光緒二十二年(1896):"《馬關條約》許以蘇州、杭州兩處爲租借予日本,政府以交涉屬南洋大臣新寧劉峴莊坤一督部。坤一委先生爲蘇州開埠事宜委員,以全權界先生,使與日領事珍田舍巳會議。珍田氏者,日本第一流外交家,後此曾任數國公使者也。先生以蘇、杭腹地非江海口岸比,因議自營市政。凡所以便外旅者,纖悉備至,而獨靳治外法權弗與。珍田氏竟莫能難。議約時,先生奔走江寧、蘇州、上海間,一月三往來。殆書諾矣,有以蜚語相中者,謂先生受外賂,爲他人計便安。而日本政府亦怒珍田之辱命,乃撤回,而抗嚴議於我政府,我政府亦終屈也。先生所擬之約遂廢。"

列名加入强學會,後主辦《時務報》,開風氣之先。

《黄公度先生年譜》光緒二十一年(1895):"南海康長素有爲主事在上海,辦强學會。先生初未識長素,會中十六人有先生名,梁鼎芬所代簽也。既而偕達縣吳季清德瀟叩門訪長素,先生昂首加足於膝,縱談天下事。自是朝夕過從,無所不語。"光緒二十二年:"先生憤學會之停散,謀再振之,以報館爲始倡。三月,乃以書招新會梁任公啓超孝廉至上海,始與任公交。先生有詩贈之。時錢塘汪穰卿康年方辭兩湖書院分教之職,來上海,與先生相遇,談及創辦報社事,意見相同;達縣吳季清德瀟大令,自京謁選南下,將至浙赴任,道經上海;高安鄒殿書凌瀚部郎亦自江西至。諸人日夜謀議辦報事。先生自捐金一千元爲開辦費,且語穰卿云:'吾輩辦此事,當作爲衆人之事,不可作爲一人之事,乃易有成。'故無所謂集款,不作爲股份,不作爲墊款,務期此事之成而已。創辦時所印公啓三十條,係由任公擬稿,而先生大加改定者。時穰卿力主辦日報,先生及任公力主句報之説，乃定議。署名公啓者，先生暨吳季清、鄒殿書、汪穰卿、梁任公凡五人。……七月初一日，《時務報》出版。由汪穰卿爲經理，梁任公主筆政。每旬一册，每册二十餘頁，以石版印連史紙上，極清晰而美觀，分‘論著’‘恭録諭旨’‘奏摺録要’‘京外近事’‘域外報譯’‘西電照譯’諸欄。且附載各地學會章程，而‘域外報譯’獨占篇幅至二分之一而强。成爲宣傳維新變法最著之工具。”“九月，先生奉旨入覲。……十月十九日，以道員帶卿銜授出使德國大臣。時德人方圖膠州，憚先生來折其機牙。總理衙門照會去後，德使來照會，誣稱使德者原爲羅稽臣豐禄，黄本使英，因英拒黄，改爲英羅、德黄。以英拒受之員使德，德亦不接待云云。總理衙門即以此説詰英，英覆稱並無此説。而德使仍辯難不已，力尼其行。”光緒二十三年：“先生使事，因德有違言，清政府改派許景澄，先生則株守在京。”

《己亥雜詩》自注：“乙未九月，余在上海，康有爲往金陵謁南皮制府，欲開强學會，（梁鼎芬）力爲周旋。是時余未識康，會中十六人有余名，即（梁）所代簽也。”

黄遵憲《致盛宣懷信札兩通》（光緒二十二年五月二十日，《黄遵憲全集》，上册）：“弟自商定約粗定，接辦教案，頭緒紛繁，日罕暇晷，自顧綿薄，輒用兢兢。近與一二同志在此創一報館，欲以裒集通人論説記述各省新政，廣譯西報，周知時事，似於轉移風氣之道略有所裨。”

由滬入湘，協助陳寶箴，推進湖南新政，設南學會，開時務學堂，創保衛局。

《清史稿》本傳：“歷湖南長寶鹽法道，署按察使。時寶箴爲巡撫，行新政。遵憲首倡民治於衆曰：‘亦自治其身，自治其鄉而已。由一鄉推之一縣一府一省以迄全國，可以成共和之郅治，臻大同之盛軌。’於是略仿西國巡警之制，設保衛局，凡與民利民瘼相麗而爲一方民力能舉者悉屬之。領以民望，而官輔其不及焉。"

《黃公度先生年譜》光緒二十三年："本月先生出都，赴湖南長寶鹽法道任。……原任長寶鹽法道合肥李仲仙經義升湖南按察使進京，即由先生接署湖南按察使。"

《先兄公度先生事實述略》："當是時，湘撫義寧陳公寶箴，沈毅有爲。湘人士純樸質實，恪守舊規，故其風氣閉塞，亦較各省爲尤冠。先兄莅湘，上佐中丞，下聯民意，設南學會，開時務學堂，日與其間士夫討論治術，欲舉官權分給於民，而養成其自治之能力。復仿泰西通例，參以周官之法，設保衛局，以安閭閻而達民隱。吾國內政，始設巡捕以衛民事者，實於湖南爲權輿。迨戊戌政變，一切類似新政者無不推翻而盡撤之；唯保衛局巍然獨存。雖當時之持異議者，亦稱其成效大著，輿情悅服。蓋其實心爲民，即以保民之意行之，非藉以行官權耳。"

光緒二十四年（1898），復以三品京堂候補充出使日本大臣。時先生方解湖南按察使任，養疾上海。未行，戊戌變起，緹騎繞室兩日有餘，幾受羅織。事雖得白，使事亦解，黄遵憲遂歸田里。

《清史稿》卷二十四《德宗紀》："光緒二十四年六月乙巳，命黄遵憲以三品京堂充駐朝鮮大臣。"又《交聘年表》曰："光緒二十四年，出使日本大臣裕庚任滿。六月丙午，黄遵憲自二品銜湖南鹽法道以三品京堂候補爲出使日本大臣，未任。甲申，李盛鐸自江南道監察御史暫代。"

《先兄公度先生事實述略》："戊戌夏五，初奉電旨，飭速來京（時閣學徐公致靖，保舉人材，首推先兄。並列康有爲、梁啟超、熊希齡、張元濟等），旋拜出使日本之命。乃抱病未行，凡朝旨之所自出，與北京新舊各派之情狀，茫無所知。及抵滬上，驟聞政變，擬即力疾遄行。而着交南洋看管，緹騎繞室，以索康有爲之匿迹者，幾羅不測。而先兄之事業,亦隨之而蟄伏林泉,抑鬱佗傺,而至於死,可不痛哉!"

《黃公度先生年譜》光緒二十四年:"(八月)二十四日,晨,未起,上海道蔡和甫鈞已派兵入室,初迫先生入城,繼以兵二百名圍守。棒槍鵠立,若臨大敵。然先生所居,本上海道公所,且當時康已在香港矣。寓滬西人懼先生蹈不測,議聚衆劫之他徙。而日本前首相伊藤博文方游華,返日,聞此訊,立即電致駐北京公使林權助,到總理各國事務衙門交涉,抗議此舉有礙中日交誼。慶親王奕劻不得不提出務當力爲保全之保證。時袁昶以三品京堂總理各國事務衙門行走,密言於樞部,謂萬不可再事鈎求,致成黨禍。二十六夜,乃得旨放歸。……九月初一日,自上海啓程南歸。"

歸鄉後積極投身教育。三十一年(1905),卒於家。

《先兄公度先生事實述略》:"家居數載,不復與聞外事,唯從事教育。設興學會,修東山書院爲師範學堂。擇鄉人之優秀者,派赴日本,學師範及管理法。謂先有師範,而後有蒙小學教員也。又慮年稍長者,無地就學,則設補習學堂;慮僻處下邑,聞見錮蔽,則設講習所。"

《嘉應黃先生墓誌銘》:"光緒三十一年二月二十三日,以疾卒於家。"

黃遵憲乃中國近代詩界革命之旗幟,力主以今人所見之理、所歷之境、所遭之時勢入詩,以兼容宏通之氣度致力於古典詩學傳統之現代轉換。

梁啓超《飲冰室詩話》:"近世詩人,能鎔鑄新思想以入舊風格者,當推黃公度。……生平論詩,最傾倒黃公度,恨未能寫其全集。頃南洋某報,録其舊作一章,乃煌煌二千餘言,真可謂空前之奇構矣。荷、莎、彌、田諸家之作，余未能讀，不敢妄下比騭。若在震旦，吾敢謂有詩以來所未有也。以文名名之，吾欲題爲《印度近史》，欲題爲《佛教小史》，欲題爲《地球宗教論》，欲題爲《宗教政治關係說》。然是固詩也，非文也。有詩如此，中國文學界足以豪矣。因亟録之，以餉詩界革命軍之青年。……公度之詩，獨闢境界，卓然自立於二十世紀詩界中，群推爲大家。”

梁啓超《夏威夷游記》：“余雖不能詩，然嘗好論詩，以爲詩之境界，被千餘年來鸚鵡名士余嘗戲名詞章家爲鸚鵡名士，自覺過于尖刻。占盡矣。雖有佳章佳句，一讀之，似在某集中曾相見者，是最可恨也。故今日不作詩則已，若作詩，必爲詩界之哥侖布、瑪賽郎然後可。猶歐洲之地力已盡，生產過度，不能不求新地於阿米利加及太平洋沿岸也。欲爲詩界之哥倫布、瑪賽郎，不可不備三長：第一要新意境，第二要新語句，而又須以古人之風格入之，然後成其爲詩。不然，如移木星金星之動物以實美洲，瑰偉則瑰偉矣，其如不類，何若三者具備，則可以爲二十世紀支那之詩王矣。……時彦中能爲詩人之詩而鋭意欲造新國者，莫如黄公度。”

狄葆賢《平等閣詩話》卷二：“黄公度先生文辭斐亹，縱貫百家。光緒初年，隨使日本，嘗考其政教之廢興，風土之沿革，泐成《日本國志》一書，海内奉爲瑰寶。由是誦説之士，抵掌而道域外之觀，不致如墮五里霧中，厥功洵偉矣哉！先生雅好歌詩，爲近來詩界三杰之冠。”

參考文獻：

1. 黄遵憲著、錢仲聯箋注《人境廬詩草箋注》，上海古籍出版社 1981 年版。

2. 北京大學中文系近代詩研究小組編《人境廬集外詩輯》,中華書局 1960 年版。

3. 陳錚編《黃遵憲全集》,中華書局 2005 年版。

4. 吳天任《清黃公度先生遵憲年譜》,臺灣商務印書館股份有限公司 1985 年版。

5. 林振武等編著《黃遵憲年譜長編》,中華書局 2019 年版。

6. 蔣英豪《黃遵憲師友記》,上海書店出版社 2002 年版。

7. 梁啓超《飲冰室詩話》,人民文學出版社 1959 年版。

（孫洛丹）

陳寶琛傳

陳寶琛，原字長庵，改字伯潛，號弢庵，又號橘隱，晚號聽水老人，福建閩縣（今屬福州市）人，家世顯赫。道光二十八年（1848）生。少隨父宦游，十歲入家塾，聰慧英敏，日寖寖於古今忠孝故事。

陳懋復等《誥授光禄大夫贈太師先文忠公行述》："先君諱寶琛，字伯潛，號弢庵，姓陳氏，福建閩縣人。先高祖刑部尚書，謚文誠，諱若霖。先曾祖雲南布政使諱景亮。先祖候選郎中刑部主事，諱承裘，誥封光禄大夫，祖妣林，封一品夫人。光禄公六子，先君其長也。道光戊申生於螺洲里第，少隨光禄公侍布政公，宦所自陕而齊，年十歲偕仲父曲靖公，從光禄公自山東運署歸，讀書家塾。光禄公喜其英敏，每出塾輒命旁侍辟咡，詔以古今忠孝故事。"

王森然《陳寶琛先生評傳》："陳寶琛，原字長庵，改字伯潛，又字弢庵，號橘叟，一作橘隱，晚號聽水老人。清道光二十九年己酉（1849）生，民國二十四年乙亥卒，享年八十有八。福建閩縣人，世家子也。"按，據卒年上推八十八年，生年應在道光二十八年。

陳三立《清故太傅贈太師陳文忠公墓誌銘》："公諱寶琛，字伯潛，號弢庵。曾祖諱若霖，刑部尚書，未易名，公修《德宗實録》成，進太傅，具疏陳情，乞回所授，加恩先代，得追謚文誠。祖諱景光，雲南布政使。考諱承裘，刑部郎中。皆以公貴，贈光禄大夫。妣林，一品夫人，有子六人，公其長也。生而英敏。"

　　咸豐十年（1860），應童子試，受知於徐壽蘅。同治四年（1865），以諸生舉於鄉。七年中進士，改翰林院庶吉士，散館授編修。光緒元年（1875），以大考擢升侍講，充日講起居注官，越十年，累遷至內閣學士。遷官之速，同時無與倫比。

　　《誥授光祿大夫贈太師先文忠公行述》："年十三出應童子試，受知於徐壽蘅學使，補縣學生，中同治乙丑補行甲子科舉人。年二十一，以戊辰科成進士，改翰林院庶吉士，散館授編修。乙亥大考二等，記名遇缺提奏，己卯擢侍講，充日講起居注官，歷充武英殿協修纂修總纂，提調國史館協修纂修，功臣館纂修，本衙門撰文，轉侍讀，歷左右春坊庶子，侍講侍讀學士，薦升內閣學士。先君之居講職也，承中興日久，朝綱漸隳，外患亦漸亟。"

　　《清故太傅贈太師陳文忠公墓誌銘》："年十八，以諸生舉於鄉，越三歲，成同治戊辰科進士，改庶吉士，授編修。光緒乙亥大考，擢侍講，充日講起居注官，累遷至內閣學士。"

　　《陳寶琛先生評傳》："先生以甲子（同治三年）舉人，戊辰（同治七年）成進士，改庶吉士，年二十，入翰林，以大考擢升坊闕。越十年，遂晉內閣學士，兼禮部侍郎銜，其遷官之速，尤過於張之洞，同時無與倫比也。"按，王森然謂陳寶琛爲同治三年舉人，誤。

　　公以忠孝自勵，好言事，凡章數十上，大者如伊犁廢約、琉球外屬、籌關東設官用人、臺灣巡守，及開山防海、陳洋務六事、固越二策；又如典劾中外不職大臣，及原盛京副都統富陞之罰，斥前陝甘總督琦善專祠之請，檢山西按察使陳湜之貪侈驕縱；其他如不宜重護軍罪，停止恭送貞孝顯皇后山陵，論故督江寧三牌樓之疑獄，舉舊相閻文介之清操等。與張佩綸、寶廷、鄧承修號爲清流，俗擬爲"四大金剛"。

《清故太傅贈太師陳文忠公墓誌銘》："公夙秉庭誥,以忠孝自屬,既早達,益感發奮,言事前後章數十上,所論列多邊防禦侮、進退大臣、安危根本至計,而論中官與護軍哄,不宜重護軍罪,弛門禁、開内監驕橫之漸,及停止恭送孝貞顯皇后山陵,非聖朝所宜,寧緩奉安,須皇太后康復,皇帝親臨,用重典禮隆孝治,皆言人所不敢言。當是時,公與宗室侍郎寶廷、張學士佩綸、張文襄之洞並以直諫有聲天下,想望風采,號爲清流,尤推公能持大體云。"

《陳寶琛先生評傳》："好彈劾,間言朝廷得失,並與張佩倫、寶廷、鄧承修。俗擬之爲四大金剛。然先生清簡疏放,若魏晉間人;雖早貴,負盛名,而翛然有雲泉之想,品節在佩倫以上。"

《誥授光禄大夫贈太師先文忠公行述》："景廟初年,兩宮勵精圖治,恭忠親王、高陽李文正公輔政。先君與宗室侍郎寶廷、豐潤張學士佩倫、南皮張文襄公奮發言事,慨然有澄清之志,天下想望風采,號爲清流。先君所論列,大者如伊犁廢約、琉球外屬、籌關東設官用人、臺灣巡守,及開山防海、陳洋務六事、固越二策;又如星變陳言,請嚴貴近察,典劾中外不職大臣,及原盛京副都統富陛之罰,斥前陜甘總督琦善專祠之請,其他論故督江寧三牌樓之疑獄,舉舊相閻文介之清操,皆國家大計與正義所在,而尤以端政本、肅君心著稱當時者二事。有太監奉懿旨出宮門,與守門護軍口角,事下刑部内務府依法訊辦。兩宮盛怒,重科護軍毆打違抗罪,大臣不敢爭。先君以事關治亂消長,疏請申門禁舊章防流弊,又請特降懿旨免護軍重罪。宮廷怵清議,護軍得從輕典。時文襄亦已疏陳見。先君疏乃大訴服。孝貞顯皇后山陵奉安有詔:'皇太后聖躬甫臻康豫,臣工先後陳奏慈輿,未可遠涉郊坰,朕亦未可暫離左右,吁請謹遵康熙二年成憲,停止恭送,奉懿旨,允所請。'先君以事關家法人紀,疏請暫緩永遠奉安,先奉移隆福寺如定陵惠陵故事,俟皇太后聖躬復原,再行諏吉。皇上親往舉行普祥峪,定東陵永遠奉安典禮。聞者聳然,是皆言人所不敢言,於是人知先君爲能持大體者也。同光間,朝列多正士,自文襄諸公外,先君所嘗與氣節文章日夕切劘者,皋蘭吳柳堂侍御、仁和吳子俊編修,皆忘年交契,同鄉則謝枚如中書,尤以道義相期許。其後,先君五十,謝先生集張亨甫詩句期君正,有'千秋事視我,真爲一代人'爲贈。先君晚歲感懷謝先生,亦有'出處何成吾耄矣,平生礱琢愧班斤'之句,蓋生平志事所久要者如此。"

李鴻章《妥籌球案摺》(光緒六年十月初九日):"右庶子陳寶琛奏琉球不宜遽結,舊約不宜輕改。……查陳寶琛摺內所指日本兵單餉絀,債項纍纍,黨人爭權,自顧不暇;倭人畏俄如虎,性又貪狡,中國即結以甘言厚賂,一旦中俄有釁,彼必背盟而趨利,均在意計之中。"(顧廷龍、戴逸主編《李鴻章全集》,安徽教育出版社 2008 年版,第 9 冊)

朱壽朋《東華續録(光緒朝)》卷四十五:"陳寶琛奏:'近日邸抄有楊昌浚建立琦善專祠之請,得旨允準。臣伏讀之下,感憤填胸,當日宣宗成皇帝諭旨斥其辜恩誤國,喪盡天良,特念世臣,未加顯戮,至今天下議論者,言及琦善二字,雖孺子小夫,莫不疾首痛心,同聲唾罵,目之爲禍國之罪魁。公論若是,正孟子所謂孝子慈孫百世不能改者也,即使琦善別有功德於民,亦不能以經理一隅之微勞,贖其貽誤國家之大咎。況其總督陝甘也,辦理雍沙番族率將,無罪熟番,濫行屠戮,逼供飾奏,我文宗顯皇帝赫然震怒,褫職逮問,特降嚴諭,責其謬妄擅殺,遣戍吉林。是琦善在甘,無功有罪,煌煌聖訓,鐵案如山,使琦善死而有知,尚何面目歆是邦之俎豆乎!臣備員史館,得閱琦善之傳,奉使隴坂,微聞父老之言。琦善於甘肅,無一善政可書,甘肅於琦善,亦絕無去思之慕,專祠之請,胡爲乎來哉？'"卷四十七："陳寶琛奏：'伏讀光緒七年六月十五日上諭：
"朝廷進退大臣，惟視其能否盡職，以爲考核等因，欽此。"大哉綸
言，誠治世之良規，馭才之宏矩也，伏見署步軍統領户部右侍郎崇
禮，由内務府司員，不數年間，驟躋卿貳，差使絡繹。若步軍統領總
理各國事務，户部錢法堂皆責大任重之事，而崇禮以一身兼之，爲
崇禮者宜如何感激隆遇，勉圖報稱，不意其曠職辜恩，一至於此也。
夫步軍統領有緝捕盜賊、除暴安良之責，自崇禮任左翼總兵以來，
東城地面搶竊公行，全無畏忌，及其署理提督，甚至如公奕詢府、故
大學士英桂、前都統皂保宅，迭出劫竊之案，至今贓盜迄未捕獲，近
讀諭旨，古銘獸一案乃復縱容，番役妄拿無辜，辱及士類，夫貴近之
家尚遭攘奪，則民間可知。'"

按，對於陳寶琛的直諫敢言，當時亦用不同看法。如李慈銘
《越縵堂文集》卷十《請飭整頓臺綱申明職掌摺》（光緒十九年十二
月）云："自甲申以後，如張佩綸、陳寶琛等，皆不學少年，意氣自用，
或身僨於疆事，或術謬於取人，貽誤國家，罪有攸歸，然考其所言，
亦非盡謬，摘奸發伏，時有寸長，其一時建言之徒，亦或依芋附木，
蜩螗羹沸，妄陳謀論，巧詆深文。然亦有慷慨時艱，實心憂國，如已
故鴻臚寺卿鄧承修、已故前侍郎寶廷、現任駐藏幫辦大臣延茂、前
任通政司使黄體芳，及前任科道邊寶泉、梁景先、秦鍾簡、屠仁守
等，錚錚佼佼，殊不乏人。"認爲陳少年意氣，所歷不多而好彈劾，雖
或言中，然亦多過當不妥之處。又如《東華續録（光緒朝）》卷四十
一："癸巳諭詹事府左庶子陳寶琛奏星變陳言請斥退大員一摺，所
奏甚爲剴切，然亦不無過當之處，大學士寶鋆在軍機大臣上行走，
宣力有年，襄辦諸事，尚無過失之處。陳寶琛謂其畏難巧卸，瞻徇
情面，亦不能確有所指。"

同治十二年（1873）、光緒元年（1875），兩充順天鄉試同考官。光緒五年充甘肅鄉試正考官。八年，任江西鄉試正考官，就授學政。得陳三立卷，激賞，亟拔之。又以士習風化爲任，整頓白鹿洞書院，請以黃宗羲、顧炎武從祠文廟，懲辦鬧考武生。於地方官吏之不職，有所聞，即疏彈之，朝官爲之側目。

《清故太傅贈太師陳文忠公墓誌銘》："癸酉、乙亥間兩充順天鄉試同考官，己卯甘肅鄉試正考官，壬午江西鄉試正考官，就授學政。"

《誥授光禄大夫贈太師先文忠公行述》："癸酉、乙亥兩充順天鄉試同考官。己卯，充甘肅鄉試正考官。壬午充江西鄉試正考官，就授提督學政。試士嚴明，以士習風化爲任，重教官，核優行復白鹿洞書院，請加鄭進士維駒京銜，請以顧亭林、黃梨洲二先生從祀文廟，又以'作君子自辨義利始，舉秀才須明經傳人'二語榜之楹，士以是咸知所向。按試廣信，懲辦鬧考武生，革除歷年積弊，贛人稱之。"

《陳寶琛先生評傳》："當任江西學政，地方不職官吏，有所聞，即疏彈之。時拉后頗信諫官，尤重先生，於所彈劾，往往不交察辦，即已褫懲，朝官知其眷隆，咸側目視之；每奉使出，疆吏皆謹事之。""遜清壬午科，陳氏充江西主考，恐有遺才見棄，親檢點落第卷中，抽出陳三立一卷，讀之擊節欣賞，謂爲國家柱石，亟拔之。後陳三立與吳彥復、丁叔雅，稱海内三公子，詩名冠全國。"

《東華續錄（光緒朝）》卷五十四："前奉諭旨修建白鹿洞書院，並與學臣陳寶琛商酌，擬整頓各府州縣書院，添給蠹火，以慰士林而重學校。"卷六十："陳寶琛奏道光九年諭旨：'先儒升祔學宮，祀典至巨，必其人學術精純，經綸卓越，方可俎豆馨香，用昭崇報，欽此。'又咸豐十年廷議：'著書立説，羽翼經傳，真能實踐躬行者，準具奏請從祀。是則循名核實，兩廡非可幸邀，而顯徵闡幽，一時必求至當，濫列不可，湮沒尤不可也。'兹臣謹查浙江餘姚縣先儒黃宗羲、江蘇崑山縣先儒顧炎武，皆以勝朝之遺獻，蔚爲昭代之儒宗。宗羲爲明御史尊素之子；炎武爲明贊善紹芳之後，家傳忠孝，學有淵源。而生當明季，經術荒蕪，或囿於性理之空言，或汩於制義之俗體，漢注唐疏，棄置不談。宗羲倡之於前，炎武繼之於後，承學之士，始習百經。而其時若閻若璩、胡渭、顧祖禹、周惕之輩，其後若王鳴盛、錢大昕、江永、戴震之徒，莫不聞風興起，由淺逮深，炳然述作，與古同功。臣竊謂祖宗栽培之厚，景運欣合之隆，必有英絕領袖之才，爲之辟草昧之氣，開文治之光。宗羲、炎武，或亦彼蒼於明社將屋之時，篤生此人，以備我國家起化之用歟。綿□之功，濫觴之業，幸際盛明，似不容置之不論也。"

景清《武場條例》卷十二："光緒十年四月內，奉上諭：'陳寶琛奏，按試江西上饒縣，武童步射之日，突有弋陽武生糾衆毀門，推倒箭靶，當經該學政督飭員弁，立將首犯汪鎮波緝獲，供認鬧考不諱等語，各學應試生童宜如何恪守場規，各安本分，乃敢恃衆鬧考，希圖挾制，此風斷不可長，亟應從嚴懲辦，以儆刁頑，着潘霨督同臬司，即將此案確切研訊，按律定擬具奏，此等弊端，據奏不獨上饒一縣爲然，嗣後着該學政督飭各該教官廩保，隨時嚴加約束，並着該撫飭屬，遇有生童藉端滋擾，即行嚴拏究辦，欽此。'"

光緒十年(1884)，中法戰事起，迭疏論和戰利害，會辦南洋。聞和局成，復上書極論，言法約無利有弊，勿因和局之成而遽罷邊備。朝旨赴津商合約，丁祖父憂而止。改派曾國荃爲全權大臣，與法使議約，仍以陳寶琛會辦。陳、曾議論相左，各事多不報，而和局且成。丁母憂歸。自是家居二十四年，光緒一朝不復出。

《清故太傅贈太師陳文忠公墓誌銘》："甲申法越事亟，公與張學士叠疏論和戰利害，朝旨以公會辦南洋，張公會辦福建海疆事宜。比公至江寧，事權多不屬，所疏請又不盡用。議將成，丁林太夫人憂歸。張公坐軍敗遣戍，公亦以所舉人失當降五級調用，於是終德宗世不復出。"

《誥授光禄大夫贈太師先文忠公行述》："會法越事起，一疏盡易樞府王大臣。先君時雖在外，與張學士皆叠疏論越事，略言越南未失，則和戰皆易；越南若失，則和戰兩難。規復越南爲國計安危所在，宜用全力，勿兩端，於防海、籌餉、用人皆有規畫。又言法人利在速戰，尤利暫和，勿熒謬論，墜其術中。語甚切直，乃以先君會辦南洋，張公會辦福建海疆事宜。先君卸贛學，赴江寧，聞法約五款垂成，復上疏極論，請及詳細條款未定，集謀策逐一研求，勿因和局之成，遽罷滇桂軍備，以伐詭謀、遏婪索。朝旨赴津商合約，又止赴津，命在滬會同江督曾忠襄與法巴使議，前後兩月不就範。以其間往來巡察江防，而防務事權不屬，倉猝無從措手，請自募勇訓練，請飭中外，豫籌持久。各事多不報，而和局且成。先君丁林夫人憂歸，張公坐軍敗重譴，先君亦以薦唐炯、徐延旭事，部議降五級調用。"

《陳寶琛先生評傳》："法人攘安南，敗我援師，戰作，令先生會辦江蘇軍務，署理南洋大臣，及福建鐵路會社總辦。時江督爲曾國荃，與論相左，後承内旨議和，意見各持，苟且成議。后怒，傳旨申斥，適以事幹吏議，竟降調去。……自是家居二十四年，賦詩聽水，罕接賓客。"

張允僑《閩縣陳公寶琛年譜》光緒十年："五月，公見上海報載李鴻章與法水師總兵福禄諾擬定合約五款，和局已定。因上《論法約無利有弊摺》，奏陳此約隱約蒙混，流弊滋深，中國見和即許，議戰全虛。彼方笑爲墮其術中，我猶謂喜出望外，三月之後，難保不瞰我空虛，恣其要挾。屆時李鴻章縱欲細參條約，恐亦非筆舌之所能爭。宜豫集謀策，曲爲補救，勿因和局之成，遽罷邊備。（閏月）二十六日，行抵上海。得布政公凶問。值此防務孔殷之際，未敢遽請歸省，乃援大臣京堂遇期服給假二十一日之例，報請照例給假，在行館持喪二十一日。時法使逗留在滬，不肯赴津重議合約。中樞用稅務司赫德議，改派曾國荃爲全權大臣，在滬議約，仍以公爲會辦。公以素來主戰，議和才實不逮，且拙於辭令，不習洋情，力辭不獲，只得勉強與議。因中樞和戰未定，既不敢遽與決裂，亦不能過於遷就，乃密請戰則迅示剛典，和則急籌轉圜，此時宜決。……六月廿八日，奉上諭：以法使照會無理已甚，不必再議，惟有一意主戰，着曾國荃、陳寶琛即回江寧辦防。"

《東華續錄（光緒朝）》卷六十七："癸未諭軍機大臣大學士會同刑部定擬已革巡撫唐炯、徐延旭罪名各一摺。已革雲南巡撫唐炯，出關督師，並不聽候諭旨，率行回省，以致軍心怠玩，越南之山西北寧等處相繼失陷，實屬罪無可逭；已革廣西巡撫徐延旭，督辦廣西關外防務，始終株守諒山，遷延不進，所統各軍毫無紀律，又復任用非人，相率潰敗，律以失誤軍機，尚復何詞以解。唐炯、徐延旭均着照所擬斬，監候秋後處決。……交部察議陳寶琛、張佩綸，力舉唐炯、徐延旭堪任軍事，請飭分統滇粵各軍，出境防剿，卒至僨事貽誤非輕，張佩綸會辦閩省防務，馬尾一役尤屬調度乖方。陳寶琛着交部嚴加議處，張佩綸着即行革職，該員尚有被參之案，即着來京聽候查辦。……前內閣學士陳寶琛，着照部議降五級調用。"

家居期間，於石鼓山、小雄山中築聽水齋，有山泉之想。光緒二十一年（1895）服闋，主鼇峰書院，課以經史、時務，錄選俊才。二十四年，陳右銘疏薦，又因戊戌變法而罷。有感世變，遂致身於教育。以日本同文地近，遂創立東文學堂，以爲留學預備。又以教育之根本在小學,因辦師範學堂。旋復主高等學堂,爲整齊歸併,贏其費以辦中學,派師範、法政、商科、工科留日學生先後畢業歸,遂拓法政學堂,立商業學堂,遍設全省中小學堂。又請於官,規定歐美留學生官費名額。

《誥授光禄大夫贈太師先文忠公行述》:"是時光禄公春秋寖高,嘗語先君曰:'汝書生驟膺重任,吾夙夜惟隕越是懼。'意蓋不欲先君再出,先君先意承志,不忍違。戊子迄甲午間,諸父科第踵相繼,家門隆盛。叔父刑部公亦以翰林改官假歸,先君入侍晨昏,出偕諸父游所築石鼓山中之聽水齋,刊石賦詩,色養怡怡,有終焉之志。累年家居,大府以時延訪,先君銳身贊助,謀裨益。家藏有陳左海先生與興先文誠公論鄉里興作事手札十數通,深致向往。乙未,光禄公棄養。服闋,主鰲峰書院,以經史、時務分課,士之髦秀者皆録焉。甲午,李文正復入中樞,將起先君,以適居憂不果。戊戌,景廟變法,湘撫陳右銘中丞疏薦,以政變罷行。先君感世變急,非興學育才無以相濟也。以日本同文地近,有績效,因創立東文學堂,以爲留學豫備,以教育根本在小學,造端在師資,遂辦師範堂,設簡易科,資遣速成師範生於日本。旋復主高等學堂,爲整齊歸併,贏其費以辦中學,派師範、法政、商科、工科留日學生先後畢業歸,遂拓法政學堂,立商業學堂,遍設全省中小學堂。又請於官,規定歐美留學生官費名額。凡所興創,皆綱目張舉,而需款之擘畫、舉事之層累曲折,心力瘁焉。既,省設學務公所,當路延先君主其議,鄉人士亦立省教育總會,皆倚毗先君經畫旁午,務以培人才、廣教育爲職志。三十年來閩省内外南北仕學有名績者,大率先君所種植長養者也。"

《閩縣陳公寶琛年譜》光緒二十九年:"公以教育根本在於小學,而關鍵實在師資。乃將東文學堂改爲全閩師範學堂,親任第一任監督。更設簡易科，使得速成，資遣游學日本，爲小學教師儲備人才。繼因清廷諭令各省興辦學校，省城書院均改爲大學堂。正誼書院改爲閩省大學堂，後又改爲福建高等學堂。公亦受聘，兼任監督。爲整齊合併各科，務求實效，且贏其費以辦中學、小學，遣法政、商、工、農等科學生留學日本。自滬歸後，復拓法政學堂，設商業學堂，倡議全省各地通設中小學，請大府規定留學歐美官費名額。數十年間，閩省各界人士之稍有業績者，大都出上述各校，閩人至今尤稱道弗衰焉。"

《陳寶琛先生評傳》："陳氏好聽水，居閩二十四年，自築有第一聽水齋於鼓山閩侯縣，第二聽水齋於方廣在永福縣，聽水爲樂。"

閩省礦產豐富，久爲各國垂涎，多有賣礦之陰謀。意欲杜之，莫若自行籌款建築鐵路。光緒三十一年(1905)，總理鐵路事宜，親往南洋募股，卒集閩僑股款，成嵩嶼至江東橋鐵路七十餘里，爲閩路之開端。

《誥授光禄大夫贈太師先文忠公行述》："丙午秋，外人覬閩路亟，京僚倡議自辦，呈請郵傳部奏，派先君爲總理，規定全省路綫，先就漳廈施工，親歷南洋各屬募股，侵冒瘴濕，患脛腫，偃卧經月，卒集閩僑股款，成嵩嶼至江東橋鐵路七十餘里，爲閩路嚆矢。間以閩、浙、皖、贛四省商辦鐵路協會事，時作滬行。……先君胸懷散朗，識者謂似魏晋間人，而重綱常、尚風義，則發於至性。於永福小雄山得元遺臣靈武王用文先生隱居舊址，築聽水第二齋，又爲題像，樹墓道於鼓山。"

《東華續録(光緒朝)》卷一百九十五："商部奏光緒三十一年七月間，接據福建通省京官光禄寺卿張亨嘉等呈，稱閩省地僻民稠，生產鬱積，全賴轉輸利便，以發山澤之所藏，以補耕作之不足。近年以來，奸商勾引外人，動指數府之礦地，歸其專辦，坐使利權日失。夫礦與路本相輔而行，欲杜賣礦之陰謀，莫若自行籌款建築鐵路，上爲國家挽久遠之利權，下爲紳民免身家之遺累。惟是籌辦伊始，責重事繁，非有信望素孚、鄉閭惟重之員不克勝任，查有降五級調用前內閣學士兼禮部侍郎銜陳寶琛，家世通顯，學粹品端。家居二十年，籌辦學務、商務，具見成效。凡閩省之經商於東南洋各島坐擁厚貲者，平昔均服其爲人。若以該紳總理鐵路事宜，必能感奮輸誠，力顧梓桑之公益，其於籌集股款一事，決無阻礙。廈門爲通商口岸，擬先行籌築，爲幹路之首段，再行陸續建築，期與廣東、江西、浙江路綫交通，以廣商利，現在各省先後公舉總理自行籌築，均奉旨允准在案，今福建事同一律，應請據情代奏，請旨定奪各等語。臣等竊維福建一省與各國通商最早，土產沃饒，外人垂涎，尤甚往昔。風氣未開，士民惑於風水之説，恒不免跬步自封。今該省紳士張亨嘉等，眷顧鄉閭，力圖挽救，呈請自辦鐵路。臣等覆查該省路綫，不特與江西、廣東、浙江等處壤地交接，商運必多裨益，且於該省礦產，亦可借路綫以謀自保，洵屬深有關係。其公舉降五級調用前內閣學士兼禮部侍郎銜陳寶琛，總理該省鐵路，查該員歸田以後，頗能潛心實業。既據該省紳士等合詞呈請，前來仰懇天恩。俯念路政商權，事關緊要，准將降五級調用內閣學士兼禮部侍郎銜陳寶琛，派令總理該省鐵路事宜，所有專集華款，及勘路購地興工各要端，均責成該紳等妥速籌辦，稟呈臣部詳核奏明，切實辦理以一事權，並遵照臣部奏定章程辦理，三年後果有成效，仍援照江西等省奏案奏明，酌予獎勵；如曠久無功，亦即由臣部奏撤差使，以重路務得旨，如所議行。"

宣統元年（1909），由張之洞薦令入覲，開復降調處分，起復原官，尋充經筵講官，叠預舉貢會考、優拔貢朝考、滿御史考試、北洋大學畢業生殿試、東西洋留學生廷試閱卷。充資政院碩學通儒議員，首發戊戌被禍諸人議，又論證新刑律草案數事。辛亥五月，簡山西巡撫，未上，以侍郎候補，授讀毓慶宮，兼充弼德院顧問大臣；同陸潤庠授讓帝讀。

《誥授光禄大夫贈太師先文忠公行述》："己酉，宣統初元，攝政王監國，張文襄已前入樞府，疆吏交薦，奉旨召見。在途，蒙派總理禮部奏辦之禮學館。及入對，開復降調處分。先君鑑於時事日非，務勤修書，期書成歸。暇則與文襄一尊相對，追話往事，或訪舊游山水，一寺觀、一花木皆若有無窮之感喟者。是年八月，文襄薨，先君益恫國事之艱危。其冬，復以路事假歸赴廈門。還朝，補閣學原官。謝表有'賈生之對宣室，非復少年；蘇軾之直禁林，永懷先帝'語，讀者悲之。尋充經筵講官，疊預舉貢會考、優拔貢朝考、滿御史考試、北洋大學畢業生殿試、東西洋留學生廷試閱卷。欽選資政院碩學通儒議員，首發昭雪戊戌被禍諸人議，朝野感動。又同桐鄉勞公乃宣持禮論爭新刑律數事，雖違時，不恤也。辛亥五月，簡山西巡撫。故事閣學得與列簡。然自文襄以閣學授晋撫後三十年，無繼之者，衆驚異數。先君第循例謁樞邸，俄而開缺，以侍郎候補。奉慈旨毓慶宮授讀矣。先君既侍典學，則思以聖功養正爲致治之基，啓沃不遑。"

《閩縣陳公寶琛年譜》宣統二年："十二月，派充漢經筵講官。充資政院議員。上請昭雪楊鋭等提案文。請明降諭旨，將楊鋭之子楊慶昶所繳德宗景皇帝手詔宣布中外，昭示萬世，並纂入實録，以成信史。至楊鋭等竭忠致身，沉冤未白，請降旨昭雪，援照許景澄等例開復原官，加恩贈恤，以慰幽魂，而厭衆論。又爭議新刑律草案數事。"

《清故太傅贈太師陳文忠公墓誌銘》："宣統改元，始起復原官，特命掌禮學館，尋補閣學士，充經筵講官、資政院碩學通儒議員，實錄館副總裁。辛亥五月，簡山西巡撫，未上，更命以侍郎候補，授讀毓慶宮，兼充弼德院顧問大臣，俄改補正紅旗漢軍副都統，授讀如故。"

《陳寶琛先生評傳》："宣統御極，初以湖廣總督張之洞，同科及第進士，薦令入覲，久之，始達京師，再被召入朝，任禮學館總纂大臣，未幾簡授山西巡撫，未赴任，開缺以侍郎候補，繼轉弼德院顧問大臣；同陸潤庠授讓帝讀。"

張之洞《張文襄公奏議》卷四十八《保薦使才折並清單》（光緒二十四年六月初一日）："降調內閣學士陳寶琛。該員才品兼長，學端志遠，辦事沉毅有爲，向來講求洋務，於兵輪商務工作等事並皆熟習，中外大局均屬了然，能見其大不同侈談西學皮毛者。"卷五十五《臚舉人才摺並清單》（光緒二十七年十二月一日）："降調內閣學士陳寶琛。該員才長志壯，素有時名，自降調回籍後已歷十七年，潛心讀書，考求中西政治，學養既深，益臻切實平靜，邇來新進人才，能勝過該員者實不多，覩近年獲譴降革諸員，蒙恩錄用者甚多，仰見聖度淵涵，惜才宥過當，此時局需才，如該員者似不宜令其終身廢棄，若加以錄用，必能感激圖報，確有樹立。"

三年（1911）十二月，清帝遜政詔下。《德宗本紀》《德宗實錄》次第成，授太保，晉太傅。民國十三年（1924），馮玉祥發動北京政變，逼宣統帝離宮。寶琛衣冠立神武門外，不得入，聞車駕幸醇親王府，亟奔赴，旋定策，出狩天津，事秘不聞，亦終未嘗爲人言也。二十年，日本悍然發動"九一八事變"，强占東三省。誘脅溥儀赴旅順，寶琛諫阻，又急赴旅順，入陳所見，均未果。二十一年（1932），僞滿洲國建立，溥儀執政。寶琛兩次赴長春問帝，知境困難返，無可爲力，仍囑帝自重，其心殷殷。

《誥授光祿大夫贈太師先文忠公行述》："（宣統三年）八月，武昌難作,大局日危。袁世凱方起任内閣,議派有聲望者十數人南下議和,以先君預,辭焉。十二月,遜政詔下,有勸宜舍去者。先君致里中叔父書,謂:'半年來,日在左右,恩禮優渥,論義論情,均難恝舍。'叔父亦寄書謂當有以自處。久之,洪憲事亟,親友復以潔身之說進,先君不答,惟於挽太保陸文端公云:'茶然後死責安辭。'蓋以生死以之矣。先君於宣統三年秋,以候補侍郎改補正紅旗漢軍副都統,兼任弼德院顧問大臣,充《德宗景皇帝實錄》館副總裁、總裁。《本紀》成,授太保。《實錄》成,加太傅銜。全書成,晉太傅。自以保傅之義,在保其躬而傅其德,謂宜操遵養之心,蓄君人之量,以宏居正之基,以徐俟其歸往。丁巳五月之役,事猝勿成。甲子十月之變,先君衣冠立神武門外,不得入。車駕至醇親王府,急奔赴,卒計解北府圍,復贊密畫出北府以狩天津。天語褒爲'老而益壯'。先君故未嘗自道此中之本末曲折也。天津既爲行在所,先君自舊京移居,負羈絏者垂十年。辛未十月,東北事起,關外人民方有所謀議,而津地事端迭乘,旦夕數變。上驟航海至旅順。先君急繼赴,入陳所見,旋返津。明年三月,上至長春,先君以是秋九月一至,又明年九月再至。上憫先君勞,先君亦惓戀不忍去,皆於歲暮始告歸。"

《清故太傅贈太師陳文忠公墓誌銘》:"(宣統三年)秋,武昌難作,冬十二月遂有遜政之詔,或語公曰:'可以退矣。'公曰:'吾起廢籍,傅沖主,不幸遭奇變,寧忍恝然違吾君,苟全鄉里,名遺老自詭耶?'實錄館《德宗本紀》成,授太保,全書成,晉太傅,迭拜賜紫禁城朝馬紫韁、雙眼花翎暨御書楄額楹聯之屬,恩禮有加,公益朝夕納誨,兢兢自效。甲子十月之變,公衣冠立神武門外,不得入,聞車駕幸醇親王府,亟奔赴,旋定策,出狩天津,事秘不聞,公亦終未嘗爲人言也。所進講大要主修德、奉天時、循遵養之義,静以觀天下之動。丁巳五月之役、辛未十月東北之行,皆非公本謀,或以怯懦見疑,公不自別白,惟端居深蟄,太息而已。"

《陳寶琛先生評傳》:"辛亥革命後,守其孤忠,盡瘁於幼帝之輔育,歷晋太保太傅。民六,張勛復辟之際,被舉爲內閣議政大臣。"

《閩縣陳公寶琛年譜》民國十三年:"九月,直奉戰起。吳佩孚以大軍出山海關,命馮玉祥將偏師出古北口。馮遂乘虛倒戈入京,幽總統曹錕,通電主和。十月九日,片面廢除清室優待條件,限宣統帝即日離宮。公聞變,衣冠立神武門外,不得入。聞帝已赴醇王府,乃奔赴。至則北府已有馮軍圍守,嚴查出入人等,勢甚險惡。未幾,張作霖與馮決裂,段祺瑞復出執政。北府門前馮軍撤去。勢似稍緩。忽鄭孝胥、羅振玉及莊士敦先後至,謂據外報載稱,馮軍將再次有不利於清帝之舉,且事不在遠。公素主穩健,本欲靜以待動,至是亦以事迫,不得不從羅、鄭等人之議。十一月三日,與莊士敦同奉帝暫避德國醫院,立遣莊士敦赴英及荷蘭使館,先容爲避居之計。莊去未返,而鄭孝胥踵至。乃定避居日使館之議。時大風暴作,黃沙蔽天,孝胥隨侍車幾不能前,遂入日本兵營,公亦隨至。旋又移日使館,鄭後作《風異圖》紀其事,公爲題一絶。"民國十四年:"正月,清帝以使館非久居之地,用羅振玉議,由日人護送移居天津日租界內張園,園爲前駐武昌第八鎮統制張彪原出租作游藝場用者。公旋亦移居天津,賃屋於英租界內,仍每日入園進講。宣統帝既移天津,以後行止頗費斟酌。公力主遵時養晦,靜以待時,戒勿輕動。"民國二十年:"宣統帝自出居天津以來,初猶寄望於恢復清室優待條件。適民國政局動盪不定,政地亦屢屢易人,當政者席不暇暖,殊無暇及此,故迄無成就。羅振玉則建議東渡,以取外援,公斥爲魯莽乖戾。鄭孝胥又上用武人、用客卿之策,資助失意軍閥,如張宗昌等,及白俄謝米若夫、奧貴族阿克第、英記者羅斯之流，所費不貲，亦無所成。……會九一八事變後，日軍占據東三省，派土肥原來津誘脅清帝赴旅順。鄭孝胥勸帝從其請，勿失良機。公時適有事在都，聞訊即遄返津沽，欲加諫阻。帝知公忠而病其迂腐，乃陽集諸遺臣御前議。公與孝胥至動色力爭，面斥其但使私圖，罔顧君上利害。實則帝意已早決，翌日秘不告公，遂與孝胥父子潛赴附日輪至營口。公聞，乃於十月亟赴旅順，猶思諫勸。時帝已入日人及鄭、羅等掌握，不令多見外人。公至，僅得在肅王府一見，欲有所陳，亦多不能達，僅謂帝曰：'若非復位以正系統，何以對列祖列宗在天之靈？'旋鄭孝胥即假口旅邸須作會場，迫公返津。"民國二十一年："日本在長春成立滿洲國，以溥儀爲執政，鄭孝胥爲國務總理。改元大同。……九月，赴長春省問清帝，懷密摺上之，有'陛下以不貲之軀，爲人所居爲奇貨，迫成不能進、不能退之局，而惟其所欲爲。始則甘言逼挾，謂事可立成；既悟其誑矣，而經旬累月，恣爲欺蒙，則先之以謝某之嘗試，而後使外人出面强之不可從'等語。折稿藏祖服内，易簀時家人始撿得之，屬草殘紙細字塗乙，僅可辨識。……公居長兩月餘，見清帝已入牢籠，事難自主，知無可爲力，乃別帝曰：'臣風燭殘年，恐未能復來，來亦恐不得見，願帝自重。'"民國二十二年："九月，公復至長春省問清帝。……是歲，溥儀稱滿洲國皇帝，改元康德。定都長春，改名新京。"

二十四年（1935）二月一日，卒於北京。

《誥授光禄大夫贈太師先文忠公行述》："復將於去秋往覲，病咳喘，入舊京就醫，冬復病，寒不出戶者兩月，命不孝懋復往謹代祝釐。上元日有親友某自行朝還，和其詩，猶以木獲預陳金鑑爲烈。不孝懋復正月十九日反命，先君已復病入德國醫院，卒不效，護歸。瀕危，呼不孝語云'此局將何以繼'，遂革。實乙亥二月初一日卯時，春秋八十有八。喪聞，上震悼，賜奠醊，賜祭一壇，特謚文忠，晉贈太師，賞給陀羅經被，賞銀九千元治喪葬。"

《清故太傅贈太師陳文忠公墓誌銘》："病革，顧諸子曰：'死矣！吾有所負疚極不能忘者，今且奈何？'烏呼！公少壯翔歷華要，銳欲以澄清自任，舉事一不效，爲忌者所中，投閑山林幾三十稔，垂老再起，而國事遂不可爲矣。躬所遭值，曠古未有，膺保傅之重，義不能一死自謝，知其不可爲，又不忍臨難而去之，儚然負羈紲者十年，蹇蹇憂勤以終其身，完千古君臣正義於垂絶之日，雖異趣者莫不欽公節操。"

《陳寶琛先生評傳》："當民國成立後，袁世凱、黎元洪、段祺瑞等，屢屢促其出廬，未肯應允，一意以興復清室爲念，固持其臣節，始終隨侍帝之左右，不變其孤忠之志，不能以不通時勢，即嗤笑其迂愚。對其純忠至誠、始終如一態度，不能不宜表相當之敬意也。較彼一代之碩學，爲社會之重鎮者，臨變改節，如弱草之依風，吹南而南、吹北而北之流，其人格相差，不啻倍蓰也。蓋忠君有道，報國有方，絶非偶然者。"

書法直追唐柳宗元，頗爲世重；善畫，尤以松聞名。又好聽水，喜藏古印。詩、詞、文皆工，著有《滄趣樓詩集》《文存》《聽水齋詞》等。詩初學黃、陳，後喜臨川，蘊借綿邈，深醇簡遠，爲"同光體"閩派代表人物。又好詩鐘，素有"鐘聖"之稱。

《陳寶琛先生評傳》："書法清腴，詩學宋人，時有清氣，拂其筆端，故出語皆脱越塵表，老年之詩，視壯年益精密。然亦簡重盤折。……著《漫趣樓詩》最有名。汪國垣纂《光宣詩壇點將録》，推先生爲天機星智多星吳用。陳可毅贊曰：'閩海詞壇鄭與嚴，老陳風骨更翩翩，詩人到底能忠愛，晚歲哀詞哭九天。'……陳氏好聽水，居閩二十四年，自築有第一聽水齋於鼓山閩侯縣，第二聽水齋於方廣在永福縣，聽水爲樂。晚年居北京，每年必出游山泉。二十三年冬,猶扶杖往游京西戒臺寺。先生文章淡遠高古,少煙火氣。書法直追漢唐,海內之士,以得片紙只字爲榮。晚年生計日艱,以鬻書文自給。閉門課子孫讀,寫作不休。八十高年,嘗伏案作小楷,批閱經籍,從未覺倦。性好客,愛才如命,數十年來,門生滿天下,日與朱益藩太傅、江朝宗、陳三立諸老,過從甚密。嘗相偕,游名山勝迹,閑共賦詩。性清疏不與世争,思想脱出陳表,恬淡自適,故享年也。因居恒甚動,雖毫釐不稍休,令人敬佩;又因其對人嚴肅敢言,故師事者多畏之,不敢犯,至其子孫,更無論矣。⋯⋯陳氏書法直追柳宗元,頗爲世重,但不輕於人。晚年鬻書自給,但頗多訛字。據悉内幕者言,陳氏之閽人能書,模擬主人書法,得其神髓,故所售品,多爲閽人代筆。古鄭康成有詩婢,今陳氏有書僕,可以並傳之兩段佳話也。陳氏亦善畫,更以畫松爲最得意。但贈人絶少,生平僅存三幅:'一贈朱益藩,一自存,一贈周宗澤;蓋陳氏生平知友中而今尚存者,益藩、宗澤兩氏之道德文章,爲陳氏所特稱者也。⋯⋯晚清舊京人談涉繪事,雅重松竹梅,陳氏之松、李毓如鍾豫之竹、王氏之梅,三者並重於藝林。"

《清故太傅贈太師陳文忠公墓誌銘》:"善書,工詩文詞,他人得一足以名,然於公爲細行矣。著有奏議若干卷、詩文集若干卷。"

陳寶琛《滄趣樓詩集》陳三立序:"公生平遭際如此,顧所爲詩,終始不失温柔敦厚之教,感物造端,蘊藉綿邈,風度絶世,後山所稱'韻出百家上'者,庶幾道之。然而其純忠苦志、幽憂隱痛,類涵溢語言文字之表,百世之下,低徊諷誦,猶可冥接遥契於孤懸天壤之一人也。"

《滄趣樓詩集》陳宗蕃序:"清雅簡古,是爲一代之宗,久有定評。"

李睿之《清畫家詩史》壬上:"(陳寶琛)工畫松,喜藏古印,輯

《澄秋館印存》，有《滄趣樓集》。”

汪國垣《光宣詩壇點將錄》：“弢庵詩初學黃、陳，後喜臨川，晚以久更世變，深醇簡遠，不務奇險而絕非庸音，不事生造而決無淺語。至於撫時感事，比物達情，神理自超，趣味彌永。余嘗以和平中正質之，弢庵爲首肯者再，以爲伯嚴、節庵所未道也。”

《閩縣陳公寶琛年譜》民國二十一年（1932）：“公在長時，同人有詩鐘之會。詩鐘本盛行於閩，公固優爲之，且素有‘鐘聖’之稱。會有以‘中日’二字命題者，公得聯云：‘日暮那堪途更遠，中干其奈外猶强。’一時傳誦，甚爲日人所忌。”

參考文獻：

1. 陳寶琛著，劉永翔、許全勝校點《滄趣樓詩文集》，上海古籍出版社 2006 年版。

2. 王森然《陳寶琛先生評傳》，《近代名家評傳（二集）》，生活・讀書・新知三聯書店 1998 年版。

3. 陳三立《清故太傅贈太師陳文忠公墓誌銘》，陳三立著、李開軍校點《散原精舍詩文集》卷十七，上海古籍出版社 2003 年版。

4. 陳懋復等《誥授光禄大夫贈太師先文忠公行述》，《中華歷史人物別傳集》，綫裝書局 2003 年版。

5. 朱壽朋編纂，張静廬等校點《光緒朝東華録》，中華書局 1958 年版。

（陳婷婷）

楊深秀傳

楊深秀，本名毓秀，字漪邨，又作儀村，號耋耋子，山西聞喜人。道光二十九年（1849）生。

梁啓超《楊深秀傳》：“楊君字漪邨，又號耋耋子，山西聞喜縣人也。”

趙爾巽等《清史稿》卷四百六十四《楊深秀傳》：“楊深秀，字儀村，本名毓秀，山西聞喜人。”

按，楊深秀《雪虛聲堂詩鈔》卷一收詩，起自庚申，第一首作於十二歲，上推可知其生於道光二十九年。

少穎敏，十二歲入縣學，博學强記，以氣節自厲。

梁啓超《楊深秀傳》：“少穎敏，十二歲録爲縣學附生，博學强記，自《十三經》《史》《漢》《通鑑》《管》《荀》《莊》《墨》《老》《列》《韓》《吕》諸子，乃至《説文》《玉篇》《水經注》，旁及佛典，皆能舉其辭，又能鈎玄提要，獨有心得，考據宏博。而能講宋明義理之學，以氣節自厲，岩嶢獨出，爲山西儒宗。”

《清史稿》本傳：“少穎敏，諳中西算術。”

按，《雪虛聲堂詩鈔》卷一有《初應童試，以默經能賦入學，學使江夏彭子嘉師賜手書觀世音經，因題後》一詩。

同治年間中舉,後入貲爲刑部員外郎。同光之際,與邊拙存等詩酒唱酬。光緒八年(1882),張之洞創令德堂,聘爲院長。

《清史稿》本傳:"同治初,以舉人入貲爲刑部員外郎。"

王汝純《翠柏山房詩鈔》卷首楊深秀序:"猶憶甲戌、乙亥間,余偕任邱邊君拙存、榮城陳君小農、夏縣賈君小雲與粹甫排日唱酬,狂飛大句,競賭小詞,轟飲快談,致足樂也。"

梁啓超《楊深秀傳》:"其爲舉人,負士林重望。光緒八年,張公之洞巡撫山西,創令德堂,教全省士以經史、考據、詞章、義理之學,特聘君爲院長,以矜式多士。"

光緒十五年(1889),成進士,授刑部主事,累遷郎中。二十三年,授山東道監察御史。此時已有維新之志。

梁啓超《楊深秀傳》:"光緒十五年,成進士,授刑部主事,累遷郎中。光緒二十三年十二月,授山東道監察御史。"

《清史稿》本傳:"光緒十五年,成進士,就本官遷郎中,轉御史。嘗言:'時勢危迫,不革舊無以圖新,不變法無以圖存。'"

光緒二十四年(1898)正月,俄人脅割旅順、大連灣,深秀疏言聯英、日以拒俄。

梁啓超《楊深秀傳》:"二十四年正月,俄人脅割旅順、大連灣,君始入臺第一疏即極言地球大勢,請聯英、日以拒俄,詞甚切直。時都中人士皆知君深於舊學,而不知其達時務,至是共驚服之。"

是年四月十三日,上疏請定國是,以明新政之趨向;興賞罰,以助變法之速效。

《清史稿》本傳:"時朝廷銳意行新政,而大臣恒多異議。深秀乃與徐致靖先後疏請定國是。"

梁啓超《楊深秀傳》："時皇上鋭意維新，而守舊大臣盈廷，競思阻撓君，謂國是不定，則人心不知所向，如泛舟中流而不知所濟。乃與徐公致靖先後上疏，請定國是。至四月二十三日，國是之詔遂下，天下志士喁喁向風矣。"

《山東道監察御史楊深秀摺》（光緒二十四年四月十三日，《戊戌變法檔案史料》）："竊近者，外國交逼，内外臣工，講求時變，多言變法，以圖自保。然舊人多有惡爲用夷變夏者，於是守舊開新之名起焉。其守舊者，謂新法概宜屏絶；其開新者，謂舊習概宜掃除。小則見諸論説，大則行之奏牘，互相水火，有如仇讎。臣以爲理無兩可，事無中立，非定國是，無以示臣民之趨向，非明賞罰，無以爲政事之推行。躑躅歧途者不能至，首鼠兩端者不能行。午針未定，標向不立，議論不一，游移不斷，未有能成功者也。非徒無成而已，兩黨交争，其甚必至增内訌而召外侮，撓政事而敗國家而已。……累奉詔書，頒行新政，而大臣置若罔聞，或閣而不宣，或宣而不行，或行而不舉，則以國是未定，賞罰未明故也。……臺灣既割，膠變旋生，今又半年矣。是非強敵割之，而守舊者倒戈内攻而割之也；亦非守舊者割之，而國是未定賞罰未明割之也。夫以皇上之明，豈猶有所謂猶豫哉？……開新者通達中外，其人本寡，其勢甚孤；守舊者承襲舊習，其人極多，其勢甚大。……皇上日開之於上，而守舊者日塞之於下，雖有詔書，而新政不行，職是故也。故開新者，皇上所大利，而守舊者所大不利也。守舊者，於皇上有大害，而守舊者之大利也。乃上托法祖之名，下據攘夷之論，陽塞開新之口，陰便身家之圖。皇上外觀時變，内察人情，豈可以天下大器、四海民命，而徇守舊者富貴之圖哉。……且賞罰者，人主之大柄，所以操縱奔走天下者也。……從古行新法之時，未有不大用賞罰也。……皇上欲推行新政，速見實效，請查覈内外大臣奉行甲午以來新政之論旨，若學堂，若武備，若商務農工，何者舉行，何者廢格。
嘉獎其舉行者，罷斥其廢格者，明降諭旨，雷厲風行。如此而新政
不行，疆土不保者，未之有也。"

　　同日，又請設譯書局，請派親王貝勒宗室游歷各國，遣學生留
學日本，皆得施行。

　　梁啓超《楊深秀傳》："連上書，請設譯書局，譯日本書；請派親
王貝勒宗室游歷各國，遣學生留學日本。皆蒙采納施行。"

　　《山東道監察御史楊深秀片》（光緒二十四年四月十三日，《戊
戌變法檔案史料》）："甲午軍興之後，漸知泰西所以富强，在於有
學，於是議臣始言學。當今直省督撫亦紛紛漸知立學堂矣。然學
堂以何物教之，尚未計及也。學堂僅教諸生童幼，習西國文字語
言，五六年後始能通其文字，語言尚未通，其政學，則又待之十年後
矣。今世變甚急，朝不及夕，豈能從容待之十年乎？其不在學堂中
之人士，及任官之士夫，尤今日所倚而用之者，乃無從得地球掌故
物理、泰西政俗、經濟農工商礦各學，而考求之。臣以爲言學堂而
不言譯書，亦無從收變法之效也。同治時大學士曾國藩，先識遠
見，開製造局，首譯西書，而奉行者不通本原，徒譯兵學、醫學之學，
而政治經濟之本，乃不得一二。然且泰西文義迥異，譯者極難，越
月逾歲乃成一種，故開局至今數十年，得書不滿百種，以是而言變
法，是終不得其法也。臣愚竊考日本變法，已盡譯泰西精要之書，
且其文字與我同，但文法稍有顛倒，學之數月而可大通，人人可爲
譯書之用矣。若少提數萬金，多養通才，則一歲月間，可得數十種。
若籌款愈多，養士愈衆，則數年間，將泰西日本各學精要之書，可盡
譯之，而天下人士及任官者，咸大通其故，以之措政皆有條不紊，而
人才不可勝用矣。國家雖貧，而歲糜閑款，不知幾許，若一鐵艦一
克虜伯炮之費，動需百數十萬矣。若能省一炮之費，以舉譯書之

事,而盡智我民,其費至簡,其事至微,其效至速,其功至大,未有過於此者。"

《山東道監察御史楊深秀片》(光緒二十四年四月十三日,《戊戌變法檔案史料》):"頃割地紛紜,由我閉關守舊,王公大臣未嘗游歷,故爲强敵所脅也。……今地球大通,萬國並立,不止親王出游,亦多兩君相見,德、俄、英、法之君,無歲不會,故情好欣洽,嫌隙易弭。我今僅爲萬國之一,必不能用一統之法,而我近支王公未嘗特膺聘問,非所以聯外交而崇親好也。……日本變法維新,派熾仁親王、有栖川親王、小宮丸親王,出游泰西,分習諸學,故能歸而變政,克有成效。暹羅變法,亦使其親王游歷泰西,去年暹王且躬自游歷,故近來政治丕變,西人畏之,不敢逼脅。此諸國並立之通例,尤變法之良模也。頃德王之弟來游,皇上接見以殊禮。蓋當列國競長之時,已不用一統閉關之舊,而我執政及百司大臣,皆足迹未嘗至海外,近支王公仍閉處都城,見聞愚陋,才局不練,一旦授之以政,或使於四方,遂望其能興内政而御外侮,何可得哉?……伏乞斷自聖衷,變通舊例,特派近支王公之妙年明敏有才志者,游歷泰西各國;其有美志良才,自願游學,習政習兵者,尤有神益,乞准其所請。"

《山東道監察御史楊深秀片》(光緒二十四年四月十三日,《戊戌變法檔案史料》):"泰西各學,自政治、律例、理財、交涉、武備、農工、商礦及一技一藝,莫不有學。日本變新之始,皆遣貴游聰敏學生出洋學習。今其相伊藤博文,即與我同治時出洋學生同學者也。特吾格於守舊謬説,加以經費支絀,故事中止,遂使日人學而有成。今日人於泰西諸學,燦然美備,非特追摹逼真,亦且自出新解,故能以小國憑陵中土,良有所因。我今欲變法而章程未具,諸學無人,雖欲舉事,無由措理,非派才俊出洋游學,不足以供變政之用。特泰西語言文字不同，程功之期既遠，重洋舟車，飲食昂貴，虛糜之費殊多，故鄭重茲事，遲遲未舉。臣以爲日本變法立學，確有成效，中華欲游學易成，必自日本始。政俗文字同則學之易，舟車飲食賤則費無多。……伏乞飭下總署速議游學日本章程，准受其供給經費。其游學之士，請選舉貢生監之聰敏有才年未三十已通中學者，在京師聽人報名，由譯署給照，在外聽學政給照，庶於成人才以濟時艱。"

按，據康有爲《康南海自編年譜》光緒二十四年："草《請派近支王公游摺》《請開局譯日本書摺》《請派游學日本摺》，皆由楊漪川上之。"可知此三片皆出康有爲之手，因楊深秀官高，故由其代奏。然深秀上疏之功亦不可掩。

四月十四日，上疏言廢八股、定文體。然格於部議，未即施行。

楊深秀《楊漪春侍御奏稿・請釐定文體折》（光緒二十四年四月十四日）："竊自取士之法未善，用非所學，學非所用。制藝帖括削磨人才，因有建議，欲變科學，廢四書文者。臣竊惟制藝之科，行之已數百年，沿襲至今，適承其敝。若不思變計，固無以得人才；若驟更成法，亦復猝無善策。嘗統籌利弊，熟計重輕，以爲非立法不善之爲害，而實文體不正之爲害也。故欲求真才，必自釐訂文體始。查經義之體筆自宋代，因文見道，意美法良。宋人之文傳於今日者，如王安石、蘇洵、蘇轍、陸九淵、陳傅良、文天祥諸大家，類皆發明經意，自攄偉論，初無代古人語氣之謬説，無一定格式之陋習。……明世沿習既久，防弊日周，於是創爲代聖立言之説，謂不得用秦漢以後之書述當世之事，奪微言大義之統，爲衣冠優孟之容，誣己説爲古言，侮聖人而不顧。於是束書不觀，争爲謬陋。文體、風俗之壞，實自茲始。有明中葉以後，始盛行四股六股八股、破承起講之格，雖名爲説經之文，實則本之唐代詩賦，專講排偶聲病。

如宋元詞曲，但求按譜填詞，而蕪詞讕言，駢拇枝指，又加甚焉。以經意論，則無所發明；以文體論，則毫無取義。……請特下明詔，斟酌宋元明舊制，釐正四書文體，凡各試官命題，必須一章一節一句語氣完足者。其制藝體裁，一仿宋人經義、明人大結之意，先疏證傳記以釋經旨，次博引子史以徵蘊蓄，次發揮時事以覘學識，不拘格式，不限字數，其有仍用八股庸濫之格、講章陳腐之言者，擯勿錄。其有仍入口氣，托於代聖立言之謬説者，以僭妄誣罔、非聖無法論。"按，據《康南海自編年譜》光緒二十四年："草《變科舉摺》，亦爲三篇，分交揚漪川、徐子靜上之。"可知此奏摺亦由康有爲草擬，楊深秀代上。

梁啓超《楊深秀傳》："君與康君廣仁交最厚，康君專持廢八股爲救中國第一事，日夜謀此舉。四月初間（旬），君乃先抗疏請更文體，凡試事仍以四書五經命題，而篇中當縱論時事，不得仍破承八股之式。蓋八股之弊積之千年，恐未能一旦遽掃，故以漸而進也。疏上，奉旨交部臣議行。……初請更文體之疏既交部議，而禮部尚書許應騤庸謬昏橫，輒欲駁斥，又於經濟科一事多爲阻撓。時八股尚未廢，許自恃爲禮部長官，專務遏抑斯舉。君於是與御史宋伯魯合疏劾之，有詔命許應騤自陳。於是舊黨始惡君，力與爲難矣。"

《康南海自編年譜》光緒二十四年："時許應騤議經濟特科及廢八股事，多方阻撓。御史楊漪川、宋芝棟聯名劾之。上惡其阻撓科舉，即定罷斥。剛毅乞恩，不許。請令總理衙門查覆，不許。乃請令其自行回奏，上不得已，允之。"

按，胡思敬《楊深秀傳》載，楊深秀上疏廢八股事在三月，梁啓超稱在四月初，皆誤記也。《楊漪春侍御奏稿》明標上疏於四月十四日。楊深秀、宋伯魯彈劾許應騤奏摺，參見《戊戌變法檔案史料》第5—6頁。

五月十日，上疏請皇帝大誓於乾清門，以曉諭群臣維新之旨。

《楊漪春侍御奏稿·請御門誓衆摺》（光緒二十四年五月十日）：“今既奉上諭，明定國是，而守舊之徒迂謬指摘，日夜聚謀，思變亂明旨，或讎視開新之人，思顛倒是非，造作謠言，以惑聖聽。……夫舉朝如此，皇上一人欲更新庶政，將與誰共爲之哉？上諭驟下，則稍悚動。過數日，則忘之。又數日，則詆諆復生。又數日，則聚謀變易之矣。天下岌岌，衆論沸沸。臣愚睹此，竊用隱憂，恐維新之徒托空言而自強之不可望也。臣日夜思慮，爲我皇上籌之。蓋皇上未有大誓群臣之舉，大施賞罰之事，以悚動觀聽也。夫數百年之舊説，千萬人之陋習，雖極愚謬，積久成是，誠非一二言所能轉易也。故古者有大誓之義，《書》有《甘誓》《湯誓》《泰誓》《牧誓》《費誓》，凡有大事大政，皆集群臣大衆誓之，以革其面而易其心。此吾先聖之大法、經典之大義。……伏乞皇上采先聖誓衆之大法，復祖宗御門之故事，特御乾清門，大召百僚，自朝官以上，咸與聽對，布告維新更始之意、采集萬國良法之意。嚴警守舊沮撓造謠亂政之罪，令群臣簽名具表，咸去守舊之謬見，力圖維新。其有沮撓詆諆、首鼠兩端者，重罰一人，以懲其後，必使群僚震動恐懼，心識變易，然後奉行新政，力圖自強。”

《康南海自編年譜》光緒二十四年：“時新定國是、廢八股，舊黨謗甚沸。御史文悌、黃桂鋆等奔走謀之，聚議將聯名翻國是、復八股。乃草摺，交楊漪川上之，請御門誓群臣，並定謗新政之律，其有敢請亂國是、復八股者，重懲之。於是上諭再責舊黨，謗謀乃少息也。”

六月，遭文悌誹謗彈劾，光緒帝並未降罪深秀，且責文之誣罔。

梁啓超《楊深秀傳》：“御史文悌者，滿洲人也，以滿人久居內城，知宮中事最悉，頗憤西后之專橫。經膠、旅後，慮國危。聞君門下有某人者,撫北方豪士千數百人。適同侍祠,竟夕語君宮中隱事,皆西后淫樂之事也。既而曰:'君知長麟去官之故乎?長麟以上,名雖親政,實則受制於后,請上獨攬大權。'曰:'西后於穆宗則爲生母,於皇上則爲先帝之遺妾耳,天子無以妾母爲母者。其言可謂獨得大義矣。'君然之,文又曰:'吾奉命查宗人府囚,見澍貝勒僅一袴蔽體,上身無衣,時方正月祁寒,擁爐戰慄,吾憐之,賞錢十千,西后之刻虐皇孫如此,蓋爲上示戒,故上見后輒顫。此與唐武氏何異?'因慷慨誦徐建業《討武氏檄》'燕啄王孫'四語,目眦欲裂。君美其忠誠。乃告君曰:'吾少嘗慕游俠,能逾墻,撫有崑崙奴甚多,若有志士相助,可一舉成大業。聞君門下多識豪杰,能覓其人以救國乎?'君壯其言而慮其難。時文數訪康先生,一切奏章皆請先生代草之,甚密。君告先生以文有此意,恐事難成。先生見文,則詰之。文色變,慮君之泄漏而敗事也,日謗騰於朝,以求自解,猶慮不免,乃露章劾君與彼有不可告人之言。以先生開保國會爲守舊大衆所惡,因附會劾之,以媚於衆。政變後之僞諭謂:'康先生謀圍頤和園,實自文悌起也。'文悌疏既上皇上,非惟不罪宋、楊,且責文之誣罔,令還原衙門行走。於是君益感激天知,誓死以報。"

康有爲《明夷閣詩集·戊戌八月紀變八首》其三:"關西夫子恒霍高,博聞强記人之豪。忠憤誤譚五王事,千秋遺恨崑崙奴。"自注:"哀楊漪川侍御。"梁啓超跋:"侍御忠鯁出天性,胸無城府。時賊黨文悌同在臺中,屢以言相餂,冀得構煽口實。一日,訪侍御,力言東朝沮撓新政,聲泪俱下,且慷慨道唐五王事,侍御信之,極獎其肝膽。未幾,文悌遂捏詞入告,劾侍御有異謀。此六月間事也。雖上燭其奸,黜之。然蜚語日中,卒至釀大變。"

按,文悌彈劾楊深秀之奏摺,參見朱壽鵬編《東華續錄》卷一百四十五。文悌奏言:"康有爲又曾在奴才處手書御史名單一紙,欲奴才倡首，鼓動衆人伏闕痛哭，力請變法。其單內所開，多臺諫中知名之人，而宋伯魯、楊深秀即在其中。後康有爲立會保國，在單之人皆不與聞，惟宋伯魯、楊深秀兩次到會，列名傳布。奴才於其開單之時，即告以言官結黨爲國朝大禁，此事萬不可爲。而楊深秀旋即便服至奴才處，仍申康有爲之議。且奴才與楊深秀初次一晤，楊深秀竟告以萬不敢出口之言於奴才，是則楊深秀爲康有爲浮詞所動，概可知也。"光緒帝諭旨云："御史文悌奏言官黨庇，誣罔熒聽，請旨飭查一折。據稱，御史宋伯魯、楊深秀，前參許應騤'黨庇熒聽，恐啓臺諫攻擊之漸'等語，該御史所奏難保非受人唆使。向來臺諫結黨攻訐，各立門户，最爲惡習，該御史既稱爲整飭規範起見，何以躬自蹈此？文悌不勝御史之任，着回原衙門行走。"

時湘撫陳寶箴因力行新政而遭彈劾，深秀爲其剖辨。上降旨獎勵陳，而嚴責舊黨，湖南浮議稍息。

梁啓超《楊深秀傳》："湖南巡撫陳寶箴力行新政，爲疆臣之冠。而湖南守舊黨與之爲難，交章彈劾之。其誣詞不可聽聞，君獨抗疏爲剖辨。於是奉旨獎勵陳，而嚴責舊黨，湖南浮議稍息，陳乃得復行其志。"

《康南海自編年譜》光緒二十四年："以報事查辦復留京，時湖南巡撫陳寶箴奏薦我，而攻《改制考》，上留中。是時，王先謙、歐陽節吾在湘猖獗，大攻新黨、新政、學會、學堂，一切皆敗。於是草摺交楊漪川，奏請獎勵陳寶箴。上深別白黑，嚴責湖南舊黨，仍獎陳寶箴認真整飭，楚事乃怡然。"

八月六日，慈禧太后發動政變，幽禁光緒帝，變法失敗。深秀連夜告知康有爲等人，並抗疏詰問皇上被廢之故，請西后撤簾歸政，遂就縛獄中，論棄市。獄中作詩十數首，以自表曝，今存三首。

《康南海自編年譜》光緒二十四年："及夜，楊漪川、宋芝棟、李孟符、王小航來慰。楊言：'京師市人皆紛紛傳八月京師有大變，米麵皆騰貴，並董軍紛紛自北門入。居民震恐，乃有紛紛遷避者。'……八日，楊漪川遞摺，請僞臨朝勿訓政，遂被逮。"

《清史稿》本傳："八月，政變，舉朝惴惴，懼大誅至，獨深秀抗疏請太后歸政。方疏未上時，其子黻田苦口諫止，深秀厲聲叱之退。俄被逮，論棄市。"

梁啓超《楊深秀傳》："至八月初六日，垂簾之僞命既下，黨案已發。京師人人驚悚，志士或捕或匿，奸焰昌披，莫敢攖其鋒。君獨抗疏詰問皇上被廢之故，援引古義，切陳國難，請西后撤簾歸政，遂就縛獄中。有詩十數章，愴懷聖君，眷念外患，忠誠之氣溢於言表。論者以爲，雖前明方正學、楊椒山之烈，不是過也。"

康有爲《六哀詩·故山東道監察御史聞喜楊公深秀》（《新民叢報》第 17 號）："憂甚武瞾禍，惜無束之略。忽驚神堯囚，赫矣金輪虐。黨禍結愁雲，盈廷暗若縛。抗章請撤簾，碧血飛噴薄。"

陳聲暨《侯官陳石遺先生年譜》（《國學專刊》1927 年第 1 卷第 4 期）："六人就逮，數日未具獄詞，遽斬西市。康廣仁以康有爲弟而誅，深秀以常言得三千杆毛瑟槍圍頤和園有餘也。"

康有爲《明夷閣詩集·閱報見德人賀得膠州歲事又得楊漪川獄中詩題其後》，詩後附錄楊深秀《獄中詩》三首。其一作於八月十一日，詩云："久拚生死一毛輕，臣罪偏由積毀成。自曉龍逢非俊物，何嘗虎會敢徒行。聖人豈有胸中氣，下士空思身後名。縲絏到頭真不怨，未知誰復請長纓。"其二作於十二日，詩云："長鯨跋浪足憑陵，靖海奇謀愧未能。安耻□邊多下策，當思殷武有中興。孤臣頃作湟中鹿，酷吏終羞殿下鷹。平日敢言成底事，覆盆秋水已如冰。"其三作於十三日，詩云："□□□□□□□，孤忠畢竟待天扶。

絲綸閣下千言盡,車蓋亭邊一字無。經授都中愧盲杜,詩成獄底學髯蘇。朝來鵲喜頻頻送,尚憶墻東早晚烏。"

按,康、梁皆以爲楊深秀死於抗疏詰問之事,《侯官陳石遺先生年譜》所載與文悌搆陷有關。然其《獄中詩》其一言"臣罪偏由積毀成",則爲當事者之見。而當時守舊派確已視其如仇讎,積恨久矣。故知楊深秀之死,非惟一朝抗疏或一人興謗之故。

其詩以緣情綺靡爲宗,以學問培育性情,而深詆性靈派末流之空疏陋習。

《雪虛聲堂詩鈔》卷首武育元序:"君少具宿慧,負奇氣。復泛濫子史,自漢魏六朝,暨唐宋名家,無不入其室而窺其奧。故其發而爲詩,運筆於尺楮之間,寄想在九垓之表。對客揮毫,不名一格,英鷙樸厚,而出以和平。即偶作艷體,亦猶是美人香草之遺。是實能一空依傍,而兼有諸家之長者。"

《雪虛聲堂詩鈔・童心小草》蘇晉康序:"吾鄉楊君儀邨比部,殆其人乎,嘗檢篋中,出示舊作。始自成童,亦越弱冠。揀百許首,剩六千言。大都擴寫性靈,本源倫紀,無鑿鑿俗狀,合風雅遺規。"

《雪虛聲堂詩鈔・白雲司稿》楊篤秋序:"儀村少負神童譽,自髫齔,洎通籍,所爲詩不下千餘篇。巧緰而謝雕鏤,奇崛而出以婉逸,實袪經生之弊,脱才人之習,而兼擅其長者。《白雲司稿》一卷,皆其官京朝時所作。"

《雪虛聲堂詩鈔・並垣皋比集》仇汝嘉序:"温柔敦厚,詩教也。而陸士衡乃更爲緣情綺靡之説。前輩鄙爲六朝之習言,吾友楊儀村比部獨曰:'是於六朝爲習言,於近世則藥言也。近世之稱詩者,往往儉腹固陋,而蘄於速成,既揣難登昔賢之堂,遂遁而援性靈以自解。不難取鮑、謝、徐、庾,概薄爲綺靡之音,而唐初四子勿論矣。下至張、王、温、李,宋之楊、劉,元之天錫、廉夫,明初之季迪、孟端,以曁國朝駿公、貽上、錫鬯、天章諸公，胥指爲綺靡而弗視矣。此詩之所以日趨於佻薄也。夫綺論其藻，靡論其聲。藻恐其苦窳，而聲懼其噍殺也。則綺靡真急務也。彼之訨而不爲，豈真有以勝之哉？特欲爲儉陋解嘲耳，不學之過也。學不厚，則情不能深，而風韻色澤胥有所不足，是雖欲綺靡而不能。不能而反訨之，誠何心矣。使其人不甘文過，積其學以培其情，鑄調於樂府，而儲材於選樓，知所謂綺靡者本乎情之不容已。音節可歌，風景可繪，而文采不可掩也。則雖士衡之措語，如或小失，猶將視爲性靈之補劑，足醫吾固陋，而當吾師資矣，故曰近世之藥言也。’余聆其論，鼓掌稱快。既乃得盡觀其所作，婉麗纏綿，神味獨絶，間出悲壯之音、清遠之格，而壯不流於粗莽，清不鄰於脆弱，則微會於綺靡之旨，而終底於溫柔敦厚之歸，不啻借徑而造極也。以視夫空談性靈之末流，蓋倜乎遠矣。”

《雪虛聲堂詩鈔》卷二《虞部劉小山大兄見問詩法酒次成轉韻體答之》：“嘗云此事有元音，勿論疾書與苦吟。彈扣虛空成氣象，銷融破碎得胸襟。映發安能泥處所，蒼茫非必嘯儔侶。鏗然天籟齊橫吹，雋絶人寰漢樂府。芳草生池挹自然，雜花發樹狀鮮妍。清新不在添僧字，秌鬱豈因憶妓船。果有高懷余遠眺，脱喉便抵蘇門嘯。若無奇氣寄長征，吹角奚關邊塞調。詩教良須如是觀，爲君計者定何難。此中況乃極淵博，讀史兼能讀稗官。古者多文便曰富，非論鳴玉與衣繡。何哉坐是掩文名，里語徒稱財力厚。願君已博更貫穿，囊中原足買書錢。”

參考文獻：

1. 楊深秀《雪虛聲堂詩鈔》，光緒八年刻本。

2. 楊深秀《楊漪春侍御奏稿》，民國六年鉛印《戊戌六君子遺集》本。

3. 中國史學會主編《戊戌變法》，上海人民出版社 1957 年版。

4. 國家檔案局明清檔案館編《戊戌變法檔案史料》，中華書局 1958 年版。

5. 趙爾巽等《清史稿》，中華書局 1977 年版。

6. 梁啟超《楊深秀傳》，閔爾昌編《碑傳集補》卷十，周駿富輯《清代傳記叢刊》，臺灣明文書局 1985 年版。

7. 胡思敬《楊深秀傳》，閔爾昌編《碑傳集補》卷十，周駿富輯《清代傳記叢刊》，臺灣明文書局 1985 年版。

8. 康有爲著、樓宇烈整理《康南海自編年譜》，中華書局 1992 年版。

（馬昕）

沈曾植傳

沈曾植，字子培，號乙庵，晚號寐叟，嘉興人。道光三十年
(1850)生於北京。

趙爾巽等《清史稿》卷二百五十九《沈曾植傳》："沈曾植，字子
培，浙江嘉興人。"謝鳳孫《學部尚書沈公墓誌銘》："先生諱曾植，字
子培，又字乙庵。東軒、寐叟，晚年所自號也。"宋慈抱《嘉興沈曾植
傳》："沈曾植字子培，號乙庵，嘉興人。"

王蘧常《清末沈寐叟先生曾植年譜》道光三十年："二月二十九
日酉時，公生於京師南橫街寓次。"

八歲喪父，父居官廉潔，至是益困。家無恒師，從母課詩，通音
韻之學。弱冠，通清初及乾嘉諸家之學，於史學尤深。

沈曾植《家傳稿》(上海圖書館藏稿本)："丁巳夏，都水公以時
疫不禄。"按，《清末沈寐叟先生曾植年譜》："父諱宗涵，字儼伯，官
至工部都水司員外郎。"

《清末沈寐叟先生曾植年譜》咸豐七年(1857)："五月十八日，
贈光禄公殁於京師，時贈光禄公官工部候補員外郎、都水司行走。
公躃踊哀毀如成人。先是司空公、贈光禄公居官廉，至是益困。家
無恒師，鞠於韓太夫人。太夫人燈下課義山詩，成誦始寢。通音均
之學自此始。"按，顧廷龍《清代硃卷集成·會試硃卷·光緒庚申

科・沈曾植》記載其業師有孫墀、周楨、王寶善、俞功懋、高偉曾、秦琛、阮堯恩、朱麟泰、周簠、王綷、羅學成、沈曾棨，凡十二人。其中於曾植影響最大者，當推高偉曾。沈曾植《業師兩先生傳》（錢仲聯輯録《沈曾植海日樓佚碑傳》，《文獻》1993 年第 2 期）：“先生館余家，在同治壬戌秋癸亥春，不及一年。爲余開筆師。然平生詩詞門徑，及諸辭章應讀書，皆稟先生指授，推類得之。先生多交游，暇則蠅頭字鈔張天如《通鑑紀事本末》、谷氏《明史紀事本末》論，余因是知明季復社文學。是時王硯香先生館舅家，二先生日爲詩詞唱和，余私摹仿爲之，匿書包布下，先生察得之，笑且戒曰：‘孺子可教，俟他日，此時不可分心也。’”

《清末沈寐叟先生曾植年譜》同治八年：“公天性耆學，目數行下，於學無所不窺。自少即沉潛義理，承司空公之緒，既又盡通國初及乾嘉諸家之説，尤深於史學掌故，博學詳説，恒廢寢食。家貧體弱，冬日無絮衣，手指僵裂，終不釋卷。”

光緒元年（1875），始治蒙古史地之學。冬日祁寒，於廠肆得《元秘史》，挑燈夜讀。

沈曾植《海日樓文集》卷上《聖武親征録校本跋》：“曾植始爲蒙古地理學，在光緒乙亥、丙子之間，始得張氏《蒙古游牧記》單本、沈氏《落帆樓文稿》，以校鄂刻《皇輿圖》、李氏《八排圖》，稍稍識東三省、内外蒙古、新疆、西藏山水脈絡。家貧苦無書，無師友請問，獨以二先生所稱述爲指南。《秘史》刻在《連筠簃叢書》中，時賈十二兩，非寒儒所能購讀。一日以京蚨四千得單印本於廠肆，挾之歸，如得奇珍，嚴寒挑燈，夜漏盡，不覺也。”《嘉興沈曾植傳》：“因西北邊疆多故，治西北輿地之學，期應世變。”

光緒六年（1880），應禮部試，第五策問北徼事，曾植平日研磨西北史地，故於策問中論之甚詳，得考官激賞。榜發，成進士，用刑部主事，乃究刑律之學。

《聖武親征録校本跋》："庚辰會試，第五策問北徼事，罄所知答焉。卷不足，則删節前四篇以容之。日下稷，清場而後交卷。歸家自喜曰：'此其中式乎？'長沙王益吾先生、會稽朱肯甫先生分校闈中，榜發語人曰：'闈中以沈、李經策冠場，常熟尚書尤重沈卷爲通人。顧李蒓客負盛名，而沈無知者。'某君曰：'嘉興沈氏，其小湖侍郎裔乎？'尚書於謁見時特加獎借。而先生之言傳諸學者，蒓老相見，亦虛心推挹。於是於此學稍稍自信。"

宋慈抱《嘉興沈曾植傳》："光緒六年成進士，以主事觀政刑部，簽分貴州司行走。嫥精今律，深究古律，有《漢律輯補》《晋書刑法志補》之作，長安薛允升推爲律家第一。"《清史稿》本傳："居刑曹十八年，專研古今律令書，由《大明律》《宋律統》《唐律》上溯漢、魏，於是有《漢律輯補》《晋書刑法志補》之作。"

中進士後，廣結良朋，與李慈銘、袁昶、張謇、鄭孝胥、王彦威、葉昌熾等人過從甚密。

《嘉興沈曾植傳》："文名與李慈銘相埒，時稱'沈李'。"李慈銘《越縵堂日記》光緒六年十月十四日："沈子培來久談，且送其行卷來。此君讀書極細心，又有識見，近日罕覯也。其經文刻四首，皆博而有要；第五策言西北徼外諸國，鈎貫諸史，參證輿圖，辨音定方，具有心得，視余作爲精密矣。"按，李慈銘《越縵堂日記》、《袁昶日記》、《張謇日記》、《鄭孝胥日記》、王彦威《秋燈課詩之屋日記》、葉昌熾《緣督廬日記》於光緒六年後，屢記與沈曾植交往經歷，可參。

光緒十四年(1888),康有爲上萬言書請革國政,曾植與之交,囑其韜晦中和。

康有爲《康南海自編年譜》光緒十四年:"九月游西山,時講求中外事已久,登高極望,輒有山河人民之感。計自馬江敗後,國勢日蹙,中國發憤,只有此數年閑暇,及時變法,猶可支持,過此不治,後欲爲之,外患日逼,勢無及矣。時公卿中潘文勤公祖蔭、常熟翁師傅同龢、徐桐有時名,以書陳大計而責之,京師嘩然。值祖陵山崩千餘丈,乃發憤上書萬言,極言時危,請及時變法,黃仲弢編修紹箕、沈子培刑部曾植、屠梅君侍御仁守,實左右其事。""朝士久未聞此事,皆大嘩。鄉人至有創論欲相逐者。沈子培勸勿言國事,宜以金石陶遣。"

《清末沈寐叟先生曾植年譜》光緒十四年:"是年,南海康廣廈孝廉上書請變法,朝野大嘩,將隸捕。公力靜其括囊自晦得全。康常自命爲聖人,獨嚴憚公。逾數日,必造謁焉。公待之不即不離。一日,康發大言,公微哂曰:'子再讀十年書,來與吾談可耳。'康顏渥而退。"光緒十五年:"夏,康有爲將反粵,公規其氣質之偏,而啓之以中和。又謂:'君受質冬夏氣多,春秋氣少。'康書謝,有云:'公體則博大兼舉,論則研析入微,往往以一二語下判詞,便如鐵鑄。非識抱奇特,好學深思,不能及此。生平所見人士,自陳君慶笙外,未之晤聞,一時寡儔也。但文理密察者多,而發強剛毅者少,論説多而負荷少,得無氣質和柔之故耶?'"

光緒十八年(1892),充總理各國事務衙門俄國股章京,益究邊疆輿地之學。

《嘉興沈曾植傳》:"十八年壬辰,兼充總理各國衙門俄國股章京,益究四裔輿地,先後有《蠻書》《黑韃志》《元朝秘史》《長春真人西游記》各箋注及《島夷志略廣證》之作。《廣證》就汪大淵書以新舊各圖證之，考見南洋各島唐宋迄今之航路。並考見西洋人所建高埠亦即古來高賈彙萃之區，尤發前人所未發。十九年癸巳，俄使喀西尼以俄人拉特禄夫《蒙古圖志》中《唐闕特勤碑》《突厥苾伽可汗碑》《九姓回鶻受里登啰泪設密施合毗伽可汗聖文神武碑》景本送總理各國事務衙門，屬爲考釋。曾植時在譯署，作三碑跋以覆之。俄人譯以行世，西書中屢引其説。"

光緒二十一年（1895），甲午和議成，曾植請自借英款創辦東三省鐵路，後不果行。同年，與康有爲等人開强學會於京師南城，又説翁同龢開學堂、設銀行。

《清史稿》本傳："中日和議成，曾植請自借英款創辦東三省鐵路，時俄之韋特西比利亞鐵路尚未建議也，不果行。"《嘉興沈曾植傳》："二十一年乙未，請自假英款創辦從貫鐵道事。"《學部尚書沈公墓誌銘》："甲午和議成，先生請假英款，創辦東三省縱貫鐵道，事在俄國韋特西比利亞鐵路建議之前。恭忠親王、李文忠公韙其議，將合辭奏請，沮於某巨公，識者惜之。"

《康南海自訂年譜》光緒二十一年："七月初，與次亮約集客。若袁慰亭世凱、楊叔嶠鋭、丁叔衡玄鈞，及沈子培、沈子封兄弟，張巽之孝謙，陳□□。即席訂約，各出義捐，一舉而得數千金。"此即述籌辦强學會事。賀培新輯《徐世昌年譜》（中國社會科學院近代史研究所近代史資料編輯部編《近代史資料》總69號，知識産權出版社2006年版）光緒二十一年亦云："回京，與張巽之、于晦若、文芸閣、梁卓如、江伯唐、沈子培、英人李提摩太、美人李佳白、畢德格議設'强學會'。"同年十二月即遭禁，《翁同龢日記》光緒二十一年十二月十四日："沈子封來，南城因封禁强學會，衆洶洶有煩言。"

《嘉興沈曾植傳》："説大學士翁同龢開學堂、設銀行。與康有爲、丁立鈞、王鵬運、袁世凱、文廷式、張孝謙、徐世昌、楊銳、陳熾、張權等及其弟曾桐開强學會於京師南城。"《翁同龢日記》光緒二十一年十一月初十日:"飯罷,沈子培來長談,意在開學堂、設銀行也。"

光緒二十三年(1897),丁母憂。次年五月,受張之洞之邀赴武昌,主兩湖書院史席。八月,戊戌變法失敗,作《野哭》詩五首,哭被難六君子。

《學部尚書沈公墓誌銘》:"丁酉,遭母憂,回籍。"沈曾植《與丁立鈞書》(光緒二十三年十一月二十二日,上海圖書館藏稿本):"病之初見在廿一,大熱發廿五,汗解在廿六,脈變在廿七夜,大故在廿八夜。"唐文治《茹經堂文集三編》卷五《沈子培先生年譜序》:"丁酉歲八月,太師母韓太夫人薨於京寓。余弔先生於苫次,先生握予手,呼搶幾不能言,但曰:'吾欲求子文。'繼曰:'吾欲求子文表揚吾母。'余亦嗚咽不能答。既復見先生於堊室中,則瞿瞿繭繭,色容顛顛,蓋水漿糜粥僅入於口。"《清末沈寐叟先生曾植年譜》光緒二十三年:"八月廿九日,韓太夫人劢於京師。先是,太夫人晚年多病,公侍疾,衣不解帶,醫藥必親必嘗。安則始安,食然後食,用是遂通醫理,能自處方,別具妙悟。及劢,哀毀骨立,劇病累年,見者爲危。"

《清末沈寐叟先生曾植年譜》光緒二十四年:"五月,湖廣總督張香濤之洞聘公主武昌兩湖書院史席。"《清史稿》本傳:"母憂歸,兩湖總督張之洞聘主兩湖書院講席。"

按,《野哭》詩見於《海日樓詩集》卷二,注引沈曾植《戊戌旅湘日記》八月二十二日:"制中不爲韻語,情不能已,溢而爲詞。"

光緒二十五年(1899),與陳衍、鄭孝胥談詩論藝,謂詩莫盛於"三元",即開元、元和、元祐,後改開元爲元嘉,稱詩之"三關"。

陳衍《石遺室詩話》卷一:"子培有《寒雨積悶雜書遣懷襞積成

篇爲石遺居士一笑》詩,八十餘韻,余與君論詩語,略具其中。詩云:'……開天啓疆域,元和判州部。奇出日恢今,高攀不輸古。韓白劉柳騫,郊島賀籍伴。四河道昆極,萬派播溟渚。唐餘逮宋興,師説一香炷。勃興元祐賢,奪嫡西江祖。尋視薪火傳,皙如斜上譜。中州蘇黄餘,江湖張賈緒。譬彼鄱陽孫,七世肖王父。中泠一勺泉,味自岷觴取。沿元虞范唱,涉明李何數。强欲判唐宋,堅城捍樓櫓。咄兹盛中晚,儗自閩嚴樹。氏眛苟中行,謂句弦偭矩。持兹不根説,一眇引群瞽。叢棘限墻閾,通涂成岨峿。……'蓋余謂詩莫盛於三元,上元開元,中元元和,下元元祐也。君謂三元皆外國探險家覓新世界、殖民政策開埠頭本領,故有'開天啓疆域'云云。"

《清末沈寐叟先生曾植年譜》光緒二十五年:"與陳石遺、鄭太夷創詩有'三元'之説,蓋謂開元、元和、元祐,以爲皆外國探險家視新世界開埠頭本領。後又易開元爲元嘉,稱'三關',常以此教人,謂通此始可名家,務極其變,以歸於正,不主故常。"

光緒二十六年(1900),庚子事變爆發,曾植奔走東南,謀互保之策,長江賴以無事。

《清史稿》本傳:"拳亂啓釁,曾植與盛宣懷等密商保護長江之策,力疾走江、鄂,決大計於劉坤一、張之洞,而以李鴻章主其成,所謂'畫保東南約'也。"

《學部尚書沈公墓誌銘》:"至庚子拳匪亂作,兩宮西狩,先生恐東南有變,乃奔走寧、鄂,密與劉忠誠、張文襄謀中外互保之策,長江賴以無事。事定,而人不知其謀多出於先生。"

《清末沈寐叟先生曾植年譜》光緒二十六年:"五月,自里北征,而輦轂拳亂卒作。公停於上海主沈濤園,痛北事不可救,以長江爲慮,與督辦商約大臣盛杏孫宣懷、沈濤園、汪穰卿康年密商中外互保之策。力疾走金陵,首決大計於兩江總督劉峴莊坤一;來往武昌,就議於兩湖總督張香濤之洞;而兩廣總督李少荃鴻章實主其成。訂《東南保護約款》凡九條,其後大局轉危爲安,乘輿重反,縈公之力爲多。然以奇痛在心,事成不居。"

光緒二十七年(1901),應盛宣懷之邀至上海,又應劉坤一之請赴金陵,擬救亡十策;又應張之洞之招往武昌,商議推行新政之策。

《清末沈寐叟先生曾植年譜》光緒二十七年:"春,盛杏蓀尚書約作滬游。劉峴莊制軍又約至金陵,屬擬奏稿,其目凡十,曰設議政、開書館、興學堂、廣課吏、設外部、講武學、刪則例、重州縣、設警察、整科舉,凡八九千字。……又赴武昌應張香濤相國之招,旋還揚州,與相國書,論行新政曰:'……一曰通志意。……二曰議奉行新政。……三曰議章程。……四曰劑名實……'"

按,沈曾植兩次上書張之洞,所作《揚州與南皮制軍書》《與南皮制軍書》全文,參見錢仲聯整理《沈曾植未刊遺文(續)》(王元化主編《學術集林》,上海遠東出版社1995年版,第3卷)。

光緒二十八年(1902),還刑部供職,隨即調至外務部。二十九年,始外任,放江西廣信府知府,又調南昌府知府。三十年,署督糧道。三十二年,署鹽法道,又調任安徽提學使,赴日本考察學務。三十四年,簡署安徽布政使,尋護理安徽巡撫,平熊成基之亂。外任贛、皖期間,頗得政聲。

《清史稿》本傳:"旋還京,調外交部。出授江西廣信知府,曾植爲政,知民情偽,而持之以忠恕,故事治而民親。歷署督糧道、鹽法道,擢安徽提學使,赴日本考察學務。三十二年,署布政使,尋護巡撫。值江、鄂、皖三省軍會操太湖,而適遭國恤,群情恟恟,民一日數驚,城外炮馬兵又嘩變。曾植聞之,登城守御,檄協統余大鴻馳入江防,楚材兵艦擊毀東門外炮兵壁壘,黃鳳岐奪回菱湖嘴火藥局,一日而亂定。曾植在皖五年,重治人而尚禮治,政無鉅細,皆以身先。其任學使,廣教育,設存古學堂。又興實業,創造紙諸廠。"

《清末沈寐叟先生曾植年譜》光緒二十八年:"正月,辭南洋公學監督,還刑部供職。……時初改總理各國事務衙門爲外務部,即奉奏調補外務部和會司員外郎。……及奉調,忠勤一如前日。時新舊之爭未泯,南北之畛將開。公憂之,默自調停,人都不省。"光緒二十九年:"正月,簡放江西廣信府知府。……閏五月抵贛,時巡撫柯遜庵逢時聞公來,喜甚,即日檄調南昌府知府,舉全省大計,虛以相從。……公爲政,知民情僞,而持以忠恕,故事治而民親敬。"光緒三十年:"是年,署督糧道。"光緒三十二年:"正月,署鹽法道。……四月,簡安徽提學使,留署江西按察使。八月,始赴新任。隨赴日本考察學務,馳驅咨謀,日不暇給,彼邦人士來請益者,虛往實歸,皆厭其意以去。事畢反皖,視事期月,新舊咸和。"光緒三十三年:"設存古學堂,以程氏《讀書日程》爲藍本,取各學堂學生國文程度優勝者,聚而教之。有研究而無課本,有指授而無講解,取外國大學高等教法,聘程抑齋□□主其事。十二月,簡署安徽布政使。時法令如毛,皖省財力有限,而新政一視江、鄂爲政。政舉而財不傷,財給而民不病。"光緒三十四年:"本年三月,奉旨以道員用,簡署廣東提學使。……八月,公護理安徽巡撫。"

《學部尚書沈公墓誌銘》:"壬寅,始還刑部供職。時外交立專部,奉奏調至外務部,補和會司員外郎。明年,簡江西廣信府,始去京師。其官江西也,巡撫柯公逢時重器先生,大事必咨之。三年之間,由廣信府而南昌府,而督糧道,而鹽巡道,而按察使。未幾,簡安徽提學使。以去歷官多而施政未久,贛人思之至今。明年,署安徽布政使。又明年,護理巡撫。先生之治安徽也,鳳孫實從之學。

安徽界吳楚樞紐、長江上下，地狹而民囂，往來奸宄藪窟於茲，常思竊發，以快其所欲。光緒丁未，既有恩撫軍之變矣。明年戊申之秋，撫軍再易，訛言炰炰。先生以布政使權巡撫事，財兩閱月耳。先生燭幾以理，應詐以誠。幕部猾魁，衆視爲不可犯者，措注談笑之間，乃無不委身聽命。而忠樸良士翕然有所恃爲依歸。先生撫循折攝，衆心稍稍定矣。代者萃焉，掣亂其事。先生謝撫篆方兼旬，而炮營變作，黑夜攻城，久乃益烈，吏民震駭，自巡撫以下靡不張皇失措，而先生率僚屬，中夜登陴，巡防達旦，獨從容閒暇，若行所無事者。翼日，賊果潰散城外，居民雞犬無驚，城内商旅如故。人以是服先生。事定，新撫飭報朝廷。朝廷録靖難功，不及先生，先生亦終不自表曝。獨皖之人，身受其福，不能自已，則莫不感激歡呼，走而相告，謂今日之事，不糜一餉，不折一矢，敉平大難於幾先者，實皆先生縱攬全局，區畫周至，故人樂爲之效，而先生不爲所驚懼也。當此之時，南皮相國張公内預軍機，而先生寄命江表。天下之士喁喁向慕，相聚而言曰：‘今日文章、道德、學問、經濟可以爲世法者，北則張公，南則先生。’物望所歸，四海兩人而已。”

按，曾植任安徽布政使之年份，《清史稿》本傳作“三十二年”，《清末沈寐叟先生曾植年譜》繫於三十三年，《學部尚書沈公墓誌銘》作“戊申之秋”，即三十四年。查錢實甫編《清代職官年表·布政使年表》光緒三十四年戊申條云：“學使沈曾植兼署。”同書《學政（提學使）年表》光緒三十四年戊申條云：“（沈曾植）兼署布政使。”又《（戊申）安徽同官録》卷一載曾植於“戊申授提學使，升署布政使”。故沈氏署布政使，當在光緒三十四年。

宣統二年（1910），因忤當道，乃上書乞退，辭歸返里，旋遷上海。

《清末沈寐叟先生曾植年譜》宣統二年：“時國事益棼，公上書

言大計，權貴惡之，留中不答。公撫膺嘆息曰：'天乎！人力竟不足
以挽之邪？'因賦詩以寄慨曰：'不待招邀入户庭，龍山推分我忘形。
流連未免耽光景，哺餟誰能較醉醒。雨後百科爭夏大，風前一葉警
秋蕾。五更殘月難留影，起看蒼龍大角星。'適貝子載振出皖境，當
道命藩庫支巨款供張。公不允，復與當道忤。於是浩然有歸志，與
某公書云：'財政岌岌，官司解體，中外相疑，舉海上妄人之説，一切
悉納諸憲政之中，作繭自纏，背水陣更無躲閃。波土覆轍，可爲寒
心。外人皆爲我躊躇，而我方中風狂走。嬴氏以吏爲師，今則以報
爲師。無緩急，無先後，驕泰以爲豪，困窮而彌侈。牛飲漏舟，孰知
其届。某求去不得，嬴病日增，局促轅駒，徘徊怪鳥。求退之難，甚
於求進，眉山筆語及之，後知要當登此目的，不能忍而終古已。六
月，公乞退。……公獨未嘗有饋遺達權要，故三年署藩，不得真除，
歸裝惟載書十萬卷，人以爲怪。秋至滬，寓開封路正修里。十月歸
里。……日惟萬卷埋身，不逾户閾及聞國事，又未嘗不廢書嘆息，
唏噓不能自已。"

曾植晚年，學名益振。各地學者及海外漢學家紛紛叩門求教。
民國元年（1912），俄國哲學家蓋沙令伯爵訪華，因辜鴻銘之介紹而
得拜謁，於曾植之學問、人品深服之。

《孔教會雜志》民國二年二月第 1 卷第 1 號載蓋沙令《孔教乃中
國之基礎》之譯文。陳焕章翻譯案語云："此文乃蓋沙令伯爵於去
年五月二號在上海尚賢堂之演説稿。"上海圖書館藏辜鴻銘《碩儒
沈子培先生行略·附凱沙林伯爵書》："沈子培先生……鼎革後，遂
隱居滬濱，杜門不出，海内學者皆奉爲泰山北斗。雖海外鴻碩，亦
望而敬禮之也。鼎革後二年，俄國哲學大家凱沙林伯爵游華，余爲
之介紹見先生。其後伯爵著《哲學家之旅行日記》，書中述及其見
先生之感想，其文如下：'余今竟得如願以償見沈先生矣。……見

先生於滬濱,其丰采、其氣概,一見即令人永永不能去懷。溫而屬,威而不猛,恭而安,其一舉一動,莫不合乎禮、適乎儀,彼華孔子之所謂君子人者,先生實當之無愧。發言明易而意深,語語沁入人心,論及他國事而明晰正確如先生者,余未之見也。先生爲篤守孔子之訓者,極排斥異端之説。蓋先生於彼華舊學造詣既深,遂視外邦之事物無一可取者,先生自信之堅且深如此,故視人生常事無討論之價值,不待思索,其胸中已成竹矣。'"

按,《清末沈寐叟先生曾植年譜》載蓋沙令拜謁一事在民國二年,當依《孔教會雜志》之説,在民國元年。

民國二年(1913),始與僑滬諸老結"超社",觴咏遣日。

樊增祥《樊山集外》卷七《超然吟社第一集致同人啓》:"孫卿氏曰:'其爲人也多暇日者,其出人不遠矣。'吾屬海上寓公,殷墟黎老,因蹉跎而得壽,求自在以偷閑。本乏出人頭地之思,而惟廢我嘯歌是懼。此超然吟社所由立也。先是,止庵相公致政歸田,築超覽樓於長沙。今者,公爲晋公,客皆劉、白。超然之義,取諸超覽。人生多事則思閑暇,無事又苦岑寥。閉户著書者,少朋簪之樂,徵逐酒食者,罕風雅之致。惟兹吟社,略仿月泉。友有十人,月凡再舉。晝夜兼卜,賓主盡歡。或縱清談,或觀書畫,或作打鐘之戲,或爲擊鉢之吟。即席分題,下期納卷。視真率之一蔬一肉,適口有餘;若禮經之五飲五羹,取足而止。今卜於二月十二日小花朝日在樊園爲第一集,加未必來,抵亥始散。春在剪刀風裏,柳色初黄;雪消熨斗坪心,草痕微緑。金鯽群游,聊堪養目;芳梅半落,猶可點心。天厨蘭橘之味,昨夢迷離;小齋檉柏之華,一時新净。深衣入畫,翛然十竹之清風;一醉無名,特借百花之生日。先期束約,單到書知。"按,超社第一集會於樊園,會者十餘人,除曾植外,爲樊增祥、瞿鴻機、陳三立、繆荃孫、吴慶坻、吴士鑑、王仁東、沈瑜慶、林開暮、梁鼎芬、周樹模。

民國六年（1917），張勳提兵北上，遜帝復辟，曾植受詔任學部尚書。事敗後，臥病上海。

《清史稿》本傳："丁巳復辟，授學部尚書。事變歸，臥病海上。……論曰：辛壬之際，世變推移，莫之爲而爲，其中蓋有天焉。潤庠、世續諸人非濟變才，而鞠躬盡瘁，始終如一，亦爲人所難者也。乃宣、曾植皆碩學有遠識，惓惓不忘，卒憂傷憔悴以死。嗚呼，豈非天哉！"

《清末沈寐叟先生曾植年譜》民國六年："四月，朝局阽危，各省謀獨立。督軍或專使群集於徐州，推前兩江總督、民國定武上將軍、長江巡閱使張勳主盟。於是，勳提兵北上。五月初七日夕聞北訊，公方病。初八早，力疾挈嗣子頲北行。盛暑長涂，喘咳不息。……比到京，十三日遜帝復辟，詔授學部尚書。而時局旋變，二十五日事急，期以身殉。……倉卒中，謀所以保乂皇室者，無微不至。"

《學部尚書沈公墓誌銘》："先生之謀復辟也，自辛亥至壬戌沒之歲，凡十一年。禱帝吁天，見事有可爲則喜，見事無可爲則哭。精誠所積，觸發循環，蓋十一年如一日也。海內慕先生之風而起者踵相接，奔走戮力，多聚謀於先生。病革時，猶強起作書與張忠武公勳，爲皇室謀久遠計，書已而慟不可止。至是，先生之病益不支矣。丁巳五月之役，力疾冒暑，行數千里，既至京師，召見授學部尚書。"

民國十一年（1922），卒於上海。

《清末沈寐叟先生曾植年譜》民國十一年："病忽變，至（十月）初三日丑時遂薨。"《鄭孝胥日記》民國十一年十月三日："余堯衢來言，子培於昨夜三點鐘身故，即往臨哭。"

沈氏爲學，探經史之奧，綜覽百家、二氏，雖貴通貫博取，然皆一秉清初、乾嘉之成法。

王國維《觀堂集林》卷二十三《沈乙庵先生七十壽序》："先生少年，固已盡通國初及乾嘉諸家之説。中年治遼金元三史，治四裔地理，又爲道咸以降之學，然一秉先正成法，無或逾越。其於人心世道之污隆，政事之利病，必窮其原委，似國初諸老。其視經史爲獨立之學，而益探其奧突，拓其區宇，不讓乾嘉諸先生。至於綜覽百家、旁及二氏，一以治經史之法治之，則又爲自來學者所未及。若夫緬想在昔，達觀時變，有先知之哲，有不可解之情，知天而不任天，遺世而不忘世，如古聖哲之所感者，則僅以其一二見於歌詩，發爲口説，言之不能以詳。世所得而窺見者，其爲學之方法而已。夫學問之品類不同，而其方法則一。國初諸老，用此以治經世之學；乾嘉諸老，用之以治經史之學；先生復廣之，以治一切諸學。趣博而旨約，識高而議平。其憂世之深，有過於龔、魏；而擇術之慎，不後於戴、錢。學者得其片言，具其一體，猶足以名一家，立一説。其所以繼承前哲者以此，其所以開創來學者亦以此。使後之學術變而不失其正鵠者，其必由先生之道矣。"

按，沈氏學術著述有《佛國記校注》《諸蕃志校注》《蒙韃備録注》《黑韃事略注》《元朝秘史箋注》《蒙古源流箋證》《皇元聖武親征録校注》《長春真人西游記校注》《西游録注》《塞北紀程注》《異域説注》《近疆西夷傳注》《島夷志略廣證》《女真考略》等史地之作，《寐叟題跋》等目録之作，《漢律輯存》《晉書刑法志補》等律令之作，《沈寐叟金石書畫題跋》《和林三唐碑跋》《碑跋》《海日樓簡端録六朝墓誌》等金石之作，《海日樓書畫目》《蠻書校注》《答龍松生書法問》等書畫之作，《法藏一勺》等釋家之作，《海日樓札記》《東軒温故録》《潛究室札記》《護德瓶齋涉筆》等雜考之作。

其爲詩文，亦因學術之助，而用語艱深，不喜平易。晚歲所作詩詞，多表遺民志節。

《嘉興沈曾植傳》："曾植爲文如周誥、殷盤，詰屈聱牙。詩亦愛艱深，薄平易。"

陳衍《陳石遺文集》卷九《沈乙庵詩叙》："乙庵博極群書，熟遼金元史學輿地，與順德李侍郎文田、桐廬袁兵備昶論學相契，詞章若不屑措意者。余語乙庵：'吾亦耽考據，實皆無與己事。作詩却是自己性情語言，且時時發明哲理，及此暇日，盍姑事此？他學問皆詩料也。'君意不能無動，因言：'吾詩學深，詩功淺。夙喜張文昌、玉溪生、《山谷内外集》，而不輕詆七子。'詩學深者，謂閲詩多；詩功淺者，作詩少也。余曰：'君愛艱深，薄平易，則山谷不如梅宛陵、王廣陵。'君乃亟讀宛陵、廣陵。……君詩雅尚險奧，聱牙鈎棘中，時復清言見骨，訴真宰，蕩精靈。"

陳三立《海日樓詩集跋》："寐叟於學無所不窺，道篆梵笈，並皆究習；故其詩沉博奧邃，陸離斑駁，如列古鼎彝法物，對之氣斂而神肅。蓋碩師魁儒之緒餘，一弄狡獝耳，疑不必以派別正變之説求之也。晚歲孤卧海日樓，志事無由展尺寸。迫人極之汩圮，睨天運之茫茫。幽憂發憤，益假以鳴其不平。詭蕩其辭，寱寱自寫，落落懸一終古傷心人，此與屈子澤畔行吟奚異焉？則謂寐叟詩爲一家之《離騷》可也，爲一世之《離騷》可也。"

汪國垣《光宣詩壇點將録》："寐叟詩學宛陵、山谷，間出入韓、蘇。遣詞屬事，多取内典，用意深微處，最耐細讀。今詩人之最精悍最橫鷙者無出其右也。""寐叟詩，初學涪舲。陳石遺在武昌，勸其誦法宛陵，詩境益拓。劬書嗜古，淹博絶倫，晚年出入杜、韓、梅、王、蘇、黃間，不名一家，沉博深厚，斯其獨到也。惟喜用僻典，間取佛書，使人知其寶而莫名其器。"

錢仲聯《近百年詩壇點將錄》："曾植在戊戌以前，亦贊助維新者。《海日樓詩》，陳衍推爲'同光體'之魁杰。學人爲詩，佛藏道笈，僻典奇字，層見迭出。蓋碩儒大師，出其緒餘，一弄狡獪，而見者則驚爲西藏之曼荼羅畫也。"

張爾田《曼陀羅㝉詞序》："公自鼎革，龍蟠黃海，複壁柳車，雜賓盈室，宣光綸旅之望，老而益堅。故辛壬以後詞，蒼涼激楚，又過前編。彼婦之嗟，狡童之痛，如諷《九辯》，如奏《五噫》，托興於一事一物之微，而燭照數計，乃在千里之外。"

按，沈氏詩文集今存四種。一爲《海日樓詩集》，有上海圖書館藏稿本、上海圖書館藏王國維民國鈔本、民國刻六卷本、民國刻二卷本、浙江圖書館藏錢仲聯注十二卷謄清稿本；二爲《寐叟乙卯稿》，有民國六年（1917）四益宦寫刻本；三爲《遜齋詩鈔》，有南京圖書館藏民國十三年鈔本；四爲《海日樓文集》，有浙江圖書館藏鈔本。

參考文獻：

1. 沈曾植著、錢仲聯校注《沈曾植集校注》，中華書局2001年版。

2. 沈曾植著、錢仲聯輯《海日樓札叢（外一種）》，上海古籍出版社2009年版。

3. 趙爾巽等《清史稿》，中華書局1977年版。

4. 王蘧常《清末沈寐叟先生曾植年譜》，臺灣商務印書館1982年版。

5. 謝鳳孫《學部尚書沈公墓誌銘》，汪兆鏞纂錄《碑傳集三編》卷八，周駿富輯《清代傳記叢刊》，臺灣明文書局1985年版。

6. 宋慈抱《嘉興沈曾植傳》,《廣清碑傳集》卷十六,蘇州大學出版社 1999 年版。

7. 許全勝《沈曾植年譜長編》,中華書局 2007 年版。

（馬昕）

林紓傳

　　林紓，字琴南，號畏廬，原名群玉，自署冷紅生，閩縣（今福建省福州市）人。咸豐二年（1852）生。

　　陳衍《林紓傳》：“林紓，字琴南，號畏廬，原名群玉，閩縣人。”趙爾巽等《清史稿》卷四百八十六《林紓傳》：“林紓，字琴南，號畏廬，閩縣人。”按，林紓《畏廬文集·畏廬記》記其自號畏廬之緣由，乃以“深知所畏而幾於無畏”之志自警。《畏廬文集·冷紅生傳》記其自署冷紅生之緣由：“所居多楓樹，因取‘楓落吳江冷’詩意，自號曰‘冷紅生’。”

　　胡爾瑛《畏廬先生年譜》：“清咸豐二年壬子九月二十七日，先生生於福州閩縣。”

　　十歲始從薛則柯游，授以歐文、杜詩。雖家貧，仍刻苦力學，積錢買書，並校閱不已。其鑽研《史記》特甚，因悟文法，並以昌黎、桐城爲宗。

　　邵鏡人《同光風雲録·林紓》：“畏廬年十歲受書，讀歐文、杜詩，能作慧解。”林紓《畏廬文集·薛則柯先生傳》：“先生諱錫極，字則柯，姓薛氏，閩之鉅族也。長髯玉立，能顛倒誦七經，獨喜歐陽公文及杜子美、岑嘉州詩。……授徒六七人，紓與焉。先生字紓曰徽，授紓歐文及杜詩，務於精熟。……曰：‘吾不爲制舉文，若熟此，可以增廣胸次。且吾嘗見鄉之貢士矣，以時文博科第，對案至不能就一札。設聞之，得毋以我爲悖耶。'"

《清史稿》本傳："少孤，事母至孝。幼嗜讀，家貧，不能藏書。嘗得《史》《漢》殘本，窮日夕讀之，因悟文法，後遂以文名。"《林紓傳》："世居南臺囂塵閩閩中，而自少刻苦力學，强記多聞。"朱義胄《貞文先生年譜》卷一："聞先生嘗訓諸公子曰：'余自八歲至十一歲之間，每積母所賜買餅餌之錢，以市殘破《漢書》讀之。已而，又得《小倉山房尺牘》，則大喜。母舅憐之，始以其《康熙字典》畀我。時吾攻讀甚勤，嘗畫棺於壁，而契其蓋，立人於棺前，署曰："讀書則生，不則入棺！"若張座右銘者。'"林紓《畏廬續集・先大母陳太孺人事略》："紓年十一矣，然尚不能買書，則月積數百錢入城購得零本《漢書》及諸子史。凡三年，積破書三櫥，讀之都盡。"《畏廬續集・文科大辭典序》："少貧，不能買書。日積數錢，向破書之肆購得零星不全之子史一兩卷讀之。自十一歲至於十六，積書三櫥之多。"林紓譯《十字軍英雄記》陳希彭序："（林紓）少孤，不能買書，則雜收斷簡零篇，用自磨治，自十三齡及於二十以後，校閱不下二千餘卷。"

《同光風雲録・林紓》："稍長，得季父所藏《毛詩》《尚書》《左傳》《史記》及四部殘本，乃大喜過望。而鑽研《史記》特甚，爲箋注，用力頗劬。自十三歲至二十，校閱古籍，不下二千卷，强記博問。又擅畫山水，才名噪甚。爲古文，寢饋昌黎，而於桐城諸老，亦欣慕焉。"《林紓傳》："治古文詞，祈嚮桐城諸老，寢饋昌黎，自謂善闚抑蔽匿，當伯仲桦湖柏梘。"

光緒初年，任俠自縱，與林嵩祁、林某游，里中遂有"三狂生"之目。

陳衍《石遺室詩話》卷二十九："光緒初年，福州有三狂生，皆林

姓，一畏廬，一述庵松祁，一某。"《貞文先生年譜》卷二載林紓《七十
自壽詩》其二："少年里社目狂生，被酒時時帶劍行。"《畏廬文集・
亡室劉孺人哀辭》："余病起，益困，親故不相過問，遂恣肆爲詩歌，
鄉人益目爲狂生，不敢近。"

林紓《林述庵哀辭》（未刊稿，轉引自林薇選注《林紓選集・文
詩詞卷》，四川人民出版社1988年版）："述庵識余在光緒丁丑。有
林庚園者，與余論詩不合，以余驕蹇之狀告述庵。述庵怒，將於衆
中折余。尋得余所作《陳節婦吟》，讀之大喜，復與庚園以書投余，
得相見於橋南水樹中。余時鬱伊，接人多傲狷，親故稍稍引去，余
益憤而自肆。見述庵乃慷慨恣哭，長跽不起，各引滿三巨觥，旁人
相顧愕眙。……明日城中大嘩以爲怪，好事之人增飾醜態，聽者各
挾以爲談資。自是述庵與余日見短於人矣。"

**光緒八年（1882），中舉。後七試禮部，不及一第。時與李宗
言、李宗祎、高鳳岐、陳衍等人結福州支社。**

《林紓傳》："光緒壬午，舉於鄉，屢困公車。"《同光風雲録・林
紓》："中光緒壬午舉人，再應禮部試，不中。"按，林紓於光緒九年、
十二年、十五年、十六年、十八年、二十一年、二十四年先後七次應
會試，皆不中。參見《畏廬文集・祭高梧州文》《畏廬文集・告周辛
仲先生文》《畏廬文集・先妣事略》《畏廬三集・王灼三傳》《林述庵
哀辭》《貞文先生年譜》等。

林紓《福州支社詩拾序》（《貞文先生年譜》卷一）："洎壬午，始
友李畬曾兄弟。觀其咏史諸詩，於孝烈忠果之士，抗聲凄吟，積泪
滿紙，必悅其同趣。時周辛仲廣文亦未就官，相與招邀同人，結爲
吟社，月或數集，集必數篇。"林紓《畏廬詩存》自序："三十以後，李
畬曾、佛客兄弟立支社，集同人咏史社稿，以周辛仲爲冠，然皆含悲
涼激楚之音，余私以爲不祥。已而辛仲卒，畬曾兄弟遠宦，社事遂

寝。"《石遺室詩話》卷二十九:"支社者,子穆與林畏廬、李畬曾諸人所結吟社,余亦偶與。……支社專賦七律。"

光緒十年(1884),中法戰争爆發,福建海軍潰於馬尾。林紓與友人周長庚上狀陳愨,遮左宗棠於馬前。並作詩百餘首以紀時事,類少陵天寶亂難之作。

《畏廬文集·告周辛仲先生文》:"光緒戊寅,吾始交君。甲申,海上變起,主兵者諱敗而入告。君怒,約余下狀陳愨,遮太保文襄公於馬前,退而顧余曰:'不勝,赴詔獄死耳。'"

《畏廬文集》張僖序:"畏廬,忠孝人也,爲文出之血性。光緒甲申之變,有詩百餘首,類少陵天寶亂難之作。逾年則盡焚之。"

光緒二十一年(1895),清廷與日本簽訂《馬關條約》,康有爲等人發起公車上書,林紓亦與之。其後參與維新活動,並於光緒二十三年著《閩中新樂府》以宣告維新主張。

《畏廬文集·子婦劉七娘壙銘》:"甲午秋,倭人襲朝鮮,奉天戒嚴。閩中警報,日數至,余方感憤鬱勃,無可自適。"《貞文先生年譜》卷一引陳衍語:"(光緒二十一年)春,北上游京師,(林紓)與陳衍、高鳳岐、卓孝復等叩闕上書,抗争日本占我遼陽、臺灣、彭湖諸島事。"

朱羲胄《春覺齋著述記》卷二引高夢旦《書閩中新樂府後》:"甲午之役,我師敗於日本,國人紛紛言變法,言救國。時表兄魏季子(瀚)主馬江船政局工程處,余館其家,爲課諸子。……林畏廬先生亦時就游宴,往往亙數日夜。或買舟作鼓山廣游。每議論中外事,慨嘆不能自已。畏廬先生以爲轉移風氣莫如蒙養,因就議論所得,發爲詩歌,俄頃輒就。季子先生爲出資印行,名曰《閩中新樂府》。"《貞文先生年譜》卷一:"著《閩中新樂府》五十首,都三十二篇。皆由憤念國仇，憂悶敗俗之情，發而爲諷刺之言、亢激之音。或謂先生此時思趣，側傾於新説，亦似爾也。"林紓《閩中新樂府》自序："畏廬子曰：兒童初學，驟語以《六經》之旨，茫然當不一覺。其默誦經文，力圖强記，則悟性轉窒。故人人以歌訣爲至。聞歐西之興，亦多以歌訣感人者。閒中讀白香山諷喻詩，課少子，日仿其體，作樂府一篇，經月得三十二篇。"

同年，與王壽昌共譯《巴黎茶花女遺事》，是爲林紓翻譯西方小説之始。此後陸續翻譯西方文學作品達二百餘種。林紓不識西文，僅憑口傳心會，故多誤漏之失，屢遭非議。然其文筆通暢婉轉，得古文義法之精髓，自能引人入勝，享譽當時；且於譯書事業中抱赤心爲國之志，亦足深敬。

《林紓傳》："初紓與長樂高氏兄弟鳳岐而謙、鳳謙敦昆弟歡，鳳岐、而謙歷佐山東諸侯幕有聲，與紓相引重。而謙摯友王壽昌精法蘭西文，紓與同譯巴黎茶花女小説行世。中國人見所未見，不脛走萬本。既而鳳謙創商務印書館，則約紓專譯小説，歲若干萬言，前後都百餘種。……紓逡譯既熟，口述者未畢其詞，而紓已書在紙，能限一時許就千言，不竄一字，見者競詫其速且工。"黄浚《花隨人聖盦摭憶・林紓譯西書之原始》："世但知畏廬先生，以譯《巴黎茶花女遺事》始得名，不知啓導之者，魏季渚（瀚）先生也。季渚先生瑰迹耆年，近人所無，時主事馬江船政局工程處，與畏廬狎，一日，季渚告以法國小説甚佳，欲使譯之，畏廬謝不能，再三强，乃曰：'須請我游石鼓山乃可。'鼓山者，閩江濱海之大山，昔人所艱於一至者也。季渚慨諾，買舟導游，載王子仁先生並往，强使口授，而林筆譯之。譯成，林署冷紅生，子仁署王曉齋。以初問世，不敢用真姓名。書出而衆譁悦，畏廬亦欣欣得趣，其後始更譯《黑奴吁天録》矣。"林紓《迦茵小傳》題詞《買陂塘・序》："回念身客馬江，與王子仁譯《茶花女遺事》時，則蓮葉被水，畫艇接窗，臨楮嘆喟，猶且弗懌。"

《同光風雲錄・林紓》："畏廬不通西文，賴口述者而譯作，遺誤在所難免，彼嘗言曰：'急就之章，難保不無舛錯，近有海內知交校書舉鄙人謬誤之處見教，心甚感之，惟鄙人不審西文，但能筆述，即有訛錯，均出不知。'謙沖之虛懷，有足多焉。雖然，居今日而論其文學，只知堅守桐城壁壘，在文學史上已無重要之地位。惟當海通以後，國人對于泰西各國之堅甲利兵，科學昌明，固知之矣，經林氏之譯，而因以又知西人文學之優美矣。"林紓譯《撒克遜劫後英雄略》自序："惜余年已五十有四，不能抱書從學生之後，請業於西師之門。凡諸譯著，均恃耳而屏目，此真吾生之大不幸矣。"

劉半農《復王敬軒書》（《新青年》1918 年第 4 卷第 3 號）："林先生所譯的小說，若以看'閑書'的眼光去看他，亦尚在不必攻擊之列……若要用文學的眼光去評論他，那就要說句老實話：便是林先生的著作，由'無慮百種'進而爲'無慮千種'，還是半點兒文學的意味也沒有！何以呢？因爲他所譯的書：——第一是原稿選擇得不精，往往把外國極沒有價值的著作，也譯了出來；真正的好著作，却未嘗——或者是沒有程度——過問；先生所說的'棄周鼎而寶康瓠'，正是林先生譯書的絕妙評語。第二是謬誤太多：把譯本和原本對照，删的删，改的改，'精神全失，面目皆非'……林先生遇到文筆塞澀，不能達出原文精奧之處，也信筆删改，鬧得笑話百出。以上兩層，因爲先生不懂西文……第三層是林先生之所以能成其爲'當代文豪'，先生之所以崇拜林先生，都因爲他'能以唐代小說之神韻，迻譯外洋小說'；不知這件事，實在是林先生最大的病根，林先生譯書雖多，記者等始終只承認他爲'閑書'，而不承認他爲有文學意味者，也便是爲了這件事。當知譯書與著書不同，著書以本身爲主體，譯書應以原本爲主體；所以譯書的文筆，只能把本國文字去湊就外國文，決不能把外國文字的意義神韻硬改了來湊就本國文。”

林紓《愛國二童子傳・達旨》：“畏廬，閩海一老學究也。少賤，不齒於人。今已老，無他長，但隨吾友魏生易、曾生宗鞏、陳生杜蘅、李生世中之後，聽其朗頌西文，譯爲華語，畏廬則走筆書之。亦冀以誠告海內至寶至貴、親如骨肉、尊如聖賢之青年學生讀之，以振動愛國之志氣。人謂此即畏廬實業也。噫！畏廬焉有實業？果能如稱我之言，使海內摯愛之青年學生人人歸本於實業，則畏廬赤心爲國之志，微微得伸，此或可謂實業耳。”邱煒萲《客雲廬小説話・揮塵拾遺》：“以華文之典料，寫歐人之性情，曲曲以赴，煞費匠心，好語穿珠，哀感頑艷。讀者但見馬克之花魂，亞猛之泪漬，小仲馬之文心，冷紅生之筆意，一時都活，爲之欲嘆觀止。”

《清史稿》本傳：“所傳譯歐西説部至百數十種。”按，關於林紓翻譯西方作品之數量，鄭振鐸《林琴南學生》（《小説月報》1924 年第 15 卷第 11 號）統計爲一百五十六種，馬泰來《林紓翻譯作品全目》（錢鍾書《林紓的翻譯》，商務印書館 1981 年版）統計爲一百七十九種，俞久洪《林紓翻譯作品考索》（薛綏之、張俊才《林紓研究資料》，福建人民出版社 1983 年版）統計爲一百八十一種，張俊才《林紓評傳》統計爲二百四十六種。所譯作品以英、法、美、俄爲最多，亦及於德國、日本、比利時、瑞士、挪威、希臘、西班牙等國。

光緒二十四年（1898），百日維新失敗，林紓深爲震驚，自此懶於政治。

黃濬《花隨人聖盦摭憶》：“予最記戊戌年，畏廬先生僦居東街老屋前進。一夕三鼓，先生排闥入後廳，大呼先君起，詫語哽咽，聲震屋瓦。予惶駭屏氣，久之，始知得六君子就義之訊，扼腕流涕，不能自已也。”

光緒二十五年（1899），應陳希賢之聘，掌教杭州東城講舍。二十七年，新政始興，詔開經濟特科，命部院大臣薦才赴試，禮部侍郎郭曾炘以林紓入薦，林紓作書辭之。同年，受聘赴京師任金臺書院講席。二十八年，應陳璧之聘爲北京五城學堂總教習。二十九年，受聘爲京師譯書局筆述。三十二年，爲京師大學堂預科及師範館經學教員。宣統元年（1909），受京師大學堂文科聘，至宣統三年而中輟。

《畏廬文集·林迪臣先生壽序》：“余以己亥應陳吉士大令之聘至杭州。”林紓《畏廬三集·祭丁和軒文》：“己亥正月，余客浙西。”

《貞文先生年譜》卷一：“始晤郭曾炘於京師榕蔭堂。曾炘時官禮部侍郎，會新政初興，清廷破格求才俊，敕樞近大臣論薦，取備特科，遂以先生入薦，堅辭不赴試。蓋有見於橫流之亟，不願苟禄冒榮，寧以布衣終身。”按，《畏廬文集》有《上郭春榆侍郎辭特科不赴書》，爲林紓婉拒郭氏薦舉之書。書云：“紓聞士之欿然能不累辱於世，必其自省無競於人，人亦將原其惡爭而崇讓也。而置之惡爭崇讓，世之善名也。紓七上春官，汲汲一第，豈惡爭之人哉？果一第爲吾分所宜獲，矯而讓之，亦適以滋僞。而紓之省省，不敢更希時名，正以所業莫適世用，又患辱之累至，故不欲競進以自取病耳。……公方以爲士之憧憧而造貴要大臣之門，蓋有所冀也。而紓獨無冀焉。”《七十自壽詩》其六：“憐才誰似郭公賢，薦我名居諸老先。充隱本非真處士，辭征曾賦返游仙。頭皮未送寧奇節，肝膽相親似宿緣。此事不惟知己感，承平憶到德宗年。”

《畏廬三集·贈張生厚載序》：“余自辛丑就徵至京師，主金臺講席，莅學者可四百人；主五城講席十三年，先後畢業幾六百人；主大學講席九年，先後畢業者千餘人，又實業學校二百七十人；今之正志學校又四百人矣。”《七十自壽詩》其五：“金臺講席就神京，老友承恩晉六卿。”自注：“金臺書院主講者，多退老之六卿，次亦詞臣，余獨以布衣受聘。”

《貞文先生年譜》卷一：“（光緒二十九年）司譯事於京師譯書局。”按，林紓《吟邊燕語・自序》：“長沙張尚書既領譯事於京師，余與魏君適廁譯席，魏君口譯，余則叙致於文章。計二年以來，予二人所分譯者，得四種。”按，此序作於光緒三十年，文中云“計二年以來”，故知林紓任職譯書局，始於光緒二十九年。

《貞文先生年譜》卷一：“（光緒三十二年）秋八月，始主京師大學堂講席。授預科及師範館諸生倫理學，取孫奇峰（逢）《理學宗傳》中諸賢語録，有益身心性命者，爲之旁通博證，詮釋講解，蘄其能於道器一貫，文行交修，未嘗分立朱陸門户，而唯其是之歸。學者翕然尊信，聽無倦容。”林紓《修身講義》自序：“自余主講三年，聽者似無倦容。一日鐘動罷講，前席數人起而留余續講。然則余之所言，果不令之生倦耶？後此又試之實業高等學堂，又試之五城中學堂，皆然。……夏峰之講學，唯其是爾，無朱陸之分，余深以爲然。……帙中朱陸並舉，以有益於身心性命者爲宗，不尊朱而斥陸，亦不右陸而詆朱，從夏峰先生教也。”按，《貞文先生年譜》卷一引“北京大學舊檔”，謂林紓“以光緒三十二年八月就職，宣統元年十一月離職”。年譜又於宣統元年載：“十一月十九日，受大學文科聘。”《同光風雲録・林紓》：“畏廬之文，工於叙事抒情，雜以詼諧，婉媚動人，實前古所鮮有，固不僅以譯述爲能事耳。故當清季，士大夫言文章者，必以畏廬爲師法，遂以高名入北京大學主文科。”

《畏廬三集・南昌楊君若臣家傳》：“余主大學講席九年，辛亥之亂，遷居天津，始輟講。”

宣統三年（1911），辛亥革命爆發，林紓深表憂慮。

《畏廬詩存・辛亥十月十六日感事》表曝其於辛亥革命之態

度：“宗輔初將責地承，臣民洗眼望中興。忽傳璽綬收昌邑，從此危疑甚竟陵。盡有人將時政議，從無才足國屯勝。景皇志事終難就，可亦回思戊戌曾？”

　　辭去京師大學堂講席後，林紓家居賦閑，作畫譯書之外，始着意於小說創作。

　　林紓《劫外曇花》自序：“余既罷講席，益不與人延接。長日閉戶，澆花作畫，用消閑居清況。……年垂古稀，而又嗜畫，日必作山水半幅。”

　　《林紓傳》：“紓有書畫室，廣數筵，左右設兩案，一案高將及脅，立而畫，一案如常，就以屬文，左案事畢，則就右案，右案如之，食飲外少停晷也。作畫譯書，對客不輟。惟作文則輟。其友陳衍嘗戲呼其室爲造幣廠，謂動即得錢也。”

　　林紓《踐卓翁小說》自序：“萬事視若傳舍……屏居窮巷，日以賣文爲生。然不喜論時政，故着意爲小說。”按，林紓自作小說有《劍腥錄》《金陵秋》《劫外曇花》《冤海靈光》《巾幗陽秋》等長篇五部，及《踐卓翁短篇小說》《技擊餘聞》《鐵笛亭瑣記》《畏廬筆記》《蠡叟叢談》等短篇集五種。

　　袁世凱稱帝後，數度欲聘林紓出仕，皆遭嚴拒。張勳復辟事敗後，段祺瑞執政，延請林紓入仕，亦遭拒。

　　《七十自壽詩》其十一：“漸臺未收焰恢張，竟有徵書到草堂。不許杜微甘寂寞，似云謝朏善文章。脅污陽托憐才意，却聘陰懷覓死方。徼幸未蒙投閫辱，苟全性命托窮蒼。”自注：“洪憲僭號，徵爲高等顧問。又勸進時，內務部以碩學通儒見徵，赴署署名勸進。余幸以病力辭。計不免者，則預服阿芙蓉以往，無他術也。”

　　林紓《答鄭孝胥書》（《貞文先生年譜》卷二）：“洪憲僭號萬惡之

袁賊，曾以徐樹錚道意，徵弟爲參政。弟毛髮悚然，如遇鬼物，抗辭至四日之久。至第五日，弟無術自解，面告徐又錚：‘請將吾頭去，此足不能履中華門也。’又錚頗重弟爲人，力爲關説，得免從賊。弟曾填《醉蓬萊》一解，以示又錚。袁賊既伏鬼誅，段氏柄政之第四日，即命車見訪，延爲顧問。弟示之以詩，有‘長孺但能爲揖客，安期何必定參軍’二語。段氏解事，即置不言。”

民國四年（1915），光緒皇帝崇陵竣工，此後林紓年年前往拜謁。民國十一年，將十年來遺民感憤詩作結爲《畏廬詩存》。同年，廢帝溥儀大婚，林紓畫四鏡屏進獻，溥儀頒賜其"貞不絶俗"匾額，林紓激動不已，遂作《御書記》以記之。

《清史稿》本傳：“念德宗以英主被扼，每述及，常不勝哀痛。十謁崇陵，匍伏流涕。逢歲祭，雖風雪勿爲阻。”《畏廬續集・謁陵圖記》記其拜陵之感，云：“嗚呼！滄海孤臣犯雪來叩先皇陵殿，未拜，已哽咽不能自勝。九頓首後，伏地失聲而哭，宮門二衛士，爲之愕然動容。”《畏廬三集・上陳太保書》：“紓又身領鄉薦，既爲我朝之舉人，即當如孫奇逢徵君，以舉人終其身，不再謀仕民國。計自辛亥已後，凡九度恭謁崇陵。雖大雪彌天而衰老之年，仍跪起丹墀之下，不敢忘敬。豈此報恩，亦自盡其犬馬戀主之心而已。”《七十自壽詩》其九：“崇陵九度哭先皇，雪虐風饕梁格莊。百口人爭識越分，一心我止解尊王。世無信史誰公論，老作孤臣亦國殤。留得光宣真士氣，任他地老與天荒。”

《畏廬詩存》自序：“是歲九月，革命軍起，皇帝讓政。聞聞見見，均弗適於余心，因觸事成詩。十年來，每下愈況，不知所窮。蓋非亡國不止，而余詩之悲涼激楚，乃甚于三十之時。……惟所戀戀者，故君耳。集中詩多謁陵之作，譏者以余傚顰顧怪，近於好名。嗚呼！何不諒余心之甚也！……天下果畏人言而不敢循綱常之轍，是忘己也。故余自遂己志，自爲己詩，不存必傳之心，不求助傳之序。至於分唐界宋，必謂余發源於何家，瓣香於某氏，均一笑置之。此集，畏廬之詩也。愛者聽其留，惡者任其毀，必如康乾之間寄托漁洋、歸愚兩先生門下，助其聲光，余不屑也。”

《畏廬三集·御書記》：“宣統十三年冬，皇帝行大婚禮。臣紓恭繪四鏡屏以進。皇帝顧太傅臣陳寶琛，以臣紓十謁崇陵，忠事先皇帝，御書‘貞不絕俗’四字，頌賜臣家。犬馬銜恩，九頓伏地，嗚咽不止。……今之御書，則供之堂上。嗚呼！布衣之榮，至此云極。一日不死，一日不忘大清。死必表於道曰‘清處士林紓墓’，示臣之死生，固於吾清相終始也。”

民國十三年（1924），卒。

顧頡剛《顧頡剛日記（1924—1926）》1924 年 10 月 9 日：“林琴南於今日死。年七十三。”

《畏廬先生年譜》：“以某年月日歸葬於福州東關外某山某原。”

林紓終生致力於古文創作與推廣。早年宗《左傳》《史記》《漢書》及韓歐文章，辛亥以後筆耕更勤，並編纂大量古文選集，以延續古文一脈爲己任。新文化運動期間，與陳獨秀、胡適、錢玄同、蔡元培等鼓倡白話文者互有辯論，被譏爲“桐城餘孽”。

《清史稿》本傳：“爲文宗韓、柳。少時務博覽，中年後案頭唯有《詩》《禮》二疏、《左》《史》《南華》及韓、歐之文，此外則《說文》《廣雅》，無他書矣。其由博反約也如此。其論文主意境、識度、氣勢、神韻，而忌率襲庸怪，文必己出。嘗曰：‘古文唯其理之獲，與道無悖者，則味之彌臻於無窮。若分畫秦、漢、唐、宋，加以統系派別，爲此爲彼，使讀者炫惑莫知所從，則已格其途而左其趣。經生之文樸，往往流入於枯淡，史家之文則又隳突恣肆，無復規檢，二者均不足以明道。唯積理養氣，偶成一篇，類若不得已者，必意在言先，修其辭而峻其防，外質而中膏，聲希而趣永，則庶乎其近矣。'紓所作務抑遏掩蔽，能伏其光氣，而其真終不可自閟。尤善叙悲，音吐凄梗，令人不忍卒讀。論者謂以血性爲文章，不關學問也。"

《同光風雲録・林紓》："居恒詔示學者，取徑於左氏傳，及馬之史，班之書，昌黎之文，以爲此四家，乃天下文章之祖庭。自周迄於元明，其間以文名而卒湮没不章者何限，而左、馬、班、韓，巍然獨有千古，正以精神毅力，一一造於峰極，歷萬劫不復泯滅耳。而後人之稱昌黎文起八代之衰，此專昌黎一人之文，不屬于唐人之文也。……平日論文，崇唐宋，亦不薄魏晋，桐城派巨子馬其昶、姚永樸繼之，號爲能述桐城家言者，面畏廬則更爲桐城派張目，持韓、柳、歐、蘇之説益力焉。迨餘杭章炳麟出，倡排滿之説，又能識別古文真僞，不似桐城專以空文號天下，而績溪胡適之，倡文學革命，主張廢古文，用白話，斥畏廬爲桐城餘孽。故畏廬之學，一繼于章氏，再蹶於胡氏。"

按，林紓文章收入《畏廬文集》《畏廬續集》《畏廬三集》，又有《韓柳文研究法》《春覺齋論文》《文微》等文論著述。其所編古文選本有《左孟莊騷精華録》《古文辭類纂選本》《左傳擷華》《林氏選評名家文集》等數種。

又按，林紓於白話文運動之態度，可參其《論古文之不宜廢》（《大公報》1917 年 2 月 1 日）："文無所謂'古'也，唯其'是'。顧一言'是'，則造者愈難。……嗚呼！有清往矣，論文者獨數方、姚，而攻掊之者麻起，而方、姚卒不之踣，或其文固有其'是'者存耶？方今新學始昌，即文如方、姚，亦復何濟於用？然而天下講藝術者仍留'古文'一門，凡所謂載道者皆屬空言，亦特如歐人之不廢臘丁耳。知臘丁之不可廢，則馬、班、韓、柳亦自有其不宜廢者。吾識其理,乃不能道其所以然,此則嗜古者之痼也。民國新立,士皆剽竊新學,行文亦澤之以新名詞。夫學不新而唯詞之新,匪特不得新且舉其故者而盡亡之,吾其虞古係之絶也。向在杭州,日本齊藤少將謂余曰:'敝國非新,蓋復古也。'時中國古籍如皕宋樓之藏書,日人則盡括而有之。嗚呼!彼人求新,而惟舊之寶;吾則不得新,而先殞其舊。意者後此求文字之師,將以厚幣聘東人乎?夫班、馬、韓、柳之文,雖不協於時用,固文字之祖也。嗜者學之,用其淺者以課人,輾轉相承,必有一二巨子出肩其統,則中國之元氣尚有存者。若棄擲踐唾而不之惜,吾恐國未亡而文字已先之,幾何不爲東人之所笑也?"

作詩爲其餘事,少時學吳梅村、張船山等,後學宋人,漸近蒼秀。又工填詞,通書畫。

《石遺室詩話》卷三:"少時詩亦多作,近體爲吳梅村,古體爲張船山、張亨甫。識蘇堪後悉棄去,除題畫外不問津此道者殆二十餘年。庚戌、辛亥,同人有詩社之集,乃復稍稍爲之,雅步媚行,力戒甚囂塵上矣。""畏廬自謙其詩,謂少作已盡棄斥,近年始專學東坡、簡齋二家七言律。"汪國垣《光宣詩壇點將録》:"畏廬壬子以前爲詩極少,有作則近梅村,壬子以後,漸近蒼秀,惟結體松緩,殊欠精嚴。"狄葆賢《平等閣詩話》卷二:"先生詩學宋人,多性靈語,傷亂述懷,直入少陵之室。"

冒廣生《小三吾亭詞話》卷五:"琴南尤工填詞,有《補柳詞》一卷。……閩詞多尚豪邁,琴南諸作,殆絶似吾鄉王通叟《冠柳詞》也。"

汪國垣《光宣以來詩壇旁記·清末五小説家》:"紓文事之暇,兼工技擊、書畫。山水渾厚,冶南北於一爐,然精者亦不多;書則圓潤自如,頗近吳摯甫,却非超絶。"李浚之《清畫家詩史》:"林紓字畏廬,號琴南,閩縣人,光緒壬午舉人。山水自寫胸臆,煙雲淹潤,每畫輒題以詩。興到,奮筆迅掃,日得數幅。"

參考文獻:

1. 林紓《畏廬文集》,《清代詩文集彙編》,上海古籍出版社2010 年版。

2. 林紓《畏廬續集》,《清代詩文集彙編》,上海古籍出版社2010 年版。

3. 林紓《畏廬三集》,《清代詩文集彙編》,上海古籍出版社2010 年版。

4. 林紓《畏廬詩存》,《清代詩文集彙編》,上海古籍出版社2010 年版。

5. 林紓《畏廬論文》,《清代詩文集彙編》,上海古籍出版社2010 年版。

6. 胡爾瑛《畏廬先生年譜》,《國學專刊》1926 年第 1 卷第3 期。

7. 朱羲胄《林琴南學行譜記四種》,世界書局 1961 年版。

8. 趙爾巽等《清史稿》,中華書局 1977 年版。

9. 陳衍《林紓傳》,汪兆鏞纂錄《碑傳集三編》卷四十一,周駿富輯《清代傳記叢刊》,臺灣明文書局 1985 年版。

10. 邵鏡人《同光風雲錄·林紓》,周駿富輯《清代傳記叢刊》,臺灣明文書局 1985 年版。

(馬昕)

廖平傳

廖平，本名登廷，字旭陔，又字勛齋，後改名平，字季平，四川井研人。咸豐二年（1852）生。

廖宗澤《六譯先生年譜》咸豐二年："先生諱登廷，字旭陔，又字勛齋，繼改諱平，字季平，號四益，繼改四譯，晚年更號五譯，又更號六譯。初名其堂曰小世彩堂，曰雙鯉堂，五十前後曰則柯軒主人。四川井研縣青陽鄉鹽井灣人。"

李伏伽《六譯先生年譜補遺》光緒五年："先生改名平，字季平。登廷原係譜名，亦不廢。"

廖宗澤《六譯先生行述》："（廖平）生於清咸豐壬子年二月初九亥時。"

幼時入學，不善記誦，棄學。師許以不背，乃復從學。家貧，節衣縮食以供讀書之費。

《六譯先生年譜》同治三年："自此以上數年，先生嘗從胡龍田讀於鹽井灣禹帝宮，從曾志春讀於小黃冲廖榮高家，並從榮高學醫，從何欽培於董家寨。其各別年月均不詳。曾志春字雯亭，撥貢生，曾主講井研來鳳書院。'以善教名，接弟子以誠，所論辨批窾導窾，聽者忘倦'。時先生讀書苦不能記誦。復槐公以其拙，令廢學。一日先生將往捕魚，默禱於堂前：如今日能得魚，當復讀。及往，果得二鯉，亟以告復槐公。公喜，烹魚祭祖，並至塾爲師言其故，求免背誦。師許之，乃得卒讀。先生後以‘雙鯉’名其堂，志此事也。先生嘗自記此時用功之方云：予素無記性，幼讀五經未終，而皆不能記誦。每讀生書，必以己意申講一過，然後能記。十二、三時，因書不成誦，棄學。師許以不背，乃復從學。故予後專從思字用功，不以記誦爲事。心既通其理，則文字皆可棄。至於疑難精要之處，雖不能舉其辭，然亦能默識其意，不可亂以他歧。”同治四年：“從鍾靈（毓生）讀於舞鳳山。時復槐公營磨坊業尚盛，磨坊外復兼營茶肆。諸兄各執一役，日無暇晷。復槐公命先生廢讀歸，執役茶肆。茶污客衣，客詈之，先生以爲恥。大書‘我要讀書’四字於木牌而去。遍覓之，見其方持書讀於某寺後。諸兄乃爲之請於復槐公，俾竟讀。復槐公曰：‘吾力不足以供束脩。’諸兄曰：‘吾輩任之。’於是雷太宜人每作飯，輒撮一勺米別置之，積至升則獻之師，不足則諸兄益以錢。在塾嘗以繩自繫於案，非便溺不離座。”廖宗澤按云：“此事述者忘其年，惟云在十許歲，其時既可以執役茶肆，當爲十四五歲事。”

蒙文通《廖季平先生傳》：“欲從塾師讀，力不能舉束脩，乃從溝澮間捕魚三尾以進，師悅而教之。暮歸，立檐前燈下，借光以誦。”

同治十一年（1872），始設帳授徒於鹽井灣三聖宮。十三年，同楊楨設帳於舞鳳山。同年，與院試，得張之洞慧眼拔識，補博士弟子員。

《六譯先生年譜》同治十一年：“設帳授徒於鹽井灣三聖宮。”同治十三年：“先生同楊楨設帳於舞鳳山。寺僧嘗饋黍餅，滕以糖。時方讀，且讀且蘸食，致誤食墨瀋。離座乃知，其專一如此。……二月，先生補博士弟子員。初院試題爲‘子爲大夫’。先生文破題爲三句，已爲閱卷者所棄。學政張之洞檢落卷，見其破題異之。因細加披閱，拔置第一。以後張於先生更屢加拔識，故先生對張知己之感獨深。"

光緒二年（1876），赴成都應科試，以優等食廩餼，調尊經書院肄業。自是，始從事訓詁文字之學。

《六譯先生年譜》光緒二年："正月赴成都應科試，以優等食廩餼，調尊經書院肄業。……先生在院日，每飯惟恃米粥，不食菜。所得膏火，輒以助家用。"

廖平《經話甲編》卷一："丙子科試時未見《說文》，正場題'狂'字，余文用'狾犬'之義，得第一。乃購《說文》讀之。逾四五日復試，題'不以文害辭'，注：'"文"云作《說文》之文解。'乃搰拾《說文》《詩》句爲之，大蒙矜賞，牌調尊經讀書。文不足言，特由此得專心古學，其功有不可没者。"按，該文今存《詩話甲編》卷一。

《六譯先生行述》："先是，文襄未來時，蜀士除時文外，不知讀書，至畢生不見《史》《漢》。文襄以紀、阮之學相號召，創立尊經書院，重鋟五經四史，風氣爲之一變。湘潭王壬秋先生又來主尊經講席，一時人文蔚起，比於齊魯。先祖與綿竹楊叔嶠、漢州張子宓諸太世伯，有'尊經五少年'之目。後來説經砭砭，皆於此數年植其基。湘潭故爲公羊家言，先祖因亦謹守今文家法。"

廖平《經學初程》："予幼篤好宋五子書、八家文。丙子從事訓詁文字之學，用功甚勤，博覽考據諸書。冬閑偶讀唐宋人文，不覺嫌其空滑無實，不如訓詁書字字有意。蓋聰明心思，於此一變矣。"

五年（1879），應優貢試，得陪貢。同年應鄉試，中舉人。

《六譯先生午譜補遺》光緒五年："八月，應優貢試。先生出場，以文質王闓運，王謂文有師法，決其必售，但不知正副。發榜爲陪貢第一名，頗怏怏。試題爲'辭達而已'章。先生又云：'言之不文，行之不遠，此孔子之所教，宰我、子貢之所學。'大爲主司所斥，謂爲悖朱注。”

《六譯先生年譜》光緒五年：“九月應鄉試，中第二十四名舉人。主考爲景善，副主考爲許景澄。”

王闓運《湘綺樓日記》光緒五年九月八日：“今夜放榜，與季平坐談至三更。季平逃去轟醉，余就寢。半覺聞炮聲，起披衣。未一刻，報者已至院中，共中正榜廿一人，副榜二人，皆余所決可一望者。其學使所賞及自負能文者果皆不中。余素持場屋文字有憑之説，屢驗不爽也。……頃之，季平、篆甫、治棠、陳子京、吳聖俞、少淹等皆入謝，已鷄鳴矣，談久之，乃還寢。”

光緒六年（1880），讀書始厭棄破碎，專求大義。

《經學初程》：“庚辰以後，厭棄破碎，專事求大義，以視考據諸書，則又以爲糟粕而無精華，枝葉而非根本。取《莊子》《管》《列》《墨》讀之，則乃喜其義實，是心思聰明至此又一變矣。”

《廖季平先生傳》：“文通初從先生學時，好讀段玉裁氏書，先生詈之曰：‘郝、邵、桂、王之書，枉汝一生有餘，何曾能解秦漢人一二句？讀《説文》三月，粗足用可也。’蓋既識其大者，遂不復措意其小者如此。”

九年（1883），説經始分別今古，爲其學説之一變。十二年（1886），刊成《今古學考》。

《六譯先生年譜》光緒九年：“是年説經始分別今古。春赴北京會試不第，‘舟車南北，冥心潛索，得素王二伯諸大義’。”《六譯先生年譜補遺》光緒九年：“辛巳注《穀梁》，已守魯學家法，則先生之分別今古，在庚辛之際已露端倪，弟旗幟未明，故《四變記・序目》仍托始癸未耳。”

廖平《經學六變記・初變記》：“序曰：癸未至今二十四年矣。

初以《王制》《周禮》同治中國，分周、孔同異，襲用東漢法也。……
乾嘉以前經説，如阮、王兩《經解》所刻，宏編巨製，超越前古，爲一
代絶業。特淆亂紛紜，使人失所依據。如孫氏《尚書今古文注疏》，
群推爲絶作，同説一經，兼采今古，南轅北轍，自相矛盾。即如‘弼
成五服，至於五千’，就經文立説，本爲五千里，博士據《禹貢》説之，
是也；鄭注古文家則據《周禮》以爲萬里。此古今混淆以前之通弊
也。至陳卓人、陳左海、魏默深略知分古今，孫氏亦別采古文説，專
爲一書，然明而未融。或采輯師説，尚未能獵取精華，編爲成書。
即有成書，冀圖僅據文字主張今古門面，而不知今古根源之所在。
但以文字論，今與今不同，古與古不同，即如《公》《穀》，齊、魯、韓三
家同爲今學，而彼此歧出。又如顏、嚴之《公羊》，同出一師，而經本
各自不同。故雖分今古，仍無所歸宿。乃據《五經異義》所立之今
古二百餘條，專載禮制，不載文字，今學博士之禮制出於《王制》，古
文專在《周禮》，故定爲今學主《王制》、孔子，古學主《周禮》、周公。
然後二家所以異同之故，燦若列眉，千溪百壑，得以歸宿。今古兩
家所根據，又多出於孔子，於是創爲法古改制，初年晚年之説。然
後二派如日月經天，江河行地，判然兩途，不能混合。其中各經師
説，有不能一律者，則以今古爲大宗，其所統流派，各自成家，是爲
大同小異，編爲《今古學考》。排難解紛，如利剪之斷絲，犀角之分
水，兩漢今古學派，始能各自成家，門户森嚴，宗旨各別，學者略一
涉獵，宗旨自明，斬斷葛藤，盡掃塵霧，各擇其性質所近之一門，專
精研究。用力少而成功多，而不再似從前塵霾，使人墮於五里霧
中，此《今古學考》張明兩漢師法，以集各代經學之大成者也。”

《六譯先生年譜》光緒十二年：“刻《今古學考》於成都尊經書
局。此書既刊布，因‘於康成小有微辭，爲講學者所不喜。友人遺
書相戒，乃戲之曰：“劉歆乃爲盜魁，鄭君不過誤於脅從。”……’或

又推爲以經解經之專書。德陽劉子雄健卿因讀《今古學考》，遂不復治經，以爲治經不講今古，是爲野戰；講今古又不免拾人牙慧，故舍經學專攻詩詞。張之洞則不喜此書，嘗謂先生曰：'但學曾、胡，不必師法虬髯。'又曰：'洞穴皆各有主，難於自立。'"廖次山《經學家井研廖季平年譜》光緒十二年："成《今古學考》二卷。"

光緒十三年（1887），始主尊今抑古，爲其學說之二變。

《六譯先生年譜》卷三："二變，起光緒十三年丁亥，訖二十三年丁酉，凡十一年，爲先生學說二變，尊今抑古時期。按《井研志・藝文四知聖編提要》云丙戌以後乃知古學新出非舊法，於是分作二編，言古學者曰《辟劉》，言今學者曰《知聖》，劉子雄丁亥八月日記謂見先生作《續今古學考》自駁舊說，以《周禮》《左傳》爲僞，則尊今抑古實始丁亥。丙午本《四變記》謂始戊子，蓋謂《辟劉》《知聖》成書之年耳。"

廖平《經學六變記・二變記》："兩漢之學，《今古學考》詳矣。本可以告無罪於天下。一經之中，既有周公、孔子兩主人，典禮又彼此矛盾，漢唐以下儒者所有經說，及《典》《考》政治諸書，又於其中作調人，牽連附會，以《周禮》爲姬公之真書，《王制》爲博士所記，與《周禮》不合，又以爲夏、殷制。考《左》《國》《孟》《荀》，以周人言周事者，莫不與《王制》切合，所有分州建國，設官分職之大綱，則無一條與古文家說相同。……蓋當時分教尊經，與同學二三百人，朝夕研究，折群言而定一尊。於是考究古文淵源，則皆出許鄭以後之僞撰，所有古文家師說，則全出劉歆以後據《周禮》《左氏》之推衍。又考西漢以前言經學者，皆主孔子，並無周公。六藝皆爲新經，並非舊史。於是以尊經者作爲《知聖編》，辟古者作爲《辟劉編》。群言淆亂折諸聖。東漢以周公爲先聖，孔子爲先師。貞觀黜周公爲功臣，以孔子爲先聖，顔子爲先師，乃歷代追崇有加，至以黃屋左蠡,祀以天子禮樂。當今學堂專祀孔子,若周公,則學人終身未嘗一拜。故據《王制》以遍說群經,於《周禮》中刪除與《王制》相反者若干條。"

《經學家井研廖季平年譜》光緒十三年:"作《續今古學考》,自駁舊說。"

光緒十五年(1889),中進士。欽點即用知縣,以親老請改教職,遂任龍安府教授。

《六譯先生年譜》光緒十五年:"大挑二等。恩科會試,中式第三十二名。殿試中張建勛榜二甲七十名,賜進士出身,朝考三等,欽點即用知縣。以親老請改教職,部銓龍安府教授。……先生試卷書歷作歷,例應罰停殿試,經潘祖蔭力爭始免。"

《六譯先生行述》:"先祖孝思肫篤,成進士後例得知縣,當避本省,念先曾祖年逾八十,先曾祖妣亦在七十外,重違膝下,乃吁請改教職。庚寅特授龍安府教授兼嘉定九峰書院院長,及成都尊經書院分校,往來僕僕,席不暇暖,然恒乘間歸省。"

同年,與康有爲切磋學問,康盡棄其學而學焉。

《六譯先生年譜》光緒十五年:"南海康有爲從沈子豐得先生《今古學考》,引爲知己。至是同黃季度過廣雅相訪。時有爲講學於廣州長興學舍,先生以《知聖編》《辟劉編》示之。別後馳書相戒,近萬餘言。斥爲好名騖外,輕變前說,急當焚燬。並要挾以改則削稿,否則入集。先生答以面談再決行止,後訪之城南安徽會館。黃季度以病未至。兩心相協,談論移晷,於是康乃盡棄其學而學焉。"

梁啓超《清代學術概論》:"今文學運動之中心,曰南海康有爲。然有爲蓋斯學之集成者,非其創作者也。有爲早年,酷好《周禮》,嘗貫穴之著《政學通議》,後見廖平所著書,乃盡棄其舊說。"

章炳麟《清故龍安府學教授廖君墓誌銘》："康氏所受於君者，特其第二變也。"

光緒十八年（1892），主講九峰書院，提倡樸學。兼任尊經書院襄校，整頓書院學風。次年辭襄校之職。

《六譯先生年譜》光緒十八年："嘉定知府羅以禮聘先生主講九峰書院，二月至院。時諸生除時文外無所知，先生至，始提倡樸學。……三月，先生因買書至成都，仍與吳之英同任尊經襄校，時尊經已非昔比，至有'聚賭内室，放馬講堂'者。先生言於學政瞿鴻機，加以整頓，頗有復興之象，然亦以此遭忌。先生在尊經，命住院生領卷繳卷必親到講堂，以便講説題義及心得疑義。又命作日記，一月一繳，住院生三課不考，即罰其膏火，以獎好學者。"光緒十九年："正月，辭尊經襄校，繼任者爲南江岳森林宗，先生所薦也。是時尊經有朋黨之争，故先生憤而辭職。"

二十三年（1897），與宋育仁、張之洞辯論經學，堅持己見。

《六譯先生年譜》光緒二十三年："秋，宋育仁述張之洞戒先生語曰：'風疾馬良，去道愈遠。解鈴繫鈴，惟在自悟。'並命改訂經學條例，不可講今古學及《王制》並攻駁《周禮》。先生爲之忘寝餐者累月。十月，致宋育仁書曰：'昔者四科設教，不礙同歸，二學（原注：齊魯）同鳴，蓋由異俗。是丹非素，未得宏通，一本萬殊，乃爲至妙。是未可執一而廢百也，有明徵矣。……使如或説，今日於諸經凡例删去《王制》一條，别求各就本經傳注爲之注解，避其名而用其實，不過需數日之力耳，豈得失之數固在此耶？……鄙人不惜二十年精力扶而新之，且並解經而全新之，其事甚勞，用心尤苦，審諸情理，宜可哀矜。若以門户有異，則學問之道，何能囿以一途？至人宏通，萬不以此。反復推求，終不解開罪之所由。或以申明《王制》

則有妨《周禮》。按《周禮》舊題河間,毛公乃由依托。先哲事迹本屬子虛,六藝博士,立在漢初,劉氏所爭,但名《失(佚)禮》。《周官》晚出,難以名經。唐宋以來,代遭搏擊,非獨小子,始有異同。……且鄭君據此爲本,推說群經,削足適履,文可復案。今以尊鄭之故,强人就我,而不許鄙人以經說經,聽斷斯獄,亦殊未平允。'十一月,上張之洞書,情詞較爲謙抑,但仍堅持己見,不願删改。而乃梁啓超之徒以先生以後自變前說爲受文襄之賄逼。按先生自變前說有之,文襄之申誠亦有之,以爲賄逼,則不免誣枉。觀上書可知。先生在經講中已言爲學須善變,由尊今抑古變小大,已起於宋育仁傳語之前。且以前由今古平分變爲尊今抑古,以昔日所攻《周禮》諸條爲大統,以後更有四變、五變、六變,又誰逼之? 且愈變而愈與文襄之意不合,又豈因文襄之賄逼而然? 此誠如章炳麟所云:'此豈足以污君者哉?'"

按,《六譯先生年譜補遺》謂廖平與宋育仁書在本年十一月,書信原文,參見廖平《四益館文集·論學三書·與宋芸子論學書》。其與張之洞論學書原文,參見《四益館文集·上南皮師相論學書》。

光緒二十四年(1898),始言小統大統,爲其學說之三變。

《六譯先生年譜》卷四:"三變,起光緒二十四年戊戌,訖二十七年辛丑,凡四年,爲先生學說三變言小統大統時期。按《井研志·藝文》及《經話甲編》嘗謂先生丁酉爲大統之說,丙午本、己酉本《四變記》則三變均斷自戊戌,當是丁酉已漸有大統之說。"按,廖平《知聖續篇》云:"丁酉以後,乃定爲大統之書,專爲皇帝治法。"《六譯先生年譜補遺》據此將二變定爲光緒二十三年。

廖平《經學六變記·三變記》:"初據《王制》以說《周禮》,中國一隅,不能用兩等制度,故凡與《王制》不同者,視爲讎敵,非種必鋤,故必删除其文,以折衷於一是。自三皇五帝之說明,則《周禮》

另爲一派，又事事必求與《王制》相反，而後乃能自成一家。故以前所
刪所改之條，今皆變爲精金美玉，所謂'化腐朽爲神奇'。《莊子》所言
'彼此是非'，'各是其所是，各非其所非'，其中所以是非不同之故，學
者所當深思自得者也。"

**同年，戊戌變法失敗，外間盛傳康有爲學說始於廖平，平乃焚
其新撰之書以避禍。**

《六譯先生年譜》光緒二十四年："八月，太后殺譚嗣同、楊鋭、
劉光弟、林旭、楊深秀、康廣仁，幽帝於瀛臺，凡朝臣之以新黨名者，
謫戍禁錮有差，悉罷新政。康有爲遁香港，梁啓超遁日本。先是，
康得先生改制之說而倡之，並引《公羊》《孟子》自助，以爲變法之
據，天下群以作俑歸先生，謂素王改制之說，實有流弊，並因而攻
《公羊》《孟子》焉。是月，先生於知州鳳全筵上，聞北京政變電訊。
歸而語先君及任峰曰：'楊叔嶠、劉裴村死於菜市矣。'俯首伏案，悲
不自勝。旋門人施煥自重慶急足附書至，謂朝廷株連甚廣，外間盛
傳康說始於先生，請速焚有關各書。於是新撰之《地球新義》稿，亦
付之一炬。"

**光緒二十八年（1902），授綏定府教授。次年，即以離經叛道
落職。**

《六譯先生年譜》光緒二十八年、二十九年。

三十一年（1905），始分天人，爲其學說之四變。

《六譯先生年譜》卷五："四變，起光緒三十一年乙巳，訖民國六
年丁巳，凡十三年，爲先生學說四變分天人時期。"

廖平《經學六變記・四變記》："《大學》爲人學，《中庸》爲天學。
考《中庸》動言'至誠''至道''至聖''至德'，於'聖''誠''道''德'

之上，別加'至'字，以見聖、誠、道、德有'小''大''至''不至'之分。
考皇帝之説，每以'至'爲標目。《禮記》之所謂'三無'，《主言》篇之
所謂'三至'。故人學言'道'、言'誠'、言'德'、言'聖'。'皇'爲天
學，人用其學而加'至'字以別之，所以見'帝'之有可加。……至儒
者不講天學，遂以聖人爲止境，於道家之所謂'天人''至人''神人'
'化人'，皆以爲經外別傳，無關宏指。不識《中庸》言'至德''至聖'
'至誠'，《孟子》已言'神人'，《荀子》已言'至人'，《易》言'至精''至
聖''至神''大人'。《中庸》曰'及其至也，雖聖人亦有所不知''所
不能'，明以見聖人之外，尚有進境。今故以經傳爲主，詳考'至人'
'神人''化人''真人''神人''大德''至誠''大人'，以爲皇天名號，
而以《靈樞》《素問》、道家之説輔之，以見聖人人帝之外，尚有天皇，
此'天人學'之所分也。……人學爲六合以内，天學爲六合以外。"

《六譯先生行述》："壬寅後，因梵宗大有感悟，始知《尚書》爲人
學，《詩》《易》則遨游六合外，因據以改正《詩》《易》舊稿。蓋至此而
上天下地無不通，即道釋之學，亦爲經學博士之大宗矣。"廖宗澤按
云："此期曾擬作《天人學考》，未成，成書中當以《孔經發微》爲綱
要，此後專就天人之説演進，不廢其名。"

《廖季平先生傳》："先生三變而後，於《中庸》言'誠'、言'道'之
文，別啓《中庸》天學、《大學》人學之論，此四變也。"

民國七年（1918），始謂孔子造六書文字，爲其學説之五變。

《六譯先生年譜》民國七年："是年爲先生學説五變時期，以六
書文字皆出孔子。"

《六譯先生行述》："因秦火同文之説，悟六經皆爲雅言，自國師
公顛倒五經，僞造三代鐘鼎彝器，謂孔子以前已有六書文字，於是
孔子乃述而不作。實則孔子以前亦如今各國專用字母。孔子作
經，以其文弗雅馴，乃造六書文字。所有堯、舜、禹、湯、文、武、周公

諸名字,皆孔子作經所由翻譯,莊子所謂翻十二經以教,此五變也。"廖宗澤按云:"此期約八年,所著以《文字源流考》爲綱要。"

《廖季平先生傳》:"又以象形文字古之所無,爲始自孔氏,此五變也。"

民國八年(1919),因中風而右手右足均拘攣,然不廢著述。

《六譯先生年譜》民國八年:"三月十七日晨,先生在寓剃頭。晚餐時忽失箸,聲喑掌攣,昏迷不省,逾時始蘇。急延譚焯庵、徐堪同縣舉人至,診視後,投以表劑,不效。縣人胡益智謂面有光彩,恐亡陽,主用補陰回陽之藥。盧醫錦亭云:高年陽衰,内邪發動。因剃頭爲風所乘,非實風也。當以參、附、术助正氣,而佐以化痰開竅之劑。十日後飲食漸復,惟自是以後,言語謇澀,右手右足均拘攣,行動眠食非人不舉矣。先生病後,仍不廢著述,作字惟恃左手。與諸生講説,則命宗澤書其稿於黑板,略説數語,聽者不曉,則宗澤復爲重述。"

始以《内經》説《詩》《易》,爲其學説之六變。

《六譯先生年譜》卷七:"六變,起民國八年己未,訖二十一年壬申,凡十四年,爲先生學説六變,以《内經》説《詩》《易》時期。"

《經學六變記·六變記》:"己未春,先生得中風,聲瘖掌攣,而神智獨朗澈,優游中得《詩》《易》圓滿之樂,遂半生未解之結,於《靈》《素》獲大解脱。"

《六譯先生行述》:"王冰所增《素問》八篇,詳五運六氣,舊目爲僞。先祖以此乃孔門《詩》《易》師説,專恃以説《詩》《易》。舉凡《廊》《衛》《王》《秦》《陳》五十篇,《邶》《鄭》《齊》《唐》《魏》《邠》七十二篇,大小《雅》、大小《頌》先祖云:"詳《論語》'各得其所'之義,既有大小《雅》,亦有大小《頌》。"及《易》之上下經十首、六首諸義,皆能璧合珠聯，無往不貫，此六變也。"廖宗澤按云："此期約十二年，所著有《易經經釋》《詩經經釋》。"

《廖季平先生傳》："暮歲病風痹，喜醫術，以《素問》所言五運六氣爲孔門《詩》《易》師說，此六變也。"

民國十三年（1924）回縣，遂不復出。

《六譯先生行述》："回縣，遂不復出。"

民國二十一年（1932），卒於樂山旅次。

《六譯先生年譜》民國二十一年："五月初二日（陽曆六月五日）巳時，先生卒於樂山河呷坎旅次。八月十三日，孫宗伯等葬先生於榮縣清流鄉陳家山祖塋。"

《六譯先生行述》："今年仲春爲八旬晉一，稱觴賀者踵接，頗慰老懷。事後堅欲赴成都謀刊印所著書，並圖故舊之把握。澤等以高年不宜跋涉，阻之，不聽。取道嘉定，藉償文債。四日後覺內熱，自疏大黃芒硝利之，醫來謂不可服，更投清解之劑，則稍效。澤乃請於先祖曰：'曷歸乎？'先祖首肯之，擬六月七日就道，然猶不虞有他。五日之夜，疾忽轉劇，成昏睡狀。次晨，六叔、七叔奉之疾趨以歸，行至距家七十五里之河呷坎，已不救矣，竟無一語及身後事。嗚呼傷已！"

廖平一生著述甚多，以經學爲主。

《六譯先生行述》："今春手自編定《六譯館叢書》，爲翻譯類三種；論學類九種，附一種；孝經類三種；春秋類二十種，附二種；禮類六種；書類十二種；詩類十種，附一種；樂類三種；易類八種；尊孔類十種；醫家類二十一種（內分診脈、傷寒兩門），附五種；地理類五種；文鈔類九種；輯古類七種，附八種：都一百四十三種。內除《四益館經

學叢書百種解題》《四益館經學穿鑿記》《六變記》《易經經釋》《易經提
要》《詩經經釋》《詩經提要》《詩本義貞悔繹例》《周禮皇帝治法考》《春
秋分國抄》《左傳漢義補證》《左氏三十論》《論語微言述》《中庸新解》
《楚辭新解》《列子新解》《古孝子傳》，有稿未刻；《易經凡例》《詩經凡
例》改作未果；《樂經新義》《樂記新解》擬作未果；《孔經哲學發微》《杜
氏集解辨正》《文字源流考》《地球新義》《群經總義講義》，曾排印，已
絕版；《爾雅犍爲舍人注考》刊入《蜀秀集》外，餘一百一十五種皆已刻
者。版式凌雜，錯誤極多，先祖生前擬重刊。庚子年編訂書目，已在百種以
上，見《井研藝文志》。大氐先立義例，尚未成書而所説已變，遂致有
目無書，非盡散失也。”

《清故龍安府學教授廖君墓誌銘》：“君著書一百二十一種。”

《廖季平先生傳》：“著書百四十餘種，有稿未刻者尚二十許種。”

按，廖幼平《六譯先生已刻未刻各書目錄表》統計，已刻著作九
十七種，未刻著作十六種，共計一百一十三種。卞吉《現存廖季平
著作目錄稿》統計，現存著作共一百零四種。

説經之餘，兼及方技、堪輿。

《六譯先生行述》：“説經之餘，兼及方技、堪輿，並多創解。其
斥《脈訣》及寸關尺診法之謬，主恢復古經診法，尤爲切理饜心。”

《廖季平先生傳》：“先生於術數方技之言，無不明曉，於醫家言
成書二十一種，堪輿言成書五種，多所創獲，斥寸關尺診之謬，主復
古經診法，詳申三部九候，宜黃邱希明嘆爲絕學。先生以醫治之故
而移以説經，頗滋人疑，而孰知先生之有功醫術，初不亞於經學。
晚歲所獲，固在醫而不在經學也。”

參考文獻：

1. 廖平著，舒大剛、楊世文主編《廖平全集》，上海古籍出版社 2015 年版。

2. 章太炎《清故龍安府教授廖君墓誌銘》，《制言》1935 年第 1 期。

3. 廖次山《經學家井研廖季平年譜》，中國人民政治協商會議四川省委員會文史資料研究委員會編《四川文史資料選輯（第二十輯）》，四川人民出版社 1980 年版。

4. 廖宗澤《六譯先生年譜》，廖幼平編《廖季平年譜》，巴蜀書社 1985 年版。

5. 廖幼平編《廖季平年譜》，巴蜀書社 1985 年版。

（馬昕）

陳三立傳

陳三立，字伯嚴，號散原，江西義寧州（今江西修水）人。咸豐
三年（1853）生。

《義門陳氏宗譜》："號伯嚴。"按，陳三立《散原精舍文集》卷二
《弟繹年義述》記其胞弟："君名繹，故名三畏，字仲寬。"寬、嚴對言，
故知伯嚴當爲陳三立之字。

吳宗慈《陳三立傳略》（《國史館館刊》1947 年創刊號）："先生既
罷官，侍父歸南昌，築室西山下以居。……越一年，先生移家江寧，
右銘中丞暫留西山靖廬，旋以微疾逝。先生於此，家國之痛益深
矣。西山者，《水經注》作散原山，先生晚年自號散原，所以識隱微
也。"宋慈抱《陳三立傳》（《國史館館刊》1949 年第 2 卷第 1 號）："三
立自署曰散原，寓樗散之意。"

《義門陳氏宗譜》："清咸豐三年癸丑九月二十一日子時生。"
《散原精舍文集》卷五《誥封一品夫人先妣黄夫人行狀》："咸豐三
年，不孝三立生。"

八年（1858）入塾。同年，弟三畏出繼叔父陳觀瑞。

《散原精舍文集》卷六《大姊墓碣表》："姊爲吾伯父樹年公長
女，母張宜人，與余同歲。生六歲，俱就鄰塾讀。"

陳寶箴《陳寶箴集》卷三十九《文録二·陳公觀瑞墓誌》："咸豐

戊午,吾母命以寶箴次子三畏爲之嗣,蓋去吾父歿五年矣。"

同治十一年(1872)中秀才。同年舉家遷居長沙。十二年春,赴四川酉陽迎娶羅氏,婚後感情甚篤。光緒二年(1876),長子陳衡恪生。同年祖母李太夫人卒。六年,陳寶箴補授河南河北道,携家赴任,陳三立妻羅孺人病逝於途中,年二十六。

陳三立《庸庵同年屆重游泮宮重宴鹿鳴之期叠紀詩篇海内知舊賡和甚衆余臥疴匡山久廢吟咏勉綴二絶博一笑》其二:"我亦壬申一秀才,梁髯掉首自費疑猜。"

《陳寶箴集》下册《陳母李太夫人行狀》:"自同治十一年迎養來湘。"

陳三立《再哭羅孺人絶句》其四自注:"癸酉春,余親迎酉陽州。訂情之夕,卿答余詩有'深宵瞥見無多語,各自低頭看燭花'之句。"

《義門陳氏宗譜》(卞孝萱、武黎嵩《從〈陳氏合修宗譜〉〈義門陳氏宗譜〉看陳寅恪家族》,《中國文化》2008年總第28期):"清光緒二年丙子二月十七日子時生。"《散原精舍文集》卷一《故妻羅孺人狀》:"既歸余四年,生子師曾,是年余祖母卒。"

陳寶箴《陳母李太夫人訃告》:"皇清誥封太夫人陳母李太夫人,痛於光緒二年歲次丙午九月初七日酉時,壽終湖南省寓内寢。"

《清代官員履歷檔案全編》卷五:"(光緒)六年四月十七日,奉旨補授河南河北道。"

《散原精舍文集》卷一《故妻羅孺人狀》:"(光緒六年)七月,余父由湖南往官河北,余偕孺人從焉。次潁上之溜犢灣,而孺人病篤死矣,得年二十六,爲光緒六年十月五日也。"

按,馬衛中、董俊珏《陳三立年譜》,李開軍《陳三立年譜長編》均以同治十一年爲舉家遷居長沙,從之。

光緒八年(1882)歸南昌應鄉試，中式廿一名舉人。冬，娶俞文葆女明詩爲續弦。

《散原精舍文集》卷七《劉鎬仲文集序》：“其秋與君同列鄉試舉人，朋聚於南昌。”

《散原精舍文集》卷十三《繼妻俞淑人墓誌銘》：“故人李太守有棻之妻，淑人之從姊也。李傳其妻之言曰：‘公子誠續圖娶者，無如吾妹賢。’力媒合。……於是試後就贅焉。淑人年十八也。”

按，《壬午科江西鄉試題名錄》列第二十一名，姓名不具錄。

十二年(1886)四月會試中式，未應殿試。在京師日，與易順鼎、文廷式、曾廣鈞、鄭孝胥、張謇、徐振祎等交游。十五年四月，補殿試，賜三甲四十五名同進士出身，授主事分吏部考功司觀政。是年請假回籍。

張謇《張謇全集》卷六《張謇日記》：“（光緒十二年四月）十二日。子培、止潛約聽錄於萬福居，報罷。子封中六十九名進士，猶鄉試地位也。所可知者，馮夢華煦、劉佛卿岳雲、李世兄翊煌、陳伯言三立、劉、蔡數人而已。”

陳三立《與許振祎書》：“三立謬舉禮科，以楷法不中律，格於廷試，退而習書。”

易順鼎《詩鐘説夢》《庸言》1913年第1卷第9號：“丙戌會試入都，四方之士雲集，如陳伯言、文芸閣、劉（鎬仲、楊）叔喬、顧印伯、曾重伯、袁叔興輩，友朋文酒，盛極一時。每於斜街花底，挑燭擘箋，以歌郎梅雲輩爲上官昭儀，選定甲乙。”

江慶柏《清朝進士題名錄》：“賜同進士出身第三甲第四十五名陳三立，江西南昌府義寧州人。”

《陳寶箴集》卷六《爲陳三立蒙旨送部引見謝恩片》：“臣子陳三

立以光緒八年壬午科舉人,會試中光緒十二年丙戌科貢士,於光緒十五年己丑科恭應殿試,以主事用,簽分吏部考功司,即於是年請假回籍。」

陳隆恪《散原精舍文集識語》:「先君於光緒八年壬午鄉舉後,丙戌會試中式,是年未應殿試。己丑成進士,以主事分吏部行走。」

陳三立《與陳伯弢書》:「恪士白摺生平未完一本,鄙人乃殫精三年,字過十萬,而一等二等,懸絕如此,豈保和殿上果有寫鬼字,能作威福耶?」

《散原精舍文集》卷五《先妣黃夫人行稿》:「先是不孝以夫人素善病,通籍即歸侍,不或離夫人。」

陳寅恪《寒柳堂記夢未定稿‧弁言》:「先君雖中甲科,不數月即告終養。」

徐一士《一士類稿》「談陳三立」條:「己丑成進士,以主事分司吏科行走。……散原非無經世之志,而在部覺浮沉郎署,難有展布,未幾遂修然引去,侍親任所。」

光緒十六年(1890)五月,三子寅恪生。六月,陳寶箴蒙旨開復降調處分。十月,補授湖北按察使。十二月,以湖北布政使黃彭年病卒於任,奉旨署理布政使。

蔣天樞《陳寅恪先生編年事輯》(增訂本):「光緒十六年庚寅舊曆五月十七日(乙酉),先生生於湖南長沙周達武宅,即唐劉蛻故宅地也,入民國後爲周南女中(此師昔年面告)。時父伯嚴三十八歲,母俞二十六歲。兄隆恪三歲。先生生寅年,祖母名之曰寅恪(據黃萱記先生語)。以名行。」

《清代官員履歷檔案全編‧光緒朝》:「(陳寶箴)本年三月由江西原籍請咨赴部,六月初十日吏部帶領引見,奉旨著開復降調處分。……本月十七日奉旨補授湖北按察使。……十二月到任,旋署理湖北布政使。"

《陳寶箴集》卷一《謝補授湖北按察使摺》："二品銜新授湖北按察使臣陳寶箴跪奏，爲恭謝天恩，仰祈聖鑑事：本月十七日，內閣奉上諭：'湖北按察使著陳寶箴補授。欽此。'"

《散原精舍文集》卷五《皇授光禄大夫頭品頂戴賞戴花翎原任兵部侍郎督察院右副都御史湖南巡撫先府君行狀》："明年，授湖北按察使，視事三日，改署布政使。"

張之洞、譚繼洵《藩司因病出缺請旨簡放摺》（《陳寶箴集》卷一）："竊據武昌府知府李有棻呈報：'湖北布政使黃彭年於光緒十六年十二月初四日辰刻陡患氣脱病症，即於是刻身故，請具奏開缺。'"

張之洞、譚繼洵《附陳遴員署理司道篆務片》（光緒十六年十二月初八日，《陳寶箴集》卷一）："湖北布政使黃彭年因病除缺，所遺藩司篆務，應即委員接署，以重職守。查有新任湖北按察使陳寶箴，才猷練達，志趣端正，堪以署理。所遺臬司篆務，查有督糧道惲祖翼，老成諳練，吏治素優，堪以接署。"

光緒十七年（1891），携家赴武昌陳寶箴任上，四子陳方恪生。是年或稍後爲張之洞聘爲兩湖書院都講，與張之洞幕下楊鋭、梁鼎芬、易順鼎、汪康年、宋育仁、屠寄及文廷式、曾廣鈞、繆荃孫、沈瑜慶等交游。

潘益民、潘蕤《陳方恪年譜》："清光緒十七年辛卯，一歲。十二月五日（農曆十一月初五日），先生出生於武昌的湖北布政使衙署內。"

《散原精舍文集》卷十《余堯衢詩集序》："追侍余父陳桌鄂中，君已用知府隨牒在鄂，監榷稅有聲。當是時，張文襄方督湖廣，競興學，建兩湖書院，選録湖南北高才數百人，設科造士，海内通儒名哲就所專長，延爲列科都講，特置提調員，拔君董院事。余以都講或闕，謬承乏備其一人焉。"

易順鼎《詩鐘説夢》(《庸言》1913 年第 1 卷第 9 號)："南皮師爲海内龍門，憐才愛士，過於畢、阮。幕府人才極盛，而四方賓客輻輳。余與伯嚴追逐其間，文酒流連，殆無虛日。其與詩鐘之會者，幕府則楊叔喬、屠竟山、華若溪、楊範甫、宋芸子、汪穰卿、范仲林、秋門兄弟輩；過客則文芸閣、曾重伯、繆小山、王子裳諸君；而閩派如鄭肖彭、沈愛蒼，亦同會集，洵一時之盛已。"

光緒二十年(1894)八月，次女陳新午生。十月，陳寶箴補授直隸布政使，奉旨入京陛見，陳三立奉母留寓武昌。十一月，陳衡恪迎娶范當世女范孝嬗。

《陳寅恪先生編年事輯》(增訂本)："光緒二十年甲午，先生五歲。……八月二十五日，妹新午生。……本年冬，先生長兄衡恪(師曾)年十九歲，與范當世女孝嬗結婚於湖北按察使署内。"

《陳寶箴集》卷一《謝補授直隸藩司恩遵旨陛見摺》(光緒二十年十一月十四日)："光緒二十年十月十五日奉上諭：'直隸布政使著陳寶箴補授，欽此。'先於本月初三日奉督撫臣行知，承准總理各國事務衙門電傳，欽奉諭旨：'陳寶箴已簡放直隸布政使，著將經手事件趕緊清理，即行來京陛見。欽此。'"

孫建著、陳國安輯纂《范伯子年譜簡編》："光緒二十年甲午，四十一歲。……十一月，孝嬗與師曾成婚。時孝嬗、師曾皆十九歲。"(范當世著，馬亞中、陳國安校點《范伯子詩文集》，上海古籍出版社2003 年版)

二十一年(1895)四月十七日，致電張之洞，請合奏誅李鴻章。七月二十四日，陳寶箴以榮禄薦，補授湖南巡撫。九月八日，赴上

海迎候陳寶箴自京師南還，其時康有爲、梁鼎芬等於上海開辦强學會，陳三立亦列名其間。夏秋間，易順鼎、俞明震等俱在臺，陳三立與之籌劃援臺拒日，事不濟，電勸二人内渡。同年，季女陳安醴生。是年，令子弟改業西學。是年與黄遵憲、梁鼎芬、汪康年、繆荃孫、夏曾佑、葉瀚、譚獻等往還，爲黄遵憲《人境廬詩草》作跋。

黄濬《花隨人聖盦摭憶》"陳三立甲午請誅李鴻章"條："册後尚録其時散原老人自武昌致南皮一電，以馬關和約簽訂，請吁奏誅合肥以謝天下，此電南皮未作覆。當時士論債騰，主此説至多。……故其時右銘先生雖開藩直隸，而散老忠憤所迫，不惶顧慮，輒敢以危言勸南皮也。予初未審散老此電命意，故甄録不敢遽及。近讀《散原精舍文存》中，自爲其尊人右銘先生行狀，有云……蓋義寧父子，對合肥之責難，不在於不當和而和，而在於不當戰而戰，以合肥之地位，以國力軍力知之綦審，明燭其不堪一戰，而上迫於毒后仇外之淫威，下劫於書生貪功之高調，忍以國家爲孤注，用塞群昏之口，不能以死生争。義寧之責，雖今起合肥於九京，亦無以自解也。信由斯説，責散原當日之憤激，自在意中，固卓然可存。原電云：'讀銑電，愈出愈奇，國無可爲矣，猶欲明公聯合各督撫數人，力請先誅合肥，再圖補救，以伸中國之憤，以盡一日之心，局外哀鳴，伏惟賜察。三立。'按散老此電，乙未五月十七日由武昌發，戌刻至江寧者。"

《陳寶箴集》卷一《謝補授湘撫恩並懇陛見摺》："竊臣在直隸布政使任内，奉督臣王文韶行知，准部咨，光緒二十一年七月二十四日奉旨：'湖南巡撫著陳寶箴補授。欽此。'聞命自天，悚惶無地，當即恭設香案，叩頭謝恩。"

趙爾巽等《清史稿》卷四百六十四《陳寶箴傳》："明年，以榮禄薦，擢湖南巡撫。"

蔡爾康《中東戰紀本末》卷八《上海强學會序後按語》："既而公定先從上海試辦之議,名儒碩彥,噬肯來游。浙則有黃漱蘭大銀臺暨哲嗣仲弢太史、從子叔鏞太史、汪穰卿進士;鄂則有屠梅君侍御;粵則有黃公度觀察、康長素工部、梁節庵太史;皖則有崩禮卿太史;吳則有張季直殿撰;江西則有湘撫陳寶箴中丞之公子伯嚴吏部……皆入是會。並邀致陳伯潛閣學、黎純齋觀察、志仲魯觀察,由閩、蜀、鄂等省遥相唱和。此誠中國之盛舉也。"

陳三立《致易順鼎電稿》:"(光緒二十一年)八月十一。已有密電令南洋接濟。老伯將到。立。八月十四。次申有餉五萬金可借解,頃懇敬帥即籌,妥再告。立。八月十六。香帥覆電無奉旨接濟事,京電係訛傳。敬帥困司道阻撓,次申憚不具撥,可恨。八月十八日。敬帥受制,無可望。天窮人陋,偕恪士速還。八月二十。丈昨夕到,日内往廬山相待,望速還。……九月初七。臺南失,劉内渡,確否?明日往滬候君,望偕恪士速還。"

陳三立《與譚獻書》:"實甫昨來電,臺事已不可爲矣。電云彰復失:'安平危,劉誓入内山餓死。不救無天理,救無法。因督北民速舉,圖掣敵解圍。兄宜念寒電,代求兩帥。'所謂兩帥者,更有何法?雖有十包胥,安用耶?已電速還。"

陳小叢《圖説義寧陳氏》:"陳安醴(1895—1927),陳三立之幼女,適薛琛錫。"(山東畫報出版社 2004 年版)

譚嗣同《譚嗣同全集》卷三《上歐陽瓣薑師書·興算學議》:"近頗勸令弟侄輩從事洋務。昨晤陳伯嚴,亦云已令子弟改業西學矣。"

陳三立《致汪康年》:"合請黃公度擬擇四五等日,於湖院舉行。陪客爲繆、夏、葉、吳、梁、鄒等人。如君無異説,即可日内發柬。菜不用燕窩,而稍用燒烤之類,可否?並酌之。"

繆荃孫《藝風老人日記》光緒二十一年四月五日："陳伯年約飲兩湖書院之水閣，黃公度（繩憲）、葉浩如、夏穗卿、鄒沅藩、吳鐵橋（小村之子）、梁衍若、汪穰卿同席。……五月朔辛巳。黃公度招飲，陳伯年、張伯純、吳季清、夏穗卿、葉浩如、鄒沅藩、吳鐵樵同席。……（七月）六日甲辰。鄒沅帆、張伯純、汪穰卿、吳季清招飲自强學堂，譚仲修、陳（其烺）、易石甫、葉浩如、李一琴、陳伯年、楊惺甫同席。七日乙巳。陳伯年招飲自强學堂，仍昨日舊友，仲修因病不能至。"

陳三立《人境廬詩草跋》："馳域外之觀，寫心上之語。才思橫軼，風格渾轉，出其餘技，乃近大家。此之謂天下健者。乙未四月義寧陳三立加墨訖敬識。""奇篇巨製，類在此冊。較前數卷自益有進。中國有異人，姑於詩事求之。乙未四月十四日，三立再識。"

光緒二十二年（1896），黃遵憲、汪康年、梁啓超等擬於上海辦《時務報》，陳三立助成之。二十三年正月十一日，幼子登恪生。春夏間，赴滬與譚嗣同等商辦時務學堂。十二月十八日，母黃太夫人病逝，享年八十六，時陳三立往江西議辦學堂事，逾三日始返。

鄒代鈞《致汪康年（二十二）》："伯嚴原欲礦局以四百元銀錢助《時務報》館，祈即於此項内照提，可不必登報，亦不必向右丈道謝，緣此事鈞等僅商知伯嚴，尚未回明右丈耳。"（上海圖書館編《汪康年師友書札》，第3冊）

鄒代鈞《致汪康年（三十）》："礦局之四百元，既已登報，甚屬不妨。……南皮通札官場閱報之舉，甚快暢，已將札稿商之伯嚴，求右丈仿行，伯嚴深以爲然，俟右丈還轅，當可照辦。"（《汪康年師友書札》，第3冊）

《陳寅恪先生編年事輯》（增訂本）："光緒二十三年丁酉，先生八歲。正月十一日，弟登恪生。"

《譚嗣同全集》卷三《上歐陽瓣薑師書(十四)》："湖南紳士議創時務學堂，右帥既允助力，又於兩淮鹽務中籌得巨款。蔣少穆東來正爲此事，陳伯嚴旋亦來，嗣同均晤之，議從方言、算學入手，暫招學生二三十人試辦。"

《散原精舍文集》卷五《誥封一品夫人先妣黃夫人行狀》："(光緒)二十三年十一月，吾父方爲湖南巡撫，而江西倡議立學堂，固招不孝往。會夫人稍加適，吾父命一行，而夫人遽以十二月十八日卒，享年八十有六。逾三日，不孝始返，視含斂。"

鄒代鈞《致汪康年(六十五)》："伯嚴之太夫人於月之十八棄世，伯嚴適以開學堂往江西，竟抱終天之痛。昨已回，甚可憫。……代鈞頓首。廿二。"(《汪康年師友書札》，第3冊)

光緒二十四年(1898)正月，與梁啓超、皮錫瑞、王闓運、易順鼎、張通典、黃遵憲、江標、喬樹柟等於長沙創南學會。三月，以譚嗣同盛贊康有爲條陳膠事摺等事，有所齟齬。五月二十七日，陳寶箴上《請釐正學術造就人才摺》，請降旨飭令康有爲銷燬《孔子改制考》。六月十八日，陳寶箴具摺保舉陳寶琛、楊銳、劉光第等。八月六日，戊戌政變，太后訓政，時陳寶箴未知，仍於次日電請召張之洞入京商贊新政事。八月十日，朝中密詔兩江總督劉坤一、江西巡撫翁曾桂密捕文廷式，陳寶箴、陳三立與蔡乃煌密告文廷式，贈金勸其速離，文廷式得亡海外。八月二十一日，有旨以陳寶箴；監保匪人，即行革職，永不敘用，並以陳三立招引奸邪，一並革職，所行新政次第寢罷。九月，陳寶箴交卸回籍，陳三立舉家隨行，寓南昌。陳寶箴湖南所行新政，陳三立多從中贊畫。

皮錫瑞《師伏堂未刊日記》(《湖南歷史資料》1981年第2期)光緒二十四年正月二日："晚赴公度廉訪飲席，在座王壬老、江叔海、袁叔瑜、張伯純、易實甫、梁卓如，縱談時事及馬頭事。……客散後,公度、卓如云學會將開,必須留我在此講學,湖南官紳同志,事必有成。……我躊躇未便固辭,俟熊秉三詢問伯嚴,看如何説,我再往見伯嚴商之,再定行止。"

皮名振《皮鹿門年譜》光緒二十四年:"德宗鋭意行新政,湘省既設報館,興學堂,會嘉應黃公度遵憲任長寶道兼署臬司,元和江建霞標、宛平徐研甫仁鑄相繼爲學政。正月,更與陳右銘中丞及子伯嚴、熊秉三、譚復生、戴宜翹諸公,創設南學會於長沙。留公居湘,延任學長。分學術、政教、天文、輿地四門,公主講學術,黃公度講政教,譚復生講天文,鄒沅帆講輿地。"

《譚嗣同全集》卷三《上歐陽瓣薑師書(二十二)》:"接讀來諭,不勝駭異!……請轉語陳伯嚴吏部,遠毋爲梁星海所壓,近毋爲鄒沅帆所惑,然後是非可出,忌妒之心亦自化。即從此偶有異同,亦可彼此詳商,不致遽借師權以相壓。嗣同等如輕氣球,壓之則彌漲,且陡漲矣!"

《陳寶箴集》卷二十《請釐正學術造就人才摺》:"臣嘗聞工部主事康有爲之爲人,博學多材,盛名幾遍天下,譽之者有人,毀之者尤有人。……可否特降諭旨,飭下康有爲即將所著《孔子改制考》一書版本自行銷燬。既因以正誤息爭,亦藉可知非進德,且使其平日從游之徒,不致昧昧然膠守成説,誤於歧途。於皇上變通學校、轉移人才之至意,亦可以風示朝野矣。如康有爲面從心違,以欺蒙爲搪塞,則是行僻而堅、言僞而辯之流,將焉用之?竊揣康有爲必不至此。臣爲釐正學術,以期造就人才、維持風教起見,謹專摺具陳,是否有當,伏乞皇上聖鑑訓示。謹奏。"按,茅海建《戊戌變法的另面:張之洞檔案閱讀筆記》考訂上奏時間爲五月二十七日,今從之。

《清史稿》卷四百六十四《陳寶箴傳》:"會康有爲言事數見效。寶箴素慕曾、胡薦士,因上言楊鋭、劉光第、譚嗣同、林旭佐新政。

上方詔求通變才，遴擢京卿，參新政，於是四人上書論時事無顧忌。寶箴又言四人雖才，恐資望輕，視事過易，原得厚重大臣如之洞者領之。疏上而太后已出訓政，誅四京卿，罪及舉主，寶箴去官，其子主事三立亦革職，並毀湘學所著學約、界說、劄記、答問諸書。"

《陳寶箴集》卷二十一《密保京外賢能各員摺附清單》（六月十八日）："謹將臣耳目所及京外各員，擇其名位未顯而志行可稱、才識殊衆、爲臣素所知信者，共得十有七員，謹繕清單，各具考語，隨摺上陳。……降調前内閣學士陳寶琛，才力精果，學有本原，近更務求平實，並究心泰西政學，忠愛之悃，惓惓不忘。内閣候補侍讀楊銳，才學淹通，志性端謹，切究當世之務，絶無浮夸之習。……刑部候補主事劉光第，器識閎遠，廉正有爲。"

《陳寶箴集》卷二十二《特薦張之洞入都贊助新政各事務致總署請代奏電》（八月七日）："近月以來，伏見皇上鋭意維新，旁求俊彦，以資襄贊。……惟變法事體極爲重大，創辦之始，凡綱領節目、緩急次第之宜，必期斟酌盡善，乃可措置施行。楊鋭等四員雖爲有過人之才，然於事變尚需閲歷。方今危疑待決，外患方殷，必得通識遠謀、老成重望、更事多而慮患密者，始足參決機要、宏濟艱難。竊見湖廣總督張之洞，忠勤識略，久爲聖明所洞鑑。其於中外古今利病得失，講求至爲精審。……似宜特旨迅召入都，贊助新政，與軍機總理衙門王大臣及北洋大臣遇事熟籌，期自强之實效，以仰副我皇上宵旰勤求至意。"

《散原精舍文集》卷五《皇授光禄大夫頭品頂戴賞戴花翎原任兵部侍郎督察院右副都御史湖南巡撫先府君行狀》："康有爲之初詔對也，即疏言其短長所在，推其疵弊，請毀其所著書曰《孔子改制考》。四章京之初直軍機亦然，曾疏言變法事至重，四章京雖有異才，要資望輕而視事易，爲論薦張公之洞總大政、備顧問。……方草書極諫請必收成命，以政變而止。”

《散原精舍文集》卷十《清故蘇松太道蔡君墓誌銘》：“戊戌政變，詔捕文學士廷式，文方客長沙，陰畫策出之於境，游海外乃免。”

《寒柳堂記夢未定稿補·戊戌政變與先祖先君之關係》：“復次，茲有可附言者，即先君救免文芸閣丈廷式一事。戊戌政變未發，即先祖、先君尚未革職以前之短時間，軍機處廷寄兩江總督，謂文氏當在上海一帶。又寄江西巡撫，謂文氏或在江西原籍萍鄉，迅速拿解來京。其實文丈既不在上海，又不在江西，而與其夫人同寓長沙。先君既探知密旨，以三百金贈文丈，屬其速赴上海。而先祖發令，命長沙縣緝捕。長沙縣至其家，不見踪迹。復以為文丈在妓院宴席，遂圍妓院搜索之，亦不獲。文丈後由滬東游日本，賫同光朝盛流李文田、沈曾植等所定之《蒙古元秘史》對音本，日本那珂通世因之撰《成吉思汗實錄》一書，此開日本治蒙古史之先路也。先君所撰《文芸閣學士同年挽詞》六首之四云：‘元禮終亡命，邠卿辱大儒。紲傳鐘室語，幾索酒家胡。禍興機先伏，煙濤夢自孤。光茫接三島（自注：“君嘗游日本”），留得口中珠。’其第一聯上句用《史記》九二《淮陰侯列傳》，下句指長沙縣搜妓院事。末二句指傳播同光盛流之學於東瀛也。”

《陳寶箴集》卷二十二《瀝陳悚感下忱並交卸湘撫日期摺》（九月十七日）：“竊臣恭閱邸鈔，光緒二十四年八月二十一日奉上諭：‘湖南巡撫陳寶箴，以封疆大吏濫保匪人，實屬有負委任，著即行革職，永不叙用。伊子吏部主事陳三立，招引奸邪，著一並革職等因。欽此。’又於九月十六日准吏部咨，光緒二十四年八月二十二日奉上諭：‘湖南巡撫著俞廉三補授等因。’……謹於九月十七日將巡撫關防、王命旗牌、文卷等件，委長沙府知府顏鍾驥、署撫中軍參將楊定德，賫送新任撫臣俞廉三祗領，臣即於是日交卸回籍。”

《散原精舍文集》卷五《皇授光禄大夫頭品頂戴賞戴花翎原任兵部侍郎督察院右副都御史湖南巡撫先府君行狀》："（光緒）二十四年八月，康、梁難作，皇太后訓政，彈章遂蜂起。會朝廷所誅四章京，而府君所薦楊鋭、劉光第在其列，詔坐府君濫保匪人，遂廢斥。既去官，言者中傷周内猶不絶，於是府君所立法次第寢罷，凡累年所腐心焦思、廢眠忘餐、艱苦曲折經營締造者，蕩然俱盡。獨礦務已取優利，得不廢。……府君既罷，歸南昌，囊篋蕭然，頗得從婚友假貸自給。"

《師伏堂未刊日記》："（光緒二十四年九月）十六日，往節吾處，適右帥至，得一見。彼天君泰然，一無激詞，得大臣度。詢江右事，予據實以告。其夫人柩明日下河，多來祭者。擬卸篆即行，又囑胡明藴於九江賃屋矣。……廿一日，昨登舟行，予未及送。"

梁啓超《飲冰室詩話》："陳伯嚴吏部，義寧撫軍之公子也，與譚瀏陽齊名，有'兩公子'之目。義寧湘中治績，多其所贊畫。"

胡先驌《四十年來北京之舊詩人》："（散原）在湘佐其父行新政，譚嗣同、黄遵憲、熊希齡設時務學堂於長沙，散原實主張之。戊戌政變，散原與有力。"（胡先驌著，熊盛元、胡啓鵬編校《胡先驌詩文集》，黄山書社 2013 年版，下册）

陳灝一《睇向齋逞臆談》："戊戌政變，其父寶箴方撫湘，侍親長長沙節署，預新政。嘗就按察使黄公度、徐硯甫論議改革，故一省政事，隱然握諸三立手，其父固信之堅也。"（陳灝一《睇向齋秘録》，上海書店出版社 1998 年版）

光緒二十五年（1899）四月，葬黄太夫人於南昌城外西山，築室墓側，即嵋廬。六月，以經家國巨變，痛疾萬狀，大病幾死。

《散原精舍文集》卷五《誥封一品夫人先妣黄夫人行狀》："明年，吾父爲卜穴西山下青山之原，於四月某日葬。"

《散原精舍文集》卷五《皇授光禄大夫頭品頂戴賞戴花翎原任兵部侍郎督察院右副都御史湖南巡撫先府君行狀》："明年，營葬吾母西山下，樂其山川，築室墓旁，曰'崝廬'，日夕吟嘯偃仰其中，遺世觀化，瀏乎與造物者游。"

《陳寶箴集》卷三十五《與俞明震》："立兒經此家國巨變，痛疾萬狀，雖病不肯服藥。日前進藥，竟將藥碗咬碎，誓不貪生復活。……立兒現已離危境，知關注念，特此書聞。"

鄒代鈞《致汪康年（八十）》（六月二十七日）："伯嚴於六七月之交，大病幾死。近稍愈矣。昨得伊電，有'幸更生，將痊癒'之語，當保無恙矣。"（《汪康年師友書札》，第3冊）

光緒二十六年（1900）四月，移家金陵，時陳寶箴仍居江西崝廬。五、六月間，庚子亂亟，與張謇、沈瑜慶等聯絡東南互保事宜，又倡迎鑾南下之議。六月二十六日，陳寶箴忽以微疾卒於崝廬，享年七十，或言爲奉孝欽后密詔自縊。陳三立時在金陵，聞耗奔喪。閏八月，撰行狀。十月，合葬陳寶箴於黃太夫人墓次。歲末返江寧，自後長居金陵。本年起，以散原爲號，識喪父隱痛，寓樗散之意。

《散原精舍文集》卷五《皇授光禄大夫頭品頂戴賞戴花翎原任兵部侍郎督察院右副都御史湖南巡撫先府君行狀》："（光緒）二十六年四月，不孝方移家江寧，府君且留崝廬，誠曰：'秋必往。'是年六月廿六日，忽以微疾卒，享年七十。卒前數日，尚爲《鶴冢》詩二章。前五日，尚寄諭不孝，勤勤以兵亂未已、深宮起居爲極念。不孝不及侍疾，僅乃及襲斂，通天之罪，鍛魂銼骨，莫之能贖。天乎！痛哉！……不孝既爲天地神鬼所當誅滅，忍死苟活，蓋有所待。謹如吉卜，以冬十月辛卯合葬府君於吾母黃夫人墓次。……光緒二十六年後八月，不孝男三立泣血狀。"

陳三立《致梁鼎芬》："讀報見電詞，乃知忠憤識力，猶曩日也。

今危迫極矣。以一弱敵八强，縱而千古，橫而萬國，無此理勢。若不投間抵隙，題外作文，度外舉事，洞其癥結，轉其樞紐，但爲按部就班，敷衍搪塞之計，形見勢絀，必歸淪胥，悔無及矣。竊意方今國脈民命，實懸於劉、張二督之舉措。劉已矣，猶冀張唱而劉可和也。顧慮徘徊，稍覽即逝，獨居深念，詎不謂然？頃者陶觀察之說詞，龍大令之書牘，伏希商及雪澄，斟酌擴充，竭令贊助。且由張以劫劉，以冀起死於萬一。精衛之填，杜鵑之血，盡於此紙，不復有云。節庵老弟密鑑。立頓首。六月十三日金陵發。"

《張謇全集》卷六《張謇日記》："（光緒二十六年五月）二十九日，藹蒼來，議保衛東南事，屬理卿致此意。三十日，與伯嚴議易西而南事。"

《張謇全集》卷六《嗇翁自訂年譜》："（光緒二十六年五月）二十二日，聞匪據大沽口，江南震擾，江蘇巡撫李秉衡北上，言於新寧招撫徐懷禮，免礙東南全局。藹蒼至寧，與議保衛東南。陳伯嚴三立與議迎鑾南下。……與眉孫、藹蒼、蟄先、伯嚴、施理卿炳燮議合劉、張二督保衛東南。余詣劉陳說後，其幕客有沮者。劉猶豫，復引余問：'兩宮將幸西北，西北與東南孰重？'余曰：'雖西北不足以存東南，爲其名不足以存也；雖東南不足以存西北，爲其實不足以存也。'劉蹶然曰：'吾決矣。'告某客曰：'頭是姓劉物。'即定議電鄂約張，張應。"

宗九奇《陳三立傳略》（《江西文史資料》1982年第3期）："陳寶箴之死，實乃至今尚未昭白的政治大冤案。據近人戴明震先父遠傳翁（字普之）《文録》手稿，有如下一段記載：'光緒二十六年（庚子）六月二十六日，先嚴千總公（名宏炳）率兵弁從巡撫松壽馳往西山崝廬，宣太后密旨，賜陳寶箴自盡。寶箴北面匍伏受詔，即自縊。巡撫令取其喉骨，奏報太后。'"

吳宗慈《陳三立傳略》：“西山者，《水經注》作散原山，先生晚年自號散原，所以識隱痛也。”

《陳三立傳》：“西山者，《水經注》作散原山，三立自署曰散原，寓樗散之意。”

按，陳寶箴“賜死説”由宗九奇撰文提出，自後引起學者論爭。劉夢溪、鄧小軍、胡迎建、李開軍、陳斐等均就此問題撰文論證。贊同此説者，有劉夢溪《慈禧密旨賜死陳寶箴考實》（《中國文化》2001年第 17—18 期），鄧小軍《陳寶箴之死的真相》（《詩史釋證》，中華書局 2004 年版）、《“殉國”：陳寶箴之死的新證據——夏敬觀、陳三立贈答詩二首箋證》（《東南大學學報》2013 年第 3 期），陳斐《陳寶箴爲慈禧密旨賜死説再考辨——從陳三立“門存”詩談起》（《文史哲》2015 年第 6 期）等。結合諸家論文，“賜死説”佐證如下：1. 宗九奇提供的戴傳遠《文録》；2. 庚子二、三月間，《清議報》、皮錫瑞《師伏堂日記》、宋恕《致孫仲愷書》均提及密捕翁同龢、文廷式、沈鵬及陳寶箴父子並正法之傳言；3. 與陳寶箴處境相似的張蔭恒被處死於新疆貶所；4. 陳三立所撰行狀、掃墓詩、“門存”詩及其友人唱和中，言及其父之死，態度異常慘痛，且有“屬鏤”“沉江”“風波亭”等典故，非“微疾卒”所能解釋。綜上，筆者認爲“賜死説”言之有據。

光緒三十年（1904）五月，詔戊戌以黨案獲咎者，除康、梁外悉開復原銜，陳三立堅謝不復出。同年，陳隆恪、陳寅恪考取官學生，以官費赴日游學。此數年多居江寧，與繆荃孫、俞明震、易順鼎、陳鋭、蒯光典、王以敏、徐乃昌、黃紹箕、鄭孝胥等往還。

《清史稿》卷二十四《德宗本紀二》：“（光緒三十年五月）丙戌，懿旨特赦戊戌黨籍，除康有爲、梁啓超、孫文外，褫職者復原銜，通緝、監禁、編管者釋免之。”

《清實録·德宗實録》卷五百四十四:"(光緒三十一年四月)壬戌,護理江西巡撫周浩奏,查明戊戌案内獲咎人員,情尚可原,請將已革原任湖南巡撫陳寶箴開復原銜,已革吏部主事陳三立、復原官。從之。"

吳宗慈《陳三立傳略》:"其後僦居金陵凡數載,庚子後雖開復原官,終韜晦不復出。"

《陳寅恪先生編年事輯》(增訂本):"(光緒三十年)夏,先生假期返南京,回國後,與兄隆恪(字彥和)同考取官費留日。"

《藝風老人日記》光緒二十八年三月二十三日:"拜黄仲弢,與聚卿公請仲弢、易石甫、王旭莊、陳伯年、志仲魯、徐積餘小飲待河廳。"

鄭孝胥《鄭孝胥日記》光緒二十八年十二月二十二日:"午後,拔可邀飲於石壩街一枝春洋菜館,座有俞恪士、繆小山、陳伯嚴、陳伯弢、夏劍丞、徐積餘、魏季渚等。隔座遇王幼霞與張次山,邀談良久。"

光緒三十一年(1905)至三十二年,參與江西南潯鐵路總公司招股事宜,任總董。

《南潯鐵路股本的種類》:"(光緒三十一年)九月,有萊偕陳三立……等赴漢口招股。"(轉引自宓汝成編《中國近代鐵路史資料(1863—1911)》,中華書局1963年版,第3冊)

《江西鐵路總公司與大成工商會社合約》(光緒三十二年十二月初十日立):"商董:鄧鶴波、胡捷三、曾瑞蘑;總董:陳伯嚴;江西全省鐵路總公司總辦:李有萊;上海大成工商會社經理:吳端伯。"(轉引自《中國近代鐵路史資料(1863—1911)》,第3冊)

宣統元年(1909)四月,將以詩稿付印,屬鄭孝胥選定,鄭爲是集作序。春夏間,陳衡恪自日本歸,受聘爲江西教育司長。八月二

十一日,張之洞病逝,撰聯挽之。十一月,陳寅恪赴德留學。二年,卜新居於青溪,即散原精舍。三年,武昌起義,携家避居滬上。十二月二十五日,宣統帝下詔遜位。

《鄭孝胥日記》宣統元年四月六日:"夏劍丞送來陳伯嚴詩稿六本,伯嚴屬余選定,將付排印。……三十日夜,作《陳伯嚴詩序》。"

朱萬章《陳師曾年表》(《中國書畫》2004 年第 9 期):"1909 年,夏,畢業歸國。秋,回江西南昌,被聘爲江西教育司司長。"

《清史稿》卷四百四十三《瞿鴻禨傳》:"德宗暨慈禧皇太后相繼崩,醇親王載灃監國攝政,之洞以顧命重臣晋太子太保。逾年,親貴寖用事,通私謁。議立海軍,之洞言海軍費絀可緩立,爭之不得。移疾,遂卒,年七十三,朝野震悼,贈太保,謚文襄。"

陳三立《挽張之洞聯》:"歌誦一匡,殷憂微見碎金集;雲霄萬古,托契餘瞻奧略樓。"(《散原精舍詩文集》增訂本,下册)

蔣天樞《陳寅恪先生傳》:"(宣統元年)秋,由親友資助赴德,考入柏林大學。"

《散原精舍詩續集》卷上《於乙庵寓樓值汪鷗客出示所寫山居圖長卷遂以相餉余與乙庵各綴句記之》自注:"余營新宅金陵青溪旁,居數月而亂作。"

《陳方恪年譜》宣統三年:"(十一月)同月二十五日,江浙聯軍進攻南京。……陳散原見此情景,倉促中做出去上海避難的決定。"

《清史稿》卷二十五《宣統帝本紀》:"(宣統三年十二月)戊午,袁世凱奏與南方代表伍廷芳議,贊成共和,並進皇室優待條件八,皇族待遇條件四,滿、蒙、回、藏待遇條件七,凡十九條。皇太后命袁世凱以全權立臨時共和政府與民軍商統一辦法。袁世凱遂承皇太后懿旨,宣示中外曰……遂遜位。"

民國二年(1913)二月十二日，與瞿鴻禨、沈曾植、樊增祥、繆荃孫、左紹佐、吳慶坻、王仁東、吳士鑑、林開謩、周樹模等於滬上結超社，探杏限東韻。超社參與者另有梁鼎芬、沈瑜慶，社集止於民國三年十二月二十三日，計二十六次。辛亥後至民國四年夏，多居於滬上。

樊增祥《樊山集》外集卷七《超然吟社第一集致同人啓》："先是，止庵相公致政歸田，築超覽樓於長沙。今者，公爲晉公，客皆劉、白，超然之義，取諸超覽。……惟玆吟社，略仿月泉，友有十人，月凡再舉。晝夜兼卜，賓主盡歡。或縱清談，或觀書畫，或作打鐘之戲，或爲擊鉢之吟。即席分題，下期納卷。……今卜於二月十二日小花朝日在樊園，爲第一集，加未必來，抵亥始散。"（樊增祥著，涂曉馬、陳宇俊校點《樊樊山詩集》，上海古籍出版社2004年版，下冊）

《藝風老人日記》民國三年十二月二十三日："超社廿六集，子培、弢庵作主，篁樓、子殊、伯年、止相、貽叔同席，題爲題林文忠公手札。"

民國四年(1915)正月廿五日，與瞿鴻禨、沈曾植、馮煦、繆荃孫、吳慶坻、王仁東、吳士鑑、林開謩、陳夔龍、王乃徵、朱祖謀、沈瑜慶、楊鍾羲等開逸社。是年夏，移居金陵，此後長居金陵。自後往來於金陵、南昌、滬上。

《散原精舍詩續集》卷中《正月廿五日止庵相國假乙庵齋作逸社第 集招篔庵中垂庸庵制府漚尹侍郎病山方伯入社同人咸賦詩》："相公撫時物，坐覺負几硯。去住肯相妨，易幟獎高宴。爲招四老人，古之逸民選。譬彼潰圍軍，驍騰待鄰援。"

《藝風老人日記》民國四年正月二十五日："瞿中堂開逸社，馮夢華、吳止修、沈子培、王旭莊、陳百年、陳小石、王病山、沈濤園、朱古微、楊子戕、林貽書、張笪樓十四人同集。即事爲題，不拘體韻。"按，此處僅列出十二人，疑與瞿鴻機、繆荃孫合計爲十四人。

《散原精舍詩續集》卷下《墙根》自注："辛亥秋避亂滬上，今始還，歷五年矣。"

十一年(1922)九月二十一日，七十壽辰，沈曾植、鄭孝胥、陳衍等皆有詩來賀。是年，《散原精舍詩集》二卷、《續集》三卷由商務印書館刊行。

邵祖平《無盡藏齋詩話》(《學衡》1923 年第 13 期)："壬戌九月二十一日，義寧陳散原先生七十壽辰，遠近以詩來和者，珠玉琳琅，輝溢户庭。……壽詩佳者甚多，兹録不及十一，讀者不作壽詩觀可也。"

按，沈曾植、馮煦、陳衍、林紓、夏敬觀、黃濬、鄭孝胥、吳慶坻、楊鍾羲、程頌萬等俱有詩，不具録。

十二年(1923)六月二十九日，俞淑人病殁於散原别墅，享年五十九歲。八月七日，陳衡恪因傷母逝，勞瘁而死，享年四十八。九月，移居杭州。

《散原精舍文集》卷十三《繼妻俞淑人墓誌銘》："癸亥之歲六月二十九日，繼妻俞淑人卒於金陵散原精舍，享年五十有九。……子五人：衡恪，羅淑人出，已後淑人一月殁。……淑人死，余遁而寄湖上。"

《散原精舍文集》卷十三《長男衡恪狀》："歲癸亥盛暑，繼母俞淑人寢疾，馳還金陵調藥，竟不起。素屬，哀劬觸宿疾，又沖雨市棺，寢苫占地氣，病甚，亦卒，距俞淑人之喪逾一月，爲八月初七日，得年四十有八。當是時，三女怵余以憂死，挾居杭之明聖湖上。"

十三年(1924)春,泰戈爾偕徐志摩訪公於西湖。是年夏,出售南京散原精舍,並將藏書交予陳方恪售出。七、八月間,以江浙戰事起,避居滬上。

陳隆恪《同照閣詩集》附録三《本事摭拾》:"泰戈爾來游吾國,曾偕徐志摩訪先君於杭州,兩人同攝一影外,弟及八舍弟登恪、徐君圍侍,另攝一幀,至今猶存牯嶺。"

《陳方恪年譜》民國十三年:"夏,散原老人不忍再居喪妻失子的金陵古城,加之經濟日益窘迫,出售了散原精舍房產。將多年的藏書交由先生運至蘇州,待價而沽。先生携孔紫英、陳小文、黃覺明等家人,賃居吳門觀前街附近的柳巷。爲了售書,在鬧市護龍街上開了一家'含光閣'書肆,由表舅黃覺明負責門市售書的具體事務。"

《同照閣詩集》卷四《净慈寺營齋七日聞戰興侍大人避滬上樓居偶述》自注:"七月二十六日,戰事將作,太白晝見。"

十四年(1925)十月十八日,葬俞淑人與陳衡恪於杭州牌坊山之原,於俞淑人墓側留生壙,並撰俞淑人墓誌銘。是年,清華學校辦國學研究院,聘請陳寅恪爲教授,陳寅恪歸國後,因父病及母、兄葬事請假一年,於次年秋往清華任教。

《散原精舍文集》卷十三《繼妻俞淑人墓誌銘》:"越三歲,乙丑十月十八日,始卜葬杭州牌坊山之原,於穴左留余生壙,並袝衡恪塋次。葬期迫,無從丐當世儒學錫埋幽之文,乃易頃所撰事狀爲志,加之銘。含哀自寫,氣盡腸絶。"

《散原精舍文集》卷十三《長男衡恪狀》:"越三歲,乙丑十月十八日葬俞淑人杭州牌坊山之原,袝衡恪於俞淑人墓側,覆土同是日。"

《陳寅恪先生傳》:"民國十四年(一九二五),北京清華學校教務長張彭春(字仲述)創議,經外交部批准,停辦留美預備部,創辦國學研究院並大學部。……其初經多方籌商,聘請王静安、梁任公、趙元任及寅恪先生爲教授(學生畢業證書上所列教師名銜均稱導師)。……歸後,以父病暨母兄葬事請假一年,明年秋始到清華任教。"

　　十五年(1926),避兵滬上,售字爲業。十八年,移居廬山頤養。二十二年,由廬山經南京北上入京。

　　陳小叢《同照閣詩本事拾零》:"一九二六年秋,因軍閥們争奪地盤,杭州頓成危城,父親侍奉祖父,携全家遷往上海,寓居於虹口。自此,祖父就在上海定居了下來,一住就是幾年。……第二年初秋,六叔派封懷二哥來山,迎接祖父北上。祖父下山後,乘江輪抵南京,在九姑家住了一個月,再乘火車赴北平。"(《同照閣詩集》附録三《本事摭拾》)

　　《鄭孝胥日記》民國十五年十一月一日:"至塘山路視陳伯嚴,疾已愈,將移居上海,以售字爲業。"

　　陳三立《散原精舍詩別集・己巳十月別滬就江舟入牯嶺新居》:"老棄鷦咏區,舊恩滿離抱。"

　　《陳方恪年譜》民國二十二年:"八月,散原老人因患癃閉症,小便排泄不暢,廬山上醫療條件又較差,決定離開牯嶺。由次孫陳封懷等陪同,從九江乘船抵南京。俞大維一家時住中央政治學校的桃源村宿舍,散原老人也住此。"

　　《寒柳堂記夢未定稿》:"癸亥,先母及先長兄衡恪同時病殁於金陵。家人恐先君憂傷過度,遂移家杭州。繼因杭州夏季炎熱,故遷居匡廬。不意其地游客衆多,煩囂殊甚,頗厭苦之。"

　　二十六年(1937),盧溝橋事變作,北平淪陷,憂憤終日,疾發,拒不服藥,於八月十日酉時,病殁於北平姚家胡同,享年八十五歲。

十月一日,陳寅恪以目疾携家隨校南遷。陳隆恪、陳方恪趕至北平經營喪儀,因交通受阻,厝公靈柩於長椿寺。

《寒柳堂記夢未定稿》:"時寅恪任教清華大學,乃迎養至燕。不數歲而有盧溝橋事變。先君憂憤不食,遂以不起。故未得見抗日勝利,惜哉!痛哉!"

吳宗慈《陳三立傳略》:"民國廿六年丁丑七月,日寇發難於盧溝橋,平津尋淪陷。先生憂憤疾發,拒不服藥,十一月棄世,年八十五歲。寢疾時,輒以戰訊爲問,有謂中國終非日本敵,必被征服者,先生憤然斥之曰:'中國人豈狗彘不若,將終帖然任人屠割耶!'背不與語。"

《胡先驌文存》卷上《與吳宗慈論陳三立傳略意見書(一)》:"盧溝橋變作,驌親謁先生於北平寓廬,先生對於我國抗戰,具莫大信心。蓋先生平生負豪氣,其忠於國家之忱,至死不衰,有如此者。"(《胡先驌詩文集》,下冊)《四十年來北京之舊詩人》:"七七事變,對於抗戰頗抱樂觀,其子寅恪則以悲觀說進,適值病篤,乃却醫而歿。"(《胡先驌詩文集》,下冊)

《從〈陳氏合修宗譜〉〈義門陳氏宗譜〉看陳寅恪家族》:"民國二十六年丁丑九月十四日酉時(農曆八月初十日)歿,八十五歲。"

唐篔《避寇拾零》:"一九三七年十一月三日早,我們携三小女及王媽、忠良等購得快車票出京。……十一月二十日夜到了長沙。"

《同照閣詩本事拾零》:"父親在英國商船上,巧遇七叔,這才驚悉祖父業已去世,兄弟相持大慟。偏偏輪船在塘沽時發生時疫,日本人將海輪阻攔在海中達二十餘日。等到父親、七叔趕到北平家中時,距離祖父辭世已一個多月了。"

《陳方恪年譜》民國二十六年:"與從廣東乘船到滬的隆恪恰巧在船上相遇,兄弟大慟。……先生和隆恪所乘上海至塘沽的船上發現傳染病人,客輪被迫停在煙臺港口月餘,不准靠岸。因此時間被拖延。當一行人趕到北平姚家胡同時,寅恪一家已於十一月三日南下。”

　　陳流求《祖父陳三立在北平姚家胡同前後》(《中華讀書報》2004 年 5 月 29 日):“在全家因國事、家事心情十分沉重之時,父親右眼視力急劇下降,只得住同仁醫院檢查,診斷爲右眼視網膜剝離,醫囑及時入院手術,不可延誤;30 年代我國這類手術屬眼科較復雜之症,父母考慮再三,若接受手術治療,雖右眼有恢復視力的希望但需曠日長久,更重要的是父親絕不肯在淪陷區教書,在北平久留恐會遭到不測,最後決心放棄入院治療,迅速趕赴清華大學内遷校址。祖父靈前,父輩四兄弟共議祖父身後事如編撰遺著等等;公公喪後剛‘七七’尚未出殯,父母携帶我們姊妹踏上逃難的旅程。多年後六堂兄告訴我祖父出殯時由五伯父主持,家人改穿麻布孝服,請了僧侶誦經開道等。”

　　陳流求、陳小彭、陳美延《也同歡樂也同愁——憶父親陳寅恪母親唐簀》:“祖父靈櫬厝寄在北平宣武門外的長椿寺。”

　　三十二年(1943)十二月,陳隆恪請吳宗慈撰先生傳略,是月完稿。三十七年五月,陳新午、陳封雄扶靈南下,陳隆恪、陳方恪等在滬迎祭,葬公於杭州西湖牌坊山,與俞淑人合葬。

　　《同照閣詩集》附錄三《致吳宗慈(一)》:“今擬懇公權衡斟酌,撰一傳略,迅予賜寄。……弟陳隆恪拜上。元月十七日。”

　　吳宗慈《陳三立傳略》:“先生諱三立,字伯嚴,一字散原,江西義寧州人(今修水縣)。……民國三十二年一月撰於遂川省通志館。”按,上文“元月”與此處“一月”實爲公曆。

　　俞大綱《寥音閣詩話》卷一:“民國三十七年,余奉伯嫂赴北平迎散原先生靈櫬歸葬杭垣,與先姑合塋,遵先生遺志也。”

陳詒先《送散原先生靈櫬歸葬杭州記》(《申報》1948 年 6 月 18 日)："陳散原先生靈櫬於六月十五日自天津招商局之錫□輪運到上海，□移北站，路局備車，將於十六日由隆恪（彥和）、方恪（彥通）、登恪三兄弟護送至杭州之南山黃泥嶺安葬，寅恪以眼疾留北平清華校，未能南來。"

陳方恪有《戊子五月會家人安葬先君於杭州牌坊山生壙述哀一首》，參見陳方恪著，潘益民輯注《陳方恪詩詞集》，江西人民出版社 2007 年版，第 95 頁。

參考文獻：

1. 陳三立著、李開軍校點《散原精舍詩文集（增訂本）》，上海古籍出版社 2014 年版。

2. 蔣天樞《陳寅恪先生編年事輯（增訂本）》，上海古籍出版社 1997 年版。

3. 陳寅恪《寒柳堂集》，生活·讀書·新知三聯書店 2001 年版。

4. 潘益民、潘蕤《陳方恪年譜》，江西人民出版社 2007 年版。

5. 馬衛中、董俊珏《陳三立年譜》，蘇州大學出版社 2010 年版。

6. 陳流求、陳小彭、陳美延《也同歡樂也同愁——憶父親陳寅恪母親唐篔》，生活·讀書·新知三聯書店 2010 年版。

7. 李開軍《陳三立年譜長編》，中華書局 2014 年版。

（郭文儀）

范當世傳

范當世，初名鑄，字無錯，號肯堂，生於咸豐四年（1854），通州人，係北宋范仲淹二十七世孫。因排行第一，世稱范伯子。諸生。

《范伯子全集》附黃樹模《范伯子先生行實編年》："咸豐四年甲寅七月初四日寅時生於四步井老宅。"

《碑傳集三編》卷三十九姚永概《范肯堂墓誌銘》："君諱當世，字無錯，號肯堂。世爲江蘇通州儒族。祖某，父某，皆不仕。君少，出語驚長老，壯而益奇。"

劉聲木《桐城文學淵源考》卷十《范當世傳》："范當世，原名鑄，字無錯，號肯堂，通州人。諸生。"

《南通范氏詩文世家·柒》附吳汝綸《通州范府君墓誌銘》："通州范氏，有宋資政殿學士文正公之後也。"

《范伯子文集》卷六《通州范氏詩鈔序》："我之先蓋出於文正、忠宣，而世次不相續。"卷一《范月槎先生〈仕隱圖〉序》："問家世，乃知其先並出文正公，始遷之代並由江西，自文正公至於遷，其間又並皆有所缺失，而通州視公武昌稍有緒。"

光緒四年（1878），與顧延卿同赴興化，初聞《藝概》於劉熙載。

《南通范氏詩文世家·玖》附范當世光緒四年《日記》："正月二十五日，大順風，四時許行一百二十里，抵興化，以弟子禮贄見劉融齋先生。二十六日，大雨。先生來舟，呈日記。先生招午飯，賜《持志塾言》《藝概》《昨非集》三種書。"

光緒六年（1880），武昌張裕釗客江寧，與張謇、朱銘盤往鳳池書院謁之。

鄭肇經《曼君先生紀年錄》："（光緒六年）七月，因范肯堂謁武昌張先生濂卿裕釗於金陵，問爲古文法，執弟子禮。張先生嘗語人曰：'吾得通州三生，茲事有付托矣。'張先生贈公詩有：'名區佳山水，蒸餾孕奇尤。英英范與張，駵駬駥騏騮。與子總六轡，駸駸馳椒丘。'"

張裕釗《濂亭文集》卷二《贈范生當世序》："余以今年三月，因通州張生謇，晤其同里范生當世邘江舟次。范生出所爲文示余。余讀之，其辭氣誠盛昌不可御，深嘆異以爲今之世所罕覯也。洎七月，生偕泰興朱生銘盤來金陵，復携所爲文求余爲是正，且懇懇問爲文法甚至。余既取其文稍稍點定，於其歸告之曰：'生誠志乎文。夫文必有其本，匪第以文而已。生獨不見夫雲乎？軋乎輪囷，滃然起於山川之間，潢洋浩溔，旁魄乎大地。及其上於天也，鴻絧縝紛，駢闐膠轕，瓣若層臺，矗若崇墉，澹乎若波，峷乎若峰，旁唐日光，與風駭碭，倏忽萬變，光色照爛，爣閬澔汗，蝡若龍者，騰若猱者，蹲若虎者，奔若驥者，矗若鴻者，屬若隼者，漾若儵者，罨若蓋者，揚若旆者，曳若帶者，累若菌者，縈若藻荇者，曄若葩華者，槮若長松者，爛若黼繡者，煸若鼎鐘者，嫋若美姝者，嶷若列仙者，奇變俶詭，千匯億形，不可殫陳，久立騁望，震炫敵網，蕩精駴神。至其施利澤於天下也，罩宇宙合，綿絡天地，歊岱欲海，乘駮猋，趨疾雷，砰震電，雨九野，植百昌，昭蘇品匯，覆幬無外，恩渥澤罩，風止雨霽，不一瞬而倏歸於無有。積之無垠，出之無窮，舒之無方，斂之若無，然後知向之所爲，一變化於自然，而皆其餘也。烏乎！生誠觀乎是，豈徒以文乎哉？即其文，又孰有尚焉者哉？'"

光緒九年（1883），四月，應鄂督張之洞之聘，與修撰《湖北通志》。同月，元配夫人吳氏卒。

《范伯子詩集》卷一《湖北通志局聞妻喪於時方修〈列女志〉稍整齊然後行悲苦之余猶翻故紙停筆寫哀遂成四絕》之一自注："四月二十二日，余去家至上海附番船，二十八日成行，二十九日過狼山，而吾婦乃歿於斯時也。"

吳汝綸官冀州，聞其文名，殷勤招致，始北游。張裕釗亦主講保定，益相與論定古聖賢人微言奧義，學益大進。

吳汝綸《吳汝綸全集》中《依韻送范肯堂南歸》："一詩初北走，三年悵南睎。"吳闓生注云："先公初知范君因見一詩，屬張濂翁招致，三年而范君始至。"

《碑傳集三編》卷三十九姚永概《范肯堂墓誌銘》："吳先生汝綸官冀州，見君與謇、銘盤唱和詩，貽書鉤致，君亦樂依吳先生，遂之冀。"

吳闓生《晚清四十家詩鈔自序》："先大夫垂教北方三十餘年，文章之傳則武強賀先生，詩則通州范先生。二先生皆從先公最久，備聞道要，究極精微，當時有'南范北賀'之目。"

趙爾巽等《清史稿》卷四百九十一《張裕釗傳附》："裕釗門下最知名者有范當世、朱銘盤。當世，字肯堂，江蘇通州諸生，能詩，（吳）汝綸嘗嘆其奇橫不可敵。"

徐世昌《賀先生文集叙》："曾公之後，武昌張廉卿、桐城吳摯甫兩先生最爲天下老師。繼二先生而起者，則刑部君也。蓋桐城諸老，氣清體潔，義法謹言，篤守先正之遺緒，遵而勿失，於異學爭鳴之時，蘥然獨得其正，此其長也。曾公私淑桐城之義法，而恢之以漢賦之氣體閎肆雄放，光焰熊熊，遂非桐城宗派所能限。張先生濡古至深，吳先生復參以當時之世變、匡濟之偉略，堂奧崇隆，視前人超絶矣。兩先生門下賢雋士相通流，如通州張謇季直、范當世肯堂、滄州張以南化臣、桐城馬其昶通伯、姚永概叔節、南宫李剛己、冀州趙衡湘騶，皆其著者也。"

居冀州，數君子聲氣相應，愛才好士，扶掖後進之心，懇摯出於天性。所教諸生多爲通材，知名於世。

言敦源《范伯子先生遺墨跋》："桐城吳先生摯甫牧冀州，延新城王晋卿樹楠掌書院，教先生主講武邑，而武强賀松坡濤更以吳先生之學設教於鄉，數君子者，聲氣相應，宏獎後進，一時學風蔚然爲畿輔冠。"

吳汝綸《吳汝綸全集》中《答范肯堂》："山川無新故，彈壓要人文。不才食瘠土，歲久空紛紜。公來破其荒，龍虎生風雲。莘莘媚學子，浡如苗懷新。道高輒驚衆，耳語猶斷斷。豈知千載胸，岱嶺看浮雲。平揖呼喬松，并坐分中庭。下視悠悠人，杯水旋螺紋。我雖老不學，稍稍嘗其皤。日對絶塵足，愧無十駕勤。昨日示新作，對案來杜韓。弱才那能知，聊使諸生聞。"

按，范氏因不善逢迎，招謗得咎，諸人百般詆毁。此間風波不止如此，更有甚者居心叵測，時加挑撥，光緒十三年范當世《稟父翁書》詳述其事。吳汝綸不爲謡言所惑，其所知賞，多類此也。

徐世昌《晚晴簃詩匯》："剛己爲蓮池書院高才生，爲吳摯甫、范肯堂所激賞，中遭世變，學業未竟，其志、才、命略似唐李賀、宋王令，詩亦雅與二家相近。"

光緒十四年（1888），九赴鄉試不舉，遂不復就試。是年，吳汝綸爲媒，續娶桐城姚瑩孫女爲妻，由是益探討惜抱之精誼。夫人賢

淑，能詩善書，仰視俯育，勤劬備至。家庭之間，雍雍如也。

范鎧《南通縣圖志・前纂叙傳》：“年三十五，不復就鄉試。”

《范伯子文集》卷三《與張幼樵論不應舉書》：“游談十年而產不進，不以爲貧；九試不得一科，不以爲賤。唯獨病幾没身，不能不懼，而因此廢試，亦不以爲高。”

姚倚雲《滄海歸來集》附顧公毅《藴素軒詩集序》：“藴素先生之偶范伯子先生也，吳冀州爲之媒。藴素先生亦若以詩媒者。先生嘗録所爲詩由其兄姚仲實先生呈冀州，冀州亟賞之。時伯子先生失偶已數年，意不更娶，而冀州毅然爲介，伯子先生已既於冀州得詩讀之，議始定。光緒戊子冬就婚安福。合卺之夕，賓筵酒闌時，藴素先生突聞中庭有人引吭高誦其詩不置，異之，既乃知即伯子先生。一時傳爲佳話。”

《續碑傳集》卷八十金鉽《范肯堂先生事略》：“國朝以古文推正宗者，僉曰桐城三家。惜抱既逝，石甫姚按察、摯甫吳京卿繼起，而通州范肯堂先生亦以古文鳴於時。先生冶游武昌，受業於濂卿張學博。學博固得桐城之傳者。又交於摯甫，繼娶於姚，即按察之孫，永樸仲實、永概叔節之女兄也。師友淵源，學術益懋。先生自謂謹守桐城家法，然其爲文獨得雄直氣，縱橫出没，隨筆所如，無不深合理道，固不局局然於桐城繩度也。”

劉聲木《桐城文學淵源考》卷十《范當世傳》：“師事張裕釗、吳汝綸，受古文法，相從最久，於《史記》、韓文、杜詩尤三致意。其爲文創意造言皆絶奇，非凡俗所有，恢譎怪瑋，不可測量，辭氣昌盛不可御，自言謹守桐城義法。詩才尤雄健，震盪開合，變化無方。”

《范伯子文集》附徐昂《范伯子文集・後序》：“桐城文章，源於望溪，海峰嗣之，迄姬傳而大昌。門弟子流衍，江蘇最盛，江西、廣西、湖南弗能逮也。先師范伯子先生治詩古文辭，始師張廉卿，既得吳冀州上下其議論,造詣由是大進。後婿於姚氏,益得規惜抱之遺緒。故夫異之、伯言而後,江蘇傳古文者,當巨擘先生焉。先生論文,意求雅適,境尚平淡,義貴含蓄,法重包縮,譏罵而有敬慎之心,詼諧而有淵穆之氣,此其說嘗於《與蔡燕生論文書》發之。詩歌亦間有及文事者,《與采南和度論文章生造之法》及《酬采南》詩,論文皆以創爲主,猶夫昌黎無去陳言之旨也。"

徐駱《曹先生文集序》:"范先生之爲古文,亦無所謂桐城、陽湖,一本文章義法,力求其至,所成乃幾乎文正。吾讀其集,以爲是亦一昌黎也。然先生之所遭,蓋與震川有同憾矣。以一諸生,聲光被於天下,獨無魁偉震撼一世之績爲筆底之具,而又不遇興滅如劉、項,飆舉若良、何,略如司馬氏之所爲,以快意生平、氣度恢弘,橫睇山嶽,俯納江海。馬通伯嘗嘆爲'今日寧復有是人?寧復有是作者?'則先生自不僅以文章重。蓋先生抱不世之才筆,拓萬古之心胸,而所自見無一不深於情,其所縱筆逞意自爲欣愉悲感,讀其文者亦往往不期然而爲之欣愉悲戚。"

姚倚雲《滄海歸來集》附徐昂《范姚太夫人家傳》:"伯子先生以窮諸生游四方,篇什傳誦,聲聞溢公卿,而漠於勢利,不營生產,門以內屢空,太夫人質簪珥,不聞於夫子。自所天喪徂,迄今四十年,太夫人秉持禮法,力守清苦,代夫子之職而終前室之志,慈愛下及於孫曾,至衰老臥病,寄托吟咏,不怨不尤,以正其命,其於令妻賢母之道盡且久矣。而其生平復推其所懷,施之女子教育,旁逮它郡,冀蒙其教者異日爲令妻爲賢母,以相引翼。"

光緒十七年(1891),二月末,由吳汝綸推薦,至天津,課李鴻章次子李經邁。

吳汝綸《吳汝綸全集》尺牘卷一《答范肯堂》:"前接傅相書,深以得名師爲幸。旋接來示,敬悉賓主款洽。傅相英雄人,最善待士，世人往往謬議，正坐未見事耳。吾爲執事作合，乃自揣文學不足以闡揚傅相志業，將以千秋公議付之雄筆紀載，以正後來國史，不區區爲目前計也。"

金鉽《范肯堂先生事略》（《續碑傳集》卷八十）："先生交游滿天下，遍歷名川大山，所至公卿争倒屣迎之。李文忠方爲直隸總督，聞其名，介吳先生禮請賓之，授公子經邁季高學。然文忠日晡退食，恒過先生論政事，先生感其意，亦出己見，多所贊助。是時中興久，吳縣潘文勤公、常熟翁尚書方鋭意排纘古學，知名之士争趨轝下。先生則慨然屏棄舉業，獨居深念，心憂天下事不可爲，壹意研究經世有用之學。"

《范伯子文集》書信卷二《稟父翁書》："不然。謂老墳風水不佳，則寒家十餘世舉秀才，五六代有文集，亦復差强人意。通州境内，求如此風水亦不多。且燕生之言曰天之愛福澤不敵其愛文章，此夸大文章之説也。愚見尤以爲天之愛文章不敵其愛天倫之樂事，此亦燕生之所羨慕欣嘆。至謂寒家爲海内無雙而屬其撙節享之者也。由是觀之，假令風水一改，而忽然使孝友風微、文章減色，但出無數舉人進士，而功業福澤之際並不能及中堂之毫釐，徒然鬧饑荒，喪廉恥，其爲一日二日驚愚炫俗之計則善矣，其奈百年何哉？故家大人平生絶不望兒輩以此事跨越祖宗，而但望其弗研喪元氣，愚兄弟安之有素，故不必有十分品德而已能杜絶營私也。合肥大笑曰：'了不得！了不得！如此釀法，必釀出曾文正、李中堂矣！'"按，李鴻章因范氏兄弟屢試不售，久不獲第，以爲祖墳風水不佳，亟需改造。范當世謹守家族十餘世文業，是故反駁，力推詩書之澤，以播後裔。

徐珂《清稗類鈔・幕僚類・范肯堂佐李文忠條》："通州兩名士，范肯堂其一也，德行文章，在人耳目。光緒初年，就李文忠公鴻章之聘。文忠尊師重道，朔望必衣冠候起居，每食，奉魚翅一簋。范固甘菜根而薄膏粱者，却之，不獲，文忠遂以干翅寄奉其二親。時有以鄉舉勸者，范笑曰：'誰不知我李公西席，中式何爲！'故事，節幕得用居停輿馬，文忠蒙賞紫韁，范嘗假用之，訪友於天津紫竹林。或告文忠，謂范乘紫韁輿作狹邪游，文忠曰：'既用紫韁，不可缺擁衛。'立命戈什哈八員護之。"

按，李鴻章尊師重道，以禮待士。然其幕僚良莠不齊，魚龍混雜，范當世不拘小節，不免受困於虎視眈眈之小人，最終衆口鑠金。其詩諸如《七月七日感靈鵲》等自陳心迹，頗可玩味，亦有助於瞭解是時真實的生存境况以及與李氏的復雜關係。

是年十月，撰《武昌張先生壽文》，吳汝綸嘆賞不已。

賀濤《武昌張先生七十壽序》："光緒十八年，武昌先生春秋七十，門人謀所以壽之，而以其辭屬濤。以文壽先生，門人之職，通州范君肯堂蓋預爲之矣。其意以爲公卿貴人皆終其身於憂患，先生未嘗求知於人，故能不踐窮通之途，以自適所樂，令學者毋戚戚於先生之遭。"

吳汝綸《吳汝綸全集》尺牘卷一《答范肯堂》："大作濂亭壽文，實爲奇作，所請陪客，與主人全不相涉，有如時文家所謂無情搭者。文乃錯綜變化，盡成妙諦，詭譎多端。此由才氣縱橫，體格雄富，用能因方爲珪，遇圓成璧。令我俯首至地，縱慾以文壽濂，讀此不得不焚棄筆硯，佩服！佩服！承下問懇至，謹貢鄙見，以爲合肥、瑞安等字，即所居縣爲稱，似非古法，大率起於明代。古人就所官之地爲稱則有之，似未嘗以籍貫爲號，然此固小節，不足爲文字輕重也。拙作不能成體，大類時文，來示所批文尾，乃謬加飾譽，且有兄事師事之説。馬齒稍長，呼兄自不敢辭，若師之名稱，則冀州初見之時，尊論已極可佩，今豈忘之？律以昌黎'庸知年之先後生'之説，則吾當北面。今亦不復云爾者,以獲交有年,不欲中變也。"按,吳汝綸本欲撰文同賀,讀罷此文甘拜下風,竟至焚棄筆硯。

光緒二十年(1894),張裕釗卒於陝西。范當世感於生死無常,發憤整理家集。四月十六日,輯成《通州范氏詩鈔》。初秋,作詩稿《三百止遺》自序。

《范伯子文集》書信卷二《與三弟范鎧書》:"我之所以於聞訃十日後即發憤論次家集日夜不輟以至於今者,固感於生死之無常,謝却而成此大事,亦俾早夜爲此,則精神無所旁溢,而夫婦諧笑、朋友歡會之緣皆屏焉,庶足以稍稱其哀情也。"

按,同治十二年(1873),父親以輯選《通州范氏詩鈔》委命於范當世,隨後二十餘年,懷揣誠敬之心,矢志不渝,致力於家集之輯選。光緒三年,范當世發讀並整理家藏歷代先人詩稿,封頁皆有題籤,注爲"山茨藏本",扉頁標"光緒丁丑□世孫鑄訂"字樣。現存經由其整理的山茨藏本尚有《真隱先生年譜》《十山樓詩》《十山樓序稿》《十山樓尺牘》《東游草》《法會因由集》《月因集》《韶亭公未定稿》等十數種。同時,撰《通州范氏家世遺文目錄》,十代遺文由此歷歷在目,叙曰:"馨遺喬硯,涕泣寶貴,詒孫念祖,蓋世風矣,矧非區區之故也,吾先人之澤,略如吾父自序篇,郡有明諸巨家,零落幾盡,吾家十世一氈,恒温幸矣哉,然代都文苑,著作山積,蓽門圭竇,光輝爛然,造物者忌之,遂一再厄。於吾大父之世,散亡其什之七,悲夫,數百年手澤,一旦非所,聞者動心,若爲人子孫,而尚有殘缺之可守,厥亦未嘗非福,編而藏之,以待范氏乘之作。"

《南通范氏詩文世家・壹拾壹》中范毓《蝸牛舍詩稿跋》:"昔先伯父肯堂徵君,集《通州范氏詩鈔》,需先府君秋門公自陝甘歸而手抄之。先府君在濟南裝精册。民國二年歸,獲詩鈔稿,索册於毓,乃不知庋藏何所,遂以繕寫責諸毓。越二年,而先府君見背。"

按，一九六六年，曾克耑以《詩鈔》爲藍本，加以范當世、姚夫人、仲林、秋門、彦殊、彦矧、子愚諸人詩，成《通州范氏十二世詩略》，合爲一千有六十五篇，於香港印行。

范當世《三百止遺序》："吾詩大抵皆有摯父先生評。此本三百餘首，自甲申以前及初至冀州詩有高麗紙別本，評者爲程悅父，借觀而分析，或在秋門處矣。其再至冀州詩皆零稿，亦有就孟生日記評者，兹不復能合。今所得録，獨兩次安福詩及去年新得之作耳。羅稷臣欲寫吾詩而爲之石印，吾乃寫其必不可上石者。然獨斤斤於吳評，何哉？凡吾辛苦爲一詩，固取於彼之一譽而是吾事也。"按，《三百止遺》是范當世兩次安福之行以及寓居天津時期之作，共計三百餘首，故以命名。

陳三立《三百止遺識語》："蒼然塊放之氣，更往復盤紆以留之。蓋於太白、魯直二家通郵置驛，別營都聚，以成偉觀。范蔚宗自矜其書爲體大思精，吾於此集亦云。"

趙啓麟《三百止遺讀後》："在國朝近胡雲持，而奇肆高亢過之，非諸家所能及，所謂積土成山、風雨興焉者也。"按，"雲持"者，即康乾之際山陰詩人胡天游。是人詩文工且敏，磊落擅奇才，下筆驚人，矯挺縱横，不屑蹈常襲故，雄聲瑰偉。

甲午戰敗，李鴻章遭群攻之時，亦大受非議。十一月，離津，嫁女於義寧陳氏，與陳三立一見如故。

沈雲龍《現代人物述評·通州三生——朱銘盤、張謇、范當世》："摯甫薦之於直隸總督合肥李少荃（鴻章），並授李子季皋（經邁）讀，賓主極融洽。迨中日戰起，有詆排合肥者，竟以'東床西席，狼狽爲奸'二語，形諸奏牘。東床謂張幼樵（佩綸），西席即指肯堂，乃謝職南歸，居州爲紫琅、東漸等書院山長。"

金鉽《范肯堂先生事略》："會中日事起，京朝士大夫集矢和議，先生獨違衆論,以爲未可輕開外釁。時論訾之,先生知交亦有騰書相抵者。先生憮然謝曰:'是非聽之,異日終當思吾言也。'文忠既罷總督,先生亦歸通州,齮齕先生者猶不少息。"

李鴻章《答范肯堂》(手稿):"頃奉手書,敬悉黃總兵之母得先生一言而骨肉完聚,仁德兼施,先生之功大矣。鴻章處茲國難殷急之時,實無餘閑爲此可緩之事,冀州壽文即請煩清神代書。日內奉聖諭進京與端王洽商軍機,約月餘可返津門。先生南旋省親,不敢阻留,但時日不可過延耳。今謹奉本年束脩金五百兩,外備二百兩,聊助先生代筆清興,並壯行色。明春聚首在即,餘不多詳。"

《南通范氏詩文世家・柒》范如松書信《與子當世書》:"陳公云:'我已見君家四代詩文稿,爲江南第一。舊家孝友相傳,而尊公人品學問,絕非世俗。今我與對親,真是喜極!我兒子品學,與君家兄弟相類;我孫子師曾又與彥殊略同;及內眷無不相似,真天假之姻!'"

按,范當世弟范鍾與陳三立交往密切,相契甚殷,遂撮合陳三立子衡恪與范當世女孝嫦的婚姻。光緒二十年正月十六日,義寧陳氏向通州范氏下聘禮成,兩家互換庚帖,以才華相慕,以道義相期。

光緒二十一年(1895),欲復就李幕。因馬關條約之訂,一時李鴻章成爲衆矢之的,終未北上。

吳汝綸《吳汝綸全集》尺牘卷一《與范肯堂》:"讀來示並寄秋門書,知將北渡,復托詞以歸。鄙意殊不謂然,執事去年南歸,其時後事不可知。蓋受人托孤重寄,去就不宜太輕。若緣世人譏訕,則流言止於智者,雖在近親密友,尊聞行知,各有所守,不必同也。且與人交分,豈得當群疑衆謗之際,隨波逐流,掉頭徑去哉?吾謂臺從仍以北來爲是,非徒吾二人歡聚有私快也。"郭立志引之入《桐城吳先生年譜》時曾加按語云："范公館於李氏,甲午之役,李相有決死之志,以其子托范,所謂'受人托孤重寄'也。范與陳三立伯嚴結婚,以其女嫁伯嚴子師曾,伯嚴之父陳寶箴右銘深恨李相,必令范去李氏,公固留之不能得,故有'近親密友不必同'云云。"

按,當李鴻章門生故吏紛紛棄之而去之時,范當世本欲應約北上,因馬關條約的簽訂,李再度遭譴,其中不乏范氏近親密友,如陳寶箴、陳三立、張謇等,爲避免衆叛親離,故托詞謝絶。

吳汝綸《吳汝綸全集》尺牘卷一《答李季皋》:"來示所述貴師范君之事,若果有之,殊可駭怪。來示'絶交不出惡聲,矧從游三載,得益良多,何敢妄言議誹'等語,足見執事篤於師友,風義可佩。某以貴師平日之爲人卜之,竊恐亦有傳言過實之處。當今中外貴人,皆以詆誹師相爲事,貴師進謁時貴,唯唯否否,不欲觸犯,則誠恐不免。以貴賤交談,稍有拂逆,則立見齟齬也。吾皖人往往與人面爭,若江浙人則斷無此事也。若謂推波助瀾,並欲痛詆執事以影響之謗,似出情理之外,疑肯堂不宜出此。弟前聞肯堂謁某公,欲圖館地,而黃某毀之,目爲李黨。若果痛詆師相,則黃譖必不行矣。即無黃譖,亦恐無益,何也?今之貴人亦具相士之例識,若甫離門下,遽反眼罵譏,豈不懼聞者心薄其行乎?故疑告者之增益而附會之,以成此謗議也。姚慕庭本年在京相見,口誦近作數詩,皆爲師相發憤。去歲寄函,謂師相向讀曾文正挺經,皆無譏謗之意,不似去春議論,似亦肯堂有易其故見之確證也。"按,范當世"譏誹李相"之説恐非空穴來風,雙方政見分歧由來已久。書生意氣之下,基於立場中立的事實陳述、客觀評價,易於被好事之徒附會增益。

吳汝綸《吳汝綸全集》尺牘卷一《答李季皋》:"近得令師范肯堂來書,於師相及我兄,皆甚殷勤。又自言去年見張香帥,一論及師相,彼此便參差不合。肯堂稱師相家貲貧薄,香帥哂之。次日一城傳笑此言，以爲阿附云云。憑肯堂書意，似無違言，旁人是非，究恐莫須有之事。肯函又言：湘撫處，渠不通一書，酷肖不佞。肯知不佞於薛叔耘官貴之後，不通一書，故以自比。現時肯堂窮居鄉里，不能自給。廬州書院一席，倘有更換，弟意欲請執事改薦肯堂。彼未托謀館，而執事爲之薦館，於師友風誼，可謂至厚。人如肯堂，似不宜遺棄也。"按，李經邁對范當世南歸譏謗李鴻章的傳聞十分不滿，雙方關係一度瀕臨破裂。吳汝綸從中曲爲調停，雙方最終趨於緩和，誤解消除。

雖爲一介文士，好言經世，究中外之務。更甲午、戊戌、庚子之變，益慕泰西學説。

《范伯子文集》卷十一《答桂生書》："我之今日，乃獨皇然於西學之合乎天理、周乎人事，而視我向者之所爲幾不成其爲學，且其爲道深博無涯涘，斷斷不盡於已譯之書，而年老舌鈍，不復能往而自求，則因以責之於吾子，望之於吾徒。如秦皇、漢武之所謂三神山未能至而必欲甘心焉者，殊可笑也。"

《范伯子文集》附陳三立《范伯子文集序》："雖若文士，好言經世，究中外之務。其後，更甲午、戊戌、庚子之變，益慕泰西學説，憤生平所習無實用，昌言賤之。"

學堂令下，遂以助國家長育人才爲己任，籌議通州學堂事。光緒二十九年（1903），四月一日，通州師範學校開校典禮，演說建學宗旨。十月，赴任江寧三江師範學堂總教習。

王錫韓《蜷學廬聯話》卷四："光緒辛丑，辦學令下，肯堂先生與張季直殿撰謀所以創始者，擬將邑中舊有書院及鄉會試賓興存款移撥提用，作爲開辦經費，而先由先生啓告邑人。邑人大噪，競集矢先生，先生一日得匿名書盈寸。顧君屺思，芷庭廣文（蘭升）之公子也,能文章,工書法,頗有名於時,時名亦在書中。未幾,屺思以時疾死,先生挽以聯云云。"

《范伯子文集》書信卷二《與范鎧書》:"又兄(張師江)病已豁然,出與吾共學堂事也。開辦費大難,全州與我爲敵。然事已小定,得開辦費八千餘金,年費三千餘金,吾擬謀諸香緣,必於花布正捐中留支少許,事乃可放心。季直則獨任私立師範學堂,以千佛寺改造,現已興工,與吾所爲官紳合辦之通州小學堂相足相成,而明定界限,各不相制。然師範學堂,我亦任出力也。"

《范鎧文集》卷三《上胡鼎臣方伯書》:"張殿撰志實業以興民利,當世志教育以正人材,其勤心於其事也,皆極憔悴專一,多方以求濟。推其誠之所到,惟孝子之奉病父始足相喻焉耳。然皆遠於榮利而畏於昏濁。……歸而主教於歙州,創州邑中小學堂,復主三江師範總教習,並領江楚譯書局總纂,業盡心爲之更良矣。"

《范伯子文集》卷十二《通州小學堂宗旨》:"學堂何爲而作耶?皇上懲甲午、庚子之屢敗,變法求強而決然行之者也。夫爭強莫如以兵,強兵莫如以富,何爲而必出於學?曰:此其先務也。兵且有兵學焉,富且有農、工、商之各學焉。自今無一事可以不學。此特其普通之初級耳,選學童而爲之者。蓋曰立國必資乎人才,而培才當始於子弟;立教必遍乎全國,而變國莫先於秀民也。凡爲學堂之大綱有三:智育、體育、德育是也。……州雖小,乃天下之積;學堂雖小,居眾學之先。自我爲之,敢不重耶?是以警念皇上變法之苦心,推原聖人立教之本旨,務俾諸生開通良知以受眾美,毋若俗士矜惜舊習而塞新機。我亦數十年讀書之人,曾無 二端爲國之用,茲爲可痛,豈容諱哉!勉竭愚誠以定宗旨,且設爲十目,於普通亦備專門,酌分數班,由尋常而至高等,但使進而能接大、中學堂之程度,而退不失爲蒙養學堂之楷模,斯而爾。"

肺病加劇，就醫上海。光緒三十年（1904）十二月初十日卒，年五十一。張謇、劉桂馨、白作霖等爲經理喪事。逾年，葬於東門外范氏之阡，鄉謚曰"孝通"。

《續碑傳集三編》卷三十九姚永概《范肯堂墓誌銘》："（君）光緒三十年十二月初十日卒，年五十一。"

姚永概《慎宜軒詩集》卷四《來滬數日肯堂亦就醫到此吾姊偕行相見喜贈》："別來幾日鬢都白，我到中年子應衰。歌哭隱含三古憤，文章自寫一秋悲。尊前骨肉須勤問，後世淵雲未可期。莫道委行從物化，有身端合付靈醫。"

《張謇日記》光緒三十年："十一月初六，聞肯堂爲伯嚴、叔節電邀至滬，病頗劇，而二君已去。"

《續碑傳集》卷八十金鉽《范肯堂先生事略》："及先生歸櫬通州，鉽奔赴會葬，見先生弟中林、胄門白衣冠跣行風雪中，號哭流血，道路觀者感動涕洟，不能仰視。"

姜芙初《鄉謚扁跋匯編》："如先生者，在家爲孝子，在國爲通人，依古立謚，庶乎其不朽云。"

按，以公曆計，肯堂卒於 1905 年 1 月 15 日。

性孝友，親授兩弟，皆成通才博學，一進士，爲令河南，一拔貢，朝考一等，爲令山東，世稱"通州三范"。推仁於知交故舊，恒有始終。

姚永樸《蛻私軒集》卷一《予交海內賢士甚寡偶懷逝者得五君泫然成咏》："江南有三范，家在狼山麓。仲叔亦清才，文史各洽熟。就中推伯子，高懷世罕覯。詩成泣鬼神，寧爲近代束。"

金鉽《范肯堂先生事略》："先生親教授兩弟中林、胄門，讀書成通才博學，與兄齊名，世號爲'通州三范'，怡怡篤友，摯愛比於父子。……先生篤念親舊故人，泰興朱舉人銘盤客死，收養其寡妾孤子於家。尤好獎拔後進，至典衣賣宅，資遣寒畯之士渡海求學，鄉人之仰食於先生者常數十家也。"

《范伯子文集》卷四《三奠雲悔文》："嗚呼，雲悔！吾既爲子具以殯，而今也乃送子歸矣。具以殯者，非我之力也，周、裴二公實分任之，而張戟門觀察又子之所不識也。護以歸者，非我也。從公車而反者皆故人，託以子則無不可也。"按，王尤，字雲悔，通州人，光緒十五年進士。以庶常應散館試來津，病卒。范當世爲之奔走，與同鄉戴祥元合力經紀喪事，並歸其柩。

工爲詩，雄才大筆，以杜、韓之風骨，參蘇、黄之姿神，用意幽眇，盤空硬語，感時書憤，涕淚中皆天地民物。著《隙鴻集》《彦膊集》《戊寅日記》《三百止遺》《通州范氏家世遺文目録》《范伯子詩集》《范伯子文集》等。

吳汝綸《吳汝綸全集》中《前韻和范肯堂》："有夫白皙又甚口，世才一石君八斗。謫仙雄筆乞與君，問君久假何當還？遺我新詩十七紙，使我置身開寶間。元凱論才霄漢上，草茅珍怪知誰賞。似聞姓字動公卿，勸子懷書入鳳城。可能白髮無甘饌，忍子區區半菽榮。子言人生各有志，安用建鼓求亡子。使我鳴驪樹兩旌，未必親堂加燕喜。我聞子語爲爽然，取子小文爲子彈。焦明已自翔寥廓，網羅藪澤寧能攀。雞蟲得失孰非幻，江上君看千疊山。"

陳三立《散原精舍詩》卷上《肯堂爲我録其甲午客天津中秋玩月之作誦之嘆絶蘇黄而下無此奇矣用前韻奉報》："吾生恨晚生千歲，不與蘇黄數子游。得有斯人力復古，公然高咏氣横秋。深杯猶惜長談地，大月難窺徹骨憂。曠望心期對江水，爲君灑淚憶南樓。"

姚永樸《蛻私軒集》卷一《肯堂用山谷武昌松風閣詩韻爲詩見示步韻酬之》："胸羅列宿口爲川，至文不待筆如椽。千古萬古胡非然,上溯羲皇五千年。文采變化塞天地,日有精光月有弦。噴薄無盡山之泉,擊壺高唱彼何賢。雲錦片片落我筵,忽若白日天光懸。破暑涼我舊青氈,風岩月壑聽潺湲。霎時耳目生餘妍,苦熱連朝不能饘。得此可斷火與煙,濂亭西飲蛾眉泉。蓮池咫尺難爲前,拱璧把玩今廢眠。百番不敢金繩纏,文章至味脫拘攣,報君深意如螺旋。"

金鉽《范肯堂先生事略》:"先生自傷時命坎坷佗傺,發憤一寄之於詩,仰天浩歌,泣鬼神而驚風雨。世之稱先生詩者,謂先生蓋合東坡、山谷爲一人也。"

錢仲聯《論近代詩四十家・范當世》:"肯堂一窮儒,高名動公卿。熱泪翻海波,聲詩助悲壯。漫憐孟郊囚,胸次故昭曠。吳閩生選晚清四十家詩,以范伯子冠首。陳衍《近代詩鈔・石遺室詩話》云:'伯子識一時名公巨卿頗夥。徒以久不第,抑鬱牢愁,詩境幾於荆天棘地,不啻東野之詩囚也。工力甚深,下語不肯猶人,讀之往往使人不歡。'此論未爲圓該,所選亦非范詩之極詣者,不如吳選之能見其大。然伯子佳構,如《吾所植荷既開盡而風雨頻至坐見其萎謝慰別以詩》五古,提挈靈象,養空而游,仙乎仙乎之筆,二選皆失之目睫。"按,甲午戰敗,范當世以韻語記時事,身親目睹,言皆實錄,無愧詩史,錢先生之論可謂深刻。

《南通范氏詩文世家・壹拾壹》中夏敬觀《蝸牛舍詩序》:"伯子丁世衰微,愁憤悲嘆,一寓於詩,其氣浩盪,若江河趨海,群流奔湊,滋蔓曲折,納之而不繁,審而爲淵,莫測其深。竊意世知重伯子之詩,未必能盡喻其旨也。"

《續修四庫全書提要・集部》:"伯子起江海之交,太息悲傷,無所抒泄,一寓之於詩。其詩震盪開闔,變化無方,讀者雖未能全喻精微,無不知愛而好之。以一諸生名被天下,何其盛也。當世初依吳汝綸於冀州，有《龍虎篇》《六君子篇》《月蝕辭》《飄風嘆》《中秋登冀州西城獨吟》諸作，爲時傳誦。晚年感傷時變，語多悲哽，如《悠忽吟示江潤生太守》云：'帶甲滿江海，飛蝗更蔽天。民今在爐火，官亦坐針氈。急難嗟無位，祈哀慨少田。從公且悠忽，蟻命分同捐。'庚子《讀罪己詔》云：'可憐鹿馬迷悽後，慘淡無言到聖仁。一昔驚聞詔罪己，萬方流淚善歸親。問安已過鷄鳴驛，失路應悲螢火津。最痛三良前死殉，至今欲贖亦無身。'憂國憂民，心懸如搗。斷句如'世有萬年身是寄，民今百死我何冤''世不唐虞誰洗淚，士非回憲總羞貧''一日聲名非異事，萬年文藻有清思''朋來合以我爲主，海大真容著此生'，均有石破天驚、雲垂海立之妙。"

曾克耑《晚清四十家詩鈔序》："覃及勝清之末，肯堂先生卓然起江海之交，憂時憤國，發而爲歌詩，震盪翕辟，沉鬱悲壯，接迹李杜，平視坡谷，縱橫七百年間無與敵焉，洵近古以來不朽之作也。自范先生没，當世負盛名者多能與范先生同源一趣，而軌轍較近、感發較切，示天下學詩者所從入之途，固莫捷於是矣。此吾師北江先生選録近代四十家詩之微意也。"

《南通范氏詩文世家·玖》附曾克耑《范伯子詩集序》："以自然爲宗，生造爲法，奇橫爲體，不事浮藻，不務枵響，不懈而及於古，率天下之志業者，自縱橫排蕩入，而造乎雄恢雅正之域，卓然爲一代詩家宗祖，則通州范先生其人也。先生之爲學，其本在誠，其用在仁，其道在通，其所憂傷憤嘆在邦國之興替，人才之消長，而非聲氣之盈虛，身世之通塞，故其發而爲歌詩也，挾浩落之氣、淵穆之神、精微之思，出以坦蕩質直之詞，若江海之茫洋無涯涘，大風作而濤瀾之奔騰，起伏萬狀，觀者固將目眩神震，茫然莫測其端倪。其精深博大，豈淺識者所能窺者哉？則其不爲衆人所知，亦固其所然。吾以爲相知之事，非獨衆人難之也，即大師亦有所蔽焉。吁！可異也已。陶、杜、孟、蘇，世所稱詩壇魁碩也，然杜目陶爲枯槁，蘇誚孟以寒苦，斯豈其學有所不逮邪？抑亦其性情各異乃不相喻邪？非有知言之彥出而別白之，則衆論何由定。然非歷時久，宅心公，用力勤，其識足以窺其性情之真、感發之微，則論定亦非易易也。陶、杜之卓然並峙，蘇、黃所表章也；黃、元之足嗣少陵，姚、曾所揚闡也；至若孟、柳、梅、王之爲世重，則又同光諸老所介道也。獨以同光正宗名震一時若先生者，身歿而世遂莫之知。雖其詩高夐不易識，抑無人焉爲之表揚之過也。子雲有待後世之子雲，其不以此也哉？"

程滄波《影印〈范伯子先生詩文集〉小序》："先生雖自言與人世利鈍得失，渺不相涉，然讀其詩文，知其抱病之身，所皇皇不可終日者，爲地方興學，爲傷時憂國，由其詩文，知其才大，書卷多，識力卓絶，近古體詩皆能以精思銳筆，清練而出，廉悍沉摯，浩涵博大，蓋兼而有之。先生所遭之時，甲申、甲午、戊戌、庚子諸役之時也；先生所處之境，屢試鄉闈不售、貧病交困之境也。然而先生之詩，波瀾壯闊，絶無窮愁之氣，慷慨悲歌，忠君愛國，一出之於磊落之才，精博之學，而寄之於詩，身後文章，歷數十年而盛名不衰，豈偶然哉？余嘗論清末民初諸詩人之詩，散原之峻極，南皮之典麗，公度之新放，海藏之奇傲，寐叟之深隱，節庵之沉鬱，乃至馬浮蠲戲齋詩，冶儒佛道於一爐，熔杜韓歐蘇於一家，一花一葉，風神飄逸，正亦詩中之靈光，而先生之詩，兼雄渾與沉摯，其今代之蘇陸歟。"

費行簡《近代名人小傳》："工爲詩，菲薄唐賢而思力深銳，發爲篇章，兀傲健舉，沉鬱悲涼，匪第超越近世學宋諸家，其精者直掩涪翁，清末詩人巋然靈光。"

錢仲聯《清詩三百首》："曾從張裕釗學古文，又與吳汝綸上下其議論，取法桐城，但不爲所拘。詩風亦遠承桐城姚鼐餘緒，宏肆瘦硬，兼學蘇、黃，爲同時宋派詩人所推崇。”

汪辟疆《近代詩人小傳稿》：“以久不第，抑鬱牢愁，詩境幾於荊天棘地，不啻東野之詩囚也。工力甚深，下語不肯猶人，讀之往往使人不歡。然其淵源所在，則得力於李杜、韓孟、蘇黃爲多，故能震盪開闔，變化無方。”

《范伯子詩集》卷十三《除夕詩狂自遣》：“我與子瞻爲曠蕩，子瞻比我多一放。我學山谷作遒健，山谷比我多一煉。惟有參之放煉間，獨樹一幟非羞顔。徑須直接元遺山，不得下與吳王班。”

金天羽《天放樓詩集·雷音集》卷五《藝林九友歌》：“晚清詩人學蘇最工者，推何蝯叟（紹基）、范伯子。”

金天羽《天放樓詩集·雷音集》卷五《答蘇堪先生書》：“繼弢叔（江湜）之後，爲通州范伯子，貧窮老瘦，涕泪中皆天地民物，大江南北，二子者蓋豪杰之士也。”

汪辟疆《光宣詩壇點將錄》：“天猛星霹靂火秦明——范當世。當其下手風雨快，誰其敵手花知寨。霹靂列缺，吐火施鞭。盤空硬語真能健，緒論能窺萬物根。玩月詩篇成絶唱，蘇黃至竟有淵源。”

汪辟疆《近代詩派與地域》之二閩贛派：“范當世以一諸生名聞天下，久居合肥幕中，所交多天下賢俊，而吳摯甫、湯伯述、姚叔節、王晋卿、陳散原，尤多切磋之益；晚歲抑塞無俚，身世之感，家國之痛，悉發於詩，苦語高詞，光氣外溢，蓋東野之窮者也。然天骨開張，盤空硬語，實得諸太白、昌黎、東野、東坡、山谷爲多。《玩月》一篇，陳散原嘗嘆爲蘇黃以來，六百年無此奇矣。”

由雲龍《定庵詩話》卷上：“至近代巢經巢、范伯子，並學杜、韓、東坡，淋漓揮灑，如天馬行空，不可羈勒，殘膏餘馥，沾溉後學不少。學宋詩者往往借途經巢，非必直接蘇黃也。”

參考文獻：

1. 范當世《南通范氏家世遺文目録》，中國科學院圖書館藏。

2. 范當世撰，馬亞中、陳國安校點《范伯子詩文集》，上海古籍出版社 2003 年版。

3. 范當世撰、寒碧箋評《范伯子詩文選集》，浙江古籍出版社 2006 年版。

4. 劉聲木《桐城文學淵源考》，民國十八年廬江劉氏《直介堂叢刻》鉛印本。

5. 曾克崏輯《通州范氏十二世詩略》，曾克崏私印本 1966 年版。

6. 繆荃孫《續碑傳集》，周駿富輯《清代傳記叢刊》，臺灣明文書局 1985 年版。

7. 錢仲聯《夢苕庵詩話》，齊魯書社 1986 年版。

8. 范曾編《南通范氏詩文世家》，河北教育出版社 2004 年版。

9. 汪辟疆著、王培軍箋證《光宣詩壇點將録箋證》，中華書局 2008 年版。

10. 陳國安、孫建編著《范伯子研究資料集》，江蘇大學出版社 2011 年版。

11. 唐一方《范伯子的詩學世界》，花木蘭文化出版社 2015 年版。

（陳曉峰）

鄭文焯傳

　　鄭文焯,字俊臣,號小坡、叔問、瘦碧、冷紅詞客、大鶴山人、鶴道人。咸豐六年(1856)生於大梁節署,父瑛棨官河南巡撫。

　　戴正誠《鄭叔問先生年譜》卷首:"先生名文焯,字俊臣,號小坡,又號叔問,別號瘦碧,又號大鶴山人。姓鄭氏。按,先生祖籍漢北海郡高密縣通德里,爲鄭康成之裔。其九世祖國安,於清初編入正白旗漢軍籍。至先生應會試,請冠本姓入試,遂復姓鄭氏。"

　　按,龍榆生《清季四大詞人》云:"鄭文焯……奉天鐵嶺人,漢軍。其自稱高密鄭氏者,文焯自詭托於康成之後也。"其説爲是。另,鄭氏家族旗籍並非漢軍正白旗或另一説的正黃旗,而實是内務府正白旗(參見楊傳慶《鄭文焯詞及詞學研究》,南開大學出版社2013年版,第29—32頁)。關於鄭氏恢復漢姓的時間,張鳴珂《寒松閣談藝瑣録》載:"鄭叔問文焯……光緒乙亥,以名應鄉試。……自言原籍高密鄭氏,爲康成後裔。癸未會試,呈禮部請加復本姓,報名可。"

　　五歲,瑛棨任陝西巡撫,文焯隨之長安。六歲,瑛棨降爲陝西按察使。文焯幼聰穎,承父學,見壁懸畫軸,即知臨摹。七歲,甫入塾讀書。十一歲,瑛棨挈眷由蒲州府遷至河南彰德府。十三歲,爲文奇杰,課餘且喜作繪事。

　　鄭復培《先考小坡府君行述》："同治元年，先府君甫入塾讀書，先王父以回匪猖亂，罷官回京。行至山西蒲州府，以道路梗塞，寄居旅舍。次年聘顧曉帆先生設帳課讀。先府君每授課文字，即能穎悟，且劬學善問，異於諸伯叔，先王父深愛之。"

　　葉恭綽輯《鄭大鶴先生論詞手簡》自序："余齠齔時好讀唐詩，日課十首，輒能背誦。年十一，侍先中丞游洛陽，一日出城西觀櫻桃溝，率成絶句。"

　　同治八年（1869），全家遷回通州新城北後街本宅。九年，生母周恭人逝，文焯哀毀逾恒，絶食累日，瑛棨辭官歸。十二年，服闋。十三年，父瑛棨挈眷由通州遷居北京鑼鼓巷後圓恩寺新置家宅。

　　《鄭叔問先生年譜》同治八年："蘭坡先生挈眷由彰德府遷回通州新城北後街本宅，旋引見，賞給頭等侍衛，授科布多參贊大臣。以道遠不携眷，僅命從侄息齋文燕先生隨赴任所。"

　　《先考小坡府君行述》："同治壬申，年十五，遭先王母周太夫人喪，哀毀欲絶，絶食累日。"

　　按，鄭文焯早歲即以詩名，自同治十二年至光緒七年（1881），鄭氏所作古今體詩凡五集，分別爲《癸丙集》《春蕪集》《松楸集》《夢餘集》《扁舟集》，總名爲《補梅書屋詩稿》，今已不傳。民國十二年（1923），鄭文焯婿戴正誠輯録大鶴遺詩成上下二卷，刊於蘇州振興書社，卷末附戴氏跋文："初謂稿本必存，遍搜遺篋，僅獲《大鶴山房詩稿》鈔本七册，餘均無睹。詢其家人，咸茫然莫知。……正誠既獲詩草，守缺抱殘，何敢自秘？爰携至滬，請歸安朱古微世丈爲之甄選。其前經王湘綺先生加墨評定者，悉仍其舊。今又增出若干首，凡得二百餘首，謹分薄俸，急付剞劂，俾廣傳布。"上海圖書館藏鄭氏詩稿之朱孝臧鈔本，卷一開篇即《癸丙集》，題"自癸酉九月至丙子三月"，是現存鄭氏詩詞文作品中最早的詩作。

光緒元年(1875)，中試恩科舉人。二年，瑛棨陳皋山右，文焯隨父任上。三年春，應會試，薦卷不第，留京。

《鄭叔問先生年譜》光緒元年："秋，應順天鄉試，恩科中式第二百六十六名。保和殿覆試，欽定一等第十三名。座主徐蔭軒相國桐、殷譜經尚書壽鏞、崇文貞公綺、毛文達公昶熙，房考陳弢庵太傅寶琛。試題'有德者必有言'四句，'陳其宗器'三句，'老吾老'至'天下可運於掌'，賦得'爽氣朝來萬里清'，得'秋'字。房考判其文曰：'樸實説理，風骨清遒，斯爲大家。舉止有次，有典有則，不蔓不支，抑揚頓挫，靈氣往來，是水到渠成之候。'評其詩曰：'芊眠秀麗，雅韻欲流。'幼蘭先生亦本科薦卷。是科同榜者得三殿撰：一曹鴻勛竹銘、一黃思永慎之、一陳冕灕蓀，皆先生至契。"

《先考小坡府君行述》："光緒紀年乙亥，中試恩科舉人，益工學業。丙子夏五，先王陳皋山右，惟時諸伯叔以鄉試留京，獨先府君偕幼弟侍奉之任。是年冬，先王父權藩篆，值晋豫饑饉，籌振籌餉，日夜憂勞，致患中風之症。先府君侍進湯藥，日夜不稍懈，所患微愈。"

四年(1878)，父瑛棨以病告歸，行至平定州逝世。五年春，葬父於京西門頭溝大裕村。

《先考小坡府君行述》："戊寅春，先王父以病告歸，行至平定州逝世。先府君聞訃，哭不成聲，咯血升餘，經諸親友勸慰，奔喪途次，扶柩回京。"

六年(1880)春，赴蘇州，與俞樾多有交往。桐城金石家吳康甫時亦居杭，文焯慕名訪之，晤談甚歡，贈《龍眠老人歌》一首。

《鄭叔問先生年譜》光緒六年："春……先生偕張宜人赴蘇州，卜居喬司空巷潘氏西園。時德清俞曲園樾居馬醫科巷春在堂曲園，於先生爲父執，先生執禮晉謁，並出蘭坡先生所作口袋和尚畫幀求題。曲園題云："余前奉使中州時，蘭坡中丞適爲方伯，過從甚密，有異姓昆弟之約。及余罷歸，仕隱異途，遂疏音問。計自夷門一別，至今二十餘年，余既衰老，而中丞久歸道山矣。光緒庚辰歲，哲嗣小坡孝廉，訪我於吳下春在堂，見故人之子，如見故人，又得從故人之子讀故人之書，何其幸也。此畫神趣天然，頗極筆墨之妙，歡喜贊嘆，而作偈語。筆墨游戲，而有禪意。髡頭跣足，垂眼臨鼻，如聞其聲，願言則嘒。傳示子孫，吉利吉利。"秋，偕張宜人游武林，泛舟西湖。先生有詩云：袖底煙雲重拾起，擔頭風月與平分。適俞曲園先生亦來寓湖濱俞樓，先生往候之，因導謁彭剛直公玉麟，小住於退省庵。已刻《大鶴山人詩集》中，有《贈水軍彭帥三十四韻》。又爲書'詩窩'橫額以贈。先生《詩窩記》云：'詩窩者，俞丈巾山爲余題吳下寓廬也。夫以余家無半畝之居，萍寄江湖，兩鈍足迄尠佳著，時放浪空青頑碧間，興之所至，發爲咏歌，是無地無吾詩也，奚以窩名爲？老子曰人生天地間寄耳，然則余之詩窩，亦盈天地間所寄乎？日月相代，去就矯起，異日買山江南，坐臥萬卷，手一編，從蠹魚以乞殘飽，尋舊巢痕，歷歷如夢中事。則是窩也，謂爲吾詩之傳舍也可，謂爲吾詩之息壤也亦可。'"

光緒七年（1881），服闋。春，文煥自吉江計偕還都，文焯得書寄詩。閑來遍游吳中山水，交游廣泛。

《鄭叔問先生年譜》光緒七年："先生性好山水，吳中名勝，游迹殆遍。因得與太湖丞傅星槎懷祖、安山眠高上人、瑞蓮庵鑑中長老、虎丘雲間禪師、寓蘇日本本願寺僧小泉蒙長老等訂交。秋夢游石芝庵，有詩紀其事。詩並叙載《大鶴山人詩集》中。其以'瘦碧'名集，自號鶴道人，或大鶴山人，皆因夢境云然。並倩名畫家顧若波君澐爲繪《石芝西夢圖》，遍徵作家詩詞，題者有俞曲園先生樾、王壬秋先生闓運、沈中復中丞秉成及其配嚴永華夫人少藍，夫人詩已載其家刊《鰈硯廬詩鈔》、彭翰孫先生南屛及其配吳清蕙夫人、李眉生方伯鴻裔、黃子壽方伯彭年、錢中仙大令葆青、費屺懷太史念慈、吳昌碩大令俊卿諸公。"

光緒八年（1882），鄂人李廷璧得祝鳳喈秘傳，文焯從之討論古音，大悟四上競氣之指，自此工於詞而又深於律。

《瘦碧詞》鄭文焜序："從弟小坡，少工側艷，而不盡協律。南游十年，學琴於江夏李復翁，討論古音，乃大悟‘四上競氣’之旨，於樂紀多所發明。故其爲詞聲出金石，極命風謠，感興微言，深美閎約，如楊守齋所譏‘轉折怪異，成不詳之音’者，庶幾免與。"

九年（1883）春，入京會試，薦卷不第，南歸。十年，同朱福清、洪鈞、彭翰孫游虎丘。十一年冬，於壺園作東坡生日，會者七人。十二年，入京應會試，薦卷不第。南歸，立吳社聯吟。

《鄭叔問先生年譜》光緒十二年："時同年易仲實、易叔由昆季，隨其父笏山佩紳在蘇州藩司任所，與先生及張子苾、蔣次湘文鴻諸公，立吳社聯吟，歌弦醉墨，頗極文燕之盛。是歲，幼蘭先生署開封府，少蘭先生署文水縣。從兄嚼梅先生文焜於役衡州，繞道來蘇，歡聚月餘。"

按，光緒十二年，鄭文焯上京應試期間曾短暫入李鴻章幕，其《致陳嵩伩函》（北京泰和嘉成 2011 古籍·書畫迎春拍賣會，第 0945 號拍品）云："嵩伩尊兄大人：五年丹鉛，借親書味。別來回首吳天，輒溯風引首，爲之惘然。辰維簒緝日閎，頌頌。弟前月杪抵津，接差後料簡粗妥，適傅相邀入幕，暫理洋務公牘，幕事營事，頗復忙迫，琿春之行，以是而止。尊函當爲呈遞，日下醇邸涖津，已於昨午偕赴旅順，操閱海軍，俟回節過，便爲提及之。再聞，小坡又復。"因李鴻章曾被授太子太傅銜，故時人又稱其爲傅相。據信所言，鄭文焯此次入幕，乃李鴻章親自邀約。

光緒十四年（1888），著《南獻遺徵》。

《鄭叔問先生年譜》光緒十四年：“又著《南獻遺徵》一書，皆記南中著述家未刊之書，並識稿本所在。黃子壽方伯爲刻於蘇書局，現板已佚。此書稿，甲子春，余重過吳門，獲於舊書肆。”

十五年（1889），入京應會試，仍不第。取道滬上南歸，拜訪王闓運，友情甚篤。

《鄭叔問先生年譜》光緒十五年：“道沽上，待船飄海南下。適聞王壬秋先生至，因約于晦若侍郎式枚、湯伯述觀察紀尚，造訪之於吳趨公所。相見即置酒論文，揚榷今故，意氣相得甚歡。每慨然時事，悲憫之誠，切切滿口。……自是遂無日不見壬秋先生，見輒説詩及近事，嘗食以苦瓜爲下酒物。先生凡三登輪船，臨河而返，惓惓不能去也，故壬秋先生貽先生五言三篇，有‘潮落知人意’之句，其心契如此。……迨中秋後七日，壬秋先生果浮家至蘇，寓湖南賓館，距先生壺園，只隔一橋。歡言晨夕，風雨亦相過從。”

十六年（1890），入京應恩科會試，仍薦卷不第。其時有詔開秘館，廣延通儒，當道將舉先生以正樂紀，不就。十七年，刊行《醫故》上下卷。時況周頤寓蘇，常與唱和。

況周頤《香東漫筆》卷一：“辛卯、壬辰間，余客吳門，與子苾、叔問素心晨夕……冷吟閑醉，不知有人世升沉也。”

按，況周頤於光緒十七年夏秋之際，離廣州北行，暫居杭州，由杭州至蘇州，與鄭文焯此時結識。光緒十八年，況氏在蘇州編成《玉梅詞》，其《喜遷鶯》序云：“壬辰正月二十日，子苾、小坡柳宜橋酒樓聯句，和夢窗韻。”鄭文焯《冷紅詞》卷一《壽樓春・和梅溪贈夔笙同年》《絳都春・夔笙新納吳姬，用夢窗爲李賈房量珠賀韻賦此》二詞亦可爲證。

光緒十九年（1893），納吳姬張小紅爲妾，別居廟堂巷龔氏修園。文焯以"冷紅"命名詞集，並在此創作艷詞，皆與納妾有關。

《冷紅詞》卷三《折紅梅》序："《中吳紀聞》：宋吳應之居小市橋，有侍姬曰紅梅，因以名其閣。嘗制折紅梅二詞，傳播人口，春日群宴，必使優人歌之。竹垞以爲杜安世作，誤矣。余新得吳趨歌兒，亦有比紅之賦，時將尋梅西崦，爰和吳詞，同一清宛也。"

龍榆生《〈冷紅詞〉跋》（《大鶴山人詞話》，南開大學出版社2009年版）："《冷紅詞》四卷，鐵嶺鄭文焯小坡作也。以'冷紅'命集者何？余聞之張孟劬先生曰：'光緒甲子（按，應爲甲午，龍氏誤記），先君子棄官僑吳中，與小坡及張子苾諸君，連舉詞社。小坡方有比紅之賦，即所謂侍兒紅冰是也。後遂歸於小坡，乃於剪金橋卜西樓以貯之。《冷紅詞》一編，大半咏此。'……予近從彊邨老人所，得讀小坡《瘦碧盦詩》未刊稿，有《遲紅詩》十二首，足與《冷紅詞》相印發。……據此，知小坡之戀戀於紅冰，蓋不出彼姝憐才之痴念。小坡性情好尚，差與白石相同。自製新詞，小紅低唱，固小坡心目中之所存想不忘者也。因讀此編，附記所聞於此。"

二十年（1894），秋應兩淮運司江蓉舫之邀，赴揚州修鹽志。二十一年七月，與劉炳照、夏孫桐、張上和等於蘇州成立鷗隱詞社，至次年春結束。二十四年，入京應會試不第，南旋薄游析津，旅社孤燈，以詞遣愁，作《鶴道人沽上詞卷》。

《鄭叔問先生年譜》光緒二十一年："秋七月，四秩正壽，其《壺園白壽》詞云：'滄海塵飛，故園秋淡，夢斷挲雲想。江關詞賦，倦懷自任疏放。'又云：'卧看青門鎖舊轍，世外樵鳳相況。哀樂中年，登臨殘泪，付與玲瓏唱。'雖在強壯之年，頗有感傷時事，終隱吳門之志。"

劉炳照《無長物齋詩存·復丁老人詩記》叙詞社建立詩云:"藝圃猶存諫草樓,晚風香送白蓮秋。自從鷗隱聯詞社,落月晨星感舊游。"詩後記曰:"蘇郡西偏有藝圃,爲勝國遺賢姜如農給諫僑寓之所。池荷多異種,純白無雜色。乙未七夕偕張子純、陳同叔、夏閏枝、於仲威、褚繹堂、屺懷、叔問結鷗隱詞社於此。即席限賦秋霽詞,分拈宋人此調原韻。予得夢窗。是爲吳中詞社第一集。"

繆荃孫《藝風堂文漫存》卷二《劉語石〈無長物齋詩存〉序》:"光緒乙未,内兄夏閏枝與君結鷗隱詞社。初識面於金閶,維時君恬廡皋春,余亦羈唐塢。聞名十載,結契三生。詞社弟二集,屺懷、子馥、芷蓀、禮堂同集於頤園。"

鄭文焯《冷紅詞》卷四《秋霽》序:"城西藝圃爲明賢姜如農别墅。咸豐庚申之變,鄰女殉池中以數百計,池蓮純白,多異種,花時極游賞之盛。乙未秋期,舉詞社於此,因和梅溪韻,賦成是解。"

光緒二十六年(1900),庚子事變,京師陷落,兩宮西狩。賦《楊柳枝》詞二十六首。

《鄭叔問先生年譜》光緒二十六年:"故人王廉生懿榮祭酒,於聯軍進京時,闔家身殉。先生聞耗,悲不自禁,泫然良久,亟索其戊戌年手書十數封,流涕緘納,即付裝潢,以當故人未死,其篤於故舊如此。王佑遐、朱古微諸公在,坐困危城,以填詞陶寫悲憤,世所傳《庚子秋詞》是也。佑遐給諫以諸人詞寫寄先生,先生得書,却寄《浣溪紗》詞一首。"

按,張鳴珂《寒松閣談藝瑣録》卷五:"庚子之禍,鑾輿西狩,叔問羈迹吳中,悵望舮稜,賦《楊柳枝》詞二十四首。"王逸唐《今傳是樓詩話》:"詞爲詩餘,體例自别。然詞之小令,如《楊柳枝》《小秦王》之類,究與七言絶句,有何殊别?《白香詞譜》欄屏《柳枝》不載,意亦在此。近人詞家,如鄭叔問文焯、陳伯弢鋭,均工爲此體。叔

問《楊柳枝》詞……玩其詞意，蓋均庚子傷亂之作，有《黍離》《麥秀》
之思焉。"

光緒二十九年（1903），補行辛丑會試，文焯以七試都堂，薦而
不售，遂絕意進取，自鎸一私印，文曰"江南退士"，以示無意作進士
也。三十一年，於孝義坊購地五畝，建築新居，曰通德里。

孫雄《高密鄭叔問先生別傳》："會試屢薦不售，遂絕意進取。
愛吳中山水幽勝，客居三十餘年，歷爲撫吳使者上客，事必咨而
後行。"

葉德輝《郋園山居文錄》卷上《大鶴山人遺書序》："樂吳中山水
清嘉，三試都堂不利，厭京師塵溷，浮湛諸侯幕，以著述自娛。"

鄭逸梅《藝林散葉》："鄭大鶴詞人五十歲，於吳中護龍街飲馬
橋畔孝義坊，買地五畝，築室數間，榜其門爲通德里，從鄧尉購嘉木
名卉，雜蒔庭院。其東則高崗逶邐，稱之爲吳小城，復築亭於崗，顏
曰吳東亭，繞以竹籬，足供遠眺，蓋東城，吳之故城也，白居易曾有
吳東城桂一詩。孫益庵賀其新居有文曰：'度地新規，洞天別啓，近
鄰蕭寺，旁枕清溪。'大鶴亦有《滿江紅》小序云：'己巳之秋，誅茆吳
小城東，新營所住，激流植援，曠若江村。歲晚凄寒，流離世故，有
感老杜卜居之作，聊復勞者歌其事云。'"

三十三年（1907），鄧實等於乙巳年在滬發行《國粹學報》，當舉
世馳騖新學之秋，冀借此保存絕學，鄭文焯亦時寄撰述。三十四
年，江蘇巡撫陳啓泰在蘇州創辦存古學堂，聘請文焯校藝。

《鄭叔問先生年譜》光緒三十三年："友人鄧秋枚實等，於乙巳年
在滬發行《國粹學報》。……將循例舉行三周慶祝，先生以所藏晉
磚硯，拓作報端圖畫，並賦《浣溪紗》詞。"光緒三十四年："長沙陳伯
平啓泰中丞巡師太湖，回舟無錫。九日與張次珊諸幕友登惠山，賦

詞唱和,風流名勝,極登臨觴咏之娛。先生未及追隨,特賦《水龍吟》和之。詞見《茗雅餘集》中。次珊先生得詞,致書先生云:'新詞雄厚之氣,直逼清真,與府主矑公陳中丞別號矑庵傾倒彌日。'……是時蘇辦存古學堂,每次月考,必請先生校藝,其見推重如此。"

民國代清後,以遺民自居,生計因之大窘,鬻畫行醫,聊以贍家。民國七年(1918)病逝。

《鄭叔問先生年譜》民國三年:"先生精賞鑑,平生收藏金石書畫名迹極富,至是漸漸鬻去。今可考者碑拓有《周虢季子盤銘》初拓精本;《隋元公姬夫人志》兩名原拓武進陸氏藏本;初拓《魏三體石經》……吳穀人手批《史漢文選》四册。"

李瑞清《書鄭大鶴山人尺牘册子後》(《清道人遺集》,黃山書社2011年版):"山人雖鬻醫滬上,然花時輒歸,或數月不來,滬上租屋,仍月內租金,其不善治生如此,以此愈益困。山人生時,康長素先生時時調護之,小空乏則養矯之力爲多。養矯爲人忍俠,趨人之急如赴私親,觀山人所往來尺牘可知矣,天下以此莫不多養矯貧而能好賢也。"

《先考小坡府君行述》:"丁巳冬月,先恭人以疾逝世,先府君追念先恭人持家四十年,靜攝整肅,條理秩秩,並撫不孝等以成人,哀悼過情,精神異於常度。每與南海康公縱論時局,輒浩嘆不已,而眠食無異常日。不孝等方冀長承教養,以遂先志,詎知神明潛耗,貧病交侵,戊午二月二十二日,早起忽痰涌舌蹇,汗流不止。急訪延各醫診視,咸謂精力耗盡,恐汗不止而成脱症。……延至二十六日丑時,竟棄不孝等而長逝矣,嗚呼痛哉!"

按,辛亥後,鄭氏自稱"樵風佚叟""樵風真逸""樵風遺老""北海遺黎樵風叟",又以陶淵明自比,辛勤批校陶集。上海圖書館藏鄭文焯手批《陶淵明全集》卷末云:"辛亥後,絕景窮居,無日不以陶詩相隨,遂得其逸趣。偶有感觸,輒題數行於簡端,聊以寄慨云爾。八表同昏,人間何世,悲夫!……余居恒慕晋人風致,其高節美行,又獨以靖節先生自況,嘗論其《讀史感述》之首章曰:'天人革命,絕景窮居。采薇高歌,慨想黃虞。'其時當宋武改元,永初受禪之年,而先生行年五十有六已。自後有作,但題甲子,不著元號,舊國之感,異代同悲。患難餘生,紀亦合,昔以風致自況者,今不幸而身世更共之。恨無劉遺民輩,相從於蒼煙窮漠中,琴酒流連,以送餘齒,一醉不知人間何世。吁,可哀也已。"

鄭氏善爲詞,沉麗幽娿,哀感頑艷。其辨音律,研分刌,扣宮協角,皆中經首之會,凡唐宋以來詞部及金石,遍批細字,精別毫髮。博文學,妙才華,好訓詁考據,尤長金石、書畫、醫學。著有《大鶴山房全書》《金石補藝文志》《大鶴山人詩集》等。

王闓運《比竹餘音序》(《鄭叔問先生年譜》民國七年):"叔問中書,文章爾雅,藝事多能,而尤工倚聲。"

《冷紅詞》陳伯弢序:"叔問居士宏博精敏,著書滿家,出其緒餘,尤長倚聲。同時詞流,如中實、夢湘,未之或先也。"

《冷紅詞》俞樾序:"高密鄭小坡孝廉精於詞律,深明管弦聲數之異同,上以考古燕樂之舊譜。姜白石自製曲,其字旁所記音拍,皆能以意通之。余嘗戲謂,君真得不傳之秘於遺文者也。"

鄭文焯《醫詁》俞樾序:"鄭子以所著《醫詁》內外篇見示,屬爲之叙。余笑曰:故著《廢醫論》者,又何言。受而讀之,嘆曰:得君此書,吾《廢醫論》,可不作矣。"

鄭文焯《苕雅餘集》朱古微序:"海內稱詞家高流而精於音呂者,必首高密鄭叔問先生。蓋聲聞之感人深者,可知其工矣。"

沈曾植《題鄭氏賜墨册》(《鄭叔問先生年譜》民國七年):"公子承平詩酒意,老懷畫裏荒寒。露盤折後鑄金難。傾身營一飽,寫夢入千山。收拾碎金傳筆髓，分波殺宇都安。歸來華表夜漫漫，鬼歌還屬變。天眼幾回看。”

橋川時雄《大鶴山人鄭文焯傳》：“先生博通淹雅，碩學高蹈，詩詞並長，經義、六書、訓詁、醫經、樂律、金石、書畫，無不精詣。著述等身，高風亮節，薄海同欽，景仰之深，蓋莫可言喻已。”

孫雄《高密鄭叔問先生別傳》：“所著書甚富，自寫定書目，凡三十九種，生前已刊者有《大鶴山房全集》，凡九種，曰《楊雄說故》一卷，《高麗永樂好太王碑釋文纂考》一卷，曰《醫故》二卷，曰《詞原校律》二卷，曰《冷紅詞》四卷，曰《樵風樂府》九卷，曰《比竹餘音》四卷，曰《苕雅餘集》一卷，曰《絕妙好詞校釋》一卷，至詩稿若干卷。”

按，戴正誠《大鶴山人詩集跋》錄鄭氏手寫所著書目四十種，除上述《大鶴山房全書》幾種外，尚有或存、或見於引錄、或已佚失之多種論著，如《夢窗詞校議》《絕妙好詞旁證》《經義甄微》《高麗國永樂好太王碑釋文纂考》《醫詁》《千金方輯古經方疏證》《南獻遺徵》《鄭叔問尺牘》《半雨樓雜抄》《雙鐵堪雜記》《石芝西堪札記》《鶴翁異撰》《樵風雜纂》《大鶴山人雜稿》《瘦碧庵藏陶記》《古玉圖考補正》《湘綺樓著書目略》《墨子故》《墨子古微》《寰宇訪碑續補錄》《大鶴山人手寫詩稿小冊》《鄭文焯書札》《大鶴山人手札》《采真別墨》《鄭玄列傳》《瘦碧庵叢載》等。

參考文獻：

1. 鄭文焯著，孫克強、楊傳慶輯校《大鶴山人詞話》，南開大學出版社 2009 年版。

2. 鄭復培《先考小坡府君行述》，民國八年鉛印本。

3. 戴正誠《鄭叔問先生年譜》，《同聲月刊》1941 年第 11—

12 期、1942 年第 1—4 期。

4. 孫雄《高密鄭叔問先生別傳》,閔爾昌編《碑傳集補》卷五十三,周駿富輯《清代傳記叢刊》,臺灣明文書局 1985 年版。

5. 卞孝萱、唐文權編《民國人物碑傳集》,團結出版社 1995 年版。

（白雲嬌）

陳衍傳

　　陳衍，字叔伊，小名尹昌，號石遺，侯官（今福建省福州市）人。咸豐六年（1856）四月八日寅時生於城東北井樓門内龍山之麓。父用賓，字吉甫。家寒素，世皆積學未仕。

　　陳聲暨、王真《侯官陳石遺先生年譜》卷一：“家君姓陳氏，福建福州府侯官縣人。先世順治間自泉州晋江城内草埔尾地遷省城。……四傳至先大父鹿笙公，諱用賓，字吉甫，皆積學未仕。年五十生家君，故名曰衍，小名尹昌，行三，故字曰叔伊。是年四月八日寅時，生於城東北井樓門内龍山之麓。……生四閲月，先大母病革暈厥移時，先大父知醫灌救蘇，自是乳漸絶。然家貧不得乳嫗，諸姑母輪流抱持家君，飲以漿糊粉睿之屬。未幾遂斷乳。”

　　《侯官陳石遺先生年譜》卷四：“石遺室者，弱冠時，夢至一處，重樓叠閣，闃其無人，有書數百櫥，隨手抽數册閲之，書邊印石遺某某。書中似是自己著作，醒時只記如此，書中云何，則忘之矣。時方閲《元遺山集》，因遂自號石遺。後細思此二字與叔伊頗相合，遺、伊國語同音，石、拾同音，叔訓拾。”

　　陳書《木庵文稿・先王父家傳》：“吾家世農夫也，自泉郡遷福州蓋五傳。”

　　陳衍《石遺室文集》卷二《先室人行略》：“衍家世貧。”

咸豐八年（1858），其父始授其書，課讀甚嚴。同治四年（1865）八月七日，父病歿。十一月營葬，長兄陳書作墓誌銘。自是，陳書假館於外，遂攜陳衍往讀。

《石遺室文集》卷四《記先君子遺事》："不孝兄弟四人讀，皆先君子自課。至爲制舉文，則不自改削。……先君子爛熟經傳，每晨寢未興，命不孝立床前背誦所授書。一字錯落，必呵正之。授書動數千言……皆起訖作一日讀。……而八月遂觀閔凶，哀哉！"

《侯官陳石遺先生年譜》卷一："（同治四年）是歲八月，大父忽臥病，七日，竟棄養。……家君哭至見血，大世父刲股煎藥不效。……十一月營葬，大世父自書墓碑。……（同治六年）大世父假館南營釃商陳寓，挈家君往讀。……（七年）四月，大世父假館於光禄坊前杭嘉湖道劉岵晨齋昂宅，挈家君往讀。"

《石遺室文集》卷二《先室人行略》："生十年，喪先君。二兄以養以教。"

《石遺室文集》卷十一《伯兄木庵先生哀辭》："吾生十年，失父何怙，兄也如父，教誨字撫。"

咸豐十三年（1874）十月，聘同邑蕭道管爲妻，蕭氏時年二十。同年，二兄皆中舉。光緒三年（1877）正月二十六日，長子陳聲暨生。四年二月二十五日，次子聲漸生。是年，治小學有成，成《説文舉例》七卷。

《侯官陳石遺先生年譜》卷一："（同治十三年）十月，先母來歸，年二十。……是秋，兩世父皆舉於鄉。……（光緒三年）正月二十六日，聲暨生，時先母妊聲暨未彌月，歸寧，隔宿，遂生於外祖母雅道巷宅。……（光緒四年）仍治小學，成《説文舉例》七卷。二月二十五日，二弟聲漸生，字並侯。"

《石遺室文集》卷二《先室人行略》："生二十年來嬪，長身頎立，閑雅有容止。"

光緒七年（1881），草創《元詩紀事》，歷五年成。

《侯官陳石遺先生年譜》卷二："是歲，草創《元詩紀事》，急欲成書，閱市借人，日日攤卷暝寫。"

八年（1882）九月，舉於鄉，爲搜遺卷取中，是科同年鄭孝胥、林琴南，座師寶廷。與鄭孝胥、林琴南論詩祈向不同。九年，與長兄陳書、仲兄陳孺同入都應禮部試，未中。是歲，成《説文辨體證》十四卷。

《侯官陳石遺先生年譜》卷二："（光緒八年）九月舉於鄉，登鄭孝胥榜，同邦有林琴南丈群玉者。……至是，蘇戡丈問其爲詩祈向所在，答以《錢注杜詩》《施注蘇詩》，蘇戡丈以爲不能取法乎上，意在漢魏六朝也。琴南丈甚病之。是科座主爲禮部侍郎宗室寶廷，號竹坡。揭曉，家君往謁，知爲搜遺卷取中。……（光緒九年）與大世父、二世父同赴禮部試。……識李蓴客部郎慈銘。……是歲，成《説文辨證》十四卷。"

十三年（1887）與林紓、卓孝復、高鳳岐赴禮部試，在京師日，與李慈銘、張季直、沈愛蒼等相往還，多有詩詞唱和，名傳都下。九月，赴臺灣劉銘傳幕府，有詞作。光緒十四年蕭道管攜家渡臺相聚，歲暮辭歸。

《侯官陳石遺先生年譜》卷二："（光緒十三年）正月，與林琴南、卓芝南凌雲長青案：後改名孝復，登進士第，官至湖南按察使、高嘯桐鳳岐長青案：後佐東諸侯幕，官至廣西梧州府知府，入《福建新通志・循吏傳》諸丈赴禮部試。……南通張季直先生來訪，王可莊殿撰、旭莊舍人來訪。……時都下所知，多能誦家君近詩，蓋蘇戡丈傳之也。……四月十日，竹坡先生招飲寓齋，出示《游西山詩卷》，遂分韻賦詩，得'遍'字。……歸途有《綺羅香》《湘春夜月》《八聲甘州》《高陽臺·別蘇戡》《永遇樂·寄蘇戡》諸詞。九月，赴臺灣劉爵撫部之招。……歲暮，有《雙雙燕》《壺中天慢》《鳳凰臺上憶吹簫》數詞寄家。……（光緒十四年）四月，十弟雍男生，先母奉外祖母率聲暨諸兄弟渡臺，寓臺北府城內行臺街東頭，所居一高樓。……歲暮辭歸，撫部以四百金爲贐。"

十四年（1888），家貧甚，沈瑜慶招往滬上授讀其子女，八月，應湖南學使張亨嘉之邀，赴湘爲總襄校。十六年（1890），就上海製造局劉麒祥幕，兼方言館漢文教習。是年顏所居曰"戴花平安室"。此數年間，與沈瑜慶、王可莊、丁保鈞、鄭孝胥、陳宗濂、陳弼宸等相交游。十八年（1892）正月十九日，母棄世。此數年治禮學，有《考工記辨》三卷、《補疏》一卷、《周禮辨證》四卷、《禮記辨證》五卷。

《侯官陳石遺先生年譜》卷二："家居柏林坊，自四月窘甚，先母有裙七，盡入質庫，他可知矣。……沈愛蒼姻丈瑜慶將薦家君爲典簽奏，招先往滬上俟之。六月，附兵輪出，寓沈丈所，爲攝教讀，受業者一女鵑，一子鴰。……家君事罷論，八月歸里，則四川學使朱咏裳編修善祥、湖南學使張鐵君編修亨嘉、河南學使陳芸敏給諫綉瑩三處，皆函聘總襄校。……家君乃辭豫、蜀而就湘。……十月，與陳弢庵閣學年丈會於許豫生丈處。……所常往來者，王可莊、丁叔衡、鄭蘇戡、陳幼蓮、陳弼宸、沈愛蒼諸丈。"

《侯官陳石遺先生年譜》卷二："（光緒十六年）遂留滬上，劉公聘兼方言館漢文教習。……是歲治禮學，成《考工記辯證》三卷，《補疏》一卷，刻之。携聲暨入方言館課讀，習舉業，兩弟則先母在家課之。取山谷尺牘語，顏所居曰'戴花平安室'，自書之。……

(光緒十七年)仍治禮學,撰《周禮辨證》。"

《侯官陳石遺先生年譜》卷三:"(光緒十八年)正月十九日,丁先大母憂。家君自元旦起,心緒作惡不可名言,行坐不寧,元宵後尤甚。十八夜四鼓,家君忽從夢中驚呼曰:'母親死矣!'先母亦同時驚呼醒,所夢同,知必有異,披衣起剔燈。須臾打門,凶電至矣,心血感動如此。先大母春秋已高,自季父貧病偃蹇死,悲痛太過,形神惝怳,頗有心疾。全賴大世父知醫,世母飲食衣服日夜照料,幾十歲於玆,幸無大恙。卒之夜,食挂麪稍多,痰涌,未幾遂棄養。家君候輪奔喪歸。四月,葬先大母畢,復至滬,奉養外祖母來居。是歲無詩,成《禮記辨證》五卷。"

光緒十九年(1893),勸沈瑜慶字其女鵲於林旭,後林果中鄉試解元,游武昌,遍識名流,如陳三立父子、梁鼎芬、屠寄等,聲名鵲起。自是與林旭論詩。

《侯官陳石遺先生年譜》卷三:"(光緒十九年)九月,福建秋試揭曉,愛蒼丈女夫林旭爲解首。……初,愛蒼丈絕愛其女孟雅鵲,必欲以字佳士,省墓歸,從暾谷塾師觀其文字,異其博贍,見其少不羈,意猶豫,以孟雅家君女弟子也,商於家君。家君以爲才士難得,遂決妻之,舊歲就贅於金陵,過滬來謁家君未遇,投所作詩文去。游武昌,遍識一時名流,若陳右銘、伯嚴父子、梁節庵、屠敬山之倫。至是闈墨出,傳誦天下,絕不似未冠人所作。暾谷最服膺家君詩,誦不絕口,尤喜後湖、半山寺、莫愁小像諸近作。"

二十年(1894)五月,沈瑜慶出資代刊《元詩紀事》。二十一年三月入都應試,與同鄉方家澍、林紓、卓孝復、高鳳岐等上都察院《爭遼南割地事書》,書入不報。

《侯官陳石遺先生年譜》卷三:"(光緒二十年)五月,愛蒼丈出貲代刊《元詩紀事》。……（光緒二十一年）三月，入都。有《試禮闈畢寄伯初家兄江南》七言律，蓋不踏軟塵六年矣。與方雨亭家澍、林琴南、卓芝南、高嘯桐諸年丈上書都察院《爭遼南割地事書》，家君起草，投入不報。"

光緒二十三年（1897）七月，同鄉陳季同、陳壽彭兄弟與洪述祖等集資辦《求是雜志》，林旭邀陳衍任主筆，陳衍撰序，傳誦一時。十二月，梁節庵代張之洞發電，鄭孝胥亦有電至，乃邀陳衍往武昌談新政事宜。是歲成《尚書舉要》五卷。

《侯官陳石遺先生年譜》卷三："七月，同鄉陳敬如副將季同、繹如孝廉壽彭兄弟，與洪蔭之大令述祖數人，集貲開辦《求是雜志》，月出三册，多譯格致實學以及法律規則之書。林暾谷孝廉以爲非家君秉筆修飾潤色不可，遂公推作主筆。家君序，痛言中西交涉以來種種受虧，率坐暗於外情，歷抉其痛癢所在，傳誦萬紙。益以每册皆有論說，風行一時。捐貲助刊預購者麇至，挈聲暨日至館校理，如是者半年，家君去而雜志停矣。……臘月不盡三日，庭梅方開，徙倚長廊吟望，忽叩門送武昌電報，發之則梁節庵代廣雅督部傳語，久切飢渴，欲請新正到鄂一談，立促覆電。而蘇戡丈處又送電至，則廣雅讀《求是雜志》上文字，必欲晤家君，知蘇戡丈同年摯好，長電托相邀，有'文章光明俊偉，讀之使人神王'等語，遂電覆。……是歲成《尚書舉要》七卷。"

二十四年（1898）正月九日抵鄂，寓梁節庵宅。十日，張之洞約見，論學，自晨至日午。十一日，張之洞招飲，言及時務。次日，張之洞使梁節庵代道誠意，請本年起留鄂，辦理一切新政筆墨，暫任官報局總編纂，諾之。三月入都會試，下第出京，四月至武昌。五月，沈曾植以丁艱離任，張之洞招之武昌，與陳衍相鄰，遂相與論詩。八月，戊戌難作，言變法者多獲罪，張之洞遂停新政，令陳衍等九月入參幕府。在武昌游從者，有楊守敬、馬貞榆、鄒代鈞、陳慶年、陳曾壽、梁鼎芬等。是年，沈曾植爲公《朱絲詞》作跋。

《侯官陳石遺先生年譜》卷四："（光緒二十四年）正月五日，携一僕赴鄂，九日至，主梁節庵丈寓。廣雅約次日遲明見。……自黎明坐至日午，勺水不入口，談不絶聲。……又問：'在上海久，所識海内有學問之人必多，鄙人所未知者，能分類舉其最優者否？'答：'以散體文，有直隸新城王樹枏、義寧陳三立；駢文有武進屠寄、泰州朱銘盤；考據之學可信者，有瑞安孫詒讓、善化皮錫瑞，當皆老帥所已知。此外，尚有浙江章炳麟。'廣雅聞至此，即大不謂然，曰：'梁啓超文字宗旨頗謬，然尚文從字順，章某則並文字亦怪異矣，足下何數及此人？'答云：'章某能讀書，實過於梁，老帥似未見其《左傳》著作。'……於是橫風打斷，言他事，忽論及桐城古文，姚視方何如。答以'姚雖言考據、義理、詞章三者缺一不可，然方根柢遠過於姚。人皆謂姚勝方，衍謂方勝姚，即惲子居亦勝姚，惟佞佛無謂耳。'廣雅頗以爲然。又談及蘇戡詩，甚爲稱許，惟言所見不多。……次日，家君上七言律二首，是夕，廣雅招飲。……坐間，廣雅言中國自大創於日，朝廷屬行新政，然起行必由於坐言，擬稍集留心時務者研究政學，庶有裨於萬一。次日來答拜，使節庵道達誠意，請本年起留鄂，辦理一切新政筆墨，暫任官報局總編纂。……諾之，乃函辭滬館。……是日識楊惺吾、馬季立、鄒沅颿、陳善餘、陳仁先諸人。"

《石遺室文集》卷九《沈乙盦詩叙》："余與乙盦相見甚晚。戊戌五月乙盦以部郎丁内艱，廣雅督部招至武昌，掌教兩湖書院史學。與余同住紡紗局西院。初投刺，乙盦張目視余曰：'吾走琉璃廠肆，以朱提一流購君《元詩紀事》者。'余曰：'吾於癸未、丙戌間，聞可莊、蘇戡頌君詩，相與嘆賞，以爲同光體之魁杰也。'同光體者，蘇戡與余戲稱同光以來詩人不墨守盛唐者。自是多夜談，索君舊作，則棄斥不存片楮矣。……余語乙盦：'吾亦耽考據，實皆無與己事，作詩却是自己性情語言，且時時發明哲理。及此暇日，盍姑事此？他學問皆詩料也。'君意不能無動。因言：'吾詩學深，詩功淺，夙喜張文昌、玉谿生、山谷内外集，而不輕詆七子。'詩學深者，謂閱詩多；詩功淺者，作詩少也。余曰：'君愛艱深，薄平易，則山谷不如梅宛陵、王廣陵。'君乃亟讀宛陵、廣陵。"

《侯官陳石遺先生年譜》卷四："三月入都。……四月至武昌，仍寓紗局。……有沈乙盦丈招游月湖，夜話達曙詩。……自是多聚，夜談至三四鼓。"

《侯官陳石遺先生年譜》卷四："八月，北京政變，言變法者多獲罪。……九月，廣雅因新政一切停頓，官報亦停，令家君入參幕府。"

陳衍《朱絲詞》沈曾植跋："戊戌東湖庵主沈曾植記。"

光緒二十五年（1899），主持《商務報》，主持譯成商律五百餘條，破產律數十條，六月譯成《商業博物志》。時民間有僞造錢票者，教以改制暗字銀紙，官票得以行用。是年，與沈曾植往復論詩，乃有"三元説"，調和唐宋，並有"同光體"之説。

《侯官陳石遺先生年譜》卷四："自去秋籌辦《商務報》，訂日本人高等商學畢業河瀨儀太郎，字長定，專譯商務各種書報，是春開始發行。家君仍移寓紡紗局辦事，副者惟朱強甫。首譯商律五百餘條、破產律數十條，兩月而畢。……六月，譯《商業博物志》成，原本英文，日人譯之，今又轉譯中文，分植物、動物、礦物三門，學者不可不閱之書。……時有僞造官錢票者，家君教以改制暗字銀紙，民間難以僞造，於是官票行用，由二百萬銀圓十年至四千萬銀圓，信用達十餘省。"

陳衍《石遺室詩話》卷一:"子培有《寒雨積悶雜書遣懷襞積成篇爲石遺居士一笑》詩,八十餘韻,余與君論詩語,略具其中。……'開天啓疆域,元和判州部。奇出日恢今,高攀不輸古。韓白柳劉騫,郊島賀籍伴。四河導昆極,萬派播滇渚……'蓋余謂詩莫盛於三元:上元開元,中元元和,下元元祐也。君謂'三元皆外國探險家覓新世界、殖民政策、開埠頭本領',故有'開天啓疆域'云云。余言今之人強分唐詩、宋詩,宋人皆推本唐人詩法,力破餘地耳。廬陵、宛陵、東坡、臨川、山谷、後山、放翁、誠齋,岑、高、杜、韓、孟、劉、白之變化也;簡齋、止齋、滄浪、四靈,王、孟、韋、柳、賈島、姚合之變化也。故開元、元和者,世所分唐、宋詩之樞幹也。若墨守舊説,唐以後之書不讀,有日蹙國百里而已。"

《侯官陳石遺先生年譜》卷四:"是秋,子培丈病瘧,逾月不出户,乃時托吟咏,與家君寓廬密邇,有所作輒相夸示,或夜半緘箋抵家君,至冬已積稿百十首。有《寒雨積悶雜書遣懷》一長古,論詩宗旨多本家君説。如家君言,詩學莫盛於三元,謂開元、元和、元祐,丈詩有'開天啓疆域,元和判州部'及'勃興元祐賢,奪嫡西江祖'各云云,謂'三元皆外國探險家覓新世界、開埠頭本領也'。家君言:'今人強分唐詩宋詩,宋人皆推本唐人詩法,力破餘地耳。'丈詩有'唐餘逮宋興,師説一香炷'及'強欲判唐宋,堅城捍樓櫓。咄兹盛中晚,幟自閩嚴樹'各云云。"

光緒二十六年(1900)夏秋間,京津大亂,次子陳聲漸寓袁氏宅,遇洋兵劫掠,被戕。是年主持譯成《貨幣制度論》《商業經濟學》二書。二十七年,三月得次子凶耗,有悼詩。是年譯成《商業開化史》《商業地理》《銀行論》。

《石遺室文集》卷十一《次兒聲漸哀辭》:"光緒二十六年夏,京師諸孽臣鼓煽拳匪,與旅華外人作難。不兩月,京師淪陷。吾次兒聲漸肄業於天津北洋大學，輾轉死焉。嗚呼！……（五月）二十四日得兒十四日書，言已去學堂，寄居同學袁姓宅。……袁有新婦，洋兵將擄焉，兒爲説退之，且言：‘敢爾，當告而帥。’兵懼復來，開槍戕兒，九月間事也，嗚呼痛哉！”

《侯官陳石遺先生年譜》卷四：“是年，譯《貨幣制度論》《商業經濟學》二書成。……（光緒二十七年）三月，始確得二弟凶耗。是春有……《哀漸兒》各詩，有《次男聲漸哀辭》。……是年譯《商業開化史》《商業地理》《銀行論》成。”

光緒二十八年（1902），爲鄭孝胥作《海藏樓詩叙》。首議鑄銅元，著《貨幣論》一卷，至年底不及四閲月，盈餘五十萬銀圓。

《侯官陳石遺先生年譜》卷四：“（光緒二十八年）二月，爲蘇戡丈作《海藏樓詩叙》，丈以爲風格在誠齋、白石之間。……首議鑄銅幣，初，廣雅讀家君所著《貨幣論》一卷十餘篇，欲創鑄當十紫銅元，終恐其不能通行，未決，匆匆移鎮。至是，撫部又疑之，家君又著論與反復辨説，乃以停鑄一兩銀圓所剩機器試鑄之。至年底，不及四閲月，估計工料，已贏餘利五十萬銀圓。”

二十九年（1903），湖北創兩湖師範學堂，聘爲國文兼倫理學教授，并兼方言學堂國文教授。閏五月，入都謁廣雅，以經濟人才得薦舉，廷試保和殿，以試卷違式黜落。在京師日，與沈曾桐、張元奇、程頌萬、曾廣鈞、冒廣生、周松孫、陳士可、曹元忠等游宴，詩作往來。三十年，《商務報》改爲官報局，仍由陳衍爲總理事總纂。盛鑄銅圓，數年獲餘利一千四百萬銀圓，用以百廢俱興。

《侯官陳石遺先生年譜》卷四：“（光緒二十九年二月）湖北創立兩湖師範學堂，梁節庵以武昌府知府充監督，聘家君充國文兼倫理學教授，并兼方言學堂國文教授。……閏五月，至都謁廣雅。……

某日廷試於保和殿,特派廣雅及某某尚侍六人爲閱卷大臣。……揭曉日拆彌封,廣雅見無家君名,大駭,詢諸陳玉蒼尚書,陳告以違式卷不送閱事。……在都與沈子封編修,張珍午侍御,程子大、曾重伯兩太守,冒鶴亭、周松孫兩刑部,陳士可博士,曹君直舍人日事游宴。有《答張珍午次韻》《再次韻答冒鶴亭》《三次韻答曾重伯》《次韻答周松孫》《再次韻贈琴南》各詩。"

《侯官陳石遺先生年譜》卷四:"(光緒三十年)盛鑄銅圓,前後數年,獲餘利一千四百萬銀圓,用以百廢具興。……以外,遣派各種學生留學日本,士官爲盛,卒成武昌革命之局,非廣雅所及料矣。改《商務報》爲官報局,家君仍總其事。"

光緒三十一年(1905)正月三日,三子卒。三月,删刻詩《石遺室詩集》,十一月刻竣,自爲一叙。八月十七日,長兄陳書卒於家,享年六十八。次年十二月,詩集刊成,名曰《木庵先生詩》。

《侯官陳石遺先生年譜》卷四:"客歲十月,三弟病於陽崎……迨暨臘月歸,已不治,以正月三日卒。"

《石遺室文集》卷三《三兒聲被壙志》:"其季弟病於城中,呼之往,力疾赴之,遂大病。寄居婦家,竟至綿惙。乙巳正月三日卒。"

《侯官陳石遺先生年譜》卷四:"三月至鄂,始開雕詩集,初,家君自少至壯,有詩千餘首,至是痛自删削,前後二十九年,只存四百餘首,編年分三卷刻之,名曰《石遺室詩集》。……十一月詩集刻竣,自爲一叙,凡一百六十七字,見者以爲一字不能增減。"

《石遺室詩集叙》:"余作詩三十年,所剩止此,所詣亦止此。乃分爲三卷刻之,第一卷凡八年,多閑居及游覽之作。第二卷凡十有三年,多行旅之作,有歌勞之思焉。第三卷凡八年,有悲傷之作,詩與人亦俱老矣。此後或三四年,或五六年,七八年,以至長辭人世,當更得一卷之詩,爲第四卷。其詩境未知何如,然得自放於山巔水涯,則幼時之流連景光,覽玩物華,意中有欲言而未能言者,將如獲故物,如履舊游焉。不亦既全其天矣乎? 乙巳十一月陳衍石遺自叙於武昌寓廬。"

《石遺室文集》卷三《故直隸博野縣知縣木庵先生墓誌銘》:"光緒三十又一年八月十七日,我伯兄木庵先生卒於里居,春秋六十有八。"

《侯官陳石遺先生年譜》卷四:"(光緒三十一年八月)十九日,大世父卒於家。……(光緒三十二年)十二月,大世父詩集刊畢,名曰《木庵先生詩》,無序,即以墓誌弁卷首,後有馮夢華年丈一跋。"

《石遺室文集》卷十一《伯兄木庵先生哀辭》:"兄壽七十,有詩二千首。"

按,陳書卒日,陳衍《墓誌銘》作"十七日",陳聲暨《年譜》作"十九日",當以《墓誌銘》爲準。

光緒三十三年(1907),受學部主事職,三月一日登車入都,三日抵京。其妻蕭道管病漸篤。八月十八日子刻棄世,享年五十有七。

《侯官陳石遺先生年譜》卷五:"(光緒三十三年)三月初一日,同先母由京漢鐵路快車北行,渡江登車,先母人極清健。初二日,在車上忽絕惡寒,急擁被,遂發燒,汗出乃愈。初三早至都,卸裝奶子胡同沈丹曾表兄寓廬,至午復寒熱相繼作,須臾而止,自是每日皆然。……家君以手指承鼻端,但覺兩道涼氣,有出無入,漸微漸盡,目亦閉矣。哀哉! 時十八日子刻也。"

宣統元年(1909),是年京師開辦分科大學,主講史學,撰《通鑑紀事本末書後》爲史學講義。是年冬,張之洞薨於任,有挽聯吊之。二年十二月東坡生日,端方招飲寶華庵,與宴者梁鼎芬、王式通、陳寶琛、柯劭忞、林紓、劉師培、羅乃宣、陳曾壽、傅岳棻、陳士可、繆荃孫、于式枚等。三年,武昌起義,離京南歸。

《侯官陳石遺先生年譜》卷五："（宣統元年）京師開辦分科大學，科目照廣雅所定大學章程，分經、文、理、法等科，江西人劉幼雲京卿廷琛爲總監督，聘公爲史學教授。公本教經學，以史學更難其人，廣雅特以屬公，公特撰《通鑑紀事本末書後》爲講義，見者謂可與王船山《通鑑論》並驅。……是冬，廣雅薨於位，即日定諡文襄。……公挽廣雅聯句云：'合陶桓公、謝太傅爲一人，弘濟艱難心力盡；有裴中令、李贊皇老從事，平生學術見聞真。'"

《侯官陳石遺先生年譜》卷五："（宣統二年）十二月東坡生日，梁節庵按察適至，端匋齋尚書招集寶華庵，至者王書衡推丞式通、陳弢庵閣學、柯鳳孫提學劭忞、林畏廬學博、劉申叔孝廉、羅玉初京卿乃宣、陳仁先侍御曾壽、傅治薌學部岳棻、陳士可參事、寶沈盦侍郎、李柳溪侍郎、繆筱珊京卿荃孫、于晦若侍郎式枚、李文石兵備。"

《侯官陳石遺先生年譜》卷五："（宣統三年八月）廿五日，公命眷檢裝南下，廿六日晨行。自留京寓。……凌晨行。"

民國元年（1912）至五年，仍於北京大學講史學。十月，梁啓超編《庸言》雜志，約公作詩話，計字酬金，月約萬言，陸續成之，至二年夏《庸言》停刊，成十三卷。三年六月，李拔可辦《東方雜志》，遂刊詩話於是刊，至十八卷而止。是年刪刻光緒三十二年（1906）後詩文集。民國四年，兼主法政學校文字學講席。五年臘月，辭教席歸鄉。

《石遺室詩話》自序："壬子秋客居都門，梁任公編《庸言》雜志，屬助臂指，則請任詩話。襞績舊説，博依見聞，月成一卷，卷可萬言。癸丑旋里，寄稿偶有間斷；迨甲寅夏日，印行僅十三卷，詩之可話者尚多，而《庸言》則既停矣。乙卯六月，李拔可謀爲《東方雜志》增文苑材料，復以詩話見委；亦月成一卷，卷萬言，至十有八卷而復止。則鄙人有《福建通志》之役，事方殷也。"

《侯官陳石遺先生年譜》卷六："（民國元年）七月，北京大學電促入都，適閩省當路欲強公出任事，乃出走避之。……十月，梁任公啓超開辦《庸言》雜志時任公爲司法總長，約公編詩話，計字酬金，千字酬八餅金，月約用萬言。公舊有詩話百十則，未成書，兹先編二卷與之。……十一月大學年假，將回閩，復作《詩話》四卷與任公。……（民國三年）十月，删丙午以後九年詩，存四百餘首，亦分三卷刻之，雜文稿積三十餘篇，亦料理付刻爲續集。……（民國四年）是歲兼主法政學校文字學講席。……（民國五年）臘月，大學校長易蔡鶴卿先生元培，公辭席歸，薦江叔海先生代之。"

六年(1917)，修《福建通志》。七年，張勛復辟失敗，閩粵有戰事，携家避居滬上。八年二月，沈曾植七十壽，有七言長詩賀之。六月，刊《尚書舉要》五卷、《説文舉例》七卷、《説文辨證》十四卷成。十年歲暮，《福建通志》全稿告成，凡六百餘卷，約一千萬言。刻《石遺室文集》三集、《詩集》卷七至卷一〇成。

《侯官陳石遺先生年譜》卷六："（民國六年）是歲志事方殷，編纂之法，徵書數間屋，使各分纂翻閱。……（民國七年）未幾閩粵遂有戰事。……公略爲計劃，旋携家赴上海。……（民國八年）在滬遇乙盦先生七十生日，以七言一百句壽之。……六月，刊《尚書舉要》七卷、《説文舉例》七卷、《説文辨證》十四卷成，方面皆蘇戡丈書之，《説文》各有自叙。……（民國十年）歲暮，新通志全稿告成，凡六百餘卷，約一千萬言，除《鹽政志》爲公猶子大彌先生編，《水利志》爲陳益卿先生編，《藝文志》爲梅生師分類，《職官志》爲吳樵笑先生編……此外字字皆一人手自編纂。……刻《石遺室文》三集、詩卷七至卷十成。"

《石遺室詩集》卷九《壽乙庵先生七十七言一百句》，詩不具録。

十二年（1923），編《近代詩鈔》，十一月由商務印書館出版。九月，赴廈門大學任主文科教授。

《侯官陳石遺先生年譜》卷七：“李拔可促成《近代詩鈔》甚急，日編數卷。客歲在里時，拔可以公舊有師友詩録百十家，因此議編《近代詩鈔》行世。乃搜集咸同以來已刻未刻詩稿寄閩，編纂略就緒，而兵亂起，至是促就滬編之，期以上半年告竣。於是求選者麇至，披沙而難以揀金，用頗招怨。迨刊成，賦五言古六首以釋衆議。……廈門大學校長林文慶……聘主大學文科教授……自於九月初應聘至廈。”

十五年（1926），《石遺室詩話》初集十三卷、續集十八卷合刻發行。

《石遺室詩話》自序：“久之十三卷之本，坊間私行翻印，既非完書，復多錯誤。十八卷之本，從未單行，阿好者欲購末由，時來問訊。乃取舊稿，删改合併，益以近來所得，都三十二卷，屬涵芬樓主人印之，以餉海内之言詩者，商邃密焉。歲在强圉單閼首夏，石遺老人書。”

《侯官陳石遺先生年譜》卷七：“《石遺室詩話》初集十三卷，附《庸言》報分期發行，廣益書局竊翻印爲單行本，錯誤甚多。續集十八卷附《東方雜志》分期發行，無單行本。海内寄書求合刻單行者甚衆，因使商務印書館刊行之。”

十八年（1929），《新通志》三百二十餘卷刻成。

《侯官陳石遺先生年譜》卷七：“是歲，刻就《新通志》三百二十餘卷，裝訂九十餘本，分類零售，行銷各省。先是，歲在辛酉，全志告成，規定刻費每月二千銀圓，限三年蔵工。八閱月而兵事起，纔刻百餘卷而工停，乃陸續募捐數千元，刻事羈縻勿絶而已。丁卯十月,省政府續籌刻費月八百元,限二十個月竣事,復刻百餘卷,尚餘三百餘卷未刻也。續議籌款三萬元刻完全書,而亂事又起矣。"

二十年(1931)九月,受聘於無錫國學專科學校。

《侯官陳石遺先生年譜》卷八:"九月應無錫國學專修學校唐蔚芝先生聘,爲講師。"按,廣文書局僅出七卷,卷八僅存民國刻本。

二十六年(1937),六月二十九日歸里,七月八日病逝,八月八日葬於福州西門外梅亭文筆山。享年八十二歲。

唐文治《陳石遺先生墓誌銘》:"先生生於清咸豐丙辰四月八日,民國二十六年七月八日卒。享壽八十有二。"

《侯官陳石遺先生年譜》卷八:"六月廿九日返里。……八日夏曆六月初一日上午,公如例見客,及午疝氣大作,延醫注射痛止,進牛乳一器,臥藤榻,自言甚適。日晡思溺,扶掖而起。目即瞠視,不能坐,無所言。九時徐瞑而逝。……八月八日夏曆七月初七日安葬西門外梅亭文筆山。"

按,唐文治《墓誌銘》作於是年八月,生辰爲夏曆紀年,則卒日亦應爲夏曆。《年譜》第八卷作於1960年,作者王真或誤以所記時日爲新曆。

參考文獻:

1. 陳衍著、陳步編《陳石遺集》,福建人民出版社2001年版。

2. 陳衍著,鄭朝宗、石文英校點《石遺室詩話》,人民文學出版社2004年版。

3. 陳聲暨編、王真續編《侯官陳石遺年譜》,臺灣廣文書局1971年版。

4. 唐文治《陳石遺先生墓誌銘》,《文教資料》1986 年第
6 期。

5. 張旭、車樹昇、龔任界編著《陳衍年譜》,福建人民出版社
2020 年版。

(郭文儀)

易順鼎傳

易順鼎,字實甫,又字中實、仲碩、中碩、石甫,號眉伽,別號哭庵,自署懺綺齋,湖南龍陽人。咸豐八年(1858)生。

程頌萬《易君實甫墓誌銘》(《易順鼎詩文集》附錄):"君諱順鼎,一字中實,湖南漢壽人。明萬曆中,諱相於者自豐城來遷。"

李肖聃《星廬筆記‧易順鼎傳》:"龍陽易順鼎實甫,一字中實。"

李法章《梁溪旅稿》二編卷上《易順鼎傳》:"易順鼎,湘之龍陽人,字中碩,一字實甫,別號哭盒。"

邵鏡人《同光風雲録‧易順鼎》:"易順鼎,字仲碩,一字實甫,號眉伽,署懺綺齋,晚號哭庵,湖南漢壽人。"

祖天成,字琢之,號卓庵,爲縣書吏。父佩紳,字笏山,號健齋,又號函樓,晚號遁叟,咸豐二年(1852)優貢,八年中舉,歷官山西、四川、江蘇布政使,著有《函樓詩鈔》《函樓文鈔》等。

易佩紳《函樓文鈔》卷九《先父行略》:"父諱天成,字琢之,號卓庵。生而温仁敦飭,坐立必端,衣冠必整,言語簡而步履重。公事之餘,尋繹經籍,時或陶情遣慮,托於音樂,而一出於莊敬。佩紳四五歲即頗有知憶,所賃南門陳姓宅有小樓,父常携佩紳登其上,煮茗焚香,徘徊瞻眺。又常携於園林空曠處弄月吟風,蕭然物外,而佩紳或踞地歡躍,仰首見父即斂足改容,蓋吾父神和而氣嚴,即此已見其概矣。父生乾隆五十四年九月初五日巳時,卒道光十一年八月十四日亥時,壽四十有三,葬南城外史家嘴。初贈通議大夫,晉贈光祿大夫。配劉太夫人,生子四,伯兄摺臣先生,仲、叔殤,季則佩紳也。女四,一適饒,一適彭,殤者二。”

《易順鼎詩文集》卷三十七《先府君行狀》:“府君姓易氏,諱佩紳,字笏山,號健齋,又號函樓,晚號遁叟。……府君以道光六年十二月八日生於縣城之居第,年二十一入邑庠,咸豐乙卯兼補行壬子年科試,以優行貢成均,舉戊午科順天鄉試,庚申挑譽錄考取教習,以知縣用,率軍剿賊秦蜀。同治初,保知府加道銜,被議革職。開復原官,分發貴州,以平苗功保道員,加按察使銜,又加布政使銜,庚午攝安順府事。光緒丙子署貴東道,旋補授,辛巳授貴州按察使,壬午擢山西布政使,癸未調四川布政使,乙酉調江蘇布政使,丁亥乞病歸里,戊戌卜居九江,居九年,以微疾卒,時光緒三十二年七月十二日也。……中年服官後,始稍參以仙佛兩家之書,然大旨分出世、入世法,以聖賢之義理應世,以仙佛之精意自了。於是著《通鑑觸緒》《老子解》《仁書》諸書,皆爲救世而作。……府君又著《詩義擇從》四卷、《安順書牘》二卷、《貴東書牘》四卷、《函樓文鈔》八卷、《函樓詩鈔》二十卷、《詞鈔》四卷,皆已行世。惟自述《年略》七卷、《日記》數十卷藏於家。”

順鼎五歲曾爲太平軍所掠,次年爲蒙古親王僧格林沁所救,海內皆以爲異事。六歲能屬文,年十五六,刻其詩爲《眉心室悔存稿》。才子之名,遂滿天下。

《易順鼎詩文集》卷三十七《先府君行狀》:“府君駐軍距城廿餘里。城陷,吾母陳夫人遣人負不孝及女兄逃歸,遂毀形易服以出,將出城,復遇女兄,越三日,共達府君所。獨不孝陷賊一年,至應山縣爲忠清王僧格林沁大軍所獲。王抱坐膝上，授應山縣令朱公送歸。時不孝甫五歲，由賊中生還，海內皆以爲異事。"

《易順鼎詩文集》卷二十二《哀知己銘·外藩蒙古親王諡忠親王僧格林沁》："同治癸亥，漢中破。余陷賊，年五歲。明年忠親王殲賊於應山縣。余黃衣綉冠，二人負以趨。騎將某獲余，獻俘。余私問負者曰：'吾父官大，王官大耶？見當跪拜耶？'負者曰：'汝父，知府也；王，皇伯父也。見當跪。'及見王，余乃跪。王長身美髯，狀如天神，高坐居中，左右立，皆冠珊瑚頂者。王不辨余語，余辨王語，以指濡沫畫王掌。王喜，命取筆硯。余受筆，書父姓名及己名。王大喜，抱坐於膝，飛騎召應山縣知縣，親授之曰：'奇兒也，好爲送歸。'余遂生還，重侍父母。"

《易君實甫墓誌銘》："方六歲，作《述難篇》，世稱爲神童。年十四，試冠軍，附邑庠，食廩訖。"

易順鼎《琴志樓編年詩集自記》（《易順鼎詩文集》卷首）："余刻詩最早，十五六歲時即刻《眉心室悔存稿》。"

光緒元年（1875），鄉試中第。後五應會試，皆不第，六年，納資爲刑部山西司郎中。十二年，由刑部郎中改捐試用道，分發河南，總釐稅、賑撫、水利三局，充三省河圖局總辦。十六年，以進呈《修三省黃河圖説》，由試用道保過候補班，加按察使銜。

王文韶《王文韶日記》光緒元年九月八日："午初入闈簽榜，申正至衡璧堂入座，拆封填榜。本科中七十一名，解元粟榮晉長沙縣學附生。……易順鼎中四十六名，其英挺之氣，固自不可遏抑也。子正揭曉後回署，就寢已丑初矣。閻士良、李和卿、易順鼎亦癸酉應會課者。"

《易君實甫墓誌銘》："六應會試不第。"《易順鼎詩文集》卷二十二《慕皋廬雜稿·自叙兼與友人》："十七舉於鄉。五上京師，聲華借甚。"按，順鼎中舉後，曾於光緒二年、光緒三年、光緒六年、光緒九年、光緒十二年五次參加會試，程文誤記。

《易順鼎詩文集》卷二十二《哀知己銘・太子太保工部尚書兼管順天府尹諡文勤吳潘公祖蔭》："光緒庚辰，伯寅潘公爲刑部尚書，余以捐納郎中，分刑部學習，與江西李盛鐸、山東丁希曾同日到部。於例初見堂官，三揖，堂官答揖。潘公答三人揖畢，問：'誰爲易老爺？'堂官於司官無可稱，故以衙門通稱稱之。余不便自應，但稍趨而前。潘公拱手曰：'曾讀行卷，驚才盤籠，傾倒久矣。'余退，又謂諸司官曰：'此空前絶後一支筆也。'時在堂上者數十人愕眙，目相屬。一日而刑部衙門中皆知山西司有新到之易司官。"

《易順鼎詩文集》卷三十七《謝恩摺（一）》："分發河南試用道臣易順鼎跪奏：爲恭謝天恩，仰祈聖鑑事。本月十六日吏部以臣帶領引見奉旨：'照例發往，欽此。'竊臣湘江下士，知識庸愚，由舉人報捐郎中，簽發刑部，捐升道員，涓埃未報，兢惕方深。兹復渥荷溫綸，准予發往。自天聞命，備切悚惶。伏念河南爲繁要之區，道員有監司之責。如臣禱昧，深懼弗勝。惟有吁求宸訓，敬謹遵循，俾到省後，於一切差委事宜，矢慎矢勤，以期仰答高厚鴻慈於萬一。所有微臣感激下忱，謹繕摺叩謝天恩。伏乞皇太后、皇上聖鑑。謹奏。光緒十二年十一月十八日。"

秦國經主編《清代官員履歷檔案全編》："易順鼎……（光緒）十六年三月，《三省黃河圖説》修成進呈。奉旨留覽。旋因鄭工賑務出力案內保。加按察使銜。又因善後各項工程出力案內保。加二品頂戴以道員歸候補班補用。"

旋棄官入廬山，鞏琴志樓居焉。後應湖廣總督張之洞之聘入幕，充兩湖書院經史講席。光緒十九年（1893），母卒，服孝哭母，遂號哭盦。

《易順鼎詩文集》卷三十七《先府君行狀》："初，庚寅歲，不孝由河南道員請假歸游廬山，至三峽橋，喜其山水泉石幽深，甲天下，築樓居焉，顏曰'琴志'。至戊戌，府君往游，以九江地清曠，別築一樓於樓中，顏曰'琴心'。時人所謂琴志、琴心'父子樓'也。"

《易順鼎詩文集》卷三十九《詩話聯話·詩鐘說夢》："至庚寅春，《河圖稿》成，遂棄官，徑入廬山，於三峽澗上築琴志樓居之。當是時，幽憂佗傺，心緒如死灰槁木，初不自知其所以然。南皮師方督兩湖，乃相招入幕，亦不自得。又改充兩湖書院分教。於是始奉母居鄂，來往於匡山、鄂渚之間。"

《易順鼎詩文集》卷二十二《哭盦傳》："哭盦平時謂天下無不可哭，然未嘗哭，雖其妻與子死不哭，及母沒而父在，不得遽殉，則以爲天下皆無可哭，而獨不見其母可哭。於是無一日不哭，誓以哭終其身，死而後已。自號曰哭盦。"

中日甲午戰事起，順鼎遵父命墨絰從軍，入兩江總督劉坤一幕，參贊軍事。馬關條約成時，曾詣闕上言，請罷和議，褫奸權，籌戰事，不報。又渡海赴臺，晤劉永福，謀餉保臺，事不行。

《易順鼎詩文集》卷十《余自衛慈恃，即以死自誓，然父老矣，遽死恐傷其心。今奉命從戎，若馬革裹屍，固幸事也。家惟一弟、一妹、一妻、二妾，預作此訣別》："瘴江收骨痛昌黎，他日應教弟妹携。喚女惟聞木蘭父，哭夫不顧杞梁妻。與諸君飲黃龍耳，若有人乘赤豹兮。轉眼鶯啼好時節，春閨切莫夢遼西。"

《易君實甫墓誌銘》："甲午，既祥，中東戰起，劉忠誠公奏調君出參戎幄。君承父命，墨絰往從。至京師，伏闕上書累萬言。略謂：不患不出於戰，而患一戰之後，終歸於和；不患終歸於和，而患失戰與和之本。其要在先罰後賞，而先行於李鴻章，不以姑息愛之，乃可以保全其聲名，而收厚效。故有戰無和，戰正所以速其和；

先罰後賞,罰正所以速其賞。時論韙之。又陳管見十事,請赴前敵。在軍素食,哭泣無時。乙未四月,和議割臺灣畀倭。君復詣闕上言,請罷和議、褫權奸、籌戰事,不報。乃乞忠誠予檄赴臺偵探,因要劉永福畀以四營守臺中。臺餉匱,君復渡海歸,謁江督張文襄公,乞款五萬,還臺致永福。出次廈門,策臺北士民獨立。而永福忽内渡,劉、張二公懼君違旨挑釁累己,延君父至鄂,堅命促歸。君之乞餉,乘筏出鹿耳門,颶浪壓空,椿天踊岳,高下百變,飈掣霆吼,萬死垂睫。自念國難未紓,殉母亦所安也,遂冥坐誦佛號,浪不及衣,三睨而達輪舟,蓋若有神陰相云。"

光緒二十三年(1897),督管湖南鹽務。以劉坤一奏請,奉旨召對二次。二十六年,督辦江陰江防。二十八年,簡任廣西右江道,調署太平思順道,駐龍州,因裁營訊事爲兩廣總督岑春煊所劾罷。

《易君實甫墓誌銘》:"其年冬,服闋。劉忠誠奏稱君性情忠篤,學識閎通,請破格録用。奉旨召對二次,皇太后詢江南近狀,奏稱劉坤一大事不糊塗,朝廷緩急安危,終以老成爲可恃。又稱皇太后春秋漸高,皇上聖學無人輔導,聖躬無人保護,皇上爲天下主,上安則天下安,上强則中國强,願請以張之洞爲師傅。皇太后頷之,交軍機處存記。庚子,督辦江陰江防,旋赴行在,督江楚轉運,改駐陝。壬寅冬,簡任廣西右江道,調署太平思順道,駐龍州。時邊帥易人,於巡道權限防餉,多所齟齬,因陳督撫飭所屬修築民堡,量裁緑營,暫緩賭禁,以殺匪勢。復相詆詰,一不屈。龍州關稅素絀,及君累贏月額,給邊防炮臺經費,前所未有也。表列所屬户口、荒賑、劫殺諸案,督領規劃,剿治撫循。甫及三月,邊氓漸安,而總督岑春煊遽以名士畫餅劾罷之。"

鄭孝胥《甲辰日記》光緒三十年正月二十八日:"易實甫來簡云:'坐忤雲帥,已得代。'午後,詣實甫視之,實甫言:'因爭裁營訊事，雲帥斥我荒唐，我適讀《孟子》"北宮黝之養勇"節"惡聲至，必反之"二語，遂復電云"州縣未增親兵而遽裁營訊，則營訊之職守應交何人？此雖五尺童子猶知其無從辦理，職道之澆瀆非得已也。若以爲荒唐，恐荒唐別有人在。至疑其增兵自利，更不屑辯。職道只知爲朝廷保護民生，爲憲臺保護桑梓，不知其他"等語。'余笑曰：'他叫你裁，你却來養勇，宜其衝突至此。然亦可爲電報掌故中添一段奇文，與梁星海罵姚文倬之電可稱二妙矣。'"

光緒三十二年（1906），丁父憂。服闋，詣都察院自呈被參冤抑，開復原官。授雲南臨安開廣道，旋調廣東欽廉道，又署廣肇羅道，移高雷陽道。

《易君實甫墓誌銘》："還潯，丁父憂，苫塊積苦風濕，病絶復蘇，奉父櫬歸葬漢壽。服闋。明年，詣都察院自呈被參冤抑。奉旨飭粵督查復得實，開復原官。戊申歲盡，授雲南臨安開廣道，旋調廣東欽廉道。及秋，署廣肇羅道，移高陽雷道。所在吏民稱頌。辛亥秋，調省，莅香港。"

《易順鼎詩文集》卷三十七《謝恩摺（三）》："爲恭謝天恩，仰祈聖鑑事。伏讀邸鈔，光緒三十四年十二月三十日奉上諭：'雲南臨安開廣道缺，着易順鼎補授。欽此。'竊臣始舉孝廉，在先帝龍飛之初歲；備員邊道，留粵西虎口之餘生。服官三月，而即挂彈章；在籍五年，而始蒙昭雪。茲當庶政方新之會，復荷九重特達之知，跪捧恩綸，莫名感悚。伏思道員膺分巡重寄，臨安爲交涉要區。臣昔任龍州，尚無隕越；今承鳳詔，倍切捐糜。惟有殫竭血誠，勉循職守。爭桑與釁，貴調金虎之強鄰；求艾更新，期變碧雞之舊俗。指萬里馳驅之路，幸依魏闕以瞻天；感兩朝知遇之恩，更望鼎湖而流涕。所有微臣感激下忱，理合具摺，恭謝天恩，伏祈聖鑑。謹奏。"

宣統三年(1911),辛亥革命起,遁居上海。貧不能自給,遂北上赴京。民國三年(1914)任印鑄局參事。與袁克文交最厚,乃益狎邪。

陳灨一《新語林》:"易實甫閑居日下,貧不能自存,其鄉人袁□庵與之善,問:'君能屈志小就否?'易對曰:'枯魚入水,豈遑擇流?窮鳥奔林,烏暇問木?'遂薦爲印鑄局參事。"

王闓運《湘綺樓日記》民國三年五月十日:"晴。晨見報,實甫補參事,作詩賀之,並眼鏡送去。"

喻血輪《綺情樓雜記·易實甫風流韻事》:"易(順鼎)於狎妓外,猶好捧女伶,民初舊京紅坤伶劉喜奎,易捧之猶力,每日必過喜奎家一次。入門,必脫帽狂呼:'我的親娘,我又來了!'甚至作詩云:'我願將身化爲紙,喜奎更衣能染指。我願將身化爲布,裁作喜奎護襠褲。'其顛倒如此。劉禺生《洪憲紀事詩》有'驟馬街南劉二家,白頭詩客戲生涯,入門脫帽狂呼母,天女嫣然一散花',即咏此事也。"

鄭逸梅《微芒夢墮録》:"洹上袁寒雲爲民國四公子之一,驚才艷艷,所作散見於各報章雜志,蓋當時主輯者,爭相羅致,於是朝脱稿而夕刊行矣。然其少作外間流傳絶鮮。予見其甲寅夏所刻之《寒雲集》,用朱墨印,凡三卷,而予所見尚缺第二卷。封面乃寒雲自書,裏頁則方地山親筆題一詩云:'人間孤本寒雲集,初寫黄庭恰好時。手叠叢殘還付與,要君惜取少年時。'下署'無隅',作行書,絶古逸,前輩手迹,彌覺可珍。頌此詩可知當寒雲生前,此集已爲殘餘之孤本,想所印不多,貽贈戚友早罄矣。有閔爾昌題詞,篇端爲'漢壽易實甫先生選定,項城袁克文學'十五字。"(鄭逸梅《尺擴叢話》,上海古籍出版社2004年版)

九年(1920)，病卒於北京寓所，年六十三。子家鈇、家鉞、家鑄。

《易君實甫墓誌銘》："嗚呼！易實甫，當世之仁人也。自少壯至於老死，一身以迄於家國天下，必孝以先之，忠以履之，廉以成之，晦以全之，博愛以容之，歌哭以遂之。蘄盡於人，以復於天。夫人於天，感而抑者也；天於人，淪而戒者也。此才絕矣，庸可復生耶？……廣州變作，遁居滬上，貧不自聊。歲餘，赴京師，食於印局參事。積感跅弛，顛倒歌哭，不知有生。凡所造什，褒憂割名，以自蜂其氣。其視當世人物，貴賤、貧富、愚智、強弱、新故，不爲畦町。而接倡優，則如飲食不可廢。如是者八年。以庚申歲八月三十日亥時寢疾，卒於京寓。距生咸豐八年戊午九月初五日戊時，春秋六十有三。"

順鼎之詩，以"四魂""十頂"最爲知名。"四魂"者，即作於京師之《魂北集》、津門之《魂東集》、臺灣之《魂南集》、長安之《魂西集》，多繫於國故。順鼎自稱"性癖山水，與婦人並重，得山水則屏婦人"，曾游泰山、峨嵋、終南、羅浮、天童、潙山、普陀、廬山、衡岳、青城，皆登絕頂，各有一集，故稱"十頂"。

《琴志樓編年詩集自記》："刻既竟，易順鼎自記其緣起曰：余刻詩最早，十五六歲時即刻《眉心室悔存稿》。以後所刻則有《丁戊之間行卷》《摩圍閣詩》《出都詩錄》《樊山沌水詩錄》《吳篷詩錄》《蜀船詩錄》《巴山詩錄》《錦里詩錄》《峨眉詩錄》《青城詩錄》《游梁詩剩》《廬山詩鈔》《四魂集》《湘社集》《湘壇集》《江壇集》《魂西集》《囂園詩事》《魂南續集》《廬餘集》《宣南集》《嶺南集》《甬東集》《廣州集》《高州集》《癸丑詩存》，凡廿餘種。然隨時所刻，不相連屬。其未刻者，則凌雜散亂，棄置數敝簏中。而余又奔走風塵，迄無寧歲，於此事迄不暇過問，亦聽其斷爛散失而已。辛亥之變，失去一簏，余獲幸存。至今年庚申夏，余臥病已年餘，乃始因病得閑，因閑、因恐速死而得排比鈔輯。一日，程君伯葭偕陶君北漠來視余疾，時余正强起搦管，自鈔其所未刻詩，已鈔成數卷矣。兩君見余病已劇，尚能鈔詩，且與平時字迹無異，相與驚嘆。陶君遂慨然矢助巨資付剞劂，程君則自任督視手民，不兩月印成十二卷，自癸酉迄癸巳，題曰《琴志樓編年詩》。其餘尚將陸續編輯，或能全刻，亦未可知。蓋籌墊款項、督促校勘，程君極費苦心。而自陶君助資後，凡與余知好者，無不代余欣感，相與稱道。於是許佩臣觀察、潘馨航次長，皆以兼金助刻全稿；葉玉甫總長、李一山觀察，亦慨許助金贊成。余一人區區享帚之情，既得稍慰，而諸公拳拳分金之雅，尤不敢忘，特拉雜書之。因念自古迄今刻詩之難，而余獨得友朋之助爲厚幸也。庚申八月力疾書。”

凡詩集七十二卷，詞集十卷，經史雜著二十三卷，《盾墨拾餘》六卷，合倡和諸集，逾六十種，刊行者十之八九。最後六年詩稿佚入他手，間見報刊。

《易君實甫墓誌銘》：“惟君之才，沐日浴月，海涵地負，靡有際涯。而學綜百家，代取事據入文，頃刻萬有，造於自然。時若鬼爛神焦，光怪四出。曠古論才，惟太白、東坡可相上下矣。嘗自述生平詩：所謂《四魂集》者，繫於國故爲多。而‘十頂’之游，則青城、峨眉、終南、普陀、匡廬、泰岱、衡岳、大潙、天童、羅浮，各爲一集。又言性癖山水，與婦人並重，得山水則屏婦人。靈襟微尚，有自來矣。大凡詩集七十二卷，詞集十卷，經史雜著二十三卷，《盾墨拾餘》六卷。合倡和諸集，逾六十種，刊行者十八九。最後六年詩稿佚入他手，間見報刊。”

當清末民初之際,海内詩人,天才卓犖,橫絶一世者,代不乏人。易順鼎與樊增祥則稱中晚唐詩派。樊氏之詩,終不改此度,然順鼎則屢變其面目,爲大小謝,爲長慶體,爲皮、陸,爲李賀,爲盧仝,而風流自賞,近於温、李者居多。雖放言自恣,不免爲世所訾謷,然亦未易才也。

陳衍《近代詩鈔·易順鼎》:"實甫幼有神童之目,稍長有才子之稱。自謂張夢晋後身,詳其所作《題張夢晋畫折枝長卷》。詩序中又自謂張船山、張春水後身,以爲王子晋再世爲王曇首,三世爲夢晋,四世爲船山,五世爲春水。實則春水及見船山,焉得爲其後身?不過文人結習,托所心好者,以自夸異耳。君於學無所不窺,爲考據,爲經濟,爲駢體文,爲詩詞。生平詩將萬首,與樊樊山布政稱兩雄。惟樊樊山始終不改此度,實甫則屢變其面目,爲大小謝,爲長慶體,爲皮、陸,爲李賀,爲盧仝,而風流自賞,近於温、李者居多。雖放言自恣,不免爲世所訾謷,然亦未易才也。"

徐珂《清稗類鈔·文學類》"姚鵷雛評近來詩派"條:"華亭姚鵷雛嘗曰:近來詩派,大別爲三宗。……張文襄公嘗謂洞庭南北有兩詩人,壬秋五言,樊山近體,皆名世之作。樊山早歲爲袁子才、趙甌北,自識文襄,乃悉棄去,從李蒓客游,頗究心中晚唐。吐語新穎,則其獨擅。龍陽易實甫固能爲元、白、温、李者,於是中晚唐詩,流傳頗盛。大抵二人少作雋妙,過於近詩。"

汪辟疆《光宣詩壇點將録·易順鼎》:"實甫早有天才之目,平生所爲詩,屢變其他體。至《四魂集》,則餘子斂手;至《癸丑詩存》,則推倒一時豪杰矣。造語無平直,而對仗極工,使事極合,不避熟典,不避新辭,一經鍛煉,自然生新。至鬥險韻,鑄偉辭,一時幾無與抗手。"

參考文獻：

1. 易順鼎著、王颸校點《琴志樓詩集》,上海古籍出版社2004年版。

2. 易順鼎著、陳松青校點《易順鼎詩文集》,湖南人民出版社2010年版。

3. 陳衍《近代詩鈔》,商務印書館1923年版。

4. 袁英光、胡逢祥整理《王文韶日記》,中華書局1989年版。

5. 鄭孝胥著、勞祖德整理《鄭孝胥日記》,中華書局1993年版。

6. 秦國經主編《清代官員履歷檔案全編》,華東師範大學出版社1997年版。

7. 易佩紳《函樓文鈔》,《清代詩文集彙編》,上海古籍出版社2010年版。

8. 陳松青《易佩紳易順鼎父子年譜合編》,湖南師範大學出版社2018年版。

（王宏林）

江標傳

　　江標,初名善寰,字建霞,亦作建赮,號萱圃、師鄦,自署笤諔,堂號靈鶼閣,江蘇元和(今江蘇省蘇州市)人。咸豐十年(1860)生。三歲失怙,賴母華氏以育。八歲,母教以四聲,讀唐詩。十一歲,命爲賦。十四赴縣府試,十五赴學使試,不售。

　　《清代科舉人物家傳資料匯編》載江標父江雲生平:"父雲,原名保懷,吳庠生,翰林院待詔。敕贈文林郎翰林院庶吉士。庚申,值粵匪之亂,避居金匱邑鄉之蕩口鎮華氏外王母家,獨携藏書一廚,餘皆未及。繼聞城陷,扼腕時事,悒鬱疾終,年三十三。所著僅存《墨林書屋制義》《試帖》各一卷。"

　　江標《笤諔日記》光緒十七年九月二十五日載江氏少時所受母教之細節:"母姓華氏,世居金匱鄉蕩口鎮。……母少好讀書,喜繢事,工文辭,通聲律,年二十八歸我皇考,爲繼室,是年爲咸豐己未。……標年八歲,母教以四聲,讀唐詩,課五七言絕句。十一歲,命爲賦,呈兩兄改之。十四赴縣府試,十五赴學使試,不售,母戒以毋急求,毋幸獲。復命隨師讀書,節衣縮食以供師脯。嘗晚歸,聞早出塾他往,怒呼杖來痛挟,懷中忽脱兩帙,母拾視之,乃新購鈕氏匪石《説文段氏注訂》也,乃曰:'兒往購書乎? 然此等書或非汝所能通,且不告而往,罪不赦。'仍不與食,曰:'爾父遺書一廚,今十四五年矣,未嘗動也,能讀之則爲汝啓局鐍。'標於是始得讀藏書。標每值新正過諸長,有賜以壓歲錢者,毋戒不許博。或聞購書籍碑拓,輒索觀,有非應用者,怒不許買。然數十餘年來,積書百篋,皆毋脫簪典裳以爲助,毋未嘗一書不知其目也。"其他材料亦於此略有提及,如趙炳麟《江京卿傳》:"江京卿名標,字建霞,江蘇元和人也。三歲失怙,賴其母以育。七歲就傅,其母織紡以供學資。標長,事母孝敬,慮名之揚,無以顯其親也,爲學愈力。"唐才常《前四品京堂湖南學政江君傳》:"君諱標,字建霞,江蘇元和縣人。幼喪父,孤貧力學。母華太夫人授以經史大義,過目輒不忘。"

祝秉綱《清江建霞京卿事實》:"十歲,學爲詩古文辭,自比洪北江,以顯親報國爲志。稍長,通許氏學,研究群經,旁通九流及史志制度之學。弱冠補諸生,俞曲園樾、陶紫珍方琦見君所著,激賞之,名益盛。"

按,同治元年(1862),太平軍攻陷無錫。據上引《清代科舉人物家傳資料匯編》,江標父江雲卒於是年。又據《江京卿傳》"三歲失怙",可知江標生於咸豐十年。

光緒八年(1882),由内兄汪鳴鑾引薦,從葉昌熾游。次年初,復經陶方琦推薦,入湖北學政高釗中幕。九月,至山東,就幕於汪鳴鑾,多所交游,並爲汪搜集金石碑帖、古籍書畫,學力日長。十二年,與葉昌熾同客廣東,仍爲汪之幕僚。

葉昌熾《緣督廬日記鈔》光緒八年二月一日:"江生標來從游,汪郎亭所薦。"

《江建霞京卿事實並跋》(《萬國公報》卷一百三十二):"旋應高勉之學使釗中之聘,游楚北。嗣佐其妻兄汪柳門侍郎鳴鑾校閱試卷,之山左,之粵東,南北奔走萬餘里,一時知名之士皆願與納交,學乃大進。"

葉昌熾《江標建椴事實》:"丙戌、丁亥之間,從余問字,同客嶺嶠。"

光緒十四年(1888)，赴南京與江南鄉試，以三十一名中舉。次年中進士，改庶吉士。憫國運日蹙，乃好西學，習世務。十六年，散館授編修。十七年，致信李文田，表達遠游出使之志，欲謀二等參贊之職，請從中周旋，惜未成。二十年，出使英法大臣薛福成爲其上疏保薦，亦未即用。

《江京卿傳》："第光緒己丑進士，改庶吉士。博極群書，窮覽六略，嘗閔國運日蹙而外患之無已時也，慨然曰：'今日欲亨世屯，非詳考各國形勢利病，欲交涉措施之適當難矣。'"

《笘誃日記》光緒十七年十一月十五日載江氏致李文田書："今歲四月，適黎純齋觀察力勸出洋，且爲作書與薛叔耘年伯，援汪芝房前輩之例，謀爲二等參贊之使，乞其奏調，至今尚無覆音。後探知因王子裳兄奏調在先，而尚未往，故不能再行奏請。頃聞子裳兄決計不願西行，則參贊一席尚在虛懸。可否函丈念其有志，從速作書與叔耘年伯，仗鼎力一言，必可允從。惟此事不可少緩，如蒙俯允，祈即賜一函，當徑寄上海轉遞，則明年二月可得覆音。自念年力尚輕，有志遠游，昔人使絶域，每讀史至此，輒徘徊不已，夫子聞之，當亦爲之莞爾也。"

《前四品京堂湖南學政江君傳》："光緒十五年己丑成進士，明年授職翰林院編修。是時出使大臣薛福成方殷憂世局，慮使才乏絶，不能與各國抗衡樽俎間。既見君，乃大喜，薦於朝。朝議狃於積習，視凡大臣保舉人才，例交總署存記，未即用也。"

薛福成《保薦使才疏》(陳忠倚輯《皇朝經世文三編》卷二十)："竊惟數十年來，環瀛諸國，舟車相達，琛書相輸。始而通商，繼而傳教，又繼而遣使。於是境壤則與彼毗連，條約則許彼通行，軍制則參彼規模，船械則仿彼製造。交涉之端日益廣，需才之事日益多。而握其大綱、泛應咸宜者，尤以豫儲使才爲急務。……臣竊思賢才薈萃之地,莫如翰林院衙門。國家設官初意,惟翰林不任以職事,蓋欲擴其器識以待大用,冀其無事不習,無職不宜也。……臣於翰林人員孰識甚寡,偶知一二,謹陳梗概。……翰林院編修江標,研究群書,好學不倦,留心時事,志趣卓然。……以上三員,年力均富,儻蒙敕下,總理衙門存記,酌備出使之選,該員知有以自效,當奮寬閑之歲月,研遠大之經綸。即遲之一二十年,該員等資望彌深,器識彌宏,授以重職,必有明效。"

按,江氏於中西學術優劣互補之見,參見江標《格致源流説》(求是齋輯《皇朝經世文編五集》卷十三):"西人格致之學,殫精竭力,造乎其極,制器尚象,窮探精微。似若中學,專尚空談,不如西學之深求實驗。不知溯厥源流,中西固有出於一致者。……舉凡西人今日之絕技,莫非中國往哲之遺傳,或加以變通。中國爲其創,而西人爲其因。中國肇其端,而西人竟其緒。中國信以傳信,數世不可考耳;西人精益求精,專門竟成絕詣。此固中西學問消長之機,亦即國勢盛衰強弱之所由判。留心世道者默審其機,慨然興嘆,務欲中國棄虛文而尚實學,講求格致,胥出於一途。人人思創新法,以利國而便民,將見不出百年,中國兵無不精,國無不富,安知不能駕地球各國而上哉。"《變學論》(求是齋輯《皇朝經世文編五集》卷十三):"中學之窒於用,胥一世咸知之矣。於此遂曰:'舍旃,舍旃,競從西學。'吾恐數千百年來尊詩書、宗禮義孔孟之道一旦遂絕,非我中國之一大患乎?不知西學宜從,而中學亦未可棄也。如人之一身,五官並用,缺一不可。舍西學而守中學,雖心極靈明,而手足拘攣,耳目障蔽,將以行遠,頓見其顛越也。從中學而兼從西學,則心之所之,手足耳目皆能赴之。有體有用,而向者能說不能行之弊,可於一旦而滌除也。"

同年，放湖南學政。湖南學風頑固守舊，不喜西學。江標棄去八股，而以輿地、掌故、算學試士。年餘，盡改士風。集湘士之試文，編《沅湘通藝錄》十卷。

《前四品京堂湖南學政江君傳》："二十年視學湖南。故事學臣雖赫奕爲欽命官，自循例衡文外無所爲，不足表見當世。君既有所蘊蓄，不得志於時，乃思即一官操鼓舞天下之權。湖南在十八行省中最頑固守舊，視西學如仇讎。君不計利害，毅然以辟道自任。下車之日，以輿地、掌故、算學試士。有能通地球形勢及圖算物理者，雖制義不工，得置高等。又許即制義言時事，一決數百年拘牽忌諱之藩籬。年餘，士習丕變，爭自濯磨。又一年舉行選拔科，得知名士數十人，物論翕服。君乃躍然謂諸生曰：'湖南真人才淵藪哉，他日天綱潰弛，出而任天下事者，其在兹土乎？'"

《江京卿傳》："湖南多氣節之士，强干可任，而惡談西藝獨烈。標欲開其風氣，擴其心智，創刻《湘學報》。學分數門，曰經，曰史，曰天算，曰時務。取士喜新奇，文不合於常格，湘人以此謗標。"

胡思敬《戊戌履霜錄》卷四《江標傳》："視學湖南時，以變士風、開闢新治爲己任，所取文多怪誕，不中繩尺。"

譚嗣同《秋雨年華之館叢脞書》卷一《與徐仁鑄書》："方江學政之至也，謗者頗衆。及命題喜牽涉洋務，所取之文，又專尚世俗所謂怪誕者拔爲前茅，士論益嘩。至橫造蜚語，箝構震撼，而江學政持之愈力。非周知四國之士，屏斥弗錄；苟周知四國，或能算學、方言一技矣，文即至不通，亦衰然首舉之。士知終莫能恫喝，而己之得失切也，乃相率盡棄其俗學，虛其心以勉爲精實，冀投學政之所好，不知不覺，軒然簇然，變爲一新。雖在僻鄉，而愚瞀虛驕之論，亦殆幾絶矣。"

江標《致張之洞》(《苦笤日記》光緒二十二年七月)："湘中本來

專守舊學，界限頗嚴，及見各省振興，尚復委迤非笑。自長者創設兩湖書院，而湘士方知學問之廣；設立自强學堂，而湘士方知新學之精。然猶以重湖阻隔而知之者希。故標到湘以來，亟亟於校經堂加設季課，添造書樓，特欲小辟新規，漸移舊習。兩載以來，湘中人士頗不以此事爲非。"按，此函收信人及年月之考證，參見黃政《〈笤誃日記〉所見江標函稿七通考釋》(《文獻》2014 年第 1 期)。

據江標《沅湘通藝録》卷首自序，可知江標刊刻是書之用意及規劃："天下之大，無物不有。一省之中，人才衆多。一學之途，百家分貫。若以一物掩天下，一人視行省，百學限一家，陋矣。湖南扼天下之中，南北東西，毗各行省者六。學者之所好，如百川分流，各得宗派。使者奉天子命，視學三年。歲科兩試既畢，例有試牘之刻。乙酉秋冬之間，編校試者之作，不易一字，裒而刻之，得若干卷，名曰《沅湘通藝録》，僅十分之一耳。四書文尤爲湘士所風誦，通經史大義，發攄爲文，博而不乖於正者，以萬億計。最而集之，不能勝梨棗，此略見一斑耳。又奏定以經學、史學、掌故學、輿地學、算學、詞章學，分列六類以試士，盡學者之所長。學者即以平日專業之事，藉抒於風檐寸晷中，往往日寫千萬字，尚不能盡其所至。嗚呼，盛矣！竊嘗與幕中諸友議曰：'試士者，所以盡一省之士之所長，而一一試之，非以一己一人之所長，而强一省之士尊而宗之也。司馬溫公、朱子、胡安定取士諸法具在，使者亦不過信而好古而已。若以爲試士者矯異於衆，欲以一己之所學，而强風會之所趨，是陋也，是顛也。天下多通達才，觀此者當有所許矣。"《續修四庫全書總目提要・〈沅湘通藝録〉提要》評是書曰："此《沅湘通藝録》者，則其視學湖南，所輯湘士之試文也。文分正編與附録爲二帙。正編凡八卷，介爲六類，曰經學，曰史學，曰掌故學，曰輿地學，曰算學，曰詞章學。附録則爲悉爲四書文，蓋已隱寓制藝爲末技矣。……

惟是書中所選,頗乖時習,時人方以四書文爲進身之階,而標乃黜
爲附錄。雖自序謂'四書文爲湘士所夙誦,通經史大義,發攄爲文,
博而不乖於正者,以萬億計。最而集之,不能勝梨棗'云云,然既列
爲附錄,則已薄視四書文可知。矧正編所錄重在新奇,以是爲時人
所謗。"

按,江標批評八股之弊甚力,相關言論參見其《變學論》:"中國
爲聲名文物之邦,數千百年來尊詩書、宗禮義,地靈人杰,代出英
賢,久爲五大洲各國之所共仰。自八股取士,而士類受其厄矣;自
捐納宏開,而士類愈受其厄矣。迄今之時,由今之勢而環視中國學
校間,其父兄之所授而所傳,而子弟之所受而所習者,猶無非八股
帖括。"

**二十一年(1895),瀏陽譚嗣同率衆奏請改瀏陽南臺書院爲算
學館,江氏立准之,並全力促成。**

譚嗣同《興算學議》:"瀏陽城鄉書院,共有五座:縣城則有南
臺,縣東則有獅山、洞溪,縣西則有瀏西,縣南則有文華等目。然歷
年以來,均以時文課士,學子肄業,除帖括以外,懵無講求。近益俗
尚頹廢,蘭艾雜處,紛至沓來,有如傳舍。推求其故,雖積習使然,
實由課非實學,業無專長,以至流弊滋多,至於此極!……爲此仰
懇飭諭瀏陽縣知縣立案,准將南臺書院永遠改爲算學館;並會同公
正明白紳耆,細定章程,妥爲辦理。……稟上,蒙特許。……案是
時正值歲試,多士雲集。批出,而衆論大嘩,至詆瀏陽爲妖異,相戒
毋染瀏陽之逼毒。學院則益搜取試卷中之言時務者,拔爲前列,以
爲之招。嗣是每試必如此,其持迂談者棄勿錄,凡應試者不得不稍
購新書讀之。湘鄉改東山書院之舉,又繼之以起,趨尚亦漸變矣。
而尤厚愛瀏陽,時時向人稱道。其明年,瀏陽果大興算學,考算學
洋務,名必在他州縣上,至推爲一省之冠。省會人士始自慚奮,向

學風氣由是大開。夫學院非有高爵大權,而上下合志,一引其端,其力遂足以轉移全省,此以見中國變法之易也。"

二十三年(1897),改革校經書院,以新學科目爲主課,實行季課以行獎黜;造藏書樓以貯時務新書,爲湖南公共藏書樓之首創;又設校經學會,分輿地、算學、方言三門,以勵生員從事西學研究。以上書院、書樓、學會諸項所需經費,江標於多方籌措外,亦自捐廉給獎以充之。

《湘學報》第一册《户部議覆湖南學政奏請推廣校經書院經費摺》載江標請改校經書院之奏文:"湖南舊有校經書院,仿古人成法,分經義、治事兩齋,專課全省通曉經史、熟習掌故之士。常年經費,僅取給於湘岸淮商及紳士捐款,發商釐息,每年入不敷出。臣到任後,先自推廣季課,捐廉給獎,並於書院隙地建造書樓,廣購經籍,並添置天文、輿地、測量諸儀,光、化、礦、電試驗各器,俾諸生於考古之外,兼可知今。且擬添設算學、輿地、方言學會,兼立《湘學新報》,專述各種藝學,開人智識,惟經費不足,創辦爲難。"

江標《上陳寶箴》其一(陳寶箴《陳寶箴集》卷十五):"校經書院新建實學堂,設立方言、算學、輿地學會,其學長則長沙鄭沅教方言,巴陵傅鶯翔教算學,新化晏忠悦教輿地,皆湘士多才者。"《上陳寶箴》其三:"標到湘後,實收到書院捐款譚文翁、王芍翁各千兩,譚敬翁肆百兩。自造立書樓、學會及添藏礦質、儀器,所費已及四千餘金,除收釐局撥用六百金(即去年長者允撥之款,今年聞已勻還四百金),新款支用五百金外,所短一千一百餘兩節皆標捐充矣。學報用費亦逾千兩,本省收款僅抵刻費(各縣買報已皆絶響,可笑),所有報紙、刷刻、裝訂,每月須用百金,皆由標填用,將來或可於省外報費内收還也。"

同年,創辦《湘學報》,以開湘省民智爲己任。初名《湘學新報》,後改《湘學報》。依史學、掌故(後改爲時務)、輿地、算學、商學、交涉六科介紹新學,多爲其門生主筆;並首刊朝廷諭旨及有關新學一切奏章,末附各處電傳要語,乃湖南近代新聞事業之濫觴。

《湘學報》第一册《序言》:"使者奉天子命,視學楚南,丁時局之多難,恫皇輿之失紐,攬衣屑涕,於兹三年。思以體用賅貫之學,導湘人士,懼未有當也。恭值朝廷屢有整頓書院、廣求實學之議,勉設輿地、算學、方言學會於校經書院,猶懼鄉曲儒士擿埴於途而不知返也,乃取門下諸生粗有所得之卮言,分學凡六:曰史,曰掌故,曰輿地,曰算,曰商,曰交涉。每月約得百葉,分三期刊布,蘄與海內切劚,顏曰《湘學新報》。"

《湘學報》第一册《例言》:"國於天地必有與立民者,所以植國之本也。中國立國之早,甲地球諸邦,生齒鱗萃,五金坌溢,英俄瞠乎其後,然積習太深,實學不講。雖入塾之士夥於恒河沙數,而狃於夏蟲井蛙之見,非故爲虛驕,即頹焉沮喪,叩以古今中外盛衰消息之原,愕然無所抉擇。洞微之士以謂此秦以來二千餘年愚民之流弊。明太祖益以新義坑儒,遂使高明秀特遠出萬國之人民營營無益無用之途,而末由自振。左文襄有言曰:'中國之睿知運於虛,外國之聰明寄於實。'二語指明癥結,良可慨然。無他,民智未開,斯民學日窒耳。民智惡乎開?開於學。學術惡乎振?振於師。顧安所得天下之老師宿儒,悉以明體達用之新法淪之,則報館其師範嚆矢也。環球報館林立,雖婦孺莫不以閱報爲事,故周知時事,晉驗新理,目營四海,耳屬九洲,捨此別無良法。中國通商以來,風會漸開。香港、廣東、福建、上海、漢口、天津等處次第開設報館,大致言政者多,言學者少,言改政者多,言廣學者少。去歲,上海《時務》一報固能通知世局,力破鰍生小儒之成見。現在,總理各國事務衙門議准各省學堂准譯藝學新報。又鄉會試三場或議以時務策士。運會所趨,日新月異。而湘省報館闕如,非所以開民智而育人才也。爰擬創立《湘學新報》,將群章甫縫掖之儒,講求中西有用諸學,爭自濯磨,以明教養,以圖富強,以存遺種,以維宙合。"

按,譚嗣同於《湘學報》不吝贊譽,如其《秋雨年華之館叢脞書》卷一《與唐紱丞書》云:"前售《湘學報》貲,交熊秉三帶上矣。聞湘中長沙一城,銷千數百分;銷《時務報》又千餘分。盛矣!士之好學也。……《湘學報》愈出愈奇,妙諦環生,辯才無礙,幾欲囊古今中外群學而一之,同人交推爲中國第一等報,信不誣也。"譚嗣同《上歐陽中鵠》其十五(譚嗣同《譚嗣同集》,岳麓書社 2012 年版)又云:"湘人風氣果開,自《湘學》出報,讀者咸仰湘才若在天上矣。"

於學政任上,輔佐湖南巡撫陳寶箴施行新政。

《前四品京堂湖南學政江君傳》:"是時陳公寶箴奉命巡撫湖南,與君有夙契。既至,規畫一切新政,惟君言是聽。如礦務、學堂、報館、南學會、保衛局,君皆力贊成之。紳士譚嗣同以仁勇明達聞天下,尤與君爲莫逆交。君凡事推誠與人,絕無城府。遇事難行,集衆婉商,娓娓敦勸,無毫釐專制意。比既施之實事,則堅忍强毅,務達其志而後已。故陳公及湘省通達者皆喜君溫厚,而又倚其堅毅能任大事。"

二十四年(1898),光緒帝宣布變法,因素聞標於湖南之新政事迹,特擢其爲四品京堂。然標未及赴任,變法輒遭失敗,標亦牽連革職,禁錮在家,惟以侍母課子爲事。次年,於憂憤中病世。

《前四品京堂湖南學政江君傳》:"二十四年夏,皇帝毅然變法,思得人助理大政。因素耳君在湖名績,特命以四品京堂候補在署、章京上行走。故事庶僚以大臣保薦升遷者,必召見稱旨乃易階。

君時未復命，遽由七品洊升四品，且命遷階後始入覲供職，異數隆恩，世罕倫比。君感激涕零，以身許國，急摒擋諸事爲入都計。比黨禍作，廷議落君職，錮之里第。君幽憂佗儣，痛皇權之日削也，權奸之恣橫也，謠咏之亂是非也，忠臣義士之閴無一人也，恒汲汲顧影怵心中國之無可爲，欲身爲犧牲而不可得，輒誦庾子山'袁安念王室，傅燮悲身世'與夫'日暮途遠，人間何世'之句，凄然泪下。蓋其私憂竊嘆，無生人之趣久矣。今年九月杪，君至上海，客白岩龍平君家。同人見者多駭其清癯有肺疾，令速就醫，君怡然置之。未幾返蘇，遽以十月十九日卒於里第。"

江標得謗後，曾致函李盛鐸，請爲進言榮禄，代爲洗冤，以求自救，然終未果。函文見於孔祥吉《晚清佚聞叢考》所載《〈上木公函〉與湖南學政江標》，其文云："木公左右：別來一月，時事變亂一至於此，亦可慨也。鄙意但求國事平安，則新舊之法，同一功用，杞人之心，如是而已。前日兩上書後，忽奉旨削職管束，則以上兩書事早成秋夢。最可疑者，旨云'庇護奸黨'，鄙人本不與康黨親密，何從庇護？又旨云'暗通消息'，鄙人與若輩從未通一尋常函牘，況緊要消息乎？何從有暗通之事？既云暗通，人何知之？是更不可解者也。以此八字冤獄而幾於置人於死地，誰人爲之？聞係木易，或云湘守舊黨人，亦慘恨極矣。實則今日之攻者，非攻康黨也，攻湖南黨也。湖南之黨，實起於鄙人任滿之後，而竟牽連及之，亦殊可笑矣。昨日又度拿問，事更蔓延。鄙人以後即此了結，亦難把握，然余權所握，皆在榮宰。吾兄如念舊交，洞矚鄙冤，還望速告宰公，勿再有牽涉，至深頌禱。鄙人康黨既從不聯絡，湘黨又在去後，忽然享此大名，殊覺不稱。從此當匿迹消聲，不問世事。茫茫天壤，相見何時？能知鄙之心，能察鄙人之事者，惟公一人。臨穎不勝悚切之至，專懇，即請文安。弟名頓首，八月二十五日。"

　　江標雅好樸學，自幼通習許氏《説文》，酷嗜鼎彝文字，書畫篆刻，皆所旁通。且精研版本目錄之學，雅好藏書、刻書，著有《黃蕘圃先生年譜》《宋元本行格表》，又於湖南學政任上刻《靈鶼閣叢書》五十六種。

　　《江標建棩事實》：“建棩童時，讀書外家。舅氏華篴秋先生名翼綸，家富藏弄，耳擩目染，遂精鑑別。研精許學，酷嗜鼎彝文字，所作篆籀皆有古法。書畫篆刻，旁逮天算格致，一見輒能深造，殆有宿慧。……奉使三湘，不名一錢，歸裝惟有輯刊《靈鶼閣叢書》五集五十六種。仿宋陳解元書棚本《唐賢小集》五十家，今遺書數十櫝。其子孟聰茂才尚能守之。然精本則寥寥無幾矣。其嗜書出於天性，真知篤好。宋元刻本、舊鈔舊校，源流真贗，瞭如指掌，輯《黃蕘圃年譜》一卷。潘文勤師輯《士禮居藏書題跋記》，網羅極博。建棩又遍訪藏書家，得《補遺》一卷。天假之年，昌其名位，名山之藏，未知觀止。崔駰以不樂損年，范滂以清流被錮，其命矣夫！”

　　按，據《清史稿・藝文志》《中國古籍總目》等書目著錄，江標著作主要有《黃蕘圃先生年譜》《笘誃日記》《中外經濟政治彙考》《宋元本行格表》《新學分類文編》《咸同以來中俄交涉記》《唐人五十家小集》《宋元名家詞十五種》《紅蕉詞》《沅湘通藝錄》《靈鶼閣叢書》等。黃政《江標生平與著述刻書考》（北京大學 2011 年學位論文）於其著述與刻書情況有較爲全面之統計。諸作中，當推《黃蕘圃先生年譜》《宋元本行格表》二書最可代表江氏學術水準。《黃蕘圃先生年譜》有冒廣生序，稱贊江氏心係桑梓名賢，是書可使“鄉邦文獻，轉賴不墜”。《續修四庫全書總目提要（稿本）・〈蕘圃先生年譜〉提要》評曰：“是譜詳叙黃丕烈校書、刻書以及所作祭書、得書諸圖，編年繫月，頗可考見其著作年月之前後焉。大旨以《士禮居題跋記》《蘇州府志》《獨學廬稿》諸書所紀，編次成帙，間附按語，加以考訂。……考百宋遺聞者，固當以是譜資參證矣。"《宋元本行格表》有門人劉肇隅光緒二十三年序，序文載，江氏於湖南學政任上命其代爲編校。《續修四庫全書總目提要‧〈宋元版行格表〉提要》評此書云："惟編中所録多采自藏家目録及前人題識，其舛失疏漏往往而見。……要之標爲此書，全恃纂鈔，未憑目睹，於是差違訛略不勝其糾矣。然標總括群籍，縷析區分，使初學便於檢尋，在書林中亦爲創獲，其用意亦足尚焉。"

江氏一生喜言經濟，亦有詩名，時人贊曰"文學齊梁，詩多側艷"。光緒二十五年（1899），家遭回禄之灾，詩稿盡毁。然其日記中存詩較多，足資鈎稽。又有年少時所作《紅蕉詞》行世，可窺其詞作風貌。

張炳翔《留月簃詩話》："建霞負奇氣，喜言經濟，而於詩猶其緒餘耳。"

易宗夔《新世説》："江建霞以文學負盛名，所作詩尤驚才絕艷，上掩玉溪、冬郎，次回《疑雨集》不足道也。"

汪國垣《光宣詩壇點將録》卷六："建霞美風儀，號稱識詩之彦，世皆知爲清末革新運動之人，然詩工殊深，風致娟然，有《靈鶼閣稿》，頗自秘惜，己亥毁於火。"

狄葆賢《平等閣詩話》卷一："（江標）雅善詩畫篆刻，皮藏名人遺迹頗富，己亥歲僑寓滬壖，一炬盪然。迨予由泰州移居吾門時，君已抱病，猶得縱談竟日，未幾謝世。《靈鶼閣稿》亦不可復覓矣。"

江標《紅蕉詞》光緒十四年自序："余十六七時，嘗學詞於陽湖呂鶴緣丈、金匱華篋秋舅氏。凡花庵草堂諸刻，無一日廢也。弱冠後，喜爲輯録之學，且奔走楚、粤、齊、魯間，不暇考聲律。丁亥歲莫，復來嶺南。戊子正月，羅浮舟中，檢篋得諸名公詞，愛而效之，三日得四十餘闋，並去夏在珠崖之作，共得五十二闋，删録三十六首,名之曰《紅蕉》,志廣南作也。詞多無題,從竹垞翁《琴趣》、龔定公《無著詞》例也。呂丈既遠在津門,舅氏已撤瑟百日,標亦十許年來負米南北,希識兩公顏笑久矣。人事變遷,可慨也夫!"

冒廣生《小三吾亭詞話》卷三:"建霞所刊《紅蕉詞》一卷,蓋未通籍以前嶺南所作,録其《菩薩蠻》十闋,真《花間》之遺音也。"

參考文獻:

1. 江標《笘詻日記》,國家圖書館藏稿本。

2. 唐才常《清前四品京堂湖南學政江君傳》,《逸經》1937年第22期。

3. 葉昌熾《江標建赧事實》,閔爾昌編《碑傳集補》卷九,周駿富輯《清代傳記叢刊》,臺灣明文書局1985年版。

4. 趙炳麟《江京卿傳》,《趙柏岩集・趙柏文存》卷三,廣西人民出版社2001年版。

5. 祝秉綱《清江建霞京卿事實》,王欣夫撰,鮑正鵠、徐鵬標點整理《蛾術軒篋存善本書録・辛壬稿》卷一,上海古籍出版社2002年版。

(馬昕)

鄭孝胥傳

鄭孝胥,字蘇戡,又作蘇龕、蘇堪,一字太夷,別號海藏。先世福建閩侯人。咸豐十年(1860)生於蘇州。時值洪楊之變,鄭父守廉携眷避兵吳下,未幾歸閩。

葉參、陳邦直、黨庠周合編《鄭孝胥傳·本傳》:"先生姓鄭,名孝胥,字蘇戡,一字太夷,別號海藏。福建閩侯縣人。先世居福清縣,初爲大族,世業農,至先生三世祖以官起家,始遷於閩侯。曾祖鵬程,字松谷;祖世佰,字稼庵;考守廉,字仲濂,爲咸豐二年壬子進士,翰林院庶吉士,散館用主事,歷官工部營繕司、吏部稽勛司考功司主事。咸豐十年庚申閏三月十二日,先生生於蘇州胥門寓廬,故名胥而字蘇。生未逾月,避髮逆亂,倉皇返閩。仲濂公仍入京供職。"

同治二年(1863),初入塾,從叔祖鄭世恭授《爾雅》。

《鄭孝胥傳·本傳》:"先生幼而英異。四歲時,從叔祖虞臣公授《爾雅》,輒能上口。"

《鄭孝胥傳·年譜》."按虞臣名世恭,道光癸卯舉人,咸豐壬子進士,户部主事,曾任鳳池書院及致用堂山長。宿學耆儒,操行廉介。先生學問根源,得力於名師者匪鮮。故詩集中屢見感念不忘之句,且私諡虞臣爲介節云。"

同治五年(1866),隨母入京。六年,從李兆珍受經。光緒二年(1876),丁父憂,返閩歸里,從叔祖鄭世恭習舉業。

《鄭孝胥傳·本傳》:"七歲,侍母林太夫人赴京,授讀經史。仲濂公督課亦嚴,日課皆有定程。十三歲畢經書,文辭英邁。十七歲歸閩,從虞臣公習舉業。"

陳寶琛《滄趣樓文存》卷上《鄭蘇龕布政六十壽序》:"予之見君,實同治七年,考功公由翰林改官部曹,蕭然外名利。……寶琛以年家子,時就請業,預讀書會。每游名園古刹,未嘗不從。君卯角背誦十三經,如瀉瓶水,皆考功所親授也。"

光緒五年(1879),就婚於廬江吳氏。是年入泮,師從孫詒經。八年,中閩省鄉試第一,與林紓、陳衍等同榜。

《鄭孝胥傳·年譜》:"(光緒五年)先生年二十歲,九月,就婚於廬江吳氏,爲吳光祿(贊誠)次女。初,光祿欲試先生之才,命爲言志賦。先生操筆構思,數千言一揮而就。光祿大奇之。按先生結婚,係在南京馬道街合肥試館。是年入泮,受知於學師仁和孫詒經。"

《鄭孝胥傳·本傳》:"未冠,補博士弟子員,文名藉甚。二十三歲,中光緒八年壬午科本省鄉試第一名,爲主司寶竹坡侍郎所器賞。同榜陳石遺、林琴南、高嘯桐,皆一時知名士。先生家貧,以就館爲活,歷游沈文肅公(葆楨)、李文忠公(鴻章)幕府,爲所倚重。"

九年(1883)入京應考,冬日南還。十一年,受陳寶琛之薦,北上入李鴻章幕。與嚴復晤。十五年,考取內閣中書,座主爲翁同龢。秋,由中書改官同知,分發江南,遂歸南京。十六年,在京充鑲紅旗官學堂教習。秋間出京返閩。

《鄭孝胥傳·年譜》:"(光緒十一年)先生旋就李文忠(鴻章)之

聘，由南京北上，客天津李文忠幕中。"

《鄭孝胥傳·本傳》："三上春官不第。光緒十五年乙丑，考取內閣中書。以經濟文才有聲於時，先後與萍鄉文廷式、義寧陳三立、南通張謇等齊名。由中書改官同知，分發江南。寓居南京之青溪盔山雲所，益肆力於詩，與上元顧雲相唱和。"

十七年（1891），奉旨東渡日本，爲駐日使館書記官。次年歸國。頃再赴日，升東京領事，旋調神户大阪總領事。居東三年。二十年，中日構釁，隨公使下旗歸國，居南京。時張之洞署兩江總督，入其幕下。二十一年，往游杭州西湖。冬，北上入都引見，旋出京。

《鄭孝胥傳·本傳》："自甲申法越戰事以後，海内才智之士，頗思改弦更張，先生尤講求時務，以謀救國之策。光緒十七年辛卯，東渡日本，爲使館秘書。次年升東京領事，旋調神户大阪總領事。居東三年，與其國士大夫游。時值明治維新以後，考究富强之術及變法次第，至爲詳審。光緒二十年甲午，中東構釁，隨欽使下旗歸國，仍居南京。時南皮張文襄公（之洞）方署兩江總督，詢以兵事。先生詳述勝敗之由，詞氣慷慨，爲文襄公所激賞，召之入幕。無幾，以感時抑鬱，出游西湖，復由上海至北京，無所遇而歸。"

陳灝一《睇向齋逞臆談·鄭孝胥》："後以領事駐神户。孝胥之接交日人自此始。鄂督張之洞耳其名，招入幕。具疏稱其才堪大用，得旨賞道員。當時湖北官場，言必稱鄭總文案，其勢可見矣。"

二十四年（1898），變法期間，以張之洞保薦，應召北上赴京。七月二十日，德宗召見於乾清宮，奏陳練兵之策。蒙旨嘉許，以同知擢用道員，充總理各國事務衙門章京。未幾變政，以不在中樞，得以免禍，請假出京，回武昌。二十五年，爲京漢鐵路南段總辦，兼辦漢口鐵路學堂。公餘與梁鼎芬、沈曾植等過從，酬唱甚密。二十

六年，義和團事起，聯軍入侵，在張之洞幕，佐其籌畫東南互保之策。

《鄭孝胥傳・本傳》：“光緒二十四年，戊戌變法，以人才保薦，與吳縣江標同應召。是年七月二十日，德宗景皇帝特賜召見於乾清宮，奏陳練兵之策，請從皇上練心始。凡數百言，蒙旨嘉許，遂以同知擢用道員，充總理各國事務衙門章京。是時康有爲、譚嗣同、林旭等居中用事，欲更易大臣，變革一切。事洩亂作，孝欽顯皇后重行垂簾聽政，朝局大翻，新黨悉敗。先生不在中樞，未與其謀，得以免禍，請假出京，復回武昌。張文襄奏辦京漢鐵路南段總辦，兼辦漢口鐵路學堂。武勝關以北各段，皆親往履勘，以次修築。寓居漢上，晚必渡江詣節署，與文襄公夜談，每至達旦。公務稍暇，乃移居武昌，構盟鷗榭於滋陽湖畔，與番禺梁節庵鼎芬（時爲兩湖書院監督）、嘉興沈乙庵曾植（時爲兩湖書院分教）過從，酬唱最密。”

鄭孝胥《海藏樓詩集》卷三《七月二十日召對紀恩》：“皇帝破資格，不忽一士微。何來江南丞，是日登丹墀。……於時實忘身，長跽紛陳辭。臣聞立國本，有備乃不危。積弱非一朝，無兵決難支。願言示所急，舉國知所歸。以我億兆人，潰此千萬圍。致死而後生，其端自毫釐。士夫躬爲倡，事實不可遲。禍來伴丘山，甫去皆燕嬉。初無憂患情，何從振其衰？所陳第一義，舍是非臣知。忠憤見聲色，封章出諸懷。上意爲之動，引手受所賫。再拜奉身退，踟蹰獨含淒。耿耿宮燭光，搖搖在心脾。”

《鄭蘇龕布政六十壽序》：“歸，張文襄一見恨晚，數引與計事，揚之於朝。而君自居爭友，雖論詩亦不相下也。平生獨感景皇帝知遇，言之淚泫然。亦當時無所黨附，雖蒙顯擢，不與機要，故不及於難。”

王賡《今傳是樓詩話》：“海藏官寧、鄂最久，在寧時起濠堂，地在綿峽營，水木明瑟，可眺鍾山；在鄂則於漢上起盟鷗榭。"

二十九年（1903），卸鐵路事，赴滬，爲江南製造局總辦。時議整飭邊防，經兩廣總督岑春煊奏調，以四品京堂充廣西邊防督辦，率湖北武建營新軍前往，始駐連州，繼駐龍州，邊境以安。三十一年，辭歸滬上。三十二年，滬上成立預備立憲公會，以鄭孝胥爲會長。三十三年，授安徽按察史，旋調補廣東按察使，辭不赴。在滬築海藏樓，與海內名流詩文往還。

《鄭孝胥傳·本傳》："光緒二十九年癸卯，卸鐵路事，赴上海，檄辦江南製造局。剔積弊，定章程，費省於前。會廣西巡撫蘇元春被劾遣戍，時議整飭邊防，以先生爲知兵，賞候補四品京堂，督辦廣西邊務，調湖北武建營新軍三千人，率之往。始駐連州，聞陀廬司有伏匪，回師擊之，獲捷，先聲所播，匪氣遂奪。繼定駐札龍州。法人所修鐵道，已抵鎮南關，與龍州接壤，匪黨竄匿其間，常出没爲邊患。先生駐龍州三年，輯邦交，練民團，興學校，邊境以安，時人稱爲鄭龍州。匪中有才杰之士，亦招而撫之。廣西都督陸榮廷，即先生所識拔者也。光緒三十一年乙巳，奏請裁撤邊防督辦，解去兵柄，退歸上海。法國贈以雙龍寶星，以酬其功勞。其幕府陽湖孟昭常，著有《廣西邊事旁記》，紀述先生政績頗詳。光緒三十三年丁未四月二十二日，授安徽按察使，旋調補廣東按察使，皆辭不赴任。築海藏樓於上海，惟與海內名流詩文往復，詩名益昌，知與不知，皆稱曰海藏先生。"

夏敬觀《學山詩話》："在龍州凡兩年餘。武進孟莼孫爲其幕客，著有《廣西邊事旁記》。今此書流傳於坊間者已罕矣。龍州督師，固是重寄，然事多掣肘，政府又非有收復屬國之意，等之冗官。故其在龍州之詩，多牢騷抑鬱之辭，自比于竄身南荒。盧江吳彦復保初曾有句調之曰：'詩人而爲邊帥，房琯復見于今。'蓋蘇堪嘗與人書，有以詩人而爲邊帥之語。”

《睇向齋逞臆談·鄭孝胥》："孝胥之佐之洞也，百政無不預，軍事亦參贊機密。岑春煊在蜀，疏請遣孝胥往，朝命報可，之洞尼其行，乃止。已而春煊移督粵。廣西匪亂熾，蔓延至滇邊，舉孝胥充邊防督辦，旨予四品京堂以寵之。孝胥遂率在鄂久練之師赴龍州。居是將二載，以故退。簡廣東按察使，辭不赴。家於海上，約張謇、湯壽潛之流，設立憲公會，被推爲領袖。時清室已下詔預備立憲，期以九年而成。孝胥多所陳述，一時輿論從而附和之，聲譽益著。"

林紓《畏廬續集·海藏樓記》："同年鄭蘇堪取東坡'萬人如海一身藏'詩意，自名其樓曰'海藏'，又集其所爲詩曰《海藏樓詩》。余篤嗜之不去手。……樓居吳松江上，所謂人海甚於王城，而花竹水石之勝，又爲王城之所無。蘇堪本有自藏之志，依斯樓以終。顧其文章幹略節概，雖造物亦不能終閟之不泄於人間，又胡能聽蘇堪之終藏與？"

宣統元年（1909），東三省總督錫良電延鄭孝胥籌錦璦鐵路及葫蘆島築港事宜，赴奉天。二年，往來於奉天、京津之間，而事終寢。鄭孝胥主張借款築路，以爲强國之策，並以此自陳於盛宣懷、端方等，從而影響於清末路政。三年，授湖南布政使，甫蒞任，有旨調京議官制。已而武昌變起，亟馳南下，而長沙已失，遂淹留滬上。

《鄭孝胥傳·本傳》："宣統元年己酉，東三省總督錫良，電延先生籌錦璦鐵路，及葫蘆島築港事，與英美定約，已有成議，爲樞府擱置，其事遂寢，僅爲區劃防疫之政而已，非先生志也。是爲先生與滿洲有關係之始。當是時，革命之説，瀰漫國中，黨人乘機竊發，屢蹶屢起。先生與海內外同志，倡議君主立憲，以圖挽救，和之者甚衆。宣統三年辛亥，特授湖南布政使，被命即行。履任甫十日，調京議外官制。會武昌變起，亟馳南下。途次聞長沙已陷，道梗不行,遂留上海。"

《睇向齋逞臆談·鄭孝胥》:"錫清弼良督遼東,辟爲錦朝鐵路督辦,並任葫蘆島開埠事。款絀,事莫舉。良去,孝胥南還。其時盛杏蓀宣懷入掌郵傳部,故交也。孝胥宿主借外債築鐵路,宣懷頻與計議,遂有鐵路國有之説。宣統末造,起端午橋方督辦漢粤川鐵路,授孝胥湖南布政使,方力薦也。"

《鄭蘇龕布政六十壽序》:"辛亥春,以議鐵路入都。計自戊戌以來,至是再見國門矣。而予則於光緒初載送君後,閱三十五年,始復與君相聚。城南花下,遍尋考功舊所經游,俯仰感喟。時君年亦五十有二,常自誦其《哀五十》詩,浩然有遺世之意。未數月,乃有湘藩之命。已之官矣,復召還議官制。鄂亂作,君謀不用,出赴湘急,又不及。"

《清代野史·鐵路國有案》:"蓋端方雖内附盛宣懷,而外畏清議,思利用四省士紳,壓制商民。其辦路政策,則以鄭孝胥爲謀主,多分工段,募洋匠攬工。先與孝胥密議,募洋匠已有成約,入都即力主此議。"

宣統遜位詔下,誓爲清室守臣節,不書民國年號。隱遁滬上十三年,時鬻書以自給。先後辭却袁世凱、段祺瑞政府之聘。其時清室耆舊,多遁居滬上,如陳三立、沈曾植、朱祖謀等,諸人常相往來,詩酒酬和。曾有讀經會之設。民國六年(1917),唐晏在滬創麗澤文社,召青年學子入社,請鄭孝胥、馮煦、沈曾植等爲主講。後又改名晦鳴文詩社,並立恒心字社,亦延鄭孝胥爲之閲卷。

《鄭孝胥傳·本傳》:"是年十二月二十五日,遜位詔下。先生慷慨憤激,誓守臣節以終,隱遁滬濱,十三年間,不問世事。凡詩文簡扎題識,仍用宣統甲子,始終疾惡共和,未嘗書民國年號也。袁世凱、段祺瑞秉政,先後禮致先生爲交通教育各部總長,皆拒之。……辛亥國變以後,故國耆舊,以節義自守者,多避地海濱。一時如陳散原三立、沈乙庵曾植、朱古微祖謀、王病山乃徵、陳蒼虬曾壽等,皆先生雅好。遇春秋佳日,詩酒留連,主持風雅,昌明忠義。東南風氣,爲之一變。"

《鄭孝胥傳・年譜》:"(民國二年)在上海,與遺老名士組織讀經會,有詩記之。"

《鄭孝胥傳・年譜》:"(民國六年)在上海,唐元素先生創麗澤文社,召青年學子多人講學,每半月課文一篇,請先生及馮嵩叟、沈昧叟諸耆宿閱卷並主講。葉參及弟戎以是年入社,始識先生。"

民國十二年(1923),奉召北上入覲,旋返滬。次年入京,派充內務府總理大臣。未幾辭職。命在懋勤殿行走,進講《資治通鑑》。奉直戰起,馮玉祥使鹿鍾麟以兵迫宮禁,清皇室遷出紫禁城,溥儀移居醇邸。鄭孝胥與陳寶琛、羅振玉等密籌,扈從溥儀避入日使館。十四年,又隨扈至天津。日侍講席者凡七年。

《鄭孝胥傳・本傳》:"癸亥奉召入覲,奏對稱旨。甲子,派充內務府大臣,刷新釐政,歲省數十萬元。五月辭職,命懋勤殿行走,進講《資治通鑑》。當奉直戰起時,吳佩孚、張作霖鏖兵榆關,馮玉祥自熱河倒戈,使鹿鍾麟以兵迫宮禁。皇帝出居醇邸。馮軍散布傳單,軍勢洶洶,復有異圖。先生急與陳太傅寶琛、羅叔言振玉密籌脫出之計。揚言往東城相宅,徑入使館界,暫幸德國醫院。使英人莊士敦往商英、荷兩國使館,議不諧,先生奉命馳赴日本使館,因日人松本迫平介紹日本公使芳澤謙吉,謂請自決行止。乃奔回醫院,扈駕御馬車入日本使館。時大風揚沙,咫尺莫辨,使館界外,雖軍警密布,竟無所睹,殆天祐也。次年乙丑,隨扈至天津行在,始幸張園,繼幸靜園。先生日侍講席者凡七年,雖風雨寒燠,未嘗一日間斷。啓沃輔導之勤,可謂至已。"

鄭孝胥《海藏樓詩集》卷十《十一月初三日奉乘輿幸日本使館》其一："乘回風兮載雲旗，縱橫無人神鬼馳。手持帝子出虎穴，青史茫茫無此奇。"其二："是日何來蒙古風，天傾地坼見共工。休嗟猛士不可得，猶有人間一禿翁。"

民國二十年（1931），年初返滬，售去海藏樓。是年，九一八事變爆發，天津亦騷動，孝胥父子密扈溥儀出大沽口，赴旅順，走上背棄民族與國家之路。

《鄭孝胥傳·本傳》："辛未九月十八日，滿洲事變勃發。……十一月，天津繼起事變，地方騷動。先生率長子垂，密扈帝乘小汽艇出大沽口，復易郵船駛赴營口。旋隨幸旅順。"

《鄭孝胥傳·年譜》："（民國二十年）二月回上海一行，將海藏樓售去。"

二十一年（1932），僞滿洲國成立。溥儀至長春，以之爲"都城"，改名"新京"，"建元大同"。鄭孝胥爲"國務總理"，籌組"內閣"。後兼任"軍政部""文教部""總長"。又與日本"駐滿大使"武藤信義簽訂"日滿議定書"。二十二年秋，"滿日文化協會"成立，鄭孝胥任會長。二十三年，僞滿洲國"改元康德"，溥儀即"皇帝"位，鄭孝胥繼任"國務總理大臣"。春，與"財政部"大臣熙洽爲特使，赴日修聘，覲見日本天皇。

《鄭孝胥傳·本傳》："大同元年壬申二月，兩赴奉天，與日本關東軍司令官本莊繁，及滿洲名人張景惠、臧式毅、熙洽等，會商建國大計。計定，隨扈至湯崗子。三月八日，今上俯順三千萬民衆之輿情，由建國籌備委員會委員等，奉迎而幸長春。定國都曰新京，肇建大滿洲國。三月九日，今上爲執政，建元大同。被命爲國務總理，擔任第一次組閣重命。……先生悉心籌畫，以九月十五日，與日本駐滿特命全權大使武藤信義大將,議訂日滿議定書,舉行隆重簽字式。……後以馬占山叛變,兼任軍政部總長。文教部成立,又兼文教部總長。及帝制實施,先生事前籌備,殫竭勤勞。大同三年三月一日,當皇帝陛下舉行登極大典時,改元康德,先生仍繼任國務總理大臣。三月二十一日,奉命偕財政部大臣熙洽爲修聘特使……三月二十七日,覲見日本天皇陛下及皇后陛下,進呈國書……歸國覆命,即於五月九日,特叙勛一位,賜景雲章。”

鄭孝胥《海藏樓詩集》卷十三《正月十六日奉皇帝即位於新京郊天禮成改元康德》其二:“夏后厄有窮,中絕四十載。吾皇歸滿洲,二年定遼海。中興與開創,赫赫有真宰。人心不忘舊,制勝若因壘。中原可徐復,修德猶有待。一言幾興邦,惟以敬勝怠。勿曰我得天,天命固未改。”

二十四年(1935),辭“國務總理大臣”職,旨允。次年移居柳條路自築新宅,創辦王道書院。

《鄭孝胥傳・本傳》:“以大業既成,宿願克遂,乃於五月二十一日,表請辭職,情詞懇切。皇帝陛下鑑其忱悃,溫旨俞允。特賜前官禮遇。康德三年十二月二十六日,敕許佩帶日本帝國贈予勛一等旭日大綬章。康德四年五月二日,宣詔紀念節,特賜龍光章。……罷政後,築室柳條路,平屋數楹,堅樸無華飾,過者不知其爲相邸也。庭中植柳數株,顏曰柳下居。中夜即起,三十年習以爲常,故又自號夜起庵叟,作《夜起庵賦》以見志。蕭然物外,意泊如也。”

中國國家博物館編、勞祖德整理《鄭孝胥日記》1937 年 6 月 1 日:“行王道書院開講式,借大經路小學校講堂。到者滿洲人一百三十餘人,日本人一百七十餘人。”

二十七年(1938),病逝於柳條路寓所。僞滿洲國行"國葬禮",日本天皇致唁電。葬於奉天郊外之同仁村。

《鄭孝胥傳·本傳》:"康德五年三月,突患腸疾,日見沉重。皇帝陛下特遣侍醫診治,復派員探視。延至二十七日,陷於危篤,奉賜葡萄酒,叙大勛位,賜蘭花大綬章。二十八日申刻,薨於柳條路正寢,年七十有九。皇帝陛下聖心軫悼,特頒優恤諭旨,命國務院組織國葬執行委員會,議行國葬典禮,以彰殊勛。日本天皇陛下親電吊唁。四月十九日,蒙敕宮内府大臣熙洽致奠,頒賜誄文。四月二十日,政府於大同公園舉行吊禮式,上特輟朝一日,官民來吊者逾數萬人,全國皆揭揚吊旗,特免罪人勞役一日。飾終之典,備極隆盛,殆前此所罕睹也。墓地擇定奉天省城郊外之同仁村,於七月七日歸於兆域。"

鄭孝胥以書法著稱於時,有"瘦硬"之目。著《海藏樓詩集》十三卷,與陳三立並稱,素被視爲晚清同光體閩派之領軍。

《鄭孝胥傳·本傳》:"先生書法,出入漢隸北碑間,力掃後來姿媚之習。有時匱乏,則鬻書自給,人爭購之,歲可致數千金。於是書名重一世。……嘗校訂《經世文編》,著有《海藏樓詩集》十三卷,及《王道講義》等,皆行於世。"

邵鏡人《同光風雲録》:"太夷詩文之外,喜作字,筆力挺秀,而瘦硬特甚,深合杜老'書貴瘦硬方通神'之說。其書原本東坡,而加以變化,以成一家之作,五十年來無出其右者。"

易宗夔《新世說》卷六:"近世書家,已自成體格者,厥惟鄭蘇龕。其書初學柳誠懸,後參以黃山谷。瘦硬飛舞,有不可一世之概。惜變化太少,又不能爲篆隸耳。"

陳衍《石遺室詩話》卷一:"丙戌在都門,蘇堪告余,有嘉興沈子培者,能爲'同光體'。'同光體'者,余與蘇堪戲目同、光以來詩人不專宗盛唐者也。""蘇堪三十以前,專攻五古,規模大謝,浸淫柳州,又洗鍊於東野。沉摯之思,廉悍之筆,一時殆無與抗手。三十以後,乃肆力於七言,自謂爲吳融、韓偓、唐彦謙、梅聖俞、王荆公,而多與荆公相近,亦懷抱使然。"

楊鍾羲《碩果亭詩序》(李宣龔《碩果亭詩》卷首):"晚近詩人以閩中爲最多,論者比於初、盛之齊魯。滄趣、海藏皆貴顯,初不欲以詩人老也。非無樹立,際時勢之變,不克盡副其志略之所期,獨其詩爲人膾炙。……余謂閩人詩,滄趣典遠,其緒密;海藏清剛,其氣爽;拔可出稍後,深粹堅栗,境界日闊,亦不以千里畏人者。"

《海藏樓記》:"古體取徑江謝,合響貞曜,閑適之作,夷曠冲淡,而骨力之堅練,一字不涉凡近。詩體百變,咸衷以法。語質而韻遠,外枯而中膏,吐發若古之隱淪,則信乎其能藏其鋒矣。"

錢仲聯《夢苕盦詩話》:"邇來風氣多趨於散原、海藏二派,二家自有卓絕千古處。散原之詩巉險,其失也瑣碎;海藏之詩精潔,其失也窘束。"

晚年在偽滿洲國提倡"王道主義",推崇君主政體,主張禮讓、息爭,乃至有消泯國界之思想,而竟墮入歧途,淪爲漢奸,萬夫所指。著有《王道講義》。

《鄭孝胥傳・本傳》:"先生鑑及世界大勢,各以霸術相競,又深痛中國自辛亥以還,猖狂暴亂,邪説橫行,不仁不義,無禮無法,是以首揭王道主義以爲政。王道者,即東方列聖相傳之治道,《書》所謂正德、利用、厚生,孔子所謂道之以德、齊之以禮,孟子所謂以善養人者是也。欲本古先聖王仁民愛物之遺志,因時變通,以施之於政治。謂新興國家,惟以禮讓爲先,期與民休養生息,宣導和平而已。謀興全國水利,以植富庶之基,設爲方案,欲次第興舉。"

鄭孝胥《帝制一年紀念頌辭》(《鄭孝胥傳·政績》):"民衆合群,名曰國家。合群之國家,有階級則治,無階級則亂。但既有政府,必不能無階級。階級者,尊卑上下之謂也。君主之制,由人民推戴,君以保民爲本,民以事君爲本。其階級之上下,出於人心之自然。若一黨專制,或分黨共和,非爲暴力所壓迫,則爲財力所壓迫,人人懷平等自由之意,處處有鏟除階級之説,是其人民與政府,皆有不可終日之危機。試觀各國之政治,其能免此患者少矣。我滿洲帝國以皇帝爲中心,以王道爲主義,今日雖爲第一年之紀念,觀其規模宏遠,已立萬年不拔之基。"

鄭孝胥《王道》其一(《鄭孝胥傳·詩編》):"損人利己只一念,可使舉世無安土。聖人復起更無奇,去其所争得其所。人生托命於天地,相資以生義有取。智者創物終相仇,孰爲蒼生解愁苦?"其二:"妖亂相尋二十載,棄禮蔑義逮今日。哀之不若使身受,其氣既餒將自失。王道蕩蕩天所開,舍是安歸必無術。老夫何異馬識途,却指夷途待豪杰。"

《鄭孝胥日記》1932年7月19日:"上海東亞同文書院學生二十餘人來見,詢王道之大意。爲言愛國之思想、軍國民之教育,皆足釀成世界戰禍,王道則不主愛國而主博愛,不用軍國教育而用禮義教育。"

《睇向齋逞臆談·鄭孝胥》:"鄭孝胥之得名也,不以書,復不以詩。世獨以善書工詩稱之,斯固然矣。而於清季政事之起伏,固數數預謀,實一政客也。"

汪國垣《光宣以來詩壇旁記》:"不意甲子溥儀出走津沽,張園會議,海藏即主附倭以延殘喘。辛未,倭入瀋陽,寢占東省,而海藏果奉溥儀托庇虜廷矣。殷頑猶可恕,托命外族不可恕,而身敗名裂,至此益顯。"

參考文獻:

1. 鄭孝胥著,黃坤、楊曉波校點《海藏樓詩集》,上海古籍出版社 2003 年版。

2. 葉參、陳邦直、黨庠周合編《鄭孝胥傳》,"滿日文化協會"1938 年版。

3. 中國國家博物館編、勞祖德整理《鄭孝胥日記》,中華書局 1993 年版。

4. 辜鴻銘、孟森等著《清代野史》,巴蜀書社 1998 年版。

5. 徐臨江《鄭孝胥前半生評傳》,學林出版社 2003 年版。

6. 陳衍著,鄭朝宗、石文英校點《石遺室詩話》,人民文學出版社 2004 年版。

7. 陳灨一《睇向齋逞臆談》,《睇向齋秘録(附二種)》,中華書局 2007 年版。

(郭道平)

況周頤傳

　　況周頤，原名周儀，避諱改名周頤，字夔笙，晚號蕙風，廣西臨桂人。咸豐十一年（1861）九月初一日生。

　　馮开《清故通議大夫三品銜浙江補用知府況君墓誌銘》："君諱周儀，以避國諱，更儀爲頤。字夔笙。""臨桂況氏明蘇州知府校之裔孫也。……明末有一幾者，復由寶慶遷廣西，是爲君之七世祖。"

　　黄蘇《蓼園詞選》況周頤序："曩歲壬申，余年十二，先未嘗知詞。偶往省姊氏，得是書案頭，假歸雒誦，詫爲鴻寶。由是遂學爲詞，蓋余詞之導師也。"

　　趙尊岳《蕙風詞史》："九月一日爲先生生日，當刊小印曰'與歐陽文忠同生辰'。"鄭燁明《況周頤年譜》考況氏生於桂林水東街，今從之。

　　按，《清故通議大夫三品銜浙江補用知府況君墓誌銘》云："春秋六十有八，以丙寅七月十八日病殁上海寓次。"龍榆生《龍榆生詞學論文集·清季四大詞人》云："（況）周頤以咸豐九年九月初一日（1859 年 9 月 26 日）生。"（上海古籍出版社 2009 年版）均以況周頤生年爲咸豐九年，與況氏自言壬申（1872）十二歲牴牾。林玫儀《況蕙風研究資料補述》所引步章五《林屋山人集》卷十三《蕙風遺事》其一："蕙風先生殁於丙寅七月十八日，生年歲，雖家人不能知也。今從諸方印證，定爲六十八先生歲焉。"其二："先生生日，亦不肯言。子女請問，輒曰：'問生日何爲？欲知我爲人日也？狗日也？'則咸豐九年之説實爲後人折衷之言，而硃卷所載，及況氏自言同治十一年（1872）時年十二，更爲可信。故將況周頤生年定爲咸豐十一年（1861），卒年定爲民國十五年（1926），享年六十六。

十一歲成諸生，詩賦可觀。十二歲受學於王拯，是年得黃蘇《蓼園詞選》，始學詞。

翁同龢《翁同龢日記》同治十年六月一日："楊太史（少和）自廣西學政任滿來見……又云況童子（周儀），年十歲，詩賦可觀，成語屬對極妙。"

《清故通議大夫三品銜浙江補用知府況君墓誌銘》："十一歲成諸生。文采琦瑋，辟易曹耦，學使者榜書矜異，目爲瑰寶。"

況周頤《第一生修梅花館詞》卷八《鶯啼序・題王定甫師蓼磋課誦圖》小序："周頤年十二，受知定甫先師。"

《蓼園詞選》況周頤序："曩歲壬申，余年十二，先未嘗知詞。偶往省姊氏，得是書案頭，假歸雒誦，詫爲鴻寶。由是遂學爲詞，蓋余詞之導師也。"況周頤《蕙風詞話續編》卷二："余年十二，女兄於歸，詒余是編，如獲拱璧。心維口誦，輒仿爲之，是余詞之導師也。"況周頤《餐櫻詞》自序："余自同治壬申、癸酉間，即學填詞，所作多性靈語，有今日萬不能道者，而尖艷之譏，在所不免。"

年十八，充優貢生。光緒五年（1879）中鄉試，是年起愈沉頓於詞。

《清故通議大夫三品銜浙江補用知府況君墓誌銘》："年十八，充優貢生。"龍榆生《清季四大詞人》："年十八，充優貢生。"（應試諸作見《廣西鄉試硃卷》，不錄）

龍榆生《近三百年名家詞選》："以優貢生中式光緒五年鄉試。"

《蕙風詞話續編》卷二:"己卯已後,沉頓於詞滋甚。"

光緒十一年(1885)客四川,往來成都、萬縣、夔州等地。

況周頤《蕙風叢書》第一册《西底叢談》:"乙酉、丙戌間,余客蓉城。……比來萬州,時復通問。"

況周頤《第一生修梅花館詞》卷二《壽樓春》自注:"乙酉冬,余客夔州。"

十四年(1888)二月,自蜀入都備試,結識王鵬運、端木埰、許玉瑑等,是年起參與薇省唱和,時稱"四中書詞人"。十五年四月,會試落第,循例任內閣中書,與半塘等同值薇垣,是年起從半塘校詞,校朱淑真《斷腸詞》、馮延巳《陽春集》《陽春集補遺》、端木埰《碧瀣詞》、史達祖《梅溪詞》等。

況周頤《蕙風叢書》第二册《蘭雲菱夢樓筆記》:"戊子二月,余自蜀入都,始識半塘。"況周頤《第一生修梅花館詞》卷四《存悔詞序》:"戊子入都後,獲觀古今名作,後就正子疇、鶴巢、幼遐三前輩,寢饋其間者五年始決。知前刻不足存。"王鵬運《稼軒長短句跋》:"是刻既成,適同里況夔笙孝廉周儀來自蜀中,携有萬載辛啟泰編刻《稼軒全集》。"(王鵬運《四印齋所刻詞》卷首,光緒十四年初春王氏家塾刻本)

《蕙風叢書》第三册《蕙風簃二筆》:"余己丑入值。"

《餐櫻詞》自序:"己丑薄游京師,與半塘共晨夕,半塘於詞夙尚體格,於余詞多有所規誡,又以所刻宋元人詞爲斠讎,余自得窺詞學門徑。"況周頤《蕙風詞話補編》卷四《校補〈斷腸詞〉跋》:"此木得自吳縣許鶴巢前輩玉瑑,與《雜俎》本互有異同,訂誤補遺,得詞三十一闋,鈔付手民。書成,與四印齋《漱玉詞》合爲一集,亦詞林快事云。光緒己丑端陽,臨桂況周儀夔生識於都門寓齋。"

光緒十六年(1890),《新鶯詞》編成。彭鑾取端木埰、許玉瑑、王鵬運、況周頤在京師時唱和諸作及出都後四人所寄詞集編爲《薇省同聲集》五卷,寄送京師付刻以志紀念。是年秋以前,況周頤離京南下蘇州,納桐娟爲妾。是年冬況氏客廣州,未幾桐娟殁。況周頤居京師時,與王鵬運唱酬無虛日。

況周頤等《薇省同聲集》彭鑾跋:"鑾守邕州之明年……幸舊日吟侶端木子疇前輩、許鶴巢比部、王佑遐閣讀間有書來,每貽近作,兼多見憶之什。所以慰離群,聯舊歡,意至渥也。回憶戊子入粵,湘上敗舟,諸君投贈之珍,喪失殆盡,對此倍加珍惜。暇日整比,都爲一編,益以臨桂況夔生舍人所爲,命曰《薇省同聲集》。""録成,郵京師,付之劂氏,略志其緣起如此。"

《蕙風叢書》第二册《蘭雲菱夢樓筆記》:"庚寅秋,移鈔鮑淥飲手斠本《斷腸集》於滬上。"況周頤《香海棠館詞話》:"庚寅,余客滬上,借得越南阮緊審《鼓枻詞》一卷。"

《蕙風詞史》:"先生漸游廣州,回臨桂,再出由杭而蘇,於蘇納桐娟,始回京師。桐娟妍麗而不禄,《玉梅》一卷,大抵爲桐娟咏,其署玉梅詞人,亦自此始。"

況周頤《粵西詞見》卷二《張琮詞》小記:"憶庚寅冬,余客羊城。"況周頤《蕙風詞話》卷五《蜀語入詞》:"曩歲庚寅,余客羊城,假方氏碧琳琅館藏書迻寫,時距桐娟殂化,僅匝月耳。"

《蕙風詞史》:"先生漸重游京師,入值薇垣,而桐娟已殁。……桐娟之喪,先生寄殯於蕭寺,賃一室以居。長夜無侶,校書自遣。""先生吊桐娟之喪,每有所作,輒多傷感。"

徐珂《近詞叢話》:"光緒庚寅、辛卯間,況夔笙居京師,常集王幼霞四印齋,唱酬無虛日。"

按,考況周頤《蕙風詞》卷一《青山濕遍》:"料玉局、幽夢鳳城西。認伶俜、三尺孤墳,影逐吟魂,繞遍棠梨。"則桐娟當歿於廣州。

光緒十七年(1891),夏秋間由廣州北上,於杭州識譚獻,與譚獻暢論詞學,譚獻爲題《斜陽煙柳填詞圖》,賦《齊天樂》。又由杭至蘇,識鄭文焯,與鄭文焯、張祥齡等唱和往來。十八年春,識易順鼎。二月計偕返京,仍入內閣。是年春娶卜娛。是年《玉梅詞》《錦錢詞》編成。十九年,校《秋崖詞》《梅詞》《逍遙詞》《章華詞》《燕喜詞》《樵庵詞》。

譚獻《復堂詞話》:"臨桂況夔笙舍人周儀,暫客杭州,聞聲過從,銳意爲倚聲之學,與同官端木子疇、王幼遐、許玉瑑唱和,刻《薇省同聲集》,優入南渡諸家之室。夔笙網羅詞家選本別集,篋衍盈數百家。"《蕙風詞史》:"譚仲修,名獻,杭人。一時詞流,奉爲大師。先生由粵北行,過杭州,暢論詞學,爲題《斜陽煙柳填詞圖》,賦《齊天樂》。"按,況周頤亦有《南浦·題譚仲修丈斜陽煙柳填詞圖》。

《蕙風叢書》第四冊《香東漫筆》卷一:"偶辛卯、壬辰間,余客吳門,與子苾、叔問,素心晨夕,冷咏閑醉,不知有人世升沉也。"

《第一生修梅花館詞》卷二《壽樓春》小序:"余與實甫,聞聲相思十餘年,壬辰春始晤於蘇州。"

《蕙風叢書》第二冊《蘭雲菱夢樓筆記》:"壬辰回京。"王鵬運《味梨集·東風第一枝》序:"此壬辰二月,夔生、伯崇計偕到京,夜過四印齋。"

卜娛《纖餘瑣述》況周頤序:"溯昔壬辰春,清姒始來歸。"按,卜娛字清姒。

況周頤《蕙風詞話補編》卷四《方岳秋崖詞校記》:"癸巳上元前夕校畢。"《朱雍梅詞校記》:"光緒癸巳送春日校畢並記,玉梅詞人。"《章華詞校記》:"光緒癸巳六夕,半唐屬斠一過,羼提生記於第一生修梅花館。"《曹冠燕喜詞校記》:"癸巳七月,半唐屬斠,羼提生記。時移居宣武門外將軍校場頭條胡同,與半唐同弄。"《劉因樵庵詞校記》:"癸巳中秋前四夕刻成,覆斠再記。"《宋元三十一家詞・逍遥詞》跋:"光緒癸巳灌佛日玉梅詞隱校畢記。"

　　光緒二十年(1894)六月,況周頤與王鵬運、張祥齡聯句盡和《珠玉詞》,閲五日而卒業,得詞一百三十八首,編爲《和珠玉詞》付刻,王鵬運、馮煦作序,江標題名。二十年秋至二十一年夏秋間,因中日甲午戰事,況周頤與王鵬運、文廷式、王以敏等人唱和頻繁,多有關時事。二十一年秋,況周頤南下金陵,尋入鷗隱詞社。自光緒十四年至二十一年,況周頤助王鵬運彙刻《宋元三十一家詞》及《四印齋所刻詞》,訂訛補缺,用力甚勤。

　　王鵬運《和珠玉詞》自序:"龍集執徐之歲,夔笙至自吳中,爲言客吳時,與文君、叔問、張君子苾和詞連句之樂,且時時敦促繼作,懶慢未遑也。今年六月,暑雨方盛。子苾介夔笙訪余四印齋,出視近作,則與叔問連句和小山詞也。子苾往復循誦,音節琅琅,與雨聲相斷續。遂約盡和《珠玉詞》,顧子苾行且有日,乃畢力爲之,閲五日而卒業,得詞一百三十八首。……光緒甲午荷花生日,半塘老人。"

　　《和珠玉詞》馮煦序:"半塘老人與子苾、夔笙亦身丁清時,回翔臺省,略同於元獻。夏六月,手《珠玉》一編,字模句規,五日而卒業。視元獻不失累黍,儻亦與蒙相符契,蘄以破或衰世之説耶?"

　　《和珠玉詞》況周頤跋:"在昔光緒中葉,鯫生薄游春明,與漢州張子苾庶常、同邑王半唐給諫相約聯句,盡和《珠玉詞》,僅五夕而脱稿。"

　　《蕙風詞史》:"甲午事亟,主和主戰者兩不相能,馴至敗績。其於和戰紛呶之際,咏蟲以喻之,作《摸魚兒》,其結拍云:'寒催堠鼓,料馬邑龍堆,黄沙白草,聽汝更酸楚。'則其指戰事之必敗可知。……時戰事瀕潰，京師驚悉其事，先生賦《唐多令》有云：'東望陣雲迷。邊城鼓角悲。我生初、弧矢何爲。'則其憂時之切，慷慨之情，直躍紙上。……迨次年戰事大敗，其賦《水龍吟‧大雪》《水龍吟‧聞角》……蓋未能忘情於敗績者也。"

《蕙風詞》卷一《壽樓春》小序："乙未清明後一日，星岑前輩招同會淪、半唐游江亭，會淪期而不至，賦此調寄懷，半塘屬和，余亦繼聲。"《采綠吟》："乙未五月夢湘、子苾、半唐兩集江亭，聯句樂甚。"按，鄭煒明《況周頤年譜》自《國學薈編》（1914）所載《子苾詞鈔》輯四人聯句詞九首，皆未入集，或即此時之作。

慧遠《記蘇州鷗隱詞社》（張伯駒《春游瑣談》卷二）："除上述人外，先後入社者尚多。如：繆藝風，張子馥，易仲實，叔由，蔣次香，況夔笙，潘蘭史，金洘生等皆有唱和；而在北方之半塘、古微諸人亦時時郵箋往還。"

《餐櫻詞‧清平樂》小序："自戊子迄乙未，余客都門，同半塘校宋金元詞最若干家，即《四印齋所刻詞》也。"《蕙風詞史》："時在癸巳、甲午間，先生感於中東之役，寓意益深，詞筆亦矯健。輒就佑遐讀詞，並助其校勘《四印齋詞》。"

光緒二十二年（1896）六月二十七日，與梁鼎芬、徐乃昌、鄭孝胥等，共往鍾山定林寺訪碑，有《定林訪碑圖》並同人題詠。秋，況周頤拓江總殘碑寄王鵬運，王鵬運因繪《秋窗憶遠圖》徵題。是年編成《粵西詞見》。

《鄭孝胥日記》光緒二十二年六月二十七日。又況氏《餐櫻詞》之《鶯啼序》小序："爲徐檳餘題《定林訪碑第二圖》。訪碑五人，其一余也，距今十七年矣。

沈增植《曼陀羅㝩詞‧水龍吟》小序："夔笙拓江總碑殘字，半塘得之，因爲《秋窗憶遠圖》征題。"文廷式《雲起軒詞鈔‧鷓鴣天》

小序："王幼霞御史得其友人由江南拓寄江總殘碑，因作《秋窗憶遠圖》屬題，爲賦此闋。"朱祖謀《彊村詞剩稿》卷一《木蘭花慢》小序："題半塘老人秋窗憶遠圖，圖爲況夔笙舍人拓寄江總栖霞殘碑而作。"王以敏《檗塢詞存》卷三《摸魚兒》序："王幼遐侍御得況夔生舍人金陵書，有江總持殘碑拓本之寄，因繪《秋窗憶遠圖》索題。"

程頌萬《題王幼霞御史秋窗憶遠圖三首》自注："況夔笙舍人於金陵栖霞寺獲江總殘碑二段，拓寄侍御。唐人詩所謂'若到栖霞寺，先看江總碑'是也。六朝碑拓南勝於北，而南碑尤不易，覩兹之摩刻，當在北宋間。幼霞裝册爲圖，倩同人張之。"（程頌萬著，徐哲今校點《程頌萬詩詞集》，湖南人民出版社 2009 年版，第 374 頁）

《蕙風叢書》第二册《蘭雲菱夢樓筆記》："《粤西詞見》二卷，丙申刻於金陵。"況周頤《粤西詞見·叙録》："光緒丙申展重陽日，臨桂況周頤葵孫，自識於江寧水西門内古糯米巷寓廬。"《粤西詞見》況周頤跋："是編刻成，以貽半唐，亦曰傷心人别有懷抱也。光緒丙申長至日，玉梅詞人況周頤跋於憑宵閣。"

光緒二十三年（1897）冬，遷居揚州。二十四年，刻成《薇省詞鈔》一卷、附録一卷，專録清代内閣詞人之作，王鵬運爲題《百字令》。又春夏間《菱景詞》一卷刻成，校《皺水軒詞荃校記》。

《蕙風詞史》："先生之至維揚，揚人士倒屐相迎，詞流尤多勝會，先生亦多有酬贈。"

況周頤《薇省詞鈔》卷首内頁："光緒戊戌刻於廣陵。"

王鵬運《百字令》（《薇省詞鈔》卷首題辭）："數才昭代，算聲名、紅藥英光蔚起。競説陽春池上曲、猶有高岑風致。地迴流清，官閑韻勝，雅望推中秘。王前盧後，題名要辟新例。　　遥憶。傑直從容，詔成五色，高咏宮櫻底。文彩百年鸞掖盛，金石嘈吰猶爾。黄蓼征題（潘功甫事），紅薇讀畫（張温和事），相望承平事。簪裾如接,後來英彥誰是。"

《第一生修梅花館詞》卷六《二雲詞》序:"《菱景詞》刻於戊戌夏秋間。"

《蕙風詞話補編》卷四《皺水軒詞荃校記》:"光緒戊戌暮春,冰甌館依賴古堂本付梓,玉梅詞人校畢並記。"

光緒二十五年(1899),由揚州移居武昌,當在此時入張之洞幕府。識程頌萬,切磋詞藝。至武昌後,任教習。

王鵬運《校夢龕集·徵招》序:"夔笙自廣陵游鄂。"況周頤《蕙風簃隨筆》卷一:"同年河南張蘭陔己亥夏晤於鄂垣。"《蕙風叢書》第十二冊《澹如軒詩》況周頤跋:"右《澹如軒詩》一卷,乃先大母朱太夫人殘稿也。……己亥孟冬月幾望,第十五孫周頤跋於武昌杏花天寓廬。"

《清故通議大夫三品銜浙江補用知府況君墓誌銘》:"南皮張文襄公之洞督湖廣……欽君才望,先後禮聘,署之賓職。"

《近詞叢話》:"己亥,夔笙客武昌,與程子大以詞相切劘。幼霞聞之而言曰:'子大詞清麗綿至,取徑白石、夢窗、清真,而直入溫、韋。得夔笙微尚專詣以附益之,宜其相得益彰矣。'"

三十年(1904),由武昌至常州,掌教龍城書院。二月,《玉梅後詞》編成。四月下旬,訪王鵬運於蘇州,六月,王鵬運病卒,蕙風深慟之。是月,《蘭雲菱夢樓筆記》撰成。

《蕙風詞史》:"自此先生即留南中,掌教吾鄉龍城書院,講學南京師範大學。又一之杭,再之吳。"

《蕙風叢書》第二冊《蘭雲菱夢樓筆記》:"甲辰四月下沐,過江訪半塘揚州,晤於東關街儀董學堂西頭之寓廬,握手欷歔,彼此詫為意外幸事,蓋不相見已十年矣。""黃雲湄先生詞,余出都後,半塘

得於海王村，今年四月出示余，屬録入《粤西詞補》者也。"況周頤
《玉梅後詞》自序："玉梅後詞者，甲龍仲如，玉梅詞人後游蘇州作
也。是歲四月，自常州之揚州，晤半唐於東關街儀董學堂。……余
回常州，半唐旋之鎮江，而杭州、蘇州。……未幾而半唐遽離兩廣
會館之戚。"王鵬運《彊村詞原序》（朱祖謀《彊村詞賸稿》卷首）："昨
況夔笙渡江見訪，出大集共讀之，以目空一切之況舍人，讀至……
諸作，亦復降心低首，曰：'吾不能不畏之矣。'"

　　《蕙風詞話》卷五："《坐隱先生草堂餘意》，甲辰春半塘假去，即
付手民，蓋亦契賞之至。寫樣甫竟，半塘自揚之蘇，嬰疾遽殤，元本
及樣本並失去，不可復求。"

　　《蕙風叢書》第二册《蘭雲菱夢樓筆記》："余挽半塘聯云：'窮途
落拓中哭平生第一知己，時局艱危日問宇内有幾斯人。'"

　　**光緒三十一年（1905），移居南京，撰《蕙風簃隨筆》。三十二
年，端方移督兩江，禮聘蕙風入幕，極愛重之，端方之《藏畫記》《藏
石記》多出蕙風之手。是年，《阮庵筆記五種》刻成。三十三年，《玉
梅後詞》刻成。宣統元年（1909），端方移署直隸，況周頤亦於是年
至大通掌榷運。是年，避帝諱，改周儀爲周頤。**

　　《蕙風簃隨筆》卷一："光緒乙巳良日，況周頤自記於金陵四象
橋北寓廬。"狄葆賢《平等閣詩話》卷一："臨桂況夔笙舍人，詞學極
邃，不善治生，近年旅食白門，有周美成憔悴京洛之慨。"《蕙風叢
書》第四册《香東漫筆》卷一："丙午、丁未間，賃廬金陵閘西，鄰有水
閣曰周河廳。"

　　《玉梅後詞》自序："丁未小寒食，自識於秦淮俟廬之珠花簃。"

　　趙爾巽等《清史稿》卷四百六十九《端方傳》："三十二年，移督
兩江。"

　　龍榆生《晚清四大詞人》："端方督兩江，先後禮聘，署之賓職。

嘗爲端方審定金石，代作跋尾，端極愛重之。時勵光典亦名士觀察，與周頤學不同，每見端，必短周頤。一日，端宴客秦淮，光典又及周頤，端太息曰：‘亦知夔笙必將餓死；但我端方在，決不能視其餓死耳！’周頤聞之，至於涕下。興化李詳，光典客也。會端方入川被殺，詳以詩吊之，有云：‘輕薄子雲猶未死，可憐難返蜀川魂！’蓋指周頤也。”

《蕙風詞史》：“又一之杭，再之吳，一入川，遂入江督端忠敏公幕府。……忠敏收藏最富，《陶齋藏畫》《藏石》諸記，皆出先生手筆。”《清故通議大夫三品銜浙江補用知府況君墓誌銘》：“南皮張文襄公之洞督湖廣，瀋陽托活絡忠敏公端方督兩江，欽君才望，先後禮聘，署之賓職。文移箋奏，率與參懷，君從容贊畫，動中倫脊。嘗爲忠敏斠訂金石，零文隊簡，多所提正，旁籀博稽，莫不贍舉。”

《蕙風詞史》：“直至辛亥九月，先生在大通榷運局。”

辛亥革命爆發後，至上海，初設書肆爲生。隨即棄去，移居東有恒路，與朱祖謀爲鄰，日相唱和，鬻文爲生。民國四年（1915），《繪芳詞》刻成，同年《餐櫻詞》刻成。時海上遺老多舉吟社，蕙風皆未入，偶有詞作唱和。

《蕙風詞史》：“旋至大通掌榷運，至辛亥十月鼎革始來上海。”“聞警來滬，即居滬瀆。初賃廡於梅福里，而生事日艱，遂出其藏書，設一書肆。先生因不工市儈，朋從至，道姓名輒以書奉贈，舉手輒盡。既乃棄去，移居東有恒路。時朱彊村侍郎即居德裕里，衡宇相望，過從甚頻，酬唱之樂，時復得之。先生患不繼，輒鬻文自給，每歲致千金。”

況周頤《繪芳詞》卷首牌記：“中華民國四年六月初版。”

《蕙風詞》卷一《高陽臺》小序：“和漚尹社作韻，我非社中人也。”《詞史》：“先生填詞，獨往獨來，初未入爲社友，而彊村促爲社課，始賦《高陽臺》。"

五年（1916），梅蘭芳赴上海演出，況周頤極愛之，爲作咏梅劇詞數十首，即《修梅清課》。是年秋，有復辟之説，至六年，復辟失敗，因題詞集爲《菊夢集》，以喻"付諸夢幻"。六年至七年，況氏爲劉承幹延請，助編《嘉業堂叢書》《吳興叢書》《近代詞人徵略》等。

況周頤《修梅清課・八聲甘州》詞題："葬花一劇，屬梅郎擅場之作，爲賦兩調。"《鶯啼序》小序："梅郎自滬之杭，有重來之約，其信然耶？宇宙悠悠，吾梅郎外孰可念者；萬人如海，孰知念吾梅郎者，王逸少所謂取諸懷抱。"《蕙風詞史》："梅畹華演劇馳譽壇坫，所編《散花》《嫦娥》諸曲，尤盛傳日下，其來海上也，彊村翁與先生極賞之。先生前後作《滿路花》《塞翁吟》《慧蘭芳》《甘州》《西子妝》《浣溪沙》《鶯啼序》刊之集中。"《況蕙風研究資料補述》引《林屋山人集》："先生於伶人，最賞梅蘭芳，作詞至百餘首。蘭芳見先生，亦敬禮備至，故先生樂爲之賦焉。"

《蕙風詞史》："《餐櫻詞》後，續作者爲《菊夢詞》，其云'菊夢'者，蓋以丙辰年又九秋復辟之議，康長素僕僕道途，時以大言炫人，先生或信其説，終不果成，付諸夢幻，故曰'菊夢'。""維時吳興劉翰怡京卿刻《嘉業堂叢書》《吳興叢書》，亦延先生舉其事。"繆荃孫《藝風老人日記》第八册："民國六、七年間，況周頤、劉承幹等往來頻仍。"董紀《西郊笑端詞》趙尊岳跋："余得之於金陵，歸示蕙風先生，欣賞共讀，時先生方輯《歷代詞人考鑑》，因録附以貽之。"

七年（1918）夏秋間，與朱祖謀合印詞集，即《鶯音集》，以王鵬運別字鶯翁，題爲"鶯音"。八年，其妻卜娛《織餘瑣述》成，其中内容多采自況周頤。

況周頤、朱祖謀《鶯音集》孫德謙序："歸安漚尹侍郎、臨桂阮龕太守,今之詞壇宿老也。……近者侍郎删存若干闋,太守亦重加理董。……半塘別字鶩翁,因以‘鶩音’題。”龍榆生《彊村詞剩跋》:“戊午歲,先生復取舊刊各集,益以辛亥以後,删存一百一闋爲《彊村樂府》,與臨桂况氏《蕙風琴趣》以活字版合印爲《鶩音集》。”《蕙風詞》趙尊岳跋:“吾師臨桂况先生自定詞,曩與歸安朱先生詞合編爲《鶩音集》者,名《蕙風琴趣》,前於丁巳夏秋間仿聚珍版印行僅二百本,未足廣其傳也。”

卜娱《織餘瑣述》况周頤序:“《織餘瑣述》泰半述蕙風之言。間有一二心得,蕙風容或弗克辦。”“吾清如近十年來焚脂弄墨,能爲數十數百言,而《瑣述》於是乎作。”《林屋山人集》:“先生淑配曰卜夫人,名娱,字清如,美而能文,著有《織餘瑣述》行世。先生謂余曰:‘書與吾雜著同刻,而壽比余多,可見女子文字易傳也。’”

按,以此觀之,《織餘瑣述》當爲卜娱所作。前人所以多以此書爲况周頤所撰者,或出於《蕙風詞史》:“《繪芳詞》撰録古今咏美人詞,自發訖影,凡百餘闋,有前人所未賦者,先生爲補撰之,題曰‘周夔’,又有托‘卜娱’之名者。”卜娱爲况周頤夫人之名,該書雖多引况氏論詞之語,亦不可徑以况氏爲作者。

九年(1920)春暮,梅蘭芳再至上海演出,有香蘭雅集,况周頤請吳昌碩爲繪《香南雅集圖》,趙尊岳、况周頤、朱祖謀、王國維、沈增植等四十餘人均爲題詞。是集况氏作《清平樂》廿一闋,合爲《秀道人咏梅詞》。是年冬又合前後爲梅氏所作詞五十闋爲一卷,曰《修梅清課》。是年春,趙尊岳從况周頤處假得《蓼園詞選》,重刻之,况氏爲作序。

梅蘭芳《梅蘭芳自述·舞臺生活四十年》:“一九零二年,我又去上海天蟾舞臺演出。”

况周頤《秀道人咏梅詞》自序:“庚申春暮,畹華重來滬濱,叔雍公子賦《清平樂》贈之,余亦繼聲,得廿一解,即以題《香南雅集圖》博吾畹華一粲。"王國維《人間詞話》:"蕙風聽歌諸作,自以《滿路花》爲最佳。至《題香南雅集圖》諸詞,殊覺泛泛,無一言道者。"

《秀道人咏梅詞・西江月》小序:"庚申送春前四日,香南二集,戲用其韻,得十一首,屬吾畹華按拍。"《蕙風詞史》:"梅畹華演劇馳譽壇坫,所編《散花》《嫦娥》諸曲,尤盛傳日下,其來海上也,彊村翁與先生極賞之。……其集則別有五十餘調,梓爲《修梅清課》。先生以側艷寫沉痛,真古人長歌當哭之遺,別有懷抱者也。"

《蓼園詞選》況周頤序:"叔雍從余假觀是書,謀付排印,以廣其傳,以爲初學周行之示,屬序於余,而識其崖略如此。庚申季春月幾望,臨桂況周頤夔笙書於秀庵。"

十年(1921),《玉栖述雅》編成。十三年,朱祖謀編選《宋詞三百首》,常過蕙風,相與探討,書成,爲作序。是年《蕙風詞話》校刻完畢。是年其妻卜娱卒。十四年,删訂《蕙風詞》,《蕙風叢書》編成。

況周頤《玉栖述雅》陳運彰跋:"此稿成於庚申、辛酉間,隨手撰録,聊資排遣。"

張爾田《詞林新語》:"歸安朱彊村,詞流宗師,方其選三百首宋詞時,輒携鈔帙,過蕙風簃,寒夜啜粥,相與探論。維時風雨甫定,清氣盈宇,曼誦之聲,直充閭巷。"

朱祖謀《宋詞三百首》況周頤序:"中元甲子燕九日,臨桂況周頤。"

《蕙風詞》趙尊岳跋:"客歲,尊岳校刻《蕙風詞話》斷手,亟請並刻自定詞纏屬以行。"龍榆生《詞學講義附記》(《詞學季刊》1933年創刊號):"自有詞話以來,無此有功詞學之作。"《況蕙風研究資料補述》引《林屋山人集》:"先生文章詩詞皆工,詞尤有大名,嘗著《詞話》一書,行於當世,詞家能事,宣泄盡矣。"

《蕙風叢書》自序:"出陳君勸勉之殷,彙次曩所撰述已鋟行者若干種,編目如右。……歲在乙丑嘉平五日。"

《況蕙風研究資料補述》引《林屋山人集》:"先生淑配曰卜夫人,名娛,字清姒。……卜夫人歿於甲子年,年僅四十,先生已六十餘。晚年喪偶,是其致病之根也。"夏敬觀《忍古樓詞話》:"夔生昔與予卜居爲鄰,皆知其妾美而賢,自其妾歿,而夔笙不數年亦下世矣。"

十五年(1926),況周頤病逝於上海寓廬,葬湖州道場山,享年六十六歲。趙尊岳父子爲經紀其事。馮开爲撰墓誌銘,朱祖謀書丹,程頌萬篆蓋。

《清故通議大夫三品銜浙江補用知府況君墓誌銘》:"以丙寅七月十八日病殤上海寓次。"《況蕙風研究資料補述》引《林屋山人集》:"蕙風先生歿於丙寅七月十八,生年歲,雖家人不能知也。今從諸方印證,定爲六十八先生歲焉。"按,《墓誌銘》內容詳見《新見況周頤墓誌銘拓本》。

《況蕙風研究資料補述》引《林屋山人集》:"先生弟子甚衆,過從尤密者,曰陳蒙庵,曰趙叔雍。及先生之歿,叔雍經紀甚至。其尊人趙公竹君廣交游,爲叔雍擇師得先生,可謂知人。先生之歿,趙公資助極厚,輶近世俗,古道可敬也。"

夏承燾《天風閣學詞日記》下冊引朱祖謀挽聯:"持論倘同途,詞客有靈,流派老年宗白石;相依在吾十,道場無恙,死生獨往爲青山。"袁寒雲《袁寒雲自述》引挽聯:"比夢窗白石,老宿成家,盡低唱淺斟,一代詞人千古在;溯漚尹缶廬,殷勤共話,愴小樓清夜,十年江國幾回逢。"

參考文獻：

1. 況周頤等《薇省同聲集》，光緒十六年刻本。

2. 況周頤《第一生修梅花館詞》，光緒十八年刻本。

3. 況周頤、朱祖謀《鶩音集》，民國七年本。

4. 況周頤《秀道人咏梅詞》，民國九年本。

5. 況周頤《修梅清課》，民國九年本。

6. 況周頤著、屈興國輯注《蕙風詞話輯注》，江西人民出版社 2000 年版。

7. 趙尊岳《蕙風詞史》，《詞學季刊》1934 年第 1 卷第 4 期。

8. 馮开《清故通議大夫三品銜浙江補用知府況君墓誌銘》，寒冬虹《新見況周頤墓誌銘拓本》，《文獻》1994 年第 1 期。

9. 林玫儀《況蕙風研究資料補述》，《北京大學中國古文獻研究中心集刊》（第七輯），北京大學出版社 2008 年版。

10. 鄭煒明、陳玉瑩《況周頤年譜》，齊魯書社 2015 年版。

（郭文儀）

夏曾佑傳

夏曾佑,字穗卿,號碎佛,浙江杭縣人。同治二年(1863)生。

夏循垍《夏先生穗卿傳略》:"先生諱曾佑,字穗卿,號碎佛,浙江杭縣人。生於前清同治癸亥年十月。"

夏元瑮《夏曾佑傳略》:"先生於古今中外學術、宗教、文藝之淵源派別,窺其微奧,得其會通,尤邃於佛典,與嘉興沈曾植、同邑張爾田諸人談佛,昕夕不倦,故自號碎佛。"

二歲失怙,值洪楊之亂,家道中落。從塾師讀,苦志力學。

夏元瑮、夏元瑜《哀啓》:"先嚴幼而岐嶷,賦性高潔。生甫二歲,先大父見背,值洪楊之亂,避地居粵。六歲,隨先大母旋里。時亂後家漸中落,先嚴從塾師讀,苦志力學,常至夜半不輟誦。每成一文,稿輒盈筐。嘗有句云:易稿筐常滿,鈔書燭屢低。蓋自道其甘苦也!"

《夏曾佑傳略》:"先生性敏慧,早失怙,自幼好學深思。童時出游,見蟲介物,每取而集之,察其形構動作以爲樂,若刺毒不顧也。偶於教會見《談天》一書,愛不去手,教士某英人詢之曰:'童子亦解是乎?'曰:'解。'某因以贈之。"

《夏先生穗卿傳略》:"未第時習舉業恒不措意,所作制藝文,於明清兩代諸大家外,自成一派,時人爭誦之。作文不起草,每得一題,端坐沉吟,移時而展卷録就矣。雖座客在,亦不爲間。少時讀書,嘗以數十巨册置案頭,一二日讀完,或一日中可讀二三部。及掩卷語人,而書中要旨,已能一一備述。以故博極群書,幾無學不窺矣。"

光緒十四年(1888)中舉,十六年成進士,由翰林改官禮部主事。

《哀啓》:"以光緒戊子舉於鄉,庚寅以第一人成進士,由翰林改官禮部主事。"

甲午(1894)前後,公羊新學漸起,與梁啓超等維新學者時相過從,倡"排荀"之説。

《夏曾佑傳略》:"癸巳、甲午之際,言新學者漸起,自南海康有爲師徒出,而公羊學風行。新會梁啓超、麥孺博諸子,常就先生言公羊。先生時服官禮部,有擬之爲劉申受、龔自珍者,而先生不以公羊學家自居。乙未在上海,時同邑汪康年與梁啓超輩設《時務報》,先生所與論説,報中時時資取之,是年改官知縣。"梁啓超《清代學術概論》:"啓超屢游京師,漸交當世士大夫,而其講學最契之友,曰夏曾佑、譚嗣同。曾佑方治龔、劉今文學,每發一義,輒相視莫逆。……而啓超之學,受夏、譚影響亦至巨。"宋慈裒《國史擬傳梁啓超傳(夏曾佑)》:"(夏曾佑)與啓超治公羊之學,發揮龔自珍、劉逢禄所説。每陳一義,輒相視莫逆。謂啓超志在救世,近墨子兼愛;於義反兼爲别,因自號爲别士,號啓超爲兼士。"按,梁啓超《亡友夏穗卿先生》載夏曾佑光緒三十年(1904)寄贈梁啓超詩:"壬辰在京師,廣座見吾子。草草致一揖,僅足記姓氏。洎乎癸甲間,衡宇望尺咫。春騎醉鶯花,秋燈狎圖史。冥冥蘭陵門,萬鬼頭如蟻。質多舉雙手,陽烏爲之死。祖裼往暴之,一擊類執豕。酒酣擲杯起,跌宕笑相視。頗謂宙合間,只此足觀喜。夕烽從東來,孤帆共南指。再別再相遭，便已十年矣。君子尚青春，英聲乃如此。嗟嗟吾黨人，視子爲泰否。"

夏曾佑"排荀"主張，參見其《答宋燕生書》（作於光緒二十一年五月，宋恕《宋恕集》卷六）："孔子之教……不外三科九旨，而諸弟子有全聞者，有半聞者。全聞者知君主之後，即必有君民並主與民主，故道性善，而言必稱堯舜。得其傳者，有若、曾參是矣。其不全聞者，不知後二，但知初一，故言性惡而法后王。此派至繁，名家、法家、縱橫家、陰陽家、兵家、農家，悉在其中，各效一官之選。蓋教門之宗子，所學者爲帝王之學，而其他爲輔也。而荀卿乃此中之一支。斯既相秦，大行其學。焚坑之烈，絕滅正傳，以吏爲師，大傳家法。以不聞三統之故，不識循環，但明一往。叔孫通爲其博士，決是荀卿家法中人。仲舒作書美荀卿，則其爲荀教之徒可知。蓋十四博士，強半原出蘭陵，漢西京之學已非孔子之舊矣。……觀有儒教以來，素王之道淆於蘭陵，蘭陵之道淆於新師，新師之道淆於僞學。"又夏曾佑《論近代政教之原》（《時務報》1898 年 6 月 9 日）："秦人創業垂統幾三千年，至今日而始覺其不可用，豈偶然哉？蓋必有微言眇憎以運乎其間矣。……蓋祖龍與韓非、李斯，相契若是之深也，是以秦人一代之政，即荀子一家之學，千條萬派，蔽以一言，不過曰'法後王'與'性惡'而已。惟法後王，故首保君權。古之治天下也，以民爲本位，故井田、學校、封建，均從宗法而積之；今之治天下也，以君爲本位，故財賦、兵刑、建置，均從天子以推之。惟人之性惡，故猜防禦下。古之人知天下之可爲君子，故衣裳鐘鼓之化，達乎上下；今之世料天下之必爲小人，故凡食貨、選舉、職官一切諸政，非以求進化也，防流弊也；非以待馴良也，御盜賊也；非以禮士夫也，蓄奴隸也。……夫以秦法爲因，而遇歐洲諸國重民權興格致之緣，於是而成種亡教亡之果。"

光緒二十三年（1897），任天津育才學堂總辦，中西學兼習。同年，與嚴復、王修植等辦《國聞報》，並助嚴復翻譯《天演論》《原富》諸書。

《夏曾佑傳略》："丙申、丁酉居天津候選，同邑孫寶琦時作宦在津，立育才館以造士，中西學兼習，延先生爲師，因材施教，歷有三年，所成者不乏人。同時與侯官嚴復、鎮海王修植友善，王、嚴創《國聞報》，先生恒參與其事。嚴復晚年治舊學彌篤，嘗就質於先生，其所譯《天演論》《原富》諸書，與先生反復商榷而後成篇。"

二十五年（1899），離京赴安徽祁門知縣任。在祁門三年，整頓書院，化解教案，穩定治安，政譽甚著。

《哀啓》："因先大母春秋高，憚於航海，不克就養京邸，乃改外選，授安徽祁門縣知縣。祁門地瘠民疲，先嚴處以不擾。公餘，把酒讀書，蕭然儒素，而政簡刑清，輿論翕然。"

《夏先生穗卿傳略》："庚子後，選授安徽祁門知縣，自拳團肇釁和議告成而後，沿江各省，民教訴訟紛繁，地方官吏，懾於外人干涉，恒措施無方，先生莅祁，遇教士則從容接晤以度其情。及有非難，則據理剖晰以釋其惑。由是紛爭立解，咸歸折服，終其任期，未聞有一教案焉。上官叙其調和民教之績，保送引見。在任三年，政簡刑清。祁民頌曰：'數十年無此好官。'及行也，攀留者如潮涌。"《哀啓》："拳匪亂後，辛丑和約既成，教民氣張甚。先嚴遇事輒與西教士直接談判，據理力爭，外人亦爲心折，民教得相安。護撫沈公子培嘗嘆曰：'使當日地方官盡如夏君者，拳亂可以不作矣。'"

二十九年（1903），以直隸州知州用，旋以母憂歸。同年，應張元濟之邀爲商務印書館編撰《最新中學中國歷史教科書》。

《夏曾佑傳略》："既引見，以直隸州知州用，旋以母憂歸。"

夏曾佑《最新中學教科書中國歷史叙》："智莫大於知來，來何以能知，據往事以爲推而已矣。故史學者，人所不可無之學也。雖然，有難言者。神洲建國既古，往事較繁，自秦以前，其紀載也多歧，自秦以後，其紀載也多仍，歧者無以折衷，仍者不可擇別。況史本王官，載筆所及，例止王事，而街談巷語之所造，屬之稗官，正史缺焉。治史之難，於此見矣。然此猶爲往日言之也。洎乎今日，學科日侈，日不暇給，既無日力以讀全史，而運會所遭，人事將變，目前所食之果，非一一於古人證其因，即無以知前途之夷險，又不能不亟讀史，若是者將奈之何哉？是必有一書焉，文簡於古人，而理富於往籍，其足以供社會之需乎！今茲此編，即本是旨，而學殖時日皆有不逮，疏謬之譏，知不可免，亦聊述其宗趣云爾。"周振鶴編《晚清營業書目·商務印書館》："叙述古今，以十三經、二十四史爲主，而緯以群籍。其體裁則兼用編年、紀事二體，其宗旨則在發明今日社會之本原，故於宗教、政治、學術、風俗，古今嬗變之所以然，志之獨詳。此爲從前編中國歷史教科書所未有，而爲本篇之特色也。至於篇中博采異説，悉注原書於下。學者可以按書翻檢，隨時觸發，其益無方，尤便於學堂講習之用。"

光緒三十一年(1905)，被薦爲隨員準備隨五大臣出洋考察憲政。次年，啓程東渡，居東京二月。歸國後，撰文鼓吹立憲。

《哀啓》："預備立憲詔下，先嚴隨五大臣出洋考察憲政，居日本者數月，代草'憲法大綱'及'譯書提要'數十萬言。……憲政初，頒官制革新詔，中外大吏保舉人才，先嚴爲當道保奏，奉旨引見，以直隸州升用，旋補受泗州知州。未赴任，調署廣德州知州。"

按，夏曾佑參與清廷預備立憲，對此抱有不切實際之幻想，可參見其於光緒三十一年至三十三年間所撰政論。如《論變法必以歷史爲根本》(《東方雜志》1905年第2卷第8期)："變法之説，發端於甲午,實行於戊戌,闃寂於己亥,重演於庚子,然皆變法而不見變法之效,非變法之無效也。戊戌之變法也失之紊,彼此不相顧,前後不相應,徒使天下陳力就列者,目炫亂於國家之無常,職業之不可保,而不能知其命意之所在。……庚子之變法也失之僞,此率然而命之,彼泛然而應之。……故此二期者,皆不得謂之真變法之期也。真變法之期,其在於今日乎?今日之變法,吾人亦不知朝廷之何以忽然興起,意者外患之迫極,朝廷深思熟慮,知非變法不足以圖存耶?其隱微雖不可知,但自其表面觀之:一、飭停刑訊;二、賜留學生出身;三、派載澤等出洋考察。此三者,不得不謂爲曠古之慮,非常之原,而真變法之擔保也。然惟其爲真變法,而所謂法之質性、變之方法,皆不可不研究之矣。"《刊印憲政初綱緣起》(《東方雜志》臨時增刊《憲政初綱》,1906年第3卷):"自五大臣出洋起,至下改官制之上諭止,其間相去才足一年,而世變已如此。自古立憲之遲,莫如中國;自古立憲之易,亦莫如中國。後奮起早成就之説,不其信耶!此中國因之可一雪友邦之謗者也。"

民國元年(1912),應教育總長蔡元培招赴京,任教育部社會教育司司長。二年,參與發起孔教會,提倡尊孔讀經。五年,改任京師圖書館館長。

《哀啓》:"民國初元,改學部爲教育部,特設社會教育司,以先嚴爲之長。旋改任京師圖書館館長。歷歲兵争,教部如閑曹,先嚴所計畫百無一行,於是不復論時政。"

按,夏曾佑參與發動尊孔讀經運動,倡議祭孔,可參《魯迅日記》1913年9月28日所載:"星期休息。又云是孔子生日也。昨汪總長令部員往國子監,且須跪拜,衆已嘩然。晨七時往視之,則至者僅三四十人,或跪或立,或旁立而笑,錢念敏又從旁大聲而罵,頃刻間便草率了事,真一笑話。聞此舉由夏穗卿主動,陰鷙可畏也。"

晚年辭官閑居，無意於政治。六十以後，沉湎於酒，體質轉衰，民國十三年(1924)卒。

葉景葵著、顧廷龍編《葉景葵雜著·志盦詩稿》："穗卿散館改外，分發安徽，任祁門縣數年，罷官歸隱，貧況依然。又入教育部任北京圖書館長，束書不觀，只字不寫，蓋已讀遍群書，最後喜究内典，嘗自謂無書可讀，無事可談，惟沉湎於酒，卒以酒死。一代才華，終歸泯没，惜哉!"《夏先生穗卿傳略》："嘗居北平，杜門以詩酒自遣。"楊蔭深《中國學術家列傳·夏曾佑》："民國成立，曾一度任教育部普通司司長，其後即息影家園，不講學，不慕榮華，澹然自處，不與時人相往還。"

《哀啓》："先嚴幼年劬學，體貌清癯，通籍後，清貧猶昔。奔走南北，頻年勞瘁而精力乃更充盈，嘗終日治事無倦容。至是，目睹時艱，無從藉手，心志既傷，體氣於是大衰。六十以後，漸患腹脹，食量鋭減，延德醫狄博爾診視，時發時愈。本年春間，舊恙復發，視前加劇，復延德醫克利以手術施治，腹脹漸消而神經大衰。時復昏瞀，急請法國貝醫士施以注射兼服通利小便之劑。神志漸清，親友來問候者猶能酬答如常，不孝等方竊幸可有轉機。巨至夏曆三月十二日，病忽轉劇，神經昏亂，譫語時作，復請醫商酌治法。僉爲肝臟萎縮失其作用，惟有暫用藥針注射，保護心臟，然後再議治本之法。然卒無起色，延至十五日戌時竟棄不孝等而長逝矣。"

《夏曾佑傳略》："民國十三年三月十五日卒，時年六十二歲。歸葬於杭州西湖之韜光。"

夏曾佑治學不立門户，兼采漢宋，融通儒釋，學貫中西。

《夏曾佑傳略》："畢生講學，無門户異同之私，若漢宋之紛爭、儒釋之異尚，以及新學論唯心唯物之各相持而不下者，皆無所左右，憑其載籍所存與事物所托，一一平心而剖別之。凡所評論，則昔人之所未道。王修植嘗言：‘今之讀書者多，讀書而淹博者亦多，讀書而不爲古人所黑（愚）者，惟夏氏一人也。’平素不習西文，未履歐美之地，而各邦之政治興衰與其學術變遷，咸洞悉其本原。嘗語其門人曰：‘吾壯歲讀書，但事涉獵，以觀大要；中年而後，一書之章節，靡不潛心細繹，即一字一句，未敢忽諸。’”

黃遵憲《人境廬詩草》卷九《己亥續懷人詩・仁和夏穗卿》：“兼綜九流能説佛，旁通四部善談天。紅燈夜雨圍爐話，累我明朝似失眠。”

與黃遵憲、蔣智由並稱“近世詩界三杰”，爲近代“詩界革命”之倡導者。

梁啓超《飲冰室詩話》：“昔嘗推黃公度、夏穗卿、蔣觀雲爲近世詩界三杰。吾讀穗卿詩最早，公度詩次之，觀雲詩最晚。”“蓋當時所謂新詩者，頗喜撏撦新名詞以自表異。丙申、丁酉間，吾黨數子皆好作此體，提倡之者爲夏穗卿。”

徐世昌《晚晴簃詩匯》卷一百七十七：“（夏曾佑）偶作韻語，皆涵蘊深遠，出以澹蕩，蓋有得於詩之外者。”

汪國垣《光宣詩壇點將録》：“別士詩喜用哲理入詩，名篇頗多。梁卓如嘗舉與公度、觀雲，並推爲新詩界三杰。其實三人皆取法古人，並未能脱然自立。黃氣體較大，波瀾較宏。蔣、夏皆喜摭用新理西事入詩，風格固規模前人也。”

錢仲聯《近百年詩壇點將録》：“曾佑詩亦頗有意境深邃之作，不盡以新名詞眩新異也。”

吳則虞《再記夏別士》（載《藝林叢録》第七編，商務印書館香港分館 1961 年版）：“余謂別士詩凡數變，少作博練綿密；壯年喜以今文家説入詩，張皇幽眇，雜以詭怪；晚歲漸平淡。”

　　嘗爲《國聞報》作《本館附印說部緣起》，又作《小說原理》一文，抬高小說地位，揭示小說藝術特徵，爲“小說界革命”之功臣。

　　《本館附印說部緣起》（《國聞報》1897 年 11 月 10 日、11 月 13 日、12 月 8—11 日）：“說部之興，其入人之深，行世之遠，幾幾出於經史上，而天下人心風俗，遂不免爲說部之所持。……夫古人之爲小說，或各有精微之旨，寄於言外，而深隱難求，淺學之人，淪胥若此，蓋天下不勝其說部之毒，而其益難言矣。本館同志，知其若此，且聞歐美、東瀛，其開化之時，往往得小說之助，是以不憚辛勤，廣爲采輯，附紙分送。或譯諸大瀛之外，或扶其孤本之微。文章事實，萬有不同，不能預擬；而本原之地，宗旨所存，則在乎使民開化。自以爲亦愚公之一畚、精衛之一石也。抑又聞之：有人身所作之史，有人心所構之史，而今日人心之營構，即爲他人身之所作。則小說者，又爲正史之根矣。若因其虛而薄之，則古之號爲經史者，豈盡實哉！豈盡實哉！”按，此文爲夏氏所作，陳業東《夏曾佑小說理論探微》一文（《明清小說研究》1995 年第 3 期）已力證之，可參。

　　夏曾佑《小說原理》（《綉像小說》1903 年總第 3 期）：“綜而觀之，中國人之思想嗜好，本爲二派：一則學士大夫，一則婦女與粗人。故中國之小說，亦分二派：一以應學士大夫之用；一以應婦女與粗人之用。體裁各異，而原理則同。今值學界展寬，士大夫正日不暇給之時，不必再以小說耗其目力，惟婦女與粗人，無書可讀，欲求輸入文化，除小說更無他途。其窮鄉僻壤之酬神演劇，北方之打鼓書，江南之唱文書，均與小說同科者。先使小說改良，而後此諸物一例均改，必使深閨之戲謔，勞侶之耶偊，均與作者之心入而俱化，而後有婦人以爲男子之後勁，有苦力者以助士君子之實力，而不撥亂世致太平者，無是理也。至於小說與社會之關係，諸賢言之詳矣，不著於篇。”

參考文獻：

1. 梁啓超《亡友夏穗卿先生》,《東方雜志》1924 年第 21 卷第 9 號。

2. 夏元瑮《夏曾佑傳略》,教育部中國教育年鑑編審委員會編《第一次中國教育年鑑》,開明書店 1934 年版。

3. 夏循垍《夏先生穗卿傳略》,《史學年報》1940 年第 3 卷第 2 期。

4. 宋慈裒《國史擬傳・梁啓超傳　夏曾佑》,《國史館館刊》1948 年第 1 卷第 4 期。

5. 夏元瑮、夏元瑜《哀啓》,陳業東《夏曾佑研究》,澳門近代文學學會 2001 年版。

6. 楊琥編《夏曾佑集》,上海古籍出版社 2011 年版。

（馬昕）

李希聖傳

李希聖,字亦元,又作亦園,號卧公,自署雁影齋主,長沙湘鄉人。同治三年(1864)生。

成本璞《李先生墓表》:"先生姓李氏,諱希聖,字亦元,長沙湘鄉人也。"趙爾巽等《清史稿》卷四百八十六《李希聖傳》:"李希聖,字亦園,湘鄉人。"

許君武《雁影詩人廿五周年忌日祭》(《大公報·文學副刊》1930年4月14日第118期):"雁影齋主者,湘鄉李亦元先生之別署也。先生誕於前清同治三年甲子八月十四日。"

幼負異稟,慨然立志,欲廢除科舉。通經博古,名震湖湘,時人譽爲真才士。

《李先生墓表》:"幼負異稟,過目成誦。父諱光照,精制舉業,爲名諸生。嘗以所作授之,先生慨然曰:'舉業之禍,世數百年矣。吾當通經學古,以上躋於作者之林。異時得志,必首議廢制藝、罷科舉,以除學界之蠹。'父大驚異,恣其所學。遂博覽經籍,淹貫百家,發爲文辭,雄視一世,旁及詩歌,罔不精妙。當是時,先生才名震湖湘,識與不識皆曰李生真才士也。"

光緒六年(1880),肄業於連璧書院。十七年,張亨嘉學使按試湖南,舉希聖爲優貢第一名。同年,希聖與湖南鄉試,中舉。十八年，中進士，授刑部主事。

《清末湘鄉才子李希聖》：“（李希聖）十七歲肄業婁底連璧書院，爲舉人顏大登得意門生。”

《李先生墓表》：“會侯官張侍郎亨嘉督學湖南，倡復古學，得人稱盛。見先生文，深加賞異，累試第一，擢光緒辛卯科優貢，是科中式舉人。明年成進士，改刑部主事。”陳衍《石遺室詩話》卷七：“張鐵君學使亨嘉按試長沙，余總襄校，亦元有《擬桓溫責王猛書》，頗具晉宋氣骨，取入湘水校經堂第一。”顧廷龍《清代硃卷集成・湖南鄉試硃卷・光緒辛卯科・李希聖》：“中式第十三名舉人李希聖，年二十六歲，湖南長沙府湘鄉縣學優廩生，本科考取優貢第一名，民籍。”《清代硃卷集成・會試硃卷・光緒壬辰科・李希聖》：“鄉試中式第十三名，保和殿覆試一等第三十名，會試中式第四名，覆試一等第七十二名，殿試二甲第二十二名，朝考二等第二十四名。”

李希聖以爲理財乃變法之本，故於光緒二十二年（1896）撰成《光緒會計錄》，記錄光緒十九年國家財政收支情況，爲士人所追捧。

《李先生墓表》：“時距寇亂之平二十餘年矣，天下幸無事。達官貴人方醲嬉文酒，晏然以爲治安。先生乃深憂竊嘆，謂爲將亂，人咸怪之。未幾，有甲午日本之戰，兵燼地削，政府始議變法。先生謂變法以理財爲本，乃鈎稽檔册，有《光緒會計錄》之作。”

李希聖《光緒會計錄》卷首自序陳述財政會計之必要，並及國家變法之迫切，序文云：“泰西各國歲出歲入之款，年終則布告國中，登諸報館，故雖五尺之童，無不能言國用者。中國則不然，雖司農大臣老於其任者，不能盡知也。通才碩學，博極古今，至問以左藏之所掌，則愕眙而不能言。蓋官既無成書，吏亦無專牘，雖欲稽考,其道無由。余於掌政故之學,夙所究心。甲午之夏,重入京師,講求中外交涉之故,於泰西各國富強之政亦既得聞其凡矣,獨於本國度支不能盡悉,竊用悢焉。逢人而詢,呼吏而語,展轉傳鈔,久而大備,藏諸篋笥,不敢示人,蓋當路之所諱也。中日和議成後,言變法者紛紛。天子亦思奮發自強,采其一二,既已見諸施行矣。然則戶政一端,仿行西法,使人人盡得而見之,亦當務之急也。乃敢排比鈎稽,表而出之,綱目具舉,犁然可觀。蓋國家八千餘萬之出入,盡在是矣,治國聞者可以考焉。……嗚呼!立國以富強爲命,非富則萬不能強。今日事益急矣。……宜自今上下一心,臥薪嘗膽,舉數百年相沿之成法而盡變之。日中必熭,操刀必割。速變則救天下之全,遲變則救天下之半。若終不變,不忍言矣。變之之道如何,請言其目。則曰:興學校也,廢科舉也,煉陸師也,復海軍也,設銀行也,造金幣也,行郵政也,開礦產也,整頓商務也,講求工藝也,稅則宜加也,電綫宜廣也。西北多曠土,則宜牧宜農;東南多沃區,則宜漁宜植。鐵路宜支幹並舉,鐵廠宜官商並行。……凡兹急切之大端,皆爲富強之首務。若能本末兼治,次第舉行,則以此言富,雖數倍英俄德美可也;以此言強,雖混一歐美阿澳可也。"

光緒二十四年(1898),巴陵藏書家方功惠之子方湘賓携碧琳琅館藏書入京,聘希聖入館爲定書目,並請其作中人協助售書。希聖隨讀隨記,間加考證,撰成《雁影齋題跋》。

李希聖《雁影齋題跋》卷首自序:"巴陵方柳橋觀察官廣東四十年,好書有奇癖。……訖於晚年,最其所藏,爲卷幾盈五十萬,而京師、上海諸書賈,不遠數千里奔走其門者猶無虛日。觀察屢權府事,權鹺金嶺海,故膏腴聞天下,所入頗不資,乃盡耗於書。及其下世,則生計蕭然。於是其文孫湘賓大令盡輦其書至京師。余以辛卯鄉試與湘賓爲舊交,又值戊戌八月,余方持婦服,姬人陳氏復相繼夭亡。幽憂獨居，庭樹哀蟬，助余愁寂。時余寓北半截胡同，湘賓賃屋沙土園，頗宏敞，而無車馬之喧，乃請予館其家，爲定書目。於是所謂五十萬卷者，余皆得見之。遇舊槧精鈔，隨意記錄，間加考證，以備遺忘。坐擁百城，往往經旬不出，幾忘其身之在京師人海中也。……瞑寫晨鈔，至廢眠食，自謂天下之至樂矣。迨庚子夏五紅巾難作，湘賓倉卒南歸，書亦稍稍爲人售去。余所記，蓋不及百種，於方氏藏書不過九牛之一毛而已。每書皆記其行數字數，藉以存古書面目，且亦錢竹汀、黃蕘圃、莫子偲諸公舊例。或頗疑記印識太詳，余曰：此《四庫總目》例也。……故余因仍之。且亦以考見聚散源流，不爲無益也。癸卯十一月，以寫本示王書衡同年，書衡勸付排印，一依舊稿，不復分別部居。"按，《雁影齋題跋》有民國二十四年湘鄉李氏鉛印本，又以《雁影齋讀書記》之名收入羅振常所編《蟬隱廬叢書》。該書所錄僅八十八種，其中宋本二十四種，元本三十三種，明本、舊鈔本、名人校本三十一種，參見尋霖《李希聖〈雁影齋題跋〉與方功惠藏書源流考略》(《圖書館》1994 年第 4 期)。

二十六年(1900)夏，八國聯軍侵入北京，慈禧挾光緒帝西逃，京師大亂。李希聖以言不獲伸而抱恨，乃撰《庚子傳信錄》以記其事。九月底，離京返湘。

《李先生墓表》："戊戌黨禍興，遂罷變法。先生謂當變不變，禍且益亟，終致大亂，人又怪之。未幾，有庚子聯軍入京之變。亂兵大掠，先生僅以身免。方亂之初起，先生既深痛之，以位卑言不獲伸，乃掇述所聞，有《庚子傳信錄》之作。人始服先生深識治體，有先見之明矣。"

《庚子傳信錄》有李希聖之子李鑑民國五年(1916)識語，云："先君此錄作於庚子圍城中，當時以日人小山秉信之名付梓。松平直三郎序文亦先君自作，蓋皆托名以避文網也。"托名小山秉信之自序云：“止亂之策不一，要吾書生之所能爲者，莫善乎發明事理之是非，啓民愚而使之智。往者庚子之役，實生於是非之混淆。而支那禮制，爲尊者諱。當日首謀，今猶政府，其必無敢舉當時實況，著書以示其國人者矣。然則以破國大變，而舉國不知其由來，内則邪正忠奸之易位，外則迎拒引抵之失宜。以愚長亂，不旋踵間耳。余既懷不忍卒痛之念，游燕都歲餘，盡得庚子事變之本末，著録一册，名曰《庚子傳信録》。不敢自足於文，要無愧於信史。”

按，《庚子傳信録》之外，又有《庚子國變記》一書，署名李希聖，有清光緒間刻本及民國十二年褎冰堂刻本，較《庚子傳信録》爲詳，然亦爲殘本。《續修四庫全書總目提要·〈庚子國變記〉提要》云：“原名《庚子傳信録》，今曰《國變記》者，不知其所自易，抑刻書時爲之改也。書中自戊戌反政起，至西狩回鑾辛丑十二月至開封止，以下注云‘原本闕’，而拳禍始末已備摹無遺。其叙述，以年月爲綱，或探前以著其因，或及屬後以竟其委，而軼聞瑣語，係人係事，綜錯其間。……雅健之筆、鬱勃之氣，當與王闓運《湘軍志》相頡頏。卷帙雖遜，而有關一代史料，其用則宏。當時禍變紛紜，流言多過其實。希聖則明於目睹，核之官書，必詳必確。”

二十七年(1901)，清廷重議行新政，設立督辦政務處。樊增祥撰《政務處開班條議》，希聖以爲不妥之處極多，乃作《政務處開班條議明辨》以駁之，傳誦都下，名顯一時。

葉恭綽《雁影齋詩存題識》(上海圖書館藏京師刊本《雁影齋詩存》封面)：“又辛丑樞府所定政務處章程，乃樊樊山稿，亦元駁議，痛快淋漓，一時稱頌。”《李先生墓表》：“先生謂：變法宜先定宗旨，基礎一壞，萬事瓦解。乃爲駁義數萬言，傳誦一時。先生宦久不顯，而名益高於是時。”高拜石《寫公文的高手——李希聖深惡八股文》(高拜石《新編古春風樓瑣記》第 14 集，作家出版社 2005 年版):"辛丑(光緒二十七年)後,清廷重議行新政,撰條議三十,頒示宇内,並設政務處管其事。希聖以變法宜先定宗旨,基礎不固,萬事莫立,不然則愚民耳,乃爲駁議數萬言,傳誦都下,故官雖卑而名則顯。"

對其駁議提出批評者亦有人在,如孫寶瑄《忘山廬日記》光緒二十七年十月二日:"李希聖《政務處條議明辨》謂:'變法雖搜括無害,不變法雖不搜括,民不免於坐困。'余謂其言近是,而有語病。蓋外國取財於民,非搜括也。民自公舉一人,斂合衆人之財,以待官家之取,故無騷擾之弊。今謂變法則可以搜括,此王安石之變法也,民受其殃矣。王安石變法,尚專制,不取決於公議,病根在此。《條議》短之,甚是。而李希聖祖安石,余所不服也。"吳汝綸《桐城吳先生日記》光緒二十七年九月十二日:"刑部主事李希聖所譏政務處條規多中肯之言,惟謂中國地勢非中,不應以中國自尊,此殊非是。中國非自尊之名,其稱著自古昔,猶中林、中逵、中唐、中原之詞,如云國中也云爾,乃本國人自稱其國之文,豈以爲中央哉?中外之名並無尊卑之見,政務處條議至謂日本學歐美爲以外國學外國,茫不知東西國界域遠近,此殊可笑耳。"二人所訾議者,皆無關宏旨。

同年二月,欲往西安行在,至鄂爲友人勸留。在鄂期間,與鄭孝胥多有往來。五月,自鄂乘船往南京,與陳三立、繆荃孫等人往來頻繁,並請繆氏勘正《雁影齋題跋》。

李希聖《與汪康年書》(其一)(上海圖書館編《汪康年師友書札》,上海古籍出版社1986年版,第1冊):"去冬海上握手告別,匆匆未獲傾吐所懷,殊深歉仄,比維起居多祜爲頌。弟自二月底在家束裝,本擬馳赴行在。至鄂後,鄂中友人勸不妨小住,姑待回鑾消息。及得七月十九日回鑾之旨,又行在友人書來,謂所有在陝京官,均先行分起資送回京,萬不必來云云。以故決意作金陵之游,俟過夏後,於七月底再進京迎駕。"

鄭孝胥《鄭孝胥日記》光緒二十七年三月二十八日:"李希聖來。"三月二十九日:"復詣李亦元希聖,坐談有頃即返。"四月二十一日:"午後,過惲莘耘、李亦元。"五月三日:"李亦元借余詩看之,以新城、秀水相擬,又比之周公瑾。亦元晚來共飯,即登大通江輪赴南京。"

陳三立《散原精舍詩》卷上有《伏日過李亦元刑部,觀所藏京師携出精槧本》《北固山閣夜時日本結城琢、中村兼善及李亦元、陶榘林、俞恪士同游》《同李刑部、錢拔貢雨花臺游眺》《秋日同李亦元刑部、楊彥規、薛次申兩觀察泛舟玄武湖作》等詩,反映陳、李交游情況。

繆荃孫《藝風老人日記》光緒二十七年七月二日:"李亦垣希聖來。"七月四日:"與李亦元借其《日本訪書志》。"七月十三日:"詣秦伯虞、簡迪臣、李亦垣談,還亦垣《日本訪書志》。"七月十七日:"送李亦元《國朝常州詞録》《舊德集》《孔北海年譜》《繆李二公集》,又還《經眼録》。"

李希聖《與繆藝風書》(其一)(顧廷龍校閱《藝風堂友朋書札》,上海古籍出版社 1980 年版,下册):"頃奉手教,並承賜書,感幸無似。題跋多漏略,宏博淹通,十年渴仰,務乞詳加補正,擴所未聞。"

光緒二十八年(1902)初,京師大學堂重建,李希聖得管學大臣張百熙之信任,受命出任京師大學堂庶務提調,與沈兆祉、張鶴齡共同擬定大學堂章程,並出任掌故教習。同年五月,設編書局,與張鶴齡同任總纂之職。

《李先生墓表》:"長沙張文達公奉詔管學,乃引以自助。造端宏大,規畫詳盡,疑謗交乘,屹不為動。凡文達所上章程奏議,均先生筆也。迨京師大學堂成立,以先生爲提調。居堂三年,群樂其教。"

吳汝綸《與常濟生》(《吳汝綸全集·尺牘》卷四,黃山書社2002年版,第3冊):"前見經濟編第十冊內稱,管學大臣已將大、中、小、蒙學堂課程擬定,日內出奏,其課程以沈小沂、李亦園、張小浦三君參議爲多。"

李希聖《與汪康年書》(其三)(《汪康年師友書札》第1冊):"小沂舍人歸,知執事病體已瘥,氣體復原,極爲欣慰。大學堂編課本,長沙屬弟與張觀察鶴齡爲總纂,主持其事,義不獲辭。"

光緒三十一年(1905)三月,暴病而卒。五月,歸葬湘鄉。

《李先生墓表》:"先生戇直敢言,積忤權貴,潛齮齕之。文達故知之,不能止也。先生既鬱抑不得志,竟以是發憤病嘔血,卒於堂中。諸生數百人感其遺澤,相向失聲,爲之棺斂。由中門出,白衣冠,送於道。天下聞者,莫不痛惜之。光緒三十一年某月日也,年四十有二。以其年五月,歸葬於湘鄉某山之原。"

《大學堂庶務提調暴卒京師》(《申報》1905年5月9日):"大學堂庶務提調李希聖素爲榮大軍機所器重,將擬保任文部參議之職,不料於三月二十五日忽遭暴疾逝世。越日出殯,暫厝於右安門龍泉寺內,是日各堂學生送殯者一百三四十人。"

惲毓鼎《惲毓鼎澄齋日記》光緒三十一年四月四日:"午後至龍泉寺吊亦元。挽聯有五六十付之多,佳者頗夥,蓋亦元之學問人品有可傳,其際遇尤足怨也。"

李希聖文法《騷》《選》,詩多悽艷,似李義山。今存其《雁影齋詩存》,皆庚子後所作。

《清史稿》本傳:"文法《騷》《選》,詩多凄艷,似玉溪。"

陳衍《石遺室詩話》卷七:"余嘗論玉溪末流⋯⋯有專事摘艷薰香、托於芬芳悱惻者,《初學》《有學》二集是也。⋯⋯亦元苦追義山,實與牧齋相近。"

狄葆賢《平等閣詩話》卷一:"湘鄉李亦元比部希聖,清剛遐曠,獨秀時流,嗜古彌摯,尤通當世之務。⋯⋯其友人爲刊遺詩,曰《雁影齋集》,皆庚子以後之作。大抵神似玉溪,亦頗多近杜處。然每遇友人稱其似義山者,心輒不怡。"

汪國垣《光宣詩壇點將録》:"亦元詩學玉溪,得其神髓,非惟詞采似之,即比詞、屬事,亦幾於具體。世人不能盡曉其本事,或據一時興到之戲語,如雲門寺鄭氏三女者,皆瞀説也。"

錢仲聯《論近代詩四十家·李希聖》:"雁影宗玉溪,顰笑皆絶代。豈知鑿悦詞,中有譎喻在。世間鹽媒流,且莫嘲粉黛。湖外詩人七律學玉溪者,王湘綺偶爲之而極工。若一生專宗玉溪成家者,無過雁影齋。不特湘中,同時吳下如曹元忠等,皆不逮也。⋯⋯亦元詩大都寄托晚清國事,如《西苑》《望帝》爲光緒帝而作,《湘君詩》爲珍妃死於井中作。"

梁啓超《飲冰室詩話》:"李亦園(希聖)當辛丑回鑾時,有感事詩數十首,芳馨悱惻,湘累之遺也。⋯⋯其風格在少陵、玉溪之間。真詩人之詩也。"

徐世昌《晚晴簃詩匯》卷一百七十八:"亦元少秉異資,爲學使侯官張文厚所奇賞,以國士期之。通籍後,志在用世,無意吟咏。辛丑以還,感事成詩。房州之意,一本忠愛。屬辭哀艷,寄懷綿邈。义厚謂蒙叟、鹿樵,衹以多勝,時涉淺易,遜此幽窈,匪阿好也。近數十年,湘中詩人類皆瓣香湘綺,獨亦元不爲所囿。其《論詩絶句》四十首,頗自喜。病中詩漸入宋,異於平時。"

《李先生墓表》:"他文多散佚,今惟存近體詩二百餘首,曰《雁影齋集》，行於世。"

《雁影齋詩存》卷首韓樸存序："君天資殊絶，凡詩古文辭，爲之無不工。然以非志業所在，常若不屑。然庚子後，稍稍爲詩。逮其亡衰，然成一卷。他事凄斷，無可言矣，猶餘此耳。詩中分年編次，本其手定。"張緝光跋："早學六義，好深湛之思；壯仕王朝，通當世之務。高譚大睨，期於致用，然而望古長唏，撫時却慮，學問所得，經濟所蓄，別有懷抱，獨秀時流。嚛不得伸，倦而思諷，乃以憤嫉悲感，一發於詩。歲在庚子，遭遇亂離，國步日艱，憂患滋甚。緝光識刑部，在庚子之明年，請其言論，輒出詩相示。兹所存皆庚子後詩也。"

《雁影詩人廿五周年忌日祭》較全面論述雁影齋詩之成就，其文云："雁影家世業儒，其個人受孔門思想之影響最深，自不待論。今所存雁影齋詩，起自辛丑（一九零一）亂定之後，終於乙巳（一九零五）疾革之前，共計不過二百六十一首。……以量而論，誠爲産品不豐之詩人；以資而論，則精粹可傳之作，居其什九。蓋雁影之詩，表現我國詩人之偉大精神，固極盡能事，而同時對其孤高寡合之個性，亦有深刻之反映，兹分別述之。雁影於庚子以前，未嘗多作詩。韓力畬序中所謂'非志業所在，常若不屑然'者是也。及乎身遭亂離，目擊世變，而書生挾策，見忌朝貴，萬無可爲，詩於是作。故憂時念亂愛君嫉俗憤世之思，充溢行間。……《望帝》一首，蓋爲德宗作；《游仙》一首乃刺慈禧；湘君則吊珍妃也。觀此等作，知雁影七言近體，實爲玉溪嗣響，然又出入杜蘇陸元，不爲玉溪所囿。此外如《感事》《哀時》《幽憤》《咏史》四首，《王聘三侍御秦右衡郎中邀同崇效寺看牡丹有事不得與》，以及《排悶》八首，皆雁影平生最有關係之作，兹限於篇幅，不具録。誦此諸篇，作者胸次之高，識見之遠，抱負之大，情致之深，胥可想見。《感事》詩祖德宗與康、梁甚力,《幽憤》一章懷戊戌六君子,上文所録《游仙》詩刺慈禧。是知雁影當時之思想,蓋全爲維新黨人之思想。至於《咏史》詩所云'廟堂不用平吳策,已換才名賦感甄',乃雁影自爲其作詩之動機下一脚注。然而知兔葵之滿眼,仍看花之有詩(崇效寺牡丹詩),此所以時時挦虎鬚,而終於有'自覺摧藏氣類孤''十年宰相非吾事'之嘆(排悶詩一六云)歟!五律七古,在雁影詩中均不甚多,而其風骨意境,有不可磨没者。五律如《有寄》《題辛丑年詩後》,七古如《孤雁》《兩馬行》,皆甚佳之作也。……雁影集中,有《論詩絶句四十首》,見解獨到。又有糾正元遺山論詩貴賤南北之見兩絶句,未爲名論。其論詩絶句論陸機一首云:'文章第一論風格,不信安仁勝士衡。'今夫風格(style)者,乃作者人格之表象。喀萊爾所謂'作家之肌膚',彦和所謂化感之本源,志氣之契符,辭待骨而情含風,猶體樹骸而形包氣者(文心雕龍風骨篇)是也。故自此點立論,安仁所作,實有辭肥義瘠、思不環周之病,方之平原,殊有未逮。雁影以一語抉其微隱,一掃潘前陸後之謬論,謂非洞明衡文之旨者,孰能臻此境哉。……今誦雁影之詩,在在足以審其志節之大,精神方面,固無可議。即以詩的藝術論,格律謹嚴,氣韻深厚,文辭精煉,聲調鏗鏘,方之其並世詩人,如所謂'同光體'者,實有別辟蹊徑、自鑄偉詞之概。嗟乎!'側身大地,哀生才之實難;萬古江河,期斯文之不廢'(張劭希雁影詩存跋中語),雁影之不幸,乃近代詩壇之大幸也。"

參考文獻:

1. 李希聖《雁影齋詩存》,《清代詩文集彙編》,上海古籍出版社 2010 年版。

2. 李希聖著、龐堅編校《李希聖集》,華東師範大學出版社

2011 年版。

　　3. 趙爾巽等《清史稿》,中華書局 1977 年版。

　　4. 成本璞《李先生墓表》,閔爾昌編《碑傳集補》卷十二,周駿富輯《清代傳記叢刊》,臺灣明文書局 1985 年版。

　　5.《清末湘鄉才子李希聖》,湖南省婁底市政協文史資料研究委員會編《婁底文史資料(第 1 輯)》,1988 年內部發行。

(馬昕)

丘逢甲傳

丘逢甲，又名倉海，字仙根，號蟄仙。同治三年（1864）生於臺灣苗栗。

丘瑞甲《先兄倉海行狀》："先兄諱倉海，字仙根，號蟄仙，以逢甲子生，故舊又諱逢甲。生於臺灣苗栗縣銅鑼灣先考設教處。"

丘琮《倉海先生丘公逢甲年譜》同治三年："是年十一月二十八日，公誕生於臺灣府苗栗縣銅鑼灣李氏家塾潛齋公設教處也。"

其父丘龍章以詩書起家，講學設教，輾轉臺灣南北，逢甲亦從而受學。其天資穎異，四歲就塾，六歲能詩，八歲能文，少懷大志，負奇氣，一時有才子之名。

丘復《倉海先生墓誌銘》："君丘姓，先世由上杭遷鎮平。逮君曾祖始遷臺灣。父潛齋先生，碩德耆儒，爲世楷模。"《倉海先生丘公逢甲年譜·前志》："父龍章公字誥臣，學者稱潛齋先生。清咸豐初年補臺灣府學生員，嗣補廪貢生。德行純厚，講學、卜居之處皆化。"江瑔《丘逢甲傳》："逢甲之祖、父均以詩書起其家，至逢甲而益顯。"羅香林《丘逢甲傳》："父號潛齋，以詩書起家，至逢甲益顯。"

丘琮《岵懷錄》："聞先祖潛齋公以教讀爲生，往來臺南北，家無常處，生計困苦，斷炊常虞，先祖母陳夫人亦躬勞作。先父長此環境,故幼即刻苦自勵。恃其天資聰穎,庭訓嚴格,以得早日成名。"
《倉海先生丘公逢甲年譜》同治六年:"是歲,公即就塾,由潛齋公自
教讀,聰穎異常,有神童之目。"同治八年:"公能屬對、吟詩。"同治
九年:"公能屬文。"同治十一年:"是年,潛齋公在彰化縣三莊魏家
設教,公亦隨往是處讀書。"光緒元年:"潛齋公在新伯公劉氏家塾
設教,公仍隨讀。"光緒二年:"公仍隨潛齋公讀書於新伯公劉家,間
佐課童蒙。"丘逢甲《嶺雲海日樓詩鈔》卷十一《題崧甫弟遺像》:"少
爲失母雛,出入相扶將。以父爲之師,讀書同一堂。"

江瑔《丘逢甲傳》:"幼負大志,於書靡所不讀,老師宿儒咸遜其
淵博。……弱冠弄柔翰,即嶄然露頭角。父兄見其詩即擊節歎賞
曰:'此異才也。'"羅香林《丘逢甲傳》:"逢甲少負奇氣,軀幹魁偉,
廣額豐耳,目奕奕有光。議論風發,往往發一言驚四座,聲震屋
瓦。"《倉海先生墓誌銘》:"(逢甲)自幼聰穎絕人,書過目輒成誦,時
有丘才子之名。"

按,逢甲十四歲所作《窮經致用・調寄西江月》(《嶺雲海日樓
詩鈔・選外集補遺》)云:"興起八叉手健,吟成七步才雄。更堪經
史滿懷中,只覺大才適用。　欲布知時甘雨,願乘破浪長風。他
年位若至三公,定有甘棠雅頌。"足見其少年志向。

十四歲應童子試,受知於臺灣巡撫丁日昌。

《倉海先生丘公逢甲年譜》光緒三年:"是年,應童子試,受知於臺
撫兼學使丁日昌,補弟子員。赴試時,沿途尚須潛齋公揹負。試古
學,全臺第一。以公年最幼,送卷最早,丁中丞特命作《全臺竹枝詞》
百首。日未晚,已成,驚爲才子,甚期許,贈'東寧才子'印一方。"

按,丘逢甲應童子試之年份,諸家記載不同。《先兄倉海行狀》
載:"十三冠童軍受知於清巡撫丁日昌、唐景崧,十四補廩膳。"連橫《丘
逢甲列傳》云:"年十三入泮。"丘菽園《揮塵拾遺》云:"丘仙根逢甲,

年十二，考經古場，中丞試之堂上，以其童也。初試以《通經致用賦》，未移晷完卷。中丞復試以請試他題賦，俄復完卷。中丞後乃以《全臺利弊論》試之，蓋欲難之也。於是另卷疾書二千餘言，文不加點。卷方半，中丞離座，迫而觀之，連稱奇童。"此言十二歲應童子試，受知於丁日昌。今依年譜，取十四歲一說。

光緒十三年（1887），入臺灣道道員唐景崧幕府，並參與"牡丹詩社"。

《倉海先生丘公逢甲年譜》光緒十三年："是年秋，臺灣巡撫唐景崧招公於幕府佐治。公因師事唐中丞，攻舉子業。由是晉接海內學子，見聞日廣。"《揮麈拾遺》："記歲丁亥，灌陽唐公薇卿名景崧，號一作維卿以部郎請纓出關回，擢爲臺澎道，下車觀風，題有《臺灣竹枝詞》。時南群有妙妓四輩，同人約仙根能三日內作《竹枝詞》百首無舊語，當遍召妓觴之。仙根笑諾。自甲夜至丙夜，已畢百首，詞皆新艷可喜，同人遂如約。仙根亦以是受知唐公。然唐公最賞者，爲《中國學西法得失利弊論》。初，臺人閱譯本書尚少。仙根則譯書素瀏覽，兼習知中西時事，故卷中洋洋萬言，能會中西之通。……唐公藏書固富，仙根則於古今中外朝聞國政，下及百家小說，無不覽，亦無不記。唐公有所疑，問之，答如響。故贈以聯云：'海上二百年，生此奇士；腹中十萬卷，佐我未能。'見者以爲允洽。"

臺灣省文獻委員會編《臺灣省通志》卷六《學藝志·藝文篇》："《詩畸》，清光緒年間，唐景崧輯。景崧字維卿，號南注，一號清纓客，廣西灌陽人。光緒九年，法越搆難，景崧以請纓從事邊徼，縱橫於槍林彈雨間。十五年事平，以功仜臺灣兵備道，新葺道置裝亭，公餘輒邀僚屬爲文酒之會，臺人士之能詩者，悉禮致之，挖雅揚風，蜚聲壇坫。十七年，升布政使，署巡撫，駐臺北。是時，新建省會，游宦寓公，簪纓畢至，景崧又以時勖之，建牡丹吟社，拈題分韻，盛極一時。……曾將裴亭詩畸，彙集一集，題曰《詩畸》，於十九年付梓問世。"按，《詩畸》收丘逢甲詩作五十首，聯句二百一十三對，數量僅次於唐景崧。

十四年（1888）中舉，次年中進士，欽點工部主事。然無意仕途，遂棄官回鄉。

《倉海先生丘公逢甲年譜》光緒十四年："是年秋，復赴福州應鄉試，中式三十一名舉人，主考黃體芳、呂佩芬。"光緒十五年："是年正月，公首途赴北京會試。五月，揭榜，中式八十一名進士，殿試臚唱賜二甲進士出身。引見，欽點工部主事虞衡司。公無意仕途，引見後即告假回里省親。七月，乃抵家。是科總裁爲廖壽恒及宗室崑岡。"

《先兄倉海行狀》："二十四飲鹿鳴，旋捷己丑科南宮。滿清科舉沿明舊制。當時種族思想未萌，凡得科舉者，雖異族衣冠亦無人不尊榮歆羨。先兄以時勢如此，不得不藉此爲説法之具，實非其本意也，故終身不仕滿廷。"按，"二十四"當作"二十五"。

返臺後，逢甲以講學爲業，主講臺中衡文書院、臺南羅山書院、嘉義崇文書院。慨帖括之無用，除課應試文藝外，兼講中外史實。

《倉海先生丘公逢甲年譜》光緒十六年："是年，公主講臺中府衡文書院、臺南府羅山書院、嘉義縣崇文書院，年中往來各書院間。慨括帖之無用，除課應試文藝外，兼講中外史實，勸閱報章，以廣見聞。"

二十年（1894），中日甲午戰爭爆發，逢甲與唐景崧籌劃抗敵，奉旨督辦團練，後改稱義軍。

《倉海先生丘公逢甲年譜》光緒二十年："中倭事起，海氛日惡。

我海軍潰敗,沿海防務無可爲力。臺灣孤懸海上,爲琉球、吕宋、福建笂篇,物産豐饒,久爲日人所覬覦,欲以戰勝之威,傾全力爭此土。居民戒嚴,日夕數驚。公先事預籌,請於臺撫唐景崧,願率士民共同守禦。是年八月,奉旨許公督辦團練。於是,奔走呼號,以'守土拒倭'號召鄉里,捐資招募。兄弟子侄成年者,均命入營。全臺編册有一百六十餘營。特別編練者三十二營。以誠、信、壯、靖等十六字名營,每字五營,咸曉以大義,動以利害,勤加訓練。成軍不久,卓著成績。初稱團練,是年十月,改稱義軍。公益憂勤惕勵,不敢稍懈。"

次年,割臺之議起,逢甲憤慨不已,乃倡立臺灣民主國,親草憲法,設國旗,定年號,推唐景崧爲大總統。逢甲與唐景崧、劉永福分兵三路禦敵,終因敵我懸殊、守軍内變而戰敗。事已危急,遂携家眷内渡至泉州,後卜居廣東鎮平祖籍。

《倉海先生丘公逢甲年譜》光緒二十一年:"清廷不顧民命,割臺之議起,公無任憤慨,聯合臺紳,電吁、電爭,終不得挽。公悲愴奮激,乃首倡自主之説,呼號國中。登高一呼,全臺皆應。爰集全臺人士,倡立臺灣民主國,群推公起草憲法。公擇法、美之長,制定法度,開議院,立政府,以藍地黄虎爲國旗,永清爲年號。以是,亞洲第一共和國成立。總統於五月一日公布就職。當時以臺灣巡撫唐景崧易以號召内外,故衆舉爲大總統,統原有官軍守臺北。總兵劉永福爲幫辦,統黑旗舊部官軍守臺南。公爲義軍大將軍,統臺民新編義軍守臺中。時,全臺形勢在臺北,物質精華、政令大權均寄是。唐、劉以公嫌,不能協守,而分兵南北,本非上著。公雖力調停,亦不爲動,只得在臺中親率義軍鼓勵訓練,巡察防守,故士氣甚盛。日軍屢來窺,均不得登岸。不幸,臺北官軍乃驕蹇猜嫌,龐雜無鬥志,卒爲日軍收買漢奸作嚮導,偷在三貂角登岸。於是,鷄籠陷,八堵失,臺北告急。公急抽調所部,親往援之,甫至中途,而臺北已以淮軍變、總統逃,爲倭軍所占。軍資、彈藥盡失。日軍乘勢沿鐵路南侵,直達新竹縣,義軍與遇,極力抵抗,血戰二十餘晝夜,卒以餉絕彈盡,死傷過重,不支。日人知臺灣自主,由公首倡,所部義軍又抗戰最力,嫉之甚,出重賞嚴索。時頗有愚懦,以臺北已亡,甘爲臣妾,不獨不協助驅除異族,反起爲内應者。公知事不可爲,欲率部據山死守,與臺共存亡。部將謝道隆諫曰:'臺雖亡,能强祖國則可復土雪耻,不如内渡也。'公以爲然,即布告各地,自由抗戰,不限部勒。痛哭辭故鄉,奉父母内渡,由水離港乘舟六日,始抵泉州。東望家山,數百萬同胞盡淪夷狄,經年憂勞痛苦,鬱結莫伸,故在泉忽嘔血數升,幾不起。稍瘥,再乘舟赴汕頭。時,家口幸先後齊會,故部亦有來相隨者,即回廣東鎮平祖籍,以印山村祖宅已壞,乃卜居淡定村焉。至臺灣柏莊故宅,則倭軍入臺後盡爲所焚毁矣。"

羅香林《丘逢甲傳》:"臺灣聞變,群情激昂。逢甲與諸紳出謀挽救,電奏力爭,情詞惋切。謂:'割地議和,全臺震駭。自聞警以來,臺民慨輸餉械,無負列聖深仁厚澤。二百年養人心、正士氣,正爲今日之用,何忍一朝棄之?全臺非澎湖之比,臣桑梓之地,義與存亡,願與撫臣誓死守禦。苦戰而不勝,待臣等死,再言割地,亦可上對列祖,下對兆民。'不報,惟飭撤回守官。逢甲長嘆太息曰:'予固知必有今日也。惟臺灣爲臺人所有,匪得任人私相授受。'乃奔走呼號,倡建國自主。促景崧電劉永福詢去就,復曰:'與臺存亡。'遂決計獨立。衆推甲起草法制,建臺灣爲民主國。五月初二日,逢甲率臺人上總統印章,推景崧爲總統。景崧受之,建元永清,旗用藍地黄虎,檄告中外。以逢甲爲副總統,兼義勇統領。李秉瑞爲軍務大臣。姚爲棟爲游記使,使詣北京陳建國情形。部署略定,而日樺山資紀率艦隊至矣。臺中兵弱，餉復不繼。乃乞援沿海各大吏，無應者。又使陳季同介法人求各國承認自主，亦罔答。景崧固文吏，不知軍。官佐多外省人，時懷異志，臺存亡置弗顧，惟以嬉游爲事。先是什長李文魁殺副將方某於總統府，景崧不能制，反令充營官安之。軍士欺景崧無能，驕不可抑。逢甲憂之，時進策景崧，請嚴飭軍紀，景崧不能從。逢甲不得已，乃練鄉團備用，傾家資養兵，不足則乞義士捐助，昕夕遑遑，未稍懈也。日艦已盛集，先發兵攻基隆。景崧命吳國華守三貂嶺，復命包幹臣助之。逢甲謂幹臣畏敵喜功，力阻，不納。國華至三貂嶺遇日兵，奮勇與戰，殺其官佐數人，日軍驟潰。幹臣至，奪所獲日軍首級，冒爲己功。國華逐日軍，聞幹臣奪功，憤不可遏，急回兵追之。日軍返斾，三貂嶺遂失。時基隆方危，分統李文忠戰不利。景崧命黃義德屯八堵。義德性怯多詐，逢甲爭不可用，景崧不省。義德至八堵，見日軍勢盛，急馳歸。詭言：'獅球嶺已爲日據，八堵迫近敵人，不能守。日人懸六十萬金購總統首，故急歸防亂。'逢甲斥其訴，景崧默無一語。實則獅球嶺固未失也，義德歸，日軍唾手得之。義德之離八堵也，李文魁馳入總統府，大呼曰：'獅球嶺亡在旦夕，非大帥督戰，諸將不用命。'景崧見文魁入，悚然立，而文魁已至屏前。乃舉案上令架擲地，曰：'軍令俱在，好自爲之。'文魁側首以拾，則景崧已不見矣。次日城中聞日軍將至，互相驚擾，紛紛逃逸。傍晚潰兵入城，沿戶淫掠，客兵土勇復相殺，積尸遍地。總統府火發，景崧先携巡撫印奔滬尾，乘德商輪船內渡。時游兵淫掠無厭，全城無主。逢甲急舉義勇剿亂，冀重振。顧府庫軍械入亂軍手，義勇不支，旋大潰。逢甲只身逃鄉間。亂軍大掠三日，日兵未敢進。德商畢狄蘭以書告之，始入。逢甲收拾散亡，義勇復集，伺日軍出，半途擊之。顧初值殘亂，軍容不振，交鋒未幾，復大敗。臺北遂爲日有。時永福守臺南，聞臺北破，景崧逃，衆推之爲總統。分汛水陸，策勵團練，日軍攻之，數月不能下。逢甲欲往依之，會道梗不能行。而臺北已陷諸邑聞臺南義聲，或躍躍思奮。逢甲復與約，定期會師圖恢復。爲日兵偵知，防範綦密，不得乘。日人復以臺灣自主爲逢甲所倡，欲得之甘心。逢甲乃潛身深箐窮谷，至臺南失守，始痛哭歸。時光緒二十一年九月也。逢甲已内渡，家於原籍鎮平縣，自稱臺灣遺民。”

逢甲内渡時，作《離臺詩》六首，收於《嶺雲海日樓詩鈔・選外集》。詩序云：“將行矣，草此數章，聊寫積憤。妹倩張君請珍藏之，十年之後，有心人重若拱璧矣。海東遺民草。”兹録詩於此，略見遺民心境。其一：“宰相有權能割地，孤臣無力可回天。扁舟去作鴟夷子，回首河山意黯然。”其二：“虎韜豹略且收藏，休説承明執戟郎。至竟虬髯成底事，宮中一炬類咸陽。”其三：“卷土重來未可知，江山亦要偉人持。成名豎子知多少，海上誰來建義旗。”其四：“從此中原恐陸沉，東周積弱又於今。入山冷眼觀時局，荆棘銅駝感慨深。”其五：“英雄退步即神仙，火氣消除道德編。我不神仙聊劍俠，仇頭斬盡再升天。”其六：“亂世團圓骨肉難，弟兄離别正心酸。奉親且作漁樵隱，到處名山可挂單。”

《先兄倉海行狀》：“先兄知事無可爲，乃回臺中，與先考妣倉卒内渡。時已六月初旬矣。彼時，家小仍留臺中，不數日，日人搜求急，住家被焚净盡。幸田穀未收，地産尚存，舉家卒得全回原籍者，實賴有此耳。六月以後，全家暫集於泉州。始回鎮平原籍，築室員山（今文福鄉）淡定村，買田而耕，乃稍得安居。”

按，逢甲内渡之是非，前人評價不一。丘復《倉海先生墓誌銘》云：“事雖不成，然獨倡義於民國紀元十七載前，不可謂非豪杰人也。”連橫《丘逢甲列傳》云：“逢甲既去，居於嘉應，自號倉海君，慨然有報秦之志。觀其爲詩，辭多激越，似不忍以書生老也。成敗論人,吾所不喜,獨惜其爲吳湯興、徐驤所笑爾。"吳湯興、徐驤爲義軍部將,皆殉難捐軀。連橫又云:"逢甲任團練便總其事,率所部駐臺北,號稱二萬,月給餉糈十萬兩。十三日,日軍迫獅球嶺,景崧未戰而走,文武多逃。逢甲亦挾款以去,或言近十萬云。"挾款一事,關係名節,不可不辨。羅香林《丘逢甲先生傳》(《中山大學文史研究所月刊》第2卷第5期):"逢甲曾傾家財練鄉兵,志切金帛者,斷不能此。"丘復《念廬詩話》卷三:"先生內渡時,異論紛紛,謂其携有巨款,近人連雅堂《臺灣通史·丘逢甲傳》尚有疑其挾款而逃,近十萬云之語,不知先生歸鎮平寓居東山烏石山房,賴族人賙恤之款。"丘琮《岵懷錄》云:"挾餉之謠,實由叛將呂某爲倭捏倡之,而懷族籍之偏見者和之。惟先父生平衣食簡樸,身後家世清貧,潮梅人士多知之,無待辯釋。"沈雲龍《連雅堂與丘倉海》(《傳記文學》1977年第30卷第5期):"果倉海君有'挾餉以去'之嫌,清廷豈能不加處分,任其逍遙法外?以我個人淺見,《通史》成於日本據臺之後,立言不得不有所顧忌……則對倉海君之故作曲筆,或亦有其不得已的苦衷。"以上諸條,均可辨此讕言。

內渡後,以書院教授自給,先後主講潮州韓山書院及潮陽東山書院,力倡新思潮及有用之學。

《倉海先生丘公逢甲年譜》光緒二十三年:"公本年爲潮州知府李士彬敦請主講韓山書院,專以新思潮及有用之學課士,被目爲異端,遭當道忌。歲終,辭去。"光緒二十四年三十五歲:"本年,公主講潮陽縣東山書院,仍不變其講學立教之旨。"羅香林《丘逢甲傳》:"旋主講潮州韓山書院。大吏屢招之,不出,惟以興學育才號召國人。"

二十五年(1899),創辦東文學堂於潮州。

《倉海先生丘公逢甲年譜》光緒二十五年:"冬,創辦東文學堂於潮州，聘日人熊澤爲教授，欲使學者窺識維新學術也。"

鄭喜夫《民國丘倉海先生逢甲年譜》光緒二十五年引梁居實《梁詩五先生遺稿集・與邱仲閼論潮嘉設東文學堂書》："時日本人謀以聯絡聲氣、資助文明之名遂其蠶食鯨吞中國之實，倡設東亞同文會，且派人西渡，欲於吾國各地廣開日文學堂。有楊守愚者曾見該會廣東分會會長高橋謙，與促膝深談。聞其將於學堂開辦後赴潮州。守愚歸，擬先邀集潮、嘉同志贊成斯舉，以素悉先生爲血性男子，又復深通中西文學，兼諳潮、嘉之語，屆時欲聘先生爲中文教習，並求與溫仲和兩人合力而提倡之，慮先生或不忘在臺拒倭事見却，爰托梁居實致書先生勸駕。"

次年，創辦嶺東同文學堂於汕頭。嶺東新學，以此爲先導。

《倉海先生丘公逢甲年譜》光緒二十六年："是年，公爲粵政府派往南洋，調查僑民，兼事聯絡。歷英、法、荷等屬，講教説義，人心翕然；並籌款謀在汕頭立校教授新學。先托由溫慕柳、姚梓芳諸先生招生開講，定名爲嶺東同文學堂。"光緒二十七年："是年，公正式成立嶺東同文學堂於汕頭，爲粵東民立學校之嚆矢。公自爲監督，而溫仲和、何壽朋、溫丹銘諸先生分掌教務，以歐西新法教育青年，以革命維新鼓勵士氣，有志者趨之若鶩。辛亥革命，嶺東義士多孕育於是。"光緒二十九年："嶺東同文學堂成立以來，嶺東門户已見新文化之曙光。是年，雖地方不肖，故向學堂搗亂，旋即鎮定。公乃告退，謀向省垣發展新教育。至廣州接洽奔走，勾留數月。連年并力，勸有志青年赴東西洋游學。以是，當時嶺東留學日本者達數十人。"

羅香林《丘逢甲傳》："光緒二十五年於汕頭首創同文學堂，被推監督兼總理。延翰林院檢討溫仲和慕柳爲教習，以經史及曆算、理化諸學爲必習學科。嶺東新學蓋自同文始也。是時學校初興，頑固者視新學如蛇蝎，而海曲隘士又以主客之見播弄風潮。逢甲悉力支付，新學卒以大行。粵省學校繼同文而興者靡慮十百，皆以逢甲爲先知，甚且乞逢甲遙爲監督。粵大吏敬服不置，禮聘任廣府中學監督、兩廣方言學堂監督。群士出其門者悉端志勵學，有聲於時。"

《先兄倉海行狀》："主講韓山、景韓、東山各書院。以科舉必廢，課文外兼課科學。當時風氣未開，未免駭俗，每以此受當道忌。復以中國危機日迫，非開民智、養人才莫能挽救。庚子秋，不避時忌，倡辦同文學堂於汕頭。以嶺東門戶在汕易以萃會才智。籌款辟地，竭力擔任。其造就人士，更不限嶺東，各省一體收攬。嶺東新學，實以此爲先導。"

《倉海先生墓誌銘》："因念欲開民智、張民權，非主張精神教育不爲功。故君初居潮，主講韓山、東山兩書院，皆以實學訓士。猶以書院舊制，新知識灌輸有所未盡，倡辦嶺東同文學堂。時值戊戌政變後，清廷方復科舉舊制，使民疲精於八股。君艱難締造，不辭勞怨，躬往南洋募款。十餘年來，嶺東民氣蓬勃奮發；國民軍起，凡光復諸縣，莫不有嶺東人參與其間，皆此校倡導之力也。"

丘逢甲《創設嶺東同文學堂緣起》（《學術研究》1984 年第 5 期）："國何以強？其民之智強之也。國何以弱？其民之愚弱之也。民之智愚，烏乎判？其學之有用無用判之也。中國之學統，集大成於孔子。孔子之學，有用之學也。自孔教不得其傳，而中國人士乃群然習爲無用之學，而西人乃遂以有用之學傲我。其國自士農工商以及婦孺，莫不有學。其爲課也有定程，其爲效也可預計，而其大旨則無非推本於民生日用之常，而有關於國計盈虛之數。西人已以學強其國，於是侵凌遠東，日本志士相與奮發，不三十年亦遂以學強其國。而同在東方，土地人民十倍於日本之中國，乃鄙夷西學不屑道,以馴至於貧弱而危亡。夫謂中國之人不學,國之人不任受也,曰:吾學孔子之學也。而問其何學?曰八股,曰試帖,曰大卷白折,嗟呼!以此爲孔學,吾恐孔子亦必不受也。其上自王公大臣,而下至百執事,叩以六洲之名,茫勿知;詢以經世之條,瞠勿答。遇交涉則畏首而畏尾,值兵爭則百戰而百敗。乃至負文學重名自命通才者,亦不過求之訓詁詞章,以爲吾學之能事已畢。語以貧弱,則曰吾學爲常經;語以危亡,則曰是有天運。通國之人心如此,士習如此,無惑乎外人竟嗤我爲睡國,比我爲病夫,夷我爲野蠻土番,德國報至有謂華人之種甚賤,惟當以數點鐘頃盡轟沉海底,別遣人傳種其地,始爲善法者。嗚呼!吾聞此語,未嘗不心驚肉顫,撫膺泣血,爲我四萬萬同胞齊聲一哭也。且以我中國人之聰穎秀異,豈真僅能爲無用之學,而不能爲有用之學者,毋亦爲科舉所累耳!……我潮同志等患中國之弱之由於民之不學也,因思欲強中國,必以興起人才爲先,欲興起人才,必以廣開學堂爲本,爰立庠序,呼同類特創設嶺東學堂,舉我邦人士與海內有志之徒而陶淑之,何我黃帝子孫,神明之種裔,至今日而氣象愁慘一至於此也。夫今日之禍,不特滅國,抑且滅種。種何以不滅?則恃教。教何以不滅?則恃學。學何在?在以中學爲體,西學爲用;中學爲綱,西學爲目。以我孔子聖之時,若生今日,其必以此言爲然也。中學者何?曰學孔子。西學之條目繁,時乎已迫,求其速效,不能不先借徑東文,此本學堂之宗旨也。"

三十年(1904),歸鎮平里居。在鄉設自強社課,並籌辦員山、城東兩家族學堂,爲粵東族學之先河;在城倡辦初級師範學堂。

《倉海先生丘公逢甲年譜》光緒三十年:"三月,公由粵垣回鎮平里居,以內憂外患日急,益積極興學。在鄉設自強社課,以指導族中向學子弟。在城倡辦初級師範學堂,旋即開學。冬,在鄉籌辦員山、城東兩家族學堂,以始祖諱創兆名校。"光緒三十一年:"公在鄉所辦兩族學,皆於本年春開學,爲粵東族學之先河。復派宗人子弟前往閩之武平、上杭鄰之平遠、嘉應、興寧等邑爲同宗或異姓籌辦族學,皆得先後成立。單以創兆名校之丘氏族學,閩粵之間不下十數。他族踵爲之。故今日韓江上游小學教育發達,公與有力焉。"

三十二年(1906),受兩廣總督岑春萱招聘,任兩廣學務處視學及廣州府中學堂監督。三十四年,被舉爲廣東教育總會會長,並受聘爲兩廣學務公所議紳。宣統元年,受聘爲兩廣總督公署議紳及兩廣方言學堂監督。

《倉海先生丘公逢甲年譜》光緒三十二年:"夏,受兩廣總督岑春萱招聘,任兩廣學務處視學及廣州府中學堂監督。"光緒三十四年:"是年,被舉爲廣東教育總會會長,並受聘爲兩廣學務公所議紳,仍兼廣州府中學監督。"宣統元年:"是年,公又受聘爲兩廣總督公署議紳及兩廣方言學堂監督。惟學務公所職仍舊。"

逢甲內渡後,於興學設教之外,亦頗關心政治。初,欲效日維新立憲,故於康梁維新頗表同情。戊戌政變後,與保皇派諸公亦間有交往。光緒三十一年(1905)後,乃漸轉向革命黨。

《倉海先生丘公逢甲年譜》光緒二十四年:"公自內渡,亟思培本榮枝,效日維新立憲,故對於光緒帝極爲推許,對於西太后慈禧之干政極爲厭惡。與康、梁維新大同諸説,表同情。是歲,聞變法失敗、德宗被囚,甚爲傷感。"

《倉海先生丘公逢甲年譜》光緒二十六年:"此次南行,曾與保皇會、興漢會諸志士接洽,在港曾與康有爲、梁啓超、唐才常、陳騰鳳諸先生合攝持刀並立小照。"按,丘鑄昌《試論丘逢甲與康、梁之關係》(丘鑄昌《丘逢甲交往録》,華中師範大學出版社 2004 年版)一文考證,梁啓超此時並不在香港,蓋丘琮將康氏某一門徒誤認爲梁氏。

《倉海先生丘公逢甲年譜》光緒三十一年:"公與留日之保皇會、同盟會諸學子,年來均有聯絡,但以清廷日覺顢頇頹廢,終無振作希望,故自此漸傾向排滿革命。"

三十四年(1908),被推爲同盟會嶺東盟主。辛亥革命前夕,各地排滿風潮益急,暗殺四起,革命志士往往身陷囹圄,逢甲以其政治地位力爲保全。爲當道者忌恨,亦行爲如故,置生死於度外。

《倉海先生丘公逢甲年譜》光緒三十四年:"是年,中國革命同盟會推公爲嶺東盟主。連年新黨如保皇、革命,舊黨如袁世凱等均派人極力拉公作幕中主幹,惟公重實際作事,不鶩虛聲,於各黨有利於國家民族之計劃則贊助之,而不驟從同其形式。"宣統二年:"近年新軍及陸軍各校陸續成立,公極注意於其人物之聯絡及養成,以爲興國革新,有賴於是。是年,革命同盟會趙聲等與公深相結納。連年革命排滿風潮益急,黨人到處暗殺舉兵,不擇時地,犧牲甚大。其失陷者,公輒以自己政治社會地位力爲調護保全。曰:義勇青年,國之元氣也。"宣統三年:"公在臺爲提倡民主之首領,內渡後則專以興學作育革新人才,並以政治地位暗護海內志士。至是,聲望益隆,忌者益甚。有公然以革命黨魁名目列之公牘、登諸報章者。公處之自若。武漢事起,新任廣州將軍鳳山密奏廣東革命大紳,以公爲首,擬就職後嚴屬捕治,公亦行爲如故。蓋早置生死於度外也。乃鳳山登岸,即被刺殺,而廣東革命勢力益固。"

《岵懷錄》:"光宣之際,青年志士憤國勢凌夷,政府庸劣,或奔走革命,或從事維新,每觸刑網、犯官威,先父輒不避犧牲,以己之名位庇護之。猶憶黃岡革命,松口劫案,曾盡力防止株連。庚戌新軍之役,辛亥三月二十九日之役,曾保救民黨委員,促在案者逃難,皆屢行不餒者也。"

武昌起義後，逢甲暗事開導兩廣總督張鳴岐等人，促成廣州和平光復。民國成立，被舉爲組織中央政府粵代表，赴南京組織政府，並調護粵北伐軍前進江北。雖身患吐血之疾，在家休養，仍關注革命，憂勞國事。

《倉海先生丘公逢甲年譜》宣統三年："及九月中旬，公暗事開導，使兩廣總督張鳴岐、水師提督李準及諸文武贊成獨立，兵不血刃而光復廣州。及中華民國軍政府成立，被舉爲教育部部長，旋被舉爲組織中央政府粵代表。於十月初赴南京組織政府，並調護粵北伐軍前進江北。及南京臨時中央政府成立，復被舉爲參議院參議員。自武漢舉義，公以爲革命軍從此推翻清室、建立共和、賢能在位、誠意振刷，則洗雪國恥、恢復故土，可指日計，故數十年胸中塊壘幾然若失。惟公因數月繁劇憂勞，遂得吐血疾。臘月上旬，抑鬱南歸，將休養。抵廈門，聞閩局未安，以己昔閩籍，對閩當局猶力爲策劃。抵汕頭，則粵垣將領來電促駕，將公推爲廣東提督。時已病甚，及臘月下旬，抵鎮平山居，則言動已難，譫囈時聞。時或清醒，則詢大局安危，事未及私。聞清帝退位、南北統一，則色然喜。聞袁就職、孫解職，則曰：'袁之爲人、孫之意志，吾知之矣。前途未可樂觀也。'其爲國情懷，先機識見有如此者。"

《岵懷錄》："辛亥八月武昌起義後，各省相繼獨立。先父聲望素爲粵中文武所望，因一面鼓勵後進，使團結勇進，勿懼怯渙散；一面陰以大義大勢啓說將史，使皆贊成獨立。故粵垣兵不血刃，於九月十九日成立軍政府。然人情功成則驕恣，驕恣則爭鬥，於是新進意見百出，暗潮迭起。省垣如是，潮梅各地亦如是。先父極力調停，使新舊土客黨派等成見消泯。……嗣爲粵代表北上組織政府，則對粵北伐軍，調護備至。爲之請炮械、請增援，爲之向前途各軍接洽。對於臨時總統府，則爲向上海廣、肇、湖、嘉各幫殷商奔走藉助經費。"

民國元年(1912)，卒於鎮平家中。

《倉海先生丘公逢甲年譜》民國元年："是年正月八日（新曆二月二十五日）丑時，公在家薨逝，享年僅四十有九耳。"

丘逢甲志在報國，奔走一生，故作詩每多豪邁氣象；然命途多舛，國運彌艱，故又常有哀涼滄桑之作。其詩出入太白、子美、東坡、遺山之間，又能自出機軸，不拘繩尺。

丘琮《倉海公詩選跋》："公生平所作詩，至少當有七千首。……公立志興漢、强華，驅胡、復土，未能達志，故表之以詩。其詩之傳也，實不在詞藻之豐美，而在意志之偉大。"

鄒魯《嶺雲海日樓詩鈔序》："先生歸自臺灣，一意發爲聲詩，多哀涼悲壯之作。"

《揮麈拾遺》："仙根詩各體皆佳，才氣亦大。全集自以七律爲上駟，挽强命中，號飛將軍。其所自許仍在七古。余則終嫌其魄力未厚，且有墜小家數處。"

江瑔《丘逢甲傳》："逢甲既內渡，遂入廣東，家於嘉應州，買屋居焉。杜門不出，謝絕親友，自署爲臺灣之遺民，日以賦詩爲事，而故國之思以及鬱伊無聊之氣盡托於詩。詩本其夙昔所長，數十年來復顛頓於人事世故、家國滄桑之餘，皆足以鍛煉而焠厲之。其所爲詩益蒼涼感慨，有《漁陽三撾》之聲，又如飛鬼驒裹，絕足奔放，平日執干戈衛社稷之氣概皆騰躍於紙上，故詩人之名震動一時。又往往側身南望，故鄉故國掩映於蒼煙暮靄中，迷漫不可見，念一身之無屬，獨愴然而涕下。又有時酒酣耳熱，與二三知己談故國軼事，輒虯髯橫張，怒髮上竪，鬚眉噓噏欲動，氣坌涌而不可遏，識者莫不哀之。"

錢仲聯《近代詩評》："丘倉海逢甲如漸離擊筑，氣象蒼茫。"

梁啓超《飲冰室詩話》："吾嘗推公度、穗卿、觀雲爲近世詩界三杰，此言其理想之深邃閎遠也。若以詩人之詩論，則丘倉海逢甲其亦天下健者矣。"

汪國垣《光宣詩壇點將錄》："仙根詩本負盛名，惟鮮與中原通聲氣，至有不能舉其名者。工力最深，出入太白、子美、東坡、遺山之間，又能自出機軸，不拘拘於繩尺間，固一時健者也。"

梁國冠《臺灣詩人丘倉海評傳》（《讀書通訊》1947 年第 143 期）："其詩以七絕七律占多數，七古次之，其他又次之。以性質論，憂亂傷時之篇什，占總數四分之一，師友唱酬及游覽名勝者次之，其他又次之。而其中叙當代史實之作，確能圖繪出時代景象，謳吟出時代心理，不僅在文學上有價值，即在史料上亦有極大價值。……倉海志在'兼善'，富同情心，故常注視社會之最下層，常以詩篇寫社會百相，暴露下層社會之實況及情緒。……大抵倉海之詩，初期多近乎少陵、東坡，七古七律尤近少陵，間有似昌黎者。後期多近東坡、放翁，間近山谷，七絕尤逼近放翁。……又其詩（一）善於熔化俗語入詩；（二）善次韻叠韻，如《次易實甫觀察即席韻》竟叠至廿四次；（三）好議論；（四）主氣格，七古尤大氣磅礴，縱橫變化，不可方物。……顧倉海詩古律多雄豪激越，而七絕多清麗婉適，有風致；體物詩尤深秀。……其短處約有下列幾點：（一）粗直，（二）冗滑，（三）膚廓，（四）草率，（五）以文爲詩。"

參考文獻：

1. 丘逢甲《嶺雲海日樓詩鈔》，安徽人民出版社 1984 年版。

2. 連橫《臺灣通史》,商務印書館 1947 年版。

3. 鄭喜夫《民國丘倉海先生逢甲年譜》,臺灣商務印書館 1981 年版。

4. 丘晨波主編《丘逢甲文集》,花城出版社 1994 年版。

5. 錢仲聯主編《廣清碑傳集》,蘇州大學出版社 1999 年版。

(馬昕)

譚嗣同傳

譚嗣同，字復生，號壯飛，湖南瀏陽人。同治四年（1865）生。

梁啓超《譚嗣同傳》："譚君字復生，又號壯飛，湖南瀏陽縣人。"

譚嗣同《寥天一閣文》卷二《先妣徐夫人逸事狀》："光緒紀元二年春，京師癘疫熛起。……嗣同伊蒿伊蔚之質，生既十二年，染疫獨厚。……然短死三日，仍更蘇，戕其根而弗橢，此棘荆之所以叢惡，大人以是字嗣同'復生'矣。"

《寥天一閣文》卷二《三十自紀》："子雲抑有言：'雕蟲篆刻，壯夫不爲。'處中外虎爭文無所用之日，丁盛衰互紐膂力方剛之年，行並其所悔者悔矣，由是自名壯飛。……同治四年春二月己卯，嗣同生於京師宣武城南懶眠胡同邸第。"

少有大志，五歲受書，十五學詩，二十學文，淹通群籍。

梁啓超《譚嗣同傳》："少倜儻有大志，淹通群籍，能文章。"

《三十自紀》："五歲受書，即審四聲，能屬對。十五學詩。二十學文。"

譚嗣同《诔遺堂集外文初篇自序》："五六歲時，居京師宣武城南，與先仲兄俱事畢蒪齋師。"

《寥天一閣文》卷一《城南思舊銘並叙》："往八九歲時，讀書京師宣武城南，塾師爲大興韓蓀農先生，余伯兄、仲兄咸在焉。"

《寥天一閣文》卷二《先妣徐夫人逸事狀》引歐陽中鵠所作徐夫人墓誌銘："同治甲戌,中鵠計偕至京師。時父執同縣譚君繼洵,字敬甫,以進士官户部員外郎,居瀏陽會館。中鵠往見,主其家。是年七月,中鵠官中書,譚君延教其子嗣襄、嗣同。"按,歐陽中鵠,字節吾,號瓣薑,同治十二年（1873）舉人,歷任廣西思恩、平樂、桂林等地知府,官至廣西提法使,著《瓣薑先生自書詩稿》等。

邵鏡人《同光風雲録·譚嗣同》："悲歌慷慨,絶異尋常人。從同邑孝廉涂舜臣游,爲文益進。其六兄赴陝西父任,賦詩贈之曰:'一曲陽關意外聲,青楓浦口送兄行。頻將雙淚溪邊灑,流到長江載遠征。瀟瀟連夜雨聲多,一曲驪歌唤奈何？我願將身化明月,照君車馬度關河。'以弱齡之人,吐此等警語,無怪乎長老咸爲擊節。"

好任俠,善劍術。

梁啓超《譚嗣同傳》："好任俠,善劍術。"

陶菊隱《新語林·去留肝膽兩崑崙》："我名叫胡致廷,人稱胡七,綽號通臂猿胡七。當譚先生住在北半截胡同瀏陽館的時候,我和'單刀'王五每天必和他見面。王五比我年輕,是我介紹給他的。介紹的動機因爲譚先生向我學鐗、太極拳、形意拳和雙刀,我認爲雙刀不及單刀好……譚先生以爲然,單刀是王五的絶技,所以我把王五介紹給他,我兩人同時教授他的武藝。"

梁啓超《飲冰室詩話》："王五爲幽燕大俠,以保鏢爲業,其勢力範圍,北及山海關,南及清江浦,生平專以鋤强扶弱爲事。瀏陽（譚嗣同）少年嘗從之受劍術,以道義相期許。"

光緒十年（1884）,作《治言》四千言,初具變法思想,然議論多稚嫩隔膜處。

譚嗣同《治言》："天凡四千年而三其變。……夫以天之所變,而市不蕲乎法，法不蕲乎道而天窮。"

按，譚嗣同《思緯壹壹臺短書·報貝元徵》："十年之前作《治言》一篇，所言尚多隔膜，未衷於理，今並呈覽，亦可考驗其議見之增益。"《報貝元徵》文末署"甲午秋七月"，上推十年即光緒十年。《思緯壹壹臺短書·治言》序："此嗣同最少作，於中外是非得失，全未縷悉，妄率胸臆，務爲尊己卑人一切迂疏虛驕之論，今知悔矣，附此所以旌吾過，亦冀談者比而觀之，引爲戒焉。"故知譚嗣同頗不滿此作。

同年，入新疆巡撫劉錦堂幕府，劉大奇其才，擬薦於朝廷。惜劉養親去官，不果。

梁啓超《譚嗣同傳》："弱冠，從軍新疆，游巡撫劉錦常幕府。劉大奇其才，將薦之於朝。會劉以養親去官，不果。"

自是十年，來往南北十餘省，考察風土，廣交豪杰。

梁啓超《譚嗣同傳》："自是十年，來往於直隸、新疆、甘肅、陝西、河南、湖南、湖北、江蘇、安徽、浙江、臺灣各省，察視風土，物色豪杰，然終以巡撫君拘謹，不許遠游，未能盡其四方之志也。"

蕭汝霖《譚嗣同傳》："錦棠去官，乃西窮河源，道渭洛，登終南、嵩、華，北涉漳、滏，游京師，南浮江、淮，東逾海，至臺灣。其風俗政治、土地之宜，皆潛心考究。所過諸名山川，及古英杰之遺迹，一托諸吟咏，時或感慨唏噓。其間奇人碩士，無不樂與往來。"

《三十自紀》："十一年春，歸湖南。……冬，赴甘肅。……十二年春，抵蘭州。十四年夏，歸湖南。……冬，赴甘肅，同十一年。十五年春，抵蘭州，尋上京師。……尋歸湖南。……十六年春，赴湖北。……夏，歸湖南。秋返，赴安徽，流江徑九江抵安徽，尋返。十七年秋，歸湖南，抵長沙，游衡岳，冬返。十九年春，赴蕪湖，流江徑九江、安徽抵蕪湖，尋返。夏，上京師。……秋，返湖北。……二十年秋，歸湖南。……冬，返湖北。爲此僕僕，迫於試事居多。十年中至六赴南北省試，惟一以兄憂不與試，然行既萬有餘里矣。合數都八萬餘里，引而長之，堪繞地球一周。經大山，若朱圉、鳥鼠、崆峒、六盤、太華、終南、霍山、匡廬無算；小水，若涇、渭、漆、沮、滻、灞、洮、潼、灃、藍、伊、洛、澗、瀍、恒、衛、汾、沁、滹沱、無定、沅、澧、蒸、淥無算；形勢勝迹，益無算。制情偷惰，未付簡畢，退縮游樂，難忘於懷。風景不殊，山河頓異；城郭猶是，人民復非。”

光緒二十年(1894)，作書報貝允昕，歷陳變法思想。

《思緯壹壹臺短書・報貝元徵》：“嗣同以爲聖人之道，無可疑也。方欲少棄之而不能，何況於盡？特所謂道，非空言而已，必有所麗而後見。《易》曰：‘形而上者謂之道，形而下者謂之器。’曰上曰下，明道、器之相爲一也。……且道非聖人所獨有也，尤非中國所私有也，惟聖人能盡之於器，故以歸諸聖人。以歸諸聖人，猶之可也。彼外洋莫不有之。以私諸中國，則大不可。……夫法也者，道之淆隤而蕃變者也。……至於法之與時爲變也，所謂‘漢唐無今日之道，今日無他年之道’，道之可有而且無者也。且無則不能終無，可有尤必應亟有。然以語乎今日，又不徒可有而且無，實今無而古不必不有者也。……然則今日所用，不但非儒術而已，直積亂二千餘年暴秦之弊法，且幾於無法，而猶謂不當變者，抑嘗深思而審處上下古今一綜計之乎？……來語‘數十年來士大夫爭講洋務，絕無成效，反驅天下盡入於頑鈍貪詐’。嗣同以爲足下非惟不識洋務之謂，兼不識何者爲講矣。中國數十年來，何嘗有洋務哉？抑豈有一士大夫能講者？能講洋務，即又無今日之事。足下所謂洋務：第就所見之輪船已耳，電綫已耳，火車已耳，槍炮、水雷及織布、煉鐵諸機器已耳。於其法度政令之美備，曾未夢見，固宜足下之云爾。凡此皆洋務之枝葉，非其根本。執枝葉而責根本之成效，何爲不絕無哉？況枝葉尚無有能講者。"按，貝允昕，字元徵，湖南瀏陽人。

光緒二十一年（1895），甲午戰敗，乃發憤提倡新學，率衆奏請改瀏陽南臺書院爲算學館，爲湖南新學之起點。

梁啓超《譚嗣同傳》："自甲午戰事後，益發憤，提倡新學。首在瀏陽設一學會，集同志，講求磨礪，實爲湖南全省新學之起點焉。"

譚嗣同《興算學議·上歐陽中鵠書》："平日於中外事雖稍稍究心，終不能得其要領。經此創巨痛深，乃始屏棄一切，專精緻思。當饋而忘食，既寢而累興，繞屋彷徨，未知所出。既憂性分中之民物，復念灾患來於切膚。雖躁心久定，而幽懷轉結。……因有見於大化之所趨，風氣之所溺，非守文因舊所能挽回者。不恤首發大難，畫此盡變西法之策。而變法又適所以復古。"

《興算學議·瀏陽興算記》："瀏陽城鄉書院，共有五座：縣城則有南臺，縣東則有獅山、洞溪，縣西則有瀏西，縣南則有文華等目。然歷年以來，均以時文課士，學子肄業，除帖括以外，懵無講求。近益俗尚頹廢，蘭艾雜處，紛至沓來，有如傳舍。推求其故，雖積習使然，實由課非實學，業無專長，以至流弊滋多，至於此極！……爲此仰懇飭諭瀏陽縣知縣立案，准將南臺書院永遠改爲算學館；並會同公正明白紳者，細定章程，妥爲辦理。……稟上，蒙特許。……案是時正值歲試，多士雲集。批出，而衆論大嘩，至詆瀏陽爲妖異，相戒毋染瀏陽之逋毒。學院則益搜取試卷中之言時務者，拔爲前列，以爲之招。嗣是每試必如此，其持迂談者棄勿録，凡應試者不得不稍購新書讀之。湘鄉改東山書院之舉，又繼之以起，趨尚亦漸變矣。而尤厚愛瀏陽，時時向人稱道。其明年，瀏陽果大興算學，考算學洋務，名必在他州縣上，至推爲一省之冠。省會人士始自慚奮，向學風氣由是大開。夫學院非有高爵大權，而上下合志，一引其端，其力遂足以轉移全省，此以見中國變法之易也。"

康有爲設强學會於北京，譚嗣同慕名往謁，惜未獲見。時梁啓超任北京强學會記纂，與之相見，語以康有爲講學宗旨。譚嗣同感動喜悦，自稱私淑弟子。

梁啓超《譚嗣同傳》："時南海先生方倡强學會於北京及上海，天下志士走集應和之。君乃自湖南溯江，下上海，游京師，將以謁先生。而先生適歸廣東，不獲見。余方在京師强學會，任記纂之役，始與君相見，語以南海講學之宗旨、經世之條理，則感動大喜躍，自稱私淑弟子，自是學識更日益進。時和議初定，人人懷國恥，士氣稍振起。君則激昂慷慨，大聲疾呼。海内有志之士睹其丰采，聞其言論，知其爲非常人矣。"

不久，强學會遭禁，譚嗣同乃推英國駐漢口領事賈禮士爲會首，欲設湖南强學分會，終未果。

歐陽予倩編《譚嗣同書簡》卷一："康長素倡爲强學會，主之者内有常熟，外有南皮，名士會者千計，集款亦數萬。忽有某御史起而劾之，請嚴拿爲首之人，果允其嚴禁。傳耶穌教則保護之，傳孔子教則封禁之，自虐其人，以供外人魚肉，中國人士何其馴也！初立會時，沅帆、伯純、伯嚴、穰卿輩嫌其名士太多，華而不實，別立一分會於湖南，章程久經刻出，今並見禁，會中人遽爽然欲退。嗣同於總會、分會均未與聞，已既不求入會，亦無人來邀。無論或開或禁，原與嗣同毫不相干。今見事理失平，轉思出而獨逢其禍，擬暫將孔子擱起，略假耶穌爲名，推英國駐漢領事賈禮士充會首，結爲湖南强學分會。已與賈領事面議二次，惟訂立密約極費推敲，既欲假耶穌之名，復欲行孔子之實，圖目前之庇護，杜日後之隱憂，不圖西人絲毫之利，亦不授西人以絲毫之權，語語蹈虚，字字從活，須明正方能定妥。此約一定，學會隨意可興，誰敢正目視者？並移書總會請其仿照辦理，則所謂嚴禁者不值一哂矣。"

光緒二十二年（1896），依父命赴南京任候補知府，與楊文會結識，精研佛學，會通群哲，成《仁學》一書。

蕭汝霖《譚嗣同傳》："以父命就官知府，候補金陵。則閉户讀書，未一接俗吏。金陵有楊文會者，遂於佛學，與往來甚密，因博覽教乘，探其蘊奧，證以孔氏大同、太平之旨，恍然曰：'東西聖人豈相遠哉？'遂成《仁學》一書。"

譚嗣同《秋雨年華之館叢脞書》卷一《金陵聽説法詩》序："吴雁舟先生嘉瑞爲余學佛第一導師，楊仁山先生文會爲第二導師。乃大會於金陵，説甚深微妙之義，得未曾有。"

譚嗣同《仁學自叙》："言仁者不可不知元，而其功用可極於無。能爲仁之元而神於無者有三：曰佛，曰孔，曰耶。佛能統孔、耶，而孔與耶仁同，所以仁不同。能調燮聯融於孔與耶之間，則曰墨。周秦學者必曰孔、墨，孔、墨誠仁之一宗也。……墨有兩派：一曰'任俠'，吾所謂仁也，在漢有黨錮，在宋有永嘉，略得其一體；一曰'格致'，吾所謂學也，在秦有《吕覽》，在漢有《淮南》，各識其偏端。……竊揣歷劫之下，度盡諸苦厄，或更語以今日此土之愚、之弱、之貧、之一切苦，將笑爲誑語而不復信，則何可不千一述之，爲流涕哀號，强聒不舍，以速其冲决網羅，留作券劑耶？網羅重重，與虚空而無極。初當冲决利禄之網羅，次冲决俗學若考據、若詞章之網羅，次冲决全球群學之網羅，次冲决君主之網羅，次冲决倫常之網羅，次冲决天之網羅，次冲决全球群教之網羅，終將冲决佛法之網羅。然真能冲决，亦自無網羅；真無網羅，乃可言冲决。故冲决網羅者，即是未嘗冲决網羅。循環無端，道通爲一。"

梁啓超《清代學術概論》二十七《晚清思想界一彗星——譚嗣同》:"其所謂'新學'之著作,則有《仁學》,亦題曰'臺灣人所著書',其中多譏切清廷,假臺人抒憤也。書成,自藏其稿,而寫一副本畀其友梁啓超;啓超在日本印布之,始傳於世。……《仁學》之作,欲將科學、哲學、宗教冶爲一爐,而更使適於人生之用,真可謂極大膽極邃遠之一種計劃。……其駁雜幼稚之論甚多,固無庸諱,其盡脱舊思想之束縛,戛戛獨造,則前清一代,未有其比也。"

光緒二十三年(1897),陳寶箴、黃遵憲、徐仁鑄、江標等集志士於湘,舉新政。譚嗣同棄官歸,與唐才常、梁啓超等設《湘報》、時務學堂、南學會。嗣同任南學會會長,名聲漸盛,享譽士林。

蕭汝霖《譚嗣同傳》:"會陳寶箴巡撫湖南,丁酉六月黃遵憲爲湖南按察使,八月徐仁鑄督學來湘,與前任學使江標謀大集志士於湘,先各省舉新政,速嗣同。嗣同棄官歸,與唐才常、梁啓超等設《湘學報》、時務學堂、南學會。南學會者,將以合南方各省學子,共求經世之學也。省有政,授諸學會議,可而後施。每七日,集邦人之秀者而會之,嗣同爲會長,曉之以國家政治原理及萬國之强弱,交際其學術政治所趨向。每會集者恒千人,座不能容。嗣同出,觀者塞衢巷。當此之時,湖南文化甲於南北。南北豪杰之士奮然興起者,皆以不一見嗣同爲恨也。"按,《湘學報》應作《湘報》。

譚嗣同《〈湘報〉後叙上》(《湘報》第11號,光緒二十四年二月二十六日):"《禮》著成湯之銘:'苟日新,日日新,又日新。'《易・繫》孔子之贊:'日新之謂盛德。'言新必極之於日新,始足以爲盛美而無憾。……求其助人日新之具,則書是也。……書而新,勢必日日使新人、闡新理、紀新事,而作爲新書而後可也。然日日使新人、闡新理、紀新事而作爲新書,其構意也有日,謀篇也有日,成卷也有日,刊行也又有日,比書之寓吾目,則去其初著書之時,不知凡若干日。昨日之新，至今日而已舊；今日之新，至明日而又已舊。所謂新理、新事必更有新於此者，而書亦非新書矣。往者江君建霞，督學吾湘，有鑑於此。日日使新人、闡新理、紀新事而作爲新書。不俟其書之成也，而十日一出之，名之曰《湘學新報》，其助人日新之意至切也。然而則既已十日矣，昨日之新，至今日而已舊；今日之新，至明日而又已舊。然而則既已十日矣，謂之新可也，謂之日新不可也。於是同志諸友，復創爲《湘報》。日一出之，其於日新之義庶有合也。"

《湖南時務學堂緣起》(《知新報》，光緒二十三年九月初一日)："今值制軍張公、中丞陳公、督學江公，咸以一時通人，提倡新政，嘉惠斯土。吾湘士及今不思自厲，上無以宣聖天子作育之化，中無以答賢有司宏獎之雅，下無以塞薄海豪杰敬畏想望之心。是用簪萃同人，共昌斯舉。將聘達人以主講授，選聰俊以充生徒，藏書籍以備觀摩，置圖器以資試驗。常年之費，歲以數萬。亦既呈請大吏，將東征籌餉部議加增鹽釐已收未繳之項撥歸堂中，借充歲費。"

按，譚嗣同爲南學會所撰第一次、第二次、第五次、第八次講義，參見《湘報》第 3 號(光緒二十四年二月十七日)、第 7 號(光緒二十四年二月二十二日)、第 20 號(光緒二十四年三月初八日)、第 42 號(光緒二十四年閏三月初三日)。與楊昌濟、畢永年等弟子答問語，參見《湘報》第 28 號(光緒二十四年三月十七日)、第 29 號(光緒二十四年三月十八日)。

光緒二十四年(1898)四月，光緒帝下《定國是詔》。徐致靖薦嗣同可大用，特旨徵之。七月二十日，譚嗣同扶病入覲，奏對稱旨，超擢四品卿銜、軍機章京，與楊銳、林旭、劉光第同參預新政。

蕭汝霖《譚嗣同傳》："戊戌四月，清德宗親政，徐致靖薦嗣同可大用，特旨徵之。嗣同遲久不行，既而曰：'與其奔走呼號而莫之或應，何如假政治以牖進我民也？'遂以七月應徵，除四品卿銜、軍機章京，與楊鋭、林旭、劉光第同預新政。德宗倚重嗣同，將與有爲。”

朱壽朋《東華續録（光緒朝）》卷一百四十七：“諭内閣候補侍讀楊鋭、刑部候補主事劉光第、内閣候補中書林旭、江蘇候補知府譚嗣同，均著賞加四品卿銜，在軍機章京上行走，參預新政事宜。”

二十六日，湖南舉人曾廉上書劾康有爲，譚嗣同逐條駁斥。

胡思敬《戊戌履霜録》卷四：“湖南舉人曾廉，劾有爲覬覦非常，大有教皇中國之意，上孔子以開化教主神聖明王徽號，將以孔子爲摩西，而己爲耶穌。嗣同見疏大憤，擬旨誅廉。上曰：‘甫詔求言，而遽殺人以逞，非所以服天下也。’不許。乃逐條批駁廉疏，約四卿聯名保有爲忠直無他。”

二十九日，受光緒帝衣帶詔，乃密奏皇帝，請用袁世凱以救危局。又親往法華寺，與袁密商救主事宜。

梁啓超《譚嗣同傳》：“二十九日，皇上召見楊鋭，遂賜衣帶詔，有‘朕位幾不保，命康與四卿及同志速設法籌救’之詔。君與康先生捧詔慟哭。而皇上手無寸柄，無所爲計。時諸將之中，惟袁世凱久使朝鮮，講中外之故，力主變法。君密奏，請皇上結以恩遇，冀緩急或可救助，詞極激切。八月初一日，上召見袁世凱，特賞侍郎。初二日，復召見。初三日夕，君徑造袁所寓之法華寺，直詰袁曰：‘君謂皇上何如人也？’袁曰：‘曠代之聖主也。’君曰：‘天津閱兵之陰謀，君知之乎？’袁曰：‘然固有所聞。’君乃直出密詔示之，曰：‘今日可以救我聖主者，惟在足下。足下欲救，則救之。’又以手自撫其頸，曰：‘苟不欲救，請至頤和園首僕而殺僕，可以得富貴也。’袁正色厲聲曰：‘君以袁某爲何如人哉？聖主乃吾輩所共事之主，僕與足下同受非常之遇，救護之責非獨足下。若有所教，僕固願聞也。’君曰：‘榮禄密謀，全在天津閱兵之舉。足下及董、聶三軍皆受榮所節制,將挾兵力以行大事。雖然,董、聶不足道也,天下健者惟有足下。若變起,足下以一軍敵彼二軍,保護聖主,復大權,清君側,肅宮廷,指揮若定,不世之業也。'袁曰:'若皇上於閱兵時疾馳入僕營,傳號令以誅奸賊,則僕必能從諸君子之後,竭死力以補救。'君曰:'榮祿遇足下素厚,足下何以待之?'袁笑而不言。袁幕府某曰:'榮賊並非推心待慰帥者,昔某公欲增慰帥兵,榮曰:"漢人未可假大兵權。"蓋向來不過籠絡耳。即如前年胡景桂參劾慰帥一事,胡乃榮之私人,榮遣其劾帥而已,查辦昭雪之以市恩。既而胡即放寧夏知府,旋升寧夏道,此乃榮賊心計險極巧極之處,慰帥豈不知之?'君乃曰:'榮祿固操莽之才、絕世之雄,待之恐不易易。'袁怒目視曰:'若皇上在僕營,則誅榮祿如殺一狗耳。'因相與言救上之條理甚詳。袁曰:'今營中槍彈火藥皆在榮賊之手,而營哨各官亦多屬舊人。事急矣,既定策,則僕須急歸營,更選將官,而設法備貯彈藥則可也。'乃丁寧而去,時八月初三夜漏三下矣。至初五日,袁復召見,聞亦奉有密詔云。"

八月初六日,政變爆發。眾人勸其流亡日本,不聽,甘心赴死。初十日,遂被逮。於獄中作絕命書二通,分遺康、梁。十三日,斬於市。

梁啟超《譚嗣同傳》:"至初六日,變遂發,時余方訪君寓於坐榻上,有所擘畫,而抄捕南海館康先生所居也之報忽至。旋聞垂簾之諭,君從容語余曰:'昔欲救皇上,既無可救;今欲救先生,亦無可救。吾已無事可辦,惟待死期耳。雖然天下事知其不可而爲之,足下試入日本使館,謁伊藤氏,請致電上海領事而救先生焉。'余是夕宿於日本使館,君竟日不出門以待捕者。捕者既不至,則於其明日入日本使館,與余相見,勸東游,且携所箸書及詩文辭稿本數冊、家書一篋托焉。曰:'不有行者,無以圖將來;不有死者,無以酬聖主。

今南海之生死未可卜，程嬰杵臼，月照西鄉，吾與足下分任之。'遂相與一抱而別。初七、八、九三日，君復與俠士謀救皇上事，卒不成。初十日，遂被逮。被逮之前一日，日本志士數輩苦勸君東游，君不聽。再四強之，君曰：'各國變法，無不從流血而成。今中國未聞有因變法而流血者，此國之所以不昌也。有之，請自嗣同始。'卒不去，故及於難，君既繫獄，題一詩於獄壁，曰：'望門投宿思張儉，忍死須臾待杜根。我自橫刀向天笑，去留肝膽兩崑崙。'蓋念南海也。以八月十三日斬於市，春秋三十有三。就義之日，觀者萬人，君慷慨神氣不少變。時軍機大臣剛毅監斬，君呼剛前曰：'吾有一言。'剛去不聽，乃從容就戮。嗚呼，烈矣！"

蕭汝霖《譚嗣同傳》："先是，嗣同聞變，即閉戶謝客。有俠士大刀王五者，與嗣同善，謂之曰：'君行，五從，保無他；君死，五收君骨，君請自擇。'嗣同曰：'死耳，何行爲？'"

譚嗣同《與康有爲絕命書》（《知新報》，光緒二十四年十一月十一日）："受衣帶詔者六人，我四人必受戮，彼首鼠兩端者，不足與語，千鈞一髮，惟先生一人而已。天若未絕中國，先生必不死。嗚呼！其無使死者徒死而生者徒生也。嗣同爲其易，先生爲其難，魂當爲厲，以助殺賊。裂襟嚙血，言盡於斯。南海先生。譚嗣同絕筆敬上。"

譚嗣同《與梁啓超絕命書》（《知新報》，光緒二十四年十一月十一日）："八月六日之禍，天地反覆，嗚呼痛哉！我聖上之命，懸於太后賊臣之手，嗣同死矣！嗣同之事畢矣！天下之大，臣民之衆，寧無一二忠臣義士，傷心君父，痛念神州，出而爲平、勃、敬業之義舉乎？果爾，則中國之人心真已死盡，強鄰分割，即在目前，嗣同不恨先衆人而死，而恨後嗣同而死者之虛生也。嚙血書此，告我中國臣民，同興義憤，翦除國賊，保全我聖上。嗣同生不能報國，死亦爲厲鬼，爲海内義師之助。卓如未死，以此書付之，卓如其必不負嗣同、負皇上也。八月十日,嗣同獄中絶筆。"

《秋雨年華之館叢脞書》卷二《臨終語》:"有心殺賊,無力回天。死得其所,快哉快哉!"

作詩多學唐人,風格卓絶奇偉。三十以後之詩,頗喜摽擔新名詞以自表異。

《寥天一閣文》卷一《報劉淞芙書二》:"嗣同於韻語,初亦從長吉、飛卿入手,旋轉而太白,又轉而昌黎,又轉而六朝。近又欲從事玉溪,特苦不能豐腴,大抵能浮而不能沉,能辟而不能翕。拔起千仞,高唱入雲,瑕隙尚不易見。迨至轉調旋宮,陡然入破,便繃弦欲絶,吹竹欲裂,卒迫卞隘,不能自舉其聲。不得已而强之,則血涌筋粗,百脈騰沸,岌乎無以爲繼。"

狄葆賢《平等閣詩話》卷二:"譚復生《莽蒼蒼齋詩》,五律喜學唐賢高調,卓爾不群。……七律奇偉,彌肖其人。"

梁啓超《飲冰室詩話》:"復生自喜其新學之詩。然吾謂復生三十以後之學,固遠勝於三十以前之學,其三十以後之詩,未必能勝三十以前之詩也。蓋當時所謂新詩者,頗喜摽擔新名詞以自表異。丙申、丁酉間,吾黨數子皆好作此體。提倡之者爲夏穗卿,而復生亦騖嗜之。"

汪國垣《光宣詩壇點將録》:"瀏陽三十以前詩,多法少陵。三十以後,乃有自開宗派之志。唯奇思古艷,終近定庵。且喜摭西事入詩,頗有詩界彗星之目。"

論文主駢散合一,不爲古人所役使。

譚嗣同《莽蒼蒼齋詩》卷二《論藝絶句六篇》其二自注:"文至唐已少替,宋後幾絶。國朝衡陽王子,膺五百之運,發斯道之光,出其緒餘,猶當空絶千古。下此若魏默深、龔定庵、王壬秋,皆能獨往獨來,不因人熱。其餘則章摩句效,終身役於古人而已。至於汪容甫,世所稱駢文家,然高者直逼魏晉,又烏得僅目曰駢文哉?自歐、曾、歸、方以來,凡爲八家者,始得謂之古文,雖漢魏亦鄙爲駢麗,狹爲範以束迫天下之人才,千夫秉筆,若出一手,使無方者有方,而無體者有體,其歸卒與時文律賦之雕鐫聲律,墨守章句,局促轅下而不敢放轡馳騁者無異。於是鴻文碩學,恥其所爲,而不欲受其束迫,遂甘自絕於古文。而總括三代、兩漢,咸被以駢文之目,以擯八家之古文於不足道。爲八家者,不深觀其所以,而徒幸其不與爭古文之名,遂亦曰此駢文云爾。嗚呼!駢散分途,而文乃益衰,則雖駿發若惲子居,尚未能蠲除習氣,其它又何道哉!"

參考文獻:

1. 譚嗣同著、何執編《譚嗣同集》,岳麓書社 2012 年版。

2. 陳乃乾《瀏陽譚先生年譜》,民國十二年上海文明書局鉛印本。

3. 歐陽予倩編《譚嗣同書簡》,文化供應社 1948 年版。

4. 楊廷福《譚嗣同年譜》,人民出版社 1957 年版。

5. 蕭汝霖《譚嗣同傳》,閔爾昌編《碑傳集補》卷十二,周駿富輯《清代傳記叢刊》,臺灣明文書局 1985 年版。

6. 閔爾昌編《碑傳集補》,周駿富輯《清代傳記叢刊》,臺灣明文書局 1985 年版。

(馬昕)

楊鍾羲傳

楊鍾羲，原名鍾廣，後易名鍾羲，字子勤，號留垞，又號雪橋。祖籍遼陽，世居北京。同治四年（1865）生於武昌。

楊鍾羲《尼堪楊氏家世紀略》（《雪橋自訂年譜》）："先考通奉公諱長垣，字履堂……子二，長即鍾羲，光緒乙酉舉人，己丑進士，改翰林院庶吉士，散館授職編修，累官江南、江寧、淮安等府知府，傳旨嘉獎，賞食三品俸，南書房行走；次鍾齡，早卒。"

楊鍾羲《雪橋自訂年譜》光緒十一年："鍾羲原名鍾廣。至光緒己亥改外，始冠姓易今名。"《雪橋自訂年譜》同治四年："七月十一日，鍾羲生於省寓祝家園。先祖甚喜。"

按，鍾羲先世原隸滿洲正黃旗，後奉旨改隸漢軍正黃旗。楊鍾羲《尼堪楊氏家世紀略》："吾家先世居遼陽地方。天聰二年（1628）隸滿洲都統內務府正黃旗頭班管領。始祖諱討塞。（《八旗滿洲氏族通譜》作陶色。）從龍入關。官正黃旗內管領。""吾家初隸滿洲正黃旗。先高祖歸自廣西。高宗以清語問答。未能嫻習。命改漢軍。自是始爲漢軍正黃旗人。"

光緒十一年（1885），報捐監生，入都應京兆試，中舉人。次年春闈報罷，歸武昌。

翁同龢《翁同龢日記》（中華書局 2006 年版）光緒十一年九月

十五日:"見新門生廿人。就中漢軍鍾廣,年廿一,其卷爲余激賞。問之,則隨任湖北,師湘中名士鄒君,乃知傳授有源也。"

十四年(1888),手録《駢體文略》成。

楊鍾羲《駢體文略跋》:"李申耆《駢體文鈔》論次精審,間仿梅伯言《古文詞略》,別撰簡本,見《文選》及姚姬傳《類纂》者不録。校補寫定,以備吟誦云爾。"

十五年(1889),中進士。次年散館授編修。是年十月,校補《弟子職音誼》,付梓印行。

《雪橋自訂年譜》光緒十五年:"四月初十日,會榜揭曉。鍾羲中式第二十四名。房師爲編修張子虞預。浙江錢塘縣人。癸未進士。同榜三百一十八人。""(五月)初十日。奉旨改翰林院庶吉士。"光緒十六年:"四月十八日。散館。在保和殿考試。……鍾羲列二等第二名。……(二十八日)蒙恩授職編修。"

十七年(1891),入都供職。與盛昱相識,相約整理編纂八旗文獻。

《雪橋自訂年譜》光緒十七年:"二月,入都供職。……時程少珊同年寓表背胡同盛宅。去余所居數十武。一日訪少珊。伯熙祭酒適在座。介紹見焉。談悉文愨夫人爲先高祖外孫女。文愨敬徵爲伯熙祖。與鍾羲故中表也。再世外吏。久不相知。自是始時往請益。遂有第録三百年八旗文字之約。"

按,盛昱與楊鍾羲相約整理滿洲文獻,王懿榮嘗有贊譽:"福山王文敏師嘗謂余與伯熙爲八旗算總帳。"(楊鍾羲《聖遺詩集》戌卷《夢横塘》自注)

二十年（1894），充國史館協修，辦臣工列傳。是年八月，充順
天鄉試同考官。次年三月，充會試同考官。

《雪橋自訂年譜》光緒二十年：“國史館與內閣後門相對。三、
六、九日館期。時提調爲陸蔚庭繼輝。繼之者爲李子丹桂林。辦
臣工列傳。”“八月，充順天鄉試同考官。初六日入闈。九月出闈。
主考：刑部尚書薛允升雲階，都察院左都御史、南書房翰林徐郙頌
閣、內閣學士長萃季超、都察院左副都御史楊頤蓉圃。……鍾羲分
第六房。榜發，本房中式十九人。”光緒二十一年：“三月，充乙未會
試同考官。總裁：協辦大學士、翰林院掌院學士徐桐蔭軒，理藩院
尚書啓秀穎之，禮部右侍郎、南書房行走李文田若農，內閣學士唐
景崇春卿。……鍾羲分第十一房。榜發，本房中式二十人。”

按，康有爲、梁啓超亦參加此科會試，康中式，梁落榜。

二十二年（1896），輯《八旗文略》，刊高祖虔禮寶《椿蔭堂
存稿》。

《雪橋自訂年譜》光緒二十二年：“輯《八旗文略》，有端緒。伯
熙盡檢所藏付余采錄。那拉恥園孝廉續廉，故熱河都統玉符先生
麒慶子，家承賜書，從之瓻借，時過廠肆書攤，每有所獲，晨書暝寫，
定爲日課。”按，《椿蔭堂存稿》內收虔禮寶詩一卷，附錄一卷。虔禮
寶爲楊鍾羲高祖，歷任署兵部右侍郎、廣西巡撫等職。中國國家圖
書館藏《留垞叢刻》內有《椿蔭堂存稿》一種，係光緒二十二年九月
漢軍楊氏鐇蔚軒刻本。

二十四年（1898）春，重校刊姚斌桐《還初堂詞鈔》。是年，始有
乞外之意。

姚斌桐《還初堂詞鈔》楊鍾羲跋：“比年吾八旗之官京朝者，辟
講舍，召生徒，書問交馳。外臺諸君子，爲之分清俸、集巨金，以爲

敬教勸學之資,以其奇嬴,刊布往籍。意至美也。巨公不下問,群士不説學,所刻者,倘非里儒冬學之書,率即羽流不經之作。使海内學者,遂以爲三百年來,吾八旗之以功業著聞者,多無取乎讀書識字。其以讀書識字者眼光所到,類僅爾爾,豈不謬哉!吾八旗通人撰述,其有關經史資考核者,指不勝僂。……讀秋士先生詩餘,念其牢落不偶,生無補於時,死無述於後,少年綺語,無當高懷,孤本留遺,將成星鳳,爲之重付手民。"

《雪橋自訂年譜》光緒二十四年:"二月,翰林掌院保送御史,鍾義名次在前,引見於勤政殿,未蒙記名,始有乞外之意。"

二十五年(1889),保送知府,分發浙江。四月,抵武昌,以《八旗文經》乞張之洞付武昌崇文書局刊行。次年,丁父憂。

《雪橋自訂年譜》光緒二十五年:"二月,鍾義保送知府,分發浙江。引見。奉上諭後,具謝恩摺呈遞。"

楊鍾義《雪橋詩話餘集》卷五:"庚子冬,先大夫見背,梁潔庵前輩挽以聯云:崎嶇薄宦竟四十餘年,喪亂老驚心,報國有懷知不瞑。倜儻佳兒爲邦家之彦,羈孤自流涕,養親無禄最堪悲。字字打入心坎,至今誦之有餘悲焉。"

楊鍾義《雪橋詩話續集》卷一:"先君官荆湖北路,逾四十年。庚子,留葬於武昌魯家巷之楓墩嶲,前臨南湖。藍太淑人以壬子冬棄養,癸丑四月合葬焉。久滯春申,未能歲時展拜。"

二十七年(1901)六月,端方撫鄂,招入幕,治章奏文牘。次年,兼辦學務處事宜;九月,手寫《鬱華閣遺集》付刻。同年,《八旗文經》刊刻竣事,張之洞爲撰序。

《雪橋自訂年譜》光緒二十七年:端方撫鄂,"招入幕,治章奏文牘。"光緒二十八年:"兼辦學務處,局設姚園。"

《雪橋詩話》卷十二："伯希以己亥十二月二十日下世，年五十。鍾羲輯詩三卷、詞一卷爲《鬱華閣遺集》，刻之武昌。嗣得遺文十一篇、章奏十篇、議一篇，爲《意園文略》，刻之江寧。並爲輯《事略》，藝風前輩刻入《續碑傳集》。復浼爲《文略》作序，生平志事，亦略備矣。舊有伯希遺像，辛亥失去，節庵廉使頃贈一紙，悵觸前塵，愴懷近事，題《浪淘沙漫》一闋……伯希得講官後，章疏凡四十餘上，不自留稿。癸卯，屬王弢甫樞密鈔蕆，僅什之三四。其詩詞，家刻本中有率意酬應之作，餘手寫本未録。九原有知，亦當爲印可。"柳向春《留垞寫刻鬱華閣遺集紅印本珍賞》（《收藏家》2012 年第 10 期）："《鬱華閣遺集》詩 3 卷詞 1 卷，光緒二十八年楊鍾羲手寫上板，紅印本。9 行 18 字，小字雙行，27 字。白口，上單魚尾，無欄格，左右雙邊。版心中鎸'鬱幾'，下鎸頁碼，各卷頁碼分計。卷末有'壬寅秋九月儴山諗寫定'牌記。扉頁有'番禺梁鼎芬捐'朱記，卷末鈐'京師廣東學堂書藏'白文方印。書根寫'全鬱華閣遺集留垞寫刻紅字本'。"

張之洞《八旗文經叙》（馬甫生等標校《八旗文經》，遼寧古籍出版社 1988 年版）："聖清龍興東土，未入關以前，已爲四海人民之所歸往。北極羅刹，西至四衛拉特，東抵使鹿、使犬，南達幽青、吳越，鱗集雲從，若百谷之趨海。……遼沈肇基，即已制國書，開科目，列聖相承，文德大洽。於是，内廷設蒙養齋、尚書房，又於國子監以外立宗學、覺羅學、八旗官學、景山學、咸安宮學，虎闈成均，粲然大備。……蓋當締造草昧之世，誼當用武，而綏之以文；當累洽重熙之世，法當修文而振之以武。實兼文王文治武功，以化成天下。文質相宣，可謂彬彬矣。雍正間奉敕纂《八旗志》，詳於事實，不及文辭。嘉慶間，棟鄂尚書鐵保選録《熙朝雅頌集》，八旗之詩爛然矣，而文尚闕如。宗室祭酒盛昱，亮節多聞，習於掌故。今日之劉中壘、朱郁儀也。乃發其藏書，旁加蒐訪，得文六百餘篇，作者一百九十七家，爲書五十六卷。名曰《八旗文經》。漢軍知府楊鍾羲，亦淹雅能文，實贊助之，並爲《作者考》三卷，《叙錄》一卷。兹集以文爲主，凡當官論事之作，近於吏牘者，具於史館所纂之皇清奏議，概置不錄。詩有專集，亦不復采。與《昭明文選》《唐文粹》《宋文鑑》《元文類》，義例有別。寫本郵寄武昌，屬張之洞審定。乃付書局刊印，以廣其傳。"按，《八旗文經》共六十卷，其中，賦五卷，論五卷，序十卷，題跋四卷，奏議六卷，表一卷，書四卷，記六卷，碑三卷，頌贊一卷，箴銘一卷，墓碑二卷，墓誌一卷，傳狀五卷，七連珠、設辭一卷，哀祭一卷。末四卷爲楊鍾羲、盛昱所撰。其中《作者考》三卷，楊鍾羲撰；《叙錄》一卷，收盛昱、楊鍾羲二人所撰叙文各一。盛昱《叙》曰："比年病或少間，輒理而董之。……表弟楊子鍾羲，好學人也，欣然相助爲理。戊戌之冬，殺青斯竟。……八旗之文，不止於是也。其初也，本功德以立言，以無所借而不克見其繼也，因文以見道；又以有所避而不克見。然今日者，既不能人人通經，則執筆爲文而名爲士者，其出一詞、立一説，皆旗人之所模範。……斯書所錄，文或無當於用，人亦或不克有終，而要非不學之人所可議。"

二十九年（1903）二月，赴部起復，寓端方宅。是年詔舉經濟特科，郭曾炘、朱孝臧等勸應舉。決意不應，試期前出都。五月還鄂，仍留端方幕。歷兼兩湖高等學堂提調、仕學院文牘教習、勤成學堂監督兼提調等職。八月，充癸卯恩科湖北鄉試内監試。三十年，端方移撫江蘇，送至九江，同游匡廬。三十一年，權守襄陽。三十二年（1906）調署安陸。七月，端方任兩江總督，招鍾羲北上，同車出都。九月，入兩江總督端方幕。

《雪橋自訂年譜》光緒三十二年："七月，陶齋到京覆命。擢督閩浙。旋移兩江。招鍾羲北上，海淀園寓作中秋。同車出都。過津小住,遂乘兵艦南征。……九月,入兩江幕。……吾母率眷屬自鄂來。僦宅內橋廣藝街。前瀕秦淮,水木明瑟。"

三十四年(1908)四月,署江寧府知府。五月,補授淮安,仍署江寧。十一月,調補江寧府知府,推行新政頗用力。

《雪橋自訂年譜》光緒三十四年:"比年新政亟行,朝旨部章,日新月異。在任奉行惟謹。歷辦模範監獄、自治局、審判研究所、地方選舉,改發審局爲審判廳……類皆職分所當爲。期於不廢事、不擾民而已。"

宣統二年(1910)春,《白山詞介》付梓。十月,刊《意園文略》於江寧郡齋。

按,郁輝《楊鍾羲年譜補編》:"《鬱華閣遺集》《意園文略》《意園事略》是和盛昱相關的,楊鍾羲與盛昱交游情深,所以感懷故人而整理出版盛昱著作。這三種資料是現今可見的盛昱研究中出版最早的,而更爲詳細和全面地介紹盛昱生平和學術文章的要數內藤虎次郎《意園懷舊錄》和王漢章的《盛昱年譜》。《意園懷舊錄》最早刊登在年《中和月刊》第一卷第七期,比楊鍾羲所刻問世要晚三十年,而《盛昱年譜》只是手稿,能夠經眼的人不多。"

又按,楊鍾羲《白山詞介》收宗室薀端、佟國鼎、佟國器、佟國璵、范承謨、吳興祚、曹寅、佟世思、佟世南、納蘭性德、阿克敦、常五、福增格、宗室恒仁、慶蘭、全德、鐵保、那彥成、宗室德崇、宗室奕繪、聯璧、興廉、明訓、蘊璘、徐同甫、徐同善、斌桐、承齡、陳良玉、麒慶、如山、繼振、錫縝、恩錫、恭釗、宗韶、宗宰寶廷、寶昌、宗室戩谷、宗室德準、果勒敏、延秀、文海、鍾祺、桂霖、文駱、壽英、英瑞、志潤、志覲、音德訥、致澤、如格、宗山、宗室盛昱等五十五人詞作。

民國元年（1912），寓居上海，始纂《雪橋詩話》，間課子懿涑讀書。二年，劉承幹刻《嘉業堂叢書》，約任讎校之役。《雪橋詩話》撰成。校書、著書之暇，參與滬上淞社、逸社等社之聚會，與沈曾植、樊增祥、李宣龔、陳曾壽、金蓉鏡、朱祖謀等相唱酬。

楊鍾羲《雪橋詩話》劉承幹序："留垞先生避地之二年，成《雪橋詩話》十有二卷，承幹爲之校刊。甲寅九月工既竣，爰泚筆而爲之序曰：是書之作，蓋卜子夏所謂達於事變而懷其舊俗者也。……先生是書紀舊聞，發潛德，具文見意，其説詩以質厚爲宗，其述事以有依據爲斷。自以多識前言往行，於懷舊之蓄念爲加詳焉。後之覽者，其亦有遇塵霧而振霜之思乎。"

《雪橋詩話》繆荃孫序："國朝文人，經學、史學均超出明人之上，獨至一朝掌故之學，不如明人遠甚。……楊芷牲太守同寓上海，一日以《雪橋詩話》十二卷見示。自乎訖尾，讀十日而畢。曰：此雖名詩話，固國朝之掌故書也。由采詩而及事實，由事實而詳制度、詳典禮，略於名大家，詳於山林隱逸，尤詳於滿洲。直與劉京叔之《歸潛志》、元遺山之《中州集》相埒。即其論詩，推重國初之朱、王、葉、沈，悉取正聲，而不甚揚袁、蔣、趙之流波。郢説歧途，掃除净盡。於詩學亦甚有裨益。"

《雪橋詩話》李詳跋："尊著舉本朝之詩，存本朝之人，因本朝之事，其意深厚，其旨隽永，具徵文考獻之心，無標榜門户之習，別裁僞體，導源正宗。其有資史料，則遺山之《中州集》、牧翁之《列朝詩集》、小長蘆叟之《静志居詩話》、顧秀野之《元詩選》也；阮亭之説部種種、述庵之《蒲褐詩話》、錢東生之《文獻徵存録》，皆函於内而出諸鎔裁，妙有斷制，始知此事體大，載筆非易。……錢、朱之選，詳於東南而略於西北，君書至彌其憾而於滿洲人物，甄表尤悉，先士精靈，於斯托命，此盛德事也。兼以體備一朝，首尾屹然，不相雜厠，如侯官鄭氏之《小傳》，番禺張氏之《徵略》，流傳雖久，俱非斷代，且鄭意主爲文而事因詞絀，張氏之標題摘句，而輕於斷割。蓋均以小道視之，托體不尊，傳誦自鮮。此書一出，譬之既登泰岱，俯視部婁，日酌江河，漸蔑鯉濿，又幸其不錄謝公同時之言，忍絕何遜生存之作，斯則免於謗議，善爲周防，固不得以餘事概之，而云壯夫不爲，以貶損也。甲寅冬月，興化李詳拜識。”

《雪橋詩話》楊鍾羲跋：“拙著《詩話》，專論本朝一代之詩。本朝之詩多矣，以平昔所見爲斷。平昔所見之詩亦不止此也。第就敷錫堂劫餘僅存之殘帙，略加詮次。大抵論詩者十之二三，因人及詩、因詩及事者居十之七八。其人足紀而無詩，其詩足紀而無事，概未之及也。爲書十二卷，不足括一代之詩之全，而朝章國故，前言往行，學問之淵源，文章之流別，亦略可考見。有未盡者，當俟續編。若夫網羅舊聞，整齊排類，爲本朝一代詩史，與太鴻、秀野、矇叟、錫鬯諸老之書相賡續，則以俟諸博雅君子。癸丑冬十月寫竟並記。”

三年(1914)，趙爾巽爲清史館館長，邀任纂修，不應。五年，《雪橋詩話續集》撰成。八年，《雪橋詩話三集》撰成。

《雪橋詩話續集》陳三立序：“留垞所爲《詩話》，掇拾所及，比類事迹，甄綜本末，一關於政教、學術、風俗，及其人行誼遭遇，網羅放失，彰闡幽隱，儼然垂一代之典，備異日史官之采擇。……辛亥之變，避亂滬瀆，跼天蹐地，蘙然安之。但取故紙殘帙，托之山海，日漁樵於其中，獲而獻，獻而自熹，不知日月之相代乎前也。”

《雪橋詩話續集》劉承幹序：“聖遺居士所爲《雪橋詩話》，旨遠詞文，不爲空綺，大意所在，欲使讀本朝之詩者，有以見詩中之人，詩外之事而已。丙辰之夏，復成《續集》八卷，一如前旨。或有獻疑於承幹者，曰：‘古人之詩多矣，居士概不之及，而獨取本朝之詩，窮年累月，屏棄人事，纂述之而未有已。子亦不憚煩役，爲之廣續刊行，不其贅乎？'嗟乎！此王仲任之所由興嘆也。……儒生不知漢事，世之愚蔽人也。周人著書，多説周人之詩，得失雖殊，其致一也，又何疑焉？"

按，《清史稿》關外本、關内本，楊鍾羲均列名總纂，鍾羲實未與修纂之役。《雪橋自訂年譜》民國三年："趙次山尚書領史館，以纂修見招，不應。賦《漢家》七律二首。有傳予已北上者，可怪。"

又按，楊鍾羲不應清史館之聘，嘗賦《漢家》二首，中有"東都影子誰能寫，南郭鳴竽莫濫吹。爲魯兩生吾豈敢，臨書近學沈傳師"諸句。參見楊鍾羲《聖遺詩集》甲卷。

十一年（1922），溥儀大婚，有所進奉。《雪橋詩話餘集》撰成。

《雪橋自訂年譜》民國十一年："大婚典禮，海上臣工有所進奉。鍾羲與焉。並撰賀表。蒙賞福壽字各一方。……成《詩話餘集》八卷，仍刻入求恕齋叢書。"

《雪橋詩話餘集》陳寶琛序："子勤館丈以良史才出爲外吏，政變以後，避地滬濱，以著述自遣，成《雪橋詩話》前後凡四編，都四十卷，每編自爲起訖。自勝國遺民以至昭代名臣、碩儒、畸人、逸士，或以人存詩，或以詩存人。大率以詩爲經，以事爲緯。其最難者，如舉一人之事，每臚舉他人所贈詩以證其人之生平，此非博覽而强記者不能想。"

《雪橋詩話餘集》劉承幹序："留垞居士所爲《詩話》，意不專主言詩。其於前言往行，紀之特詳。而盛衰大要，亦略可考見。其殆有私淑之旨者乎？承幹既爲刻《三集》，壬戌之秋，復出《餘集》八卷見示，猶前志也。"

十二年（1923），應溥儀之招，與王國維等同赴北京，任南書房行走、古學院研究員。十四年，溥儀駐天津，仍分班往津值宿。六

月,溥儀命撰《日知薈說講義》。二十五年,秋起停發薪俸。

《雪橋自訂年譜》民國十二年:"癸亥三月朔,奉諭:楊鍾羲、景方昶、溫肅、王國維,均著在南書房行走。""四月十日啓程,……十一日夜抵津。……十三日到京。……十四日晤内廷諸公。弢老處晚酌。十七日具安摺謝恩摺各一分呈遞。十八日巳刻,召見於養心殿,即到南齋。……六月朔,賞食三品俸。"

十六年(1927),聞王國維自沉事,有詩挽之。

《聖遺詩集》丁卷《哀靜安》:"時平惟我賢,事至責人死。君不得之臣,父寧得之子。世亂非我召,屋社自誰使。肯以不訾身,殉彼混濁理。恂恂王大夫,冥行胡如此。一擲清泠淵,萬世瞑不視。得毋屍諫心,直哉史魚矢。一警同朝人,國破不知恥。障天憑一手,聞義充兩耳。吾皇神武姿,深拱時撫髀。能用度外人,思得天下士。憶昨赴召初,訪君吳興里癸亥上海所居。禮辭義不可,憂患知方始。私冀前席問,聊獻賤嗜美。書生對宣室,元非絳灌指。輪對未得請,檢書費長晷。豈料賫盜糧,緘縢等紈綺。時望尊鳳麟,甘言昵豺豕。黄屋本非心,大去如脱屣。老事工嫕阿,迂論受訾鄙。風雨護龍移,銜泥尋燕壘。啓聖在殷憂,更張理可俟。予智不後人,憑愚乃同軌。回首殿西廊,巢痕已如洗。蜂房各自開,蟻穴夢爭喜。事有違衆心,云此出上旨。意有不吾如,唾棄猶泥滓。人材乍賢佞,天憲私斂侈。盗羊案丁零,削瓜詡皋李。人言百不聞,謂此可安矣。坐待事會來,寧計王室毀。獨居能無念,欲言輒中已。耿耿雖自將,眈眈且吾齒。惟君過我數,鏡明兼水止。相見甫逾月,縱談元亦史。懷沙君遽決,達心我猶靡。驟聞心語口,稍定淚盈眦。驅車西郊行,躑躅明湖涘。善人久載屍,沉憂良難弭。君家蒲城相,觸邪比獬廌。徒死竟何益,吾意殊不爾。閲世剩枯形,安心風浪裏。願似召康公，久視蜕不委。茫茫天地間，戡亂定誰是。一舉清君側，再舉立人紀。狐兔盡城社，夔龍奉祓璽。此時隨大化，爲樂豈倍蓰。君學窮結繩，吾言持尺棰。塞悲姑妄語，浪傳甘瘄痏。上徹靈芝宮，知君當吾唯。"

按，鍾羲於靜安之死，欽敬哀痛之餘，頗持異議。《雪橋自訂年譜》民國十六年："靜安止水之節，愚不可及。"上引《哀靜安》詩中"徒死竟何益，吾意殊不爾"云云，亦是此意。

十七年（1928）正月，留津勸講。三月病，乃請假還京養病。十二月，應金梁之約赴沈陽，寓通志館。

楊鍾羲《三家合集序》（榮文祚《遼東三家集》，中國書店 1985 年版）："懷德榮可民《鹿蘋齋詩文》、遼陽房仲南《隅夢草堂詩草》、新民劉東閣《看雲聽濤館詩》，祉宇户部合刻爲《三家集》，丐序於余。嘗考古人詩文，如竇氏聯珠、汝陰唱和，或棣萼齊名，或苔岑合契，都爲一集，各有千秋，非江湖集刻於書棚，玉石混淆、蘭艾雜遝，所可同年而語也。今觀三君子英儒瞻聞，皆所謂琢玉工、射雕手，舉凡堆隊仗、窘材料、費搜索、少變化之病，一洗而空之。可民爲祉宇哲兄，嘗從受學，所爲文才思發越、規矩備具，而能超出於規矩之外，尤爲卓不可跂。遼沈文獻，三家其巨擘矣乎！鍾羲年衰材劣，不足涉津涯而窺潭奥，其洪筆麗藻，讀者當自得之。太歲在著雍執徐冬十一月留垞居士楊鍾羲序。"

按，鍾羲自民國十二年應溥儀之召直南齋，至今已歷五載。其間流離坎坷，在在鬱結於心。欲撰《傷心集》以明志，未成。據《雪橋自訂年譜》楊懿涑跋："癸亥應召北歸，翌年驟遇奇變。從亡五載，有類家羈介推之遇。嘗擬手寫變風變雅之詩及《哀江南賦》，復欲本汪容甫之旨，纂歷代傷心之作爲《傷心集》以明志，均未果。"

十九年(1930)，在北京設雪橋講舍，傳播國學，日本漢學家倉石武四郎、吉川幸次郎等中外來學者先後百餘人。二十年，應狩野君山之邀東游日本，遍訪漢籍及日本漢學家。期間，曾訪日本學者內藤湖南於恭壽山莊。歸國後赴長春，進呈《宣公集鈔》。

按，《聖遺詩集》戊卷有《東游雜詩》十二首。有關向溥儀進呈《宣公集鈔》事，其十一云："趨走傷心地，歸飛屬目人。臣持居正議，帝念著書貧。野語聞常悸，邦佣事益新。興元資內相，講幄願重陳。"末句自注："過闕，呈高麗本《陸宣公集鈔》。"

又按，內藤湖南1934年辭世，楊鍾羲聞訊撰《挽南藤湖南》(《聖遺詩集》戊卷)："小車湖外遠相尋，枕簟茶瓜净客心。手檢藏書勞麋運，胸羅列宿入林深。經年未得山中信，絕響難忘海上琴。寶許名盒同寶華，老懷幾度感巢雟。"末句自注："《説文》木部，曩見於陶齋所，湖南得之，東游時屬爲題記。"

二十四年(1935)三月，鄭孝胥邀任奉天博物館館長，四月赴長春覲見請安，尋赴沈陽。五月開館，旋返京。八月再赴沈陽，十月復返京。三十五年，辭館事。

《雪橋自訂年譜》民國二十四年："乙亥三月，太夷約領奉天'國立'博物館事。……四月朔，赴行朝請安。翌日蒙賜'篤志博聞'扁額一方。五日入見，叩謝。即日辭赴沈陽。五月朔開館。三日還京。八月後赴瀋。十月還京。"民國二十五年："十月初四日出關。六日辭館事。即日入關。"

按，來新夏《近三百年人物年譜知見錄(增訂本)》："譜主(按，即楊鍾羲)允任沈陽奉天僞國立博物館館長，並復函稱：'如能比之詞禄，聽其遥領，月致廩餼，不使闕乏'，希望拿俸禄不到任。直至次年丙子十月六日，方'辭館事'。自訂年譜後有子懿涑補記身後事稱'遺章上聞,頒賜陀羅經被,賞銀治喪,派貝子溥伒奠醊,加恩予謚文敬','飾終優渥,感激涕零,謹率闔族,望闕叩頭謝恩',對偽滿政權表示感謝,雖與實任偽職者有間,但其遺老立場顯然。"楊鍾羲辭館職後,薪俸斷絕,窮困潦倒。遣其子懿涑向鄭孝胥乞援。《雪橋自訂年譜》民國三十六年:"冬,太夷自長春來,過訪。"未記二人所談何事。鄭孝胥在日記中所記略詳。據《鄭孝胥日記》(勞祖德整理,中華書局 1993 年版)民國二十六年十月十四日:"楊子勤使其子涑持刺來告急,子勤七十三歲,日食面少許,其室七十七歲,則與家人同食窠窠頭,有僕從之三十餘年,爲向街頭放重息者以三分利借數元度日,許明日往視之。"十月十五日:"過楊子勤,遺以百圓。"

二十七年(1938),所編《歷代五言詩評選》由商務印書館出版。

李宣龔《歷代五言詩評選序》(黃曙輝點校《李宣龔詩文集》,華東師範大學出版社 2009 年版):"雪橋先生錄歷代五言詩,托始漢之蘇李,以迄道園、青田,爲卷十有六,得詩九百二十二首。蓋自戊辰春輟勸講之役,於今十年,耗日力於此,就所誦習,勒成一集。昔子朱子謂:'古禮須理會本原,遠暴慢,近信,遠鄙倍,是大本大原。'先生論詩,實宗斯旨。而五言之源流正變,庶乎其大備矣。他日諸體賡續寫定,當亦海宇詩人所樂睹也。戊寅夏六月門下士閩縣李宣龔謹序。"

二十八年(1939),編訂《散木居奏稿》,又自訂《留垞雜著》。鄭孝胥七十壽,賦詩寄懷。二十九年,逝於北京。

《雪橋自訂年譜》民國二十八年:"鈴木子和謀刻其師博爾濟吉特景蘇前輩《散木居奏稿》,爲之編訂。命懿涑校勘成書。其兄子威實助剞劂。可稱友愛。"

按,楊鍾羲壽鄭孝胥七十生日事,自訂年譜未提及。《聖遺詩集》戊卷《太夷七十生日賦此寄懷》云：“頻年喑啞憐司馬，早歲清狂擬伯鸞。忍泪每憂天不駿，辭榮敢以壽爲歡。篋中詩草留英氣，樓外櫻花照暮寒。聞說中宵常不寐，燒殘鳳蠟幾回看。”楊鍾羲逝後，《中和月刊》第 1 卷第 9 期發表其遺著《來室家乘》，前有小引：“羅雪堂先生之喪未及兩月，楊雪橋先生又於八月十一日逝世。當代通人又弱一個。兩先生治學，其致力之方面不盡同，而造詣咸足不朽。中國學術界，連失二雪，實大不幸，至可悼嘆也。”“有清學人，乾嘉爲盛。同光間潘文勤、翁文恭諸公，以績學名臣，領袖儒林，主持風會，群彥競起，學風重振。其成就殆有度越乾嘉處。言中國學術，斯爲極有關係之時代。光緒中葉而後，耆碩漸次凋零。雪橋巋然一老，今亦逝去。當時流風餘韻，此後不易追溯矣。”“雪橋通籍，受知潘翁，深被器賞。與盛意園爲中表，踪迹猶親。師友淵源，皆一時勝流。以名翰林出典郡府，所至以循吏見稱。鼎革高隱，益禪力於學，經術文章，沾漑後進。至其持躬介潔，自律甚嚴，尤無愧老輩風範。”“本刊頃已覓得先生自訂年譜，係近數月內所屬稿，疾前數日甫經擱筆，致已完。屬其哲嗣補綴數語。舉凡一生經歷及七十年中政治學術之大端，可於此見之。生絕筆之作，爲海內外學人所同欲先睹。特此預告，幸讀者無忽焉。”

楊鍾羲先人籍隸滿洲，後因事改隸漢軍，故世皆知其滿人身份。宦海浮沉，未致顯要。清亡後，爲遜帝召直南齋。僞滿建國，偶與文事。留心八旗文獻，所撰詩話膾炙人口，文名甚盛。亦擅書法，懸潤鬻書，求者甚衆。

按，據《楊鍾羲年譜補編》統計，楊鍾羲著作有：《弟子職音誼》一卷，清光緒十六年刻本；《鐵史餘習》一卷，民國二年郭占鼇刻本；《雪橋詩話》四十卷，求恕齋叢書本；《研左盧書録》稿本；《日知薈說講義》三卷，民國二十三年李宣龔刻本；《左傳疏》；《論語正蒙》；《留咤雜著》六卷,楊鍾羲撰,楊懿涷輯,民國楊懿涷稿本。其中,《論語正蒙》發表於《國學論衡》,署名楊宗義,當是"楊鍾羲"之誤。

參考文獻:

1. 楊鍾羲《駢體文略》,光緒二十年刻本。

2. 楊鍾羲《白山詞介》,宣統二年刻本。

3. 楊鍾羲《聖遺詩集》,民國十年本。

4. 楊鍾羲《聖遺詩集》,民國二十四年本。

5. 楊鍾羲《雪橋自訂年譜》,楊鍾羲輯《雪橋詩話初集》,沈雲龍主編《近代中國史料叢刊續編》第 22 輯,臺灣文海出版社 1975 年版。

6. 楊鍾羲《雪橋詩話》,北京古籍出版社 1989 年版。

7. 楊鍾羲《雪橋詩話續集》,北京古籍出版社 1991 年版。

8. 楊鍾羲《雪橋詩話三集》,北京古籍出版社 1991 年版。

9. 楊鍾羲《雪橋詩話餘集》,北京古籍出版社 1992 年版。

10. 郁輝《楊鍾羲年譜補編》,華東師範大學 2009 年博士論文。

(李思清)

三多傳

　　三多，字六橋，號可園、鹿樵，本姓鍾木依氏，蒙古全名三多戈，漢姓張，隸蒙軍正白旗。同治十年（1871）生於杭州，時人以三爲其姓，配號以"三六橋"呼之。鍾木依氏世代簪纓，其叔祖、父皆爲副都統。至三多輩，已承恩三代。雖生於富貴，然家教嚴格，爲人恬淡好施濟。

　　三多家族世代達官，果勒敏《可園詩鈔》題詞"勛冑鍾木依，世世衣着緋"。伯祖隆廣平，諱隆鏗，杭旗營協領，杭州"辛酉難"殉職。父鋆溪，曾任杭旗營鑲黃旗協領。俞樾《柳營謠·序》："乃有有鋆溪協戎之哲嗣曰三多六橋者"。俞樾《俞曲園先生日記殘稿》1892 年 3 月 22 日："人以其三字爲姓，配號而呼爲'三六橋'，余戲以橋字韻，成小詩調之曰：'裏外湖堤兩六橋，相傳一十二條橋。詩人別有六橋在，三六居然十八橋。'"《可園詩鈔》王廷鼎序："長白三多六橋，係出蒙古鍾木依氏，於漢爲張姓，六橋其號也。"王廷鼎《柳營謠·序》曰："有六橋世勛三多者，爲有鋆溪協戎喆嗣。"三多《柳營謠》自注："嘉、道間任鑲黃旗協戎南尊魯。顏其檔房曰書巢，爲查聲山所書，又自集《尚書》語'罔以側言改厥度，毋作聰明亂舊章'爲聯。今家大人協領是旗，仍其舊句懸之。"

　　三多生平文獻記載多零星散亂，《清史稿》《清史列傳》中皆無傳。因之，其生年月未有定論。白·特木爾巴根《古代蒙古作家漢文創作考》考證三多生於同治七年，亦有米彥青《接受與書寫：唐詩與清代蒙古族漢語韻文創作》持同一觀點；朱德慈《近代詞人考録》考證三多生於同治十年五月二十二日（1871 年 7 月 9 日）。

白·特木爾巴根考：光緒三十四年（1908）三多向朝廷呈報履歷所載爲"年四十歲"，以此推算，則生年爲同治七年。朱德慈考：榮勛（字竹農）爲三多《粉雲庵詞》所作題詩："生與憶雲同一日（自注：君與項蓮生皆五月二十二日生），命如飲水定千秋（自注：成容若生於順治乙未，君生於同治辛未）。"李桔松《清末民初三多詩詞研究》補朱德慈考：榮竹農同三多自小一起長大，後都出仕爲官。三多《賀竹農即真吏部左侍郎》："同歲多英俊"，《寄贈竹農京卿》道："總角交情廿五年。"另三多《可園詩鈔》卷四收有光緒二十九年癸卯寫的《寒食》詩，内云"我生三十三寒食……回溯辛未吾已降"，是年上溯三十三年，正是辛未即同治十年。至於生日亦有佐證，《余生長杭州屢作北游今始渡江領略浙東之勝，五月二十二日舟中初度口號》一詩的副題交代："五月二十二日舟中初度"。可確定三多生於同治十年五月二十二日（1871 年 7 月 9 日）。亦推知"光緒十年十三歲，襲三等輕車都尉世職"，"光緒十三年，十七歲的三多由父親鋆溪帶領，進京面聖謝恩"。

少聰慧，精騎射，勤於學，崇文尚武。嘗自語："我朝家法，文武並習，顧獨以韜鈐自囿耶？"年十七，襲三等輕車都尉，食三品俸。

《可園詩鈔》王廷鼎序："年十七，精騎射，承其世叔父難蔭，得襲三等輕車都尉，食三品俸。姿幹嫺雅，見者僉以秀士目之，六橋亦攬鏡顧影，竊自語曰：'我朝家法，文武並習，顧獨以韜鈐自囿耶？'遂奮志讀書，欲就試格，於例不得與，去而學詩、學琴、學書畫。"

三多《可園詩鈔》外卷二《柳營謡》："等閑官學分文武，弓箭詩書兩不荒。家藝淵源邁千古，栽培將相答君王。"

光緒二十年（1894），任杭州三等駐軍都尉，駐軍柳營，以七絕百首詠駐地之詳略，舉凡典制風俗、人文名勝及軼事雅談，略具於斯，堪稱"詩史"，名之《柳營謠》，俞樾、王廷鼎爲之序。

《柳營謠》小序："吾營建自順治五年，迄今二百四十餘載，其坊巷、橋梁、古迹、寺院之廢興更改者，既爲杭郡志乘所略，而其職官、衙署、科名、兵額一切規制，又無紀載以傳其盛。自經兵燹，陵谷變遷，老成凋謝，欲求故實，更無堪問。夫方隅片壤，尚有小志剩語，紀其文獻，吾營八旗，實備滿蒙大族，皇恩優渥，創制顯榮，其間勛名志節，代不乏人，獨無一編半册，識其大略，隸斯營者非特無以述祖德，且何以答君恩乎？童子何知，生又恨晚，竊不忍任其淹沒無傳，以迄於今也。每爲流留軼事，采訪遺聞，凡有關於風俗掌故者，輒筆之，積歲餘方百事，即成七絕百首，名曰《柳營謠》。蓋如衢謠巷曲，聊以歌存其事，不足云詩也。後之君子，或有操椽筆而爲吾營創志乘者，則此特其嚆矢耳。己丑冬日自記。"

《柳營謠》俞樾序："乃有有鋆溪協戎之哲嗣，曰三多六橋者，著《柳營謠》一百首，凡有涉掌故者重以詩記之。……事無巨細，一經點染，皆詩料也。即皆故事也，可以傳矣。"

《柳營謠》王廷鼎序："有六橋世勛三多者，爲有鋆溪協戎哲嗣，年少多才，且能留心掌故之學。憶杭城自順治五年始設滿蒙八旗防營，迄今垂逼六十年。其中規模創制，文物聲明彪炳可風者，殆不勝數，而紀載闕如。中丁粵難，一營燼焉。克復後，合官與兵僅存四十餘人，余悉調自荆、青、閩、蜀，乍浦諸營，以復舊規。非特文獻蕩盡，即其坊巷風情，大非昔比。六橋惜其典則云亡，深抱數典忘祖之慮。爰爲廣詢老成，窮搜故實，一名一物，莫不筆以載之。積歲餘，所得既多，乃仿竹枝詞體，成七絕詩百首，名曰《柳營謠》。

而請序於余。其詩自開國至今,大而宸章官制、勳業忠貞,小而風俗園亭、世家古迹,鑿然畢舉。若諷若規,隱隱寓勸懲之思,寄今昔之慨,正不徒夸顯榮,存典則已也。”

《粉雲庵詞》冒廣生序:“往聞人言,杭州盛時,錢塘江幹江山船雁形排列,每日暮,船山桐嚴妹開窗理鏡,鬢香如雲。六橋鮮衣怒馬,馳驟往來,桐嚴妹爭致殷勤,冀得一盼。”

徐一士《一士類稿》“杭州旗營掌故”條:“三六橋(多)以詩名,家世杭州駐防(正白旗蒙古人),於杭營掌故,素極究心。己丑(光緒十五年)有《柳營謠》之作,用竹枝詞體,述杭營諸事。共詩一百首,附注以爲説明。時猶髫年(約十四五齡),所造已斐然可觀。即見詩才夙慧,尤足考有清一代杭州駐防旗營之史迹。舉凡典制風俗、人文名勝以及軼事雅談,略具於斯。洵可稱爲詩史,研究旗營故實者之絶好資料也。”

鄭逸梅《世説人語》:“六橋爲杭州駐防官,以杭有蘇堤六橋之勝,乃有詩云:‘除却西湖不是春,崇樓杰閣日翻新。倘援安石争墩例,我算西湖舊主人。’”

二十八年(1902),任京師大學堂提調,後遷浙江武備學堂總辦、督練公所洋務局提調,繼爲杭州知府。三十三年,任民政部參議。三十四年,任歸化城(今内蒙古呼和浩特)副都統。其時外患深重,三多整頓蒙旗,力促改革:一曰遍設半日學堂,以開蒙智;二曰分蒙地爲四部,各治所屬;三曰以蒙財治蒙地。其治蒙也,績亦顯,功亦偉。

邢亦塵輯《清季蒙古實録》宣統元年六月:“庚子署歸化城付都統三多奏:‘時勢日急,外患更深,整頓蒙旗萬難再緩,擬請將蒙地分建四部:以東四盟爲一部,而設治所於洮南;西二盟爲一部,察哈爾、土默特並套西之阿拉善附焉,而設治所於綏遠;土謝圖、車臣爲一部，而設治所於庫倫；三音諾彥、札莎克圖爲一部，科布多、塔爾巴哈臺並額濟納之土爾扈特附焉，而設治所於烏里雅蘇臺。並擬各設蒙部大臣一員，訪[仿]東三省總督兼將軍之例，而於其下分設總務、調查、警政、墾地、勸業、財政、編練、文化、裁判、交通、交涉、咨議十二局，以綜理庶務。其籌蒙經費，除開辦初每部撥一百二十萬兩外，每年遞減二十萬兩。五年一律減盡。以蒙財治蒙地，當可安中夏而禦强鄰。'下會議政務處議。尋奏：'分設四部大臣費巨事繁，難以猝舉，擬請責成各路將軍、大臣等，先將蒙旗情形實地調查。'從之。"

宣統元年（1909），清廷派三多任庫倫（今蒙古國首都烏蘭巴托市）辦事大臣。整飭社會、安穩邊疆。1911 年 11 月 30 日，外蒙古獨立，逐三多。倉惶至奉天，後至天津。

趙爾巽等《清史稿》卷二十五《宣統皇帝本紀》："開庫倫哈拉格囊圍金礦。延祉以疾免，命三多署庫倫辦事大臣。"宣統二年《清實錄》卷三十二《宣統政紀》："諭軍機大臣等、電寄庫倫辦事大臣三多、據電奏現有喇嘛在西庫倫木鋪酗酒行凶。當經拏獲。復敢中途奪回，聚衆拒捕等語。朝撫綏蒙衆向存寬大。該喇嘛等疊次滋擾。實屬不遵法紀。著三多責令商卓交出首要懲辦。並著理藩部傳諭哲布尊丹巴呼圖克圖嚴加約束，勿令再生事端。致負德意。所請鄰省撥兵。現均各有責成不便抽調。三多務當體察情形。加意撫輯。循序整頓。毋稍操切。"《清實錄》卷三十三《宣統政紀》："又諭：電寄庫倫辦事大臣三多等、電奏宣營官兵'在車盟與馬賊接仗，兵單槍舊，請派兵救援'等語。著周樹模轉飭呼倫道迅速派兵前往接應，並著三多就近設法防剿，毋任蔓延滋擾。"

《清實錄》卷三十四《宣統政紀》："庫倫辦事大臣三多等奏，内盟馬賊猖獗，拏獲匪犯托克托呼正法。得旨，仍著嚴行捕逸匪，以靖地方。"《清實録》卷三十六《宣統政紀》："署庫倫辦事大臣三多等奏，挑選庫倫蒙養學堂學生，附入俄署學堂，兼習俄國語文。又奏，庫倫設立生局，並下部知之。"《清實録》卷四十六《宣統政紀》："庫倫辦事大臣三多奏，庫倫擇地添建萬壽宮以肅覲瞻。"

《清實録》卷四十八《宣統政紀》："（宣統三年）庫倫辦事大臣三多奏，庫倫爲邊疆重鎮，前擬籌練新軍一標，藉資捍衛。兹委派日本士官學校礮工畢業生副參領唐在禮爲兵備處總辦。其原設之營務處應即裁併。所有宣化防軍邊防步隊，暨圖車兩盟關於軍界之事，及臺站卡倫各官兵一並歸該處節制。並加派兩盟副將軍各一員，爲該處會辦。俾一事權而資襄贊。又奏、庫屬各金礦官税。前商准軍咨處、度支部將此項截留應用充作籌練新軍款項，事竣造册請銷。嗣後每年所收金鈔官税，即作爲庫倫軍事的款，如有不敷之處，再行斟酌情形，奏明辦理。均下所司知之。"

《清實録》卷四十九《宣統政紀》："（宣統三年三月）諭軍機大臣等、三多：電奏'蒙地密邇俄邊，亟宜築路調營，以固國防'等語。著軍咨處會議政務處歸入蔭昌等前奏，分別酌核，妥議具奏。"三月《清實録》卷五十《宣統政紀》："又諭：三多電奏庫倫組織承宣、評議兩廳，請調員襄辦要政等語。著法部增韞轉飭任承沆、包發鸞、由驛馳赴庫倫，交三多差遣委用。"七月《清實録》卷五十六《宣統政紀》："又諭、電寄三多。據電奏、庫練新軍。分期成立。除馬隊二隊在本兩盟徵募外，其機關礮營二隊，一隊招庫地客民，一隊招綏遠旗兵，委員赴綏挑選，請飭綏遠城將軍遵照辦理等語。著照所請。該衙門知道。"八月《清實録》卷五十八《宣統政紀》："又諭，三多，電奏設立墾務總分各局，擬將圖盟各旗墾地，分別上中下等，以今年先收押荒，發給地照，明年再升科等語。著度支部知道。"十一月《清實録》卷六十七《宣統政紀》："乙丑。諭内閣，請派大員前往庫倫查辦事件。前因蒙佛宣布獨立，三多率官兵出境。當將三多革職，聽候查辦。派綳楚克車林掌庫倫辦事大臣印信。究未得該處實在情形。朝廷殊深廑係。著派車臣汗部落盟長札薩克多羅郡王多爾濟帕拉穆、科布多辦事大臣桂芳，作爲查辦大臣，迅速前往庫倫，將該處詳細情形，查明電奏。並將蒙衆商民妥籌撫輯，設法維持，以保大局。”

趙爾巽等《清史稿》卷五百二十六：“哲布尊丹巴與三多不協，是部親王杭達多爾濟等以債務素密結俄人，不悦新政。於是俄照會外務部有不駐兵、不派官、不殖民之要求。泊武昌事起，各省鼎沸，杭達多爾濟等遂於十月初九日擁哲布尊丹巴稱尊號，建元立國，置内閣。以喀爾喀八十六扎薩克名義通牒中外，指斥清廷，興復元業，驅逐在外蒙之滿清官兵。三多被迫去職。”趙爾巽等《清史稿》卷二十五《宣統皇帝本紀》：“戊申，哲布尊丹巴胡圖克圖自立，逐庫倫辦事大臣三多。紹奪三多職。”

民國元年（1912）後，至沈陽，總管瀋陽故宮及關外三陵（新賓永陵、沈陽福陵和昭陵）。後任盛京副都統，兼任金州副都統。民國十一年，授際威將軍。僞滿時居長春，溥儀賜宅，任僞滿電信電話株式會社副委員長。

中央檔案館編《僞滿洲國的統治與内幕：僞滿官員供述》之《阮振鐸的筆供》：“一九三三年，我在僞建設局時期臨時兼僞‘滿洲電信電話會社’（簡稱電電會社）設立委員會委員。當時僞政權的各部總長、次長、局長等，和長春市各大商號老闆，以及各地方銀行經理等，都羅列爲委員。委員長是日寇退役海軍中將山内静大，副委員長是三多（蒙古人）。”

晚年居北京東板橋胡同。入京後與羅癭公、譚祖任、郭則澐交好，入其所設詩社。文人雅集活動，詩詞酬唱，詞風有變，聲望愈隆。

1912 年四月入京後，多拜羅癭公，後入其詩社。高拜石《新編古春風樓瑣記》（五）：“癭公以不世出之才，丁無可爲之季，遂一意爲詩，其攄憤抒懷，己酉宣統元年，公元一九〇九年、庚戌二年間，與樊樊山增祥、林畏廬紓諸人，集爲詩社，每集必選勝地，畏廬作畫，衆人係之以詩，豪竹哀絲，亦復寄情聲伎，易實甫順鼎、樊樊山、三六橋多以及他的順德同鄉何翽高藻翔、黃晦聞諸人，對樂部歌郎，多有題贈，樊、易且有千言長歌，對賈璧雲等人均極傅色揣稱之能事。”錢基博《現代中國文學史》：“增祥、順鼎愛伶人賈璧雲美，各爲長歌以張之，極傅色揣稱之能事。而三多贈賈詩，獨以少許勝多許；詩云：‘萬人如海笑相迎，月扇雲衫隱此生。我惜賈郎仍不幸，倘逢劉季亦良平。’以張良貌似婦人女子，陳平美如冠玉，皆子都、宋朝之美，非西施、鄭旦之美，可謂擬於其倫。”

民國八年，郭曾炘、郭則澐父子以其北京所建蟄園爲社址街結社“蜜園吟社”。北京市政協文史資料委員會編《名人與老房子》：“春榆公與撤麓公在勢園的結霞閣成立蜜園吟社，作‘擊鉢吟’。參加者有易順鼎、林纖等八十多人。……疇麓公《舊德述聞》中説：‘月一集，集必二題，歲首亦張燈奪彩，或放煙火助興。凡九十六集。’1928 年春榆公仙逝，不再舉行，將所作詩刊印爲《蜜園擊鉢吟》。”三多《水晶簾園賞牡丹即席成此博主人雙笑》即爲此社活動所作。

1928 年冬，三多入譚祖任聊園詞社。慧遠所寫《近五十年北京詞人社集之梗概》述：“乙丑，譚篆青祖任乃發起聊園詞社，不過十餘人。每月一集，多在其寓中。蓋其姬人精庖制，即世稱之譚家菜也。每期輪爲主人，命題設饌，周而復始。如章曼仙華、邵伯絅章、趙劍秋椿年、呂桐花鳳劍秋夫人、汪仲虎曾武、陸彤士增煒、三六橋多、邵次公瑞彭、金籛孫兆藩、洪澤丞汝闓、傅心畬儒、叔明儇、羅復堪、向仲堅迪琮、壽石工璽等，皆先後參與。而居津門者如章式之鈺、郭嘯麓則澐、楊味雲壽枏，亦常於春秋佳日來京游賞，時歡然與會。當時以先君年輩在前，推爲祭酒。一時耆彥，頗稱盛況。其時仍以夢窗玉田流派者居多，繼則提倡北宋，尊高周柳。自晚清詞派側重南宋，至此又經一變風氣。聊園詞社自乙丑成立，塵歇屠續，直至篆青南歸，遂各星散，前後達十年以上。”

民國三十年（1941）卒，年七十。

《粉雲庵詞》董毓舒跋：“辛巳，先生忽歸道山。同人恐先生遺稿湮失，乃將《粉雲庵詞》付之剞劂。”

三多正室爲瓜爾佳氏，費英東後裔，家世煊赫，門當户對。民國六年，三多得紅顏知己玉并，年十五，能詩，兩人琴瑟和諧。十九年，玉并病故，三多念之甚深，整理其遺著，輯爲《香珊瑚館詩詞》，遍邀好友題詩刊行。

徐世昌《晚晴簃詩匯》卷一百九十二：“玉并，字珊珊，大興人，蒙古三多側室，有《香珊瑚館詩稿》。……（玉并）及見六橋作花鳥，便能橅續，學爲詩詞，俱敏妙。殁年二十八，六橋作《玉姬小傳》，徵時人題咏，樊山有七律八首，哀艷獨絶。”

郭則澐《清詞玉屑》卷十二：“與姬人珊珊相依爲命，珊珊能詩善畫，亦六橋授之，未幾，小弦又折。有訪六橋者，荒燈老屋間，方閉户誦金經，老淚盈睫，問之則適值珊珊忌日也，視縱轡湖堤時，判若兩人矣。”

六橋勤於文學，師事王廷鼎、樊增祥、譚獻諸人。其詩學樊樊山，得晚唐風神，喜用典，常以蒙方言入詩。學詞於王廷鼎，極慕納蘭，其詞婉雅。著《可園詩鈔》四卷，另有《可園外集》《可園文集》《粉雲庵詞》《柳營謡》等，編纂《柳營詩傳》。

俞樾《春在堂詩編》卷十九《六橋都尉三多以余食後易嘔，自都下寓書勸用西醫之説，每食先飲湯數匙，次食魚，次食肉，然後進飯，云是養胃之法也。賦此一笑》："老去加餐勉自强，故人愛我爲評量。儼頒令甲新條教，來換庖丁舊約章。已進小鮮方食肉，未陳脱粟豫澆湯。近來事事皆西法，變到先生藜莧腸。"

三多《柳營詩傳》俞樾序："六橋君者，余門下士王君夢薇之高足弟子，曾介夢薇見余於俞樓。"按，王夢薇，名廷鼎。《可園詩集》卷一有《可園甫成王夢薇廷鼎師重過爲書額作記賦詩奉謝》《敬呈俞曲園太夫子》二詩。

汪辟疆《近代詩人小傳稿》："三多，字六橋，蒙古人，樊山弟子。爲詩工於隸事，得其師法。官杭州駐防官、奉天都統、綏遠都統、庫倫駐防大臣。尤熟於滿蒙各地方言與故實，稍雅訓者多以入詩。而歌行似增祥，尤似順鼎；七律似順鼎，尤似增祥。其詩隱稱雅切，咸得增祥師法。有《可園詩鈔》。"

譚獻《篋中詞・今集續》卷四："六橋都尉，學於夢薇，倚聲乃冰寒於水。"

譚獻《復堂日記・續録》："六橋《粉雲庵詞》，清婉是其本色，淺直猶初入手耳。"

《粉雲庵詞》譚獻序："衰遲何幸，得見成容若、承子久替人邪？"

《粉雲庵詞》俞樾序："六橋性情衝逸，舉止嫺雅，一望而知秦七黄九門徑中人。其於詩宜，其於詞更宜，婉媚深窈，讀之意消，殆所謂辭情兼勝者乎？"

《粉雲庵詞》冒廣生序：“其詞旨之美，合屯田、稼軒爲一手，飲水再世，世無間言。”

《清詞玉屑》卷十二：“三六橋早歲與樊山分賦紅綠梅，有紅梅布政、綠梅都護之目。比居京師，僦宅城東板廠胡同，爲滿洲文某舊邸。廳事前，古杏一株，大將合抱，花時燦如絳血（雪）。每招客共賞。夏閏庵賦《燕歸梁·雙鳳硯齋杏花》。……雙鳳硯者，納蘭容若舊物，爲六橋所得，因以名齋。……六橋又別藏容若畫像，嘗語余云：‘此二物，雖貧不鬻，異日有爲刊集者，當擧此爲酬。’嗣聞旅食不繼，已質硯於人，恐無望璧返矣。”

鄭逸梅《世説人語》：“飲水側帽之詞，出於黑水白山間之納蘭容若手筆，驚才絶艷，傳誦中原人士。不意晚清三六橋，爲韋糓毳幕中人，居然作雅頌之聲，篇什流播，足與納蘭後先輝映，雖不謂之佳話，不可得已。”“六橋亦工詞，晚游調寄《昭君怨》云：‘新霽落花春曙。驕馬一鞭何處。緩轡踏芳洲。繞紅樓。　簾裏有人如玉。簾外有人愁綠。相見正無因。卷簾嚬。’狄平子稱其風格逸麗，不減迦陵。”

陳衍《石遺室詩話》：“六橋歌行，似樊山猶似實甫，七律似實甫尤似樊山。”

陳衍《近代詩鈔》：“六橋爲樊山詩弟子，富於隸事，逼肖其師，尤熟於滿蒙各地方言與故實，稍雅馴者多以入詩。”

亦工書畫，尤善隸書，筆法遒勁，海内馳名，憾無書畫集問世，今僅可於沈陽見其書題匾額“德古齋”。六橋雅愛古藏，不慕金石。最負盛名者爲《西溪梅竹山莊畫册》、納蘭小像及三六橋版《紅樓夢》。

《三六橋、林實馨合作畫例》（《上海畫報》第 692 期）：“畫件三老人多、林詩人華合作外，視餘幅之大小，三老人、林詩人並題詩或詞或長跋而成之。山水方尺廿元,扇面同。花卉方尺十圓,扇面同。字例方尺六圓,扇面同。字例三、林各書其半。"

三多《金縷曲·題新得禹尚吉畫成容若小像,即次其贈顧梁汾原韻》:"公子非重耳。却風流、又能文字,早登科第。歌哭似含亡國恨,容若本葉林國主金臺什之曾孫。至竟莫名底意。天怎肯、欲都從己。然諾等於金鼎重,染猩袍、恐是相思淚。看富貴,若雲水。

丹青晤對難同醉。遇良辰、瓶花盞酒,壽如生忌。我亦納蘭弓箭手,錯認前身不已。得再作、詞人無悔。親把沉檀熏寶鴨,當香山、供奉瑤軒裏。張功甫有景白軒供香山像。磨鳳硯,余有容若雙鳳硯。自家記。"按,詞中可見三多對納蘭之傾慕,其自認爲與納蘭身世頗有相似之處,雖錯充武職却雅愛倚聲。因此,三多把納蘭的畫像和雙鳳硯視爲珍寶。

三多《可園詩鈔》卷一《藏書》:"愛坐圖書府,如對古賢豪。積石亦爲倉,敢比譙國曹。"

王耒《雙鳳硯歌並引》:"硯爲亡友三六橋多舊藏,朱竹垞、周青士、納蘭容若各有銘識。蓋由周而納蘭而歸之六橋也。同時得者王文成公一硯,舉以遺余,不幸被人竊去。獨此硯獲與六橋相終始,而六橋已歸道山十年餘矣,硯亦不知何在。余與六橋爲兄弟交,每一念及,輒深雷嘆。"(啓功、袁行霈主編《綴英集——中央文史研究館館員詩選》,綫裝書局 2008 年版)

參考文獻:

1. 徐世昌《晚晴簃詩匯》,民國退耕堂刻本。

2. 俞樾《俞曲園先生日記殘稿》,江蘇省立蘇州圖書館 1940 年版。

3. 邢亦塵編《清季蒙古實録》，内蒙古社會科學院蒙古史研究所 1981 年版。

4. 鄂嫩《三多與清末庫倫新政小議》，《中國邊疆史地研究導報》1990 年第 5 期。

5. 中央檔案館編《僞滿洲國的統治與内幕：僞滿官員供述》，中華書局 2000 年版。

6. 譚獻《復堂日記》，河北教育出版社 2001 年版。

7. 徐一士《一士類稿》，中華書局 2007 年版。

8. 啓功、袁行霈主編《綴英集：中央文史研究館館員詩選》，綫裝書局 2008 年版。

9. 汪辟疆著、張亞權編《汪辟疆詩學論集》，南京大學出版社 2011 年版。

10. 郭則澐著、屈興國點校《清詞玉屑》，浙江古籍出版社 2014 年版。

（沙先一　米彦青）

陳去病傳

陳去病,原名慶林,字佩忍、伯儒,號汲樓、巢南、病倩,自署垂虹亭長,江蘇吳江人。同治十三年(1874)生。

陳綿祥《先考佩忍府君行略》:"府君姓陳氏,諱去病,初諱慶林。字佩忍,一字伯儒。號汲樓,別號巢南。亦曰病倩,自署垂虹亭長,晚稱勤補老人。江蘇吳江人也。""府君生亡清同治十三年甲戌七月朔日子時。"

金世德《陳去病先生年譜》:"少長以性質猖狂,遂命名曰佩忍。壯慕驃姚之爲人,遂曰去病。一字伯儒,號伋廔。時居于越,自號曰巢南,取古詩'越鳥巢南枝'。晚署勤補老人。其筆名爲天放、病倩、大哀、病禪老納。排滿時,曰有偽血胤。壯遷松陵,自號曰垂虹亭長。"

陳去病《先妣節孝君倪太孺人行狀》:"(母倪氏)服膺蘇子瞻能忍之説。以不孝性戀,爲舉榜其書室曰'佩忍',稍肆即誡曰:'汝其又忘佩忍乎?'"

爲遺腹子,賴母倪氏與叔父允文撫育成立。

《先考佩忍府君行略》:"湘洲公配楊太君,不育。繼配倪節孝君,實生世父去非公暨先府君。世父早殤,府君爲遺腹子。倪節孝君以病就醫吳市,誕府君於婁門慶林橋旅次,此初諱所自來也。府君既墜地爲孤兒，賴倪節孝君暨滄洲公提携撫視，顧恤訓教，始漸成立。"按，湘洲公即陳去病父允升，滄洲公爲其叔父允文。

《先妣節孝君倪太孺人行狀》："（倪氏）初産男殤，繼娠，而鄰某適盜宅址，先考又於其時猝病卒。鷽禍叢集，先妣悲憤得疾，就醫吳中。寓慶林橋累月，平復而遺腹生男。於是先妣且喜且泣，請名於先叔考滄洲府君。府君亦且喜且泣，請於祖母張太孺人。因橋名命其男曰慶林，即不孝也。"

《陳去病先生年譜》："生於吳中婁門内平江路慶林橋旅次，即以橋名之，故乳名曰慶林（一作慶麟）。父允升先於是年二月初三日去世。"

年十五就外傅，次年從嗣祖舅沈翁舫廬讀，又就學於諸福坤，五載而成，有攬轡澄清之志。

《先妣節孝君倪太孺人行狀》："五年爲不孝置小儿，教之字。已又構塾延師，悉納戚屬子姓以伴，耗緡無算。而不孝頑鈍無所成，遂令出就傅，一年又無成。先妣乃謂吾嗣母沈太君曰：'我以兒付妹矣，成否惟妹任之。'沈太君許諾，挈往蜆江，從長洲諸先生游，凡五載，而不孝以病歸。先妣親驗所學，始稍稍喜。"

《先考佩忍府君行略》："府君生而聰穎，倪節孝君、沈孝慈君復黽勉同心，督教綦嚴。年十五即離家塾，就外傅。明年，沈孝慈君挈之至周莊外家，從嗣祖舅沈翁舫廬讀。時長洲諸杏廬先生方負人師，經師重望。府君復執經就學，五載有成，始歸故里。蓋自經史以外，旁及兩漢、三唐，文章、詞賦靡不搜討殆遍，攻讀無餘，尤長於經世大略，慨然有攬轡澄清之志矣。"按，諸福坤，字元簡，號杏廬，江蘇周莊人，增貢生，著《杏廬文鈔》。其生平參見陳去病《諸杏廬先生墓碑銘》。

陳去病《垂虹亭長傳》："年少好事，任俠慷慨，有策馬中原，上嵩高，登泰岱，觀日出入，浮於黃河，探源積石之志。”柳棄疾（亞子）《陳巢南先生五十壽序》：“先生少負大志，嬉戲習爲戰陣營壘之事。稍長喜讀《陰符》《六韜》，每抵掌談兵，驚其座人。”

年二十二，補博士弟子員。翌歲，食餼廩於庠。

《先考佩忍府君行略》：“年二十二，補博士弟子員。……翌歲，食餼廩於庠。”

《先妣節孝君倪太孺人行狀》：“不孝年二十二，前刑部侍郎攸縣龍公湛霖督學江蘇。……而不孝亦以是歲雋於黌，旋食既稟，先妣意始稍稍慰。”

甲午戰敗後，與同邑金松岑、蔡冶民等創立雪耻學會。戊戌、庚子之後，始昌言革命。

《先考佩忍府君行略》：“胡清踞中國二百數十年，日以愚黔首爲政要，箝民口舌勿使言，束民手足勿使動，民益頑鈍無智識。甲午東敗於日本，清議始張。府君已與同邑金先生松岑、蔡先生冶民輩創立雪耻學會，以啓迪聾瞽，自任中更。戊戌、庚子諸役，知客帝之不足以圖存，始昌言革命。”

陳去病《革命閑話·雪耻學會》：“自中日構兵，國人方知敵愾。自馬關訂約，志士乃圖奮發。於是學會之名盈於宇内。吳郡人士，既有蘇學會之結合，而予亦於其鄉立雪耻學會，以相號召。一時同邑之士若沈廷鏞、柳念曾、慕曾、金祖澤、祖輝、懋基、維基、錢崇威、黃元吉、蔡寅、范祖培、薛鳳鈞、鳳昌、袁成洛、顧永遇、麟昌、王錫晋、朱家驊、任琪等四十餘人，咸來集合。雞鳴風雨，摩礪一堂，頗極文酒從容之樂。及戊戌政變，拳匪迭乘，予即去之四方，同人中亦間有物故者，是會遂散不復舉。”

《陳去病先生年譜》：“甲午一役，國人士莫不競欲一雪奇耻大

辱，先生以爲欲（雪）甲午之耻，必先雪二百六十餘年前我民族所受
更大更奇之耻辱，故即徵合同志，組織雪耻學社，蓋實即一革命之
機關。先生並拉一有實力之軍人費某入社，因是引起外界猜疑，卒
致未能成功。”

**光緒二十九年（1903），東渡日本，加盟軍國民教育會，爲《江
蘇》雜志撰述文字，數月後即歸國。**

《先考佩忍府君行略》：“歲癸卯，府君年三十，東渡海游三島，
加盟於軍國民教育會，爲《江蘇》雜志撰述文字。以沈孝慈君病歸
國。”《爲陳佩忍先生五秩徵文啓》：“初渡嵎夷，與諸少年喋血同盟，
誓恢黃胤。”陳去病《浩歌堂詩鈔》卷二《將游東瀛，賦以自策》自注：
“擬從朝鮮趨東三省，以探察露西亞近狀。”

陳去病《塵網録》：“（光緒二十九年）正月，由上海赴日本，同行
者秦毓鎏、蔡文森諸君也，皆無錫人。先至大阪觀博覽會，旋東京
居神田區。時學風張甚，予先與松岑等分設中國教育會於同里，以
民族主義相提倡。至是值中俄交涉益急，乃與同志組織義勇隊以
爲之備，嗣又改稱軍國民教育會，並《江蘇》雜志撰述文字，以相鼓
吹。顧忌者往往造作蜚語，目爲狂人。沈太君聞之，以病急召予
歸。予時有札幌之行，至是不得已遂歸家居。日後復出赴上海，爲
愛國女校教授，冬盡始返。”

鄭逸梅《南社叢談》：“一九〇三年赴日本，喜賦詩，有云：‘夢魂
早落扶桑國，徒侶爭從俠少年。’時浙江留學生辦《浙江潮》刊物，江
蘇留學生則有《江蘇》雜志，巢南主持筆政，鼓吹革命，不遺餘力。”

《革命閑話·義勇隊與軍國民教育會》：“義勇隊者，我留日學
生因俄羅斯軍人迫逐黑龍江省婦孺數千，悉入於混同江而溺斃之，
因以激發其同仇之念，而憤然興起以結合也。……由是我留東學
子乃大憤，日夜集會於神田之學生會館，商對付之法。而黃廑午

軼、楊篤生毓麟、秦效魯毓鎏、王偉忱家駒、林宗孟長民、葉清漪蘭、湯爾和櫨、陳星臺天華、蘇曼殊子谷、何海樵世準、龔未生寶銓及予等，凡三百餘人，乃有義勇隊之舉。……復各出其心思才力，相與撰述《江蘇》《浙江潮》諸雜志，以喚醒群衆。一時奔走呼號，不遺餘力，刊板朝出，購者夕罄。其間文字，大率激烈居多，以推翻現政府，另建新中國爲主義。不特清廷爲之寒心，即日本亦瞿然側目焉。而革命之動機，乃鬱鬱葱葱勃然興起矣。於是同人復相與謀議曰：‘義勇隊者，一時之盛舉也。而革命黨者，永久之團體也。宜別有所組織，以隱爲之計，庶基礎之確立，而前途亦益以發展。’衆皆曰：‘然。顧事宜秘密，勿爲伺者所窺。’因定其名曰‘軍國民教育會’，示與‘中國教育會’相響應，復進一步也。……留東志士聞之，乃益翕習。於是同人復相與計議，以爲國外組織，僅足以樹之風聲，其勢也小。惟國内運動，斯足以鼓舞群衆，而其效也弘。因決策分派同志潛行還國，聯絡會黨，以圖大舉。而王憬芳獨懷異志，悉舉其計謀册籍與其徽章數百面，席捲而去，以獻諸鄂督端方。端得之乃大喜，立奏之清廷，賜憬芳爲舉人，將按名逮捕焉。會‘蘇報案’甚烈，潛入内地運動者，亦未易措手足，由是斯會遽星散，而革命之機乃中頓。”

三十年（1904），主上海《警鐘日報》筆政，創辦《二十世紀大舞臺》雜志。次年，皆遭禁。又明年，加入同盟會。

《先考佩忍府君行略》：“甲辰，主上海《警鐘日報》筆政。往來峰泖間，靴刀帕首，陰有所謀劃。乙巳春，《警鐘》封閉，所創《二十世紀大舞臺》雜志亦同時被禁錮。清吏方踪迹黨人，府君跳而免。是歲秋七月，同盟會成立於日本東京，革命風潮益奔騰澎湃，一日千里。明年丙午，府君應徽州府校之聘，道出蕪湖，遂以劉光漢之介，加盟爲會員。”

《塵網錄》："（光緒三十年）赴上海爲《警鐘日報》主筆。繼思欲運動社會，必先改良戲劇，因辦設《二十世紀大舞臺》叢報，一時頗風行。""（光緒三十一年）二月，爲族兄邀，赴青浦楊家莊小住半月始還。則《警鐘》已因登載王漢事被禁矣。《大舞臺》雜志本以民族主義相提倡者，故亦同時禁止，余遂盡喪其資而歸。""（光緒三十二年）因申叔介紹入同盟會。"

《陳去病先生年譜》："（光緒三十年）滿俄風雲更亟，蔡元培自柏林歸，與先生發起《俄事警問》，旋改爲《警鐘日報》。先生與劉師培、林萬里主筆，以鼓吹光復爲職志。""（光緒三十一年）二月廿一日，《警鐘日報》因登一來函，內有'鐵良南下搜括'等語，遭清廷之怒。主編人員先期走避。"

陳去病《大舞臺叢報招股啓並簡章》："同人痛念時局淪胥，民智未迪，而下等社會，尤如獅睡之難醒。側聞泰東西各文明國，其中人士注意開通風氣者，莫不以改良戲劇爲急務。梨園子弟遇有心得，輒刊印新聞紙報告全國。以故感化捷速，奏效如響。吾國戲劇本來稱善，幸改良之事茲又萌芽。若不創行報紙，布告通國，則無以普及一般社會之國民，何足廣收其效。此《二十世紀大舞臺叢報》之所由發起也。月出兩冊，內容豐富。招股五千，滿限即止。凡吾國民、吾志士、吾青年、吾俠少、吾貴介公子，如有以改革惡風俗、開通下等社會、提倡民族主義、喚起國家思想爲己任者，當必力贊其成，扶持此舉。本社同人有厚望焉。"

三十三年（1907），徐錫麟、秋瑾就義，陳去病爲作傳記以悼之，並建神交社。次年，與徐自華組織秋瑾追悼大會，同創秋社。尋赴汕頭，主《中華新報》筆政。

《先考佩忍府君行略》："是夏，徐錫麟烈士誅清吏恩銘於皖，遂謀舉義不成，被執死之。鑑湖女俠秋瑾亦株連遘難。府君則大憤，欲爲開會追悼，不果。七月七日乃別開神交社於愚園，會者十餘人，咸東南之俊彥也。……又明年戊申正月，應紹興府校聘，道出杭州，值崇德徐夫人自華開秋俠追悼大會於鳳秋寺，府君登壇演說，詞氣激昂。與徐夫人一見如故，遂訂道義交，同創秋社焉。……六月六日，爲秋俠忌辰，府君欲邀衆祭奠。爲清吏所聞，偵騎四出，乃各走散。府君遂渡海赴汕頭，主《中華日報》筆政。"

《爲陳佩忍先生五秩徵文啓》："既歸國，往來吳、楚、宣、歙間。復東游會稽。值軒亭難作，爲文以吊秋瑾，並結秋之社於西泠焉。尋浮海之潮、惠。於大風雨中，登崖山，題詩大忠之祠，遂抵思明州，循覽延平王戰壘以歸。"

按，陳去病所作《神交社雅集小啓》《神交社例言》《秋社啓》，參見《陳去病全集》，第 1 册，第 352—356 頁；其所作《鑑湖女俠秋瑾傳》《徐錫麟傳》《軒亭吊秋俠文》《鑑湖女俠成仁一周紀念祭文》，參見《陳去病全集》，第 2 册，第 629—631、635—637、824—826 頁。

宣統元年（1909），腿患瘡疾，廢一足。

《先考佩忍府君行略》："是歲府君蓋行年三十有五矣。己酉客滬上，病瘍危甚，入醫院療治半載始瘥。"

《爲陳佩忍先生五秩徵文啓》："歸而病瘍，幾不起，養疴吳門。"

《垂虹亭長傳》："年未四十，髮星星白，且病瘍，廢一足焉。乃歸隱吳門，居古金昌亭下，要離、梁鴻墓傍，以爲與節俠鄰死無憾矣。"

同年，與柳亞子、高旭等於蘇州創南社。親作《南社詩文詞選叙》，抒發遺民情緒。

《先考佩忍府君行略》："既客授吳門，遂創南社。以孟冬月朔大會於虎丘，海内外賢豪畢至，論者謂朱明幾、復以來所未有也。"

陳去病《高柳兩君子傳》："至丁未冬,(高旭、柳亞子)復與余結南社於海上,而天下豪俊,咸欣然心喜,以爲可藉文酒聯盟,好圖再舉矣。"按,南社之起,醞釀於光緒三十三年(1907),始成於宣統元年(1909)。

陳去病《南社詩文詞選叙》："要諸因緣,都成感慨;偶逢好事,遂爾風流。南社之作,得毋類歟?然而語長心重,本非無疾以呻吟;興往情來,畢竟傷時之涕泣。寥寥車轍,不同幾、復當年;落落襟懷,差比河汾諸老。辨足音於空谷,一二跫然;追逃社於前盟,數人而已。"

陳去病《南社雜佩》："南社者,去病與吾蘇高旭、柳棄疾三子所以繼東林、復社之志業而與焉者也。"

按,陳去病所作《南社雅集小啓》,參見《陳去病全集》,第 1 册,第 357 頁。

民國二年(1913),於浙江參與討袁"二次革命",任黄興助手,失敗後避禍北上。秋復返滬,接辦競雄女學。

《先考佩忍府君行略》:"二年癸丑,討袁軍失敗,浙督朱瑞變節附袁,羅織舊同志。府君乃北上以避之,出塞至張家口,秋復返滬,接辦競雄女學。競雄者,徐夫人所創辦以紀念秋俠者也。"

《爲陳佩忍先生五秩徵文啓》:"癸丑討袁,從故人於留都,頗有所規畫,顧功卒無成。"

《陳巢南先生五十壽序》:"虜社既覆,旋有討袁之師,佐克强黄公於南都,論者謂如葉山陰之輔胡總制,楊雪湖之從瞿閣部矣。程應内叛,功卒無成。"

四年(1915),袁世凱稱帝,"護國運動"爆發,陳去病計劃於蘇州起義響應,事泄未成。六年,孫中山發動"護法運動",陳去病謀

舉兵應之於甬東,又敗。

《陳巢南先生五十壽序》:"洪憲盜作,邑人殷恭壬倡義松陵,先生謀以平江反正。其後黎元洪解散國會,護法軍起西南,先生復有甬東之役,事雖顛蹶而志實恢弘。夫豈戔戔占畢腐儒所得而倫比哉!"

《先考佩忍府君行略》:"五年丙辰,袁氏叛國,僭號洪憲。滇黔首舉義旗,浙亦響應。府君與闕玉麒、鄭亞青諸志士,至蘇州運動軍警。事機不密,爲警察廳長崔鳳舞所詗悉,遣重兵圍所居蘇臺旅館數匝,將加逮捕。幸徐夫人聞報,密藏重要文檄暨旗幟、印信等於衷衣中,偕府君喬裝自間道兔脱。其後袁氏死亡,浙督吕公望禮聘府君任秘書。時中山先生方游會稽、普陀。府君囊筆從行,備荷知遇。親爲倪節孝君撰墓碑銘焉。府君尋復北上,出居庸關至宣化、包頭,自陽高抵大同,歲晚南歸。……正馮、段毁法,中山先生南赴廣州,建護法之旗,府君謀舉兵應之於甬東,失敗歸來時也。"

《爲陳佩忍先生五秩徵文啓》:"自是窺姑胥,謀甬東,凡東南有大徵討、大建設,君無弗預焉。"

七年(1918),隨孫中山赴粤,任非常國會秘書長、參議院秘書長。次年,因病辭職歸鄉。又明年,主講浙江法政學校。

《先考佩忍府君行略》:"七年戊午,赴粤任參議院秘書長。八年己未,因病辭職歸。九年庚申,主講浙江法政學校。"

《爲陳佩忍先生五秩徵文啓》:"又累從今大總統孫公於粤東,視師滇江,撫循前敵,馳驅戎馬間,幾不知勞瘁,洵可謂據鞍矍鑠,壯志未衰矣。"

《陳巢南先生五十壽序》:"又且崎嶇嶺表,轉側韶石,從今大總統孫公游。一爲參議院秘書長,再任大本營宣傳,幾得志行道矣,始沮於岑猛，終扼於陳獠，乃投戈講學，睾然如鯤鵬之六月息焉。"

十一年(1922)，隨孫中山於韶關行幕大本營，任前敵宣傳主任。後因陳炯明叛變，遂離粤。十三年，中國國民黨改組，又任江蘇臨時省黨部委員。此後歷任國民黨内及文化界諸多要職。

《先考佩忍府君行略》："十一年壬戌……從中山先生於韶關行幕，任大本營宣傳主任。遭陳炯明之變，只身返滬。……十三年甲子，中國國民黨改組，府君任江蘇臨時省黨部委員。值浙督盧永祥舉兵討齊燮元，府君創江蘇民治建設會於滬上。旋復北行，任檢查清宫古物委員。……十五年丙寅，滬粤分化，諸元老開會西山，召集第二次全國代表大會於滬上，府君被舉爲中央監察委員。十六年丁卯，寧、漢、滬三方合作，中央特别委員會成立，復任江蘇省黨部臨時監察委員。十七年戊辰，任古物保管會江蘇分會主任、江蘇革命博物館館長，十八年己巳，任江蘇省通志編纂委員會常務委員。十九年庚午，任内政部參事、中央黨部黨史編纂委員會編纂、考試院考選委員會專門委員，時府君年五十七矣。"

二十一年(1932)，盡辭諸職，歸里怡養。

《先考佩忍府君行略》："二十年辛未，府君以精力就衰，始爲退休計。……二十一年壬申，遂盡辭諸職，歸里怡養。所居緑玉青瑶之館，縹緗盈几，花木斐然，府君每顧而忘老焉。"

二十二年(1933)，卒。

《先考佩忍府君行略》："二十二年癸酉，舊曆七月朔，值府君六秩大慶，不孝綿祥輩欲稱觴上壽。府君屢以參禪蘇州保恩寺爲辭，逾月始舉行慶典。不孝綿祥供職首都司法院，妹綿幹任課蘇州勵志職業學校，相約歸里，見府君形容枯瘦，頗用驚訝。府君則言笑自如。留未三日，奉嚴命催促就道，以毋怠職務爲訓。詎意別未半月，府君竟棄不孝輩而長逝邪！府君病患痢疾，顧初起時不甚劇。長弟綿祚甫五齡，次弟綿康甫四齡，懵然無所知。家人亦以爲小病常事耳，意延醫服藥不日可愈。府君復力戒勿驚擾，毋告遠人。綿幹聞府君病，歸里省視，府君仍促之返校。綿幹勿敢違，第私以快函告不孝綿祥。顧綿幹離家後數小時，府君病忽驟轉劇，竟至易簀。嗚呼痛哉！不教綿祥先得綿幹函，甚惶駭，方命車待發，而噩電繼至，倉皇就道，星夜奔馳，顧已不及見府君彌留時之謦欬矣。嗚呼痛哉！府君生亡清同治十三年甲戌七月朔日子時，歿於中華民國二十二年十月四日，即舊曆癸酉八月十五日午時，享壽六十歲。”

　　陳去病終生以遺民志節自我砥礪，遂著《煩惱絲》《明遺民録》等書，以申其民族主義思想；爲明遺民吳江人吳易、吳炎整理文集，以存鄉賢之遺墨；作《清秘史》《奴禍溯源》，以揭清廷種種醜行。

　　陳去病《煩惱絲自序》：“嗚呼！索虜猖狂，覆我中夏。炎黃世胄，俱爲髡黔。髮膚之痛，幾三百載。毀傷之罪，其烏可贖。伏念古者烈士仁人，躬遭變故，挽回不及，往往寧傷厥元，誓保玄絲。挺身抗令，橫尸康逵，無所悔懼，氣節益凜。或則皈命瞿曇，慨焉披度，托身梵刹，以遂初衷。此其志愈苦，而情益堪悲矣。代遠風遙，芳軌莫繼，將尋往躅，邈乎其艱。何況禁網峻密，虜令煩苛，高文典册，咸被殘毀，一二之存，亦閟弗出。而戴髮之倫，數典忘祖，習非成是，願爲編氓。徒令四裔交譏，鄰國竊笑，皇皇大國之民，乃至與犬羊同儕。吁其戚已！故發憤編纂，成書一卷，名曰《煩惱絲》，以示痛悼。雖搜討無幾，而褒貶略備，類族辨物之聖，容有取歟。”

　　《先考佩忍府君行略》：“又明年丁未，居上海國學保存會藏書樓，搜輯明季遺民節士著述甚夥。”陳去病《明遺民録自敘》：“予少慕介節，長經坎坷，竊謂世變至此，無復相加，若循是不返，將人道不復可睹，而乾坤幾乎或息。然則尚烏所謂內外之防與志節之可貴哉！故發憤編纂成《明遺民錄》若干卷。如下方，亦蘄類族辨物之聖，知所敬愛，以自譬況，則神州縱陸沉而人獸其倘堪判乎？”

陳去病《吳長興伯遺集序》：“在童年，讀先輩陳獻青《靜遠堂集》，見所爲《吳日生公遺集》序若傳，輒心焉志之。……又睹《平望志》，知獻青所稱吳渙君壯者，爲其地人（蓋公原稿，係渙所搜輯），且叙其所纂輯，與獻青合，由是遇平望人輒詢之。今年夏客吳門，晤吳君堯棟，渙之族也。因再三致意，逾三月，而吳君果以公書來，則大喜。乃重爲斠補，得詩二卷，曰《東湖遺稿》《雁門子山中雜咏》；詞一卷，曰《北征小咏》；《中興恢復末議》諸作向附篇末，今別爲遺著一卷；又甄采他氏所撰述，與斯集可考證者，爲附錄一卷。綜名之曰《吳長興伯遺集》，蓋推公今之志，以恩明室也。”按，吳易，字日生，號朔清，吳江人，崇禎十六年（1643）進士。明亡後堅持抗清，兵敗被殺。

陳去病《吳赤溟先生文集序》：“赤溟先生詞賦凌潘、陸，學識踵班、范，而運丁陽九，遭逢國變，不獲厠身承明著作之庭，揚本朝之盛德。而徒與皋羽、所南之倫，以歌哭相從，則其志念亦大可悲矣！乃方將懷鉛握槧，冀伸其江湖魏闕之思，以待名山之藏，千秋之諒，而橫遭奇禍，伏尸康逵，蔡邕之《獨斷》未成，崔浩之直筆難亮，悲夫嘻哉！區區遺文，度在先生，不過鱗爪之末，而至今日，則不啻吉光片羽，珍逾瓊琚，浩劫殘灰，秘同鴻寶。去病雖至愚，其尚敢鑐藏緘深閟而重貽放失之戚乎？故特次第其籍，授之梓人。庶幾屈於一時，光昭萬世，後之覽者，可無懼矣。”按，吳炎，字赤溟，號赤民，吳江人，明朝生員，明亡後隱居授業。

陳去病《奴禍溯源自序》：“痛自建夷入關，假訪求遺書之名，悉舉忠賢睿哲經營家國之故籍，羅而致之闕下，摘擇其指斥彼虜者，一一拉雜摧燒之，俾無餘燼，冀以隻手掩盡中原四萬萬皇漢同胞之耳目。而我皇漢同胞，自經此懲創，亦遂箝口結舌，不復敢撥死灰而吹之，而燃之。嗚呼！彼胡虜之心，可謂狡且毒矣。余平居結想，竊用憤慨，嘗掇拾其穢殘無人狀者，爲《清秘史》一書，顧皆近二百年來稍稍留意時政者，類能道之。獨其初起之際，與先明頗多交涉，禍根隱患，端伏於此。集霰履霜，寧可不察。徒以故老凋謝，書闕有間，後生小子，不識戀慕之心，以是曠三四百載而復若太古耳。……自太祖高皇帝始，迄於世廟四十四年止，得三十七事，復旁采實錄及其他軼簡，逐加補綴，都爲二卷，名曰《奴禍溯源》，俾徵舊聞、考往事者，以覽觀焉。”

又整理鄉邦文獻，編《笠澤詞徵》《松陵文集》《吳江詩錄》。

《陳巢南先生五十壽序》：“吾邑吳江，古稱澤國，自漢莊夫子以文學開山，六朝唐宋，代有傳人，尤莫盛於明清兩代，彬彬鬱鬱，作者如林。顧藝文所志，累經兵燹，百不存一，存者又蟬灰蠹矢，零落殆盡。先生以爲徵文考獻，維志乘與總集是資。庸是發憤興起，既爲《笠澤詞徵》三十卷，復輯《松陵文集》百卷，付之梓人。而《吳江縣志》之作，思集莫、徐、董、屈、葉、錢、沈、凌之大成，勒爲一書，以昭民國方志之模範，尤先生所刓心經營而未就者。則繼往開來，杞宋有徵，所資於先生者甚重，天其或者息先生於干戈戎馬之交，而策其丹鉛翰墨之勛乎，未可知也。”

陳去病《吳江詩錄自叙》：“去夏里居，婆娑浩歌堂上，發唐、宋、元、明人詩，吟嘯自適，欣然有會，遂攎搋群籍，次而錄之。肇自三國，以迄南明，成書六十卷，名曰《吳江詩錄》。雖不足謂先輩靈爽之憑，亦庶幾東溪諸子彌縫其缺憾矣！因叙而梓之。”

作小説《莽男兒》，目之爲革命之小史。

陳去病《莽男兒叙》：“是書也，即目之爲革命之小史，亦可也。”

陳去病《莽男兒・凡例》：“是書雖係小説體裁，確乎可信其爲文人游戲之筆，容不得一毫黨見。”“是書材料，皆從極有價值之名人詩文雜著中參考得來。絶無時下杜撰，及牽强附會之弊。”“作者今夏避暑蘆花蕩，因一時興到，竟不惜揮汗勒爲此書。乃未及竣事，而友朋聞之，已爭相抄寫，遂草草脱稿，付諸手民。”

其詩去華反樸，沉着痛快，於奔放中具法度，詞華外見氣節，與同時期之宋詩派異趣。

柳棄疾（亞子）《浩歌堂詩鈔叙》：“棄疾私謂詩特先生餘事耳。顧以海涵地負之才，值草昧貞元之世，指陳事變，所南心史之倫；憑吊故人，晞髮、西臺之亞。由其自反而縮，故能無往不工，雜諸邑先哲王、戴、潘、吴集中，可亂楮葉。彼稼堂、虹亭以下，曾何足儔比哉！由是以論，我邑宗風，集明、清兩代詩學之大成，赫然爲騷壇盟主，非先生其誰屬？昧者不察，徒見一二人之篇什，輒沾沾震驚，以爲足概松陵詩派之全，非直昧於證今，抑亦懵於稽古已。棄疾不佞，辱先生青眼，論交在群紀之間。二十年來，把酒高譚，每冥然有神會。近雖鋭意新猷，欲樹文學革命之大旆，顧獨以爲先生之詩，去華反樸，屏絶雕鐫。且其奮鬥之精神，恢弘之器宇，皆有不可磨滅者在，故樂得而叙之。”

汪兆銘《浩歌堂詩鈔叙》：“陳子佩忍，尤南社中之矯矯者也。少年時負奇氣，一往無前，今者垂垂老矣，而精悍之色，猶發於眉宇。其所爲詩，志趣貞潔，而情感穠摯，沈著痛快處，往往突過古人。”

唐昌言《壽陳佩忍姐丈五十文》：“數十年來，凡婿於我家者，類皆時下知名之士。而佩忍姐丈文名尤著。蓋君幼承母教,且列長洲諸杏廬先生之門,研求古文詞者甚力。故其生平所撰述,輒能於奔放中具法度,詞華外見氣節。"

錢仲聯《近百年詩壇點將錄》:"陳去病與柳棄疾同鄉,又同爲南社發起人,同以詩文鼓吹反清革命。柳反對當時之宋詩派,陳力予支持。"

參考文獻:

1. 張夷主編《陳去病全集》,上海古籍出版社 2009 年版。

2. 殷安如、劉穎白、郭長海、郭君兮編《陳去病詩文集》,社會科學文獻出版社 2009 年版。

3. 金世德《陳去病先生年譜》,民國二十四年鉛印本。

4. 陳達力《紀念我的父親陳去病》,中共吳江縣委宣傳部編《吳江人物志 1874—1945》,江蘇人民出版社 1986 年版。

5. 陳綿祥《先考佩忍府君行略》,《吳江文史資料(第 14 輯)》,政協吳江市委員會文史資料委員會 1994 年版。

(馬昕)

高旭傳

　　高旭,原名垕,後更名堪,字天梅,别字枕梅、慧雲、鈍劍等,號劍公,金山(今上海市金山區)人。光緒三年(1877)生。

　　陳去病《高柳兩君子傳》:"高字慧雲,號天梅,别號鈍劍,金山人。"

　　柳亞子《我和南社的關係》:"高天梅名旭,字劍公。原名垕,更名堪,字枕梅,一字鈍劍,别字慧雲,江蘇省金山縣張堰鎮秦山鄉人。"

　　高鏐《高天梅先生行述》:"府君諱旭,原名堪,字天梅,又字枕梅、劍公、慧雲、哀蟬、鈍劍,前後凡五六易。世爲江蘇金山人。……府君生於清光緒三年丁丑三月初五日。"

　　七歲就傅,十六歲畢諸經,與叔父高燮同問學於鄉里俞貞甫先生。繼受業於顧蓮芳先生,又以詩奉質莊瘦岑先生。十七歲便可作《咏史小詩》百首。少時即懷奇節壯志,以度衆生爲願。

　　《高天梅先生行述》:"府君生而歧嶷,七歲就傅。年十有六,畢諸經。師事叔祖望之先生,及同邑顧蓮芳先生。而叔祖吹萬先生、同邑顧景淵先生、華亭張仲傅先生,皆齊年同學,晨夕攻苦。自經史詞章,以及百家諸子,罔不參稽博考。每有所獲,輒互慰大歡。惟吹萬叔祖與仲傅先生文最静細,不煩絶削而自合。而府君與景淵先生豪邁之氣往往前無古人,卒神與古會。故一時名宿如奉賢莊瘦岑孝廉、浙江陳雲曙太守莫不推嘆標舉,詫爲定庵復生。蓋府君敏而好學,根柢深蟠有如此者。"

高旭《願無盡廬詩話(中)》(《天鐸報》1911 年 12 月 2 日):"余十七歲時曾作《咏史小詩》一百首。"

高旭《俠士行》(《選報》1902 年 6 月 10 日):"深沉好讀書,少小勵奇節。……發願度衆生,生性真痴絕。"

光緒二十七年(1901),讀《清議報》所載戊戌六君子傳,受維新派影響。

高旭《讀〈譚壯飛先生傳〉感賦》(《清議報》1901 年 7 月 16 日,署名劍公):"斫頭便斫頭,男兒保國休。無魂人盡死,有血我須流。偉略華盛頓,通譚黃黎州。春秋在鄰境,名姓麗千秋!縛虎何太急,公心那得平!斬奸惜短劍,笑爾壞長城。謬種鋤民氣,鴻圖梗帝誠。一編《仁學》在,精氣尚如生!"

高旭《題〈六烈士傳〉》(《清議報》1901 年 9 月 23 日,署名秦陰熱血生):"黃土忍教埋碧血,青苗原不誤蒼生。全身一髮能牽動,兩字千秋是定評。兩字謂'烈士'也。國我五洲難位置,局看餘子敗澄清。諸公知否瓜分急,携手西風哭九京!"

二十九年(1903),由維新轉向革命,與高燮等人創辦《覺民》月刊。

高旭《〈覺民〉發刊詞》(《覺民》第 1 期,1903 年 9 月 8 日,未署名):"國之興,即國民之榮;亡,即國民之辱。而其所以或興或亡者,非國民之責而誰責之!……夫積民而成國,斷無昏昏沉醉之民而能立國於競争之世。歐美之所以雄長地球者,人人有覺民之責任,若士、若農、若工、若商,皆有主人翁之資格。……況乎欲掃千年之蠻風,不可不覺民;欲刺激國民之神經使知合群愛國之理,不可不覺民;欲登我國於樂土,不可不覺民;欲爲將來行地方自治之制,不可不覺民;欲破大一統之幻想,不可不覺民;欲尊人格以尊全國,不可不覺民。覺民哉!覺民哉!"

三十年(1904),渡海赴日本留學,入東京法政大學速成科學習。結識孫中山、宋教仁等人,發起《醒獅》雜志。次年,出席中國同盟會籌備會議,正式成爲會員,並被推爲江蘇省主盟人。年末歸國。

《我和南社的關係》:"一九〇四年(清光緒三十年),元配周紅梅夫人去世,便去游學日本。在留學界中,是一位活躍的份子。"

鄭逸梅《南社叢談》:"一九〇四年,(高旭)留學日本東京法政大學,結識孫中山,加入同盟會。"

《高天梅先生行述》:"及東渡,晤前總統孫公中山及前總理宋公遁初,與譚排滿之策,悦之,遂著黨籍。並手創《醒獅》《復報》《南社》於東京、上海,專以文字鼓吹革命,前後不下百餘萬言。""府君幼而失恃,事王父吟槐公,曲盡孝道。嘗游學日本,王父苦思之,因寄詩喻意。府君得詩,涕泣者三日,遂輟學歸省。"

三十二年(1906),創立健行公學,以"夏寓"之名爲掩護,組織革命活動。

《高柳兩君子傳》:"高方與孫中山創同盟會於江户,回國號召。柳與之遇,遂共設機關部於海上新八仙橋,詭其名曰'夏寓'。又設健行公學於西門寧康里,以培植年少。又爲《醒獅》《復報》,以指斥當世。虞吏端方聞之,心弗善也。乃發偵騎,將按名逮捕。而兩君子揮金亦垂盡,乃散其衆,歸於家。然其夢想共和、求光復,固如故。"

《我和南社的關係》:"一九〇六年(清光緒三十二年)歸國,(高旭)在上海創辦健行公學,提倡革命,有第二愛國學社的傾向。同時,他是中國同盟會江蘇分會的會長,聲名很大,江督端方屢次想逮捕他,却苦於没有機會下手。"

《高天梅先生行述》:"(高旭)又於上海創設健行公學,羅致黨人無慮百數。於是清廷震恐,隱若敵國,大吏承旨,屢被名捕。"

《南社叢談》:"回國後,(高旭)設機關部於上海八仙橋,榜其門爲'夏寓',藉以掩護。又設健行公學於西門寧康里,以《黄帝魂》《法國革命史》爲教材,培植革命青年,後被清吏端方所注意,迫使把健行公學解散。"

三十三年(1907),與陳去病、朱葆康、劉季平、沈道非等人游蘇州,作《吴門紀游》一册。又結神交社,是爲南社之預演。

高旭《天梅遺集》卷三有《海上神交社集,以事不得往。陳佩忍書來索詩,且約再游吴門,郵此代簡》詩,可參。

宣統元年(1909),與柳亞子、陳去病等結南社,撰宣言以定宗旨。然南社初次雅集,因事未往。

《我和南社的關係》:"天梅杜門家居,一隱三年,不免静極思動。我們三個書呆子,函牘往來,詩詞倡和,醖釀復醖釀,動蕩復動蕩,直到一九〇九年(清宣統元年),南社的名詞,便以我們三個人的努力,正式出現於世界。"按,"三個人"即高旭、柳亞子、陳去病。

《南社叢談》:"南社成立於蘇州虎丘張東陽祠,時爲一九〇九年十一月十三日,即陰曆己酉十月初一日。……這天參加集會的爲陳巢南、柳亞子、朱梁任、龐檗子、陳陶遺、沈道非、俞劍華、馮心俠、趙厚生、林立山、林秋葉、朱少屏、諸貞壯、胡栗長、黄賓虹、蔡哲夫、景耀月,共十七人。又有來賓張采甄、張季龍二人。高天梅爲南社發起人之一，可是沒來參加。亞子的《虎丘雅集前後的南社》一文中，也提到這件事：'一個謠言，説虎丘雅集有危險的可能，於是天梅杜門避繒繳不來了。'我認爲亞子這句話，未免把天梅説得太膽怯了。這時江蘇巡撫，是旗人瑞莘如，諸貞壯、胡栗長兩位，都在瑞莘如的幕下當幕友，消息很靈通，他們兩位都參與其盛，可見事實決不會像謠言那樣的嚴重，天梅也不致避風頭躲着不出來。但爲何事所阻，却也莫名其妙，難怪亞子有此懷疑了。"按，《天梅遺集》卷四《和哲夫〈重九〉見懷韻》云："藥爐料理足半月，西子湖歸倦下樓。默倚風前殊未已，勞思天末幾曾休。敗人佳興豚兒病，待我明春虎阜游。一面緣慳竟如此，可知天意妒清流。"有學者以爲，高旭未與南社雅集，乃因其子患病，難以脱身。參見樊慶彦《白衣罵座三升酒　紅燭談兵萬樹花——南社巨子高旭論》，山東大學 2005 年碩士論文，第 15 頁。

　　高旭《南社啓》(《民吁日報》1909 年 10 月 17 日，署名雲間高旭鈍劍)："國有魂，則國存；國無魂，則國將從此亡矣！夫人莫哀於亡國，若一任國魂之飄蕩失所，奚其可哉！然則國魂果何所寄？曰：寄於國學。欲存國魂，必自存國學始；而中國國學之尤爲可貴者，端推文學。蓋中國文學爲世界各國冠，泰西遠不逮也。而今之醉心歐風者，乃奴此而主彼，何哉？余觀古人之滅人國者，未有不先滅其言語文字者也。嗟乎，痛哉！伊吕倭音，迷漫大陸；蟹形文字，橫掃神州。此果黄民之福乎！人心世道之憂，正不知伊於胡底矣！或謂：國學固不宜緩，然又奚必社爲？曰：一國之事，非一二人所能爲，賴多士以贊襄之。華盛頓之倡新國，非一華盛頓之力，乃衆華盛頓之力也。社又烏可已哉！然而社以南名，何也？《樂》：'操南音不忘其舊。'其然，豈其然乎！南之云者，以此社提倡於東南之謂。'率土之濱，莫非王臣'，原無分於南北，特以志其始也云爾。……今者不揣鄙陋，與陳子巢南、柳子亞盧有南社之結，欲一洗前代結社之積弊，以作海内文學之導師。余惟文學之將喪是憂，幾幾乎忘其不自量矣！試問今之所謂文學者，何如乎？嗚呼，今世之學爲文章者、爲詩詞者，舉喪其國魂者也。荒蕪榛莽，萬方一轍，其將長此終古耶！其即吕氏所謂‘其壞在人心風俗’者耶！倘無人也以搘柱之，則乾坤或幾乎息矣。此乃不特文學衰亡之患，且將爲國家沉淪之憂矣！二三子有同情者乎！深望同聲相應，同氣相求，與之同步康莊。以挽既倒之狂瀾，起墜緒於灰燼。若是者，豈非我輩儒生所當有之事乎！”按，高旭未赴雅集，却有詩寄諸同人，《天梅遺集》卷四《十月朔日，南社諸子會於吴門，以事不得往，賦寄同人》即是。

1912 年，民國建立，高旭作詩贊孫中山。同年，中國同盟會金山分部成立，高旭被選爲司法部長，未幾去之。

《天梅遺集》卷七《進步歌，題中山先生所書字册》：“中山先生夐絶倫，是仙是佛是聖神。四千年來方出世，北斗以南惟一人。天福我華竟如許，東南五色旗盡舉。辛苦經營二十年，到今才得創民主。不屑學作朱元璋，亦不屑效洪天王。專以服役爲職務，偉論卓職非尋常。光明磊落有如此，辟地開天誰與比？世界偉人不數生，合華盛頓二而已！”

《高柳兩君子傳》：“高先任金山司法長，未幾去之。”

同年，作《尊俠》《答周仲穆書》等文，主張“廢孔用墨”，反對提倡孔學。

高旭《尊俠》（《民國新聞》1912 年 9 月 1 日，署名鈍劍）：“蓋墨子者，俠之大宗者也。其所務者實際，所重者力行，故其黨徒悉能惡公敵，洵俠義之風。非以其師之教育結構所感化而成耶！子高

子曰:'墨子真聖人也! 非國俠而何? 不可及也矣!'高子又曰:'當
此春光大地,神州陸沉,風景不殊,舉目有河山之異。倭人瞰於東;
俄蠶食於北,且駐運兵,直入恰克圖;英則擾滇,兵隨片馬,進據登
埂。其餘之强國無不張牙舞爪,躍躍欲試。我華夏之不岌岌乎殆
哉!'子高子曰:'所患者無墨翟其人耳,倘局産出之,其弟子必能從
其師道也。凡天下事特患無倡率於前者耳。若既有之,則徒之從
之也如歸市。'"自注:"此文係去年春在嘉興府中學校作。雖醉後
所成,却多創論,有不可磨滅處。然今之尊孔者見之,必曰:'此乃
酒話耳!'抑知醒之非醉,而醉之非醒耶! 呵呵!"

高旭《答周仲穆書》(《國學叢選》第一、二集,1912 年 10 月,署
名金山高旭天梅):"尊見欲提倡孔學,弟殊不敢贊同。孔學實爲專
制之學,孔子一生教人,惟尊君而已。中國往時君主得以私天下
者,安賴? 曰:所賴者,乃孔氏之學。公如不欲中國爲共和國則已,
苟或不然,盍亦一返其故轍乎。鄙意:廢孔用墨,共和乃成;平等兼
愛,斯爲極則。墨子者,其世界之聖人乎! 墨子,抱民主主義者也;
孔子,抱君主主義者也。故尊民者,未有不尊墨;尊君者,未不有尊
孔。中國三千年之專制,中君主之毒乎,抑中孔氏之毒乎? 姑不具
論,公豈以中國專制爲未久,而猶欲再揚其灰乎!"

**民國二年(1913),膺選爲第一屆國會衆議院議員。袁世凱刺
殺宋教仁,篡奪革命成果。高旭不滿其倒行逆施,遂作詩文以譏刺
之。二次革命失敗後,乃渡海南下,作《浮海詞》以寄憂思。**

《高天梅先生行述》:"民國肇造,府君首膺民選,就衆議員於
北京。"

《天梅遺集》卷七《哭宋遁初》:"危哉亟亟大陸沉,内憂外患險
象呈。昊天夢夢莫可名,何遽死我宋先生! 江左夷吾蜚英聲,方期
扶助民國成。突來鬼魅伊誰因,嗾使之者獸耶人? 人道喪盡公理

淪,如此種族難幸存。"《次韻,答周人菊》:"滾滾長江作怒聲,男兒心事竟何成? 戰雲收後妖魔現,海内居然頌太平。"

高旭《擒賊先擒王》(《天鐸報》1911 年 12 月 3 日,署名鈍劍):"今則張勛、馮國璋、張鳴岐、楊度等之爲漢奸,爲患猶小,而最爲共和新中國之梗者,實袁世凱也! 我大漢不恤死之健兒者,紛紛組織敢死隊,既有此熱心、熱力,何不先詣袁世凱吃黑將軍乎! 杜工部有詩曰:'射人先射馬,擒賊先擒王!'大好男兒,盍三復斯言!"

高旭《浮海詞》序(《南社》第十一集,1914 年 8 月):"浮海南旋,舟中無俚,取李後主詞,次韻和之,得十四闋。酒淺愁深,弗能工也。"

十一年(1922),陳炯明叛變,高旭不主張討伐,力主克制。

《高天梅先生行述》:"曩歲孫陳之役,府君力言,彼此同族,非滿漢之比。當此風雨飄搖,譬諸治家,宜效張公百忍,俾得從容諒解。即餘杭章先生太炎亦以爲言。而中山先生亢直之性,終不能用,卒至東南數千里生靈塗炭。嗣是以還,革命之聲遍於天下,所爭既不在於種族,而同舟皆敵國矣! 所爭既專爲一己,故雖靦顏媚外,陰效石晋故事,而有所不恤矣! 嗚呼,此則府君當革命成功之後,起視斯世所爲,心絶意摧,不欲仕進者也。"

十二年(1923),捲入曹錕賄選事件,遭南社開除。此後蟄居北京,深居簡出。

《南社叢談》:"一九二三年,曹錕賄選總統,以每票五千元收買國會議員,天梅未能拔泥不染,受良心譴責,鬱鬱寡歡。當時亞子馳電詰責:'駭聞被賣,請從此割絶。二十載舊交,哭君無泪,可奈何!'"

《天梅遺集》卷首高基序:"甲子仲冬,君扶病南歸,惟日飲醇酒。"

十四年（1925），因傷寒病卒。

《高天梅先生行述》：“歿於民國十四年乙丑七月初七日，春秋四十有九。”

《恕訃不周》（《申報》1925 年 9 月 18 日）：“天梅府君慟於民國十四年八月二十五日即夏曆七月初七日戌時疾終正寢。距生於光緒丁丑三月初五日未時，享年四十有九歲。”

《南社叢談》：“一九二五年七月七日患濕溫傷寒逝世，年四十有九。同社胡石予挽之：‘死有傳書成學早，生逢亂世惜君深。’寓貶意於哀悼中，甚爲得體。”

高旭作詩風格屢變，要其縱橫排奡之氣，高者直逼太白。

《高天梅先生行述》：“府君既手創南社，以詩文主東南壇坫，而詩尤卓絕。初近仲則、船山，稍變而爲定庵，再變而爲仲瞿、瓶水。要其縱橫排奡之氣，高者直逼太白，下亦不失大復、崆峒。民國乙卯、丁巳之間，始交龍陽易實甫先生，稍仿其體，爲哀感頑艷之作，最後交閩縣鄭蘇戡先生，則又爲悽咽清苦之音，蓋府君於詩具有夙根，非直讀破萬卷而已也。”

《高柳兩君子傳》：“高意氣傲岸，自負弘遠，喜飲酒，長於雄辯。醉則侵其座人，或嬲爲聯句，不則自捉筆，爲詩歌，纏綿數十百言立就。”

論詩則反對泥古，主張學古當求神似，作詩須有情理。

高旭《願無盡齋詩話（上）》（《南社》第一集）：“作詩不可不學古人，亦不可太學古人。宋明以來，學杜者衆矣，然多得其皮骨。能得杜之神髓者，六人而已：退之、義山、子瞻、魯直、半山、放翁是也。以其雖學杜，而仍有己之本色，己之氣概。若並此無之，則即爲優詩人而已，又何貴哉！故余謂，不可太學古人也。學杜之病如是，即學他人,亦何獨不然!""詩文貴乎復古,此固不刊之論也。然所謂復古者,在乎神似,不在乎形似,若明李滄溟、李空同之號爲復古,不過拾曹劉之唾、舖李杜之糟而已,曷足貴哉!當時以爲詩道之盛,不知此乃詩道之大厄也。今之作者有二弊:其一病在背古,其一病在泥古。要之,二者均無當也,苟能深得古人之意境、神髓,雖以至新之詞采點綴之,亦不爲背古,謂之真能復古可也。故詩界革命者,乃復古之美稱。湯武之征誅,其道可通於堯舜之揖讓,職此故耳。不然,泥古不化,王莽之學周公矣,庸有益乎!知乎此,而作詩之道思過半矣。"

《天梅遺集》卷一《自題〈詩魂〉》:"情理以外真詩無,愚夫婦即偉丈夫。維持人道惟區區,言爲心聲若合符。僞韓僞杜頑且愚,塊壘登場須人扶。吟花弄鳥啼蟋蛄,假托風雅群然趨。爾曹華士罪難逭,徒亂人意急芟鋤。本根既厚枝葉敷,源泉浩蕩流不枯。"

於"詩界革命"多所贊許,然終以舊詩詞爲國粹。

《願無盡齋詩話(上)》:"世界日新,文界、詩界當造出一新天地,此一定公例也。黃公度詩獨辟異境,不愧中國詩界之哥侖布矣,近世洵無第二人。然新意境、新理想、新感情的詩詞,終不若守國粹的、用陳舊語句爲愈有味也。……近人猶復盛持文界革命、詩界革命之説。下走以爲,此亦季世一種妖孽,關於世道人心靡淺也。吾國文章實足稱雄世界。日本固無文字,故雖國勢盛至今日,而彼中學子談文學者,猶當事事丐于漢土。今我顧自棄國粹,而規仿文辭最簡單之東籍,單詞片語,奉若邱索,此真可異者矣。"

兼擅書法,初好柳體,稍變而爲山谷,最後參以北碑。

《高天梅先生行述》:"府君兼擅書法。初好誠懸,爲之十餘年,稍變而爲山谷。最後參以北碑,遂卓然自成一體。"

參考文獻:

1. 高旭著,郭長海、金菊貞編《高旭集》,社會科學文獻出版社 2003 年版。

2. 高鏐《高天梅先生行述》,《江蘇革命博物館月刊》1931年第 2 卷第 6 號。

3. 鄭逸梅編著《南社叢談》,上海人民出版社 1981 年版。

4. 柳無忌編《柳亞子文集·南社紀略》,上海人民出版社1983 年版。

5. 陳去病著,殷安如、劉穎白、郭長海、郭君兮編《陳去病詩文集》,社會科學文獻出版社 2009 年版。

（馬昕）

柳亞子傳

　　柳亞子,譜名慰高,後更名棄疾,號亞子。江蘇吳江人。光緒
十三年(1887)生。

　　柳亞子《柳亞子自傳》:"一八八七年陽曆五月二十八日(即舊
曆丁亥年閏四月初六日),生於江蘇吳江縣分湖流域北舍區大勝
村。原名慰高,號安如;改名人權,號亞盧;再改名棄疾,號亞子;現
在便把亞子當作統一的名號了。"

　　三歲從母親費太夫人識字,五歲至八歲在家塾讀書。

　　《柳亞子自傳》:"我的家庭,可算是一個文學的家庭。……父
親是一個秀才,研究過《說文》和《文選》,對於文藝有相當的認識。
叔父是研究算學的,書法和酒量都很出名。母親也略通文字,極愛
我,却管教得很嚴厲,《唐詩三百首》和《中庸》《大學》等,都是她自
己教我的。"

　　柳亞子《自撰年譜》:"辛卯(一八九一)五歲。始入家塾讀書。
曾祖父常云,願見慰高入塾。"

　　十二歲,始自大勝村遷居木縣黎里區之黎里鎮(一名梨花里,
亦稱楔湖,柳亞子稱之梨湖),僦居虎筋橋畔周氏宅。十六歲赴吳
江縣試,得第二名,補學官弟子。得識同邑陳去病。後赴蘇州應府
考、道考,中秀才。光緒二十九年(1903)春,與蔡寅進入上海愛國

學社學習，受業於吳稚暉、章太炎。是年，《政藝通報》開闢專欄《風雨鳴聲集》，爲撰稿人之一；《江蘇》雜志在日本東京出版，與陳去病等同爲主要撰稿人。又與章太炎、鄒容等共同寫作《駁革命駁議》，發表於《蘇報》。留意南明史料，即在此時。

《柳亞子自傳》："一九〇二年，我考取了秀才，思想却逐漸變化，從維新走上了革命之路。一九〇三年，到上海愛國學社讀書，認識了章太炎、鄒威丹。威丹的《革命軍》，還是我和蔡冶民、陶亞魂幾個人，拿錢出來幫他出版的。……不多時，《蘇報》被封，章、鄒入獄，愛國學社也瓦解，這是我精神上很苦悶的一個年頭。"

柳亞子《五十七年》："這一次到了吳江城內，影響可就太大了。第一個給我興奮的，是認識了亡友陳巢南先生。巢南是我太老師諸杏廬先生的高足弟子，講行輩，和我父親及叔父同門，我是應該稱他師叔的。但他和我一見如故，絕對不擺師叔架子，引我爲小朋友，我和他真是所謂'論交在群紀之間'的了。"

柳亞子《柳亞子自述》（群言出版社2014年版）："剛進去的時候，國文分配在乙級，是吳稚暉先生當教師，他把《天演論》做課本，講猴子進化爲人，連講連表演，好像真有孫悟空一個跟頭跳三萬六千里路的光景，非常有趣。隔不了幾天，改入甲級，由太炎先生講授，他出了一個題目，名叫某某人本紀，實際就是要各人做各人的自傳。這時候，我已改名'柳人權'，表字'亞盧'，意義是主張'天賦人權'，而自命爲'亞洲的盧梭'了。"

柳亞子《我的南明史料研究經過》："講到我研究南明史料的遠因，實在是好久以前的事情了。記得是一九〇三年即中華民國紀元前九年癸卯以前吧，我在家裏舊書堆中，找出了兩部鈔本來。一部是二十卷本的《南疆逸史》，一部是《海甸野史》。……看了這兩部書，使我對於南明史實最初發生興趣；同時，也粗粗地知道一些南明史實的輪廓了。"

民國元年（1912），以友人雷鐵崖之邀，進京任總統府秘書，主持駢體文件，旋因病辭職返滬。復以鄒亞雷、陳布雷之薦，進《天鐸報》爲主筆，著論排擊南北議和。又轉《民聲日報》主持文苑，繼轉入《太平洋報》專編文藝。因事登報宣布退出南社，此後二年不復問南社事。三年，南社舉行第十次雅集於上海愚園，通過柳亞子復社條件，修改南社章程，改編輯制爲主任制，遂重行加入，復爲南社社友。六年，致書楊杏佛，駁斥胡適於南社之批評。七年十月，辭南社主任職。

《柳亞子脱離南社之通告》（《民立報》1912 年 10 月 28 日）："僕因多病，不能辦事，自請出社。所有會計存款及一切賬目、文件，請在滬諸友召集開會，舉人前來西門外安瀾路 38 號鄭寓交代。僕即日歸里，閉門養痾，恕不久候。此白。"

《少屏啓事》（《民立報》1912 年 11 月 12 日）："南社柳亞子病已全愈，詩文請徑寄黎里，弗由僕轉，以免遲誤，會計事除匯款由僕代取轉交外，餘徑與柳亞子交涉。會計原舉柳亞子，因黎里郵局不能匯兑，故由僕代取轉交也。附聞。朱葆康謹白。"

《柳亞子脱離南社之再告》（《民立報》1912 年 11 月 18 日）："社事叢脞，僕本屛驅。兼以無禮之徒時加掣肘，不得不決然引退。前次既宣告出社，則文選編輯及會計兩職當然取消，應由社中更舉。交替之人遲遲未來，僕急於歸里，故將存款及報告收據諸件暫交朱少屏代收。今見朱君《啓事》，與僕本懷大相刺謬，殊非愛我之誼，僕決不承認，特此布告。"

柳亞子《與楊杏佛論文學書》（《磨劍室文錄》，上海人民出版社 1993 年版）："三月十六日手教敬悉，甚慰甚慰！某某處弟曾以兩詩報之，惡聲必反，殆亦行古之道耳，渠遂從此反舌矣。其實詩文派別,千百載猶難定論。某某不過江西派中一小卒,搖旗呐喊,所作亦未見高明,何苦遽作山膏之罵耶?思之真不值一笑也。""胡適自命新人,其謂南社不及陳、鄭,則猶是資格論人之積習。南社雖程度不齊,豈竟無一人能摩陳、鄭之壘而奪其鏊弧者耶?又彼倡文學革命,文學革命非不可倡,而彼之所言,非不了了,所作白話詩,直是笑話。中國文學含有一種美的性質,縱他日世界大同,通行'愛斯不難讀',中文、中語盡在淘汰之列,而文學猶必占美術中一科,與希臘、羅馬古文頡頏,何必改頭換面,爲非驢非馬之惡劇耶!此不關南社事,以論及此人,聊一傾吐耳。"

按,胡適不完全同意柳亞子的看法,認爲"理想宜新"是對的,但"形式宜舊"則錯:"未免有憤憤之氣。其言曰:形式宜舊,理想宜新。理想宜新,是也;形式宜舊,則不成理論。若果如此説,則南社諸君何不作《清廟》《生民》之詩,而乃作近體之詩,與更近體之詞乎?"(《胡適留學日記》四)

八年(1919),不再參與南社活動,往返黎里、上海、蘇州等地,搜集鄉邦文獻。十一年,南社第十八次雅集,選亞子爲社長,堅辭不就。

朱劍芒《南社感舊録》:"余蒞滬之翌年……南社中堅涇縣胡樸安、胡寄塵昆季邀集在滬社友於半淞園,余與悼秋同往參加。宴叙之餘,共商規復社事。樸安袖出亞子手簡,則力辭書記一職,詞甚堅決。經在座者商討結果,仍采通訊選舉方式,共推社長一人主持社務,別推文選、詩選、詞選編輯主任各一人,分負編輯責任,文書、會計,則由社長指定社友擔任。此舉用意,欲使亞子當選社長後,毋勞親理百務,或可冀其取消辭意耳。厥後選舉揭曉,社長一席,果仍屬諸亞子,然亞子表示不就,且云如果再以任何名義相加,我必宣告脱離南社。"

十二年(1923),與里人毛嘯岑等創辦《新黎里》半月刊,提倡新文化,任總編輯。吳江各地人士聞風響應,此後有冠以"新"字號之吳江、盛澤、同里、平望等報刊相繼出現。又與南社舊友葉楚傖、胡樸安、余十眉、邵力子暨陳望道、曹聚仁等發起成立新南社。被舉爲社長。

按,柳亞子分南社爲三個時期,第一時期自宣統元年至三年(1909—1911),第二時期自民國元年至五年(1912—1916),第三時期自民國六年至十二年(1917—1923)。柳亞子《〈南社叢選〉序》(《磨劍室文録》):"中華民國紀元前三年,余與陳巢南諸子始創南社,迄今十五載矣。高岸爲谷,深谷爲陵,一時國運之變遷,人才之代謝,均有不勝今昔之感者。約而言之,分爲三期焉。""自己酉至辛亥爲第一期。時則胡焰方張,士氣彌奮。西臺慟哭,人謳皋羽之歌;智言沈書,家抱所南之史。一時澤畔行吟,山陬仗劍,不少慷慨義俠之士。迄乎革命軍興,而建牙開府與夫參贊帷幄者,北多吾社俊流。是曰醞釀時期,不啻全盛矣。""自壬子至丙辰爲第二期。新邦初建,想望太平。顧周實丹首義淮上,身死而仇未復,海內已竊竊然憂之,有刑賞不明之憾。其後賊凱盜國,誅鋤異己。逆謀未露,先隕遁初;虐焰將銷,猶殘英士。而寧太一、楊性恂、陳勒生、周仲穆、仇蘊存、范鴻仙、程韻蓀、吳虎頭、姚勇忱諸君子,並斷頭瀝血,白首同歸,幾幾乎舉吾社之良而盡殲之。是曰摧殘時期。然青磷碧血,抑足蔚爲國光焉。""自丁巳至癸亥爲第三期。洪憲附逆,涇渭始淆。元凶天戮,小醜繁孳。安福、政學,靡不有吾社之敗類。甚至賄選獄成,名列丹書者,赫然一十九輩。而其他反顏事賊,奔走僞庭者,猶不與焉。彼其之子,豈不口仁義而筆孔、孟,然廉恥道喪,抑又何説!此則吾社之大辱。雖傾西江之水,不足以洗之。縱蔡幼襄流血於夔巫,易梅僧橫屍於楚市,一薰而百蕕,寧堪相抵哉!

是曰墮落時期。蓋哀莫大於心死已。"

十四年（1925）三月，孫中山病逝於北京。歸黎里，召集孫中山追悼大會。八月，國民黨江蘇省黨部成立於上海，當選爲執行委員會常務委員，兼宣傳部長。自是，多往來於上海、黎里間。十五年一月，中國國民黨第二次全國代表大會於廣州開幕，當選爲中央監察委員，負責江蘇黨務。五月，任上海《國民日報》總編輯。後該報爲法租界照會事延擱，未得出版。國民黨二屆二中全會通過"整理黨務案"。因不滿此案，遂返黎里，消極不問政治，重新從事蘇曼殊研究。

按，柳亞子 1926 年 5 月以國民黨中央監察委員身份赴廣州出席國民黨二屆二中全會，會上同毛澤東初次晤面。毛澤東《七律·和柳亞子先生》中"飲茶粵海未能忘"一句，其本事即此。

又按，有關柳亞子之從事蘇曼殊研究，柳無忌《蘇曼殊年譜及其他序》回憶道："事實上，這事情還是由我發起的。那年暑天，從北京清華學校回家，正值父親厭倦政治活動，在鄉下閑着過退隱的生涯，於是我慫恿他同做曼殊研究的工作。我們傾囊倒篋地把父親歷年來所藏有關曼殊的文件資料，全部找出來。"（柳亞子《蘇曼殊研究》，上海人民出版社 1987 年版）

十六年（1927），北伐成功。國民黨中央政治會議選任爲江蘇省政府委員兼教育廳長，南昌行營亦以江蘇省政務委員兼上海政治分會委員相屬，均辭弗就。五月，陳群派兵赴黎里查捕，匿樓上複壁中獲免。倉皇離家，赴滬暫避。旋東渡日本。十七年，返國，寓上海西門潤安里，自是定居於滬。八月，以中央監察委員身份出席國民黨二屆五中全會。所編《曼殊全集》出版，上海北新書局印行。是年，南社二十周年紀念在蘇州虎丘舉行，因病缺席。十八年,移居法租界貝勒路恒慶里。撰《新文壇雜咏》十首,贈魯迅、郭沫若、沈雁冰、田漢、蔣光赤、陽翰笙、葉紹鈞諸人。又撰《存殁口號五首》。

按,柳亞子《存殁口號五首》,每首懷念存殁者各一,名單如下:一、孫中山,毛澤東;二、朱季恂,惲代英;三、侯紹裘,李立三;四、向警予,楊之華;五、張應春,史冰鑒。第一首末句:"並世支那兩列寧。"

二十一年(1932),一・二八滬戰爆發,移居英租界,旋復遷法租界。五月,受聘任上海通志館館長。二十二年六月,撰《我對於創作舊詩和新詩的感想》,推崇魯迅之舊詩。至於新詩,贊許郭沫若與蔣光慈。二十三年,舉行南社臨時雅集。席上,包天笑提議恢復南社,亞子表示反對。三十四年十二月,發起南社紀念會,被推爲會長。

朱劍芒《我所知道的南社》:"席上有包天笑(名公毅,江蘇吳縣人)提議,要恢復過去的南社,亞子高聲答復他:'新南社成立時,舊南社早經結束。現在"南社"已成了歷史上名詞。今天要把它恢復,這是違反歷史發展規律的,自己是相信進化論的,決不做這種開倒車的事。'"(中國人民政治協商會議江蘇省暨南京委員會文史資料研究委員會編《江蘇文史資料選輯》第三輯,江蘇人民出版社1964年版)

柳亞子《南社紀略》:"在兩次的臨時雅集座上,總有人提議復興南社,我是很反對的。我覺得南社已是歷史上的名詞了,照新陳代謝的公例推演起來,復興非但是不必要,并且也是不可能。所以我總對人家講,替南社做紀念是可以的,倘然要把它復活起來,那我非但不贊成,而且會劇烈反對的。這樣,人家也就不響了。但,隨時隨地碰到南社的人，總會常常的追問着南社究竟用怎樣方式來紀念呢？并且到幾時纔可以有紀念的方式呢？我禁不住人家這樣的逼迫，所以到一九三五年（民國二十四年）十二月，就樹起了南社紀念會的大纛旗來了。"

柳亞子《南社紀念會宣言》："南社已成爲歷史的名詞了。要把它復活起來，不特事實上不可能，在理論上也非必要。……不過南社的文學是絕對不需要復活的了，南社的精神却還有可以紀念的價值。我們現在發起這南社紀念會，一方面是追慕過去的光榮，一方面還希望未來的努力。但這努力的途徑，決不是南社復活吧了。"

二十五年（1936）一月，撰文回顧南社唐、宋詩争之始末，於驅逐朱璽一事深自追悔。五月，滬上好友集宴寓廬，舉行五十壽慶。親撰辭壽文，敬謝各界，要求將祝壽之資移助南社紀念會，作爲基金。

柳亞子《我和朱鴛雛的公案》："這一次的公案，自然鴛雛是最冤枉的了。首難的是野鶴，結果却退出了是非之場。幫凶者大有人在，歪詩還是人家做了用他名義來發表的，而他老人家又不肯出頭更正，實做了頂凶。在我也肝火旺得一塌糊涂，幾乎逢人便罵，終於攪散了南社的道場。"

柳亞子《辭壽募捐啓》（《磨劍室文録》）："僕頑鈍不死，行年五十，國歷五月二十八日爲攬揆之辰。朋友關垂，謀以一觴相屬，僕期期以爲不可。""昔人有言，親在不稱老。僕椿蔭雖凋，萱堂幸健，今年七十有一矣。板輿在御，壽嵩康强，方當萊舞承歡，遑敢蒿高自祝？此不應言壽言，一也。國事蝴蟮，民生塗炭，長蛇封豕，方深薦食之憂；火熱水深，時有偕亡之痛。僕中樞忝備，補袞未能，縱無撥亂反正之權，寧忘厝火積薪之懼？此不應言壽者，二也。少年意氣,跋扈飛揚,中歲情懷,頹唐抑鬱。江山滿眼,嗟一事之無成;恩怨填膺,羌萬愁兮難理。祝宗祈死,誰憐士燮之艱危?荷鍤自隨,敢效劉伶之曠達。此不應言壽者,三也。""凡此下情,定邀明鑑。所慮白社舊人,青雲夙好,倘縞紵下頒,既惜金錢之擲;即詩文厚譽,亦深煙墨之災。與其徒事虛糜,何如講求實惠?僕近創南社紀念會,基金未建,展布爲難,願移祝嘏之賚,聊作發棠之請。草野窮交,半忽不嫌其少;廟堂貴客,千金未厭其多。倘能萬貫通神,當以寸長自效。乞鄰借惠,願學微生;布地成金,庶幾舍衛云爾。中華民國二十五年五月二十八日,吳江柳亞子謹啓。"

抗戰期間,蟄居上海,顏其廬曰"活埋庵",閉門著述。二十八年(1939),着手於南明史料之整理研究,以表彰殉國節烈之士,

《我的南明史料研究經過》:"從一九〇三年起,我在外邊東跑西跑的時候爲多,也曾在家中呆着一個長時期,不過又忙於他事,以於南明史實,漸漸兒有些生疏了。一直到一九三九年即民國二十八年己卯,活埋在上海,實在悶得慌,便又想搬弄起這一個法寶來,作爲自己破愁解恨的東西。"

二十九年(1940),離滬赴港。

柳亞子《〈南社紀略〉序》:"國軍西撤而還,余留歇浦,度活埋生活,已三稔矣。頃將遠游,檢此册付梓人,聊留紀念云爾!荃蕙化茅,不乏舊侶,最所心痛;初擬盡削其籍,代以方匡,又感有眯人耳目之蔽,遂過而存之。留芳遺臭,一任册中人自擇可也!中華民國廿九年雙十二節,亞子。"

柳亞子《羿樓舊藏南明史料書目提要》(《柳亞子文集(南明史綱·史料)》):"到民國二十九年十二月十二日夜半,我離開上海,已經有百餘種史料在我的行篋中了。抵達香港以後,僦居九龍半島的柯士甸道,名其樓曰'羿樓',把這些史料都陳列起來。……
(民國三十年)十二月八日晨,倭機轟炸九龍,並有敵兵犯境;九日
天未大明,便由友人照料,匆匆渡海到香港避難。九龍淪陷以後,
香港繼之,我在那裏,以真真活埋的心情,呆過了民國三十年的
歲尾。"

三十一年(1942),自香港脫險,經海豐、曲江等地抵達桂林。
周恩來致書柳非杞,表示如柳亞子入蜀,"未嘗不可重整南社舊
業"。三十三年,偕夫人寓居重慶。

周恩來《致柳非杞》(鄭逸梅《周恩來同志關懷柳亞子》,《戰地
增刊》1979年第4期):"亞子先生出險,欣然無量。其行止自以在
桂林小住爲宜。退隱峨眉,亦未嘗不可重整南社舊業,設並此自由
亦不可得,弟恐亞子先生不敢作入蜀想矣。"

三十四年(1945),偕張西曼發起成立革命詩社,任社長。撰
《渝州曾家岩呈毛主席》。三十七年,一月,中國國民黨革命委員會
成立,被選爲中央常務委員兼秘書長。於香港作詩贈南社舊人沈
鈞儒、馬叙倫,感慨社員分化。

按,毛澤東於1945年8月至10月曾到重慶,與國民政府進行
和平談判。時柳亞子在渝,二人時有詩信往還,晤談數次。毛澤東
曾偕周恩來、王若飛訪柳亞子於南開學校津南村寓所,手書《沁園
春·雪》以贈。柳亞子次韻和之。

柳亞子《即席呈衡老、夷老,兩君皆南社舊人也》(柳亞子《磨劍
室詩詞集》,上海人民出版社1985年版):"開山南社陳高柳(社友
馬小進舊時見贈句),異地能欣沈馬逢。草昧宋黃憐早世,末流張
戴附元凶。泣麟悲鳳嗟何及?劓鰐屠鯨意未窮!要爲河山壯鐃
吹,扶餘一集蕩心胸。"

1949 年 3 月,由香港輾轉抵北平,參加民盟總部臨時工作委員會常會,又應邀出席中國婦女第一次全國代表大會並講話。出席文協籌委會,未列名常委。後與同行代表三十人見毛澤東,赴頤和園晚宴。南社、新南社於北京中山公園來今雨軒舉行聯合臨時雅集,任主席。周恩來、葉劍英等以來賓身份講話。入住頤和園益壽堂。與毛澤東赴西山碧雲寺謁孫中山衣冠冢。出席全國文學藝術工作者代表大會。

柳亞子《北行日記》(《柳亞子文集(自傳・年譜・日記)》):"下午,雁子來,伴佩上船,余獨留旅邸。……十時後,雁子又來,伴送上船,與佩同住二號艙。"

按,柳亞子自是年起至辭世,雖然偶爾南返,但一直以北京爲家。柳無忌《柳亞子年譜》:"(1949 年 3 月間)寓北京東交民巷六國飯店。夜坐有作,懷念無垢猶滯上海,句云:'挈婦拋雛記此行,捫心真喜見光明。'又云:'歸心憮夢江南好,定鼎終須在北京。'此後柳亞子即以北京爲家幾將十年,並未重返江南居住。"

又按,柳亞子 1949 年 3 月 28 日作《感事呈毛主席一首》:"開天辟地君真健,說項依劉我大難。奪席談經非五鹿,無車彈鋏怨馮驩。頭顱早悔平生賤,肝膽寧忘一寸丹。安得南征馳捷報,分湖便是子陵灘。"毛澤東以《七律・和柳亞子先生》作復:"飲茶粵海未能忘,索句渝州葉正黃。三十一年還舊國,落花時節讀華章。牢騷太盛防腸斷,風物長宜放眼量。莫道昆明池水淺,觀魚勝過富春江。"

1950 年,赴京參加全國政協國慶慶祝大會,並出席建國一周年紀念大會。10 月 11 日南返。次年(1951),因患腦動脈硬化症,健康及精神每況愈下。1956 年,民革召開第三屆全國代表大會,再度當選爲中央常務委員。

柳亞子《浣溪紗》詞:"火樹銀花不夜天。弟兄姊妹舞翩躚。歌聲唱徹月兒圓。新疆哈薩克族民間歌舞有圓月一場。　　不是一人能領導,那容百族共駢闐?良宵盛會喜空前!"《柳亞子年譜》:"(1951年2月18日)在寄無忌信中,自云:'我最近精神又較差,一切都不能很快的進行了。'此爲寄無忌最後一封家書。所寫詩詞有年、月、日可考者,亦止於此時。"

1958年,因長期患腦動脈硬化症及支氣管肺炎,臥病多時,終於不治,病逝於北京,葬於八寶山革命公墓。柳亞子身爲革命元老、南社領袖,既負詩名,亦預時政。一生關切時局,感時憂國。慷慨磊落,多所建樹。劍氣詩心,要不失書生本色。早歲即發表詩文鼓吹反清,傾心革命。繼之集合諸子,創爲南社,旨在"研究文學,提倡氣節"。後又發起新南社,倡導新文化。爲詩逸氣軒舉,反對晦澀雕琢,激濁揚清,令人感發興起,有"今之屈原"之譽。

郭沫若《今屈原》(《新華日報》1945年10月25日):"亞子先生的詩,於嚴整的規律中寓以縱橫的才氣,海內殆鮮敵手。字,行楷有魏晉人風味,草書則脫盡町畦。……這種能縱能控,亦狂亦狷的辯證的統一,似乎就是亞子先生的獨特而優越的性格。""畫家尹瘦石君曾經以亞子先生爲模特兒,畫過一張屈原像,這是把對象找得太好了。'佩長劍之陸離'者,是屈原,也是亞子。亞子,今之屈原;屈原,古之亞子也。"

按,關於南社詩文的風格及成就,曹聚仁《紀念南社》稱:"南社的詩文,活潑淋漓,有少壯朝氣,在暗示中華民族的更生。"又云:"南社的缺點就只是'詩的',而不是'散文的'。""南社的文學運動,自始至終不能走出浪漫主義一步。我們應該承認是個文學上的缺點。"柳亞子贊同此論:"先生説南社的缺點是詩的而不是散文的,南社的文學運動,自始至終,不能走出浪漫主義一步,這話對極

了。"(曹聚仁《南社、新南社》,柳無忌編《南社紀略》,上海人民出版社 1983 年版,第 251 頁)

又按,柳亞子著述由上海人民出版社於 1983 年起陸續編輯出版,至 1994 年出齊。名爲《柳亞子文集》,共七集、九册,含《磨劍室詩詞集》《南社紀略》《書信輯録》《自傳・年譜・日記》《蘇曼殊研究》《磨劍室文録》和《南明史綱・史料》,總計三百餘萬字。

參考文獻:

1. 柳亞子《南社紀略》,上海人民出版社 1983 年版。

2. 朱蔭龍《柳亞子先生年表》,《柳亞子先生五十晋八壽典紀念册》,南明史料社 1944 年版。

3. 柳無忌《柳亞子年譜》,中國社會科學出版社 1983 年版。

4. 柳亞子文集編輯委員會主編《柳亞子文集(自傳・年譜・日記)》,上海人民出版社 1986 年版。

5. 柳亞子文集編輯委員會主編、柳無忌編《柳亞子文集(南明史綱・史料)》,上海人民出版社 1994 年版。

6. 楊天石、王學莊《南社史長編》,中國人民大學出版社 1995 年版。

(李思清)